Hieke Praktische Dendrologie Band 1

VEB Deutscher
Landwirtschaftsverlag
Berlin 1989

79 Farbfotos
und 395 Zeichnungen
im Text

Karel Hieke

Praktische Dendrologie

Band 1

Tschechischer Originaltitel
Ing. Karel Hieke: Praktická Dendrologie
© Státni zemedělské nakladatelstvi, Praha
1978
Aus dem Tschechischen übersetzt
von Karel Hieke
Deutschsprachige Bearbeitung von
Dr. Peter Schmidt, Dr. Siegfried Sommer,
Hans-Joachim Albrecht und
Dr. Klaus Margraf

1. Auflage 1989
© 1989 VEB Deutscher
Landwirtschaftsverlag
DDR – 1040 Berlin, Reinhardtstraße 14
Lizenznummer 101-175/94/89
LSV 4375
Lektor: Klaus-Dieter Röding
Printed in the GDR
Gesamtherstellung:
Druckwerkstätten Stollberg
Bestellnummer:
559 586 6 (Band I)
559 655 7 (Band I und II)

ISBN 3-331-00144-9 (Band I)
3-331-00366-2 (Band II)
3-331-00430-8 (Band I und II)

Band I/II
11400

Vorwort

Im vorliegenden Werk werden die für den Anbau unter mitteleuropäischen Verhältnissen geeigneten Laub- und Nadelgehölze unter besonderer Berücksichtigung der Sorten behandelt.
Der Umfang der heute bereits kultivierten und der kultivierbaren Gehölzarten und -sorten zwingt dazu, übersichtliche Gliederungen zu schaffen. Für den Praktiker, der die Pflanzen verwendet, ist eine Unterteilung der Gattungen bzw. Arten nach botanisch-taxonomischen Gesichtspunkten oft von untergeordneter Bedeutung. Vielmehr rücken praktische Kriterien in den Vordergrund, unter anderem Größe, Wuchsform, Blütenfarbe, -zeit und andere dekorative Merkmale.
Der Autor hat mit seiner Dendrologie einen neuen Weg beschritten, indem er auf ausführliche Beschreibungen der Arten und Sorten weitgehend verzichtet. Er nimmt innerhalb der Gattungen Typenbildungen vor, besonders nach Habitus-, Blatt- und Blütenmerkmalen, wobei die gestalterisch wirksamen Elemente der jeweiligen Gattung für die gebildeten Typen bestimmend sind. Die bildliche Darstellung von Habitustypen und ausgewählten Typen morphologischer Merkmale sowie die entsprechende Zuordnung der Arten und Sorten ist von besonderer Bedeutung, da sowohl Form als auch erreichbare Dimension daraus ablesbar sind. Das außerordentlich umfangreiche Gehölzsortiment wird auf diese Weise entsprechend seiner gestalterisch wichtigen Merkmale systematisiert und für die unterschiedlichen Zwecke der Umweltgestaltung praxisbezogen dargestellt.
Das Buch vermittelt gleichzeitig einen bisher in unserer Literatur fehlenden Überblick über die Mannigfaltigkeit des potentiell für einen Anbau in Mitteleuropa zur Verfügung stehenden Gehölzfonds.
Die bisher einmalige Art der Darstellung birgt jedoch auch gewisse Gefahren in sich, die nicht verschwiegen werden sollen. In Abhängigkeit von der Herkunft des Saat- und Pflanzgutes, vom Anbaugebiet und den konkreten Standortverhältnissen können Habitus- und andere Merkmale einer beträchtlichen Variation unterliegen. Die vorgenommene Typisierung und Darstellung der Typen erlauben deshalb nicht die Zuordnung jeder einzelnen Pflanze der Art oder Sorte.
Das Buch kann und will nicht als Bestimmungsbuch dienen. Es wird die beschreibenden dendrologischen Werke herkömmlicher Art nicht ersetzen, sondern will sie sinnvoll ergänzen und setzt zu seinem Gebrauch solide Gehölzkenntnisse voraus. So wird dieses Buch besonders Dendrologen, Garten- und Landschaftsarchitekten, Baumschulern und Hobbygärtnern Gewinn bringen.

Die Bearbeiter haben sich gern der Aufgabe unterzogen, das mit außerordentlicher Umsicht und sehr viel Fleiß zusammengestellte umfangreiche Manuskript durchzusehen. Sie sahen ihre Aufgabe vor allem darin, das Werk für den Gebrauch im deutschsprachigen Raum zu bearbeiten, da auch die Übersetzung ins Deutsche vom Verfasser vorgenommen wurde, der als leitender Mitarbeiter im Institut für Zierpflanzenforschung in Pruhonice bei Prag, ČSSR, tätig ist.

Schon aus der weit gefächerten, gestalterisch orientierten und deshalb auch mit Subjektivität behafteten Thematik ergibt sich, daß nicht überall eine Übereinstimmung von Verfasser und Bearbeitern erreichbar war (z. B. hinsichtlich der Aufnahme von Gattungen mit bedingt oder nicht frostharten oder von halbstrauchigen Arten, der Einschätzung des Zierwertes) und auch nicht Ziel der Bearbeitung sein konnte. Dort, wo verschiedene Auffassungen möglich sind, wurden stets die Ausführungen des Verfassers respektiert.

Der Autor hat sich mit seinem Werk einer recht schwierigen Aufgabe gestellt. Es ist in der einschlägigen Literatur der erste Schritt zu einer umfassenden Gehölzbeschreibung, einer Morphologie, Ökologie, Funktion und Gestaltungshinweise beinhaltenden, auf den Anwender orientierten „praktischen" Dendrologie. Die Bearbeiter wünschen ihr weiteste Verbreitung und eine gute Aufnahme in Praxis und Wissenschaft.

Peter Schmidt

Siegfried Sommer

Hans-Joachim Albrecht

Inhalt

Einführung 8
Nadelgehölze 11
Laubgehölze (A bis G) 105

Einführung

Die in diesem Buch behandelten Nadel- und Laubgehölze sind alphabetisch nach Gattungen geordnet. Ihre Beschreibung beginnt mit einer Kurzcharakteristik des Aussehens sowie dem Hinweis auf Zahl und Herkunft der in der Gattung zusammengefaßten Arten.

Anschließend werden Art und Zeitraum (in Monaten) der ästhetischen Hauptwirkung des Gehölzes angegeben. Sie beruht in erster Linie auf dem Zierwert des Laubes (z. B. Herbstfärbung), der Blüte, der Früchte, des Stammes, der Äste und Zweige usw.

In einer Tabelle werden alle die Arten und Hybriden beschrieben, die unter mitteleuropäischen Verhältnissen für die Garten- und Landschaftsgestaltung in Frage kommen. Sie spiegelt nicht nur den Artenreichtum der einzelnen Gattungen wider, sondern enthält auch die gültigen botanischen Namen einschließlich der gebräuchlichsten Synonyme, die deutschen Namen, die natürliche Verbreitung bzw. den Entstehungsort und eine Einschätzung der Frosthärte. Beim Vorkommen von sommergrünen, immergrünen oder halbimmergrünen Arten in einer Gattung werden diese Arten übersichtlich unterschieden. Die für mitteleuropäische Verhältnisse wichtigsten Arten und Hybriden werden durch das Symbol (●) hervorgehoben.

Im Anschluß daran werden Habitus (die äußere Erscheinung) und Größe der verschiedenen Arten beschrieben. Bei artenreichen Gattungen werden einzelne Habitustypen unterschieden. Die Typenbezeichnung erfolgt in der Regel nach dem Namen der bekanntesten Art (bzw. Varietät, Form oder Sorte), die den jeweiligen Habitustyp am besten repräsentiert. Die kurze Beschreibung der Habitustypen wird durch schematisch gestaltete Abbildungen auf Rasterunterlagen ergänzt, aus denen man die Dimension voll entwickelter, erwachsener Gehölze (Höhe und Breite in m) entnehmen kann, die unter mitteleuropäischen Bedingungen erreicht wird. Wo es nicht möglich war, Dimensionsangaben für mitteleuropäische Verhältnisse korrekt wiederzugeben, wurden entsprechende Angaben aus der Fachliteratur übernommen.

Bei den grafischen Darstellungen der Habitustypen wird ein vollständiges Verzeichnis der bekannten Arten, Varietäten, Formen und Sorten gegeben (dieses Verzeichnis ist bei den Gattungen *Calluna, Clematis, Erica, Helianthemum, Hibiscus, Paeonia, Rhododendron, Rosa* und *Syringa* unter der Blütenfarbe aufgeführt). Es ermöglicht eine gute Zuordnung der Arten, Varietäten, Formen und Sorten zu den dargestellten Habitustypen.

Nach dem Habitus wird die Textur

des Gehölzes, seine Oberfläche (Zusammenstellung und Anordnung der Verzweigung und Belaubung) beschrieben, die wesentlich das Gesamtaussehen bestimmt. Zur Kennzeichnung der Belaubung wird eine botanische Charakteristik der Blätter (Typ und Stellung) gegeben und eine Bewertung nach gartengestalterischen Gesichtspunkten vorgenommen (Form und Größe der Blattspreite, Blattfärbung, eventuell Herbstfärbung). Bei den wichtigsten und artenreichen Gattungen sind die wesentlichen Form- und Größentypen auf Rasterunterlagen grafisch dargestellt. Blüte und Blütenstand besitzen bei vielen Gehölzen, besonders bei Sträuchern, eine erstrangige Zierfunktion. Wie bei den Blättern wird auch hier eine botanische Charakteristik gegeben (Typ, Zahl der Blütenblätter, Ein- oder Zweihäusigkeit usw.), der eine gartengestalterische Bewertung folgt (Form, Größe, Farbe, Duft, Zusammenstellung der einzelnen Blüten, gegebenenfalls auch Angaben zum Blütenstand). Bei artenreichen und wegen ihrer Blüte (bzw. Blütenstand) wichtigen Gattungen sind wesentliche Form- und Größentypen der Blüte (des Blütenstandes) grafisch auf Rasterunterlagen dargestellt. Für langlebige Gehölze, besonders Bäume, ist auch die etwaige Zeit der ersten Blüte angegeben. Bei einer Vielzahl von Arten wurde der alljährliche Blühverlauf grafisch dargestellt. Frucht und Fruchtstand werden ebenfalls botanisch charakterisiert, gartengestalterisch jedoch nur dann, wenn ihr Zierwert (Form, Größe, Färbung der Früchte, Gestalt und Aussehen des Fruchtstandes) von Bedeutung ist. Bei artenreichen Gattungen mit auffallenden Früchten bzw. Fruchtständen sind wesentliche Form- und Größentypen der Frucht (Fruchtstand, eventuell auch Samen) grafisch auf Rasterunterlagen dargestellt. Bei langlebigen Gehölzen, besonders Bäumen, ist auch die etwaige Zeit des ersten Fruchtens angegeben. Je nach Bedeutung werden Hinweise zur Verwendung der Früchte (Konsumwert, Vogelfutter usw.) gegeben.

Stamm und Hauptäste bilden das Skelett des Gehölzes, das Wurzelsystem stellt die Verbindung zum Boden (Standort) dar. Gestalt, Breite und Aussehen des Stammes spielen zusammen mit der Farbe und Struktur der Rinde eine wichtige Rolle für den Gesamteindruck des Baumes und bestimmen unter anderem seine Verwendbarkeit für Solitär- und Gruppenpflanzung. Die stärkeren Hauptäste wirken ähnlich wie der Stamm. Die Anordnung der kleineren Äste und Zweige, die oft erst während des unbelaubten Zustandes im Winter auffällt, ist für die Textur von Bedeutung. Bei Sträuchern werden die Stellung der Hauptzweige und deren wichtigste Merkmale (Färbung, Zeichnung) beschrieben; gegebenenfalls wird auch der Zierwert von Stacheln, Dornen, Borsten, Korkleisten usw. angeführt. Das Wurzelsystem wird nur kurz beschrieben, wobei vor allem auf den Reichtum und die Länge der Wurzelverzweigungen sowie auf den Zusammenhang zur Standfestigkeit der Gehölze und die Eignung für exponierte Standorte (Pioniergehölze) eingegangen wird.

An dieser Stelle muß darauf hingewiesen werden, daß sich die Pflanzen auf Grund ihrer morphologischen Variabilität nicht immer vollständig in künstlich geschaffene, für die Praxis jedoch zweckmäßige, Gruppierungen einordnen lassen. Alle in diesem Buch vorgenommenen Einteilungen und grafischen Darstellungen von Habitus-, Blatt-, Blüten-, Blütenstand-, Frucht- und Fruchtstandtypen dienen vor allem der besseren Überschaubarkeit, sie sollen die Orientierung und Vergleichbarkeit innerhalb der überaus großen Zahl von Arten und Sorten erleichtern und die Ableitung von Schlußfolgerungen für die gartengestalterische Arbeit ermöglichen.

Der botanischen Beschreibung der Gehölze folgen Erläuterungen zur Kultur und zur gartengestalterischen Verwendbarkeit.

Die Angaben zu den Ansprüchen der Pflanzen beziehen sich auf die optimalen Licht-, Boden-, Feuchtigkeits- und Temperaturbedingungen, auf Frosthärte, Widerstandsfähigkeit gegenüber Luftverunreinigungen, Eignung für Stadtklima, Gefahr von Wildverbiß usw. Weiterhin werden spezielle Ansprüche, z. B. hinsichtlich Luftfeuchtigkeit, pH-Wert des Bodens, Windbruchgefährdung usw. erläutert.

Pflegehinweise betreffen die optimale Zeit und Art der Pflanzung (mit oder ohne Wurzelballen, aus Containern usw.), die erforderliche Bewässerung, Frostschutz, Düngung sowie Zeit und Art des Schnittes. Außerdem werden die Verträglichkeit älterer Pflanzen gegenüber Umpflanzen besprochen und Hinweise zur Bekämpfung der wichtigsten Krankheiten und Schädlinge gegeben.

Die Verwendung eines Gehölzes wird vor allem aus gartengestalterischer Sicht beschrieben. Das betrifft die Eignung für Solitär- oder Gruppenpflanzung (einheitliche oder gemischte Bestände), für Schutz- und Tarnungszwecke, als Unterholz, Vorpflanzung oder Bodendecker, für Straßenalleen oder innerhalb der Landschaft. Besondere Aufmerksamkeit wird den Pioniereigenschaften mancher Gehölze (Eignung für devastierte, unfruchtbare Böden, für exponierte Lagen usw.) gewidmet.

Auf der Grundlage bewährter Erfahrungen werden Hinweise gegeben, für welche Gartenanlagen (architektonische oder natürliche) sowie Bereiche (Steingärten, Uferpartien, Terrassen, Wegränder, Lauben, Wände, Pflanzgefäße usw.) sich das beschriebene Gehölz eignet. Zugleich wird auf das Zusammenwirken mit anderen Gehölzarten, Stauden, Sommerblumen, usw. eingegangen. In einigen Fällen werden vorteilhafte Pflanzenzusammenstellungen aufgeführt.

Vor dem Bepflanzen eines Gartens oder einer Parkanlage sind ausgehend von den räumlichen Möglichkeiten die Gehölze zunächst entsprechend ihrer im ausgewachsenen Zustand zu erwartenden Dimension und ihres Habitus auszuwählen. Erst wenn diese Wahl getroffen ist, sind ihre Standort- und Pflegeansprüche in Betracht zu ziehen. Aus dem derart eingeschränkten Gehölzsortiment können nun die Gehölze nach weniger wichtigen Kriterien, wie z. B. Blüte und Blütenstand, Belaubung, Fruchtansatz usw. herausgesucht werden.

Manchmal muß man jedoch in genau umgekehrter Richtung vorgehen, wenn z. B. Gehölze gesucht werden, die zu einer gewünschten Zeit in ganz bestimmter Farbe blühen sollen. Oder man geht von den Ansprüchen der Gehölze aus, wenn ein für Schattenlagen geeignetes Gehölz gesucht wird; oder vom Verwendungszweck, wenn es für eine geschnittene Hecke, für einen unfruchtbaren Boden usw. benötigt wird. In all den letztgenannten Fällen darf man jedoch nicht vergessen, die Gehölze auch hinsichtlich ihrer Dimension, des Habitus und der Ansprüche auf ihre Eignung für den vorgesehenen Standort zu prüfen. Nur bei Berücksichtigung aller wichtigen Kriterien werden die ausgewählten Gehölze auch wunschgemäß gedeihen. Das in diesem Buch enthaltene, weitgehend vollständige Sortiment der Arten, Varietäten, Formen und Sorten jeder Gattung bietet durch breite Auswahlmöglichkeiten eine gute Grundlage für entsprechende Entscheidungen.

Inhalt und Umfang der Gehölzbeschreibungen sind vorrangig auf die Bedürfnisse und Möglichkeiten der gärtnerischen und landschaftsgestalterischen Praxis ausgerichtet. Ausschließlich botanisch-dendrologischen Ansprüchen werden die vermittelten Angaben und Erfahrungen nicht ganz genügen, für diese Zwecke muß auf spezielle monografische Literatur zurückgegriffen werden.

Nadelgehölze

Sowohl in Garten- und Parkanlagen, als auch in der Landschaft nehmen die Nadelgehölze auf Grund ihrer ausgeprägten Gestalt eine besondere Stellung ein. Im Vergleich zu den Laubgehölzen unterliegen die meisten während der gesamten Vegetationsperiode keinen größeren Veränderungen – sie haben also im Sommer wie im Winter eine stabile, charakteristische Gestalt, Textur und Farbe (Ausnahmen: *Larix, Metasequoia, Taxodium, Gingko*). Die Blüten sind meist unscheinbar und ohne größeren Zierwert. Die Nadelgehölze haben eine ernste, vornehme, manchmal auch gespenstisch-düstere Wirkung; im Sommer wirken sie meist kühl, im Winter erwecken sie jedoch zwischen den kahlen und nackten Laubgehölzen ein gewisses Gefühl von Wärme. Sie sind ein unentbehrlicher Bestandteil natürlicher wie auch künstlich angelegter Pflanzenbestände.

Abies MILL – Tanne *(Pinaceae)*

Immergrüne, robuste Bäume, in Kultur seltener auch zwergig wachsende Sträucher. Im Temperaturbereich der nördlichen Halbkugel kommen etwa 40 Arten vor. Baumartige Tannen verlangsamen im Alter von etwa 30–40 Jahren oft ihren terminalen Wuchs, so daß sich die Kronenspitze mancher Arten dann rundlich gestaltet (Abb. 1 a). Zierwert: Blätter (I–XII), Zapfen (VII–X)

Zeichenerklärung:

● Arten, Varietäten, Formen und Sorten, die für mitteleuropäische Bedingungen besonders geeignet sind
++ frosthart
+ in geschützten Lagen frosthart
⌂ Winterschutz
⌂⌂ Winterschutz oder Kalthausüberwinterung

Wissenschaftlicher Name	Deutscher Name	Natürliche Verbreitung bzw. Entstehungsort	Frosthärte
● *A. alba* MILL. (Abb. 1)	Weiß-Tanne	M-, S- u. westliches O-Europa	++
f. *flabellata* BEISSN.		Erlangen	++
f. *recurva* SÉNÉCL.		Frankreich	++
● *A. amabilis* (DOUGL.) FORBES	Purpur-Tanne	Alaska bis N-Kalifornien	++
A. × *arnoldiana* NITZELIUS		Göteborg	++

11

Habitustypen

„Alba-Typ": streng kegelförmiger, dicht verzweigter Baum, mit mehr oder weniger waagerechten, in den unteren Kronenpartien schwach hängenden Zweigen; im Alter Krone storchnestartig abgeflacht (Abb. 2),

„Procera-Typ": schmal kegelförmiger, dicht verzweigter Baum mit teilweise hängenden Zweigen (Abb. 3),

„Nebrodensis-Typ": Bäume mit breiter, flach und mehr oder weniger waagerecht gestalteter Krone (Abb. 4),

„Pendula-Typ": Bäume, Äste bzw. Zweige erster und zweiter Ordnung hängend, Krone samt Spitze oft etwas nach einer Seite geneigt (Abb. 5 A),

„Pyramidalis-Typ": baumartiger Habitus mit kurzem Stamm und breiter, säulen- bis kegelförmiger Krone, oben meist länglich, schmaler; Zweige mehr oder weniger aufrecht (Abb. 6 A),

„Fastigiata-Typ": unterscheidet sich von dem vorgenannten Typ durch seine schmalere, dichtere und gewöhnlich regelmäßig säulenförmige Krone (Abb. 6 B),

„Umbraculifera-Typ": Bäume oder niedrige Bäumchen mit breit schirmartiger Krone (Abb. 5 B),

„Conica-Typ": dichter, zwergig und breit kegelförmig wachsender Strauch (Abb. 7 A),

„Nana-Typ": dichter, niedrig und kugelig wachsender Strauch (Abb. 7 B),

„Horizontalis-Typ": niederliegend ausgebreiteter Strauch ungleichen Wuchses (Abb. 7 C),

„Tortuosa-Typ": niedriger, fast kriechender Typ mit verschiedenartig gekrümmten Zweigen (Abb. 7 D),

„Prostrata-Typ": niedrigster Typ, Zweige liegend und dem Boden angedrückt (Abb. 5 C).

Unter mitteleuropäischen Bedingungen stabilisieren sich Habitus und Größe der baumartigen Typen etwa nach dem 40. Lebensjahr. Bei jungen Exemplaren ist die Verzweigung star-

Wissenschaftlicher Name	Deutscher Name	Natürliche Verbreitung bzw. Entstehungsort	Frosthärte
● *A. balsamea* (L.) Mill.	Balsam-Tanne	N-Amerika	++
f. *hudsonia* (Jacques) Fern. & Weatherby		New-Hampshire	++
var. *macrocarpa* Sarg.		wie die Art	++
var. *phanerolepis* Fern.		Kanada	++
A. borisii-regis Mattf.	König-Boris-Tanne	Bulgarien, Thessalien, Thasos	++
A. bornmuelleriana Mattf.		S-Küste des Schwarzen Meeres	++
● *A. cephalonica* Loud.	Griechische Tanne	Griechenland	++
var. *apollinis* (Link) Beissn.		wie die Art	++
A. chensiensis Tiegh.		W-China	++
● *A. cilicica* (Ant. et Kotschy) Carr.	Cilicische Tanne	Kleinasien, N-Syrien	++
● *A. concolor* (Gord.) Hoopes	Colorado-Tanne	SW-USA bis N-Mexiko	++
var. *lowiana* (Gord.) Lemm.	Sierra-Tanne	S-Oregon, Kalifornien	++
A. delavayi (Tiegh.) Franch.		W-China	++
var. *fabri* (Mast.) D. R. Hunt.		W-Szetschuan	++
var. *faxoniana* (Rehd. et Wils.) A. B. Jacks.		W-Szetschuan	++
var. *forrestii* (C. C. Rogers) A. B. Jacks.		Yünnan	++
var. *georgei* (Orr) Melville		W-China	++
A. equi-trojani Aschers. et Sint.		Ida-Gebirge	++
A. excelsior Franco = *A. grandis*			
A. fargesii Franch.		M-, W-China	++
A. firma S. et Z.	Momi-Tanne	Japan	++
A. fraseri (Pursh) Poir.		SO-USA	++
● *A. grandis* (D. Don) Lindl.	Riesen-Tanne, Große Küsten-Tanne	N-Amerika	++
● *A. holophylla* Maxim.		Mandschurei, Korea	++
● *A. homolepis* S. et Z.	Nikko-Tanne	Japan	++
f. *tomomi* Rehd.		USA	++
var. *umbellata* (Mayr) Wils.		Japan	++

Wissenschaftlicher Name	Deutscher Name	Natürliche Verbreitung bzw. Entstehungsort	Frosthärte
A. × insignis Carr. ex Bailly		Bulgnéville	++
A. kawakamii (Hayata) Ito	Formosa-Tanne	Formosa	++
● A. koreana Wils.	Korea-Tanne	Korea	≙ in der Jugend
f. sikokiana Nakai ex Vig. & Gams		wie die Art	++
● A. lasiocarpa (Hook.) Nutt.	Felsengebirgs-Tanne	N-Amerika	++
var. arizonica (Merr.) Lemm.	Kork-Tanne	Arizona	++
A. magnifica Murr.	Pracht-Tanne	Oregon bis Kalif.	+
var. shastensis (Lemm.) Lemm.		N-Amerika	++
var. xanthocarpa Lemm.		S-Sierra Nevada	++
A. mariesii Mast.	Maries-Tanne	Japan, Formosa	++
A. marocana Trabut	Marokko-Tanne	Marokko	++
A. mexicana Martinez		Mexiko	++
A. nebrodensis (Lojac.) Mattei		N-Sizilien	++
● A. nephrolepis (Trautv.) Maxim.		O-Sibirien, Korea, N-China	++
● A. nordmanniana (Stev.) Spach	Nordmann-Tanne, Kaukasus-Tanne	Kleinasien, Kaukasus	++
● A. numidica De Lannoy ex Carr.	Algier-Tanne, Numidische Tanne	N-Afrika	++
● A. pardei Gaussen		ungeklärt	++
● A. pinsapo Boiss.	Spanische Tanne	S-Spanien	≙ in der Jugend
● A. procera Rehd.	Edel-Tanne	Washington bis N-Kalifornien	++
A. recurvata Mast.		W-Szetschuan	++
A. rolii Bordères-Rey et Gaussen		Yünnan	++
A. sachalinensis (Schmidt) Mast. (Abb. 1)	Sachalin-Tanne	N-Japan, Kurilen, Sachalin	++
var. mayriana Miy. & Kudo		Japan	++
var. nemorensis Mayr		Japan	++
A. sibirica Ledeb.	Sibirische Tanne	NO-Europa, Sibirien	+
A. squamata Mast.		W-Szetschuan	++
A. sutchuenensis (Franch.) Rehd. et Wils.		W-China	++
A. × vasconcellosiana Franco		Sintra	++
● A. veitchii Lindl.	Veitch-Tanne	M-, S-Japan	++
var. nikkoensis Mayr		wie die Art	++
var. olivacea Shiras.		Verrieres	++
A. × vilmorinii Mast.		wie die Art	++

rer und aufrechter als bei den älteren Bäumen, deren Zweige mehr ausgebreitet sind.

Textur

Entweder geordnet und mehr oder weniger gleichmäßig dicht (z. B. *A. amabilis, A. balsamea, A. cephalonica, A. cilicica, A. concolor, A. koreana, A. magnifica, A. nobilis, A. nordmanniana, A. numidica, A. sibirica, A. veitchii* u. a.) oder weniger geordnet, manchmal locker und mit Lücken zwischen den Ästen (*A. alba, A. firma, A. grandis, A. homolepis, A. pinsapo* u. a.). Bei manchen Arten ist sie außergewöhnlich grob und bürstenartig (*A. concolor, A. magnifica* usw.). Die Tannen sind im Vergleich zu den Fichten lockerer (ausgenommen Zwergsorten) und in den Konturen weniger glatt; die Verzweigung der baumartigen Exemplare ist fast waagerecht (ausgenommen die Typen „Pendula", „Pyramidalis" und „Fastigiata").

Laub

Nadeln flach, spiralig angeordnet oder gescheitelt (flach nach beiden Seiten abstehend), 2–4 cm lang, nur selten bis 6 cm (*A. concolor, A. grandis* u. a.).

Blattfarbe
Glänzend hellgrün
A. insignis und Sorten, *A. sachalinensis, A. s.* var. *nemorensis.*
Glänzend dunkelgrün
A. alba und Sorten, *A. cephalonica* und Sorten, *A. holophylla, A. homolepis* und Varietäten sowie Sorten, *A. koreana* und Sorten, *A. mariesii, A. nordmanniana* und Sorten, *A. recurvata, A. rolii, A. sachalinensis* var. *mayriana, A. veitchii* und Varietäten.
Dunkelgrün
alle Arten und Sorten, die bei den Habitustypen aufgeführt, aber unter den anderen Farbgruppen nicht genannt sind.

Graublau

A. balsamea 'Argentea', *A. concolor* und Sorten, *A. lasiocarpa* und Varietäten sowie Sorten, *A. magnifica* und Varietäten sowie Sorten, *A. nordmanniana* 'Glauca', *A. pinsapo* und Sorten, *A. procera* und Sorten, *A. squamata*.

Gelb-grün

A. alba 'Aurea', *A. balsamea* 'Lutescens', *A. b.* 'Marginata', *A. cephalonica* 'Aurea', *A. concolor* 'Aurea', *A. c.* 'Wattezii', 'Wattezii Prostrata', *A. grandis* 'Aurea', *A. nordmanniana* 'Aurea', *A. n.* 'Aureospica', 'Aureovariegata', 'Golden Spreader', *A. pinsapo* 'Aurea'.

Weiß-grün

A. alba 'Variegata', *A. balsamea* 'Albicans', 'Variegata', *A. concolor* 'Variegata', *A. nordmanniana* 'Albospicata'.

Dunkelgrüne Tannen erhalten oft durch eine Nadelstellung, die die weiße Unterseite der Nadeln (zwei weiße Streifen durch Wachsausscheidungen der Stomata) zur Geltung kommen läßt, ein helleres, silbriges Aussehen.

Zapfen

Aufrechte, bei der Reife zerfallene Zapfen im oberen Drittel der Krone; Reife im Herbst des ersten Jahres (X bis XI). Färbung meist dunkel-purpurbraun oder auch bläulich bzw. grünlich, so daß die Zapfen in der Krone nicht sehr auffallen – im Gegenteil, oft fließen sie mit der Belaubung und den Ästen zusammen. Es können folgende Zapfenformen unterschieden werden: lange und schlanke (Abb. 9 B), eilängliche (Abb. 9 A), kurz eiförmige (Abb. 8 A) und stumpfe, breit walzenförmige (Abb. 8 B).

Zapfen werden gewöhnlich nach 30 Jahren, manchmal erst nach 40–50 Jahren gebildet, bei *A. koreana* aber schon bei Jungpflanzen. Die zierende Wirkung beschränkt sich meist auf den Spätsommer und Herbst. Viele Tan-

Abb. 1
a) *Abies alba*,
b) *A. sachalinensis*,
c) *Amentotaxus formosana*,
e) *Cedrus deodara*,
d) *Calocedrus decurrens*,

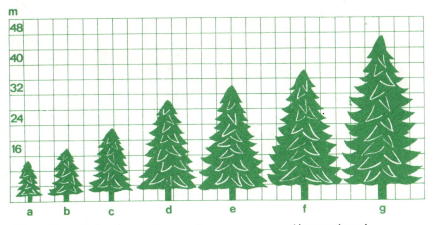

Abb. 2 Typ „alba"

a)
A. alba 'Tenuifolia'
A. a. 'Variegata',
A. concolor 'Wattezii',
A. koreana
'Horstmanns Silberlocke';

b)
● A. koreana,
A. k. 'Flava',
A. macrocana,
A. rolii;

c)
A. balsamea 'Marginata',
A. b. 'Variegata',
A. cephalonica 'Aurea',
A. concolor 'Variegata',
● A. nephrolepis,
A. n. f. chlorocarpa,
● A. numidica,
A. n. 'Glauca',
A. pardei,
● A. pinsapo,
● A. p. 'Argentea',
'Aurea',
● 'Glauca',
'Glauca Kelleriis'
A. vasconcellosiana,
A. v. 'Amaral Franco';

d)
● A. balsamea,
A. b. 'Coerulea',
'Elegans',
'Longifolia',
'Lutescens',
var. phanerolepis,
A. concolor 'Albospica',
A. c. 'Argentea',
'Aurea',
A. insignis 'Mastersiana',
A. mariesii,
A. nordmanniana 'Tortifolia',
A. vilmorinii;

e)
A. alba 'Aurea',
A. a. 'Massonii',
A. borisii-regis,
A. bornmuelleriana,
● A. cephalonica,
A. c. var. apollinis,
A. c. 'Acicularis',
'Latifolia', 'Robusta',
'Rubiginosa',
'Submutica',
A. chensiensis,
A. concolor 'Butzii',
A. c. var. lowiana,
'Recurvata',
A. equi-trojani,
● A. holophylla,
A. insignis,
A. i. 'Andreana',
'Beissneriana',
'Kentiana', 'Speciosa',
A. kawakamii,
● A. nordmanniana,
A. n. 'Albospicata',
'Aurea', 'Aureospica',
'Aureovariegata',
f. macrolepis,
'Robusta',
A. sibirica,
A. s. 'Alba';

f)
● A. alba,
A. a. 'Flabellata',
f. microcarpa,
'Tenuiorifolia',
● A. concolor,
A. c. 'Brevifolia',
var. concolor,
'Falcata', 'Schrammii',
● 'Violacea',
A. firma,
● A. homolepis,
A. h. var. umbellata,
A. squamata,
A. sutchuenensis;

g)
● A. amabilis,
A. delavayi,
A. d. var. fabri,
var. faxoniana,
var. forrestii,
var. georgei,
● A. excelsior,
A. e. 'Aurea',
A. mexicana,
A. procera 'Robusta',
A. sachalinensis,
A. s. var. mayriana,
var. nemorensis

nenarten tragen unter günstigen Bedingungen fast alljährlich Zapfen, sonst nur alle 2–6 Jahre.

Stamm und Wurzelsystem

Mit Ausnahme des Typs „Pendula" haben die Bäume meist einen geraden, ziemlich dicken Stamm, dessen Rinde anfangs dünn und glatt, später dicker und gefurcht ist. Das Wurzelsystem verankert den Baum mit einer gut ausgebildeten Pfahlwurzel und verzweigten Nebenwurzeln fest im Boden; gewöhnlich ist Mykorrhiza vorhanden.

Ansprüche

Die meisten Tannenarten vertragen in der Jugend sehr gut Halbschatten. Schön belaubte und vollständig beastete Exemplare erreicht man aber nur bei lockerem und solitärem Stand. Volle Sonnenhitze schadet hauptsächlich jüngeren Pflanzen. Die Ansprüche an Boden und Lage sind größer als bei den meisten Fichten. Tannen gedeihen in der Regel nur in tiefgründigen sandig-lehmigen, nahrhaften und ausreichend feuchten Böden. Einen trockeneren Standort verträgt nur A. cephalonica; die meisten anderen Arten leiden unter solchen Bedingungen sehr. Schottrige, aber ausreichend feuchte Böden vertragen A. concolor, A. procera, A. nordmanniana u. a. Einen hohen Grundwasserspiegel vertragen hauptsächlich A. procera und A. magnifica, die meisten anderen Arten jedoch nicht. A. homolepis und A. veitchii brauchen zu gutem Gedeihen kalkarme Böden, auch A. procera gedeiht gut auf schwach sauren Standorten. Die Tannen verlangen, hauptsächlich in der Jugend, eine windgeschützte Lage (Abhänge usw.). Eine höhere Luftfeuchtigkeit gehört zu den Grundbedingungen ihrer guten Entwicklung. Nicht für Spätfrostlagen eignen sich A. nordmanniana, A. cephalonica, A.

numidica, A. koreana, A. pinsapo, A. sibirica u. a. Warme Lagen brauchen hauptsächlich *A. pinsapo* und *A. firma*. Zu den härtesten Arten gehören *A. balsamea, A. concolor, A. grandis, A. homolepis, A. lasiocarpa, A. nordmanniana, A. veitchii* u. a. Immissionen vertragen die meisten Arten nicht; zu den relativ härteren zählen *A. cephalonica, A. concolor, A. homolepis, A. lasiocarpa, A. koreana*. Arten mit weicheren Nadeln leiden unter Wildverbiß (*A. alba, A. lasiocarpa, A. magnifica, A. nordmanniana, A. procera* usw.).

Pflege

Tannen werden ähnlich wie alle anderen Nadelgehölze, immer mit einem ordentlichen, nicht zerfallenden Wurzelballen ausgepflanzt – am besten im Vorfrühling (knapp vor oder gleichzeitig mit dem Austrieb) bzw. im Spätsommer. Containerpflanzen können wir während der ganzen Vegetationszeit auspflanzen. Junge Pflanzungen brauchen eine ausreichende Boden- und Luftfeuchtigkeit und Schutz vor praller Sonne (Schattierung). Empfindliche Arten werden in den ersten Jahren mit Winterschutz versehen; alle jungen Pflanzungen schützen wir vor Wildschäden, später nur gefährdete Arten mit weichen Nadeln. Ein Umpflanzen als ältere Exemplare vertragen bis zum Alter von 10–15 Jahren *A. alba, A. balsamea, A. cephalonica, A. concolor, A. grandis, A. nordmanniana, A. veitchii*. Nicht vertragen wird dies von *A. homolepis, A. magnifica, A. procera* u. a. Einen Schnitt vermeiden wir möglichst, da er die Kronenform für immer verunstalten kann. Tannenkrebs bekämpfen wir durch Abschneiden und Verbrennen aller befallenen Zweige oder auch ganzer Pflanzen (Krebsgeschwülste und Hexenbesen). Rinden- und Zweigkrankheiten werden von mehreren

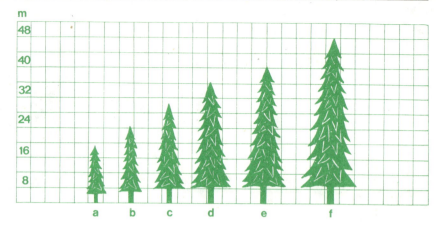

Abb. 3 Typ „procera"
a)
A. balsamea 'Angustata',
A. fraseri,
● *A. lasiocarpa* 'Argentea',
● *A. l.* var. *arizonica*;
b)
A. balsamea 'Albicans',
● *A. b.* 'Argentea',
A. magnifica var. *xanthocarpa*;
c)
A. arnoldiana,
A. a. 'Violet',
'Graciosa',
A. magnifica var. *shastensis*,
● *A. veitchii*,
A. v. var. *nikkoensis*,
var. *olivacea*;
d)
● *A. cilicica*,
A. lasiocarpa,
A. l. 'Coerulescens',
var. *lasiocarpa*;
e)
A. homolepis f. *tomomi*;
f)
A. magnifica,
A. m. 'Argentea',
● 'Glauca',
● *A. procera*,
● *A. p.* 'Argentea',
● 'Glauca',
'Sherwoodii'

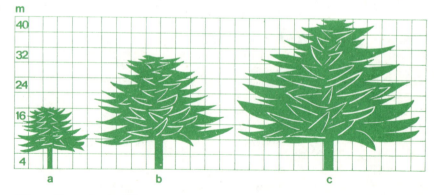

Abb. 4 Typ „nebrodensis"
a)
A. nebrodensis,
b)
A. recurvata,
c)
A. fargesii

pilzlichen Erregern hervorgerufen. Es erscheinen größere abgestorbene Rindenpartien, manchmal werden ganze Zweige erfaßt, die dann völlig absterben. Auf befallenen Rindenteilen erscheinen oft Fruchtkörper (z. B. Pusteln). Befallene Pflanzenteile müssen tief ins gesunde Holz zurückgeschnitten werden. Behandlungen mit Kupferfungiziden sind möglich. Manchmal erscheinen bei Tannen Nadelschüttekrankheiten; zur Infektion junger Nadeln kommt es im Sommer. Auf der Nadelunterseite erscheinen schwarze Sporenbehälter (wiederholte Spritzungen mit Kupfer- und Zineb-Präparaten, insbesondere um Neuinfektionen zu verhindern). Rötlichbraun verfärbte Triebspitzen welken, wenn Spätfrostschäden oder Grauschimmel auftreten (im zweiten Fall wiederholte Spritzungen z. B. mit Thiram-, Benzimidazol- und Dichlofluanid-Präparaten und einseitige Stickstoffdüngung vermeiden). Gegen Tannentriebläuse werden Parathion-, Dimethoat- oder Methamidophos-Präparate eingesetzt. Gegen Tannentriebwickler sind Parathion + Mineralöl-Präparate einzusetzen.

Verwendung

Tannen kommen nur für größere Parkanlagen und Gärten sowie für Landschaftsgestaltungen in Frage. Sie eignen sich hauptsächlich für Solitär- und Gruppenpflanzungen und kommen besonders als dunkler Hintergrund von helleren Gehölzen zur Geltung. Seltene Arten oder besonders gefärbte Sorten pflanzen wir an Ränder größerer Bestände – hauptsächlich von Nadelgehölzen. Schön sind auch einheitliche oder mit anderen Gehölzen kombinierte Gruppen. Vertreter der Typen „Pendula", „Pyramidalis" und „Fastigiata" eignen sich nur als Solitärpflanzen. Die meisten Arten harmonieren sehr gut mit Fichten, aber auch mit

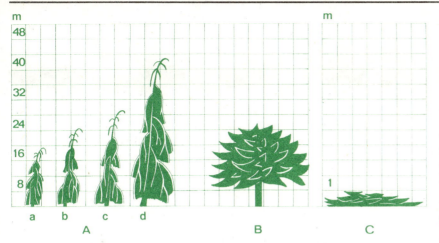

Abb. 5
A) Typ „pendula"
a)
● *A. alba* 'Pendula',
A. a. 'Pendula Gracilis',
'Recurva',
A. pinsapo 'Pendula';
b)
A. insignis 'Pendula',
A. lasiocarpa 'Pendula',
c)
● *A. nordmanniana* 'Pendula',
A. sibirica 'Pendula';
c)
● *A. concolor* 'Pendens',
A. nordmanniana 'Jensen';
d)
A. excelsior 'Pendula'

B) Typ „umbraculifera"
A. alba 'Umbraculifera'

C) Typ „prostrata"
A. fraseri 'Prostrata',
A. koreana 'Compact Dwarf',
A. nordmanniana 'Procumbens'

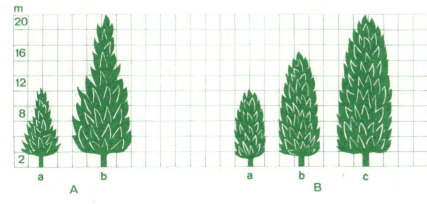

Abb. 6
A) Typ „pyramidalis"
a)
● *A. alba* 'Pyramidalis',
A. a. 'Virgata',
b)
A. nordmanniana ‚Erecta';

B) Typ „fastigiata"
a)
A. pinsapo 'Fastigiata';
b)
A. alba 'Columnaris',
A. balsamea 'Columnaris',
c)
A. concolor 'Fastigiata'

Kiefern und Eiben, weiter mit Eichen, Buchen, immergrünen Sträuchern und höheren Stauden (z. B. *Delphinium, Helenium, Telekia,* höheren Farnen usw.). Für das Stadtgrün verwenden wir nur Arten mit geringer Empfindlichkeit gegen Rauch und Gase – am besten *A. concolor.* Für kleinere Gärten, Terrassen und Steingärten, oder auch für Tröge und andere Pflanzgefäße eignen sich alle niedrigen Zwergtypen (hauptsächlich „Conica", „Nana", „Horizontalis", „Tortuosa" und „Prostrata"). Diese Habitustypen eignen sich auch als Solitärpflanzen in bodenbedeckenden Pflanzungen in Wegnähe, an Bänken und weiteren Einrichtungen. Gut passen sie in Heidepartien, in Nachbarschaft mit Farnen und feuchtigkeit- sowie schattenliebenden Pflanzen. Buntblättrige Sorten sollten so ausgepflanzt werden, daß sie aus der Nähe betrachtet werden können. Zapfen treten nur bei Solitärkronen, deren Spitzen sich direkt gegen den Himmel abzeichnen, hervor oder wenn wir sie aus größerer Höhe beobachten können (Pflanzungen an höheren Balkons, Fenstern oder Terrassen).

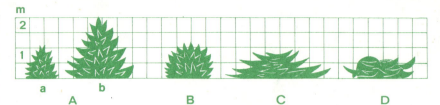

Abb. 7
A) Typ „conica"
a)
A. alba 'Brevifolia',
A. amabilis 'Compacta'
● *A. concolor* 'Compacta',
A. c. 'Conica',
A. homolepis 'Scottae',
A. lasiocarpa 'Beissnerii',
A. pinsapo 'Clarke';
b)
A. excelsior 'Compacta',
● *A. lasiocarpa* 'Compacta',
A. l. 'Conica',

A. nordmanniana 'Brevifolia',
A. n. 'Compacta', 'Refracta',
A. pinsapo 'Pyramidata'

B) Typ „nana"
A. alba 'Compacta',
A. a. 'Elegans',
● *A. balsamea* f. *hudsonia,*
● *A. b.* 'Nana',
A. concolor 'Globosa'

C) Typ „horizontalis"
A. amabilis 'Spreeding Star',
A. balsamea 'Andover',
A. b. 'Prostrata',

A. cephalonica 'Meyer's Dwarf',
A. concolor 'Wattezii Prostrata',
A. magnifica 'Prostrata',
A. nordmanniana 'Golden Spreader',
A. n. 'Horizontalis',
A. pinsapo 'Hammondii',
A. procera 'Glauca Prostrata',
A. p. 'Prostrata'

D) Typ „tortuosa"
A. alba 'Tortuosa'

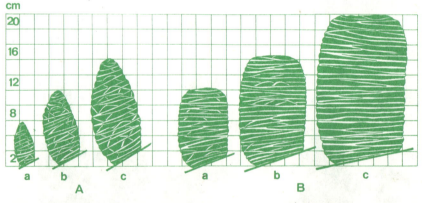

Abb. 8 Tannenzapfen
A) kurz eiförmig;
a)
A. fraseri,
A. koreana,
A. nebrodensis;
b)
A. chensiensis,
A. excelsior, Sorten,
A. homolepis, Sorten, Formen und Varietäten,
A. koreana 'Flava',

A. lasiocarpa,
A. mariesii,
A. mexicana,
A. nephrolepis,
A. recurvata,
A. sibirica, Sorten,
A. squamata;
c)
A. equi-trojani,
A. holophylla,
A. kawakamii,
A. marocana

B) stumpf, breit walzenförmig;
a)
A. delavayi, Varietäten,
A. rolii;
b)
A. concolor, Sorten und Varietäten,
A. magnifica var. *shastensis,*
A. m. var. *xanthocarpa;*
c)
A. magnifica,
A. m. 'Argentea', 'Glauca'

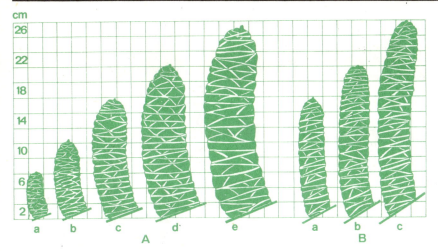

Abb. 9 Tannenzapfen
A) länglich eiförmig;
a)
A. arnoldiana;
b)
A. balsamea,
Sorten und Varietäten,
A. fargesii,
A. firma,
A. sachalinensis, Varietäten,
A. sutchuenensis,
A. veitchii, Varietäten;
c)
A. alba, Sorten und Formen,
A. amabilis,
A. bornmuelleriana,
A. insignis, Sorten,
A. nordmanniana,
Sorten und Formen,
A. pinsapo, Sorten,
A. vasconcellosiana;
d)
A. cephalonica,
Sorten und Varietäten,
A. pardei,
A. vilmorinii;
e)
A. procera, Sorten
B) lang und schlank;
a)
A. borisii- regis;
b)
A. numidica,
A. n. 'Glauca';
c)
A. cilicica

Amentotaxus PILGER – Kätzcheneibe *(Taxaceae)*

Ein Nadelgehölz, das der Kopfeibe *(Cephalotaxus)* sehr ähnlich ist, Heimat in Westchina und auf Formosa. Heute kennen wir 4 Arten: *A. argotaenia* (HANCE) PILG., *A. cathayensis* LI, • *A. formosana* LI (Abb. 1 c) und *A. yunnanensis* LI.
Immergrüne Sträucher von 2–4 m Höhe oder auch niedrige, gelegentlich bis 9 m hohe Bäume (die beiden letztgenannten Arten). Ansprüche, Pflege, Verwendung sind ähnlich wie bei *Cephalotaxus*.

Araucaria JUSS. – Schmucktanne *(Araucariaceae)*

Ziemlich hohe Nadelbäume, Äste in regelmäßigen Quirlen, Blätter pfriemlich bis eilanzettlich, starr, dicht stehend, Blüten zapfenförmig und walzenförmig, bis 15 cm lang, die eigentlichen Zapfen im 2. bis 3. Jahr reifend und zerfallend. Etwa 18 Arten sind in Neuguinea, O-Australien, Neuseeland, Brasilien und Chile beheimatet.
Nur *A. araucana* (MOLINA) K. KOCH. (Syn. *A. imbricata* PAV.) ist unter mitteleuropäischen Klimaverhältnissen einigermaßen winterhart und kann bis über 10 m Höhe erreichen (in der Heimat bis 50 m). Krone kegelförmig, bei freiem Stand bis zum Boden beastet, Blätter eiförmig-lanzettlich, Zapfen kugelig, braun, bis 15 cm lang.
Von den kultivierten Sorten sollen folgende erwähnt werden: *A. araucana* 'Angustifolia' (Triebe länger und schlanker), 'Aurea' (Blätter goldgelb), 'Densa' (Blätter sehr kurz, gedrängt stehend), 'Denudata' (wenig verzweigt), 'Distans' (starkwüchsig, Ast-

quirle mindestens 1 m voneinander entfernt), 'Platyfolia' (Blätter sehr kurz und breit), 'Striata' (Rinde und Blätter gelb gestreift) und 'Variegata' (Blätter gelblich, mitunter grün).
Sehr seltenes Nadelgehölz, nur für Solitärpflanzungen. In rauhen Lagen Winterschutz unbedingt notwendig, besser Kalthausüberwinterung. Gedeiht am besten in nahrhaftem, frischem und durchlässigem Boden unter milden maritimen Klimabedingungen. Feuchte Luft gehört zu den Grundbedingungen.

Calocedrus KURZ – Weihrauchzeder *(Cupressaceae)*

Immergrüne Bäume oder zwergige Sträucher, ähneln sehr dem Lebensbaum *(Thuja)*. Zweiglein in einer Ebene verzweigt, Blätter schuppenförmig, kreuzweise in Scheinquirlen. Blüten unscheinbar, einhäusig. Zapfen ziemlich klein, länglich. Es sind 3 Arten in Nordamerika und im subtropischen Südostasien bekannt.
Für mitteleuropäische Verhältnisse eignet sich nur *C. decurrens* (TORR.) FLORIN (Syn. *Libocedrus decurrens* TORR., Abb. 1 d), mit schlanker kegelförmiger Krone, etwa 20 m hoch. Von den Sorten müssen genannt werden: *C. decurrens* 'Aureovariegata' (gelbbunte Zweiglein), 'Columnaris' (sehr schlanker Säulenhabitus), 'Compacta' (Syn. 'Nana' – zwergig, kugeliger Habitus), 'Glauca' (Laub auffallend blaugrün) und 'Intricata' (zwergiger, aber aufrechter Wuchs).
Seltenes Gehölz, für Solitärpflanzungen geeignet. In mittleren und wärmeren Lagen in Mitteleuropa winterhart, in Frostlagen gibt es Schäden, teilweise erfrieren auch ganze Pflanzen. Wächst im Halbschatten besser als unter voller Sonne. Verträgt trockene Luft, an den Boden nicht sehr anspruchsvoll, am geeignetsten ist sandiger Lehmboden. Sämlinge ungeeigneter Herkunft können empfindlicher sein.

Cedrus TREW – Zeder *(Pinaceae)*

Immergrüne höhere Bäume, nur selten auch niedrige und zwergige Formen. Die Zedern sind mit den Lärchen verwandt, denen sie in der Benadelung etwas ähneln, von denen sie sich jedoch durch ihren immergrünen Charakter unterscheiden. Heute kennen wir 4 Arten, deren Heimat die nordafrikanischen Gebirge, Zypern, der Nahe Osten und das Himalaja-Gebiet sind. Sie wachsen langsam, erlangen aber auch unter mitteleuropäischen Klimabedingungen beachtenswerte Größe. Die Kronen jüngerer Exemplare sind schlanker und die Äste etwas aufstrebend (ausgenommen hängende und kriechende Formen); später sind sie mehr ausgebreitet und oft ungleichmäßig gestaltet.

Zierwert: Blätter (I–XII), Zapfen (VII–X)

Habitustypen

„Atlantica-Typ": Krone dicht oder mitteldicht, schirm- bis kegelförmig (Abb. 10),
„Libani-Typ": Krone ungleichmäßig locker gestaltet, Äste mehr oder weniger waagerecht schirmförmig gestellt (Abb. 11),
„Pendula-Typ": niedrige oder höhere Bäume mit hängenden, oft vorhangartig bis zum Boden reichenden primären und sekundären Ästen; Krone ziemlich breit, manchmal breiter als hoch (Abb. 12),
„Fastigiata-Typ": Bäume mit kurzem Stamm und breit kegelförmig aufstrebender, lockerer Krone (Abb. 13 A),
„Stricta-Typ": niedrige Bäume, oft bis zum Boden bezweigt und mit einer schmal kegelförmigen bis säulenförmigen, aber luftig gestalteten Krone (Abb. 13 B),
„Brevifolia-Typ": niedriger, sehr langsam wachsender Baum mit ungleicher, verschiedenartig gekrümmter Bezweigung und breit ausladender, ungleicher Krone (Abb. 13 C),

Wissenschaftlicher Name	Deutscher Name	Natürliche Verbreitung bzw. Entstehungsort	Frosthärte
● *C. atlantica* (ENDL.) MANETTI ex CARR.	Atlas-Zeder	Atlas-Gebirge	+, ≙
C. brevifolia (HOOK. f.) HENRY	Zypern-Zeder	Zypern	+
C. deodara (D. DON.) G. DON. (Abb. 1 e)	Himalaja-Zeder	W-Himalaja	+, ≙ bis ≙≙
● *C. libani* A. RICH.	Libanon-Zeder	Libanon, Syrien, Taurus	+, ≙
f. *fusiformis* CARR.			+, ≙
f. *microcarpa* CARR.		Roissy	+, ≙
var. *stenocoma* (SCHWARZ) DAVIS		SW-Anatolien	+, ≙

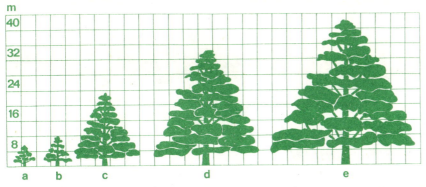

Abb. 10 Typ „atlantica"
a)
C. deodara 'Aurea';
b)
C. deodara 'Crassifolia',
C. d. 'Flava',
C. libani 'Aurea',
C. l. 'Multicaulis';
c)
C. deodara 'Albospica',
C. d. 'Robusta',
'Verticillata';
d)
C. atlantica,
C. a. 'Variegata',
C. deodara 'Argentea',
C. d. 'Fontinalis',
'Glauca',
'Variegata',
C. libani 'Denudata';
e)
● C. atlantica,
C. a. 'Albospica',
'Aurea Robusta',
● 'Glauca',
'Rustic',
C. deodara,
C. d. 'Kashmir',
'Mutabilis',
'Uncinata',
'Viridis'

„Nana-Typ": breit abgerundeter, ungleich gestalteter, ziemlich dichter Strauch (Abb. 14 A),
„Pyramidata-Typ": ungleichmäßig aufgebauter, breit kegelförmiger, dichter Strauch (Abb. 14 B),
„Prostrata-Typ: niederliegender bis kriechender Strauch, Äste ungleichmäßig dem Boden angedrückt oder hökkerartig aufstrebend (Abb. 15 A),
„Sargentii-Typ": Zwergform mit kurzen Stämmchen und mehr oder weniger waagerechten primären Ästen, deren Spitzen zusammen mit den sekundären Zweigen auffallend überhängen; ungleichmäßiger „Tischtyp" (Abb. 15 B).

Textur

Bei den meisten baumartigen Zedern ungleichmäßig, luftig und locker. Gleichmäßiger und meist auch dichter sind die Typen „Pendula", „Fastigiata", „Stricta", und die Zwergtypen. Besonders ungleichmäßig und locker ist sie bei den malerischen Habitustypen „Libani" und „Brevifolia".

Laub

Nadeln werden 3–6 Jahre alt, sind steif, spitz und meist dreikantig; unter 1 cm *(C. brevifolia)*, etwa 2 cm *(C. atlantica, C. libani)* oder 3–5 cm lang *(C. deodara)*, in Büscheln zu 30–50. Sie wirken moosartig.

Abb. 11 Typ „libani"
a)
C. libani 'Tortuosa';
b)
● C. libani,
C. l. f. *fusiformis*,
● 'Glauca',
f. *microcarpa*,
'Viridis'

Wichtig ist die Laubfarbe:
Grün
C. atlantica 'Columnaris', C. a. 'Pendula', 'Pyramidalis', C. deodara 'Verticillata', C. d. 'Viridis', C. libani 'Viridis'.
Dunkelgrün
C. libani, C. l. 'Comte de Dijon', 'Decidua', 'Denudata', f. *fusiformis*, f. *microcarpa*, 'Multicaulis', 'Nana Pyramidalis', 'Tortuosa'.
Grau blaugrün
die meisten bei den Habitustypen angeführten Arten und Sorten.

Blaugrau

C. atlantica 'Argentea Fastigiata', *C. a.* 'Glauca', 'Glauca Pendula', 'Rustic', *C. deodara* 'Argentea', *C. d.* 'Erecta', 'Glauca', 'Kashmir', 'Pygmy', 'Robusta', 'Verticillata Glauca', 'Wiesemannii', *C. libani* 'Glauca', *C. l.* var. *stenocoma*, 'Stricta'.

Weißlich bunt

C. atlantica 'Albospica', *C. a.* 'Variegata', *C. deodara* 'Albospica', *C. d.* 'Nivea', 'Variegata'.

Gelbbunt

C. atlantica 'Aurea', *C. a.* 'Aurea Robusta', *C. d.* 'Aurea', *C. d.* 'Flava', *C. libani* 'Aurea', *C. l.* 'Golden Dwarf'.

Am schönsten sind Arten und Sorten mit grau blaugrün oder blaugrau gefärbten Nadeln.

Zapfen

Aufrechte, im zweiten oder dritten Jahr reifende und dann zerfallende Zapfen, die breit walzenförmig bis eiförmig und vorn stumpf sind (Abb. 15 a, b), sie wirken bei der Betrachtung aus nächster Nähe sehr dekorativ. Bei der Reife meist glänzend braun, unreif grünlich und bläulich bereift.

Stamm und Wurzelsystem

Der Stamm ist bei den baumartigen Zedern, außer bei den Typen „Pendula" und „Brevifolia" meist gerade. Rinde dunkelgrau, bei jungen Exemplaren glatt, bei älteren gesprungen und schuppig. Die Wurzeln sind im Boden gut verankert.

Ansprüche

Die Zedern sind lichtliebende Gebirgsgehölze. Unter mitteleuropäischen Bedingungen werden sie wegen ihrer höheren Wärmeansprüche nur auf geschützte Standorte ausgepflanzt. In Frostlagen erfrieren sie leicht. Geeignet sind westliche und nordwestliche

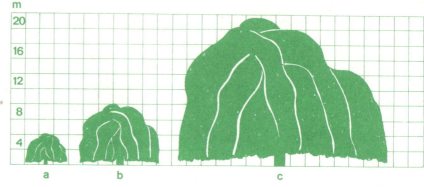

Abb. 12 Typ „pendula"
a) *C. deodara* 'Repandens';
b) *C. deodara* 'Pendula', *C. libani* 'Pendula' (Stammveredlung);
c) ● *C. atlantica* 'Glauca Pendula', *C. a.* 'Pendula', *C. deodara* 'Tristis'

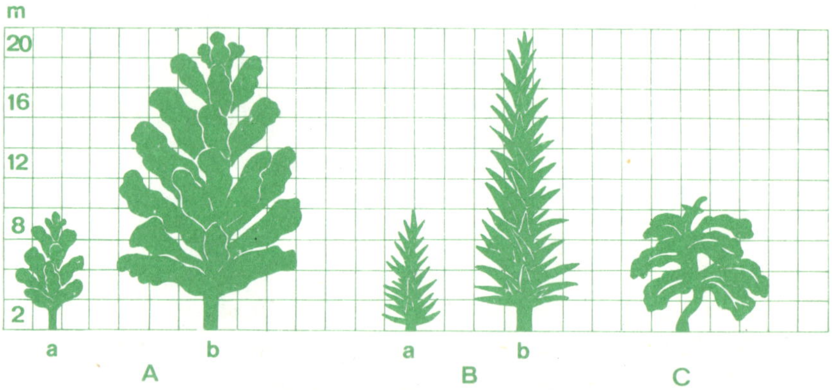

Abb. 13
A) Typ „fastigiata"
a) *C. deodara* 'Wiesemannii';
b) ● *C. atlantica* 'Argenteo-fastigiata', ● *C. a.* 'Fastigiata', *C. deodara* 'Erecta'

B) Typ „stricta"
a) *C. deodara* 'Verticillata Glauca';
b) *C. atlantica* 'Columnaris', *C. a.* 'Pyramidalis', *C. deodara* 'Fastigiata', *C. libani* var. *stenocoma*, *C. l.* 'Stricta'

C) Typ „brevifolia"
● *C. brevifolia*

Pflege

Für alle Zedern ist das Auspflanzen im Vorfrühling am geeignetsten, weil die Pflanzen bis zum Winter gut einwurzeln können. Das eigentliche Pflanzen und die weitere Pflege sind ebenso wie bei *Abies*. Da die jungen Pflanzen am empfindlichsten sind, schützen wir sie in den ersten Jahren (Winterschutz und Schattieren an der Südseite).

Verwendung

Zedern sind typische Solitärpflanzen. Sie wirken malerisch. Größere Bäume kommen sehr effektvoll in weiten Rasenflächen zur Geltung. Zwergige und kriechende Typen eignen sich für Steingärten, Terrassen und Steinwände, am besten in der Nachbarschaft von Steinen und Mauern. Die hellgrünen und besonders die grau-silbrigen Sorten sind vor einem dunkleren Hintergrund (Gebäude, Nadelgehölze) am wirkungsvollsten. Sehr gut harmonieren sie z. B. mit immergrünen Laubgehölzen oder leuchtendrot blühenden Rosen und höheren Stauden (z. B. *Papaver orientale* u. a.). Vorteilhaft ist die Pflanzung niedriger und zwergiger Typen in größere Gefäße zusammen mit anderen Pflanzen, die nach Bedarf im Winter in einem frostfreien und hellen Raum untergebracht werden können. Unter mitteleuropäischen Bedingungen gedeihen sie am besten in Weinbaugebieten, an geschützten Standorten aber auch in anderen Lagen.

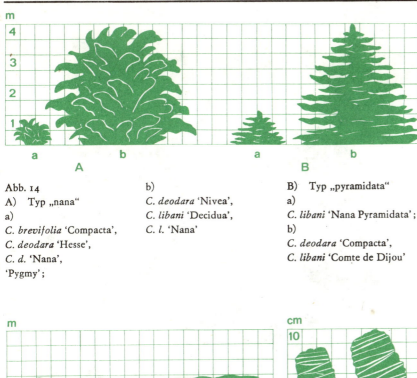

Abb. 14
A) Typ „nana"
a)
C. brevifolia 'Compacta',
C. deodara 'Hesse',
C. d. 'Nana',
'Pygmy';
b)
C. deodara 'Nivea',
C. libani 'Decidua',
C. l. 'Nana'

B) Typ „pyramidata"
a)
C. libani 'Nana Pyramidata';
b)
C. deodara 'Compacta',
C. libani 'Comte de Dijou'

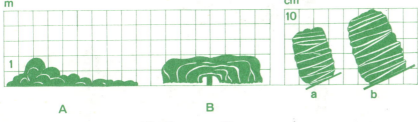

Abb. 15
A) Typ „prostrata"
C. brevifolia 'Horizontalis',
C. deodara 'Prostrata',
C. d. 'Repandens'
(manchmal),
C. libani 'Golden Dwarf',
C. l. 'Pendula'
(nicht veredelt)

B) Typ „sargentii"
C. libani 'Sargentii'
Zedernzapfen
a)
C. atlantica, Sorten,
C. brevifolia, Sorten;
b)
C. deodara, Sorten,
C. libani, Sorten

Abhänge. Am empfindlichsten ist *C. deodara*, aber auch die anderen Arten vertragen strenge Winter, kalte Winde und Sonne im Vorfrühling schlecht. Bei *C. atlantica* und *C. libani* fallen die erfrorenen Nadeln ab, die Bäume regenerieren jedoch meist befriedigend. Geeignet sind trockene bis mäßig feuchte, durchlässige und angemessen nahrhafte Böden. *C. atlantica* und *C. libani* wachsen gut auf Kalkböden, *C. deodara* besser auf schwach sauren Substraten. *C. atlantica* verträgt auch Stadt- und Industrieklima.

Cephalotaxus S. et Z. ex ENDL. – Kopfeibe
(Cephalotaxaceae)

Die Kopfeiben ähneln den Eiben *(Taxus)*, haben aber erheblich längere Nadeln (5–10 cm). Es gibt auch baumartige Kopfeiben, die in Mitteleuropa wachsenden sind aber meist strauchig. Immergrün, mit nadelartigen, fast in einer Ebene 2zeilig stehenden Blättern. Pflanzen zwei-, ausnahmsweise einhäusig, Frucht groß, steinfruchtartig. Von den insgesamt 8 Arten, die vom Himalaja bis O-Asien verbreitet sind, sind in Mitteleuropa nur zwei relativ hart: *C. fortunei* HOOK. (Abb. 16 a) und *C. harringtonia* KNIGHT ex K. KOCH. (Syn. *C. drupacea* S. et Z.).

Die erstgenannte Kopfeibe hat folgende Varietäten und Sorten: var. *alpina* L. (Strauch oder kleiner Baum bis 12 m), 'Brevifolia' (kürzere Nadeln), var. *concolor* FRANCH. (Nadeln heller grün), 'Grandis' (die längsten Nadeln), 'Prostrata' (breiter und flacher Wuchs), 'Pendula' (hängende Zweige) und 'Robusta' (kräftiger Wuchs).

Die zweitgenannte Art hat folgende Merkmale: var. *drupaceae* (S. et Z.) KOIDZ. (breit ausladende Äste und kugelige Krone), 'Fastigiata' (fast säulenförmig), var. *koreana* (NAKAI) REHD. (langsam, niedrig und dicht wachsender kleiner Strauch), var. *nana* (NAKAI) REHD. (breiter, Ausläufer treibender Strauch), 'Prostrata' (flach ausgebreiteter Strauch).

Die beiden angeführten Arten sind nicht immer ganz winterhart. In kälteren Lagen und strengen Wintern erfrieren sie leicht, haben aber gutes Regenerationsvermögen. Sie eignen sich lediglich für wärmere Gebiete Mitteleuropas, möglichst in geschützten, halbschattigen Lagen (volle Sonne

Abb. 16
a) *Cephalotaxus fortunei*,
b) *Chamaecyparis lawsoniana*,
c) *Ch. pisifera*,
d) *Cryptomeria japonica*,
e) *Cunninghamia lanceolata*

wird schlecht vertragen, sehr gut wachsen die Pflanzen als Unterholz unter höheren Bäumen). Am besten gedeihen sie in südlichen Weinbaugebieten. Die Kopfeiben brauchen nährstoffreiche, humose, kalkhaltige und ausreichend feuchte Böden. Befriedigend vertragen sie Luftverunreinigungen. Haben Bedeutung für Gehölz-Sammlungen. Sie wirken hauptsächlich durch ihre langen, sichelartig gekrümmten Nadeln dekorativ. Ihre Giftigkeit darf man nicht übersehen – sie ist ähnlich wie bei *Taxus*.

Chamaecyparis SPACH – Scheinzypresse *(Cupressaceae)*

Immergrüne höhere Bäume, niedrige Bäumchen, Sträucher oder auch zwergige Pflanzen. Die 6 Arten stammen aus Nordamerika, Japan und Formosa.

Wissenschaftlicher Name	Deutscher Name	Natürliche Verbreitung bzw. Entstehungsort	Frosthärte
● *Ch. lawsoniana* (MURR.) PARL. (Abb. 16 b)	Lawson-Scheinzypresse	SW-Oregon, NW-Kalifornien	++ oder +
● *Ch. nootkatensis* (D. DON) SPACH	Nutka-Scheinzypresse	Alaska bis N-Kalifornien	++
● *Ch. obtusa* (S. et Z.) S. et Z. ex ENDL.	Hinoki-Scheinzypresse	Japan, Formosa	++ oder +
var. *breviramea* (MAXIM.) REGEL		N-Kiushu	++
var. *formosana* (HAYATA) REHD.		Formosa	++
● *Ch. pisifera* (S. et Z.) S. et Z. ex ENDL. (Abb. 16 c)	Sawara-Scheinzypresse	Japan	++
Ch. thyoides (L.) B. S. P.		USA	++
var. *henryae* (LI) LITTLE		NW-Florida – S-Alabama	++

Im Aussehen ähneln die Scheinzypressen den Lebensbäumen *(Thuja)*. Außer den Zwergtypen sowie *Ch. obtusa* und *Ch. thyoides* wachsen alle ziemlich schnell.
Zierwert: Blätter (I–XII), Zapfen (VII–XII).

Habitustypen

„Lawsoniana-Typ": streng gleichmäßiger, breit kegelförmiger Baum mit kurzem Stamm und dichter Krone (Abb. 17),
„Pendula-Typ": breit kegelförmige Bäume wie beim vorigen Typ, die sekundären Zweige aber ausgeprägt hängend, so daß die Krone entweder fein graziös (bei langen, fadenförmigen Zweigen – siehe Textur) oder vorhangartig „verwelkt" (bei Zweigen, die flach in einer Ebene angeordnet sind) aussieht (Abb. 18),
„Pyramidalis-Typ": streng gleichmäßiger, schmal kegelförmiger Baum mit dichter Krone und ziemlich kurzem Stamm (Abb. 19 A),
„Intertexta-Typ": niedrige Bäume oder Bäumchen mit ungleich hängendem Wuchs, meist zu einer Seite geneigt, Krone locker, im oberen Teil sehr ungleichmäßig (Abb. 19 B),
„Stricta-Typ": dichte, streng ungleichmäßige Säulenformen, meist bis zum Boden beastet (Abb. 20 A),
„Conica-Typ": strauchige, sehr dichte und bis zum Boden beastete Typen, mit einer flachen Krone; im Inneren des Strauches ein normal ausgebildetes Stämmchen (Abb. 21),
„Compacta-Typ": breit aufstrebender, dichter und gleichmäßiger Strauch, mit abgerundeter, kugeliger Krone (Abb. 22 A),
„Gracilis-Typ": breit halbkugelige Sträucher, sekundäre Zweige graziös hängend (Abb. 22 B),
„Minima-Typ": streng halbkugeliger, dicht verzweigter Strauch mit einem unscheinbaren, nur dicht über dem Boden ausgebildeten Stämmchen (Abb. 23),
„Nana-Typ": streng flachkugeliger Strauch – sonst wie voriger Typ (Abb. 24).
Junge Bäume (oft bis 20 Jahre) sind immer schmaler gestaltet als ältere Exemplare.

Textur

Die kurzen, meist ausgebreiteten Äste und Zweige bedingen zusammen mit der feinen, schuppenförmigen oder auch nadelförmigen Belaubung die überwiegend dichte Textur (ausgenommen die ungleichmäßig verzweigten Typen „Intertexta" und „Pendula"). Wir können folgende Haupttypen der Textur unterscheiden:

Flach in einer Ebene angeordnete Zweiglein (meist schuppenförmige Blätter):
Ch. lawsoniana und die meisten angeführten

Sorten, *Ch. nootkatensis* und die meisten Sorten, *Ch. obtusa* und manche Sorten, *Ch. pisifera* und manche Sorten

Zweiglein feder- oder farnartig angeordnet:
Ch. lawsoniana 'Compacta', *Ch. l.* 'Compacta Nova', 'Golden King', 'Hillieri', 'Lane', 'Lutea', 'Milfordensis', 'Olbrichii', 'Plumosa', 'Plumosa Glauca', 'Stardust', 'Youngii', *Ch. obtusa* 'Chilworth', *Ch. o.* 'Filicoides', *Ch. pisifera* 'Plumosa', *Ch. p.* 'Plumosa Albospica', 'Plumosa Argenta', 'Plumosa Aurea', 'Plumosa Aurea Compacta', 'Plumosa Compacta', 'Plumosa Flavescens', 'Plumosa Nana Aurea', 'Plumosa Pygmaea', 'Plumosa Vera'.

Zweiglein verlängert bis fadenförmig (Blätter meist schuppenförmig):
Ch. lawsoniana 'Casuarinifolia' (auch bizarr gestaltet), *Ch. l.* 'Casuarinifolia Aureovariegata' (wie vorige), 'Duncanii', 'Erecta Filiformis', 'Filiformis', 'Filiformis Campacta', 'Filiformis Glauca', 'Gracilis', 'Gracilis Aurea', 'Gracilis Nana', 'Gracilis Nova', 'Gracilis Pendula', 'Gracillima', 'Intertexta', 'Intertexta Atrovirens', 'Krameri', *Ch. obtusa* 'Contorta', *Ch. o.* 'Coralliformis', 'Filiformis', 'Filiformis Aurea', 'Rigid Dwarf', *Ch. pisifera* 'Filifera', *Ch. p.* 'Filifera Argenteovariegata', 'Filifera Aurea', 'Filifera Aurea Nana', 'Filifera Aureovariegata', 'Filifera Gracilis', 'Filifera Nana', 'Golden Mop', 'Gold Spangle'.

Zweiglein muschel-, fächer- oder tütenförmig angeordnet (Blätter schuppenförmig):
Ch. lawsoniana 'Aurea Densa', *Ch. l.* 'Hollandia', 'Minima Glauca', 'Tharandtensis', 'Tharandtensis Caesia', *Ch. obtusa* 'Bassett', *Ch. o.* 'Caespitosa', 'Crippsii', 'Flabelliformis', 'Gracilis', 'Gracilis Aurea', 'Graciosa', 'Juniperoides', 'Juniperoides Compacta', 'Kosteri', 'Laxa', 'Magnifica', 'Nana', 'Nana Argentea', 'Nana Aurea', 'Nana Compacta', 'Nana Gracilis', 'Nana Lutea', 'Nana Pyramidalis', 'Pygmaea', 'Pygmaea Aurescens', 'Repens', 'Spiralis', 'Tempelhof', 'Tonia', 'Yellowtip', *Ch. pisifera* 'Nana', *Ch. p.* 'Nana Albovariegata', 'Nana Aureovariegata', *Ch. thyoides* und die meisten Sorten.

Zweiglein mit ausschließlich oder überwiegend nadel- oder ahlenförmigen, verschiedenartig angeordneten Blättern:

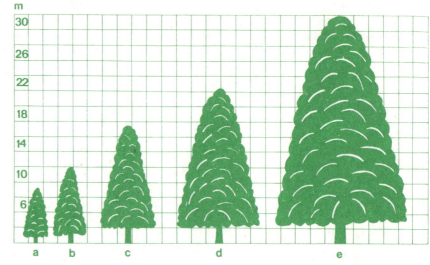

Abb. 17 Typ „lawsoniana"

a)
● *Ch. lawsoniana* 'Aurea',
Ch. l. 'Drummondii',
Ch. obtusa 'Aurea',
● *Ch. o.* 'Crippsii',
'Erecta',
● 'Gracilis',
'Keteleeri',
● 'Lutea Nova',
'Magnifica';

b)
Ch. lawsoniana
'Argentea Smith',
Ch. l. 'Argentea Waterer',
'Aurea Nova',
'Blue Gown',
'Bruinii',
'Coerulea',
'Crispa',
'Elegantissima',
'Glauca Argentea',
'Glauca Lombartsii',
'Pembury Blue',
'Van Eck',
Ch. pisifera 'Clouded Sky',
● *Ch. thyoides* 'Aurea';

c)
Ch. lawsoniana 'Aureospica',
● *Ch. l.* 'Aureovariegata',
● 'Blaue Bautzener',
'Flavescens', 'Maas',
'Pulverulenta',
● 'Spek',
'Spiralis',
● 'Triomph van Boskoop',
'Triomph van Lombarts',
● *Ch. obtusa*,
Ch. o. 'Argentea',
var. *formosana*,
● *Ch. pisifera*
'Plumosa Aurea',
● *Ch. p.* 'Squarrosa Aurea';

d)
● *Ch. lawsoniana*
'Argenteovariegata',
● *Ch. l.*
'Argenteovariegata Nova',
'Blue Jacket',
'Falcata',
'Felix',
● 'Kelleriis',
'Magnifica Aurea',
'Robusta Aurea',
● *Ch. pisifera* 'Filifera'
(manchmal),
● *Ch. p.* 'Plumosa',
'Plumosa Vera',
● 'Squarrosa',
Ch. thyoides 'Atrovirens',
Ch. th. 'Variegata';

e)
● *Ch. lawsoniana*,
Ch. l. 'Atrovirens',
'Beissneriana',
'Booth',
● 'Glauca',
'Stardust',
● *Ch. thyoides*,
Ch. th. var. *thyoides*,
var. *henryae*

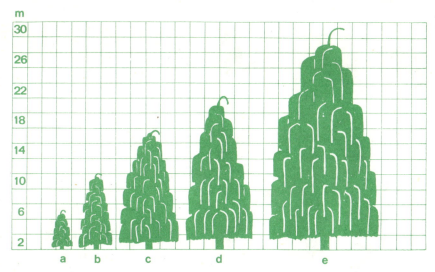

Abb. 18 Typ „pendula"

a)
Ch. lawsoniana 'Filiformis Glauca',
Ch. l. 'Gracillima',
'Pendula Alba',
● *Ch. pisifera* 'Filifera',
● *Ch. p.* 'Filifera Aurea',
'Filifera Gracilis';

b)
● *Ch. lawsoniana* 'Filiformis',
Ch. l. 'Glauca Veitch',
'Gracilis Nova',
'Gracilis Pendula',
'Kloosterhuis',
'President Roosevelt',
Ch. nootkatensis 'Nutans',
● *Ch. n.* 'Pendula',
Ch. obtusa 'Pendula',
Ch. o. 'Youngii';

c)
● *Ch. lawsoniana*
'Golden King',
'Gracilis Glauca';
● *Ch. nootkatensis*
'Viridis Pendula';

d)
● *Ch. lawsoniana* 'Gracilis',
Ch. l. 'Gracilis Aurea',
'Robusta Glauca';

e)
● *Ch. nootkatensis* 'Glauca'

Ch. lawsoniana 'Epacroides', *Ch. l.* 'Ericoides', *Ch. nootkatensis* 'Ericoides', *Ch. obtusa* 'Ericoides', *Ch. o.* 'Sanderi', *Ch. pisifera* 'Boulevard', *Ch. p.* 'Cloud Sky', 'Ericoides', 'Plumosa Compressa', 'Plumosa Rogersii', 'Squarrosa', 'Squarrosa Argentea', 'Squarrosa Aurea', 'Squarrosa Dumosa', 'Squarrosa Intermedia', 'Squarrosa Lutea', 'Squarrosa Minima', 'Squarrosa Sulphurea'.

Zweiglein kammförmig oder andersartig bizarr angeordnet (meist schuppenförmige Blätter):

Ch. lawsoniana 'Caudata', *Ch. l.* 'Crispa', 'Cristata', 'Falcata', 'Forsteckensis Variegata', 'Lycopodioides', 'Wisselii', 'Wisselii Nana', *Ch. obtusa* 'Albospica', *Ch. o.* 'Kojolkohiba', 'Lycopodioides', 'Lycopodioides Aurea', 'Tetragona Aurea', *Ch. pisifera* 'Filifera Crispa', *Ch. p.* 'Plumosa Cristata', *Ch. thyoides* 'Hoveyi'.

Von diesen sechs Typen ist derjenige mit den verlängerten bis fadenförmigen Zweiglein am luftigsten und leichtesten. Der letztgenannte Typ mit einer kammförmigen bis bizarren Anordnung, hat keine einheitlich dichte Textur, die Lücken sind ungleichmäßig. Alle anderen Typen bilden eine dichte, einheitliche und ungestörte, wenig luftige Textur, die den Pflanzen einen ziemlich starren und „schweren" Charakter verleiht.

Laub

Die meisten Scheinzypressen und ihre Sorten haben kleine bis winzige, dicht anliegende, schuppenförmige Blättchen; nur ausnahmsweise gibt es eine ahlen- oder nadelförmige Belaubung.

Blattfarbe:
Hellgrün
Ch. lawsoniana 'Compacta Nova', *Ch. l.* 'Derbyshire Dwarf', 'Erecta Viridis', 'Globosa', 'Gracillima', 'Green Hedger', 'Green Pillar', 'Green Spire', 'Nana', 'Rosenthalii', 'Shawii', 'Stricta', *Ch. nootkatensis* 'Compacta', *Ch. n.* 'Viridis Pendula', *Ch. obtusa*

'Chilworth', *Ch. o.* 'Contorta', 'Erecta', 'Ericoides', 'Filiformis', 'Flabelliformis', 'Graciosa', 'Hage', 'Intermedia', 'Juniperoides Compacta', 'Koster', 'Magnifica', 'Minima', 'Nana Compacta', 'Pygmaea', 'Repens', 'Tempelhof' (bis gelblich), *Ch. pisifera* 'Ericoides', *Ch. p.* 'Plumosa Vera', *Ch. thyoides* var. *henryae*.

Dunkelgrün

Ch. lawsoniana 'Erecta Filiformis', *Ch. l.* 'Filicifolia Pendula Nana', 'Filifera', 'Filiformis', 'Grandi', 'Hollandia', 'Intertexta Atrovirens', 'Masonii', 'Parsons', 'Patula', 'Pena Park', 'Pendula', 'Pendula Nova', 'Pendula Vera', 'Plumosa', 'Procumbens', 'Robusta', 'Tharandtensis', 'Weisseana', 'Witzeliana', *Ch. nootkatensis*, *Ch. n.* 'Columnaris', 'Gracilis', 'Pendula', 'Pyramidalis', *Ch. obtusa*, *Ch. o.* 'Bassett', 'Compacta', 'Compacta Fernspray', 'Filicoides', var. *formosana*, 'Gracilis', 'Juniperoides', 'Laxa', 'Nana', 'Nana Pyramidalis', 'Pendula' 'Prostrata', 'Rigid Dwarf', 'Spiralis', 'Stoneham', 'Tonia', *Ch. pisifera* 'Filifera Nana', *Ch. p.* 'Nana', 'Plumosa Cristata', 'Plumosa Pygmaea', *Ch. thyoides* 'Atrovirens'.

Glänzend dunkelgrün

Ch. lawsoniana, *Ch. l.* 'Atrovirens', 'Bowleri', 'Caudata', 'Columnaris', 'Compacta', 'Crispa', 'Drummondii', 'Epacroides', 'Erecta', 'Falcata', 'Gracilis', 'Krameri', 'Pyramidalis', 'Spiralis', 'Youngii', *Ch. obtusa* var. *breviramea*, *Ch. o.* 'Nana Gracilis', *Ch. pisifera*, *Ch. p.* 'Compacta', 'Plumosa'.

Grün mit leichtem graublauen Hauch

Ch. lawsoniana 'Coerulea', *Ch. l.* 'Coerulea Erecta', 'Filiformis Compacta', 'Rogersii', 'Schongariana', 'Stricta Glauca', 'Tamariscifolia', 'Tharandtensis Caesia', *Ch. pisifera* 'Filifera'.

Auffallend bläulichgrün:

alle bei den Habitustypen angeführten Arten und Sorten, die nicht unter den anderen Farbgruppen genannt sind.

Bläulich graugrün

Ch. lawsoniana 'Booth', *Ch. l.* 'Darleyensis', 'Down's Gem', 'Ericoides', 'Glauca Lombartsii', 'Kilmacurragh', 'Pottenii', 'Robusta Argentea', 'Spek', 'Worlei'.

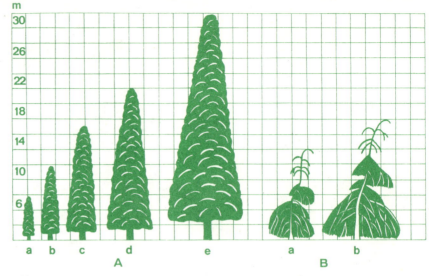

Abb. 19
A) Typ „pyramidalis"
a)
Ch. lawsoniana 'Fragrans',
Ch. l. 'Alumi Magnifica',
'Fragrans Argentea',
● 'Golden Wonder',
'Green Hedger',
'Winston Churchill',
● 'Wisselii Nana',
Ch. nootkatensis
'Pyramidalis';
b)
Ch. lawsoniana
'Coerulea Erecta',
'Epacroides',
'Erecta Alba',
● 'Erecta Viridis',
'Filifera',
'Fraseri',
'Green Pillar',
'Hillieri',
'Lombartsii',
● 'Lutea',
● 'Lutescens',
'Moerheimii',
'New Golden,'
'Nivea',
'Rosenthalii',
'Schongeriana',
● 'Silver Queen',
'Stricta',
'Stricta Glauca',
● 'Youngii',
Ch. pisifera
'Argenteo-variegata',
Ch. thyoides 'Hoveyi';
c)
Ch. lawsoniana 'Albospica',
● *Ch. l.* 'Alumii',
● 'Alumigold',
'Depkenii',
'Hollandia',
'Van Tol',
● 'Wisselii',
'Worlei',
Ch. nootkatensis
'Glauca Aureovariegata',
Ch. obtusa 'Filicoides',
Ch. o. var. *breviramea*,
● *Ch. pisifera* 'Aurea';
d)
Ch. lawsoniana
'Pyramidalis Alba',
● *Ch. nootkatensis* 'Aurea',
● *Ch. n.* 'Aureovariegata',
'Plumosa Argentea';
e)
Ch. lawsoniana 'Friesia',
Ch. l. 'Pyramidalis',
● 'Robusta Argentea',
● *Ch. nootkatensis*,
Ch. n. 'Variegata',
● *Ch. pisifera*

B) Typ „intertexta"
a)
Ch. lawsoniana 'Pendula',
Ch. l. 'Pendula Aurea',
'Pendula Nova',
'Pendula Vera' (aufgebunden);
b)
● *Ch. lawsoniana* 'Intertexta',
Ch. l. 'Intertexta Atrovirens'

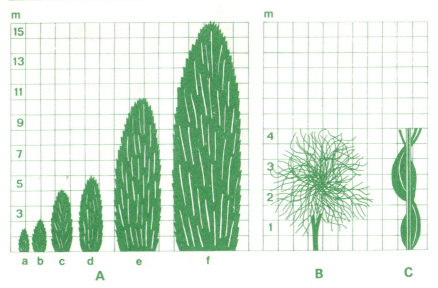

Abb. 20
A) Typ „stricta"
a)
Ch. lawsoniana
'Ellwoods Pillar',
Ch. l. 'Fletcher's Pillar',
'Kestonensis',
Ch. thyoides 'Pyramidata';
b)
● *Ch. lawsoniana* 'Blom',
Ch. l. 'Blue Surprise',
'Boeri',
● 'Ellwoodii',
● 'Ellwood's White',
● 'Ellwood's Gold',
'Fletcher's Compact';
c)
Ch. lawsoniana 'Kilmacurragh',
Ch. l. 'Stricta Aurea';
d)
Ch. lawsoniana
'Erecta Argenteovariegata',
● *Ch. l.* 'Lane',
'Monumentalis Nova',
'Olbrichii',
'Plumosa',
'Plumosa Glauca',
'Witzeliana',
'Yellow Transparent',
Ch. obtusa 'Goldspire';
e)
● *Ch. lawsoniana* 'Columnaris',
Ch. l. 'Erecta',
'Erecta Glaucescens',
● 'Fletcheri',
'Fletcher's White',
'Glauca Elegans',
'Monumentalis',
'Monumentalis Glauca',
'Naberi',
'Pottenii',
'White Spot';
f)
Ch. lawsoniana
Ch. nootkatensis 'Columnaris',
Ch. n. 'Viridis'

B) Typ „americana"
Ephedra americana (selten)

C) Typ „fragilis"
Ephedra fragilis,
E. f. ssp. *campylopoda*

Blaugrau bis blauweiß
Ch. lawsoniana 'Glauca Argentea', *Ch. l.* 'Glauca Elegans', *Ch. pisifera* 'Boulevard', *Ch. p.* 'Plumosa Compressa' (oft auch mit gelblichem Ton), 'Squarrosa Argentea', 'Squarrosa Dumosa', *Ch. thyoides* 'Glauca'.

Weißlich bunt
Ch. l. 'Albospica', *Ch. l.* 'Albovariegata', 'Argentea Smith', 'Argentea Waterer', 'Argenteovariegata', 'Argenteovariegata Nova', 'Ellwood's White', 'Erecta Alba', 'Erecta Argenteovariegata', 'Fletcher's White', 'Fragrans Argentea', 'Minima Argenteovariegata', 'Nana Albospica', 'Nana Argentea', 'Nana Argenteovariegata', 'Nivea', 'Pendula Alba', 'Pygmaea Argentea', 'Pyramidalis Alba Nana', 'White Spot', *Ch. nootkatensis* 'Variegata', *Ch. obtusa* 'Argentea', *Ch. o.* 'Nana Argentea', *Ch. pisifera* 'Argenteovariegata', *Ch. p.* 'Nana Albovariegata', 'Plumosa Albospica', 'Plumosa Argentea', 'Squarrosa Minima'.

Gelblich bunt
Ch. lawsoniana 'Alumigold', *Ch. l.* 'Aurea', 'Aurea Densa', 'Aurea Nova', 'Aureospica', 'Aureovariegata', 'Boeri', 'Casuarinifolia Aureovariegata', 'Elegantissima', 'Ellwood's Gold', 'Erecta Aurea', 'Erecta Aureospica', 'Flavescens', 'Forsteckensis Variegata', 'Golden King', 'Golden Wonder', 'Gracilis Aurea', 'Hillieri', 'Howarth's Gold', 'Juniperina', 'Kelleriis Gold', 'Lane', 'Lombartsii', 'Lutea', 'Lutea Nana', 'Luteocompacta', 'Luteogracilis', 'Lutescens', 'Maas', 'Magnifica Aurea', 'Minima Aurea', 'Moerheimii', 'Naberi', 'New Golden', 'Pendula Aurea', 'President Roosevelt', 'Pulverulenta', 'Robusta Aurea', 'Stardust', 'Stewartii', 'Stricta Aurea', 'Triompf van Lombarts', 'Van Eck', 'Van Tol', 'Westermannii', 'Westermannii Aureovariegata', 'Winston Churchill', 'Yellow Transparent', *Ch. nootkatensis* 'Aurea', *Ch. n.* 'Aureovariegata', 'Glauca Aureovariegata', *Ch. obtusa* 'Aurea', *Ch. o.* 'Crippsii', 'Filiformis Aurea', 'Goldenspire', 'Gracilis Aurea', 'Kojolkohiba', 'Keteleerii', 'Lutea Nova', 'Lycopodioides Aurea', 'Nana Aurea', 'Nana Lutea', 'Pygmaea Aurescens', 'Tetragona Aurea', 'Youngii', *Ch. pisifera* 'Aurea', *Ch. p.* 'Aurea

Nana', 'Compacta Variegata', 'Filifera Aurea', 'Filifera Aurea Nana', 'Filifera Aureovariegata', 'Filifera Gracilis', 'Golden Mop', 'Gold Spangle', 'Nana Aureovariegata', 'Plumosa Aurea', 'Plumosa Aurea Compacta', 'Plumosa Nana Aurea', 'Squarrosa Aurea', 'Squarrosa Lutea', 'Squarrosa Sulphurea', *Ch. thyoides* 'Aurea', *Ch. t.* 'Variegata'.
Weißlich gelbbunt
Ch. lawsoniana 'Depkenii', *Ch. l.* 'Nana Albovariegata', 'Pyramidalis Alba', 'Silver Queen', *Ch. obtusa* 'Albospica', *Ch. o.* 'Mariesii', *Ch. pisifera* 'Filifera Argenteovariegata', *Ch. p.* 'Plumosa Flavescens'.

Zu den schönsten Scheinzypressen gehören alle die mit ausgeprägter blaugrauer und blaugrüner Laubfärbung. Sehr auffallend sind manche weißlich oder gelblich bunten Abweichungen (sind aber gegen Sonneneinstrahlung, besonders in den Wintermonaten, empfindlicher).

Stamm und Wurzelsystem

Sehr ähnlich den *Thuja*-Stämmen. Bei jüngeren Pflanzen Rinde lange glatt, meist glänzend graubraun bis dunkelgrau. Alte Stämme sind braun, Rinde schuppen- oder faserartig abschälend. Immer streng gerade (ausgenommen der Typ „Intertexta" und verschiedene zwergige Formen). Sämlingspflanzen bilden eine kurze Pfahlwurzel mit einem intensiven Nebenwurzelsystem; Bäume, die aus Stecklingen aufgezogen wurden, haben einen Kranz dichter Wurzeln – in beiden Fällen sind die Bäume im Boden gut verankert.

Zapfen

Erscheint im 25. bis 30. Lebensjahr, manchmal noch später *(Ch. obtusa)*; viele Zwergsorten und alle Jugendformen sind steril. Der Zapfen ist kugelig oder ellipsoid, etwa 1 cm groß, er reift im gleichen Jahr, ausnahmsweise erst im folgenden Jahr. Die Farbe junger

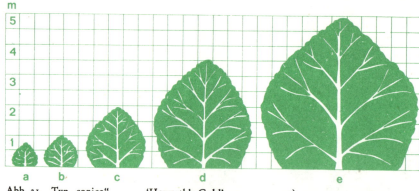

Abb. 21 Typ „conica"
a)
Ch. obtusa 'Chilworth',
Ch. o. 'Mariesii',
Ch. thyoides 'Conica';
b)
Ch. lawsoniana 'Aurea Densa',
Ch. l. 'Derbyshire Dwarf',
'Fletcheri Nana',
'Gnome',
'Nana',
'Nana Albospica',
'Nana Albovariegata',
'Nana Glauca',
Ch. obtusa 'Hage',
Ch. o. 'Nana Pyramidalis',
'Rigid Dwarf',
'Sanderi' (manchmal)
'Spiralis',
● *Ch. pisifera* 'Plumosa Flavescens' (selten),
Ch. p. 'Plumosa Rogersii',
Ch. thyoides 'Glauca';
c)
Ch. lawsoniana 'Albovariegata',
Ch. l. 'Compacta',
'Compacta Nova',
'Darleyensis',
'Erecta Aurea',
'Erecta Aureospica',
'Howarth's Gold',
'Juniperina',
'Nana Argenteovariegata',
'Pyramidalis Alba Nana',
● 'Rogersii'
(ältere Exemplare),
'Tharandtensis',
● 'Tharandtensis Caesia',
● *Ch. obtusa* 'Albospica',
Ch. o. 'Contorta',
● 'Kosteri',
● *Ch. obtusa* 'Albospica',
Ch. o. 'Contorta',
● 'Kosteri',
'Nana Aurea',
● 'Nana Gracilis',
● 'Tetragona Aurea',
'Tonia',
'Yellowtip',
Ch. pisifera
'Filifera Argenteovariegata',
● *Ch. p.* 'Filifera Aurea Nana',
'Filifera Aureovariegata',
'Plumosa Albospica',
'Plumosa Compacta',
'Plumosa Pygmaea',
● *Ch. thyoides* 'Andelyensis';
d)
Ch. lawsoniana 'Lutea Nana',
Ch. l. 'Milfordensis',
Ch. nootkatensis 'Glauca Vera',
Ch. obtusa 'Gracilis Aurea',
Ch. o. 'Graciosa',
Ch. pisifera 'Filifera Crispa',
Ch. p. 'Plumosa Cristata';
e)
Ch. lawsoniana 'Cristata',
Ch. l. 'Erecta Filiformis',
'Luteocompacta',
'Luteogracilis',
'Lycopodioides',
'Massonii',
'Overeynderi',
'Patula',
'Westermannii',
'Westermannii Aureovariegata',
Ch. obtusa 'Compacta',
● *Ch. o.* 'Filicoides',
● 'Filiformis Aurea',
● *Ch. pisifera* 'Boulevard',
● *Ch. p.* 'Squarrosa Sulphurea'

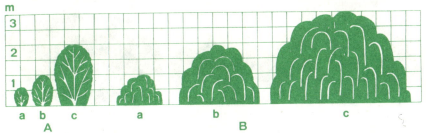

Abb. 22
A) Typ „compacta"
a) *Ch. lawsoniana* 'Flabelliformis';
b) *Ch. lawsoniana* 'Minima Aurea', *Ch. l.* 'Nana Argentea';
c) *Ch. lawsoniana* 'Albovariegata', *Ch. l.* 'Caudata',
Ch. nootkatensis 'Compacta', *Ch. n.* 'Compacta Glauca', *Ch. obtusa* 'Tempelhof', *Ch. pisifera* 'Ericoides',
● *Ch. p.* 'Plumosa Aurea Compacta'

B) Typ „gracilis"
a) *Ch. lawsoniana* 'Knowefieldensis',
● *Ch. pisifera* 'Filifera Nana',
Ch. p. 'Golden Mop';
b) *Ch. lawsoniana* 'Gracilis Nana';
c) ● *Ch. lawsoniana* 'Filicifolia Pendula Nana', *Ch. l.* 'Pendula Vera' (nicht aufgebunden), 'Tamariscifolia', 'Weisseana',
● *Ch. pisifera* 'Filifera Aurea' (manchmal),
● *Ch. p.* 'Gold Spangle'

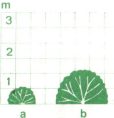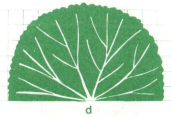

Abb. 23 Typ „minima"
a) *Ch. obtusa* 'Intermedia', *Ch. o.* 'Juniperoides', 'Juniperoides Compacta',
● 'Nana', 'Nana Argentea', 'Nana Compacta', 'Nana Lutea', 'Stoneham', *Ch. pisifera* 'Squarrosa Minima';
b) ● *Ch. lawsoniana* 'Bowleri', *Ch. l.* 'Casuarinifolia', 'Casuarinifolia Aureovariegata',
'Coerulescens', 'Ellwoodii Pygmy', 'Filiformis Compacta',
● 'Forsteckensis',
● 'Forsteckensis Variegata', 'Globosa', 'Krameri',
● 'Minima', 'Minima Argenteovariegata',
● 'Minima Glauca', 'Tilgate', *Ch. obtusa* 'Laxa',
● *Ch. o.* 'Lycopodioides Aurea',
● 'Pygmaea', *Ch. pisifera* 'Aurea Nana',
● *Ch. p.* 'Squarrosa Dumosa', 'Squarrosa Intermedia', 'Squarrosa Lutea',
Ch. thyoides 'Andelyensis Nana', *Ch. th.* 'Nana';
c) *Ch. lawsoniana* 'Duncanii', *Ch. l.* 'Gimbornii', 'Nidiformis', 'Pygmaea Argentea', 'Rogersii', 'Shawii', *Ch. nootkatensis* 'Gracilis', *Ch. obtusa* 'Kajolkohiba',
● *Ch. o.* 'Lycopodioides', 'Pygmaea Aurescens',
● *Ch. pisifera* 'Squarrosa Argentea';
d) *Ch. nootkatensis* 'Ericoides'

Zapfen ist verschieden hellbraun, manchmal orange getönt, oft auffallend blaugrün bereift, später dunkelbraun bis violett. Bei reicherem Ansatz bedecken die Zäpfchen fast die ganze Krone und wirken sehr zierend.

Ansprüche

Die Scheinzypressen sind lichtliebend, gedeihen aber auch gut auf halbschattigen oder von der Sonne abgekehrten hellen Standorten. *Ch. obtusa* verträgt auch schattigere Standorte. Die gelbbunten Sorten leiden leicht unter intensiver Wintersonne. Zu den härtesten gehören *Ch. nootkatensis* und *Ch. pisifera* – sie vertragen Fröste auf fast allen Standorten. Winterhart ist ebenfalls *Ch. lawsoniana,* wenn sie nicht in Frostlagen ausgepflanzt wird. Etwas empfindlicher ist *Ch. obtusa,* die auch unter Hitze und Trockenheit leidet. Hinsichtlich der Bodenbedingungen sind die meisten Scheinzypressen nicht sehr anspruchsvoll. Am besten eignet sich sandig-lehmiger und ausreichend feuchter Boden, *Ch. thyoides* und *Ch. obtusa* vertragen Trockenheit besonders schlecht, *Ch. thyoides* versagt auf schweren Böden. Alle Scheinzypressen sind kalkfliehend. Die verschiedenen Arten, hauptsächlich aber *Ch. nootkatensis* und die meisten blaugrau ausgefärbten Sorten, vertragen verunreinigte Luft sehr gut. Besonders *Ch. pisifera* ist nach RANFT und DÄSSLER gegen SO_2 sehr widerstandsfähig. In der Jugend leiden sie jedoch unter Wildverbiß.

Pflege

Chamaecyparis-Arten pflanzen wir mit Wurzelballen – wie bei *Abies* angeführt. Die empfindlicheren Arten und Sorten (*Ch. obtusa* und *Ch. thyoides*) sollten lieber im Vorfrühling gepflanzt werden. Die Pflege jüngerer sowie älterer Pflanzungen ist die gleiche wie bei *Abies*. Ältere Exemplare von *Ch. nootkatensis* und *Ch. obtusa* können, bei ausreichender Wässerung, bis zu ihrem 20. Lebensjahr umgepflanzt werden, *Ch. lawsoniana*, *Ch. thyoides* und *Ch. pisifera* bis zum 30. Lebensjahr. Regenerationseigenschaften sind bei allen Arten ziemlich schwach ausgebildet. Besonders baumartige *Chamaecyparis* schneiden wir möglichst nicht; nur jungen, sehr robust in die Höhe wachsenden Pflanzen können wir im Vorfrühling oder Spätherbst bei einem zu starken Durchtrieb die Spitze etwas einkürzen, damit das Oberteil der Krone dichter bleibt. Mit vorsichtigem, öfterem und unauffälligem Kürzen der Leit- und Nebentriebe unterstützen wir bei den Säulenformen (hauptsächlich bei den Typen „Stricta" und „Compacta") eine stärkere und dichtere Verzweigung, so daß sie nicht so leicht auseinanderfallen. Die Scheinzypressen leiden nur unter wenigen Krankheiten und Schädlingen. Bei der *Pestalotia*-Einschnürungskrankheit, bei der die Zweige eingeschnürt werden, sind befallene Zweige abzuschneiden und zu vernichten. Beim Auftreten der *Phytophthora*-Wurzelfäule verfaulen die Wurzeln, der unterste Stammteil und die Blätter verfärben sich braun, die Pflanzen sterben gänzlich ab (kranke Pflanzen entfernen, für optimalen Wasserhaushalt und ausreichende Durchlässigkeit des Bodens schon vor der Pflanzung sorgen). Beim Befall mit Spinnmilben sind die Blätter weißlich gelb oder graugrün gesprenkelt, später vertrocknen sie; an der Unterseite kleine gelbliche bis braunrote Pünktchen (Wiederholte Spritzungen mit handelsüblichen Akariziden wie Dicofol-, Tetradifon-, Dimethoat- oder Methamidophos-Präparaten). Vorsicht mit organischen Phosphorverbindungen, insbesondere gelbe Sorten reagieren empfindlich mit Verbrennungen.

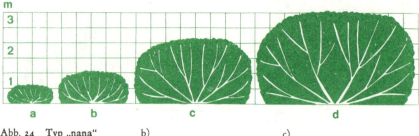

Abb. 24   Typ „nana"

a)
Ch. lawsoniana 'Nestoides',
Ch. l. 'Prostrata Glauca',
Ch. obtusa 'Caespitosa',
● *Ch. o.* 'Coralliformis',
'Minima',
'Prostrata',
Ch. thyoides 'Pygmaea';

b)
Ch. lawsoniana 'Dows Gem',
Ch. l. 'Ericoides',
'Procumbens',
Ch. obtusa 'Bassett',
Ch. o. 'Repens',
Ch. pisifera 'Compacta',
Ch. p. 'Compacta Variegata',
● 'Nana',
● 'Nana Albovariegata',
● 'Nana Aureovariegata',
● 'Plumosa Compressa',
'Plumosa Nana Aurea';

c)
Ch. lawsoniana 'Grandi',
Ch. l. 'Parson's',
Ch. obtusa 'Compact Fernspray';

d)
Ch. lawsoniana 'Pena Park'

Verwendung

Höhere oder niedrige Bäume, die meist sehr gleichmäßig wachsen, eignen sich vorzüglich für architektonische Anlagen, zur Pflanzung in nächster Gebäudenähe, für Plastiken usw. Niedrige und zwergige Typen sind ebenfalls sehr oft streng gleichmäßig und werden ähnlich verwendet, hauptsächlich in der Nähe von Treppen, Wegen, Terrassen, Plastiken usw. Sie harmonieren mit anderen Nadelgehölzen, hauptsächlich aus der Familie der Zypressengewächse. Die niedrige *Ch. obtusa* ist ein geeignetes Unterholz für Kiefern und mitteldicht gepflanzte Laubbäume. Mit ihrem Habitus verleihen die Scheinzypressen jeder Szenerie eine gewisse Steifheit und vornehm-ernste Note (ausgenommen einige bunte Sorten, die trotz ihres gleichmäßigen Wuchses die Helligkeit, Freundlichkeit und Leichtigkeit des Gesamteindruckes erhöhen). Die Baumtypen pflanzen wir in Rasenflächen solitär und gruppenweise aus. Die Säulentypen eignen sich sehr gut für freiwachsende oder geschnittene Hecken und Wände. Die niedrigen Typen sind ideal für kleine Hausgärten (Vorgärten, schmale Blumenbeete, Gartenterrassen), Grabbepflanzungen, für Pflanzgefäße und hauptsächlich für Steingärten. Alle Arten können wir auch gut unter stadtklimatischen Bedingungen verwenden.

In größeren landschaftlichen Anlagen werden die Scheinzypressen wegen ihres sehr architektonischen und gleichmäßigen Aussehens nur selten gebraucht.

Cryptomeria D. Don – Sicheltanne
(Taxodiaceae)

Höhere bis ausgebreitet wachsende immergrüne Bäume oder auch Zwergsorten. In Mitteleuropa erreichen sie nur vereinzelt über 20 m Höhe und ähneln einer weniger dichten und gröberen *Thuja*. Nach 20 Jahren sind die baumartigen Typen ausgebreiteter und ausladender.

Zierwert: Laub (I–XII), Zapfen (VII bis III)

Habitustypen

„Radicans-Typ": breit kegelförmiger Baum mit mehr oder weniger kurzem Stamm und aufstrebenden Hauptästen (Abb. 25 A),
„Pyramidalis-Typ": niedrig beasteter Baum mit einer schmal kegelförmigen Krone (Abb. 26 B),
„Viminalis-Typ": niedriger Baum mit einer lockeren, „lärchenartig" leichten Krone mit bogig aufstrebenden Ästen (Abb. 26 A),
„Araucarioides-Typ": strauchiges, breit kegelförmiges Bäumchen mit mehr oder weniger waagerecht gestellten Zweigen (Abb. 25 B),
„Dacrydioides-Typ": niedriges Bäumchen mit ungleichmäßig bis schlangenartig angeordneten Hauptästen, sekundäre Zweiglein nur vereinzelt ausgebildet (Abb. 27 A),
„Compacta-Typ": ziemlich dichter, bis zum Boden beasteter, ungleich eiförmiger Strauch (Abb. 27 B),
„Globosa-Typ": breit halbkugeliger Strauch (Abb. 28 A),
„Nana-Typ": niederliegender oder fast kriechender Strauch, stellenweise ungleich höckrig aufstrebend (Abb. 28 B).

Textur

Hauptäste bei Bäumen und höheren Sträuchern mehr oder weniger aufstrebend, Zweiglein kurz, dicht und unregelmäßig angeordnet, so daß die Textur der Krone ziemlich grob, ungleichmäßig, pinsel- und büschelartig aussieht. Bei zwergigen und niederliegenden Habitustypen ist sie dichter und weniger luftig.

Laub

Nadeln pfriemlich, 1–2 cm lang, sichelartig gekrümmt, an den Zweigchen spiralig angeordnet.

Blattfarbe:
Im Winter ändert sich die Färbung oft.
Glänzend hellgrün
C. japonica 'Compacta Nana', *C. j.* 'Globosa Nana' (im Winter blaugrün), 'Gracilis', 'Jindai-Sugi', 'Vilmoriniana'.
Dunkelgrün
C. j. 'Araucarioides', 'Cristata', 'Dacrydioides', 'Elegans Viridis', 'Fasciata', 'Filifera', 'Ito-Sugi', 'Monstrosa', 'Nana' (manchmal im Winter mit bronzefarbener Tönung), 'Pungens', 'Pygmaea' (im Winter mehr bräunlich), 'Pyramidata', var. *radicans*, 'Selaginoides', 'Shishi-Gashira', 'Yore-Sugi'.
Glänzend dunkelgrün
C. japonica 'Compressa'.
Blaugrün
C. japonica 'Bandai-Sugi' (im Winter mit rötlichem Hauch), *C. j.* 'Compacta', 'Elegans' (im Winter bräunlich-grün), 'Elegans Compacta' (im Winter mit violettem Hauch), 'Globosa', 'Kilmacurragh', 'Spiralis', 'Viminalis'.
Gelbbunt
C. japonica 'Aurea', *C. j.* 'Aureovariegata', 'Aurescens', 'Elegans Aurea'.
Weißbunt
C. japonica 'Elegans Variegata', *C. j.* 'Variegata'.

Zapfen

Die ersten Zapfen zeigen sich etwa nach 40 Jahren, es handelt sich um fast kugelige, bis 2 cm große, rötlichbraune Zapfen. An den Zweigen sind sie nur aus nächster Nähe erkennbar, so daß sie kein auffallendes Element darstellen. Reife im ersten Jahr.

Stamm und Wurzelsystem

Bei Bäumen ist der Stamm gerade, mit einer rötlichbraunen, in langen Streifen ablösenden Rinde bedeckt. Sie leiden nicht unter Windbruch, haben eine Pfahlwurzel und dichte Nebenwurzeln.

Ansprüche

Die Sicheltannen verlangen eine leicht schattige (ideal ist ein mitteldichter Schirm höherer Bäume) und warme Lage, die vor kräftigen Winden geschützt ist (auf ungeschützten, exponierten Standorten leiden sie unter Frösten). Winterliche Sonnenbestrahlung vertragen sie schlecht. Spätfröste und längere Trockenheit können diese Gehölze ebenfalls schädigen. Am ge-

Wissenschaftlicher Name	Deutscher Name	Natürliche Verbreitung bzw. Entstehungsort	Frosthärte
● *C. japonica* (L. f.) D. Don (Abb. 16 d)	Japanische Sicheltanne	Japan, China	++ oder +
C. j. var. *radicans* Nakai		wie die Art	++ oder +

eignetsten sind tiefgründige, angemessen feuchte, lehmig-sandige Böden. In unreiner Luft gedeihen sie schlecht; nach RANFT und DÄSSLER sollen sie aber gegen SO_2 ziemlich widerstandsfähig sein. Das Regenerationsvermögen ist gering, so daß beschädigte Pflanzen unschön bleiben. *Cryptomeria* wird vom Wild gern aufgesucht und beschädigt.

Pflege

Das Pflanzen verläuft wie bei *Abies*; geeigneter und sicherer als die Herbstpflanzung ist die Frühjahrspflanzung. Junge Pflanzen versehen wir mit Winterschutz (gegen Frost und Wild), feuchten Schnee schütteln wir rechtzeitig ab und im Sommer schattieren wir je nach Bedarf. Erfrorene Teile sind zu entfernen. Ältere Exemplare vertragen kein Umpflanzen. Krankheiten und Schädlinge treten normalerweise nicht auf.

Verwendung

Baumartige Typen sind geeignete Solitärpflanzen für geschützte Lagen; niedrige und zwergige Typen dienen als Ergänzung für Steingärten, Terrassen und Blumenmauern. Zweckmäßig ist die Verwendung in Pflanzgefäßen, die in einem hellen, frostfreien Raum überwintern. *Cryptomeria* hat hauptsächlich Sammlerbedeutung, insbesondere die baumartigen Typen.

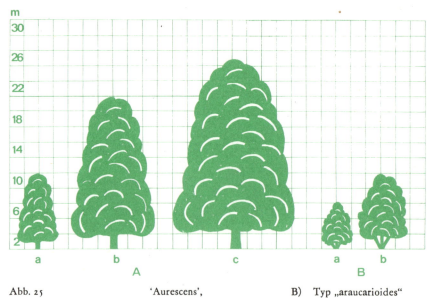

Abb. 25
A) Typ „radicans"
a)
● *C. japonica* 'Elegans',
C. j. 'Elegans Aurea';
b)
C. japonica 'Aurea',
C. j. 'Aureovariegata',
'Aurescens',
'Compacta',
'Elegans Viridis',
'Lobbii',
'Variegata';
c)
● *C. japonica*,
C. j. var. *radicans*

B) Typ „araucarioides"
a)
C. japonica
'Elegans Variegata';
b)
C. japonica 'Araucarioides'

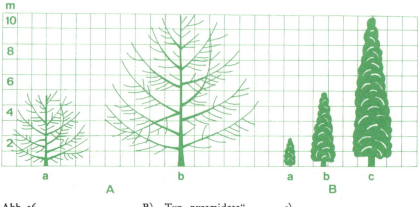

Abb. 26
A) Typ „viminalis"
a)
C. japonica 'Selaginoides';
b)
C. japonica 'Gracilis',
● *C. j.* 'Viminalis'

B) Typ „pyramidata"
a)
C. japonica 'Monstrosa' (manchmal);
b)
● *C. japonica* 'Pyramidata';

c)
● *C. japonica* 'Cristata'

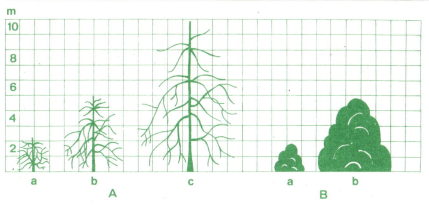

Abb. 27
A) Typ „dacrydioides"
a)
C. japonica 'Filifera';
b)
C. japonica 'Fasciata';
c)
● *C. japonica* 'Dacrydioides'

B) Typ „compacta"
a)
● *C. japonica* 'Bandai-sugi',
● *C. j.* 'Nana',
● 'Monstrosa',
'Pungens',
'Pygmaea';
b)
C. japonica 'Compacta Nana',
● *C. j.* 'Jindai-sugi',
'Kilmacurragh'

Abb. 28
A) Typ „globosa"
a)
C. japonica 'Compressa',
● *C. j.* 'Elegans' Compacta',
'Globosa',
'Globosa Nana',
'Ito-sugi',
'Lobbii Nana',
'Lycopodioides',
'Maukichi-sugi',
'Shishi-geshire',
'Spiralis',
● 'Vilmoriniana';
b)
C. japonica 'Kilmacurragh',
C. j. 'Yore-sugi'

B) Typ „nana"
C. japonica 'Globosa Nana' (manchmal)

Cunninghamia B. Br. – Spießtanne
(Taxodiaceae)

Immergrünes Nadelgehölz, in Mitteleuropa nur 2–3 m hoch; im ostasiatischen Verbreitungsgebiet baumartig. Unter mitteleuropäischen Bedingungen wird von den drei Arten nur eine selten kultiviert: *C. lanceolata* (Lamb.) Hook (Abb. 16 e). Sie bildet nur kleine, kegelförmige Bäumchen mit quirlig angeordneten Zweigen. Junge Zweige sind dicht mit hellgrünen, linealisch-lanzettlichen, 3–7 cm langen, lederartigen, steif zugespitzten und glänzenden Blättern besetzt. Zapfen kugelig bis eiförmig, 3–4 cm lang und fast ebenso breit. Es werden zwei Sorten kultiviert: 'Compacta' (Zwergform ohne Gipfeltrieb, 10jährige Exemplare sind etwa 0,5 m hoch) und 'Glauca' (Laub auffallend blaugrün). Unter mitteleuropäischen Bedingungen erfrieren die Pflanzen leicht. Die Regenerationsfähigkeit ist aber sehr groß (sie treiben aus dem Wurzelhals wieder durch). Geeignet nur für die wärmsten Gebiete und sehr geschützte Lagen (gegen Wind, Wintersonne und Spätfröste). Verlangt frischen, nicht zu schweren Boden, Winterschutz (Laubschicht, Reisig) und eine angemessene Boden- und Luftfeuchtigkeit. Trockene Luft wird schlecht vertragen. Bedeutung für Sammlungen (die Zwergsorte kommt als Rarität im Steingarten zur Geltung). Kann auch als Kübelpflanze gepflegt werden (Überwinterung im Kalthaus oder hellem, frostfreiem Raum).

×*Cupressocyparis* DALL. – (*Cupressaceae*)

Wissenschaftlicher Name	Deutscher Name	Natürliche Verbreitung bzw. Entstehungsort	Frosthärte
● × *C. leylandii* (JACKS. et DALL.) DALL. (Abb. 30 a)		Leighton Hall	++ oder +
× *C. notabilis* MITCHELL		Alice Holt Lodge	++ oder +
× *C. ovensii* MITCHELL		Silk Wood	++ oder +

Unter diesem Namen kennen wir heute drei aus Gattungskreuzungen (*Chamaecyparis* × *Cupressus*) hervorgegangene Sippen. Da es sich noch um ziemlich junge Kreuzungen handelt (nach 1910), sind der endgültige Habitus und die Größe erwachsener Bäume nicht bekannt.
Zierwert: Laub (I–XII)

Habitustypen

Nach Angaben aus verschiedenen Quellen kann man folgende Typen unterscheiden:
„Notabilis-Typ": streng schmal säulenförmige, meist bis zum Boden dicht beastete, kleinere Bäume (Abb. 29 A),
„Leylandii-Typ": etwas höhere, streng breit eiförmige, oben länglich zugespitzte, dicht und fast bis zum Boden beastete Bäume (Abb. 29 B).
Alle Typen zeichnen sich durch einen sehr schnellen Wuchs aus.

Textur

Dicht und kompakt, wenig luftig. Verzweigung sehr reich, kurz und je nach Typ mehr oder weniger aufstrebend.

Laub

Schuppig (bei *C. ovensii* etwas zugespitzt nadelförmig), sehr ähnlich *Chamaecyparis nootkatensis*.

Blattfarbe
Hellgrün
C. leylandii 'Green Spire', *C. l.* 'Leighton Green' (mit gelblichem Hauch).
Graugrün
C. leylandii, *C. l.* 'Haggerston Grey'.
Graublau
C. leylandii 'Naylor's Blue', *C. notabilis*, *C. ovensii*.

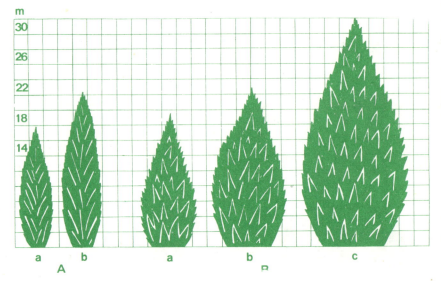

Abb. 29
A) Typ „notabilis"
a) *C. notabilis*;
b) *C. leylandii* 'Green Spire'

B) Typ „leylandii"
a) *C. leylandii* 'Castlewellan Gold', *C. ovensii*;
b) *C. leylandii* 'Haggerstone Grey', *C. l.* 'Leighton Green', 'Naylor's Blue';
c) ● *C. leylandii*

Zapfen

Zur Zeit sind Zapfen nur bei *C. leylandii* und *C. notabilis* bekannt, sie ähneln denen von *Chamaecyparis*, sind kugelig, 1–2 cm dick, meist bläulich grün.

Stamm und Wurzelsystem

Stamm und Wurzelsystem wie bei *Chamaecyparis*. Der Stamm ist aber meist dicht beastet und schlecht erkennbar.

Ansprüche und Pflege

Sind noch nicht ausreichend bekannt. Eine gewisse Resistenz gegenüber Frost und Trockenheit scheint ausgeprägt zu sein. Zur Zeit muß man noch mit ähnlichen Ansprüchen an den Standort und die Pflege wie bei *Chamaecyparis* – insbesondere *Ch. nootkatensis* – rechnen.

Verwendung

Ähnlich wie bei den mehr oder weniger säulen- und kegelförmigen *Chamaecyparis*-Arten (d. h. Solitärpflanzung, lockere Gruppen, normal wachsende oder geschnittene Hecken usw.). Sollten sich ihre guten Eigenschaften bestätigen (rascher Wuchs, Widerstandsfähigkeit), können diese Gehölze in Zukunft vielleicht ähnliche *Chamaecyparis*-Arten in unseren Anlagen ersetzen.

Cupressus L. – Zypresse *(Cupressaceae)*

Die Zypressen sind immergrüne, aromatisch duftende Bäume, seltener Sträucher. Insgesamt kennen wir 15 bis 20 Arten, die von der warmtemperierten bis in die tropische Zone der nörd-

Abb. 30
a) *Cupressocyparis leylandii*,
b) *Ephedra likiangensis*,
c) *Ginkgo biloba*,
d) *Juniperus communis*,
e) *J. sabina*,
f) *J. virginiana*,
g) *Larix kaempferi*

lichen Halbkugel verbreitet sind. Unter mitteleuropäischen Bedingungen haben nur die härtesten Arten eine begrenzte Bedeutung: *C. arizonica* GREENE, *C. forbesii* JEPS. (Tecata-Zypresse), *C. lusitanica* MILL. (Mexikanische Zypresse) und *C. sargentii* JEPS. Sie bilden alle niedrige oder auch höhere Bäume mit einer schmal säulenförmigen oder kegelförmigen Krone, die manchmal wie bei einer Zeder breit ausladend ist. Zweiglein dicht dachartig mit schuppenförmigen, dicht anliegenden, meist dunkelgrünen Blättern bedeckt.

Zapfen hängen an kurzen Zweigen und sind rund bis eiförmig, 2–3 cm groß. Die angeführten Arten haben viele Sorten mit verschiedenem Habitus (säulenförmig, hängend, zwergig, strauchig usw.) und mit verschiedenartig gefärbten Schuppen (bläulich, grau, gelblich oder weißlich bunt).

Unter mitteleuropäischen Verhältnissen haben diese Nadelgehölze keine größere Bedeutung, vielleicht nur an geschützten Stellen in sehr warmen Gebieten. Junge Pflanzen sind sehr frostempfindlich.

In Mitteleuropa werden manche Arten vereinzelt in Kübelkultur gepflegt (Überwinterung im Kalthaus oder hellem Keller). Freilandpflanzungen müssen wir auch in den wärmsten mitteleuropäischen Lagen im Winter schützen.

Ephedra L. – Meerträubel *(Ephedraceae)*

Sträucher mit rutenförmigen, schachtelhalmartigen Zweigen. Etwa 30 Arten, die aus regenarmen Gebieten Südeuropas, Nordafrikas, West- und Mittelasiens, Nord- und Südamerikas stammen.

Zierwert: Zweige (I–XII)

Wissenschaftlicher Name	Deutscher Name	Natürliche Verbreitung bzw. Entstehungsort	Frosthärte
E. alata DECNE.		N-Afrika bis Iran	++
E. americana HUMB. et BONPL.		Anden	++
var. *andina* STAPF		wie die Art	++
E. coryi REED.		Texas	++
E. compacta ROSE		Mexiko	++
● *E. distachya* L.		S-Europa bis NW-Frankreich, S-Slowakei bis M-Asien	++
ssp. *distachya*		wie die Art	++
ssp. *helvetica* (C. A. MEY.) ASCHERS. & GRAEBN.		Schweiz	++
var. *monostachya* (L.) STAPF		Kaukasus, Krim	++
E. equisetina BGE.		Turkestan, Mongolei, N-China	≙
E. fragilis DESF.		Bulgarien, S-Portugal	+
ssp. *campylopoda* (C. A. MEY.) ASCHERS. & GRAEBN.		O-Mittelmeergeb.	++
● *E. gerardiana* WALL. ex STAPF		N-Indien, SW-China	++
var. *saxatilis* STAPF		Himalaja	++
var. *sikkimensis* STAPF		Sikkim	++
E. intermedia SCHRENK ex C. A. MEY.		Turkestan, Iran	++
E. likiangensis FLORIN (Abb. 30 b)		Yünnan, Likiang	++
E. major HOST		Griechenland, Vorderasien	++
ssp. *procera* (FISCH. & C. A. MEY.) MARKGR.		S-Griechenland	++
E. minima HAO		China	++
E. minuta FLORIN		W-China	++
E. nevadensis WAST.		SW-USA bis Mexiko	++
var. *aspera* (ENGELM.) BENSON		wie die Art	++
E. pachyclada BOISS.		S-Persien bis Afghanistan	++
E. przewalskii STAPF		M-Asien	++
E. sinica STAPF		N-China	++
E. transitoria RIEDL		Persien	++

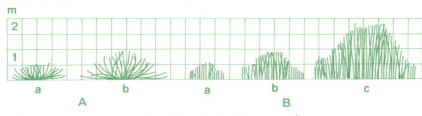

Abb. 31
A) Typ „alata"
a)
E. compacta,
E. lomatolepis,
E. transitoria;
b)
E. alata,
E. distachya (manchmal)

B) Typ „distachya"
a)
E. distachya ssp. helvetica,
E. d. var. monostachya,
● E. gerardiana,
E. g. var. saxatilis,
E. minima,
● E. minuta,
E. sinica;

b)
E. americana var. andina,
● E. distachya,
● E. d. ssp. distachya,
E. gerardiana var. sikkimensis,
E. intermedia,
E. nevadensis var. aspera;
c)
E. americana

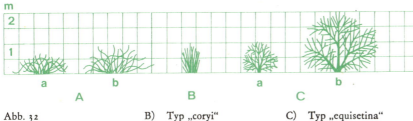

Abb. 32
A) Typ „nevadensis"
a)
E. fragilis;
b)
E. nevadensis

B) Typ „coryi"
E. coryi

C) Typ „equisetina"
a)
E. pachyclada;
b)
● E. equisetina,
E. fragilis ssp. fragilis,
E. likiangensis,
E. major,
E. m. ssp. major,
ssp. procera,
E. przewalskii

Habitustypen

„Alata-Typ": niedriges, breit ausladendes bis niederliegendes Sträuchlein mit ungleichmäßig aufstrebenden Zweigen (Abb. 31 A),

„Distachya-Typ": niedriges und dichtes Sträuchlein mit mehr oder weniger starr aufrechten, ungleich hohen Zweigen (Abb. 31 B),

„Nevadensis-Typ": Sträuchlein ähnlich dem Typ „Alata", aber durch verschieden gekrümmte und verflochtene Zweige unterschieden; Gesamteindruck ziemlich verworren (Abb. 32 A),

„Coryi-Typ": schmal aufstrebendes Sträuchlein mit dichten aufrechten, starren Zweigen (Abb. 32 B),

„Equisetina-Typ": sehr locker und kugelig gestaltetes Sträuchlein, mit ausgebildeten Haupt- und Nebenzweigen (Abb. 32 C),

„Americana-Typ": niedriges Bäumchen mit „haariger", aus sehr lockeren und verflochtenen Zweigen bestehender, manchmal bis zum Boden reichender Krone (Abb. 20 B),

„Fragilis-Typ": nur spärlich verzweigter Schlinger mit „schlangenartigem" Charakter (Abb. 20 C).

Textur

Sehr luftig und locker, starr wie beim Schachtelhalm.

Laub

Ohne Zierwirkung. Die Blätter sind sehr klein und unscheinbar, in Quirlen oder gegenständig angeordnet, oft fehlen sie gänzlich oder sind in häutige Scheiden umgewandelt. Die Funktion der Blätter haben die Zweiglein übernommen; sie sind verschieden gefärbt.

Blattfarbe
Hellgrün
E. compacta, E. distachya ssp. *distachya.*

Grün
E. coryi (fein gestreift), *E. fragilis*, *E. likiangensis*, *E. lomatolepis*, *E. major* und Subspezies.
Dunkelgrün
E. distachya (mit bläulichem Hauch), *E. d.* ssp. *helvetica*, var. *monostachya*, *E. gerardiana* und Varietäten, *E. nevadensis* var. *aspera*, *E. sinica*.
Graugrün
E. alata, *E. americana*, *E. minima*, *E. minuta*, *E. transitoria*.
Blaugrün
E. equisetina, *E. intermedia* (mit gelblichem Hauch), *E. nevadensis*, *E. pachyclada*.
Gelbgrün
E. przewalskii.
Dunkelbraun
E. americana var. *andina*.

Frucht

Samenanlagen einzeln, von der verholzenden oder fleischigen Blütenhülle umschlossen. Zierwert gering.

Verzweigung

Äste dünn, schachtelhalmartig gegliedert, gegenständig oder in Quirlen.

Ansprüche

Die Pflanzen lieben sonnige Lagen und trockene, steinige bis schottrige Böden.

Pflege

Pflanzung im Frühjahr oder Herbst mit Wurzelballen. Eine besondere Pflege ist nicht notwendig.

Verwendung

Keine große gartengestalterische Bedeutung. Botanische Besonderheit für Sammlungen. Wir können sie aber auf sehr trockenen Standorten und zur Begrünung sonniger Mauern gut verwenden.

Ginkgo L. – Ginkgobaum *(Ginkgoaceae)*

Sommergrüner, zweihäusiger, nacktsamiger Baum, der aus O-China stammt. Von der ursprünglich artenreichen und weit verbreiteten Gattung existiert heute nur noch die Art ● *Ginkgo biloba* L. Diese ist im höheren Alter habituell einem Birnbaum ähnlich. Jüngere Pflanzen sind oft sehr locker beastet und schmal kegelförmig. Bis zum 10. Lebensjahr wachsen sie sehr langsam und werden kaum 3 m hoch; im 30. Lebensjahr sind die Bäume etwa 12–15 m hoch.
Zierwert: Laub (IX–XI).

Habitustypen

„Biloba-Typ": der baumartige Ausgangstyp, mit breit kegelförmiger, im Alter manchmal auch mehr ausladender, starrer und ungleich beasteter, luftig gestalteter Krone (Abb. 33),
„Tremonia-Typ": sehr schmale, säulenförmige Krone mit aufstrebenden Zweigen und kurzem Stamm (Abb. 34 A),
„Fastigiata-Typ": breit eiförmig-kegelige, dichte Krone und kurzer Stamm (Abb. 34 B),
„Cloud-Typ": bizarr gestaltete Krone, deren Hauptäste nur mit sehr kurzen Nebenzweigen bewachsen sind (Abb. 34 C),
„Pendula-Typ": niedriger Baum mit einer „tischartigen" hängenden Krone (Abb. 84).

Textur

Manche, insbesondere jüngere Bäume verzweigen sich nur spärlich, wobei viele längere Äste peitschenförmig gestaltet sind (typisch für den Typ „Cloud"); die Textur ist dann sehr ungleichmäßig und locker. Ältere Pflanzen und die meisten Habitustypen sind dichter bezweigt, wobei die kürzeren, oft etwas nickenden Zweige der ganzen Krone ein ungleichmäßiges, büschelartiges Aussehen verleihen. Manchmal kommt auch eine vorhangartige Textur vor (bei den Typen „Biloba" und „Pendula"). Am dichtesten ist sie bei den aufrecht wachsenden Typen.

Laub

Die sommergrünen Blätter haben eine fächerförmige, in zwei Lappen geteilte Spreite; sind 10–12 cm lang und 6 bis 8 cm breit, lang gestielt. Es existiert auch eine Sorte mit tief geteilten Blättern – 'Laciniata'. Die Blätter stehen an den Kurztrieben büschelig zu 3–5 oder auch einzeln. Aus nächster Nähe betrachtet ist die Belaubung sehr interessant und kann verschieden gefärbt sein.

Blattfarbe
Hellgrün
G. biloba 'Autumn Gold', *G. b.* 'Epiphylla', 'Fairmont', 'Fastigiata', 'Mayfield', 'Laciniata', 'Pendula', 'St. Cloud' und 'Tremonia'.
Gelb
G. biloba 'Aurea'.
Gelbbunt
G. biloba 'Variegata'.

Die Herbstfärbung ist bei allen Sorten schön leuchtendgelb bis goldgelb (besonders auffallend bei 'Autumn Gold' und 'Tremonia'). Bei den männlichen Bäumen soll das Laub etwa um 3 bis 4 Wochen später abfallen und im Frühjahr um rund 14 Tage früher austreiben als bei den weiblichen Exemplaren.

Frucht

Steinfruchtartig; der harte Samen ist von einer fleischigen Schale umgeben,

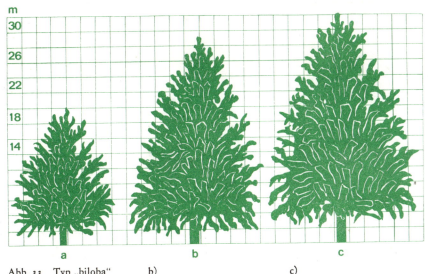

Abb. 33 Typ „biloba"
a)
G. biloba 'Autumn Gold';
b)
G. biloba 'Aurea',
G. b. 'Equiphylla',
'Laciniata',
'Variegata';
c)
● *G. biloba*

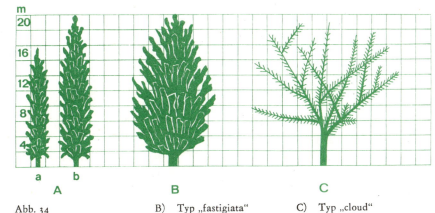

Abb. 34
A) Typ „tremonia"
a)
G. biloba 'Tremonia';
b)
G. biloba 'Mayfield'

B) Typ „fastigiata"
G. biloba 'Fairmont',
G. b. 'Fastigiata'

C) Typ „cloud"
G. b. 'St. Cloud'

die bei der Reife gärt und unangenehm riecht. Der Samen enthält einen eßbaren, süßlich schmeckenden „Kern".

Stamm und Wurzelsystem

Stamm meist gerade, Rinde grau, bei älteren Bäumen gefurcht. Die Pfahlwurzel nur mit wenig verzweigten, aber tiefreichenden Nebenwurzeln; Wurzelhaare reichlich.

Ansprüche

Der Ginkgobaum ist lichtliebend und verträgt keinerlei Schattendruck. Bei stärkerer Beschattung, z. B. durch zu dicht stehende Bäume, weicht er zum Licht hin aus und bildet unschöne lockere und schiefe Kronen. Gut verträgt er volle Sonne und Hitze. Auf kühlen Standorten wächst er schlecht; sehr empfindlich reagiert er auf kalte und zu nasse Böden. *Ginkgo* liebt wärmere, leichte und tiefgründige, durchlässige Böden. Befriedigend verträgt er Trockenheit. Gehört nicht zu den anspruchsvollen Gehölzen. Leidet unter keinen Krankheiten und Schädlingen. Wächst gut auch in unreiner Luft. Junge Bäumchen leiden unter Wildverbiß.

Pflege

Auspflanzen sowie weitere Pflege wie bei Tannen *(Abies)*. Ginkgobäume werden nicht geschnitten, da sie nur sehr geringe Regenerationsfähigkeit besitzen. Ältere Pflanzen vertragen ein Umpflanzen sehr schlecht (lange Pfahlwurzel).

Verwendung

Eine sehr dekorative und dabei anspruchslose Gehölzpflanze. Eignet sich in erster Reihe für solitäre Auspflanzungen in größere Rasenflächen und als Vorpflanzung vor dunklem Hintergrund (Nadelgehölze usw.), wobei die helle Belaubung schön hervortreten kann – hauptsächlich bei der Herbstfärbung. Sehr gut harmonieren die Ginkgobäume mit Laubgehölzen und manchen im Herbst blühenden höheren Stauden (Chrysanthemen, Astern usw). Mit ihrem schlanken Habitus und hauptsächlich wegen der sprichwörtlichen Hitze-, Trockenheit- und Lichtunempfindlichkeit (hauptsächlich bei den Typen „Tremonia" und „Fastigiata") eignen sie sich sehr gut zur Alleenbepflanzung in Städten.

Juniperus L. – Wacholder *(Cupressaceae)*

Immergrüne Bäume, strauchige Bäumchen oder reich verzweigte Sträucher. Insgesamt sind etwa 60 Arten bekannt, die in der nördlichen Halbkugel wachsen. Hohe Bäume bis zwergige Sträuchlein, streng regelmäßige Formen bis bizarr wachsende Abweichungen. Die meisten Arten wachsen langsam, die baumartigen Typen erreichen in 10 Jahren rund 1 m Höhe, nur wenige werden höher – in der Regel gibt es erst bei etwa 20jährigen Exemplaren einen größeren Zuwachs.
Zierwert: Laub (I–XII), Früchte (VIII bis XI oder XI–III).

Habitustypen

„Virginiana-Typ": Baum mit länglich eiförmiger, gleichmäßiger, dichter Krone und schlankem, kurzem Stamm (Abb. 35 B),
„Columnaris-Typ": unterscheidet sich vom vorigen Typ durch eine schmalere bis schlank säulenförmige Krone (Abb. 35 A),
„Scopulorum-Typ": Bäume mit breit eiförmigen bis kegelig-eiförmigen, lockeren, ausladenden Kronen und kürzeren Stämmen (Abb. 36 A),
„Pendula-Typ": kleines Bäumchen mit

Wissenschaftlicher Name	Deutscher Name	Natürliche Verbreitung bzw. Entstehungsort	Frosthärte
J. brevifolia ANTOINE		Azoren	++
J. cedrus WEBB. et BERTH.		Kanarische Inseln	+
J. centrasiatica KOMAR.		M-Asien	++
J. chinensis L.	Chinesischer Wacholder	Japan, China, Mongolei	++
var. *sargentii* HENRY		Japan, Sachalin	++
J. communis L. (Abb. 30 d)	Gemeiner Wacholder	Europa, N-Asien N-Amerika	++
var. *depressa* PURSH	Kanadischer W.	N-Amerika	++
var. *hemisphaerica* (PRESL.) PARL.		Mittelmeergebiet	+
var. *bondoensis* SAKATE		Japan	++
var. *jackii* REHD.		Kalifornien	++
var. *montana* AIT.		wie Art (alpine Stufe)	++
var. *nipponica* (MAXIM.) WILS.		Hokkaido, Honshu	++
f. *oblonga* (BIEB.) LOUD.		Transkaukasien	++
J. conferta PARL.		Japan, Sachalin	++, +
J. distans FLORIN		SW-China	++, +
J. durangensis MARTINEZ		Mexiko	++
J. horizontalis MNCH.	Amerikanischer Kriech-Wacholder	N-Amerika	++
J. komarovii FLORIN		NW-Szetschuan	++
J. procumbens (ENDL.) MIQ.	Japanischer Kriech-Wacholder	Japan	++
J. ramulosa FLORIN		NO-Szetschuan	++
J. recurva BUCH.-HAM.		SW-China	+
J. rigida S. et Z.	Nadel-Wacholder	Japan, Korea, China	++
ssp. *nipponica* (MAXIM.) FRANCO		N-Japan	++
J. sabina L. (Abb. 30 c)	Sadebaum	M-, S-Europa, Sibirien, Kleinasien	++
J. saltuaria REHD. et WILS.		NW-Szetschuan	++
J. scopulorum SARG.	Felsen-Wacholder	N-Amerika	++
J. semiglobosa REGEL		Turkestan	++
J. seravshanica KOMAR.		M-Asien	++
J. squamata BUCH.-HAM. ex LAMB.	Schuppen-Wacholder	Himalaja, W-, M-China, Formosa	++
var. *fargesii* REHD. et WILS.		China, Tibet	++
J. thurifera L.		Spanien, NW-Afrika	+, ≙
J. turkestanica KOMAR.		Turkestan	++
J. virginiana L. (Abb. 43 f)	Virginischer Wacholder	Kanada bis Florida	++
var. *crebra* FERN. & GRISCOM.		NO-USA	++
J. zaidamensis KOMAR.		Kansu	++

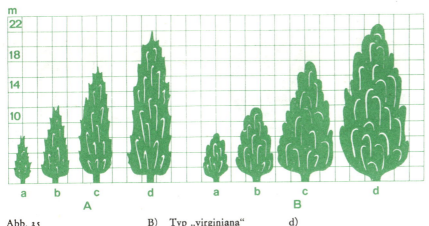

Abb. 35
A) Typ „columnaris"
a)
J. communis 'Laxa',
J. c. 'Weckii',
J. scopulorum 'Cologreen',
J. s. 'Hill Silver',
● J. squamata 'Meyeri' (jüngere Pflanzen),
● J. virginiana 'Canaertii',
J. v. 'Kobendzii',
'Plumosa Argentea',
'Sherwoodii';
b)
J. chinensis 'Columnaris',
J. ch. 'Columnaris Glauca',
'Fairview',
● 'Keteleerii',
'Leeana',
● 'Monarch',
'Olympia',
J. scopulorum 'Columnaris',
J. s. 'Viridifolia',
J. seravshanica (manchmal),
J. virginiana 'Boskoop Purple',
J. v. var. crebra;
c)
● J. virginiana 'Pyramidiformis';
d)
● J. chinensis 'Mas'

B) Typ „virginiana"
a)
● J. chinensis 'Femina',
● J. ch. 'Neaboriensis', 'Sheppardii',
J. communis 'Conspicua',
J. c. f. oblonga,
J. durangensis,
J. sabina (selten),
J. virginiana 'Manhattan Blue',
● J. v. 'Schottii',
'Triomphe d'Angers';
b)
J. brevifolia,
J. chinensis 'Ames',
J. ch. 'Arbuscula',
'Iowa',
'Maney',
● 'Variegata',
J. communis 'Aurea',
J. c. 'Candelabrica',
J. komarovii,
J. ramulosa,
J. scopulorum 'Blue Heaven',
J. s. 'Chandler's Silver',
● J. squamata 'Meyeri' (alte Pflanzen),
J. turkestanica,
J. virginiana 'Filifera',
● J. v. 'Glauca';
c)
J. centrasiatica
● J. communis, J. saltuaria,
J. scopulorum 'Admiral';
d)
J. cedrus,
● J. chinensis,
● J. virginiana

zierlich hängenden sekundären Zweigen und ziemlich gleichmäßiger, länglich eiförmiger Krone (Abb. 36 B),

„Communis Pendula-Typ": unterscheidet sich vom vorigen Typ durch einen mehr strauchigen Wuchs und ungleich, meist einseitig angeordneten, hängenden Zweigen (Abb. 37 A),

„Kaizuka-Typ": unter mitteleuropäischen Bedingungen nur strauchig, ungleich und bizarr verzweigt, mit kurzen, dicht gestellten Zweigen (Abb. 37 B),

„Suecica-Typ": mehr oder weniger breit bis schlank säulenförmige Sträucher, bis zum Boden beastet, kompakt oder auch locker gestaltet (Abb. 38 B),

„Plumosa-Typ": Sträucher von fast vasen- oder trichterförmiger Gestalt, starr; mit Zweigen, die im spitzen Winkel aufstreben (Abb. 38 A),

„Pfitzeriana-Typ": zwieselige Sträucher mit ausgebreiteten Ästen und feinen Zweigen, deren Spitzen etwas hängen (ausgenommen J. virginiana 'Tripartita', deren Zweigspitzen starr abstehen) – (Abb. 39),

„Blue-Star-Typ": niedrige, breit halbkugelige, dichte Sträucher (Abb. 40 B),

„Globosa-Typ": niedrige Sträucher, mehr oder weniger kugelig, aber ziemlich locker gestaltet (Abb. 41 B),

„Sabina-Typ": dichte, ungleichmäßig kriechende Sträucher, deren Zweigspitzen aufrecht stehen (kurz „schwanzartig") – (Abb. 42 A),

„Nana-Typ": sehr niedrige, niederliegende bis kriechende Sträucher mit ungleich angeordneten Zweigen (Abb. 40 A),

„Tamariscifolia-Typ": vom vorigen Typ durch waagerecht übereinander gestellte Äste und Zweige unterschieden (Abb. 41 A),

„Echiniformis-Typ": der niedrigste, sehr dichte, höckrig kriechende Typ (Abb. 42 B).

Textur

Bei Bäumen und Sträuchern in der Jugend meist fein, ziemlich gleichmäßig, mit mehr oder weniger aufstrebenden Zweigen (ausgenommen die meisten kriechenden Typen). Bei den älteren Exemplaren stellt sich (ausgenommen fast alle säulenförmigen und kriechenden Typen) eine gewisse Auflockerung der Äste und somit ein „Durchlüften" der ganzen Krone ein, die sich dann je nach Art und Habitustyp büschelartig (Typ „Scopulorum"), vorhangartig (Typen „Pendula" und „Communis Pendula"), aufgelockert (manche Sorten von *J. communis*) oder bizarr (Typ „Kaizuka") ausbildet; bei niederliegenden oder kugeligen Typen ändert sich die dichte, manchmal sehr kompakte, undurchdringliche Textur im hohen Alter nicht.

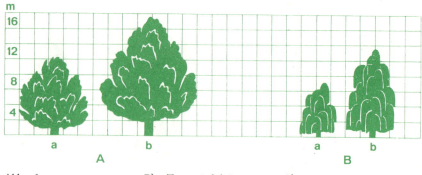

Abb. 36
A) Typ „scopulorum"
a)
J. semiglobosa;
b)
J. mekongensis,
J. scopulorum

B) Typ „pendula"
a)
J. communis 'Candelabriformis',
● *J. c.* 'Oblonga Pendula';

b)
J. chinensis 'Pendula',
● *J. communis* 'Jensen',
J. c. 'Pendulina',
● *J. rigida*,
J. squamata var. *fargesii*,
J. virginiana 'Glauca Pendula',
● *J. v.* 'Pendula',
'Pendula Viridis',
J. zaidamensis

Laub

Blätter 3- oder 4quirlig oder gegenständig, nadel- oder schuppenförmig, bei jungen Pflanzen immer nadelförmig, bei älteren Exemplaren entweder nadelförmig, schuppenförmig oder nadel- und schuppenförmig. Nadelförmige Belaubung bedingt meistens eine lockere Textur.

Blattfarbe:
Hellgrün
J. chinensis, *J. ch.* 'Arbuscula', 'Fairview', 'Globosa', 'Kaizuka', 'Leeana', 'Mint Julep', 'Pfitzeriana', 'Pfitzeriana Compacta', var. *sargentii* 'Viridis', *J. communis* 'Arnold', *J. c.* 'Compressa', *J. conferta*, *J. horizontalis* 'Glomerata', *J. h.* 'Viridis', *.J. sabina* 'Arcadia', *J. s.* 'Von Ehren', *J. scopulorum* 'Viridifolia', *J. virginiana* 'Hillspire', *J. v.* 'Pendula', 'Pendula Viridis', 'Pseudocupressus', 'Schottii' (oft mit gelblicher Tönung).
Grün
J. brevifolia, *J. chinensis* 'Den Boer', *J. ch.* 'Echiniformis', *J. communis* 'Depressed Star', *J. c.* 'Gold Beach', *J. distans*, *J. horizontalis*

Abb. 37
A) Typ „communis pendula"
J. communis 'Pendula'

B) Typ „kaizuka"
J. chinensis 'Kaizuka',
J. ch. 'Variegated Kaizuka'

Abb. 38
A) Typ „plumosa"
a)
● *J. chinensis* 'Plumosa Albovariegata',
● *J. ch.* 'Plumosa Aurea',
● 'Plumosa Aureovariegata',
'Wilson's Weeping',
J. communis 'Vase';
b)
● *J. chinensis* 'Blaauw',
● *J. ch.* 'Plumosa',
J. sabina 'Von Ehren';
c)
J. chinensis 'Japonica'

B) Typ „suecica"
a)
● *J. communis* 'Compressa',
J. squamata 'Pygmaea';
b)
J. communis
● 'Stricta Rakete',
'Suecica Nana',
J. scopulorum 'Springbank',
J. s. 'Welchii',
● *J. squamata* 'Loderi';
c)
J. chinensis 'Jacobiniana',
● *J. ch.* 'Mountbatten',
● 'Obelisk',
● *J. communis* 'Cracovica',
● *J. c.* 'Dresdner Heide',
'Meyer',
J. squamata 'Forrestii',
● *J. s.* 'Wilsonii',
● *J. virginiana* 'Burkii',
● *J. v.* 'Elegantissima',
● 'Hillii';
d)
● *J. chinensis* 'Aurea',
J. ch. 'Excelsior',
'Mission Spire',
'Pyramidalis',
● 'Stricta',
J. communis 'Arnold',
J. c. 'Bruns',
'Controversa',
'Erecta',
'Goldcrone',
● 'Hibernica',
'Pyramidalis',
'Sentinel',
● 'Suecica',
J. sabina 'Fastigiata',
J. virginiana 'Cupressifolia',
J. v. 'Fastigiata',
'Hillspire',
● 'Pseudocuoressus',
● 'Skyrocket';
e)
● *J. communis* 'Suecica' (manchmal)

'Humilis', *J. komarovii*, *J. rigida* (mit weißlicher Zeichnung), *J. scopulorum* 'Cologreen', *J. semiglobosa* (glänzend).

Dunkelgrün

J. chinensis 'Excelsior', *J. ch.* 'Plumosa', var. *sargentii* 'Compacta', 'Shoosmith', *J. horizontalis* 'Bar Harbour' (mit grauem Hauch, im Herbst mit purpurfarbener Tönung), *J. h.* 'Livida' (grau bereift), *J. ramulosa*, *J. recurva* 'Nana', *J. sabina* (mit bläulichem Hauch), *J. s.* 'Erecta', 'Fastigiata' (mit bläulichem Hauch), 'Femina', 'Thomsen', *J. saltuaria*, *J. scopulorum* (mit gelblich-bläulicher Tönung), *J. s.* 'Columnaris' (mit graublauem Hauch), *J. virginiana* 'Elegantissima', 'Globosa' (im Winter bräunlich), 'Pyramidiformis', 'Sherwoodii' (die Spitzen im Frühjahr gelblich, im Winter schwach violett).

Graugrün

J. centrasiatica, *J. chinensis* 'Armstrongii', *J. ch.* 'Columnaris', 'Mountbatten', 'Neaboriensis', 'Pendula', 'Sheppardii', 'Shimpaku', *J. communis*, *J. c.* 'Candelabrica', 'Candelabriformis', 'Conspicua', 'Controversa', 'Cracovica', var. *depressa*, 'Dumosa', 'Gimborn', var. *hemisphaerica*, var. *hondoensis*, 'Hornibrookii' (mit weißlicher Zeichnung), var. *jackii* (mit bläulicher Tönung), 'Jensen', 'Meyer', var. *montana*, var. *nipponica*, f. *oblonga*, 'Oblonga Pendula', 'Pendula', 'Pendulina', 'Prostrata' (mit silbriger Zeichnung), 'Repanda' (mit silbriger Zeichnung), 'Sentinel', 'Weckii', *J. horizontalis* 'Andorra Compact', *J. h.* 'Douglasii' (bläulich bereift, im Herbst und Winter mit purpurfarbener Tönung), 'Plumosa' (im Herbst und Winter mit purpurfarbener Tönung), *J. sabina* 'Broadmoor', *J. scopulorum* 'Admiral', *J. s.* 'Welchii' (mit silbrigem Hauch), *J. seravshanica*, *J. squamata* (mit weißlicher Zeichnung), *J. s.* 'Glassell' (mit weißlicher Tönung), 'Pygmaea' (mit weißlicher Tönung), 'Wilsonii' (wie vorige), *J. thurifera*, *J. virginiana*, *J. v.* 'Boskoop Purple' (im Winter mit purpurbraunem Hauch), var. *crebra*, 'Glauca', 'Pendula Nana'. 'Skyrocket', *J. zaidamensis*.

Silbriggrau

J. scopulorum 'Chandler's Silver', *J. virginiana* 'Silver Spreader'.

Bläulich grün
J. cedrus, *J. chinensis* 'Ames', *J. ch.* 'Femina', 'Hetzii', 'Iowa', 'Jacobiniana', 'Keteleerii', 'Mathot', 'Mission Spire', 'Monarch', 'Moraine', 'Obelisk', 'Olympia', 'Pyramidalis', 'Richeson', 'Rockery Gem', 'San José', var. *sargentii*, 'Stricta', *J. communis* 'Bruns', *J. c.* 'Dresdner Heide', 'Echiniformis', 'Erecta', 'Hibernica', 'Pyramidalis', 'Silver Lining' (mit silbriger Zeichnung), 'Stricta Rakete', 'Suecica Nana' (mit silbriger Zeichnung), *J. horizontalis*, *J. h.* 'Alpina' (im Herbst und Winter mit purpurfarbener Tönung), 'Emerson', 'Filicina' (im Winter purpurfarbener Tönung), 'Jade Spreader', 'Procumbens', 'Prostrata', 'Pulchella', 'Wapiti', *J. procumbens* und Sorten, *J. recurva*, *J. sabina* 'Cupressifolia', *J. s.* 'Mas', 'Musgrave', 'Tamariscifolia', *J. scopulorum* 'Blue Heaven', *J. s.* 'Repens', *J. squamata* 'Blue Star' (mit auffallend weißlicher Tönung), *J. s.* var. *fargesii*, 'Forrestii' (mit weißlichem Hauch), 'Loderi', 'Meyeri' (mit auffallend weißlicher Tönung), 'Prostrata' (mit weißlicher Tönung), *J. virginiana* 'Burkii', *J. v.* 'Fastigiata', 'Filifera', 'Glauca Pendula', 'Grey Owl' (im Winter mit purpurfarbener Tönung), 'Hillii' (mit weißlicher Tönung, im Winter mit purpurfarbenem Hauch), 'Kobendzii', 'Kobold', 'Manhattan Blue', 'Nana Compacta', 'Tripartita'.

Graublau
J. chinensis 'Blaauw', *J. ch.* 'Columnaris Glauca', 'Pfitzeriana Glauca', var. *sargentii* 'Glauca', 'Wilson's Weeping', *J. horizontalis* 'Wiltonii', *J. sabina* 'Blue Danube', *J. s.* 'Hicksii', 'Scandia' (mit gelblicher Tönung), *J. scopulorum* 'Gareei', 'Hill's Silver' (mit silbriger Zeichnung).

Auffallend bläulich (stahlblau)
J. chinensis 'Blue Cloud', *J. ch.* 'Maney', *J. horizontalis* 'Glauca'.

Blauweißlich bunt
J. chinensis 'Mas', *J. ch.* 'Plumosa Albovariegata', *J. horizontalis* 'Variegata'.

Weißlich bunt
J. chinensis 'Variegata', *J. communis* 'Vase', *J. sabina* 'Variegata', *J. virginiana* 'Triomphe d'Angers'.

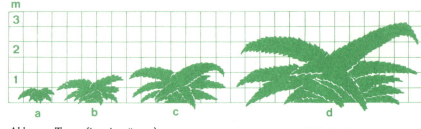

Abb. 39 Typ „pfitzeriana"
a)
J. chinensis 'Den Boer',
● *J. ch.* 'Pfitzeriana Compacta',
'Richeson',
● *J. squamata* 'Blue Carpet';
b)
J. davurica 'Expansa Variegata',
J. horizontalis 'Alpina';

c)
J. chinensis 'Armstrongii',
J. ch. 'Gold Coast';
d)
● *J. chinensis* 'Pfitzeriana',
J. ch. 'Blue Cloud',
● 'Hetzii' (Zweigspitzen nicht überhängend),
● 'Mathot',
'Mint Julep',
'Moraine',

● 'Old Gold',
'Pfitzeriana Aurea',
● 'Pfitzeriana Glauca',
'Sulphur Spray',
● *J. virginiana* 'Grey Owl',
● *J. v.* 'Tripartita' (Zweigspitzen nicht überhängend)

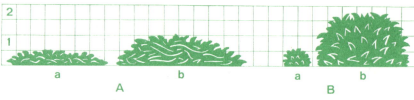

Abb. 40
A) Typ „nana"
a)
J. chinensis 'Rockery Gem',
J. ch. 'San José',
● var. *sargentii*,
var. *sargentii* 'Compacta',
● var. *sargentii* 'Glauca',
var. *sargentii* 'Viridis',
J. communis 'Echiniformis',
J. c. 'Gimborn',
'Gold Beach',
var. *hondoensis*,
● 'Hornibrookii',
var. *jackii*,
var. *montana*,
'Nana Aurea',
var. *nipponica*, 'Prostrata',
● 'Repanda',
'Silver Lining',
J. horizontalis 'Admirabilis',

J. h. 'Andorra Compacta',
● 'Bar Harbour',
'Blue Moon',
● 'Douglasii',
'Emerson',
'Filicina',
● 'Glauca',
● 'Humilis',
'Jade Spreader',
'Livida',
'Procumbens',
'Prostrata',
'Pulchella',
'Variegata',
'Wapiti',
'Wilsonii',
J. rigida ssp. *nipponica*,
J. sabina 'Musgrave',
J. s. 'Thomsen',
● *J. scopulorum* 'Repens',
J. squamata 'Prostrata';

b)
● *J. communis* var. *depressa*,
J. c. 'Depressed Star',
● var. *depressa* 'Aurea',
'Dumosa',
J. distans,
● *J. horizontalis* 'Plumosa',
J. h. 'Viridis',
J. seravshanica,
● *J. virginiana* 'Chamberlaynii',
J. v. 'Pendula Nana',
'Silver Spreader'

B) Typ „blue star"
a)
J. squamata 'Glassell';
b)
● *J. squamata* 'Blue Star'

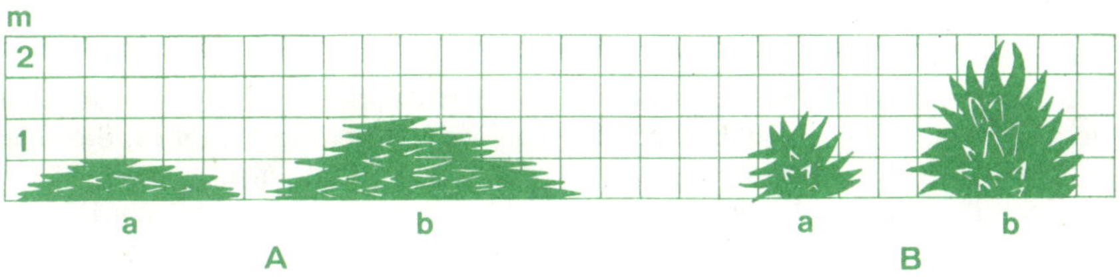

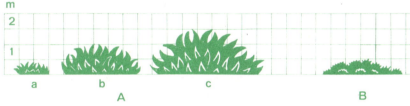

Abb. 41
A) Typ „tamariscifolia"
a)
● *J. davurica*,
● *J. d.* 'Expansa',
'Expansa Aurea',
J. sabina 'Arcadia',
● *J. s.* 'Cupressifolia',
'Scandia',
b)
J. sabina 'Broadmoor',
● *J. sabina* 'Tamariscifolia'

B) Typ „globosa"
a)
J. chinensis 'Globosa',
J. ch. 'Shoesmith',
J. recurva 'Nana',
J. virginiana 'Kobold',
● *J. v.* 'Globosa',
● 'Nana Compacta';
b)
J. communis var. *hemisphaerica*
J. scopulorum 'Gareei'

Abb. 42
A) Typ „sabina"
a)
J. horizontalis 'Glomerata',
J. procumbens 'Santa Roza';
b)
● *J. procumbens*,
● *J. p.* 'Nana',
● *J. sabina* 'Aureovariegata',
● *J. s.* 'Blue Danube',
● 'Femina',
'Variegata';
c)
● *J. sabina*,
J. sabina 'Erecta',
● 'Mas',
● 'Hicksii'

B) Typ „echiniformis"
J. chinensis 'Echiniformis',
J. ch. 'Shimpaku'

Weißlich gelbbunt
J. virginiana 'Plumosa Argentea'.
Gelbbunt
J. chinensis 'Kaizuka Variegated', *J. ch.* 'Pfitzeriana Aurea', 'Plumosa Aureovariegata', 'Sulphur Spray', *J. communis* 'Aurea', *J. communis* 'Depressa Aurea', 'Nana Aurea' (mit silbriger Zeichnung), *J. sabina* 'Aureovariegata'.
Gelblich grün
J. chinensis 'Aurea', *J. ch.* 'Japonica', 'Old Gold', *J. communis* 'Laxa', *J. durangensis*, *J. horizontalis* 'Admirabilis', *J. virginiana* 'Cupressifolia'.
Gelb
J. chinensis 'Plumosa Aurea'.

Zapfen

Bildet beerenartige Zapfen. Im ersten Jahr reifen sie nur ausnahmsweise, meist erst im zweiten oder sogar dritten Jahr. Ein größerer Zapfenansatz wirkt sehr dekorativ, auch wenn die Zapfenfarbe zur Belaubung einen Kontrast darstellt (eine wichtige Rolle spielt dabei die Bereifung, da sie die Zapfen heller erscheinen läßt).

Zapfenfarbe:
Dunkelblau
J. chinensis 'Femina' (blauweiß bereift), *J. conferta*, *J. procumbens* und Sorten, *J. scopulorum* (bereift) und Sorten, *J. seravshanica* (bereift), *J. thurifera*, *J. virginiana* (glänzend bzw. bereift) und Sorten.
Blauschwarz
J. horizontalis (etwas bereift) und Sorten, *J. komarovii*, *J. sabina* und Sorten, *J. squamata* var. *fargesii*.
Braun
J. chinensis (mehlartig bereift) sowie die meisten Sorten und Varietäten, *J. recurva*.
Orangerot
J. durangensis.
Braunrot
J. brevifolia, *J. cedrus* (blau bereift), *J. distans*.
Braunschwarz
J. ramulosa, *J. rigida*, *J. r.* ssp. *nipponica*,

J. semiglobosa, J. squamata sowie die meisten Sorten und Varietäten.
Schwarz
J. centrasiatica, J. communis (weißlich-blau bereift) sowie Sorten und Varietäten, *J. saltuaria* (glänzend), *J. turkestanica* (glänzend).

Stamm und Wurzelsystem

Stamm bei Bäumen ziemlich schlank und gerade, Rinde meist dünn, zerfasernd oder schuppig, hellgrau oder bräunlich. Bei älteren Bäumen ist der Stamm ein wichtiges, dekoratives Element, oft ist er auch interessant gedreht. Bei manchen niedrigen Bäumchen ist er verdickt und kurz, dann oft unscheinbar wie auch bei den strauchigen Typen. Eine lange, reich verzweigte Pfahlwurzel sorgt für eine gute Stabilität der Pflanze.

Ansprüche

In ihren Ansprüchen hat *Juniperus* mit *Pinus* manche Ähnlichkeiten. Die Pflanzen sind lichtliebend, eine intensive Beschattung beeinträchtigt das Aussehen der meisten Arten (unschön locker), bei geringem Schatten (z. B. unter Birken oder Kiefern) behalten sie ihren Zierwert. Die meisten Arten brauchen eine vollsonnige, exponierte Lage (besonders *J. communis, J. scopulorum* u. a.) und nur einige einen weniger sonnigen Standort (*J. chinensis* usw.). Die meisten, oben angeführten Arten sind in Mitteleuropa absolut winterhart (*J. communis, J. scopulorum, J. virginiana*). An Böden stellen sie keine Ansprüche, gedeihen aber in leichteren Substraten besser als in schweren. Einige *Juniperus*-Arten vertragen arme, ausgetrocknete und schattige Böden, andere pflanzen wir lieber auf sandig-lehmige und nicht zu trockene Standorte (z. B. *J. chinensis, J. virginiana*). Empfehlenswert ist auch ein ausreichender Kalkgehalt des Bodens. Die Aussagen über Immissionsverträglichkeit sind widersprüchlich. Manchen Erkenntnissen entsprechend wird verunreinigte Luft schlecht vertragen, anderen Angaben zufolge sollen alle Arten und Sorten (insbesondere *J. chinensis* 'Pfitzeriana') resistent sein. In einigen Untersuchungen haben sich *J. communis, J. sabina* und *J. squamata* als widerstandsfähigste Arten erwiesen. Schäden durch Wildverbiß kommen manchmal bei jungen Pflanzen (*J. chinensis, J. virginiana*) oder während des Frühjahrstriebes (*J. communis*) vor.

Pflege

Bei der Pflanzung und weiteren Pflege gehen wir wie bei *Chamaecyparis* vor. Das gilt auch für die Erhaltung der Form bei säulen- und kugelförmigen Typen. Ältere Exemplare aller Arten und Sorten vertragen ein Umpflanzen nur sehr schlecht. Mehrere mit Laubgehölzen wirtswechselnde Rost-Arten kommen an *Juniperus* vor. Deshalb *Juniperus* nicht in die Nähe der Zwischenwirte wie *Crataegus, Pyrus, Sorbus* und *Amelanchier* pflanzen oder im Herbst mit Maneb-, Mancozeb- bzw. Zineb-Präparaten behandeln. Das *Kabatina*-Zweigsterben und *Phomopsis*-Zweigsterben ist durch Entfernen und Verbrennen erkrankter Pflanzenteile zu bekämpfen. Dasselbe gilt auch für die *Pestalotia*-Einschnürungskrankheit. Gegen den Befall von Schildläusen werden wiederholte Spritzungen mit Parathion + Mineralöl-Präparaten durchgeführt. Gegen die *Juniperus*-Zweiglaus, bei deren Befall die Nadeln und Schuppen vergilben und abfallen, sollten im Frühjahr Parathion-, Dimethoat- oder Methamidophos-Präparate angewendet werden. Gegen Spinnmilben werden handelsübliche Akarizide eingesetzt.

Verwendung

Die baumartigen Typen werden als Solitärpflanzen, in Gruppenpflanzungen oder als Kulissen verwendet. Mit ihrem gleichmäßigen Wuchs und der etwas schweren, einheitlich kompakten Textur wirken sie in den einzelnen Szenerien ziemlich ernst. Nur einige lockere und mit der Zeit etwas ausladende Typen (wie z. B. „Scopulorum", „Pendula", „Communis Pendula") lassen sich gelegentlich in natürliche und „weich" gestaltete Szenerien (vielleicht auch in Kombination mit Laubgehölzen) einordnen. Am besten harmonieren die *Juniperus*-Arten mit anderen Nadelgehölzen, hauptsächlich den Zypressengewächsen. Sehr geeignet sind solitäre Pflanzungen in Rasenflächen geometrisch angelegter Gärten (hauptsächlich die Typen „Columnaris", „Virginiana", „Suecica", „Globosa" und „Blue Star"), an Wegkreuzungen oder als geschnittene Hecken, deren geradlinige und waagerechte Form mit schön vertikal gewachsenem Säulen-Wacholder ergänzt werden kann. Viel freudiger und leichter wirken dagegen die hellfarbigen, hauptsächlich gelben Sorten.
Die meisten baumartigen, aber auch zwergig und gleichmäßig wachsenden Typen (wie z. B. „Suecica", „Globosa", „Blue Star", „Plumosa" und „Tamariscifolia") kommen in der Nähe von Terrassen, Treppen, usw. gut zur Geltung. Attraktive Solitärpflanzen stellen sowohl die Hängeformen („Pendula" und „Communis Pendula"), als auch die bizarr wachsenden Vertreter des Typs „Kaizuka" dar. Damit sie aus nächster Nähe betrachtet werden können, pflanzen wir sie in Wegnähe. Die niedriger wachsenden Typen „Pfitzeriana" und „Plumosa" wirken sehr gut in der Nähe von Treppen, Terrassen und Bänken, als Solitärpflanzen auch in Steingärten oder zur Bildung größerer, bodenbedeckender, kompak-

ter Bestände (z. B. auf Abhängen) bzw. großer Gruppen (besonders vor baumartigen Vertretern der Zypressenfamilie).
Die *Juniperus*-Arten des Typs „Pfitzeriana" können aufgebunden werden (der Haupttrieb) – so daß sie ein Stämmchen bilden und dabei sehr auffallende Solitärs des Typs „Kaizuka" darstellen. Die *Juniperus*-Arten des Typs „Sabina", „Nana" und „Tamariscifolia" kommen besonders in Steingärten zur Geltung, wobei wir das Flächenbedürfnis der einzelnen Sorten in Betracht ziehen müssen; für kleinere Steingärten wählen wir langsamer wachsende Pflanzen, die nicht zuviel Platz einnehmen.
Diese niederliegenden Typen eignen sich sehr gut zur Bepflanzung von Staudenbeeträndern, von Rabatten usw. Wir pflanzen sie aber nur dort, wo ein Durchwachsen von ausdauernden Gräsern (Quecken) und Unkräutern nicht auftreten kann. *Juniperus sabina* und ihre Sorten ersetzen in niedrigen Lagen die Bergkiefer (*Pinus montana*). Wir dürfen sie aber nicht dort kultivieren, wo Birnbäume wachsen, denn sie ist der Zwischenwirt des Birngitterrostes. Die Typen „Suecica" bzw. auch „Globosa" sind mit ihrem säulen- und kugelförmigen Wuchs ziemlich ausgeprägte Pflanzen. Wir verwenden sie ausschließlich als Solitärpflanzen oder in kleinen Gruppen (in der Nähe verschiedener Architekturen, Stein- und Heidegärten usw.).
Die Sorten von *J. communis, J. sabina* und einigen weiteren Arten harmonieren sehr gut mit *Pinus, Betula, Calluna,* Ginster u. a.

Larix Mill. – Lärche *(Pinaceae)*

Sommergrüne Bäume, in Kultur sehr selten auch Sträucher. Die Lärchen stammen aus den kälteren Regionen der nördlichen Halbkugel. Sie sind höhere oder auch niedrigere Bäume, die ziemlich schnell wachsen (ausgenommen *L. lyalii* und die nur in der Jugend raschwüchsige *L. occidentalis*). In 10 Jahren werden sie oft 4–5 m hoch; 30jährige Bäume sind meist etwa 15 m hoch.
Zierwert: Laub (V–X, besonders X), Zapfen (VII–III).

Habitustypen

„Kaempferi-Typ": sehr malerische Bäume mit einer lockeren ungleichmäßigen Krone und mehr oder weniger waagerecht gestellten Ästen; die kurzen Zweige sind etwas überhängend (Abb. 43),
„Decidua-Typ": breit kegelförmige, ziemlich ungleichmäßig gestaltete und mitteldichte Kronen mit leicht aufstrebenden Ästen (besonders im oberen Teil der Krone) – Abb. 44 B,
„Pyramidalis-Typ": Bäume schmal kegelförmig gestaltet, mit kurzem Stamm und aufstrebenden Ästen (Abb. 44 A),
„Potaninii-Typ": Bäume mit hohem, schlankem Stamm und kurzer, breit ausladender und ungleich schirmförmiger, luftiger Krone; Äste mehr oder weniger waagerecht (Abb. 45 C),
„Pendulina-Typ": mehrgipfeliger Baum, mit verschiedenartig gekrümmten, aber aufstrebenden Stämmen; Äste waagerecht oder leicht vorhangartig hängend (Abb. 45 A),
„Pendula Contorta-Typ": entlang des geraden Stammes fast senkrecht hängende und oft verschieden gekrümmte Äste, Krone mit einem Gipfel (Abb. 45 B),

Wissenschaftlicher Name	Deutscher Name	Natürliche Verbreitung bzw. Entstehungsort	Frosthärte
L. × czekanowskii Szafer		Sibirien	++
● L. decidua Mill.	Europäische Lärche	M-Europa bis SO-Frankreich und Rumänien	++
f. *adenocarpa* (Borb.) Fitsch.		Tirol	++
ssp. *polonica* (Racib.) Domin		Polen, NW-Ukraine	++
L. × *eurokurilensis* Rohm. et Dimpflmeier		Grafrath	++
L. × *eurolepis* Henry		Dunkfeld	++
L. *europaea* DC. = *L. decidua*			
L. *gmelinij* (Rupr.) Kuzeneva		S-Kurilen, Sachalin	++
var. *gmelinii* (Loud.)	Dahurische Lärche	wie die Art	++
var. *japonica* (Regel) Pilg.	Kurilen-Lärche	Sachalin, Kurilen	++
var. *olgensis* (Henry) Ostenf. & Syrach-Larsen	Olgabucht-Lärche	O-Sibirien	++
var. *principis-ruprechtii* (Mayr) Pilg.	Prinz-Ruprecht-Lärche	N-China, Korea	++
var. *prostrata* (Regel) Hornibr.		wie die Art	++

„Pendula-Typ": ungleich, manchmal fast senkrecht hängende Äste, die Krone meist mit zwei Gipfeln und breiter als bei dem vorigen Typ (Abb. 46 B),

„Viminalis-Typ": breiter, robuster Baum mit waagerecht abstehenden Hauptästen, deren Zweige lang vorhangartig hängen (Ab. 46 A),

„Virgata-Typ": niedriges und sehr locker gestaltetes Bäumchen mit verschieden gekrümmten, langen, schlangenartigen Ästen und kurzen Zweigen (Abb. 47 C),

„Compacta-Typ": strauchiger, bis zum Boden dicht bezweigter, breit kegelförmiger bis spitz eiförmiger Typ (Abb. 47 B),

„Repens-Typ": breit niederliegender bis kriechender Typ, dessen Zweige mehr oder weniger waagerecht und dicht übereinander angeordnet sind (Abb. 47 A).

In der Jugend haben fast alle Typen (ausgenommen die zwergigen und der Typ „Virgata") einen schmaleren Wuchs und aufstrebende bis aufrechte Äste.

Textur

Die Kronen der normal baumartigen Lärchen („Decidua", „Pyramidalis", „Kaempferi", „Potaninii" und „Pendulina") sind leicht und sehr luftig, manchmal bizarr, ungleich locker gestaltet, bei älteren Exemplaren sehr aufgelockert. Diese weiche, leichte und helle Textur ist durch die dünnen, hängenden Zweige mit ihren feinen in Büscheln angeordneten Nadeln bedingt. Bei den zwergigen, pyramidalen und teilweise auch hängenden Typen ist die Bezweigung dichter und weniger luftig.

Laub

Abfallende nadelförmige Blätter stehen an Langtrieben spiralig und ent-

Wissenschaftlicher Name	Deutscher Name	Natürliche Verbreitung bzw. Entstehungsort	Frosthärte
● *L. kaempferi* (Lambert) Carr. (Abb. 30 g)	Japanische Lärche	M-Japan	++
● *L. laricina* (DuRoi) K. Koch	Amerikanische Lärche	N-Amerika	++
var. *lutea* (Jaurès & de Ferré)		USA	++
var. *parvistrobus* Jaurès & de Ferré		Pennsylvanien	++
L. leptolepis (S. et Z.) Gord. = *L. kaempferi*			
L. lyallii Parl.	Alpen-Lärche	Britisch Kolumbien bis Washington	++
L. × *marschlinsii* Coaz	Tscharnerholz		++
L. mastersiana Rehd. et Wils.		W-China	
L. occidentalis Nutt.	Westamerikanische Lärche	N-Amerika	++
L. × *pendula* (Ait.) Salisb.	Hänge-Lärche		++
L. potaninii Batal	Chinesische Lärche	W-China	++
L. russica (Endl.) Sabine ex Trautv. = *L. sibirica*			
L. sibirica Ledeb.	Sibirische Lärche	NO-Europa bis Sibirien, M-Asien	++

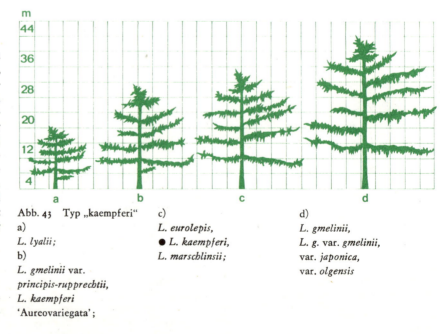

Abb. 43 Typ „kaempferi"
a) *L. lyalii*;
b) *L. gmelinii* var. *principis-rupprechtii*, *L. kaempferi* 'Aureovariegata';
c) *L. eurolepis*, ● *L. kaempferi*, *L. marschlinsii*;
d) *L. gmelinii*, *L. g.* var. *gmelinii*, var. *japonica*, var. *olgensis*

fernt, an Kurztrieben in dichten Büscheln vereint. Linealisch, flach, weich, 1–3 cm, manchmal auch 4 cm lang, meist hellgrün. Sie wirken leicht, frisch und luftig.

Blattfarbe:
Hellgrün
L. decidua und Sorten, Formen und Subspezies, *L. gmelinii* und Varietäten, *L. kaempferi*, *L. k.* 'Dearves', 'Ganghoferi', 'Inversa', 'Prostrata', *L. laricina*, *L. l.* var. *lutea* (Blüten gelb), *L.* × *pendula* und Sorten, *L. potaninii*.
Gelbgrün
L. × *eurokurilensis* (mit rötlichem Hauch), *L. laricina* 'Aurea' (im Sommer grün).
Graugrün
L. occidentalis.
Dunkelgrün
L. russica.
Blaugrün
L. × *eurolepis*, *L. kaempferi* 'Blue Rabbit', *L. k.* 'Pendula', 'Pyramidalis Argentea' (mit grauem bis silbrigem Hauch), *L. laricina* 'Glauca' (mit grauer Tönung), *L. lyallii*, *L.* × *marschlinsii*.
Gelbbunt
L. kaempferi 'Aureovariegata'.

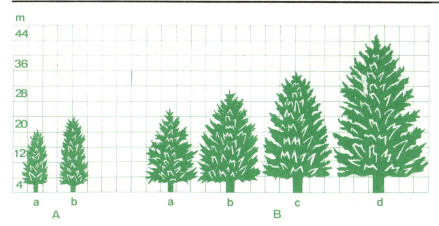

Abb. 44
A) Typ „pyramidalis"
a)
L. decidua 'Conica',
L. kaempferi 'Pyramidalis Argentea';
b)
L. decidua 'Fastigiata',
● *L. kaempferi* 'Blue Rabbit',
L. k. 'Ganghoferi'

B) Typ „decidua"
a)
● *L. laricina*,
L. l. 'Aurea',
'Glauca',
var. *lutea*;
b)
● *L. decidua*,
L. d. var. *adenocarpa*,
'Alba',
L. russica;

c)
L. decidua ssp. *polonica*,
L. d. var. *adenocarpa* (manchmal),
L. eurokurilensis;
d)
L. occidentalis

Im Frühjahr beim Austrieb sind die Nadeln schön frischgrün. Die Herbstfärbung ist bei den meisten Arten und Sorten leuchtendgelb, besonders bei *L. decidua* und *L. kaempferi* sowie ihren Sorten. Im Herbst halten die Nadeln sehr lange bei *L. kaempferi*; am spätesten fallen sie wahrscheinlich bei *L. gmelinii* ab.

Zapfen

Die Zapfen sind fast bei allen *Larix*-Arten sehr zierend. Wenn sie auch bei einigen Arten ziemlich klein sind, fallen sie doch in der luftigen und hellen Belaubung durch ihre Anzahl, Färbung und Gestalt auf. Sie sind meist kurzstielig, aufrecht und je nach der Art 2–6 cm lang. Nach der Form kön-

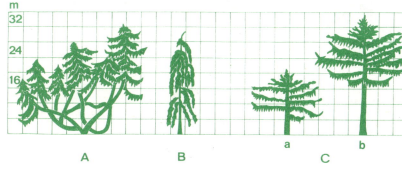

Abb. 45
A) Typ „pendulina"
L. decidua 'Pendulina'

B) Typ „pendula contorta"
L. pendula,
L. p. 'Contorta'

C) Typ „potaninii"
a)
L. potaninii;
b)
L. decidua
L. d. var. *adenocarpa*
(manchmal ältere Pflanzen)

nen wir folgende drei Typen unterscheiden: offen kegel-rosettenförmig (Abb. 48 A), schmal länglich-eiförmig bis walzenförmig (Abb. 48 B) und geöffnet eiförmig (Abb. 48 C). Die Flügel der Samenschuppen sind im Frühjahr zur Blütezeit manchmal grün, oft zierend rötlich.

Stamm und Wurzelsystem

Der Stamm ist bei älteren Exemplaren dick und meist gerade, so daß er im Vergleich zur feingestalteten Krone auffallend wirkt. In exponierten (windigen, felsigen) Lagen ist er oft verschiedenartig malerisch gekrümmt. Im Alter ist die Rinde dick, rissig und braun mit rötlicher Tönung. In der Jugend bildet *Larix* eine Pfahlwurzel, die bald verkümmert und von starken Nebenwurzeln ersetzt wird, so daß die Pflanzen im Boden immer gut verankert sind. Die Wurzeln weisen eine ektotrophe Mykorrhiza auf.

Ansprüche

Alle *Larix*-Arten sind sehr lichtliebend und brauchen offene Lagen. Bei freier Stellung sehr schöne, fast bis zum Boden beastete Bäume. Im kompakten Bestand verlieren sie die unteren Äste, so daß dann nur der Gipfel der Krone zur Geltung kommt. Alle angeführten Arten sind unter mitteleuropäischen Bedingungen winterhart (bei *L. sibirica* sind Spätfrostschäden möglich). Manche Arten, hauptsächlich die japanischen Gebirgsarten (z. B. *L. kaempferi*, *L. sibirica*) sind dankbar für eine höhere Luftfeuchtigkeit. An den Boden sind die *Larix*-Arten anpassungsfähig; sie gedeihen auch noch in armen, schottrigen, aber nicht zu trockenen Lagen (Abhänge). Ideal ist aber lehmiger tiefgründiger Boden. *L. leptolepis* und *L. occidentalis* brauchen tiefgründige, humusreiche und wenigstens mittelfeuchte (nicht nasse)

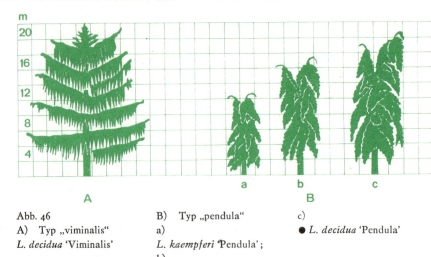

Abb. 46
A) Typ „viminalis"
L. decidua 'Viminalis'

B) Typ „pendula"
a) *L. kaempferi* 'Pendula';
b) *L. kaempferi* 'Dervaes',
L. k. 'Inversa';

c) ● *L. decidua* 'Pendula'

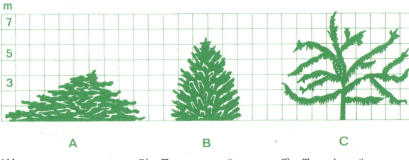

Abb. 47
A) Typ „repens"
L. decidua 'Repens',
L. gmelinii var. *prostrata*,
L. kaempferi 'Prostrata',
L. pendula 'Repens'

B) Typ „compacta"
L. decidua 'Compacta',
L. d. 'Kellermannii',
L. gmelinii (nur in den nördlichen Gebieten Ost-Asiens, sonst ein Baum)

C) Typ „virgata"
L. decidua 'Virgata'

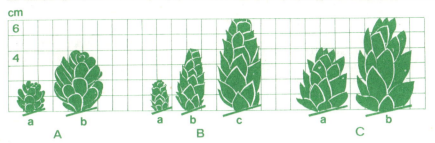

Abb. 48 Lärchenzapfen
A) offen kegel-rosettenförmig
a)
L. laricina;
b)
L. eurokurilensis,
L. eurolepis,
L. gmelinii,
L. g. var. *gmelinii,*
L. kaempferi, Sorten

B) schmal länglich-eiförmig bis walzenförmig
a)
L. decidua ssp. *polonica,*
L. gmelinii var. *olgensis;*
b)
L. decidua, Sorten und Varietäten,
L. marschlinsii,
L. occidentalis;
c)
L. lyallii

C) geöffnet eiförmig
a)
L. gmelinii var. *japonica,*
L. pendula, Sorten,
L. potaninii,
L. russica;
b)
L. gmelinii var. *principis-rupprechtii*

oder Dimethoat-Präparate verwenden. Die Lärchenminiermotte führt zu verbräunten und abgeknickten, ausgehöhlten Nadeln (dagegen ist ein Parathion + Mineralöl-Präparat zur Zeit des Austriebs zu spritzen oder ab August sind mehrmals Dimethoat- bzw. Trichlorfon-Präparate zu verwenden.

Verwendung

Larix eignet sich in erster Linie für Solitär- und Gruppenpflanzungen, hauptsächlich vor dunkleren Hintergründen anderer Nadelgehölze; im Sommer sind das frische Laub und im Herbst ihre leuchtendgelbe Ausfärbung auffallend. Die einheimische Lärche und einige weitere Arten (*L. sibirica* usw.) wirken in lockeren Gruppen mit anderen Nadelgehölzen aufhellend. Effektvoll sind Kombinationen mit im Herbst rötlich färbenden Laubgehölzen (japanische Ahorne, *Acer ginnala, Parthenocissus quinquefolia* usw.). Vor dem hellen Hintergrund einer *Larix*-Kulisse treten dunklere, kompakte oder auch zwergige Nadelgehölze anderer Gattungen gut hervor. Sehr kontrastreich sind z. B. Kombinationen von *Larix* mit *Taxus,* mit niederliegenden *Juniperus* usw. Höhere baumartige, kompakte Typen (besonders „Decidua" und „Pyramidalis") eignen sich für Alleen. Malerisch ungleichmäßige Typen („Kaempferi", „Pendula", „Virgata", „Pendulina" u. a.) eignen sich nur für Solitärpflanzungen in größeren Steingärten, in nächster Nähe größerer Felsen oder an Ufern von Wasserflächen (*L. kaempferi* u. a.) bzw. in größeren Rasenflächen (z. B. der Typ „Viminalis"). Zwergige Typen finden ihre beste Verwendung in kleineren Steingärten, neben Blumenmauern oder in größeren Ziergefäßen zusammen mit Stauden und anderen Gehölzen. Als geschnittene Hecke bildet *Larix decidua* einen schönen hellen Zaun mit auffallender Herbstfärbung.

Böden. Alle Arten sind kalkliebend. Über die Widerstandsfähigkeit gegenüber Immissionen gibt es noch keine einheitlichen Aussagen. Manchmal werden z. B. *L. kaempferi* und *L. occidentalis* als hart und widerstandsfähig angeführt (SCHUTT, SCHUCK und ROST), während andere Autoren (LINCOLN und DOCHINGER) diese Arten zu den empfindlichen zählen. Unter Wildverbiß leidet *Larix* hauptsächlich in der Jugend.

Pflege

Das Auspflanzen und die weitere Pflege ist wie bei *Abies* und *Chamaecyparis.* *Larix* verträgt Schnitt sehr gut. Darum ist ihre Anwendung für geschnittene Hecken sehr gut möglich, wobei wir die Pflanzen alljährlich schneiden – zum ersten Mal, wenn sie etwa 60 cm hoch sind (den Haupttrieb kürzen wir auf 10 cm und die Nebentriebe auf 1–2 cm). Das Umpflanzen älterer Exemplare ist kaum erforderlich (nur bei Bäumchen, die erst 1 bis 2,5 m hoch sind). In abgeschlossenen, wenig durchlüfteten Lagen leiden sie unter Krankheiten. Beim Erscheinen des *Nectria*-Fichtenrindenpilzes sind viele kleine, rötliche, pilzartige Körper auf Zweigen und Stämmen (sofort die befallenen Teile oder ganze Pflanzen entfernen). Bei der Ausbildung von Geschwülsten des Lärchenkrebses gehen wir ähnlich vor. Nadelfall, verursacht durch die Lärchenschütte, wobei ältere Nadeln verbräunen und abfallen, tritt besonders in zu feuchten Lagen auf (hier spritzen wir mit Schwefel-, Maneb-, Mancoceb- oder Zineb-Präparaten). Die Rotfäule, bei der die Stämme anschwellen, kommt hauptsächlich in verdichteten Böden vor (auflockern und den Standort wechseln). Weiße Wattetupfen an den Trieben weisen auf Befall mit Wolläusen hin, die einen Wirtswechsel zur Fichte (Fichtengallenläuse) vornehmen. Vor Austrieb Parathion + Mineralöl-, nach dem Austrieb Endosulfan-, Parathion-

Metasequoia MIKI ex HUT et CHENG – Metasequoia, Urweltmammutbaum
(Taxodiaceae)

Sommergrüner, schnellwachsender Nadelbaum, sehr ähnlich *Taxodium*. Es ist nur eine Art (● *M. glyptostroboides* HU et CHENG, Abb. 102 a) bekannt, die erst 1941 als Fossil und wenige Jahre später in China noch lebend entdeckt wurde.
Zierwert: Laub (V–XI), Stamm (I bis XII)

Habitus
Bis über 30 m hohe Bäume mit einer anfangs kegelförmigen, später breit abgerundeten (bis über 10 m breiten) Krone. Die Zweige sind in Langtriebe mit unbegrenztem und Kurztriebe mit begrenztem Wuchs differenziert.

Textur
Ähnlich wie bei *Taxodium*.

Laub
Nadeln sommergrün, gegenständig und 2zeilig, 0,8–1,5 cm lang, gerade oder etwas gebogen, hell- bis frischgrün, im Herbst auffallend rostrot.

Zapfen
Ausgereift dunkelbraun, bis fast 3 cm Durchmesser.

Stamm und Wurzelsystem
Stamm gerade, Rinde dunkelgrau, gefurcht, rissig, sich in dünnen Streifen ablösend. Wurzelsystem ähnlich wie bei *Taxodium*, aber ohne Wurzelknie.

Ansprüche
Die Metasequoia ist in allen mitteleuropäischen Gebieten frosthart. Ihre Ansprüche sind mit denen von *Taxodium* identisch. RANFT u. DÄSSLER geben eine ziemlich hohe Widerstandsfähigkeit gegen SO_2 an.

Pflege
Ähnlich wie bei *Taxodium*. Unter Wildverbiß leidet sie besonders in der Jugend, bekannt sind auch Schäden durch Eichhörnchen.

Verwendung
Eignet sich nur für größere Anlagen, für kleinere Gärten kommt sie wegen ihrer Dimension nicht in Frage. Wertvoll hauptsächlich ist der schnelle Wuchs und die frische, lichtgrüne, im Herbst wirkungsvoll ausgefärbte Belaubung.

Microbiota KOMAR. – Microbiota
(Pinaceae)

Immergrünes und strauchiges Nadelgehölz, das aus dem sowjetischen Fernen Osten (Sichote-Alin) stammt. Es ist nur eine Art bekannt – *M. decussata* KOMAR., die eine Höhe von 30 cm, aber eine Breite von 1,5 m erreicht. Der Strauch ist reich verzweigt, flach, die Zweigspitzen meist nickend, Blätter überwiegend schuppenförmig, an beschatteten Zweigen (besonders im Innern des Strauches) auch nadelförmig. Zapfen waagerecht gestellt, etwa 6 mm lang und 3 mm breit. Die *Microbiota* ist unter mitteleuropäischen Bedingungen winterhart. Ihre Ansprüche an den Standort sind noch nicht hinreichend bekannt, es ist mit Sicherheit aber ein wenig anspruchsvolles, zwergiges Nadelgehölz, das sich für Steingärten und als bodendeckende Pflanze eignet.

Picea A. DIETR. – Fichte
(Pinaceae)

Immergrüne, hohe bis niedrige Bäume, strauchige Bäumchen oder höhere bis zwergige Sträucher. Insgesamt sind etwa 50 Arten bekannt, die in den gemäßigten und kälteren Zonen der nördlichen Halbkugel beheimatet sind. Die baumartigen Fichten ähneln den Tannen, unterscheiden sich aber meist durch eine zugespitzte Krone. Die Zweige sind weniger starr, stehen in Quirlen und weisen bis auf einige Ausnahmen (*P. pungens* u. a.) meist etwas hängende und an ihren Spitzen wieder leicht bogenartig aufstrebende Äste auf. Das Wachstumstempo ist artabhängig, die meisten baumartigen Typen erreichen in 10 Jahren eine Höhe von 1–2 m, manche langsamer wachsende (*P. alba, P. breweriana, P. koyamai, P. mariana, P. orientalis, P. polita* u. a.) kaum 1 m. Dreißigjährige Fichten sind unter normalen Bedingungen meist 12–15 m hoch. Einige Arten können sogar höher werden (*P. abies, P. pungens* u. a.). Andererseits erreichen die langsamer wachsenden nur eine Höhe von 5–10 m (*P. alba, P. asperata, P. alcoquiana, P. engelmannii, P. jezoensis, P. mariana, P. orientalis, P. polita* usw.) oder bleiben sogar unter 5 m (*P. breweriana*). Junge Fichten haben im Vergleich zu alten Bäumen stets eine schmalere Krone mit aufstrebenden Ästen.
Zierwert: Laub (I–XII), Zapfen (VII bis III).

Wissenschaftlicher Name	Deutscher Name	Natürliche Verbreitung bzw. Entstehungsort	Frosthärte
● *P. abies* (L.) Karst.	Gemeine Fichte, Rottanne	N-, M- und SO- Europa	++
f. *acuminata* (Beck) Dall. & Jacks.		Polen, Jugoslawien, Schweden	++
var. *alpestris* (Bruegg.) Kruessm.	Alpen-Fichte	Schweiz	++
f. *apiculata* (Beck) Kruessm.		Polen, Österreich	++
var. *carpathica* (Willk.) Kruessm.		Karpaten	++
f. *chlorocarpa* (Purkyne) Fries		wie die Art	++
f. *deflexa* (Tyszkiewicz) Kruessm.		Polen	++
f. *erythrocarpa* (Purk.) Rehd.		wie die Art	++
f. *gigantea* (Beissn.) Boom		wie die Art	++
f. *glomerulans* (Kihlm.) Kruessm.		Finnland	++
f. *hercynica* (Beissn.) Kruessm.		wie die Art	++
f. *nigra* (Loud.) Th. Fries	»Doppeltanne«	wie die Art	++
f. *squarrosa* (Jacobasch) den Oud & Boom		wie die Art	++
f. *strigosa* (Christ) Dallim. & Jacks.	Sparrfichte	Schweiz	++
s. *triloba* (Aschers. & Graebn.) den Oud. & Boom		Mähren, Schweiz	++
■ *P. ajanensis* Fisch. ex Carr. = *P. jezoensis*			
P. alba Link = *P. glauca* (Moench) Voss			
● *P. alcoquiana* (Veitch et Lindl.) Carr.	Alcock-Fichte	Japan	++
● *P. asperata* Mast.	Rauhe Fichte	Hupeh, Szetschuan, Yünnan	++
var. *asperata*		wie die Art	++
var. *heterolepis* (Rehd. & Wils.) Cheng ex Rehd.		wie die Art	++
var. *notabilis*		wie die Art	++

Habitustypen

„Abies-Typ": der Habitus der in Mitteleuropa einheimischen Fichte, Krone dicht, gleichmäßig kegelförmig, scharf zugespitzt, Äste im oberen Teil der Krone mehr oder weniger aufstrebend, im unteren waagerecht bis bogig überhängend (Abb. 49),

„Sitchensis-Typ": Krone breit ei- bis kegelförmig, weniger scharf zugespitzt, etwas lockerer gestaltet; Zweige und Äste waagerecht oder etwas aufstrebend, Zweige höherer Ordnung hängend (Abb. 50 C),

„Omorika-Typ": Krone schlank kegelförmig, gleichmäßig, scharf zugespitzt, Äste leicht überhängend und an den Spitzen bogig aufstrebend (Abb. 50 A),

„Cupressina-Typ": breiter und dichter Säulentyp, mit einem meist stumpf endenden Gipfel, Äste immer steil aufstrebend, Stamm bis zum Boden beastet (Abb. 51 B),

„Rothenhausii-Typ": etwas ungleichmäßige Krone, die Hauptäste verschieden lang, waagerecht oder leicht bogig nickend, alle sekundären Zweige vorhangartig hängend (Abb. 51 C),

„Falcata-Typ": der obere Kronenteil mit mehr oder weniger schlangenförmigen, ungleichmäßig aufstrebenden Ästen und fast ohne Nebenzweige. Der untere Kronenteil ist mit dem Typ „Viminalis" identisch, d. h. mit mehr oder weniger waagerechten Hauptästen und vorhangartig hängenden sekundären Zweigen (Abb. 52 A),

„Araucarioides-Typ": Habitus ähnlich dem vorigen, im lockeren Kronengipfel aber teilweise kurze Zweige ausgebildet, im unteren Kronenteil die Hauptäste etwas mehr überhängend (Abb. 50 B),

„Cranstonii-Typ": Baum normal breit kegelförmig, mit sehr lockerer Krone und schlangenartigen, verflochtenen Ästen, an deren Spitzen kleine Zweige ungleichmäßig gehäuft stehen (Abb. 51 A),

„Viminalis-Typ": Krone vorhangartig gestaltet, Hauptäste waagerecht oder leicht aufstrebend, sekundäre Zweige wenig verzweigt und lang, dicht vorhangartig hängend (Abb. 52 B),
„Cincinnata-Typ": normal breit kegelförmig entwickelte Krone, deren Äste ungleich bogig abstehen; kurze Zweige hängend (Abb. 52 C),
„Virgata-Typ": die echte „Schlangenfichte", die sich vom baumartigen Typ „Cranstonii" hauptsächlich durch den breit strauchigen Wuchs unterscheidet (Abb. 53 B),
„Pendula-Typ": alle Äste und Zweige den Stamm entlang bis zum Boden hängend, bei niedrigeren Pflanzen auch auf der Erde kriechend; Verzweigung sehr dicht und kompakt, Krone oft einseitig geneigt (Abb. 54),
„Glauca Pendula-Typ": strauchiger, bizarrer, halbhängender Typ, wobei die Ast- und Zweigspitzen oft deutlich aufstreben (Abb. 53 A),
„Compacta-Typ": halbkugelige bis eiförmige, meist sehr dichte Sträucher (Abb. 55),
„Remontii-Typ": niedrige Sträucher (2–3 m), breit oder kugelig-kegelförmig, höhere (bis 5 m oder höher) länglich kegelförmig (Abb. 56),
„Pygmaea-Typ": unterscheidet sich vom vorigen Typ durch ungleichen, zwieseligen Wuchs (Abb. 57 B),
„Fastigiata-Typ": dichter, ungleich schmal-pyramidaler Strauch mit stumpfer Krone (Abb. 57 A),
„Gregoryana-Typ": vom ähnlichen Typ „Compacta" durch ungleichmäßigeren, mehr zwieseligen Wuchs unterschieden (Abb. 58 B),
„Ellwangeriana-Typ": niedrige bis niederliegende Sträucher mit mehr oder weniger waagerechten oder leicht aufstrebenden, aber ungleich angeordneten Zweigen (Abb. 59),
„Repens-Typ": vom sehr ähnlichen vorigen Typ durch einen noch zwieseligeren und weniger gleichmäßigen Wuchs unterschieden (Abb. 58 A).

Wissenschaftlicher Name	Deutscher Name	Natürliche Verbreitung bzw. Entstehungsort	Frosthärte
Rehd. & Wils.			
var. *ponderosa* Rehd & Wils.		wie die Art	++
● *P. aurantiaca* Mast.		W-Szetschuan	++
P. bicolor (Maxim.) Mayr = *P. alcoquiana*			
var. *acicularis* Shiras. & Koyama		Japan	++
var. *alcoquiana*		wie die Art	++
var. *reflexa* Shiras. & Koyama		Japan	++
P. brachytyla (Franch.) Pritz.	China-Fichte	N- u. W-China	++
var. *brachytyla*		wie die Art	++
var. *complanata* (Mast.) Rehd.		W-China	++
var. *rhombisquamea* Stapf		W-China	++
● *P. breweriana* S. Wats.	Brewer-Fichte, Mähnen-Fichte, Siskiyou-Fichte	S-Oregon, N-Kalifornien	++
P. chihuahuana Martinez		Mexiko	++
● *P. engelmannii* (Parry) Engelm.	Engelmann-Fichte	N-Amerika	++
P. gemmata Rehd. et Wils.		W-China	++
● *P. glauca* (Moench) Voss (Abb. 63 d)	Weiß-Fichte, Schimmel-Fichte, Kanadische Fichte	N-Amerika	++
var. *albertiana* (S. Brown) Sarg.		N-Amerika	++
var. *porsildii* Raup		NW-Kanada-Alaska	++
● *P. glehnii* (Fr. Schmidt) Mast.	Sachalin-Fichte	Japan, Sachalin	++
P. hirtella Rehd. et Wils.		W-China	++
P. × hurstii de Hurst		USA	++
● *P. jezoensis* (S. et Z.) Carr.	Yedo-Fichte, Ajan-Fichte	Japan, Mandschurei	++
var. *hondoensis* (Mayr) Rehd.	Hondo-Fichte	Hondo	++
P. koyamai Shiras.		Japan, Korea	++
● *P. likiangensis* (Franch.) Pritz.	Likiang-Fichte	W-China	++
var. *balfouriana* (Rehd. & Wils.) Hillier ex Slavin		W-Szetschuan	++
var. *likiangensis*		wie die Art	++

Wissenschaftlicher Name	Deutscher Name	Natürliche Verbreitung bzw. Entstehungsort	Frosthärte
var. *purpurea* (MAST.) DALL & JACKS.	Purpur-Fichte	W-Szetschuan, Kansu	++
P. × *lutzii* LITTLE		S-Alaska	++
● *P. mariana* (MILL.) B. S. P. (Abb. 63 b)	Schwarz-Fichte	N-Amerika	++
● *P.* × *mariorika* BOOM		Westerstede (?)	++
P. maximowiczii REGEL ex MAST.	Maximowicz-Fichte	Japan	++
P. mexicana MARTINEZ	Mexico-Fichte	Mexiko	++
P. meyeri REHD. et WILS.		China	++
● *P. montigena* MAST.		NW-Szetschuan	++
P. morrisonicola HAYATA	Taiwan-Fichte	Formosa	++ oder +
P. × *moseri* MAST.		Versailles	++
P. neoveitchii MAST.		W-China	++
P. nigra (L.) LINK = *P. mariana*			
P. × *notha* REHD.		Arnold Arboretum	++
P. obovata LEDEB.	Sibirische Fichte	NO-Europa, N-Asien bis Kamtschatka	++
var. *coerulea* TIGERSTEDT		Altai	++
var. *fennica* (REGEL) HENRY	Finnische Fichte	N-Schweden, N-Finnland	++
● *P. omorika* (PANČIĆ) PURKYNE	Omorika-Fichte, Serbische Fichte	M-Jugoslawien	++
● *P. orientalis* (L.) LINK (Abb. 63 c)	Kaukasus-Fichte, Orient-Fichte	Kaukasus, Kleinasien	++
P. polita (S. et Z.) CARR.	Tigerschwanz-Fichte, Nadel-Fichte	Japan	++
● *P. pungens* ENGELM.	Stech-Fichte	N-Amerika	++
P. retroflexa MAST.		W-Szetschuan	++
P. rubens SARG.	Rot-Fichte	N-Amerika	++
P. × *saaghyi* GAYER		Kamoni Arboretum	++
P. schrenkiana FISCH. et MEY.	Schrenk-Fichte, Tienschan-Fichte	M-Asien	++
P. sitchensis (BONG.) CARR.	Sitka-Fichte	Alaska bis N-Kalifornien	++
P. torano KOEHNE = *P. polita*			
P. wilsonii MAST.	Wilson-Fichte	W-China	++

Textur

Bei den Fichten hängt sie sehr von der Art bzw. Sorte ab. Bei den Bäumen ist sie in der Regel lockerer und durchsichtiger als bei den strauchigen Pflanzen. Leichter und transparenter ist sie besonders bei den Typen mit etwas vorhangartigen Zweigen (Typ „Abies" und „Sitchensis"), kompakter bei den ausgesprochenen vorhangartigen Typen („Viminalis" und „Cincinnata"), bei denen aber die Textur manchmal auch aufgelockert erscheint (z. B. bei *P. breweriana*). Bei einer sehr feinen und dichten Verzweigung wirkt die Krone auch bei etwas lockerer angeordneten Hauptästen sehr kompakt (*P. glauca*, *P. mariana* usw.). Beim Typ „Omorika" ist sie starr kompakt, wenig gelockert und wirkt ziemlich „schwer", wenn auch die Krone sehr schlank ist. Grob und starr erscheint eine Krone mit gleichmäßig quirlig angeordneten Ästen und dadurch deutlich erkennbaren Etagen (z. B. bei *P. pungens*). Unruhig, dabei aber malerisch wirken ungleich gestaltete (z. B. „Rothenhausii-Typ"), bizarr verzweigte („Falcata", „Cranstonii", „Virgata-Typ" u. a.) oder fahnenartig angeordneten Kronen (*P. jezoënsis* u. a.). Eine sehr dichte, manchmal ganz undurchsichtige Textur finden wir praktisch bei allen strauchig-zwergigen Typen, ebenso dem höheren „Pendula-Typ". Den Gesamteindruck der Fichtenkronen beeinflussen nicht nur der Habitus und die Stellung der Äste und Zweige, sondern auch die Färbung und Anordnung der Nadeln.

Laub

Nadeln spiralig angeordnet (an den Seitenzweigen auch unterseits kammförmig gescheitelt), lineal, 4kantig oder flach. Die Länge schwankt meist zwischen 1–2 cm, manchmal sind sie auch kürzer (oft z. B. bei *P. gemmata*, *P.*

glauca, P. glehnii, P. koyamai, P. likiangensis, P. mariana, P. maximowiczii, P. montigena, P. omorika, P. orientalis), seltener auch länger (manchmal z. B. bei *P. brachytyla, P. breweriana, P. engelmannii, P. mexicana, P. pungens, P. schrenkiana, P. sitchensis*). Kurze und anliegende Nadeln bei gleichzeitig dichter Zweigstellung ergeben oft eine wenig luftige, schwere Textur des ganzen Baumes. Eine umgekehrte Wirkung haben kurze oder längere, aber von den Zweigen abstehende Nadeln.

Blattfarbe:
Hellgrün
P. abies 'Capitata' (glänzend), *P. a.* 'Cincinnata', 'Clanbrassiliana' (glänzend), 'Clanbrassiliana Elegans' (glänzend), 'Clanbrassiliana Plumosa', 'Conica', 'Echiniformis' (mit gelblichem bis grauem Hauch), 'Elegans', 'Helene Cordes', 'Mariae-Orffiae' (mit gelber Tönung), 'Merkii', 'Mikrosperma' (glänzend), 'Nana', 'Nana Compacta', 'Nidiformis', 'Procumbens', 'Pruhoniceana', 'Pumila', 'Pygmaea', 'Reflexa' (mit bläulichem Hauch), 'Remontii', 'Repens' (manchmal mit gelblicher Tönung), 'Tabuliformis' (mit gelblicher Tönung), 'Viminalis', *P. chihuahuana* (bläulicher Hauch), *P. glauca* 'Alberta Globe', *P. g.* var. *albertiana*, 'Conica' (fein bläulicher Hauch), 'Elegans Compacta', 'Nana' (mit grauer Tönung), *P. glehnii*, *P.* × *hurstii*, *P.* × *notha* (glänzend), *P. orientalis* 'Gracilis' (glänzend), *P. pungens* 'Hunnewelliana', *P. rubens* 'Nana'.
Graugrün
P. abies 'Globosa Nana', *P. a.* 'Gregoryana', 'Gregoryana Parsonsii', 'Gregoryana Veitchii', 'Monstrosa', *P. aurantiaca* (mit bläulicher Tönung), *P. breweriana*, *P. glauca* 'Echiniformis' (mit gelbgrüner Tönung), *P. g.* 'Gnom', *P. jezoensis* var. *hondoensis*, *P. koyamai, P. likiangensis* var. *purpurea, P.* × *lutzii, P. mariana* 'Beissneri' (mit bläulicher Tönung), *P. m.* 'Beissneri Compacta', 'Doumetii', 'Empetroides'.
Dunkelgrün
Alle Arten und Sorten, die bei den Habitus-

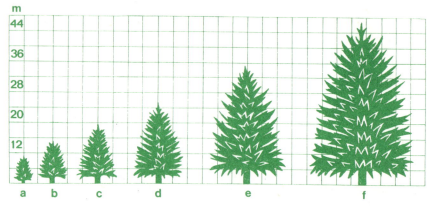

Abb. 49 Typ „abies"
a)
P. abies 'Eremita';
b)
● *P. abies* 'Aurea',
P. a. 'Aurea Magnifica' (manchmal),
P. glauca var. *porsildii*,
P. neoveitchii;
c)
P. abies var. *carpathica*,
● *P. a.* 'Finedonensis',
P. glauca 'Aurea',
P. g. 'Aureospica',
'Coerulea',
'Hendersonii',
'Pinsapoides',
P. hirtella,
P. mariana 'Aurea';
d)
P. abies 'Aurescens',
P. a. 'Lubecensis',
'Microphylla',
P. chihuahuana,
● *P. glauca*,
P. jezoensis var. *hondoensis*,
P. j. 'Aurea',
P. koyamai,
P. lutzii,
● *P. mariana*,
P. m. 'Argenteovariegata',
● *P. mariorika*,
P. maximowiczii,
P. meyeri,
P. moseri,
P. mexicana,

P. orientalis 'Early Gold',
P. pungens 'Aurea',
● *P. p.* 'Endtz',
'Flavescens',
● 'Hoopsii',
● 'Koster',
'Thomsen', 'Vuyk',
P. saaghyi,
P. sitchensis 'Speciosa',
● *P. torano*,
● *P. wilsonii*;
e)
P. abies 'Acutissima',
● *P. a.* 'Argentea',
● 'Argenteospica',
'Coerulea',
'Interrupta',
'Mutabilis',
● *P. asperata*,
P. a. var. *asperata*,
var. *heterolepis*,
var. *notabilis*,
var. *ponderosa*,
P. aurantiaca,
● *P. bicolor*,
P. b. var. *acicularis*,
var. *bicolor*,
var. *reflexa*,
P. brachytyla,
P. b. var. *brachytyla*,
var. *complanata*,
P. engelmannii 'Argentea',
P. e. 'Glauca',
P. gemmata,
● *P. glehnii*,
● *P. likiangensis*,

P. l. var. *likiangensis*,
P. morrisonicola,
P. notha,
● *P. orientalis*,
P. o. 'Atrovirens',
● 'Aurea',
● *P. pungens*,
P. p. 'Arcuata',
● 'Argentea',
'Atroviridis',
'Erich Frahm',
● 'Fürst Bismarck',
'Microphylla'
● 'Speck', 'Viridis',
P. rubens,
P. schrenkiana;
f)
● *P. abies*,
P. a. f. *acuminata*,
f. *apiculata*,
f. *chlorocarpa*,
'Corticata',
f. *erythrocarpa*,
f. *gigantea*,
'Tuberculata',
● *P. engelmannii*,
P. glauca var. *albertiana*,
● *P. hurstii*,
● *P. jezoensis*,
P. obovata,
P. o. var. *coerulea*,
var. *fennica*,
P. retroflexa

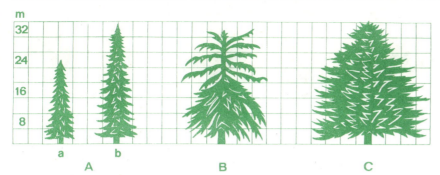

Abb. 50
A) Typ „omorika"
a)
P. likiangensis var. *balfouriana*,
● *P. pungens* 'Moerheim';
b)
P. abies 'Columnaris',
● *P. omorika*

B) Typ „araucarioides"
P. abies 'Araucarioides'

C) Typ „sitchensis"
P. likiangensis var. *purpurea*,
● *P. montigena*,
● *P. sitchensis*

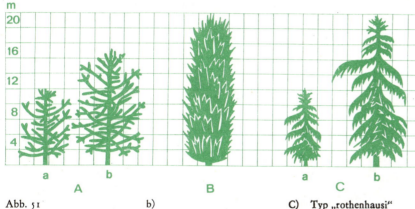

Abb. 51
A) Typ „cranstonii"
a)
P. abies 'Phylicoides',
● *P. a.* 'Virgata',
P. pungens 'Virgata';
b)
● *P. abies* 'Cranstonii',
P. a. 'Dicksonii',
'Intermedia'

B) Typ „cupressina"
● *P. abies* 'Cupressina',
P. a. 'Pyramidata'

C) Typ „rothenhausii"
a)
● *P. abies* 'Rothenhausii'
b)
P. abies 'Pruhoniciana'

typen angeführt, aber unter den anderen Farbgruppen nicht genannt sind.

Blaugrün

P. abies var. *alpestris*, *P. a.* 'Eremita', 'Highlandia', 'Kamon' (mit silbriger Tönung), 'Mucronata' (glänzend), 'Wansdyke Miniature', *P. asperata*, *P. a.* var. *asperata*, var. *heterolepis*, var. *notabilis*, var. *ponderosa*, *P. engelmannii*, *P. e.* 'Fendleri', 'Glauca', 'Microphylla', *P. glauca* (grauweiße Tönung), *P. g.* 'Gracilis Compacta', 'Parva', 'Pendula', var. *porsildii*, *P. mariana* (mit grauer Tönung), *P. m.* 'Ericoides', 'Fastigiata', 'Nana', 'Pendula', 'Semiprostrata', *P.* × *mariorika*, *P.* × *m.* 'Kobold', *P.* × *moseri*, *P. mexicana*, *P. obovata* var. *coerulea*, *P. pungens*, *P. p.* 'Arcuata', 'Columnaris' 'Microphylla', 'Virgata', *P. retroflexa*

Blaugrau

P. abies 'Coerulea', *P. glauca* (silbrige Tönung), *P. g.* 'Hendersonii', 'Pinsapoides', *P. pungens* 'Montgomery'.

Blauweiß

P. alcoquiana var. *acicularis*, *P. pungens* 'Endtz', *P. p.* 'Erich Frahm', 'Fürst Bismarck', 'Glauca Globosa', 'Glauca Pendula' (silbrige Tönung), 'Glauca Procumbens' (silbrige Tönung), 'Glauca Prostrata', 'Hoopsii', 'Koster', (silbrige Tönung), 'Moerheim', 'Moll', 'Spek' (silbrige Tönung), 'Thomsen' (silbrige Tönung), 'Vuyk' (silbrige Tönung).

Silbriggrau

P. engelmannii 'Argentea', *P. pungens* 'Argentea', *P. p.* 'Pumila' (bläulicher Hauch).

Weißlich bunt

P. abies 'Argentea, *P. a.* 'Argenteospicata' (später vergrünend), *P. mariana* 'Argenteovariegata'.

Weißlich-gelbbunt

P. abies 'Aurea' (leidet unter Sonnenbrand), *P. pungens* 'Flavescens'.

Gelbgrün

P. abies 'Aurescens' (beim Austrieb glänzend grün), *P. a.* 'Crippsii', 'Decumbens', 'Diffusa', 'Knaptonensis', 'Ohlendorfii' (glänzend), 'Phylicoides' (im zweiten Jahr graugrün), 'Pseudo-Maxwellii', 'Spathulifolia', *P. mariana* 'Aurea', *P. omorika* 'Nana', *P. pungens* 'Aurea', *P. rubens* (stark glänzend), *P. r.* 'Virgata'.

Gelb
P. abies 'Aurea Magnifica' (im Winter orangegelb), *P. a.* 'Diedorfiana', *P. glauca* 'Aurea'.
Gelbbunt
P. abies 'Cellenis' (bald nach dem Austrieb vergrünend), *P. a.* 'Finedonensis' (die gelben Jungtriebe vergrünen und werden später bräunlich), 'Lubecensis' (die gelben Jungtriebe vergrünen im Sommer), 'Mutabilis' (nach dem Austrieb heller), *P. glauca* 'Aureospica', *P. jezoensis* 'Aurea', *P. orientalis* 'Aurea' (frisch ausgetriebene Nadeln vergrünen), *P. a.* 'Early Gold' (wie die vorige).

Eine hellgrüne, graue und besonders gelbliche Benadelung verleiht der Fichtenkrone trotz kompakter Textur und starrem Habitus eine gewisse Leichtigkeit, wogegen grüne, dunkelgrüne und auch blausilbrige Farbtöne die Starrheit und Schwere des Gehölzes erhöhen. Ein auffallend bunter (hauptsächlich gelber) Austrieb kann das Gehölz und die ganze Szenerie bedeutsam beleben. Eine wichtige Stellung nehmen alle Sorten mit grauen oder silbrigblauen Nadeln ein.

Zapfen

Hängend, vereinzelt abstehend oder ausnahmsweise sogar aufrecht. Nach der Reife ganze Zapfen abfallend oder auch einige Jahre auf dem Baum bleibend. Bei den meisten Fichten werden die ersten Zapfen nach 30–40 Jahren gebildet, nur vereinzelt früher, nach 20 Jahren bei *P. omorika* oder aber später: nach 50 Jahren bei *P. alcoquiana, P. jezoensis* u. a. Manche Arten tragen in Mitteleuropa kaum oder nur selten Zapfen (*P. breweriana, P. schrenkiana* u. a.). Die meisten zwergig oder bizarr wachsenden Typen entwickeln überhaupt keine Zapfen.
Nach der Zapfenform unterscheiden wir: mehr oder weniger walzenförmige (Abb. 60 A), walzenförmige mit verlängerter Spitze (Abb. 60 B), zylin-

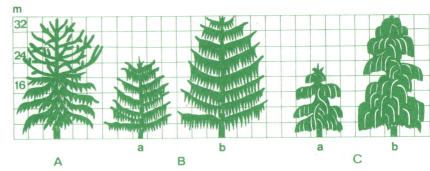

Abb. 52
A) Typ „falcata"
P. abies 'Falcata',
● *P. a.* 'Falcatoviminalis'

B) Typ „viminalis"
a)
● *P. abies* 'Viminalis',
P. engelmannii 'Fendleri';
b)
P. abies 'Plumosa',
P. breweriana
(in Mitteleuropa niedriger)

C) Typ „cincinnata"
a)
● *P. abies* 'Pendula Bohemica';
b)
● *P. abies* 'Cincinnata',
P. brachytyla var. *rhombisquamea*,
● *P. pungens* 'Pendula'

Abb. 53
A) Typ „glauca pendula"
● *P. pungens* 'Glauca Pendula'

B) Typ „virgata"
● *P. abies* 'Virgata' (oft),
P. rubens 'Virgata'

drische bis länglich eiförmige (Abb. 61), walzenförmige und an beiden Enden schmaler werdende (Abb. 62 B) und breit eiförmige (Abb. 62 A). Die meisten Zapfen sind bräunlich (hell oder dunkel) gefärbt, manchmal auch rötlich (*P. rubens, P. sitchensis* u. a.), gelblich (*P. hirtella, P. maximowiczii* u. a.), violettpurpurfarben (*P. mariana, P. omorika* u. a.) oder nur vor der Reife violett (*P. obovata, P. orientalis* u. a.).

Stamm und Wurzelsystem

Bäume haben meist gerade, bei guter Beastung kaum sichtbare Stämme. Rinde schuppenförmig, bei manchen älteren Exemplaren gefurcht. Bei den Typen „Pendula", „Virgata" oder auch „Glauca Pendula" ist der Stamm mit den Ästen etwas gekrümmt, geneigt oder ungerade. Interessant ist der Stamm von *P. abies* 'Tuberculata' mit seinen zitzenartigen, einige Zentimeter hohen und 5–8 cm breiten „Warzen". Manche *Picea*-Arten leiden an exponierten Standorten unter Windbruch, weil sie eine ungenügend ausgebildete Pfahlwurzel haben und die gut verzweigten Nebenwurzeln nur flach im Boden ausgebreitet sind (*P. abies, P. asperata, P. polita, P. schrenkiana* u. a.). Standfeste Fichten mit dem tiefsten Wurzelsystem sind u. a. *P. engelmannii, P. jezoensis, P. pungens, P. sitchensis*.

Ansprüche

Allgemein kann gesagt werden, daß *Picea* an die Standortbedingungen etwas geringere Ansprüche stellt als *Abies*. Alle Arten sind lichtliebend, im dichteren Bestand verlieren sie schnell die unteren Äste. Die zwergigen Typen pflanzen wir auf freie, gut belichtete Flächen oder auch unter Bäumen (Südseite) mit lockeren und hohen Kronen. Alle angeführten *Picea*-Arten

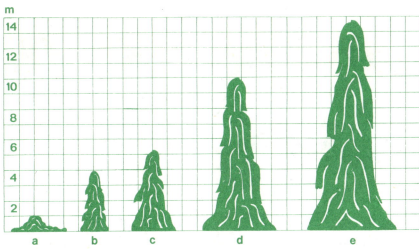

Abb. 54 Typ „pendula"
a) *P. abies* f. *palustris*, *P. a.* 'Reflexa';
b) *P. abies* 'Depressa';
c) ● *P. abies* 'Acrocona', *P. mariana* 'Pendula', ● *P. orientalis* 'Nutans';
d) *P. abies* 'Frohburg', ● *P. a.* 'Inversa', 'Pendula Major', 'Pendula Monstrosa';
e) *P. glauca* 'Pendula'

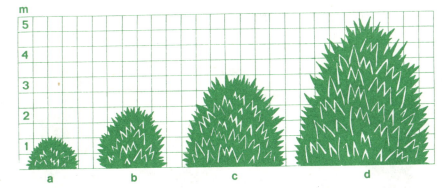

Abb. 55 Typ „compacta"
a) *P. abies* 'Nana Compacta', ● *P. a.* 'Echiniformis', 'Mariae-Orffiae', 'Highlandia', *P. mariana* 'Nana', *P. orientalis* 'Nana';
b) ● *P. abies* 'Compacta', *P. a.* 'Compacta Asselyn', ● 'Clanbrassiliana', 'Clanbrassiliana Elegans', ● 'Merkii', *P. glauca* 'Nana', ● *P. pungens* 'Glauca Globosa', *P. p.* 'Pumila';
c) *P. abies* 'Parviformis', *P. glauca* 'Alberta Globe', *P. pungens* 'Compacta';
d) ● *P. orientalis* 'Gracilis', ● *P. pungens* 'Hunnewelliana'

sind winterhart, bis auf einige Ausnahmen, die eine wärmere und geschützte Lage erfordern. Beim Auspflanzen dieser Arten meiden wir ausgesprochene Frostlagen (*P. polita* und *P. engelmannii* leiden manchmal beim Austrieb unter Spätfrösten, ähnlich auch *P. sitchensis* und *P. jezoensis*). Zu den härtesten Arten gehören *P. abies*, *P. alba*, *P. alcoquiana*, *P. asperata*, *P. mariana*, *P. omorika* und *P. pungens*. Diese Arten können wir fast alle auch in Frostlagen verwenden. Die *Picea*-Arten lieben feuchtere lehmigsandige Böden und eine höhere Luftfeuchtigkeit. In klimatisch für sie günstigen Gebieten (natürliche Verbreitungsgebiete) stellen sie keinerlei Bodenansprüche. Einen trockeneren und schotterigen Standort vertragen befriedigend *P. omorika*, *P. pungens*, *P. schrenkiana* und *P. jezoensis*, in extrem trockenen Lagen versagen sie jedoch alle. Eine hohe Boden- und Luftfeuchtigkeit brauchen oder vertragen besonders *P. sitchensis*, *P. polita* und *P. rubens*. Angemessen kalkige Böden sind günstig und werden weniger rasch durch die Rohhumusbildung der Nadelstreu degradiert (ausgenommen *P. polita*, *P. sitchensis* usw.). Im Flachland brauchen die meisten *Picea* wenigstens 600 mm Niederschläge, um ein normales Wachstum zu entwickeln. Fast alle vertragen unreine Luft sehr schlecht; junge Pflanzungen können binnen drei Jahre eingehen. Eine Ausnahme bilden die härtesten *Picea*-Arten, nämlich *P. omorika* und *P. pungens*; relativ widerstandsfähig sind auch *P. breweriana* und unter etwas besseren Bedingungen vielleicht auch noch *P. orientalis* und *P. jezoensis*. Unter Wildverbiß leiden die *Picea*-Arten kaum, ausgenommen *P. pungens*, *P. engelmannii*, *P. omorika*, *P. jezoensis* und *P. alcoquiana* (letztere beide nur in der Jugend).

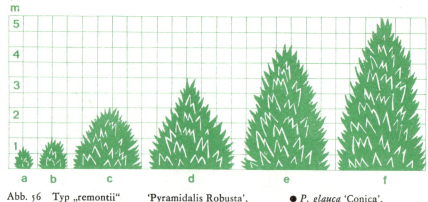

Abb. 56 Typ „remontii"
a)
P. glauca 'Laurin',
P. sitchensis 'Microphylla'
b)
'Bennet's Miniature',
P. a. 'Clanbrassiliana Plumosa',
● 'Humilis', 'Microsperma', 'Wansdyke Miniature';
c)
P. abies f. *hercynica*,
P. a. 'Will's Zwerg',
'Archangelica', 'Elegans',
'Holmstrup', 'Ohlendorfii',
'Pyramidalis Robusta',
'Pyramidalis Gracilis',
'Cellensis',
P. omorika 'Gnom',
P. pungens 'Moll',
● *P. p.* 'Montgomery';
d)
P. abies 'Concinna',
P. a. 'Phylicoides',
'Compressa',
● 'Remontii',
P. sitchensis 'Compacta';
e)
P. a. 'Conica',
P. engelmannii 'Microphylla',
● *P. glauca* 'Conica',
P. g. 'Elegans Compacta',
'Gnom',
'Gracilis Compacta',
P. orientalis 'Compacta';
f)
P. abies var. *alpestris*
● *P. a.* 'Barryi', 'Mucronata',
'Sibirica', 'Aurea Magnifica',
'Diedorfiana',
P. mariana 'Beissneri',
● *P. m.* 'Doumettii'
(in der Jugend ein kugeliger Habitus),
P. rubens 'Nana'

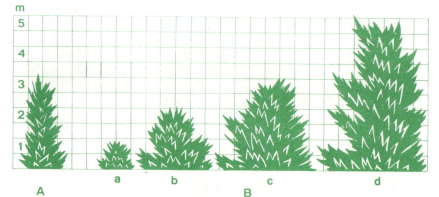

Abb. 57
A) Typ „fastigiata"
P. mariana 'Fastigiata'
B) Typ „pygmaea"
a)
P. abies 'Minutifolia',
P. a. 'Pachyphylla',
'Pygmaea', 'Waugh',
P. mariana 'Ericoides';
b)
P. abies 'Capitata',
P. a. 'Gymnoclada',
'Nana', 'Dumosa',
P. glauca 'Laurin';
c)
● *P. omorika* 'Nana';
d)
P. abies 'Turfosa'

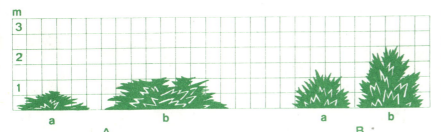

Abb. 58
A) Typ „repens"
a)
● *P. abies* 'Repens',
P. omorika 'Frohnleiten',
P. pungens 'Glauca Procumbens',
P. p. 'Glauca Prostrata';

b)
P. abies 'Knaptonensis',
● *P. a.* 'Maxwellii',
● 'Pseudo-maxwellii',
● 'Pumila',
● 'Pumila Glauca',
'Pumila Nigra',
'Sargentii',
● 'Tabuliformis',
P. × *mariorika* 'Machala'

B) Typ „gregoryana"
a)
P. abies 'Globosa Nana',
P. a. 'Crippsii',
● 'Gregoryana',
'Gregoryana Parsonsii',
● 'Gregoryana Veitchii',
'Hystrix',
● 'Procumbens',
P. × *mariorika* 'Kobold';
b)
P. abies 'Sherwoodii',
P. a. 'Hélène Cordes',
P. mariana 'Beissneri Compacta'

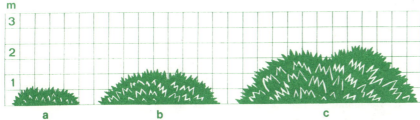

Abb. 59 Typ „ellwangeriana"
a)
● *P. abies* 'Decumbens',
P. a. 'Abbeyleixensis',
'Beissneri' 'Formanek',
'Kamon',

● 'Little Gem',
'Pseudoprostrata',
'Spathulifolia',
● *P. glauca* 'Echiniformis',
P. g. 'Parva',
P. mariana 'Empetroides';

b)
● *P. abies* 'Ellwangeriana',
P. a. 'Diffusa',
'Hornibrookii',
'Ramosa',
P. mariana 'Semiprostrata',
P. omorika 'Expansa';
c)
● *P. abies* 'Nidiformis'

Pflege

Pflanzung, Überwinterung und Pflegemaßnahmen in den weiteren Jahren sind die gleichen wie bei *Abies*. Bemerkenswert ist, daß die meisten Arten den Schnitt sehr gut vertragen (besonders die in Mitteleuropa einheimische Fichte), so daß sie sich für geschnittene Hecken eignen. Geschnitten wird im Vorfrühling kurz vor dem Austrieb oder auch im Spätherbst. Das Umpflanzen älterer Exemplare (bis 20 Jahre) vertragen sehr gut *P. glauca* (sogar noch etwas älter), *P. alcoquiana*, *P. jezoensis*, *P. mariana*, *P. omorika*, *P. pungens* usw., bis 15 Jahre *P. abies*, *P. engelmannii* u. a. Beim Umpflanzen älterer Pflanzen stellt sich ein Verlust der unteren Äste ein. Nach dem Umpflanzen muß für ausreichende Boden- und Luftfeuchtigkeit gesorgt werden. Ein Umpflanzen älterer Bäume wird von *P. asperata*, *P. orientalis* (ausnahmsweise bis zu einer Höhe von 3 m), *P. rubens*, *P. schrenkiana*, *P. sitchensis* u. a. nicht vertragen.

Beim Befall mit dem *Nectria*-Fichtenrindenpilz und der Rotfäule ergreifen wir ähnliche Maßnahmen wie bei *Larix*. Unter dem *Ascochyta-(Septoria-)*-Triebsterben leiden insbesondere *P. glauca*, *P. pungens*, *P. rubens* und *P. sitchensis*. Die Nadeln verbräunen von der Zweigbasis ausgehend und fallen ab, an den Spitzen abgestorbener, nach unten hängender Zweige bleiben die Nadeln haften (Spritzungen mit Benzimidazol- oder Kupferpräparaten durchführen). Bei Fichtennadelritzenschorf stellt sich ein starker Nadelfall ein, nachdem vorher die Nadeln an den vorjährigen Trieben braun werden (nach dem Neutrieb Kupfer- und Zineb-Präparate anwenden). Ähnlich gehen wir bei der *Rhizosphaera*-Nadelschütte vor. Das Omorika-Sterben fängt etwa im Juli mit gelblichem bis rotbraunem Verfärben der Nadeln an, die dann im Herbst abfallen (Magnesiummangel, im April und Juni etwa 50 g/m² Bittersalz geben). Beim Borkenkäferbefall entfernen wir alle erkrankten Pflanzenteile oder ganze Bäume, das geschlagene Holz müssen wir sogleich entrinden und die Rinde verbrennen. Beim Erscheinen der Douglasienwollaus *Gilletteella cooleyi* (Nadeln dicht mit weißem Wachs ausscheidenden Läusen besetzt) spritzen wir vor dem Austrieb mit Parathion + Mineralöl-, Dimethoat- oder Endosulfan-Präparaten. Gegen die Fichtengallenlaus-Arten gehen wir ähnlich vor. Beim Nadelabfall, bedingt durch die Grüne Fichtenblattlaus (Sitkafichtenlaus, Fichtenröhrenlaus), sitzen an der Nadelunterseite grüne Tiere mit braunroten „Augen" (wiederholte Bekämpfung mit organischen Phosphorverbindungen im Vorfrühling am wirksamsten). Bei Nonnenbefall verursachen Raupen oft Kahlfraß (Spritzen mit Insektiziden gegen beißende Insekten). Die Raupen des Kleinen Fichtennadelmarkwicklers höhlen die Nadeln aus, zerfressen sie und spinnen sie zusammen (Spritzung zur Zeit des Austriebs mit Parathion + Mineralöl-Präparaten, ab Juni Endosulfan-Präparate einsetzen). Von den Raupen des Fichtennestwicklers werden Nadeln ausgehöhlt und zu kleinen Nestern zusammengesponnen (ab Juni bis September wiederholt Dimethoat-, Trichlorfon- oder Wofatox-Präparate anwenden).

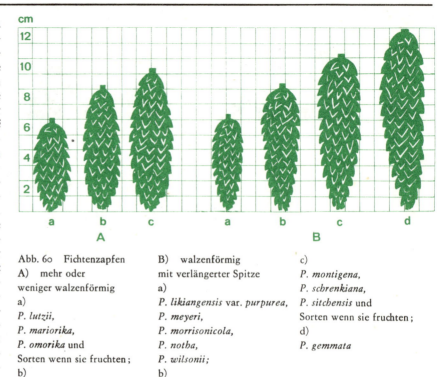

Abb. 60 Fichtenzapfen
A) mehr oder weniger walzenförmig
a) *P. lutzii*, *P. mariorika*, *P. omorika* und Sorten wenn sie fruchten;
b) *P. glehnii*;
c) *P. koyamai*

B) walzenförmig mit verlängerter Spitze
a) *P. likiangensis* var. *purpurea*, *P. meyeri*, *P. morrisonicola*, *P. notha*, *P. wilsonii*;
b) *P. likiangensis*, *P. l.* var. *balfouriana*, var. *likiangensis*, *P. orientalis* und Sorten wenn sie fruchten;
c) *P. montigena*, *P. schrenkiana*, *P. sitchensis* und Sorten wenn sie fruchten;
d) *P. gemmata*

Verwendung

Bäume sind geeignete Solitär- und Gruppenpflanzen für größere Parkanlagen, wobei wir sie schon von der Jugend an freistellen, damit sie so niedrig wie möglich beastet bleiben. Gruppenpflanzungen sollen rechtzeitig durchforstet werden. Viele Arten eignen sich für Kulissenpflanzungen, da sie weniger durchsichtig sind, als die meist starrer bezweigten Tannen. Arten und Sorten mit grüner oder dunkelgrüner Belaubung sind ein kontrastreicher Hintergrund für hellere Gehölze oder auch Stauden. Hängetypen („Pendula", „Cincinnata", „Rothenhausii", „Viminalis"), Säulenformen („Cupressina", „Omorika") oder verschieden bizarr wachsende *Picea*-Arten („Araucarioides", „Falcata", „Cranstonii", „Glauca Pendula", „Virgata") eignen sich nur für Solitärpflanzungen. Das gilt auch für die meisten auffallend blausilbrig oder graugefärbten Arten und Sorten (*P. engelmannii*, *P. glauca*, *P. pungens* und Sorten u. a.). Diese ausgefärbten *Picea*-Arten sind heute eine Modeerscheinung und oft werden sie unpassend und gewaltsam in rein natürliche Partien gepflanzt, wo sie dann gerade wegen ihres auffallenden und ungewöhnlichen Habitus fremd und störend wirken. Vorrangig eignen sich diese Gehölze als Stadtgrün. Ausgezeichnet harmonieren sie mit allen anderen silbrigen Nadelgehölzen und mit der Föhre (*Pinus sylvestris*). Viele hell- und dunkelgrün ausgefärbte *Picea*-Arten (Bäume oder auch Sträucher) lassen sich gut in die einheimische Vegetation einfügen. Sie eignen sich überall dort, wo eine Garten- oder Parkanlage unbegrenzt in die offene Natur übergeht (Umgebung von Wochenendhäusern, Landschaftsgestal-

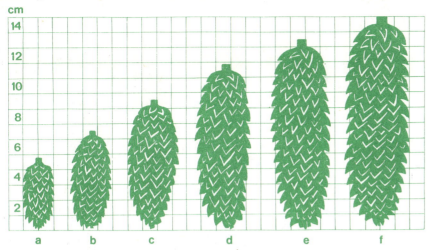

Abb. 61 Fichtenzapfen Zylinderförmig bis länglich eiförmig
a)
P. glauca, Sorten und Varietäten wenn sie fruchten *P. rubens;*
b)
P. maximowiczii, P. mexicana;
c)
P. engelmannii, Sorten,

P. hirtella, P. jezoensis, Varietäten und Sorten, *P. obovata,* Varietäten;
d)
P. abies var. *carpatica, P. a.* f. *hercynica, P. asperata, P. a.* var. *aspera,* var. *notabilis, P. brachytyla,* Varietäten, *P. breweriana, P. hurstii, P. pungens* und Sorten;

e)
P. aurantiaca, P. chihuahuana, P. retroflexa;
f)
P. abies, Sorten, Varietäten und Formen wenn sie fruchten (die meisten), *P. aspera* var. *heterolepis, P. a.* var. *ponderosa*

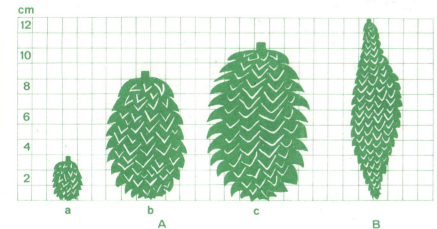

Abb. 62 Fichtenzapfen
A) breit eiförmig
a)
P. mariana und Sorten;

b)
P. alcoquiana var. *acicularis;*
c)
P. alcoquiana, var. *bicolor,* var. *reflexa, P. polita*

B) walzenförmig und an beiden Enden schmaler *P. neoveitchii*

tungen usw.). Die baumartigen Ausgangsarten harmonieren fast mit allen anderen Nadelgehölzen bzw. auch mit Laubgehölzen, die eine „schwerere" Krone besitzen, besonders Eichen mit *P. sitchensis* und *P. schrenkiana* oder Laubgehölzen wie Ahorne, Linden, mit *P. orientalis* und *P. abies*. Die mitteleuropäische Fichte kontrastiert sehr schön mit Birken und anderen Laubgehölzen mit leichter Krone. Manche Arten, besonders *P. abies,* eignen sich sehr gut zum Anlegen immergrüner, geschnittener Hecken.

Zwergig-kompakte Sorten haben eine ähnliche Verwendung wie niedrige und kriechende *Juniperus*-Arten (in der Nähe verschiedener Architekturen, Betonung von Weg- und Beetecken, in Steingärten usw.), wobei wir aber damit rechnen müssen, daß ihr Habitus und die Textur härter und starrer sind. Sehr wirkungsvoll sind Gruppen von Zwergfichten verschiedener Größen und Gestalt (z. B. höhere kegelförmige Sorten umgeben von niedrigen, kriechenden Typen). Solche Gruppen können in kleineren Gärten, auf Abhängen, an Ufern usw. angelegt werden. Von den baumartigen *Picea*-Arten eignen sich für kleinere Gärten z. B. *P. koyamai, P. mariana, P. omorika* (diese nehmen nicht viel Platz ein).

Pinus L. – Kiefer *(Pinaceae)*

Immergrüne Bäume und Sträucher. Etwa 100 Arten, die auf der nördlichen Halbkugel verbreitet sind und nur in Südostasien den Äquator überschreiten. Ihr Habitus und ihre Kronengestalt erwecken manchmal mehr den Eindruck von Laubgehölzen, aus gestalterischer Hinsicht bilden sie jedenfalls einen Übergang zwischen Laub- und Nadelgehölzen. Der Habitus ist nie so streng gleichmäßig und starr wie z. B. bei den Zypressengewächsen oder bei Tannen und Fichten. In der Jugend sind die Kronen mehr symmetrisch und schlank. Zehnjährige Bäume sind meist 1–2 m hoch (*P. cembra, P. jeffreyi, P. koraiensis, P. nigra, P. peuce, P. ponderosa, P. rigida, P. wallichiana* usw.), manchmal auch unter 1 m (*P. aristata, P. leucodermis, P. parviflora*). Schneller wachsende Arten, wie z. B. *P. strobus, P. contorta, P. flexilis* u. a., erreichen in diesem Zeitraum auch 4–6 m Höhe.
Zierwert: Laub(I–XII), Zapfen (VII bis III), Stamm (I–XII bei baumartigen Kiefern), Blüte (V–VII).

Habitustypen

„Strobus-Typ": breit kegelförmiger Baum, Krone malerisch, dicht, in den Konturen ziemlich ungleichmäßig und mit waagerecht ausladenden, verschieden langen Ästen (Abb. 64 A),
„Ponderosa-Typ": Baum mit länglich kegelförmiger, im Umriß etwas pinselartig regelmäßiger Krone; untere Äste waagerecht oder leicht hängend, die oberen etwas aufstrebend (Abb. 64 B),
„Nigra-Typ": breit kegelförmiger Baum mit stumpfer Krone; ungleich lange Äste waagerecht abstehend, an den Enden etwas aufstrebend, so daß die Konturen der Krone unregelmäßig

Abb. 63
a) *Metasequoia glyptostroboides,*
b) *Picea mariana,*
c) *P. orientalis,*
d) *P. glauca,*
e) *Pinus aristata,*
f) *P. ponderosa*

Wissenschaftlicher Name	Deutscher Name	Natürliche Verbreitung bzw. Entstehungsort	Frosthärte
P. albicaulis ENGELM.	Weißstämmige Kiefer	N-Amerika	++
● P. aristata ENGELM. (Abb. 63 e)	Grannen-Kiefer	Colorado bis Arizona, Kalifornien	++
P. arizonica (ENGELM.) SHAW	Arizona-Kiefer	Arizona, NW-Mexiko	++
P. armandii FRANCH.	Armand-Kiefer	M-, W-China, Korea, Formosa	++
var. amamiana (KOIDZU) HATUS		Yaku-shima, Tanega-shima	++
var. mastersiana HAYATA		Formosa	++
P. attenuata LEMM.	Höcker-Kiefer	Kalifornien	++
P. × attenuradiata STOCKWELL et RICHTER		Placerville	++
P. balfouriana A. MURRAY	Fuchsschwanz-Kiefer	Kalifornien	++
● P. banksiana LAMB.	Banks-Kiefer	N-Amerika	++
● P. bungeana ZUCC. ex ENDL.	Bunge-Kiefer	NW-China	++
● P. cembra L.	Zirbel-Kiefer	M-Europa, Sibirien	++
var. sibirica (DU TOUR) LOUD.		Sibirien, NO-Europa	++
● P. cembroides ZUCC.	Nuß-Kiefer	Mexiko, SO-Arizona	++
var. cembroides		wie die Art	
var. edulis (ENGELM.) VOSS		Mexiko, W-Texas – Wyoming, Colorado, Arizona	++
var. monophylla (TORR.) VOSS		W-Utah, N-Arizona – Kalifornien	++
var. parryana (ENGELM.) VOSS		Kalifornien	++
P. chihuahuana ENGELM.		S-Arizona, Mexiko	++
P. clausa (CHAMP.) VASEY	Sand-Kiefer	Alabama, Florida	++
● P. contorta DOUGL. ex LOUD.	Dreh-Kiefer	NW-Amerika	++
var. bolanderi (PARL.) LEMM.		Kalifornien	++
var. contorta		wie die Art	++
var. latifolia WATS.		Kanada – Colorado	++
var. murrayana (BALF.) ENGELM.		Cascade-Gebirge bis Kalifornien	++
P. coulteri D. DON	Coulter-Kiefer	Kalifornien, NW-Mexiko, Mexiko	≙, +
P. culminicola ANDRESEN et BEAMAN			++

sind, die Krone selbst locker und durchsichtig ist (Abb. 65),

„Jeffreyi-Typ": ähnlich dem Typ „Ponderosa", aber unterschieden durch einen noch lockereren Bau, meist kürzere Krone und längeren Stamm (Abb. 66 B),

„Cembra-Typ": Baum mit einer mehr oder weniger regelmäßigen, breit eiförmigen und ziemlich dichten Krone, mittellangen Stamm (Abb. 67 B),

„Pendula-Typ": ungleichmäßig aufgebaute, schmale Krone, mit lockerer, fast senkrecht herabhängender Beastung, Äste an den Enden bogig aufstrebend (Abb. 66 A),

„Tabuliformis-Typ": Bäume mit breit kugeliger, manchmal auch schirmförmiger Krone, Äste ziemlich dicht, waagerecht abstehend (Abb. 68 B),

„Columnaris-Typ": Baum mit kürzerem Stamm und dichter, säulenförmiger, stumpf abschließender Krone; steil aufstrebende Äste (Abb. 68 A),

„Virgata-Typ": bizarr, sehr locker gebautes Bäumchen, mit schlangenförmigen langen, verschiedenartig durcheinanderragenden Zweigen, fast ohne Seitenzweige (Abb. 67 A),

„Aristata-Typ": niedriges Bäumchen, locker aufgebaut, wenig verzweigt, ziemlich ungleichmäßig, Äste verschieden lang und unregelmäßig angeordnet (Abb. 69 A),

„Umbraculifera-Typ": mehrstämmige niedrige Bäumchen mit flach- oder halbkugeliger, manchmal auch schirmartiger, dichter Krone (Abb. 70),

„Globe-Typ": kleine Bäumchen, mit gleichmäßiger, dichter, kugeliger oder eiförmig-kugeliger Krone, ein Stämmchen ist ausgebildet (Abb. 69 B),

„Compacta-Typ": Bäumchen mit gleichmäßiger, breit kegelförmiger Krone und gut ausgebildetem Stamm, Beastung mitteldicht (Abb. 71 B),

„Pyramidalis Compacta-Typ": unterscheidet sich von dem vorigen Typ hauptsächlich durch fehlenden Stamm; es handelt sich um gleichmäßig aufge-

baute, breit kegelförmige und dichte Sträucher (Abb. 72),
„Nana-Typ": sehr ähnlich dem vorigen Typ, aber durch seinen lockeren, weniger gleichmäßigen, manchmal fast zwieseligen Wuchs unterschieden (Abb. 73 A),
„Pygmaea-Typ": Sträucher breit eiförmig, aufstrebend, gleichmäßig aufgebaut (Abb. 71 A),
„Compressa-Typ": seltener Typ, niedriger, säulenförmiger, dichter und gleichmäßiger Strauch (Abb. 73 B),
„Globosa-Typ": niedrige, kugelige oder auch halbkugelige Sträucher, meist dicht über dem Boden verzweigt (Abb. 74 A),
„Hornibrookiana-Typ": ähnelt sehr dem Typ „Mugo", unterscheidet sich aber durch seinen kompakteren Wuchs und mehr oder weniger steil aufrechte Zweige (Abb. 74 B),
„Mugo-Typ": niedrige, halbniederliegende bis niederliegende und ausgebreitete Sträucher ohne Mitteltrieb (Abb. 75).

Textur

In der Jugend ist die *Pinus*-Krone meist am dichtesten, später ist sie lockrer und luftig. Oft ist sie sehr durchsichtig, besonders an ihren Rändern, da die dünnen Seitenzweige an den Astenden pinsel- oder schweifartig gedrängt stehen. Die gesamte Struktur der Kiefern-Kronen ist gröber, luftiger und weniger regelmäßig geformt als bei anderen Nadelgehölzen. Eine ausgeprägt „büschelige" Textur finden wir bei *P. banksiana, P. rigida, P. sylvestris* u. a. Sie wirkt feingliedrig bis „moosartig". Grazil wirkt die vorhangartig aufgelockerte Textur (*P. parviflora, P. wallichiana* u. a.). Gröber, aber umso malerischer ist das Aussehen der Kronen von *P. aristata, P. flexilis, P. nigra, P. strobus* u. a., wobei sie ziemlich dicht (*P. strobus*) oder sehr locker (*P. aristata, P. flexilis*) sein kön-

Wissenschaftlicher Name	Deutscher Name	Natürliche Verbreitung bzw. Entstehungsort	Frosthärte
● *P. densiflora* S. et Z.	Japanische Rot-Kiefer	Japan, Korea	++
P. × *digenea* BECK		Österreich, Böhmen	++
P. douglasiana MARTINEZ		Mexiko	++
P. excelsa WALL. = *P. wallichiana*			
● *P. flexilis* JAMES	Biegsame Nevada-Kiefer	N-Amerika	++
P. griffithii M'CLELLAND = *P. wallichiana*			
P. × *hakkodensis* MAKINO		Göteborg	++
● *P. heldreichii* CHRIST	Panzer-Kiefer	Balkan-Halbinsel	++
P. × *holfordiana* A. B. JACKS.		Westonbirt	++
P. hunnewellii A. G. JOHNSON		Hunnewell Arboretum	++
● *P. jeffreyi* GREV. et BALF. ex MURRAY	Jeffrey-Kiefer	S-Oregon, Kalifornien	++
● *P. koraiensis* S. et Z.	Korea-Kiefer	Korea, M-Japan, Mandschurei	++
P. lambertiana DOUGL.	Zucker-, Riesen-Kiefer	W-Oregon, Kalifornien	
● *P. leucodermis* ANT.	Schlangenhaut-Kiefer, Bosnische Kiefer	Balkan-Halbinsel, S-Italien	++
P. luchuensis MAYR		Japan	++
P. michoacana MARTINEZ		Mexiko	++
P. monticola DOUGL. ex D. DON	Westliche Weymouth-Kiefer, Berg-Strobe	N-Amerika	++
● *P. mugo* TURRA	Berg-, Krummholz-Kiefer	M-, S-Europa	++
var. *mugo*		O-Alpen – Balkan	++
var. *pumilio* (HAENKE) ZENARI		M- bis O-Europa	++
P. × *murraybanksiana* RICHTER et STOCKWELL		Eddy Arboretum	++
● *P. nigra* ARNOLD	Schwarz-Kiefer	M-, S-Europa bis Kaukasus	++
ssp. *dalmatica* (VIS.) FRANCO		NW-Jugoslawien	++
f. *bornotina* BECK		Österreich	++
ssp. *laricio* (POIR.) MAIRE	Korsische Schwarz-Kiefer	Korsika, S-Italien	++
ssp. *nigra*	Österreichische Schwarz-Kiefer	Österreich, M-Italien, Griechenland	++

Wissenschaftlicher Name	Deutscher Name	Natürliche Verbreitung bzw. Entstehungsort	Frosthärte
ssp. *pallasiana* (LAMB.) HOLMB.	Krim-Kiefer	O-Balkan-Halbinsel, S-Karpaten, Krim	++
ssp. *salzmanii* (DUNAL) FRANCO	Pyrenäen-Kiefer	S-Frankreich, M- u. O-Spanien	++
● *P. parviflora* S. et Z.	Mädchen-Kiefer	Japan	++
● *P. peuce* GRISEB.	Mazedonische Kiefer, Rumelische Strobe	W-Bulgarien, O-Albanien, S-Jugoslawien, N-Griechenland	++
● *P. ponderosa* DOUGL. ex LAWS. (Abb. 63 f)	Gelb-Kiefer	N-Amerika	++
var. *scopulorum* ENGELM.	Felsengebirgs-Kiefer	Rocky Mountains	++
● *P. pumila* (PALL.) REGEL	Zwerg-, Kriech-Kiefer	M-, O-Sibirien, Kamtschatka, Japan	++
P. pungens LAMB.	Stech-Kiefer	New Jersey bis Georgia	++
● *P. resinosa* AIT.	Amerikanische Rot-Kiefer	N-Amerika	++
● *P. rigida* MILL.	Pech-Kiefer	N-Amerika, SO-USA	++
var. *serotina* (MICHX.) LOUD.			
P. × *schwerinii* FITSCHEN		Wendisch-Wilmersdorf	++
● *P. strobus* L.	Weymouth-Kiefer	N-Amerika	++
var. *chiapensis* MARTINEZ		Mexiko, Guatemala	++
f. *monophylla* TUBEUF		wie die Art	++
● *P. sylvestris* L.	Gemeine Kiefer, Föhre	Europa, N-Asien	++
f. *anguina* SCHRÖD.		wie die Art	++
f. *annulata* CASPARY	Schindel-Kiefer	wie die Art	++
f. *argentea* STEV.		Kaukasus	++
var. *armena* (K. KOCH) FITSCH.	Kaukasus-Kiefer	Krim, Kaukasus, Kleinasien	++
f. *bonapartei* SEITZ	Muschel-Kiefer	M-Europa	++
f. *divaricata* WAHLENB.		wie die Art	++
var. *engadinensis* HEER	Engadin-Kiefer	Engadin	++
f. *erythranthera* SANIO		wie die Art	++
f. *gibberosa* KIHLMANN	Knollen-Kiefer	wie die Art	++
f. *hamata* STEV.		wie die Art	++
f. *kakateimos* GRAEBN.		Dänemark, Schweden, N-UdSSR	++
f. *kienitzii* SEITZ	Schuppen-Kiefer	wie die Art	++
var. *lapponica* HARTM.	Lappland-Kiefer	N- u. M-Skandinavien	++

nen. Sehr grob ist die Textur bei *P. leucodermis, P. jeffreyi* u. a. (bei den zwei erstgenannten ist sie auch ziemlich dicht und damit „schwer"). Unruhig wirken die regelmäßigen, sehr lokkeren Kronen von *P. contorta* sowie die Typen „Pendula", „Aristata" und „Virgata". Die Textur gleichmäßig gestalteter Kronen des Typs „Cembra", „Globe", „Columnaris", „Umbraculifera", „Compacta", „Pyramidalis Compacta", „Pygmaea", „Globosa" und „Hornibrookiana" ist durch dichtere Zweigstellung (besonders in der Jugend) ziemlich kompakt, weniger luftig und nähert sich der anderer Nadelgehölze.

Laub

Kiefern weisen drei Blatttypen auf: Keimblätter, schuppenförmige Blätter an Langtrieben und Nadelblätter der Kurztriebe. Am wichtigsten sind die an Kurztrieben in Bündeln zu zweien oder mehreren stehenden Nadeln. Sie sind lineal, verschieden lang, steif und erreichen ein Alter von 3–6 Jahren. Die Zahl der Nadeln in den Bündeln ist bei den einzelnen Arten ziemlich konstant. Die Nadellänge schwankt zwischen 4–30 cm. Kurze Nadeln bedingen oft einen dichteren Bau der ganzen Krone, längere Nadeln eine luftiger und leichter gestaltete Krone. Wenn wir die Kiefern nach den Mittelwerten der Nadellängen gruppieren, erhalten wir folgende Einteilung (in der Klammer Nadelzahl pro Bündel).

Nadellänge:

1–2 cm
P. strobus 'Minima' (5), *P. sylvestris* 'Beauvronensis' (2), *P. s.* 'Compressa' (2), 'Genevensis' (2), f. *katakeimenos* (2), f. *lubonii* (2), f. *parviflora* (2), 'Pygmaea' (2), 'Saxatilis' (2), f. *turfosa* (2).

3–4 cm
P. aristata (5), *P. balfouriana* (5), *P. bank-*

siana und Sorten (2), *P. cembroides* var. *edulis* (2–3), *P. c.* var. *parryana* (4 oder 3), *P. contorta* und Varietäten (2), *P. culminicola* (5, manchmal 4), *P.* × *digenea* (2), *P. flexilis* 'Nana' (5), *P. mugo* sowie die meisten Sorten und Varietäten (2), *P. nigra* 'Balcanica' (2), *P. parviflora* 'Brevifolia' (5), *P. sylvestris* 'Nana' (2), *P. s.* 'Pyramidalis Compacta' (2), 'Watereri' (2). *P. uncinata* und Varietät (2).

5–6 cm
P. albicaulis (5), *P. armandii* var. *amamiana* (5), *P. cembra* 'Globe' (5), *P. c.* 'Pygmaea' (5), *P. cembroides* (1–5), *P. c.* var. *monophylla* (1, manchmal 2), *P. contorta* var. *latifolia* (2), *P.* × *murraybanksiana* (2), *P. nigra* ssp. *dalmatica* (2), *P. n.* 'Hornibrookiana' (2), 'Pygmaea' (2), *P. parviflora* und die meisten Sorten (5), *P. pumila* und Sorten (5), *P. pungens* (2), *P. strobus* 'Alba' (5), *P. sylvestris* sowie die meisten Varietäten, Formen und Sorten (2).

7–8 cm
P. bungeana (3), *P. cembra* sowie die meisten Varietäten und Sorten (5), *P. cembroides* 'Blandsfortiana' (2–5), *P. clausa* (2), *P. flexilis* (5), *P.* × *hakkodensis* (5), *P. heldreichii* (2), *P.* × *hunnewellii* (5), *P. leucodermis* und Sorten (2), *P. mugo* 'Hesse' (2), *P. strobus* 'Contorta' (5), *P. sylvestris* var. *rigensis* (2), *P. virginiana* (auch unter 7 cm lang; 2).

9–10 cm
P. densiflora und die meisten Sorten (2), *P. koraiensis* und Sorten (5), *P. lambertiana* (5), *P. monticola* (5), *P. nigra* und die meisten Formen, Subspezies und Sorten (2), *P. peuce* (5), *P. rigida* (schwankt von 7 bis 15 cm; 3), *P.* × *schwerini* (5), *P. strobus* und die meisten Sorten, *P. sylvestris* 'Globosa Viridis' (2), *P. taiwanensis* (2), *P. thunbergiana* (auch 7–15 cm; 2).

10–15 cm
P. arizonica (3, 4 oder 5), *P. armandii* (5), *P. a.* var. *mastersiana* (5), *P. attenuata* (3), *P.* × *attenuradiata* (2), *P. chihuahuana* (3, manchmal 2 oder 4–5), *P. flexilis* 'Glenmore' (5), *P. nigra* ssp. *laricio* (2), *P. n.* 'Nana' (2), ssp. *nigra* (2), ssp. *pallasiana* (auch bis 20 cm lang; 2), ssp. *salzmanii* (2), *P. ponderosa* var.

Wissenschaftlicher Name	Deutscher Name	Natürliche Verbreitung bzw. Entstehungsort	Frosthärte
f. *latifolia* GORD.		wie die Art	++
f. *lubonii* STASZKIEVICZ		W-Karpaten	++
f. *macrocarpa* SCHRÖD.		M-UdSSR	++
f. *monophylla* HODGINS ex LOUD.		wie die Art	++
var. *nevadensis* CHRIST		Spanien	++
f. *parvifolia* HEER		wie die Art	++
var. *rubra* (MILL.) REICHARD	Hochland-Kiefer	Schottland	++
f. *seitzii* SCHWERIN		wie die Art	++
f. *spiralis* CARR.		wie die Art	++
f. *tortuosa* DON of FORFAR		wie die Art	++
f. *turfosa* WOERL.	Moor-Kiefer	N-DDR, N-BRD, Dänemark, Skandinavien, N-UdSSR	++
P. tabuliformis CARR.	Chinesische Kiefer	N-, W-China	++
var. *densata* (MAST.) REHD.		W-Szetschuan	++
P. taiwanensis HAYATA		China, Formosa	++
P. thunbergii (FRANCO) PARL.	Japanische Schwarz-Kiefer	Japan	++
P. uncinata MILL. ex MIRB.	Haken-Kiefer	M-Europa, S-Frankreich, N-Spanien	++
var. *rotundata* (LINK) ANTOINE		Alpen, Mittelgebirge, M-Europa	++
P. virginiana MILL.	Jersey-Kiefer	N-Amerika	++
● *P. wallichiana* A. B. JACKS.	Tränen-Kiefer	Himalaja, Afghanistan	++
P. yunnanensis FRANCH.	Yünnan-Kiefer	China	++

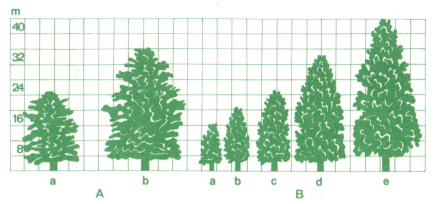

Abb. 64
A) Typ „strobus"
a)
P. strobus 'Alba',
P. s. 'Gracilis Viridis',
'Variegata';
b)
● *P. strobus*,
● *P. s.* 'Glauca'

B) Typ „ponderosa"
a)
P. nigra ssp. *dalmatica* (manchmal),
P. silvestris var. *rigensis*;
b)
P. attenuata,
P. leucodermis 'Aureospicata',
● *P. nigra* 'Aurea',
P. n. 'Zlatiborica',
P. parviflora 'Tempelhof',
P. silvestris var. *lapponica*,
P. s. f. *lubonii*,
● *P. uncinata*,
P. virginiana;
c)
P. attenuradiata,
● *P. banksiana*,
● *P. douglasiana*,
● *P. heldreichii*,
● *P. leucodermis*,
P. nigra 'Jeddeloh',
P. n. ssp. *salzmannii*,
P. n. 'Variegata',
● *P. parviflora*,
● *P. peuce*,
● *P. silvestris*,
P. s. f. *bonapartei*,
f. *kienitzii*;

d)
● *P. contorta*,
P. c. var. *latifolia*,
● var. *murrayana*,
● *P. flexilis*,
P. f. 'Glenmore',
P. lambertiana,
● *P. monticola*,
P. murraybanksiana,
● *P. nigra* (jüngere Pflanzen),
P. n. f. *hornotina* (jüngere Pflanzen),
● ssp. *nigra*,
P. ponderosa var. *scopulorum*,
● *P. resinosa*,
● *P. wallichiana*;
e)
P. arizonica,
● *P. ponderosa*

scopulorum (3), *P. resinosa* und Sorten (2), *P. tabuliformis* und Varietät (2–3).
16–20 cm
P. coulteri (3), *P.* × *holfordiana* (5), *P. jeffreyi* (meist 3), *P. luchuensis* (2), *P. wallichiana* (auch unter 16 cm lang; 5).
21–25 cm
P. ponderosa (auch bis unter 15 cm lang; 3).
26–30 cm
P. douglasiana, *P. michoacana* (5), *P. yunnanensis* (auch unter 26 cm lang; 3).

Die Blattfarbe ist ebenfalls ein wichtiges Element, das Kronenbild und Textur beeinflußt.

Blattfarbe
Hellgrün
P. armandii var. *mastersiana*, *P. banksiana*, *P. cembroides* 'Blandsfortiana', *P. chihuahuana* (manchmal gelblich oder bläulich), *P. densiflora* 'Umbraculifera', *P. michoacana* (bläuliche Tönung), *P. monticola*, *P. nigra* 'Moseri' (im Winter goldgelber Hauch), *P. strobus* 'Gracilis Viridis', *P. s.* 'Umbraculifera', *P. sylvestris* f. *seitzii*.
Graugrün
P. cembroides var. *monophylla*, *P.* × *holfordiana*, *P. jeffreyi*, *P. luchuensis*, *P. peuce*, *P. pumila* 'Glauca' (bläuliche Tönung), *P. sylvestris*, *P. s.* f. *argentea* (silbrige Tönung), 'Argentea Compacta' (silbriger Hauch), var. *armena*, 'Compressa', f. *katakeimenos*, var. *lapponica*, f. *lubonii*, f. *macrocarpa*, f. *monophylla*, var. *nevadensis*, f. *parvifolia*, var. *rigensis* (glänzend), 'Saxatilis', f. *spiralis*, f. *turfosa*, 'Virgata', *P. taiwanensis*, *P. wallichiana*, *P. yunnanensis*.
Bläulich graugrün
P. cembra 'Compacta Glauca', *P. c.* 'Glauca' *P. cembroides* var. *parryana*, *P. coulteri* (dunkel), *P. culminicola*, *P. flexilis*, *P. f.* 'Glenmore' (silbriger Hauch), 'Nana', *P.* × *hunnewellii*, *P. koraiensis*, *P. k.* 'Tortuosa', 'Winton', *P. mugo* 'Slavinii', *P. nigra* 'Pyramidalis', *P. parviflora* und die meisten Sorten, *P. pumila* 'Dwarf Blue', *P.* × *schwerinii*, *P. strobus*, *P. s.* 'Contorta', **'Fastigiata'**, 'Glauca', 'Inversa', 'Prostrata', 'Pumila' (silbrige Tönung), 'Radiata', *P. sylvestris* 'Beu-

vronensis', *P. s.* f. *bonapartei*, 'Fastigiata', 'Genevensis' f. *latifolia*, 'Nana', 'Pygmaea', 'Pyramidalis Glauca', var. *rubra*, 'Umbraculifera', 'Watereri', *P. tabuliformis*, *P. t.* var. *densata*.

Dunkelgrün
Alle Arten, infraspezifischen Sippen und Sorten, die bei den Habitustypen angeführt, aber unter den anderen Farbgruppen nicht genannt sind.

Gelbgrün
P. armandii (manchmal rein hellgrün), *P. a.* var. *amamiana*, *P. attenuata* (bläuliche Tönung), *P.* × *attenuradiata*, *P. densiflora* 'Aurea', *P. nigra* 'Aurea' (im zweiten Jahr vergrünend), *P. n.* 'Zlatiborica', *P. sylvestris* 'Aurea', *P. s.* 'Beissneriana', var. *engadinensis*.

Gelbbunt
P. cembra 'Aureovariegata', *P. c.* 'Variegata', *P. densiflora* 'Oculus-draconis', *P. koraiensis* 'Variegata' (manchmal ganz gelb), *P. leucodermis* 'Aureospica', *P. mugo* 'Kokarde', *P. nigra* 'Variegata', *P. parviflora* 'Variegata', *P. strobus* 'Variegata', *P. sylvestris* 'Aureopicta'.

Weißlich gelbbunt
P. sylvestris 'Variegata'.

Weißbunt
P. strobus 'Alba'.

Bei den Kiefern sind gelb- und weißbunte Nadeln nicht sehr auffallend; sie wirken nur bei naher Betrachtung interessant. Bedeutsamer ist eine graue oder bläuliche Färbung, da diese das Gesamtbild der Pflanze beeinflußt.

Zapfen

Zapfen entwickeln sich bei den meisten Kiefern nach 20–30 Jahren, ausnahmsweise früher (*P. banksiana* nach 10–15 Jahren), aber oft auch später: erst nach 40–50 Jahren (*P. cembra* – auch noch später, *P. flexilis*, *P. jeffreyi*, *P. ponderosa*, *P. rigida*, *P. sylvestris*, manchmal auch *P. strobus*). Zur Reifezeit fallen sie ab oder verbleiben einige Jahre am Baum. Bei den mei-

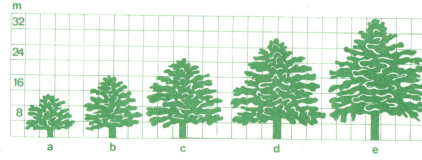

Abb. 65   Typ „nigra"
P. clausa (manchmal),
P. contorta var. *bolanderi*,
P. c. var. *contorta* (manchmal);
b)
P. rigida,
P. silvestris 'Beissneriana';
c)
P. armandii,
P. a. var. *amamiana*,
var. *mastersiana*,
P. banksiana 'Annae',

● *P. tabulaeformis* (manchmal);
d)
P. chihuahuana,
P. luchuensis,
P. michoacana,
● *P. nigra* (ältere Pflanzen),
● *P. n.* f. *hornotina* (ältere Pflanzen),
● ssp. *pallasiana*,
P. silvestris var. *nevadensis*,
P. s. f. *rigensis*, var. *rubra*,
f. *seitzii*, *P. taiwanensis*,

P. thunbergii (ältere Pflanzen);
e)
P. cembra var. *sibirica*,
● *P. densiflora*,
P. d. 'Aurea',
● *P. nigra* ssp. *nigra* (ältere Pflanzen),
● *P. silvestris* (ältere Pflanzen),
P. s. f. *latifolia*,
f. *macrocarpa*,
● *P. strobus* (manchmal)

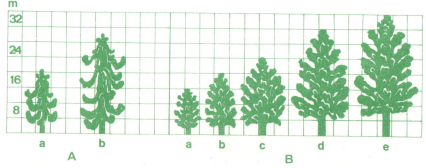

Abb. 66
A)   Typ „pendula"
a)
P. strobus 'Inversa';
b)
P. ponderosa 'Pendula'

B)   Typ „jeffreyi"
a)
P. parviflora 'Brevifolia',
● *P. p.* 'Glauca', 'Variegata',
P. pungens;
b)
P. balfouriana,
P. silvestris f. *parvifolia*;
c)
P. silvestris 'Aureopicta',
P. s. 'Spiralis',
P. strobus 'Contorta';

d)
P. coulteri,
P. hunnewellii,
P. silvestris 'Argentea',
P. s. var. *armena*;
e)
● *P. bungeana*,
● *P. jeffreyi*,
P. nigra ssp. *laricio*

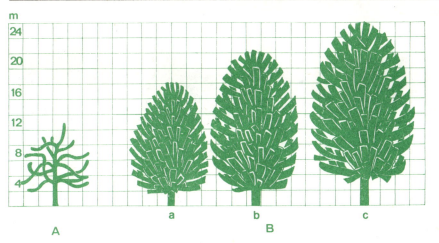

Abb. 67
A) Typ „virgata"
P. silvestris 'Virgata'

B) Typ „cembra"
a)
P. cembra 'Aureovariegata',
P. c. 'Glauca',
'Kairamo',
'Variegata';
b)
● P. cembra,
P. c. 'Chlorocarpa',
P. koraiensis 'Variegata';

c)
● P. koraiensis,
P. k. 'Tortuosa',
P. thunbergii
(jüngere Pflanzen)

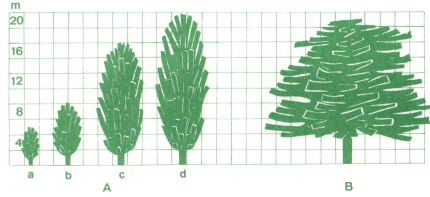

Abb. 68
A) Typ „columnaris"
a)
P. clausa;
b)
P. silvestris
'Columnaris Compacta';

c)
P. cembra 'Stricta',
● P. silvestris 'Fastigiata';
d)
P. nigra 'Columnaris',
P. n. 'Pyramidalis',
P. strobus 'Fastigiata'

B) Typ „tabulaeformis"
P. holfordiana,
P. tabulaeformis,
P. t. var. densata

sten Arten reifen sie am Ende des zweiten Jahres. Reife Zapfen sind meist hellbraun bis braun, ausnahmsweise rötlichbraun (P. parviflora, P. nigra – nach dem Aufspringen der Schuppen) oder hell gelbbraun (P. banksiana – aber später grau, P. koraiensis). Junge Zapfen sind meist grün, auch rotviolett (P. cembra) bis violett-schokoladenfarben. Nach der Zapfenform können wir unterscheiden: schmal und gleichmäßig länglich (Abb. 76 B), länglich kegelförmig (Abb. 77), kurz und breit kegelförmig (Abb. 78 B), eiförmig (Abb. 78 A), breit und kurz eiförmig (Abb. 79), gekrümmt länglich eiförmig (Abb. 76 A). Große Zapfen fallen bei eingehender Betrachtung der Krone infolge ihrer Dimension auf, eine noch größere Wirkung erzielen bei kleineren Bäumen weniger große, aber massenhaft auftretende Zapfen (z. B. bei P. banksiana).

Stamm und Wurzelsystem

Die Stämme vieler Kiefernarten gehören zu den schönsten und malerischsten Nadelgehölzstämmen überhaupt. Entweder sind sie geradwüchsig oder verschiedenartig gekrümmt, hoch oder kurz. Die Borke löst sich in kleineren oder auch größeren Schuppen. Sie ist bei folgenden Arten besonders zierend: P. attenuata, P. bungeana, P. densiflora und Sorten, P. jeffreyi (sehr alte Bäume), P. michoacana, P. nigra und die meisten wüchsigeren Formen, Unterarten und Sorten, P. ponderosa, P. pungens, P. strobus (alte Bäume) P. sylvestris und viele der wüchsigeren Varietäten, Formen und Sorten. Bei manchen Arten ist sie dunkelgrau bis schwarz: P. contorta, P. coulteri, P. parviflora u. a. (als Kontrast zu einem hellen Hintergrund von Laubgehölzen geeignet). Der Stamm von P. rigida ist durch die am Stamm austreibenden Zweige und Nadelbündel (Adventivsprosse) interessant. Die Gemeine Kiefer *(Pinus sylvestris)* ist wahrscheinlich das einzige Nadelgehölz, dessen Stamm dank einer besonders schön gefärbten Borke auch nach dem Verlust der unteren Äste noch zierend wirkt. Auf tiefgründigen Böden entwickeln die Kiefern in Abhängigkeit von der Art größere und stärkere Pfahlwurzeln oder tiefreichende Nebenwurzeln. Auf felsigen Standorten kann sich die Pfahlwurzel nicht entwickeln, die Nebenwurzeln werden jedoch so lang, daß die Stabilität des Baumes gesichert ist. Das gilt auch für die wenigen Flachwurzler *(P. strobus, P. flexilis* u. a.).

Ansprüche

Alle Kiefern sind sehr lichtliebend. Bei ausreichendem Platz und Licht bleiben sie lange niedrig beastet. Im dichteren Bestand verlieren sie schnell die unteren Zweige. In der Jugend sind *P. flexilis, P. koraiensis* und *P. peuce* für eine leichte Schattierung dankbar. Etwas anspruchsloser an die Lichtbedingungen ist *P. parviflora.* Die Weymouthkiefer verträgt in der Jugend auch Schatten. Alle angeführten Arten sind unter mitteleuropäischen Bedingungen winterhart, außer *P. coulteri* und *P. lambertiana* (diese überleben aber auf einem geschützten Standort und bei ausreichendem Winterschutz). Etwas empfindlich ist auch *P. wallichiana* (Syn. *P. excelsa*), besonders gegen frostige Winde in der Jugend, sowie *P. jeffreyi,* die etwas weniger hart ist als die sehr ähnliche *P. ponderosa.* Zu den härtesten Arten gehören *P. banksiana, P. cembra* (verträgt auch größere Temperaturschwankungen) und *P. peuce.*
An die Bodenbedingungen sind die meisten Kiefern sehr anpassungsfähig; sie vertragen arme, sandige und steinige Böden. Am besten gedeihen sie selbstverständlich auf tiefgründigen,

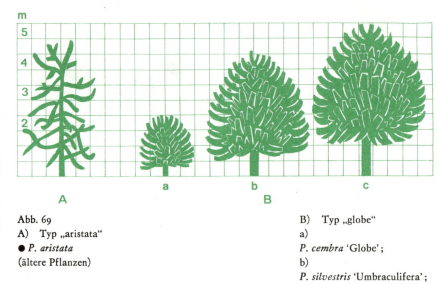

Abb. 69
A) Typ „aristata"
● *P. aristata*
(ältere Pflanzen)

B) Typ „globe"
a)
P. cembra 'Globe';
b)
P. silvestris 'Umbraculifera';
c)
P. contorta var. *contorta,*
P. culminicola,
P. densiflora 'Globosa'

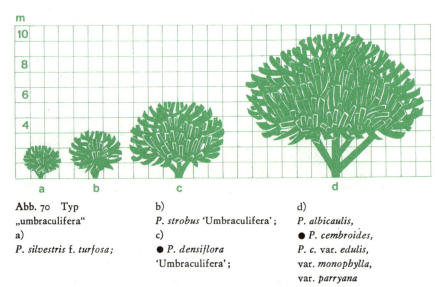

Abb. 70 Typ „umbraculifera"
a)
P. silvestris f. *turfosa;*

b)
P. strobus 'Umbraculifera';
c)
● *P. densiflora* 'Umbraculifera';

d)
P. albicaulis,
● *P. cembroides,*
P. c. var. *edulis,*
var. *monophylla,*
var. *parryana*

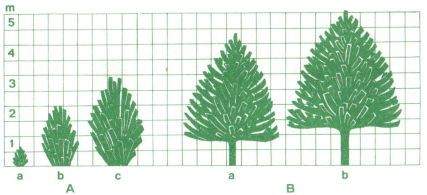

Abb. 71
A) Typ „pygmaea"
a)
● *P. cembra* 'Pygmaea';
b)
● *P. silvestris* 'Argenteo Compacta';
c)
● *P. parviflora* 'Gimborn's Pyramid'

B) Typ „compacta"
a)
P. silvestris 'Variegata',
P. s. 'Viridis Compacta';
b)
P. nigra ssp. *dalmatica*,
P. silvestris f. *monophylla*

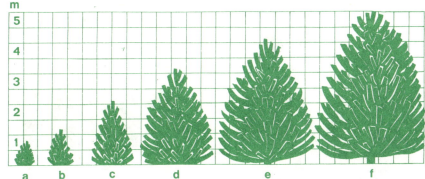

Abb. 72 Typ „pyramidalis compacta"
a)
P. cembroides 'Blandsfortiana',
P. leucodermis 'Compact Gem';
b)
● *P. pumila* 'Jermyns',
P. silvestris 'Pyramidalis Compacta',
P. s. 'Pyramidalis Glauca';
c)
P. cembra 'Monophylla';
d)
P. attenuata (manchmal),
● *P. mugo* (manchmal ältere Solitärpflanzen);
e)
P. cembra 'Compacta Glauca',
● *P. silvestris* 'Watereri' (besonders jüngere Exemplare),
P. virginiana (manchmal);
f)
P. digenea,
P. parviflora 'Gimborn's Ideal',
P. silvestris var. *engadinensis*

leichten lehmig-sandigen und angemessen feuchten Standorten. Manche passen sich auch feuchteren bis sumpfigen Bedingungen an *(P. sylvestris)*. Viele Arten wachsen befriedigend auf exponierten felsigen und trockenen Standorten, wo sie oft sehr malerische Kronen bilden (*P. aristata, P. banksiana, P. leucodermis, P. nigra, P. parviflora, P. rigida, P. sylvestris*). Feuchte bis nasse Lagen werden nicht vertragen von *P. banksiana* (verträgt auch keinen höheren Kalkgehalt im Boden), *P. nigra* und *P. cembra* (braucht aber einen angemessenen feuchten Standort). Für Böden mit höherem Kalkgehalt eignet sich am besten *P. nigra*. Allgemein ist festzustellen, daß die meisten *Pinus*-Arten mit 5 Nadeln im Kurztrieb bessere Böden brauchen (tiefgründige, nahrhafte und angemessen feuchte). Unreine Luft wird nur befriedigend vertragen. In dieser Hinsicht gehören zu den härtesten *P. mugo, P. nigra* (besonders ssp. *nigra*, Syn. var. *austriaca*), *P. pumila* und eventuell noch *P. densiflora, P. parviflora, P. wallichiana* (Syn. *P. excelsa*); nicht immer bewährt sich *P. cembra*. Unter Wildverbiß leiden Kiefern kaum – ausgenommen die feinnadeligen Arten (*P. wallichiana* u. a.) oder als Jungpflanzen (*P. banksiana, P. koraiensis, P. leucodermis, P. strobus, P. sylvestris* usw.).

Pflege

Das Auspflanzen und die Pflegemaßnahmen in den weiteren Jahren sind die gleichen wie bei *Abies* und *Picea*. Die empfindlicheren und wärmeliebenden Arten sollten lieber im Vorfrühling ausgepflanzt werden und in den ersten Jahren einen Winterschutz erhalten (*P. coulteri, P. lambertiana, P. wallichiana* und eventuell auch *P. jeffreyi*). Die Regenerationsfähigkeit ist außer bei *P. sylvestris, P. rigida, P. strobus, P. peuce* und *P. wallichiana* nur schwach entwickelt. Sie vertragen also einen normalen, üblichen Schnitt nicht. Bei jungen, zu schnell wachsenden Pflanzungen können wir den Trieb kürzen, damit keine ungewünschte lockere Krone entstehen kann. Bei zwergigen Formen, besonders bei *P. mugo*, können wir mit einem wiederholten Ausbrechen der Leitknospen den gewünschten niedrigen Bau erhalten. Ein Umpflanzen als ältere Exemplare vertragen die meisten *Pinus*-Arten nicht. Es gibt Ausnahmen bei *P. leucodermis* (bis 30 Jahre), *P. peuce*, *P. nigra* (nur bis 20 Jahre) und *P. parviflora* bis 10–15 Jahre.

Beim Befall durch den Kiefernrindenblasenrost treten hauptsächlich an Quirlen aus der Rinde blasenförmige, gelbrote Gebilde heraus (Fällen erkrankter Bäume bzw. Ausschneiden befallener Teile; das gleiche gilt für *Nectria*-Fichtenrindenpilz (siehe bei *Larix*). Beim Weymouthskiefernblasenrost treten aus der Rinde von angeschwollenen Astquirlen oder Stammteilen im Frühjahr gelbliche Sporenlager hervor. Die Rinde wird rissig und verharzt, über der Befallsstelle liegende Pflanzenteile kümmern oder sterben ab. Nähe von *Ribes*-Arten (Zwischenwirt) meiden. Befallene Pflanzenteile entfernen, im Herbst mit Zineb-, Maneb- oder Mancozeb-Präparaten behandeln. In jungen Pflanzungen kann der Kieferndrehrost erscheinen, wobei Rindennekrosen am Maitrieb auftreten (hier auch Sporenlager des pilzlichen Erregers). Durch einseitiges Wachstum S-förmige Verkrümmung der Triebe, wenn es nicht bereits vorher zum Absterben der Triebspitzen gekommen ist (Verbrennen aller erkrankten Teile, Zwischenwirt ist die Zitter- und Weißpappel, Behandlung mit Zineb-, Maneb- oder Mancozeb-Präparaten im Frühjahr). Die Kiefernschütte führt zum Nadelfall besonders bei jungen Pflanzen. Ende Juni bis Ende August spritzen

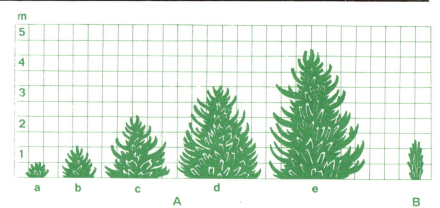

Abb. 73
A) Typ „nana"
a)
● *P silvestris* 'Beuvronensis',
P. s. 'Doone Valley',
'Genevensis',
● 'Nana';
b)
P. pumila 'Jermyns'
(im Alter);
c)
P. nigra 'Pumila Aurea';
d)
P. nigra 'Nana';
e)
● *P. aristata*,
● *P. banksiana* (manchmal),
● *P. silvestris* 'Watereri'
(ältere Pflanzen),
P. uncinata var. *rotundata*

B) Typ „compressa"
P. silvestris 'Compressa'

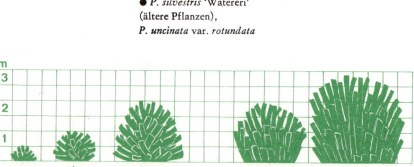

Abb. 74
A) Typ „globosa"
a)
● *P. leucodermis* f. *smithii*;
b)
● *P. mugo* 'Kobold'
● *P. m.* 'Mops',
P. nigra 'Pygmaea',
P. pinaster 'Nana',
P. silvestris 'Pygmaea',
P. strobus 'Minima',
● *P. s.* 'Radiata';
c)
P. mugo 'Compacta'
● *P. m.* 'Gnom',
● var. *pumilio*,
P. nigra 'Bujotii',
P. n. 'Moseri',
P. resinosa 'Globosa',
● *P. silvestris*
'Globosa Viridis'

B) Typ „hornibrookiana"
a)
P. mugo 'Frisia';
b)
P. nigra 'Helga',
P. n. 'Hornibrookiana'

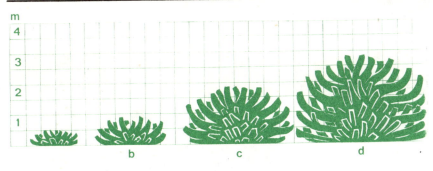

Abb. 75 Typ „mugo"
a)
P. flexilis 'Nana',
P. silvestris 'Albyns',
P. s. f. katateimos,
P. s. 'Saxatilis',
P. strobus 'Prostrata';

b)
● P. mugo 'Hesse',
P. m. 'Kyatenburg',
'Slavinii',
P. nigra 'Balcanica';

c)
P. koraiensis 'Winton',
● P. mugo 'Kokarde',
● P. m. var. mughus,
'Variegata', 'Virgata',

● P. aristata
(jüngere Pflanzen),
P. nigra 'Monstrosa',
P. n. 'Prostrata',
● P. pumila 'Dwarf Blue',
● P. p. 'Glauca';

d)
P. hakkodensis,
● P. mugo,
● P. pumila

wir mehrmals mit Kupfer-, Maneb-, Mancozeb- oder Zineb-Präparaten. Bei den *Pinus*-Arten zeigt sich manchmal auch die Rotfäule (siehe bei *Larix*). Beim Nadelfraß von Raupen der Kieferneule, des Kiefernprozessionsspinners, der Kiefernbuschhornblattwespe oder des Kiefernknospentriebwicklers spritzen wir mit Insektiziden gegen beißende Insekten. Die Kiefernwollaus wird mit organischen Phosphorverbindungen, im Frühjahr Parathion + Mineralöl-, später Parathion- und Dimethoat-Präparate (mit hohem Druck spritzen) bekämpft. Ähnlich gehen wir auch gegen die Strobenrindenlaus vor.

Verwendung

Die *Pinus*-Arten sind für garten- und landschaftsgestalterische Zwecke sehr wertvoll. Sie harmonieren sehr gut mit zahlreichen Laubgehölzen, besonders mit *Quercus, Gleditsia, Sophora, Robinia, Carpinus, Crataegus* und weiteren Arten mit malerischen Kronen. Sehr schön sind Kombinationen mit *Betula, Juniperus* und *Calluna* oder mit immergrünen Laubgehölzen. Sie ergänzen sich vorzüglich mit anderen Nadelgehölzen (*P. contorta, P. jeffreyi, P. ponderosa, P. strobus, P. wallichiana* besonders mit anderen *Pinus*-Arten). Die dunkelgrünen Arten und Sorten (z. B. von *Pinus nigra*) bilden wirkungsvolle Kontraste zu heller belaubten oder blühenden Laubgehölzen und umgekehrt ein hellgrauer Kiefernhintergrund *(P. strobus)* ermöglicht dunkelgefärbten Vorpflanzungen von Laub- oder Nadelgehölzen ein auffallendes Hervortreten. Die baumartigen Typen sind dankbare Solitärpflanzen. Zusammen mit Laubgehölzen eignen sie sich auch für lockere Gruppen und Kulissen. Solitärpflanzen der meisten Arten bilden im höheren Alter in der Regel ausladende malerische Kronen und manchmal auch verschiedenartig

Abb. 76 Kiefernzapfen
A) gekrümmt länglich eiförmig
P. banksiana,
P. b. 'Annae',
P. clausa, P. digenea,
P. uncinata, Varietäten

B) schmal und gleichmäßig länglich
a)
P. schwerinii;
b)
P. strobus, Sorten und Varietäten wenn sie fruchten;

c)
P. hunnewellii,
P. monticola,
P. wallichiana;

d)
P. lambertiana

gekrümmte Stämme und Äste. Eine ausschließlich solitäre Verwendung haben einige außergewöhnliche Typen, wie z. B. „Pendula", „Virgata", „Cembra", „Aristata", „Globe", „Umbraculifera", „Compacta" und die meisten Zwergtypen. Einige niederliegende Zwergkiefern (z. B. „Mugo") eignen sich für größere Flächenbepflanzungen auf Abhängen („weiches" Beleben des Terrains), zur Bodenbedeckung in Heidegärten usw. Alle Zwergtypen kommen in kleineren Gärten, Steingärten, in der Nähe natürlich angelegter Wasserflächen, in Felsenpartien usw. sehr gut zur Geltung. Gleichmäßiger gestaltete Typen eignen sich vorzüglich zur Pflanzung in die Nähe von Gebäuden, an Wege und verschiedene Architekturen. Fast alle Arten können in natürlichen Szenerien um Wochenendhäuser usw. verwendet werden. Sehr geeignet sind sie für Stadt- und Industriegebiete. Fast unausschöpflich ist die Verwendung der Zwergtypen beim Bepflanzen verschiedener Gefäße (Kombinationen mit Stauden und Zwiebelgewächsen), Dach- und Terrassengärten (besonders die trockenheitvertragenden Arten).

Pseudolarix GORD. – Goldlärche *(Pinaceae)*

Sommergrüner Nadelbaum, eng verwandt und ähnlich *Larix*. Nur eine, aus China stammende Art bekannt: *P. kaempferi* (LINDL.) GORD. (Syn. *P. amabilis* (NELS.) REHD., (Abb. 80 a). Hoher Baum mit breit kegelförmiger Krone und waagerecht ausgebildeten, ziemlich langen, gedrehten Ästen. Nadeln linealisch, weich und hellgrün (im Herbst schön goldgelb), 3–7 cm lang, gerade oder gebogen, Stamm mit schuppenförmiger, rötlichbrauner Borke; Zapfen eiförmig, 5–7 cm lang, zur Reife rotbraun. Gelegentlich wer-

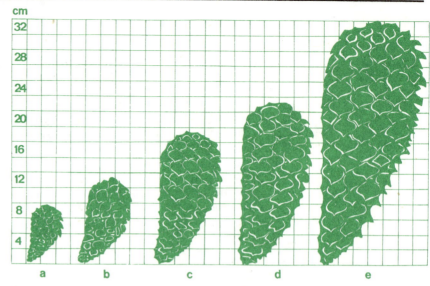

Abb. 77 Kiefernzapfen Länglich kegelförmig
a) *P. contorta*, Varietäten, *P. luchuensis*, *P. murraybanksiana*, *P. resinosa*, *P. silvestris*, Sorten,
Formen und Varietäten, wenn sie fruchten;
b) *P. beldreichii*, *P. bolfordiana*, *P. leucodermis*, Sorten wenn sie fruchten, *P. parviflora*, Sorten wenn sie fruchten;
c) *P. attenuata*, *P. koraiensis*, *P. peuce*;
d) *P. armandii*, *P. a.* var. *mastersiana*;
e) *P. coulteri*, *P. michoacana*

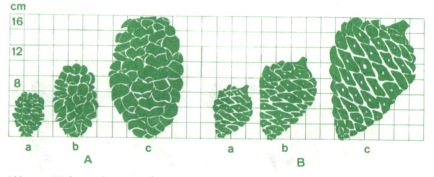

Abb. 78 Kiefernzapfen
A) eiförmig
a) *P. chihuahuana*, *P. pumila*, *P. silvestris*, Sorten, Formen und Varietäten wenn sie fruchten (manchmal), *P. tabulaeformis* var. *densata*, *P. virginiana*;
b) *P. albicaulis*, *P. arizonica*, *P. armandii* var. *amamiana*, *P. pungens*, *P. tabulaeformis*, *P. taiwanensis*, *P. yunnanensis*;
c) *P. flexilis*, Sorten wenn sie fruchten
B) kurz und breit kegelförmig
a) *P. densiflora*, Sorten, *P. thunbergiana*;
b) *P. rigida*;
c) *P. attenuradiata*

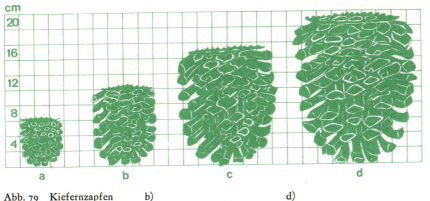

Abb. 79 Kiefernzapfen
Breit und kurz eiförmig
a)
P. bungeana,
P. cembroides,
Varietäten und Sorten,
P. culminicola,
P. hakkodensis,
P. mugo,
Sorten und Varietäten
wenn sie fruchten;

b)
P. aristata,
P. cembra,
Sorten und Varietäten
wenn sie fruchten,
P. douglasiana,
P. nigra,
Sorten und Subspezies
wenn sie fruchten,
P. ponderosa var. scopulorum;

c)
P. balfouriana,
P. ponderosa;

d)
P. jeffreyi

den drei Zwergsorten kultiviert: 'Annesleyana' (niedriger, aber sehr breiter Strauch mit kurzen, waagerechten Ästen), 'Dawsonii' (zwergige Kegelform) und 'Nana' (hauptsächlich in China als Bonsai verbreitet).
Ist sehr lichtliebend, so daß eine freie und sonnige Lage verlangt wird. Am geeignetsten sind tiefgründige, nahrhafte, ausreichend feuchte Böden ohne Kalkgehalt. Alle weiteren Ansprüche an Standort und Pflege sind die gleichen wie bei *Larix*. In Mitteleuropa ist *Pseudolarix* frosthart und eignet sich für effektvolle Solitärpflanzungen (feiner Habitus mit hellgrünen, langen Nadeln). Verdient eine größere Verbreitung.

Pseudotsuga CARR.– Douglasie, Douglasfichte *(Pinaceae)*

Immergrüne Nadelgehölze, die an *Picea* und *Abies* erinnern, von denen sie sich insbesondere durch ihr grazileres Aussehen unterscheiden. Zur Gattung gehören 7 Arten, die aus dem westlichen N-Amerika und O-Asien stammen. Die Krone der Bäume ist in der Jugend kegelförmig (etwa bis zum 20. Lebensjahr), dann breit kegelförmig. Alle Arten wachsen ziemlich schnell. Die für gartengestalterische Zwecke einzige wichtige Art *P. menziesii* wird in 10 Jahren 5–6 m, in 20 Jahren etwa 12–15 m, in 30 Jahren bereits 18–23 m hoch.
Zierwert: Laub (I–XII), Zapfen (VII bis IV).

Habitustypen

„Menziesii-Typ": Baum mit breit kegelförmiger, gleichmäßig aufgebauter Krone; Äste aufstrebend, im Alter im unteren Kronenteil mehr oder weniger

Wissenschaftlicher Name	Deutscher Name	Natürliche Verbreitung bzw. Entstehungsort	Frosthärte
P. douglasii (SABINE ex D. DON) CARR. = P. menziesii			
P. japonica (SHIR.) BEISSN.		SO-Japan	++
● P. menziesii (MIRB.) FRANCO (Abb. 80 b)	Douglasie	Westliches N-Amerika	++
f. caesia (SCHWER.) FRANCO		Rocky Mountains	++
var. glauca (BEISSN.) FRANCO	Gebirgs-Douglasie, Blaue Douglasie	Alberta–New Mexiko	++
f. laeta (SCHWER.) KRUESSM.		wie die Art	++
var. menziesii	Küsten-Douglasie, Grüne Douglasie	wie die Art	++
P. taxifolia BRITT. = P. menziesii			
P. wilsoniana HAYATA		China	+, ≙

waagerecht, Stamm gerade und stark (Abb. 81 B),

„Fretsii-Typ": kleineres Bäumchen mit langsam wachsendem Terminaltrieb und breit, ziemlich waagerecht abstehenden Ästen, so daß die Krone etwas ungleichmäßig, sehr breit, locker und etwas abgerundet ist (Abb. 82 B),

„Viminalis-Typ": ähnlich wie bei *Picea* sind die Hauptäste leicht aufstrebend oder fast waagerecht, die Zweige aber streng vorhangartig hängend (Abb. 83 C),

„Taranto-Typ": sehr malerischer schlanker und ungleichmäßig aufgebauter Baum, Äste und Zweige ungleich, bogenartig hängend (Abb. 83 D),

„Pendula-Typ": Baum mit einseitig gekrümmtem und geneigtem Stamm, Äste und Zweige senkrecht herabhängend, oft vorhangartig bis zum Boden (Abb. 81 A),

„Elegans-Typ": normal aufrecht wachsendes Bäumchen mit sehr ungleichmäßiger Krone; Hauptäste und Zweige teilweise hängend, teilweise aufstrebend (Abb. 83 A),

„Elongata-Typ": Bäumchen mit sehr lockerer bis bizarrer Krone und schlangenartigen, oft verschiedenartig gewundenen Ästen; Seitenzweige nur teilweise oder überhaupt nicht entwickelt (Abb. 83 B),

„Pyramidata-Typ": kompakt bis zwergig wachsender Strauch, bis zum Boden verzweigt, kegelförmig, mit aufstrebenden Ästen (Abb. 82 A),

„Dumosa-Typ": zwergiger Strauch, sehr locker und ungleich gewachsen, Äste und Zweige überdecken sich verschiedenartig (Abb. 84 B),

„Globosa-Typ": ungleichmäßig kegelförmiges und dichtes Sträuchlein (Abb. 84 A),

„Fletcheri-Typ": Strauch, breit flach halbkegelförmig bis flach kugelig, dicht und undurchsichtig; Zweige waagerecht oder leicht aufstrebend dicht übereinander gestellt (Abb. 85).

Abb. 80
a) *Pseudolarix kaempferi;*
b) *Pseudotsuga menziesii;*
c) *Sciadopitys verticillata;*
d) *Sequoiadendron giganteum;*
e) *Taxodium distichum;*
f) *Taxus baccata*

1 *Picea glauca*, junge Zapfen
2 *Cedrus deodara*
3 *Chamaecyparis lawsoniana* 'Knowefieldenis'
4 *Chamaecyparis pisifera* 'Plumosa Aurea'

5 *Juniperus communis* 'Stricta'
6 *Juniperus squamata* 'Blue Star'
7 *Juniperus communis* (Foto: Ehmke)

8 *Larix decidua* 'Repens'
9 *Picea abies* 'Acrocona'
10 *Metasequoia glyptostroboides*, Arb. Berlin B'weg
11 *Picea abies* 'Acrocona Pusch', Arb. Berlin B'weg

12 *Picea glauca* 'Conica', Arb. Brno

13 *Picea abies* 'Barryi'
14 *Picea asperata*
15 *Picea abies* 'Repens'

16 *Picea omorika* am Schloß Neetzow

17 *Picea abies* 'Echiniformis'
19 *Picea orientalis* 'Aurea'
18 *Picea breweriana*, Zapfen
20 *Picea pungens* 'Montgomery'

21 *Pinus mugo*, ssp. *mugo*, Park Průhonice

22 *Pinus aristata*
24 *Pinus nigra* 'Pygmaea'
23 *Pinus sylvestris* 'Watereri'
25 *Pinus sylvestris* 'Globosa Viridis'

26 *Tsuga canadensis* 'Pendula'

27 *Thuja orientalis* 'Elegantissima'   28 *Thuja occidentalis* 'Wareana Lutescens'

29 *Thuja occidentalis* 'Ellwangeriana Aurea', Arb. Greifswald

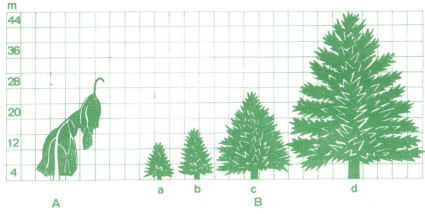

Abb. 81
A) Typ „pendula"
● *P. menziesii* 'Glauca Pendula';

B) Typ „menziesii"
a)
P. menziesii 'Brevifolia',
● *P. m.* 'Compacta Glauca',
'Marchall',
'Slavinii';

b)
P. menziesii 'Crispa',
● *P. m.* var. *glauca*,
'Oudemansii',
'Suringarii';

c)
P. japonica,
P. menziesii 'Albospica',
● *P. m.* 'Appressa',
'Aurea',
f. *brevibracteata*,

'Denudata',
'Faberi',
f. *laeta*,
'Stairii',
'Variegata',
P. wilsoniana;
d)
● *P. menziesii*,
● *P. m.* f. *caesia*,
● var. *menziesii*

Textur

Die Verzweigung der Bäume, aber auch der zwergigen Typen ist sehr ähnlich der *Picea*, aber viel feiner und leichter (auch kompakte und zwergige Typen wirken „weich", weniger starr und steif als ähnliche *Picea*- und *Abies*-Typen); die Zweige sind dünner und fein überhängend (bei Bäumen wie auch bei Zwergtypen, bei denen sie aber kürzer sind). Die Hauptäste sind abstehend. Am kompaktesten und am wenigsten luftig ist die Textur bei den hängenden Typen („Taranto" und „Pendula"), lockerer bei den bizarr gebauten Typen („Elegans" und „Elongata").

Laub

Nadeln spiralig, oft zweizeilig, etwa 1,5–2,5, manchmal auch 3,5 cm lang. Sie erreichen ein Alter von 5–8 Jahren. Zerrieben haben sie einen angenehmen balsamischen Geruch, sie sind nicht steif, sondern mehr weich. Die Feinheit der ganzen Benadelung kann durch die Färbung noch unterstrichen werden, wobei besonders die hellgrünen, grauen oder silbrigen Farbtöne die Textur der Krone beeinflussen. Nach der Blattfärbung können wir folgende Gruppen bilden.

Blattfarbe:
Hellgrün
P. japonica (glänzend), *P. menziesii* f. *brevibracteata*, *P. m.* 'Brevifolia' (grauer Hauch), 'Densa', 'Pumila', 'Pyramidata', 'Slavinii'.
Grün
P. menziesii 'Anguina', *P. m.* 'Appressa' (weißlich bereift), 'Denudata', 'Dumosa', 'Elongata', 'Fastigiata', 'Globosa', f. *laeta*, 'Marshall', var. *menziesii*, 'Nidiformis', 'Stricta', 'Suringarii', 'Tempelhof Compact', 'Viminalis', *P. wilsoniana*.
Graugrün
P. menziesii f. *caesia*, *P. m.* 'Caesia Erecta', 'Fletcheri'.

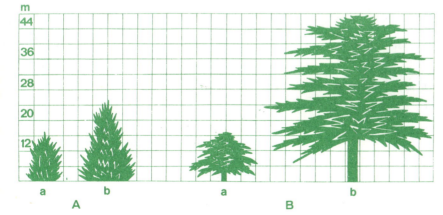

Abb. 82
A) Typ „pyramidata"
a)
P. menziesii 'Pyramidata',
P. m. 'Stricta';

b)
P. menziesii 'Caesia Erecta',
P. m. 'Fastigiata',
'Holmstrup'

B) Typ „fretsii"
a)
P. menziesii 'Fretsii';
b)
● *P. menziesii*,
● *P. m.* var. *caesia*
(manche alte Pflanzen)

Blaugrün

P. menziesii 'Compacta Glauca', *P. m.* 'Crispa', 'Elegans', var. *glauca*, 'Glauca Pendula', 'Moerheimii', 'Nana', 'Taranto'.

Dunkelgrün

P. menziesii 'Fretsii', *P. m.* 'Holmstrup', 'Leptophylla' (glänzend), 'Oudemansii'.

Grausilbrig

P. menziesii 'Argentea Compacta'.

Gelblich

P. menziesii 'Aurea' (später weißlich), *P. m.* 'Faberi' (später vergrünend), 'Pygmaea' (gelbgrün).

Gelblich weißbunt

P. menziesii 'Stairii' (die meisten Nadeln grün), *P. m.* 'Variegata'.

Weißbunt

P. menziesii 'Albospica' (später vergrünend).

Abb. 83
A) Typ „elegans"
● *P. menziesii* 'Elegans',
● *P. m.* 'Moerheimii'
B) Typ „elongata"
P. menziesii 'Anguina',
P. m. 'Elongata'
C) Typ „viminalis"
P. menziesii 'Viminalis'
D) Typ „taranto"
P. menziesii 'Taranto'

Die (gelblich) weißbunten Nadeln sind nicht sehr auffallend, aber interessant bei Betrachtung aus nächster Nähe.

Stamm und Wurzelsystem

Bei älteren Bäumen ist der starke Stamm mit der interessanten Borke ein bedeutsames Zierelement. Er erreicht einen beachtlichen Durchmesser (manchmal über 4 m), die braune Borke ist korkartig und sehr tiefgefurcht. In der Jugend ist die Rinde glatt und grau. Die Bäume sind im Boden immer gut verankert (die Pfahlwurzel ist sehr lang, wenn jedoch kürzer, dann reich verzweigt).

Zapfen

Hängend, mit dekorativen, aus den Zapfen herausragenden dreispitzigen Deckschuppen. Junge Zapfen grün, später hellbraun. Zapfen im 1. Jahr reifend, sich öffnend, nicht zerfallend. Zapfen der einzelnen Arten, Formen und Sorten unterscheiden sich kaum, höchstens etwas in ihrer Form: eiförmig (Abb. 86 A) oder länglich eiförmig (Abb. 86 B). Gewöhnlich erschei-

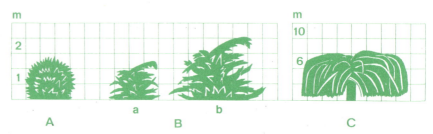

Abb. 84
A) Typ „globosa"
P. menziesii 'Globosa',
P. m. 'Pumila',
'Tempelhof Compact'
B) Typ „dumosa"
a) *P. menziesii* 'Densa';
b) *P. menziesii* 'Dumosa'
C) Typ „pendula"
● *Ginkgo biloba* 'Pendula'

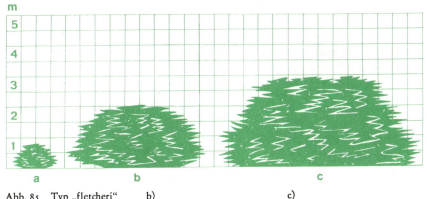

Abb. 85 Typ „fletcheri"
a)
P. menziesii 'Pygmaea',
P. m. 'Argentea Compacta',
'Leptophylla',
'Nidiformis';
b)
● *P. menziesii* 'Fletcheri';
c)
P. menziesii 'Nana'
(in der Jugend
etwas kegeliger)

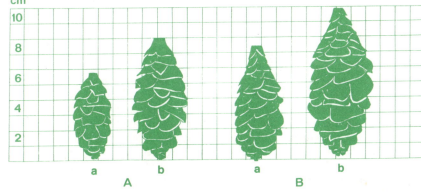

Abb. 86 Douglasienzapfen
A) eiförmige
a)
P. japonica;
b)
P. wilsoniana

B) länglich eiförmige
a)
P. menziesii f. *caesia*,
P. m. 'Caesia Erecta',
var. *glauca*;
b)
P. menziesii und
die meisten Sorten
und Formen

nen die ersten Zapfen etwa nach 30 Jahren. Sind sie in größerer Zahl vorhanden, erhöhen sie durch ihre helle Farbe die Attraktivität der ganzen Krone.

Ansprüche

In der Jugend ist für *Pseudotsuga* eine lichte Schattierung günstig, später aber eine helle Lage erforderlich. Da es sich meist um Herkünfte aus Küstengebieten handelt, brauchen sie eine ausreichende Luftfeuchtigkeit. Unter mitteleuropäischen Bedingungen sind sie ausreichend winterhart, selten gibt es Frostschäden (Spätfröste); die Regeneration verläuft meist befriedigend. Die Nachkommenschaft von nördlicher wachsenden Mutterbeständen ist härter als Nachkommen von Samenpflanzen aus den südlicheren Verbreitungsgebieten des natürlichen Areals. Die härteren und widerstandsfähigeren Provenienzen wachsen langsamer. *Pseudotsuga* gedeiht am besten in tiefgründigen, lehmigen Böden, aber auch in schweren oder schotterigen. Auf zu trockenen sandigen oder sehr lehmig-schweren Standorten wächst sie schlecht und kümmert. Eine länger andauernde Nässe verträgt sie nicht. Gegen Trockenheit ist sie etwas resistenter als *Abies* oder viele *Picea*-Arten. Auf windexponierten Standorten gedeiht sie schlecht. Immissionen verträgt sie ebenfalls schlecht. Wildschäden treten hauptsächlich bei jungen Pflanzen auf; beschädigte Teile regenerieren leicht.

Pflege

Pflanzung und weitere Pflege wie bei *Abies* und *Picea*. Bei Jungpflanzungen achten wir auf eine angemessene Bodenfeuchtigkeit und je nach Bedarf auch auf Schattierung. Den Schnitt begrenzen wir auf unbedingt nötige Fälle. Ältere Exemplare vertragen ein

Umpflanzen viel besser als alle anderen Nadelgehölze. Wegen der brüchigenn Äste kommt es leicht zu Schneeschäden, denen wir am besten mit rechtzeitigem Abschütteln des Schnees begegnen. Zu den gefährlichsten Krankheiten gehört sicherlich die *Rhabdocline*-Schütte, bei der sich im Sommer an den Nadeln gelbgrüne, später rostrote Flecke zeigen. Die Nadeln fallen im Mai des nächsten Jahres ab. Es lohnt sich deswegen der Anbau von spätaustreibenden Rassen; von Mai bis Ende Juni sind Spritzungen mit organischen Fungiziden (z. B. Zineb-, Maneb- oder Mancozeb-Präparaten) bzw. Kupferpräparaten vorzunehmen. Es kommen auch die Rotfäule (siehe *Larix*) und die *Phomopsis*-Einschnürungskrankheit vor. Triebspitzen welken, Nadeln verbräunen und fallen ab, Rinde stellenweise abgestorben, am Stamm krebsartige Wucherungen. Befallene Äste werden nur im Sommer entfernt, kranke Stellen herausgeschnitten und mit Baumwachs bestrichen. Von den Schädlingen erscheinen manchmal die Douglasienwollaus (siehe *Larix*) oder die gefährliche Nonne (siehe *Picea*).

Verwendung

Die Bäume sind wegen ihrer größeren Dimension nur für weiträumige Anlagen geeignet. Für trockene Standorte in Städten und Niederungen eignet sich *Pseudotsuga* besser als *Abies* und viele *Picea*-Arten. Sie bildet sehr wirkungsvolle Solitärs (viel weniger Platz brauchen die effektvollen Hängetypen „Taranto" und „Pendula"), auch eignen sie sich gut für Gruppen- und Kulissenpflanzungen. Sie harmonieren fast mit allen Laubgehölzen sowie mit wüchsigeren Stauden (*Telekia, Delphinium, Aster novae-angliae, A. novibelgii, Ligularia* usw.). Die bizarrwachsenden Bäumchen der Typen „Elegans" und „Elongata" haben lediglich Sammlerbedeutung. Von den Zwergtypen ist heute mit Recht der Typ „Fletcheri" am weitesten verbreitet, da er ein typisches Solitär für Rasenflächen in Wegnähe, Heidegärten, Terrassen und Pflanzgefäße darstellt.

Sciadopitys S. et. Z. – Schirmtanne *(Taxodiaceae)*

Immergrüner Nadelbaum, der aus größerer Entfernung einer Kiefer von grober Textur ähnelt; eine Art – *S. verticillata* (THUNB.) S. et Z. (Abb. 80 c) – in den Bergwäldern S-Japans. In Mitteleuropa nur kleinere Bäumchen, selten über 10 m hoch. Krone schmal kegelförmig, besonders in der Jugend sehr gleichmäßig aufgebaut. Borke ziemlich glatt, sich in langen, dünnen Streifen ablösend. Die interessanten, glänzend grünen Nadeln (Doppelnadeln) sind in Quirlen angeordnet, 8 bis 12 cm lang und 4–7 mm breit. Zapfen aufrecht, stumpf eilänglich, 7–10 cm lang. Sehr selten sieht man die Sorten 'Aurea' (Nadeln goldgelb), 'Pendula' (hängende Zweige) und 'Variegata' (einige Nadeln gelb).
An die Standortbedingungen stellt *Sciadopitys* hohe Ansprüche. Sie wächst in der Jugend sehr langsam. Grundsätzlich braucht dieses Gehölz eine wärmere oder wenigstens gut geschützte Lage. Es leidet unter mitteleuropäischen Bedingungen leicht unter Frostschäden. Wir schützen es vor kalten, frostigen Winden und vor der Wintersonne. Schatten wird befriedigend vertragen, aber schöne Exemplare entwickeln sich nur auf lichten Standorten bei relativ hoher Luftfeuchtigkeit. Am geeignetsten ist ein kalkarmer sandig-lehmiger, durchlässiger und nahrhafter Boden. Leidet unter Wildverbiß. *Sciadopitys* ist ein interessantes, fast exotisch wirkendes Gehölz (wahrscheinlich der „gröbste" Nadelbaum) für solitäre Pflanzung in Sammlungen.

Sequoiadendron BUCHH. – Mammutbaum *(Taxodiaceae)*

Riesige immergrüne Bäume, nur eine Art im westlichen Nordamerika: *S. giganteum* (LINDL.) BUCHH. (Mammutbaum, Riesenmammutbaum, Abb. 80 d). In der Heimat Exemplare bis 100 m Höhe und mit einem Stammumfang bis über 30 m. In Mitteleuropa werden die Bäume etwa 30 m hoch. Das Gesamtbild ähnelt einer *Thuja*, der Mammutbaum ist aber größer, lockerer und von abweichender Textur. Die bläulich-grauen Blätter an den Haupttrieben sind nadelförmig, 1 bis 1,5 cm lang und abstehend, an den anderen Zweigen schuppenförmig und mehr oder weniger liegend. Stamm sehr auffällig, im unteren Teil verdickt, Borke braun, schwammigrissig und weich. Zapfen an den Enden kurzer Zweige, im ersten Jahr aufrecht, im zweiten hängend, ellipsoid, bis 8 cm lang (in der robusten Krone sind sie schlecht erkennbar). Selten werden einige Sorten kultiviert: 'Argenteum' (weißlicher Anflug der Nadeln), 'Aurea' (Triebe und Nadeln gelblich), 'Compactum' (Wuchs schmal säulenförmig, bis 20 m hoch), 'Glaucum' (Belaubung auffallend blaugrün), 'Pendulum' (bizarr verzweigte und teilweise hängende Krone) und 'Pygmaeum' (kompakter zwergiger Strauch, maximal 2 m hoch).
Verlangt hauptsächlich in der Jugend einen windgeschützten Standort. Am besten wächst *Sequoiadendron* in warmen, sonnigen geschützten Lagen. Von Frost beschädigte Teile regenerieren

befriedigend. Obgleich er an die Bodenverhältnisse nicht anspruchsvoll ist, sind tiefgründige, nahrhafte und angemessene feuchte Böden am geeignetsten. Unter mitteleuropäischen Verhältnissen wächst er anfangs langsam, 10jährige Exemplare sind etwa 2 m hoch und 30jährige 8–10 m. In der Jugend leidet er unter Wildverbiß. Dichtere Gruppenpflanzung führt zu kahlen Stämmen, weshalb *Sequoiadendron* am besten solitär in größeren Parkräumen eingepflanzt wird. Die Zwergsorte ist ein interessantes Solitär für bodenbedeckende Pflanzungen oder Steingärten. *Sequoiadendron* harmoniert mit allen Nadelgehölzen.

Taxodium RICH. – Sumpfzypresse *(Taxodiaceae)*

Halbimmergrüne oder sommergrüne, auffällige Bäume, in Erscheinung und Benadelung ähnlich der *Metasequoia*. Von den drei Arten, die im südlichen Nordamerika und Mexiko vorkommen, haben nur *T. ascendens* BRONGN. und ● *T. distichum* (L.) L. C. RICH. (Abb. 80 e) Bedeutung. Auf günstigen Standorten wächst die Sumpfzypresse ziemlich schnell, in 10 Jahren wird sie etwa 2 m hoch, in 30 Jahren 6–8 m. Sie kann unter mitteleuropäischen Bedingungen eine Höhe von über 30 m erreichen. Kronen junger Bäume sind kegelförmig, später werden sie breit kegelförmig.
Zierwert: Laub (V–XI, besonders X bis XI), Stamm (I–XII).

Textur

Die ganze Krone ist sehr aufgelockert und zierlich. Im Vergleich zum stärkeren Stamm sind die Äste recht schwach, sie sind ausladend und locker verzweigt (die feine Struktur kommt besonders im Winter bei Rauhreif zur Geltung). Im Sommer wirkt die hellgrüne Krone freundlich. Bei *T. ascendens* ist die Krone noch durchsichtiger, aber starrer. Die Sorte 'Nutans' hat eine stärker ausgeprägte Säulenform mit sehr kurzen, waagerecht abstehenden Ästen. *T. distichum* 'Pendens' hat eine kegelförmige Krone mit nickenden Zweigenden.

Laub

Nadeln an den Kurztrieben wechselständig, zweizeilig linealisch, 1–1,7 cm lang, frischgrün, krautig weich, im Herbst mit den Kurztrieben abfallend, Herbstfärbung rostigorange oder leuchtendgelb.

Zapfen

Kugelig oder breit eiförmig, bis 3,5 cm hoch, ohne Zierwert.

Stamm und Wurzelsystem

Stamm robust, aufrecht, im unteren Teil auffallend kegelförmig verdickt, nach oben sich auffällig verjüngend, Borke braunrot, ziemlich dünn und glatt, schwach gefurcht. Im sumpfigen Gelände ragen rings um den Stamm interessante knieförmige, hohle Auswüchse aus dem Boden, „Atemknie" oder Pneumatophoren genannt. Ihre Funktion ist bisher noch ungeklärt. Der Baum ist gut verankert.

Ansprüche

In der Jugend brauchen die Pflanzen Halbschatten, später helle Lagen. Gegen Frost sind beide Arten widerstandsfähig. *Taxodium* stellt an die Bodenart keine besonderen Ansprüche. Am geeignetsten sind warme, sandig-lehmige, gut durchlässige und feuchte bis nasse Böden. Es kann in sumpfiges Terrain, wo andere Nadelgehölze nicht mehr wachsen, oder sogar in seichtes stehendes Wasser gepflanzt werden. Auf trockenen Standorten gedeihen sie schlecht. Dichter Bestand führt zum Absterben der beschatteten Äste. Unter Wildverbiß leiden die Bäume nicht. Luftverunreinigungen vertragen sie befriedigend. Die Widerstandsfähigkeit gegen SO_2 ist sehr gut (RANFT, DÄSSLER und RHOADS).

Pflege

Pflanzung und Pflege wie bei den anderen Nadelgehölzen (z. B. *Larix*). Zur Pflanzung im seichten stehenden Wasser werden größere Bäumchen verwendet, die mit einem möglichst großen Wurzelballen auf den Boden der Wasserfläche (ohne größeres Loch) gesetzt werden. Junge Pflanzungen sollen je nach Bedarf schattiert werden. Ältere Exemplare vertragen kein Umpflanzen. Regenerationsfähigkeit gibt es nicht, so daß jeder Schnitt zu vermeiden ist.

Verwendung

Als Solitärpflanze oder in lockeren Gruppen zu 3–5 Stück in großen Anlagen, aber auch als Reihen- oder Alleepflanzung. Mit ihrem hellen und leichten Aussehen beleben sie angenehm dunklere Szenerien. Die gelb oder rostbraun gefärbten Herbstkronen kommen sehr effektvoll vor dunklem Nadelholzhintergrund (*Picea, Abies, Taxus* usw.) zur Geltung. Am häufigsten und auch geeignetsten sind Pflanzungen an Ufern stehender oder fließender Gewässer. Auf solchen Standorten können die robusten Kronen ihre Wirkung mit dem Widerspiegeln im Wasser noch erhöhen. Die *Taxodium*-Arten harmonieren sehr gut mit der Ufervegetation (*Typha, Acorus, Butomus* usw.), das gleiche gilt auch für die Kombination mit allen schlanken Nadel- und Laubgehölzen. Die Säulenform *T. ascendens* 'Nutans' eignet sich für die Nähe verschiedener Bauten, für kleinere Gärten kommt sie aber nicht in Frage. Bei einer gelegentlichen Verwendung in größeren Landschaftsgebieten eignet sich dieses Nadelgehölz besonders für Niederungen und andere grundwassernahe Standorte.

Taxus L. – Eibe *(Taxaceae)*

Sehr wichtige immergrüne zweihäusige Bäume oder Sträucher, die allerdings mit Ausnahme des fleischigen und süßlich-schleimigen Samenmantels giftig und für Tiere (insbesondere Pferde) sehr gefährlich sind. Eiben gehören zu den lebensfähigsten und langlebigsten Gehölzen überhaupt. Zur Gattung zählen 8 einander sehr ähnliche Arten, die auf der nördlichen Halbkugel verbreitet sind. Einige Arten entwickeln sich zu Bäumen, bei den Sorten und Varietäten überwiegen jedoch strauchige Typen. Jungpflanzen, besonders von *Taxus baccata*, sind tannenähnlich. Alle Eiben wachsen sehr langsam, die Arten werden in 10 Jahren etwa 1 m (manchmal weniger), in 30 Jahren 3–5 m hoch.
Zierwert: Laub (I–XII), Arillus (VIII bis XI), Blüte (III–IV).

Habitustypen

„Baccata-Typ": niedriger baumartiger Typ mit breiter, etwas ungleicher, meist eiförmig-kugeliger Krone, Äste mehr oder weniger waagerecht oder teilweise aufstrebend, verschieden lang, so daß die Konturen der Kronen unregelmäßig sind (Abb. 87),
„Pendula-Typ": wüchsiges Bäumchen, Äste breit und ungleich, am Stamm

Wissenschaftlicher Name	Deutscher Name	Natürliche Verbreitung bzw. Entstehungsort	Frosthärte
● *T. baccata* L. (Abb. 80 f)	Gemeine Eibe	Europa, Kaukasus, Kleinasien, NW-Afrika	++
T. brevifolia NUTT.	Westamerikanische Eibe	N-Amerika	++
T. canadensis MARSH.	Kanadische Eibe	N-Amerika	++
T. celebica (WARBURG) LI	Chinesische Eibe	SW-China, Formosa, Celebes	++
● *T. cuspidata* S. et Z.	Japanische Eibe	Japan, Korea, Mandschurei	++
f. *latifolia* (PILG.) FITSCH.		Hokkaido, Sachalin, Mandschurei	++
T. × *hunnewelliana* REHD.		USA	++
● *T.* × *media* REHD.		USA	++

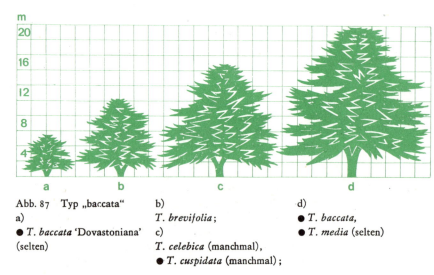

Abb. 87 Typ „baccata"
a) ● *T. baccata* 'Dovastoniana' (selten)
b) *T. brevifolia*;
c) *T. celebica* (manchmal), ● *T. cuspidata* (manchmal);
d) ● *T. baccata*, ● *T. media* (selten)

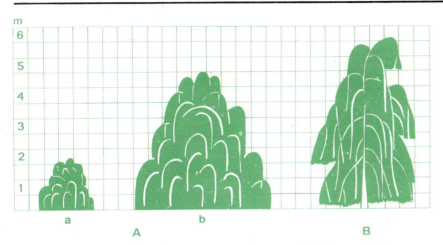

Abb. 88
A) Typ „gracilis"
a)
T. baccata 'Decora';

b)
T. baccata 'Gracilis Pendula'

B) Typ „pendula"
● *T. baccata* 'Pendula Graciosa'

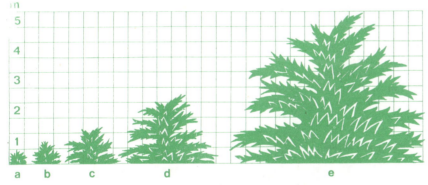

Abb. 89 Typ „cuspidata"
a)
T. baccata 'Argentea Minor',
T. cuspidata 'Aurescens',
T. c. 'Minima';
b)
T. baccata 'Knirps';
c)
T. baccata 'Linearis',
● *T. cuspidata* 'Nana',
T. c. 'Prostrata',
T. media 'Natorp',
T. m. 'Nigra';

d)
T. baccata 'Adpressa Aurea',
● *T. b.* 'Adpressa Variegata',
'Albovariegata',
● 'Dovastoniana Aurea',
● 'Nissen's Präsident',
'Summergold',
● 'Washingtonii',
T. media 'Berryhill';
e)
● *T baccata* 'Adpressa',
T. b. 'Aurea',
● 'Aureovariegata',
'Backhousii',
'Contorta',

● 'Dovastoniana',
● 'Elegantissima' (selten höher),
'Elvastoniensis',
● 'Glauca',
'Jacksonii',
● 'Nissen's Kadett',
T. celebica,
● *T. cuspidata*,
T. c. 'Luteo-baccata',
T. hunnewelliana,
● *T. media* (selten höher)

herabhängend, Zweige ebenfalls nickend (Abb. 88 B),

„Gracilis-Typ": unterscheidet sich vom vorigen Typ durch breit strauchigen Wuchs, gut entwickelten Gipfel und zierliche, vorhangartig herabhängende Zweige (Abb. 88 A),

„Cuspidata-Typ": locker aufgebauter Strauch mit ausladend aufstrebenden Ästen, die locker angeordnet sind; Gesamterscheinung aufgelockert halbkugelig (Abb. 89),

„Overeynderi-Typ": sehr breiter Strauch mit gleichmäßig und dicht angeordneten Ästen (Abb. 90 A),

„Fastigiata-Typ": breiter, meist bis zum Boden verzweigter Säulentyp mit streng aufrechten, dicht gestellten Ästen (Abb. 90 B),

„Erecta-Typ": dichte, bis zum Boden verzweigte Sträucher von länglicher, breit kegelförmiger Gestalt, mit auffallend eng zusammengezogenen Gipfeln (Abb. 91 B),

„Expansa-Typ": niedriger, ungleich gewachsener Strauch, mit starr und schräg aufstrebenden Ästen und Zweigen; manchmal zu zwieseligem Wuchs neigend (Abb. 91 A),

„Compacta-Typ": niedriger Strauch, ziemlich gleichmäßig und dicht kugelig, in Bodennähe mit etwas sichtbaren Stämmchen (Abb. 92 B),

„Repandens-Typ": zwergiger, flach über der Erde ausgebreiteter Strauch; Hauptäste waagerecht, Zweige bogig überhängend (Abb. 92 A).

Textur

Bei *T. baccata*, *T. brevifolia*, *T.* × *hunnewelliana* und manchmal auch bei *T.* × *media* sind Äste und Zweige so angeordnet, daß die Textur dieser eigentlich dichtlaubigen Gehölze etwas aufgelockert wird. Bei *T. cuspidata* ist der Gesamteindruck gleichmäßiger. Bei allen *Taxus*-Arten, auch den dichter aufgebauten, sind immer die Hauptäste sichtbar.

Laub

Nadeln flach, linealisch, an aufrechten Trieben spiralig und abstehend, an Seitentrieben zweizeilig. Länge der Nadeln und Dichte ihrer Stellung beeinflussen die Dichte des ganzen Strauches. Nach der durchschnittlichen Nadellänge können wir Eiben in folgende Gruppen gliedern.

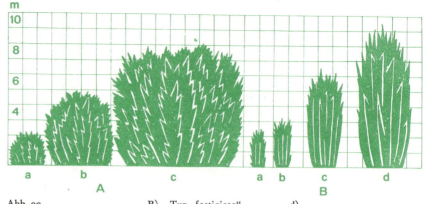

Abb. 90
A) Typ „overeynderi"
B) Typ „fastigiata"

Nadellänge:

5–10 mm

T. baccata 'Adpressa', *T. b.* 'Adpressa Aurea', 'Adpressa Pyramidalis', 'Adpressa Variegata', 'Amersfort', 'Compacta', 'Nutans', 'Pygmaea'.

10–15 mm

T. baccata 'Adpressa Erecta', *T. b.* 'Backhousii', 'Cappenberg', 'Columnaris', 'Compressa', 'Contorta' (Nadeln gekrümmt), 'Elegantissima', 'Erecta', 'Erecta Aurea', 'Erecta Aureovariegata', 'Melfard', 'Nana', 'Paulina', 'Pendulina Graciosa', 'Procumbens', *T. canadensis* 'Aurea', *T. cuspidata* 'Minima'.

10–20 mm

T. baccata 'Albovariegata', 'Argentea', 'Minor', 'Aurea', 'Aureovariegata', 'Barronii', 'Cheshuntensis', 'Davisii', 'Elvastonensis', 'Glauca', 'Gracilis Pendula', 'Handsworthiana', 'Nidpathensis', 'Nissen's Corona', 'Nissen's Kadett', 'Nissen's Page', 'Nissen's Präsident', 'Nissen's Regent', 'Overeynderi', 'Prostrata', 'Pumila Aurea', 'Raket', 'Semperaurea', *T. brevifolia, T. canadensis, T. c.* 'Pyramidalis', *T.* × *hunnewelliana, T.* × *media* 'Kelseyi', *T.* × *m.* 'Ovata', 'Parade'.

20–30 mm

T. baccata (manchmal auch unter 20 mm), *T. b.* 'Beteramsii', 'Buxtonensis' (sichelartig gekrümmt), 'Cavendishii' (leicht sichelartig gekrümmt), 'Decora', 'Dovastoniana Aurea', 'Fastigiata' und die meisten Sorten vom Typ 'Fastigiata', 'Horizontalis', 'Horizontalis Elegantissima', 'Imperialis', 'Intermedia', 'Knirps', 'Lutea', 'Pseudoprocumbens', 'Repandens', 'Standishii', 'Summergold' (sichelartig gekrümmt), 'Spieckermann', 'Washingtonii' (sichelartig aufrecht gestellt), *T. celebica, T. cuspidata* und *T.* × *media*

a)
● *T. baccata* 'Semperaurea',
T. media 'Dutweileri',
T. m. 'Halloran',
'Sebian';
b)
T. baccata 'Hessei',
T. b. 'Lutea',
● 'Nissen's Page',
● 'Overeynderi',
'Spieckermann',
T. cuspidata 'Sieboldii',
● *T. media* 'Kelseyi',
T. m. 'Ovata',
'Sargentii';
c)
T. baccata 'Intermedia'

a)
T. baccata 'Cappenberg',
T. b. 'Compressa',
'Handsworthiana';
b)
T. baccata 'Columnaris',
T. b. 'Davisii',
T. canadensis 'Pyramidalis',
T. cuspidata 'Capitata',
T. c. 'Robusta',
T. media 'Cole',
T. m. 'Costich',
'Sentinalis';
c)
T. baccata 'Adpressa Pyramidalis',
T. b. 'Beteramsii',
'Melford',
'Neidpathensis',
'Standishii',
T. cuspidata 'Columnaris',
T. media 'Adams',
T. m. 'Anthony Wayne',
● 'Hicksii',
'Parade',
'Stovekeinii';

d)
● *T. baccata* 'Fastigiata',
● *T. b.* 'Fastigiata Aurea',
'Fastigiata Aureomarginata',
'Fastigiata Aureovariegata',
'Fastigiata Nova',
'Fastigiata Robusta',
'Fastigiata Variegata'

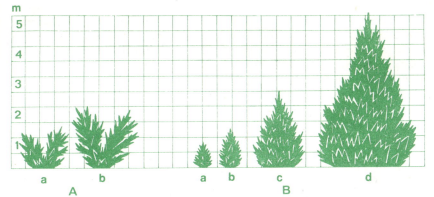

30–40 mm
T. baccata 'Dovastoniana', *T. b.* 'Fastigiata Robusta', 'Hessei', 'Jacksonii', 'Linearis'.

Die Farbe der Nadeln ist meist dunkel- bis schwärzlich-grün, dadurch sind Eiben als Kontraste zu Pflanzen mit helleren Farbtönen geeignet. Unter den zahlreichen Sorten gibt es jedoch viele farbige Abweichungen:

Blattfarbe:
Hellgrün
T. baccata 'Compressa', *T. b.* 'Fastigiata Robusta', 'Fastigiata Viridis' (glänzend), 'Jacksonii', 'Nissen's Corona', 'Nissen's Page', 'Pseudoprocumbens', 'Pygmaea' (glänzend), *T. canadensis* 'Pyramidalis' (Austrieb gelbgrün), *T.* × *media* 'Densiformis', *T.* × *m.* 'Hillii' (glänzend), 'Thayerae' (glänzend).
Grün
T. baccata 'Cheshuntensis' (glänzend), *T. b.* 'Columnaris' (manchmal gelblich gesäumt), 'Contorta', 'Procumbens' (im Winter ein leicht bronzefarbener Hauch), *T. brevifolia* (mit gelblicher Tönung), *T.* × *hunnewelliana* (im Winter rötlich).
Graugrün
T. baccata 'Erecta', *T. b.* 'Glauca' (bläulicher Hauch), *T. cuspidata* 'Nana', *T.* × *media* 'Berryhill', *T.* × *m.* 'Flemer', 'Natorp'.
Blaugrün
T. baccata 'Gracilis Pendula', *T. b.* 'Paulina' (glänzend).
Dunkelgrün
außer den unter anderen Farbgruppen genannten alle Arten und Sorten, die bei den Habitustypen angeführt sind.

Abb. 91
A) Typ „expansa"
a)
T. baccata 'Amersfoort',
T. b. 'Nutans';
b)
T. cuspidata 'Expansa',
● *T. media* 'Thayerae',
T. m. 'Wellesleyana'

B) Typ „erecta"
a)
T. baccata 'Pygmaea';
b)
T. baccata 'Paulina',
T. cuspidata 'Stricta';
c)
T. baccata 'Raket',
T. canadensis 'Aurea',
T. baccata 'Andorra';
d)
T. baccata 'Adpressa Erecta',
T. b. 'Barronii',
● 'Cheshuntensis',
● 'Erecta',
'Erecta Aurea',

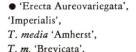
● 'Erecta Aureovariegata',
'Imperialis',
T. media 'Amherst',
T. m. 'Brevicata',
● 'Hatfieldii'

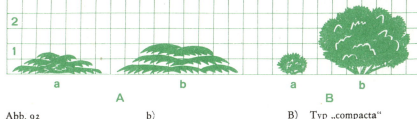

Abb. 92
A) Typ „repandens"
a)
T. baccata 'Buxtonensis',
T. b. 'Cavendishii',
'Nana',
'Procumbens',
'Prostrata',
'Pseudoprocumbens',
● 'Repandens';

b)
T. baccata 'Horizontalis',
T. b. 'Horizontalis Elegantissima',
● 'Nissen's Corona',
● 'Nissen's Regent',
T. canadensis,
● *T. cuspidata* 'Densa'

B) Typ „compacta"
a)
T. baccata 'Pumila Aurea';
b)
● *T. baccata* 'Compacta',
T. media 'Cliftonii',
T. m. 'Densiformis',
'Flemer',
'Vermeulen',
'Ward'

Gelb
T. baccata 'Elvastonensis' (im Winter orangefarbene Tönung), 'Erecta Aurea', 'Fastigiata Aurea', 'Linearis' (grünlich durchscheinend), 'Pumila Aurea', 'Semperaurea', 'Standishii', *T. cuspidata* 'Aurescens' (später vergrünend), *T.* × *media* 'Antony Wayne' (grünlich durchscheinend).
Gelbbunt
T. baccata 'Adpressa Aurea', *T. b.* 'Adpressa Variegata' (manchmal fast weißlich bunt), 'Aurea' (manchmal ganz gelbgrün), 'Aureo-

variegata', 'Barronii', 'Dovastonii Aurea', 'Erecta Aureovariegata', 'Fastigiata Aureomarginata', 'Fastigiata Aureovariegata', 'Horizontalis Elegantissima', 'Summergold' (im Sommer sind die Nadeln fast ganz gelb), 'Washingtonii' (im Winter bronzegelb), *T. canadensis* 'Aurea'.
Weißbunt
T. baccata 'Albovariegata', *T. b.* 'Argentea Minor' (silbrig weißer Glanz), 'Elegantissima' (anfangs gelblich, im Schatten vergrünend), 'Fastigiata Variegata'.

Die gelben und gelbbunten Abweichungen sind wegen ihrer freundlich wirkenden helleren Farbe mit Recht beliebt und werden häufig verwendet.

Blüte und Samen

Die Eiben sind zweihäusig. Männliche Pflanzen blühen zum ersten Mal etwa nach 10 Jahren, die weiblichen nach 20 Jahren. Blütezeit: III-IV. Der braune Samen wird von einem anfangs grünen, im Spätsommer meist blutroten fleischigen Samenmantel (Arillus) umgeben.

Arillusfarbe:
Hellrot: *T. canadensis* und Sorten
Rot: *T. baccata* und die meisten Sorten, *T. brevifolia*, *T. celebica*, *T. cuspidata* und die meisten Sorten, *T. media* und Sorten.
Gelb: *T. baccata* 'Lutea', *T. cuspidata* 'Luteibaccata'.

Bei reicherem Ansatz beleben die auffallend gefärbten Samenmäntel das Aussehen der ganzen Pflanze (hauptsächlich bei Betrachtung aus nächster Nähe).

Stamm und Wurzelsystem

Der Stamm ist meist ein sehr wichtiges dekoratives Element. Bei älteren baumartigen Pflanzen kann er ziemlich stark werden, er hat eine auffallend rötliche oder rotbraune, sich ablösende Borke. Bei Typen, die bis zum Boden beastet sind, kommt er kaum zur Wirkung. Sämlingspflanzen entwickeln einen oder sogar mehrere Stämme. Stecklingspflanzen wachsen strauchig und ohne richtig ausgebildeten Stamm. Das Wurzelsystem verankert die Pflanzen gut im Boden.

Ansprüche

Taxus ist besonders wertvoll, weil er sehr anpassungsfähig ist. Er gedeiht sowohl in voller Sonne (außer *T. canadensis,* der eine schattierte und feuchtere Lage braucht), als auch in tiefem Schatten. Der Zuwachs ist aber auf trockenen und sonnigen Standorten kleiner, und bei ungewöhnlich strengen Winterzeiten leidet er unter Frost, insbesondere bei winterlicher Sonne. Beschädigte Pflanzen regenerieren jedoch sehr gut. Grellen Sonnenschein vertragen die gelblichen und gelbbunten Sorten sehr schlecht (sie verbrennen). In schattigen Lagen gehört *T. cuspidata* unter mitteleuropäischen Klimabedingungen zu den härtesten Nadelgehölzen (im Vergleich zu *T. baccata* verträgt er härtere Lagen und offene, sonnige Standorte). Schattierte Pflanzen wachsen auch auf trockenen und armen Böden (trockene und warme, kalkhaltige Abhänge) gut. Zu sandige Stellen sind aber nicht geeignet. Alle Arten gedeihen am besten in feuchter Luft und tiefgründigen, nahrhaften Böden, die nicht zu sauer, besser etwas kalkhaltig sein sollten. Luftverunreinigungen werden sehr gut vertragen. Jungpflanzen leiden unter Wildverbiß; *T. cuspidata* etwas weniger.

Pflege

Die Pflanzung und weitere Pflege erfolgt wie bei *Abies* oder *Picea*. *Taxus*-Arten haben große Regenerationsfähigkeit, vertragen sehr gut jeden Schnitt und treiben auch aus Baumstümpfen wieder aus. Geschnittene Hecken und verschiedene Figuren werden alljährlich in die gewünschten Formen gebracht (im Vorfrühling oder im Herbst schneiden). Alte oder sehr beschädigte Exemplare können ohne weiteres stark verjüngt werden (herunterschneiden). Alle *Taxus*-Arten vertragen ein Umpflanzen als ältere Pflanzen sehr gut; bei dieser Gelegenheit können wir einen radikalen Rückschnitt durchführen. Krankheiten treten selten auf, Schädlinge jedoch häufiger. Vereinzelt stellt sich ein Fraß an Wurzeln bzw. Blättern durch Larven bzw. Käfer des Gefurchten Dickmaulrüsslers ein (Bekämpfung der Larven mit Lindanmitteln, gegen Käfer spritzen mit Methamidophos- oder Parathion-Präparaten). Das Saugen der Taxusgallmilbe in Blatt- und Blütenknospen hat zur Folge, daß sich diese verdicken, später vertrocknen und absterben (befallene Triebe bis spätestens Ende Mai entfernen und verbrennen, danach Behandlungen mit Endosulfan-Präparaten durchführen). Schildläuse kommen vor allem in dichten Beständen vor (hier sind ab Mitte Juli mehrmals Parathion-Präparate zu verwenden).

Verwendung

Taxus-Arten gehören zu den wenigen Nadelgehölzen, die dank ihrer Schattenverträglichkeit als Unterholz unter höheren, tiefwurzelnden Bäumen verwendet werden können. Sie eignen sich sowohl für Gruppen- und Solitärpflanzungen, als auch für freiwachsende oder geschnittene Hecken. Als solche können sie u. a. auch einen wirksamen Schutz gegen Staub bieten. Sie können von allen Nadelgehölzen am stärksten geschnitten und geformt werden (Hecken, Wände, verschiedene Barockfiguren und Gestalten), so daß sie sich besonders für regelmäßig gestaltete (architektonische) Gärten sehr gut eignen. *Taxus*-Arten sind in historischen Gärten und weiteren architektonisch angelegten Parkanlagen unentbehrlich. Sie gehören (hauptsächlich *T. baccata*) zu den dunkelsten Nadelgehölzen und Gehölzen überhaupt. Deshalb kommen sie als kontrastierender Hintergrund von heller gefärbten Gehölzen oder leuchtend blühenden Blumen sowie in der Nähe von hellen Skulpturen, Bänken, Treppen, Terrassen und Gebäuden am besten zur Geltung. Ältere, baumartige Exemplare des Typs „Baccata" sind wirkungsvolle Solitärpflanzen (auffallend dunkle Krone und rötlicher Stamm), ebenso auch die säulenförmigen, aufrechten und hängenden Typen („Fastigiata", „Gracilis", „Pendula", „Erecta"). An Wegrändern, Kreuzungen, an Böschungen und auf Staudenbeeten können wir den niederliegenden Typ „Repandens" effektvoll ausnutzen. Der Typ „Cuspidata" eignet sich vortrefflich in natürlich angelegten Partien. Alle zwergigen Typen sind selbstverständlich für kleinere und größere Steingärten, für Dachgärten und Pflanzgefäße sehr vorteilhaft. Gelb- oder weißbunte Sorten sind interessante, „freundlich" aussehende Solitärpflanzen, die in dunkleren Szenerien auffallend hervortreten. *Taxus* gedeiht sowohl in den Niederungen als auch im Gebirge; *T. cuspidata* sogar im Hochgebirge.

Thuja L. – Lebensbaum *(Cupressaceae)*

Immergrüne Bäume, Sträucher oder Zwergformen, die zu sechs Arten gehören; beheimatet in Nordamerika und Ostasien. Von den normalerweise baumförmigen Arten mehr oder weniger kegelförmiger Gestalt gibt es in Kultur zahlreiche Abweichungen. Sie wachsen ziemlich langsam, in 10 Jahren werden sie kaum 2 m, in 20 Jahren kaum 4 m und in 30 Jahren je nach der Art 5–8 m hoch. Die Krone der Lebensbäume ist recht homogen und dicht.
Zierwert: Laub (I–XII), Zapfen (VII bis III).

Habitustypen

„Occidentalis-Typ": kegelförmige Bäume mit gleichmäßiger Kontur, dichter Verzweigung und kurzem Stamm (Abb. 94 B),
„Koraiensis II-Typ": baumartiger, sehr lockerer, kegelförmiger Typ mit mehr oder weniger waagerecht abstehenden Ästen (Abb. 94 A),
„Orientalis-Typ": Baum mit kurzem, manchmal ganz niedrigem Stamm und gleichmäßiger, schlank eiförmig-kegelförmiger Krone, Verzweigung sehr dicht und aufstrebend (Abb. 95 A),
„Ericoides-Typ": breit eiförmiges Bäumchen, etwas auseinanderfallende Krone, Stamm sehr kurz (Abb. 95 B),
„Malonyana-Typ": streng und gleichmäßig säulenförmig, meist fast bis zum Boden beastet, sehr schlanker und dichter Typ (Abb. 96 B),
„Erecta-Typ": vom vorigen Typ durch eine etwas mehr kegelförmige Krone unterschieden (Abb. 96 C),
„Holmstrup-Typ": vom vorigen Typ durch noch breiteren und mehr kegelförmigen Wuchs unterschieden (Abb. 97 A),
„Bodmeri-Typ": locker, ungleich bis bizarr verzweigtes Bäumchen; Krone kegelförmig (Abb. 96 A),
„Pendula-Typ": Bäumchen mit ungleich hängenden Ästen und Zweigen (Abb. 97 B),
„Waxen-Typ": zierlicher, zu Hängewuchs tendierender Typ mit breit kegelförmiger Krone und hängenden Zweigen, auch die Astspitzen nickend (Abb. 97 C),
„Hoveyi-Typ": zwergiger, eiförmiger bis länglich kugeliger, dicht verzweig-

Wissenschaftlicher Name	Deutscher Name	Natürliche Verbreitung bzw. Entstehungsort	Frosthärte
T. gigantea NUTT. = *T. plicata*			
T. koraiensis NAKAI	Koreanischer Lebensbaum	Korea	++
● *T. occidentalis* L.	Abendländischer Lebensbaum	N-Amerika	++
● *T. orientalis* L. (syn. *Biota orientalis* [L.] ENDL.)	Morgenländischer Lebensbaum	N-China, Turkestan, Armenien	++
● *T. plicata* DONN ex D. DON	Riesen-Lebensbaum	N-Amerika	++
● *T. standishii* (GORD.) CARR.	Japanischer Lebensbaum	Japan	++

Abb. 93 Die wichtigsten Zweigchentypen der Lebensbäume
a)
normal locker
T. koraiensis,
T. occidentalis, die meisten Sorten,
T. plicata, Sorten,
b)
normal dicht
T. occidentalis 'Asplenifolia',
T. o. 'Bodmeri',
'Cristata',
'Cristata Argenteovariegata',
'Cristata Aurea',
'Douglasii Aurea',
'Douglasii Pyramidalis',
'Wareana',
T. orientalis, die meisten Sorten,
T. standishii,
c)
sehr locker
T. occidentalis 'Buchananii',
T. o. 'Smaragd' (teilweise),
T. orientalis 'Athrotaxoides'.
d)
dicht zusammengedrängt
bis muschelförmig
T. occidentalis 'Columna',
T. o. 'Hoseri',
'Rosenthalii',
'Sphaerica',
'Spiralis',
'Vervaeneana',
e)
fadenförmig
T. occidentalis 'Filiformis',
T. o. 'Ohlendorffii',
T. orientalis 'Filiformis Erecta',
T. o. 'Intermedia',
'Tetragona',
f)
nadelförmig
T. occidentalis 'Ericoides',
T. o. 'Ericoides Glauca',
'Rheingold',
T. orientalis 'Dwarf Greenspike',
'Juniperoides',
'Meldensis',
'Rosedale',
'Rosedalis Compacta'

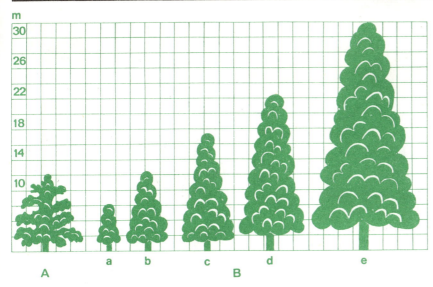

Abb. 94
A) Typ „koraiensis II"
T. *koraiensis* (selten)

B) Typ „occidentalis"
a)
● *T. occidentalis* 'Wareana Lutescens';
b)
T. occidentalis 'Beaufort',
T. o. 'Beteramsii',
'Gigantoides',
'Hollandica',
● 'Pyramidalis Compacta',
'Semperaurea',
'Sunkist',
● 'Wareana',
T. orientalis 'Stricta';
c)
● *T. occidentalis*,
T. o. 'Asplenifolia',
'Douglasii Aurea',
● 'Ellwangeriana',
'Gracilis',
● 'Vervaeneana',
● *T. plicata* 'Zebrina';
d)
T. plicata 'Aurea',
● *T. standishii*;
e)
● *T. plicata*,
T. p. 'Atrovirens'

ter und streng gleichmäßig aufgebauter Typ (Abb. 98 B),
„Koraiensis-I-Typ": sehr flacher und breiter Strauch, mit niederliegend-aufstrebenden Ästen (Abb. 98 A),
„Globosa-Typ": zwergiger, sehr dicht verzweigter, streng halbkugeliger bis kugeliger Strauch (Abb. 99 A),
„Rogersii-Typ": ähnlich dem vorigen Typ, aber durch eine länglich kugelige Form unterschieden (Abb. 99 B),
„Pygmaea-Typ": ungleich breit niederliegender, höckerartiger, abgerundeter Strauch von unterschiedlicher Höhe (Abb. 100).

Textur

Die Kronen der Lebensbäume sind aus gleichmäßig verteilten, büschelartig angeordneten Zweigen zusammengesetzt, deren meist schuppenförmig belaubte Zweigchen waagerecht orientiert sind; manchmal sind die Zweigchen stärker abgeflacht *(T. plicata)* oder in senkrechter Ebene aufgestellt, wodurch eine unter den *Thuja*-Arten eigenartige Textur entsteht *(T. orientalis)*. Eine besonders ungleichmäßige oder vorhangartige Textur weist *T. standishii* auf. Die Anordnung der einzelnen Zweigchen kann sehr locker, weniger locker, dicht, dicht gedrängt, fadenförmig (dann meist hängend), die Belaubung kann auch nadelförmig sein (Abb. 93). Alle Lebensbäume – ausgenommen der bizarre Typ „Bodmeri" – haben eine mehr oder weniger kompakte, undurchsichtige, wenn auch manchmal vom Aussehen her locker wirkende Textur.

Laub

Blätter meist schuppenförmig (nur selten nadelartig), dachziegelartig angedrückt, die Triebe meist glatt und flach fächerförmig angeordnet. Diese Belaubung bewirkt einen gewissen glatten Eindruck der ganzen Krone.

Zweige mit nadelartigen Blättern sind aufgelockerter, aber dadurch wird die Krone kaum in ihrer kompakten Textur beeinflußt.

Blattform:
Blätter schuppenförmig
T. koraiensis, *T. occidentalis* und fast alle Sorten, *T. orientalis* und die meisten Sorten, *T. plicata* und alle Sorten, *T. standishii*.
Blätter nadelförmig
T. occidentalis 'Ericoides', *T. o.* 'Ericoides Glauca', *T. orientalis* 'Dwarf Greenspike', *T. o.* 'Juniperoides', 'Meldensis'.
Blätter schuppen- und nadelförmig
T. occidentalis 'Ellwangeriana', *T. o.* 'Ellwangeriana Aurea', 'Rheingold', *T. orientalis* 'Minima', *T. o.* 'Rosedale', 'Rosedalis Compacta'.

Die Blattfarbe bestimmt oft die Verwendungsart der entsprechenden Art und Sorte und kann die Textur beeinflussen.

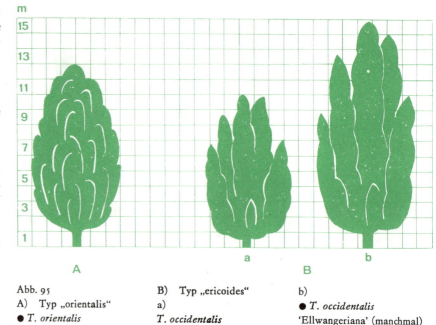

Abb. 95
A) Typ „orientalis"
● *T. orientalis*

B) Typ „ericoides"
a)
T. occidentalis 'Ellwangeriana Aurea',
● *T. o.* 'Ericoides', 'Ericoides Glauca',
● 'Rheingold';

b)
● *T. occidentalis* 'Ellwangeriana' (manchmal)

Blattfarbe:
Hellgrün
T. koraiensis, *T. occidentalis* 'Boothii', *T. o.* 'Caespitosa', 'Columbia', 'Danica' (im Winter bräunlicher Ton), 'Erecta' (glänzend), 'Fastigiata', 'Fastigiata Nova', 'Froebelii', 'Globosa', 'Gracilis', 'Holmstrup', 'Hoveyi' (im Winter bräunliche Tönung), 'Malonyana' (glänzend), 'Minima' (im Winter bräunliche Tönung), 'Pyramidalis Compacta', 'Smaragd' (glänzend), 'Tiny Tim' (im Winter bräunliche Tönung), Wareana', *T. orientalis*, *T. o.* 'Blijdenstein' (gelblicher Hauch, im Winter bräunlich), 'Minima' (im Herbst dunkelgrün, im Winter schmutzig braun), 'Nepalensis', 'Rosedale', 'Sieboldii' (beim Austrieb gelblich), 'Stricta', *T. plicata* 'Euchlora'.
Mattgrün
T. occidentalis, *T. o.* 'Beteramsii' (beim Austrieb rotbraun), 'Dumosa', 'Ellwangeriana', 'Ericoides' (graue Tönung), 'Filiformis', 'Hetz Junior', 'Hetz Midget', 'Hoseri', 'Kobold', 'Little Champion', 'Pygmaea', 'Recurva Nana', 'Recurvata', 'Sphaerica', 'Thujopsoides', 'Wagneri', 'Woodwardii',

T. orientalis 'Athrotaxoides', *T. o.* 'Dwarf Greenspike', 'Intermedia', 'Meldensis' (im Winter purpurbraune Tönung), 'Tetragona'.
Graugrün
T. occidentalis 'Buchananii', *T. o.* 'Cristata', *T. orientalis* 'Juniperoides'.
Blaugrün
T. occidentalis 'Compacta', *T. o.* 'Ericoides Glauca' (graue Tönung), 'Pendula' (im Winter etwas grau), 'Spiralis', 'Umbraculifera', *T. orientalis*, *T. o.* 'Compacta Nana', 'Densa Glauca', 'Rosedalis Compacta' (beim Austrieb gelblich, im Winter purpurbläulich), *T. plicata* 'Hillieri' (im Winter bräunliche Tönung).
Dunkelgrün
T. occidentalis 'Asplenifolia', *T. o.* 'Bodmeri', 'Columna' (glänzend), 'Douglasii Pyramidalis', 'Giganteoides', 'Hollandica', 'Hugii', 'Indomitable', 'Little Gem', 'Mastersii' (glänzend), 'Nigra', 'Ohlendorffii', 'Pumila', 'Rosenthalii' (glänzend), 'Techny', 'Van der Bom', *T. plicata* (glänzend), *T. p.* 'Atrovirens' (stark dunkelgrün und glänzend), 'Dura' (Spitzen bräunlich), 'Excelsa' (glänzend), 'Fastigiata', 'Gracilis', *T. standishii*.
Gelb
T. occidentalis 'Aurescens', *T. o.* 'Cloth of Gold', 'Cristata Aurea' (im Winter blaugrün), 'Douglasii Aurea' (im Winter bronzefarbene Tönung), 'Ellwangeriana Aurea' (wie vorige), 'Europagold', 'Golden Globe', 'Lutea', 'Lutea Nana' (im Sommer mehr grüngelb), 'Rheingold', 'Riversii' (im Winter gelbgrün), 'Sunkist', 'Wareana Lutescens' (hellgelb), 'Waxen' (gelbgrün), *T. orientalis* 'Aurea Nana' (hellgelbgrün), *T. o.* 'Beverleyensis' (später mehr grünlich erscheinend), 'Bonita' (später vergrünend), 'Elegantissima', 'Hillieri' (während des Sommers bald vergrünend), *T. plicata* 'Aurea' (gelbliche Färbung manchmal ungleichmäßig), *T. p.* 'Cuprea' (bronzefarbene Tönung), 'Rogersii' (im Winter bronzefarbene Tönung)

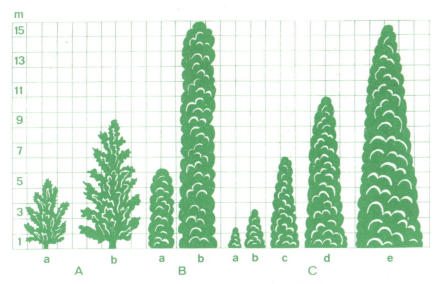

Abb. 96
A) Typ „bodmeri"
a)
T. occidentalis 'Bodmeri';
b)
T. occidentalis 'Hugii',
T. o. 'Thujopsoides'.

B) Typ „malonyana"
a)
T. occidentalis 'Aurescens',
T. o. 'Buchananii',
● 'Columna'
b)
● *T. occidentalis* 'Columbia',
● *T. o.* 'Douglasii Pyramidalis',
'Fastigiata',
'Fastigiata Nova',
● 'Malonyana'

C) Typ „erecta"
a)
T. orientalis 'Meldensis' (manchmal);
b)
T. occidentalis 'Lutea Nana';
c)
T. occidentalis 'Rosenthalii',
● *T. o.* 'Wagneri',
T. orientalis 'Elegantissima',
T. o. 'Stricta';
d)
T. occidentalis 'Erecta',
● *T. o.* 'Lutea',
T. orientalis 'Beverleyensis';
e)
● *T. occidentalis* 'Lori',
T. o. 'Spiralis',
● *T. plicata* 'Dura',
T. p. 'Excelsa',
'Euchlora',
'Fastigiata'

Gelbbunt

T. occidentalis 'Elegantissima' (glänzend, Spitzen gelblich), *T. o.* 'Semperaurea' (glänzend, Spitzen gelblich), 'Vervaeneana', *T. orientalis* 'Conspicua' (Spitzen gelblich), *T. o.* 'Semperaurea', *T. plicata* 'Goldperle' (Spitzen gelb), *T. p.* 'Gracilis Aurea', 'Stoneham Gold' (Spitzen auffallend gelb).

Weißbunt

T. occidentalis 'Alba', *T. o.* 'Beaufort', 'Cristata Argenteovariegata', 'Wansdyke Silver', *T. plicata* 'Zebrina' (anfangs gelbbunt).

Manche Arten (Sorten) – hauptsächlich *T. occidentalis* – weisen im Winter einen bräunlichen Farbton auf, der sich im Spätfrühling wieder verliert. *T. o.* 'Malonyana' bleibt im Winter grün, *T. orientalis* bekommt einen violetten Hauch.

Zapfen

Längliche oder kurz eiförmige Zäpfchen, 0,8–1,5 cm lang, bräunlich oder manchmal in der Jugend bläulich (*T. orientalis*). Meist erscheinen sie in größerer Anzahl, so daß sie von auffallender Wirkung sind. Zum ersten Mal erscheinen sie nach etwa 30 Jahren (*T. occidentalis, T. orientalis, T. plicata*) oder sogar erst nach 40 Jahren (*T. standishii*).

Stamm und Wurzelsystem

Am auffallendsten ist der Stamm bei der raschwüchsigen *T. plicata*; bei allen Arten ist er hell- oder dunkelbraun, die schuppenförmige Borke löst sich oft in Streifen ab. Das Wurzelsystem hat entweder eine gut entwickelte Pfahlwurzel (Sämlingspflanzen) oder ein dichtes Büschel von Nebenwurzeln (Stecklingspflanzen). In beiden Fällen sind die Bäume gut im Boden verankert.

Ansprüche

Die *Thuja*-Arten sind lichtliebend, können sich aber auch schlechteren Lebensbedingungen anpassen, insbesondere *T. plicata*. Die Verzweigung und Belaubung ist dann jedoch etwas lockerer. *T. occidentalis* und *T. plicata* wachsen bei voller Sonne mehr in die Höhe, im Schatten sind sie ausladend und breiter. Halbschatten ist ideal für *T. standishii*. Einen Schutz vor der winterlichen Sonne braucht *T. orientalis*, damit keine Frostschäden entstehen. Alle angeführten Arten sind unter mitteleuropäischen Bedingungen winterhart, ausgenommen *T. orientalis* (besonders ihre gelblichen Sorten), die hauptsächlich auf feuchteren Standorten und in schweren Böden manchmal vom Frost beschädigt wird. Manchmal sind Jungpflanzen von *T. plicata* etwas frostempfindlicher als ältere Exemplare. Die *Thuja*-Arten stellen keine großen Ansprüche an Bodenbedingungen, sie wachsen fast überall, auch auf schottrigen Standorten; eine Ausnahme macht wiederum *T. orientalis*, die am besten in leichten, nicht zu trockenen und kalkreichen Böden gedeiht. Alle Arten bevorzugen tiefgründige, lehmig-sandige und angemessen feuchte Böden. Größere Trockenheit schadet. Sie wachsen dann schlechter und werden durchsichtiger. Luftverunreinigungen werden gut vertragen; nach RANFT und DÄSSLER ist z. B. *T. orientalis* gegen SO_2 sogar sehr widerstandsfähig. Unter Wildverbiß leidet nur *T. occidentalis*.

Pflege

Pflanzung und weitere Pflege ähnlich wie bei *Chamaecyparis*. Die gelbbunten Sorten von *T. orientalis* pflanzen wir lieber erst im Vorfrühling aus (je nach Bedarf wird schattiert – auch im Winter). Verjüngung und Schnitt werden am besten von *T. occidentalis* ver-

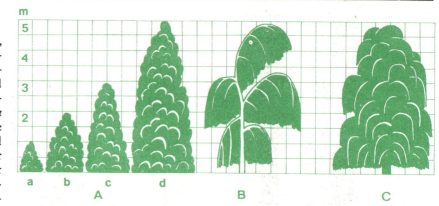

Abb. 97
A) Typ „holmstrup"
a)
T. occidentalis 'Hetz Junior',
T. o. 'Mastersii',
T. plicata 'Cuprea';
b)
T. occidentalis 'Compacta',
T. o. 'Cristata Aurea',
● 'Filiformis',
● 'Holmstrup',
'Nigra',
'Recurvata',
'Wansdyke Silver',

T. orientalis 'Bonita',
T. o. 'Conspicua',
'Dwarf Greenspike',
'Filiformis Erecta',
'Intermedia';
c)
T. occidentalis 'Boothii',
T. o. 'Cristata',
'Cristata Argenteovariegata',
● 'Smaragd',
'Techny',
T. plicata 'Gracilis Aurea';

d)
T. occidentalis 'Alba',
● *T. o.* 'Cloth of Gold',
'Elegantissima',
'Indomitable', 'Riversii',
T. orientalis 'Nepalensis',
T. plicata,
● 'Goldperle',
T. p. 'Gracilis'

B) Typ „pendula"
● *T. occidentalis* 'Pendula'

C) Typ „waxen"
T. occidentalis 'Waxen'

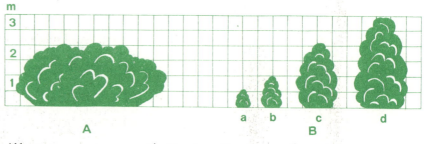

Abb. 98
A) Typ „koraiensis I"
T. koraiensis

B) Typ „hoveyi"
a)
T. orientalis 'Hillieri',
T. o. 'Rosedalis Compacta';
b)
T. orientalis 'Compacta Nana';
c)
T. occidentalis 'Compacta',
● *T. o.* 'Hoveyi',
T. orientalis 'Blijdenstein';

d)
● *T. occidentalis* 'Ericoides',
T. o. 'Ericoides Glauca'
(nur jüngere Pflanzen),
T. orientalis 'Semperaurea'

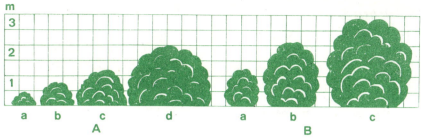

Abb. 99
A) Typ „globosa"
a)
T. occidentalis 'Caespitosa';
b)
● T. occidentalis 'Danica',
T. o. 'Little Champion',
● 'Tiny Tim',
● T. orientalis 'Minima',
T. o. 'Rosedale';
c)
T. occidentalis 'Dumosa',
● T. o. 'Froebelii',
'Hetz Midget',
'Hoseri',
● 'Little Gem',
'Mecki',
'Minima',
● 'Umbraculifera',
T. orientalis 'Juniperoides';
d)
T. occidentalis 'Filiformis' (manchmal),
● T. o. 'Globosa',
'Golden Globe',
● 'Woodwardii'

B) Typ „rogersii"
a)
● T. occidentalis 'Ohlendorfii',
T. o. 'Sphaerica',
'Van der Bom',
T. orientalis 'Aurea Nana',
T. o. 'Filiformis Erecta',
● 'Kobold',
'Meldensis',
'Tetragona',
● T. plicata 'Rogersii';
b)
T. occidentalis 'Pumila',
T. o. 'Recurva Nana',
T. orientalis 'Densa Glauca',
T. o. 'Sieboldii',
T. plicata 'Stoneham Gold';
c)
T. plicata 'Hillieri'

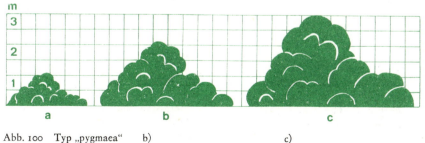

Abb. 100 Typ „pygmaea"
a)
T. occidentalis 'Pygmaea';

b)
T. orientalis 'Athrotaxoides';

c)
T. occidentalis 'Boothii' (manchmal)

tragen; auch das Umpflanzen älterer Exemplare gibt nur bei dieser Art befriedigende Ergebnisse. Geformte Bäume, geschnittene Hecken und Wände werden im Vorfrühling oder im Herbst geschnitten. Von den wichtigsten Krankheiten muß die Nadelbräune angeführt werden; beim Befall vergilben die Blätter, werden braun und fallen ab (oft gemeinsam mit den Zweigspitzen). Das Absterben von Triebspitzen wird durch verschiedene pilzliche Erreger verursacht. Am wirkungsvollsten ist, ab Mitte Mai mehrmals (etwa alle 14 Tage) mit Kupfer- oder organischen Fungiziden gegen die Nadelbräune und das Triebsterben zu spritzen, nachdem befallene Pflanzenteile herausgeschnitten und verbrannt worden sind. Ein Befall durch Blatt- und Schildläuse kann auch vorkommen (Anwendung von Parathion + Mineralöl-, Parathion-, Dimethoat- und Methamidophos-Präparaten).

Verwendung

Die Verwendung ist bei *Thuja* sehr vielseitig. Mit ihrem gleichmäßigen Habitus eignen sie sich in erster Linie für architektonische Anlagen, historische Gärten (Parterre) usw. Aber auch in natürlich angelegten Parkanlagen sind sie oft willkommene Solitär- und Gruppenpflanzen, die mit den „weichen" Laubgehölzen gut kontrastieren können. Am besten harmonieren sie mit allen anderen Zypressengehölzen (wirkungsvoll sind z. B. *Thuja* mit *Chamaecyparis* in Gruppen oder mit niederliegenden *Juniperus* eingesäumt, wobei wir auch buntlaubige Sorten verwenden können, wie z. B. gelbbunte, graublaue usw.). Wegen ihres starren Wuchses werden die *Thuja*-Arten zum Begrünen von Friedhöfen, Urnenhainen, Denkmälern usw. mit Vorliebe verwendet.

T. occidentalis und *plicata* sind neben *Taxus* die besten Nadelbäume für geschnittene Hecken und Zäune, die sehr gut verdecken, Staub aufhalten und oft auch die Funktion eines kleineren Windschutzes erfüllen (Abgrenzung einer ruhigen Gartenecke und Bildung eines Mikroklimas). Die wüchsigere *T. plicata* eignet sich für höhere Wände. Manche Typen, besonders die säulenförmigen, können effektvoll in die Nähe von Gebäuden, Treppen usw. gepflanzt werden. Sie stellen immer einen individuellen, kontrastierenden Faktor in jeder Komposition dar. Eine ausschließlich solitäre Verwendung haben weitere Wuchstypen wie z. B. „Erecta", „Holmstrup", „Pendula", „Waxen", „Orientalis", „Ericoides" und „Bodmeri" (Sammlerbedeutung).

Die gleichmäßig gestalteten Zwergtypen („Globosa", „Rogersii" und „Hoveyi") sind für alle architektonisch angelegten Gärten unentbehrlich. Der etwas lockerer wachsende Typ „Pygmaea" kann zwanglos auch in natürliche Partien eingegliedert werden. Alle Zwergtypen eignen sich manchmal auch für kleinere oder größere Steingärten. Wichtig ist, daß *Thuja* ohne weiteres im städtischen Klima verwendet werden kann. Für gelegentliche Dekorationen können sie auch in transportablen Gefäßen kultiviert werden. In größeren Landschaftsgestaltungen verwenden wir sie angemessen (Anknüpfung oder Kontrast zur Vegetation in der nächsten Umgebung). Sie eignen sich hauptsächlich für Niederungen und Hügelland. *T. occidentalis* und *plicata* für fast alle Lagen, *T. orientalis* nur für wärmere Standorte. Bei der Verwendung ist zu beachten, daß alle *Thuja*-Arten für den Menschen giftig sind.

Thujopsis S. et Z. – Hiba, Hibalebensbaum *(Cupressaceae)*

Diese immergrünen Bäumchen oder Sträucher erinnern an eine sehr grob beblätterte *Thuja*. Es gibt nur eine Art, die etwa bis 10 m hohe Bäumchen bildet, meist bleibt sie aber niedriger oder nur strauchig: *T. dolabrata* (L. f.) S. et Z. (Abb. 101 A), var. *dolabrata* und var. *hondai* MAKINO.
Zierwert: Laub (I–XII).

Habitus

Die Krone der baumartigen Typen ist meist breit kegelförmig. Die waagerecht ausgebreiteten Äste stehen unregelmäßig quirlig und hängen an den Enden etwas über. Zweiglein etwa 4 bis 8 mm breit, sehr flach.
Es gibt einige Sorten: 'Altissima' (schnellwachsend, säulenförmig), 'Cristata' (kompakt kegelförmig mit grob fächerförmigen Zweigchen, deren Spitzen oft kammartig angeordnet sind), 'Nana' (in Mitteleuropa die verbreitetste Zwergform, frischgrün auch im Winter); von den beiden genannten baumartigen Varietäten begegnen wir meist der Typus-Varietät, hingegen ist var. *hondai* mit ihrer dichteren Verzweigung sehr selten.

Textur

Ähnlich der von *Thuja*

Laub

Blätter schuppenförmig, gegenständig, ledrig, 4–6 mm lang, oben glänzend dunkelgrün, Unterseite auffallend weiß gezeichnet. Es gibt einige abweichende Sorten: 'Gracilis' (sehr fein und klein beblättert) und 'Variegata' (ungleich weißliche Belaubung).

Zapfen

Die Zapfen breit eiförmig, bis 1,5 cm im Durchmesser, zur Reife braun.

Stamm und Wurzelsystem

Wie bei *Thuja*.

Ansprüche

Thujopsis wächst am besten im leichten Halbschatten, in tiefgründigen und feuchten Böden. Sie verlangt eine hohe Luftfeuchtigkeit. Schlecht wird Sonnenhitze vertragen; auf zu trockenen Standorten wächst sie kümmerlich, vergilbt und trocknet ein. Unter mitteleuropäischen Bedingungen ist sie winterhart, in exponierten Lagen (Frostlagen, winterliche Sonne) leidet sie und wächst meist nur strauchig. Unreine Luft wird befriedigend vertragen. Unter Wildverbiß leidet *Thujopsis* nicht.

Pflege

Wie bei *Thuja*. Ein Umpflanzen älterer Exemplare wird schlecht vertragen.

Verwendung

Eignet sich ausschließlich für solitäre und kleinere Gruppenpflanzungen und hat hauptsächlich Sammlerbedeutung. In größeren Landschaftsgestaltungen wird sie nur selten verwendet (Hügelland bis Gebirge sind am geeignetsten).

Torreya ARN. – Nußeibe *(Taxaceae)*

Immergrüne Bäume, in Kultur aber oft nur Sträucher, die einer grobblättrigen Eibe ähneln. Insgesamt sind 5 Arten bekannt, beheimatet in Ostasien und Nordamerika. Unter mit-

teleuropäischen Klimaverhältnissen hat nur eine Art – *T. nucifera* (L.) S. et Z. (Abb. 101 b) – eine gewisse Bedeutung. Kleinere Bäumchen mit graubrauner Borke, breit ausladenden Ästen und ei- bis kegelförmiger Krone. Blätter nadelig, dunkelgrün, bis 3 cm lang, kammartig gescheitelt, scharf zugespitzt. Es gibt eine zwergige, sehr breit ausladende Kulturform: 'Prostrata'.

Die genannte frosthärteste Art soll grundsätzlich in halbschattigen Lagen gepflanzt werden (bei direkter Sonne vergilbt sie oft). Sie liebt angemessen feuchte, mittelschwere Böden, warme Standorte und feuchte Luft. Jungpflanzen werden in Töpfen oder kleineren Containern herangezogen und erst, wenn sie genügend stark sind, sollten sie am ausgewählten, geschützten Standort ausgepflanzt werden.

Tsuga (Ant.) Carr. – Hemlocktanne, Schierlingstanne *(Pinaceae)*

Immergrüne Bäume, in Kultur auch Bäumchen, Sträucher oder zwergige Miniaturen. Zur Gattung gehören je nach Artauffassung 10–18 Arten, die im gemäßigten Nordamerika und Ostasien verbreitet sind. Die baumartigen Typen sind meist breit, seltener auch schmal kegelförmig. Die meist schmaleren Jungpflanzen haben mehr aufstrebende Äste und Zweige als ältere Pflanzen. Wuchs ziemlich schnell, 10jährige Exemplare sind etwa 1 m hoch (*T. canadensis* oft niedriger, *T. heterophylla* manchmal höher), 20jährige etwa 7–8 m und 30jährige 10 m (*T. mertensiana* jeweils nur halb so hoch).

Zierwert: Laub (I–XII), Zapfen (VII bis III).

Abb. 101
a) *Thujopsis dolabrata,*
b) *Torreya nucifera*
c) *Tsuga heterophylla,*
d) *T. sieboldii*

Habitustypen

„Canadensis-Typ": Baum mit breit kegelförmiger, zugespitzter Krone, dichter Verzweigung, obere Äste aufstrebend, die unteren waagerecht abstehend oder leicht hängend (Abb. 102),

„Mertensiana-Typ": Baum mit schlank kegelförmiger, zugespitzter Krone, Äste kurz, ziemlich dicht angeordnet, im unteren Teil etwas hängend (Abb. 103 A),

„Dawsoniana-Typ": strauchiges, meist mehrstämmiges Bäumchen, Krone breit halbkugelig, mehr oder weniger waagerecht abstehende Äste mit hängenden Spitzen (Abb. 104),

„Diversifolia-Typ": strauchiges Bäumchen, meist bis zum Boden bezweigt, schmal pyramidal, dicht und meist aufstrebend beastet (Abb. 105 B),

„Conica-Typ": Strauch länglich eiförmig, Äste dicht, aufstrebend (Abb. 106 C),

„Pendula-Typ": aufstrebend aufgebauter Strauch, Äste waagerecht, Zweige dicht und streng hängend, so daß ein kompakter, unterschiedlich breiter „Wasserfall" von Zweigen entsteht (Abb. 106 B),

„Weeping-Typ": ungleichmäßiger strauchiger Typ mit Ästen, die verschiedenartig abstehen, meist aber auf eine Seite geneigt sind, Zweige hängend (Abb. 105 A),

„Moll-Typ": noch kompakter, breit ausladender, ungleichmäßig gewachsener Strauch (Abb. 141 A),

„Jeddeloh-Typ": ausgebreiteter Strauch mit nur leicht aufstrebenden, manchmal fast waagerechten Ästen; Kronenmitte trichter- oder nestförmig vertieft, Verzweigung mitteldicht oder locker (Abb. 106 A),

„Globosa-Typ": niedriger, breit halbkugeliger Typ mit hängenden Zweigen (Abb. 107 B),

„Bennett-Typ: Strauch breiter als hoch, dicht verzweigt, oft mit nestartig vertiefter Mitte, Hauptäste waage-

Wissenschaftlicher Name	Deutscher Name	Natürliche Verbreitung bzw. Entstehungsort	Frosthärte
T. calcarea DOWNIE		China	++
● *T. canadensis* (L.) CARR.	Kanadische Hemlocktanne	N-Amerika	++
T. caroliniana ENGELM.	Karolina-Hemlocktanne	W-Virginia bis Georgia	++
T. chinensis (FRANCH.) PRITZ.	Chinesische Hemlocktanne	W-China	++
● *T. diversifolia* (MAXIM.) MAST.	Japanische Hemlocktanne	Japan	++
T. formosana HAYATA	Formosa-Hemlocktanne	China, Formosa	++
T. forrestii DOWNIE		China	++
● *T. heterophylla* (RAF.) SARG. (Abb. 101 c)	Westliche Hemlocktanne	N-Amerika	++
T. × *jeffreyi* (HENRY) HENRY	Jeffrey-Hemlocktanne	Edinburg	++
T. longibracteata CHENG		China	++
● *T. mertensiana* (BONG) CARR.	Berg-Hemlocktanne	N-Amerika	++
T. patens DOWNIE		China	++
● *T. sieboldii* CARR. (Abb. 101 d)	Araragi-Hemlocktanne	Japan	++

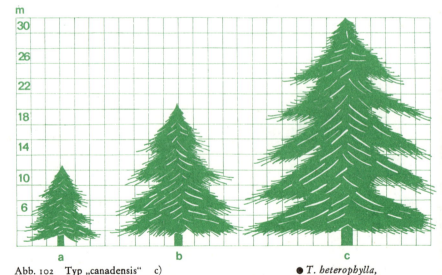

Abb. 102 Typ „canadensis"
a) *T. longibracteata*;
b) *T. canadensis* 'Densifolia', *T. c.* 'Latifolia', *T. caroliniana*, *T. forrestii*,
c) *T. calcarea*, ● *T. canadensis*, *T. chinensis*, *T. formosana*,
● *T. heterophylla*, *T. patens*, ● *T. sieboldii*, ● *T. heterophylla* 'Argenteovariegata';

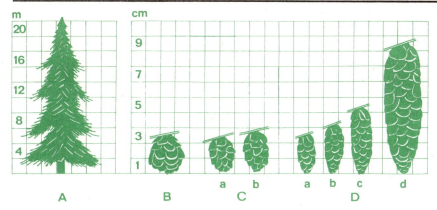

Abb. 103
A) Typ „mertensiana"
● *T. diversifolia* (selten),
● *T. mertensiana*,
● *T. m.* 'Argentea'

Hemlockstannenzapfen

B) kugelige
T. calcarea

C) eiförmige
a)
T. canadensis,
Sorten wenn sie fruchten,
T. diversifolia;
b)
T. formosana,
T. patens,
T. sieboldii

D) länglich eiförmige
a)
T. heterophylla,
Sorten wenn sie fruchten,
T. jeffreyi;
b)
T. forrestii,
T. longibracteata;
c)
T. caroliniana;
d)
T. mertensiana, Sorten

recht ausgebreitet, Zweige überhängend (Abb. 107 A),
„Armistica-Typ": niedriger, tischartig ausgebreiteter Strauch mit hängenden Zweigen (Abb. 108 C),
„Prostrata-Typ": niedriges Sträuchlein mit hängenden und auf dem Boden kriechenden Zweigen und Zweiglein (Abb. 108 B),
„Cole-Typ": vom vorigen Typ dadurch unterschieden, daß alle Zweige gänzlich dem Boden aufliegen und sich höckerartig ausbreiten (Abb. 108 A).
Die Hängetypen weisen eine größere Variabilität auf, so daß sie vom Grundschema manchmal abweichen.

Textur

Die Krone ist bei den Bäumchen meist dicht, aber auch aufgelockert, die Konturen sind durchsichtig. Bei *T. mertensiana* ist sie sogar federartig aufgelockert, so daß diese *Tsuga*-Art auf den ersten Blick *Larix* ähnelt. Die eigentliche Textur ist fein und leicht durchgezeichnet. Am dichtesten ist sie bei den niederliegenden und verschiedenartig kugeligen bis halbkugeligen Zwergtypen und bei den Hängeformen („Pendula"). Eine luftigere Oberfläche finden wir bei manchen etwas unordentlich wirkenden und ungleichmäßig wachsenden Typen („Jeddeloh", "Weeping" und „Moll").

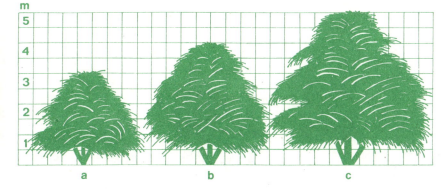

Abb. 104
Typ „dawsoniana"
a)
T. canadensis 'Bristol';

b)
T. canadensis 'Dawsoniana';

c)
T. canadensis 'Angustifolia',
T. c. 'Elm City',
'Geneva',
T. jeffreyi

Laub

Blätter linealisch, meist flach und zweizeilig; die auf der Zweigoberseite stehenden oft viel kürzer als die seitlichen. Nadeln im Mittel 1–2 cm lang (0,5–1,5 cm bei *T. diversifolia*, bis 2,5 cm bei *T. formosa, T. longibracteata, T. patens* und manchmal bei *T. sieboldii*). Die kleinen Nadeln bedingen die feine, manchmal sehr kompakte Textur.

Blattfarbe:

Hellgrün

T. calcarea, *T. canadensis* 'Benett', *T. c.* 'Curtis Ideal', 'Fantana', 'Hicks' (gelbliche Tönung), 'Jeddeloh', 'Nana', 'Parviflora', 'Warner's Globe'.

Mattgrün

T. canadensis, *T. c.* 'Bristol', 'Dawsoniana', 'Densifolia', 'Elmcity', 'Gable Weeping', 'Harmon', 'Macrophylla', 'Pendula', 'Prostrata', 'Pumila', 'Pygmaea', *T. caroliniana*, *T. c.* 'Arnold Pyramid', *T. formosana*, *T. forrestii*, *T. jeffreyi*, *T. longibracteata*, *T. mertensiana* (graue Tönung), *T. patens*, *T. sieboldii*.

Dunkelgrün

mit Ausnahme der unter den anderen Farben genannten alle Arten und Sorten, die bei den Habitustypen angeführt sind.

Blaugrün

T. mertensiana 'Blue Star', *T. m.* 'Glauca'.

Silbriggrau: *T. mertensiana* 'Argentea'.

Weißlich bunt

T. canadensis 'Albospica, *T. c.* 'Dwarf Whitetip', *T. heterophylla* 'Argenteovariegata'.

Gelb

T. canadensis 'Aurea' (im zweiten Jahr vergrünend).

Außer den Hemlocktannen mit hellgrüner, silbrig grauer, weißbunter und gelber Belaubung wirken alle sehr dunkel; neben *Taxus* und *Pinus nigra* sind es die dunkelsten Nadelgehölze. Ein auffallend helles Aussehen bewirken silbrig graue und gelbliche Farbtöne, manchmal auch das Hellgrün. Die weißbunte Belaubung ist dagegen nicht sehr auffällig.

Zapfen

Hängende, kleine bis mittelgroße, nicht zerfallende Zapfen an den Zweigenden, Reife im Herbst des ersten Jahres, aber nach dem Samenausfall verbleiben sie wenigstens noch ein zweites Jahr am Baum. Sie sind kugelig (Abb. 103 B), eiförmig (Abb.

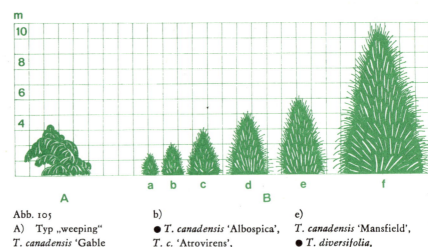

Abb. 105
A) Typ „weeping"
T. canadensis 'Gable Weeping',
T. c. 'Kelsey's Weeping'

B) Typ „diversifolia"
a)
T. canadensis 'Boulevard',
T. c. 'Dwarf Whitetip',
'Greenwood Lake',
'Pumila',
'Stockman's Dwarf',
'Von Helm's Dwarf';

b)
● *T. canadensis* 'Albospica',
T. c. 'Atrovirens',
'Bradshaw',
'Broughton',
'Curtis Ideal',
'Hussii',
'Vermeulen's Pyramid';

c)
● *T. canadensis* 'Compacta',
T. c. 'Fremdii',
'Hicks',
'Jenkinsii',
● 'Macrophylla';

d)
T. canadensis 'Aurea',
T. c. 'Meyer's', 'Stranger';

e)
T. canadensis 'Mansfield',
● *T. diversifolia*,
T. mertensiana 'Blue Star';

f)
T. caroliniana,
● *T. mertensiana* 'Glauca'

Abb. 106
A) Typ „jeddeloh"
a)
● *T. canadensis* 'Jeddeloh';
b)
T. canadensis 'Callicoon'

B) Typ „pendula"
● *T. canadensis* 'Pendula'

C) Typ „conica"
a)
T. canadensis 'Sparsifolia';
b)
T. canadensis 'Globosa Erecta', *T. c.* 'Harmon';
c)
T. heterophylla 'Conica'

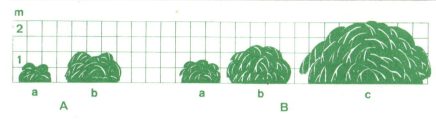

Abb. 107
A) Typ „bennett"
a)
T. canadensis 'Bennett',
T. c. 'Fantana';
b)
T. canadensis 'Beaujean',
● *T. c.* 'Parvifolia'

B) Typ „globosa"
a)
T. canadensis 'Cinnamomea',
● *T. c.* 'Horsford',
● 'Minuta',
'Pygmaea',
'Rugg's Washington Dwarf';
b)
T. canadensis 'Brandley',
T. c. 'Milfordensis',
● 'Minima',
'Warner's Globe',
T. heterophylla 'Dumosa';
c)
T. canadensis 'Globosa',
● *T. c.* 'Gracilis Oldenburg'

Abb. 108
A) Typ „cole"
T. canadensis 'Cole'

B) Typ „prostrata"
T. canadensis 'Abbott Weeping',
● *T. c.* 'Jervis',
'Nana',
'Prostrata'

C) Typ „armistice"
T. canadensis 'Armistice',
T. c. 'Curtis Spreader',
● 'Pendula'
(selten, manchmal auch höher)

103 C) oder länglich eiförmig (Abb. 103 D). Die Färbung ist hell- oder gelbbraun.

Zapfenfarbe:
Hellbraun
T. calcarea, T. canadensis und Sorten, *T. caroliniana, T. diversifolia* (glänzend), *T. heterophylla* und Sorten, *T. jeffreyi, T. longibracteata, T. mertensiana* und Sorten, (in der Jugend auffallend bläulich purpurfarben), *T. patens, T. sieboldii* (glänzend).
Gelbbraun
T. chinensis (glänzend), *T. formosana* (glänzend), *T. forrestii.*

Die Zapfen erscheinen in größerer Zahl in der ganzen Krone. Sie wirken sehr zierlich und zierend (besonders aus nächster Nähe). Die ersten Zapfen werden nach 30, manchmal erst nach 40 Jahren (*T. heterophylla* u. a.) gebildet. Die meisten zwergigen, niederliegenden oder auch hängenden Typen tragen überhaupt keine oder nur vereinzelt Zapfen.

Stamm und Wurzelsystem

Die Stämme haben eine gefurchte, rötliche bis braune oder graue Borke. Das Wurzelsystem ist reich verzweigt, Nebenwurzeln lang und mit zahlreichen Wurzelhaaren, Pfahlwurzel kurz. Der Baum ist im Boden gut verankert.

Ansprüche

Wachsen am besten in freien, hellen Lagen, vertragen aber auch Halbschatten, *T. heterophylla* sogar Vollschatten. Jungpflanzen gedeihen unter lockeren Kronen höherer Bäume sogar besser. Sonnenhitze vertragen sie sehr schlecht. Alle angeführten Arten sind in Mitteleuropa winterhart, nur *T. heterophylla, T. formosana* und *T. sieboldii* sind in der Jugend etwas empfindlicher, sie können in exponierten Lagen beschädigt werden, brauchen also einen geschützten Standort. Eine angemessene Luftfeuchtigkeit gehört zu den Grundbedingungen eines guten Wuchses. Unter trockenen Bedingungen verlieren die Pflanzen bald ihre Schönheit. Sie verlangen tiefgründige, feuchte, lehmige Böden, *T. canadensis* und *T. sieboldii* wachsen sehr gut in sehr feuchten bis nassen Böden, Trockenheit vertragen sie hingegen sehr schlecht, ähnlich wie alle anderen Arten. In verunreinigter Luft gedeihen alle *Tsuga*-Arten schlecht.

Pflege

Pflanzung und weitere Pflege wie bei *Abies* und *Picea*. Schnitt wird nur in unbedingt notwendigen Fällen vorgenommen, damit wir die Gestalt der Krone oder des Strauches nicht unnötig zerstören. Ältere Exemplare können erfolgreich umgepflanzt werden (*T. canadensis* bis zu 40 Jahren).

Verwendung

Die baumartigen *Tsuga*-Arten pflanzen wir solitär oder in lockere Gruppen, die in der Nähe von Wasserflächen sehr schön aussehen. Ihre aufgelockerte Krone ermöglicht schöne Kombinationen mit verschiedenen Laubgehölzen (z. B. *Quercus*, *Populus*, immergrünen Sträuchern). Wirkungsvoll sind Gruppierungen mit *Pseudotsuga*, *Abies*, *Picea* und *Taxus*. Mit ihren unregelmäßigen Kronen eignen sie sich besonders für natürliche Parkpartien. Die meisten dunkelgrünen Arten und Sorten eignen sich, ähnlich wie *Taxus*, als kontrastierender Hintergrund für Vorpflanzungen von helleren Gehölzen oder Blumen, als Hintergrund von Gebäuden, hellen Skulpturen usw. Der Typ „Mertensiana" ist mit seiner schlank kegelförmigen Krone so eigenartig, wie z. B. *Picea omorika*. Er eignet sich ausgezeichnet für die Nähe verschiedener Architekturen.

Hängetypen („Prostrata", „Armistica", „Bennett", „Globosa", „Jeddeloh", „Pendula", „Moll" und „Weeping") kommen an Fluß- oder Teichufern, Böschungen und Terrassen einzigartig zur Geltung (Anblick von unten). Alle niedrigen Typen sind geeignete Solitärpflanzen für Steingärten, wo sie z. B. auf feuchten Stellen zusammen mit Farnen sehr schöne Gemeinschaften bilden können. Wollen wir den reichen Zäpfchenansatz zur Wirkung kommen lassen, pflanzen wir die fruchtenden Arten (Sorten) in Weg- und Banknähe. *Tsuga*-Arten können hauptsächlich vom Hügelland bis ins Gebirge verwendet werden; *T. canadensis* kann man in allen Lagen pflanzen; *T. heterophylla* besitzt als einzige Art der Gattung auch forstliche Bedeutung.

Laubgehölze

Im Vergleich zur starren und meist ernsten Unveränderlichkeit der Nadelgehölze sind die Laubgehölze in der Regel sehr lebhaft und ein sehr dynamisches Element in unseren Gärten, Parkanlagen sowie auch in der Landschaftsgestaltung. Sie sind vor allem in der Textur und Farbe, aber auch in Form und Habitus veränderlich. Die meisten Laubgehölze haben schöne und auffallende Blüten oder Früchte und manche noch eine attraktive unterschiedliche Laubfärbung im Frühjahr bzw. Herbst oder auch im Sommer. Ihre gartengestalterische Verwendbarkeit ist sehr breit; sie können in erheblich größerem Umfang verwendet werden als Nadelgehölze.

Abelia R. Br. – Abelie *(Caprifoliaceae)*

Laubabwerfende oder auch immergrüne, niedrige oder mittelhohe Sträucher. Zur Gattung gehören etwa 25 Arten, die vorwiegend in Ostasien und Mexiko verbreitet sind. Für mitteleuropäische Klimaverhältnisse haben nur die winterhärtesten Arten und Hybriden eine gewisse Bedeutung: ● *A.* 'Edward Goucher' (halbimmergrüne Hybridsorte) und die laubabwerfenden Arten *A. engleriana* (Graebn.) Rehd., ● *A.* × *grandiflora* (Rovelli ex Andre) Rehd. (Abb. 109 a), *A. serrata* S. et Z. und *A. zanderi* (Graebn.) Rehd.

Habitus

Die Strauchhöhe bewegt sich zwischen 1–3 m. Der Habitus kann breit halbkugelig sein und fast bis zum Boden reichen („Grandiflora-Typ") – Abb. 110 B) oder er ist aufrechter ausgebreitet mit gut erkennbaren Stämmchen und Zweigen („Zanderi-Typ") – Abb. 110 C).

Textur

Die Textur ist mitteldicht, Blätter gegenständig, ganzrandig oder gezähnt, elliptisch-lanzettlich, meist 2–4 cm lang (selten länger, z. B. etwa 4–7 cm bei *A. zanderi*), glänzend grün.

Blüten

Blüten zu zweit (*A. engleriana, A. serrata* und *A. zanderi*) oder zu 2–4 (*A.* × *grandiflora*), röhrig bis trichterförmig (Abb. 110 A), purpurrosa (*A.* 'Edward Goucher', *A. engleriana*) oder weißlich rosa (*A.* × *grandiflora, A. serrata* und *A. zanderi*). Bei einer geeigneten Kombination der angeführten Arten und Sorten erstreckt sich die Blütezeit von Mai bis September (Abb. 111). Die Frucht ist unscheinbar und lederartig. Die Abelien sind hauptsächlich durch ihre Blüten zierend.

Ansprüche

Sie sollten auf sonnige Standorte, in leichte und durchlässige Böden gepflanzt werden, damit das Ausreifen der Triebe gesichert ist (geringere Frostschäden). Zu empfehlen ist ein leichter Winterschutz (Reisig, Laub). Frostgeschädigte Pflanzen regenerieren leicht und schnell, der neue Austrieb blüht noch in dem gleichen Jahr im Juni/Juli. Den Erhaltungsschnitt begrenzen wir auf das Kürzen angefrorener Zweige und ein etwaiges Auslichten des Strauches (grundsätzlich im Frühjahr). Die Abelien-Arten verwenden wir in geschützten Lagen für Solitärpflanzungen in Wegnähe. Sie haben hauptsächlich für Sammler eine Bedeutung.

Abeliophyllum NAKAI – Rosablütige Forsythie *(Oleaceae)*

Laubabwerfender Strauch, sehr ähnlich *Abelia*, unterscheidet sich aber durch die Blüten, die denen der *Forsythia* ähneln. Es existiert nur eine in Korea beheimatete Art: *A. distichum* NAKAI. Die Sträucher werden über einen Meter hoch und sind reich verzweigt. Blätter eilänglich, zugespitzt, ganzrandig, 3–5 cm lang, Blüten weiß, außen rosa, 4zipfelig, 1,5 cm breit, nach Mandeln duftend. Blütezeit je nach Standort März bis April. Die Frucht ist ein zusammengedrücktes, bis 2,5 cm breites, geflügeltes Nüßchen. Unter dem Namen 'Roseum' wird eine zartrosa blühende Form kultiviert. Unter mitteleuropäischen Bedingungen ist dieser Strauch winterhart. Blütenknospen, die bereits im

Abb. 109
a) *Abelia grandiflora*,
b) *Acanthopanax sieboldianus*,
c) *Acer platanoides*,
d) *A. monspessulanum*,
e) *A. tataricum*

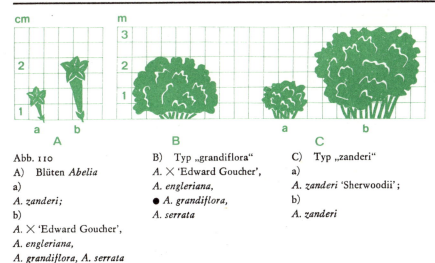

Abb. 110
A) Blüten *Abelia*
a)
A. zanderi;
b)
A. × 'Edward Goucher',
A. engleriana,
A. grandiflora, *A. serrata*

B) Typ „grandiflora"
A. × 'Edward Goucher',
A. engleriana,
● *A. grandiflora*,
A. serrata

C) Typ „zanderi"
a)
A. zanderi 'Sherwoodii';
b)
A. zanderi

Herbst an etwa 5 cm langen Trauben gebildet werden, können in strengen Wintern erfrieren. Wächst gut im Halbschatten und auch in voller Sonne. An den Boden stellt die Art keine besonderen Ansprüche (etwa wie die *Forsythia*). Der Schnitt begrenzt sich nur auf ein Auslichten älterer Sträucher. Zur Geltung kommt dieses Gehölz in geschützten Lagen als Solitärpflanze zeitig im Frühjahr blühend (weiße *Forsythia*). Geschnittene Zweige können ähnlich wie bei der *Forsythia* im Vorfrühling zur Treiberei verwendet werden. Stecklingspflanzen werden in Töpfen kultiviert und erst als stärkere Pflanzen auf den vorgesehenen Standort ausgepflanzt.

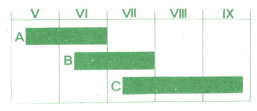

Abb. 111 Blütezeit *Abelia*
A) *A. serrata*;
B) *A. engleriana*, *A. zanderi*;
C) *A.* × 'Edward Goucher', *A. grandiflora*

Acaena Mutis ex L. – Stachelnüßchen *(Rosaceae)*

Halbsträucher oder Kräuter mit niederliegenden, manchmal mehr oder weniger verholzenden Sprossen. Insgesamt sind etwa 40 Arten bekannt, die in der gemäßigten Zone der südlichen Halbkugel vorkommen. Viele von ihnen werden in Mitteleuropa als Stauden kultiviert; es befinden sich auch halbstrauchige Arten darunter, aber es läßt sich hier schwierig eine Grenze zwischen der krautigen und strauchigen Wuchsform ziehen.

Für mitteleuropäische Klimaverhältnisse eignen sich: *A. anserifolia* (J. R. et G. Forst.) Druce, *A. argentea* R. et P., ● *A. buchananii* Hook. f., *A. caesiglauca* (Bitter) Bergmans und ● *A. microphylla* Hook. f. Die meisten dieser Arten sind niedrige Polsterpflanzen (Abb. 112) mit unpaarig gefiederten und wechselständigen Blättern. Die sehr kleinen rötlichen oder grünlichen Blüten stehen in kugeligen oder ährenförmigen Blütenständen; sie zeigen sich im Juni bis August (Abb. 113).

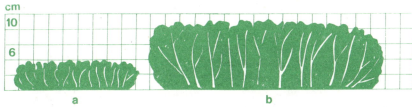

Abb. 112 *Acaena*
a)
A. argentea,
● *A. microphylla*;

b)
A. anserinifolia,
● *A. buchananii*

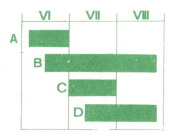

Abb. 113 Blütezeit *Acaena*
A) *A. anserinifolia*, *A. argentea*;
B) *A. buchananii*;
C) *A. microphylla*;
D) *A. caesiglauca*

Die *Acaena*-Arten sind anspruchslos. Sie verlangen lediglich einen durchlässigen, mäßig feuchten Standort. Es sind dankbare Bodendecker, die aber nicht mit Unkraut verwachsen dürfen. Sie eignen sich gut als Rasenersatz, als Unterpflanzung auf Beeten mit Zwiebelgewächsen, unter Koniferen, in Steingärten, in Pflanzgefäßen usw.

Acantholimon BOISS. – Igelpolster *(Plumbaginaceae)*

Immergrüne, basal verholzende Polsterstauden. Es sind etwa 90 Arten bekannt, die vor allem in gebirgigen Gebieten und Steinwüsten vom östlichen Mittelmeergebiet bis Iran und Tibet vorkommen.
Zierwert: Laub (I–XII), Blüte (VI bis X).

Habitus

Alle angeführten Arten bilden halbkugelige, breite Polster, durchschnittlich 5–8 cm hoch, weich oder dornig (*A. androsaceum, A. caryophyllaceum, A. kotschyi, A. melananthum, A. olivieri* usw.).

Textur

Dicht und kompakt, wenn auch die Oberfläche der Pflanzen nicht glatt wirkt.

Laub

Die nadelartigen, runden oder dreikantigen Blätter sind meist scharf zugespitzt und 2–3 cm lang (ausnahmsweise kürzer: 1–3 cm bei *A. armenum, A. diapensioides, A. glumaceum, A. kotschyi, A. libanoticum* oder länger: 5–7 cm bei *A. acerosum*).

Wissenschaftlicher Name	Deutscher Name	Natürliche Verbreitung bzw. Entstehungsort	Frosthärte
A. acerosum BOISS.		W-Anatolien	++
A. androsaceum (JAUB. et SPACH) BOISS.		S-Balkanhalbinsel, Kreta, Kleinasien	≙, +
A. armenum BOISS. et HUET.		Armenien, Syrien	≙, +
A. caryophyllaceum BOISS.		Armenien, Kurdistan	++
A. diapensioides BOISS.		Afghanistan	≙, +
● *A. glumaceum* (JAUB. et SPACH) BOISS.		Kaukasus, Armenien	≙, +
A. kotschyi (JAUB. et SPACH) BOISS.		Syrien	≙, +
A. libanoticum (FENZL) BOISS.		Libanon	≙, +
var. *ulicinum* (BOISS.) DC.		wie die Art	≙, +
A. melananthum BOISS.		Iran	≙, +
A. olivieri (JAUB. et SPACH) BOISS.		Kilikischer Taurus	≙, +

Blüten und Blütenstand

Blüten klein, in der Regel rosa, selten rötlich (*A. acerosum*), weißlich rosa (*A. melananthum*), weiß (*A. kotschyi*) oder purpurrosa (*A. libanoticum* var. *ulicinum*), sie stehen in Ähren oder Trauben verschiedener Länge: 1–5 cm (*A. diapensioides, A. kotschyi, A. libanoticum*), 5–10 cm (*A. glumaceum, A. melananthum*), 10–15 cm (*A. androsaceum, A. caryophyllaceum, A. olivieri*) oder 15–20 cm (*A. acerosum, A. armenum*).

Frucht

Eine mit dem trockenen Kelch verwachsene Schlauchfrucht ohne größeren Zierwert.

Zweige und Wurzelsystem

Zweige niederliegend oder aufsteigend, starr und kaum sichtbar. Wurzelsystem oberflächlich reich verzweigt, Pflanzen im Boden gut eingewurzelt.

Ansprüche

Acantholimon ist anspruchslos, verträgt aber keine größere Feuchtigkeit, hauptsächlich im Winter. Am geeignetsten sind trockene, durchlässige, kalkreiche und schottrige Böden in sonniger Lage.

Pflege

Pflanzung am besten im Frühjahr oder aus Töpfen auch während der Vegetationszeit; Herbstpflanzung sollte vermieden werden (größere Frostschäden und Ausfälle). Im Spätherbst werden die Pflanzen mit Glasscheiben oder Plastefolie abgedeckt, damit sie trocken stehen. Manchmal sterben sie dennoch ohne ersichtlichen Grund ab.

Verwendung

Acantholimon eignet sich am besten für Steingärten aller Arten, für tiefe, schmale Felsenspalten und zur Bepflanzung von Trockenmauern.

Acanthopanax (DECNE. et PLANCH.) MIQ. – Fingeraralie, Stachelpanax *(Araliaceae)*

Wissenschaftlicher Name	Deutscher Name	Natürliche Verbreitung bzw. Entstehungsort	Frosthärte
A. cissifolius (GRIFF.) HARMS.		Yünnan, Himalaja	++
A. divaricatus (S. et Z.) SEEM.		Japan, China	++
A. evodiaefolius FRANCH.		M-China, SO-Tibet	++
A. giraldii HARMS.		M-, N-China	++
var. inermis HARMS & REHD.		Hupeh, Schansi	++
var. pilosulus REHD.		Schansi, Hupeh	++
A. gracilistylus W. W. SM.		China	++
● A. henryi (OLIV.) HARMS		M-China	++
var. faberi HARMS		Chekiang	++
A. innovans (S. et Z.) SEEM.		Japan	++
A. lasiogyne HARMS		China	++
A. leucorrhizus (OLIV.) HARMS		M-, W-China	++
var. fulvescens HARMS		Szetschuan, Yünnan	++
var. scaberulus HARMS & REHD.		Kiangsi, Szetschuan, Hupeh	++
A. rhederianus HARMS		China	++
A. sciadophylloides FRANCH. et SAV.		Japan	++
A. senticosus (RUPR. et MAXIM.) HARMS	Borstige Fingeraralie	China, Mandschurei	++
var. subinermis (RGL.) LI		Schansi, Honan, Hopei, Mandschurei	++
A. sessiliflorus (RUPR. et MAXIM.) SEEM.	Amur-Fingeraralie	Mandschurei, Korea, N-China	++
var. parviceps REHD.		Hopei	++
A. setschuenensis HARMS		China	++
A. setosulus FRANCH.		China	++
● A. sieboldianus MAK. (Abb. 109 b)	Siebold-Fingeraralie	China, Japan	++
A. simonii C. SCHN.		M-China	++
A. stenophyllus HARMS		China	++
A. trichodon FRANCH. et SAV.		Japan	++
A. wardii W. W. SM.		SW-China	++
A. wilsonii HARMS		China	++
A. yui LI		Yünnan	++

Sommergrüne Sträucher, selten kleinere Bäume, manchmal Lianen. Etwa 30 Arten sind von Ostasien bis zum Himalaja verbreitet. In Mitteleuropa bilden sie meist nur Sträucher, gelegentlich auch strauchartige Bäumchen. Die Verzweigung ist sparrig und starr, Äste dick, oft stachelig.
Zierwert: Laub (V–XI), Blüte (VI bis X), Früchte (IX–XII), Stacheln (XI bis IV).

Habitustypen

„Sciadophylloides-Typ": baumartiger Strauch mit lockerer und halbkugeliger Krone, meist mit mehreren Stämmchen (Abb. 114),
„Sessiliflorus-Typ": breiterer, locker gestalteter Strauch, mit sichtbaren Stämmen und Ästen (Abb. 115),
„Sieboldianus-Typ": sehr locker und starr gestalteter, bis zum Boden verzweigter und belaubter Strauch (Abb. 116 A),
„Setosulus-Typ": kletternder, locker gestalteter Strauch (Abb. 116 B).

Textur

Sehr locker und luftig, die Starrheit der Verzweigung wird durch die grobe und lockere Belaubung etwas abgeschwächt. Viele Arten machen einen unregelmäßigen Gesamteindruck.

Laub

Blätter wechselständig, 3–7zählig, handförmig geteilt, Blättchen verschieden groß, meistens länglich lanzettlich, verschiedenartig gezähnt oder gesägt und nur selten ganzrandig, meist 3 bis 7 cm lang, einige auch über 10 cm .(*A. leucorrhizus, A. sciadophylloides, A. senticosus, A. sessiliflorus, A. setchuenensis, A. simonii*) oder unter 3 cm (*A. setosulus, A. wardii*). Die Blättchenzahl bestimmt nicht nur die Größe des ganzen Blattes, sondern auch seine Form.

Blättchenzahl:
3zählige Blätter
A. evodiaefolius, A. innovans, A. lasiogyne, A. wardii.
3—5zählige Blätter
A. brachypus, A. cissifolius, A. giraldii, A. gracilistylus, A. leucorrhizus, A. senticosus, A. sessiliflorus, A. setchuenensis, A. stenophyllus, A. wilsonii, A. yui.
5zählige Blätter
A. divaricatus, A. henryi, A. rehderianus, A. sciadophylloides, A. setosulus, A. sieboldianus (manchmal auch 7- oder 3zählig), *A. simonii, A. trichodon.*

Blüte und Blütenstand

Blüten zwittrig oder polygam, unscheinbar, grünlich, in größere oder kleinere, bedeutend auffallendere, endständige Dolden oder Rispen zusammengestellt. Bei den Blütenständen werden folgende Typen unterschieden: kugelig (Abb. 117 A) und halb- bis flachkugelig (Abb. 117 B). Die einzelnen Arten blühen 4 bis 6 Wochen von Juni bis Oktober (Abb. 118).

Frucht und Fruchtstand

Meist größerer Zierwert als die Blütenstände. Bilden 2- bis 5samige, rundliche oder längliche, saftige, schwarze, purpurschwarze oder blauschwarze Beeren. Die Fruchtstände sind ähnlich gestaltet wie die Blütenstände und bleiben auf den Sträuchern lange bis in den Winter haften.

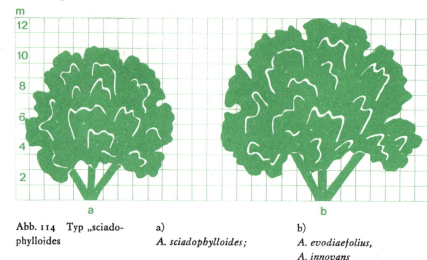

Abb. 114 Typ „sciadophylloides"
a) *A. sciadophylloides;*
b) *A. evodiaefolius, A. innovans*

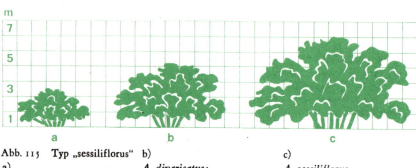

Abb. 115 Typ „sessiliflorus"
a) *A. sessiliflorus* var. *parviceps;*
b) *A. divaricatus;*
c) *A. sessiliflorus*

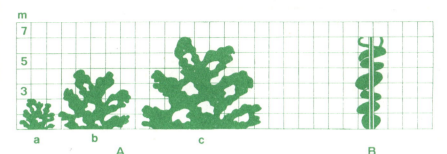

Abb. 116
A) Typ „sieboldianus"
a)
A. trichodon,
A. wardii,
A. yui;

b)
A. brachypus,
A. cissifolius,
A. evodiaefolius, A. giraldii,
A. g. var. *inermis,*
var. *pilosulus,*
A. gracilistylus, A. henryi,
A. h. var. *faberi,*
A. rehderianus,
A. setchuenensis,
● *A. sieboldianus,*
A. s. 'Variegatus',
A. simonii,
A. stenophyllus,
A. wilsonii;

c)
A. innovans,
A. lasiogyne,
A. leucorrhizus,
A. l. var. *fulvescens,*
var. *scaberulus,*
A. sciadophylloides,
A. senticosus,
A. s. var. *subinermis*
B) Typ „setosulus"
A. setosulus

Äste und Wurzelsystem

Die meisten Arten sind mehr oder weniger bewehrt, wobei es sich entweder um normal ausgebildete, starke und scharf stechende Stacheln oder um Borsten (wie bei *Rubus caesia*) handeln kann. Die Stacheln und Borsten bedecken hauptsächlich die Triebe und Äste, kommen aber auch auf den Blattstielen und auf der Nervaturunterseite vor. Sie wirken hauptsächlich im Winter interessant und beeinflussen die Verwendbarkeit der einzelnen Arten (undurchdringliche Zäune usw.).

Bewehrung:
Unbewehrt
A. evodiaefolius, A. giraldii var. *inermis,*
A. g. var. *pilosulus, A. innovans, A. lasiogyne, A. sciadophylloides, A. senticosus* var. *subinermis.*
Unbewehrt oder nur vereinzelt stachelig
A. brachypus, A. cissifolius, A. divaricatus, A. gracilistylus, A. leucorrhizus, A. l. var. *fulvescens,* var. *scaberulus, A. sessiliflorus, A. s.* var. *praviceps, A. setchuenensis, A. sieboldianus, A. s.* 'Variegatus', *A. simonii, A. stenophyllus, A. trichodon, A. wardii* und *A. wilsonii.*
Dicht stachelig
A. giraldii, A. henryi, A. h. var. *faberi, A. rehderianus.*
Dicht borstig
A. senticosus, A. setosulus, A. yui.

Die Wurzeln sind reich verzweigt, meist flach.

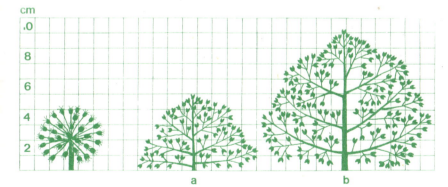

Abb. 117 Blütenstand
Acanthopanax
A) kugelig
die meisten Arten
und Varietäten,

B) halb- bis flachkugelig
a)
A. cissifolius,
A. divaricatus,
A. innovans,
A. leucorrhizus,
A. l. var. *fulvescens,*
var. *scaberulus,*

A. rehderianus,
A. simonii,
A. stenophyllus,
A. trichodon,
A. wilsonii;
b)
A. sciadophylloides

Ansprüche

Alle Arten wachsen auf guten, angemessen feuchten, durchlässigen Böden (gedeihen aber auch in weniger guten Böden) und vollsonnigen Lagen. Im Schatten, den sie aber auch vertragen, sind sie weniger ansehnlich. Die angeführten Arten leiden nur ausnahmsweise in sehr harten Winterzeiten unter Frost (Winterschutz der Wurzeln).

Vertragen sehr gut Stadtklima. Wildschäden können auftreten (Kaninchen).

Pflege

Pflanzung besser im Vorfrühling als im Herbst. Junge Pflanzungen werden nach Bedarf gewässert (aber nicht zuviel) und in den ersten Jahren mit Winterschutz versehen (hauptsächlich die Erdoberfläche um die Pflanzen herum, aber auch direkt die Pflanzen – Laub, Reisig). Den Schnitt begrenzen wir auf ein Auslichten und Verjüngen sehr alter Exemplare bzw. vom Frost beschädigter Sträucher. Das Umpflanzen im höheren Alter vertragen die meisten Arten gut. Unter Krankheiten und Schädlingen leiden *Acanthopanax*-Arten praktisch nicht.

Verwendung

Für solitäre Pflanzungen (hauptsächlich der „Sciadophylloides-Typ" und der „Sessiliflorus-Typ") oder Vorpflanzung vor größeren Gehölzgruppen. Die stacheligen Arten eignen sich für artreine oder gemischt gepflanzte undurchdringliche Hecken. Arten mit zahlreichen und zierenden Stacheln oder mit größerem Blüten- bzw. Fruchtstand pflanzen wir in Wegnähe zur besseren Betrachtung (hauptsächlich während der Winterzeit). Die *Acanthopanax*-Arten werden in Mitteleuropa nur vereinzelt kultiviert; am verbreitetsten sind sie in botanischen Gärten.

Wissenschaftlicher Name	Deutscher Name	Natürliche Verbreitung bzw. Entstehungsort	Frosthärte
A. amplum REHD.		Yünnan	+, ++
var. *tatsiense* REHD.		M-China	++
A. argutum MAXIM.	Spitzzähniger Ahorn	Japan	++
A. barbatum MICHX.		Virginia-Florida	++
A. barbinerve MAXIM.		Mandschurei	++
A. × *bornmuelleri* BORB.		SO-Europa	++
A. × *boscii* SPACH			++
A. buergerianum MIQ.	Dreispitziger Ahorn	Japan, O-China	++
var. *formosanum* HAYATA		Formosa	++
var. *ningpoense* (HANCE) REHD.		Hupeh	++
var. *trinerve* (DIPP.) REHD.		Kiangsi	++
A. caesium WALL.		Yünnan, Szetschuan	++
● *A. campestre* L.	Feld-Ahorn, Maßholder	Europa, N-Afrika, Kleinasien, Kaukasus	++
var. *austriacum* (TRATT.) DC.		SO-Europa, O-Mittelmeergebiet	++
var. *tauricum* (KIRCHN.) PAX		wie die Art	++
A. capillipes MAXIM.		Japan	++
● *A. cappadocicum* GLEDITSCH	Freudiggrüner Ahorn, Kolchischer Ahorn	Kaukasus, W-Asien, Himalaja, W-China	++
var. *indicum* (PAX) REHD.		Himalaja – Yünnan	++
var. *sinicum* REHD. & WILS.		Himalaja – Yünnan	++
var. *tricaudatum* REHD. & WILS.		W-Hupeh	++
A. carpinifolium S. et Z.	Hainbuchenblättriger Ahorn	Japan	++
A. catalpifolium REHD.		W-Szetschuan	++
A. caudatum WALL.		Himalaja, Nepal	++, +
var. *multiserratum* (MAXIM.) REHD.		Yünnan, Kansu	++
var. *prattii* REHD.		Szetschuan, Yünnan	++
var. *ukurunduense* (TRAUTV. & MEY.) REHD.		Mandschurei – Hupeh	++
A. cinerascens BOISS.		Kleinasien	++
var. *boissieri* SCHWER.		S-Iran	++
var. *bornmuelleri* SCHWER.		wie die Art	++
var. *paxii* SCHWER.		S-Iran	++

Wissenschaftlicher Name	Deutscher Name	Natürliche Verbreitung bzw. Entstehungsort	Frosthärte
● *A. circinatum* PURSH	Rundblättriger Ahorn, Wein-Ahorn	N-Amerika	++
● *A. cissifolium* K. KOCH	Cissusblättriger Ahorn	Japan	++
A. cordatum PAX		China	++
A. × *coriaceum* TAUSCH			++
A. crataegifolium S. et Z.	Weißdornblättriger Ahorn	Japan	++
A. dasycarpum EHRH. = *A. saccharinum*			
A. davidii FRANCH.	David-Ahorn	M-China	++
A. diabolicum BLUME ex K. KOCH		Japan	++
f. *purpurascens* (FRANCH. & SAV.) REHD.		Nikko	++
A. × *dieckii* PAX			++
A. discolor MAXIM.	Bunter Ahorn	M-China	++
A. divergens PAX		Transkaukasien	++
A. × *duretti* PAX			++
A. erianthum SCHWER.		China	++
A. flabellatum REHD.		Hupeh, Szetschuan	++
A. forrestii DIELS		Hupeh, Szetschuan	++
● *A. ginnala* MAXIM.	Feuer-Ahorn, Amur-Ahorn	Japan, Korea, Mandschurei, O-Sibirien, Mongolei, M- u. N-China	++
f. *aidzuense* FRANCH.		wie die Art	++
var. *semenowii* (REG. & HERD.) PAX		Turkestan	++
A. giraldii PAX		M-China	++
A. glabrum TORR.	Kahler Ahorn	N-Amerika	++
var. *douglasii* (HOOK.) DIPP.		Alaska – Brit. Kolumbien	++
f. *rhodocarpum* SCHWER.		wie die Art	++
var. *tripartitum* (NUTT.) PAX		S-Rocky Mountains	++
A. grandidentatum NUTT.	Berg-Zucker-Ahorn	N-Amerika	++
● *A. griseum* (FRANCH.) PAX	Grauer Ahorn, Zimt-Ahorn	W-China	++
A. grosseri PAX		N- und M-China	++
var. *hersii* (REHD.) REHD.		O- und M-China	++
A. heldreichii ORPH. ex BOISS.	Heldreich-Ahorn, Griechischer Ahorn	Balkan-Halbinsel	++

Acer L. – Ahorn *(Aceraceae)*

Bäume oder Bäumchen, seltener große oder kleine Sträucher. Zur Gattung gehören etwa 150 Arten, die in Europa, Asien, Nordamerika und Nordafrika beheimatet sind (besonders groß ist der Artenreichtum in China und in Gebirgen der Tropen). Die meisten baumartigen Ahorne haben eine breit ausladende Krone, in der Jugend kann sie schmaler und walzenförmig sein. Manche baumartige Arten sind in der Jugend sehr raschwüchsig und erreichen in 10 Jahren 3–7 m Höhe (z. B. *A. negundo*, *A. rubrum*, *A. saccharinum*), meist aber nur 1–3 m; in 20 Jahren sind die meisten Bäumen etwa 3 bis 5 m hoch (ausnahmsweise 5–10 m, z. B. *A. negundo*, *A. pseudoplatanus*, *A. rubrum*, *A. saccharinum* u. a.), in 30 Jahren beträgt die durchschnittliche Baumhöhe 5–10 m (die oben genannten, robuster wachsenden Arten 10 bis 15 m).
Zierwert: Laub (IV–XI, bei manchen Arten besonders X–XI), Blütenstand (III–VI je nach Art), Frucht (VIII bis XI), Stamm und Hauptäste bei manchen Arten (I–XII, besonders XI–IV).

Habitustypen

„Platanoides-Typ": Baum mit breit eiförmiger bis kugeliger, mehr oder weniger gleichmäßiger und dichter Krone (Abb. 119),
„Nigrum-Typ": unterscheidet sich vom vorherigen Typ durch eine noch breitere, ausgebreitete, lockere und luftige Krone, die oft etwas breiter als hoch ist (Abb. 120),
„Saccharinum-Typ": Baum mit breit eiförmig ausladender, luftig gestalteter, oft ungleichmäßiger Krone, die unteren Äste meist etwas malerisch überhängend (Abb. 121),

„Tetramerun-Typ": baumartiger Typ, mit einer schlanken, mehr oder weniger breit kegelförmigen, ziemlich dicht und regelmäßig verzweigten Krone (Abb. 122 B),

„Pendulum-Typ": breit aufstrebender Baum mit gewölbt niederhängenden Zweigen, Hauptäste mehr oder weniger horizontal oder leicht aufrecht; die Konturen der Krone ungleichmäßig kaskadenförmig (Abb. 122 A),

„Pyramidale-Typ": Bäume mit breit aufstrebenden Ästen, Krone länglich eiförmig, an der Oberfläche luftig durchsichtig; Stamm meist kürzer als bei den anderen baumartigen Ahornen (Abb. 123 A),

„Armstrong-Typ": Baum mit dichter, breiter und gleichmäßig säulenförmiger, oben stumpf abgerundeter Krone, Zweige streng aufwärts strebend (Abb. 124 B),

„Negundo-Typ": oft mehrstämmiger Baum mit ungleichmäßiger, breit halbkugeliger bis malerisch ausladender Krone (Abb. 124 A),

„Globosum-Typ": kleinere Bäumchen mit einem höheren, schlanken Stamm und sehr gleichmäßiger, dichter, halbkugeliger und undurchsichtiger Krone (Abb. 123 B),

„Monspessulanum-Typ": niedrige Bäume mit breit aufstrebender, rundlicher, dichter Krone (Abb. 125),

„Palmatum-Typ": breite Sträucher oder strauchartige Bäumchen, mehrstämmig, Verzweigung mehr oder weniger flach schirmförmig (Abb. 126),

„Ginnala-Typ": breit baumartige Sträucher mit mehreren Stämmen; vom vorigen Typ durch eine zusammengefügte, flach kugelige, niedrig über dem Boden ausgebreitete Krone unterschieden (Abb. 127 A),

„Nikoense-Typ": aufrechte bis baumartige Sträucher mit länglich eiförmiger bis walzenförmiger, oben abgerundeter Krone; Verzweigung mitteldicht (Abb. 127 B),

„Cinerascens-Typ": Sträucher bis zum

Wissenschaftlicher Name	Deutscher Name	Natürliche Verbreitung bzw. Entstehungsort	Frosthärte
A. henryi PAX		M-China	++
var. *intermedium* FANG		Hupeh	
A. × *hybridum* BOSC.	Bastard-Ahorn		++
A. hyrcanum FISCH. et MEY.	Balkan-Ahorn	Balkan-Halbinsel, Vorderasien	++
var. *keckianum* ASCH. & SINT.		Libanon	++
var. *reygassei* BOISS.		W- und N-Libanon	++
● *A. japonicum* THUNB.	Japanischer Ahorn	N-Japan	++
A. laetum C. A. MEY. = *A. cappadocicum*			
A. leucoderme SMALL	Kalk-Ahorn	N-Carolina, Florida	++
A. lobelii TEN.	Lobel-Ahorn	S-Italien	++
A. longipes FRANCH.		W-China	+, ++
A. mandschuricum MAXIM.	Mandschurischer Ahorn	SO-Mandschurei, Korea	≙, +
A. maximowiczii PAX		M-China	++
A. mayrii SCHWER.		Japan	++
A. micranthum S. et Z.	Kleinblumiger Ahorn	Japan	++
A. miyabei MAXIM.	Miyabe-Ahorn	Japan	++
A. mono MAXIM.	Nippon-Ahorn, Mono-Ahorn	Japan, Korea, Mandschurei, China	++
f. *ambiguum* (PAX) REHD.		Japan (?)	++
f. *dissectum* WESMAEL		wie die Art	++
var. *latilobum* (KOIDZ.)		Japan	++
var. *savatieri* (PAX) NAKAI		Yezo	++
var. *tomentulosum* REHD.		wie die Art	++
var. *tricuspis* (REHD.) REHD.		Yünnan, Szetschuan, Schansi	++
● *A. monspessulanum* L. (Abb. 109 d)	Dreilappen-Ahorn Französischer Ahorn, Burgen-Ahorn	O-Frankreich, S-Europa, W-Asien, NW-Afrika	
f. *hispanicum* SCHWER.		Spanien	++
f. *commutatum* (PRESL) BORB.		Balkan-Halbinsel	++
f. *ibericum* (BIEB.) K. KOCH		Vorderasien	++
f. *illyricum* (JACQ. f.) SPACH		Balkan-Halbinsel, Kleinasien	++
f. *liburnicum* PAX		Balkan-Halbinsel, Kleinasien	++
f. *maroccanum* SCHWER.		Marokko	++

Wissenschaftlicher Name	Deutscher Name	Natürliche Verbreitung bzw. Entstehungsort	Frosthärte
f. *turkestanicum* FRANCH.		Turkestan	++
A. × *neglectum* LANGE	Zoeschener Ahorn		++
● A. *negundo* L.	Eschen-Ahorn	N-Amerika	++
var. *californicum* (TORR. & GRAY) SARG.		S-Kalifornien	++
var. *interius* (BRITT.) SARG.		N-Amerika	++
var. *mexicanum* WESMAEL		Mexiko	++
var. *pseudo-californicum* SCHWER.		wie die Art	++
var. *texanum* PAX		Texas	++
var. *violaceaum* (KIRCHN.) JÄGER		M-USA	++
A. *nigrum* MICHX. f.	Schwarz-Ahorn	N-Amerika	++
A. *nikoense* (MIQ.) MAXIM.	Nikko-Ahorn	Japan	++
var. *megalocarpum* REHD.		W-Hupeh	++
A. *nipponicum* HARA		Japan	++
A. *okamotoanum* NAKAI		Korea	++
A. *oliverianum* PAX		Yünnan, Hupeh	++
var. *serrulatum* DUNN.		Fukien	++
var. *tutcheri* (DUTHIE) METCALF		Kwangtung	++
A. *opalus* MILL.	Schneeballblättriger Ahorn, Italienischer Ahorn	SW-Europa	++
var. *microphyllum* (KIRCHN.)			++
var. *obtusatum* (WILLD.) HENRY		wie die Art	++
var. *tomentosum* (TAUSCH) REHD.		Italien	++
● A. *palmatum* THUNB.	Fächer-Ahorn	Japan, Korea, China	++
var. *dissectum* (THUNB.) MIQ.		wie die Art	++
var. *heptalobum* REHD.		wie die Art	++
var. *linearilobum* MIQ.			++
var. *palmatum* (K. KOCH) REHD.		wie die Art	++
● A. *pensylvanicum* L.	Streifen-Ahorn, Pennsylvanischer Ahorn	N-Amerika	++
A. × *peronai* SCHWER.		Italien	++
A. *pictum* FRANCH. = A. *mono*			
A. *pilosum* MAXIM.		Kansu, Schensi	++

Boden verzweigt, breit eiförmig und aufstrebend (Abb. 128 B),
„Nanum-Typ": meist dichte, niedrige bis bodennahe, kugelige bis flach kugelige Sträucher, Zweige meist waagerecht gestellt (Abb. 128 A).

Textur

Die gesamte Textur der Ahorn-Kronen wird von der Blattgröße und der Stellung der Äste und Zweige bestimmt. Meist ist sie büschelartig plastisch, zusammengestellt aus Büscheln reich beblätterter Zweige (A. *campestre*, A. *circinatum*, A. *japonicum*, A. *negundo*, A. *palmatum*, A. *sieboldii*, A. *tataricum* usw.), deren Stellung oft ziemlich grob, dabei aber gleichmäßig ist (A. *platanoides*, A. *pseudoplatanus*, A. *saccharum* u. a.) oder sie ist umgekehrt gleichmäßig fein (A. *rubrum*, A. *saccharinum* usw.). Die großblättrigen Arten und Sorten haben meist eine leichte und durchsichtige Textur, im Gegensatz zu den kleinblättrigen Arten, die eine kompakte, dichte und manchmal ganz undurchsichtige Krone bilden.

Laub

Blätter gegenständig, einfach und meist verschiedenartig gelappt, manchmal bis handteilig oder gefiedert, mit 3–7 Blättchen (manchmal auch mehr, wie z. B. bei manchen Sorten von A. *japonicum*). Die wichtigsten Formen und Größen sind in den Abbildungen 129–132 schematisch dargestellt. Tief und feingefiederte Blätter (wie z. B. bei den Sorten von A. *palmatum*, A. *japonicum*, A. *platanoides* usw.) verfeinern die Textur der Krone, machen sie kompakter. Umgekehrt bedingen grob gefiederte Blattypen (A. *negundo* u. a.) in großem Maße die Luftigkeit und Leichtigkeit der Krone. Der Gesamteindruck wird auch von der Blattfärbung beeinflußt.

Blattfarbe:
Hellgrün
die meisten Arten, Varietäten und Sorten, welche bei den Habitustypen angeführt sind.
Mattgrün
A. campestre und Varietäten, *A. c.* 'Compactum', 'Fastigiatum', 'Pendulum', *A. glabrum* var. *douglasii*, *A. saccharum*, *A. s.* f. *glaucum*, var. *regelii*, var. *schneckii*.
Grau(blau)grün
A. buergerianum var. *ningpoense*, *A. discolor*.
Grün
A. × *boscii*, *A. caesium*, *A. carpinifolium*, *A. catalpifolium*, *A. davidii* und Sorten, *A. diabolicum*, *A. divergens*, *A. henryi* und Varietät, *A. longipes*, *A. mayrii*, *A. micranthum*, *A. mono*, *A. m.* f. *ambiguum*, f. *dissectum*, var. *latifolium*, var. *savatieri*, var. *tomentulosum*, *A. negundo* 'Glaucum', *A. okamotoanum*, *A. palmatum* 'Brevilobum', *A. p.* 'Caudatum', 'Cuneatum', 'Dissectum', 'Elegans', var. *heptalobum*, var. *linearilobum*, 'Osakazuki', 'Ribesifolium', 'Scolopendrifolium', 'Sessilifolium', 'Sinuatum', *A. pensylvanicum*, *A. p.* 'Erythrocladum', *A.* × *peronai*, *A. platanoides* 'Almira', *A. p.* 'Argutum', 'Cucullatum', 'Oekonomierat Stoll', 'Plicatum', 'Pygmaeum', 'Rubrum', 'Rufescens', 'Undulatum', *A. pseudoplatanus* 'Cruciatum', *A. p.* 'Cupreum', 'Ternatum', 'Vitifolium', *A.* × *pusillum*, *A. pycnanthum*, *A. schneiderianum*, *A. stachyophyllum*, *A. tegmentosum*, *A. triflorum*, *A. tschonoskii* und Varietät, *A.* × *veitchii*.
Dunkelgrün
A. argutum, *A. barbinerve*, *A. buergerianum*, *A. b.* var. *formosanum*, var. *trinerve*, *A. capillipes*, *A. caudatum* und Varietäten, *A. cinerascens* und Varietäten, *A. cissifolium*, *A. crataegifolium*, *A. erianthemum*, *A. flabellatum*, *A. forrestii*, *A. griseum*, *A.* × *hybridum*, *A. hyrcanum* var. *reygassei*, *A. lobelii*, *A. mandschuricum*, *A. maximowiczii*, *A. miyabei*, *A. opalus* und Varietäten, *A. palmatum* 'Crispum', *A. p.* 'Cristatum', 'Volubile', *A. platanoides* 'Dissectum', *A. p.* 'Erectum', *A. pseudoplatanus*, *A. p.* 'Atropurpureum', 'Clausum', 'Crispum', 'Erectum', 'Euchlorum', 'Heterophyllum', 'Latifolium',

Wissenschaftlicher Name	Deutscher Name	Natürliche Verbreitung bzw. Entstehungsort	Frosthärte
● *A. platanoides* L. (Abb. 109 c)	Spitz-Ahorn	Europa, Kleinasien, Kaukasus, N-Iran	++
● *A. pseudoplatanus* L.	Berg-Ahorn	Europa, Kleinasien, Kaukasus, Alpen	++
f. *erythrocarpum* (CARR.) PAX			++
var. *tomentosum* TAUSCH.		Mittelmeergebiet	++
A. pseudo-sieboldianum (PAX) KOMAR.		Mandschurei, Korea	++
A. × *pusillum* SCHWER.			++
A. pycnanthum K. KOCH	Dichtblütiger Ahorn	Japan	++
A. ramosum SCHWER.			++
A. robustum PAX		Yünnan, Hupeh	+, ++
A. × *rotundilobum* SCHWER.		Les Barres	++
● *A. rubrum* L.	Rot-Ahorn	N-Amerika	++
var. *drummondii* (HOOK. & ARN.) TORR. & GRAY		Arkansas, Texas – W-Louisiana	+
var. *pallidiflorum* K. KOCH		wie die Art	++
var. *tomentosum* (DESF.) K. KOCH			++
var. *trilobum* TORR. & GRAY		New Jersey – Florida, Texas	++
● *A. rufinerve* S. et Z.	Rostnerviger Ahorn	Japan	++
● *A. saccharinum* L.	Silber-Ahorn	N-Amerika	++
● *A. saccharum* MARSH.	Zucker-Ahorn	N-Amerika	++
f. *glaucum* (SCHMIDT) PAX		wie die Art	++
var. *rugelii* (PAX) PALM. & STEYERM.		W-Alleghany-Mountains	++
var. *schneckii* REHD.		Indiana, Illinois, Missouri	++
A. salweenense W. W. SM.		Tibet, Yünnan	++
A. schneiderianum PAX et HOFFM.		Szetschuan	++
A. shirasawanum KOIDZ.		Japan	++
● *A. sieboldianum* MIQ.	Siebold-Ahorn	Japan	++
A. sino-oblongum METCALF		China	++
A. sino-purpurascens CHENG		China	++
A. spicatum LAM.	Ähren-Ahorn	N-Amerika	++
A. stachyophyllum HIERN.		O-Himalaja, M-China	++
A. sutchuenense FRANCH.		M-China, O-Szetschuan	
● *A. tataricum* L. (Abb. 109 e)	Tatarischer Ahorn	M-, SO-Europa, W-Asien	++
var. *incumbens* PAX		O-Bulgarien	++
var. *slendzinskii* RACIBORSKI		wie die Art	++
var. *torminaloides* PAX		Armenien	++

Wissenschaftlicher Name	Deutscher Name	Entstehungsort Natürliche Verbreitung bzw.	Frosthärte
A. tegmentosum MAXIM.		Mandschurei, Korea	++
A. tetramerum PAX =			
A. stachyophyllum			
var. *betulifolium* (MAXIM.) REHD.		Szetschuan, Yünnan, Kansu	++
var. *elobulatum* REHD.		Szetschuan	++
var. *lobulatum* REHD.		Hupeh	++
var. *longeracemosum* REHD.		S-Szetschuan	++
var. *tiliaefolium* REHD.		W-Szetschuan	++
A. trautvetteri MEDWED.	Kaukasischer Ahorn	N-Anatolien, W-Kaukasus	++
A. triflorum KOMAR.	Dreiblütiger Ahorn	Korea, Mandschurei	++
A. truncatum BGE.		N-China	++
A. tschonoskii MAXIM.		Japan	++
var. *rubripes* KOMAR.		Korea, Mandschurei	++
A. × *veitchii* SCHWER.		England (Veitch)	++
A. velutinum BOISS.	Samt-Ahorn	Kaukasus	++
f. *glabrescens* (BOISS. & BUHSE) REHD.		wie die Art	++
var. *vanvolxemii* MAST.) REHD.		O-Kaukasus	++
f. *wolfii* (SCHWER.) REHD.		Kaukasus	++
A. wardii W. W. SM.		Yünnan, Tibet	++
A. zoeschense PAX =			
A. × *neglectum*			

'Laxum', 'Neglectum', 'Opizii', 'Opulifolium', 'Palmatifidum', 'Rugosum', 'Rafinesquianum', 'Serotinum', var. *tomentosum*, 'Trilobatum', *A. ramosum*, *A.* × *rotundilobum*, *A. rubrum*, *A. r.* 'Columnare', 'Armstrong', 'Bowhall', 'Gerling', 'Globosum', var. *pallidiflorum*, 'Sanguineum', 'Scanlon', 'Schlesingeri', 'Tilford', var. *tomentosum*, var. *tribulum*, 'Wageri', *A. rufinerve*, *A. saccharinum* 'Sanguineum', *A. saccharum* 'Newton Sentry', *A. tetramerum* und Varietäten.

Glänzend dunkelgrün

A. amplum, *A. a.* var. *tatsiense*, *A.* × *bornmuelleri*, *A. cappadocicum* und Varietäten, *A. cordatum*, *A. dieckii*, *A. fulvescens*, *A. ginnala* sowie Formen und Varietäten, *A. giraldii*, *A. glabrum*, *A. g.* f. *rhodocarpum*, f. *tripartitum*, *A. grandidentatum*, *A. heldreichii*, *A. mono* var. *tricuspis*, *A. monspessulanum* und Formen, *A.* × *neglectum*, *A. pilosum*, *A. pseudoplatanus* f. *erythrocarpum*, *A. p.* 'Metallicum', *A. pseudo-sieboldianum*, *A. robustum*, *A. salweenense*, *A. sinooblongum*, *A. sino-purpurascens*, *A. trautvetteri*.

Rosa bunt

A. palmatum 'Roseomarginatum', *A. platanoides* 'Roseo-bullatum', *A. pseudoplatanus* 'Nizetii', *A. p.* 'Pseudo-Nizetti'.

Rötlich

A. campestre 'Schwerinii', *A. cappadocicum* 'Rubrum', *A. diabolicum* f. *purpurascens*, *A.* × *neglectum* 'Annae', *A. negundo* 'Rubescens', *A. palmatum* 'Bicolor', *A. p.* 'Rubellum', 'Rubro-latifolium', 'Sanguineum', *A. platanoides* 'Adspersum', *A. p.* 'Buntzelii', 'Latifolium', *A. pseudoplatanus* 'Purpurascens', *A. p.* 'Purpureo-digitatum', *A. saccharinum* 'Rubellum'.

Leuchtendrot

A. palmatum 'Atrolineare', *A. p.* 'Nicholsonii', 'Ornatum', 'Purpureum', 'Vanhouttei'.

Dunkel- bis Schwarzrot

A. palmatum 'Atropurpureum', *A. p.* 'Rubrum', *A. platanoides* 'Crimson King', *A. p.* 'Faassen's Black', 'Goldsworth Purple', 'Reitenbachii', 'Schwedleri'.

Purpurrot

A. japonicum, *A. j.* 'Microphyllum', 'Vitifolium', *A. palmatum* 'Hessei'.

Weißlich bunt
A. campestre 'Albo-maculatum', A. c. 'Albo-variegatum', 'Pulverulentum', A. cappadocicum 'Tricolor', A. crataegifolium 'Veitchii', A. ginnala 'Albo-variegatum', A. g. 'Pulverulentum', A. mono 'Marmoratum', A. m. 'Tricolor', A. negundo 'Argenteo-limbatum', A. n. 'Argenteo-marginatum', 'Argenteo-notatum', A. palmatum 'Albomarginatum', A. p. 'Friderici-Guillelmi', 'Pulverulentum', 'Reticulatum', A. pensylvanicum 'Albovariegatum', A. platanoides 'Albescens', A. p. 'Albodentatum', 'Albovariegatum', 'Bicolor', 'Drummondii', 'Pictum', 'Pückleri', A. rubrum 'Albovariegatum', A. rufinerve 'Albolimbatum', A. saccharinum 'Albovariegatum', A. s. 'Lacteum', 'Wagneri'.

Gelblich bunt
A. campestre 'Postelense', A. cappadocicum 'Aureum', A. leucoderme, A. mono 'Aureum', A. negundo 'Auratum', A. n. 'Aureolimbatum', 'Aureo-maculatum', 'Aureo-notatum', 'Aureo-variegatum', 'Crispum Variegatum', 'Discolor', 'Insigne', 'Luteo-pictum', 'Lutescens', 'Odessanum', A. palmatum 'Aureum', A. p. 'Flavescens', 'Laciniatum', A. pensylvanicum 'Aureovariegatum', A. platanoides 'Aureovariegatum', A. p. 'Dilaceratum', A. pseudoplatanus 'Aucubifolium', A. p. 'Aureo-variegatum', 'Brillantissimum', 'Concavum', 'Corstorphinense', 'Flavescens', 'Limbatum', 'Luteo-virescens', 'Pulverulentum', 'Spaethii', 'Worleei', A. rubrum 'Aureovariegatum', A. saccharinum 'Aureo-variegatum', A. s. 'Bicolor', 'Citreo-variegatum', 'Dilaceratum', 'Lutescens', A. tataricum 'Aureovariegatum'.

Gelblichweiß bunt
A. × neglectum 'Friderici', A. pseudoplatanus 'Albertii', A. p. 'Bicolor', 'Leopoldi', 'Variegatum'.

Bunt (rot, rosa, gelb, weiß)
A. palmatum 'Saintpaulianum', A. p. 'Tricolor', 'Versicolor', A. platanoides 'Heterophyllum Variegatum', A. p. 'Walderseei', 'Wittmackii', A. pseudoplatanus 'Annae', A. p. 'Discolor', 'Insigne', 'Nervosum', 'Prinz Handjery', 'Simon Louis Frères', 'Tricolor', 'Zebrinum', A. saccharinum 'Pulverulentum'.

Abb. 118 Blütezeit
Acanthopanax
A) A. simonii;
B) die meisten Arten und Varietäten
C) A. giraldii, A. leucorrhizus, Varietäten, A. rehderianus, A. senticosus, A. setchuenensis, A. stenophyllus, A. trichodon, A. yui;
D) A. sessiliflorus, A. wilsonii;
E) A. cissifolius, A. divaricatus, A. evodiaefolius, A. innovans;
F) A. henryi, A. sciadophylloides;
G) A. lasiogyne, A. waardii

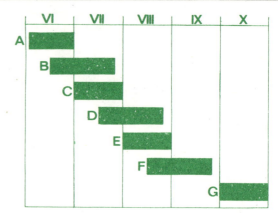

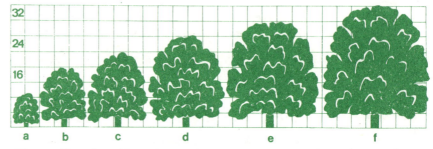

Abb. 119 Typ „platanoides"
a)
A. × bornmuelleri,
A. campestre 'Albomaculatum',
A. c. 'Albo-variegatum',
'Postelense' (manchmal),
'Pulverulentum',
var. tauricum,
A. cappadocicum var. tricaudatum,
A. c. 'Tricolor',
A. caudatum var. prattii,
A. crataegifolium,
A. c. 'Veitchii',
A. erianthum (manchmal),
A. flabellatum,
A. fulvescens,
A. grandidentatum (manchmal),

A. grosseri,
A. g. var. hersii,
A. henryi,
A. h. var. intermedium,
A. hyrcanum,
A. mandschuricum,
A. maximowiczii,
A. micranthum (manchmal),
A. mono,
A. m. 'Aureum',
f. dissectum,
f. latilobum,
var. savatieri,
var. tomentulosum,
'Tricolor',
● A. monspessulanum (manchmal),
A. × neglectum,
A. × n. 'Annae',
'Elongatum', 'Friderici',

A. nikoense (manchmal),
A. nipponicum (manchmal),
A. oliverianum,
A. o. var. tutcheri,
A. opalus,
A. o. var. tomentosum,
● A. pensylvanicum (manchmal),
A. × peronai,
A. pilosum,
A. platanoides 'Buntzelii',
A. p. 'Crispum',
'Dilaceratum',
'Oekonomierat Stoll',
● A. rufinerve,
A. r. 'Albolimbatum',
A. saccharinum 'Curvatum',
A. s. 'Dilaceratum',
'Pulverulentum',
'Serpentinum', 'Wagneri',

A. *salweenense*,
A. *schneiderianum*,
A. *sino-oblongum*,
A. *sino-purpurascens*,
A. *stachyophyllum*,
A. *sutchuenense*,
● A. *tataricum* (manchmal),
A. *t.* var. *torminaloides*,
A. *tegmentosum*;
b)
● A. *campestre*,
A. *c.* var. *austriacum*,
var. *hebecarpum*,
var. *leiocarpum*,
'Schwerini',
A. *capillipes*,
A. *caudatum*,
A. *c.* var. *multiserratum*,
A. *cissifolium*,
A. *davidii*,
A. *d.* 'George Forrest',
A. *discolor*,
A. × *duretti*,
A. *forrestii*,
● A. *griseum*,
A. *heldreichii*,
A. *negundo* var. *californicum*,
A. *platanoides* 'Bicolor',
A. *p.* 'Cucullatum',
● 'Drummondii',
'Heterophyllum Variegatum',
'Pückleri',
'Undulatum',
A. *pseudoplatanus*
'Aucubaefolium',
A. *p.* 'Aureo-variegatum',
'Bicolor',
'Concavum',
'Discolor',
'Heterophyllum',
'Nizetii',
'Opizii',
'Pseudo-Nizetii',
'Pulverulentum',
'Trilobatum',
'Variegatum',
A. × *rotundilobum*,
A. *saccharinum* 'Crispum',
A. *s.* 'Lutescens',
'Monstrosum',

'Rubellum',
A. *wardii*;
c)
A. *barbatum*,
● A. *cappadocicum*,
A. *c.* 'Aureum',
'Rubrum',
var. *sinicum*,
A. *catalpifolium*,
A. × *dieckii*,
A. *giraldii*,
A. *platanoides* 'Albescens',
A. *p.* 'Albodentatum',
'Albovariegatum',
'Aureovariegatum',
● 'Crimson King',
'Goldsworth Purple',
'Incubens',
'Irregulare',
'Laciniatum',
'Plicatum',
'Roseo-bullatum',
'Walderseei',
'Wittmackii',
A. *pseudoplatanus* 'Annae',
A. *p.* 'Argutum',
'Corstorphinense',
'Cruciatum',
'Cupreum',
'Flavescens',
'Insigne',
'Jaspideum',
'Laxum',
● 'Leopoldi',
'Limbatum',
'Luteo-virescens',
'Metallicum',
'Palmatifidum',
'Purpureo-digitatum',
'Rugosum',
'Spaethii',
'Ternatum',
'Tricolor',
'Vitifolium',
'Worleei',
A. *pycnanthum*,
A. *saccharinum* 'Lutescens',
A. *s.* 'Palmatum',
'Pseudo-ternatum',
'Sanguineum',

'Trilobatum',
A. *trautvetteri*,
A. *velutinum*,
A. *v.* f. *glabrescens*,.
var. *vanvolxemii*,
f. *wolfii*;
d)
A. *amplum*,
A. *buergerianum*,
A. *b.* var. *formosanum*,
var. *ningpoense*,
A. *caesium*,
A. *mayrii*,
A. *platanoides* 'Adspermum',
A. *p.* 'Argutum',
'Laetum',
'Latifolium',
'Pictum',
'Rufescens',
● A. *pseudoplatanus*
'Atropurpureum',
A. *p.* 'Clausum',
f. *erythrocarpum*,
'Euchlorum',
'Laetum',
'Latifolium',
'Neglectum',
'Opulifolium',
'Rafinesquianum',
A. *rubrum* 'Albovariegatum',
A *.r.* 'Aureo-variegatum',
var. *pallidiflorum*,
A. *saccharinum* 'Bicolor',
A. *s.* 'Citreo-variegatum',
'Laetum',
'Macrophyllum',
'Tripartitum';
e)
● A. *platanoides*,
A. *p.* 'Acuminatum',
● 'Reitenbachii',
'Rubrum',
● 'Schwedleri',
A. *pseudoplatanus* 'Albertii',
● A. *p.* 'Purpurascens',
'Serotinum',
A. *rubrum* var. *drummondii*,
● A. *r.* 'Schlesingeri',
● var. *trilobum*,
● A. *saccharinum* (manchmal),

A. *s.* 'Albovariegatum',
'Aureo-variegatum',
'Longifolium',
A. *saccharum* f. *glaucum*,
A. *s.* var. *rugelii*;
f)
A. *nigrum*,
● A. *pseudoplatanus*,
A. *p.* var. *tomentosum*,
● A. *rubrum*,
A. *saccharum*,
A. *s.* var. *schneckii*

Viele unauffällig grüne *Acer*-Arten wechseln im Herbst ihre Blattfärbung, was die Auffälligkeit des Gehölzes unterstützt.

Herbstfärbung:
Grün
A. monspessulanum und Formen.
Gelblich braun
A. barbatum, A. barbinerve, A. buergerianum und Varietäten, *A. caesium, A. carpinifolium, A. caudatum* und Varietäten, *A. cordatum, A. diabolicum* und Formen, *A. divergens, A. flabellatum, A. forrestii, A. giraldii, A. × hybridum, A. hyrcanum* und Varietäten, *A. maximowiczii, A. salweenense, A. tetramerum* und Varietäten.
Gelb
A. amplum und Varietäten, *A. argutum, A. × bornmuelleri, A. × boscii, A. campestre* sowie Sorten und Varietäten, *A. crataegifolium, A. × duretti, A. erianthum, A. glabrum* sowie Varietäten und Formen, *A. japonicum* 'Aureum', *A. lobelii, A. longipes, A. meyrii, A. miyabei, A. negundo* sowie Sorten und Varietäten, *A. nigrum* und Sorte, *A. opalus* und Varietäten, *A. palmatum* 'Aureum', *A. pensylvanicum* und Sorten, *A. × peronai, A. platanoides* und die meisten Sorten, *A. ramosum, A. rubrum* var. *pallidiflorum, A. saccharinum* und die meisten Sorten, *A. tschonoskii* und Varietäten, *A. × veitchii, A. velutinum* sowie Formen und Varietäten.
Gelbgrün
A. cappadocicum sowie Sorten und Varietäten, *A. × coriaceum, A. heldreichii, A. mono* sowie Formen, Varietäten und Sorten, *A. okamotoanum, A. pseudoplatanus* sowie Sorten und Varietäten.
Gelborange
A. × dieckii, A. platanoides (manchmal).
Gelbrot
A. davidii und Sorten, *A. × neglectum, A. platanoides* 'Schwedleri', *A. pseudosieboldianum, A. robustum, A. saccharinum* 'Monstrosum', *A. s.* 'Pulverulentum', *A. sieboldianum, A. tataricum* sowie Varietäten und Sorten.
Orangerot
A. cissifolium und Sorten, *A. palmatum* var.

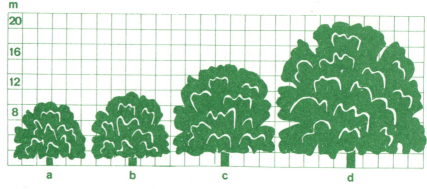

Abb. 120   Typ „nigrum"
a)
● *A. platanoides* 'Dissectum',
● *A. p.* 'Palmatifidum';
b)
A. davidii 'Ernest Wilson',
A. diabolicum,
A. d. f. *purpurascens*,
A. platanoides 'Almira';
c)
A. × hybridum,
A. miyabei;
d)
A. nigrum,
● *A. platanoides* 'Faassen's Black'

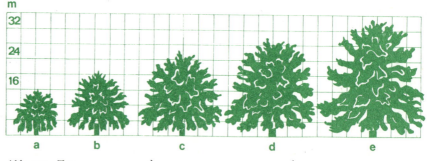

Abb. 121   Typ „saccharinum"
a)
A. saccharinum 'Dilaceratum' (manchmal),
A. s. 'Pulverulentum' (manchmal),
'Schwerinii',
'Serpentinum',
'Wagneri';
b)
A. saccharinum 'Lutescens' (manchmal),
A. s. 'Monstrosum' (manchmal),
'Rubellum' (manchmal);
c)
A. saccharinum 'Lutescens' (manchmal),
A. s. 'Palmatum' (manchmal), 'Pseudoternatum', 'Sanguineum' (manchmal), 'Trilobum';
d)
A. saccharinum 'Bicolor' (manchmal),
A. s. 'Citreo-variegatum' (manchmal),
'Laetum' (manchmal),
'Macrophyllum' (manchmal),
'Tripartitum' (manchmal);
e)
● *A. saccharinum*,
A. s. 'Albo-variegatum' (manchmal),
'Aureo-variegatum',
'Longifolium',
'Wieri'

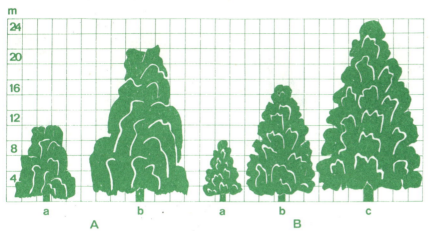

Abb. 122
A) Typ „pendulum"
a)
A. campestre 'Pendulum';
b)
A. platanoides 'Pendulum',
● *A. rubrum* 'Wageri',
A. saccharinum 'Pendulum'

B) Typ „tetramerum"
a)
A. pseudoplatanus 'Nervosum',
A. p. 'Zebrinum',
A. tetrametrum var. *elobulatum*,
A. t. var. *longeracemosum*;

b)
A. saccharinum 'Heterophyllum',
A. tetramerum,
A. t. var. *tetramerum*,
var. *tiliaefolium*;
c)
A. rubrum 'Gerling',

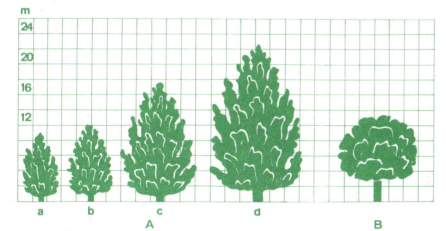

Abb. 123
A) Typ „pyramidale"
a)
A. ramosum;
b)
A. longipes;
c)
A. campestre 'Fastigiatum',

● *A. pseudoplatanus* 'Erectum';
d)
A. lobelii,
A. platanoides 'Cleveland',
A. rubrum 'Columnare',
A. r. 'Bowhall',
A. saccharinum 'Pyramidale',

A. saccharum 'Temple's Upright'
B) Typ „globosum"
A. platanoides 'Charles F. Irish',
● *A. p.* 'Globosum',
A. rubrum 'Tilford'

dissectum, *A. p.* 'Osakazuki', *A. saccharinum* 'Arbuscula', *A. saccharum* sowie Formen, Varietäten und Sorten, *A. spicatum*.

Karminrot

A. capillipes, *A. japonicum*, *A. j.* 'Aconitifolium', 'Microphyllum', 'Vitifolium', *A. palmatum* sowie fast alle Varietäten und Sorten, *A. pycnanthum*, *A. rubrum* sowie Varietäten und Sorten, *A. rufinerve* und Sorten.

Leuchtendrot

A. circinatum, *A. ginnala* sowie Formen, Varietäten und Sorten (oft weißlich punktiert), *A. grosseri* var. *hersii*, *A. mandshuricum*, *A. nikoense* und Varietäten, *A. shirasawanum*, *A. truncatum*.

Dunkelrot

A. palmatum 'Atropurpureum', *A. p.* 'Purpureum', *A. platanoides* 'Crimson King', *A. p.* 'Faassen's Black', 'Reitenbachii', 'Rubrum', *A. rubrum*, *A. r.* 'Sanguineum', *A. saccharinum* 'Rubellum'.

Purpurrot

A. griseum.

Die Herbstfärbung wird bedeutend von den Standortbedingungen beeinflußt (hauptsächlich durch den Temperaturverlauf und die Bodenfeuchtigkeit). So färbt sich z. B. *Acer platanoides* in trockenen Lagen gelblich, in feuchten gelborange.

Blüte und Blütenstand

Blüten meist polygam oder zweihäusig, 5zählig, seltener 4zählig, zusammengestellt in mehr oder weniger auffallenden Rispen, Trauben oder Doldentrauben. Wir unterscheiden aufrechte Doldentrauben (Abb. 133 A) hängende Doldentrauben (Abb. 133 B), hängende Trauben (Abb. 134 A), aufrechte Trauben (Abb. 134 B), breite Rispen (Abb. 135 A), längliche Rispen (Abb. 135 C) und ährenartige Blütenstände (Abb. 135 B). Ein größerer Blütenstand kann während der Blütezeit die ganze Pflanze beleben, besonders, wenn die Blüten etwas auffallend gefärbt sind.

Blütenfarbe:
Grün
A. campestre sowie Varietäten und Sorten, *A. carpinifolium*, *A. saccharinum* und Sorten, *A. spicatum*, *A.* × *veitchii*.
Grünlich weiß
A. caesium, *A. capillipes*, *A. caudatum* var. *multiserratum*, *A. c.* var. *prattii*, var. *ukuruduense*, *A. mayrii*, *A. micranthum*, *A. tataricum* sowie Varietäten und Sorten, *A. tschonoskii* und Varietäten.
Weißlich
A. caudatum, *A. circinatum*, *A. oliverianum* und Varietäten
Grüngelb
die meisten Arten, Varietäten und Sorten, die bei den Habitustypen angeführt sind.
Hellgelb
A. cappadocicum sowie Varietäten und Sorten, *A. crataegifolium* und Varietät, *A.* × *dieckii*, *A. ginnala* sowie Varietäten und Sorten, *A. shirasawanum*, *A. sieboldianum*, *A. sino-oblongum*.
Gelb
A. barbinerve, *A. buergerianum* und Varietäten, *A. cissifolium*, *A. davidii* und Sorten, *A. diabolicum*, *A. erianthum*, *A. grandidentatum*, *A. griseum*, *A. heldreichii*, *A.* × *hybridum*, *A. leucoderme*, *A. lobelii*, *A. pensylvanicum* und Sorten, *A.* × *peronai*, *A. pseudo-sieboldianum*, *A. ramosum*, *A. rubrum* var. *trilobum*, *A. tetramerum* und Varietäten.
Rötlich
A. cordatum, *A. pycnanthum*, *A. sino-purpurascens*.
Dunkelrot
A. robustum, *A. rubrum* sowie die meisten Varietäten und Sorten.
Purpurrot
A. diabolicum f. *purpurascens*, *A. japonicum* und Sorten, *A. palmatum* sowie Varietäten und Sorten.
Braungrün
A. forrestii, *A. wardii*.

Am meisten treten die rötlichen oder auch gelblichen Blüten hervor, insbesondere wenn sie vor dem Austrieb der Blätter aufblühen (April/Mai er-

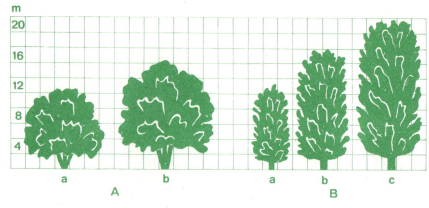

Abb. 124
A) Typ „negundo"
a)
A. negundo 'Crispum Variegatum',
A. n. 'Variegatum',
'Versicolor';

b)
● *A. negundo*,
A. n. 'Angustifolium',
'Argenteo-limbatum',
● 'Argenteo-marginatum',
'Argenteo-notatum',
var. *pseudo-californicum*,
'Pseudo-crispum',
'Quinatum',
'Rozineckianum',
'Rubescens',
'Subintegrillobum',
var. *texanum*,
var. *violaceum*
● 'Auratum',
'Aureo-limbatum',
'Aureo-maculatum',
'Aureo-notatum',
● 'Aureo-variegatum',
'Chrysophyllum',
'Crispum',
'Discolor',
'Elegans',
'Giganteum',
'Glaucum',
'Guttatum',
'Heterophyllum',
'Insigne',
var. *interius*,
'Luteo-pictum',
'Lutescens',
var. *mexicanum*,
● 'Odessanum',

B) Typ „armstrong"
a)
A. platanoides 'Columnare',
A. p. 'Erectum';
b)
A. saccharum 'Newton Sentry';
c)
A. rubrum 'Armstrong'

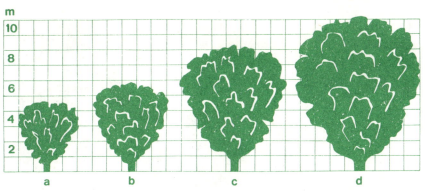

Abb. 125 Typ „monspessulanum"
a)
A. campestre 'Compactum';
b)
A. glabrum var. *douglasii*,
A. micranthum,
A. mono f. *ambiguum*,
A. nipponicum,
A. tschonoskii,
A. t. var. *rubripes*;

c)
A. amplum var. *tatsiense*,
A. cappadocicum var. *indicum*,
A. argutum,
A. campestre 'Laetum',
A. caudatum var. *ukurunduense*,
A. cordatum,
A. eriantbum,
A. grandidentatum,
A. leucoderme,
A. mandschuricum,
A. mono var. *tricuspis*,
● *A. monspessulanum* (manchmal hoher Baum),
A. m. f. *hispanicum*,
f. *commutatum*,
f. *ibericum*,
f. *illyricum*,
f. *liburnicum*,
f. *maroccanum*,
f. *turkestanicum*;

d)
A. carpinifolium,
A. franchetii,
A. glabrum,
A. g. f. *rhodocarpum*,
var. *tripartitum*,
A. leucoderme (manchmal)

folgt bei den meisten Arten der Blattaustrieb). Die *Acer*-Arten entfalten ihre Blüten im März/April. Sie blühen also vor der Belaubung und verlängern dadurch die gesamte Vegetationszeit der Art. Alle angeführten *Acer*-Arten blühen etwa 4 bis 6 Wochen, je nach der Art vom März bis Juni (Abb. 136). Die ersten Blüten zeigen sich meist im Alter von 20–25 Jahren (bei einigen früher, nach rund 10 Jahren – *A. ginnala, A. japonicum, A. negundo, A. palmatum, A. tataricum* usw. oder auch später, nach rund 30–35 Jahren – *A. pseudoplatanus, A. rubrum, A. saccharum* u. a.).

Frucht und Fruchtstand

Früchte bestehen aus zwei einsamigen Flügelfrüchten, deren Flügel verschieden groß sein können und verschiedene Stellungen einnehmen; oft sind sie, je nach dem Blütenstand, in längeren oder kürzeren Trauben oder Büschel vereinigt (siehe die Blütenstandtypen Abb. 133 bis 135). Je nach Menge, Größe und Färbung können sie auf sich aufmerksam machen. Die Frucht ist einschließlich des einen Flügels meist 2–3 cm lang, oft auch länger, d. h. 3–5 cm wie z. B. bei *A. barbinerve, A. caesium, A. cappadocicum, A. circinatum, A. diabolicum, A.* × *dieckii, A. franchetti, A. giraldii, A. heldreichii, A. nikoense, A. okamotoanum, A. opalus, A. platanoides, A. pseudoplatanus, A. robustum, A. saccharinum, A. sino-purpurascens, A. stachyophyllum, A. trautvetteri, A. velutinum* oder kürzer, d. h. unter 2 cm, wie z. B. bei *A. sieboldianum, A. sinooblongum* und *A. spicatum*. Die meisten Früchte haben eine wenig auffallende, bräunliche Färbung, nur bei einigen Arten, Varietäten oder Sorten gibt es zierende Farbtöne.

Fruchtfarbe:
Gelblich weiß
A. negundo sowie Varietäten und Sorten.
Rosig
A. glabrum sowie Varietäten und Formen.
Rötlich
A. cappadocicum var. *indicum*, *A. fulvescens*, *A. japonicum* und Sorten, *A. nikoense* var. *megalocarpum*, *A. oliverianum* var. *serrulatum*, *A. palmatum* und die meisten Sorten.
Rot
A. ginnala und Varietäten, Formen und Sorten, *A. henryi* und Varietäten, *A. monspessulanum* und Formen, *A. pseudoplatanus* f. *erythrocarpum*, *A. sino-purpurascens*, *A. spicatum*, *A. tataricum* sowie Varietäten und Sorten, *A. trautvetteri*.
Purpurrot
A. diabolicum f. *purpurascens*.
Braunrot
A. cappadocicum sowie die meisten Varietäten und Sorten.

Stamm, Äste und Wurzelsystem

Bei vielen *Acer*-Arten ist die Rinde der Stämme, Äste und Triebe unauffällig gefärbt. Es gibt aber einige Arten, Varietäten, Formen und Sorten mit einer ausgeprägten Färbung – hauptsächlich bei einjährigen Trieben und jüngeren Zweigen (auffallend besonders im Winter und bei Betrachtung aus nächster Nähe).

Rindenfarbe:
Glänzend grün
A. cappadocicum (jüngere Zweige und Einjahrstriebe), *A. c.* 'Aureum', *A. longipes* (Einjahrstriebe), *A. negundo* 'Auratum' (jüngere Zweige), *A. n.* 'Aureonotatum' (jüngere Zweige), 'Heterophyllum' (jüngere Zweige), 'Insigne' (Einjahrstriebe), 'Quinatum' (jüngere Zweige), *A. tegmentosum* (Einjahrstriebe), *A. tschonoski* und Varietäten (Zweige).
Hellgrün, weißlich bereift
A. circinatum, *A. lobelii* (junge Zweige), *A. mayrii* (junge Zweige), *A. negundo* so-

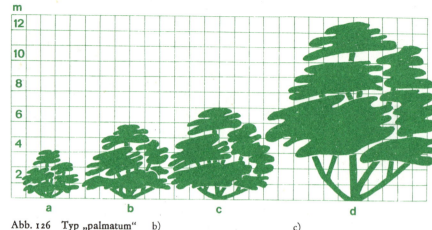

Abb. 126 Typ „palmatum"
a)
● *A. japonicum* 'Aureum',
A. palmatum 'Purpureum',
● *A. p.* 'Ribesifolium',
'Saintpaulianum',
'Sessilifolium',
'Vanhouttei',
'Versicolor';

b)
● *A. japonicum*,
● *A. l.* 'Aconitifolium',
'Microphyllum',
'Vitifolium',
A. palmatum
'Albomarginatum',
● *A. p.* 'Atropurpureum',
● 'Aureum',
'Bicolor',
'Brevilobum',
'Caudatum',
'Cuneatum',
● 'Elegans',
● 'Flavescens',
● var. *heptalobum*,
● 'Hessei',
'Laciniatum',
● 'Nicholsonii',
● 'Osakazuki',
'Pulverulentum',
● 'Reticulatum',
'Rubrinerve',
'Rubro-latifolium',
'Rubrum',
'Sanguineum',
'Scolopendrifolium',
'Sinuatum',
'Tricolor',
'Volubile',
A. pseudo-sieboldianum;

c)
● *A. palmatum*,
● *A. sieboldianum*;
d)
A. robustum,
A. shirasawanum

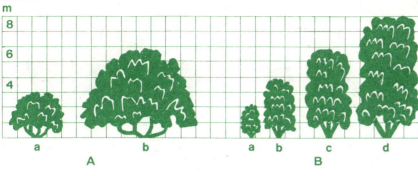

Abb. 127
A) Typ „ginnala"
a)
A. opalus var. *microphyllus*;
b)
● *A. ginnala*,
A. g. f. *aidzuense*,
'Albovariegatum',
'Pulverulentum',
● var. *semenowii*

B) Typ „nikoense"
a)
A. palmatum 'Cristatum',
A. p. 'Roseomarginatum';

b)
A. oliverianum var. *serrulatum*,
● *A. palmatum* 'Atrolineare',
● *A. p.* 'Crispum',
● var. *linearilobum*,
● *A. rubrum* 'Sanguineum',
A. r. var. *tomentosum*;
c)
A. nikoense,
A. n. var. *megalocarpum*,
A. pseudoplatanus 'Albovariegatum',
A. pensylvanicum

'Brillantissimus',
A. p. 'Prinz Handjery',
'Simon Louis Fréres',
A. × *pusillum*, *A. spicatum*,
● *A. tataricum*,
A. t. 'Aureovariegatum',
var. *incumbens*,
var. *slendzinskii*;
d)
● *A. pensylvanicum*,
A. p. 'Erythrocladum'
(auch baumartiger Typ),
A. triflorum,
A. truncatum,
A. × *veitchii*

Abb. 128
A) Typ „nanum"
● *A. palmatum* 'Dissectum',
A. p. 'Friderici-Guillelmi',
● 'Ornatum', 'Rubellum',
A. rubrum 'Globosum',
A. saccharinum 'Nanum'
B) Typ „cinerascens"
a)
A. barbinerve, *A. cinerascens*,
A. c. var. *boissieri*,
var. *bornmuelleri*, var. *paxii*,

A. divergens,
A. negundo 'Nanum',
A. platanoides 'Pygmaeum';
b)
A. × *boscii*, *A.* × *oriaceum*,
A. hyrcanum var. *keckianum*,
A. mono 'Marmoratum',
A. negundo 'Petiolatum',
A. opalus var. *obtusatum*;
c)
A. argutum (manchmal auch baumartiger Typ),

A. buergerianum var. *trinerve*,
A. campestre 'Postelense',
● *A. cissifolium*
(oft auch Baum),
A. hyrcanum var. *reygassei*,
A. saccharinum 'Arbuscula';
d)
A. caudatum,
A. c. var. *ukurunduense*
● *A. cissifolium* (manchmal),
A. grosseri (manchmal)

wie die meisten Varietäten und Sorten (jüngere Zweige), *A. pseudosieboldianum* (jüngere Zweige).
Grün, rot punktiert
A. tetramerum var. *betulifolium*.
Braungrün, auffallend weißlich gestreift:
A. capillipes, *A. crataegifolium* und Sorten, *A. davidii* und Sorten, *A. grosseri*, *A. g.* var. *hersii*, *A. pensylvanicum* und Sorten, *A. rufinerve* und Sorten (Zweige hauptsächlich im Winter), *A.* × *veitchii* (Einjahrstriebe).
Gelblich
A. caudatum (ältere Zweige), *A. mayrii* (ältere Zweige), *A. mono* sowie Varietäten, Formen und Sorten (zweijährige Triebe).
Gelbrot
A. × *boscii* (Einjahrstriebe).
Rosarot
A. cappadocicum 'Tricolor'.
Rötlich
A. argutum, *A. barbinerve* (nur junge Zweige), *A. cappadocicum* var. *sinicum* (Einjahrstriebe), *A. caudatum* (jüngere Zweige), *A. c.* var. *ukurunduense* (siehe vorige) *A. crataegifolium* (Einjahrstriebe), *A. pilosum* (Zweige), *A.* × *pusillum*, *A.* × *rotundilobum*, *A. sinooblongum* (jüngere Zweige).
Rot
A. cappadocicum 'Rubrum' (Einjahrstriebe), *A. palmatum* sowie Varietäten und Sorten (jüngere Zweige), *A. pensylvanicum* 'Erythrocladum' (jüngere Zweige im Winter), *A. rubrum* (Einjahrstriebe bzw. jüngere Zweige).
Rot, weißlich bereift
A. giraldii (jüngere Zweige).
Dunkelviolett, bereift
A. negundo 'Argenteo-notatum', 'Luteopictum', 'Pseudo-crispum', 'Rubescens', var. *violaceum* (jüngere Zweige im Herbst).
Grau
A. amplum und Varietät, *A. barbatum*, *A. caesium*, *A. cappadocicum* var. *tricaudatum*, *A. catalpifolium*, *A. caudatum* var. *prattii*, *A. cissifolium*, *A. cordatum*, *A.* × *coriaceum*, *A. fulvescens*, *A. heldreichii*, *A. leucoderme*, *A. mono* f. *ambigum*, *A. pilosum* (manchmal Zweige), *A. saccharum* sowie Varietäten, Formen und Sorten, *A. salweenense*, *A. schneiderianum* (jüngere

Abb. 129 Blätter *Acer*
a)
A. lobelii,
A. longipes (manchmal dreilappige Blattspreite),
A. miyabei,
A. platanoides,
die meisten Sorten,
A. saccharum, Sorten, Formen und Varietäten;
b)
A. diabolicum,
A. × *duretti*,
A. franchetii,
A. heldreichii,
A. pseudoplatanus,
die meisten Sorten,
A. ramosum,
A. trautvetteri;
c)
A. platanoides 'Oekonomierat Stoll';
d)
A. platanoides 'Argutum',
A. p. 'Cucullatum',
'Laciniatum',
'Plicatum';
e)
A. argutum;
f)
A. platanoides 'Dissectum',
A. p. 'Palmatifidum';
g)
A. tetramerum,
die meisten Varietäten;
h)
A. davidii, Sorten;
i)
A. × *hybridum*,
A. pseudoplatanus 'Euchlorum';
j)
A. carpinifolium (Quadrat 1 × 1 cm)

Abb. 131 Blätter *Acer*
a) *A. japonicum* 'Aconitifolium', *A. palmatum* var. *dissectum*, *A. p.* 'Friederici-Guillelmi', 'Ornatum', 'Rubellum';
b) *A. nipponicum*;
c) *A. saccharinum* 'Wieri';
d) *A. saccharinum* 'Longifolium', *A. s.* 'Lutescens';
e) *A. rubrum*, Sorten; *A. spicatum*;
f) *A. saccharinum* 'Heterophyllum', *A. s.* 'Pseudoternatum';
g) *A. maximowiczii*, *A. micranthum*, *A. tschonoskii*;
h) *A. griseum*;
i) *A.* × *bornmuelleri*, *A. campestre*, Sorten und Varietäten, *A.* × *zoeschense*
(Quadrat 1 × 1 cm)

Zweige), *A. sino-purpurascens*, *A. trautvetteri*.
Grau, weißlich bereift
A. flabellatum (jüngere Zweige).

Auffallend und zierend sind auch verschiedene korkige Wuchserscheinungen und Leisten auf Einjahrstrieben oder Zweigen (*A. campestre*, *A. miyabei*); sehr effektvoll ist die abrollende Rinde auf Stämmen und Ästen bei *A. griseum*. Alle dies Erscheinungen sind besonders in den Wintermonaten gut sichtbar.

Das Wurzelsystem ermöglicht den *Acer*-Arten eine gute Stabilität im Boden (Pfahlwurzel oder lange, reich verzweigte Nebenwurzeln). Manche Arten, wie z. B. *A. pseudoplatanus*, *A. platanoides*, *A. campestre* u. a. haben hauptsächlich auf Schutt sehr lange, verzweigte Wurzeln, so daß sie auch steilere Abhänge festigen können. Auch schwächere und oberflächigere Wurzelsysteme (*A. rubrum*, *A. tataricum* u. a.) sind immer gut und reich verzweigt, so daß das Gehölz im Boden einen festen Stand hat.

Ansprüche

Alle *Acer*-Arten bevorzugen Licht, viele von ihnen vertragen aber auch befriedigend Halbschatten, hauptsächlich in der Jugend (*A. campestre*, *A. carpinifolium*, *A. circinatum*, *A. ginnala*, *A. heldreichii*, *A. japonicum*, *A. monspessulanum*, *A. negundo*, *A. pensylvanicum*, *A. platanoides*, *A. pseudoplatanus*, *A. tataricum* usw.). Nur wenige vertragen auch tieferen Schatten (*A. campestre*, *A. carpinifolium*, *A. circinatum*, *A. negundo*, *A. tataricum*). Sonnenhitze wird von Japanischen Ahornen (*A. japonicum*, *A. palmatum* usw.) und buntblättrigen (besonders gelblichen und weißlichen) Sorten schlecht vertragen.
Alle angeführten Arten und Artkreuzungen sind unter mitteleuropäischen

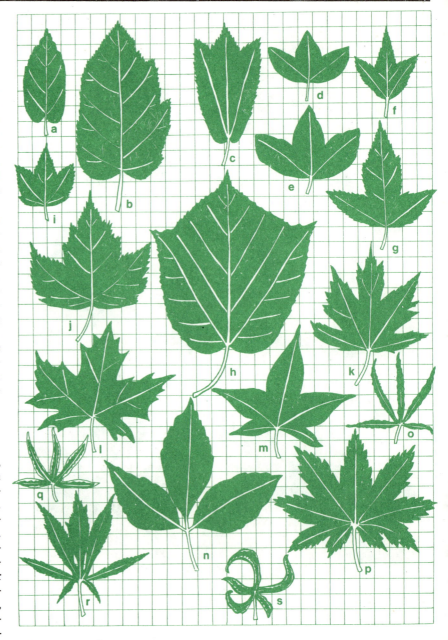

Abb. 130 Blätter *Acer*
a)
A. cordatum;
b)
A. tataricum, die meisten Varietäten und Sorten;
c)
A. × *boscii*,
A. buergerianum;
d)
A. cinerascens var. *boissieri*,
A. c. var. *paxii*,
A. leucoderme,
A. monspessulanum, die meisten Formen,
A. × *peronai*;
e)
A. cinerascens,
A. c. var. *bornmuelleri*,
A. × *coriaceum*,
A. monspessulanum f. *ibericum*;
f)
A. ginnala var. *semenowii*,
A. × *pusillum*;
g)
A. buergerianum (junge Pflanzen),
A. ginnala, die meisten Sorten und Formen;
h)
A. pensylvanicum, Sorten,
A. rufinerve;
i)
A. rubrum 'Sanguineum',
A. r. var. *tomentosum*,
A. pycnanthum;
j)
A. glabrum, Varietäten und Formen,
A. spicatum;
k)
A. saccharinum, die meisten Sorten;

l)
A. barbinerve,
A. divergens,
A. hyrcanum, Varietäten,
A. grandidentatum,
A. platanoides 'Pygmaeum';
m)
A. mono, die meisten Sorten, Varietäten und Formen,
A. oliverianum;
n)
A. cissifolium,
A. mandschuricum,
A. nikoense,
A. henryi,
A. sutchuenense,
A. triflorum;
o)
A. palmatum 'Atrolineare',
A. p. var. *linearilobum*,
'Scolopendrifolium',
'Vanhouttei';
p)
A. circinatum,
A. erianthum,
A. japonicum, die meisten Sorten,
A. palmatum 'Brevilobum',
A. p. var. *heptalobum*,
'Osakazuki',
'Reticulatum',
'Rubro-latifolium',
'Sinuatum',
A. pseudo-sieboldianum,
A. shirasawanum,
A. sieboldianum;
q)
A. palmatum 'Crispum';
r)
A. palmatum, die meisten Sorten
s)
A. palmatum 'Cristatum'
(Quadrat 1 × 1 cm)

Bedingungen winterhart, nur in außergewöhnlich strengen Winterperioden und in typischen Frostlagen können Schäden entstehen – hauptsächlich bei *A. japonicum*, *A. palmatum*, *A. platanoides*, *A. pseudoplatanus*, *A. pseudosieboldianum*, *A. saccharum*, *A. sieboldianum* (besonders bei frisch gepflanzten „Japanischen Ahornen"). Frostbeschädigte Exemplare regenerieren meist befriedigend.

Die meisten *Acer*-Arten gedeihen am besten in feuchten, nahrhaften und mittelschweren Böden, sie vertragen aber auch trockene Standorte und sind an die Bodenverhältnisse sehr anpassungsfähig (*A. campestre*, *A. ginnala*, *A. monspessulanum*, *A. negundo*, *A. platanoides*, *A. saccharinum* usw.). In trockeneren Böden (aber bei ausreichender Luftfeuchtigkeit) färben sich die meisten buntlaubigen Sorten besser aus. Einen zu feuchten bis nassen Standort mit Staunässe vertragen die meisten Ahorne nicht (besonders *A. pseudoplatanus*, unter diesen Bedingungen treten leicht Frostschäden auf). Steinige und schottrige Böden vertragen *A. negundo*, *A. platanoides*, *A. pseudoplatanus* (ausreichende Feuchtigkeit ist notwendig), *A. tataricum* u. a. Zu den Pioniergehölzen kann man *A. campestre* und *A. platanoides* zählen, wenn zum Anwachsen ausreichend Feuchtigkeit vorhanden ist (Halden, Ablagerungen, öde und unfruchtbare Böden). Die meisten Arten sind kalkliebend (besonders *A. campestre*). Zu den kalkfliehenden Arten gehören *A. davidii*, *A. palmatum* und *A. rubrum*. Viele Arten, hauptsächlich die robuster wachsenden (z. B. *A. campestre*, *A. ginnala*, *A. monspessulanum*, *A. platanoides*, *A. pseudoplatanus*, *A. saccharinum*, *A. tataricum* usw.) sind befriedigend immissionsverträglich. Schlecht werden Luftverunreinigungen von *A. saccharum* vertragen. Diesbezüglich liegen sich widersprechende Angaben vor, so ist z. B. *A. ne-*

Abb. 132 Blätter *Acer*
a)
A. negundo,
die meisten Sorten;
b)
A. negundo 'Angustifolium',
manchmal auch einige
buntblättrige Sorten;
c)
A. negundo var. *interius*,
A. n. var. *mexicanum*;
d)
A. mono f. *dissectum*;
e)
A. cappadocicum,
A. mayrii;
f)
A. mono var. *tricuspis*;
g)
A. capillipes,
A. tegmentosum,
A. × *veitchii*;
h)
A. crataegifolium,
A. grosseri,
A. tetramerum var. *lobulatum*
(Quadrat 1 × 1 cm)

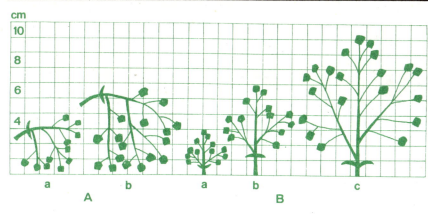

Abb. 133 Blütenstand *Acer*
A) hängende Doldentrauben
a)
A. griseum;
b)
A. × *coriaceum,*
A. grandidentatum,
A. opalus, Varietäten,
A. pseudo-sieboldianum,
A. rotundilobum,
A. sieboldianum

B) aufrechte Doldentrauben
a)
A. barbatum,
A. cinerascens, Varietäten,
A. cordatum,
A. leucoderme,
A. mandschuricum,
A. nikoense, Varietäten,
A. pilosum,
A. triflorum;
b)
die meisten Arten,
Varietäten und Sorten

c)
A. caesium,
A. × *duretti,*
A. giraldii,
A. olivierianum, Varietäten,
A. platanoides, Sorten,
A. saccharum, Formen,
Varietäten und Sorten,
A. truncatum

gundo nach Dobrovoskij, Ilkun, Ranft und Dässler gegen SO$_2$ sehr widerstandsfähig, nach Linzoln und Dochinger jedoch ziemlich empfindlich. Mit Wildschäden muß man, hauptsächlich in der Jugend, bei *A. campestre, A. nikoense, A. platanoides, A. saccharum* und weiteren Arten rechnen.

Pflege

Acer-Arten werden im Frühjahr vor dem Austrieb oder im Herbst nach dem Laubfall gepflanzt; Containerpflanzen können während der ganzen Vegetationszeit ausgepflanzt werden. „Japanische Ahorne" sind im Vorfrühling zu pflanzen, damit sie bis zum Winter am Standort gut einwurzeln und bei der ersten Überwinterung nicht unter Frost leiden. Im Winter ist ein Schneeabschütteln bei malerisch breit ausladenden Typen, die leicht unter Schneebruch leiden („Saccharinum-Typ", „Negundo-Typ") ratsam. Beim Erziehungsschnitt der jungen Bäume in der Baumschule oder in den Grünanlagen ist besonders auf die Erhaltung bzw. Förderung des Leittriebes zu achten, da sonst bei diesen Arten mit gegenständig angeordneten Knospen leicht Zwieselbildung auftritt. Diese führt häufig im Alter der Bäume zum Auseinanderbrechen der Kronen.

Bäume können bis zu ihrem 30. Lebensjahr, Sträucher noch später, umgepflanzt werden; bei Sträuchern ist dies jedoch überflüssig, da sie schnell heranwachsen.

An Ahornen erscheint der Echte Mehltau vereinzelt, vorzugsweise bei *A. campestre* (mehlartiger Belag auf Blättern und jungen Zweigen; mehrmals Schwefel-, Benzimidazol- u. a. Präparate anwenden). Bekannt ist der Ahornrunzelschorf, auch Teerfleckenkrankheit genannt, bei dessen Befall auf den Blättern zunächst gelbliche, später schwarze, unregelmäßige Flecken erscheinen. Bei starkem Befall fällt das Laub vorzeitig ab (kranke Blätter sammeln und verbrennen). *Acer*-Arten sind sehr anfällig gegen die *Verticillium*-Welke (siehe *Aesculus*) und Rotpustelkrankheit (Rückschnitt bis ins gesunde Holz, Wundpflege und optimale Standortbedingungen schaffen).

Verwendung

Baumartige *Acer*-Arten gehören zu den häufigsten Gehölzen für größere Gruppen, Kulissen und Alleen. Viele von ihnen, besonders die malerisch gestalteten Habitustypen (z. B. „Saccharinum", „Negundo", „Nigrum", „Palmatum", „Nikoense", „Ginnala", „Pendulum") eignen sich, ähnlich wie einige spezielle Typen (z. B. „Pyramidale", „Armstrong", „Monspessulanum", „Tetramerum" u. a.), als Solitärpflanzen. Ihre einzigartige Herbstfärbung kann zu verschiedenen kontrastierenden Zusammenstellungen ausgenutzt werden (rot- und gelbfärbende Arten und Sorten zusammen oder mit anderen Gehölzen usw.). Das gilt selbstverständlich auch für alle normal buntblättrigen Sorten, die man aber mit Bedacht verwenden sollte, damit die Garten- oder Parkkomposition nicht zu unruhig wird oder überladen wirkt.

Normal grüne *Acer*-Arten bilden mit ihrer hellen oder matten Farbe einen indifferenten Hintergrund für auffallendere, meist dunkler gefärbte Vorpflanzungen anderer Pflanzen. Die Pionierarten verwenden wir zusammen mit ausgewählten Nadelgehölzen zur Begrünung exponierter Standorte. Die Kronen der Ahorne können gut verdecken, als Windschutz fungieren und Staub abfangen. Für geschnittene Hecken eignen sich nur dichtzweigige Arten, wie z. B. *A. campestre*. Die langsamer wachsenden Typen können

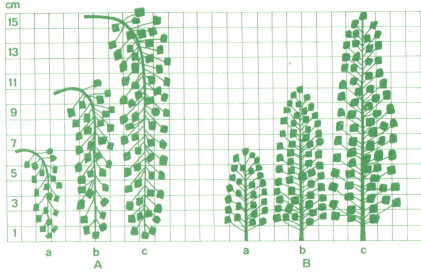

Abb. 134 Blütenstand *Acer*
A) hängende Trauben
a)
A. × *boscii*;
b)
A. capillipes,
A. davidii, Sorten,
A. diabolicum, Formen,
A. grosseri,
A. × *hybridum*,
A. pensylvanicum, Sorten,
A. ramosum,
A. tegmentosum,
A. tetramerum, Varietäten;
c)
A. negundo,
Sorten und Varietäten,
A. pseudoplatanus, Sorten

B) aufrechte Trauben
a)
A. barbinerve,
A. carpinifolium,
A. crataegifolium, Sorten,
A. micranthum,
A. × *peronai*,
A. sino-purpurascens,
A. tschonoskii, Varietäten,
A. × *veitchii*;

b)
A. argutum,
A. cissifolium,
A. forrestii,
A. maximowiczii,
A. monspessulanum (manchmal),
A. rufinerve, Sorten,
A. stachyophyllum;
c)
A. amplum,
A. caudatum, Varietäten,
A. spicatum

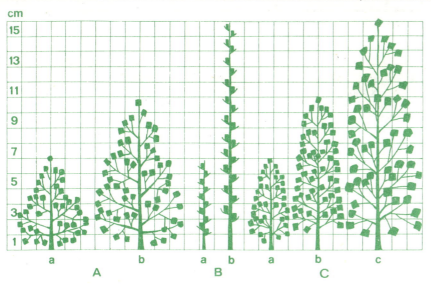

in kleineren Gärten und Steingärten solitär verwendet werden; man muß aber damit rechnen, daß auch der zwergigste Typ (z. B. „Nanum-Typ") später eine gewisse Fläche braucht und daß ein nachträglicher, begrenzender Schnitt meist nicht befriedigend ausfällt (das Aussehen der Pflanzen wird beeinträchtigt).

Eine besondere Stellung nehmen die „Japanischen Ahorne" ein (hauptsächlich der „Palmatum-Typ"). Sie bilden effektvolle Solitärpflanzen in Rasen- oder Pflasterflächen, in Weg- oder Eingangsnähe, an Wasserflächen und Staudenrabatten, auf Terrassen, in größeren Steingärten usw. Ihre Farbtöne kann man sehr wirkungsvoll mit verschiedenen Stauden oder farbigen Gehölzern kombinieren. Zur Verwendung in der Landschaft eignen sich die häufigeren Arten vom Flachland bis ins Gebirge (*A. negundo, A. platanoides, A. rubrum, A. saccharinum, A. tataricum* usw.). Für die Ebene und das Hügelland eignen sich *A. campestre, A. nikoense* u. a. Vom Hügelland bis ins Hochgebirge kann man *A. pseudoplatanus* pflanzen.

Abb. 135 Blütenstand *Acer*
A) breitere Rispen
a)
A. longipes,
A. monspessulanum, Formen;
b)
A. buergerianum, Varietäten,
A. catalpifolium,
A. caudatum var. *prattii,*
A. schneiderianum,
A. sino-oblongum

B) ährenartige Blütenstände
a)
A. henryi;
b)
A. nipponicum

C) längliche Rispen
a)
A. wardii;

b)
A. erianthum,
A. salweenense,
A. velutinum, Formen und Varietäten;
c)
A. ginnala, Formen, Varietäten und Sorten
A. tataricum, Varietäten und Sorten

Abb. 136 Blütezeit *Acer*

A) *A. saccharinum,* Sorten;

B) *A. negundo,* Varietäten und Sorten, *A. rubrum,* Sorten und Varietäten;

C) *A. barbinerve,*
A. cissifolium,
A. × duretti,
A. grandidentatum,
A. leucoderme,
A. monspessulanum, Formen,
A. opalus, Varietäten,
A. platanoides, Sorten,
A. pycnanthum,
A. × rotundilobum,
A. saccharum, Formen, Varietäten und Sorten;

D) *A. argutum,*
A. cinerascens, Varietäten,
A. × coriaceum,
A. diabolicum,
A. × dieckii, A. forrestii,
A. franchetii,
A. fulvescens, A. giraldii,
A. japonicum, Sorten,
A. maximowiczii,
A. mayrii, A. mono, Varietäten und Sorten
A. nipponicum,
A. okamotoanum,
A. oliverianum, Varietäten,
A. × peronai, A. pilosum,
A. salweenense,
A. schneiderianum,
A. shirasawanum,
A. sutchuenense,
A. tetramerum, Varietäten;

E) die meisten Arten, Sorten, Formen und Varietäten

F) *A. cappadocicum,* Sorten und Varietäten,
A. longipes, A. robustum,
A. spicatum;

G) *A. palmatum,* Sorten

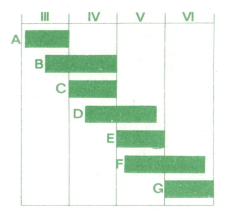

Actinidia Lindl. – Strahlengriffel *(Actinidiaceae)*

Sommergrüne Lianen, die etwa 36, zum Teil schwer bestimmbaren Arten angehören. Sie sind in fast ganz Asien verbreitet.
Zierwert: Blätter (V–XI), Blüten (V bis VII), Früchte (VII–IX)

Habitus

Lianen, wobei stark wachsende Arten bis 10 m hoch werden (Abb. 137).

Textur

In schattigen Lagen locker bis luftig, sonst aber dicht und grob; Blätter oft dachziegelartig angeordnet, so daß die Pflanzen ziemlich kompakt wirken.

Laub

Blätter meist lang gestielt, gesägt bzw. auch gezähnt, manchmal auch ganzrandig, meist breit oder länglich eiförmig, dunkelgrün.

Blüte und Blütenstand

Blüten polygam oder zweihäusig, weiß, duftend, aber in der Belaubung versteckt, in achselständigen Scheindolden. Blütezeit je nach der Art von Mai bis Juli (Abb. 138).

Frucht und Fruchtstand

Beere rund oder länglich, manchmal groß (wie eine Stachelbeere) und auffallend, schwachsüß, eßbar (gezüchtet von I. V. Mitschurin). In China, Neuseeland und weiteren Ländern wird *A. chinensis* zur Erzeugung von Kiwi-Früchten angebaut, die exportiert werden.

Wissenschaftlicher Name	Deutscher Name	Natürliche Verbreitung bzw. Entstehungsort	Frosthärte
● *A. arguta* (S. et Z.) Planch ex Miq.	Scharfzähniger Strahlengriffel	China, Korea, Japan	++
var. *arguta*		China, Mandschurei, Korea, Japan	++
var. *cordifolia* (Miq.) Bean		Japan, Korea	++
var. *rufa* (S. et Z.) Maxim.		Japan, Korea, Liukiu	++ ++
A. chinensis Planch.	Kiwipflanze, Chinesischer Strahlengriffel	China, Formosa	
var. *chinensis*		China	++
var. *setosa* Li		Formosa	++
A. coriacea (Finet et Gagnep.) Dunn.		Szetschuan, Sikang	++
● *A. kolomikta* (Rupr. et Maxim.) Maxim	Amur-Strahlengriffel, Kolomikta-S.	M- u. W-China, Korea	++
var. *gagnepainii* (Nakai) Li		W-China	++
var. *kolomikta*		O-Sibirien, Sachalin, Mandschurei, Korea, Japan	++
A. melanandra Franch.	Schwarzmänniger Strahlengriffel	Hupeh, Szetschuan	++
A. polygama (S. et Z.) Maxim. (Abb. 139 a)	Vielehiger Strahlengriffel	Mandschurei, Korea, Sachalin, Japan, W-China	++
var. *lecomtei* (Nakai) Li		Schensi, Hupeh, Szetschuan	++
var. *polygama*		Sachalin, Mandschurei, Korea, Japan	++
A. purpurea Rehd.		W-China	++
A. rubricaulis Dunn.		S-Yünnan	++
A. strigosa Hook. f. et Thoms.		Sikkim, O-Himalaja	++
A. tetramera Maxim.		W-China	++
A. venosa Rehd.		W-China	++

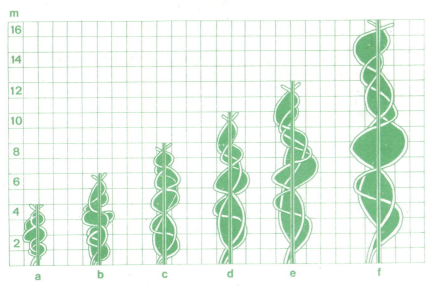

Abb. 137 Actinidia
a)
● *A. kolomikta*,
A. k. var. *gagnepainii*,
var. *kolomikta*;
b)
A. polygama,
A. p. var. *lecomtei*,
var. *polygama*,
A. strigosa;

c)
● *A. arguta* var. *arguta*,
A. a. var. *cordifolia*,
var. *rufa*,
A. chinensis,
A. ch. var. *chinensis*,
var. *setosa*,
A. × fairchildii,
A. melanandra;
d)
A. coriacea,
A. henryi,
A. holotricha,
A. rubricaulis,
A. venosa;

e)
A. tetramera;
f)
A. purpurea

Fruchtfarbe:
Gelb
A. polygama, A. rubricaulis.
Gelbgrün
A. arguta, A. chinensis, A. kolomikta.
Bräunlich
A. coriacea (weiß punktiert), *A. tetramera, A. venosa.*
Rotbraun
A. melanandra.
Purpurfarben
A. purpurea.

Zweige

Zweige meist kahl oder etwas borstig bzw. filzig (*A. chinensis* u. a.), mit gekammertem (*A. arguta, A. kolomikta, A. melanandra, A. purpurea, A. tetramera, A. venosa*) oder vollem Mark (*A. chinensis, A. coriacea, A. polygama, A. rubricaulis*). Alte Zweige mit streifig ablösender Borke.

Ansprüche

Die *Actinidia* brauchen Sonne oder Halbschatten, nahrhaften und durchlässigen Boden und mit Ausnahme der gut frostharten *A. kolomikta* und *A. arguta* eine geschützte Lage.

Pflege

Pflanzung am besten aus Containern (Töpfen) während der Vegetationszeit. Jungen Pflanzen müssen die ersten Triebe aufgebunden werden. An die Pflege stellen die Actinidien keine größeren Forderungen. Junge Pflanzungen benötigen Winterschutz. Krankheiten und Schädlinge haben meist keine praktische Bedeutung. Nur selten werden die Pflanzen stark vom Echten Mehltau befallen (Bekämpfung siehe *Acer*).

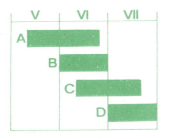

Abb. 138 Blütezeit
Actinidia
A) *A. coriacea,*
A. holotricha,
A. kolomikta var.
gagnepainii;

B) die meisten Arten und Varietäten

C) *A. venosa;*

D) *A. melanandra*

Verwendung

Actinidien kommen auf Bäumen, Säulen, Pergolen usw. am besten zur Geltung. In natürlich gestalteten Anlagen können sie mit ihrem vorhangartigen Charakter sehr eindrucksvoll wirken. Um Fruchtbehang zu erhalten, müssen männliche und weibliche Exemplare nebeneinander gepflanzt werden.

Abb. 139
a) *Actinidia polygama*;
b) *Aesculus hippocastanum*;
c) *Ailanthus altissima*;
d) *Akebia quinata*;
e) *Alnus glutinosa*

Aesculus L. – Roßkastanie, Pavie (Hippocastanaceae)

Sommergrüne Bäume, selten auch Sträucher, die etwa 25 Arten angehören und hauptsächlich in SO-Europa, Asien, Nord- und Südamerika verbreitet sind. Die Roßkastanien erreichen in 10 Jahren etwa 4–5 m Höhe, in 20 Jahren 6–8 m und in 30 Jahren 10 m und mehr. Ihre Kronen haben ziemlich gleichmäßige Konturen, sind breit bis ausladend, in der Jugend schlanker bis kegelförmig. Die Äste und Zweige sind kräftig gebaut, so daß die ganze Krone auch nach Laubabfall sehr wirkungsvoll aussieht (besonders bei Rauhreif und Schnee).
Zierwert: Blätter (X–XI), Blüten (V bis VIII), Frucht (IX–X).

Habitustypen

„Hippocastanum-Typ": Baum mit einer schweren, breit eiförmigen, dichten Krone; Äste waagerecht abstehend, in der unteren Hälfte hängend (Abb. 140),
„Pendulum-Typ": baumartiger Typ mit länglich eiförmiger bis breit kegelförmiger Krone und mit überhängenden Zweigen (Abb. 141 B),
„Pyramidalis-Typ": baumartiger Typ mit breit aufstrebender Krone, alle Äste aufrecht und dicht gestellt (Abb. 142 D),
„Crispa-Typ": kleiner Baum mit dichter, gedrängt kegelförmiger Krone (Abb. 142 C),
„Umbraculifera I-Typ": veredeltes Bäumchen mit einer mehr oder weniger kugeligen bis breit kugeligen Krone, hoher Stamm (Abb. 142 B),
„Umbraculifera II-Typ": bis zum Boden verzweigter, kugelförmiger bis halbkugeliger, dichter Strauch (Abb. 143 B),

Wissenschaftlicher Name	Deutscher Name	Natürliche Verbreitung bzw. Entstehungsort	Frosthärte
A. arguta BUCKLEY		O-Texas	++
A. × arnoldiana SARG.		Arnold-Arboretum (1900)	++
A. × bushii C. SCHN.		Arkansas, Missouri	++
● A. × carnea HAYNE	Rotblühende Roßkastanie	Europa (um 1818)	++
A. chinensis BUNGE	Chinesische Roßkastanie	N-China	+
A. × dallimorei SEALY		Bidborough	++
A. × dupontii SARG.		nach 1820	++
A. flava SOLAND. = A. octandra			
● A. glabra WILLD.	Ohio-Roßkastanie	O-USA	++
var. leucodermis SARG.		Missouri	++
var. monticola SARG.		Oklahoma	++
● A. hippocastanum L. (Abb. 139 b)	Gemeine Roßkastanie	Balkan-Halbinsel	++
A. × hybrida DC.	Bastard-Pavie	USA	++
A. × marylandica BOOTH		? (vor 1864)	++
A. × mississipiensis SARG.		Missouri	++
A. × mutabilis (SPACH) SCHELLE			++
var. harbisonii (SARG.) REHD.			++
var. induta SARG.			++
var. penduliflora SARG.			++
A. × neglecta LINDL.	Karolina-Roßkastanie	Virginia – Georgia u. NW-Florida	++
var. georgiana (SARG.) SARG.		SO-USA	++
var. lanceolata (SARG.) SARG.		Georgia	++
var. pubescens (SARG.) SARG.		N-Carolina – Alabama	++
var. tomentosa SARG.		S-Carolina	++
● A. octandra MARSH.	Gelbe Pavie Gelbe Roßkastanie	Pennsylvanien – Iowa, Georgia – Alabama	++
f. vestita (SARG.) FERNALD		Ohio, W-Kentucky	++
f. virginica (SARG.) FERNALD		W-Virginia	++
● A. parviflora WALT.	Strauch-Roßkastanie	S-Carolina – Alabama u. Florida	++
f. serotina REHD.		Alabama	++
A. pavia L.	Rote Pavie, Rote Roßkastanie	O-USA	++
var. humilis (LINDL.) MOUILLEF.		wie die Art	++

„Mollis-Typ": Strauch etwas weniger gleichmäßig gewachsen, Zweige leicht bogenförmig überhängend, mitteldicht, Strauchmitte oft vasenförmig ausgehöhlt (Abb. 142 A),

„Parviflora-Typ": Ausläufer treibender, mitteldichter Strauch, sehr breit und flachkugelig ausladend, bis zum Boden verzweigt (Abb. 143 A),

Textur

Bei den meisten baum- und strauchartigen Typen fächerförmig und feinfaltig, die großen Blätter sind auch aus größerer Entfernung unterscheidbar. Bei den Typen „Umbraculifera I und II", „Crispa", „Pyramidalis" und „Pendulum" ist der Gesamteindruck dicht zusammengedrängt und weniger durchsichtig, beim „Parviflora-Typ" fächerförmig in Etagen. Insgesamt wirken *Aesculus*-Arten schwer (ausgenommen der „Parviflora-Typ").

Laub

Blätter sommergrün, gegenständig, langgestielt, groß, handförmig geteilt mit 5–9 Blättchen, verschiedenartig gezähnt. Blättchen 10–15 cm lang, manchmal bis 25 cm (*A. chinensis, A.* × *dallimorei, A. discolor, A. hippocastanum, A. parviflora, A.* × *plantierensis, A. turbinata* und *A. wilsonii*) und selten unter 10 cm (*A. arguta*). Neben Arten mit normalen Blattformen gibt es Sorten mit stark abweichenden Formen der Blättchen (z. B. *A. hippocastanum* 'Laciniatum', *A. h.* 'Digitata') (Abb. 144, 145). Die Färbung ist meist hell- bis dunkelgrün. Buntblättrige Sorten wirken nicht sehr schön.

Blattfarbe
Grün
die meisten Arten und Sorten, die bei den Habitustypen angeführt sind.

Wissenschaftlicher Name	Deutscher Name	Natürliche Verbreitung bzw. Entstehungsort	Frosthärte
A. × *plantierensis* ANDRÉ		Plantières	++
A. × *rubicunda* LOISEL. = *A.* × *carnea*			
A. splendens SARG.		SO-USA	++
A. turbinata BL.	Japanische Roßkastanie, Kreiselfrüchtige R.	Japan	++
A. wilsonii REHD.		Szetschuan, Hupeh	++
A. woerlitzensis KOEHNE var. *ellwangeri* REHD.		Wörlitz (?)	++ ++

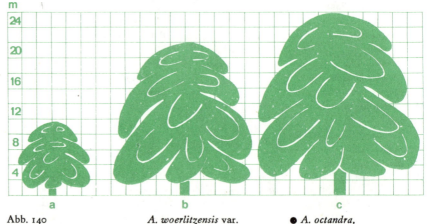

Abb. 140 Typ „hippocastanum"
a) A. arguta (manchmal), A. arnoldiana, A. × bushii, A. discolor, ● A. glabra, A. g. var. monticola, 'Pallida', A. hippocastanum 'Digitata', A. h. 'Incisa', 'Laciniata', A. × marylandica, A. mississippiensis, A. neglecta var. pubescens, A. n. var. tomentosa, A. pavia,

b) A. woerlitzensis var. ellwangeri; ● A. × carnea, A. × c. 'Aureo-marginata', ● 'Briotii', 'Marginata', A. chinensis, A. × dupontii, A. × d. var. hessei, A. glabra var. leucodermis, A. hippocastanum 'Tortuosa', A. × mutabilis, A. × m. var. harbisonii, var. induta, var. penduliflora, ● A. neglecta, ● A. n. 'Erythroblasta', var. lanceolata,

c) ● A. octandra, A. o. f. vestita, f. virginica, A. woerlitzensis; A. × dallimorei, ● A. hippocastanum, A. h. 'Albovariegata', 'Aureo-variegata', ● 'Baumannii', 'Memmingeri', 'Praecox', 'Schirnhoferi', A. hybrida, A. × plantierensis, A. turbinata, A. t. var. pubescens, A. wilsonii

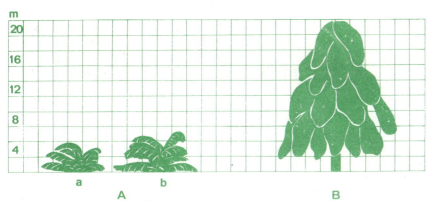

Abb. 141 *Tsuga*
A Typ „moll"
a)
T. canadensis 'Moll';
T. canadensis 'Taxifolia'

B) Typ „pendulum"
A. × *carnea* 'Pendula',
A. hippocastanum 'Pendula'

Aesculus

Hellgrün
A. glabra
Dunkelgrün
A. × *carnea*, *A. c.* 'Briotii', 'Pendula', *A. dallimorei, A. hippocastanum, A. h.* 'Baumannii', 'Crispa', 'Digitata', 'Incisa', 'Laciniata', 'Pendula', 'Praecox', 'Pyramidalis', 'Schirnhoferi', 'Tortuosa', 'Umbraculifera', *A. octandra, A.* × *plantierensis, A. turbinata.*
Karminrosa
A. × *neglecta* 'Erythroblasta' (später vergrünend).
Gelbbunt
A. × *carnea* 'Aureo-marginata', *A.* × *c.* 'Marginata' (die Blattmitte hellgrün, gelb gerandet), *A. hippocastanum* 'Aureovariegata'.
Weißbunt
A. hippocastanum 'Albovariegatum', *A. h.* 'Memmingeri' (auch gelblich bemehlt).

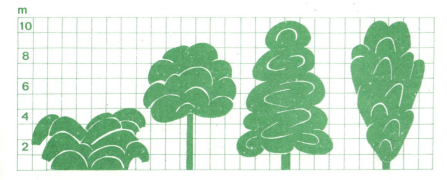

Abb. 142
A) Typ „mollis"
A. discolor var. *mollis*

B) Typ „umbraculifera I"
A. hippocastanum
'Umbraculifera'
(hochstämmig veredelt)

C) Typ „crispa"
A. hippocastanum 'Crispa'

D) Typ „pyramidalis"
A. hippocastanum
'Pyramidalis'

Blüte und Blütenstand

Blüten 4- oder 5zählig, mit länglichen und ungleichartigen Petalen, zu vielen zusammengestellt in aufrechten, verschieden dichten, meist endständigen Rispen oder auch Trauben. Blütenstände locker aufrecht (Abb. 146), ausnahmsweise locker hängend (Abb. 147 A) oder dicht, kegelförmig aufrecht (Abb. 141 B).

Blütenfarbe
Weiß
A. chinensis, A. parviflora, A. p. f. *serotina, A. wilsonii.*
Hellgelb
A. arguta, A. × *marylandica.*
Gelbgrün
A. glabra, A. g. var. *leucodermis*, var. *monticola*, 'Pallida', var. *rehderiana, A. octandra, A. o.* f. *vestita, A. turbinata, A. t.* var. *pubescens.*
Gelbrosa
A. × *bushii.*
Weißlich rot
A. × *dallimorei, A. hippocastanum* und die meisten Sorten, *A.* × *plantierensis.*

Gelblichrot

A. ⨯ *arnoldiana*, A. ⨯ *dupontii*, A. ⨯ *d.* var. *hessei*, A. *hippocastanum* 'Schirnhoferi', A. ⨯ *hybrida*, A. ⨯ *mississipiensis*, A. ⨯ *mutabilis*, A. ⨯ *m.* var. *induta*, var. *penduliflora*, A. ⨯ *neglecta*, A. ⨯ *n.* 'Erythroblasta', var. *georgiana*, var. *pubescens*, A. *octandra* f. *virginica*, A. *pavia* var. *humilis*.

Hellrot

A. ⨯ *carnea*, A. ⨯ *c.* 'Aureo-marginata', 'Marginata', 'Pendula', A. ⨯ *mutabilis* var. *harbisonii*, A. ⨯ *neglecta* var. *lanceolata*, A. ⨯ *n.* var. *tomentosa*, A. *pavia*, A. *woerlitzensis*.

Dunkelrot

A. ⨯ *carnea* 'Briotii', A. *pavia* 'Atrosanguinea', A. *splendens*, A. *woerlitzensis* var. *ellwangeri*.

Die *Aesculus*-Arten blühen etwa 4 Wochen; die frühesten entfalten ihre Blüten im Mai, die späten im Juli/August (Abb. 148). Die ersten Blüten bilden sich bei 15–20 Jahren alten Pflanzen (aus Samen gezogen), ausnahmsweise schon bei etwa 10jährigen Exemplaren (A. *hippocastanum*, A. *parviflora* u. a.); vegetativ vermehrte Pflanzen blühen früher.

Frucht und Fruchtstand

Frucht dornige oder mehr oder weniger glatte Kapsel mit großen Samen (Kastanien). Frucht kugelig, eiförmig, flach kugelig, verkehrt eiförmig oder birnenförmig (Abb. 149). Kapselfarbe anfangs hellgrün, in der Reife gelbgrün, selten bräunlich (z. B. A. ⨯ *carnea*, A. *parviflora*). Reife und Fruchtfall September/Oktober.

Stamm und Wurzelsystem

Bäume mit geradem, im Alter ziemlich starkem Stamm, junge Rinde dunkelgrau und glatt, später sich in dünnen schwarzgrauen bis schwarzbraunen Schuppen ablösend. Äste glatt, später ebenfalls schuppig, Jungtriebe

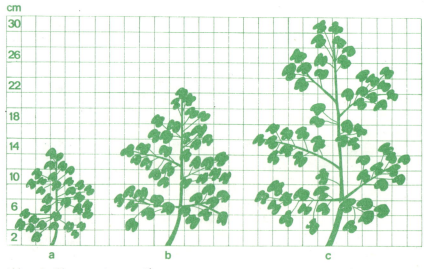

Abb. 143
A) Typ „parviflora"
A. *arguta*,
A. *neglecta* var. *georgiana*,
● A. *parviflora*,
A. p. f. *serotina*,
A. *pavia*,
A. p. 'Atrosanguinea',
var. *humilis*,
A. *splendens*

B) Typ „umbraculifera II"
A. *hippocastanum*
'Umbraculifera' (selten)

Abb. 146 Blütenstand
Aesculus
Schütter und aufrecht
a)
A. ⨯ *duppontii* var. *hessei*;

b)
A. ⨯ *arnoldiana*,
A. ⨯ *bushii*,
A. ⨯ *duppontii*,
A. *glabra*,
Sorten und Varietäten,
A. *hybrida*,
A. ⨯ *marylandica*,
A. *mississippiensis*,
A. ⨯ *neglecta*,

Varietäten und Sorten,
A. *octandra*, Formen,
A. *pavia*;
c)
A. *splendens*

Abb. 144 Blätter *Aesculus*
a)
A. hippocastanum,
die meisten Sorten;
b)
A. hybrida,
A. × *marylandica,*
A. × *mutabilis, A.* × *neglecta,*
A. octandra (Quadrat 1 × 1 cm)

graubraun, mit großen, bei einigen Arten klebrigen und bräunlichen Knospen (im Frühjahr beim Austreiben der stark filzigen Blätter sehr dekorativ). Wurzelsystem: nur schwach ausgebildete Pfahlwurzel und lange, stark und reich verzweigte Nebenwurzeln, so daß alle *Aesculus*-Arten im Boden sehr gut verankert sind.

Ansprüche

Alle Arten sind lichtliebend, am besten gedeihen sie in voller Sonne, vertragen aber auch Halbschatten und *A. hippocastanum* sogar Schatten, Nordseiten von Gebäuden oder Alleen, jedoch keinen Schattendruck unter Bäumen. Alle angeführten *Aesculus*-Arten sind unter mitteleuropäischen Bedingungen winterhart; Frostschäden treten nur in strengen Winterzeiten, in typischen Frostlagen und hauptsächlich auf zu feuchten bis nassen Standorten auf. Alle *Aesculus*-Arten haben sehr gute Regenerationseigenschaften. An Bodenverhältnisse sind sie nicht sehr anspruchsvoll und gedeihen am besten in leichten, nahrhaften, trockenen und humosen Böden; wachsen aber gut auch auf schottrigen oder schwereren, mittelfeuchten Standorten. Auf zu feuchten Böden wachsen sie ebenfalls, haben aber eine kürzere Lebensdauer (hohle Stämme und Äste, Frosttafeln usw.) Ihr Blattfall (große Blattmasse) erhöht beträchtlich den Humusgehalt des Bodens. Unreine Luft vertragen die *Aesculus*-Arten sehr gut, hauptsächlich *A. octandra* und *A. glabra*. RANFT und DÄSSLER werten die Widerstandsfähigkeit von *A. parviflora* gegen SO_2 sehr hoch.

Pflege

Pflanzung und Pflege sind praktisch die gleiche wie bei *Acer. Aesculus* braucht keinen Winterschutz. Die Arten haben sehr gute Regenerationsmöglichkeiten, so daß sie geschnitten (Kugel- oder Kastenschnitt, Baumwände) werden können. Der eigentliche Schnitt sollte während der Vegetationsruhe (am Winterende, wenn keine größeren Fröste mehr erwartet werden) durchgeführt werden, wobei man nach Bedarf auch eine tiefgreifende Verjüngung durchführen kann. Während der Vegetation können wir etwa im Juli/August auch junge Triebe kürzen. Normal entwickelte Bäume und Sträucher schneiden wir nicht (nur bei Frostbeschädigungen formen wir die Krone so, daß sie sich beim Weiterwachsen wieder symmetrisch gestaltet). Ältere Exemplare können wir etwa bis zum 30. Lebensjahr ohne größere Komplikationen umpflanzen; Sträucher wachsen schnell heran, so daß eine neue Vermehrung vorteilhafter erscheint. Die *Aesculus*-Arten leiden kaum unter Krankheiten oder Schädlingen. Vereinzelt erscheint die *Verticillium*-Welke – an jungen Bäumen welken plötzlich die Blätter; befallene Pflanzen vernichten, nasse Standorte vermeiden, in Baumschulen ggf. chemische Bodendesinfektion, ansonsten Flächenwechsel. Weiterhin kann manchmal die Blattbräune auftreten (weiß-, später dunkelbraunrot gefleckte Blätter fallen, hauptsächlich bei Jungpflanzen, vorzeitig ab; mehrmals mit Kupfer- oder organischen Fungiziden vom Austrieb bis etwa Juli spritzen). Rotbraune Flecken und Linien auf den Blättern können auch Spinnmilben hervorrufen (wiederholte Spritzungen mit Akariziden, z. B. Dicofol-, Dimethoat- oder Tetradifon-Präparaten). Unter Wildverbiß leiden sie nicht.

Verwendung

Alle Arten eignen sich nur für größere Anlagen. Nicht einmal die strauchigen Typen können wegen ihres breiten

Abb. 145 Blätter *Aesculus*
a) *A. glabra*, *A. mississippiensis*, *A. parviflora*, *A. pavia*;
b) *A.* × *carnea* 'Briotii';
c) *A. hippocastanum* 'Laciniatum';
d) *A. hippocastanum* 'Digitata'
(Quadrat 1 × 1 cm)

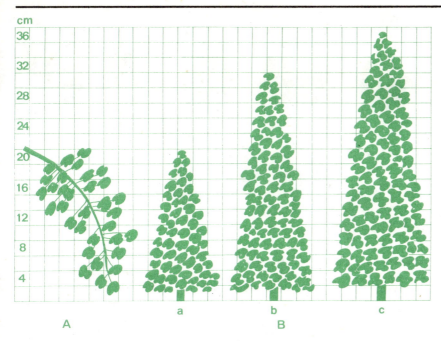

Abb. 147 Blütenstand *Aesculus*

A) schütter und hängend
A. × *mutabilis* var. *penduliflora*

B) dicht, kegelförmig aufrecht
a)
A. arguta,
A. × *carnea*,
Sorten außer 'Briotii',
A. × *mutabilis*, Varietäten außer var. *penduliflora*,
A. woerlitzensis;
b)
A. × *carnea* 'Briotii',
A. × *dallimorei*,
A. hippocastanum, Sorten,
A. parviflora,
A. × *plantierensis*,
A. turbinata;
c)
A. chinensis,
A. wilsonii

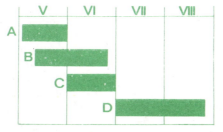

Abb. 148 Blütezeit *Aesculus*

A)
A. arguta,
A. × *arnoldiana*,
A. × *bushii*,
A. × *carnea*,
A. chinensis,
A. × *dallimorei*,
A. glabra,
A. × *marylandica*,
A. mississippiensis,
A. × *plantierensis*,
A. splendens,
A. wilsonii;

B)
die meisten Arten, Sorten, Varietäten und Formen

C)
A. × *dupontii*,
A. pavia,
A. turbinata;

D)
A. parviflora

Wuchses für kleinere Gärten empfohlen werden. Alle baumartigen *Aesculus*-Arten sind für solitäre Pflanzung, lockere Gruppen und Alleen verwendbar. Für Straßenalleen eignen sich besonders die schmaler wachsenden Typen („Pyramidalis", „Crispa" und „Umbraculifera I"). Der „Hippocastanum-Typ" eignet sich ebenfalls, aber selbstverständlich nur bei ausreichend großen Verkehrsräumen (die Krone sollte möglichst nicht über die Straße ragen, da Äste älterer Bäume ziemlich brüchig werden). Zur Straßenbepflanzung sollten nur sterile oder wenig fruchtende Bäume von *A. hippocastanum* 'Baumannii', *A. h.* 'Schirnhoferi' und *A.* × *plantierensis* (keine Verkehrsgefährdung durch fallende Früchte) verwendet werden. Auch die große Laubmenge während des herbstlichen Blattfalles ist ein wichtiger Grund für eine begrenzte Verwendung von *Aesculus* an stark frequentierten Straßen.

Der „Hippocastanum-Typ" eignet sich mit seinen rundlichen hochovalen Kronen sehr gut für natürliche Partien und auch zur Pflanzung in der Nähe ähnlich (rundlich) gestalteter Gebäude. Normal wachsende sowie geschnittene Wände und Kulissen verdecken ausgezeichnet, auch Lärm und Staub wird gut abgefangen. Das helle bis dunkle Grün der Belaubung ist ein neutraler Hintergrund für auffallender gefärbte Vorpflanzungen von Gehölzen oder Blumen. Zur Blütezeit gehören die *Aesculus*-Arten zu den attraktivsten Gehölzen. Die ausgeprägte gelbe Herbstfärbung können wir mit rötlich färbenden „japanischen Ahornen" (meist ebenfalls rundliche Kronen) oder *A. ginnala* u. a. kombinieren. Eine leuchtendgelb gefärbte Roßkastanie sieht vor einem dunklen Hintergrund von Nadelgehölzen (z. B. erwachsene *Taxus*) oder im habituellen Kontrast zu einigen zypressenartigen Nadelgehölzen sehr schön aus. Die strauchigen Arten pflanzen wir nicht in Anlagen mit begrenzter Fläche oder in Steingärten (nur wenn diese wirklich ausgedehnt sind); da sie sich durch Ausläufer stark ausbreiten, eignen sie sich nur für größere Flächen (Bodendecker, Rasen), in Wegnähe, an Wegkreuzungen usw. *Aesculus* können vom Tiefland bis ins Mittelgebirge gepflanzt werden (*A. hippocastanum* auch in höheren Lagen). *A.* × *carnea* ist für höhere Lagen ungeeignet.

Aethionema R. Br. – Steintäschel *(Cruciferae)*

Kleine Polsterpflanzen; viele Arten sind einjährig; die Stauden und halbstrauchigen Arten eignen sich als Steingartenpflanzen. Nur wenige der 55 bekannten Arten (Mittelmeergebiet und Südeuropa) können wir zu den Halbsträuchern zählen: *A. coridifolium* Dc., *A. grandiflorum* Boiss. et Hohen. ex Boiss., *A. iberideum* (Boiss.) Boiss. und *A. pulchellum* Boiss. et Huet. Die Pflanzen werden 10–15 cm hoch, Blätter grau oder grün, nadelförmig, Blüten ähnlich denen von *Iberis*, rosa, rot, weiß oder auch gelb. Sie bewähren sich besonders in Steingärten in sonnigen Lagen, auf sandig-lehmigen, kalkreichen Böden. Im Winter braucht *Aethionema* einen Schutz vor Feuchtigkeit und Nässe. Zu lange Triebe können wir nach einigen Jahren kürzen.

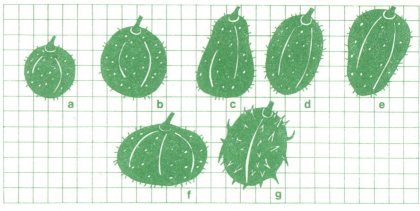

Abb. 149   Früchte *Aesculus*
a) *A.* × *carnea*, *A.* × *neglecta*, *A. wilsonii*;
b) *A.* × *dupontii*, *A. glabra*, *A. hybrida*, *A. octandra*, *A. splendens*;
c) *A. turbinata*;
d) *A. pavia*;
e) *A. parviflora*;
f) *A. chinensis*;
g) *A. hippocastanum*
(Quadrat 1 × 1 cm)

Ailanthus Desf. – Götterbaum *(Simaroubaceae)*

Sommergrüne Bäume, 15 Arten in Ost- und Südasien sowie Nordaustralien. Wuchs sehr robust und schnell, in den ersten 10 Jahren erreicht *Ailanthus* bis 10 m, in 20 Jahren 15–18 m und in 30 Jahren etwa 25 m Höhe. Die Krone der Bäume ist meist weit ausgebreitet, manchmal fast schirmförmig bis breit überhängend. Zierwert: Blätter (V–X), Fruchtstand (VIII–IX).

Habitustypen

„Vilmoriniana-Typ": Baum mit breit länglich, luftig und etwas ungleichmäßig, dachartig gestalteter Krone; Äste, Zweige und auch Blätter waagerecht abstehend, im Unterteil der Krone etwas hängend (Abb. 150 A),

„Altissima-Typ": unterscheidet sich vom vorigen lediglich durch eine breitere Krone und einen meist mehrstämmigen Stamm (Abb. 150 B),

Textur

Luftig bis aufgelockert, mit fächerartig angeordneten Blättern; exotischer Gesamteindruck. Reiche und auffallende Blütenstände, später auch Fruchtstände sorgen für ein wirkungsvolles Beleben der ziemlich starren und scharf gezeichneten Krone. Konturen etwas ungleich, durchsichtig.

Laub

Blätter wechselständig, gefiedert, 40 bis 60 cm lang (manchmal bis 1 m – *A. giraldii*, *A. vilmoriniana* und *A. altissima* 'Pendulifolia'). Färbung hell-

Wissenschaftlicher Name	Deutscher Name	Natürliche Verbreitung bzw. Entstehungsort	Frosthärte
● *A. altissima* (MILL.) SWINGLE (Abb. 139 c)		China, N-Amerika	++
f. *erythrocarpa* (CARR.) REHD.		China	++
var. *sutchuenensis* (DODE) REHD. et WILS.		W-Hupeh, Szetschuan	++
A. giraldii DODE		Szetschuan	++
var. *duclouxii* (DODE) REHD.		Szetschuan	++
A. glandulosa DESF. = *A. altissima*			
A. vilmoriniana DODE		W-Hupeh	++

Abb. 150
A) Typ „vilmoriniana"
A. giraldii,
A. g. var. *duclouxii*,
A. vilmoriniana

B) Typ „altissima"
● *A. altissima*,
A. a. 'Aucubaefolia',
f. *erythrocarpa*,
'Pendulifolia',
var. *sutchuenensis*,
'Tricolor'

grün, manchmal etwas grau, im Herbst mit rötlichem Hauch.

Blüte und Blütenstand

Blüten klein, polygam, 5zählig, grünlich, mit Mäusegestank, in großen, dekorativen und endständigen Rispen zusammengestellt (bei *A. altissima* 10 bis 20 cm lang). Blütezeit bei allen angeführten *Ailanthus*-Arten: VI–VII. Erste Blüte etwa im Alter von 10 bis 15 Jahren.

Frucht und Fruchtstand

Frucht sitzt in der Mitte eines auffallend rötlichen Flügels (Gesamtlänge 4 bis 5 cm). Früchte in ungewöhnlich großen, gefärbten Fruchtständen zusammengestellt, die besonders zum Ende des Sommers sehr attraktiv wirken (Reife im Oktober); am Baume haften sie bis in das Frühjahr oder sogar bis zur neuen Blüte.

Stamm und Wurzelsystem

Stamm meist schwächer, manchmal auch stärker, Rinde bleibt glatt, hellbraun, später zerspringt sie an einigen Stellen, so daß sich längliche, hellgraue Spalten bilden. Die *Ailanthus*-Arten haben eine gut ausgebildete Pfahlwurzel, Nebenwurzeln sind lang und dick; in dem dichten Geflecht kleinerer Wurzeln befinden sich Adventivknospen, die das Heranwachsen zahlreicher Ausläufer ermöglichen. Bäume sind im Boden meist gut verankert, bei Stürmen und höherer Bodenfeuchtigkeit können sie aber umstürzen.

Ansprüche

Ailanthus-Arten lieben Licht und Wärme, manchmal gedeihen sie ebenfalls im leichten Halbschatten und in rauheren Lagen, wo aber (besonders bei größerer Feuchtigkeit) die jungen

Triebe oft vom Frost beschädigt werden. An den Boden stellen sie keine besonderen Ansprüche und sind sehr anpassungsfähig. Wachsen in leichten und schweren, trockenen oder feuchten, durchlässigen und sogar schotterigen Böden. Gedeihen auch in biologisch untätigen Böden (Halden, Schutthaufen usw.). In zu windigen Lagen können die etwas brüchigen Äste brechen. Groß ist die Widerstandsfähigkeit gegenüber Immissionen, Sonnenhitze und Trockenheit (ideales Gehölz für Stadtklima). Unter Wildverbiß leiden die Bäume nicht.

Pflege

Pflanzung und Pflege die gleiche wie z. B. bei *Fraxinus*. An die Pflege stellen *Ailanthus*-Arten minimale Ansprüche. Schnitt beschränkt sich nur auf Entfernung frostbeschädigter Äste und Behandlung beschädigter, zusammengebrochener Kronen (Wind, Schnee). Die Regenerationseigenschaften sind sehr gut. Unter Krankheiten und Schädlingen leiden sie selten. Lediglich die *Verticillium*-Welke kann manchmal zum Absterben der Gehölze führen. Entfernen und Vernichten befallener Pflanzen sowie Flächenwechsel bei Neupflanzung sind die Bekämpfungsmaßnahmen. Da Bäume sehr schnell heranwachsen, hat ein Umpflanzen älterer Exemplare keine große Bedeutung.

Verwendung

Ein sehr ausgeprägtes und auffallendes Solitärgehölz. Eignet sich für Rasenflächen, gepflasterte Stellen (Terrassen, Straßen, Gehsteige), für extreme Bedingungen verschiedener mit Gebäuden umgebener Höfe usw. *Ailanthus* kommt in breiten Straßen auch als Alleebaum (besonders in Industriegebieten) oder in Gruppen gut zur Geltung; es ist ein Piongehölz für

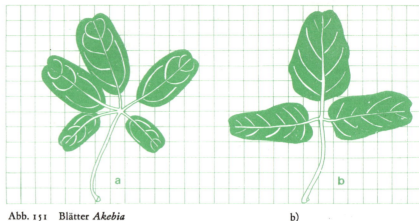

Abb. 151 Blätter *Akebia*
a) *Akebia quinata*;
b) *A. trifoliata*, Varietäten
(Quadrat 1 × 1 cm)

trockene, steilere Abhänge und unfruchtbare Böden (Halden usw.). Sein eleganter, etwas exotischer Habitus wirkt in der Nähe moderner Bauten sehr gut. Für kleinere Anlagen und Gärten eignet er sich nicht.

Akebia DECNE. – Akebia *(Lardizabalaceae)*

Sommer- bis halbimmergrüne Schlinggehölze, in Kultur zwei Arten und deren Bastard, beheimatet in Japan und China: *A.* × *pentaphylla* (MAK.) MAK., *A. quinata* (HOUTT.) DECNE. (Abb. 139 d) und *A. trifoliata* (THUNB.) KOIDZ. Alle drei sind fein und zierlich gestaltete Lianen, die ersten zwei werden 5–10 m hoch, während *A. trifoliata* und deren Varietäten var. *australis* (DIELS) REHD. und var. *clematifolia* ITO nur 1–6 m erreichen. Blätter je nach Art 3–5zählig, in milden Wintern teilweise immergrün, dunkelgrün (Abb. 151). Blüten verschiedengeschlechtlich mit Robinienduft, violettbraun *(A. quinata)* oder hellpurpurfarben *(A. trifoliata)*, in schmalen Trauben, die unscheinbar im Laub versteckt sind. Blütezeit: Mai. Frucht eine eßbare, gurkenartige Beere; kommt in Mitteleuropa selten vor.

Die Akebien sind anspruchslos und im allgemeinen frosthart (nur in der Jugend und in exponierten Lagen manchmal Frostschäden), vertragen Trockenheit, wachsen in voller Sonne und auch im Halbschatten. Eignen sich zur Bekleidung kleiner Lauben, zierlicher Pergolen, Wänden (haben keine Haftscheiben, so daß sie Stützen brauchen – Gitter, Draht usw.). Wirken insbesondere durch ihre dichte, kompakte und dunkelgrüne Belaubung.

Wissenschaftlicher Name	Deutscher Name	Natürliche Verbreitung bzw. Entstehungsort	Frosthärte
A. × *aschersoniana* CALL.			
A. *cordata* (LOISEL) DUBY	Herzblättrige Erle, Italienische E.	Korsika, Albanien, S-Italien	++
A. *crispa* (AIT.) PURSH	Amerikanische Grün-Erle	Labrador – N-Carolina	++
var. *mollis* (FERN.) FERN.		Labrador – N-Carolina	++
A. × *elliptica* REQUIEN		Korsika	++
A. *firma* S. et Z.	Steifblättrige Erle	Japan	++
var. *hirtella* FRANCH. & SAV.		Japan	++
A. *fruticosa* RUPR.	Strauch-Erle, Sibirische Grün-E.	Sibirien	++
● A. *glutinosa* (L.) GAERTN. (Abb. 139 e)	Schwarz-Erle, Rot-E.	Europa – Kaukasus, Sibirien, N-Afrika	++
var. *barbata* (C. A. MEY.) LEDEB.		Kaukasus, Iran	++
var. *denticulata* (C. A. MEY.) LEDEB.		Kleinasien, Kaukasus	++
f. *graeca* CALL.		Griechenland	++
f. *parvifolia* (KTZE.) CALL.		Europa – Kaukasus	++
A. *hirsuta* (SPACH) RUPR.	Färber-Erle	Japan, Sachalin	++
var. *sibirica* (SPACH) C. SCHN.		Sibirien	
● A. *incana* (L.) MOENCH	Grau-Erle, Weiß-Erle	Europa, Kaukasus, Kamtschatka, Korea	++
f. *blyttiana* CALL.		Finnland, Norwegen	++
var. *hypochlora* CALL.		Finnland – Italien	++
f. *microphylla* CALL.		wie die Art	++
f. *parvifolia* REGEL		Finnland	++
A. *japonica* (THUNB.) STEUD.	Japanische Erle	Japan, Korea, Mandschurei	++
var. *koreana* CALL.		Korea	++
var. *minor* MIQ.		Japan	++
A. *jorullensis* H. B. K.		Mexiko	++
A. × *koehnei* CALL.			++
A. *lanata* DUTHIE		Szetschuan	++
A. *maritima* (MARSH.) MUHL.	Strand-Erle	Delaware – Oklahoma	++

Alnus MILL. – Erle *(Betulaceae)*

Sommergrüne Bäume oder Sträucher, die in etwa 30 Arten vorwiegend in der nördlichen temperierten Zone verbreitet sind. Die typischen baumartigen, robusten Erlen wachsen ziemlich schnell, z. B. erreichen *A. glutinosa* und ähnliche Arten in 10 Jahren 6 bis 10 m Höhe, niedriger bleibende Baumarten dagegen nur etwa 4 m (*A. firma, A. maritima, A. oblongifolia* u. a.). Strauchige Arten wachsen noch langsamer. Erlen bilden nur ausnahmsweise breit ausladende Kronen; meist sind sie länglich aufstrebend oder wenn breit, dann aber ziemlich hoch gestaltet.
Zierwert: Blätter (V–XI), Blüten (II bis III), Früchte (XI–III)

Habitustypen

„Glutinosa-Typ": baumartiger Typ mit geradem Stamm, der sich bis in den Kronengipfel erstreckt; Krone breit länglich eiförmig, manchmal bis eiförmig, mitteldicht und mehr oder weniger waagerecht verzweigt (Abb. 152),
„Japonica-Typ": Bäume ähnlich dem vorigen Typ, Krone aber mehr kegelförmig zugespitzt, breit und dicht (Abb. 153 A),
„Pyramidalis-Typ": breit aufstrebender Baum, von unten bis oben fast gleichmäßig breit, Äste alle aufrecht, dicht geordnet (Abb. 153 B),
„Pendula-Typ": Baum mit breit verlängerter Krone und ungleichmäßig kaskadenförmig hängenden Zweigen; Hauptäste bogig, aber waagerecht abstehend (Abb. 154 C),
„Rugosa-Typ": breit strauchiges Bäumchen, ungleich locker gestaltet, leicht auseinanderfallend, oft mit mehreren Stämmchen (Abb. 154 B),
„Tenuifolia-Typ": Bäumchen mit ge-

radem Stamm und gleichmäßig halbkugeliger, mitteldichter Krone (Abb. 154 A),
„Viridis-Typ": breit ausladender Strauch mit aufstrebenden Ästen, Konturen ungleich durchsichtig (Abb. 155 B),
„Repens-Typ": niedriger, breit und flach niederliegender bis ausläufertreibender Strauch (Abb. 155 A),

Textur

Bei allen Typen und Arten grob halblocker bis locker, beim „Pendula-Typ" und „Pyramidalis-Typ" etwas dichter und undurchsichtiger. Der Gesamteindruck ist wegen der dunkleren Ausfärbung schwerer, aber insgesamt schön rundlich geordnet. Eine lockere Textur hat der rundlich strauchige „Viridis-Typ".

Laub

Blätter wechselständig, gesägt oder gezähnt, verschieden groß und am häufigsten eiförmig, herz-eiförmig, länglich oder auch verschiedenartig gelappt oder eingeschnitten (Abb. 156). Nervatur meist sehr auffallend und gleichmäßig.

Blattfarbe
Hellgrün
A. aschersoniana, A. crispa, A. c. var. *mollis, A. firma, A. f.* var. *hirtella, A. fruticosa, A. jorullensis, A. pendula, A. sinuata, A. tenuifolia* var. *virescens, A. viridis, A. v.* var. *brembana* 'Grandiflora', 'Laciniata', 'Microphylla', f. *mollis,* var. *repens.*
Graugrün
die meisten Arten und Sorten, die bei den Habitustypen angeführt sind.
Dunkelgrün
A. hirsuta, A. h. var. *sibirica, A. japonica* var. *koreana, A. maximowiczii, A.* × *pubescens, A. oregona, A. o.* 'Pinnatisecta', *A.* × *silesiaca, A.* × *spectabilis, A. subcordata, A. tenuifolia, A. t.* var. *occidentalis.*

Wissenschaftlicher Name	Deutscher Name	Natürliche Verbreitung bzw. Entstehungsort	Frosthärte
A. matsumurae CALL.		Hondo	++
A. maximowiczii CALL.		Japan, Sachalin	++
A. nitida (SPACH) ENDL.		Indien, Himalaja	++
A. oblongifolia TORR.		Arizona – Kalifornien	++
A. oregona NUTT.	Rot-Erle, Oregon-E.	N-Amerika	++
A. orientalis DECNE.		Syrien, Zypern	++
A. pendula MATSUM.	Hängeerle	Japan	++
A. × *pubescens* TAUSCH		Europa	++
A. × *purpusii* CALL.		USA	++
A. rhombifolia NUTT.	Weiß-Erle	W-USA	++
A. rubra BONG. non MARSH. = *A. oregona*			
A. rugosa (DUROI) SPRENG.	Runzelblättrige Erle	N-Amerika	++
var. *americana* (REGEL) FERN.		N-Amerika	++
f. *emersoniana* FERN.		Massachusetts	++
A. serrulata (AIT.) WILLD.	Hasel-Erle	N-Amerika	++
A. × *silesiaca* FIEK		SW-Polen	++
A. sinuata (REGEL) RYDB.	Sitka-Erle	Alaska – Kalifornien	++
A. × *spaethii* CALL.		ehemaliges Arboretum Späth	++
A. × *spectabilis* CALL.		? (1904)	++
A. sitchensis SARG. = *A. sinuata*			
A. subcordata C. A. MEY.	Kaukasus-Erle	Kaukasus, Iran	++
A. tenuifolia NUTT.		Westliches N-Amerika	++
var. *occidentalis* (DIPP.) CALL.		Britisch-Kolumbien – Oregon	++
var. *virescens* (WATS.) CALL.		NW-Amerika	++
● *A. viridis* (CHAIX) DC.	Grün-Erle	M- u. SO-Europa	++
var. *brembana* (ROTA) CALL.		Tirol – N-Italien	++
f. *mollis* (BECK) CALL.		Bayern – Italien	++
var. *repens* (WORMSK.) CALL.		Grönland	++

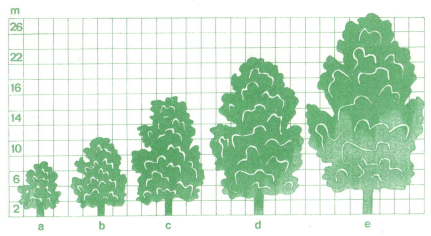

Abb. 152 Typ „glutinosa"
a)
A. firma (manchmal);
b)
A. × *aschersoniana*,
A. firma var. *hirtella*,
A. maritima,
A. oblongifolia;
c)
A. cordata,
A. c. 'Purpurea',
A. incana 'Angustissima',
A. i. 'Arcuata',
'Aurea',
'Bolleana',
'Chamaedryoides',
'Dalecarlica',
'Lobata',
f. *parvifolia*,
'Pinnata',
'Pinnatipartita',
'Semipinnata',

'Variegata',
A. jorullensis,
A. orientalis,
A. × *purpusii*,
A. rhombifolia;
d)
A. × *elliptica*,
● *A. glutinosa* 'Aurea',
A. hirsuta,
A. h. var. *sibirica*,
● *A. incana*,
A. i. 'Angermannica',
f. *blyttiana*,
'Coccinea',
'Falunensis',
var. *hypochlora*,
● 'Laciniata',
f. *microphylla*,
'Orbicularis',
'Oxyacanthoides',
var. *vulgaris*,
A. × *koehnei*,

A. lanata,
A. matsumurae,
A. × *silesiaca*,
A. × *spaethii*;
e)
A. × *elliptica* 'Itolanda',
● *A. glutinosa*,
A. g. 'Angustiloba,
var. *barbata*,
var. denticulata,
f. *graeca*,
● 'Laciniata',
'Lobulata',
'Maculata',
f. *parvifolia*,
'Quercifolia',
A. nitida,
A. × *pubescens*,
A. rhombifolia

Glänzend dunkelgrün
A. cordata, A. × *elliptica, A.* × *e.* 'Itolanda', *A. glutinosa, A. g.* 'Angustiloba', var. *barbata*, var. *denticulata*, f. *graeca*, 'Imperialis', 'Incisa', 'Lacera', 'Laciniata', 'Lobulata', 'Minutifolia', f. *parvifolia*, 'Pyramidalis', 'Quercifolia', 'Rubrinerva' (die Nervatur dunkelrot), *A. japonica, A. j.* var. *minor*, *A. maritima, A. nitida, A. oblongifolia*, *A. orientalis, A. rhombifolia, A.* × *spaethii*.

Braunpurpur
A. cordata 'Purpurea' (beim Austrieb).
Gelblich
A. glutinosa 'Aurea', *A. incana* 'Aurea', *A. i.* 'Coccinea' (Rinde der Triebe rötlich).
Gelb gefleckt
A. incana 'Bolleana'.
Weißlich gefleckt
A. glutinosa 'Maculata', *A. incana* 'Variegata'.

Erlenblätter bleiben lange in den Herbst grün, so daß sie zwischen den früher färbenden Laubgehölzen mit ihrem meist dunklen Grün auffallen (manche Arten werden im Herbst braun – *A. incana* u. a.).

Blüte und Blütenstand

Alnus-Arten haben zweierlei Blüten. Männliche sind in längeren, hängenden Kätzchen vereinigt, weibliche in eiförmig-kürzeren und aufrechten Kätzchen. Erscheinen vor oder zugleich mit den Blättern, sind anfangs rotbraun, später grün. Die einzelnen Arten blühen 1–2 Monate, ab März, manche dann mit einer sommerlichen Pause auch im Herbst, bis November (Abb. 157). Zum erstenmal blühen die meisten Erlen etwa im Alter von 6 bis 15 Jahren, in dichterem Pflanzenbestand noch etwas später.

Frucht und Fruchtstand

Frucht ein Nüßchen, in dunkelbraunen, holzigen Zäpfchen zusammengestellt. Zäpfchen langgestielt und verzweigt, durchschnittlich 2 cm lang und etwa 1 cm dick; bleiben auf dem Baum das ganze Jahr und sind mit dem ganzen Fruchtstand zusammen gut erkennbar (besonders in den laublosen Wintermonaten). Mit ihrer dunklen Färbung unterstreichen die Fruchtstände den dunklen Charakter der ganzen Krone.

Stamm, Äste und Wurzelsystem

Stämme wachsen meist gerade bis in die Kronenspitze hinein. Junge Rinde grüngrau bis grünbraun (manchmal hellgrau – *A. incana*), im Alter dunkelgrün bis schwarzbraun (bei *A. nitida* bzw. bei *A. glutinosa* schwärzlich), oft gefurcht. Stämme erwachsener Bäume mit ihrer Geradheit und Ausfärbung ziemlich auffällig. Bei *Al-*

nus hat die Farbe der Einjahrstriebe und jüngeren Zweige – besonders im laublosen Zustand – eine gewisse Bedeutung. Bei manchen Arten und Kreuzungen fällt diese Färbung besonders auf.

Rindenfarbe:
Hellgrau
A. incana
Graugelb
A. lanata.
Gelb
A. incana 'Aurea' (ausdauernd leuchtendgelb).
Gelbbraun
A. matsumurae, A. nitida.
Graubraun
A. firma.
Hellbraun
A. maximowiczii, A. × *spectabilis.*
Dunkelbraun
A. pendula, A. × *purpusii, A. rugosa.*
Braunrot
A. cordata, A. fruticosa, A. oblongifolia, A. orientalis.
Rötlich
A. hirsuta.
Orangerot
A. incana 'Coccinea', *A. maritima* (manchmal braunrot).
Dunkelrot
A. rubra.
Purpurbraun
A. cordata 'Purpurea'.

Wurzelsystem meist sehr mächtig, in tieferen Böden dringt die lange Pfahlwurzel bis in die tieferen Schichten, in flachen ist das ganze Wurzelsystem unter der Erdoberfläche reich verzweigt. Die Bäume sind immer gut verankert und festigen die Ufer. Die feineren Wurzeln können mit Hilfe von Strahlenpilzen Stickstoff aus der Luft aufnehmen (Symbiose).

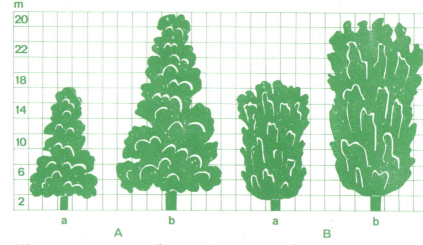

Abb. 153
A) Typ „japonica"
a)
A. jorullensis (manchmal),
A. × *purpusii* (manchmal);
b)
A. japonica,
A. j. var. *koreana,*
var. *minor,*
A. × *spectabilis*
B) Typ „pyramidalis"
a)
A. oregona, A. o. 'Pinnatisecta';
b)
A. glutinosa 'Pyramidalis'

Abb. 154
A) Typ „tenuifolia"
A. tenuifolia,
A. t. var. *occidentalis,*
var. *virescens*

B) Typ „rugosa"
A. glutinosa 'Imperialis',
A. g. 'Incisa',
'Lacera',
● 'Laciniata',
A. maximowiczii,

A. pendula,
A. rugosa,
A. serrulata,
A. sinuata

C) Typ „pendula"
● *A. incana* 'Pendula'

Ansprüche

Alnus-Arten wachsen sehr gut auf hellen Standorten, passen sich jedoch gut an, so daß sie auch im Halbschatten gedeihen, manche sogar im tieferen Schatten (z. B. *A. incana*, außer der Sorte 'Aurea', die sich nur bei guten Lichtverhältnissen schön ausfärbt, weiterhin *A. viridis* u. a.). Alle angeführten Arten oder Kreuzungen sind unter mitteleuropäischen Bedingungen winterhart. Einige Arten (*A. glutinosa* usw.) gehören zu denjenigen Gehölzen, welche die höchste Bodenfeuchtigkeit und vorübergehende Überschwemmungen vertragen (ausgenommen *A. incana*, *A. viridis* u. a.). Brauchen nahrhafte Böden; jedoch auch auf grundwasserfernen Standorten gedeihen sie (*A. glutinosa*, *A. nitida* usw.). Da sie in der Lage sind, mit Hilfe von Mikroorganismen Luftstickstoff zu binden, zählen sie zu den hervorragend geeigneten Pionierholzarten. Die meisten lieben Kalk im Boden (außer *A. glutinosa*). Viele angeführte Arten vertragen unreine Luft, *A. glutinosa* und *A. incana* sind nach RANFT und DÄSSLER gegen SO_2 jedoch empfindlich.

Abb. 156 Blätter *Alnus*
a) *A. glutinosa*, die meisten Sorten, *A. hirsuta*, *A. matsumurae*;
b) *A. incana*, *A.* × *pubescens*, *A. rhombifolia*, *A. oregona*;
c) *A. maximowiczii*;
d) *A. tenuifolia*;
e) *A.* × *koehnei*,
f) *A. subcordata*;
g) *A. japonica*, *A.* × *spectabilis*;
h) *A. pendula*, *A.* × *spaethii*;
i) *A. cordata*, *A. orientalis*;
j) *A. maritima*, *A. rugosa*;
k) *A.* × *purpusii*;
l) *A. firma*;
m) *A. crispa*, *A. elliptica* (manchmal auch größere Blätter), *A. fruticosa*, *A. viridis*;
n) *A. glutinosa* 'Laciniata', *A. incana* 'Laciniata';
o) *A. glutinosa* 'Imperialis' (Quadrat 1 × 1 cm)

Pflege

Pflanzung und weitere Pflege wie bei *Acer*. Schnitt wird sehr gut vertragen, so daß geformte Hecken und Wände in der Vegetationsruhe und wenn notwendig noch im Sommer geschnitten werden können. Bei schnell und gut heranwachsenden Arten (*A. glutinosa*, *A. incana*) hat ein Umpflanzen älterer Exemplare keine Bedeutung; bei selteneren Arten und Sorten können ohne Komplikationen 15–30jährige Pflanzen umgepflanzt werden. An *Alnus* kommen die Kräuselkrankheit (ab Knospenschwellen mit Kupfer- und Captan-Präparaten zu bekämpfen), Zweigsterben (kranke Zweige ins gesunde Holz zurückschneiden) und Echter Mehltau (Bekämpfung siehe *Acer*) vor. Tierische Schaderreger sind Erlenblattfloh, Erlenblattwespe, Erlenblattkäfer und Erlenrüßler. Zur Bekämpfung gegen Erlenblattfloh Dimethoat- oder Parathion-Präparate und gegen die weiteren Schädlinge neben diesen Mitteln auch Lindan-, Carbaryl- oder Trichlorfon-Präparate einsetzen. Unter Wildverbiß leiden sie nicht.

Verwendung

Bäume und auch viele strauchartige Typen eignen sich wegen ihrer größeren Dimension nicht für kleinere Anlagen und Gärten – der Zierwert ist meist auch nicht sehr groß. Einzigartig kommen die *Alnus*-Arten in größeren Parkanlagen und Landschaftsgestaltungen zur Geltung, hauptsächlich beim Begrünen von Uferstreifen und beim Befestigen extremer Abhänge (*A. incana*, *A. viridis*); manchmal auch als Alleebäume (besonders der „Pyramidalis-" und „Japonica-Typ"). Die Typen „Pendula", „Pyramidalis", „Japonica" und auch „Glutinosa", „Rugosa" und „Tenuifolia" können in größeren Kompositionen sehr wirkungs-

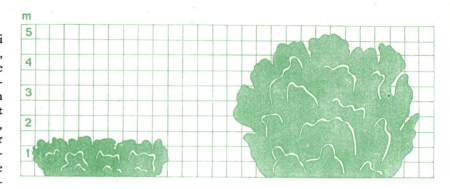

Abb. 155
A) Typ „repens"
A. crispa,
A. c. var. *mollis*,
A. firma,
A. incana 'Monstrosa',
A. viridis var. *brembana*,
A. v. var. *repens*

B) Typ „viridis"
A. fruticosa,
A. glutinosa 'Incisa',
A. g. 'Lacera',
'Minutifolia',
A. japonica,
A. maritima,
A. maximowiczii,
A. rugosa,
A. r. var. *americana*,
f. *emersoniana*,

'Tomophylla',
A. serrulata,
A. sinuata,
● *A. viridis*,
A. v. 'Grandifolia',
'Laciniata',
'Microphylla',
f. *mollis*

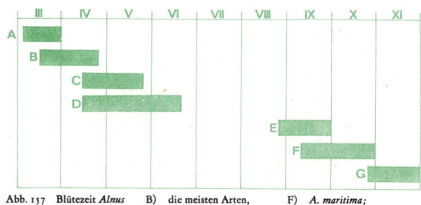

Abb. 157 Blütezeit *Alnus*
A) *A.* × *aschersoniana*,
A. incana,
A. × *koehnei*,
A. × *purpusii*,
A. rhombifolia,
A. oregona,
A. rugosa,
A. tenuifolia;

B) die meisten Arten, Sorten oder Varietäten;

C) *A. crispa*,
A. fruticosa,
A. maximowiczii,
A. viridis;

D) *A. sinuata*;

E) *A. nitida*

F) *A. maritima*;

G) *A. subcordata* (manchmal auch im Dezember)

Abb. 158
a) *Amelanchier ovalis;*
b) *Amorpha fruticosa;*
c) *Ampelopsis brevipedunculata,*
d) *Andromeda polifolia;*
e) *Arctostaphylos uva-ursi*

volle Solitärpflanzen darstellen; die Strauchtypen „Repens" und „Viridis" sind in der Lage, flächig größere Bestände auszubilden. Die mitteleuropäischen Erlen eignen sich sehr gut für Industriegebiete (Halden, verschiedene wenig fruchtbare Böden usw.). Für Gärten können nur einige langsamer wachsende, aber reizvolle hängende, gefiederte oder buntblättrige Sorten empfohlen werden. Zur Verwendung in der Landschaft eignen sie sich von den Niederungen bis ins Mittelgebirge, einige Arten auch für das Hochgebirge (z. B. *A. viridis*).

Amelanchier MEDIK. – Felsenbirne *(Rosaceae)*

Sommergrüne Sträucher, selten kleinere Bäume, etwa 25 Arten, beheimatet in der nördlichen temperaten Zone. Wachsen ziemlich schnell.
Zierwert: Blätter (X–XI), Blüten (III bis VI), Früchte (VI–X).

Habitustypen

„Laevis-Typ": niedriger Baum mit malerisch verlängerter, ausladender und sehr luftiger Krone (Abb. 159),
„Canadensis-Typ": aufrecht wachsender Strauch, luftig gebaut, Äste und Zweiglein alle aufstrebend (Abb. 160 B),
„Ovalis-Typ": niedrige, breit ausladende, in den Konturen fast halbkugelige Sträucher, sehr dicht (Abb. 160 A).

Textur

Die *Amelanchier*-Arten, hauptsächlich der „Laevis-" und „Canadensis-Typ", haben ein lockeres und luftiges, manchmal sogar durchsichtiges Aussehen. Zur Blütezeit wirken die meisten noch

„leichter", obwohl sie dann eigentlich dichter sind. Umgekehrt wird bei einem reichen und auffallenden Fruchtansatz der Gesamteindruck etwas „schwerer". Ältere Sträucher haben oft „kahle Füße", d. h. in den unteren Teilen sind sie so locker, daß die aufrechten Hauptstämmchen des ganzen Strauches zur Sicht kommen.

Laub

Blätter ungeteilt, wechselständig, gestielt, ganzrandig oder scharf gesägt, meist verschieden eiförmig (Abb. 181 unten). Während der Hauptvegetationszeit sind sie grün oder graugrün, im Herbst meist effektvoll gefärbt – auffallend gelb oder rotorange (*A. asiatica*, *A. canadensis*) oder gelblich rot (*A.* × *grandiflora*). Bestes Ausfärben auf trockenen Standorten.

Blüte und Blütenstand

Blüten 5zählig, Petalen schmal lanzettlich, weiß (ausnahmsweise rosig weiß – *A.* × *grandiflora* 'Rubescens', *A. sanguinea* und *A. spicata*), in einfachen Trauben: aufrechte (Abb. 164 B), nickende (Abb. 162) bzw. einzeln oder in Büscheln zu dreien (Abb. 161 A). Dichte und schöne Trauben entstehen meist auf vorjährigen Trieben. Die einzelnen Arten blühen fast 4 Wochen, manchmal noch etwas länger, von März fortschreitend bis zum Juni (Abb. 163). Sommerblüte (Juni) ist sehr wertvoll, da zu dieser Zeit schon viele Frühjahrsgehölze ihre Blüte abgeschlossen haben.

Frucht und Fruchtstand

Beerenartige kleine Apfelfrüchte, meist erbsengroß, mit 4–10 Kernen, oft saftig und süß oder trocken und fad. Eßbar sind hauptsächlich Früchte von: *A. alnifolia*, *A. canadensis*, *A. cusickii*, *A. florida*, *A.* × *grandiflora*,

Wissenschaftlicher Name	Deutscher Name	Natürliche Verbreitung bzw. Entstehungsort	Frosthärte
● *A. alnifolia* (NUTT.) NUTT.	Erlenblättrige Felsenbirne	N-Amerika	++
A. arborea (MICHX. f.) FERN.	Virginische Felsenbirne	N-Amerika	++
A. asiatica (S. et Z.) ENDL. ex WALP.	Asiatische Felsenbirne	Japan, Korea	++
var. *sinica* C. SCHN.		Hupeh, Szetschuan	++
A. bartramiana (TAUSCH) M. ROEM.		Östliches N-Amerika	++
A. basalticola PIPER		Washington	++
A. canadensis (L.) MED.	Kanadische Felsenbirne	Östliches N-Amerika	++
A. canadensis K. KOCH non (L.) MED. = *A. lamarckii*			
A. cusickii FERN.		Westliches N-Amerika	++
A. fernaldii WIEG.		SO-Kanada	++
A. florida LINDL.		N-Amerika	++
var. *humptulipensis* JONES		Washington	++
A. gaspensis (WIEG.) FERN. et WEATHERBY		Kanada	++
A. × *grandiflora* REHD.	Großblumige Felsenbirne	N-Amerika	++
A. humilis WIEGAND = *A. spicata*			
A. interior NIELSEN		Minnesota	++
● *A. laevis* WIEG.	Kahle Felsenbirne	N-Amerika	++
● *A. lamarckii* F.-G. SCHROEDER	Kupfer-Felsenbirne	Östliches Kanada	
A. neglecta EGGLEST.		NO-USA	++
A. obovalis (MICHX.) ASHE		Pennsylvanien – S-Carolina	++
● *A. ovalis* MED. (Abb. 158 a)	Gemeine Felsenbirne, Echte F.	S- u. M-Europa Vorderasien, N-Afrika	++
var. *cretica* (DC.) BEAN.		Griechenland, Kreta	++
var. *integrifolia* (BOISS.) BORNM.		Armenien, Kurdistan	++
A. pallida GREENE		Kalifornien	++
A. sanguinea (PURSH) DC.		N-Amerika	++
A. spicata (LAM.) K. KOCH	Besen-Felsenbirne	N-Amerika	++
A. utahensis KOEHNE		USA	++

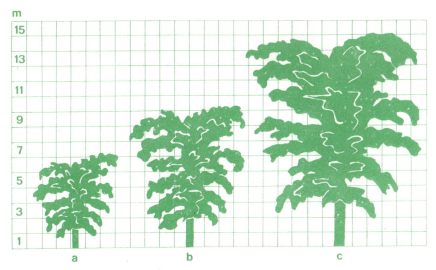

Abb. 159 Typ „laevis"
a)
A. alnifolia,
A. × grandiflora (manchmal),
A. × g. 'Rubescens' (manchmal),
A. utahensis;

b)
A. arborea,
● A. canadensis (manchmal),
A. × grandiflora (manchmal),
A. interior;

c)
A. arborea (manchmal),
A. asiatica,
A. florida,
● A. laevis

A. interior, A. laevis, A. obovalis, A. ovalis, A. sanguinea und A. spicata. Die Fruchtform ist meist kugelig und die Färbung immer dunkel (oft bereift).

Fruchtfarbe:
Blauschwarz
A. asiatica, A. a. var. sinica, A. cusickii (anfangs rot), A. gaspensis.
Purpurfarben
A. arborea.
Purpurrot
A. alnifolia, A. basalticola, A. canadensis, A. fernaldii (anfangs rot), A. × grandiflora, A. × g. 'Rubescens', A. interior, A. laevis, A. neglecta, A. pallida, A. sanguinea, A. spicata und A. utahensis.
Schwarz
A. bartramiana, A. florida, A. f. var. humptulipensis, A. obovalis, A. ovalis, A. o. var. cretica, var. integrifolia.

Einzelne, beerenartige Äpfelchen je nach Typ und Größe des Blütenstandes, in kleinen lockeren Fruchtständen zusammengestellt oder auch zu zweien bzw. einzeln. Die traubenartigen Fruchtstände haben bei *Amelanchier* einen bedeutenden Zierwert und sind auch ein begehrtes Vogelfutter.

Stamm, Zweige und Wurzelsystem

Sträucher und Bäume reich verzweigt, meist dunkelbraun bis schwärzlich. Zweige und Äste in der Belaubung nicht sehr auffallend. Stamm der baumartigen Typen nicht sehr stark, ziemlich gerade und meist mit graubrauner Rinde. Pflanzen haben ein gutes Wurzelsystem und wurzeln auch befriedigend auf exponierten Abhängen. Der „Ovalis-Typ" ist oft ausläufertreibend.

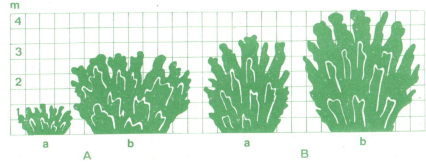

Abb. 160
A) Typ „ovalis"
a)
A. fernaldii, A. gaspensis, A. obovalis;
b)
A. bartramiana, A. cusickii,
● A. laevis (vereinzelt),
● A. ovalis,
A. o. var. cretica,
var. integrifolia, A. spicata

B) Typ „canadensis"
a)
A. alnifolia,
A. asiatica,
A. a. var. sinica,
A. basalticola,
A. interior,
A. neglecta,
A. pallida,
A. sanguinea,
A. utahensis;

b)
● A. canadensis,
A. florida,
A. f. var. humptulipensis,
● A. × grandiflora,
A. × g. 'Rubescens'

Ansprüche

Die meisten *Amelanchier*-Arten lieben volles Licht, aber alle vertragen auch gut Halbschatten. Eine indirekte Belichtung, d. h. Halbschatten, bevorzugen nur einige Arten (z. B. *A. alnifolia, A. canadensis*); diese vertragen auch tieferen Schatten (z. B. auch noch *A. ovalis*). *Amelanchier*-Arten stellen geringe Ansprüche an die Feuchtigkeit und an den Boden (wachsen gut auf trockenen Standorten, z. B. *A. ovalis* auf exponierten felsigen Muschelkalk- und Schieferstandorten). Gedeihen sowohl in schweren als auch leichten Böden. Alle angeführten Arten sind unter mitteleuropäischen Bedingungen frosthart und bei allen wird auch eine befriedigende Widerstandsfähigkeit gegen verunreinigte Luft angegeben. Unter Wildverbiß leiden sie wenig oder überhaupt nicht.

Pflege

Pflanzung im Vorfrühling oder Herbst. An die Pflege sind sie nicht anspruchsvoll. Schnitt wird nur ausnahmsweise notwendig, insbesondere bei der Verjüngung strauchiger Typen (zur Vegetationsruhe). Bedeutsame Krankheiten oder Schädlinge treten nicht auf. Die meisten Arten sind aber Wirtspflanzen verschiedener, mit *Juniperus* wechselnder, Rostpilze, die Blätter und Früchte befallen (in nächster Nähe keine *Juniperus*-Arten kultivieren, vorbeugende Zineb-Behandlungen ab Mai und im Herbst bei *Juniperus*).

Verwendung

Amelanchier-Arten können in gleichartigen oder auch gemischten Gruppen gepflanzt werden. Alle Typen sind zur Blütezeit (z. B. zusammen mit manchen Forsythien) oder bei Herbstfärbung sehr auffallende Solitärgehölze. Ihre Anspruchslosigkeit und Anpassungsfähigkeit machen sie für Pflanzungen in Städten, Industrie- und Neubaugebieten geeignet. Mit ihrem leichten und luftigen Bau wirken sie

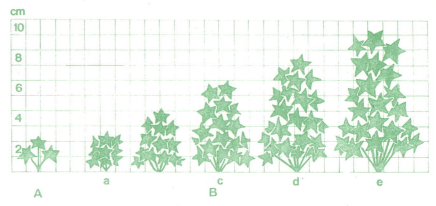

Abb. 161 Blütenstand *Amelanchier*

A) Büschel zu drei Blüten *A. bartramiana*

B) aufrechte Traube
a) *A. fernaldii, A. ovalis* var. *cretica*;
b) die meisten Arten, Varietäten und Sorten
c) *A. asiatica, A. a.* var. *sinica* (nur anfangs), *A. canadensis,*

A. gaspensis, A. interior;
d) *A. florida;*
e) *A. sanguinea*

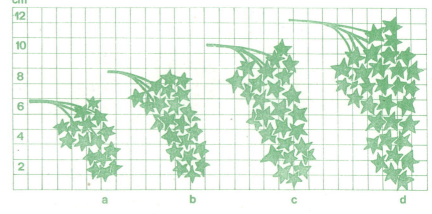

Abb. 162 Blütenstand *Amelanchier* nickende Trauben
a) *A. arborea, A. asiatica, A. a.* var. *sinica;*

b) *A.* × *grandiflora, A.* × *g.* 'Rubescens';
c) *A. sanguinea* (manchmal);
d) *A. laevis*

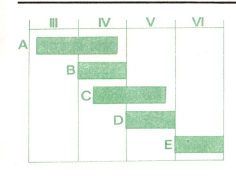

Abb. 163 Blütezeit *Amelanchier*
A) *A. cusickii*;
B) *A. spicata*;
C) *A. canadensis*, *A.* × *grandiflora*;
D) die meisten Arten, Varietäten und Sorten;
E) *A. fernaldii*

in natürlich gestalteten Szenerien sehr gut; eignen sich auch auf sonnigen Abhängen und Felsen (große Alpinen, alte Steinbrüche, Schluchten), als Unterholz unter höheren Bäumen und als Vorpflanzungen vor höheren Kulissen (vor dunklen Nadelgehölzen) und Gruppen. Bei Verwendung in der Landschaft eignen sie sich vom Flachland bis ins Gebirge.

Wissenschaftlicher Name	Deutscher Name	Natürliche Verbreitung	Frosthärte
A. brachycarpa PALMER		Missouri	++
● *A. canescens* PURSH	Bleibusch	N-Amerika	++
A. croceolanata S. WATS.		N-Amerika	++
● *A. fruticosa* L. (Abb. 198 b)	Bastardindigo,	N-Amerika	++
var. *angustifolia* PURSH		Iowa – Montana	++
var. *emarginata* PURSH		wie die Art	++
f. *humilis* (TAUSCH) PALMER		wie die Art	++
var. *tennessensis* (KUNZE) PALMER		SO-USA	++
A. glabra POIRET non BOYNT		N-Carolina – Georgia	++
A. nana NUTT. ex FRAS.	Duft-Bleiindigo	N-Amerika	++
A. paniculata TORR. et GRAY		Texas	++
A. virgata SMALL		Georgia – Mississippi	++

× *Amelasorbus* REHD. – *(Rosaceae)*

Ein Gattungsbastard zwischen *Amelanchier* (Felsenbirne) und *Sorbus* (Eberesche). Gegenwärtig existieren zwei Bastarde: × *A. jackii* REHD und × *A. raciborskiana* WROBLEWSKI. Der erstgenannte ist ein Strauch von etwa 2,5 m Höhe, der zweite weist einen baumartigen Wuchs auf. Blätter länglich oder breit eiförmig, grob gezähnt, in der unteren Hälfte teilweise gefiedert oder gelappt. Blüten in Rispen angeordnet. Früchte zur Zeit nur von × *A. jackii* bekannt (kugelig, erbsengroß, dunkelrot und bläulich bereift). Beide Sippen in Mitteleuropa winterhart. Hauptsächlich botanische Bedeutung, aber × *A. jackii* besitzt ästhetisch wertvolle Blüten und *A.* × *raciborskiana* eine schöne Belaubung. Ansprüche und Verwendung wie bei *Sorbus*.

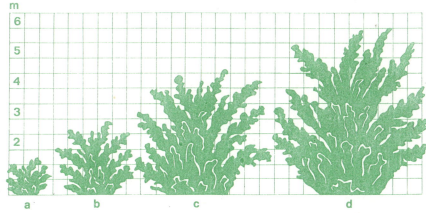

Abb. 164 Typ „fruticosa"
a)
● *A. canescens*,
A. fruticosa f. *humilis*;
b)
A. glabra, *A. virgata*;
c)
A. croceolata,
● *A. fruticosa*,
'Coerulea', 'Crispa',
'Crispa',
var. *emarginata*,
'Lewisii',
A. paniculata;
d)
A. fruticosa var. *angustifolia*,
A. f. var. *tennessensis*

Amorpha L. – Bastardindigo, Bleiindigo *(Leguminosae)*

Sommergrüne Sträucher oder Halbsträucher, seltener Stauden, etwa 15 Arten, die in Nordamerika beheimatet sind, schnell wüchsig.
Zierwert: Blüte (VII–VIII).

157

Habitustypen

„Fruticosa-Typ": lockerer, ungleich ausgebreiteter Strauch mit unregelmäßig, durchsichtig gestellten Zweigen (Abb. 164),
„Pendula-Typ": breiter, locker aufgebauter Strauch mit bogig überhängenden Zweigen (Abb. 165).

Textur

Sehr locker, luftig durchsichtig, fein. Verdeckt nur schlecht. Der Gesamteindruck ist etwas unregelmäßig. Der Hängetyp „Pendula" ist etwas dichter.

Laub

Blätter abfallend, wechselständig, unpaarig gefiedert, Blättchen ganzrandig (Abb. 166 B), meist mattgrün und mit gelblicher Herbstfärbung.

Blüte und Blütenstand

Blüten klein, Krone nur von der Fahne gebildet (Flügel und Schiffchen fehlen), in dichten, endständigen, manchmal zusammengesetzten Trauben (Abb. 166 A).

Weiß
A. fruticosa 'Albiflora'
Purpur
A. croceolanata, A. nana
Blau
A. canescens, A. fruticosa 'Coerulea', *A. glabra.*
Blaupurpur
A. brachycarpa, A. paniculata, A. virgata.
Braunviolett
A. fruticosa, A. f. var. *angustifolia* 'Crispa', var. *emarginata,* f. *humilis,* 'Lewisii', f. *pendula.*

Manche Arten und Sorten blühen fast zwei Monate, fortlaufend von Mai bis August (Abb. 167).

Abb. 165 Typ „pendula"
a) *A. brachycarpa, A. nana;*
b) *A. fruticosa* 'Pendula'

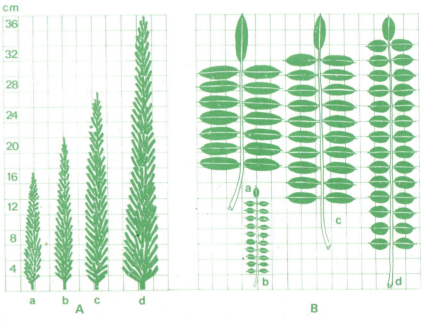

Abb. 166
A) Blütenstand *Amorpha*
a) *A. canescens, A. croceolanata, A. glabra, A. nana* (manchmal kürzer, 5–10 cm), *A. virgata;*
b) *A. fruticosa,* die meisten Sorten;
c) *A. brachycarpa;*
d) *A. paniculata*

B) Blätter *Amorpha*
a) *A. glabra, A. paniculata, A. virgata;*
b) *A. nana;*
c) *A. croceolanata, A. cyanostachya, A. fruticosa;*
d) *A. brachycarpa, A. canescens*
(Quadrat 2 × 2 cm)

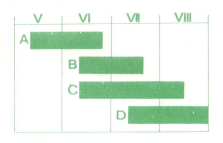

Abb. 167 Blütezeit *Amorpha*
A) *A. glabra;*
B) *A. nana, A. paniculata;*
C) *A. brachycarpa, A. canescens, A. fruticosa, A. virgata;*
D) *A. croceolanata*

Frucht und Fruchtstand

Kurze, unauffällige Hülsen, enthalten meist einen Samen.

Zweige und Wurzelsystem

Zweige locker aufgebaut, dünn, bräunlich. Wurzeln sehr reich und zäh.

Ansprüche

Amorpha-Arten sind anspruchslos und sehr anpassungsfähig. Wachsen gut in voller Sonne, in leichten und schweren Böden, bei Nässe und Trockenheit (besser gedeihen sie auf trockeneren Standorten, auch auf Sand). Besitzen gute Regenerationseigenschaften, in strengen Wintern tritt oft ein Zurückfrieren der Triebspitzen auf, das aber nach Rückschnitt durch starken Neuaustrieb im nächsten Jahr wieder ausgeglichen wird. Verträgt gut Stadt- und Industrieklima.

Pflege

Verlangt keine besondere Pflege. Pflanzung im Herbst oder Vorfrühling. Schnitt geformter Hecken (*A. canescens, A. fruticosa*) im Winter oder Vorfrühling. Leidet nur wenig unter Krankheiten oder Schädlingen. Vereinzelt erscheinen auf den Blättern Echter Mehltau (Bekämpfung siehe *Acer*), eine Blattfleckenkrankheit (Fallaub entfernen und verbrennen, wiederholte Anwendung von Kupfer- oder organischen Fungiziden) und Rost (Bekämpfung siehe *Amelanchier*).

Verwendung

Amorpha-Arten haben keinen großen Zierwert und eignen sich auch nicht als Sichtschutz. Sie sind aber als Pioniergehölze (Symbiose mit Luftstickstoff sammelnden Mikroorganismen) auf extrem trockenen und sonnigen Standorten (z. B. größere Bestände zur Festigung von Abhängen, Rekultivierungsgebiete) gut einsetzbar. Manche auffallende Sorten und Vertreter des „Pendula-Typs" können zu Solitär- oder Gruppenpflanzungen verwendet werden. *Amorpha* kann mit Gehölzen mit lanzettlichen und gefiederten Blättern gut kombiniert werden. Kleinere Sträucher und *A. nana* eignen sich auch für Gärten und größere Stein- sowie Heidegärten. *A. canescens* und *A. fruticosa* können für lockere, hellgrüne, geschnittene Hecken gebraucht werden. Für die Verwendung in der Landschaft eignen sich diese Sträucher für die Ebene und das Hügelland.

Wissenschaftlicher Name	Deutscher Name	Natürliche Verbreitung bzw. Entstehungsort	Frosthärte
● *A. aconitifolia* BGE.	Sturmhutblättrige Scheinrebe	N-China, Mongolei	++
var. *glabra* DIELS		wie die Art	++
A. bodinieri (LÈV. et VENT.) REHD.		M-China	++
var. *cinerea* REHD.		M-China	++
A. brevipedunculata (MAXIM.) TRAUTV. (Abb. 158 c)	Ussuri-Scheinrebe	O-China, Japan, Mandschurei	++
var. *maximowiczii* (REGEL) REHD.		China, Japan, Korea	++
A. chaffanjonii (LÈV.) REHD.		China	++
A. cordata MICHX.		N-Amerika	++
A. delavayana PLANCH.		M-China	++
A. humulifolia BGE.		N-China	++
A. megalophylla DIELS et GILG.	Riesenblättrige Scheinrebe	W-China	++

Ampelopsis MICHX. – Scheinrebe *(Vitaceae)*

Sommergrüne, mit Ranken kletternde, schnellwachsende Sträucher, etwa 20 Arten in Vorder- und Ostasien sowie Nordamerika.
Zierwert: Blätter (V–XII, besonders X–XI), Früchte (IX–X).

Habitus

Sträucher, in manchen Fällen bis 10 m hochkletternd (Abb. 174). Zu den wüchsigsten, wenn auch nicht immer höchsten, gehört *A. megalophylla*.

Textur

Ziemlich dicht, aber dabei luftig bis aufgelockert und bei den großblättrigen Arten manchmal etwas grob.

Laub

Blätter wechselständig, einfach oder zusammengesetzt, sehr langstielig (Abb. 168), oft zierend, besonders vor kontrastreichem Hintergrund.

Laubfarbe:
Hellgrün
A. aconitifolia, A. a. var. *glabra, A. cordata.*
Glänzend grün
A. chaffanjonii, A. humulifolia, A. megalophylla.
Graugrün
A. bodinieri var. *cinerea.*
Dunkelgrün
A. bodinieri, A. brevipedunculata, A. b. 'Citrulloides', var. *maximowiczii, A. delavayana.*
Gelblich weißbunt
A. brevipedunculata 'Elegans'.

Ampelopsis weist (ausgenommen *A. chaffanjonii*) im Herbst keine wirkungsvolle Laubfärbung auf, wie es bei der ähnlichen Gattung *Parthenocissus* (Jungfernrebe) der Fall ist.

Blüte und Blütenstand

Blüten 5zählig, selten auch 4zählig, klein, polygam, unscheinbar grünlich, in langgestielten dichotomisch verzweigten Trugdolden, meist im Laub verborgen und schlecht sichtbar.

Früchte und Fruchtstände

Früchte sind 1- bis 4samige Beeren, meist kugelig, erbsengroß (6–8 mm), in traubenartige Fruchtstände zusammengestellt. Meist sehr dekorativ. Färbung:
Hellgelb: *A. humulifolia* (manchmal bläulich).
Gelborange: *A. aconitifolia* (anfangs bläulich), *A. a.* var. *glabra.*
Violettblau: *A. brevipedunculata* und Sorten, *A. cordata.*
Dunkelblau: *A. bodinieri, A. b.* var. *cinerea.*
Schwarz: *A. chaffanjonii* (anfangs rötlich), *A. delavayana, A. megalophylla.*
Früchte reifen September–Oktober (Abb. 169).

Zweige und Wurzelsystem

Zweige mit unbeschädigter Rinde und auffallenden Lentizellen. Wurzelsystem breit verzweigt.

Ansprüche

Nicht anspruchsvoll. Arten wachsen gut in sonniger, aber auch halbschattiger und sogar schattiger Lage (*A. aconitifolia, A. brevipedunculata* u. a.). In Mitteleuropa sind *Amelopsis*-Arten winterhart, auf wärmeren Standorten mit durchlässigem Boden wachsen sie am besten. In den Bodenverhältnissen sind sie nicht wählerisch. Vertragen Stadtklima.

Pflege

Pflegeansprüche minimal. Nach der Frühjahrs- oder Herbstpflanzung gießen wir einige Male durchdringend. Ältere Exemplare können umgepflanzt werden, was aber überflüssig ist, da Jungpflanzen schnell heranwachsen. Beim Auspflanzen an Stützen (Pflanzen haben nur Ranken und können an Mauern ohne Stütze nicht emporklettern), z. B. an Bäume, müssen wir *Ampelopsis*-Triebe bis zu den ersten Ästen aufbinden, erst dort können sie selbständig weiterklettern (winden). Etwaiger Schnitt wird nur zur Beeinflussung der Wuchsrichtung gebraucht. Krankheiten und Schädlinge können wie bei *Parthenocissus* auftreten. Bisher sind keine Schäden bekannt geworden.

Verwendung

Eignen sich zum schnellen Bewachsen von Pergolen, Lauben und Wänden. Dunkelgrüne Arten kommen auf hellen Wänden eindrucksvoll zur Geltung und umgekehrt hellgrüne auf dunklem Holz. *Ampelopsis* kann Kronen lebender oder abgestorbener Bäume malerisch bewachsen (schöne „Vorhänge" oder „Kuppeln").

Andrachne L. – (*Euphorbiaceae*)

Niedrige Sträucher, Halbsträucher oder auch Stauden, vertreten mit etwa 12 Arten, die in Asien, Afrika und Nordamerika beheimatet sind. Für mitteleuropäische Bedingungen haben begrenzte Bedeutung: *A. colchica* FISCH. et MEY. ex BOISS., *A. cordifolia* (DECNE.) MUELL. und *A. phyllanthoides* (NUTT.) MUELL. ARG. Blätter ganzrandig, wechselständig stumpf, je nach der Art 2–5 cm lang, Blüten klein, gelbgrün, unscheinbar, einhäusig. Dicht verzweigte Sträuchlein werden etwa 1 m hoch. Alle angeführten Arten lieben Sonne und stellen keine besonderen Ansprüche. Als Besonderheit ausgepflanzt finden sie auch in Steingärten oder als Solitärpflanzen in Wegnähe Verwendung.

Abb. 168 Blätter *Ampelopsis*
a) *A. bodinieri*, *A. cordata*;
b) *A. brevipedunculata*, *A. humifolia*;
c) *A. brevipedunculata* 'Elegans' (c_1–c_3);
d) *A. aconitifolia*, *A. brevipedunculata* var. *maximowiczii* (manchmal);
e) *A. delavayana*
(Quadrat 1 × 1 cm)

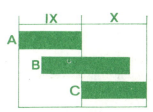

Abb. 169 Zeit der Fruchtreife *Ampelopsis*

A) *A. cordata*;

B) *A. aconitifolia*, *A. brevipedunculata*, *A. chaffanjonii*, *A. delavayana*, *A. megalophylla*;

C) *A. bodinieri*, *A. humulifolia*

Andromeda L. – Gränke, Lavendelheide Rosmarinheide *(Ericaceae)*

Immergrünes, niedriges Sträuchlein, oft kriechend. Zwei Arten wachsen in den kälteren Gebieten der nördlichen Halbkugel.
Zierwert: Blätter (I–XII), Blüten (V bis VI).

Habitustypen

Keine unterscheidbar. Nur die Selektionen 'Minima' und 'Compacta' von *A. polifolia* sind sehr schwach wachsend.

Textur

Ziemlich dicht.

Laub

Linealisch schmal, ganzrandig, wechselständig, spiralförmig angeordnet, immergrün und giftig. Bei *A. polifolia* 'Ericoides' sind die Blätter sehr kurz und schmal.

Blüten und Blütenstand

Einzelne Blüten kugelig krugförmig weißlich oder weißlich rosa, in endständigen, nickenden Dolden vereint (V–VI).

Frucht

Kugelige Kapsel mit 5 Wülsten.

Zweige und Wurzelsystem

Zweige dünn, dicht verzweigt. Oft niederliegend.
Wurzelsystem dicht, mit sehr reich verzweigten, feinen Wurzeln, die gut Ballen halten.

Wissenschaftlicher Name	Deutscher Name	Natürliche Verbreitung bzw. Entstehungsort	Frosthärte
A. glaucophylla Link.		N-Amerika	++
var. *latifolia* (Ait.) Rehd.		N-Amerika	++
● *A. polifolia* L. (Abb. 158 d)	Lavendelheide, Poleigränke	Zirkumpolar, auch Alpen und Karpaten	++

Ansprüche

Moorbeetpflanzen für nasse und feuchte Standorte. In Kultur gedeihen sie auch unter etwas trockeneren Verhältnissen. Verlangen sandig-humosen, frischen Boden und Halbschatten. Beide Arten sind in Mitteleuropa winterhart.

Pflege

Pflanzung und Pflege ähnlich wie bei anderen Moorbeetpflanzen (*Rhododendron, Erica* usw.).

Verwendung

Eignet sich auf feuchteren Stellen im Heidegarten als Besonderheit.

Aralia L. – Aralie *(Araliaceae)*

Sommergrüne Sträucher oder Halbsträucher, selten Bäumchen, meist aber Stauden, insgesamt etwa 35 Arten. Verbreitet in Asien, Nordamerika und Australien. Die hier berücksichtigten holzigen oder halbstrauchigen Arten haben eine starre, meist malerische ungleichmäßige Gestalt.
Zierwert: Blätter (V–XI), Blütenstände (VII–VIII), Früchte (IX–X), Stacheln (bei manchen Arten I bis XII, hauptsächlich XI–III).

Wissenschaftlicher Name	Deutscher Name	Natürliche Verbreitung bzw. Entstehungsort	Frosthärte
A. chinensis L.	Chinesischer Angelikabaum	China	≙, +
var. *dasyphylloides* Hand.-Mazz.		Kiangsi, Hunan, Kwangtung	≙, +
var. *nuda* Nakai		Mandschurei – Yünnan	≙, +
● *A. elata* (Miq.) Seem.	Schlanke oder Japanische Aralie	Japan, Sachalin, Mandschurei	++
A. hispida Vent.		Neufundland – Manitoba	++
A. nudicaulis L.		Neufundland – Manitoba, Carolina	++
● *A. spinosa* L. (Abb. 175 a)	Herkuleskeule, Dornige Aralie	S-New York – Florida u. Texas	++

Abb. 170
A) Typ „pyramidalis"
A. elata 'Pyramidalis'

B) Typ „spinosa"
A. chinensis,
A. spinosa

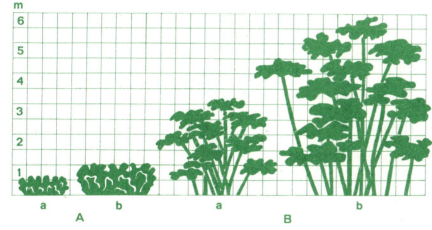

Abb. 171
A) Typ „hispida"
a)
A. nudicaulis;
b)
A. hispida

B) Typ „elata"
a)
A. chinensis,
A. ch. var. dasyphylloides,
var. nuda,
● A. elata 'Variegata';

b)
● A. elata,
● A. e. 'Aureo-variegata',
● A. spinosa

Habitustypen

„Spinosa-Typ": hohe Sträucher, fast Bäume, mit tellerartig zusammengestellten Blättern bzw. auch Zweigchen, welche aus starr aufrechten, meist kahlen Stämmchen heranwachsen; die ganze Krone flach und ungleich schirmförmig (Abb. 170 B),

„Pyramidalis-Typ": vom vorigen Typ durch niedrigeren, kompakteren und breit aufstrebenden Wuchs unterschieden; die tellerartig angeordnete Belaubung reicht fast bis zum Boden, so daß sie keinen schirmförmigen Charakter aufweist (Abb. 170 A),

„Elata-Typ": Strauch ähnelt dem „Spinosa-Typ", aber ausläufertreibend und ungleich in die Breite wachsend, sehr unregelmäßig, aber malerisch (Abb. 171 B),

„Hispida-Typ": niedrige, ausläufertreibende Halbsträucher mit unregelmäßigem, aber dichtem Wuchs; Gesamteindruck flach und breit niederliegend (Abb. 171 A).

Textur

Sehr locker, durchsichtig, starr, grob bis exotisch steif. Zur Verfeinerung kommt es zur Blütezeit, wenn sich über der Belaubung große, leicht luftige Blütenstände ausbreiten.

Laub

Blätter wechselständig, gestielt, einfach bis dreifach gefiedert, auffallend groß (40–80 cm lang bei *A. chinensis*, *A. elata* und *A. spinosa*; 10–40 cm bei *A. hispida* und *A. nudicaulis*). Ziemlich starr und meist fast waagerecht ausgebreitet. Manchmal stachelig (*A. chinensis* weniger, *A. elata* und *A. spinosa* stark). Die buntblättrigen Sorten sind sehr auffallend.

Laubfarbe:
Grün
A. chinensis und Varietäten, *A. elata*, *A. e.* 'Pyramidalis', *A. hispida*, *A. nudicaulis*.
Dunkelgrün
A. spinosa.
Gelbbunt
A. elata 'Aureo-variegata'.
Weißbunt
A. elata 'Variegata'.

Blüte und Blütenstand

Kleine Blüten, 5zählig, in Dolden und diese in breit halbkugeligen (Abb. 172 A) oder länglichen (Abb. 172 B) endständigen Rispen oder Trugdolden vereint. Blüten aller angeführten Aralien weiß, nur bei *A. nudicaulis* grünlich. Die einzelnen Arten blühen 4 bis 6 Wochen nacheinander je nach Art von Mai bis September (Abb. 173). Blütenstand ist ein wichtiges Zierelement.

Frucht und Fruchtstand

Kleine unscheinbare, beerenartige blauschwarze Steinfrüchte mit 2–5 zusammengedrückten Steinen. Fruchtstand ähnlich gestaltet wie Blütenstand, aber nicht so dekorativ.

Stämmchen, Zweige und Wurzelsystem

Stämmchen und Zweige sehr ausdrucksvoll, grau, steif aufrecht und dick, mit starkem Mark, im unteren Teil kahl, im oberen beblättert, oft stark stachelig (*A. chinensis*, *A. elata* und *A. spinosa*) oder dicht und weich borstig (*A. hispida*). Wurzelsystem reicht verzweigt, oft ausläufertreibend (besonders beim „Elata"- und „Hispida-Typ").

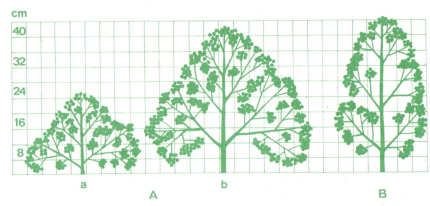

Abb. 172 Blütenstand *Aralia*
A) breit halbkugelig
a) *A. hispida*, *A. nudicaulis*;
b) *A. elata*, Sorten
B) länglich
A. chinensis, Varietäten, *A. spinosa*

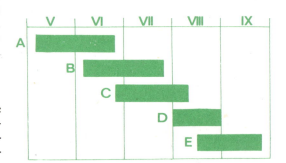

Abb. 173 Blütezeit *Aralia*
A) *A. nudicaulis*;
B) *A. hispida*;
C) *A. spinosa*;
D) *A. elata*;
E) *A. chinensis*

Ansprüche

Aralien lieben Sonne oder auch Halbschatten (*A. elata*); ein leichter Schatten ist günstig für junge Pflanzungen. Winterhärte im mitteleuropäischen Raum nicht immer gegeben. Wir wählen also lieber wärmere und geschützte Standorte. Bis zum Boden zurückgefrorene Pflanzen treiben aber sehr oft wieder durch. Verlangen nahrhaften, frischen, angemessen feuchten und sandig-humosen Boden (schwere Böden können auch etwas trockener sein). Widerstandsfähigkeit gegen Immissionen noch nicht ausreichend bekannt. Wildverbiß kommt nicht vor.

Pflege

Pflanzung und Pflege sind wie bei anderen Laubgehölzen vorzunehmen. In den ersten Jahren versorgen wir die Pflanzen ausreichend mit Wasser, Staunässe ist zu vermeiden. Winterschutz brauchen hauptsächlich jüngere Pflanzen, Schutz gegen winterliche Sonneneinstrahlung ist wichtig (auch bei älteren Exemplaren). Krankheiten und Schädlinge treten kaum auf. Schnitt beschränkt sich auf beschädigte Pflanzenteile (Frost usw.).

Verwendung

Aralien sind typische, sehr wirkungsvolle Solitärpflanzen (außer dem „Hispida-Typ"), die wir wegen ihres exotischen Aussehens in natürliche Anlagen mit Vorsicht eingliedern müssen. Sehr gut eignen sie sich für die Nähe größerer gepflasterter Flächen, Wege, Bauten, Terrassen, Atriumgärten usw.; stachelige Arten pflanzen wir in Wegnähe zur eingehenderen Betrachtung (wenn kein Kinderspielplatz in der Nähe liegt). In Grünanlagen können auch größere Gruppen gepflanzt werden. Dabei müssen wir mit größerem Flächenbedarf rechnen (Ausläufer). Der niedrige „Hispida-Typ" eignet sich sehr gut für größere Gruppenpflanzungen und auch als Vorpflanzung vor höheren Gruppen.

Arctostaphylos ADANS. – Bärentraube *(Ericaceae)*

Immergrüne, meist fast niederliegende, manchmal höhere bis baumartige Sträucher. Es sind etwa 50 Arten bekannt, meist aus den wärmeren Gebieten Nord- und Mittelamerikas stammend. Unter mitteleuropäischen Freilandbedingungen wird meist nur die auch wildwachsende Art kultiviert; sie ist als einzige Art auf der ganzen nördlichen Halbkugel verbreitet: ● *A. uva-ursi* (L.) SPRENG. (Gemeine Bärentraube) – Abb. 158. Niedrige, kriechende Sträuchlein ähnlich den *Vaccinium*-Arten (z. B. Preiselbeere). Zweiglein wurzeln leicht, sind dicht beblättert und an den Spitzen aufstrebend. Blätter derbledrig, hellgrün, 1–3 cm lang, verkehrt eiförmig und ganzrandig. Blüten krugförmig, weiß, in lockeren und überhängenden Trauben (Blütezeit April/Mai). Frucht eine dunkelrote, glänzende und eßbare Steinfrucht, etwa 6–8 cm Durchmesser. Außer der Ausgangsart sind noch zwei geographische Abweichungen bekannt: var. *adenotricha* FERN. & MCBRIDE (Jungtriebe und Blattstiele langhaarig und klebrig) und var. *coactilis* FERN. & MCBRIDE (Behaarung kurz und fein). *Arctostaphylos* ist anspruchslos, wächst in Sonne oder Halbschatten, ist gänzlich winterhart (nur auf sonnigen Standorten wird Winterschutz mit Reisig empfohlen) und verlangt sandig-humosen Boden; verträgt auch Trockenheit. Krankheiten, Schädlinge und Wildverbiß treten kaum auf. Die Bärentraube besitzt Liebhaberwert. Sie eignet sich als Bodendecker für trockene und saure Böden (Rasenersatz), besonders in Heidegärten und im Alpinum.

Aristolochia L. – Pfeifenwinde, Osterluzei *(Aristolochiaceae)*

Stauden oder sommergrüne Sträucher, oft Lianen. Die Gattung umfaßt etwa 300 Arten, die in den gemäßigten und tropischen Zonen beheimatet sind. Zierwert: Blätter (V–XI).

Habitus

Alle angeführten Arten sind wüchsige Schlinger (Abb. 174 A).

Textur

Die großen, dachziegelartig angeordneten Blätter bewirken eine dichte, kompakte undurchsichtige Textur, die glatt-grob aussieht.

Laub

Auffallende, große, grüne und sehr dekorative Blätter (Abb. 176), wirken

Wissenschaftlicher Name	Deutscher Name	Natürliche Verbreitung bzw. Entstehungsort	Frosthärte
A. durior auct. non HILL. = *A. macrophylla*			
A. kaempferi WILLD.	Japanische Pfeifenwinde	Japan	++ (?)
● *A. macrophylla* LAM. (Abb. 175 b)	Großblättrige Pfeifenwinde, Amerikanische Pfeifenwinde	USA	++
A. manshuriensis KOMAR.	Mandschurische Pfeifenwinde	Mandschurei, Korea	++
A. moupinensis FRANCH.	Chinesische Pfeifenwinde	W-China	++
A. sipho L'HÉR. = *A. macrophylla*			
A. tomentosa SIMS.	Filzige Pfeifenwinde	O-USA	++

hauptsächlich mit ihren großen Blattspreiten (7–15 cm lang bei *A. kaempferi, A. moupinensis, A. tomentosa* und 10–30 cm bei *A. macrophylla* und *A. manshuriensis*).

Blüten

Interessant, pfeifenartig, gelb oder gelbgrün, oft mit bräunlich purpurfarbenem Hauch (Blütezeit je nach Art von Mai bis Juli); meist unscheinbar im Laub versteckt.

Frucht

Eine längliche vielsamige Kapsel.

Zweige

Triebe grün, glatt und kahl, ältere Zweige dunkelgrün mit verkorkten Lentizellen und rissig. Unter der dichten Belaubung meist schlecht sichtbar.

Ansprüche

Aristolochia-Arten gedeihen am besten im Halbschatten, vertragen jedoch auch Schatten, Trockenheit und Sonne. Gedeihen am besten auf nahrhaften, lehmigen, ausreichend feuchten Böden. Auf sandigen und trockenen Standorten verlangen sie Wässerung, sonst wachsen sie sehr langsam (die große Blattfläche hat eine starke Wasserverdunstung). Verunreinigte Luft wird gut vertragen. Krankheiten und Schädlinge treten nur wenige auf. Pilzliche Blattfleckenkrankheiten werden mit organischen Fungiziden, insbesondere Captan-Präparaten bekämpft. An trockenen Standorten in voller Sonne leiden sie unter Spinnmilben, gegen die handelsübliche Akarizide einzusetzen sind. Jungpflanzen müssen vor Schneckenfraß durch Metaldehyd-Präparate oder Aufstellen von Schalen mit Bier geschützt werden.

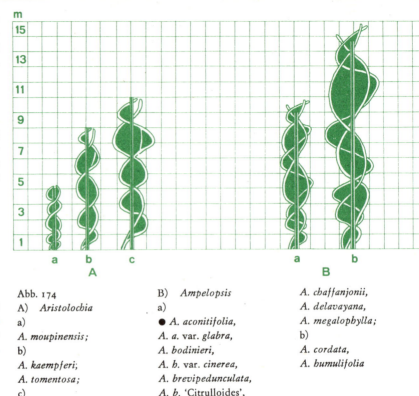

Abb. 174
A) *Aristolochia*
a)
A. moupinensis;
b)
A. kaempferi;
A. tomentosa;
c)
● *A. macrophylla,*
A. mandshuriensis

B) *Ampelopsis*
a)
● *A. aconitifolia,*
A. a. var. *glabra,*
A. bodinieri,
A. b. var. *cinerea,*
A. brevipedunculata,
A. b. 'Citrulloides',
'Elegans',
var. *maximowiczii,*

A. chaffanjonii,
A. delavayana,
A. megalophylla;
b)
A. cordata,
A. humulifolia

Pflege

Das Pflanzen erfolgt wie bei anderen Laubgehölzen. Zum Emporklettern (Winden) brauchen die *Aristolochia*-Arten eine Stütze.

Verwendung

Aristolochia-Arten benötigen sehr viel Platz und Raum, damit ihre imposante Erscheinung zur Wirkung kommt. In engen Verhältnissen können sie zu „schwer" wirken. Zur Geltung kommen sie besonders an hohen Mauern, auf alten Bäumen, Balkons mit Stützen und Säulen, Pergolen, Laubengängen usw.

Aronia MEDIK. – Apfelbeere, Würgebeere *(Rosaceae)*

Sommergrüne Sträucher, ähnlich der verwandten Gattung *Sorbus* (Eberesche). Es sind drei Arten, alle aus Nordamerika, bekannt: ● *A. arbutifolia* (L.) PERS. (Abb. 175 c), ● *A. melanocarpa* (MICHX.) ELL. Schwarze Apfelbeere) und *A. prunifolia* (MARSH.) REHD. Höhe der Sträucher bewegt sich zwischen 2–4 m (*A. arbutifolia* und *A. prunifolia*) oder nur bis 1 m (*A. melanocarpa*). Blätter wechselständig, ungeteilt, kerbig gesägt, länglich, el-

Abb. 175
a) *Aralia spinosa;*
b) *Aristolochia macrophylla;*
c) *Aronia arbutifolia;*
d) *Berberis vulgaris*

liptisch, etwa 4–8 cm lang. Blüten wie bei *Sorbus* weißlich-rosa oder weiß (*A. melanocarpa*), in kleinen Doldentrauben (Blütezeit April/Mai). Frucht eine kleine Apfelfrucht, erbsengroß, rot oder schwarz (*A. melanocarpa*), Fruchtstand ähnlich wie bei *Sorbus*, haftet am Strauch bis Dezember, *A. arbutifolia* hat noch die Sorte 'Erecta' (schmal säulenförmiger Wuchs), f. *macrophylla* (HOOK.) REHD. (höherer bis baumartiger Wuchs) und var. *pumila* (SCHMIDT) REHD. (niedriger als die Ausgangsart). *A. melanocarpa* hat folgende Abweichungen: var. *elata* REHD. (robuster Wuchs, bis 3 m hohe Sträucher) und var. *grandifolia* (LINDL.) SCHNEID. (größere Blätter).

Alle Arten gedeihen am besten in der Sonne. Außer *A. melanocarpa,* die am besten auf trockenen und sandigen Standorten wächst, brauchen sie feuchte Böden, möglichst mit Moorbodengehalt. Unter mitteleuropäischen Bedingungen sind alle winterhart. Haben bisher nur Sammlerbedeutung. Kommen als Solitärpflanzen, in kleinen Gruppen, in Heidegärten und als Vorpflanzung vor höheren Kulissen zur Geltung. Sorten von *A. melanocarpa* sind als schwarzfrüchtige Ebereschen im Handel. Ihre Früchte besitzen jedoch nicht das vortreffliche Aroma der Edelebereschen. Durch ihre gelbe bis rote Herbstfärbung sind sie gestalterisch wertvoll.

Artemisia L. – Beifuß *(Compositae)*

Aromatische Stauden, Halbsträucher oder Sträucher, etwa 280 Arten auf der nördlichen Halbkugel und in Südamerika. Außer bei *A. cana* und *A. procera* handelt es sich um Halbsträucher. Alle angeführten Arten sind sommergrün, etwa bis 1 m hoch (ausnahmsweise nur bis 0,5 m bei *A. cana* oder bis 2,5 m bei *A. procera*). Blätter verschiedenartig gefiedert (nur bei *A. cana* länglich lanzettlich und ganzrandig), 2–6 cm lang, matt graugrün und behaart. Kleine Blütenköpfchen sind gelblich oder weißlich, in Trauben oder Rispen vereint. Frucht eine Kapsel.

Alle Arten brauchen Sonne und trockene, leichte, sandige bis steinige, kalkreiche Böden. Sonst nicht anspruchsvoll. Winterschutz verlangt die schönste, etwas empfindliche Art: *A. tridentata*. Der Zierwert aller Arten liegt im auffallend graufilzigen, behaarten Laub und in den großen Blütenständen. Eignen sich als Solitär- oder als Gruppenpflanzung in trockenen Lagen (aber nicht im Schatten), in größeren Staudenpflanzungen oder in der Nähe gepflasterter Flächen, Mauern, Heidegärten und als niedrige Einfassungen. Am schönsten sind junge Pflanzen, die älteren sollte man zur Erhaltung ihres buschigen Wuchses von Zeit zu Zeit zurückschneiden.

Wissenschaftlicher Name	Deutscher Name	Natürliche Verbreitung bzw. Entstehungsort	Frosthärte
A. abrotanum L.	Eberraute	SO-Europa	++
A. absinthium L.	Wermut	Europa	++
A. alba TURILL			
A. austriaca JACQ.		O-, M-Europa	++
A. cana PURSH			
A. frigida WILLD.		N-Amerika	++
A. gmelinii WEBB ex STECHM.		M-Asien, Sibirien	++
A. pontica L.		M-, O-Europa	++
● *A. procera* WILLD.		SO-Europa	++
A. sacrorum LEDEB. =			
A. gmelinii			
A. stellerana BESS.		Japan, Korea	++
A. tridentata NUTT.			△

Arundinaria MICHX. – Bambus *(Gramineae)*

Hohe halbstrauchige oder stärker verholzende Arten in Nordamerika, Ost- und Südasien. Für mitteleuropäische Bedingungen haben folgende eine Bedeutung für Liebhaber und Sammlungen: *A. angustifolia* HOUZEAU, *A. chino* MAK., *A. graminea* (BEAN) MAK., *A. humilis* MITFORD, *A. simonii* (CARR.) A. et C. RIVIERE, *A. tecta* (WALT.) MUEHL. und *A. viridistriata* (SIEB. ex ANDRÉ) MAK. ex NAKAI. Pflanzen meist bis 2 m hoch (manchmal auch höher – bis 3 m bei *A. simonii* und *A. tecta,* oder auch niedriger, etwa 0,5 m bei *A. humilis*), bambusartiges Aussehen. Die angeführten Arten sind unter mitteleuropäischen Bedingungen hart, lieben Halbschatten, Schutz vor kalten Winden und benötigen humosen Boden auf lehmigem Grund. Am erfolgreichsten ist die Maiauspflanzung. Eignen sich zur Solitär- und Gruppenpflanzung in nächster Nähe von Wasserflächen, Wegen usw.

Ascyrum L. – Peterskraut *(Guttiferae)*

Sträucher und Halbsträucher, verwandt mit *Hypericum* (Johanniskraut). Von den 5 Arten, die in Nordamerika und dem Himalaja vorkommen, haben für Mitteleuropa nur zwei eine gewisse Bedeutung: *A. hypericoides* L. und *A. stans* MICHX. Beide Sträuchlein werden bis 80 cm hoch, Blätter sommergrün, wechselständig oder in Quirlen, ganzrandig, länglich lanzettlich, steif, 1–4 cm lang, Blüten 4zählig, etwa 1,5 cm breit (bei *A. stans* bis 4 cm), goldgelb (Juni bis September). Beide Arten sind unter mitteleuropäischen Bedingungen winterhart, am besten gedeihen sie in sonniger Lage und leichten, sandigen und sauren Böden. Pflege und Verwendung wie bei *Hypericum*.

Asimina ADANS. – Papau, Pawpaw *(Annonaceae)*

Immergrüne oder sommergrüne Sträucher, auch kleine Bäumchen. Zur Gattung gehören 8 Arten, die in Nordamerika beheimatet sind. In Mitteleuropa wird nur *A. triloba* (L.) DUN. sehr selten kultiviert, wobei die Sträucher 3 m Höhe erreichen. Jungtriebe braunrot, ältere Triebe dunkelgrau, Blätter länglich, verkehrt eiförmig, etwa 10–25 cm lang, Blüten 4–5 cm im Durchmesser, matt purpurfarben. Blütezeit: Mai. Frucht groß, einer Erdbeere ähnlich. In USA als Obst angebaut. In Mitteleuropa auf guten Böden in geschützter Lage, in voller Sonne (Winterschutz), nur interessant als Vertreter der umfangreichen tropischen Familie der *Annonaceae*.

Abb. 176 Blätter *Aristolochia*
a) *A. macrophylla*, *A. mandshuriensis*;
b) *A. moupinensis*;
c) *A. tomentosa*
(Quadrat 1 × 1 cm)

Astragalus L. – Tragant, Bärenschote *(Leguminosae)*

Zu dieser Gattung gehören ausdauernde oder einjährige Kräuter und einige Halbsträucher. Insgesamt sind etwa 1600 Arten bekannt, die auf der nördlichen Halbkugel vorkommen. Für unsere Zwecke eignen sich folgende Halbsträucher: *A. angustifolius* LAM., *A. austriacus* JACQ., *A. adpressus* L., *A. exscapus* L., *A. massiliensis* LAM., *A. monspessulanus* L., *A. sempervirens* LAM. (wissenschaftlicher Name irreführend, da nicht immergrün). Niedrige, polsterförmige, 10 bis 15 cm hohe (selten bis 30 cm: *A. austriacus* und *A. massiliensis*), teilweise verholzende Halbsträucher, niederliegend, manchmal dornig (*A. angustifolius*). Blätter unpaarig oder paarig, Blättchen linealisch, ganzrandig. Schmetterlingsblüten weiß, gelb, purpurfarben oder violett, in Ähren, Köpfen oder Trauben (Blütezeit: Juli/August oder Mai/Juli bei *A. adpressus*, *A. exscapus*, *A. massiliensis*). Sehr schöne und harte Sträuchlein für Steingärten. Lieben schottrige, kalkreiche Böden und sonnige, warme Lagen. *Astragalus* wird wenig kultiviert, da er unter Kulturbedingungen nur schlecht gedeiht.

Atraphaxis L. – Bocksknöterich, Bocksweizen *(Polygonaceae)*

Sommergrüne, niedrige, stark verzweigte Sträucher; über 18 Arten in Mittel- und Kleinasien, Griechenland und Nordafrika, davon haben für Mitteleuropa folgende für Liebhaber und Sammlungen Bedeutung: *A. billardieri* JAUB. et SPACH, *A. caucasica* (HOFFM.) PAVLOV, *A. frutescens* (L.) EVERSM., *A. muschketowii* KRASSN. und *A. spinosa* L. Es sind Sträucher von 30–50 cm Höhe, ausnahmsweise bis 2 m (*A. muschketowii*), unbedornt (*A. frutescens, A. muschketowii*), oder dornig, Blätter klein, wechselständig, eiförmig oder rundlich, grün oder graugrün. Blüten klein, polygam, weiß oder rosa. Alle angeführten Arten sind Wüsten- und Steppenpflanzen und benötigen sandig-steinige Böden, Trockenheit und volle Sonne. Eignen sich für Steingärten.

Berberis L. – Berberitze, Sauerdorn *(Berberidaceae)*

Immergrüne, halbimmergrüne oder sommergrüne dornige Sträucher. Insgesamt existieren etwa 190 Arten, die in Europa, Ost- und Mittelasien, Süd- und Nordamerika sowie Nordafrika beheimatet sind. Die Verzweigung ist meist dicht, nur manchmal locker; die Sträucher sind regelmäßig gestaltet, nur vereinzelt etwas ungleichmäßig. Zierwert: Blätter (immergrüne I–XII, besonders XI–III, sommergrüne V bis XI, besonders X–XI), Blüten (IV bis VII, ausnahmsweise IX–X), Früchte (VII–XII).

Habitustypen

„Vulgaris-Typ": schlank aufrechter Strauch, Hauptzweige luftig und halbbogig ausladend, dabei aber aufrecht (Abb. 177),
‚Thunbergii-Typ": Sträucher regelmäßig, dicht, halbkugelig; Zweige reich und fast waagerecht verzweigt und gegliedert (Abb. 178),

Wissenschaftlicher Name	Deutscher Name	Natürliche Verbreitung bzw. Entstehungsort	Frosthärte
Immergrüne Arten			
B. anniae AHRENDT			
B. × *antoniana* SMITH		Newry	++
B. atrocarpa SCHNEID.		W-Szetschuan	++
B. bergmanniae SCHNEID.		W-China	++
var. *acanthophylla* SCHNEID.		wie die Art	++
● *B. buxifolia* LAM. ex POIR.	Buchsblättrige Berberitze	S-Chile, Argentinien	++
● *B. candidula* (SCHNEID.) SCHNEID.	Schneeige Berberitze	M-China	++
B. centiflora DIELS		Yünnan	++
B. chrysosphaera MULLIGAN		SO-Tibet	++
B. coxii SCHNEID.		O-Himalaja, Burma	++
B. dulcis SWEET = *B. buxifolia*			
B. × *frikartii* C. SCHN. ex VAN DER LAAR		Stäfa (Schweiz)	++
● *B. gagnepainii* C. SCHN.	Gagnepain-Berberitze	Hupeh	++
var. *filipes* AHRENDT		W-China	++
var. *lanceifolia* AHRENDT		W-Hupeh (diese Varietät meist als *B. gagnepainii* in Kultur)	++
var. *subovata* SCHNEID.		W-Szetschuan, Yünnan	++
● *B. hookeri* LEM.	Hooker-Berberitze	Sikkim, Bhutan	++
var. *viridis* SCHNEID.		wie die Art	++
B. × *hybridogagnepainii* SURING.			++
B. × *interposita* AHRENDT			++
● *B. julianae* SCHNEID.	Juliane-Berberitze	W-Hupeh	++
B. kawakamii HAYATA		Formosa	++
● *B.* × *stenophylla* LINDL.			
● *B. verruculosa* HEMSL. et WILS.	Warzige Berberitze	Kansu, W-Szetschuan	++
B. × *vilmorinii* SCHNEID.			++
B. × *wintonensis* AHRENDT			++
B. × *wisleyensis* AHRENDT		? (vor 1939)	++
B. × *wokingensis* AHRENDT			++
Halbimmergrüne Arten			
B. glaucocarpa STAPF		Himalaja	++

Wissenschaftlicher Name	Deutscher Name	Natürliche Verbreitung bzw. Entstehungsort	Frosthärte
B. lycioides STAPF		NW-Himalaja	++
B. lycium ROYLE (manchmal sommergrün)		Kaschmir – Nepal	++
● B. × media GROOTEND.		Holland	++
● B. × mentorensis L. M. AMES		USA	++
Sommergrüne Arten			
B. aemulans SCHNEID.		W-China	++
● B. aggregata SCHNEID.	Knäuelfrüchtige Berberitze	W-China	++
var. prattii SCHNEID.		W-China	++
var. recurvata SCHNEID.		W-China	++
B. amurensis RUPR.	Amur-Berberitze	Korea China, Mandschurei,	++
var. japonica (REGEL) REHD.		Japan	++
B. angulosa WALL. ex HOOK.	Kantige Berberitze	Nepal	++
B. arido-calida AHRENDT		Kansu	++
B. aristata DC.	Begrannte Berberitze	Nepal	++
var. coriaria (LINDL.) SCHNEID.		Kumaon	++
B. beaniana SCHNEID.		W-China	++
B. boschanii SCHNEID.		W-Szetschuan	++
B. brachypoda MAXIM.		NW-China	++
B. bretschneideri REHD.		Japan	++
B. canadensis MILL.	Kanadische Berberitze	N-Amerika	++
● B. × carminea AHRENDT		Wisley Gardens	++
B. caroliniana LOUD. = B. canadensis			
B. chinensis POIR.		Kaukasus	++
● B. circumserrata (SCHNEID.) SCHNEID.		NW-China	++
var. subarmata AHRENDT		W-China	++
B. concinna HOOK. f.	Gefällige Berberitze	Sikkim W-Szetschuan	++ ++
B. crataegina DC.		Kleinasien	++
B. dasystachya MAXIM.		Kansu, Szetschuan	++
B, declinata SCHRAD.		unbekannt (? Bastard)	++
B. diaphana MAXIM.	Durchsichtige Berberitze	Kansu	++
B. dictyoneura SCHNEID.		W-Szetschuan	++
B. dictyophylla FRANCH.	Netzblättrige Berberitze	Yünnan	++

„Gracilis-Typ": halbkugelige, zierlich gestaltete Sträucher mit mehr oder weniger herabhängenden Zweigen und Zweiglein, nur in der Kontur etwas luftiger (Abb. 179),
„Compacta-Typ": niedrige, breit und flach ausladende Sträucher, Verzweigung dicht und kompakt (Abb. 180).

Textur

Beim „Vulgaris-Typ" am luftigsten und lockersten, bei allen anderen dichter und kompakter. Bei kleinblättrigen immergrünen Berberis-Arten ist die Textur nicht nur dicht, sondern auch dunkler und durch die Blattfärbung auch „schwerer". Großblättrige Arten und Sorten haben meist auch eine gröbere und lockere Gestalt.

Laub

Blätter einfach, wechselständig, oft dornig, verschieden – meist länglich geformt, klein oder auch groß (Abb. 181), an Langtrieben auch zu meist 3teiligen Dornen umgebildet. Blätter wachsen in Büscheln an Kurztrieben.

Laubfarbe:
Hellgrün
B. aggregata 'Stonefield Dawn', B. a. var. prattii, B. amurensis sowie Varietäten und Sorten, B. bretschneideri, B. canadensis, B. chinensis, B. dielsiana, B. henryana, B. kansuensis, B. kawakamii, B. lycium, B. mitifolia, B. × rubrostilla und Sorten, B. sibirica, B. × stenophylla 'Brilliant', B. × s. 'Semperflorens', B. × suberecta und Sorten, B. thunbergii, B. t. 'Erecta', var. maximowiczii, 'Minor'.
Grün
die meisten Arten, Varietäten und Sorten, die bei den Habitustypen angeführt sind.
Mattgrün
B. dasystachya, B. gagnepainii und Varietäten, B. gilgiana, B. jamesiana, B. oblonga, B. panlaensis, B. phanera, B. pruinosa, B. p. 'Baresiana', var. brevipes, B. sieboldii,

B. spraguei, B. × stenophylla 'Crawley Gem', B. sublaevis, B. telomaica, B. wilsoniae sowie Varietäten und Sorten, B. × wisleyensis.

Dunkelgrün
B. aemulans, B. angulosa, B. giraldii, B. hookeri, B. replicata, B. reticulata, B. sherriffii, B. sikkimensis, B. silva-taroucana, B. souliaena, B. × stenophylla 'Pendula', B. × s. 'Reflexa', B. veitchii, B. virescens, B. virgetorum, B. vulgaris, B. v. 'Alba', 'Dulcis', 'Enuclea', 'Lutea'.

Glänzend dunkelgrün
B. × antoniana, B. beaniana, B. bergmanniae, B. candidula, B. chrysosphaere, B. coxii, B. crataegina, B. fendleri, B. francisciferdinandi, B. × frikartii und Sorten, B. × hybridogagnepainii und Sorten, B. julianae, B. linearifolia und Sorten, B. × lologensis 'Highdown', B. × l. 'Yellow Beauty', B. lycioides, B. manipurana, B. × media, B. × 'Parkjuweel', B. mekongensis, B. parisepala, B. pruinosa 'Viridifolia', B. × recurvata, B. × rehderiana, B. sargentiana, B. × stenophylla und die meisten Sorten, B. subcoriacea, B. italiensis, B. verruculosa, B. × wokingensis.

Graugrün
B. dielsiana 'Compacta', B. heteropoda, B. empergiana, B. nummularia, B. × stenophylla 'Coccinea', B. × s. 'Glauca', B. turcomanica.

Rot
B. × ottawensis 'Lombart's Purple, B. × o. 'Purpurea', B. thunbergii 'Atropurpurea', B. t. 'Roxane', B. t. 'Atropurpurea Nana', B. vulgaris 'Atropurpurea'.

Gelbbunt
B. buxifolia 'Aureomarginata', B. × ottawensis 'Golden Ring', B. thunbergii 'Aurea', B. vulgaris 'Aureomarginata'.

Weißbunt
B. × stenophylla 'Picturata', B. thunbergii 'Silver Beauty', B. vulgaris 'Marginata'.

Viele immergrüne Berberis-Arten haben eine auffallende und leuchtende Herbstfärbung, so daß sie während dieser Zeit in vielen Kompositionen zum Mittelpunkt der ganzen Szenerie

Wissenschaftlicher Name	Deutscher Name	Natürliche Verbreitung bzw. Entstehungsort	Frosthärte
var. approximata (Sprague) Rehd.		O-Szetschuan	++
var. epruinosa Schneid.		Yünnan	++
B. dielsiana Fedde		W-Szetschuan	++
B. × durobrivensis Schneid.			++
B. edgeworthiana Schneid.		NW-Himalaja	++
B. × emarginata Willd.		Europa – Himalaja	++
B. faxoniana Schneid.		W-Szetschuan	++
B. fendleri A. Gray		NW-Amerika	++
B. francisci-ferdinandii Schneid.		W-China	++
B. gilgiana Fedde		Schensi	++
B. giraldii Hesse		M-China	++
B. graminea Ahrendt		Yünnan	++
B. gyalaica Ahrendt		SO-Tibet	++
B. henryana Schneid.		M-China	++
B. heteropoda Schrenk ex Fisch. et Mey.		Turkestan	++
B. honanensis Ahrendt		N-China	++
B. iliensis Popof.		Turkestan	++
B. jaeschkeana Schneid.		Kaschmir	++
B. jamesiana Forrest et W. W. Smith		NW-Yünnan	++
B. johannis Ahrendt		SO-Tibet	++
B. kansuensis Schneid.		Kansu	++
B. kewensis Schneid.		?	++
● B. koreana Palibin	Koreanische Berberitze	Korea	++
B. × laxiflora Schrad.		? (vor 1838)	++
B. lecomtei Schneid.		Yünnan	++
B. lepidifolia Ahrendt		Yünnan	++
B. × macrantha Schrad.			++
B. lempergiana Ahrendt		Chekiang	++
B. liechtensteinii Schneid.		W-Szetschuan	++
B. linearifolia Phil.		Chile, Anden	++
B. × lologensis Sandwith	Lolog-Berberitze	Argentinien	
B. manipurana Ahrendt		Manipur, Assam	++
B. paulaensis Ahrendt		W-Szetschuan	++
B. phanera Schneid.		W-China	++
var. glaucosubtusa Ahrendt		W-China (diese Varietät unter B. phanera in Kultur)	
B. potaninii Maxim.		Kansu	++

Wissenschaftlicher Name	Deutscher Name	Natürliche Verbreitung bzw. Entstehungsort	Frosthärte
B. pruinosa FRANCH. (manchmal halbimmergrün)		SW-China	++
var. *brevipes* AHRENDT		Yünnan	++
B. × *recurvata* AHRENDT			++
B. replicata W. W. SMITH		W-Yünnan	++
B. ruscifolia LAM.		Chile, Argentinien	++
B. sargentiana SCHNEID.	Sargent-Berberitze	W-Hupeh	++
B. soulieana SCHNEID.		Kansu	++
● *B.* × *stenophylla* LINDL.	Schmalblättrige Berberitze	Sheffield	++
B. subcoriacea AHRENDT			++
B. sublaevis W. W. SMITH		Assam, Manipur – Yünnan	++
B. taliensis SCHNEID.		NW-Yünnan	++
B. × *vanfleetii* SCHNEID.			++
B. veitchii SCHNEID.	Veitch-Berberitze	NW-China	++
B. macrosepala HOOK.	Großkelchige Berberitze	Sikkim	++
B. × *meehanii* SCHNEID.		? USA	++
B. mekongensis W. W. SMITH	Mekong-Berberitze	Yünnan	++
B. minutiflora SCHNEID.	Winzigblütige Berberitze	Yünnan	++
B. mitifolia STAPF		W-Hupeh	++
B. montana GAY	Gebirgs-Berberitze	Anden von Chile u. Argentinien	++
B. morrisonensis HAYATA		Formosa	++
B. mouillacana SCHNEID.		W-Szetschuan	++
B. × *notabilis* SCHNEID.		? (um 1895)	++
B. nummularia BGE.		Turkestan, N-Persien	++
B. oblonga (RGL.) SCHNEID.		Turkestan	++
B. oritrepha SCHNEID.		N-China	++
● *B.* × *ottawensis* SCHNEID.		? (um 1923 als Hybride erkannt)	++
B. para-virescens AHRENDT		Sikkim	++
B. parisepala AHRENDT		N-Assam	++
B. parvifolia SPRAGUE	Kleinblättrige Berberitze	W-Szetschuan	++
B. poiretti SCHNEID.	Poiret-Berberitze	N-China (Amurgebiet)	++
B. × *provincialis* (AUDIB.) SCHRAD.		? (vor 1830)	++
B. quelpartensis NAKAI		Quelpaert	++

werden. In geeigneten Kombinationen kann dieser Farbeffekt noch gesteigert werden.

Herbstfärbung:
Rot
B. aggregata, B. angulosa, B. aristata, B. beaniana und Sorten, *R. concinna* und Sorten, *B. dictyophylla* und Varietäten, *B. emarginata, B. sieboldii, B. thunbergii, B. t.* 'Atropurpurea Nana', 'Erecta', var. *maximowiczii*, 'Minor', 'Smaragd' (anfangs gelblich), *B. wilsoniae*.
Leuchtendrot
B. amurensis sowie Varietäten und Sorten, *B. canadensis* (manchmal auch gelblicher Ton), *B. circumserrata* und Varietäten, *B.* × *hybridogagnepainii* 'Tottenham', *B.* × *mentorensis, B. morrisonensis*.
Dunkelrot
B. koreana.

Die immergrünen *Berberis*-Arten bringen ihre meist dunkle, oft glänzende Belaubung hauptsächlich im Winter zur Geltung (Kontrast zu Rauhreif und Schnee). Oft wird dieser Effekt noch durch einen farbigen Fruchtstand erhöht.

Blüte und Blütenstand

Blüten klein, 6zählig, unangenehm riechend, in größeren oder kleineren Blütenständen vereint oder auch einzeln, so daß man folgende Typen unterscheiden kann: Blüten einzeln (Abb. 182 A), in aufrechten (Abb. 182 B) oder hängenden Trauben (Abb. 184), lockeren Büscheln (Abb. 183 A) und lockeren, halbkugeligen Dolden (Abb. 183 B). Bei reicherem Blütenansatz kommen selbstverständlich besonders die beiden Traubentypen zur Geltung, hauptsächlich der Hängetyp. Blütenfarbe meist gelb in verschiedenen Tönungen, es sind aber auch andere Farbtöne vertreten.

Blütenfarbe:

Hellgelb
B. aemulans, B. aggregata sowie die meisten Varietäten und Sorten, B. brachypoda, B. bretschneideri, B. coxii, B. dictyophylla und Varietäten, B. × frikartii und Sorten, B. gilgiana, B. giraldii, B. julianae, B. × mentorensis, B. minutiflora, B. morrisonensis, B. × ottawensis und Sorten, B. poiretti, B. pruinosa und Sorten, B. quelpartensis, B. replicata, B. reticulata, B. × rubrostilla und Sorten, B. ruscifolia, B. sargentiana, B. sibirica, B. sieboldii, B. × spaethii, B. × stenophylla 'Gracillis', B. × s. 'Gracilis Nana', B. taliensis, B. telomaica, B. turcomanica, B. virescens, B. wilsoniae sowie Varietäten und Sorten.

Gelb
die meisten Arten, Varietäten und Sorten, sofern sie nicht in den anderen Farbgruppen angeführt sind.

Dunkelgelb
B. beaniana und Sorten, B. concinna und Sorten, B. gagnepainii und Varietäten, B. × hybridogagnepainii und Sorten, B. × lologensis 'Yellow Beauty', B. lycium, B. × stenophylla 'Corallina', B. × s. 'Corallina Compacta', 'Latifolia', 'Semperflorens', 'Stenophylla', B. verruculosa, B. yunnanensis.

Grüngelb
B. hookeri, B. manipurana, B. panlaensis.

Orangegelb
B. angulosa, B. buxifolia und Sorten, B. fendleri, B. heteropoda, B. jamesiana, B. linearifolia 'Apricot Queen', B. l. 'Comber's Apricot', 'Jewel', B. × lologensis, B. × l. 'Nymans', B. montana, B. × stenophylla, B. × s. 'Brilliant', 'Coccinea', 'Reflexa', B. sublevis.

Gelbrot
B. aristata, B. soulieana, B. × stenophylla 'Crawley Gem', B. × s. 'Pendula', B. thunbergii 'Atropurpurea', B. t. 'Atropurpurea Nana', B. t. 'Roxane', B. veitchii.

Orangerot
B. linearifolia, B. l. 'Orange King', 'Phoenix', B. × stenophylla 'Compacta', B. × s. 'Diversifolia', 'Glauca', 'Irwinii', 'Picturata', 'Rigida'.

Wissenschaftlicher Name	Deutscher Name	Natürliche Verbreitung bzw. Entstehungsort	Frosthärte
B. × rehderiana SCHNEID.			++
B. reticulata BIJHOUWER		N-China	++
● B. × rubrostilla CHITTENDEN		Wisley Gardens	++
B. sherriffii AHRENDT		SO-Tibet	++
B. sibirica PALL.	Sibirische Berberitze	Sibirien	++
B. sieboldii MIQ.		Japan	++
B. sikkimensis AHRENDT		Sikkim	++
B. silva-taroucana SCHNEID.		W-China	++
B. × spaethii SCHNEID.		? (um 1902)	++
B. spraguei AHRENDT		NW-Yünnan	++
B. × suberecta AHRENDT		Yünnan	++
B. telomaica AHRENDT		SO-Tibet	++
● B. thibetica SCHNEID.	Tibet-Berberitze	W-China	++
● B. thunbergii DC.	Thunberg-Berberitze	Japan	++
var. maximowiczii (RGL.) RGL.		wie die Art	++
B. tischleri SCHNEID.		W-China	++
B. tsarongensis STAPF		NW-Yünnan	++
B. turcomanica KARELIN		Turkestan, Armenien	++
var. integerrima (BGE.) SCHNEID.		wie die Art	++
B. vernae SCHNEID.	Verna-Berberitze	NW-China	++
B. virescens HOOK. f.		Sikkim, Himalaja	++
B. virgetorum SCHNEID.		Kiangsi	++
● B. vulgaris L. (Abb. 175 d)	Gemeine Berberitze, Sauerdorn	M-Skandinavien – S-Europa, Kleinasien, Kaukasus, Iran	++
● B. wilsoniae HEMSL. et WILS.	Wilson-Berberitze	W-Szetschuan	++
var. stapfiana (SCHNEID.) SCHNEID.		W-China	++
var. subcaulialata (SCHNEID.) SCHNEID.		wie die Art	++
B. yunnanensis FRANCH.		Yünnan	++
B. zabeliana SCHNEID.		Kaschmir	++

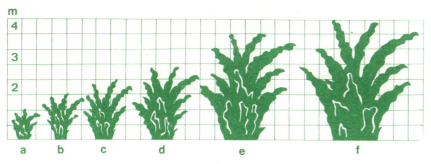

Abb. 177 Typ „vulgaris"
a)
B. angulosa,
● B. circumserrata,
B. c. var. subarmata,
B. gagnepainii 'Klugowski',
● B. hookeri,
var. subovata
B. h. var. viridis,
● B. × mentorensis,
B. oritrepha,
● B. × ottawensis,
B. × o. 'Golden Ring',
'Purpurea',
B. quelpartensis,
B. sieboldii,
B. sublevis,
B. thunbergii 'Erecta';
b)
B. atrocarpa,
B. coxii,
B. crataegina,
B. declinata,
B. gagnepainii var. filipes,
● B. g. var. lanceifolia,
● B. × hybridogagnepainii,
● B. × h. 'Chenault',
'Tottenham',
● B. koreana,
B. linearifolia
'Apricot Queen',
B. l. 'Combert's Apricot',
B. × ottawensis 'Decora',
B. × o. 'Lombart's Purple',
B. pruinosa,
B. p. 'Barresiana',
var. brevipes,
'Viridifolia',
B. reticulata,

● B. × rubrostilla,
B. × r. 'Crawleyensis',
'Chealii',
'Cherry Ripe',
B. sargentiana,
B. soulieana,
B. × suberecta,
B. × s. 'Emperor',
B. × vilmorinii,
B. × wokingensis,
B. zabeliana;
c)
B. beaniana,
B. b. 'Stonefield Mauve',
B. × laxiflora,
B. × l. var. langeana,
B. × meehanii,
● B. × ottawensis,
B. parisepala,
B. ruscifolia,
B. × vanfleetii,
● B. vulgaris,
B. v. 'Alba',
'Atropurpurea',
'Aureomarginata',
'Dulcis',
'Enuclea',
'Lutea',
'Marginata';
d)
● B. julianae,
B. j. 'Lombart's Red',
B. lempergiana,
B. manipurana;
e)
B. amurensis,
B. a. 'Flamboyant',
var. japonica,
B. × notabilis;

f)
B. dasystachya,
B. kansuensis,
B. × macrantha

Die meisten angeführten Arten und deren Varietäten blühen im Frühjahr oder am Sommeranfang, eine Ausnahme bildet die fortlaufend remontierende B. × stenophylla 'Semperflorens' (Abb. 185).

Frucht und Fruchtstand

Frucht eine längliche, manchmal auch kugelige Beere mit einem bis mehreren Samen, meist kürzer als 1 cm, bei einigen Arten auch länger (z. B. bei B. aemulans, B. angulosa, B. circumserrata, B. concinna, B. francisci-ferdinandi, B. hookeri, B. johannis, B. lycium, B. mekongensis, B. parisepala, B. × rubrostilla, B. taliensis, B. veitchii, B. verruculosa, B. vulgaris). Größe und Form des Fruchtstandes entspricht in den meisten Fällen der Größe und Gestalt des Blütenstandes. Die Fruchtfarbe ist meist rötlich, so daß die Früchte bei den sommergrünen Berberis-Arten nicht nur im Herbst und Winter, sondern schon zwischen dem Laub auffallen.

Fruchtfarbe:
Hellrot
B. anniae, B. × carminea 'Pirate King', B. diaphana, B. dictyophylla und Varietäten, B. × durobrivensis, B. × ottawensis 'Lombart's Purple', B. × o. 'Superba', B. poiretti, B. quelpartensis, B. sieboldii, B. × suberecta und Sorten, B. virescens, B. yunnanensis, B. zabeliana.
Karminrot
B. aggregata 'Crimson Bead', B. a. 'Sibbertoft Coral', 'Stonefield Dawn', var. pratii, B. boschanii, B. × carminea, B. × c. 'Fireflame', B. dielsiana und Sorten, B. lecomtei, B. mitifolia, B. wilsoniae und Sorten.

Rot
die meisten Berberis-Arten, die bei den Habitustypen angeführt sind.
Dunkelrot
B. aggregata 'Ruby', B. beaniana 'Stonefield Mauve', B. brachypoda, B. canadensis, B. ×

carminea 'Sparkler', *B. chinensis*, *B. crataegina*, *B. declinata*, *B.* × *emarginata*, *B. gilgiana*, *B. henryana*, *B. iliensis*, *B.* × *laxiflora*, *B.* × *notabilis*, *B. tsarongensis*, *B. turcomanica*, *B.* × *vanfleetii*, *B.* × *vilmorinii*, *B. vulgaris* und die meisten Sorten, *B. wilsoniae* var. *stapfiana*.

Orangerot
B. aemulans, *B. circumserrata*.

Gelbrot
B. wilsoniae var. *subcaulialata*.

Gelbweiß
B. vulgaris 'Alba'.

Purpurfarben
B. beaniana, *B. bretschneideri*, *B. consimilis*, *B. giraldii*, *B.* × *lologensis* und Sorten, *B. lycium*, *B.* × *macrantha*, *B.* × *rubrostilla* 'Cheali', *B. sikkimensis*, *B.* × *spaethii*.

Blauweiß
B. × *frikartii* und Sorten.

Blauviolett
B. chrysosphaera, *B. kawakamii*, *B. kewensis*.

Blauschwarz
B. × *antoniana*, *B. bergmanniae* und Varietäten, *B. buxifolia* und Sorten, *B. gagnepainii* und Varietäten, *B. glaucocarpa*, *B. gyalaica*, *B. hookeri*, *B.* × *interposita*, *B. julianae* und Sorten, *B. lempergiana*, *B. lycioides*, *B. pruinosa* sowie Varietäten und Sorten, *B.* × *recurvata*, *B. ruscifolia*, *B. sargentiana*, *B. subcoriaceae*, *B. paliensis*, *B. veitchii*, *B.* × *wintonensis*.

Rotschwarz
B. oblonga, *B. replicata*.

Schwarz
B. atrocarpa, *B. coxii*, *B. heteropoda*, *B. linearifolia* und Sorten, *B. manipurana*, *B. montana*, *B. panlaensis*, *B. para-virescens*, *B. souliena*, *B.* × *stenophylla* und Sorten, *B. sublaevis*, *B. verruculosa*, *B.* × *wisleyensis*.

Bläulich, violett, purpurfarben und schwarz ausgefärbte Früchte sind weniger auffallend und bei dunkelgrüner Belaubung (z. B. bei den immergrünen Arten) kommen sie sehr wenig zur Geltung.

Abb. 178 Typ „thunbergii"
a)
● *B. buxifolia* 'Nana',
● *B. candidula*,
B. chrysosphaera,
B. × *frikartii* 'Amstelveen',
B. × *f.* 'Mrs. Kennedy',
'Stäfa', 'Telstar', 'Verrucandi',
● *B.* × *hybridogagnepainii* 'Terra Nova',
B. paulaensis, *B. sibirica*,
● *B. thunbergii* 'Bagatelle',
B. t. 'Minor';
b)
B. anniae,
B. × *antoniana*,
B. arido-calida,
B. buxifolia 'Pygmaea',
B. × *carminea*,
B. × *c.* 'Autum Cheer',
'Aurora', Barbarossa',
'Buccaneer',
'Bountiful',
● 'Fireflame',
● 'Pirate King', 'Sparkler',
B. centiflora, *B. concinna*,
B. c. 'Coral Gem',
B. dictyoneura,
B. edgeworthiana,
B. graminea,
B. × *interposita*,
B. jaeschkeana,
B. liechtensteinii,
B. macrosepala,
B. × *media*,
● *B.* × *m.* 'Parkjuweel',
B. minutiflora,
B. morrisonensis,
B. parvifolia,
B. potaninii,
B. × *provincialis*,
B. × *rebderiana*,
● *B. stenophylla* 'Irwinii',
● *B. thunbergii*,
● *B. t.* 'Atropurpurea',
'Aurea',
var. *maximowiczii*,
● 'Roxane',
● 'Silver Beauty',
● 'Smaragd',
● *B. wilsoniae*,
B. w. 'Comet',
● 'Coral', 'Ferax', 'Fireball', 'Firefly',
'Stonefield Surprise',
'Tom Thumb', var. *stapfiana*, var. *subcaulialata*;
c)
B. aemulans,
● *B. aggregata*,
B. a. 'Autumn Beauty',
'Crimson Bead',
'Knockvale Scarlet',
'Ruby',
'Sibbertoft Coral',
'Stonefield Dawn',
var. *prattii*,
var. *recurvata*,
B. boschanii,
B. consimilis,
B. dictyophylla,
B. d. var. *approximata*,
var. *epruinosa*,
B. dielsiana 'Compacta',
B. foxiana, *B. fendleri*,
B. honanensis,
B. × *hybridogagnepainii* 'Stäfa',
B. johannis, *B. lecomtei*,
B. lepidifolia, *B. linearifolia*,
B. l. 'Jewel', 'Phoenix',
B. × *lologensis*,
B. × *l.* 'Nymans',
'Yellow Beauty',
B. mekongensis,
B. recurvata, *B. sikkimensis*,
B. spranguei,
B. subcoriacea, *B. telomaica*,
B. thunbergii 'Red Chief',
B. vernae,
B. × *wintonensis*,
B. × *wisleyensis*
d)
B. bergmanniae,
B. b. var. *acanthophylla*,
B. brachypoda,
B. buxifolia 'Aureomarginata',
B. diaphana, *B. giraldii*,
B. heteropoda,
B. jamesiana, *B. kawakamii*,
B. linearifolia 'Orange King',
B. lycioides, *B. montana*,
B. mouillacana, *B. oblonga*,
B. silva-taroucana,
B. tischleri, *B. virgetorum*,
B. yunnanensis;
e)
B. glaucocarpa, *B. mitifolia*;
f)
● *B. buxifolia*,
B. b. 'Spinosissima',
B. chinensis, *B. dielsiana*,
B. gyalaica, *B. henryana*,
B. iliensis, *B. lycium*,
B. nummularia,
B. para-virescens,
B. sherriffii,
B. × *spaethii*,
B. × *stenophylla* 'Latifolia',
B. tsarongensis,
B. turcomanica,
B. t. var. *integerrima*

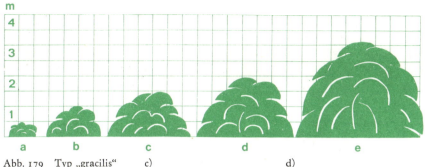

Abb. 179 Typ „gracilis"
a)
B. × stenophylla 'Gracilis Nana',
B. taliensis;
b)
B. × emarginata,
B. poiretii,
B. replicata,
B. × stenophylla 'Gracilis',
● *B. thibetica*;

c)
B. canadensis,
B. × stenophylla 'Pendula',
● *B. verruculosa*;

d)
B. × durobrivensis,
B. gilgiana,
B. phanera,
B. p. var. *glaucosubtusa*;

e)
B. aristata,
B. a. var. *coriaria*,
B. bretschneideriana,
B. francisci-ferdinandi

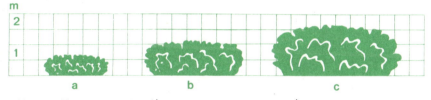

Abb. 180 Typ „compacta"
a)
B. × stenophylla 'Compacta',
B. × s. 'Corallina Compacta',
'Crawley Gem';

b)
B. × lologensis 'Highdown',
● *B. × stenophylla*,
B. × s. 'Autumnalis',
'Brilliant',
'Coccinea',
'Corallina',
'Glauca',
'Picturata',
'Reflexa',
'Rigida',
'Semperflorens';

c)
B. × s. 'Diversifolia'

Zweige und Wurzelsystem

Hauptzweige und Zweige sind nicht sehr stark, oft schwach und zierlich bogig angeordnet, steif und wenig biegsam, starr, hell graugelb, manchmal in der Jugend rötlich (*B. aemulans, B. bretschneideri, B. chrysosphaera, B. dasytachya* usw.) oder gelblich (z. B. *B. lycium* u. a.), kantig, gefurcht oder auch rundlich. Wichtig sind die Dornen, meist gelbbraun oder hellgrau, einfach oder 3zählig, scharf zugespitzt und verschieden groß. Am besten kommen sie im unbelaubten Zustand zur Geltung und beeinflussen auch die Verwendbarkeit der *Berberis*-Arten (nicht in die Nähe von Kinderspielplätzen pflanzen, aber überall dort, wo wir einen unerwünschten Zutritt verhindern wollen). Wurzeln meist reich verzweigt und flach ausgebreitet.

Ansprüche

Sommer- und halbimmergrüne *Berberis*-Arten sind lichtliebend und gedeihen am besten in voller Sonne (im Herbst färben sie auf solchen Standorten auch besser aus), wogegen die oft empfindlicheren immergrünen Arten besser im Halbschatten ausgepflanzt werden sollten (einen etwas tieferen Schatten vertragen befriedigend *B. buxifolia, B. candidula, B. × frikartii, B. gagnepainii, B. stenophylla, B. veitchii, B. vernae, B. verruculosa*, von den sommergrünen auch *B. vulgaris*). Alle angeführten sommergrünen Arten und Sorten sind unter mitteleuropäischen Bedingungen winterhart; die immergrünen Arten verlangen einen geschützteren Standort (gegen austrocknende Winde, besonders im Winter) und einige Arten auch Winterschutz (z. B. *B. linearifolia, B. × stenophylla*; zu den härtesten gehören *B. julianae, B. candidula* und *B. × frikartii*). An Bodenverhältnisse sind die Immergrünen anspruchs-

Abb. 181 Blätter *Berberis*
a)
B. julianae,
B. lempergiana,
B. sargentiana;
b)
B. bergmanniae,
B. glaucocarpa,
B. pruinosa var. *brevipes*,
B. sieboldii;
c)
B. veitchii;
d)
B. atrocarpa,
B. × *recurvata*,
B. soulieana,
B. subcoriacea;
e)
B. atrocarpa (manchmal),
B. gagnepainii var. *lanceifolia*;
f)
B. sublevis;
g)
B. virgetorum;
h)
B. kawakamii,
B. manipurana;
i)
B. anniae,
B. gagnepainii var. *subovata*,
B. hookeri,
B. phanera var. *glaucosubtusa*;
j)
B. × *interposita*;
k)
B. hybridogagnepainii,
B. potaninii;
l)
B. coxii,
B. chrysosphaera;
m)
B. aristata,
B. × *macrantha*,
B. pruinosa,
B. ruscifolia;
n)
B. centiflora,
B. × *mentorensis*,
B. × *vilmorinii*;

o)
B. amurensis var. *japonica*,
B. canadensis,
B. circumserrata,
B. dasystachya,
B. koreana;
p)
B. lecomtei,
B. thunbergii 'Atropurpurea' (manchmal);
q)
B. boschanii,
B. dictyophylla;
r)
B. angulosa,
B. francisci-ferdinandi,
B. linearifolia 'Orange King',
B. lologensis (manchmal),
B. l. 'Yellow Beauty',
'Highdown',
B. phanera,
B. tsarongensis;
s)
B. candidula,
B. edgeworthiana,
B. × *frikartii*, Sorten,
B. johannis,
B. × *media* 'Parkjuweel',
B. para-virescens,
B. parisepala,
B. sherriffii,
B. verruculosa,
B. virescens;
t)
B. liechtensteinii;
x)
B. linearifolia,
B. italiensis;
y)
B. lycium;
z)
B. replicata,
B. × *stenophylla*;
1)
B. aggregata var. *prattii*,
B. lologensis,
B. l. 'Highdown',
B. lycioides,
B. wilsoniae var. *subcaulialata*;

2)
B. × *rubrostilla* (manchmal),
B. thibetica,
B. wilsoniae;
3)
B. gyalaica,
B. parvifolia;
4)
B. quelpartensis,
B. sieboldii;
5)
B. × *carminea*,
B. morrisonensis,
B. rubrostilla;
6)
B. lepidifolia;
7)
B. bretschneideri,
B. × *emarginata*,
B. × *meehanii*,
B. vulgaris,
B. v. 'Atropurpurea';
8)
B. brachypoda,
B. × *laxiflora*;
9)
B. heteropoda,
B. notabilis;
10)
B. aemulans,
B. diaphana,
B. telomaica,
B. tischleri;
11)
B. ottawensis 'Superba';
12)
B. oritrepha,
B. thunbergii,
B. t. 'Atropurpurea',
'Roxane', 'Smaragd';
13)
B. circumserrata var. *subarmata*,
B. macrosepala;
14)
B. mekongensis;
15)
B. × *provincialis*,
B. sibirica,
B. sikkimensis;

16)
B. concinna,
B. minutiflora,
B. vernae;
17)
B. graminea;
18)
B. yunnanensis;
19)
B. honanensis,
B. × *suberecta*,
B. zabeliana;
20)
B. paulaensis

Untere Reihe
Blätter *Amelanchier*
a)
A. basalticola,
A. obovalis,
A. ovalis,
A. pallida
(die Form der Blattspreite ist veränderlich),
A. utahensis;
b)
A. cusickii,
A. spicata
(die Form der Blattspreite ist veränderlich);
c)
A. alnifolia,
A. bartramiana,
A. florida,
A. gaspensis;
d)
A. asiatica,
A. fernaldii,
A. grandiflora,
A. interior,
A. laevis,
A. neglecta,
A. sanguinea;
e)
A. arborea;
f)
A. canadensis
(Quadrat 1 × 1 cm)

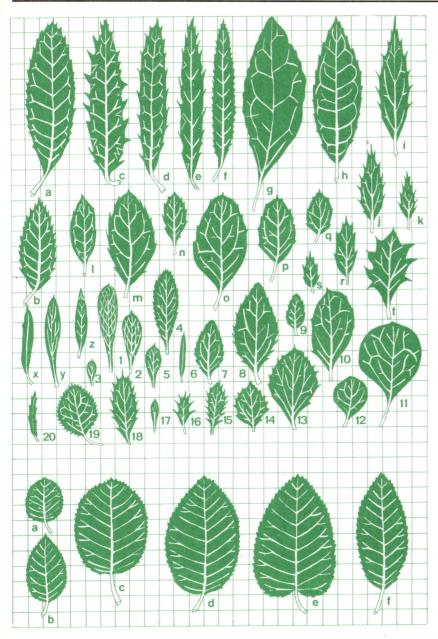

voller (humose, angemessen feuchte Böden), die Sommergrünen wachsen befriedigend auch in ärmeren, trockenen und kalkhaltigen Böden. Ideal ist ein guter Gartenboden. Verunreinigte Luft wird allgemein vertragen, sogar von manchen immergrünen Arten (besonders *B. buxifolia, B. candidula, B. gagnepainii, B. julianae* und *B. ✕ stenophylla*). Nur bei *B. vulgaris* gibt es in der Bewertung ihrer Resistenz gegen SO_2 widersprüchliche Angaben. Unter Wildverbiß leiden *Berberis*-Arten wenig (manchmal *B. gagnepainii* und ähnliche Arten).

Pflege

Sommergrüne Arten pflanzen wir ohne Wurzelballen im Frühjahr oder Herbst, Containerpflanzen während der ganzen Vegetationsperiode. Immergrüne Arten werden ähnlich wie die Nadelgehölze immer mit Wurzelballen oder aus Containern gepflanzt – am besten im Vorfrühling oder Spätsommer. Immergrüne Jungpflanzungen werden auch wie Nadelgehölze gepflegt (ausreichende Bewässerung, Schattierung je nach Bedarf). Langsamwachsende Arten und Sorten aller Habitustypen (Endhöhe 0,5–1 m) werden bei solitärer Pflanzung in Rasenflächen leicht von Gras durchwachsen. Solche Pflanzen sind dann unzureichend belaubt und unschön (besonders immergrüne Arten). Der Rasen muß also rechtzeitig gemäht werden und die Pflanzfläche unter den Berberitzen muß stets frei von Gras gehalten werden. Das ist sehr mühsam, weshalb es günstiger ist, diese Gehölze solitär in Flächen mit bodenbedeckenden Pflanzen zu setzen. Im Herbst müssen die immergrünen Arten ordentlich gewässert werden, damit sie während der Winterzeit nicht unter Trockenheit leiden; ein guter Winterschutz ist ebenfalls empfehlenswert, d. h. die Erdoberfläche bedecken wir um die Pflanzen herum mit einer Laubschicht und die Pflanzen selbst mit Reisig. Geschnitten wird nur wenig, immergrüne *Berberis*-Arten überhaupt nicht (nur bei Frostschäden). Ältere, sommergrüne Sträucher können wir je nach Bedarf etwas auslichten. Unbedacht zurückgeschnittene Sträucher treiben rasch durch, bilden zahlreiche Jungtriebe, die sehr brüchig sind und auseinanderfallen. Manche Arten vertragen einen Schnitt sehr gut (*B. vulgaris, B. thunbergii*); diese können zu geformten Hecken verwendet werden, welche wir dann während der Vegetationsruhe schneiden. Umpflanzen kommt hauptsächlich bei langsamwachsenden Arten in Frage (im Vorfrühling und während des Jahres müssen wir dann für eine ausreichende Wässerung und Schattierung sorgen. Sommergrüne Arten wachsen aus Jungpflanzen schnell wieder heran. Von Krankheiten und Schädlingen werden sie nur selten befallen. Einzelne Arten, insbesondere *B. vulgaris* sind Zwischenwirte für Schwarzrost des Getreides, was ihre Verwendung in der Nähe (200 m) von Getreidefeldern begrenzt. Nicht anfällig sind *B. concinna, B. × mentorensis* und *B. thunbergii*. In trockenen Jahren wird *B. thunbergii* durch die *Verticillium*-Welke stark geschädigt. Befallene Pflanzen müssen entfernt und vernichtet werden. Bei Neupflanzung ist ein Flächenwechsel erforderlich. Vereinzelt tritt Echter Mehltau auf (Bekämpfung siehe *Acer*). In manchen Jahren verursachen die Larven der Berberitzenblattwespe starke Fraßschäden an den Blättern. Die Bekämpfung erfolgt mit Insektiziden gegen beißende Insekten.

Verwendung

Alle Berberitzen eignen sich für Solitär- und Gruppenpflanzungen, für geschnittene und ungeschnittene Hecken. Rotblättrige oder im Herbst rötlich

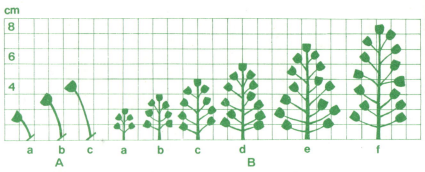

Abb. 182 Blütenstand *Berberis*
A) Blüten einzeln
a)
B. angulosa,
B. candidula,
B. dictyophylla, Varietäten,
B. × frikartii, Sorten,
B. × mentoriensis,
B. minutiflora,
B. paulaensis,
B. sibirica,
B. verruculosa,
B. × wokingensis;

b)
B. × antoniana,
B. buxifolia, Sorten,
B. chrysosphaera,
B. circumserrata,
B. c. var. *subarmata,*
B. concinna,
B. c. 'Coral Gem',
B. macrosepala,
B. parisepala,
B. thunbergii, Sorten;

c)
B. centiflora (vereinzelt)

B) aufrechte Traube
a)
B. reticulata,
B. × rubrostilla, Sorten;
B. × suberecta, Sorten;

b)
B. × emarginata,
B. gilgiana, B. kansuensis,
B. kawakamii, B. liechtensteinii;

c)
B. glaucocarpa;

d)
B. aggregata var. *prattii,*
B. a. var. *recurvata;*

e)
B. dasystachya;

f)
B. × laxiflora

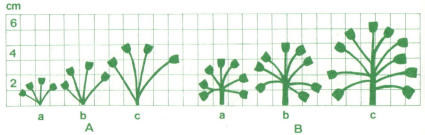

Abb. 183 Blütenstand *Berberis*
A) lockere Büschel
a)
B. aemulans,
B. lecomtei,
B. lepidifolia, B. potaninii,
B. pruinosa var. *brevipes,*
B. subcoriacea;

b)
die meisten Arten, Sorten, Varietäten und Formen;

c)
B. aridocalida,
B. bergmanniae,
B. centiflora, B. veitchii,
B. wintonensis,
B. wisleyensis

B) lockere, halbkugelige Dolden
a)
B. aggregata, Sorten,
B. consimilis, B. foxoniana,
B. jaeschkeana,
B. × ottawensis,
Sorten (manchmal),
B. para-virescens,

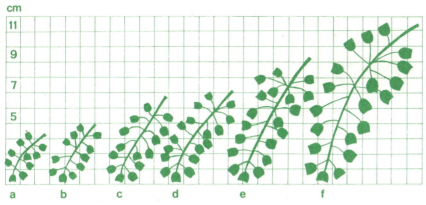

Abb. 184 Blütenstand *Berberis* hängende Traube
a)
B. dictyoneura,
B. edgeworthiana,
B. mitifolia,
B. × provincialis,
B. quelpartensis;
b)
B. beaniana, Sorten,
B. centiflora (manchmal),
B. johannis,
B. × ottawensis,
Sorten (manchmal),
B. poiretii,
B. × rehderiana,
B. spraguei,
B. vernae,
B. zabeliana;

c)
B. canadensis,
B. × carminea, Sorten,
B. × durobrivensis,
B. fendleri,
B. koreana,
B. mekongensis,
B. mouillacana,
B. nummularia,
B. sherriffii,
B. sikkimensis;
d)
B. bretschneideri,
B. dielsiana,
B. d. 'Compacta',
B. henryana;
e)
B. chinensis,
B. gyalaica,
B. iliensis,
B. × macrantha,
B. silva-taraucana,
B. turcomanica, Varietäten,
B. vulgaris, Sorten;

f)
B. amurensis,
Sorten und Varietäten,
B. aristata,
B. brachypoda,
B. francisci-ferdinandi,
B. giraldii,
B. heteropoda,
B. jamesiana,
B. kewensis,
B. × lologensis, Sorten,
B. lycioides,
B. lycium,
B. × meehanii,
B. × notabilis,
B. oblonga,
B. × spaethii,
B. tischleri

B. sieboldii,
B. × stenophylla, Sorten,
B. × vanfleetii,
B. virescens,
B. virgetorum;
b)
B. boschanii, B. montana,
B. oritrepha,
B. thibetica;

c)
B. crataegina,
B. diaphana

färbende Arten lassen sich sehr schön mit gelblich färbenden *Betula, Acer* usw. kombinieren. Die meisten *Berberis*-Arten eignen sich in Heidegärten, kleinere Typen in Steingärten oder für Trog- und Kübelpflanzungen, wobei sie sehr gut zu niederliegenden Stauden, Parkrosen, niederliegenden Zwergmispeln und -koniferen stehen (ausgenommen die rotblättrigen Arten, die mit Nadelgehölzen zu dunkel ausfallen). Niedrige Arten können für geschnittene oder auch freiwachsende Hecken verwendet werden. Höhere Arten können an ausgewählten Stellen undurchsichtige Gruppen bilden. *B. vulgaris* und ähnliche sommergrüne *Berberis*-Arten eignen sich sehr gut für natürlich komponierte Anlagen (Randpflanzungen um höheres Grün) und zum Bepflanzen wenig fruchtbarer Böden. Viele langsamwachsende Arten, hauptsächlich immergrüne, kommen auch in kleineren Gärten zur Geltung. Während die Anwendungsbereiche der immergrünen Arten auf die warmen Lagen der Ebene und des Hügellandes beschränkt bleiben, kann man die meisten sommergrünen auch im Gebirge einsetzen. In die unmittelbare Nähe von Getreidefeldern pflanzen wir nur die gegenüber dem Schwarzrost des Getreides nicht anfälligen *Berberis*-Arten.

Berchemia NECKER *(Rhamnaceae)*

Sommergrüne, windende Sträucher, etwa 22 Arten in Süd- und Ostasien, Nordafrika und Nordamerika. Für mitteleuropäische Bedingungen eignen sich nur *B. flavescens* WALL., *B. giraldiana* C. SCHN. und *B. racemosa* S. et Z. Die erste Art windet sich nur 1 bis 2 m, die anderen 4–6 m hoch. Blätter wechselständig, mehr oder weniger ganzrandig, mit gefiederter Nervatur,

3–6 cm lang (ausnahmsweise bei *B. flavescens* bis 15 cm). Blüten klein, 5zählig, weißlich oder weißlich grün, in auffallend großen endständigen Rispen (5–20 cm lang). Blüht von Juni–August. Frucht eine längliche oder walzenförmige Steinfrucht, etwa 8 mm lang, anfangs rötlich, später schwarz. *Berchemia* wächst in jedem guten Gartenboden, braucht aber einen geschützten Standort. Nur Sammlerbedeutung.

Betula L. – Birke *(Betulaceae)*

Sommergrüne Bäume oder Sträucher bis Sträuchlein; etwa 40 Arten, beheimatet in der nördlichen gemäßigten und arktischen Zone. Die meisten baumartigen Typen wachsen ziemlich schnell, sie erreichen in 10 Jahren etwa 5–7 m, in 20 Jahren zwischen 7–10 m und in 30 Jahren zwischen 10–16 m Höhe. Strauchige Typen wachsen viel langsamer.
Zierwert: Blätter (IV–V, X–XI), Blüten (II–III), Stamm (I–XII, bei Baumtypen).

Habitustypen

„Verrucosa-Typ": stellt den normalen Wuchstyp einer Baumbirke dar, mit leicht aufgezogenen und luftig aufgebauten Kronen; Grundäste waagerecht bis leicht aufrecht, Zweige zierlich, meist bogig hängend (Abb. 187),
„Ermanii-Typ": robust wachsende Bäume, mit breiter, manchmal fast halbkugeliger, aber sehr locker gestalteter Krone (Abb. 188),
„Fastigiata-Typ": Bäume mit schlanker bis breit kegelförmiger bzw. walzenförmiger Krone; Äste und Zweige aufstrebend, Laub kompakt gebüschelt (Abb. 189 B),
„Nigra-Typ": baumartiger Strauchtyp

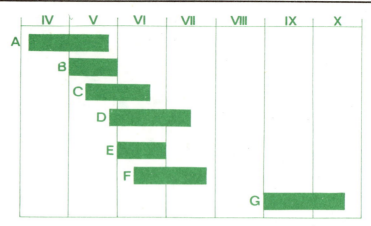

Abb. 185 Blütezeit *Berberis*
A) *B. chrysosphaera*, *B. dasystachya*, *B.* × *lologensis*;
B) *B. amurensis*, *B. angulosa*, *B. aristata*, *B. brachypoda*, *B. bretschneideri*, *B. candidula*, *B. chinensis*, *B. circumserrata*, *B. concinna*, *B. coxii*, *B. diaphana*, *B. dictyophylla*, *B. dielsiana*, *B.* × *emarginata*, *B. fendleri*, *B. francisci-ferdinandi*, *B. henryana*, *B. hookeri*, *B. koreana*, *B. linearifolia*, *B.* × *macrantha*, *B. montana*, *B. poiretii*, *B. pruinosa*, *B. replicata*, *B. sibirica*, *B. sieboldii*, *B. sikkimensis*, *B. thibetica*, *B. veitchii*, *B. vernae*, *B. vulgaris*;
C) die meisten Arten, Sorten, Varietäten und Formen
D) *B. lycium*;
E) *B. beaniana*, *B. crataegina*, *B. jamesiana*, *B. morrisonensis*, *B. parvifolia*, *B.* × *rubrostilla*, *B. tischleri*;
F) *B. wilsoniae* var. *subcaulialata*;
G) *B.* × *stenophylla* 'Semperflorens'

Wissenschaftlicher Name	Deutscher Name	Natürliche Verbreitung bzw. Entstehungsort	Frosthärte
B. alba L. = *B. pendula*			
● *B. albosinensis* Burk.	Rote China-Birke	China	++
var. *septentrionalis* Schneid.		Szetschuan	++
● *B. alleghaniensis* Britt.	Gelb-Birke	N-Amerika	++
var. *fallax* Fassett		wie die Art	++
var. *macrolepsis* Fern.		wie die Art	++
B. × *aurata* Borkh.			++
B. borealis Spach	Nördliche Kleine Birke	N-Amerika	++
B. × *borggreveana* Zabel		Hann.-Münden	++
B. callosa Notö		Skandinavien, Island	++

Wissenschaftlicher Name	Deutscher Name	Natürliche Verbreitung bzw. Entstehungsort	Frosthärte
B. carpinifolia S. et Z. = B. grossa			
B. carpinifolia EHRH. = B. lenta			
B. chinensis MAXIM.	China-Birke	N-China, Japan, Korea	++
B. × coerulea BLANCHARD	Blau-Birke	NO-USA, Kanada	++
B. coerulea-grandis BLANCHARD		NO-USA, Kanada	++
B. concinna GUNNARSSON		S-Schweden	++
B. coriacea GUNNARSSON		N-Schweden	++
B. corylifolia RGL. et MAXIM.	Haselnuß-Birke	Japan	++
B. costata TRAUTV.		Mandschurei, Korea	++
B. dahurica RGL. = B. davurica			
● B. davurica PALL.	Dahurische Birke, Schwarz-B.	Japan, Korea, Mandschurei, Ussurigebiet	++
B. delavayi FRANCH.		Kansu, Szetschuan, Yünnan	++
● B. ermanii CHAM.	Erman-Birke	Japan, Korea	++
var. subcordata (RGL.) KOIDZ.		Hondo	++
B. × fennica DOERFL.	Finnische Birke	Finnland	++
B. fontinalis SARG. = B. occidentalis			
B. forrestii (W. W. SM.) HAND.-MAZZ.		W-China	++
B. fruticosa PALL.	Strauch-Birke	N-China, NO-Asien	++
B. glandulifera (RGL.) BUTLER		Ontario – Britisch-Kolumbien	++
B. glandulosa MICHX.	Drüsige Birke	N-Amerika, Grönland	++
B. globispica SHIRAS.		M-Japan	++
B. grossa S. et Z.	Ulmenblättrige Birke	Japan	++
B. hallii HOWELL		Oregon u. Alaska u. Yukon	++
● B. humilis SCHRANK	Niedrige Birke	M- u. NO-Europa, Sibirien	++
B. insignis FRANCH.		Hupeh, Szetschuan, Sikang	++

mit einer Mehrzahl von Stämmchen oder niedrig verzweigtem Stamm; Krone breit, manchmal breiter als hoch, aber luftig bis locker (Abb. 190),

„Pendula-Typ": Bäumchen oder Baum mehr oder weniger hängend, manchmal reichen die Zweige bis zum Boden und können auch schirmförmige Kronen bilden (Abb. 189 A),

„Fruticosa-Typ": breit aufrechte Sträucher mit bogig und luftig abstehenden Zweigen; bis zum Boden beastet (Abb. 191),

„Pumila-Typ": Sträucher locker aufstrebend, ungleich bis besenartig, zierlich und reich verzweigt (Abb. 192 B),

„Nana-Typ": unregelmäßig niederliegend aufstrebender, manchmal bis kriechender Strauch, ungleich höckrig und ziemlich dicht (Abb. 192 A),

Textur

Bei den meisten kleinblättrigen *Betula*-Arten ist der Gesamteindruck der Krone zierlich, aber ungleich, so daß sie luftig-locker wirkt. Bei den großblättrigen Arten (*B. maximowicziana*, *B. lenta* usw.) ist die Textur gröber, aber ebenfalls luftig-locker. Der „Pendula-Typ" ist meist vorhangartig und zierlich dichter, und damit auch weniger luftig. Auch die Zwergtypen „Nana" und „Pumila" sind nicht so luftig, aber dennoch wirken sie mit ihrer feinen Verzweigung und kleineren Blättern leicht.

Laub

Blätter wechselständig, gestielt, meist eiförmig oder auch rundlich bzw. länglich, gesägt oder gezähnt, manchmal gefiedert, verschieden groß (Abb. 193). Die helle Blattfarbe unterstreicht die Helligkeit der Krone.

Blattfarbe:
Hellgrün
B. *borggreveana*, B. *callosa*, B. *corylifolia*, B. *delavayi*, B. × *intermedia* und Varietäten, B. *microphylla*, B. *middendorffii*, B. *schmidtii*.
Graugrün
B. × *coerulea*, B. *coerulea-grandis*, B. *glopispica*.
Mattgrün
die meisten, bei den Habitustypen angeführten *Betula*-Arten.
Glänzend grün
B. × *jackii*, B. *lenta*, B. *nigra*. B. *occidentalis* und Varietäten, B. *populifolia* und Sorten.
Dunkelgrün
B. *ermanii* und Varietäten, B. × *fennica*, B. *hallii*, B. *luminifera*, B. *medwediewii*, B. *papyrifera* var. *humilis*, B. *platyphylla* und Varietäten, B. *pubescens* 'Integrifolia'.
Grüngelb
A. *albosinensis* und Varietäten, B. × *aurata*.
Gelb
B. *pubescens* 'Aurea'.
Dunkelrot
B. *populifolia* 'Purpurea' (die vollausgebildeten Blätter vergrünen gänzlich), B. *pendula* 'Purpurea'.

Die Herbstfärbung ist meist gelb; am schönsten wirken die leuchtendgelben Birken im Kontrast zu einem dunklen Hintergrund von Nadelgehölzen.

Herbstfärbung:
Grüngelb
B. *nana* (teilweise), B. *pendula* 'Purpurea' (mit bronzefarbener Tönung).
Hellgelb
B. *populifolia* und Sorten.
Gelb
die meisten, bei den Habitustypen angeführten *Betula*-Arten.
Dunkelgelb
B. *lenta*, B. *maximowicziana*.
Gelbbraun
B. × *fennica*, B. *glandulifera*, B. *glandulosa*, B. *grossa*, B. *hallii*, B. *humilis*, B. × *intermedia* und Varietäten, B. × *jackii*, B. *jacquemontii*, B. *medwediewii*, B. *michauxii*,

Wissenschaftlicher Name	Deutscher Name	Natürliche Verbreitung bzw. Entstehungsort	Frosthärte
B. × *intermedia* (Hartm.) Thomas		N-Europa, Schweiz	++
var. *alpestris* (Fries) Winkl.		N-Europa, Island, Grönland	++
B. × *jackii* Schneid.		Arnold Arboretum	++
● B. *jacquemontii* Spach	Weißrindige Himalaja-Birke	W-Himalaja	≙, +
B. × *koehnei* Schneid.			++
● B. *lenta* L.	Zucker-Birke	N-Amerika	++
B. *luminifera* Winkl.		Szetschuan, W-Hupeh	++
B. *lutea* Michx. = B. *alleghaniensis*			
B. *mandshurica* (Reg.) Nakai = B. *platyphylla*			
● B. *maximowicziana* Rgl.	Maximowicz-Birke	Japan, S-Kurilen	++
B. *medwediewii* Rgl.	Transkaukasische Birke	Transkaukasien	++
B. *michauxii* Spach	Michaux-Birke	N-Amerika	++
B. *microphylla* Bge.	Kleinblättrige Birke	Altai, Mittelasien	++
B. *middendorffii* Trautv. et Mey.		O-Sibirien	++
B. *minor* (Tuckerm.) Fern.		O-USA	++
● B. *nana* L.	Zwerg-Birke	N-Europa, N-Asien, M-Europa, Grönland, Alaska	++
● B. *nigra* L.	Amerikanische Schwarz-Birke, Fluß-B.	N-Hampshire, Minnesota, Florida, Texas	++
B. *obscura* Kotula		Mähren	++
B. *occidentalis* Hook.	Wasser-Birke	N-Amerika	++
var. *fecunda* Fern.		Washington, Montana	++
● B. *papyrifera* Marsh. (Abb. 186 a)	Papier-Birke	N-Amerika	++
var. *commutata* (Rgl.) Fern		NW-USA	++
var. *cordifolia* (Rgl.) Fern.		Labrador, Minnesota	++
var. *humilis* (Rgl.) Fern. & Raup		NW-USA, Alaska	++
var. *kenaica* (Evans) Henry		Alaska	++
var. *papyrifera*		N-Amerika	++
var. *subcordata* (Rydb.) Sarg.		N-Rocky Mountains	++

Wissenschaftlicher Name	Deutscher Name	Natürliche Verbreitung bzw. Entstehungsort	Frosthärte
● *B. pendula* Roth	Gemeine Birke, Warzen-B., Sand-B., Weiß-B., Hänge-B.	Europa, Kleinasien, Kaukasus, N-Iran, N-Afrika	++
var. *oycoviensis* (Bess.) Dipp.		S-Polen	++
● *B. platyphylla* Sukatchev	Mandschurische Birke	N-China, Mandschurei, Korea, Japan	++
var. *japonica* (Miq.) Hara		Japan, Mandschurei, N-China	++
var. *kamtschatica* (Rgl.) Hara		Japan	++
var. *rockii* (Rehd.) Hara		O-Tibet, Szetschuan	++
var. *szechuanica* (Schneid.) Schneid.		Szetschuan, Yünnan, Sikang	++
B. populifolia Marsh.	Grau-Birke, Pappelblättrige B.	N-Amerika	++
B. potaninii Batal.		W-China	++
● *B. pubescens* Ehrh.	Moor-Birke	Europa, Sibirien, Kaukasus, Vorderasien	++
var. *carpatica* (Waldst. et Kit.) Koch	Karpaten-Birke	M- u. S-Europa	++
var. *glabra* V. N. Andrejeff		Ukraine	++
B. pumila L.	Kleine Birke, Amerikanische Zwerg-B.	N-Amerika	++
B. × *purpusii* Schneid.		NO-USA	++
B. raddeana Trautv.	Kaukasische Birke	Kaukasus	++
B. × *sandbergii* Brit.		NO-Amerika	++
B. schmidtii Rgl.	Eisen-Birke	Japan, Korea, Mandschurei	++
B. turkestanica Litvin	Turkestan-Birke	Turkestan	++
● *B. utilis* D. Don	Himalaja-Birke	W-China	++
var. *prattii* Burk.		Yünnan, Szetschuan, Kansu	++
B. verrucosa Ehrh. = *B. pendula*			

B. minor, *B. occidentalis* und Varietäten, *B. schmidtii*.
Dunkelrot
B. nana (teilweise).

Blüte und Blütenstand

Blüten einhäusig, männliche Kätzchen länglich, im Herbst schon vorgebildet und nackt überwinternd. Weibliche Kätzchen kugelig (Abb. 194 A), breit walzenförmig und aufrecht (Abb. 194 B), schlank walzenförmig und aufrecht (Abb. 194 C), schlank walzenförmig und nickend (Abb. 194 D) sowie länglich zugespitzt nickend (Abb. 194 E). Kätzchen können durch ihre Menge, Größe und Gestalt die ganze Pflanze angenehm beleben. Die meisten Arten blühen im April (manchmal auch im Mai bis Juli, wie z. B. bei *B. lenta* u. a.). Zum ersten Mal blühen die *Betula*-Arten nach 15–20 Jahren, ausnahmsweise nach etwa 10 Jahren (*B. pendula*) oder später, d. h. nach 20–25 Jahren (*B. maximowicziana* usw.).

Frucht und Fruchtstand

Frucht ein unscheinbares, meist dünnhäutig geflügeltes Nüßchen. Fruchtstand stimmt mit dem Aufbau des Blütenstandes überein, ist braungrün oder braungelb. Samen fallen überwiegend auf den ersten Schnee oder schon etwas früher. Kätzchen haften auf dem Gehölz lange bis in den Winter.

Stamm, Zweige und Wurzelsystem

Stämme mancher baumartiger *Betula*-Arten sind ein wichtigeres dekoratives Element als die Krone. Beim „Verrucosa-Typ" sind sie meist schlank, gerade und reichen bis hoch in den Gipfel. Das gilt im großen Maße auch für den „Ermanii-Typ". Malerisch sind die verzweigten Stämme des „Nigra-Typs". Manchmal löst sich die Rinde

185

in groben, zweifarbigen Streifen, so daß die Stämme sehr interessant aussehen (*B. ermanii, B. jacquemontii, B. utilis* usw.). Überwiegend löst sich die Borke in kleineren, dünnen Streifen.

Rindenfarbe:
Reinweiß
B. jacquemontii, B. × koehnei, B. papyrifera, B. p. var. *papyrifera, B. platyphylla* var. *japonica.*
Weiß, später teilweise verschwärzend
B. × aurata, B. globispica, B. minor, B. pubescens sowie die meisten Varietäten und Sorten, *B. pendula* sowie Varietäten und Sorten.
Grauweiß
B. corylifolia, B. maximowicziana (mit orangefarbener Tönung), *B. papyrifera* var. *kenaica* (stellenweise orange oder braun gestreift), *B. p.* var. *subcordata* (stellenweise rötlich gestreift), *B. platyphylla, B. p.* var. *kamtschatica, B. p.* var. *rockii* (manchmal bläuliche Tönung), *B. p.* var. *szechuanica* (mit etwas rötlicher Tönung), *B. populifolia* und Sorten, *B. raddeana.*
Weißlich gelb
B. ermanii und Varietäten (manchmal mit rötlicher bis orangefarbener Tönung), *B. pubescens* var. *carpatica* (oft auch rotbraun), *B. turkestanica.*
Weißlich mit rosafarbenem Hauch
B. coerulea, B. coerulea-grandis.
Dunkelgrau
B. delavayi, B. insignis, B. pubescens 'Murithii'.
Graugelb
B. alleghaniensis und Varietäten, *B. costata, B. luminifera, B. medwediewii, B. microphylla.*
Graurot
B. chinensis.
Graubraun
B. coriacea, B. × intermedia und Varietäten, *B. papyrifera* var. *cordifolia, B. p.* var. *humilis, B. × purpusii.*
Grauschwarz
B. grossa, B. schmidtii.

Abb. 186
a) *Betula papyrifera;*
b) *Broussonetia papyrifera;*
c) *Buddleja nivea;*
d) *Buxus sempervirens;*
e) *Callicarpa bodinieri* var. *giraldii*

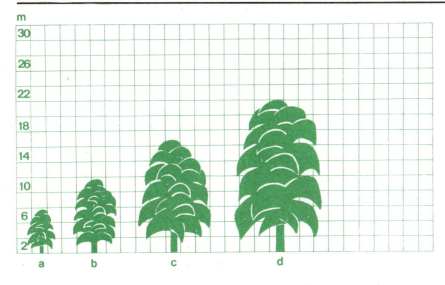

Braunrot
B. × jackii, B. lenta.
Braunschwarz
B. concinna, B. davurica, B. forrestii, B. humilis, B. obscura, B. occidentalis und Varietät, B. papyrifera var. commutata (manchmal weißlich orange), B. potaninii, B. × sandbergii.
Orangebraun
B. albosinensis var. septentrionalis, B. callosa (bis schwarzrot), B. utilis var. prattii.
Orangerot
B. albosinensis.
Schwarzrot
B. nigra.

Wurzelsystem ziemlich flach; Pfahlwurzel verzweigt sich bald und nur bei manchen Arten reicht sie etwas tiefer (B. lenta, B. maximowicziana u. a.). Nebenwurzeln lang und dünn, so daß sie z. B. im felsigen Terrain weit in die Spalten hineindringen können (Festigung, Suche nach Wasser und Nahrung).

Ansprüche

An den Standort stellen die meisten Betula-Arten wenig Ansprüche, benötigen aber ausreichend Licht. Halbschatten verträgt ausnahmsweise B. humilis. Alle angeführten Arten sind unter mitteleuropäischen Bedingungen winterhart (eine einzige Ausnahme ist B. jacquemontii, die in exponierten Lagen unter Frost leiden kann und Winterschutz braucht). In Niederungen leidet B. lenta manchmal unter Spätfrösten. An die Bodenverhältnisse sind die Betula-Arten sehr anpassungsfähig. Am besten gedeihen sie in mittelfeuchten sandig-lehmigen Böden. Viele wachsen auch in feuchten bis nassen Böden, aber auch an armen und trockenen Stellen (B. papyrifera, B. pendula usw.). Einen feuchten Standort brauchen hauptsächlich B. pubescens, B. lutea, B. lenta u. a. Verunreinigte Luft vertragen alle Arten sehr

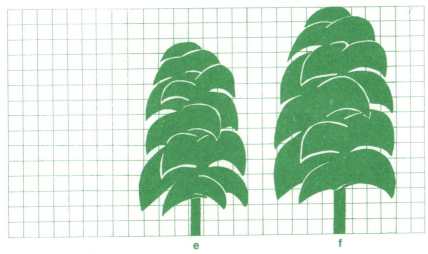

Abb. 187   Typ „pendula I"
a)
B. × purpusii;
b)
B. delavayi, B. forrestii, B. insignis, B. papyrifera var. kenaica, B. p. var. subcordata, B. raddeana;
c)
● B. davurica, B. papyrifera var. humilis, ● B. pendula 'Purpurea';

d)
B. corylifolia, B. costata, B. globispica, B. × koehnei, B. luminifera, B. obscura, ● B. platyphylla, ● B. p. var. japonica, var. kamtschatica, ● B. pendula, B. p. 'Birkalensis', ● 'Dalecarlica', ● 'Tristis';

e)
● B. albo-sinensis, ● B. utilis;
f)
● B. albo-sinensis var. septentrionalis, ● B. papyrifera, B. p. var. commutata, ● var. papyrifera, B. schmidtii, B. utilis var. prattii

187

gut. Unter Wildverbiß leiden sie nicht oder sehr wenig.

Pflege

Betula-Arten pflanzen wir ähnlich wie Nadelgehölze mit Wurzelballen (hauptsächlich Veredlungen). Ohne Wurzelballen gibt es nach dem Pflanzen große Verluste; nur im Frühjahr während der ersten Tage des Austriebes kann ohne Wurzelballen gepflanzt werden. Kronen schneiden wir nach der Pflanzung nicht („Frühjahrsbluten" aus den Schnittwunden). Im ersten Jahr nach der Pflanzung müssen wir in Trockenzeiten gießen (vorteilhaft ist das Mulchen der Pflanzflächen um die Bäume, d. h. Bedeckung mit einer Gras- oder Laubschicht). Nach dem Anwachsen verlangen die *Betula*-Arten in den weiteren Jahren keine besondere Pflege. Wenn ein Formen der Kronen unvermeidlich und notwendig ist, schneiden wir im Herbst (die geringsten „Blutungen"). Ein Umpflanzen vertragen die *Betula*-Arten als ältere Exemplare schlecht. Pflanzen mit ausgefärbter Rinde (Borke), z. B. weißlich, sollten nicht mehr umgepflanzt werden. Krankheiten und Schädlinge treten nicht häufig auf. Nur vereinzelt erscheinen auf den Zweigen buschartig verzweigte Hexenbesen, hervorgerufen durch verschiedene pilzliche Erreger (Gebilde abschneiden und verbrennen). Manchmal können wir pilzliche Blattfleckenkrankheiten feststellen – Bekämpfung mit Kupfer- und organischen Fungiziden besonders bei feuchter Witterung, Fallaub verbrennen. Weiterhin können manchmal Rost (Bekämpfung: Zineb-, Maneb- oder Mancozeb-Präparate einsetzen) und der „Zigarrenwickler" (Rüsselkäfer, der in eingerollte Blätter seine Eier legt – z. B. Parathion-, Trichlorfon- und Lindan-Präparate anwenden) festgestellt werden.

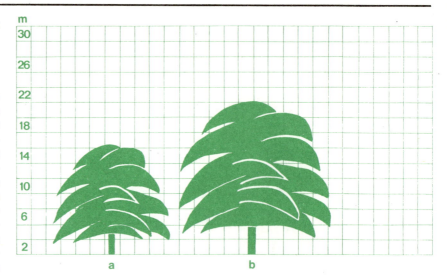

Abb. 188   Typ „ermanii"
a) *B. platyphylla* var. *szechuanica*;
b) ● *B. ermanii*, *B. e.* var. *subcordata*;
c) ● *B. alleghaniensis*, *B. a.* var. *fallax*, var. *macrolepis*

Verwendung

Bäume mit schön ausgefärbten Stämmen und Ästen (*B. papyrifera, B. maximowicziana* und auch *B. pendula*) sind wirkungsvolle Solitärpflanzen, ähnlich die Typen „Pendula", „Fastigiata" und „Nigra". Außer einigen Besonderheiten, die sich hauptsächlich für Sammlungen eignen (*B. lenta, B. alleghaniensis* u. a.), verwendet man Birken zur Benachbarung mit dunklen Laub- oder auch Nadelgehölzen, zu denen sie in einem wirkungsvollen Kontrast stehen. Die höheren Typen harmonieren auch mit allen locker sich aufbauenden Laubgehölzen, von den Nadelgehölzen besonders mit *Abies, Larix, Pinus, Picea, Pseudotsuga* und *Juniperus communis*. Auch effektvolle Kombinationen der meist leuchtendgelben Herbstfärbung mit rötlich färbenden *Acer*-Arten und -Sorten, mit *Liquidambar* oder *Nyssa*, dunklen *Pinus*-Arten usw. sind möglich. Im Winter können wir mit wirkungsvollem Rauhreif auf den zierlichen Zweigen rechnen. Eine sehr wichtige Zierde stellen bei manchen Arten die ausgefärbten Stämme dar (weiße Stämme kommen vor dunklem Hintergrund von Nadelgehölzen wirkungsvoll zur Geltung; im Winter bilden sie einen eindrucksvollen Kontrast zu roten *Cornus*-Trieben usw.). Birken sind wichtige Gehölze in natürlich gestalteten Anlagen. Für streng regelmäßige, architektonische Kompositionen eignen sie sich nicht. Bäume und auch Sträucher eignen sich für Heidegärten bzw. auch für größere Steingärten. Die „Verrucosa"- und „Fastigiata-Typen" eignen sich als Alleebäume im städtischen Raum und besonders auch in der Landschaft. Wegen ihrer Anspruchslosigkeit gehören viele Arten, besonders aber *B. pendula* zu den Pioniergehölzen für devastierte und unfruchtbare Böden (Naturverjüngung auf Ödland, Halden usw.). Die mei-

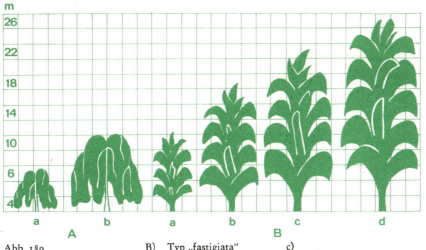

Abb. 189
A) Typ „pendula II"
a)
B. occidentalis;
b)
B. occidentalis var. *fecunda*,
B. populifolia 'Pendula',
B. pendula 'Gracilis',
● *B. p.* 'Youngii'

B) Typ „fastigiata"
a)
B. callosa,
B. coerulea,
B. coerulea-grandis,
B. platyphylla var. *rockii*,
B. pubescens var. *carpatica*;
b)
● *B. pubescens*,
B. p. 'Aurea', var. *glabra*,
'Incisa', 'Murithii',
● 'Urticifolia',
B. turkestanica;
c)
● *B. pendula* 'Fastigiata';
d)
B. grossa,
● *B. lenta*

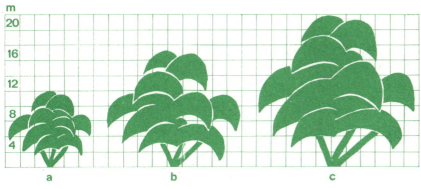

Abb. 190   Typ „nigra"
a)
● *B. concinna*,
B. coriacea,
B. × *sandbergii*;
b)
● *B. nigra*,
● *B. papyrifera*
var. *cordifolia*;
c)
B. populifolia,
B. p. 'Laciniata',
'Purpurea'

Abb. 193
Obere Reihen der Blätter
Betula
a)
B. albosinensis,
B. × *coerulea*,
B. concinna,
B. coriacea,
B. davurica,
B. delavayi,
B. forrestii,
B. globispica,
B. minor,
B. obscura,
B. papyrifera var. *kenaica*,
B. pubescens,
Sorten und Varietäten,
B. × *purpusii*,
B. raddeana,
B. schmidtii,
B. turkestanica;
b)
B. albo-sinensis var. *septentrionalis*,
B. coerulea-grandis,
B. insignis,
B. utilis;
c)
B. nigra;
d)
B. alleghaniensis, Varietäten,
B. lenta,
B. luminifera;
e)
B. ermanii,
B. grossa,
B. medwediewii;
f)
B. ermanii var. *subcordata*;
g)
B. papyrifera,
B. p. var. *commutata*,
var. *papyrifera*,
B. × *koehnei*;
h)
B. × *aurata*,
B. pendula,
B. p. 'Fastigiata',
'Purpurea',
'Tristis', 'Youngii';

i)
B. pendula 'Dalecarlica',
B. populifolia 'Laciniata';
j)
B. pendula 'Gracilis';
k)
B. pendula 'Birkalensis',
B. p. 'Viscosa';
l)
B. callosa;
m)
B. platyphylla, Varietäten,
B. papyrifera var. *humilis*,
B. populifolia,
B. p. 'Pendula',
'Purpurea',
B. × *sandbergii*;
n)
B. occidentalis,
B. o. var. *fecunda*,
B. papyrifera var. *cordifolia*,
B. p. var. *subcordata*;
o)
B. corylifolia,
B. chinensis,
B. raddeana;
p)
B. maximowicziana;
q)
B. glandulosa,
B. intermedia var. *alpestris*,
B. michauxii,
B. nana;
B. pendula 'Dalecarlica',
B. × *fennica*;
r)
B. borealis,
B. hallii,
B. humilis,
B. middendorfiana;
s)
B. × *fennica*;
t)
B. intermedia
(Quadrat 2 × 2 cm)

Mittlere Reihen der Blätter
Caragana
a)
C. arborescens,
C. brevispina, *C. fruticosa*;
b)
C. × *sophoraefolia*;
c)
C. microphylla;
d)
C. decorticans,
C. pekinensis;
e)
C. geraldiana;
f)
C. jubata;
g)
C. sukiensis;
h)
C. sinica;
i)
C. frutex;
j)
C. spinosa (auf Kurztrieben, sonst 4 bis 8 Blättchen);
k)
C. tragacanthoides;
l)
C. aurantiaca,
C. brevifolia,
C. grandiflora,
C. pygmaea
(Quadrat 1 × 1 cm)

Untere Reihe
Hülsen *Caragana*

A) länglich schlank
a)
C. jubata,
C. × *sophoraefolia*,
C. sukiensis;
b)
C. microphylla;
c)
C. arborescens 'Sericea',
C. frutex,
C. grandiflora,
C. microphylla 'Megalantha',
C. spinosa

B) röhrig walzenförmig
C. aurantiaca,
C. brevifolia, *C. pygmaea*

C) breit
a)
C. fruticosa, *C. gerardiana*;
b)
die meisten Arten und Sorten
c)
C. brevispina
(Quadrat 1 × 1 cm)

Blätter *Buxus*
a)
B. sempervirens 'Bullata',
B. s. 'Handsworthiensis';
b)
B. sempervirens 'Rotundifolia';
c)
B. sempervirens,
B. s. 'Pyramidalis';
d)
B. sempervirens 'Angustifolia',
B. s. 'Elegans';
e)
B. microphylla,
B. sempervirens 'Suffruticosa';
f)
B. microphylla var. *sinica*;
g)
B. sempervirens 'Myosotidifolia',
B. s. 'Myrtifolia'
(Quadrat 1 × 1 cm)

sten Birken eignen sich für alle Lagen vom Flachland bis zum Gebirge, einige Arten auch für das Hochgebirge (*B. lutea*, *B. papyrifera* u. a.). Birkensamen sind ein wichtiges Vogelfutter.

Broussonetia L. HERIT. ex VENT. – Papiermaulbeerbaum *(Moraceae)*

Sommergrüne Sträucher oder Bäume, 3 Arten, in Ostasien. Für mitteleuropäische Bedingungen eignen sich nur *B. kazinoki* SIEB. und *B. papyrifera* (L.) VENT. (Abb. 186 b). Die erste Art bildet 1–2 m hohe Sträucher, die zweite Bäume, oft auch mehrstämmig. Blätter enthalten Latex (Milchsaft), sind wechselständig, breit eiförmig, bis 20 cm lang, manchmal seicht oder grob gelappt, graugrün. Blüten zweihäusig, männliche in hängenden Kätzchen (Mai). Frucht eine Scheinfrucht, vereint in kugelige, rötliche Köpfchen. Zu *B. papyrifera* gehören vier Sorten: 'Cucullata' (Blätter löffelartig gewölbt), 'Laciniata' (kleines Sträuchlein, Blattspreite wird von der Nervatur gebildet, die nur mit Überresten der Spreite umgeben ist), 'Macrophylla' (Blätter größer als bei der Ausgangsart) und 'Variegata' (weißbunte Blätter). In Mitteleuropa wird sie nur in den wärmsten, meist Weinbaugebieten kultiviert. Eignet sich als Solitär für geschützte Standorte. Ansprüche und Pflege wie bei der Gattung *Morus* (Maulbeerbaum).

Bruckenthalia Reichenb. – Ährenheide *(Ericaceae)*

Immergrüne Zwergsträucher, sehr ähnlich *Erica* (Heide). Es gibt nur eine Art in Südosteuropa: *B. spiculifolia* (Salisb.) Reichenb. Pflanzen 10 bis 20 cm hoch, dünne Zweige aufrecht und dicht beblättert, Blätter linealisch,, gegenständig oder in Quirlen, 3–5 mm lang. Hellrosa Blüten in dichten, 2–3 cm langen Ähren. Blütezeit Juli/August. In extremen Lagen brauchen die Pflanzen Winterschutz. Im Unterschied zu *Erica* (Heide) und *Calluna* (Heidekraut) werden sie nicht geschnitten. Ansprüche, Pflege und Verwendung wie bei *Erica* (Heide).

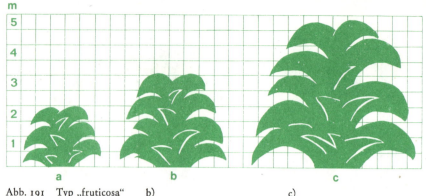

Abb. 191 Typ „fruticosa"
B. fruticosa,
B. glandulifera,
B. glandulosa,
● *B. humilis,*
B. × *sandbergii;*

b)
B. × *aurata,*
B. borggreveana,
B. chinensis,
B. concinna (manchmal),
B. coriacea (manchmal),
B. × *jackii,*
B. potaninii,
B. pendula var. *oycoviensis;*

c)
B. forrestii (manchmal),
B. minor,
B. × *purpusii* (manchmal),
B. raddeana (manchmal),
B. pendula 'Viscosa'

Buckleya Torr. – *(Santalaceae)*

Sommergrüne, parasitisch lebende Sträucher, beheimatet in Nordamerika, China und Japan. Von den 5 bekannten Arten hat nur eine Bedeutung für Sammlungen: *B. distichophylla* (Nutt.) Torr. Bildet bis 4 m hohe, *Ligustrum* (Rainweide) ähnliche Sträucher. Blätter flach zweireihig, sitzend, oval-lanzettlich, 2–6 cm lang, zugespitzt. Blüten klein, grün und unscheinbar. Blütezeit Mai. Steinfrucht ellipsoid, gelbgrün bis orange, etwa 1,5 cm lang. In der Kultur erhält sich die Pflanze als Parasit auf den Wurzeln von *Tsuga canadensis* (Schierlingstanne). Hat keine größere Bedeutung.

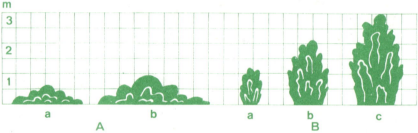

Abb. 192
A) Typ „nana"
a)
B. michauxii;
b)
● *B. nana,*
B. potaninii (manchmal),
B. pumila (manchmal)

B) Typ „pumila"
a)
B. hallii,
● *B. nana* (manchmal);
b)
B. borealis,
B. × *intermedia,*
B. × *i.* var. *alpestris;*
c)
B. × *fennica,*
B. medwediewii,
B. middendorffii,
B. pumila

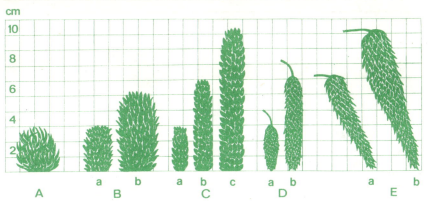

Abb. 194   Kätzchen *Betula*

A) kugelig
B. globispica, B. grossa

B) breit walzenförmig und aufrecht
a)
B. alleghaniensis, Varietäten,
B. callosa,
B. chinensis, B. delavayi,
B. × jackii, B. potaninii;
b)
B. ermanii var. *subcordata,*
B. raddeana

C) schlank walzenförmig und aufrecht
a)
B. borealis, B. concinna,
B. ermanii, B. fruticosa,
B. glandulifera,
B. glandulosa,
B. hallii, B. humilis,
B. × intermedia, B. lenta,
B. michauxii,
B. microphylla,
B. middendorfiana,
B minor, B. nana,
B. populifolia, Sorten,
B. pumila,
B. × purpusii, B. schmidtii;
b)
B. insignis,
B. medwediewii;
c)
B. insignis, B. medwediewii;

D) schlank walzenförmig und nickend
a)
die meisten Arten,
Varietäten und Sorten
b)
B. albosinensis, Varietäten,
B. borggreveana,
B. corylifolia,
B. × koehnei,
B. occidentalis var. *fecunda,*
B. papyrifera,
B. p. var. *commutata,*
var. *cordifolia,*
var. *papyrifera,*
B. platyphylla var. *japonica,*
B. p. var. *szechuanica,*
B. pubescens 'Urticifolia',
B. utilis var. *prattii*

E) länglich zugespitzt und nickend
a)
B. × coerulea;
b)
B. maximowicziana

Wissenschaftlicher Name	Deutscher Name	Natürliche Verbreitung bzw. Entstehungsort	Frosthärte
B. albiflora HEMSL.	Weißblütiger Sommerflieder	M- und W-China	+
● *B. alternifolia* MAXIM.	Wechselblättriger Sommerflieder	NW-China	++
● *B. crispa* BENTH. ex WALL.		N-Indien	+
● *B. davidii* FRANCH.	Schmetterlingsstrauch	China	++

Buddleja L. – Sommerflieder, Buddleie, Schmetterlingsstrauch (*Buddlejaceae*)

Sommergrüne oder immergrüne Sträucher (in der Heimat manchmal auch Bäumchen) oder Halbsträucher, selten Stauden. Zur Gattung gehören etwa 150 meist immergrüne Arten tropischer Verbreitung; einige Arten kommen in Ostasien und Südamerika vor. Wuchs sehr schnell, Sträucher meist von etwas unregelmäßiger Gestalt.
Zierwert: Blüten (VI–X, seltener III bis VI).

Habitustypen

„Davidii-Typ": schlank aufrechter, sehr locker und ungleichmäßig gestalteter Strauch; Zweige aufrecht und in der oberen Hälfte (manchmal auch niedriger) nach vorn geneigt (Abb. 195),
„Albiflora-Typ": breiter und dichter, nur in den Konturen locker-luftiger Strauch (Abb. 196 A),
„Alternifolia-Typ": halbkugelig und mitteldicht gestalteter Strauch mit bogig, zierlich und lang überhängenden Zweigen (Abb. 196 B).

Textur

Sehr locker, durchsichtig und unregelmäßig, unruhig aufgebaut (außer *B. alternifolia*).

Laub

Blätter verschieden gestaltet, ganzrandig oder unterschiedlich gesägt, gerunzelt, überwiegend groß und mehr oder weniger filzig (Abb. 331). Alle angeführten Arten sind sommergrün. Blattspreite grün, in unterschiedlichen Tönungen:

Hellgrün
B. davidii 'Ile de France'.
Mattgrün
B. alternifolia, *B.* × *intermedia*, *B.* × *i.* 'Insignis', *B. japonica*, *B.* × *pikei*, *B.* × *p.* 'Hever Castle', *B. sterniana*.
Graugrün
B. albiflora, *B. crispa*, *B. tibetica*, *B.* × *weyeriana* und Sorten.
Dunkelgrün
B. davidii sowie die meisten Varietäten und Sorten, *B. fallowiana* und Sorten, *B. nivea*, *B. n.* var. *yunnanensis*, *B.* × *whiteana*.

Herbstfärbung unbedeutend.

Blüte und Blütenstand

Blüten 4zählig, kurzröhrig, manchmal glockig oder tellerartig, in verschieden langen Rispen, Scheinähren oder Köpfchen; nach der Größe und Gestaltung können wir folgende Typen von Blütenständen unterscheiden: Köpfchen (Abb. 197 A), Ähre (Abb. 197 B), zusammengestellte aufrechte Rispe (Abb. 197 C), breitlängliche Rispe (Abb. 198 B), sehr breite und plötzlich verschmälerte Rispe (Abb. 198 A), schmale Rispe (Abb. 198 C), aufrechte schlanke Rispe (Abb. 199) und halbhängende schlanke Rispe (Abb. 200).

Blütenfarbe:
Weiß
B. davidii 'Alba', *B. d.* 'Peace', 'White Bouquet', 'White Profusion', *B. fallowiana* 'Alba'.
Weißlich violettorange
B. albiflora.
Violettweiß
B. crispa, *B. tibetica*.
Zartviolett
B. davidii 'Fortune', *B. d.* var. *nanhoensis*, *B. japonica*.
Violettorange
B. davidii, *B. d.* 'Ile de France', *B. sterniana*, *B.* × *weyeriana* 'Golden Glow', *B.* × *whiteana*.

Wissenschaftlicher Name	Deutscher Name	Natürliche Verbreitung bzw. Entstehungsort	Frosthärte
var. *magnifica* (WILS.) REHD.		wie die Art	++
var. *nanhoensis* (CHITT.) REHD.		Kansu	++
var. *superba* (DE COTTE) REHD. et WILS.		wie die Art	++
var. *veitchiana* (VEITCH) REHD.		wie die Art	++
var. *wilsonii* (WILS.) REHD. & WILS.		wie die Art	++
B. fallowiana BALF. f. ex W. W. SM.		Yünnan	
B. hemsleyana KOEHNE = *B. albiflora*			
B. × *intermedia* CARR.			≙, +
B. japonica HEMSL.	Japanischer Sommerflieder	Japan	+
B. nivea DUTHIE (Abb. 186 c)	Schneeweißer Sommerflieder	W-China	≙, +
var. *yunnanensis* (DOP.) REHD. et WILS.		wie die Art	≙, +
B. × *pikei* FLETCHER		Hever Castle	+
B. sterniana COTTON		China	+
B. tibetica W. W. SM.	Tibet-Sommerflieder	Tibet	+
B. variabilis HEMSL. = *B. davidii*			
B. × *weyeriana* WEYER		Corfe Castle	+
B. × *whiteana* R. J. MOORE			+

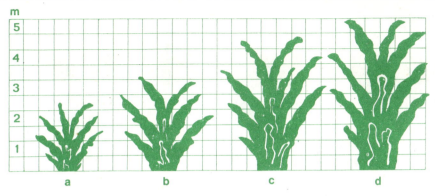

Abb. 195 Typ „davidii"
a)
B. davidii 'Carminea',
● B. d. 'Empire Blue',
● 'White Bouquet',
B. intermedia,
B. i. 'Insignis',
B. × pikei
b)
B. davidii 'African Queen',
B. d. 'Alba',
'Amplissima',
● 'Black Knight',
'Burgundy Medium',
● 'Fascinating',
● 'Flaming Violet',
● 'Nike',
● 'Niobe',
● 'Peace',
● 'Royal Purple',
var. veitchiana,
● 'White Profusion',
var. wilsonii,
B. japonica,
B. nivea,
B. n. var. yunnanensis;
c)
● B. davidii 'Charming',
● 'Dubonnet',
'Imperial Purple',
● 'Royal Red',
'Tovelil';
d)
● B. davidii

Violettrosa
B. davidii 'Carminea', B. d. 'Pink Pearl', var. wilsonii, B. × intermedia 'Insignis', B. × pikei, B. × p. 'Hever Castle'.
Violettblau
B. davidii 'Empire Blue', B. d. 'Serotina', var. veitchiana.
Purpurviolett
B. alternifolia, B. davidii 'Flamming Violet', B. d. 'Kalypso', var. magnifica, 'Orchid Beauty', 'Pendula', 'Royal Purple', var. superba, B. fallowiana, B. nivea, B. n. var. yunnanensis.
Dunkelviolett
B. davidii 'African Queen', B. d. 'Amplissima', 'Black Knight', 'Dubonnet', 'Purple Prince', B. × intermedia.
Gelbviolett
B. × weyeriana.
Gelborange
B. × weyeriana 'Moonlight'.
Rosa
B. davidii 'Charming', B. d. 'Fascinating', B. × weyeriana 'Elstead Hybrid'.
Purpurrot
B. davidii 'Burgundy Medium', B. d. 'Cardinal', 'Niobe', 'Royal Red'.

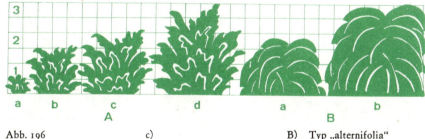

Abb. 196
A) Typ „albiflora"
a)
B. davidii 'Pink Pearl';
b)
● B. crispa,
B. davidii 'Border Beauty',
B. d. 'Fortune',
● 'Kalypso'
var. nanhoensis,
'Orchid Beauty',
B. fallowiana, B. f. 'Alba',
B. × pikei 'Hever Castle',
B. sterniana, B. tibetica;
c)
B. albiflora,
B. davidii 'Cardinal',
● B. d. 'Ile de France',
● 'Purple Prince',
'Serotina',
B. × whiteana;
d)
● B. davidii var. magnifica,
B. d. var. superba,
B. × weyeriana,
B. × w. 'Elstead Hybrid',
'Golden Glow',
'Moonlight'.
B) Typ „alternifolia"
a)
B. davidii 'Pendula';
b)
● B. alternifolia

Für die Gartengestaltung ist es sehr wichtig, daß sie vom Sommer bis zum Herbst blühen, also zu einer Zeit, in der die meisten Gehölze schon abgeblüht sind (Abb. 201). Das alljährliche Erfrieren der Zweige begrenzt den Blütenreichtum nicht, da fast alle Arten nur auf einjährigen Trieben blühen (Ausnahme bildet B. alternifolia).

Frucht und Fruchtstand

Frucht eine zweiklappige Kapsel mit zahlreichen Samen; kein Zierwert.

Zweige und Wurzelsystem

Zweige starr aufgestellt (nur bei B. alternifolia dünn und lang überhängend), meist rund oder kantig, weich, nach den alljährlichen Frostschäden treiben sie immer durch, so daß es sich meist um einjährige Triebe handelt, oft verschieden behaart oder filzig. Wurzelsystem nicht sehr tief, aber reich verzweigt.

Ansprüche

Buddleja-Arten brauchen eine sonnige und warme Lage; gelegentlich vertragen sie Halbschatten, aber auf solchen Standorten blühen sie schlechter und frieren stärker zurück. Die meisten Arten frieren je nach Härte des Winters mehr oder weniger stark zurück, treiben aber direkt aus dem Boden wieder schnell und gut durch. Am härtesten ist *B. alternifolia*. Winterschutz ist vorteilhaft. Der Boden soll nahrhaft, mittelschwer und durchlässig sowie angemessen feucht sein (trockene Standorte werden gut vertragen). *B. davidii* ist kalkliebend. Alle Arten vertragen sehr gut verunreinigte Luft.

Pflege

Vorteilhaft ist die Pflanzung im Vorfrühling mit Wurzelballen. Pflanzen wachsen besser an und die Gefahr des Erfrierens ist geringer. Auch ältere Pflanzungen sollten mit Winterschutz versehen werden (Boden wird um die Pflanzen herum mit einer Laubschicht bedeckt, die Pflanzen frieren dann nicht so tief zurück). Der Rückschnitt erfrorener Zweige erfolgt im Vorfrühling. *B. alternifolia* müssen wir vorsichtiger schneiden, am besten nur auslichten, da diese Art ausnahmsweise am zweijährigen „Holz" blüht (mit einem Schnitt beeinträchtigen wir das diesjährige Blühen). Mit dem alljährlichen Frühjahrsschnitt sichern wir eine Vielzahl von Trieben, auf denen dann die meisten Arten reich blühen. Ältere Pflanzen lassen sich schwierig verpflanzen (immer mit Wurzelballen). Virosen sind an *Buddleja* häufiger zu finden (befallene Pflanzen vernichten). Gelegentlich erscheinen Spinn-

Abb. 197 Blütenstand *Buddleja*

A) Köpfchen
B. alternifolia, *B. tibetica*

B) Ähre
B. sterniana

C) zusammengestellte aufrechte Rispe
B. davidii 'Amplissima'

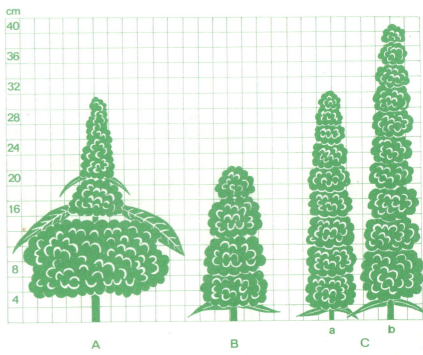

Abb. 198 Blütenstand *Buddleja*

A) sehr breite und plötzlich verschmälerte Rispe
B. davidii 'Purple Prince'

B) breit-längliche Rispe
B. davidii 'Kalypso', 'Niobe',
B. × *weyeriana*, Sorten

C) schmale Rispe
a) *B.* × *whiteana*;
b) *B. davidii* 'Charming', 'Nike'

Abb. 199 Blütenstand *Buddleja*
Aufrechte schlanke Rispe
a)
B. crispa,
B. davidii 'Burgundy Medium',
B. d. 'Cardinal',
'Imperial Purple',
B. intermedia 'Insignis',
B. nivea,
B. n. var. *yunnanensis*,
B. × *pikei*,
B. × *p.* 'Hever Castle';

b)
B. davidii,
viele Sorten und Varietäten,
B. fallowiana,
B. f. 'Alba';

c)
B. albiflora,
B. davidii 'Fascinating',
B. d. 'Ile de France',
'Peace',
'Royal Red'

milben (Behandlung mit handelsüblichen Akariziden wie z. B. Dicofol oder Tetradifon-Präparaten).

Verwendung

Alle Arten eignen sich ausschließlich für Solitärpflanzungen oder für kleine Gruppen. Die elegant überhängende *B. alternifolia* sieht an Abhängen und Terrassen von unten sehr schön aus. Alle Arten wirken in ihrem Aussehen sehr individuell, so daß sie schlecht mit anderen Gehölzen und Pflanzen harmonieren. Am geeignetsten ist daher die Solitärpflanzung im Rasen oder in größeren Flächen niedriger bodenbedeckender Pflanzen. Mit ihrer dankbaren Sommer- und Herbstblüte beleben sie die zu dieser Jahreszeit schon weniger blühenden Anlagen. In Gärten kommen sie sehr gut zur Geltung.

Bumelia Sw. – Eisenholz *(Sapotaceae)*

Sommergrüne Sträucher (in der Heimat Bäume) von gärtnerisch geringer Bedeutung. Von den 25 in Nordamerika beheimateten Arten ist nur eine in Mitteleuropa einigermaßen hart: *B. lycioides* (L.) PERS. Unter mitteleuropäischen Bedingungen strauchiger Wuchs, Zweige gelegentlich dornig, Blätter eiförmig, 5–13 cm lang, lebhaft grün, ähnlich den Pfirsichblättern. Blüten 5zählig, weiß, in den Blattachseln zu schlanken, gestielten Büscheln vereint. Frucht beerenartig, eiförmig, bis 1 cm lang. Eisenholz liebt gute Böden und viel Wärme. Braucht Winterschutz. Frostbeschädigte Pflanzen regenerieren sehr gut. Nur Bedeutung für Sammlungen.

Abb. 200   Blütenstand
Buddleja
Halbhängende schlanke Rispe
a)
B. intermedia,
B. japonica;
b)
B. davidii var. *wilsonii*
(Quadrat 2 × 2 cm)

Abb. 201   Blütezeit
Buddleja

A)   *B. tibetica;*

B)   *B. sterniana;*

C)   *B. alternifolia,*
B. × *whiteana;*

D)   *B. crispa,*
B. intermedia,
B. i. 'Insignis',
B. japonica;

E)   *B. albiflora;*

F)   *B. davidii,*
Sorten und Varietäten
(außer 'Serotina'),
B. × *weyeriana,* Sorten;

G)   *B. fallowiana,*
B. f. 'Alba',
B. nivea,
B. n. var. *yunnanensis;*

H)   *B. davidii* 'Serotina',
B. × *pikei,*
B. × *p.* 'Hever Castle'

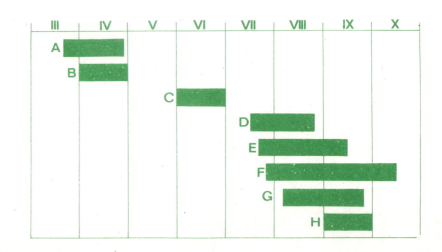

Wissenschaftlicher Name	Deutscher Name	Natürliche Verbreitung bzw. Entstehungsort	Frosthärte
B. microphylla S. et Z.	Kleinblättriger Buchsbaum	O-Asien	++
var. japonica (MUELL.-ARG.) REHD. & WILS.	Japanischer Buchsbaum	Japan	++
var. koreana NAKAI	Koreanischer Buchsbaum	Korea, China	++
var. microphylla	Echter Kleinblättriger Buchsbaum	Japan	++
var. sinica REHD. & WILS.	Chinesischer Buchsbaum	China, Japan, Formosa	++
● B. sempervirens L. (Abb. 186 d)	Gewöhnlicher Buchsbaum	SW-Europa, N-Afrika, W-Asien	++
var. arborescens L.		wie die Art	++

Buxus L. – Buchsbaum (Buxaceae)

Immergrüne Sträucher oder kleine Bäumchen, etwa 30 Arten im Mittelmeergebiet, Ostasien, Nordwestindien, Afrika und Mittelamerika. Für Mitteleuropa haben lediglich zwei Arten Bedeutung.
Zierwert: Blätter (I–XII).

Habitustypen

„Sempervirens-Typ": regelmäßiger, sehr dichter und starrer, halbkugeliger Strauch (Abb. 202),
„Arborescens-Typ": breit eiförmiges, sehr dichtes und regelmäßiges, strauchiges Bäumchen (Abb. 203 B),
„Bullata-Typ": breit abgerundeter Strauch, Wuchs aufrecht und sehr starr (Abb. 204 B),
„Aureo-pendula-Typ": breit halbkugeliger Strauch mit halbhängenden Zweigchen, sehr dicht (Abb. 204 A),
„Pendula-Typ": strauchiges, aufrechtes, unregelmäßig überhängendes Bäumchen, von allen Typen am wenigsten gleichmäßig und relativ wenig starr (Abb. 203 A),
„Rotundifolia-Typ": höherer, leicht kegelförmig emporgezogener, starrer Strauch (Abb. 205 C),
„Pyramidalis-Typ": vom vorigen Typ durch einen regelmäßigeren, stumpf kegelförmigen Wuchs unterschieden (Abb. 205 B),
„Prostrata-Typ": niederliegender breiter Strauch, Zweige mehr oder weniger waagerecht ausgebreitet, Wuchs unregelmäßig (Abb. 205 A).

Textur

Sehr dicht, undurchsichtig kompakt (kleine dichte Belaubung, gleichmäßige Verzweigung). Wirkt schwer, ernst und starr. Nur die Typen „Prostrata" und „Pendula" mit einigen

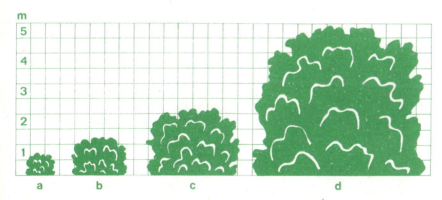

Abb. 202 Typ „sempervirens"
a)
B. microphylla var. koreana,
B. sempervirens 'Myosotidifolia';
b)
B. microphylla,
B. m. var. sinica,
● B. sempervirens 'Angustifolia',
B. s. 'Elegans',
'Myrtifolia',
● 'Suffruticosa';
c)
● B. sempervirens 'Argenteo-variegata';
d)
B. microphylla var. japonica,
● B. sempervirens,
B. s. 'Undulifolia'

bunten Sorten haben ein etwas helleres und leichteres Aussehen.

Laub

Blätter ausdauernd, gegenständig, ganzrandig, ledrig, meist kahl und ziemlich klein (Abb. 193). Die überwiegend dunkle Blattfarbe erhöht noch die „Härte" der Sträucher.

Blattfarbe:
Hellgrün
B. microphylla var. *sinica*.
Graugrün
B. sempervirens 'Myrtifolia', *B. s.* 'Pendula'.
Blaugrün
B. sempervirens 'Bullata', *B. s.* 'Glauca'.
Dunkelgrün
B. sempervirens 'Angustifolia', (bläulich bereift), *B. s.* 'Handsworthiensis', 'Myosotidifolia', 'Prostrata', 'Pyramidalis', 'Rotundifolia'.
Glänzend dunkelgrün
B. microphylla, *B. m.* var. *japonica*, var. *koreana*, *B. sempervirens*, *B. s.* var. *arborescens*, 'Undulifolia'.
Gelbgrün bis gelb
B. sempervirens 'Aureo-pendula' (manchmal gelbbunt).
Gelbbunt
B. sempervirens 'Aureo-variegata', *B. s.* 'Marginata'.
Weißbunt
B. sempervirens 'Argenteo-variegata', *B. s.* 'Elegans'.

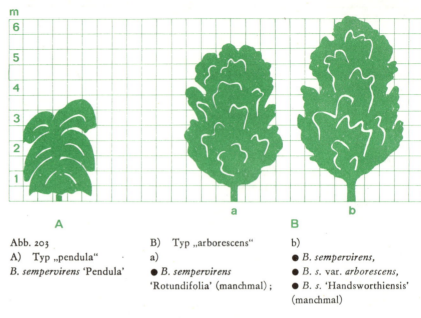

Abb. 203
A) Typ „pendula"
B. sempervirens 'Pendula'

B) Typ „arborescens"
a)
● *B. sempervirens* 'Rotundifolia' (manchmal);

b)
● *B. sempervirens*,
● *B. s.* var. *arborescens*,
● *B. s.* 'Handsworthiensis' (manchmal)

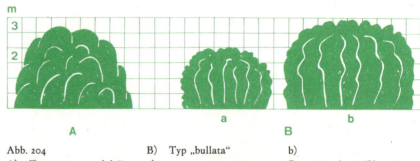

Abb. 204
A) Typ „aureo-pendula"
B. sempervirens 'Aureo-pendula'

B) Typ „bullata"
a)
B. sempervirens 'Bullata';

b)
B. sempervirens 'Glauca', *B. s.* 'Marginata'

Blüte und Blütenstand

Blüten unscheinbar, gelbgrün, in achselständigen Büscheln.

Frucht

Kugelige, 3klappige Kapsel ohne besonderen Zierwert.

Zweige und Wurzelsystem

Zweige und manchmal auch Stämmchen mit der dichten Belaubung zugedeckt, so daß sie nicht zur Geltung kommen. Kleine grünliche Zweiglein fließen mit dem gleichgefärbten Laub zusammen. Wurzelsystem ziemlich flach, aber sehr reich verzweigt.

Ansprüche

Beide angeführten *Buxus*-Arten sind anspruchslos. Wachsen in voller Sonne (etwas langsamer), im Halbschatten und Schatten. Am besten gedeihen sie im Halbschatten, wo ausreichende Feuchtigkeit gegeben ist. Bei zu großer Sonnenhitze haben sie manchmal gelbliche oder bräunliche Blätter. Beide Arten sind in Mitteleuropa winterhart. Keine Ansprüche an die Bodenverhältnisse, wachsen in leichten, schweren und auch trockenen Böden. Verunreinigte Luft wird sehr gut vertragen. Wildverbiß kommt praktisch nicht vor.

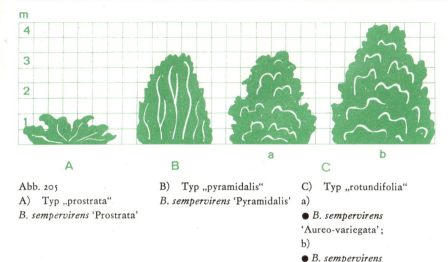

Abb. 205
A) Typ „prostrata"
B. sempervirens 'Prostrata'
B) Typ „pyramidalis"
B. sempervirens 'Pyramidalis'
C) Typ „rotundifolia"
a)
● B. sempervirens 'Aureo-variegata';
b)
● B. sempervirens 'Handsworthensis',
● B. s. 'Rotundifolia'

Formbäume und geschnittene Hecken eignen (in historischen, besonders barocken Gartenanlagen – hauptsächlich die niedrige Sorte 'Suffruticosa'). Als Einzelpflanzung kommt *Buxus* manchmal in der Nähe moderner Architektur in Frage. Einen ausschließlich solitären Stand brauchen die Typen „Prostrata", „Pendula" und „Aureopendula". Buntblättrige Sorten werden in Wegnähe gepflanzt, sonst kommt ihre Färbung nicht zur Geltung. Die dichteren Buchsbaumsträucher werden gern von den Vögeln als Nistplätze angenommen.

Pflege

Wenn möglich, sollten *Buxus*-Arten wie Nadelgehölze im Vorfrühling mit Wurzelballen gepflanzt werden; eine Pflanzung ohne Wurzelballen ist ebenfalls möglich (ausgiebige Bewässerung und Schattieren nicht eingewurzelter Pflanzen aber nötig). Winterschutz ist nicht notwendig, aber vor dem Einfrieren muß der Boden unter den Pflanzen tüchtig durchwässert werden. *Buxus* verträgt Schnitt, auch tieferen Rückschnitt (gute Regenerationsfähigkeiten) sowie auch Umpflanzen älterer Exemplare (mit Wurzelballen und tieferem Rückschnitt). Der Formschnitt der architektonischen Figuren und Hecken muß regelmäßig erfolgen, damit die Gehölze nicht durchwachsen und auseinanderfallen (am besten im Vorfrühling und je nach Bedarf manchmal noch im Sommer). Blattfleckenkrankheiten kommen selten vor – Bekämpfung siehe *Betula*. Von Schädlingen erscheinen öfter der Buchsbaumblattfloh, der an den jungen Blättern saugt, die sich dann löffelartig nach oben krümmen, und die Larven der Buchsbaumgallmücke. Sie verunstalten mit ihren Gallen ebenfalls die Belaubung. In beiden Fällen ist es notwendig, die befallenen Triebspitzen im Winter zu entfernen, zu verbrennen und mehrmals im Mai-Juni mit organischen Phosphorverbindungen zu spritzen. Unangenehm sind auch verschiedene Blattläuse, gegen die wir mit Präparaten gegen saugende Insekten vorgehen.

Verwendung

Buxus kommt hauptsächlich in Gruppenpflanzungen zur Geltung. Eignet sich als Vorpflanzung oder Unterholz unter höheren Bäumen. Ist imstande, niedrige, dichte, gut verdeckende, Staub und Lärm abfangende Kulissen zu bilden. Mit seinem starren, regelmäßigen und „harten" Aussehen harmoniert er am besten mit *Cupressaceaeen* und *Taxus* und kontrastiert gut mit hellaubigen, grazilen Laubgehölzen und Blumen (stellt einen guten dunklen, kompakten Hintergrund dar). Schnitt wird sehr gut vertragen, so daß sich *Buxus*-Arten sehr gut für

Callicarpa L. – Schönfrucht, Liebesperlenstrauch (*Verbenaceae*)

Immer- oder sommergrüne Sträucher, 1–2 m hoch. Von den 40 Arten, die in den subtropisch-tropischen Zonen Ostasiens, Australiens, des Malaischen Archipels, Nord- und Mittelamerikas verbreitet sind, gedeihen nur wenige in der gemäßigten Zone. Bedeutung haben in Mitteleuropa: *C. americana* L., ● *C. bodinieri* Lèv., *C. dichotoma* (Lour.) K. Koch, ● *C. japonica* Thunb. und *C.* × *shirasawa* Mak. Blätter gegenständig, gezähnt, länglich bis eiförmig (je nach Art und Sorte), 5–12 cm lang, grün. Blüten klein, in achselständigen Trugdolden, weiß, rosa, violett oder bläulich (Juni–August). Früchte sind kleine, perlenförmige, violette Steinfrüchte. Es existieren folgende Sorten und Varietäten: *C. americana* 'Lactea' (weiße Früchte), *C. bodinieri* var. *giraldii* (Hesse) Rehd. (sehr hart, weniger behaarter Blütenstand, Abb. 186 e), *C. japonica* var. *angustata* Rehd. (länglich lanzettliche Blätter), *C. j.* 'Leucocarpa' (weiße Früchte).

Callicarpa-Arten brauchen helle, warme und geschützte Lagen, guten, durchlässigen, etwas kalkhaltigen Gartenboden und Winterschutz des Wurzelsystems. Erfrorene Pflanzenteile werden im Frühjahr zurückgeschnitten; die neuen, diesjährigen Triebe blühen und fruchten. Es sollen immer einige Pflanzen zusammen angepflanzt werden, damit Fremdbestäubung und ein guter Fruchtansatz gesichert sind. Vereinzelt erscheinen Blattfleckenkrankheiten (*Atractilina callicarpa*, *Cercospora callicarpae* – Bekämpfung siehe *Betula*) und Zweigsterben (*Botryosphaeria-*, *Coniothyrium-*, *Nectria-* und *Physalospora-*Arten – befallene Pflanzenteile entfernen und verbrennen). *Callicarpa* wird insbesondere wegen der zierenden Früchte und der schönen gelben oder violetten Herbstfärbung kultiviert. Die mit Früchten besetzten Zweige können sehr gut zum Schnitt verwendet werden.

Calluna SALISB. – Heidekraut, Besenheide *(Ericaceae)*

Immergrüne, der *Erica* (Heide) sehr ähnliche Zwergsträucher, es existiert nur die Art ● *C. vulgaris* (L.) HULL (Abb. 206 A). Schnell heranwachsend, meist mehr oder weniger niederliegend.
Zierwert: Blüte (VI–XI), Blätter (I bis XII, besonders buntblättrige Abweichungen).

Habitustypen

„Hammondii-Typ": wüchsiges, breit aufstrebendes, mitteldichtes bis besenartiges lockeres Sträuchlein (Abb. 207),
„Beale-Typ": Wuchs starr aufrecht, mitteldicht (Abb. 208 C),

Abb. 206
a) *Calluna vulgaris*;
b) *Calophaca wolgarica*;
c) *Calycanthus fertilis*;
d) *Campsis radicans*

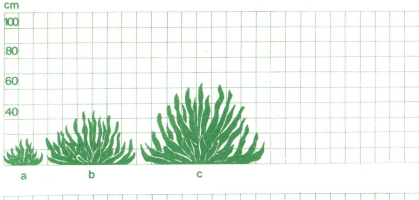

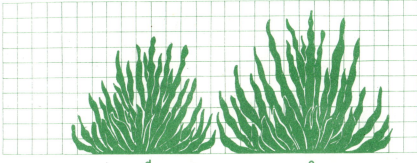

Abb. 207 Typ „hammondii"
a)
C. vulgaris 'Roma';
b)
C. vulgaris 'Alba',
● 'Alba Plena',
● 'Aurea',
'Autumnalis' (manchmal),
'Carlton',
'County Wicklow',
'Cuprea',
'David Eason',
'E. Hoare',
'Elegantissima',
'Joan Sparkes',
● 'Kit Hill',
● 'Plena',
'Silver Queen',
'Tib',
'Tricolor';

c)
C. vulgaris
'Alba Hammondii',
● 'Alba Searlei',
● 'Alportii Praecox',
● 'C. W. Nix',
'Goldsworth Crimson',
● 'Hammondii',
'Hammondii Rubrifolia',
'Pilosa';

d)
● *C. vulgaris* 'Alportii',
'Mair's Variety',
'Praecox',
'Purpurea',
'Schurig's Sensation';
e)
● *C. vulgaris*,
● *C. v.* 'Alba Searlei' (manchmal),
● 'Alportii' (manchmal),
'Hirsuta'

„Mullion-Typ": niedriges, polsterförmiges, gleichmäßig dichtes Sträuchlein (Abb. 208 B),
„Foxii-Typ": Sträuchlein sehr dicht kompakt, mehr oder weniger halbkugelig (Abb. 208 A).

Textur

Je nach Typ entweder luftig-locker aufgebaut („Hammondii" oder auch „Beale") oder dicht, kompakt und moosartig aufgelockert. Kleine, oft verschieden hellgefärbte Belaubung gibt den Sträuchlein zusammen mit den Blütenständen ein feinzierliches Aussehen, auch wenn sie vielleicht einen kompakteren Wuchs aufweisen.

Laub

Blätter linealisch, sitzend, klein (1 bis 3 mm lang), dachziegelartig sich deckend, verschieden grün ausgefärbt:

Blattfarbe:
Hellgrün
C. vulgaris 'Argentea' (im Winter weißliche Spitzen), 'Minima', 'Mrs. Ronald Gray', 'Rigida'.
Grün
die meisten bei den Habitustypen angeführten Sorten.
Graugrün
C. vulgaris 'Alportii', 'Alportii Coccinea', 'Alportii Praecox', 'C. W. Nix', 'E. Hoare', 'Hirsuta', 'Pilosa', 'Silver Queen', 'Sister Anne' (im Winter rötlich grau).
Dunkelgrün
C. vulgaris 'Alba Hammondii', 'Decumbens', 'Decumbens Fasciata', 'Elegantissima', 'Goldsworth Crimson', 'Tenuis'.
Gelbgrün
C. vulgaris 'Alba Aureifolia', 'Cuprea' (im Winter rotbraun), 'Tom Thumb'.
Goldgelb
C. vulgaris 'Aurea', 'Lutescens' (im Winter gelbgrün).
Grün, Triebspitzen rot und gelb
C. vulgaris 'Tricolor'.

Blüte und Blütenstand

Blüten klein, glockig, in verschieden dichten, ährenartigen Trauben, die meist sehr schmal und dekorativ sind.

Blütenfarbe:

Weiß
C. vulgaris ● 'Alba', 'Alba Hammondii', ● 'Alba Plena', 'Alba pumila', ● 'Alba Searlei', ● 'August Beauty', 'Carlton', ● 'Hammondii', ● 'Kitt Hill', ● 'Lutescens', 'Mair's Variety', 'Pilosa', 'Rigida'.

Gelblich weiß
C. vulgaris 'Alba Aureifolia'.

Rosa
C. vulgaris 'Camla', ■ 'County Wicklow', ● 'H. E. Beale', 'Hookstone', ● 'J. H. Hamilton', 'Peter Sparkes', 'Roma', 'Tom Thumb'.

Violettrosa
C. vulgaris, C. v. 'David Eason', ● 'Elegantissima', 'Hirsuta', ● 'Mullion', ● 'Plena', 'Praecox', 'Sister Anne', 'Tricolor'.

Rot
C. vulgaris ● 'Alportii' (oft mit violetter Tönung), 'Alportii Coccinea', ● 'Alportii Praecox' (oft mit violetter Tönung), 'Mrs. Ronald Gray'.

Dunkelrot
C. vulgaris 'E. Hoare'.

Hellviolett
C. vulgaris ● 'Aurea', ● 'Foxii', 'Hiemalis'.

Violett
C. vulgaris ● 'Argentea', ● 'Cuprea', 'Decumbens', 'Decumbens Fasciata', 'Hammondii Rubrifolia', ● 'Minima', 'Mrs. Pat', 'Silver Queen', 'Tenuis'.

Violettrot
C. vulgaris 'Autumnalis', ● 'C. W. Nix', 'Goldsworth Crimson', ● 'Tib'.

Purpurfarben
C. vulgaris 'Joan Sparkes', 'Purpurea'.

Bei einer gut ausgewählten Kombination kann man das Blühen der *Calluna* auf eine Zeitspanne von Juni bis November ausweiten (Abb. 209).

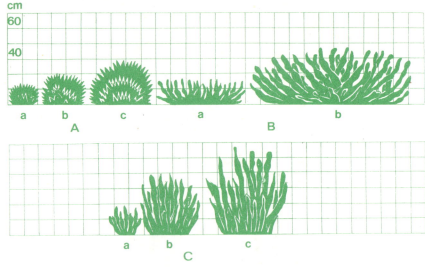

Abb. 208
A) Typ „foxii"
a)
● C. vulgaris 'Minima' (manchmal), 'Mrs. Pat';
b)
● C. vulgaris 'Foxii', 'Tom Thumb';
c)
C. vulgaris ● 'J. H. Hamilton'

B) Typ „mullion"
a)
C. vulgaris 'Alba Aureifolia', 'Alba Pumila', 'Decumbens', 'Decumbens Fastigiata', 'Foxii' (manchmal), 'J. H. Hamilton', ● 'Minima', 'Mrs. Ronald Gray', ●·'Mullion', 'Sister Anne', 'Tenuis';
b)
C. vulgaris 'Alportii Coccinea', 'Camla'

C) Typ „beale"
a)
C. vulgaris 'Rigida';
b)
● C. vulgaris 'Lutescens';
c)
● C. vulgaris 'H. E. Beale', 'Hookstone', 'Peter Sparkes'

Frucht

Eine 4klappige, 2–2,5 cm lange Kapsel, ohne Zierwert.

Zweige und Wurzelsystem

Die eigentlichen, dünnen, besenartigen Zweigchen kommen nicht sehr zur Geltung, da sie dicht mit kleinen Blättern bedeckt sind. Wurzelsystem flach, dicht und fein verzweigt.

Ansprüche

Calluna vulgaris braucht Sonne, im Halbschatten blüht sie schlecht, ist sparriger und lockerer im Wuchs. Verlangt stark sandige, arme, sogar degradierte saure und trockene Standorte; schwere Gartenböden müssen mit einer Sandzugabe leichter und maximal durchlässig gemacht werden. Verträgt keinen Kalk (Bodenreaktion pH 4–5). Ein angemessener Torfgehalt ist wich-

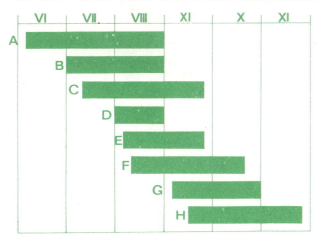

Abb. 209 Blütezeit *Calluna*

A) *C. vulgaris* 'Praecox', 'Tenuis';

B) *C. vulgaris* 'Hirsuta', 'Plena', 'Purpurea';

C) *C. vulgaris* 'Alportii Praecox';

D) *C. vulgaris* 'Alba Hammondii Rubrifolia';

E) die meisten Sorten

F) *C. vulgaris* 'Alba', 'Alba Aureifolia', 'Alba Pumila', 'Argentea', 'Aurea', 'Camla', 'Carlton', 'County Wicklow', 'Cuprea', 'Decumbens', 'Decumbens Fasciata';

G) *C. vulgaris* 'Alba Plena', 'H. E. Beale', 'Joan Sparkes', 'Peter Sparkes', 'Schurig's Sensation', 'Sister Anne';

H) *C. vulgaris* 'Alba Searlei', 'Autumnalis', 'David Eason', 'Goldsworth Crimson', 'Hiemalis'

tig. Zu große Feuchtigkeit im Boden wird nicht vertragen, Luftfeuchtigkeit dagegen ist günstig (Pflanze des maritimen und Übergangsklimas). Alle angeführten Sorten sind in Mitteleuropa winterhart. Verunreinigte Luftverhältnisse werden gut oder sehr gut, je nach Sorte, vertragen.

Pflege

Umpflanzen direkt aus der Natur ist sehr schwierig. Pflanzung mit Wurzelballen (vorteilhaft ist das Heranziehen der Jungpflanzen in Torf) oder aus Töpfen – am besten im Vorfrühling oder zu jeder Zeit während der Vegetation – ist am besten. Je nach Bedarf wird gewässert und schattiert (nach dem Auspflanzen). Boden wird nach Möglichkeit mit Torf, Sand bzw. Waldhumus verbessert. Nach der Auspflanzung ist die Erdoberfläche zwischen den Pflanzen mit einer 2–3 cm hohen Torf- oder Kiefferrindenschicht zu bedecken. Ältere Pflanzen werden im Laufe der Zeit unschön und sollen darum rechtzeitig im Frühjahr vor dem neuen Austrieb zurückgeschnitten werden. Ältere Pflanzen lassen sich auch mit Wurzelballen nur schwierig umpflanzen. Krankheiten und Schädlinge treten selten auf. Manchmal saugen Schildläuse an Zweigen und führen bei starkem Befall zu deren Absterben. Bekämpfung mit Parathion + Mineralöl- oder Dimethoat-Präparaten insbesondere im Mai/Juni gegen die beweglichen Larven. Vereinzelt kommen auch Spinnmilben vor, gegen die handelsübliche Akarizide eingesetzt werden.

Verwendung

Calluna vulgaris eignet sich ausschließlich für größere, flächige Pflanzungen. Wir verwenden sie nur in natürlich gestalteten Partien und Heidegärten, in denen wir eine Heidepflanzengesellschaft andeuten wollen. Hier bildet dann *Calluna* mit *Erica* (Heide) das Grundelement, nämlich die Bodendeckung. Diese angelegten Heiden sollten noch mit weiteren Komponenten dieser Pflanzengesellschaft, wie z. B. *Betula, Juniperus, Pinus, Genista, Cytisus* usw. ergänzt werden. In Kombination mit diesen Gehölzen können wir effektvolle, fast natürliche Details bilden. Die verschieden gefärbten Sorten ermöglichen es auch, nur aus *Calluna vulgaris* allein verschiedenfarbige Kompositionen herzustellen, wobei wir aber immer eine Farbe (Sorte) in größeren Gruppen (Flächen) auspflanzen sollten. Wir hüten uns vor einer farbigen Mischung, die beim Kombinieren einzelner, verschieden gefärbter Pflanzen entsteht. Solch eine gemischte Pflanzung wirkt unschön und ihre Farben kommen nicht zur Geltung. *Calluna vulgaris* eignet sich auch in kleineren Gruppen an ausgewählten (besonders der Bodenverhältnisse) Stellen im Alpinum oder auf

Blumenmauern. Für kleinere Steingärten wählen wir Sorten mit zwergigem und kompaktem Wuchs, damit wir sie in die allernächste Nachbarschaft von Zwergkoniferen auspflanzen können. *Calluna* eignet sich für Pflanzungen von der Ebene bis ins Hochgebirge.

Calophaca FISCH. – Schönhülse *(Leguminosae)*

Niedrige sommergrüne, meist niederliegende Sträucher oder Stauden. Insgesamt kennen wir 10 Arten, die in der südlichen UdSSR und China beheimatet sind. Für mitteleuropäische Bedingungen kommen drei Arten in Frage: *C. crassicaulis* (BAKER) KOMAR., *C. grandiflora* RGL. und *C. wolgarica* (L. f.) FISCH. (Abb. 206 b). Alle sind niedrige und niederliegende Sträuchlein. Blätter wechselständig, unpaarig gefiedert, manchmal bis 20 cm lang; Schmetterlingsblüten gelb oder etwas violett, einzeln oder in Trauben 15 bis 20 cm lang (Blütezeit Juni/Juli). Frucht eine walzenförmige Hülse, 2 bis 3 cm lang. *Calophaca*-Arten sind anspruchslos und eignen sich für sonnige und trockene Lagen. Geeignet für Steingärten, nur Sammlerbedeutung.

Calycanthus L. – Gewürzstrauch *(Calycanthaceae)*

Sommergrüne, kleinere Sträucher mit typischer aromatischer Rinde. Es gibt 4 Arten verbreitet in Nordamerika. Die Strauchhöhe bewegt sich zwischen 1–3 m.
Zierwert: Blätter (V–XI), Blüte (VI bis VII).

Wissenschaftlicher Name	Deutscher Name	Natürliche Verbreitung bzw. Entstehungsort	Frosthärte
● *C fertilis* WALT. (Abb. 206 c)	Fruchtbarer Gewürzstrauch,	SO-USA	++
var. *laevigatus* (WILLD.) BEAN		wie die Art	++
● *C. floridus* L.	Echter Gewürzstrauch. Karolina-Nelkenpfeffer	SO-USA	++
C. mohrii (SMALL) POLLARD		SO-USA	++
C. occidentalis HOOK. et ARN.	Westlicher Gewürzstrauch	Kalifornien	

Habitustypen

Nicht unterscheidbar, nur *C. fertilis* 'Nanus' hat einen zwergigen Wuchs. Alle Arten wachsen etwas sparrig.

Textur

Ziemlich locker, luftig bis durchsichtig.

Laub

Blätter ganzrandig, eiförmig-elliptisch (bei *C. fertilis* var. *laevigatus* mehr elliptisch und bei *C. floridus* 'Ovatus' eiförmig), gegenständig, 5–15 cm lang, Blattunterseite heller grün (bei *C. floridus* 'Purpureus' auffallend rötlich); gerieben riechen die Blätter angenehm.

Blüten

Blüten einzeln, auf Kurztrieben, kelchartig, dunkel rotbraun, 3–5 cm breit (bei *C. floridus* 'Mrs. Henry Type' größer), ähnlich einer Miniatur-Magnolienblüte. Bei *C. floridus* duften sie stark nach Erdbeeren; bei *C. fertilis* nur schwach. Blühzeit: Juni/Juli.

Frucht

Eine flaschenförmige Kapsel mit vielen Samen.

Zweige und Wurzelsystem

Zweige meist kahl, mit kleinen Lentizellen, braungrau, Rinde angenehm riechend, Triebe meist behaart. Wurzelsystem nicht ausreichend bekannt.

Ansprüche

Alle Arten verlangen eine sonnige, höchstens halbschattige, warme und geschützte Lage. Boden soll nahrhaft, durchlässig und nicht zu trocken sein (Triebe müssen bis zum Winter gut ausreifen). In strengem Winter können die Sträucher, besonders *C. occidentalis*, vom Frost beschädigt werden. In Nachbarschaft flachwurzelnder Bäume gedeihen sie schlecht. Verunreinigte Luftverhältnisse werden gut vertragen. Wildverbiß wurde kaum beobachtet.

Pflege

Pflanzung wie bei normalen sommergrünen Sträuchern. Im Frühjahr entfernen wir erfrorene Teile; die Sträucher regenerieren sehr gut. Ansprüche an weitere Pflege sind minimal, in größeren Trockenzeiten etwas wässern. *C. occidentalis* braucht Winterschutz. Außer Blattläuse und Rinden- bzw.

Zweigkrankheiten sind keine weiteren Schaderreger von Bedeutung. Blattläuse werden mit Präparaten gegen saugende Insekten bekämpft. Bei Rinden- und Zweigkrankheiten entfernt man betroffene Pflanzenteile und behandelt mit Kupferpräparaten.

Verwendung

Blüten sind im Laub wenig auffallend. Interessante Solitärgehölze.

Calycocarpum NUTT. – *(Menispermaceae)*

Sommergrüner, robust wachsender, windender Strauch, nur eine Art: *C. lyonii* (PURSH) NUTT. Stammt aus den südlichen USA. Kann bis in die Kronen höherer Bäume klettern. Langgestielte, handförmig gelappte Blätter sind 12–20 cm breit. Grünliche Blüten in 10–20 cm langen Rispen vereint. Blütezeit: Mai/Juni. Frucht eine längliche, etwa 2,5 cm lange, schwarze Steinfrucht. In Mitteleuropa ist die Pflanze winterhart. Sammlerbedeutung.

Campsis LOUR. – Trompetenblume *(Bignoniaceae)*

Sommergrüne, nicht windende, aber mit Haftwurzeln kletternde Gehölze. Es existieren 2 Arten, welche in Ostasien und Nordamerika vorkommen. Für mitteleuropäische Klimabedingungen haben nur eine Art und eine Hybride Bedeutung: ● *C. radicans* (L.) SEEM. (Syn. *Tecoma radicans* (L.) JUSS., (Abb. 206 d) und *C.* × *tagliabuana* (VIS.) REHD. Sträucher bis 10 m hoch kletternd, mit dicken, langen und gekrümmten älteren Zweigen – ähnlich der *Wisteria*. Blätter gegenständig, unpaarig gefiedert, Blättchen lanzettlich und grob gesägt. Sehr auffallende, schöne, langröhrige, 5zipflige Blüten sind in endständigen Trugdolden oder Rispen zusammengestellt, orangerot (manchmal hellorange), bis 9 cm lang. Blütezeit: Juli bis September. Frucht eine längliche Kapsel.

Von den Sorten müssen folgende angeführt werden: *C. radicans* 'Flava' (Blüten orangegelb bis gelb), 'Praecox' (blüht schon im Juni scharlachrot), 'Speciosa' (strauchiger Habitus, kleinere Blüten), *C.* × *tagliabuana* 'Coccinea' (Blüten intensiv rot) und 'Madame Galen' (Blütenstand lockerer, Blüten orangefarbig und im Schlund scharlachrot). *Campsis*-Arten verlangen warme, sonnige Lagen oder nur leichten Schatten. Am besten gedeihen sie in nahrhaften durchlässigen Böden, wachsen aber in sandigen und trockeneren Böden ebenfalls befriedigend. Oft frieren im Winter die einjährigen Triebe zurück, was dem Gehölz nicht lebensbedrohlich schadet. Nach eventuell auftretenden stärkeren Frostschäden erfolgt ein Neuaustrieb von der Basis bzw. vom Wurzelstock aus. Winterschutz ist zweckmäßig. Im Frühjahr werden trockene und schwache Triebe entfernt. Übriggebliebene stärkere Triebe werden eingekürzt, da ihre Spitzen nicht ausgereift sind. Radikaler Schnitt ist möglich, da *Campsis* auf neu ausgebildeten Trieben blüht. Das natürliche Anhaften mit den Haftwurzeln ist meist nicht ausreichend, so daß ein Aufbinden notwendig ist. Eignet sich zur Bekleidung höherer Wände, Pergolen, Lauben usw.

Caragana FABR. – Erbsenstrauch *(Leguminosae)*

Sommergrüne, mittelgroße Sträucher. Zur Gattung gehören etwa 80 Arten, deren Verbreitungsgebiet von SO-Europa bis Ostsibirien, China und dem Himalaja reicht. Wachsen schnell, werden ausnahmsweise baumartig.

Wissenschaftlicher Name	Deutscher Name	Natürliche Verbreitung bzw. Entstehungsort	Frosthärte
● *C. arborescens* LAM.	Gemeiner Erbsenstrauch	Sibirien, Mandschurei	++
var. *crasse-aculeata* (BOIS) R. J. MOORE		Szetschuan	++
C. aurantiaca KOEHNE	Orangeblütiger Erbsenstrauch	Sibirien, Afghanistan, Turkestan	++
C. brevifolia KOMAR.	Kurzblättriger Erbsenstrauch	NW-China, Kaschmir	++
C. brevispina ROYLE	Kurzdorniger Erbsenstrauch	NW-Himalaja	++
C. decorticans HEMSL.		Afghanistan	++
C. densa KOMAR.		M-China	++
C. franchetiana KOMAR.		SW-China	++

Zierwert: Blüte (IV–VI), Früchte (VIII–XI).

Habitustypen

„Decorticans-Typ": baumartig, breit kegelförmig, etwas ungleich im Wuchs (Abb. 210 A),
„Arborescens-Typ": breit aufstrebender Strauch, Zweige und Triebe fast senkrecht gestellt, Basis des Strauches enger als die obere Hälfte (Abb. 210 B),
„Frutex-Typ": breit bis flach kugeliger Strauch, ziemlich gleichmäßig, dicht verzweigt, Zweige aufstrebend (Abb. 211 B),
„Pendula-Typ": niedriges Bäumchen mit schlanken, geraden Stämmchen und schirmartig überhängenden Zweigen (Abb. 212 D),
„Sukiensis-Typ": breites Sträuchlein mit bogig, graziös bis zum Boden niederhängenden Zweigen (Abb. 212 C),
„Columnaris-Typ": ungleichmäßig schmales säulenförmiges Sträuchlein (Abb. 212 B),
„Jubata-Typ": unregelmäßig wachsendes lockeres Sträuchlein (Abb. 212 A),
„Prostrata-Typ": niederliegend kriechender, dicht über der Erdoberfläche aufstrebender Strauch (Abb. 211 A).

Wissenschaftlicher Name	Deutscher Name	Natürliche Verbreitung bzw. Entstehungsort	Frosthärte
● *C. frutex* (L.) K. Koch	Busch-Erbsenstrauch	S-UdSSR – Turkestan u. Sibirien	++
C. fruticosa (Pall.) Steud.		Korea, Amurgebiet	++
C. gerardiana (Royle) Benth.		S-Tibet	++
C. grandiflora (Bieb.) DC.	Großblütiger Erbsenstrauch	S-UdSSR, Kaukasus – Turkestan	++
C. chamlagu Lam. = *C. sinica*			
C. jubata (Pall.) Poir.	Mähnen-Erbsenstrauch	W-China, Turkestan	++
C. maximowicziana Komar.		W-China, Tibet	++
C. microphylla Lam.	Kleinblättriger Erbsenstrauch	Sibirien, N-China, Mongolei	++
C. oreophila W. W. Sm.		W-China	++
C. pekinensis Komar.		NO-China	++
● *C. pygmaea* (L.) DC.	Zwerg-Erbsenstrauch	NW-China, Sibirien, Mongolei	++
C. sinica (Buc'hoz) Rehd.	China-Erbsenstrauch	N-China	+
C. × *sophoraefolia* Tausch		? (vor 1816)	++
● *C. spinosa* (L.) DC.	Dorniger Erbsenstrauch	Sibirien, Mongolei	++
C. sukiensis C. Schn.		NW-Himalaja	++
C. tangutica Maxim.		Kansu	++
C. tibetica (C. Schn.) Komar.		W-China	++
C. tragacanthoides (Pall.) Poir.		NW-China – Altai, NW-Himalaja	++
C. triflora Lindl. = *C. brevispina*			

Laub

Blätter paarig gefiedert, aus 2–18 kleinen, ganzrandigen Blättchen zusammengesetzt, bei einigen Arten sind die Blätter fingerartig 4zählig (Abb. 283). Nebenblätter klein, abfallend oder in Dornen umgewandelt.

Blattfärbung:
Hellgrün
die meisten, bei den Habitustypen angeführten Arten und Sorten.
Mattgrün
C. franchetiana, C. pekinensis, C. tibetica.

Graugrün
C. gerardiana, C. microphylla.
Dunkelgrün
C. frutex und Sorten, *C. sinica, C. tangutica.*

Blüten und Blütenstand

Typische Schmetterlingsblüten, nach ihrer Anordnung unterscheiden wir: einzelne Blüten (Abb. 213 A), in Büscheln zu 2 (Abb. 213 B), zu 3 (Abb. 213 C), zu 4 (Abb. 213 D) oder zu einigen auf einem Stiel (Abb. 213 E).

Blütenfarbe:
Hellgelb
C. arborescens sowie Varietäten und Sorten, *C. franchetiana, C. fruticosa, C. sinica* (beim Abblühen bräunlich), *C.* × *sophoraeffolia, C. spinosa, C. tibetica.*
Gelb
C. brevifolia, C. brevispina, C. decorticans, C. densa, C. frutex und Sorten, *C. gerardiana, C. grandiflora, C. maximowicziana, C. microphylla* und Sorte, *C. pekinensis, C. pygmaea, C. sukiensis, C. tangutica, C. tragacanthoides.*

Abb. 210
A) Typ „decorticans"
C. decorticans (manchmal)

B) Typ „arborescens"
a)
C. sinica;
b)
C. arborescens 'Albescens',
● C. a. 'Lorbergii',
C. fruticosa;

c)
C. arborescens 'Sericea',
C. franchetiana,
C. × sophoraefolia;
d)
● C. arborescens

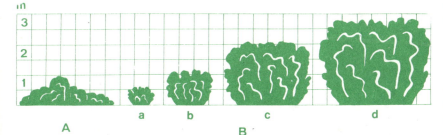

Abb. 211
A) Typ „prostrata"
C. arborescens 'Pendula' (selten),
● C. pygmaea (manchmal)

B) Typ „frutex"
a)
C. tibetica,
C. tragacanthoides;
b)
C. arborescens 'Nana',
C. aurantiaca,
C. gerardiana,
C. grandiflora,
C. oreophila,
● C. pygmaea,
C. tangutica;
c)
C. arborescens var. crasse-aculeata,
C. brevifolia,

C. brevispina,
C. maximowicziana,
C. microphylla,
C. m. 'Megalantha',
C. pekinensis,
● C. spinosa;
d)
C. decorticans,
C. densa,
● C. frutex,
C. f. 'Biflora',
'Latifolia',
'Macrantha'

Orangegelb
C. aurantiaca.
Weißrot
C. jubata.
Orangebraun
C. oreophila.

Alle angeführten Arten blühen in der Zeit von April–Juni (Abb. 214). Die gelblichen Blüten sind in der grünlichen, ziemlich gegliederten Belaubung wenig auffällig.

Frucht

Unregelmäßige oder regelmäßige, walzenförmige Hülsen. Man kann folgende Typen unterscheiden: breite (Abb. 193 C), länglich schlanke (Abb. 193 A) und röhrig walzenförmige (Abb. 193 B). Färbung meist grünlich, manchmal grau bis silbrig (nach der Intensität der Behaarung) oder auch braun bis rötlich. Bei manchen kleinblättrigen *Caragana*-Arten sind die Hülsen auffallender als die Blüten.

Zweige und Wurzelsystem

Verzweigung ziemlich starr, auffallend hauptsächlich im Winter und unbelaubten Zustand. Ausfärbung der Rinde wichtig; kann hellgrün (*C. arborescens* – später gelbgrün, *C. decorticans* und *C. fruticosa*), gelblich (*C. frutex*), braunrot (*C. maximowicziana, C. tangutica*) oder glänzend braun sein (*C. densa, C. franchetiana, C. gerardiana, C. sinica*). Im Winter kommen, bei Betrachtung aus nächster Nähe, auch die dornigen Zweige von *C. spinosa* und *C. tragacanthoides* zur Geltung. Wurzelsystem zäh und reich verzweigt. Kann durch Symbiose mit Knöllchenbakterien Stickstoff aus der Luft aufnehmen.

Ansprüche

Caragana-Arten sind lichtliebend, verlangen sehr viel Sonne, ausgenommen *C. arborescens,* die auch im Halbschatten noch befriedigend blüht. Sonst sind sie aber völlig anspruchslos und sehr anpassungsfähig. Am besten gedeihen sie in trockenen, leichten bis sandigen, kalkreichen Böden; wachsen aber auch in nahrhaften, schweren und feuchten, kalkarmen Bodenverhältnissen. Alle angeführten Arten sind in Mitteleuropa hart und vertragen verunreinigte Luftverhältnisse (besonders *C. arborescens*). Hauptsächlich in der Jugend werden sie vom Wild sehr gern aufgesucht und stark verbissen.

Pflege

Pflanzung im Vorfrühling oder Herbst in unbelaubtem Zustand. An weitere Pflege stellen sie keine Ansprüche. Schnitt wird sehr gut vertragen, aber nur bei geformten Pflanzen und Hecken angewendet (während der Vegetationsruhe). Umpflanzen älterer Exemplare ist bis auf einige Ausnahmen (Sorten) überflüssig, da junge Pflanzen schnell heranwachsen. Unter häufigen Krankheiten und Schädlingen leiden *Caragana*-Arten kaum. Nur selten erscheinen pilzliche Blattfleckenkrankheiten, wobei weißliche Flecken mit braunem Rand oder zunächst gelbliche, später weißliche Flecke entstehen. Braunrote Pusteln werden durch die Rostkrankheit verursacht. Bekämpfung siehe *Betula,* gegen Rostkrankheit Zineb-, Maneb- oder Mancozeb-Präparate anwenden. Junge Präparate anwenden. Pflanzen schützen wir auch vor Wildverbiß (chem. Verbißmittel oder Einbinden über Winter).

Verwendung

Solitär kommen nur einige Typen zur Geltung, wie z. B. „Prostrata", „Pendula", „Sukiensis" und „Columnaris", manchmal noch „Jubata" und Decor-

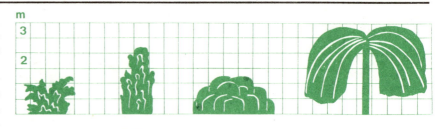

Abb. 212
A) Typ „jubata"
C. jubata

B) Typ „columnaris"
C. jubata 'Columnaris'

C) Typ „sukiensis"
C. sukiensis

D) Typ „pendula"
● *C. arborescens* 'Pendula' (der häufigste veredelte Typ)

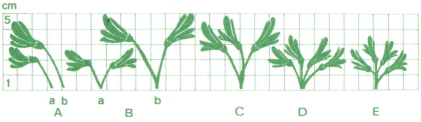

Abb. 213 Blüten *Caragana*
A) einzeln
a) die meisten Arten, Formen und Sorten
b) *C. franchetiana, C. frutex, C. f.* 'Latifolia', 'Macrantha', *C. fruticosa, C. grandiflora, C. microphylla* 'Megalantha', *C. sinica, C. sukiensis, C. tangutica, C. tibetica, C. tragacanthoides*

B) zu zweit
a) *C. decorticans* (manchmal), *C. microphylla* (manchmal);
b) *C. franchetiana* (manchmal), *C. frutex* 'Biflora', *C. microphylla* 'Megalantha' (manchmal)

C) zu dritt
C. frutex (manchmal), *C. f.* 'Latifolia' (manchmal), 'Macrantha' (manchmal), *C. grandiflora* (manchmal)

D) zu viert
C. arborescens, Sorten (manchmal), *C. × sophoraefolia* (manchmal)

E) mehrere auf einem Stiel
C. brevispina

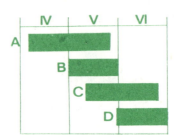

Abb. 214 Blütezeit *Caragana*

A) *C. gerardiana;*

B) *C. arborescens,* Sorten und Varietäten, *C. aurantiaca, C. brevifolia, C. decorticans, C. densa,* *C. franchetiana, C. fruticosa, C. grandiflora, C. oreophila, C. × sophoraefolia;*

C) die meisten Arten, Varietäten und Sorten

D) *C. brevispina*

ticans". Sie können in Rasenflächen nahe an Wegen und Kreuzungen, in Steingärten usw. verwendet werden. Eignen sich auch für Gärten. Der „Prostrata-Typ" kommt im Rasen nicht zur Geltung; er gehört zwischen gepflasterte Flächen, auf Mauern und Terrassen. Alle weiteren Typen eignen sich für Gruppen- und Heckenpflanzungen, die auch gut verdecken. Schön sind Kombinationen mit *Lonicera* (Geißblatt), *Syringa* (Flieder) u. a. *Caragana*-Arten eignen sich auch zum Einfassen größerer, natürlicher Kulissen (besonders auf der sonnigen, trockenen Seite). Die meisten Arten bewähren sich in exponierten Lagen in Neusiedlungen und im Stadtgrün, auf wenig fruchtbaren Böden (besonders *C. arborescens*) sowie extrem trockenen Abhängen und finden daher auch als Pioniergehölze Verwendung. Man kann sie von der Ebene bis ins Gebirge pflanzen.

Carpinus L. – Hainbuche, Weißbuche *(Betulaceae)*

Sommergrüne Bäume, manchmal nur Sträucher; etwa 26 Arten, die in Europa, Asien, Nord- und Mittelamerika verbreitet sind. Unter normalen Standortbedingungen sind Hainbuchen meist Bäume. Im 10. Lebensjahr erreichen sie 2–5 m Höhe, in 20 Jahren 5–7 m und in 30 Jahren 7–10 m.
Zierwert: Blätter (X–XI), Fruchtstände (VII–IX).

Habitustypen

„Betulus-Typ": Bäume mit breit eiförmiger, regelmäßig aufgebauter Krone und nicht zu starkem Stamm (Abb. 216),
„Horizontalis-Typ": vom vorigen Typ durch eine breitere, fast halbkugelige Krone und mehr oder weniger waagerecht abstehende Zweige unterschieden (Abb. 217 C),
„Pendula-Typ": Baum mit einer breiten und ungleichmäßig kaskadenförmig ausladenden Krone; Äste und Zweige bogig überhängend (Abb. 218 D),
„Fastigiata-Typ": Baum mit einer streng kegelförmigen und schlanken Krone; Zweige alle aufstrebend (Abb. 218 C),
„Ascendens-Typ": Wuchs breit säulenförmig, dichter und meist vom Boden verzweigt (Abb. 218 B),
„Columnaris-Typ": Bäumchen oder Strauch, vom ähnlichen Typ „Fastigiata" durch eine breite, manchmal bis eiförmige Krone unterschieden (Abb. 217 B),
„Incisa-Typ": Bäumchen mit einer breit eiförmigen, im unteren Teil meist aufstrebenden Krone; Stämmchen kurz (Abb. 217 A),
„Orientalis-Typ": strauchiger, halbkugeliger bis kugeliger Typ, dicht aufgebaut (Abb. 218 A).

Textur

Bei allen Arten und Sorten mehr oder weniger fein und mitteldicht; Säulentypen (besonders „Columnaris", „Fastigiata" und „Ascendens") dicht und eigenartig „glatt". Der „Incisa-Typ" ist am luftigsten, manchmal sehr locker gestaltet.

Laub

Blätter wechselständig, eiförmig oder verschieden länglich eiförmig, mit ausgeprägter Nervatur, gesägt oder gezähnt (Abb. 219).

Blattfarbe:

Grün
die meisten Arten, Varietäten und Sorten, die bei den Habitustypen angeführt sind.

Wissenschaftlicher Name	Deutscher Name	Natürliche Verbreitung bzw. Entstehungsort	Frosthärte
C. americana MICHX. = *C. caroliniana*			
● *C. betulus* L. (Abb. 215 a)	Gemeine Hainbuche, Weißbuche	SO-England, S-UdSSR, Kleinasien	++
var. *angustifolia* (MEDWED.) O. RADDE		wie die Art	++
var. *carpinizza* (HOST) NEILR.		Rumänien	++
var. *parva* O. RADDE		wie die Art	++
C. caroliniana WALT.	Amerikanische Hainbuche	Östliches N-Amerika	++
C. cordata BL.	Herzblättrige Hainbuche	Japan, Korea, N- u. W-China	++
var. *chinensis* FRANCH.		O-Szetschuan	++
C. eximia NAKAI		Korea	++
C. fargesiana WINKL.		Szetschuan	++
C. henryana (WINKL.) WINKL.		Szetschuan	++
C. japonica BL.	Japanische Hainbuche	Japan	++

Blaugrün
C. caroliniana, *C. c.* 'Ascendens'.
Glänzend dunkelgrün
C. orientalis und Sorten.
Rötlich
C. betulus 'Purpurea' (nach dem Austrieb allmählich vergrünend).
Weißbunt
C. betulus 'Albo-variegata', *C. b.* 'Marmorata', 'Punctata'.
Gelbbunt
C. betulus 'Variegata'.

Beachtenswert und gartengestalterisch ausnutzbar ist die Herbstfärbung mancher *Carpinus*-Arten:

Leuchtend orangerot
C. caroliniana, *C. c.* 'Ascendens'.
Goldgelb
C. betulus sowie Varietäten und Sorten, *C. cordata* und Varietät, *C. polyneura*.
Gelbbraun
C. eximia, *C. fargesiana*, *C. henryana*, *C. japonica*, *C. laxiflora* und Varietäten, *C. orientalis* und Sorten, *C. tschonoskii*, *C. turczaninovii* und Varietäten.

Blüte und Blütenstand

Einhäusig. Eintritt der Blühreife nach 20 Jahren. Männliche Kätzchen sind hängend und entwickeln sich im Frühjahr auf vorjährigen Zweigen. Weibliche Kätzchen wachsen auf einjährigen Trieben. Blütezeit: April/Mai.

Frucht und Fruchtstand

Frucht ein kleines Nüßchen mit großem, häutigem, 3lappigem oder gezähntem Hochblatt. Der ganze, meist hängende Fruchtstand ist zierend und beeinflußt während des Spätsommers und Herbstes das Aussehen (Textur) der ganzen Krone. Wir unterscheiden einen schmalen (Abb. 220 A) und breiteren Fruchtstand (Abb. 220 B). Die häutigen, gelappten Hochblätter wirken bei Betrachtung aus nächster Nähe

Wissenschaftlicher Name	Deutscher Name	Natürliche Verbreitung bzw. Entstehungsort	Frosthärte
C. yedoensis FRANCH. = *C. fargesiana*			
C. laxiflora (S. et Z.) BL.		Japan	++
var. *macrostachya* OLIVER		China	++
C. orientalis MILL.	Orientalische Hainbuche	SO-Europa, Kleinasien, Kaukasus	++
C. polyneura FRANCH.		Szetschuan, Hupeh	++
C. tschonoskii MAXIM.		Japan, Korea, N-China	++
C. turczaninovii HANCE var. *ovalifolia* WINKL.		N-China, Korea	++
C. yedoensis MAXIM. = *C. tschonoskii*		W-China	++

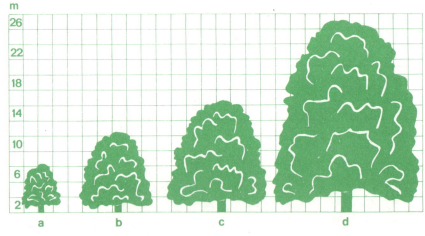

Abb. 216 Typ „betulus"
a) *C. turczaninowii* (manchmal), *C. t.* var. *ovalifolia*;
b) *C. betulus* 'Marmorata', *C. b.* var. *parva*, 'Punctata', 'Variegata', *C. caroliniana*, *C. eximia*;
c) *C. betulus* 'Albo-variegata', *C. b.* 'Purpurea', *C. cordata*, *C. c.* var. *chinensis*, *C. henryana*, *C. japonica*, *C. laxiflora*, *C. l.* var. *macrostachya*, *C. tschonoskii*;
d) ● *C. betulus*, *C. b.* var. *angustifolia*

interessant und dekorativ. Am Baum haften sie manchmal bis ins Frühjahr.

Stamm und Wurzelsystem

Stamm bei den baumartigen Typen meist hochwachsend, oft verzweigt er sich gleich über dem Boden, Rinde grau bis schwarzgrau und glatt, auf alten Bäumen länglich und flach gefurcht. Solitärpflanzungen oder einheitliche *Carpinus*-Bestände wirken durch die „Nacktheit" ihrer mattglänzenden Stämme. Wurzelsystem reich verzweigt, in tieferen Böden mit längerer Pfahlwurzel (in feuchten Lagen Wurzeln flach, aber sehr reich verzweigt). Bäume im Boden gut verankert. Wurzeln mit Mykorrhiza.

Ansprüche

Carpinus-Arten wachsen gut auf hellen bis sonnigen Standorten, gedeihen aber auch im Halbschatten und Schatten (dann aber meist strauchiger Habitus). Alle angeführten Arten sind in Mitteleuropa winterhart. Am besten gedeihen sie in feuchten, lehmigen oder mittelschweren Böden, befriedigend wachsen sie aber auch in leichten und trockenen Bodenverhältnissen. Vertragen auch kurzzeitiges Überschwemmen, nur dauernde Nässe sowie trockene und heiße südliche Abhänge werden nicht vertragen. In verunreinigter Luft wachsen die *Carpinus*-Arten gut (besonders *C. betulus*).

Pflege

Pflanzung im unbelaubten Zustand im Vorfrühling oder Herbst. An eine weitere Pflege stellen sie keine besonderen Ansprüche. Geschnittene Hecken und geformte Solitärpflanzen werden während der Vegetationsruhe (im Vorfrühling) und nach Bedarf auch während der Vegetation geschnitten. Auch ein Rückschnitt in das alte Holz wird

Abb. 215
a) *Carpinus betulus*;
b) *Carya ovata*;
c) *Cassiope hypnoides*;
d) *Castanea sativa*;
e) *Catalpa bignonioides*

gut vertragen und kann bei der Regeneration alter Hecken, z. B. in historischen Parkanlagen angewendet werden. Krankheiten und Schädlinge haben praktisch keine Bedeutung. Nur sehr vereinzelt treten durch verschiedene Pilze verursachte Rindenkrankheiten auf, bei denen die Zweige nach einiger Zeit absterben; befallene Zweige ins gesunde Holz zurückschneiden, Kupferpräparate anwenden. Ältere Exemplare vertragen ein Umpflanzen nur schlecht.

Verwendung

Baumartige Arten kommen hauptsächlich als Gruppen- und Kulissenpflanzungen zur Geltung, manchmal – besonders in natürlich gestalteten Anlagen – auch als Solitärpflanzungen. Eine ausschließlich solitäre Verwendung kommt bei manchen ausgeprägten Habitustypen in Frage, wie z. B. beim „Pendula-", Fastigiata-", „Ascendens-" und „Columnaris-Typ". Auch die gelappten Sorten verdienen eine auffallende Stellung. Streng regelmäßige Formen (natürliche oder durch Schnitt erhaltene) eignen sich für architektonische Parterres historischer Gärten oder in der Nähe von Gebäuden, Eingängen, Treppen usw. Für geschnittene Hecken wird meist *Carpinus betulus* verwendet; diese Art verdeckt während der Vegetation vollständig und teilweise auch im Winter, da das trockene Laub lange haften bleibt. Wirkungsvoll sind Herbstszenerien mit gelblich gefärbten *Carpinus*-Arten kombiniert mit rötlich färbenden *Acer*, *Rhus* oder mit dunklen Nadelgehölzen (z. B. *Taxus*). In Kleingärten eignen sich die baumartigen Typen nicht. Sie können von der Ebene bis in geeignete Lagen des Berglandes gepflanzt werden.

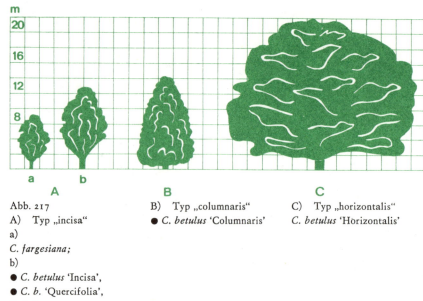

Abb. 217
A) Typ „incisa"
a)
C. fargesiana;
b)
● *C. betulus* 'Incisa',
● *C. b.* 'Quercifolia',
C. polyneura

B) Typ „columnaris"
● *C. betulus* 'Columnaris'

C) Typ „horizontalis"
C. betulus 'Horizontalis'

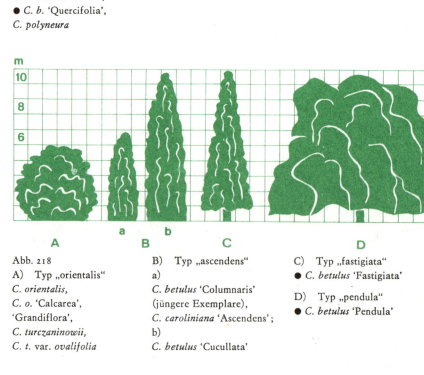

Abb. 218
A) Typ „orientalis"
C. orientalis,
C. o. 'Calcarea',
'Grandiflora',
C. turczaninowii,
C. t. var. *ovalifolia*

B) Typ „ascendens"
a)
C. betulus 'Columnaris' (jüngere Exemplare),
C. caroliniana 'Ascendens';
b)
C. betulus 'Cucullata'

C) Typ „fastigiata"
● *C. betulus* 'Fastigiata'

D) Typ „pendula"
● *C. betulus* 'Pendula'

Abb. 219
Obere Reihe Blätter
Carpinus
a)
C. cordata,
C. orientalis 'Grandifolia',
C. tschonoskii;
b)
C. laxiflora,
C. orientalis,
C. turczaninowii;
c)
C. betulus,
C. caroliniana,
C. eximia;
d)
C. polyneura;
e)
C. japonica;
f)
C. henryana;
g)
C. betulus 'Incisa';
h)
C. betulus 'Quercifolia'
(Quadrat 1 × 1 cm)

Untere Reihe Blätter
Castanea
a)
C. dentata;
b)
C. sativa;
c)
C. mollissima;
d)
C. henryi;
e)
C. pumila
(Quadrat 1 × 1 cm)

Abb. 220 Fruchtstand
Carpinus

A) schmal *C. henryana*

B) breit
a)
C. orientalis, Sorten;
b)
C. eximia, C. fargesiana, C. japonica,
C. polyneura,
C. tschonoskii,
C. turczaninowii;
c)
C. caroliniana,
C. cordata, Varietäten, *C. laxiflora*;
d)
C. betulus, Sorten und Varietäten;
e)
C. laxiflora var. *macrostachya*

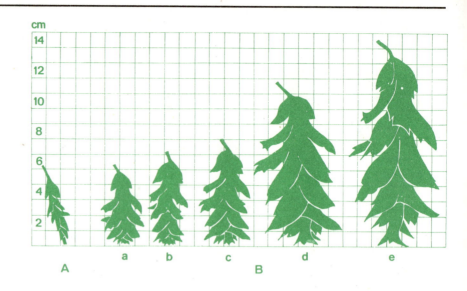

Carya Nutt. – Hickorynuß *(Juglandaceae)*

Sommergrüne, meist große Bäume ähnlich *Juglans* (Walnuß). Etwa 20 Arten, überwiegend in Nordamerika, einige in China beheimatet. In 10 Jahren werden die Bäume 3–5 m, in 20 Jahren 4–9 m und in 30 Jahren 8–12 m hoch.
Zierwert: Blätter (V–XI, besonders XI), Stamm (I–XI, besonders XII bis IV).

Habitustypen

„Cordiformis-Typ": Bäume mit breit ausladender, robust halbkugeliger, nicht zu dichter, grober Krone (Abb. 221),
„Tomentosa-Typ": Bäume mit aufstrebender, im oberen Teil etwas breiterer, halbdichter Krone (Abb. 222).

Textur

Grob und halblocker büschelig, manchmal fast durchsichtig.

Wissenschaftlicher Name	Deutscher Name	Natürliche Verbreitung bzw. Entstehungsort	Frosthärte
C. alba K. Koch non Nutt. ex Elliott = *C. tomentosa*			
C. alba Nutt. ex Elliott = *C. ovata*			
C. amara Nutt. = *C. cordiformis*			
C. aquatica (Michx. f.) Nutt.	Wasser-Hickorynuß	SO-USA	++
C. × *brownii* Sarg.			++
C. cathayensis Sarg.	China-Hickorynuß	O-China	++
● *C. cordiformis* (Wangh.) K. Koch	Bitternuß	N-Amerika	++
C. glabra (Mill.) Sweet	Ferkelnuß	N-Amerika	++
var. *megacarpa* (Sarg.) Sarg.		wie die Art	++
C. illinoensis (Wangh.) K. Koch	Pekannuß	USA	++
C. laciniosa (Michx. f.) G. Don	Königsnuß	N-Amerika	++
C. × *lanei* Sarg.		W-New York	++
C. × *lecontei* Little		Texas	++
C. myristicaeformis (Michx. f.) Nutt.		Küsten von USA – Mexiko	++
● *C. ovata* (Mill.) K. Koch (Abb. 215 b)	Schindelrindige Hickorynuß	N-Amerika	++
C. pallida (Ashe) Engl. et Graebn.		Alabama u. Tennessee	++
C. texana Buckley non DC.	Texasnuß	USA, Texas – Arkansas	++
● *C. tomentosa* (Poir.) Nutt.	Spottnuß	N-Amerika	++

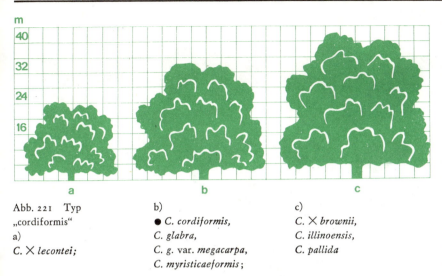

Abb. 221 Typ „cordiformis"
a)
C. × lecontei;

b)
● C. cordiformis,
C. glabra,
C. g. var. megacarpa,
C. myristicaeformis;

c)
C. × brownii,
C. illinoensis,
C. pallida

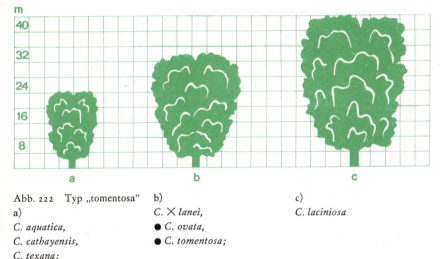

Abb. 222 Typ „tomentosa"
a)
C. aquatica,
C. cathayensis,
C. texana;

b)
C. × lanei,
● C. ovata,
● C. tomentosa;

c)
C. laciniosa

Laub

Blätter wechselständig, unpaarig gefiedert, Blättchen 3–17, verschieden gesägt und groß (8–15, manchmal bis 20 cm lang) ähnlich den Blättern von *Juglans regia* (Abb. 223).

Blattfarbe:
Hellgrün
C. × *lecontei, C. pallida.*

Grün
C. aquatica, C. × *brownii, C. cathayensis, C. cordiformis, C. glabra, C. g.* var. *megacarpa, C.* × *lanei, C. texana.*

Mattgrün
C. illinoensis, C. laciniosa, C. myristicaeformis, C. ovata, C. tomentosa.

Interessanter und wirkungsvoller ist die Herbstfärbung, die besonders bei *C. ovata* und *C. tomentosa* schön gold-

gelb ausfällt; bei den weiteren angeführten Arten ist sie etwas weniger auffallend – nämlich braungelb.

Blüte und Blütenstand

Einhäusige Blüten klein, männliche in hängenden Kätzchen und weibliche zu 2–10 in Ähren. Erscheinen mit dem Laub und sind darum nicht sehr auffallend. Eintritt der Blühreife nach 20 bis 25 Jahren, Blütezeit Mai/Juni.

Frucht

Eine kugelige oder längliche Steinfrucht, deren Hülle sich zur Reife mehr oder weniger in 4 Teile zerteilt. Fruchthülle meist graugrün, ganze Frucht je nach der Art 3–6 cm groß. Früchte kommen in der Belaubung nur wenig zur Geltung, aus nächster Nähe wirken sie interessant und dekorativ.

Stamm und Wurzelsystem

Stamm gerade und fast bis in die Kronenspitze reichend, auffallend mit seiner hellen, je nach der Art mehr oder weniger grauen Borke (außer der dunklen Färbung bei *C. texana*), die eine interessante Oberfläche aufweist.

Borkenoberfläche:
Auffallend ablösende Borke
C. aquatica (dünne größere Platten), *C. laciniosa* (lange Streifen), *C. myristicaeformis* (Platten), *C. ovata* (lange Streifen).
Kleiner, aber auffallend schuppenförmig
C. cathayensis, C. cordiformis, C. × *lecontei.*
Auffallend tief gefurcht
C. × *brownii, C. glabra, C. g.* var. *megacarpa, C. illinoensis, C. pallida, C. texana, C. tomentosa.*
Mehr oder weniger glatt
C. × *lanei.*

Wurzelsystem mit charakteristisch längerer Pfahlwurzel und langen, starken Nebenwurzeln, mit denen die Bäume im Boden ausreichend verankert sind.

Ansprüche

Verlangen halbschattige bis sonnige Lagen; große Hitze oder stärkerer Schatten sind nicht erwünscht. Wenn auch alle angeführten Arten winterhart sind, geben wir dennoch geschützten und warmen Lagen den Vorzug (besonders wichtig für junge Pflanzungen, die manchmal unter Frostschäden leiden). Am besten gedeihen sie in tiefgründigen, leicht feuchten Böden (lehmig, nahrhaft und kalkreich). Manche Arten, hauptsächlich *C. glabra* vertragen auch trockene Standorte. Gegen Immissionen sind sie empfindlich, normales Stadtklima vertragen sie aber gut (besonders *C. ovata*).

Pflege

Pflanzung und Pflege wie bei *Acer* u. a. Schnitt ist nicht nötig. In der Jugend wird Schattieren vertragen, beim Weiterwachsen muß ausreichend Licht oder wenigstens Halbschatten gesichert sein. (Durchforsten der Umgebung). Umpflanzen ist nicht einmal bei jüngeren Bäumen erfolgreich. Krankheiten und Schädlinge treten selten auf. *Carya*-Arten sind in der Jugend vor Wildverbiß und besonders vor Mäusen zu schützen.

Verwendung

Eignen sich ausschließlich für größere Anlagen als effektvolle Solitärpflanzen oder an Rändern größerer und höherer Gruppen. Wegen ihrer gelben Herbstfärbung sind Kombinationen mit rötlich färbenden Gehölzen zu empfehlen. Stämme und Äste wirken auch im Winter sehr schön.

Abb. 223 Blätter *Carya*
a)
C. glabra,
C. × *lanei,*
C. ovata;

b)
C. × *brownii,*
C. cathayensis,
C. glabra var. *megacarpa,*
C. illinoensis,
C. lecontei, *C. tomentosa;*

c)
C. laciniosa;
d)
C. aquatica;
e)
C. cordiformis (2 × 2 cm)

Caryopteris Bunge – Bartblume *(Verbenaceae)*

Sommergrüne Sträucher oder Halbsträucher, vertreten mit etwa 10 Arten, die aus Ostasien stammen.
Zierwert: Blätter (V–XI), Blüte (VIII bis X).

Habitustypen

Praktisch keine unterscheidbar. Sträucher bis 1 m hoch, reich grau oder rötlich verzweigt. Nur *C. incana* 'Nana' bleibt etwas niedriger, ist in Europa aber noch nicht in Kultur.

Textur

Locker und luftig bis durchsichtig. Ziemlich leicht wirkend (durch graue Blattfarbe).

Laub

Blätter verschieden lanzettlich und länglich, filzig, oft grob und auffallend gezähnt, je nach Art 2,0–8,0 cm lang.

Blüte und Blütenstand

Blüten lippig mit kurzer Röhre und 5teiligem Saum, in achselständigen Scheindolden.

Blütenfarbe:
Weißlich
C. incana 'Candida'.
Violettblau
C. × *clandonensis*, *C. incana*, *C. i.* 'Heavenly Blue'.
Dunkelviolett
C. 'Ferndown'.

Blütezeit: VIII–X.

Frucht

Kapsel kürzer als der Kelch, 4flügelig, ohne Zierwert.

Zweige und Wurzelsystem

Triebe kahl bis stark graufilzig, bei der Artkreuzung 'Ferndown' rötlichbraun und kurz behaart. Wurzelsystem dicht und flachwurzelnd.

Ansprüche

Caryopteris-Arten erfrieren in Mitteleuropa leicht bis zum Boden, so daß sie alljährlich im Frühjahr zurückgeschnitten werden, ohne daß dadurch der Blütenreichtum leidet (blüht auf einjährigen Trieben). Lieben sonnige, warme Lagen. Für gute, durchlässige, kalkreiche Böden sind sie dankbar. Winterschutz der Wurzeln ist empfehlenswert. Stadtklima wird gut vertragen.

Pflege

Pflanzung am besten im Frühjahr, damit die Pflanzen bis in den Herbst gut einwurzeln. Bodendecke mit Reisig bzw. Laub zweckmäßig. Erfrorene Triebe und Zweige werden zurückgeschnitten – kräftiger Rückschnitt bringt reichere Blüte. Weitere spezielle Pflege ist nicht notwendig. Krankheiten und Schädlinge treten selten auf; manchmal stellt sich ein Zweigsterben ein, dessen Ursachen noch nicht geklärt sind. Abgestorbene Zweigteile schneiden wir bis ins gesunde Holz zurück.

Verwendung

Wird als Solitär oder in Gruppen ausgepflanzt – in Rasenflächen, Steingärten, Staudenbeete usw. Kommt auch in Pflanzgefäßen ausgezeichnet zur Geltung.

Wissenschaftlicher Name	Deutscher Name	Natürliche Verbreitung bzw. Entstehungsort	Frosthärte
● *C.* × *clandonensis* Simonds ex Rehd.	Bartblume	West-Clandon	≙, +
C. 'Ferndown' (Stewart)		Ferndown	≙, +
● *C. incana* (Thunb. ex Houtt.) Miq.	Blaubart	Japan, Korea, China, Formosa	≙, +

Cassiope D. Don. – Schuppenheide *(Ericaceae)*

Immergrüne, oft mattenförmig wachsende Zwergsträucher. Es sind 12 Arten bekannt, die in der nördlichen kalten Zone und im Himalaja vorkommen.
Die niedrigsten Arten sind kriechend, 2–5 cm hoch (*C. hypnoides, C. lycopodioides, C. selaginoides* 'Nana'), die schönsten 25–30 cm (*C. mertensiana, C. tetragona, C. wardii*). Blätter schuppenförmig, meist 4zeilig und dachziegelartig stehend oder linealisch abstehend. Blüten meist 5zählig, glockig bis becherförmig, einzeln und hängend, weiß oder weißlich rosa. Blütezeit: April–Juni. Fruchtkapsel 4- bis 5fächrig. Schöne Pflanzen, die an *Lycopodium* erinnern, fast moosartig – eignen sich hauptsächlich für Steingärten (zwischen größere Steine). Kultur ist ziemlich schwierig (besonders bei *C. hypnoides*). Geeignet sind Halbschatten und torfreicher Boden.

Wissenschaftlicher Name	Deutscher Name	Natürliche Verbreitung bzw. Entstehungsort	Frosthärte
C. *fastigiata* (Wall.) D. Don		W-Himalaja, China	++
C. *hypnoides* (L.) D. Don		N-Europa, N-Amerika	++
C. *lycopodioides* (Pall.) D. Don		Japan, Alaska	++
C. *mertensiana* (Bong.) D. Don		Nördl. N-Amerika	++
C. *selaginoides* Hook. f. et Thoms.			++
C. *stelleriana* (Pall.) DC.			++
C. *tetragona* (L.) D. Don	Zypressenheide	N-Europa – Sibirien	++
C. *wardii* Marquand.			++

Castanea Mill. – Kastanie *(Fagaceae)*

Sommergrüne Bäume, selten Sträucher; 12 Arten in der gemäßigten Zone der nördlichen Halbkugel. Baumtypen wachsen mittelschnell, in 10 Jahren sind sie 2–4 m hoch, in 20 Jahren 4 bis 6 m und in 30 Jahren 6–10 m.
Zierwert: Blüte (VI–VII), Früchte (IX–X).

Habitustypen

„Sativa-Typ": Bäume mit breit kegelförmiger bis halbkugeliger, mitteldichter Krone (Abb. 224),
„Dentata-Typ": Bäume mit breit kegelförmiger, oben abgerundeter Krone (Abb. 225 D),
„Pyramidalis-Typ": schlanke, streng kegelförmige Bäume (Abb. 225 C),
„Fastigiata-Typ": Bäumchen bis Bäume, schmal säulenförmig gestaltet, alle Äste und Zweige streng aufstrebend, dicht (Abb. 225 B)
„Pendula-Typ": kleinere, breit ausladende Bäume mit langen, bogig überhängenden Ästen (Abb. 225 A),
„Pumila-Typ": lockerer, gleichmäßig halbkugeliger Strauch (Abb. 226 B),
„Alnifolia-Typ": niedriges, breit niederliegend aufstrebendes Sträuchlein (Abb. 226 A).

Textur

Grob, dicht, gut deckend, in den Konturen etwas luftiger. Gesamteindruck regelmäßig.

Laub

Blätter meist verschieden länglich, groß, auffallend gesägt, auf den Zweigen zweizeilig angeordnet (Abb. 219).

Laubfarbe:

Grün
C. × *neglecta, C. pumila, C. sativa* 'Asplenifolia', *C. seguinii*.
Mattgrün
C. mollissima, C. ozarkensis.
Dunkelgrün
C. alnifolia, C. crenata, C. dentata, C. henryi, C. sativa (glänzend), *C. s.* 'Cochleata', 'Fastigiata', 'Glabra', 'Pendula', 'Pendulifolia', 'Prolifera' (sehr glänzend), 'Purpurea' (beim Austrieb purpurn), 'Pyramidalis'.

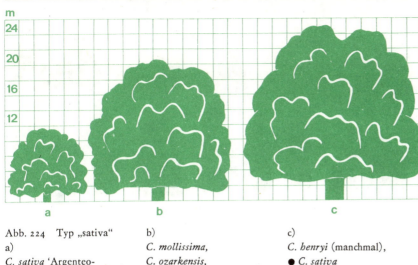

Abb. 224 Typ „sativa"
a)
C. sativa 'Argenteo-variegata',
C. s. 'Aureomaculata',
'Variegata',
C. seguinii;

b)
C. mollissima,
C. ozarkensis,
C. pumila (manchmal),
● C. sativa 'Asplenifolia',
C. s. 'Glabra',
'Pendulifolia',
'Prolifera',
'Purpurea';

c)
C. henryi (manchmal),
● C. sativa

Wissenschaftlicher Name	Deutscher Name	Natürliche Verbreitung bzw. Entstehungsort	Frosthärte
C. alnifolia Nutt.		SO-USA	++
C. crenata S. et Z.	Japanische Kastanie	Japan	++
C. dentata (Marsh.) Borkh.	Amerikanische Kastanie	N-Amerika	++
C. henryi (Skan) Rehd.		M- und W-China	++
C. japonica Bl. = C. crenata			
C. mollissima Bl.	Chinesische Kastanie	China, Korea	++
C. × neglecta Dode			++
C. ozarkensis Ashe		S-USA	++
C. pumila (L.) Mill.	Chinquapin	SO-USA	++
● C. sativa Mill. (Abb. 215 d)	Eß-Kastanie, Edel-Kastanie	Mittelmeergebiet bis Kaukasus	++
C. sequinii Dode		O- und M-China	++
C. vesca Gaertn. = C. sativa			

Weißbunt
C. sativa 'Argenteovariegata'.
Gelbbunt
C. sativa 'Aureomaculata', C. s. 'Variegata'.

Herbstliches Laub bei den meisten Arten und Sorten braungelb bis gelb, bei C. sativa 'Purpurea' rötlich.

Blüte und Blütenstand

Einhäusig, männliche und weibliche Blüten in aufrechten, langen und schmalen, weißlichen oder weißlich grünen Kätzchen. In Vollblüte (VI bis VIII) sind besonders die männlichen Blüten sehr zierend und beleben die ganze Pflanze in hohem Maße. Eintritt der Blühreife je nach der Art nach 30–40 Jahren.

Frucht und Fruchtstand

Nüsse (bei C. sativa eßbar) sind bräunlich und meist zu dreien in einer dekorativen, stacheligen Hülle, die aber wegen ihrer grünlichen Ausfärbung in der Belaubung nur wenig zur Geltung kommt (Reife im Oktober).

Stamm und Wurzelsystem

Stämme meist stark, verzweigt, Borke olivbraun bis graubraun, nach 12–15 Jahren schwarzbraun, manchmal rötlich, klein schuppenförmig. Wurzelsystem auch in die Tiefe verzweigt, mit Pfahlwurzel und vielen starken Nebenwurzeln, so daß die Bäume im Boden gut verankert sind.

Ansprüche

Kastanien verlangen Sonne und vertragen höchstens Halbschatten. In mitteleuropäischen Lagen sind sie hart, aber trotzdem bevorzugen wir geschütztere und wärmere Standorte. Die Bodenverhältnisse sollten tiefgründig und lehmig sein, aber auch auf schottrigen Standorten wachsen sie noch gut (*C. sativa* verträgt keinen Kalk). Eine schwach saure Bodenreaktion ist günstig. Empfindlich reagieren sie auf längere Trockenperioden, da sie eine höhere Luftfeuchtigkeit benötigen. Immissionen werden vertragen (besonders von *C. sativa*). Junge Pflanzen leiden unter Wildverbiß.

Pflege

Pflanzung und weitere Pflege wie bei *Acer* oder anderen Laubgehölzen. Schnitt nur bei älteren Exemplaren, wenn Äste vertrocknen oder Frostschäden auftreten. Umpflanzen vertragen ältere Exemplare sehr schlecht. In den letzten Jahren hat sich aus den USA nach Europa eine gefährliche, ganze Bestände vernichtende Zweigkrankheit verbreitet, bei der der pilzliche Erreger *Endothia parasitica* auch in den Stamm eindringt. Hauptsächlich werden Pflanzen der nordamerikanischen *C. dentata* befallen, in Europa auch *C. sativa*. Darum wird diese am meisten verbreitete Art mit weiteren ostasiatischen Arten gekreuzt, um resistente Sorten zu erhalten.

Verwendung

Alle Arten und Habitustypen eignen sich zu Solitärpflanzungen, Gruppen- und Alleepflanzungen. Sehr wirkungsvoll sind einzelne Bäume oder lockere Gruppen, hauptsächlich zur Blütezeit (zu dieser Zeit wirken sie sehr hell bis weißlich und heben sich vor dunklem Hintergrund, z. B. von *Taxus, Picea* usw. effektvoll ab). In Weinbaugebieten und verschiedenen mikroklimatisch günstigen Lagen wird *C. sativa* als Obstbaum kultiviert.

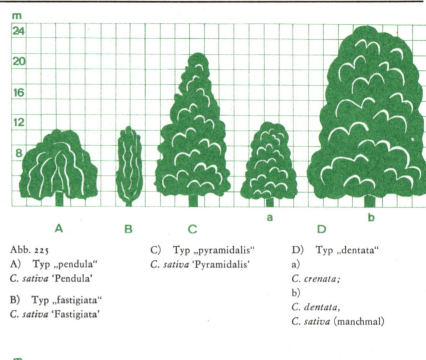

Abb. 225
A) Typ „pendula"
C. sativa 'Pendula'

B) Typ „fastigiata"
C. sativa 'Fastigiata'

C) Typ „pyramidalis"
C. sativa 'Pyramidalis'

D) Typ „dentata"
a)
C. crenata;
b)
C. dentata,
C. sativa (manchmal)

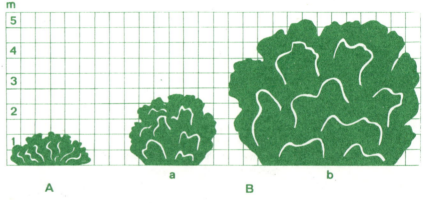

Abb. 226
A) Typ „alnifolia"
C. alnifolia

B) Typ „pumila"
a)
C. sativa 'Cochleata';

b)
C. crenata (manchmal),
C. mollissima (manchmal),
C. neglecta,
C. pumila,
C. seguinii (manchmal)

Catalpa Scop. – Trompetenbaum (*Bignoniaceae*)

Sommergrüne Bäume, selten Sträucher. Zur Gattung gehören 11 Arten – verbreitet in Nordamerika, Westindien und Ostasien. Bäume wachsen in der Jugend ziemlich langsam. In 10 Jahren sind sie 2–4 m hoch, in 20 Jahren 4–7 m und in 30 Jahren 8 bis 10 m.
Zierwert: Blätter (V–XI), Blüte (VI bis VII) und Früchte (IX–III).

Habitustypen

„Bignonioides-Typ": Bäume mit ungleich breit-länglicher Krone, oft auch etwas ausladend (Abb. 227),
„Ovata-Typ": Bäume mit breiter, mitteldichter und gleichmäßig halbkugeliger Krone (Abb. 228 B),
„Speciosa-Typ": Bäume breit kegelförmig, mit stumpf abgerundeter Spitze, Konturen nicht ganz regelmäßig und luftiger (Abb. 229 B),
„Globosa-Typ": niedrige Bäumchen mit kugeliger, regelmäßiger Krone und schlankem, kürzerem Stämmchen (Abb. 229 A),
„Nana-Typ": wüchsiger, halbdichter und halbkugeliger Strauch (Abb. 228 A).

Textur

Grob, von den großen Blättern und der locker-büscheligen Stellung aller Äste bedingt. Oft ist die Krone teilweise durchsichtig. Gesamteindruck luftig und lebhaft.

Laub

Blätter sommergrün, gegenständig, ganzrandig oder grob gelappt, lang gestielt und groß (Abb. 230). Wirken fast exotisch.

Laubfarbe:
Dunkelgrün
C. bignonioides, *C. b.* 'Nana', 'Rehderi', *C. bungei* und Varietät, *C.* × *erubescens* (beim Austrieb rötlich), *C.* × *e.* 'Adina', 'Japonica' (glänzend), 'Purpurea' (beim Austrieb schwarzrot), *C. fargesii* und Form, *C.* × *galleana*, *C. ovata*, *C. o.* 'Flavescens', *C. speciosa*, *C. tibetica*.
Gelb
C. bignonioides 'Aurea' (im Sommer vergrünend), *C. b.* 'Koehnei' (Mitte der Blattspreite grünlich).
Gelbbunt
C. speciosa 'Albovariegata'.
Weißbunt
C. speciosa 'Pulverulenta'.
Catalpa haben manchmal sehr schön gefärbtes Herbstlaub.

Blüte und Blütenstand

Blüten mit unregelmäßig aufreißendem oder 2lippigem Kelch und glockiger, 2lippiger Krone, die oben mehr oder weniger gelappt ist und einen Durchmesser von 2,5–5 cm hat. Alle Blüten sind in endständigen Rispen oder Trauben vereint, die zwei Typen darstellen: lockere Traube (Abb. 231 A) oder lockere Rispe (Abb. 231 B). Färbung meist weißlich oder etwas rosa.

Blütenfarbe:
Weißlich
C. bignonioides und Sorten, *C.* × *erubescens* und Sorten, *C.* × *galleana*, *C. ovata*, *C. speciosa* und Sorten, *C. tibetica*.
Weißlich rosa
C. bungei und Sorten, *C. fargesii*.
Gelblich
C. ovata 'Flavescens'.

Wissenschaftlicher Name	Deutscher Name	Natürliche Verbreitung bzw. Entstehungsort	Frosthärte
● *C. bignonioides* Walt. (Abb. 215 d)	Gewöhnlicher Trompetenbaum	USA	++
C. bungei C. A. Mey.		N-China	++
var. *heterophylla* C. A. Mey		wie die Art	++
C. × *erubescens* Carr.	Hybrid-Trompetenbaum	Indiana	++
● *C. fargesii* Burr.		W-China	++
f. *duclouxii* (Dode) Gilmour		wie die Art	++
C. × *galleana* Dode		? (1907 entdeckt)	++
C. × *hybrida* Späth = *C.* × *erubescens*			
C. kaempferi (DC.) S. et Z. = *C. ovata*			
● *C. ovata* G. Don	Gelbblütiger Trompetenbaum	China	++
● *C. speciosa* (Warder ex Barney) Engelm.	Prächtiger Trompetenbaum	USA	++
C. syringaefolia Bunge = *C. bungei*			
C. tibetica Forrest		Tibet	++

Violett purpurfarben
C. fargesii f. *duclouxii*.

Das effektvolle Blühen dauert etwa 3 bis 4 Wochen. Beim Kombinieren der angeführten Arten können wir diese Zeit von Juni bis Juli verlängern (Abb. 232). Manchmal remontieren manche Arten schwach im September. Eintritt der Blühreife nach dem 12.–15. Lebensjahr.

Frucht und Fruchtstand

Früchte auffallende, schmale bis röhrenförmige Kapseln, die in 2 Teile aufspringen und zahlreiche längliche Samen mit Haarbüscheln enthalten (Abb. 233). Während des Winters haften sie oft an unbelaubten Zweigen, wo sie im Rauhreif bizarr wirken. Grüne Kapseln färben sich während der Reife dunkelbraun.

Stamm, Zweige und Wurzelsystem

Stamm kurz, oft niedrig verzweigt, selten dickstämmig, Borke hellbraun oder etwas schwärzlich *(C. speciosa)*, dick, im Alter tief gefurcht, schuppenförmig ablösend; Äste sind etwas aufrecht gestellt, Zweige in der Jugend oft bereift. Manchmal sind Stämme älterer Exemplare malerisch um die eigene Achse gedreht. Wurzeln lang, dick und fleischig, so daß die Bäume einen festen Stand haben.

Ansprüche

Verlangen warme, sonnige Lagen und vertragen nur leichten Halbschatten. Junge Pflanzen etwas empfindlich (Erfrieren unausgereifter Triebe), aber ältere Exemplare aller angeführten Arten sind in Mitteleuropa ziemlich hart. In wärmeren Lagen blühen sie besser als in kälteren. Da sie spät austreiben, leiden sie nur selten unter Spätfrösten. Am geeignetsten sind san-

Abb. 227
Typ „bignonioides"
a)
C. bignonioides 'Rehderi',
C. bungei,
C. b. var. *heterophylla*,
C. × *erubescens*,

C. × *e.* 'Adina', 'Japonica', 'Purpurea';
b)
● *C. bignonioides*,
● *C. b.* 'Aurea', 'Koehnei',
C. × *galleana*;

c)
● *C. fargesii*,
C. f. f. *duclouxii*

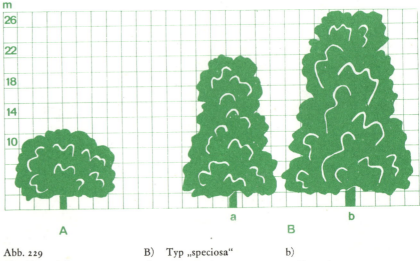

Abb. 229
A) Typ „globosa"
C. bignonioides 'Nana'

B) Typ „speciosa"
a)
C. speciosa 'Albovariegata';

b)
● *C. speciosa*

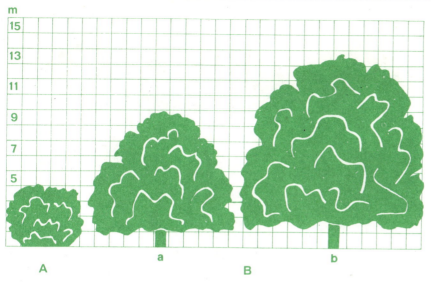

Abb. 228
A) Typ „nana"
C. bignonioides 'Nana' (nicht veredelt),
C. tibetica

B) Typ „ovata"
a)
● *C. ovata*,
C. o. 'Flavescens';
b)
● *C. speciosa* 'Pulverulenta'

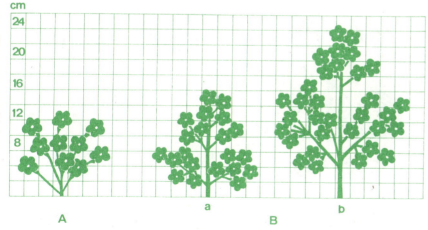

Abb. 231 Blütenstand *Catalpa*

A) lockere Traube
C. bungei, Varietäten,
C. fargesii

B) lockere Rispe
a)
C. bignonioides,
C. b. 'Aurea',
'Koehnei',
C. × *galleana*,
C. speciosa, Sorten;

b)
C. × *erubescens*, Sorten,
C. ovata,
C. o. 'Flavescens',
C. tibetica

dig-lehmige bis lehmige und nahrhafte Böden, lieber trockene als zu nasse. *C. speciosa* verträgt trockene und arme Böden. In Windlagen leidet *Catalpa* manchmal unter Astbruch. Alle Arten wachsen im Stadtklima gut und sind gegen Immissionen widerstandsfähig. Nach RANFT und DÄSSLER hauptsächlich *C. bignonioides* gegen SO_2. Alle leiden unter Wildverbiß (besonders durch Kaninchen und Mäuse – Wurzeln).

Pflege

Pflanzung und Pflege wie z. B. bei *Acer*. Vorteilhaft ist die Frühjahrspflanzung (geringere Gefahr von Frostbeschädigungen). Junge Pflanzungen dürfen nicht zu viel gewässert werden, damit die fleischigen und noch nicht angewachsenen Wurzeln nicht faulen und die Triebe bis zum Winter so gut wie möglich ausreifen. Junge Pflanzen brauchen Winterschutz (gegen Wintersonne und Wild). Gegen Mäuse streuen wir die ersten Jahre vergiftete Köder. Junge, frisch gepflanzte Bäume brauchen einen Baumpfahl, damit sich der Stamm kräftigen kann (geringe Standfestigkeit während der ersten Jahre nach der Pflanzung). Frostgeschädigte Bäume treiben gut wieder durch; beschädigte Äste werden im Frühjahr rechtzeitig abgeschnitten – Windbrüche ebenfalls. Schnittwunden und ausgebrochene Stellen schneiden wir glatt und verschmieren sie, da sie sonst leicht faulen und hohl werden. Ältere Pflanzen vertragen kein Umpflanzen. Krankheiten und Schädlinge kommen selten vor. Vereinzelt erscheinen Blattfleckenkrankheiten, die braune Flecken verursachen und mit Kupfer- oder organischen Fungiziden zu behandeln sind. Befall durch Echten Mehltau kommt manchmal auch vor (Bekämpfung siehe *Acer*). Bei einem Auftreten der *Verticillium*-Welke sind die be-

Abb. 230
Obere Reihen Blätter
Catalpa
a)
C. speciosa;
b)
C. fargesii f. *duclouxii;*
c)
C. bignonioides 'Nana',
C. bungei, C. fargesii;
d)
C. bignonioides, C. × *galleana;*
e)
C. × *erubescens, C. ovata, C. tibetica*
(Quadrat 2 × 2 cm)

Untere Reihe Blätter
Celastrus
a)
C. angulatus;
b)
C. orbiculatus, C. rugosa;
c)
C. scandens;
d)
C. flagellaris;
e)
C. rosthornianus (Quadrat 1 × 1 cm)

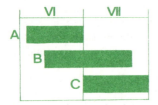

Abb. 232 Blütezeit *Catalpa*

A) *C. fargesii,*
C. × *galleana,*
C. speciosa;

B) *C. bignonioides;*

C) *C. bungei,*
C. erubescens,
C. ovata,
C. tibetica

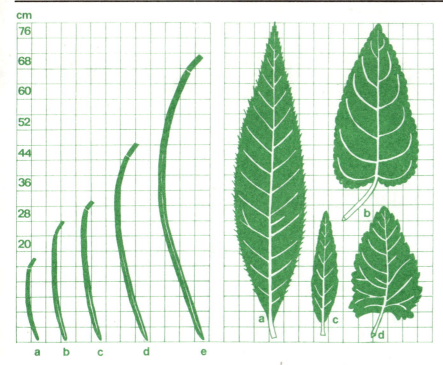

Abb. 233
Früchte *Catalpa*
a)
C. tibetica;
b)
C. ovata;
c)
C. bignonioides,
C. b. 'Aurea',
'Koehnei';
d)
C. bungei,
C. b. var. *heterophylla*,
C. × *erubescens*, Sorten,
C. fargesii,
C. × *galleana*,
C. speciosa, Sorten;
e)
C. fargesii f. *duclouxii*

Blätter *Buddleja*
a)
B. albiflora,
B. davidii,
B. fallowiana,
B. japonica,
B. nivea,
B. × *pikei*,
B. × *weyeriana*;
b)
B. crispa,
B. tibetica;
c)
B. alternifolia,
B. davidii var. *nanhoensis*;
d)
B. sterniana
(Quadrat 1 × 1 cm)

troffenen Pflanzen zu entfernen. Für Neupflanzung ist ein Standortwechsel nötig.

Verwendung

Sehr auffallende, schöne Solitärpflanzen. Ihre Schönheit kommt nur bei ganz freier Stellung zur Geltung. Am besten kommen sie auf größeren Wiesenflächen oder als hellere Vorpflanzung vor dunklem Hintergrund zur Wirkung. Für kleine Gärten eignen sie sich daher nicht (ausgenommen der „Nana-Typ"). In wärmeren Gebieten verwendet man sie in breiteren Straßen sehr wirkungsvoll als Alleebaum. *Catalpa*-Arten werden für größere Grünanlagen von der Ebene bis in das Hügelland empfohlen.

Ceanothus L. – Säckelblume *(Rhamnaceae)*

Sommer- oder immergrüne Sträucher, in ihrer Heimat manchmal Bäume. Von den etwa 55 meist wärmeliebenden Arten der Küstengebiete Nordamerikas und Mexikos haben für mitteleuropäische Verhältnisse nur einige sommergrüne Arten und Hybriden Bedeutung. Sie sind raschwüchsig und erreichen schnell die Endgröße.
Zierwert: Blüte (V–X).

Habitustypen

„Delilianus-Typ": locker ausladend, sehr luftig aufgebaute Sträucher (Abb. 235 B),
„Fendleri-Typ": niederliegendes, breites Sträuchlein mit aufstrebenden Triebenden (Abb. 235 A).

Textur

Locker und sehr luftig, bei älteren ausladenden Pflanzen durchsichtig.

Laub

Blätter je nach Art wechsel- oder gegenständig, gesägt oder ganzrandig, länglich eiförmig und zugespitzt (Abb. 257), hellgrün (*C. americanus, C. fendleri* und *C. sanguineus*) oder dunkelgrün (*C.* × *delilianus* und Sorten, *C. ovatus* – glänzend, *C.* × *pallidus* und Sorten).

Blüte und Blütenstand

Blüten klein, 5zählig, in kleinen Blütenständen, die zu Trauben oder Rispen folgender Typen vereint sind: sehr locker, halbkugelig (Abb. 236 A), dicht ährig (Abb. 236 B) und ungleich rispenförmig, dicht (Abb. 236 C). Staubfäden schlank und lang, über den ganzen Blütenstand herausragend.

Abb. 234
a) *Ceanothus americanus;*
b) *Celastrus orbiculatus;*
c) *Celtis australis;*
d) *Cephalanthus occidentalis;*
e) *Cercis siliquastrum*

Wissenschaftlicher Name	Deutscher Name	Natürliche Verbreitung bzw. Entstehungsort	Frosthärte
C. americanus L. (Abb. 234 a)	Amerikanische Säckelblume	N-Amerika	++
● *C.* × *delilianus* Spach	Blaue Hybrid-Säckelblume	Frankreich (vor 1890)	++
C. fendleri A. Gray		USA	++
C. ovatus Desf.		N-Amerika	++
● *C.* × *pallidus* Lindl.	Rosa Hybrid-Säckelblume	Frankreich (vor 1900)	++
C. sanguineus Pursh		Kalifornien	◠

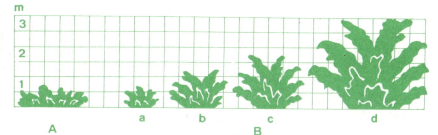

Abb. 235
A) Typ „fendleri"
C. fendleri

B) Typ „delilianus"
a)
C. × *delilianus*
'Gloire de Plantiéres',
C. × *d.* 'Indigo',
● *C.* × *pallidus*
'Marie Simon',
C. × *p.* 'Perle Rose';
b)
C. americanus,
● *C.* × *delilianus*,
C. × *d.* 'Bijou',
● 'Bleu Céleste',
'Charles Détriché',
'Ciel de Provence',
'Distinction', ,
'Henri Desfossé',
'Léon Simon',
'Pinguet-Guindon',
'Saphir',
'Sirius',
● 'Topaze',
'Victor Jouin',
C. fendleri (manchmal),
C. ovatus,

● *C.* × *pallidus*,
C. × *p.* 'Albert Pittet',
'Albus Plenus',
'Carmen',
'Céres',
'Cigale',
● 'Coquetterie',
'Felibre',
'Gladiateur',
'Ibis Rose',
'Le Géant',
'Mme Furtado',
'Plenus',
'Président Reveil',
'Richesse',
'Vesta',
'Virginal';
c)
● *C.* × *delilianus*
'Gloire de Versailles',
● *C.* × *d.* 'Sceptre d'Azur';
d)
C. sanguineus

Blütenfarbe:
Weiß oder weißlich
C. americanus, *C. fendleri* (mit lila Tönung), *C. ovatus*, *C.* × *pallidus* 'Albus Plenus', 'Le Géant', 'Plenus', (Knospe rosa), 'Virginal', *C. sanguineus*.
Hellrosa
C. × *pallidus* 'Albert Pittet', 'Perle Rose', 'President Reveil'.
Rosa
C. × *pallidus* 'Carmen', 'Gladiateur', 'Ibis Rose', 'Marie Simon', 'Richesse'.
Rosarot
C. × *pallidus* 'Cèrès', 'Coquetterie'.
Violettrosa
C. × *pallidus* 'Felibre', 'Mme Furtado'.
Weißlich blau
C. × *delilianus* 'Distinction'.
Hellblau
C. × *delilianus* 'Bleu Célesté', 'Léon Simon', 'Victor Jevin'.
Dunkelblau
C. × *delilianus* 'Ciel de Provence', 'Gloire de Plantières', 'Gloire de Versailles', 'Henri Desfossé', 'Indigo', 'Sceptre d'Azur', 'Sirius', 'Topaze'.
Violettblau
C. × *delilianus* 'Bijou', 'Charles Dètriché', 'Pinquet-Guindon', *C.* × *pallidus* 'Cigale'.

Die Blütezeit ist in Abb. 237 dargestellt.

Frucht

Kugelig-becherförmig, trockene, in drei Teilfrüchte zerfallene Steinbeere, ohne Zierwert.

Zweige und Wurzelsystem

Zweige und Triebe schwach bis dünn, graugrün, oft unter der Blütenlast auseinanderfallend. Wurzelsystem gut ausgebildet und hart, so daß der Strauch nach dem alljährlichen Erfrieren des oberirdischen Teiles wieder gut durchtreibt.

Ansprüche

Am geeignetsten sind helle und sonnige Standorte, im Halbschatten ist das Blühen schwächer. In Mitteleuropa erfrieren die Pflanzen sehr oft bis zum Boden, aber alljährlich treiben sie neu durch und blühen auf den einjährigen Trieben. Vom Frost nicht beschädigte Pflanzen müssen wir im Frühjahr zurückschneiden, damit sich kräftige einjährige blühende Triebe bilden. Der Boden soll leicht, humos, lieber trocken als zu feucht sein und einen ausreichenden Kalkgehalt aufweisen. Verunreinigte Luft wird befriedigend vertragen.

Pflege

Pflanzung am besten im Frühjahr, damit die Pflanzen bis zum Winter gut einwurzeln. Als weitere Pflege sind Winterschutz der Wurzeln und ein starker Rückschnitt im Frühjahr zu empfehlen. Krankheiten und Schädlinge treten kaum auf.

Verwendung

Wegen seiner Sommer- und Herbstblüte wertvoller Strauch. Eignet sich als Solitärpflanzung in Wegnähe, neben gepflasterten Flächen, in Steingärten und flachen bodendeckenden Pflanzungen sowie für kleinere Gruppen. Eignet sich auch für kleinere Anlagen und Gärten, die er beachtlich belebt.

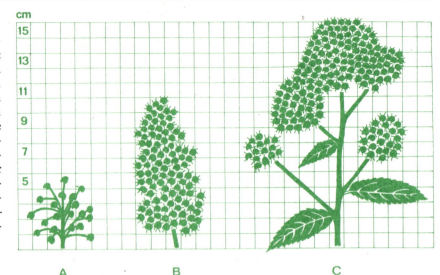

Abb. 236 Blütenstand *Ceanothus*

A) sehr locker, halbkugelig *C. fendleri*

B) dicht ährig *C. sanguineus*

C) ungleich rispenartig und dicht

C. americanus,
C. × delilianus, Sorten,
C. ovatus,
C. × pallidus, Sorten

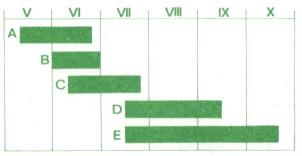

Abb. 237 Blütezeit *Ceanothus*

A) *C. sanguineus*;

B) *C. ovatus*;

C) *C. fendleri*;

D) *C. delilianus*, Sorten (außer 'Topaze'),
C. × pallidus, Sorten (außer 'Cérès');

E) *C. americanus*,
C. × delilianus 'Topaze',
C. × pallidus 'Cérès'

Wissenschaftlicher Name	Deutscher Name	Natürliche Verbreitung bzw. Entstehungsort	Frosthärte
C. angulatus MAXIM.	Kantiger Baumwürger	NW- und M-China	++
C. flagellaris RUPR.		O-Asien	++
C. gemmata LOES.		N- und W-China	++
C. loeseneri REHD. et WILS.		M-China	++
C. orbiculatus THUNB. (Abb. 234 b)	Rundblättriger Baumwürger	O-Asien	++
var. punctatus (THUNB.) REHD.		wie die Art	++
C. rosthornianus LOES.		M- und W-China	++
C. rugosa REHD. et WILS.	Runzelblättriger Baumwürger	W-China	++
● C. scandens L.	Amerikanischer Baumwürger	N-Amerika	++

Celastrus L. – Baumwürger *(Celastraceae)*

Sommer- oder selten immergrüne, meist windende Sträucher. Es existieren 36 Arten, die in Ost- und Südasien, Amerika und Australien verbreitet sind. Wachsen robust und erreichen schnell die Endgrößen. Wuchs muß später oft durch rechtzeitigen Schnitt begrenzt werden.
Zierwert: Blätter (X–XI), Fruchtstände (IX–I).

Habitustypen

Sind nicht zu unterscheiden. Je nach der Art erlangen die windenden Sträucher verschiedene Höhen (Abb. 238).

Textur

Je nach Standort mitteldicht oder auch dicht, vom Ansehen glatt, aber in größeren Höhen (z. B. in Baumkronen) aufgelockert luftig.

Laub

Blätter wechselständig, gestielt, länglich oder rundlich-eiförmig, gekerbt oder gesägt (Abb. 230). Färbung hellgrün (*C. angulatus, C. flagellaris, C. orbiculatus, C. orbiculatus, C. o.* var. *punctatus, C. rugosa* und *C. scandens*), glänzend grün (*C. gemmata* und *C. rosthornianus*) oder auch dunkelgrün (*C. loeseneri*). Herbstfärbung auffallend goldgelb.

Blüte und Blütenstand

Blüten klein, grünlich oder weißlich, 5zählig, in seitenständigen Dolden oder endständigen Rispen. Blütezeit: Juni. Pflanzen zweihäusig.

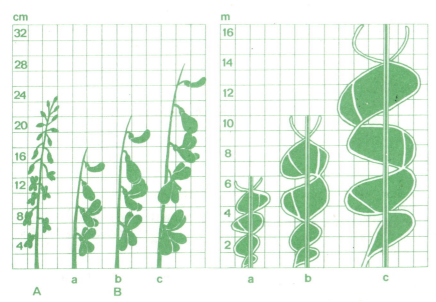

Abb. 238
Blütenstand *Cytisus*

A) lange, lockere Traube
C. nigricans, C. sessilifolius

B) längere, lockere und einseitige Traube
a)
C. ingramii,

C. multiflorus, Sorten,
C. purgans;
b)
C. × praecox, Sorten,
C. purpureus, Sorten;
c)
C. scoparius, Sorten

Habitus *Celastrus*
a)
C. loeseneri,
C. rosthornianus, C. rugosa;
b)
C. angulatus, C. flagellaris, C. orbiculatus var. *punctata,*
● *C. scandens;*
c)
C. gemmata, ● *C. orbiculatus*

Frucht und Fruchtstand

Aufspringende, 3fächrige Kapsel, in jeder Klappe 1–2 Samen, diese mit rötlichem Arillus umgeben. Kugelige Früchte verschieden groß und verschiedenartig in zusammengestellte Fruchtstände vereint: zu wenigen in Büscheln (Abb. 239 A), in dichten halbaufrechten Trauben (Abb. 239 B), lange, dichte und überhängende Trauben (Abb. 239 C). Fruchtstände auch nach Laubfall sehr dekorativ, da sie auffallend gefärbt sind (an den Pflanzen haften sie oft bis Januar.

Fruchtfarbe:
Gelbgrün
C. flagellaris (Arillus orangerot).
Gelb
C. angulatus (Arillus rot und Samen orange), *C. gemmata*, *C. loeseneri*, *C. orbiculatus*, *C. o.* var. *punctatus*, *C. scandens* (Arillus rot).
Orangegelb
C. rosthornianus (Arillus rot), *C. rugosa* (Arillus rot).

Wenn wir die Schönheit eines reichen Fruchtansatzes bewundern wollen, dürfen wir nicht vergessen, daß *Celastrus* zweihäusig ist und daß Pflanzen beider Geschlechter nahe beieinander ausgepflanzt werden müssen.

Zweige und Wurzelsystem

Windende Zweige kantig oder rund, purpurfarben oder rötlich braun, dicht miteinander verflochten. Wurzelsystem reich und tief verzweigt.

Ansprüche

Celastrus wächst gut in sonniger und auch halbschattiger Lage und ist anspruchslos. Alle angeführten Arten sind in Mitteleuropa winterhart. Am geeignetsten sind lehmige oder sandiglehmige Böden. Vertragen gut verunreinigte Luft und trockene Lagen. *C. orbiculatus* ist nach RANFT und DÄSSLER gegen SO_2 sehr widerstandsfähig. Zum Wuchs in die Höhe brauchen sie eine Stütze.

Pflege

Pflanzung im Frühjahr oder Herbst ohne spezielle Pflege. Zu stark heranwachsende Pflanzen können zur Zeit der Vegetationsruhe tief zurückgeschnitten werden. Umpflanzen älterer Exemplare ist möglich (größerer Wurzelballen und starker Rückschnitt). Krankheiten, wie Echter Mehltau oder Blattfleckenpilze und Schädlinge kommen selten vor.

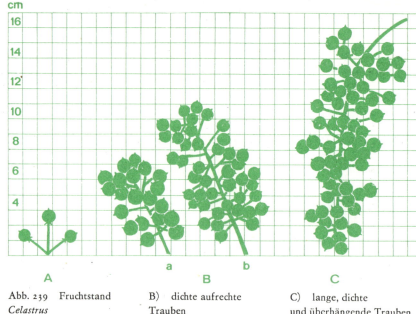

Abb. 239 Fruchtstand *Celastrus*

A) wenigfrüchtige Büschel
C. flagellaris,
C. rosthornianus

B) dichte aufrechte Trauben
a)
C. gemmata,
C. loeseneri,
C. orbiculatus,
C. o. var. *punctata*;
b)
C. rugosa,
C. scandens

C) lange, dichte und überhängende Trauben
C. angulatus

Verwendung

Für schnelles und dichtes Bekleiden von Pergolen, größeren Lauben, Säulen, von Bäumen oder auch Wänden (das Bewachsen von Mauern wird nicht immer empfohlen). Während der Vegetation wirken die Pflanzen mit ihrem normalen Grün ziemlich neutral, im Herbst stellt sich aber eine auffallend gelbe Laubfärbung ein. Sehr dekorativ wirkt dann der Fruchtansatz, der lange in den Winter hinein auf den Pflanzen verbleibt.

Wissenschaftlicher Name	Deutscher Name	Natürliche Verbreitung bzw. Entstehungsort	Frosthärte
● *C. australis* L. (Abb. 234 c)	Südlicher Zürgelbaum	S-Europa, Vorderasien, N-Afrika	++
C. biondii PAMPAN.		M-China	++
var. *cavalieriei* C. SCHN.		W-China	++
C. bungeana BL.		M- u. N-China, Mandschurei, Korea	++
C. caucasica WILLD.	Kaukasischer Zürgelbaum	Kaukasus, Kleinasien, Afghanistan	++
C. cerasifera C. SCHN.		M-China	++
C. douglasii PLANCH.		SO-USA	++
C. glabrata STEV.		Kaukasus, Kleinasien	++
C. japonica PLANCH. = *C. sinensis*			
C. jessoensis KOIDZ.	Japanischer Zürgelbaum	Korea, Japan	++
C. julianae C. SCHN.		M-China	++
C. koraiensis NAKAI	Koreanischer Zürgelbaum	N-China, Mandschurei, Korea	++
C. labilis C. SCHN.		M-China	++
C. laevigata WILLD.	Mississippi-Zürgelbaum	USA	++
var. *smallii* (BEADLE) SARG.		SO-USA	++
var. *texana* (SCHEELE) SARG.		S-USA	++
C. lindheimeri ENGELM.		Texas	++
C. mississippiensis SPACH. = *C. laevigata*			
● *C. occidentalis* L.	Amerikanischer Zürgelbaum	N-Amerika	++
var. *canina* (RAF.) SARG.		wie die Art	++
var. *cordata* (PERS.) WILLD.		S-USA	++
var. *pumila* (PURSH) A. GRAY		M- u. S-USA	++
C. reticulata TORR.	Netznerviger Zürgelbaum	SW-USA	++
C. sinensis PERS.	Chinesischer Zürgelbaum	O-China, Korea, Japan	
C. tenuifolia NUTT.		SO-USA	++
C. tournefortii LAM.		SO-Europa, Kleinasien	++

Celtis L. – Zürgelbaum *(Ulmaceae)*

Sommer-, in tropischen Gebieten auch immergrüne Bäume, selten Sträucher; etwa 75 Arten, in der nördlichen gemäßigten Zone und in den Tropen. In 10 Jahren werden die Bäume etwa 2 m hoch, in 20 Jahren 3–5 m und in 30 Jahren 4–7 m.
Zierwert: Blätter (X–XI), Stamm und Äste (I–XII, besonders XII–III).

Habitustypen

„Occidentalis-Typ": Baum mit dichter, ausladend eiförmiger bis halbkugeliger Krone, Konturen malerisch unregelmäßig, Stamm oft dicht über dem Boden verzweigt (Abb. 240),
„Laevigata-Typ": breit ausladender Baum, Äste und Zweige halb überhängend, Krone mitteldicht und malerisch (Abb. 241),
„Douglasii-Typ": Baum mit breit ausladender, halbkugeliger Krone; vom „Occidentalis-Typ" durch eine breitere und flachere Krone unterschieden (Abb. 242 C),
„Cerasifera-Typ": Baum mit schlanker, breit kegelförmiger, stumpf beendeter, unregelmäßig lockerer Krone (Abb. 242 B),
„Tournefortii-Typ": meist halbkugeliger, bis zum Boden verzweigter Strauch (Abb. 242 A).

Textur

Je nach der Blattgröße grob oder mittelgrob, aufgelockert starr und luftig. Vom Ansehen her malerisch unruhig.

Laub

Blätter gestielt, gesägt oder ganzrandig, rundlich, länglich oder eiförmig, verschieden lang zugespitzt (Abb. 243).

Blattfärbung:
Grün
C. bungeana (glänzend), *C. julianae* (glänzend), *C. koraiensis*, *C. laevigata* und Varietäten, *C. occidentalis* und Varietäten (glänzend)
Graugrün
C. tournefortii.
Dunkelgrün
C. australis, C. biondii und Varietäten, *C. caucasica, C. cerasifera* (glänzend), *C. glabrata, C. jessoensis, C. labilis* (glänzend), *C. lindheimeri, C. reticulata, C. sinensis, C. tenuifolia*.

Bei den meisten Arten färben sich die Blätter im Herbst leuchtend goldgelb.

Blüte und Blütenstand

Blüten polygam oder einhäusig; gelblich weiß, männliche in kleinen Büscheln nahe der Basis der Jahrestriebe, weibliche einzeln oder paarweise im oberen Teil der gleichen Zweige. Immer auf jungen Einjahrstrieben. Unscheinbar und ohne Zierwert. Eintritt der Blühreife nach etwa 20 Jahren. Blütezeit: Mai.

Frucht und Fruchtstand

Kleine (0,8–1,5 cm), kugelige oder eiförmige Steinfrucht mit glattem Stein und dünner fleischiger Schicht, auf längeren Stielen. Färbung orangegelb (*C. julianae* u. a.), braun (*C. douglasii, C. lindheimeri* u. a.), dunkelrot (*C. australis, C. occidentalis, C. tournefortii* u. a.). Früchte unauffällig, aus nächster Nähe interessant, besonders nach der Reife (Juli/August).

Stamm, Äste und Wurzelsystem

Stamm bei jüngeren Bäumen dünn, später mittelstark und bei solitärer Stellung malerisch verzweigt. Borke anfangs glatt und grau, später manchmal (*C. occidentalis* u. a.) gefurcht,

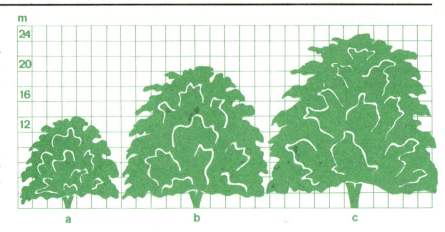

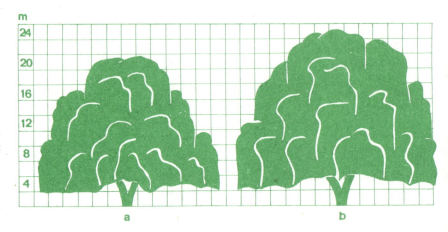

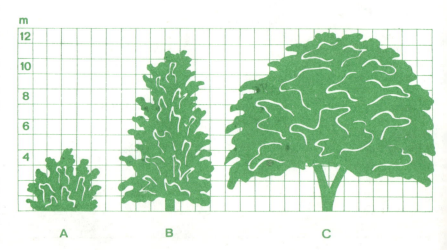

Abb. 240 Typ „occidentalis"
a)
C. biondii (manchmal),
C. glabrata,
C. laevigata var. *smallii*,
C. lindheimeri,
C. reticulata (manchmal),
C. tenuifolia (selten),
C. tournefortii (selten);
b)
C. caucasica,
C. jessoensis,
C. koraiensis,
C. labilis,
● *C. occidentalis*,
C. o. var. *canina*,
var. *cordata*,
C. sinensis;
c)
● *C. australis*,
C. julianae

Abb. 241 Typ „laevigata"
a)
C. laevigata var. *texana*;
b)
C. laevigata

Abb. 242
A) Typ „tournefortii"
C. biondii,
C. b. var. *cavalieriei*,
C. glabrata,
C. occidentalis var. *pumila*,
C. reticulata,
C. tenuifolia,
C. tournefortii

B) Typ „cerasifera"
C. cerasifera

C) Typ „douglasii"
C. bungeana,
C. douglasii

mit korkartigen Gebilden. Stämme ergänzen gut die malerisch gestaltete Krone. Äste in der Jugend im stumpfen Winkel aufrecht, kleinere Zweige schön überhängend. Haupt- und Nebenwurzeln lang und zäh. Bäume stehen fest im Boden.

Ansprüche

Celtis-Arten haben minimale Ansprüche, wachsen in voller Sonne sowie im Halbschatten, vertragen gut Trockenheit, gedeihen aber auch an feuchteren Stellen (nur in strengen Wintern entstehen Schäden). Am geeignetsten sind mittelschwere oder leichte, kalkreiche Böden. Wenn sie feuchter sind, sollten sie durchlässig sein. Stadt- und Industrieklima wird gut vertragen. In Mitteleuropa weisen folgende Arten manchmal Frostschäden auf: *C. australis*, *C. laevigata* und *C. sinensis* (Pflanzung in wärmeren Gebieten und in geschützten Lagen). Regenerationsfähigkeit ist auch bei Frostschäden befriedigend.

Pflege

Pflanzung im Frühjahr oder Herbst (besser im Frühjahr). Weitere Pflegebedürfnisse minimal. Empfindliche Arten schattieren wir gegen winterliche Sonne (in südlichen Gebieten nicht notwendig). Bäume werden nicht geschnitten, die malerischen Kronen lassen wir frei wachsen. Ältere Exemplare vertragen ein Umpflanzen bis etwa ins 30. Lebensjahr gut. Krankheiten und Schädlinge kommen selten vor. Unter Wildverbiß leiden diese Gehölze nicht. Darum werden sie oft als Ersatz für Ulmen, denen sie ähneln, empfohlen.

Verwendung

In größeren Anlagen bildet der Zürgelbaum ein wertvolles Solitär für größere Rasenflächen, Uferpartien und in der Nähe von Gebäuden. Sein malerischer Wuchs kommt besonders in natürlich gestalteten Anlagen sehr gut zur Geltung. Geeignet sind auch lockere Gruppen vor dunklen Nadelgehölzen (Herbstkontrast). Harmoniniert mit allen Laubgehölzen. In kleineren Anlagen und Gärten eignet sich dieses Gehölz wegen seiner Größe leider nicht. In wärmeren Gebieten ist der Zürgelbaum in ästhetischer und biologischer Hinsicht ein vorzüglicher Straßenbaum für breite Verkehrswege in Industriestädten.

Cephalanthus L. – Knopfbusch *(Rubiaceae)*

Sommer- oder immergrüne Sträucher bzw. kleine Bäumchen. Es sind 8 Arten bekannt, die in Asien, Afrika und Nordamerika beheimatet sind. Für mitteleuropäische Verhältnisse hat nur der strauchig wachsende *C. occidentalis* L. (Abb. 234 d) eine Bedeutung. Diese Art wird 1–2 m hoch. Blätter gegenständig oder zu dritt in Quirlen, 6–15 cm lang, zugespitzt, ganzrandig, glänzend. Blüten klein, gelbgrün, in kugeligen, etwa 2,5 cm breiten Köpfchen. Blütezeit: Juli/August. Es werden noch die f. *angustifolia* ANDRÉ (Blätter länglich-lanzettlich) und var. *pubescens* RAF. (junge Blätter und Triebe filzig, empfindlicher als die Art) kultiviert. Schöne Sträucher für sonnige Lagen, am besten in feuchten bis nassen Böden (geeignet sind auch lehmig-sandige). Sonst anspruchslos. Besitzt Liebhaberwert (Verwendung wie *Salix*).

Abb. 243
Obere Reihen Blätter *Celtis*
a)
C. occidentalis;
b)
C. koraiensis;
c)
C. jessoensis;
d)
C. biondii;
e)
C. australis;
f)
*C. caucasica, C. douglasii, C. glabrata,
C. reticulata, C. sinensis*;
g)
C. laevigata;
h)
C. tournefortii

Untere Reihe Blätter *Deutzia*
a)
D. longifolia;
b)
D. hybrida 'Perle Rose',
D. ningpoensis, D. pulchra;
c)
*D. albida, D. coreana,
D. hybrida* 'Magicien', *D. rosea*;
d)
D. hybrida 'Mont Rose',
D. × *myriantha, D. scabra,
D. taiwanensis, C.* × *wilsonii*;
e)
D. chunii;
f)
D. glomeruliflora;
g)
D. × *candelabrum, D.* × *candida,
D.* × *carnea, D. compacta,
D.* × *excellens,
D. globosa, D. grandiflora,
D. gracilis, D. hypoleuca,
D. hypolauca, D.* × *kalmiaeflora,
D. monbeigii, D. rubens,
D. vilmoriniae*;

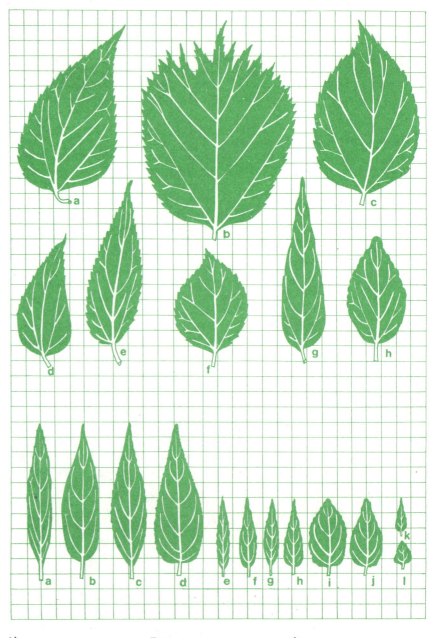

h)
*D. discolor,
D.* × *elegantissima,
D.* × *lemoinei,
D.* × *magnifica* 'Latiflora',
D. × *maliflora,*

*D. purpurascens,
D. reflexa,
D. schneideriana;*
i)
*D. mollis,
D. sieboldiana;*

j)
D. parviflora;
k)
D. setchuenensis var.
corymbiflora
(Quadrat 1 × 1 cm)

Cercidiphyllum S. et Z. – Katsurabaum, Kuchenbaum, Judasbaumblatt *(Cercidiphyllaceae)*

Sommergrüne Bäume, in Mitteleuropa oft strauchig, nur zwei Arten in Ostasien.
Zierwert: Blätter (V–XI, besonders X bis XI), Stamm (I–XII).

Habitustypen

Sind nicht unterscheidbar. In seiner Heimat gehört *C. japonicum* zu den größten Laubgehölzen. In Mitteleuropa erreicht es nur vereinzelt eine Höhe von 20 m.

Textur

Lebhaft aufgelockert und durchsichtig.

Laub

Blätter gegenständig, bis 8 cm lang, rundlich herzförmig bis nierenförmig, flach und stumpf gekerbt, hellgrün und auffallend zweireihig angeordnet, Spreiten senkrecht, etwas hängend. Beim Austrieb bronzefarben rötlich, im Herbst auffallend gelb, manchmal mit rötlicher bis orangefarbener Tönung.

Blüte und Blütenstand

In kleinen Köpfchen, zweihäusig, unscheinbar, meist rötlich, ohne Blütenhülle. Weibliche Blüten bestehen nur aus einem Fruchtblatt, männliche entwickeln 8–13 Staubblätter in einem Kreis. Blütezeit: April/Mai.

Frucht

Kleine gekrümmte, mehrsamige Hülse, nicht sehr auffallend. Samen geflügelt.

Stamm, Äste und Wurzelsystem

Stämme und Hauptäste mit mehr oder weniger gefurchter, malerisch lang abfasernder *(C. japonicum)*, grauer Borke. Ziemlich auffallend. Bäume meist mehrstämmig. Wurzelsystem noch nicht ausreichend beschrieben.

Ansprüche

Cercidiphyllum-Arten gedeihen an hellen und auch halbschattigen Standorten, volle Sonne wird auf feuchten Standorten ertragen. Ideal ist eine leichte Schattierung mit höheren Gehölzen. Der Boden soll feucht, tiefgründig und nahrhaft sein. Trockenheit wird schlecht vertragen, in zu trockenen Lagen stellt sich ein vorzeitiger Laubfall ein. Unter mitteleuropäischen Bedingungen sind beide Arten winterhart. Bei frühem Austrieb leiden sie manchmal unter Spätfrösten.

Pflege

Pflanzung und weitere Pflege wie bei *Acer*. Es sind noch keine bedeutenden Krankheiten und Schädlinge bekannt geworden.

Verwendung

Wird ausschließlich als Solitär gepflanzt, auch in aufgelockerten Gruppen in größeren Anlagen. Wirken effektvoll mit ihrer länglich eiförmigen Krone und den Zweigen und Stämmen, die auch bei voller Belaubung gut sichtbar sind.

Cercis L. – Judasbaum *(Leguminosae)*

Sommergrüne Bäume oder Sträucher; 8 Arten in Südeuropa, Asien und Nordamerika. Für mitteleuropäische Verhältnisse eignen sich: *C. canadensis* L., *C. chinensis* BGE., *C. griffithii* BOISS. und ● *C. siliquastrum* L. (Abb. 234 e). Habitus aufrecht, Stämmchen und Äste mit dunkelgrauer, glatter Rinde. In Mitteleuropa bilden die angeführten Arten nur selten Bäume, meist nur strauchige Bäumchen. Blätter auffallend rundlich herzfömig oder auch nierenförmig, ganzrandig, hellgrün, 7–12 cm lang. Blüten violettrot oder purpurrosa, in Büscheln, oft erscheinen sie vor der Belaubung direkt auf den Zweigen und Stämmen (Kauliflorie). Blütezeit: April/Mai. Frucht eine flache, violette Hülse. Zu *C. canadensis* gehören die Varietäten und Sorten 'Alba' (Blüten weiß), 'Plena' (Blüten gefüllt, rosa) und var. *texensis* (S. WATS.) HOPKINS (meist nur Strauch bis 2 m), zu *C. siliquastrum* die Sorten 'Alba' (Blüten weiß, Blätter sehr hellgrün) und 'Variegata' (Blätter weißlich und grün bunt).
Cercis-Arten verlangen helle, sonnige,

Wissenschaftlicher Name	Deutscher Name	Natürliche Verbreitung bzw. Entstehungsort	Frosthärte
● *C. japonicum* S. et Z. ex MIQ.	Japanischer Katsurabaum	Japan, M- u. W-China	++
var. *sinense* REHD.	Chinesischer Katsurabaum	M- u. W-China	
C. magnificum (NAKAI) NAKAI	Großartiger Katsurabaum	Japan	++

geschützte und warme Standorte (Südseiten von hohen Mauern und Gebäuden). Am härtesten ist *C. canadensis*, alle anderen sind frostempfindlich, besonders als junge Pflanzen, regenerieren aber gut. Winterschutz der Wurzeln mit einer Laubschicht ist empfehlenswert. Geeignet sind tiefere, nahrhafte, kalkreiche, nicht zu trockene und durchlässige Böden. Umpflanzen wird schlecht vertragen. Wird als Besonderheit wegen der Blüten und der schönnen goldgelben Herbstfärbung kultiviert. Eignet sich als Solitär oder an Rändern größerer Baumgruppen.

Cercocarpus H. B. K. – Bergmahagoni, Schweiffrucht *(Rosaceae)*

Immergrüne oder halbimmergrüne Sträucher oder kleine Bäume. Es existieren etwa 20 Arten, die in den USA und Mexiko beheimatet sind. Für Mitteleuropa kommen folgende in Frage: *C. argenteus* Rydb., *C. betuloides* Nutt. ex Torr. et A. Gray, *C. breviflorus* A. Gray, *C. intricatus* S. Wats., *C. ledifolius* Nutt. ex Torr. et A. Gray und *C. montanus* Raf. Meist handelt es sich um Sträucher bis 2 m Höhe, ausnahmsweise auch um Bäume bis etwa 10 m Höhe. Blätter lanzettlich bis schmal- oder länglich eiförmig, ganzrandig oder gezähnt, in Büscheln zusammengezogen. Blüten klein und unansehnlich, grünlich bis gelblich weiß oder rötlich, Kelch röhrenförmig. Frucht ein Nüßchen mit langem Federschweif.

Alle Arten lieben sonnige Lage, sandig-lehmige und durchlässige, kalkreiche Böden und geschützte, warme Standorte. Gedeihen auf extrem trockenen Stellen, wo andere Gehölze nicht mehr wachsen. Liebhaberbedeutung, Zierwert gering.

Chaenomeles Lindl. – Zierquitte *(Rosaceae)*

Sommergrüne Sträucher mit mehr oder weniger dornigen Zweigen. Die 4 in Ostasien beheimateten Arten sind langsamwüchsig.
Zierwert: Blüte (III–VI), Früchte (IX bis X)

Habitustypen

„Sinensis-Typ": seltener baumartiger Typ mit kurzem, oft verzweigtem Stämmchen und ungleich breit eiförmiger, lockerer Krone (Abb. 245 B),
„Speciosa-Typ": breit halbkugeliger, ausladender Strauch, oft mit kahlen „Füßen", d. h. Hauptstämmchen aufrecht und über der Erdoberfläche kahl und gut sichtbar; Verzweigung dicht und verflochten, Konturen durchsichtig luftig (Abb. 246),
„Hollandia-Typ": starr und ziemlich verlängert aufstrebende Sträucher, Konturen locker, über der Erde schmaler als in den oberen Partien (Abb. 247 C),
„Spitfire-Typ": regelmäßig säulenförmiges Sträuchlein, ungleich und locker verzweigt (Abb. 247 B),
„Cardinalis-Typ": breit niederliegender Strauch, Zweige mehr oder weniger waagerecht und locker angeordnet (Abb. 245 A),
„Alpina-Typ": niederliegendes Sträuchlein (Abb. 247 A).

Textur

Grob, sehr locker bis luftig durchsichtig; Verzweigung starr. Gesamteindruck etwas frei unregelmäßig.

Laub

Blätter wechselständig, kurzgestielt, verschieden länglich eiförmig, gesägt

Wissenschaftlicher Name	Deutscher Name	Natürliche Verbreitung bzw. Entstehungsort	Frosthärte
Ch. × *californica* Clarke		San José	++
● *Ch. japonica* (Thunb.) Lindl. ex Spach	Gebirgs-Zierquitte	Japan	++
var. *alpina* Maxim.		wie die Art	++
Ch. lagenaria aut. = *Ch. speciosa*			
Ch. sinensis (Dum.-Cours.) Schneid.	Chinesische Zierquitte	China	++
● *Ch. speciosa* (Sweet) Nakai (Abb. 244 a)	Japanische Zierquitte	China, Japan	++
● *Ch.* × *superba* (Frahm) Rehd.		China	++
Cydonia japonica (Thunb.) Pers. = *Ch. japonica*			
Cydonia japonica Loisel. non (Thunb.) Pers. = *Ch. speciosa*			
Cydonia maulei (Mast.) T. Moore = *Ch. japonica*			

und gekerbt, mit auffallend ausgebildeten Nebenblättern. Meist glänzend dunkelgrün oder auch heller grün, bei der Sorte 'Tricolor' weißlich und rosa bunt. Blattspreitenlänge zwischen 5 bis 8 cm (bei *Ch. japonica* 3–5 cm).

Blüte und Blütenstand

Sehr dekorative und auffallende Blüten, ähneln sehr den Apfelblüten, Kelch und Krone 5blättrig. Blühen meist vor dem Laub. Einzeln auf den Zweigen (Abb. 248 A) oder in verschieden großen Büscheln (Abb. 248 B). Blütenblätterzahl ist unterschiedlich, so daß auf einem Strauch verschiedene Übergangstypen zu finden sind.

Blütenform:
Überwiegend einfache Blüten
die meisten oben angeführten Ausgangsarten und Bastarde sowie die überwiegenden, bei den Habitustypen angeführten Sorten.
Halbgefüllte Blüten
'Abricot', 'Atrococcinea Plena', 'Atrosanguinea Plena', 'Coral Beauty', 'Etna', 'Falconnet Charlot', 'Grenade', 'Kermesina Semiplena', 'Orange', 'Red Ruffles', 'Sanguinea Semiplena', 'Simonii' (oft auch einfach).
Gefüllte Blüten
'Afterglow', 'Boule de Feu', 'Chosan', 'Incendie', 'Phyllis Moore', 'Red Chief'.

Die Farbenskala ist bei *Chaenomeles*-Arten sehr breit und schließt verschiedene rosa und rote Tönungen ein.

Blütenfarbe:
Weiß
'Aftergold' (mit violettrosafarbenem Hauch), 'Alba', 'Contorta', (beim Abblühen rosa), 'Moerloosii' (rosafarbener Hauch), 'Mt. Everest' (violettrosafarbener Hauch), 'Mt. Shasta', 'Nivalis', 'Perfecta' (beim Abblühen rosa), 'Snow'.
Gelblich weiß
'Candida'.
Weißlich rosa
'Early Appleblossom', 'Grandiflora'.

Abb. 244
a) *Chaenomeles speciosa*;
b) *Chionanthus virginicus*;
c) *Cladrastis lutea*;
d) *Clematis viticella*;
e) *Clethra acuminata*

Hellrosa
Ch. sinensis; Sorten- 'Marmorata' (dunkelrosafarben gefleckt), 'Pink Beauty', 'Rosea'.
Rosa
'Aurora' (gelblich orangefarbene Tönung), 'Baltzii', 'Boule de Feu', 'Coral Beauty', 'Coral Glow', 'Coral Sea', 'Cynthia' (mit gelblichem Hauch), 'Enchantress', 'Kermesina', 'Kermesina Plena', 'Minerva', 'Pink Lady', 'Roxana Foster'.
Lachsrosa
'Falconnet Charlot', 'Juliet', 'Versicolor' (weißlicher Hauch).
Rosarot
'Masterpiece', 'Rosemary', 'Rosy Morn', 'Rubrifolia', 'Spitfire', 'Sunset Glory' (beim Abblühen dunkelrot), 'Umbilicata'.
Ziegelrot
Ch. japonica, Ch. j. var. *alpina;* Sorten 'Andenken an Carl Ramcke', 'Fire', 'Red Ruffles'.
Scharlachrot
Ch. speciosa; Sorten – 'Atrococcinea Plena', 'Atrosanguinea Plena', 'Cardinalis', 'Chosan', 'Ecarlate', 'Elly Mossel', 'Ernst Finken', 'Etna', 'Fire Dance', 'Grenade', 'Hollandia', 'Knap Hill Radiance', 'Knap Hill Scarlet', 'Nasturtium', 'Phyllis Moore', 'Rowallane', 'Sanguinea Semiplena', 'Simonii', 'Stanford Red', 'Texas Scarlet', 'Tricolor'.
Dunkelrot
Ch. ✕ *superba;* Sorten – 'Brillant', 'Cardinal', 'Crimson and Gold', 'Red Chief', 'Ruby Glow'.
Orangerot
'Cocquelicot', 'Invendie'.
Orange
'Abricot', 'Early Orange', 'Gaujardii', 'Naranja', 'Orange'.

Die meisten angeführten Sorten blühen 4 Wochen, ausnahmsweise auch länger. Die überwiegende Zahl gehört zu den zeitig im Frühjahr blühenden Gehölzen (vor dem Laubaustrieb, so daß die einzelnen Blüten gut zur Geltung kommen), nur einige Sorten blühen zugleich mit dem Austrieb der Blätter oder noch später während der Belaubung (Abb. 249).

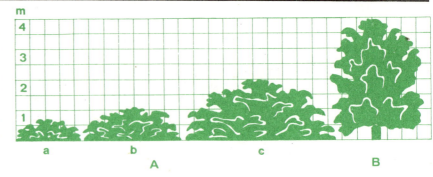

Abb. 245
A) Typ „cardinalis"
a) Sorte 'Chosan';
b) Sorten (Artkreuzungen) 'Boule de Feu', 'Cardinalis', 'Naranja', 'Rowallane', 'Simonii', 'Verboom's Vermilion';
c) Sorten (Artkreuzungen) 'Coral Beauty', 'Marmorata'
B) Typ „sinensis"
Ch. sinensis (manchmal)

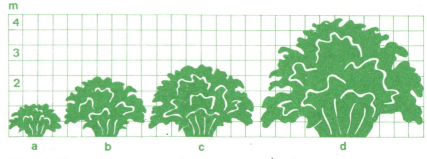

Abb. 246 Typ „speciosa"
a) ● *Ch. japonica;* Sorten (Artkreuzungen) 'Abricot', ● 'Andenken an Carl Ramcke', ● 'Crimson and Gold', ● 'Etna', 'Incendie', 'Knap Hill Scarlet', 'Roxana Foster', 'Texas Scarlet';
b) Sorten (Artkreuzungen) 'Afterglow', 'Alba', 'Atrosanguinea Plena', 'Baltzii', ● 'Brillant', 'Candida', 'Coquelicot', 'Contorta', 'Coral Sea', 'Cynthia', 'Early Appleblossom', 'Early Orange', 'Ecarlate', ● 'Ernst Finken', ● 'Fire Dance', 'Gaujardii', 'Grenade', 'Juliet', 'Masterpiece', 'Mt. Everest', 'Mt. Shasta', ● 'Nivalis', 'Orange', 'Perfecta', 'Phyllis Moore', 'Pink Lady', ● 'Rosea', 'Rosemary', 'Rubrifolia', 'Sanguinea Semiplena', 'Stanford Red', 'Sunset Glory', 'Tricolor', ● 'Versicolor';
c) *Ch.* ✕ *californica, Ch. sinensis,* ● *Ch. speciosa, Ch.* ✕ *superba;* Sorten (Artkreuzungen) 'Atrococcinea Plena', 'Aurora', 'Cardinal', 'Coral Glow', ● 'Elly Mossel', 'Falconnet Charlot', 'Knap Hill Radiance', 'Pink Beauty', 'Rosy Morn', 'Youki Gorin';
d) Sorten (Artkreuzungen) 'Fire', ● 'Umbilicata'

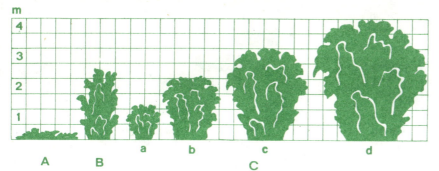

Abb. 247
A) Typ „alpina"
● *Ch. japonica* var. *alpina*

B) Typ „spitfire"
Sorte 'Spitfire'

C) Typ „hollandia"
a)
Sorten (Artkreuzungen)
'Minerva';
b)
Sorten
'Red Chief',
'Red Ruffles';
c)
Sorten
'Enchantress',
'Grandiflora',
'Kermesina',
● 'Kermesina Semiplena',
'Nasturtium';

d)
Sorten
● 'Hollandia',
● 'Moerloosii',
'Ruby Glow',
'Snow'

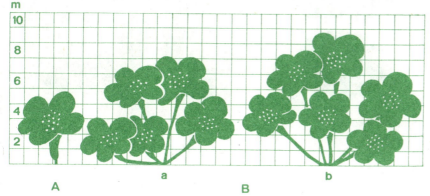

Abb. 248 Blütenstand
Chaenomeles

A) einzelne Blüten
Ch. sinensis,
Ch. speciosa (manchmal)

B) in Büscheln
a)
Ch. × californica,
Ch. japonica,
Ch. speciosa,
Ch. × superba;

b)
Sorten
'Aurora',
'Baltzii',
'Hollandia',
'Naranja',
'Verboom's Vermilion'

Frucht und Fruchtstand

Früchte sind große, vielsamige, wohlriechende Apfelfrüchte, sehr ähnlich denen von *Cydonia oblonga* – flach oder eiförmig (Abb. 250). Farbe meist gelbgrün, manchmal dunkelgrün. Sehr aromatisch. Gefüllte und halbgefüllte Züchtungen fruchten schlecht oder überhaupt nicht.

Verzweigung und Wurzelsystem

Hauptäste steif und bräunlich. Manche einjährigen Triebe sind in der Jugend kurzfilzig (*Ch. japonica*). Bei *Ch. sinensis* ist die Borke (Rinde) platanenartig ablösend – dies ist auch die einzige unbewehrte Art. Zweige auch von belaubten Sträuchern auffallend, sie erhöhen damit die Unregelmäßigkeit und Starrheit der ganzen Pflanze. Wurzelsystem oberflächlich verzweigt.

Ansprüche

Am geeignetsten sind helle Standorte, sie wachsen aber auch im Halbschatten (schlechteres Blühen) oder sogar im Schatten (*Ch. japonica*). In Mitteleuropa sind alle angeführten Arten und Sorten winterhart (außer *Ch. × californica* und deren Sorten, denen wir eine geschützte und warme Lage aussuchen). Folgende Sorten brauchen eine geschützte Lage und nach Bedarf auch leichten Winterschutz, da sie in manchen Wintern Frostschäden aufweisen können: 'Afterglow', 'Cardinal', 'Cynthia', 'Enchantress', 'Fire', 'Masterpiece', 'Mt. Everest', 'Nasturtium', 'Pink Beauty', 'Rosemary', 'Sunset Glory'. An die Bodenverhältnisse sind *Chaenomeles*-Arten nicht anspruchsvoll, am geeignetsten sind gute Gartenböden, sie gedeihen aber auch auf ärmeren, sandigen und kalkreichen Standorten. Die meisten angeführten Sorten vertragen befriedigend verunreinigte Luft – Schwefeldioxid wird nicht vertragen. In strengen Wintern leiden sie unter Wildverbiß, nach einem Rückschnitt regenerieren sie jedoch sehr gut.

Pflege

Pflanzung im Frühjahr oder Herbst. Neupflanzungen müssen angemessen gewässert werden, empfindlichen Sorten (siehe oben) gebe man Winterschutz. Es sollte möglichst wenig geschnitten werden, da *Chaenomeles*-Arten an Nebenzweigen, die älterem Holz entspringen, blühen (also nur erfrorene Teile abschneiden). Krankheiten kommen häufiger vor: *Monilia*-Fäule (hauptsächlich an Früchten), verursacht aber auch Zweig- und Spitzendürre (befallene Früchte und Zweige entfernen und vernichten) und Blattfleckenkrankheiten – *Phyllosticta chaenomelina* verursacht weißliche, unterseits dunkelbraune Flecken und *Fabraea maculata* kleine, schwarze Flecken. (Das Fallaub wird entfernt und verbrannt sowie besonders bei feuchter Witterung vorbeugend mit Kupfer- oder organischen Fungiziden mehrmals gespritzt).

Verwendung

Gehören zu den beliebtesten frühblühenden Blütensträuchern. Ihre effektvolle und sehr auffallende Blüte belebt jede Szenerie. Sie eignen sich am besten mit Forsythie oder Kerrie zu lockeren Gruppen vereinigt in bodenbedeckenden Pflanzungen oder auf Gehölzrabatten, aber auch in Staudenpflanzungen, in Nachbarschaft zu Zwiebelblumen wie *Crocus, Muscari* u. a. Schön sind auch Arrangements mit *Spiraea, Magnolia,* Zier-*Malus*. Zur Geltung kommen sie auch in frei wachsenden oder geschnittenen Hecken. Ein Auspflanzen und Aufbinden der *Chaemomeles*-Arten auf südlich orientierte Lagen ist sehr effektvoll (die Blüten und Früchte treten besser

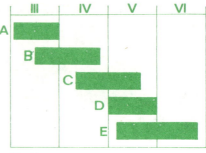

Abb. 249 Blütezeit *Chaenomeles*

A) Sorten
'Early Orange',
'Masterpiece',
'Perfecta',
'Rosy Morn';

B) *Ch.* × *california,*
Ch. japonica,
Ch. speciosa,
Ch. × *superba,*
die meisten Sorten

C) Sorten
'Red Chief',
'Rosemary',
'Ruby Glow';

D) *Ch. chinensis;*

E) Sorten
'Cynthia',
'Snow'

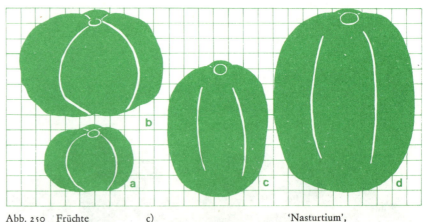

Abb. 250 Früchte *Chaenomeles*
a)
Ch. japonica,
Ch. j. var. *alpina,*
Sorten (Artkreuzungen)
'Alba',
'Texas Scarlet',
'Tricolor';
b)
Sorten
'Kermesina',
'Kermesina Semiplena';

c)
Ch. speciosa,
Ch. × *superba* und viele Sorten
d)
Ch. × *californica,*
Ch. sinensis,
Sorten (Artkreuzungen)
'Cardinal',
'Cynthia',
'Fire',
'Masterpiece',
'Mt. Everest',
'Nasturtium',
'Pink Beauty',
'Rosemary',
'Sunset Glory'
(Quadrat 1 × 1 cm)

hervor, Früchte reifen auch besser aus). Ganz niedrige Typen „Alpina" und „Cardinalis" eignen sich ausgezeichnet für Steingärten – ähnlich auch die weniger wüchsigen Sorten aller anderen Habitustypen. Alle Typen eignen sich vorzüglich für kleinere Anlagen und Gärten. Blühende Zweige können als Vasenschmuck verwendet werden; ein Treiben gut mit Knospen besetzter Zweige ist ab Januar möglich; die aromatischen Früchte werden in Wäscheschränke gelegt, sie sind auch eßbar und können zu Quittenpasten, Gelee und Most verarbeitet werden.

Chamaedaphne MOENCH – Torfgränke, Zwerglorbeer *(Ericaceae)*

Immergrüner Strauch von 1 bis 2 m Höhe, die einzige Art dieser Gattung ist in Nordeuropa, Nordasien und Nordamerika verbreitet: *Ch. calyculata* (L.) MOENCH (Syn. *Andromeda calyculata* L., *Lyonia calyculata* L.) RCHB. Blätter länglich lanzettlich, 1 bis 5 cm lang, matt. Kurzstielige, hängende Blüten weiß und krugförmig, in 4 bis 12 cm langen Trauben. Frucht eine zusammengedrückte kugelige, kleine Kapsel. Es gibt zwei Sorten: 'Angustifolia' (schmal-lanzettliche Blätter) und 'Nana' (Zwergstrauch, höchstens 30 cm hoch). Ansprüche, Pflege und Verwendung wie bei Rhododendron. Eignet sich als Solitär in kleineren Gärten oder zu größeren Flächenbepflanzungen in Parkanlagen.

Chimaphila PURSH – Winterlieb *(Pyrolaceae)*

Niedrige, meist kriechende immergrüne Halbsträucher. Etwa 7 Arten kommen in der nördlichen gemäßigten Zone vor. Für mitteleuropäische Verhältnisse eignen sich: *Ch. maculata* (L.) PURSH, *Ch. menziesii* (D. DON) SPRENG. und *Ch. umbellata* (L.) W. BARTON. Pflanzen etwa 10 bis 20 cm hoch, Blätter wechselständig oder in Quirlen, eiförmig-lanzettlich, 3 bis 6 cm lang, gesägt, Blüten in Dolden zu 3 bis 6, weißlich oder rosa; Blütezeit Juli/August. Frucht eine Kapsel. Braucht Halbschatten bis Schatten und leichte, locker-humose Böden. Liebhaberbedeutung. Die Pflanzen haben heilende Wirkungen (gegen Rheuma und Fieber).

Chimonanthus LINDL. – Winterblüte *(Calycanthaceae)*

Sommer- oder immergrüne Sträucher; drei in China beheimatete Arten. Für mitteleuropäische klimatische Verhältnisse kommt nur eine sommergrüne Art in Frage: *Ch. praecox* (L.) LINK, wobei die Sträucher nur eine Höhe von 2 m erreichen. Zweige sind anfangs graugrün, später braun, Blätter eiförmig-lanzettlich, 7 bis 20 cm lang, glänzend hellgrün. Die etwa 2,5 cm breiten, hellgelben, innen purpurbraunen, stark wohlriechenden Blüten erscheinen auf zweijährigem „Holz". Blütezeit: Januar bis März. Es werden folgende Sorten kultiviert: 'Concolor' (Blüten 2,6 cm groß, hellgelb), 'Grandiflorus' (Blüten 2,3 cm groß, gelb, innen auffallend purpurfarben gestreift), 'Luteo-grandiflorus' (fast 3 cm breite, einfarbig gelbe Blüten), 'Parviflorus' (Blüten etwa 1 cm breit, gelblich weiß) und 'Patens' (Blüten 2,4 cm breit, weiß, purpurfarben gesäumt und gestreift).

Einzigartig schönes, im Winter blühendes Gehölz, das in Mitteleuropa nur in den wärmsten Weinbaugebieten gedeiht. Blüht hauptsächlich nach warmem und trockenem Sommer. Auch in den wärmsten Gebieten Mitteleuropas brauchen die Pflanzen Winterschutz und Schattierung vor winterlicher Sonne. Wächst schnell zur Endgröße. An andere Standortbedingungen stellt *Chimonanthus praecox* keine besonderen Ansprüche. Kommt als Solitär und aufgebunden auf Pflanzgerüsten in geschützter Lage am besten zur Geltung. Liebhaberbedeutung.

Chiogenes SALISB. – *(Ericaceae)*

Immergrüner niederliegender Zwergstrauch, an *Thymus* erinnernd. Die ganze Gattung wird nur durch eine Art vertreten: *Ch. hispidula* (L.) TORR. et GRAY; sie ist in Nordamerika und Japan beheimatet. Blätter eirundlich, 4 bis 10 mm lang, zweizeilig angeordnet, Blüten krugförmig-glockig, weiß, 4 mm lang, einzeln. Blütezeit: Mai/Juni. Frucht eine weiße, 6 mm breite Beere. Ansprüche, Pflege und Verwendung ähnlich wie bei *Vaccinium*. Liebhaberbedeutung.

Chionanthus L. – Schneeflockenstrauch (Oleaceae)

Sommergrüne, wüchsige Sträucher; nur zwei Arten: *Ch. retusus* LINDL. et PAXT. und ● *Ch. virginicus* L. (Abb. 244 b). Die erste stammt aus Japan und Korea, die zweite aus den USA. Beide bilden 2 bis 3 m hohe Sträucher, in ihrer Heimat auch kleine Bäume. Blätter gegenständig, ganzrandig, länglich eiförmig, leicht glänzend, 4 bis 10 bzw. 8 bis 20 cm (*Ch. virginicus*) lang. Blüten zweihäusig (eine bessere Blüte haben weibliche Pflanzen), 4zählig, weißlich, wohlriechend, in lockeren, verzweigten und bis 20 cm langen Rispen. Blütezeit: Mai/Juni. Frucht eine blauschwarze Steinfrucht. *Ch. virginicus* wird noch in folgenden Abweichungen kultiviert: 'Angustifolius' (länglich- bis schmal-lanzettliche Blätter), 'Latifolius' (breit eiförmige Blätter, empfindlicher als die Art) und var. *maritimus* PURSH. (etwas behaarte Blätter).
Beide Arten wachsen in voller Sonne oder leichtem Halbschatten. Gedeihen in jeder guten Gartenerde, am besten in feuchten, lehmig-humosen, ausreichend durchlässigen Böden. Sind in Mitteleuropa winterhart, es ist aber vorteilhaft, junge Pflanzungen mit Winterschutz zu versehen. Gehören zu den effektvollsten Solitärs und eignen sich für größere Anlagen zur Vorpflanzung vor höheren Gruppen. Schön ist vor allem der Anblick aus nächster Nähe.

Chosenia NAKAI – (Salicaceae)

Sommergrüner Baum, nahe verwandt mit *Salix*; zur Gattung gehört nur eine ostasiatische Art: *Ch. bracteosa* (TRAUTV.) NAKAI (Syn. *Salix bracteosa* TRAUTV.). Baum bis 20 m hoch, mit aufrechten Ästen, Blätter länglich-lanzettlich, 5 bis 8 cm lang, zugespitzt, fast ganzrandig, Kätzchen 1,5 bis 2 cm lang. Unter mitteleuropäischen Bedingungen winterhart. Nur botanisch interessant. Ansprüche, Pflege und Verwendung wie bei *Salix* oder *Populus*.

Cistus L. – Zistrose (Cistaceae)

Immergrüne niedrige Sträucher, aus dem Mittelmeergebiet stammend. Für mitteleuropäische klimatische Verhältnisse haben lediglich folgende Arten eine begrenzte Bedeutung: *C.* × *cyprius* LAM., *C.* × *hybridus* POURRET, *C. laurifolius* L. und *C.* × *lusitanicus* MAUND (non MILL.). Alle anderen der etwa 20 Arten eignen sich nur als Kübelpflanzen, die im Kalthaus zu überwintern sind. Die angeführten Arten bilden etwa 1 m hohe Sträucher, *C.* × *lusitanicus* ist meist niedriger. Äste und Triebe sind drüsig behaart, oft aromatisch. Blätter gegenständig, ganzrandig, länglich-lanzettlich oder eiförmig. Auffallende Blüten etwa 5 bis 7 cm breit, weiß oder purpurfarben, zu mehreren auf einem Stiel. Blühen im Juni bis August, wobei die Blüten niemals länger als einen Tag halten. Frucht eine Kapsel. Alle angeführten Arten sind in Mitteleuropa bedingt winterhart. Sie können nur in den wärmsten Gebieten in geschützten und warmen Lagen kultiviert werden. Brauchen auch dort Winterschutz, sonst erfrieren sie. Vorteilhaft sind sonnige Standorte. *Cistus*-Arten überdauern ohne Beschädigung längere Trockenperioden. Lieben Kalk im Boden. Eignen sich auf extrem trockenen Blumenmauern und in Steingärten als Solitärpflanze. Liebhaberbedeutung.

Cladrastis RAF. – Gelbholz (Leguminosae)

Sommergrüne, ziemlich brüchige Bäume oder Sträucher. Es gibt 4 Arten, die in Nordamerika und Ostasien vorkommen: ● *C. lutea* (MICHX. f.) K. KOCH (Abb. 244 c), *C. platycarpa* (MAXIM.) MAKINO, *C. sinensis* HEMSL. und *C. wilsonii* TAKEDA. Von der erstgenannten Art ist noch eine Sorte 'Rosea' (Blüten hellrosa) bekannt. Alle Arten sind Bäume bis 10 m Höhe. Blätter wechselständig, unpaarig gefiedert, Blättchen zu 7 bis 11, eiförmig-elliptisch, 7 bis 10 cm lang, ganzrandig, glatt, im Herbst meist gelb färbend. Blüten weiß oder rosa, 2,5 bis 3 cm lang, wohlriechend, in hängenden oder aufrechten Rispen, etwa 15 bis 40 cm lang. Früchte ledrige, flach zusammengedrückte, 7 bis 8 cm lange, braune Hülsen.
Cladrastis-Arten lieben warme, sonnige Lagen, mittelschwere und feuchte Böden, wachsen aber auch in leichten, ausreichend feuchten und sogar in schweren Böden (lieber kalkhaltig als sauer). Alle 4 Arten sind in Mitteleuropa hart, nur in der Jugend können Frostschäden auftreten. Blühen erst im höheren Alter und sind im Herbst durch ihre leuchtend gelbe Laubfärbung (z. B. vor dunklem *Taxus*) besonders auffällig. Geeignete Solitärpflanzen für größere Anlagen; eignen sich auch für kleinere, aufgelockerte Gruppen in Randstellung.

Clematis L. – Waldrebe *(Ranunculaceae)*

Sommergrüne oder immergrüne, meist hochkletternde Gehölze, manchmal normal aufrechte Sträucher oder auch Stauden. Insgesamt sind etwa 230 Arten bekannt, die fast in allen Gebieten der Erde beheimatet sind. Wachsen ziemlich schnell.
Zierwert: Blüte (je nach Art und Sorte V bis X), Fruchtstand (IX bis III).

Habitustypen

„Jackmanii-Typ": kletterndes Gehölz, oft sehr wüchsig, meist aber locker durchsichtig mit sichtbaren Zweigen (Abb. 251),
„Durandii-Typ": aufrechtstrebender Strauch, mitteldicht, Konturen ungleichmäßig luftig (Abb. 252 C),
„Stans-Typ": ausladend halbkugeliger, meist lockerer Strauch (Abb. 252 B),
„Koreana-Typ": niederliegendes, über der Erde ausgebreitetes Sträuchlein (Abb. 252 A).

Textur

Bei den meisten *Clematis*-Arten mitteldicht bis locker durchsichtig. Macht einen sehr leichten und luftigen Eindruck; zur Blütezeit wird die Pflanze etwas „schwerer" und „dichter", hauptsächlich in den höheren Partien des Gehölzes.

Laub

Blätter gegenständig, von verschiedener Größe und Form, meist zusammengesetzt (Abb. 253), oft mit Blattranken, meist hellgrün, manchmal auch dunkler und glänzend.

Wissenschaftlicher Name	Deutscher Name	Natürliche Verbreitung bzw. Entstehungsort	Frosthärte
C. addisonii BRITT.		N-Carolina – Georgia	++
C. aethusifolia TURCZ.		N-China, Mandschurei	++
var. *latisecta* MAXIM.		wie die Art	++
C. albicoma WHERRY		NO-USA	++
● *C. alpina* (L.) MILL.	Alpen-Waldrebe, Alpenrebe	Alpen, Apenninen, Karpaten, N-Balkanhalbinsel	++
var. *sibirica* (L.) SCHNEID.	Sibirische Waldrebe	NO-Asien	++
C. apiifolia DC.	Sellerieblättrige Waldrebe	M-China, Japan	++
C. × aromatica LENNÉ et KOCH	Wohlriechende Waldrebe	–	++
C. brevicaudata DC.		Mandschurei, W-China	++
C. buchananiana DC.		Himalaja	++
C. campaniflora BROT.	Glockenblumige Waldrebe	Portugal, S. Spanien	+
C. chinense OSBECK	China-Waldrebe	China	+
C. chrysocoma FRANCH.		Yünnan	≙, +
var. *sericea* (FRANCH.) SCHNEID.		China	≙, +
C. connata DC.		SW-China, Himalaja	++
C. crispa L.	Krause Waldrebe	Virginia-Missouri, Florida, u. Texas	++
C. delavayi FRANCH.		China	++
C. × divaricata JACQ.		(vor 1805)	++
C. douglasii HOOK.		N-Amerika	++
● *C. × durandii* DURAND		(vor 1870)	++
C. × eriostemon DECNE		St. Johns Wood	++
C. fargesii FRANCH.	Farges-Waldrebe	China	++
C. × francofurtensis RINZ		(1860)	++
C. fusca TURCZ.	Braune Waldrebe	Japan, Sibirien, Kamtschatka, Sachalin	++
C. glauca WILLD.	Blaugrüne Waldrebe	W-China, Sibirien	++
var. *akebioides* (MAXIM.) REHD. et WILS.		W-China	++
f. *phaeantha* REHD.		wie die Varietät	++
C. gouriana ROXB.		Himalaja, China	++
C. gracilifolia REHD. et WILS.	Zierlichblättrige Waldrebe	W-China	++

Blüte und Blütenstand

Blüten zweigeschlechtlich, selten zweihäusig, ohne Kronblätter, Kelchblätter meist 4, seltener 5 bis 8, kronenartig gestaltet und ausgefärbt. In den Blüten sind manchmal kronblattartige Staubgefäße (Pseudostaubgefäße). Blüten entweder einzeln, oder in Rispen bzw. Trugdolden. Bau und Gestalt der einzelnen Blüten kann verschieden sein: klein und schmalblättrig (Abb. 254 D), schmalblättrig gefüllt (Abb. 254 C), aufrecht glockig (Abb. 254 B), glockig-urnenförmig (Abb. 254 A), hängend geöffnet und zipflig-glockig (Abb. 255 B), hängend röhrenförmig und glockig (Abb. 255 A), tellerförmig-glockig (Abb. 256), streng kreuzförmig (Abb. 257), regelmäßig tellerförmig und 4zählig (Abb. 258), sternförmig (Abb. 259 A), sternförmig halbgefüllt (Abb. 260), sternförmig schmalblättrig (Abb 261 A), hängend tellerförmig, schmalblättrig (Abb. 259 B) und riesig tellerförmig (Abb. 261 B).

Blütenfarbe:

Reinweiß
C. brevicaudata, C. chrysocoma, C. ch. var. sericea, C. delavayi, C. dioscoreifolia var. robusta, C. fargesii, ● C. florida 'Duchess of Edinburgh', C. gouriana, C. gracilifolia, C. grata, C. g. var. argentilucida, C. lanuginosa 'Henry', C. ligusticifolia', ● C. montana, C. m. 'Grandiflora', 'Superba', ● C. patens 'Marie Boisselot', C. p. 'Miss Bateman', C. uncinata, C. virginiana, C. viticella 'Albiflora'.

Weißlich
C. albicoma, C. appifolia, C. chinensis, C. integrifolia 'Alba', C. × jackmanii 'Alba', C. × jouiniana (beim Abblühen hellviolett), C. ochroleuca, C. patens 'Fortunei', C. p. 'Mrs. George Jackman', 'Nelly Koster', C. songarica, ● C. vitalba.

Weißlich violett
C. campaniflora, C. florida 'Comete', ● C. lanuginosa, C. l. 'Lady Caroline Neville',

Wissenschaftlicher Name	Deutscher Name	Natürliche Verbreitung bzw. Entstehungsort	Frosthärte
C. grata WALL.		Himalaja	++
var. argentilucida (LÉV. & VANIOT) REHD.		W-China	++
C. × guascoi LEM.		(vor 1857)	++
C. heracleifolia DC.	Großblättrige Waldrebe	NO-China	++
var. davidiana (VERLOT) HEMSL.		China	+
var. ichangensis REHD. et WILS.		M- u. N-China	+
C. integrifolia L.	Ganzblättrige Waldrebe	SO-Europa bis M-UdSSR, Kleinasien	++
● C. × jackmanii T. MOORE		Woking	++
C. jouiniana SCHNEID.		(vor 1900)	++
C. koreana KOMAR.		N-Korea, Mandschurei	
f. lutea REHD.		wie die Art	++
● C. lanuginosa LINDL.	Wollige Waldrebe	O-China	++
C. lasiandra MAXIM.	Zottlige Waldrebe	M- u. W-China	++
C. × lawsoniana MOORE et JACKM.		(vor 1872)	++
C. ligusticifolia NUTT. ex TORR. et A. GRAY		N-Amerika	++
C. macropetala LEDEB.		N-China bis O-Sibirien	++
● C. montana BUCH.-HAM. ex DC.	Anemonen-Waldrebe, Berg-W.	M.- u. W-China	++
C. ochroleuca AIT.	Gelbliche Waldrebe	New York-Georgia	++
C. occidentalis (HORNEM.) DC.		N-Amerika	++
C. orientalis L.	Orientalische Waldrebe	S-UdSSR, Himalaja	++
C. patens C. MORR. et DECNE.	Offenblütige Waldrebe	Japan	++
C. pitcheri TORR. et GRAY		SO-USA	++
C. prattii HEMSL.		W-China	++
C. pseudoalpina (KTZE.) J. M. COULTER et A. NELSON		S-USA	++
C. × pseudococcinea SCHNEID.		–	++
C. rehderana CRAIB	Rehder-Waldrebe	W-China	≙, +

Wissenschaftlicher Name	Deutscher Name	Natürliche Verbreitung bzw. Entstehungsort	Frosthärte
C. reticulata WALT.	Netznervige Waldrebe	SO-USA	++
● C. serratifolia REHD.	Koreanische Waldrebe	Japan, Mandschurei, N-Korea	++
C. songarica BGE.	Songarische Waldrebe	Sibirien-Turkestan	++
C. stans S. et Z.		Japan	++
● C. tangutica (MAXIM.) KORSH.	Tangutische Waldrebe, Mongolische W.	Mongolei – NW-China	++
● C. texensis BUCKL.	Texas-Waldrebe	Texas	++
C. tubulosa TURCZ. = C. heracleifolia			
C. uncinata CHAMP.		M-China	++
C. × vedrariensis VILM.		Frankreich (bei Vilmorin)	++
C. veitchiana CRAIB	Veitch-Waldrebe	W-China	++
C. versicolor SMALL	Verschiedenfarbige Waldrebe	S-USA	++
C. × violacea DC.		(vor 1840)	++
C. virginiana L.	Virginische Waldrebe	N-Amerika	++
● C. vitalba L.	Gemeine Waldrebe	S-, W- u. M-Europa bis Kleinasien	++
● C. viticella L. (Abb. 244 d)	Blaue Waldrebe, Italienische W.	S-Europa	++

● 'Prins Hendrik', ● 'Ville de Paris', *C. lasiandra*, *C. montana* 'Perfecta', *C. m.* 'Undulata', *C. stans*, ● *C. viticella* 'Huldine'.
Weißlich gelb
C. alpina var. *sibirica*, *C. buchananiana*, *C. connata*, *C. reticulata* (die Außenseite der Blüte violett), *C. veitchiana*.
Gelb
C. aethusifolia, *C. a.* var. *latisecta*, *C. glauca*, *C. g.* var. *akebioides* (bräunliche Blütenmitte), *C. koreana* f. *lutea*, *C. orientalis*, *C. prattii*, ● *C. serratifolia*, ● *C. tangutica*, *C. t.* var. *obtusiuscula*.
Rosa
C. × pseudococcinea 'Admiration', *C. × p.* 'Duchess of York', 'Grace Darling', *C. × vedrariensis* 'Rosea', *C. viticella* 'M. Koster' (silbriger Glanz).
Rosaviolett
C. × durandii 'Pallida', *C. × jackmanii* 'Comtesse de Bouchaud', ● *C. × j.* 'Mme Baron-Veillard', *C. × jouiniana* 'Oiseau Bleu', ● *C. lanuginosa* 'Nelly Moser', *C. patens* 'Bagatelle', ● *C. viticella*, *C. v.* 'Nana'.
Rosarot
C. × jackmanii 'Miss Crawsbay', *C. lanuginosa* 'Fairy Queen', *C. macropetala* 'Markhamii', *C. montana* 'Elizabeth', ● *C. m.* 'Rubens', 'Pink Perfection', *C. × pseudococcinea* 'Duchess of Albany', *C. × vedrariensis*, *C. viticella* 'Rubra Grandiflora'.
Rot
● *C. lanuginosa* 'Crimson King', ● *C. texensis*, *C. t.* 'Major' (Inneres der Blüte weißlich gelb), 'Parviflora', *C. viticella* 'Abendstern', ● *C. v.* 'Kermesina'.
Dunkelrot
● *C. viticella* 'Ernest Markham', *C. v.* 'Henry Chaplin'.
Rotbraun
C. fusca (Blüteninneres violett).
Rotviolett
C. crispa, *C. c.* 'Distorta', *C. × divaricata*, *C. × guascoi*, *C. × jackmanii* 'Colette', *C. × j.* 'Mme Eouard André', 'Star of India', 'Victoria', *C. × lawsoniana*, ● *C. patens* 'Barbara Dibley', *C. viticella* 'Purpurea' (purpurfarbene Tönung).
Violett
● *C. alpina*, *C. florida* 'Proteus', *C. fusca* var. *violacea*, *C. glauca* f. *phaeantha*, *C. integrifolia* (außen graufilzig), ● *C. jackmanii* (mit purpurfarbener Tönung), ● 'Azucena' (mit rötlich violetten Streifen), *C. koreana*, *C. lanuginosa* 'W. E. Gladstone', *C. montana* 'Lilacina', ● *C. patens* 'Marcel Moser', ● *C. p.* 'The President', *C. pseudoalpina*, *C. × violacea*, *C. × v.* 'Rubro-marginata' (Blüte rötlich gesäumt).
Dunkelviolett
C. × aromatica, ● *C. × durandii* (bläulicher Hauch), ● *C. lanuginosa* 'William Kennett'.
Violettpurpurfarben
● *C. × jackmanii* 'Duke of Edinburgh', ● *C. × j.* 'Superba', *C. lanuginosa* 'Lilacina Floribunda', *C. × pseudococcinea* 'Countess of Onslow'.
Purpurfarben
C. addisonii, *C. douglasii*, *C. × francofurtensis*, *C. × jackmanii* 'Gypsy Queen' (dunkel samtartig), *C. pitcheri*, *C. versicolor*, *C. viticella* 'Abundance', ● *C. v.* 'Lady Betty Balfour', 'Mme Grange' (bronzefarbene Tönung), 'Royal Velours'.
Hellblau
C. heracleifolia, ● *C. × jackmanii* 'Perle d'Azur', *C. × jouiniana* 'Campanile', *C. × j.* 'Praecox', *C. patens* 'Standishii' (mit Stahlglanz).
Blau
C. × eriostemon, ● *C. florida* 'Belle of Woking' (mit violettsilbrigem Hauch), *C. f.* 'John Gould Veitch', *C. heracleifolia* var. *davidiana*, *C. h.* var. *ichangensis* (silbrig behaart), ● *C. × jackmanii* 'Mrs. Cholmonde-

ley', *C.* × *jouiniana* 'Cote d'Azur', ● *C. lanuginosa* 'Beauty of Worcester' (mit violettem Hauch), ● *C. l.* 'Lady Northcliffe', *C. macropetala* (violetter Hauch), *C. m.* 'Lagoon', *C. occidentalis* (oft mit purpurfarbener Tönung), *C. patens* 'Countess of Lovelace' (violetter Hauch), ● *C. p.* 'Lasurstern' (dunkelblau), 'Sir Garnet Wolseley' (bronzefarbene Tönung), *C. viticella* 'Coerulea' (violetter Hauch), *C. v.* 'Marmorata' (grauer Hauch), 'Multiplex' (violetter Hauch).
Blauschwarz
C. lanuginosa 'Blue Belle'.

Bei den meisten großblumigen *Clematis*-Arten stehen die Blüten entweder einzeln oder sind zu 2 bis 3 vereint. Bei manchen Arten und Sorten, meist kleinblumigen, sind Blüten in größere oder kleinere Rispen oder Trugdolden zusammengestellt, wie z. B. bei *C. connata, C. grata, C. serratifolia, C. versicolor, C. vitalba* u. a.

Bei einer geeigneten Sortenkombination können *Clematis*-Arten in Park oder Garten von Mai bis Oktober blühen (Abb. 262). Manche Sorten blühen fast drei Monate (Gruppe F). *Clematis*-Arten sind nicht nur wegen ihrer auffallenden Blüten, sondern auch wegen der Blütezeit im Sommer und Herbst wertvoll.

Frucht und Fruchtstand

Früchte meist mit einem Haarschweif. Bei manchen Arten sind sie in größeren Fruchtständen vereint und mit dekorativen flaumigen Anhängseln versehen. Sie halten sich fast den ganzen Winter auf den Pflanzen:

C. albicoma, C. connata, C. × *eriostemon, C. grata, C.* × *jackmanii* und die meisten Sorten, *C. occidentalis, C. orientalis, C. patens* und die meisten Sorten, *C. prattii, C. serratifolia, C. tangutica, C. texensis, C. versicolor, C. vitalba* u. a.

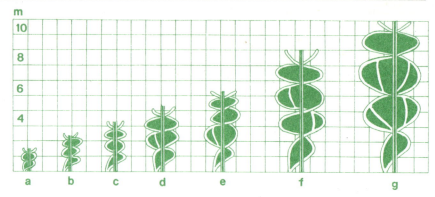

Abb. 251 Typ „jackmanii"
a)
C. × *jouiniana* 'Campanile',
C. macropetala,
C. m. 'Lagoon',
'Markhamii';
b)
C. aethusifolia,
C. ae. var. *latisecta,*
C. chrysocoma,
C. crispa,
C. c. 'Distorta',
C. × *eriostemon,*
C. × *jouiniana* 'Cote d'Azur',
C. × *j.* 'Oiseau Bleu',
● *C. lanuginosa,*
● *C. l.* 'Beauty of Worcester',
'Blue Belle',
● 'Crimson King',
'Fairy Queen',
'Henry',
● 'Lady Northcliffe',
'Lilacina Floribunda',
● 'Nelly Moser',
● 'Prins Hendrik',
● 'Ville de Paris',
'W. E. Gladstone',
● 'William Kennett',
C. × *lawsoniana,*
C. occidentalis,
C. pseudoalpina (manchmal),
● *C. texensis,*
C. t. 'Major',
'Parviflora';

c)
● *C. alpina,*
C. a. 'Ruby',
var. *sibirica,*
C. apiifolia,
C. campaniflora,
C. fusca,
C. prattii,
C. × *pseudococcinea,*
C. × *p.* 'Admiration',
'Comtess of Onslow',
● 'Duchess of Albany',
'Duchess of York',
'Grace Darling',
C. reticulata,
● *C. serratifolia,*
C. tangutica,
C. t. var. *obtusiuscula,*
C. veitchiana,
C. versicolor;
d)
die meisten Arten und Sorten
e)
C. chrysocoicma var. *serea,*
C. fargesii,
C. × *guascoi,*
C. ligusticifolia,
C. orientalis,
C. pitcheri,
C. uncinata,
C. virginiana;
f)
C. buchananiana,
C. chinensis,
C. connata,
● *C. montana,*
C. m. 'Elisabeth',
'Grandiflora',
'Lilacina',
'Perfecta',
'Rubens',
'Pink Perfection',
'Superba',
'Undulata',
'Wilsonii',
C. rehderiana,
C. × *vedrariensis,*
C. × *v.* 'Rosea';
g)
C. brevipedunculata,
C. discoreifolia var. *robusta,*
C. gouriana,
C. grata,
C. g. var. *argentilucida,*
C. vitalba

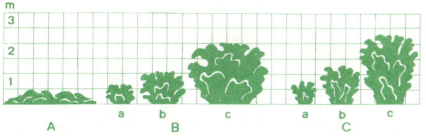

Abb. 252
A) Typ „koreana"
C. addinsonii,
● C. alpina (manchmal),
C. k. f. lutea
B) Typ „stans"
a)
C. ochroleuca;
b)
C. chrysocoma,
C. heracleaefolia,
C. h. var. davidiana,
var. ichangensis,
C. viticella 'Nana';
c)
C. pseudoalpina, C. stans
C) Typ „durandii"
a)
C. albicoma;
b)
C. × aromatica, C. douglasii,
C. integrifolia, C. i. 'Alba';
c)
C. delavayi, C. × divaricata,
● C. × durandii,
C. × d. 'Pallida',
C. recta,
C. r. 'Grandiflora',
'Plena',
'Purpurea',
C. songarica

Zweige und Wurzelsystem

Kletternde, lange und dünne Zweige verschiedenartig miteinander verflochten und gut sichtbar. Wurzelsystem lang, reich verzweigt.

Ansprüche

Alle Arten lichtliebend, sie gedeihen auch noch im Halbschatten und sehr selten auch im Schatten (C. vitalba). Bei den großblumigen Züchtungen sollen die oberen Zweige reichlich Sonne und Licht erhalten, während die unteren bodennahen Teile im Schatten mit angemessener Bodenfeuchtigkeit stehen sollten (Abdecken des Bodens mit Laub, größeren Steinen, Vorpflanzung schattenliebender Stauden oder Einjahrblumen bzw. Zwerggehölzern). Pflanzungen auf südlich exponierten Standorten sind nicht zu empfehlen; ideal sind westlich oder östlich orientierte Lagen. Alle angeführten Arten und Sorten sind unter mitteleuropäischen Bedingungen winterhart, nur bei einigen sehen wir vorbeugend eine wärmere und geschütztere Stelle vor (C. apiifolia, C. chinensis – blüht spät, C. chrysocoma). Der Boden muß nahrhaft, angemessen kalkreich und ausreichend durchlässig sein; vor dem Pflanzen können wir ihn noch mit Lauberde, verrottetem Rindermist, zerriebenem Putz (Kalk) und Kompost verbessern. Trockene Standorte verträgt am besten C. vitalba. Diese Art wächst, ähnlich wie C. viticella, am besten in schweren, tiefgründigen und humosen Böden. Über die geeignete Bodenzusammensetzung wird im Zusammenhang mit dem sogenannten „Clematissterben" (dessen Ursache noch nicht eindeutig geklärt ist) immer noch diskutiert. Bei dieser Krankheit sterben auch bei guter Pflege unerwartet, fast „über Nacht", schön ausgebildete Exemplare ab, ohne daß sie gerettet werden können. Verunreinigte

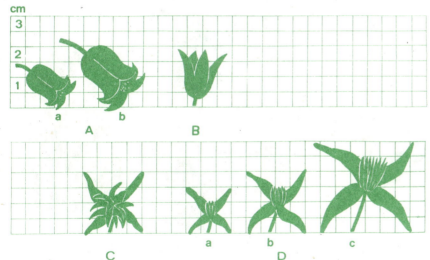

Abb. 254 Blüten Clematis
A) glockig-urnenförmig
a)
C. fusca,
C. f. var. violacea, C. pitcheri;
b)
C. texensis, Sorten
B) aufrecht glockig
C. ochroleuca
C) schmalblättrig gefüllt
C. recta 'Plena'
D) klein,
einfach und schmalblättrig
a)
C. apiifolia;
b)
C. brevicaudata, C. chinensis,
C. gauriana, C. grata,
C. g. var. argentilucida,
C. ligusticifolia,
C. recta, C. r. 'Grandiflora',
'Purpurea', C. vitalba;
c)
C. dioscoreifolia var.
robusta,
C. × jouiniana, Sorten,
C. uncinata, C. virginiana

Abb. 253 Blätter *Clematis*
a)
C. × *jackmanii*
(manchmal ein Blättchenpaar mehr);
b)
C. vitalba;
c)
C. recta;
d)
C. alpina;
e)
C. integrifolia;
f)
C. durandii
(Quadrat 1 × 1 cm)

Abb. 255 Blüten *Clematis*

A) hängend röhrenförmig und glockig
a) *C. prattii*;
b) *C. buchananiana*, *C. douglasii*, *C. heracleaefolia*, Varietäten, *C. stans*;
c) *C.* × *pseudococcinea* 'Countess of Onslow';

B) hängend geöffnet und zipfelig-glockig
a) *C. addinsonii*, *C. aethusifolia*, *C. ae.* var. *latisecta*, *C. rehderiana*, *C. reticulata*, *C. veitchiana*;
b) *C. albicoma*, *C. connata*, *C.* × *divaricata*, *C. douglasii* (manchmal), *C. koreana*;
c) *C. alpina*, *C. a.* var. *sibirica*, *C. crispa*, *C. c.* 'Distorta', *C. lasiandra*, *C. pseudoalpina*;
d) *C.* × *pseudococcinea*, *C.* × *p.* 'Admiration', 'Duchess of Albany', 'Duchess of York', 'Grace Darling';
e) *C. macropetala*, Sorten

Luft vertragen *Clematis*-Arten nicht sehr gut, ausgenommen *C. vitalba* und *C. viticella*.

Pflege

Pflanzung im Frühjahr ist geeigneter als im Herbst. Veredelte Sorten pflanzen wir mindestens 10 cm tiefer, als sie ursprünglich wuchsen, damit auch das Edelreis Wurzeln schlägt, weil dann die ganze Pflanze vom Wurzelsystem der Unterlage weniger abhängig wird und widerstandsfähiger ist. Wenn wir *Clematis*-Arten an Mauern pflanzen, müssen wir von diesen einen ausreichenden Abstand halten und die Pflanzen nachträglich hinleiten. Anderenfalls kommen die Pflanzen in den „Regenschatten" und leiden unter Trockenheit. Beim Pflanzen ist es vorteilhaft, auf die Wurzeln noch Torf oder Mist bzw. Laub zu streuen, damit der Boden nicht zu schnell austrocknet. Anschließend werden die Pflanzen kurz zurückgeschnitten. In den folgenden Jahren entfernen wir alljährlich nur die trockenen Triebe, die übrigen werden etwas eingekürzt. Rückschnitt kann auch zur Verjüngung ziemlich radikal sein, da die meisten *Clematis*-Arten an einjährigem Holz blühen. Wichtig ist Winterschutz, besonders bei den großblumigen Sorten, am besten mit trockenem Laub, aber auf leicht gefrorenem Boden; beim Überwintern kann den Pflanzen höhere Feuchtigkeit schaden. Nicht zu alte Sträucher vertragen ein Umpflanzen befriedigend. Gegen das „Clematissterben" kann noch keine bewährte Maßnahme empfohlen werden. Befallene Pflanzenteile müssen sofort entfernt werden, für optimale Kulturbedingungen ist zu sorgen. Die *Ascochyta*-Stengel- und Blattfleckenkrankheit bewirkt an Stengeln braune, leicht eingesunkene Flecken, bräunliche, meist rötlich gesäumte Flecken auch an Blättern und Blattstielen; die befallenen

Abb. 256　Blüten *Clematis*
Tellerförmig glockig
a)
C. campaniflora,
C. versicolor;
b)
C. × *eriostemon*;
c)
C. occidentalis

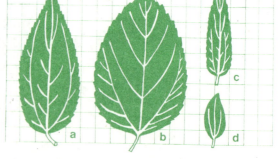

Abb. 257　Blüten *Clematis*
Streng kreuzförmig
a)
C. glauca,
Varietäten und Formen;
b)
C. orientalis

Blätter *Ceanothus*
a)
C. americanus,
C. × *delilianus*,
C. × *pallidus*;
b)
C. sanguineus;
c)
C. ovatus;
d)
C. fendleri
(Quadrat 1 × 1 cm)

252

Abb. 258 Blüten *Clematis*
Regelmäßig tellerförmig und 4zählig
a)
C. delavayi, C. × violacea;
b)
C. × aromatica,
C. gracilifolia,
C. viticella, Sorten außer 'Multiplex';
c)
C. chrysocoma,
C. montana, Sorten;
d)
C. chrysocoma var. *sericea,*
C. × vedrariensis;
e)
C. × francofurtensis,
C. × guascoi;
f)
C. × vedrariensis;
g)
C. × durandii,
C. × d. 'Pallida',
C. × jackmanii,
die meisten Sorten (manchmal auch mehr Petalen)

Pflanzen können gänzlich absterben (befallene Pflanzenteile entfernen und vernichten, Kupfer- oder organische Fungizide wiederholt anwenden). Manchmal erscheinen durch die *Cylindrosporium*-Blattfleckenkrankheiten unregelmäßige gelblich braune Flecken auf den Blattspreiten (Bekämpfung wie bei der *Ascochyta*-Blattfleckenkrankheit). Zu den wichtigsten Schädlingen gehört das Wurzelgallenälchen *(Meloidogyne),* welches Wuchshemmungen und an den Wurzeln knotige Anschwellungen hervorruft. (Befallene Pflanzen entfernen, bei Neupflanzung Standort wechseln).

Verwendung

Clematis-Arten, hauptsächlich die großblumigen Sorten, sind sehr gefragte und beliebte Gehölze. Im Sommer und Herbst füllen sie eine Lücke bei blühenden Gehölzen. Kletternde Typen eignen sich zur Bekleidung von Lauben, verschiedenen Bögen über Eingängen und Wegen, Zäunen, Mauern, Pergolen, Säulen usw. Manche wüchsigen und anspruchslosen Arten (besonders *C. vitalba, C. viticella* u. a.) kommen beim Bewachsen minderwertiger Bäume ausgezeichnet zur Geltung, da sie diese in malerische grüne Kaskaden mit reicher Blüte und später flaumig-federartigen Fruchtständen verwandeln. Diese Arten erfüllen auch vorzüglich die Funktion abzuschirmen und zu bedecken; sehr gut eignen sie sich in natürlich gestalteten Anlagen auf halbschattigen Stellen, zur Ausbildung wirkungsvoller „Vorhänge" in der Nähe von Wasserläufen usw. Großblumige Sorten ergänzen sich sehr gut mit manchen Stauden und Kletterrosen, möglichst mit kontrastierenden Farben. Die „Stans-" und „Durandii-Typen" eignen sich als Solitärs in bodenbedeckenden Pflanzungen oder auf Staudenrabatten in Wegnähe. Sie können auch an Stützen aufgebunden werden. Der „Koreana-Typ" eignet sich in erster Linie für Steingärten. Während die großblumigen Hybriden besonders für Gärten geeignet sind, können die robusten und wüchsigen Arten auch für öffentliche Anlagen empfohlen werden.

Clerodendrum L. – Losbaum *(Verbenaceae)*

Sommergrüne kleine Bäume oder Sträucher, manchmal auch windend. Es existieren etwa 150 Arten, die überwiegend in den Tropen und Subtropen verbreitet sind. Unter mitteleuropäischen Bedingungen kann nur die härteste Art kultiviert werden: *C. trichotomum* THUNB. aus China und Japan. In Mitteleuropa bildet sie aufrechte, kaum 2 m Höhe erreichende Sträucher. Blätter eiförmig-elliptisch, zugespitzt, 10 bis 20 cm lang, ganzrandig oder fein gekerbt, dunkelgrün. Blüten weiß mit rotem Kelch, 5zählig mit röhriger Krone, wohlriechend, etwa 3 cm breit. In langgestielten, bis 20 cm breiten Trugdolden. Die var. *fargesii* (DODE) REHD. ist wüchsiger und härter.
Verlangt gewöhnlichen Gartenboden, freie und sonnige Lagen. Nach Laubabfall sollen die Pflanzen vor Wintereinbruch zusammengebunden werden (vor Wintersonne schützen) – ohne diese Maßnahme erfrieren sie leicht. Frostbeschädigte Pflanzen treiben nach Rückschnitt sehr gut durch. Pflanzung im Freiland nur in wärmsten Lagen des Weinbauklimas zu empfehlen.

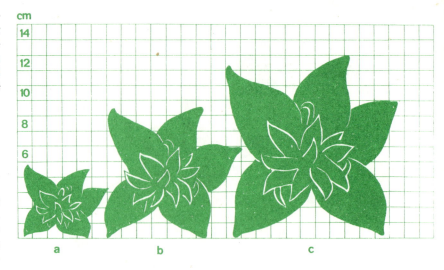

Abb. 260 Blüten *Clematis* Sternförmig und halbgefüllt
a) *C. viticella* 'Multiplex';
b) *C. florida*, Sorten;
c) *C.* × *jackmanii* 'Miss Crawsbay';
d) *C. patens* 'Countess of Lovelace', *C. p.* 'Daniel Deronda', 'Fortunei'

Clethra L. – Scheineller *(Clethraceae)*

Sommergrüne Sträucher oder auch immergrüne Bäume, etwa 30 Arten, in den Tropen und Subtropen verbreitet.

Nur einige Arten ertragen mitteleuropäische Klima-Bedingungen: *C. acuminata* MICHX. (Abb. 244 e), ● *C. alnifolia* L., *C. barbinervis* S. et Z. und *C. fargesii* FRANCH. Alle angeführten Arten sind strauchig, höchstens 3 m hoch. Blätter wechselständig, einfach, meist gesägt und länglich eiförmig, 4 bis 12 cm lang. Blüten klein, weiß, in 5 bis 15 cm langen Trauben, duftend. Blütezeit: Juli bis September. Frucht eine 3klappige Kapsel. Lieben Halbschatten bis Schatten. Am besten gedeihen sie als Unterholz von höheren Gehölzen, wenn ausreichend Feuchtigkeit im Boden vorhanden ist. Sie wachsen in jedem tiefgründigen und guten Gartenboden; ideal ist ein höherer Torf- oder Moorerdegehalt. Sie brauchen keinen Schnitt und keine besondere Pflege, Krankheiten und Schädlinge sind nicht bekannt. Befriedigend wachsen alle angeführten *Clethra*-Arten noch in verunreinigter Luft. Manchmal weisen sie eine auffallende gelblich orangefarbene Herbstfärbung auf. Werden als Solitärs oder in Gruppen als Unterholz unter höheren Bäumen gepflanzt. Sie eignen sich auch für geschnittene Hecken *(C. alnifolia)* oder in schattigen Lagen größerer Steingärten sowie zur Pflanzung in der Nähe von Wasserbecken und Gewässerufern.

A

B

Abb. 261   Blüten *Clematis*

A)   sternförmig, schmalblättrig
C. patens, die meisten Sorten

B)   groß, tellerförmig
C. lanuginosa, Sorten,
C. × *lawsoniana*

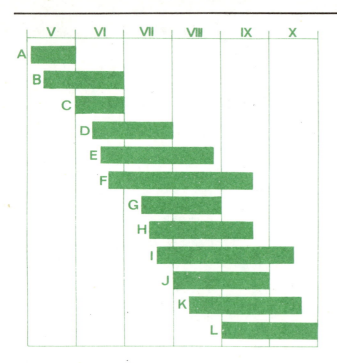

Abb. 262 Blütezeit *Clematis*

A) *C. montana*, Sorten, *C.* × *vedrariensis*;

B) *C. addisonii*,
C. albicoma,
C. alpina,
C. florida, Sorten,
C. grata var. *argentilucida*,
C. macropetala, Sorten,
C. ochroleuca,
C. occidentalis,
C. patens, die meisten Sorten,
C. pseudoalpina;

C) *C. gracilifolia*;

D) *C. campaniflora*,
C. × *divaricata*,
C. × *eriostemon*,
C. × *guascoi*,
C. lanuginosa
'Lady C. Neville',
C. patens 'Fortunei',
C. p. 'The President',
C. pitcheri,
C. recta, Sorten,
C. reticulata,
C. uncinata,
C. versicolor;

E) *C. douglasii*,
C. × *francofurtensis*,
C. fusca,
C. integrifolia, Sorten,
C. × *jackmanii*
'Miss Crawsbay',
C. koreana, Formen,
C. patens 'Miss Bateman',
C. tangutica, Varietäten,
C. viticella, Sorten;

Abb. 259 Blüten *Clematis*
A) sternförmig
C. floridus 'Proteus'
(manchmal)

B) hängend, tellerförmig, schmalblättrig
a)
C. songarica;
b)
C. integrifolia,
C. serratifolia;
c)
C. tangutica,
C. t. var. *obtusiuscula*

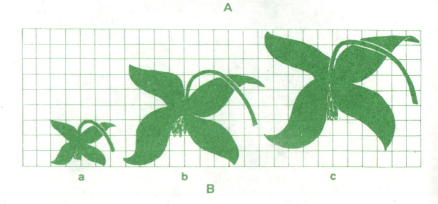

F) *C. crispa*,
C. × *durandii*, Sorten,
C. fargesii,
C. × *jackmanii*
'Mrs. Cholmondeley',
C. lanuginosa 'Nelly Moser',
C. l. 'Prins Hendrik';

G) *C. brevicaudata*,
C. delavayi,
C. × *jackmanii* 'Superba',
C. × *j.* 'Mme Edouard André',
C. lanuginosa,
die meisten Sorten,
C. × *lawsoniana*,
C. patens 'Daniel Deronda';

H) *C.* × *pseudococcinea*,
Sorten,
C. texensis, Sorten,
C. vitalba;

I) *C.* × *aromatica*,
C. gouriana,
C. × *jackmanii*
die meisten Sorten;

J) *C. aethusifolia*,
Varietäten,
C. chrysocoma,
C. glauca,
Varietäten und Formen,
C. heracleaefolia,
Varietäten,
C. × *jouiniana*,
C. ligusticifolia,
C. orientalis,
C. serratifolia,
C. songarica,
C. stans,
C. virginiana;

K) *C. buchananiana*,
C. connata,
C. lasiandra,
C. rehderiana,
C. × *violacea*;

L) *C. apiifolia*,
C. chinensis,
C. dioscoreifolia var. *robusta*,
C. grata,
C. veitchiana

Colutea L. – Blasenstrauch
(Leguminosae)

Sommergrüne Sträucher; etwa 10 Arten, welche vom Mittelmeergebiet bis zum Himalaja und in Ostafrika verbreitet sind. Meist handelt es sich um unbewehrte, nur selten um dornige Sträucher, die oft niedriger als 3 m sind.
Zierwert: Blüte (V bis VIII), Früchte (VI bis IX).

Habitus

Alle angeführten Arten bilden im Durchschnitt etwa 1,5 bis 2 m hohe, breit aufrechte Sträucher, ausgenommen die Zwergformen von *C. arborescens* ('Bullata und 'Cripsa'), die ausgebreitete, kaum 0,5 m hohe Sträuchlein bilden.

Textur

Fast zart, locker, aber nur teilweise durchsichtig. Verzweigung etwas starr. Gesamteindruck gleichmäßig.

Laub

Blätter unpaarig gefiedert, einzelne Blättchen 1,5 bis 3 cm lang (manchmal kleiner, 4 bis 8 mm, z. B. bei *C. gracilis* und *C. persica*), ganzrandig, mehr oder weniger hellgelblich grün.

Blüte und Blütenstand

Typische Schmetterlingsblüten, gelb, selten braunorangefarben *(C.* × *media)*, in kleineren Trauben. Blütezeit: Mai bis August.

Frucht

Dekorative Hülsen auffallend aufge-

Wissenschaftlicher Name	Deutscher Name	Natürliche Verbreitung bzw. Entstehungsort	Frosthärte
● *C. arborescens* L. (Abb. 263 a)	Gemeiner Blasenstrauch	S- u. südl. M-Europa, N-Afrika	++
f. *brevialata* (LANGE) BROW.		S-Frankreich	++
C. brevialata LANGE = *C. arborescens* f. *brevialata*			++
C. cilicica BOISS. et BALANSA	Zilizischer Blasenstrauch	Griechenland bis Kaukasus	++
C. gracilis FREYN et SINTENIS	Zierlicher Blasenstrauch	Turkestan	++
C. × *media* WILLD.	Bastard-Blasenstrauch	–	++
C. melanocalyx BOISS.	Schwarzkelchiger Blasenstrauch	Kleinasien	++
C. orientalis MILL.	Orientalischer Blasenstrauch	Kaukasus – Turkestan	++
C. persica BOISS.	Persischer Blasenstrauch	Kurdistan, Iran	++
var. *bubsei* BOISS.		wie die Art	++

blasen, papierartig, meist nicht aufspringend, manchmal an der Spitze geöffnet.

Verzweigung und Wurzelsystem

Hauptäste starr und steif, Nebenzweige zierlicher und biegsamer. Einjährige und auch ältere Triebe auffallend grünlich oder graugrün. Wurzelsystem etwas oberflächig, auch tiefergehend, sehr dicht und weit ausgebreitet, zäh.

Ansprüche

Gehölze mit minimalen Ansprüchen. Liebt Sonne und Wärme, Schatten wird schlecht vertragen. Wächst in jedem Boden, den es mit Stickstoff anreichert, am geeignetsten sind Standorte mit trockenen und leichten Böden. Verträgt verunreinigte Luft. In strengen Wintern treten Frostschäden auf, aber sehr gute Regenerationsfähigkeit.

Pflege

In den ersten 1 bis 2 Jahren nach der Pflanzung werden die Pflanzen zurückgeschnitten, damit sie sich ausreichend verzweigen. Blätter und Hülsen werden manchmal von verschiedenen Pilzen befallen, wie z. B. von *Ascochyta-* und *Ovularia-*Arten, die Blattflecken verursachen, und *Asteroma-*, *Macrosporium-* und *Cladosporium-*Arten, die Flecken an den Hülsen verursachen. Die beste Bekämpfung besteht im wiederholten Anwenden von organischen Fungiziden. Die Pflanzen leiden sehr unter Wildverbiß. Im Winter ist vor allem in den Jahren nach der Pflanzung in offenen Anlagen ein Schutz gegen Wildverbiß notwendig.

Verwendung

Colutea-Arten werden hauptsächlich

Abb. 263
a) *Colutea arborescens*;
b) *Cornus florida*;
c) *Corylopsis spicata*;
d) *Corylus avellana*;
e) *Cotinus coggygria*;
f) *Cotoneaster dielsianus*

wegen der interessanten und dekorativen Hülsen kultiviert. Sie finden als Solitär oder in gemischten Gruppen Verwendung, sind auch als Deckstrauch geeignet und werden in Industriegebieten und auch devastierten Standorten als Pioniergehölz eingesetzt.

Comptonia L'HERIT. ex AIT. – Farnmyrte *(Myricaceae)*

Sommergrüne, farnartig aussehende Sträucher. Es ist nur eine Art bekannt – *C. peregrina* (L.) COULT., die aus Nordamerika stammt und dicht verzweigte, etwa 0,5 bis 1 m hohe, aromatisch riechende, mit brüchigen Zweigchen versehene Sträuchlein bildet. Blätter wechselständig, länglichlinealisch, 5 bis 12 cm lang, tief fiederschnittig, Blüten unscheinbar, Früchte wie kleine Stachelnüßchen aussehend. Es wird noch die var. *asplenifolia* (L.) FERN. mit kleinerem Laub kultiviert. Wächst auch auf trockenen, sterilen Standorten; gehört zu den kalkfeindlichen Gehölzen. Ist in Mitteleuropa vollkommen winterhart. Liebhaberbedeutung.

Coriaria L. – Gerberstrauch *(Coriariaceae)*

Sommergrüne Sträucher, Halbsträucher oder Stauden mit kantigen Zweigen. Zur Gattung gehören etwa 10 Arten, die meist im Mittelmeergebiet, in Indien, China und Japan beheimatet sind, einige Arten kommen auch in Neuseeland und Südamerika vor. Für mitteleuropäische Verhältnisse eignet sich nur *C. japonica* A. GRAY, die etwa 1 m hohe Sträucher bildet. Blätter lebhaft grün, fast sitzend, eiförmig zugespitzt, 3 bis 10 cm lang. Kleine, grünliche oder rötliche Blütchen in 3 bis 6 cm langen Trauben. Früchte flachkugelig, etwa 5 mm groß, anfangs rötlich, dann schwarzviolett. Verlangt sonnige und geschützte Standorte, Winterschutz aus Reisig und gute humose, durchlässige Böden. Pflanzen, die im Winter bis zur Erde zurückgefroren sind, treiben gut durch. Hat nur Liebhaberbedeutung.

Cornus L. – Hartriegel, Kornelkirsche *(Cornaceae)*

Sommergrüne Sträucher, seltener Bäume; etwa 40 Arten, in der nördlichen gemäßigten Zone wachsend. Schnell heranwachsende Gehölze, in Mitteleuropa meist strauchig.
Zierwert: Laub (V bis XI, besonders X bis XI), Blüte (II bis VIII), Früchte (VII bis I), Einjahrstriebe (XI bis IV).

Habitustypen

„Florida-Typ": baumartig mit normalem Stamm und länglich-kugeliger bis breit eiförmiger Krone (Abb. 264 B),
„Controversa-Typ": baumartig mit niedrigem, kurzem Stamm und breit kugeliger Krone (Abb. 264 A),
„Kousa-Typ": wüchsige Sträucher oder Bäumchen mit niedrigem Stämmchen, waagerecht, fast etagenartig angeordnete Zweige und breit länglicher Habitus (Abb. 265 B),
„Pendula-Typ": Hauptzweige nur wenig aufstrebend, fast waagerecht, Zweiglein meist hängend, so daß der gesamte Habitus „kaskadenförmig" wirkt (Abb. 266 C),
„Pyramidalis-Typ": breit säulenförmige, manchmal bis eiförmige Sträucher (Abb. 265 A),

Wissenschaftlicher Name	Deutscher Name	Natürliche Verbreitung bzw. Entstehungsort	Frosthärte
● *C. alba* L.	Tatarischer Hartriegel	N-UdSSR, N-Korea	++
C. alba WANGENH. non L. = *C. sericea*			
● *C. alternifolia* L.	Wechselblättriger Hartriegel	N-Amerika	++
C. amomum MILL.	Seidenhaariger Hartriegel	N-Amerika	++
C. × *arnoldiana* REHD.		(vor 1900)	++
C. aspera WANGER. = *C. bretschneideri*			
C. australis C. A. MEY.	Südlicher Hartriegel	SO-Europa bis Kaukasus	++
var. *koenigii* (SCHNEID.) WANGER.		Transkaukasien	++
C. bretschneideri L. HENRY		N-China	++

„Alba-Typ": kleinere oder auch größere, dicht gebaute, breit halbkugelige Sträucher, Zweige und Triebe meist mehr oder weniger aufrecht gestellt (Abb. 267),
„Nana-Typ": niedrige, halbkugelige, nicht niederliegende dichte Sträucher (Abb. 266 B),
„Sericea-Typ": niedrige, ausläuferbildende und niederliegende Sträucher (Abb. 266 A).

Textur

Ziemlich dicht (besonders bei den Tyben „Pyramidalis" und „Nana"), aber dabei luftig unruhig, da oft zwischen der Belaubung auch die Zweige und Triebe sichtbar sind. Beim „Pendula-Typ" ungleichmäßig vorhangartig. Am lockersten ist das Aussehen beim „Kousa-Typ".

Laub

Blätter gegenständig, nur ausnahmsweise wechselständig (*C. alternifolia*, *C. controversa*), ganzrandig, mit einer typisch bogigen Nervatur, Blattspreite verschieden eiförmig (Abb. 268).

Blattfarbe:
Dunkelgrün
C. alternifolia, C. bretschneideri, C. controversa, C. hessei, C. kousa, C. k. 'Rubra', 'Xanthocarpa', *C. marcrophylla, C. officinalis, C. paucinervis, C. pumila, C. racemosa, C. rugosa, C.* × *slavinii, C. sericea, C. s.* 'Flaviramea', var. *coloradensis*, 'Kelsey', var. *nitida*.
Grün
die meisten bei den Habitustypen angeführten Arten.
Grünbraun
C. alba 'Kesselringii'.
Grüngelb
C. alba 'Rosenthalii', *C. a.* 'Spaethii', *C. mas* 'Aurea', *C. nuttallii* 'Eddie', *C. sanguinea* 'Variegata'.

Wissenschaftlicher Name	Deutscher Name	Natürliche Verbreitung bzw. Entstehungsort	Frosthärte
● *C. controversa* HEMSL.	Pagoden-Hartriegel	Japan, Korea, China	++
C. coreana WANGER.	Koreanischer Hartriegel	M-China, Korea	++
C. drummondii C. A. MEY.	Blumen-Hartriegel,	N-Amerika	++
● *C. florida* L. (Abb. 263 b)	»Dogwood«	N-Amerika	++
C. foemina MILL.		USA	++
C. glabrata BENTH.		Oregon-Kalifornien	++
C. hemsleyi SCHNEID. et WANGER.		M-China	++
C. hessei KOEHNE	Zwerg-Hartriegel	NO-Asien	++
● *C. kousa* (BUERG.) HANCE	Japanischer Blumen-Hartriegel	Japan, Korea	++
var. *chinensis* OSBORN	Chinesischer Blumen-Hartriegel	China	++
C. macrophylla WALL.	Großblättriger Hartriegel	Himalaja, China Japan	++
● *C. mas* L.	Kornelkirsche	M- u. S-Europa, Kleinasien, Kaukasus	++
● *C. nuttallii* AUDUB.	Westamerikanischer Blumen-Hartriegel	N-Amerika	++, +
C. obliqua RAF.	Schiefer Hartriegel	N-Amerika	++
C. officinalis S. et Z.	Japanische Kornelkirsche	Korea, Japan	++
C. paucinervis HANCE	Wenignerviger Hartriegel	M-China	++
C. pumila KOEHNE	Kleiner Hartriegel	?	++
C. racemosa LAM.	Rispen-Hartriegel	N-Amerika	++
C. rugosa LAM.	Rundblättriger Hartriegel	N-Amerika	++
● *C. sanguinea* L.	Gemeiner Hartriegel, Blutroter H.	Europa, Kurdistan	++
C. sericea L.	Weißer Hartriegel	N-Amerika	++
C. × *slavinii* REHD.		(vor 1910)	++
C. stolonifera MICHX. = *C. sericea*			
C. tatarica MILL. = *C. alba*			
C. walteri WANGER.		M-China	++

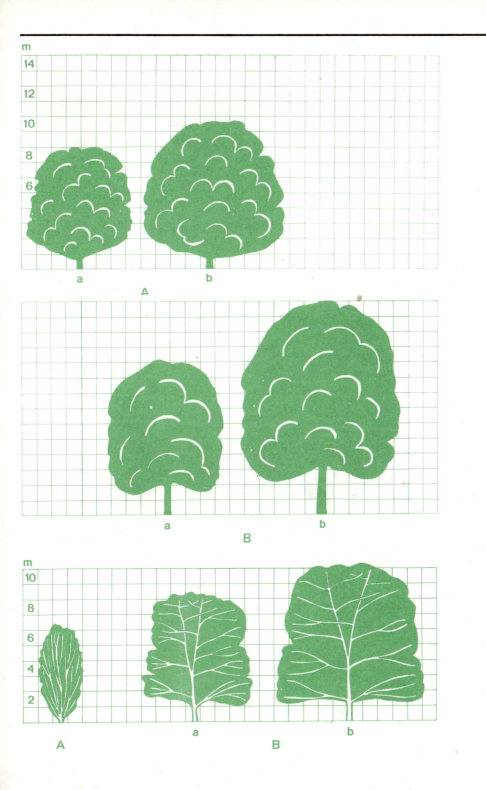

Abb. 264
A) Typ „controversa"
a)
● *C. alternifolia*,
C. florida 'Willsii';
b)
● *C. controversa*,
C. c. 'Variegata',
C. macrophyllum,
● *C. nuttallii* (manchmal)

B) Typ „florida"
a)
● *C. florida*,
C. f. 'Pluribracteata',
'Prosser',
● 'Rubra',
'White Cloud',
'Xanthocarpa',
C. mas,
C. officinalis;
b)
C. walteri,
C. coreana

Abb. 265
A) Typ „pyramidalis"
C. mas 'Pyramidalis'

B) Typ „kousa"
a)
● *C. kousa*,
C. k. 'Rubra',
'Xanthocarpa';
b)
C. kousa var. *chinensis*

Grünlich weiß
C. alba 'Argenteomarginata', *C. a.* 'Sibirica Variegata', *C. alternifolia* 'Argentea', *C. controversa* 'Variegata', *C. florida* 'Willsii', *C. mas* 'Variegata', *C. sanguinea* 'Mietzschii'.
Grünlich-weiß-rosa
C. alba 'Gouchaultii', *C. mas* 'Elegantissima'.

Viele Arten und Sorten haben eine auffallende Herbstfärbung, z. B. sind *C. florida, C. kousa* und *C. sanguinea* schön scharlachrot mit violettem Hauch, *C. officinalis* lebhaft braunrot und die meisten Arten (*C. mas* u. a.) gelblich gefärbt.

Blüte und Blütenstand

Kleine 4zählige Blüten in endständigen Trugdolden ohne Hochblätter oder in kopfigen Dolden, oft mit Hochblättern, die manchmal blütenblattartig weiß, rosa, rot oder gelb gefärbt sind. Man kann den Zierwert der Blüten nicht übersehen, hauptsächlich bei den noch vor dem Laubaustrieb blühenden Arten (z. B. *C. mas* usw.) oder bei Arten mit auffallenden Hochblättern (*C. florida, C. kousa* u. a.). Blütenstände sind nach ihrem Aussehen zu unterscheiden: kopfige bis dichte und breite Trugdolden (Abb. 269), schwertlilienartige (Abb. 270 A), spitz sternige (Abb. 270 B), schalenartig 4zählige (Abb. 271 A), schalenartig 6zählige (Abb. 271 B). Neben der Gestalt und Größe ist noch die Färbung der Blütenstände wichtig.

Blütenfarbe:
Reinweiß
C. glabrata, C. alternifolia, C. australis und Sorten, *C. obliqua, C.* × *arnoldiana, C. foemina, C. pumila, C. racemosa, C. florida, C. f.* 'Pendula', 'Pluribracteata', 'White Cloud' 'Xanthocarpa', 'Willsii', *C. bretschneideri, C. controversa* und Sorten.
Weißgelb
die meisten bei den Habitustypen angeführten Arten, Varietäten und Sorten.

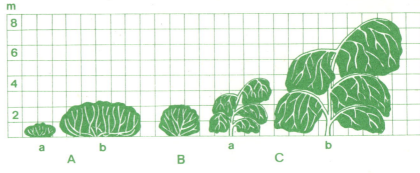

Abb. 266
A) Typ „sericea"
a)
C. sericea 'Kelsey';
b)
● *C. sericea*,
● *C. s.* 'Flaviramea', var. *coloradensis*, var. *nitida*

B) Typ „nana"
C. mas 'Nana'

C) Typ „pendula"
a)
C. glabrata;
b)
● *C. florida* 'Pendula'

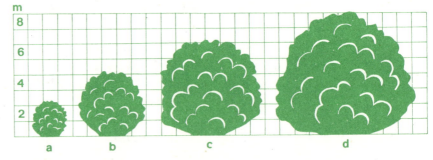

Abb. 267   Typ „alba"
a)
● *C. alba* 'Spaethii',
C. hessei,
C. pumila,
● *C. sanguinea* 'Stups';
b)
● *C. alba*,
● *C. a.* 'Argenteomarginata',
● 'Gouchaultii',
● 'Kesselringii',
'Rosenthalii',
● 'Sibirica',
'Sibirica Westernbird',
C. amomum,
C. × *arnoldiana*,

C. australis,
C. a. var. *koenigii*,
C. bretschneideri,
C. obliqua,
C. pauciflora,
C. rugosa,
● *C. sanguinea*,
C. s. 'Mietzschii',
'Variegata',
'Viridissima',
C. × *slavinii*;
c)
C. alternifolia,
C. a. 'Argentea',
C. drummondii,
C. foemina,

● *C. mas*,
C. m. 'Alba',
'Aurea',
● 'Elegantissima',
'Flava',
● 'Macrocarpa',
'Sphaerocarpa',
'Variegata',
'Violacea',
C. officinalis,
C. racemosa;
d)
C. florida,
C. hemsleyi,
● *C. nuttallii*,
C. n. 'Eddie'

Abb. 268 Blätter *Cornus*
a) *C. controversa*, *C. nuttallii*;
b) *C. amomum*,
c) *C. alternifolia*;
d) *C. coreana*, *C. walteri*;
e) *C. florida*, *C. officinalis*;
f) *C. macrophylla*;
g) *C. rugosa*;
h) *C. arnoldiana*, *C. obliqua*;
i) *C. alba*, *C. bretschneideri*, *C. slavinii*, *C. sericea*;
j) *C. pumila*;
k) *C. hessei*;
l) *C. mas*;
m) *C. sanguinea*;
n) *C. australis*, *C. hemsleyi*
(Quadrat 1 × 1 cm)

Gelb
C. mas und Sorten, *C. officinalis*.
Weißlich-rosa bis rosa (Hochblätter)
C. kousa 'Rubra', *C. nuttallii*.
Rosarot bis rot (Hochblätter)
C. florida 'Rubra', *C. f.* 'Prosser'.

Bei richtiger Arten- und Sortenauswahl können die *Cornus*-Arten im Park oder Garten ununterbrochen von Februar bis August blühen (Abb. 272).

Frucht und Fruchtstand

Steinfrucht mit zweiteiligem, länglichem oder kugeligem, erbsengroßen Stein. Früchte meist in Fruchtständen zusammengestellt. Manchmal sind sie sehr dekorativ, hauptsächlich durch ihre Färbung (die weißlichen oder gelblichen sowie roten).

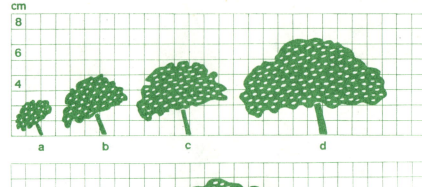

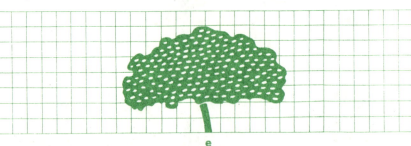

Fruchtfarbe:
Weißlich
C. alba und Sorten, *C.* × *arnoldiana, C. asperifolia, C. glabrata, C. mas* 'Alba', *C. racemosa, C. sericea* sowie Sorten und Varietäten.
Gelblich
C. florida 'Xanthocarpa', *C. kousa* 'Xanthocarpa' und *C. mas* 'Flava'.
Rot
C. florida und die meisten Sorten, *C. kousa* und die meisten Sorten, *C. mas* und die meisten Sorten, *C. nuttallii, C. n.* 'Eddie', *C. officinalis*.
Violettrot
C. mas 'Violacea'.
Hellblau
C. alba und Sorten (manchmal), *C. amomum, C.* × *arnoldiana, C. foemina, C. glabrata, C. hessei, C. obliqua, C. rugosa, C.* × *slavinii*.
Blauschwarz
C. alternifolia, C. a. 'Argentea', *C. bretschneideri, C. controversa, C. c.* 'Variegata', *C. hemsleyi, C. macrophylla, C. sanguinea* und Sorten.
Schwarz
C. pauciflora, C. pumila und *C. walteri*.

Abb. 269   Blütenstand *Cornus*
Kopfige bis dichte und breite Trugdolden
a)
C. mas, Sorten,
C. officinalis;
b)
C. glabrata,
C. hessei;

c)
C. alba, Sorten,
C. alternifolia,
C. australis,
C. obliqua,
C. sericea, Sorten,
C. amomum,
C. × *arnoldiana*,
C. foemina,
C. hemsleyi,
C. pumila,
C. sanguinea;

d)
C. pauciflora,
C. racemosa,
C. rugosa,
C. × *slavinii*,
C. drummondii,
C. coreana,
C. walteri;
e)
C. bretschneideri,
C. controversa, Sorten,
C. macrophylla

Abb. 270   Blüten *Cornus*

A) schwertlilienartig
C. florida 'Pluribracteata'

B) spitz sternig
C. kousa,
C. k. var. *chinensis*,
'Rubra', 'Xanthocarpa'

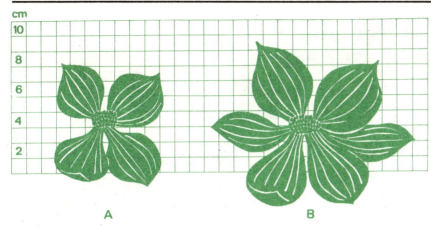

Abb. 271 Blüten *Cornus*

A) schalenförmig 4zählig
C. florida,
C. f. 'Pendula',
'Prosser',
'Rubra',
'White Cloud',
'Xanthocarpa',
'Willsii'

B) schalenartig 6zählig
C. nuttallii

Stämmchen, Zweige und Wurzelsystem

Bei den meisten strauchartigen *Cornus*-Arten vom „Alba-", „Sericea" und „Nana-Typ" kommen im Herbst, Winter und Vorfrühling die wenig verzweigten Triebe (meist einjährige) zur Geltung. Während der Vegetationsruhe beleben sie die unbelaubte Szenerie mit ihrer auffallend gefärbten Rinde. Am effektvollsten sind rötliche und grünlich gelbe Tönungen.

Rindenfarbe:
Grün
bei den meisten angeführten Arten, Varietäten und Sorten.
Grau
C. racemosa.
Gelbgrün
C. sericea 'Flaviramea', *C. walteri*.
Gelblich rot
C. bretschneideri, C. macrophylla.
Rot
C. alba und die meisten Sorten, *C. coreana, C. hemsleyi, C.* × *slavinii, C. sericea, C. s.* 'Kesley'.
Braunrot
C. sericea f. *baileyi, C. glabrata*.
Braungrün
C. australis, C. a. var. *koenigii, C. hessei, C. kousa* und Sorten, *C. sanguinea* und Sorten.
Braun
C. controversa, C. c. 'Variegata', *C. sericea* var. *coloradensis*.
Schwarzbraun
C. alba 'Kesselringii'.

Stämmchen der meisten baumartigen Typen hellgrau oder schwärzlich braun (*C. kousa* usw.). Wurzelsystem reich verzweigt und in die Breite Ausläufer treibend (*C. sericea* u. a.).

Ansprüche

Cornus-Arten sind meist anspruchslose Gehölze. Alle wachsen gut in sonniger Lage. Bei intensiver Sonneneinstrahlung können auf trockenen Standorten bei *C. amomum, C. hessei* und allen buntblättrigen Sorten Blattverbrennungen entstehen. Im tieferen Schatten blühen die auffallender blühenden Arten mit vergrößerten und ausgefärbten Hochblättern wenig, und die Blüten sind nicht ganz entwickelt. An die Bodenverhältnisse stellen die meisten Arten keine Ansprüche, ausgenommen die „großblumigen" Typen, besonders *C. florida, C. kousa* und *C. nuttallii*, die wir in tiefgründige, nahrhafte Gartenböden pflanzen (eine Bodenverbesserung mit verrottetem Mist und hauptsächlich mit Torf ist ratsam). Alle Arten sind für eine ausreichende Bodenfeuchtigkeit sehr dankbar, wenn sie auch größere Trockenheit vertragen können. In feuchten sowie trockenen Lagen wachsen *C. alba* und *C. sericea* befriedigend. Die „großblumigen" *Cornus*-Arten wachsen gut auf leicht sauren Böden (kalkfeindliche Pflanzen), sie sind in Trockenperioden für Wässern dankbar. Zu den kalkliebenden Arten gehören vor allem *C. mas* und *C. sanguinea*. Alle angeführten Arten sind unter mitteleuropäischen Bedingungen winterhart und wachsen befriedigend auch in verunreinigter Luft. Unter Wildverbiß leiden sie nicht.

Pflege

Pflanzung im laublosen Zustand (Vorfrühling, Herbst) oder während der Vegetationszeit, wenn es sich um Containerpflanzen handelt. Junge Pflanzungen der „großblumigen" Typen wässern wir angemessen. Wenn bei manchen Arten (Sorten) die effektvoll ausgefärbten Triebe wirken sollen, müssen wir die Sträucher „verjüngen", in dem wir das „alte Holz" fast alljährlich herausschneiden, damit sich eine ausreichende Zahl neuer, junger und ausgefärbter Triebe bildet. Ältere Exemplare vertragen ein Umpflanzen mit Wurzelballen gut (gleichzeitig wird zurückgeschnitten); es ist aber überflüssig, da die Jungpflanzen meist rasch heranwachsen. Bedeutsame Krankheiten und Schädlinge gibt es kaum; gelegentlich erscheinen Blattfleckenkrankheiten, die durch mehrere pilzliche Erreger hervorgerufen werden. (Ein rechtzeitiges und wiederholtes Anwenden von Kupfer- oder Zinebpräparaten ist wirkungsvoll). Gegen Echten Mehltau sind Schwefel-, Benzimidazol- u. a. Präparate einzusetzen.

Verwendung

Sträucher werden in Rasenflächen als Solitärs oder auch in kleineren Gruppen bzw. Vorpflanzungen vor höheren Gehölzen ausgepflanzt. Hell- und buntlaubige Sorten kommen vor dunklem Hintergrund von Nadelgehölzen (z. B. *Taxus*) sehr gut zur Geltung. Sehr früh blühende Arten wie *C. mas* und *C. officinalis* pflanzen wir wegen der weniger auffallenden, kleinen Blüten so, daß sie aus nächster Nähe betrachtet werden können. Manche dicht verzweigten und wüchsigen Arten (z. B. *C. mas*) eignen sich auch für geschnittene Hecken. Für farbige Wirkungen nutzen wir nicht nur die sommerliche und herbstliche Färbung von Laub, Blüten und Früchten, sondern auch die Triebfarbe (z. B. ist eine Kombination von Arten und Sorten mit gelbgrünen und roten Trieben zusammen mit weißstämmigen *Betula*-Arten oder mit dunklen Nadelgehölzen sehr wirkungsvoll). Baumartige Typen sind geeignete Solitärs, besonders wenn sie auffallend blühen (*C. florida* usw.). Wir können sie auch zum Einsäumen von Wegen, schattigen Durchgängen usw. verwenden. Viele Typen eignen sich vorzüglich als Deckstrauch und manche (besonders *C. sanguinea* und *C. mas*) sind auch ein ausgezeichnetes Unterholz von höheren Gehölzen. Sehr gut wirken sie in Gemeinschaft mit *Euonymus, Corylus, Viburnum* und ähnlichen Gehölzen. Früchte von *C. mas* sind eßbar; sie können zu Kompott, Marmelade und Most verarbeitet werden. Zweige von *C. mas* können für Vasenschmuck getrieben werden.

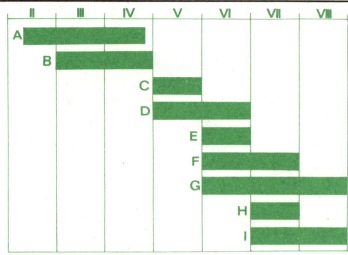

Abb. 272   Blütezeit *Cornus*

A)
C. mas, Sorten;

B)
C. officinalis;

C)
C. nuttallii, Sorten;

D)
C. alba, Sorten,
C. foemina,
C. sericea, Sorten,
C. amomum,
C. australis, Varietäten,
C. rugosa,
C. alternifolia,
C. florida, Sorten,
C. sanguinea, Sorten,
C. × slavinii;

E)
C. sericea f. *baileyi*,
C. bretschneideri
C. controversa, Sorten,
C. glabrata,
C. hemsleyi,
C. kousa, Sorten,
C. koreana,
C. walteri;

F)
C. × arnoldiana,
C. drummondii,
C. obliqua,
C. racemosa;

G)
C. hessei;

H)
C. pumila;

I)
C. pauciflora,
C. macrophyllum

Coronilla L. – Kronwicke *(Leguminosae)*

Meist kahle, selten behaarte Sträucher oder Stauden; etwa 20 Arten in Mittel- und Südeuropa, Nordafrika und dem Orient. Für mitteleuropäische Verhältnisse eignet sich nur *C. emerus* L., ein 1 bis 3 m hoher Strauch. Blätter unpaarig gefiedert, 7 bis 9 verkehrt eiförmige Blättchen, 1 bis 2,5 cm lang und graugrün. Gelbe, 1,5 bis 2 cm lange Schmetterlingsblüten, zu 2 bis 3. Hülse etwa 5 cm lang. Die Kronwicke liebt leichte, warme Böden (in schweren und zu feuchten Substraten erfrieren die Pflanzen oft bis zur Erde, treiben aber wieder gut durch) und sonnige Lagen. Im Winter leiden sie sehr unter Wildverbiß. Sind ziemlich anspruchslos. Liebhaberbedeutung (Alpinum).

Corylopsis S. et Z. – Scheinhasel
(Hamamelidaceae)

Sommergrüne Sträucher, seltener auch baumförmig. Zur Gattung gehören etwa 20 Arten, die in Ostasien und im Himalajagebiet beheimatet sind. Für mitteleuropäische Bedingungen sind von Bedeutung: *C. glabrescens* FRANCH. et SAV., ● *C. pauciflora* S. et Z., *C. platypetala* REHD. et WILD., *C. spicata* S. et Z. (Abb. 263 c), *C. veitchiana* BEAN, *C. wilsonii* HEMSL. und *C. yunnanensis* DIELS. Alle angeführten Arten bilden in Mitteleuropa schöne 2 bis 3 m hohe Sträucher. Blätter dünn gestielt, mit starker Nervatur, verschieden eiförmig, 3 bis 9 cm lang, gezähnt und mit Nebenblättern. Blüte klein, 5zählig, gelb, duftend, sitzend, in hängenden, 2 bis 4 cm langen Trauben, die sich noch vor dem Laubaustrieb (März–Mai) öffnen. Früchte breit-eiförmige, 2spitzige Kapseln. *Corylopsis*-Arten gedeihen am besten im Halbschatten und sind an die Bodenverhältnisse anpassungsfähig. Sie verlangen aber eine geschützte Lage, denn sie blühen noch vor den Forsythien und können daher unter Spätfrösten leiden; nach Möglichkeit die blühenden Pflanzen abends mit leichten Stoffen oder Papier zudecken. Winterschutz ist zweckmäßig. Eine Pflanzung in Gebäudenähe sollte so angeordnet werden, daß der Strauch vom Fenster aus sichtbar ist.

Wissenschaftlicher Name	Deutscher Name	Natürliche Verbreitung bzw. Entstehungsort	Frosthärte
C. americana MARSH.	Amerikanische Hasel	Kanada, O-USA	++
● *C. avellana* L. (Abb. 263 d)	Wald-Hasel, Haselnuß	Europa, Kaukasus	++
C. californica (A. DC.) ROSE	Kalifornische Hasel	W-USA	++
C. chinensis FRANCH.,	Chinesische Hasel	M- u. W-China	++
● *C. colurna* L.	Baum-Hasel, Türkische Hasel	SO-Europa, W-Asien	++
C. × *colurnoides* SCHNEID.		(vor 1835)	++
C. cornuta MARSH.	Schnabelnuß	N-Amerika	++
C. heterophylla FISCH. ex TRAUTV.	Mongolische Hasel	Japan, N-China, NO-Asien	++
var. *sutchuenensis* FRANCH.		M- u. W-China	++
var. *yunnanensis* FRANCH.		SW-China	++
C. × *intermedia* LODD. = *C.* × *colurnoides*			
C. jacquemontii DECNE.		NW-Himalaja, Nepal	++
● *C. maxima* MILL.	Lambertsnuß, Weiße Hasel	SO-Europa, W-Asien	++
C. rostrata AIT. = *C. cornuta*			
C. sieboldiana (BL.) MAXIM.	Japanische Hasel	Japan, NO-Asien, N-China	++
var. *mandschurica* (MAXIM. & RUPR.) SCHNEID.		NO-Asien bis N-Japan	++
C. tibetica BATAL.	Tibet-Hasel	China	++
C. tubulosa WILLD. = *C. maxima*			
C. × *vilmorinii* REHD.		(vor 1911)	++

Corylus L. – Hasel, Haselnuß
(Betulaceae)

Sommergrüne höhere Sträucher, seltener auch Bäume. Es existieren etwa 15 Arten, die in der nördlichen gemäßigten Zone vorkommen. Die Sträucher wachsen schnell, die baumartigen Typen etwas langsamer – in 10 Jahren sind sie etwa 2 m hoch, in 20 Jahren 2 bis 5 m, in 30 Jahren 4 bis 7 m. Zierwert: Laub (V bis XI), Blüte (III bis IV).

Habitustypen

„Chinensis-Typ": höhere, breit ausladende Bäume, mit mehr oder weniger halbkugeliger Krone, Verzweigung mitteldicht, Stamm kurz (Abb. 273),
„Colurna-Typ": vom vorigen Typ durch eine kegelförmige Krone unterschieden (Abb. 274 B),
„Pendula-Typ": strauchiges Bäumchen oder Strauch mit fast waagerecht bis bogig abstehenden Ästen und hängenden Zweigen; Krone breit halbkugelig, oft bis zur Erde reichend, Stämmchen meist verzweigt (Abb. 274 A),

„Maxima-Typ": meist unregelmäßig aufrechter und lockerer bis luftiger, ausgebreiteter Strauch (Abb. 275 B), „Avellana-Typ": Strauch, der sich vom vorigen Typ durch einen breiteren halbkugeligen Wuchs unterscheidet (Abb. 275 A).

Textur

Ziemlich grob, bedingt durch die Form und Größe der Blätter, dabei aber gleichmäßig; bei strauchigen Typen etwas lockerer, unregelmäßig luftig bis durchsichtig.

Laub

Blätter sind in den meisten Fällen die Hauptzierde; wechselständig, meist eiförmig bis herzförmig, doppelt gezähnt und behaart (Abb. 276).

Blattfarbe:
Hellgrün
C. americana, C. avellana, C. a. 'Contorta', 'Glomerata', 'Heterophylla, 'Pendula', 'Piliciensis', 'Microphylla', 'Zimmermanii', *C. californica, C. cornuta, C. maxima, C. m.* 'Rubra' (Frucht mit roter Hülle), *C. sieboldiana* (in der Blattspreitenmitte oft ein brauner Fleck), *C. s.* var. *mandshurica, C. tibetica, C.* × *vilmorinii.*
Dunkelgrün
C. chinensis, C. colurna, C. × *colurnoides, C. heterophylla* und Varietäten, *C. jacquemontii.*
Gelbgrün
C. avellana 'Aurea'.
Weißlich-gelb bunt
C. avellana 'Variegata'
Braunrot
C. avellana 'Fuscorubra', *C. maxima* 'Purpurea'.
Braunbunt
C. avellana 'Funduk' (brauner Fleck in der Blattspreitenmitte).

Herbstfärbung je nach Standort gelb oder weniger auffallend (braunrot).

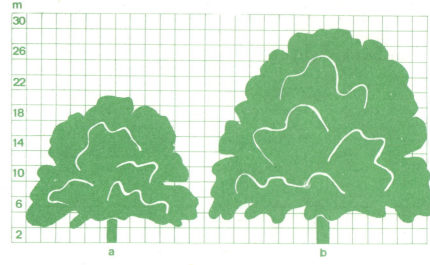

Abb. 273 Typ „chinensis"
a) *C.* × *vilmorinii, C.* × *colurnoides*
b) *C. chinensis*

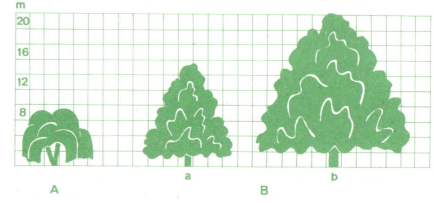

Abb. 274 ● *C. avellana* 'Pendula' B) Typ „colurna" b)
A) Typ „pendula" a) *C. jaquemontii*; ● *C. colurna*

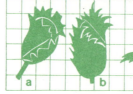

Abb. 277 Früchte *Corylus*
a) *C. avellana*, Sorten, *C. californica*, *C. heterophylla*, Varietäten;
b) *C. americana, C.* × *vilmorinii*;
c) *C. cornuta, C. maxima*, Sorten, *C. sieboldiana*;
d) *C. colurna, C. jacquemontii* (Quadrat 1 × 1 cm)

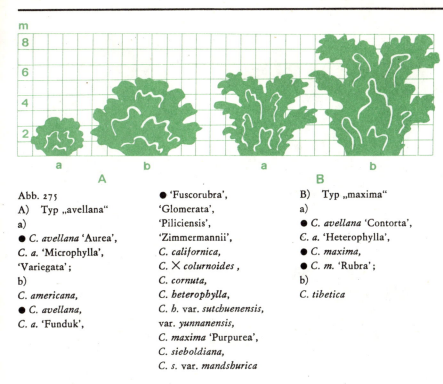

Abb. 275
A) Typ „avellana"
a)
● *C. avellana* 'Aurea',
C. a. 'Microphylla',
'Variegata';
b)
C. americana,
● *C. avellana*,
C. a. 'Funduk',

● 'Fuscorubra',
'Glomerata',
'Piliciensis',
'Zimmermannii',
C. californica,
C. × *colurnoides*,
C. cornuta,
C. heterophylla,
C. h. var. *sutchuenensis*,
var. *yunnanensis*,
C. maxima 'Purpurea',
C. sieboldiana,
C. s. var. *mandshurica*

B) Typ „maxima"
a)
● *C. avellana* 'Contorta',
C. a. 'Heterophylla',
● *C. maxima*,
● *C. m.* 'Rubra';
b)
C. tibetica

Blüte und Blütenstand

Männliche Blüten in hängenden Kätzchen, die sich schon im Herbst ausbilden. Verschieden lang (Abb. 276). Sie beleben zur Zeit des „Stäubens" im Vorfrühling (März/April) den noch unbelaubten Strauch. Weibliche Blüten in knospenähnlichen Blütenständen mit roten herausragenden Narben. Bäume blühen erstmals im 25. bis 30. Lebensjahr.

Frucht und Fruchtstand

Frucht eine Nuß, die von einer mehr oder weniger geschlitzten, glockenförmigen oder auch röhrenförmigen Hülle umgeben ist (Abb. 277). Hülle grünlich, so daß die Früchte in der Belaubung nicht auffallen. Am auffallendsten sind Früchte mit röhrigen Hüllen oder von rotblättrigen Sorten.

Stamm, Zweige und Wurzelsystem

Stämme der baumförmigen Arten gerade, sie reichen oft bis in die Spitze der Krone. In der Jugend haben sie eine bräunliche graue Borke, die später (etwa nach 10 bis 15 Jahren) hellgrau wird, zerspringt und sich schuppenförmig ablöst. Sträucher mit starr aufrechten Stämmchen, in den oberen Partien bogig verzweigt. Rinde braun, meist mit auffallenden Lentizellen. Sehr dekorativ ist die gedrehte, bizarr gekrümmte und verschieden verflochtene Verzweigung von *C. avellana* 'Tortuosa' (am schönsten im Rauhreif oder leicht verschneit). Wurzelsystem dicht, reich verzweigt und zäh.

Ansprüche

Anspruchslose Gehölze. Wachsen gut in voller Sonne und auch im Halbschatten (*C. avellana* sogar in Schatten). An den Boden stellen sie keine besonderen Anforderungen, an zu sonnige und trockene oder auch zu feuchte Standorte sollte man *Corylus*-Arten nicht pflanzen. Ideal ist ein lehmiger Boden mit ausreichendem Kalkgehalt. Alle angeführten Arten sind in Mitteleuropa völlig winterhart (in strengen Wintern erfrieren in feuchten Lagen Triebe von *C. colurna*). Gut wird verunreinigte Luft vertragen; nach Ranft und Dässler ist *C. colurna* gegen Schwefeldioxid empfindlich.

Pflege

Pflanzung im Frühjahr oder Herbst. Weitere Pflegebedürfnisse sind minimal. Zu dicht gewordene Pflanzen können ausgelichtet werden, ältere Pflanzen vertragen auch einen radikalen Rückschnitt zur Verjüngung. Ältere Exemplare können ohne Schwierigkeiten umgepflanzt werden; Pflanzen älter als 30 Jahre stagnieren aber in den ersten Jahren nach der Umpflanzung. Krankheiten und Schädlinge haben nicht die Bedeutung wie bei den Obstsorten. Unter Wildverbiß leiden *Corylus*-Arten nicht.

Verwendung

Baumartige Typen und die meisten Strauchtypen eignen sich nicht für kleinere Anlagen und Gärten. Gut bewähren sie sich in größeren, natürlich gestalteten Anlagen (Solitär- oder Gruppenpflanzungen). Der baumartige „Colurna-Typ" eignet sich als Straßenbaum für breite Straßen und Alleen. Sträucher decken sehr gut und eignen sich sowohl für frei wachsende, als auch für geschnittene Hecken. Gut eignen sie sich zum Einsäumen höherer Baumgruppen und als Unterholz. Rotblättrige Sorten wirken als Solitärpflanzen und in der Nachbarschaft hellgrüner, weiß oder gelb belaubter

Gehölze (*Philadelphus, Forsythia, Acer negundo* 'Auratum' usw.). Gelbbunte Sorten fallen vor dunklem Hintergrund von Nadelgehölzen am besten auf. Geschlitztblättrige *Corylus*-Arten pflanzt man so, daß sie gut sichtbar sind. *C. maxima* wird in zahlreichen Obstsorten kultiviert.

Cotinus MILL. – Perückenstrauch, Fisettholz *(Anacardiaceae)*

Sommergrüne Sträucher mit gelblichem Holz, nur zwei Arten: *C. coggygria* SCOP. (Abb. 263 e) und *C. obovatus* RAF.
Zierwert: Laub (IV bis XI, besonders X bis XI), Blüte (VI bis VII), Fruchtstand (IX bis X).

Habitus

Breit ausladende Sträucher bis 3 m hoch, bei der wenig bekannten Art *C. obovatus* fast baumartiger Wuchs. Die verbreitete Art *C. coggygria* hat auch eine Hängesorte 'Pendulus'.

Textur

Luftig, fast leicht, dabei aber etwas starr und wenig durchsichtig. Alte Sträucher in den unteren Partien ziemlich kahl und durchsichtig.

Laub

Blätter grau bereift, wechselständig; eiförmig bis verkehrt eiförmig, ganzrandig, langgestielt, bis 8 cm lang, im Herbst rötlich bis orangefarben.

Blattfarbe:
Hellgrün
C. coggygria, C. c. 'Purpureus', 'Pendulus', *C. obovatus.*

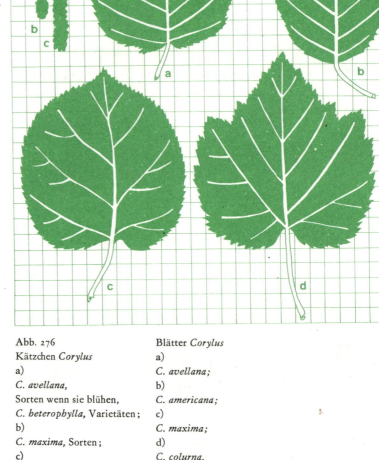

Abb. 276
Kätzchen *Corylus*
a) *C. avellana*, Sorten wenn sie blühen, *C. heterophylla*, Varietäten;
b) *C. maxima*, Sorten;
c) *C. colurna*, *C.* × *colurnoides*, *C. jacquemontii*

Blätter *Corylus*
a) *C. avellana*;
b) *C. americana*;
c) *C. maxima*;
d) *C. colurna*, *C.* × *colurnoides*
(Quadrat 1 × 1 cm)

Dunkelrot
C. coggygria 'Rubrifolius'.
Schwarzrot
C. coggygria 'Royal Purle'.

Blüte und Blütenstand

Blüten klein, 5zählig, grünlich, in dekorativen Rispen, 15 bis 29 cm lang. Blütezeit: Juni/Juli.

Frucht und Fruchtstand

Nur eine begrenzte Blütenzahl bildet Früchte (kleine, trockene Steinfrüchte), übriggebliebene Fruchtstiele verlängern sich und besetzen sich mit langen, abstehenden und rötlichen Haaren. Zu dieser Zeit (September/Oktober) ist der Perückenstrauch am schönsten. Bekannt ist auch *C. coggygria* 'Purpureus' mit grünen Blättern und karminroten, behaarten Fruchtständen.

Zweige und Wurzelsystem

Einjährige Triebe kahl, grünlich braun, ältere Zweige bzw. Stämmchen hellgrau und nur ausnahmsweise etwas dunkler, glatt. Wurzelsystem sehr dicht, zäh, weit ausgebreitet, reich und fein verzweigt.

Ansprüche

Beide Arten lieben eine warme, sonnige Lage (je mehr Sonne, desto besserer Wuchs und schönere Herbstfärbung, bei rotlaubigen Sorten ganzjährige Färbung). Vertragen auch Halbschatten. Wachsen in jeder Gartenerde, aber auch gut auf trockenen, kalkreichen Standorten. In strengen Wintern können sie in ungeschützten Lagen etwas zurückfrieren, treiben aber wieder gut durch. Verunreinigte Luft wird gut vertragen. Unter Wildverbiß leidet dieses Gehölz nur selten.

Pflege

Pflanzung möglichst mit Wurzelballen. Besondere Pflegeansprüche bestehen nicht. Vom Frost beschädigte Pflanzenteile werden entfernt. Ältere Exemplare können durch Rückschnitt verjüngt werden, ein Umpflanzen mit Wurzelballen ist möglich. An *Cotinus* kommen wenige Krankheiten vor. Pflanzen auf zu feuchten Standorten werden häufig von der *Verticillium*-Welke befallen (erkrankte Gehölze entfernen und vernichten).

Verwendung

Mit ihrem dekorativen Laub, dem Habitus und besonders der Frucht – „Perücken" der weiblichen Exemplare bilden diese Sträucher sehr wirksame Solitärs. Wenn sie sich auch im freien Stand am besten entfalten können (im höheren Alter brauchen sie viel Platz, Durchmesser 3 bis 5 m), so eignen sie sich doch auch als Vorpflanzung vor höheren Baumkulissen (Waldrand usw.). Rotblättrige Sorten wachsen langsamer als die grünlaubigen.

Wissenschaftlicher Name	Deutscher Name	Natürliche Verbreitung bzw. Entstehungsort	Frosthärte
Sommergrüne Arten			
C. acuminatus LINDL.	Spitzblättrige Zwergmispel	Himalaja	++
C. acutifolius TURCZ.	Peking-Zwergmispel	N-China	++
var. *villosulus* REHD. et WILS.		M- u. W-China	++
● *C. adpressus* BOIS	Niedrige Zwergmispel	W-China	++
C. ambiguus REHD. et WILS.		W-China	++
C. apiculatus REHD. et WILS.		W-China	++
C. applanatus DUTHIE ex VEITCH = *C. dielsianus*			
● *C. bullatus* BOIS	Runzlige Zwergmispel	W-China	++
var. *floribundus* REHD. et WILS.		W-China	++
var. *macrophyllus* REHD. et WILS.		W-China	++

Cotoneaster MEDIK. – Zwergmispel *(Rosaceae)*

Sommer- oder immergrüne Sträucher, selten unter günstigen Bedingungen auch baumförmig. Es sind etwa 50 Arten aus Europa, Nordafrika und Asien (außer Japan) bekannt. Die anfangs langsamwüchsigen Arten bleiben in Mitteleuropa strauchig, die Sträucher sind von unterschiedlicher Größe und Gestalt.
Zierwert: Laub (je nach der Art I bis XII oder V bis XI, besonders X bis XI), Blüte (je nach der Art V bis VIII), Früchte (VIII bis XII).

Habitustypen

„Cornubia-Typ": höheres, strauchiges Bäumchen, breit ausladend und sehr luftig gestaltet (Abb. 278 B),

„Multiflorus-Typ": breit ausladender, nicht sehr dichter Strauch, Zweige bogig abstehend, oft niedrig über der Erde hängend (Abb. 279),

„Nitens-Typ": aufrechter, dichter Strauch, nur die Konturen etwas lockerer (Abb. 278 A),

„Salicifolius-Typ": aufstrebender schlanker Strauch mit elegant und sehr locker-bogig hängenden Zweigen (Abb. 280 B),

„Integerrimus-Typ": Strauch starr aufrecht, locker, mäßig dicht (Abb. 280),

„Horizontalis-Typ": niederliegender, manchmal fast kriechender Strauch, Zweige waagerecht und meist zweizeilig, flach abstehend (Abb. 281),

„Ascendens-Typ": niederliegender Strauch, Zweigspitzen etwas aufstrebend (Abb. 282 B),

„Dammeri-Typ": niederliegend kriechender, an die Erde gedrückter weit in die Breite und Fläche auswachsender Strauch (Abb. 282 A).

Textur

Ist verschieden und hängt meist mit dem Habitustyp zusammen. Höhere Typen (besonders „Salicifolius", „Multiflorus" und „Integerrimus") sind meist locker bis durchsichtig locker, niederliegende und kriechende Typen („Horizontalis", „Dammeri" und „Ascendens") sind ziemlich dicht und kompakt. Der „Horizontalis-Typ" wirkt trotz seiner „Dichte" wegen der Zweigstellung leicht und luftig. Niederliegende Typen haben meist auch kleinere Blätter als höhere *Cotoneaster*-Arten. Hellere Blüten und auffallender gefärbte Früchte verringern den düsteren Charakter (vor allem bei den halbimmergrünen und immergrünen Arten und Sorten).

Wissenschaftlicher Name	Deutscher Name	Natürliche Verbreitung bzw. Entstehungsort	Frosthärte
● *C. dielsianus* Pritz. (Abb. 263 f)	Diels-Zwergmispel	W-China	++
var. *major* Rehd. et Wils.		W-China	++
● *C. divaricatus* Rehd. et Wils.	Sparrige Zwergmispel	M- u. W-China	++
C. foveolatus Rehd. et Wils.		M-China	++
C. hebephyllus Diels		SW-China	++
var. *monopyrenus* W. W. Sm.		W-China	++
C. × 'Hessei'		Weener/Ems	++
C. hupehensis Rehd. et Wils.	Hupeh-Zwergmispel	Hupeh, Szetschuan	++
C. ignavus Wolf		O-Turkestan	++
C. insignis Pojark. (manchmal halbimmergrün)		Iran, Afghanistan, Turkestan	++
● *C. integerrimus* Medik.	Gemeine Zwergmispel	Europa, W-Asien	++
C. lucidus Schlechtend.	Glänzende Zwergmispel	M-Asien, Baikalgebiet	++
C. melanocarpus Lodd. = *C. niger*			
● *C. moupinensis* Franch.	Blasige Zwergmispel	W-China	++
● *C. multiflorus* Bge.	Vielblütige Zwergmispel	Kaukasus bis O-Asien	++
var. *calocarpus* Rehd. et Wils.		W-China	++
var. *granatensis* (Boiss.) Wenz.		Spanien	++
C. × *newryensis* Lemoine (manchmal halbimmergrün)		Frankreich (Lemoine 1933)	++
● *C. nebrodensis* (Guss.) K. Koch	Filzige Zwergmispel	M-Europa, W-Asien	++
● *C. niger* (Thunb.) Fries	Schwarze Zwergmispel	N-, O- u. M-Europa bis Balkan	++
var. *commixtus* Schneid.		wie die Art	++
var. *laxiflorus* (Lindl.) Schneid.		wie die Art	++
C. nitens Rehd. et Wils.		W-China	++
C. nitidifolius Marquand		Yünnan	++
C. nummularius Fisch. et Mey. = *C. racemiflorus* var. *nummularius*			
C. obscurus Rehd. et Wils.		Szetschuan	++
var. *cornifolius* Rehd. et Wils.		Szetschuan	++
● *C. praecox* (Bois et Berthault) Vilmorin-Andrieux	Nan-Shan-Zwergmispel	W-China	++

Wissenschaftlicher Name	Deutscher Name	Natürliche Verbreitung bzw. Entstehungsort	Frosthärte
● C. racemiflorus (Desf.) K. Koch	Trauben-Zwergmispel	W-China	++
var. nummularius (Fisch. et Mey.) Dipp.		Kaukasus, Vorderasien	++
var. royleanus Dipp.		Himalaja	++
var. soongoricus (Regl. et Herd.) Schneid.		W-China	++
var. veitchii Rehd. et Wils.		Hupeh	++
C. roseus Edgew.		NW-China	≙, +
C. simonsii Baker	Simons-Zwergmispel	Himalaja	+, ≙
C. tomentosus (Ait.) Lindl. = C. nebrodensis			
C. uniflorus Bge.		M-Asien, Altai	++
C. vulgaris Lindl. = C. integerrimus			
● C. zabelii Schneid.		Schensi	++
var. miniatus Rehd. et Wils.		Hupeh	++
Halbimmergrüne Arten			
C. × crispii Exell		England (bei Waterer & Crisp)	++
C. dielsianus var. elegans Rehd. et Wils.		Szetschuan	++
● C. franchetii Bois (in wärmeren Gegenden immergrün)		W-China	++
var. cinerascens Rehd.		Szetschuan, Yünnan	++
var. sternianus Turill = C. sternianus			
● C. henryanus (Schneid.) Redh. et Wils. (manchmal immergrün)		M-China	++
● C. horizontalis Decne. (manchmal sommergrün)	Fächer-Zwergmispel	Szetschuan	++
var. perpusillus Schneid.		Hupeh, Szetschuan	++
C. pannonus Franch.		SW-China	++
C. 'Sabrina'		England (bei Hadden)	++
● C. sternianus (Turill) Boom		W-China	≙, +
C. × watereri Exell (manchmal immergrün)	Waterer-Zwergmispel-Hybriden	England SW-China	+, ++ +, ≙

Laub

Blätter wechselständig, ungeteilt, einfach, ganzrandig, verschieden eiförmig oder länglich, klein oder auch groß, sommergrün, halbimmergrün und immergrün (Abb. 283).

Blattfarbe:
Hellgrün
C. glabratus, C. glaucophyllus, C. g. var. vestitus, C. hupehensis, C. multiflorus und Varietäten, C.-Watereri-Hybride, 'Exburiensis' (glänzend), C.-Watereri-Hybride 'Rothschildianus'.

Mattgrün
C. acuminatus, C. acutifolius, C. a. var. villosulus, C. adpressus und Sorten, C. ambiguus, C. apiculatus und Sorten, C. congestus, C. × crispii, C. dammeri sowie Sorten und Varietät, C. henryanus (gerunzelt), C. insignis, C. integerrimus, C. obscurus und Varietäten, C. nebrodensis, C. pannosus, C. roseus, C.-Watereri-Hybriden (gerunzelt), 'Aldenhamensis' (gerunzelt), 'Cornubia', 'Glabratus', St. Monica, 'Vicaryi' (gerunzelt), 'Watereri' (wenig gerunzelt), C. zabelii.

Dunkelgrün
C. bullatus und Varietäten (gerunzelt), C. buxifolius, C. conspicuus und Sorten, C. dielsianus und Varietäten (auch an der Oberseite behaart), C. × 'Hessei', C. ignavus, C. × newryensis, C. niger und Varietäten, C. praecox und Sorten, C. racemiflorus und Varietäten, C. rugosus, C. × 'Sabrina', C. sternianus, C. turbinatus, C. uniflorus.

Glänzend dunkelgrün
C. amoenus, C. divaricatus, C. foveolatus, C. franchetii und Varietäten, C. glaucophyllus f. serotinus, C. horizontalis sowie die meisten Varietäten und Sorten, C. lacteus, C. lucidus, C. microphyllus sowie Sorten und Formen, C. moupinensis, C. nitens, C. nitidifolius, C. salicifolius sowie Sorten und Varietäten, C. simonsii, C. wardii, C.-Watereri-Hybride 'Herbstfeuer', C.-Watereri-Hybride 'Pendulus'.

Weißbunt
C. horizontalis 'Variegatus'.

Manche sommer- oder halbimmergrüne *Cotoneaster*-Arten haben im Herbst und am Winteranfang eine schöne Laubfärbung.

Herbstfärbung:
Gelb
C. hupehensis, C.-Watereri-Hybride 'Pendulus'.
Rot
C. acutifolius und Varietäten, *C. bullatus* und Varietäten, *C. dielsianus* und Varietäten, *C. divaricatus* (manchmal orangefarbene Tönung), *C. praecox* und Sorten, *C. simonsii*.
Orangerot
C. foveolatus, C. horizontalis sowie Varietäten und Sorten (manchmal nur rötlich).
Dunkelrot
C. adpressus und Sorten.
Ausgeprägt braun
C. moupinensis (manchmal rötlich), *C. multiflorus* und Varietäten.

Blüte und Blütenstand

Blüten klein, 5zählig, Kronblätter aufrecht oder abstehend, in der Knospe dachziegelartig zusammengelegt oder in reichen oder lockeren Blütenständen: einzeln (Abb. 284 A), zu zweien (Abb. 284 B), zu dreien (Abb. 284 C), in Büscheln (Abb. 284 D), in wenigblütiger hängender Doldentraube (Abb. 285 A), in wenigblütiger aufrechter Doldentraube (Abb. 285 B), in vielblütiger länglicher Doldentraube (Abb. 286 A) und in vielblütiger halbkugeliger Blütentraube (Abb. 286 B).

Blütenfarbe:
Weiß
C. buxifolius, C. conspicuus und Sorten, *C.* × *crispii, C. dammeri* und Varietäten, *C. glabratus, C. glaucophyllus* sowie Formen und Varietäten, *C. hebephyllus* und Varietäten, *C. henryanus, C. hupehensis, C. insignis, C. lacteus, C. microphyllus* und Sorten, *C. multiflorus* und Varietäten, *C. nitidifolius, C. pannosus, C. racemiflorus* und Varietäten,

Wissenschaftlicher Name	Deutscher Name	Natürliche Verbreitung bzw. Entstehungsort	Frosthärte
Immergrüne Arten			
C. amoenus WILS. (manchmal halbimmergrün)		SW-China	+, ≙
● *C. buxifolius* WALL. ex LINDL.		Nilgiri	+, ≙
● *C. congestus* BAKER	Gedrungene Zwergmispel	Himalaja	++
C. conspicuus MARQUAND	Ansehnliche Zwergmispel, Bogen-Zwergmispel	SO-Tibet	++
● *C. dammeri* SCHNEID.	Teppich-Zwergmispel	W-China	++
var. *radicans* DAMMER		W-Szetschuan	++
C. glabratus REHD. et WILS.		W-China	++, +
C. glaucophyllus FRANCH.		China	++
f. *serotinus* (HUTCHINS.) STAPF		Yünnan	++
var. *vestitus* W. W. SM.		Yünnan	++
C. humifusus DUTHIE ex VEITCH = *C. dammeri*			
C. lacteus W. W. SM.		Yünnan	≙
● *C. microphyllus* WALL. ex LINDL.	Kleinblättrige Zwergmispel	Himalaja, China	+, ≙
var. *glacialis* HOOK. f. = *C. congestus*			
f. *thymifolius* (LINDL.) SAMJATIN		Himalaja	+, ≙
C. rugosus PRITZ. (manchmal halbimmergrün)		O-Szetschuan, W-Hupeh	++
● *C. salicifolius* FRANCH. (manchmal halbimmergrün)	Weidenblättrige Zwergmispel	W-China	+
var. *floccosus* REHD. et WILS.		W-China	+
C. turbinatus CRAIB		W- u. M-China	+, ≙
● *C. wardii* W. W. SM.		SO-Tibet	+, ≙

274

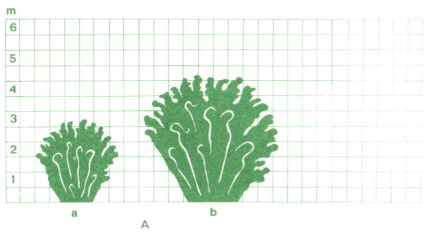

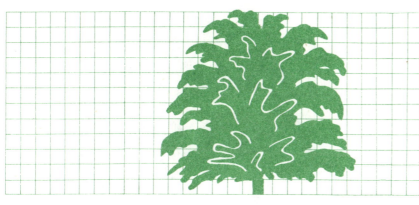

Abb. 278
A) Typ „nitens"
a) C. nitens;
b) C. nitidifolius

B) Typ „cornubia"
C. hebephyllus (manchmal)
C. × watereri 'Cornubia'

C. rugosus, C. salicifolius sowie Sorten und Varietäten, C. turbinatus.

Weißlich

C. ambiguus (rötliche Tönung), C. amoenus (rötliche Tönung), C. congestus (rosa Tönung), C. divaricatus (Kronenblattgrund rötlich), C. horizontalis sowie Sorten und Varietäten (oft rötliche Tönung), C. integerrimus (rötliche Tönung), C. lucidus (rötliche Tönung), C. microphyllus f. thymifolius (rötliche Tönung), C. niger (roter Hauch), C. obscurus und Varietäten (rosa Tönung), C. roseus (roter Hauch), C. × 'Sabrina' (rötliche Tönung), C. simonsii (rötliche Tönung), C. sternianus (die obere Kronenblatthälfte rötlich), C. wardii (rötliche Tönung), C.-Watereri-Hybriden (rötliche Tönung).

Weißlich rosa

C. foveolatus, C. franchetii und Varietäten, C. × newryensis.

Rosa

C. apiculatus und Sorten. C. dielsianus und Varietäten (manchmal weißlich rosa), C. ignavus, C. nitens (manchmal weißlich rot), C. praecox und Sorten.

Rötlich

C. acuminatus, C. acutifolius und Varietäten, C. adpressus und Sorten, C. bullatus und Varietäten, C. 'Hessei', C. niger und Varietäten (manchmal mehr weißlich), C. nebrodensis, C. uniflorus (weißlicher Hauch), C. zabelii.

Die Blütezeit liegt bei den angeführten Arten zwischen Mai und Juli (Abb. 287).

Frucht und Fruchtstand

Kleine Apfelfrucht mit 2 bis 5 Steinen und haftenden Kelchblättern. Einzelne Äpfelchen 0,5 bis 1 cm groß, kugelig oder eiförmig, länglich, in verschiedenen Fruchtständen zusammengestellt: einzeln und kugelig (Abb. 288 A), einzeln und eiförmig (Abb. 288 B), zu zweit und kugelig (Abb. 288 C), zu zweit und länglich eiförmig (Abb. 288 E), zu dritt und kugelig (Abb. 289 A), zu dritt und länglich eiförmig (Abb.

289 B), Büschel kugeliger Früchte (Abb. 289 C), Büschel länglich eiförmiger Früchte (Abb. 290 A), lockerer Fruchtstand länglicher Früchte (Abb. 291 A), lockerer Fruchtstand kugeliger Früchte (Abb. 291 B), lockerer hängender Fruchtstand kugeliger Früchte (Abb. 290 B), lockerer hängender Fruchtstand länglicher Früchte (Abb. 290 C), dichter aufrechter Fruchtstand halbkugelig längliche Früchte (Abb. 292), dichter aufrechter Fruchtstand länglich halbkugeliger Früchte (Abb. 293).

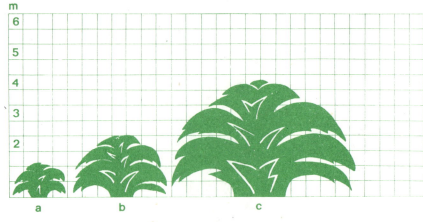

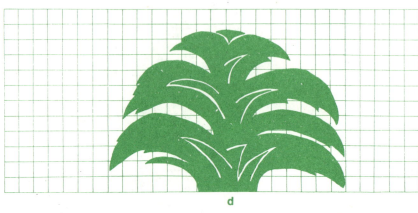

Fruchtfarbe:
Gelblich
C. × Watereri-Hybride 'Exburiensis', C. × W.-H. 'Rothschildianus'.
Hellrot
C. acuminatus, C. amoenus, C. bullatus und Varietäten, C. congestus, C. × crispii, C. dammeri und Varietäten, C. glabratus, C. glaucophyllus f. serotinus, C. × 'Hessei', C. horizontalis sowie Sorten und Varietäten, C. pannosus, C. racemiflorus und Varietäten, C. × 'Sabrina', C. salicifolius 'Avondrood', C. sternianus, C. turbinatus, C. × Watereri-Hybride 'Herbstfeuer', C. × W.-H. 'Watereri' (glänzend), C. zabelii.
Rot
die meisten Arten, Varietäten und Sorten, die bei den Habitustypen angeführt sind.
Scharlachrot
C. apiculatus und Sorten, C. simonsii, C. nebrodensis.
Dunkelrot
C. divaricatus, C. hebephyllus, C. henryanus, C. obscurus, C. o. var. cornifolius (rötlicher Hauch).
Braunrot
C. hebephyllus var. monopyrenus, C. ignavus, C. nitidifolius.
Orangerot
C. conspicuus und Sorten, C. franchetii und Varietäten, C. wardii.
Orangefarben
C. glaucophyllus, C. g. var. vestitus.
Schwarz
C. acutifolius und Varietäten, C. ambiguus

Abb. 279 Typ „multiflorus"
a)
C. microphyllus 'Ruby',
C. racemiflorus var. nummularius,
C. r. var. royleanus,
C. salicifolius 'Perkeo';
b)
C. ambiguus,
C. amoenus,
C. conspicuus,
C. × crispii,
● C. dielsianus,
C. d. var. elegans, var. major,
● C. franchetii,
C. hupehensis,
C. × newryensis,
● C. niger,
C. n. var. commixtus,
var. laxiflorus,
C. pannosus,
● C. racemiflorus,
C. r. var. soongoricus,
C. r. var. veitchii,
C. rugosus,
● C. zabelii,
C. z. var. miniatus;
c)
C. acuminatus,
C. acutifolius,
C. a. var. villosulus,
C. franchetii var. cinerascens,
C. glabratus,
C. henryanus,
C. lacteus,
● C. multiflorus,
C. m. var. calocarpus,
C. obscurus,
C. o. var. cornifolius,
● C. wardii;
d)
C. multiflorus var. granatensis

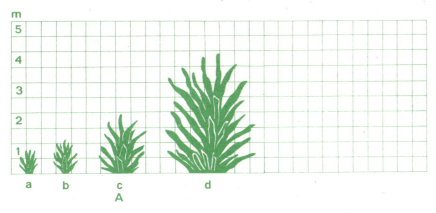

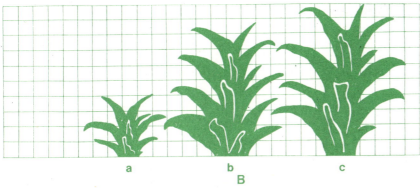

Abb. 280
A) Typ „integerrimus"
a)
C. uniflorus;
b)
● C. integerrimus;
c)
● C. buxifolius,
C. ignavus,
C. melanocarpus (manchmal),
C. simonsii,
● C. nebrodensis;
d)
C. turbinatus,
● C. × watereri 'Cornubia',
C. × w. 'Exburiensis',
'St. Monica',
'Rothschildianus',
'Vicaryi'

B) Typ „salicifolius"
a)
● C. divaricatus,
C. horizontalis 'Wilsonii',
C. roseus;
b)
● C. bullatus,
C. b. var. floribundus,
C. foveolatus,
C. glaucophyllus,
C. g. f. serotinus,
var. vestitus,
C. hebephyllus,
C. h. var. monopyrenus,
● C. lucidus,
● C. salicifolius,
● C. s. var. floccosus,
● C. sternianus,
C. × watereri 'Aldenhamensis',
C. × w. 'Glabratus',
● 'Watereri';

c)
C. bullatus var. macrophyllus,
C. insignis,
● C. moupinensis

(glänzend), C. foveolatus, C. insignis (bläulich bereift), C. lucidus, C. niger und Varietäten (rötlicher Hauch und bläulich bereift), C. moupinensis.

Stämmchen, Zweige und Wurzelsystem

Stämmchen und Hauptzweige meist braunschwarz, manchmal etwas grau oder auch rötlich. Junge Triebe, Einjahrstriebe und Zweiglein oft graufilzig oder behaart. Zweige je nach Habitustyp entweder steif oder leicht bogig gestellt. Wurzelsystem reich verzweigt, meist flachwurzelnd.

Ansprüche

Alle Arten lieben sonnige, helle Standorte, die immergrünen Vertreter gedeihen auch gut im Halbschatten. Halbschatten und Schatten werden von folgenden Cotoneaster-Arten nicht vertragen: C. dielsianus, C. horizontalis 'Saxatilis', C. multiflorus, C. nebrodensis und C. simonsii, eine schattige Lage vertragen dagegen gut C. acutifolius, C. bullatus, C. dammeri und Sorten, C. divaricatus, C. lucidus und C. moupinensis. Die meisten Arten sind in Mitteleuropa winterhart, folgende brauchen einen leichten Winterschutz: C. conspicuus, C. franchetti, C. lacteus, C. microphyllus, C. roseus, C. simonsii, C. turbinatus und C.-Watereri-Hybriden; manchmal wird C. salicifolius von Frost geschädigt, regeneriert aber sehr gut. An die Bodenverhältnisse sind Cotoneaster-Arten nicht anspruchsvoll, am besten wachsen sie in nahrhaften, durchlässigen, sandiglehmigen und etwas humosen Böden. Alle sind kalkliebend. Einen trockenen Standort vertragen: C. acutifolius, C. bullatus, C. dielsianus, C. horizontalis, C. integerrimus, C. moupinensis, C. nebrodensis und C. simonsii. Verunreinigte Luft vertragen alle Arten – nach RANFT und DÄSSLER ist C. bullatus jedoch empfindlich; andererseits

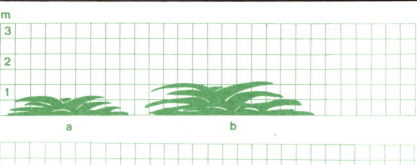

Abb. 281 Typ „horizontalis"
a)
C. apiculatus 'Blackburn',
C. × 'Hessei',
● C. horizontalis,
● C. h. 'Saxatilis',
● 'Variegatus',
● C. microphyllus,
C. m. 'Cochleatus',
'Red Pearl',
'Vellaens',
● C. praecox,
C. × 'Sabrina',
C. salicifolius 'Avondrood',
● C. × watereri
'Herbstfeuer';
b)
C. conspicuus 'Decorus',
C. c. 'Nanus';
c)
C. apiculatus

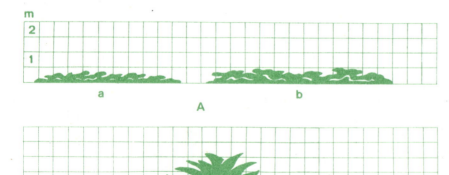

Abb. 282
A) Typ „dammeri"
a)
● C. adpressus,
● C. a. 'Little Gem',
● C. dammeri,
C. d. 'Coral Beauty',
'Eichholz', 'Jürgl',
'Mooncreeper', var. radicans,
● 'Skogholm',
'Streib's Findling',
C. horizontalis var. perpusillus;
b)
● C. congestus,
● C. microphyllus f. thymifolius,
C. salicifolius 'Gnom',
● C. s. 'Parkteppich'
B) Typ „ascendens"
C. horizontalis 'Ascendens',
C. praecox 'Typ de Boer',
● C. × watereri 'Pendulus'
(manchmal Stammveredlung)

Abb. 283 Obere Reihe Blätter Cotoneaster
a)
C. bullatus,
C. foveolatus,
C. moupinensis;
b)
C. salicifolius var. floccosus,
C. rugosus;
c)
C. bullatus var. macrophyllus;
d)
C. glabratus,
C. × watereri 'Pendulus';
e)
C. henryanus,
C. × watereri,
C. × w. 'Exburiensis',
'St. Monica';
f)
C. salicifolius 'Avondrood',
C. s. 'Gnom';
g)
C. acuminatus,
C. lacteus,
C. lucidus,
C. nebrodensis;
h)
C. dielsianus,
C. integerrimus,
C. nitens,
C. obscurus,
C. pannosus,
C. racemiflorus,
C. r. var. soongoricus,
var. veitchii,
C. × 'Sabrina';
i)
C. adpressus,
C. apiculatus,
C. horizontalis var. perpusillus;
j)
C. hebephyllus,
C. hupehensis,
C. ignavus,
C. insignis,

C. multiflorus,
C. niger,
C. uniflorus;
k)
C. dammeri,
C. d. 'Skogholm',
C. divaricatus;
l)
C. amoenus,
C. franchetii,
C. × newryensis;
m)
C. dammeri var. *radicans;*
n)
C. horizontalis;
o)
C. praecox;
p)
C. × 'Hessei'

Untere Reihe
Blätter *Elaeagnus*
a)
E. angustifolia;
b)
E. commutata,
E. multiflora,
E. umbellata
(Blattform sehr
veränderlich);
c)
E. pungens
(veränderliche Form)

Früchte *Elaeagnus*
a)
E. angustifolia var. *spinosa,*
E. commutata,
E. umbellata;
b)
E. pungens,
Sorten und Varietäten;
c)
E. angustifolia;
d)
E. multiflora;
e)
E. angustifolia var. *orientalis*
(Quadrat 1 × 1 cm)

279

gehört *C. lucidus* nach diesen Autoren zu den härtesten Arten.

Pflege

Pflanzung im Herbst oder Frühling, immer- und halbimmergrüne Arten nur mit Wurzelballen. Sommergrüne Arten brauchen keine besondere Pflege. Die immergrünen *Cotoneaster*-Arten wässern wir bei trockener Witterung nach dem Pflanzen und auch später, vor allem im Herbst; ein leichter Winterschutz mit Reisig (besonders vor der Wintersonne) ist auch bei höheren Sträuchern zweckmäßig. Manchmal sind nur die Blätter vom Frost beschädigt, so daß die Regeneration ziemlich leicht verläuft und sich die Immergrünen wie Sommergrüne verhalten. Nur beschädigte Zweige schneiden wir weg. Normalerweise werden *Cotoneaster*-Arten nicht geschnitten, da die Schönheit der Früchte und Blüten bei älteren Sträuchern am besten zur Geltung kommt. Ältere Exemplare werden nur mit Wurzelballen umgepflanzt, wobei die sommergrünen Arten radikal zurückgeschnitten werden. Winter- und sommergrüne Arten und Sorten vertragen keinen radikalen Verjüngungsschnitt. Krankheiten und Schädlinge kommen nicht oft vor. Vereinzelt verursacht die *Phyllosticta*-Blattfleckenkrankheit auf den Blättern rötlich braune Flecken, die mit dunkleren Zonen gesäumt sind (Fallaub entfernen und verbrennen, vorbeugende wiederholte Anwendung von Kupfer- oder organischen Fungiziden). Auch kann die Blutlaus auftreten, die watteartige Wachsausscheidungen an den Zweigen verursacht (Parathionmethyl- oder Dimethoat-Präparate anwenden). Die Apfelblutlaus soll nicht auf *Cotoneaster* übergehen und die *Cotoneaster*-Blutlaus befällt nicht Apfelbäume. Viele *Contoneaster*-Arten werden stark vom Feuerbrand, der seit einigen Jahren in Europa auch für den

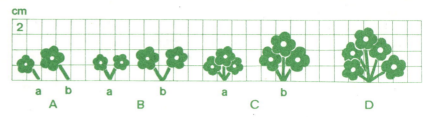

Abb. 284 Blütenstand *Cotoneaster*

A) einzelne Blüten
a)
C. adpressus,
C. apiculatus,
C. congestus,
C. conspicuus, Sorten,
C. dammeri,
C. × 'Hessei',
C. horizontalis,
Sorten und Varietäten,
C. uniflorus;
b)
C. microphyllus,
Sorten und Formen,
C. praecox, Sorten

B) zu zweit
a)
C. adpressus (manchmal),
C. dammeri (manchmal),
C. horizontalis (manchmal);
b)
C. microphyllus,
Sorten und Formen,
C. nitens, C. praecox, Sorten (manchmal),
C. simonsii (manchmal)

C) zu dritt
a)
C. dammeri var. *radicans;*
b)
C. acuminata (manchmal),
C. acutifolius,
Varietäten (manchmal),
C. buxifolius, C. foveolatus

D) in Büscheln
C. acuminatus,
C. acutifolius, Varietäten,
C. divaricatus,
C. nitens (manchmal),
C. racemiflorus var. *royleanus,*
C. simonsii

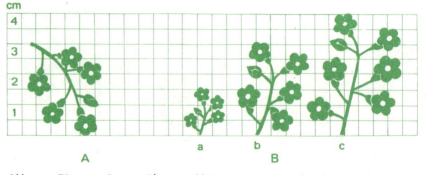

Abb. 285 Blütenstand *Cotoneaster*

A) geringblütige, hängende Doldentraube
C. integerrimus,
C. nebrodensis,
C. niger,
C. n. var. *commixtus*

B) geringblütige, aufrechte Doldentraube
a)
C. glaucophyllus var. *vestitus,*
C. nitidifolius, C. obscurus;
b)
C. ambiguus, C. amienus,
C. dielsianus, Varietäten,
C. franchetii,
C. hebephyllus, Varietäten,

C. hupehensis, C. lucidus,
C. moupinensis,
C. racemiflorus var. *soongoricus, C. roseus,*
C. × 'Sabrina', *C. sternianus,*
C. × *watereri,* Sorten,
C. zabelii;
c)
C. bullatus, C. glabratus,
C. ignavus

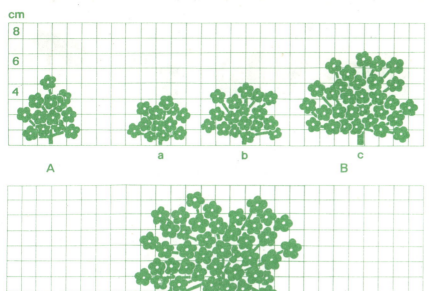

Abb. 286 Blütenstand
Cotoneaster

A) vielblütige,
längliche Doldentraube
C. multiflorus var. *granatensis*

B) vielblütige,
halbkugelige Doldentraube
a)
C. glaucophylla,
C. g. f. *serotinus*,
C. × *newryensis*, *C. pannosus*,
C. racemiflorus var.
nummularis;
b)
C. franchetii var. *cinerascens*,
C. henryanus, *C. insignis*,
C. multiflorus,
C. m. var. *calocarpus*,
C. niger var. *laxiflorus*,
C. racemiflorus,
C. r. var. *veitchii*,
C. salicifolius,
c)
C. lacteus,
C. rugosus, *C. turbinatus*,
d)
C. bullatus var. *floribundus*,
C. b. var. *macrophyllus*,
C. × *crispii*

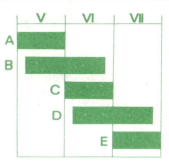

Abb. 287 Blütezeit
Cotoneaster

A) *C. acuminatus*,
C. conspicuus,
C. hebephyllus, *C.* × 'Hessei',
C. hupehensis, *C. ignavus*,
C. insignis,
C. integerrimus,
C. microphyllus
(auch Sorten außer 'Cochleatus'),
C. praecox;

B) *C. acutifolius*,
C. bullatus,
C. buxifolius, *C.* × *crispii*,
C. dammeri,
C. lucidus,
C. microphyllus 'Cochleatus',
C. niger,
C. racemiflorus, *C. simonsii*,
C. sternianus,
C. uniflorus;

C) die meisten Arten,
Sorten und Varietäten

D) *C. glabratus*;

E) *C. glaucophyllus* f. *serotinus*,
C. turbinatus

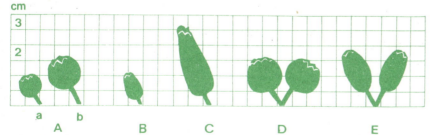

Abb. 288 Früchte
Cotoneaster

A) einzeln und kugelig
a)
C. apiculatus, *C. dammeri*,
C. conspicuus, Sorten,
C. × 'Hessei', *C. uniflorus*;
b)
C. apiculatus 'Blackburn',
C. microphyllus,
Sorten und Formen,
C. praecox, Sorten,

B) einzeln und eiförmig
C. adpressus
(fruchtet schlecht),
C. congestus, *C. horizontalis*,
Sorten und Varietäten

C) einzeln und länglich
C. obscurus

D) zu zweit und kugelig
C. microphyllus,
Sorten und Formen,
C. praecox, Sorten (manchmal)

E) zu zweit und länglich eiförmig
C. horizontalis, Sorten und Varietäten,
C. simonsii

Obstbau gefährlichen Bakterienkrankheit, befallen. Bei Befallsverdacht Pflanzenschutzdienst informieren. (Betroffene Pflanzen bzw. Pflanzenteile entfernen und verbrennen). Unter Wildverbiß leiden nur manche Arten, z. B. *C. salicifolius*.

Verwendung

Aufrecht wachsende Typen („Integerrimus", „Salicifolius", „Nitens", „Multiflorus") sind geeignete Solitär- und Gruppenpflanzen für Rasenflächen in allen Anlagen. Können als Vorpflanzung vor höheren Kulissen verwendet werden, aber immer in Wegnähe, damit sie wirksam bleiben. Die meisten höheren sommergrünen *Cotoneaster*-Arten harmonieren z. B. sehr gut mit *Corylus*, *Betula*, *Berberis* und auch mit Rosen. Die Typen „Integerrimus", „Nitens" und „Multiflorus" eignen sich für mittelhohe, freiwachsende, aber auch geschnittene Hecken. Der etwas bogig ausladende „Multiflorus-Typ" wirkt auch beim Anblick von unten (Bepflanzung erhöhter Terrassen, Felsenpartien und Abhängen) sehr schön. Manche sehr anspruchslose Arten (*C. integerrimus* u. a.) können als Pioniergehölze für wenig fruchtbare Böden verwendet werden. Der Blütengeruch ist meistens nicht sehr angenehm, so daß eine Pflanzung unter oft geöffneten Fenstern nicht zu empfehlen ist. Niederliegende, kriechend oder niedrigbleibende Typen („Horizontalis", „Dammeri" und „Ascendens") sind ideale Gehölze für Steingärten, Blumenmauern und Staudenbeete. Sie zieren und „festigen" Wegränder, Treppenwangen usw. Eignen sich auch vorzüglich für sonnige und halbschattig exponierte Abhänge. Gut harmonieren sie mit Nadelgehölzen, niedrigen *Genista*, *Cytisus*, *Spiraea*, *Berberis* und *Rhododendron*, Ziergräsern, Farnen und vielen niedrigen Alpenpflanzen. In letzter Zeit wächst die Bedeutung

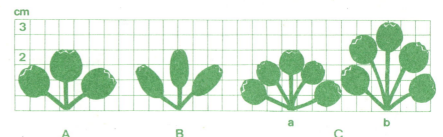

Abb. 289 Fruchtstand *Cotoneaster*

A) zu dritt und kugelig
C. buxifolius,
C. foveolatus

B) zu dritt und länglich eiförmig
C. acuminatus,
C. acutifolius, Varietäten

C) Büschel kugeliger Früchte
a)
C. foveolatus (manchmal);
b)
C. microphyllus f. *thymifolius* (manchmal),
C. nitens

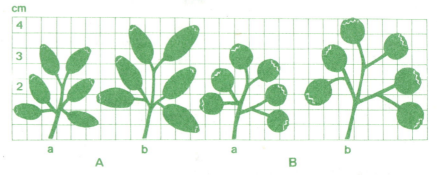

Abb. 291 Fruchtstand *Cotoneaster*

A) Lockerer Fruchtstand länglicher Früchte
a)
C. franchetii,
C. hebephyllus, Varietäten,
C. sternianus;
b)
C. ignavus,
C. lucidus

B) Lockerer Fruchtstand kugeliger Früchte
a)
C. amoenus,
C. dielsianus, Varietäten,
C. glaucophyllus var. *vestitus*,
C. hupehensis,
C. nitidifolius,
C. × *watereri*, Sorten,
C. zabelii;
b)
C. ambiguus,
C. bullatus,
C. glabratus,
C. moupinensis,
C. roseus,
C. × 'Sabrina'

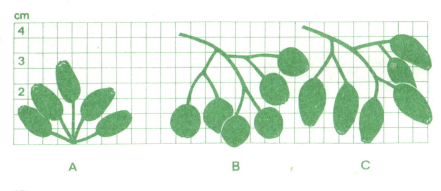

Abb. 290 Fruchtstand *Cotoneaster*

A) Büschel länglich eiförmiger Früchte
C. divaricatus, C. simonsii

B) Lockerer hängender Fruchtstand kugeliger Früchte
C. integerrimus, C. nebrodensis

C) Lockerer hängender Fruchtstand länglicher Früchte
C. niger, C. n. var. *commixtus*

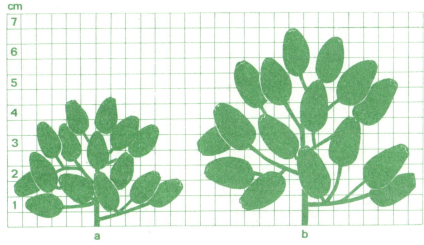

Abb. 292 Fruchtstand *Cotoneaster*
Dichter aufrechter Fruchtstand länglich eiförmiger Früchte
a)
C. franchetii var. *cinerascens,*
C. glaucophyllus,
C. henryanus,
C. × *newryensis;*
b)
C. × *crispii, C. lacteus,*
C. niger var. *laxiflorus,*
C. multiflorus,
C. m. var. *calocarpus,* var. *granatensis,*
C. rugosus, C. turbinatus

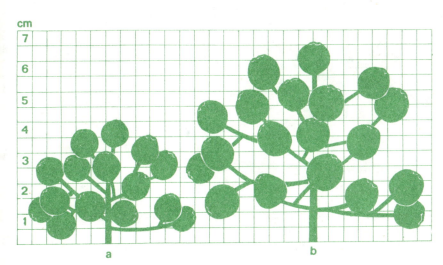

Abb. 293 Fruchtstand *Cotoneaster*
Dichter, aufrechter halbkugeliger Fruchtstand kugeliger Früchte
a)
C. insignis,
C. pannosus,
C. racemiflorus var. *nummularius,*
C. r. var. *soongaricus,*
C. salicifolius,
Sorten und Varietäten;
b)
C. bullatus var. *floribundus,*
C. b. var. *macrophyllus,*
C. racemiflorus,
C. r. var. *veitchii*

aller *Cotoneaster*-Arten des „Dammeri-Typs" und auch weiterer dicht verzweigter niedriger Vertreter (bis 0,5 m hoch) des „Horizontalis-Typs" (besonders auch *C.-Watereri*-Hybride 'Herbstfeuer') als Bodendecker (etwa 3–4 Pflanzen je m², nur bei *C. dammeri* var. *radicans* mehr, d. h. 8–10 Pflanzen). Niedrige *Cotoneaster*-Arten, aber auch solitär gepflanzte höhere Arten und Sorten wirken sehr schön in Heidegärten, die sie im Herbst und auch im Winter mit ihren Früchten beleben.

+ *Crataegomespilus* Simon-Louis – Weißdornmispel *(Rosaceae)*

Sommergrüne Sträucher chimärischen Ursprungs (entstanden durch Pfropfung zwischen *Crataegus* und *Mespilus*). Bekannt ist *C. + dardarii* Simon-Louis *(C. monogyna + M. germanica)* – erinnert mehr an *Mespilus germanica,* Zweige aber dornig, Blätter schmal länglich-elliptisch, bis 15 cm lang, dunkelgrün, Herbstfärbung dunkelgelb und rot, Blüten zu 5–8 beisammen (Abb. 294 a). Die Sorte 'Asnieresii' ähnelt mehr *Crataegus,* besonders mit ihren Früchten, die aber braun sind; die zweite Züchtung 'Jouinii' ist frühzeitiger als die erstgenannte, aber vollkommen steril. Liebhaberbedeutung. Ansprüche, Pflege und Verwendung ähnlich wie bei *Crataegus.*

Abb. 294
a) *Crataegomespilus dardarii;*
b) *Crataegus crus-galli;*
c) *Cytisus nigricans;*
d) *Cydonia oblonga;*
e) *Daboecia cantabrica;*
f) *Daphne mezereum;*
g) *Deutzia scabra;*
h) *Dipelta floribunda;*
i) *Dryas octopetala*

Crataegus L. – Weißdorn *(Rosaceae)*

Sommergrüne Bäume oder Sträucher (immergrüne haben unter mitteleuropäischen Bedingungen keine Bedeutung). Die Angaben zur Artenzahl der Gattung schwanken sehr. Nach heutigen Kenntnissen existieren etwa 200 Arten (nordamerikanische Botaniker haben allein für ihren Kontinent über 1100 Arten beschrieben!), sie sind auf der ganzen nördlichen Halbkugel, hauptsächlich aber in Nordamerika verbreitet. Die meisten Arten wachsen langsam und unter mitteleuropäischen Bedingungen überwiegend strauchig, seltener baumartig.

Zierwert: Laub (X bis XI), Blüte (je nach der Art IV bis VIII), Früchte (VIII bis XI), Dornen (XI bis III).

Habitustypen

„Pedicellata-Typ": Bäume mit kürzerem Stamm, mitteldichter, halbkugeliger oder etwas kugelig-länglicher Krone, Konturen luftig durchsichtig (Abb. 295 A),
„Chlorosarca-Typ": breit kegelförmiges Bäumchen, oben stumpf abgerundet, mitteldicht (Abb. 295 B),
„Crus-galli-Typ": Baum oder Bäumchen mit breit ausladender, abgerundeter bis schirmförmiger, mitteldichter Krone, Konturen locker bis durchsichtig, Stamm meist kürzer (Abb. 296 B),
„Rubra-Plena-Typ": Bäumchen mit unregelmäßig ausladender, lockerer, breit kugeliger Krone und höheren Stämmchen (Abb. 296 A),
„Punctata-Typ": Bäumchen mit niedriger, breiter bis schirmförmiger Krone, Äste starr und waagerecht ausgebreitet (Abb. 297),
„Fissa I-Typ": niedriges Bäumchen mit mehr oder weniger waagerecht ausgebreiteten Ästen, deren Spitzen

Wissenschaftlicher Name	Deutscher Name	Natürliche Verbreitung bzw. Entstehungsort	Frosthärte
C. altaica (LOUD.) LGE.	Altai-Weißdorn	M-Asien	++
C. arkansana SARG. = *C. mollis*			
C. arnoldiana SARG.		Massachusetts, Connecticut	++
C. azarolus L.	Azaroldorn, Welsche Mispel	Kreta, N-Afrika, W-Asien.	+, ⌒
C. calpodendron (EHRH.) MED.	Filziger Weißdorn	N-Amerika	++
C. × *carrierei* VAUVEL ex CARR. = *C.* × *lavallei*			
C. chlorosarca MAXIM.		Japan, Sachalin	++
C. chrysocarpa ASHE	Rundblättriger Weißdorn	N-Amerika	++
C. coccinea auct. plur. non L. = *C. intricata*			
C. coccinea L. p. p. = *C. pedicellata*			
C. coccinoides ASHE		USA	++
● *C. crus-galli* L. (Abb. 294 b)	Hahnendorn, Hahnensporn-Weißdorn	N-Amerika	++
C. cuneata SIEB		Japan	++
C. dahurica KOEHNE ex SCHNEID.	Dahurischer Weißdorn	SO-Sibirien	++
C. × *dippeliana* LGE.		Hammersmith (England)	++
C. douglasii LINDL.	Douglas-Weißdorn	N-Amerika	++
C. dsungarica ZAB. ex LANGE		SO-Sibirien, N-China	++
C. × *durobrivensis* SARG.		New York (USA)	++
C. ellwangeriana SARG. = *C. pedicellata* var. *ellwangeriana*			
C. flabellata (BOSC.) K. KOCH		N-Amerika	++
C. flava AIT.	Gelbfrüchtiger Weißdorn	Virginia-Florida u. Alabama	++
C. fontanesiana (SPACH) STEUD.		N-Amerika	++
● *C.* × *grignonensis* MOUILLEF.	(1873)	Frankreich	++
C. heldreichii BOISS.		Griechenland	++
C. holmesiana ASHE		N-Amerika	++
C. intricata LGE.	Scharlachdorn	USA	++

überhängen; Krone mitteldicht (Abb. 298),

„Fissa II-Typ": vom vorigen Typ durch strauchigen Wuchs unterschieden (Abb. 299 A),

„Stricta-Typ": ziemlich schmaler, aber locker säulenförmiger Strauch (Abb. 299 B),

„Pendula-Typ": aufstrebender Strauch mit hängenden Zweigen, die oft bis zur Erde reichen (Abb. 299 C),

„Laevigata-Typ": breit starr ausgebreiteter Strauch mit schräg und steif aufstrebenden Zweigen, Konturen locker bis durchsichtig (Abb. 300),

„Ferox-Typ": breit halbkugeliger Strauch mit starr und waagerecht bis etagenförmig abstehenden Ästen, Konturen ungleich locker (Abb. 301 B),

„Compacta-Typ": breites bis flachkugeliges, kompaktes und ziemlich dichtes Sträuchlein (Abb. 301 A).

Textur

Stellung der Äste bei den meisten *Crataegus*-Arten steif, oft unregelmäßig und locker. Bei den großblättrigen Arten und Sorten ist die Textur locker büschelförmig, bei den kleinblättrigen locker und „schwerer" (besonders bei einer dunkelgrünen Laubfärbung). Der Gesamteindruck ist in der Regel unruhig und unregelmäßig.

Laub

Blätter wechselständig, ungeteilt oder fiederschnittig, gelappt und gezähnt (Abb. 302). Typisch sind die Nebenblätter.

Blattfarbe:

Hellgrün
C. altaica, C. azarolus (glänzend), *C. dsungarica, C.* × *durobrivensis* (gelblicher Hauch), *C. flava, C. holmesiana* (gelblicher Hauch), *C. intricata, C. phaenopyrum* und Sorten (glänzend), *C. saligna*.

Wissenschaftlicher Name	Deutscher Name	Natürliche Verbreitung bzw. Entstehungsort	Frosthärte
C. laciniata Ucria	Orientalischer Weißdorn	SO-Europa, Sizilien, SO-Spanien	++
● *C. laevigata* (Poir.) Dc.	Zweigriffliger Weißdorn	Europa	++
● *C.* × *lavallei* Hérincq ex Lavallée	Carriere-Weißdorn	Paris (1870)	++
C. macracantha Lodd. ex Loud. = *C. succulenta* var. *macracantha*			
C. maximowiczii Schneid.		NO-Asien	++
C. mollis (Torr. et Gray) Scheele	Weichhaariger Weißdorn	N-Amerika	++
● *C. monogyna* Jacq.	Eingriffliger Weißdorn	Europa, N-Afrika Kleinasien	++
C. × *mordenensis* Boom		Manitoba (Kanada)	++
C. nigra Waldst. et Kit.	Ungarischer Weißdorn	ČSSR, SO-Europa	++
C. nitida (Engelm. ex Britt. et A. Brown) Sarg.		USA	++
C. orientalis Pall. ex M. B. = *C. laciniata*			
C. oxyacantha auct. = *C. laevigata*			
● *C. pedicellata* Sarg.		N-Amerika	++
var. *ellwangeriana* (Sarg.) Eggl.		O-USA	++
● *C. pinnatifida* Bge.	Fiederblatt-Weißdorn	Korea, Mandschurei, Amurgebiet	++
var. *major* N. E. Br.		N-China	++
C. pruinosa (H. L. Wendl.) K. Koch		N-Amerika	++
● *C.* × *prunifolia* Pers.	Pflaumenblättriger Weißdorn	?	++
C. pubescens (H. B. K.) Steud.	Mexikanischer Weißdorn	Mexiko	++
C. punctata Jacq.	Punktierter Weißdorn	N-Amerika	++
C. rotundifolia Moench. non Lam. = *C. chrysocarpa*			
C. saligna Greene	Weiden-Weißdorn	Colorado	++
C. sanguinea Pall.	Sibirischer Weißdorn, Blutroter W.	O-Europa bis O-Sibirien	++
C. × *sorbifolia* Lge.		?	++

Wissenschaftlicher Name	Deutscher Name	Natürliche Verbreitung bzw. Entstehungsort	Frosthärte
C. spathulata MICHX.		Virginia, Texas	++
C. submollis SARG.		N-Amerika	++
C. succulenta SCHRAD. ex LINK		N-Amerika	++
var. *macracantha* (LODD.) EGGL.	Langdorniger Weißdorn,	N-Amerika	++
C. tanacetifolia auct. non PERS = *C. laciniata*			
C. triflora CHAMP.	Dreiblumiger Weißdorn,	Alabama	++
C. viridis L.		USA	++
C. wattiana HEMSL. et LACE		Altai-Belutschistan, N-China	++
C. wilsonii SARG.		M-China	++

Mattgrün
C. arnoldiana, C. calpodendron, C. chlorosarca, C. chrysocarpa, C. cuneata und Varietäten, *C.* × *dippeliana, C. flabellata, C.* × *grignonensis, C. heldreichii, C. maximowiczii, C. monogyna* und die meisten Sorten, *C. nigra, C. nitida, C. punctata, C. spathulata, C. tanacetifolia, C. triflora, C. uniflora, C. wattiana.*

Graugrün
C. coccinoides, C. mollis, C. orientalis und Varietäten.

Blaugrün
C. pruinosa (Austrieb rötlich).

Dunkelgrün
C. crus-galli (ledrig), *C. dahurica, C. douglasii* (glänzend), *C. fontanesiana, C. laevigata* und die meisten Sorten, *C.* × *lavallei* (glänzend), *C. pedicellata, C. p.* var. *ellwangeriana, C. pentagyna, C. pinnatifida* und Varietäten, *C. prunifolia* (glänzend), *C. pubescens* f. *stipulacea, C. sanguinea, C. sorbifolia* (glänzend), *C. submollis, C. succulenta* (glänzend), *C. s.* var. *macrantha, C. viridis, C. wilsonii* (glänzend).

Gelbgrün
C. monogyna 'Lutescens'.

Manche *Crataegus*-Arten haben eine schöne Herbstfärbung, die bei der Zusammenstellung mit anderen Pflanzen berücksichtigt werden sollte.

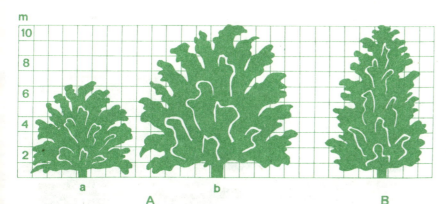

Abb. 295
A) Typ „pedicellata"
a)
C. altaica,
C. azarolus,
C. calpodendron,
C. chrysocarpa,
C. dahurica,
C. dsungarica,
C. × *durobrivensis,*
C. fontanesiana,
C. heldreichii,
C. laciniata,
● *C.* × *lavallei,*
C. maximowiczii,
C. monogyna (manchmal),

C. m. 'Aurea',
'Bicolor', 'Eriocarpa',
'Lutescens', 'Microphylla',
'Pteridifolia',
● 'Rosea', 'Variegata',
C. × *mordenensis,*
C. nigra,
C. nitida,
C. orientalis,
C. o. var. *sanguinea,*
● *C. pedicellata,*
C. p. var. *ellwangeriana,*
C. pentagyna,
C. pinnatifida,
C. p. var. *major,*
C. pruinosa,

● *C. prunifolia,*
C. succulenta,
C. s. var. *macrantha,*
C. wilsonii;
b)
C. arnoldiana,
C. coccinoides,
C. coccinoides,
C. × *dippeliana,*
C. phaenopyrum,
C. sanguinea,
C. wattiana

B) Typ „chlorosarca"
C. chlorosarca,
C. holmesiana

Herbstfärbung:
Gelb bis goldgelb
C. laevigata und Sorten, *C. monogyna* und Sorten (manchmal rötliche Tönung), *C. pentagyna, C. pinnatifida* und Varietäten.

Orangegelb
C. coccinoides, C. pedicellata und Varietäten.

Gelblich rot
C. intricata, C. prunifolia.

Orangerot
C. crus-galli, C. nitida.

Braunrot
C. dahurica, C. × *lavallei* (manchmal orangefarbene Tönung).

Blüte und Blütenstand

Blüten 5zählig, 1,5 bis 2 cm breit, einzeln oder in Doldenrispen: einzeln (Abb. 303 A), in Büscheln zu dritt (Abb. 303 B), locker und flach doldenförmig (Abb. 303 C), dicht und flach doldenförmig (Abb. 304 A) oder locker und halbkugelig doldenartig (Abb. 304 B). Die *Crataegus*-Blüten sind bei fast allen Arten und Sorten weiß, außer bei folgenden Abweichungen:

Rosa
C. laevigata 'Masekii', *C. l.* 'Rosea', *C. monogyna* 'Rosea', *C.* × *mordenensis* 'Toba', *C. nigra* (beim Abblühen).
Rosa bis Rot:
C. laevigata 'Paul's Scarlet', *C. l.* 'Punicea', 'Rubra Plena'.

Die einzelnen Blüten der angeführten *Crataegus*-Arten sind fast immer einfach und nur bei folgenden Sorten gefüllt:

C. laevigata 'Candidoplena', *C. l.* 'Mutabilis', 'Paul's Scarlet', 'Plena', 'Rubra Plena'.

Während der Blütezeit gehören *Crataegus*-Arten zu den ästhetisch wirksamsten Gehölzen, danach verlieren viele von ihnen ihren Reiz.
Die meisten Arten blühen etwa 4 Wochen lang, wobei die frühesten im Mai beginnen und die spätesten im August (Abb. 305).

Frucht und Fruchtstand

Frucht apfelartig, mit 1 bis 5 einsamigen, kugeligen oder länglich eiförmigen, etwa 1 bis 2,5 cm großen Nüßchen. Die Früchte sind in verschiedenen Fruchtständen zusammengestellt: wenigfrüchtig mit länglichen Früchten (Abb. 306 A), locker und halbhängend mit kleinen eiförmigen Früchten (Abb. 306 B), locker und halbhängend

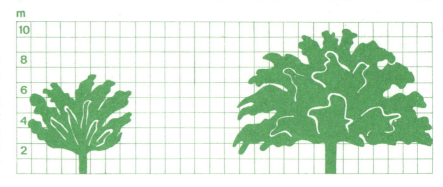

Abb. 296
A) Typ „rubra plena"
● *C. laevigata* 'Paul's Scarlet' (alle Stammveredlungen),
● *C. l.* 'Plena',
● 'Rubra Plena'

B) Typ „crus-galli"
● *C. crus-galli*,
C. mollis,
C. submollis

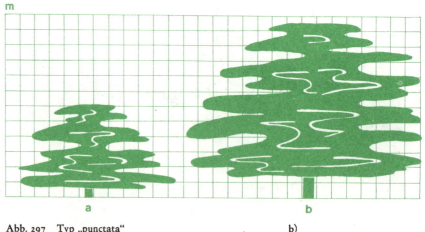

Abb. 297 Typ „punctata"
a) *C. punctata*, *C. p.* 'Aurea';
b) *C. viridis*

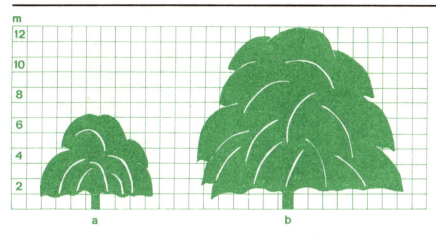

Abb. 298 Typ „fissa I"
a) C. monogyna 'Fissa', C. m. 'Granatensis', C. saligna;
b) C. douglasii

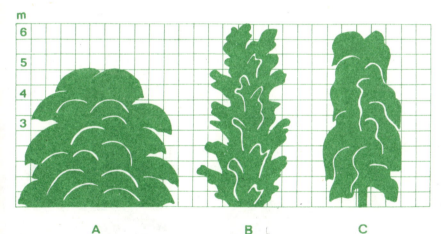

Abb. 299
A) Typ „fissa II"
C. monogyna 'Fissa', C. m. 'Granatensis', C. saligna (vereinzelt)

B) Typ „stricta"
C. monogyna 'Stricta', C. phaenopyrum 'Fastigiata'

C) Typ „pendula"
C. monogyna 'Pendula'

mit kleinen kugeligen Früchten (Abb. 307), locker und halbhängend mit großen eiförmigen Früchten (Abb. 308), locker, halbhängend mit großen kugeligen Früchten (Abb. 309).

Fruchtfarbe:
Hellgrün
C. flava.
Gelb
C. altaica, C. laevigata 'Francois Rigaud', *C. l.* 'Xanthocarpa', *C. monogyna* 'Aurea', *C. punctata* 'Aurea', *C. uniflora* (mit grünem Hauch).
Gelborangefarben
C. azarolus, C. laciniata, C. wattiana.
Gelbrot
C. calpodendron, C. × *dippeliana, C. punctata.*
Hellrot
C. holmesiana, C. submollis.
Rot
die meisten Arten, Sorten und Varietäten, die bei den Habitustypen angeführt sind.
Orangerot
C. × *lavallei, C. orientalis, C. pubescens* f. *stipulacea, C. viridis.*
Dunkelrot
C. coccinoides, C. × *durobrivensis, C. laevigata* 'Auriculata', *C. orientalis* var. *sanguinea, C. pentagyna, C. pinnatifolia* var. *major* (glänzend), *C. pruinosa.*
Braunrot
C. × *grignonensis, C. intricata.*
Hellbraun
C. dahurica.
Braunschwarz
C. dsungarica.
Schwarz
C. chlorosarca, C. douglasii (glänzend), *C. nigra* (glänzend), *C. saligna* (mit bläulichem Glanz).

Stamm, Zweige und Wurzelsystem

Stämme meist nicht sehr stark, mit grauer oder braungrauer Rinde oder Borke. Zweige starr, steif gestellt, bräunlich, oft auch glänzend oder graugrün, meist dornig. Dornen bedingen nicht nur die Verwendung der Art, sondern wirken auch interessant und zierend. Nach der Dornenlänge können wir die *Crataegus*-Arten in folgende Gruppen einteilen.

Bewehrung:
Unbewehrt
C. nitida.
Fast ohne Dornen
C. azarolus, *C. calpodendron*, *C. cuneata* 'Salicifolia', *C. × dippeliana*, *C. × grignonensis*, *C. laciniata*, *C. nigra*, *C. nitida* (manchmal), *C. pubescens* f. *stipulacea*, *C. punctata* (manchmal), *C. triflora*, *C. wattiana* (manchmal), *C. wilsonii*.
Dornen bis 1 cm lang
C. arnoldiana (reich dornig), *C. chlorosarca*, *C. cuneata*, *C. c.* 'Pyracanthifolia', *C. × durobrivensis*, *C. heldreichii*, *C. holmesiana*, *C. mollis*, *C. monogyna* und Sorten, *C. orientalis* und Varietät, *C. pentagyna*, *C. pinnatifida* und Varietät, *C. pruinosa*, *C. punctata* und Sorten, *C. sorbifolia*, *C. submollis*, *C. viridis*, *C. wattiana*.
Dornen etwa 2 cm lang
C. altaica, *C. chrysocarpa*, *C. dsungarica*, *C. flava*, *C. laevigata* und Sorten, *C. × mordenensis* und Sorte.
Dornen 3 bis 5 cm lang
C. coccinoides, *C. dahurica*, *C. douglasii*, *C. fontanesiana*, *C. intricata*, *C. × lavallei*, *C. maximowiczii*, *C. pedicellata* und Varietät, *C. prunifolia*, *C. sanguinea*, *C. spathulata*, *C. uniflora*.
Dornen bis 8 cm lang
C. crus-galli, *C. phaenopyrum* und Sorten, *C. succulenta* und Varietät.
Dornen bis 10 cm lang
C. flabellata.

Wurzelsystem reich verzweigt und lang. Bäume wie auch Sträucher im Boden gut verankert.

Ansprüche

Gehölze mit minimalen Ansprüchen. Vertragen verschiedene Lichtbedingungen, am besten Sonne und Halb-

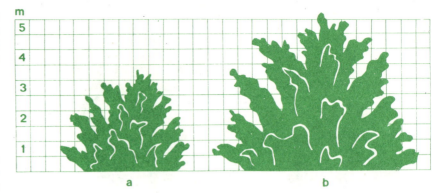

Abb. 300 Typ „laevigata"
a)
C. chrysocarpa,
C. cuneata,
C. dahurica,
C. × dippeliana,
C. flava
● *C. × grignonensis*,
C. intricata,
● *C. laevigata*,
C. l. 'Auriculata',
'Candidoplena',
'Francois Rigaud',
'Gireoudii',
'Maseki', 'Mutabilis',
● 'Paul's Scarlet',
● 'Plena',
● 'Punicea',
● 'Rosea',
● 'Rubra Plena',
'Xanthocarpa',
C. monogyna 'Inermis',
C. m. 'Semperflorens',
C. × mordenensis,
C. × m. 'Toba',
C. prunifolia (manchmal),
C. pubescens f. *stipulacea*,
C. sorbifolia,
C. laciniata,
C. uniflora;
b)
C. flabellata,
● *C. monogyna*,
C. m. 'Aurea',
'Bicolor',
'Eriocarpa',
'Flexuosa',
'Lutescens',
'Microphylla',
'Pteridifolia',
● 'Rosea',
'Variegata',
C. pentagyna,
C. submollis,
C. triflora

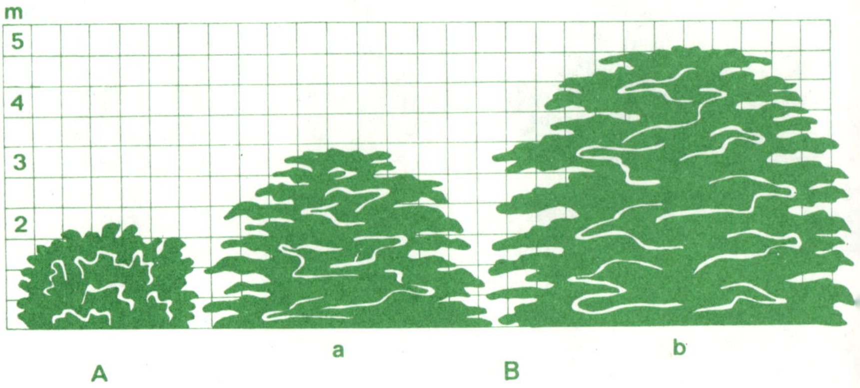

Abb. 301
A) Typ „compacta"
C. monogyna 'Compacta'
B) Typ „ferox"
a)
C. cuneata 'Pyracanthifolia',
C. c. 'Salicifolia',
C. punctata (manchmal);
b)
C. monogyna 'Ferox'

Abb. 302
Obere Reihen Blätter *Crataegus*
a) *C. altaica, C. holmesiana, C. chlorosarca, C. intricata, C. mollis, C. pedicellata;*
b) *C. dsungarica, C. submollis;*
c) *C. calpodendron;*
d) *C. pinnatifida;*
e) *C. dahurica;*
f) *C. flabellata;*
g) *C. crus-galli, C. fontanesiana, C. × grignonensis, C. × lavallei, C. nitida, C. prunifolia*
h) *C. uniflora;*
i) *C. flava;*
j) *C. cuneata;*
k) *C. douglasii;*
l) *C. laevigata, C. monogyna, C. nigra;*
m) *C. × dippeliana, C. laciniata;*
n) *C. azarolus, C. pentagyna;*
o) *C. phaenopyrum;*
p) *C. spathulata*

Untere Reihe Blätter *Daphne*
a) *D. × hybrida, D. laureola;*
b) *D. × houtteana, D. mezereum;*
c) *D. giraldii;*
d) *D. × burkwoodii, D. caucasica, D. glomerata, D. × mantensiana;*
e) *D. blagayana;*
f) *D. altaica;*
g) *D. arbuscula, D. cneorum, D. petraea*
(Quadrat 1 × 1 cm)

291

schatten, aber auch Schatten (*C. crus-galli*, *C. laevigata* – außer auffallend blühende Sorten, *C. monogyna*, *C. pedicellata* usw.). Eignen sich sehr gut als strauchiges Unterholz. Gedeihen in jeder Gartenerde, vertragen auch arme, trockene und sandige Böden (besonders *C. crus-galli*, *C. monogyna*, *C. pedicellata* und viele andere). Lieben Kalk. Trockenheit wird von allen *Crataegus*-Arten vertragen. Die angeführten Arten sind unter mitteleuropäischen Bedingungen winterhart und vertragen sehr gut verunreinigte Luft.

Pflege

Pflanzung im Frühjahr oder Herbst im unbelaubten Zustand. Eine besondere Pflege brauchen sie nicht. Schnitt und Verpflanzungen werden gut vertragen, bei den einheimischen Arten (*C. laevigata*, *C. monogyna*) lohnt sich ein Umpflanzen nicht. Geformte Hecken werden im unbelaubten Zustand (am besten im Vorfrühling) und je nach Bedarf noch im Sommer geschnitten.

Oft leiden *Crataegus*-Arten unter Krankheiten und Schädlingen, die im Obstbau eine Rolle spielen, weswegen seine Kultur hauptsächlich in der Nähe von Obstpflanzungen begrenzt wird. Hier ist vor allem der Feuerbrand zu nennen. *Crataegus*-Arten sind u. a. bevorzugte Wirtspflanzen für diese Krankheit. Deshalb sind Vermehrung und Anbau von *Crataegus*-Arten und -sorten in der DDR verboten. Zu den Pilzkrankheiten zählen in erster Linie der Echte Mehltau, der auf den Blättern und Zweigspitzen in Form von weißlichen Überzügen erscheint (Dinocap-, Schwefel-, Benzimidazol- u. a. Präparate anwenden, Entfernen aller befallenen Zweigspitzen), und der *Gymnosporangium*-Rost, der an der Blattunterseite gelblich-rote Flecken bildet, die Zweige schwellen gallenartig an. Der pilzliche Erreger ist bei seiner Weiterentwicklung auf Wachol-

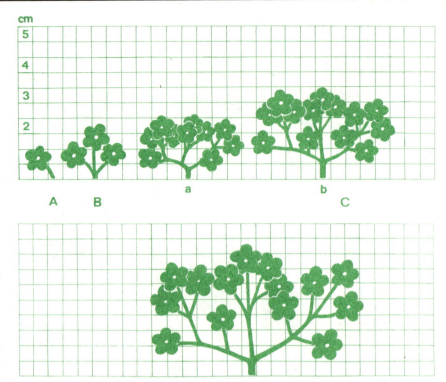

Abb. 303 Blütenstand *Crataegus*

A) einzelne Blüten
C. uniflora

B) in Büscheln
(meist zu dritt)
C. triflora,
C. uniflora (manchmal)

C) locker und flach doldenförmig
a)
C. saligna;
b)
die meisten Arten, Sorten und Varietäten
c)
C. altaica,
C. calpodendron,
C. chlorosarca,
C. coccinoides,
C. crus-galli,
C. dahurica,
C. douglasii,
C. dsungarica,
C. fontanesiana,
C. intricata,
C. laevigata 'Masekii',
C. l. 'Rosea',
C. mollis,
C. pedicellata,
C. pentagyna,
C. phaenopyrum,
C. pruinosa,
C. punctata, Sorten,
C. spathulata,
C. submollis,
C. wilsonii

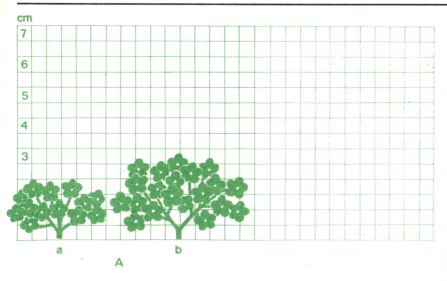

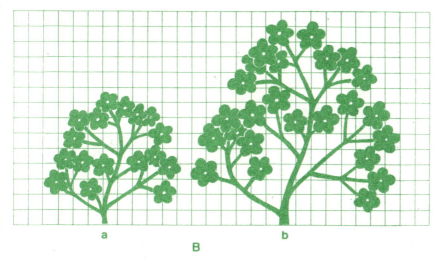

Abb. 304 Blütenstand *Crataegus*

A) dicht und flach doldenförmig

a)
C. orientalis,
C. o. var. *sanguinea*;
b)
C. × *dippeliana*,
C. heldreichii,
C. laevigata 'Candidoplena',
C. l. 'Mutabilis',
'Paul's Scarlet',
'Plena',
'Rubra Plena',
C. nigra,
C. prunifolia

B) locker und halbkugelig doldenartig
a)
C. monogyna 'Compacta';
b)
C. arnoldiana,
C. holmesiana,
C. monogyna,
Sorten außer 'Compacta'

der angewiesen (befallene Pflanzenteile entfernen und vernichten, wiederholte Spritzungen mit Kupfer-, Zineb-, Maneb- und Mancozeb-Präparaten, in der Nachbarschaft keinen Wacholder kultivieren). Die *Taphrina*-Blasenkrankheit führt zu blasenförmig verunstalteten Blättern, oft verschiedenartig rot weißlich bereift und meist im Zusammenhang mit hexenbesenartig veränderten Jungtrieben (Entfernen und Verbrennen der befallenen Pflanzenteile). Blattfleckenkrankheiten werden weiterhin verursacht durch *Entomosporium-Venturia- (Fusicladium-), Monilinia-, Fabraea-* und *Septoria*-Arten. (Wiederholte Behandlungen mit Kupferpräparaten und organischen Fungiziden durchführen). Zu den gefährlichsten Schädlingen gehören die Raupen der Gespinstmotten. Abschneiden der mit Raupen besetzten Gespinste, gründliche Winterspritzung mit DNOC-Präparaten und im Frühjahr mit organischen Phosphorverbindungen, Carbaryl- und Lindan-Präparaten). Desweiteren ist auf einen Befall mit Goldafter- und Frostspannerraupen zu achten. (Der Goldafter wird am besten durch Ausschneiden und Verbrennen der Winternester und der Frostspanner durch Behandlungen mit den bei Gespinstmotten genannten Präparaten bekämpft). Die Larven des Birnbaumprachtkäfers (Blitzwurm) leben unter der Rinde, die dann mit dem gesamten Ast abstirbt (Ausschneiden der mit Larven besetzten Äste verbunden mit einer Wundpflege. In der Jugend leiden *Crataegus*-Arten unter Wildverbiß.

Verwendung

Von der großen Artenzahl wird in der gartengestalterischen Praxis nur eine begrenzte Auswahl genutzt. Nach der Blüte verlieren manche Arten an Schönheit. Nur einige habituell ausge-

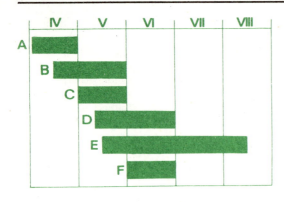

Abb. 305 Blütezeit *Crataegus*

A) *C. pubescens* f. *stipulacea*

B) *C. dahurica*, *C. mollis*

C) die meisten Arten, Sorten, Varietäten und Formen

D) *C. crus-galli*, *C. cuneata*, *C.* × *grignonensis*, *C.* × *lavallei*, *C.* × *mordenensis*, *C. nigra*, *C. laevigata*, *C. laciniata*, *C. phaenopyrum*, *C. prunifolia*, *C. sorbifolia*, *C. spathula*, *C. submollis*, *C. triflora*, *C. uniflora*, *C. viridis*;

E) *C. monogyna* 'Semperflorens';

F) *C. calpodendron*, *C.* × *dippeliana*, *C. flava*, *C. heldreichii*, *C. orientalis*, *C. pentagyna*, *C. saligna*, *C. wilsonii*

Abb. 306 Fruchtstand *Crataegus*

A) mit wenigen länglichen Früchten
C. calpodendron,
C. wilsonii

B) locker und halbhängend mit kleinen eiförmigen Früchten
a)
C. fontanesiana,
C. intricata,
C. laevigata,
Sorten, wenn sie fruchten,
C. mollis,
C. monogyna, Sorten,
C. sorbifolia;
b)
C. holmesiana,
C. submollis

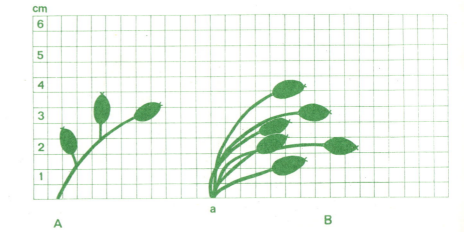

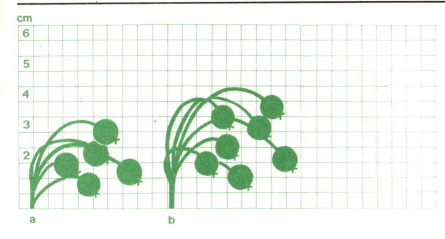

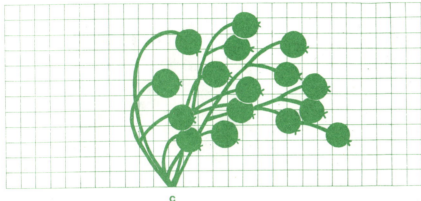

Abb. 307 Fruchtstand *Crataegus* Locker und halbhängend mit kleinen kugeligen Früchten
a) *C. saligna*, *C. uniflora*;
b) *C. altaica*, *C. chlorosarca*, *C. chrysocarpa*, *C. cuneata*, Sorten, *C. dahurica*, *C. dsungarica*, *C. flabellata*, *C.* × *mordenensis*, *C. nigra*, *C. nitida*, *C. phaenopyrum*, *C. pinnatifida*, *C. spathulata*, *C. succulenta*, *C. viridis*, *C. wattiana*;
c) *C. pruinosa*, *C. prunifolia*

prägte Typen eignen sich zu Solitärpflanzungen (Typ „Fissa I" und „Fissa II", „Stricta", „Pendula", „Rubra Plena", „Crus-galli" und „Punctata"). Die anderen Typen sind für Gruppenpflanzungen als Unterholz, an Rändern höherer Kulissen, als gleichartige Gruppen in größeren landschaftlichen Partien, Heiden usw. zu verwenden. Sie lassen sich gut mit *Spiraea* × *vanhouttei*, *Laburnum*, Zieräpfeln, *Prunus*, höheren *Cotoneaster*-Arten usw. kombinieren. In die Nähe von Gebäuden und Sitzplätzen pflanzen wir sie wegen des aufdringlichen Geruchs ihrer Blüten lieber nicht. Die „Rubra Plena", „Chlorosarca-" und „Pedicellata-Typen" eignen sich für Straßen als Alleebäume. Das Anlegen von reinen geschnittenen oder freiwachsenden *Crataegus*-Hecken ist möglich, wird aber wegen der Anfälligkeit gegenüber manchen Krankheiten nicht empfohlen, empfehlenswerter ist daher ein Einreihen dieser Gehölze in frei wachsende, ungeschnittene Hecken. Größere Strauchgruppen erfüllen sehr gut eine abschirmende, ausfüllende und schützende Funktion (Abfangen von Staub, Wind usw.). Die beiden einheimischen Arten sind auch gute und anspruchslose Pioniergehölze für wenig fruchtbare Böden. Für kleinere Gärten eignen sich *Crataegus*-Arten wegen ihrer Größe nicht. Alle Arten eignen sich ausgezeichnet für Vogelnistgehölze, wobei einige Arten auch ausgezeichnetes Vogelfutter liefern. Auf die Anbaubeschränkungen aus phytosanitären Gründen sei nochmals hingewiesen.

Crataemespilus G. Camus – (Rosaceae)

Kreuzungen zwischen *Crataegus* und *Mespilus*, entstanden durch normale Befruchtung, also keine bei einer Pfropfung entstandene Chimäre. Zur Zeit sind zwei Hybriden bekannt, die im Aussehen etwa in der Mitte zwischen den Eltern stehen: × *C. gillotii* Beck ex Reichenb. (*Crataegus monogyna* × *Mespilus germanica*) mit gelappten, nicht gesägten Blättern und × *C. grandiflora* G. Camus (*Crataegus laevigata* × *Mespilus germanica*) mit ungleich gesägten und im oberen Drittel leicht gelappten Blättern. Ansprüche, Pflege und Verwendung siehe + *Crataegomespilus*.

Cydonia Mill. – Quitte (Rosaceae)

Sommergrüner Strauch oder kleiner Baum; nur eine Art: ○ *C. oblonge* Mill. (Syn. *C. vulgaris* Delabre, Abb. 294 d). Stammt aus Mittelasien und wird schon von Alterszeit auch als Obstbaum kultiviert. Die unbedornten Sträucher oder Bäumchen werden bis 6 m hoch. Junge Zweige und Triebe weißlich filzig, Blätter rundlich-verkehrt eiförmig, dunkelgrün, an der Unterseite graufilzig, 5 bis 10 cm lang, gestielt, im Herbst auffallend gelb. Blüten einzeln, nach Blattaustrieb im Mai/Juni. Im Durchmesser 3 bis 5 cm, 5zählig, weißlich oder zartrosa. Frucht mehrsamig, breit apfel- oder birnenförmig, gelb, filzig und aromatisch duftend, Fruchtfleisch herb und zäh, schleimig. Die Quitte ist Obst- und Zierbaum zugleich. Es sind die Sorten 'Pyramidalis' (kegelförmiger Wuchs), 'Marmorata' (Laub weißlich gelbbunt), 'Maliformis' (apfelartige Frucht) und die var. *lusitanica*

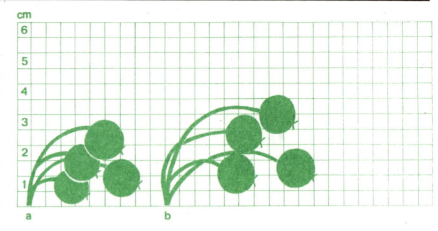

Abb. 309 Fruchtstand *Crataegus* Locker, halbhängend, mit großen kugeligen Früchten
a) *C. triflora*;
b) *C. azarolus*, *C. crus-galli*, *C.* × *durobrivensis*, *C. heldreichii*, *C. orientalis*, *C. pubescens* f. *stipulacea*, *C. sanguinea*;
c) *C. arnoldiana*, *C. coccinoides*, *C.* × *dippeliana*, *C. laciniata*, *C. punctata*, Sorten

(Früchte birnenförmig und gerippt) bekannt. Ferner gibt es eine Reihe obstbaulich genutzter Sorten.

Dieses Gehölz verlangt helle (höchstens halbschattige) und warme Standorte sowie nahrhafte, mittelschwere, frische, angemessen feuchte Böden, nicht geeignet sind trockene und kalkhaltige. Früchte werden zu Gelee, Marmelade, Mus und Kompott verarbeitet. Ausgelesene *Cydonia*-Typen eignen sich auch als Unterlage für niedrige Birnenbäume. In der Gartengestaltung wird die Quitte gelegentlich als Solitärpflanze oder in kleineren Gruppen verwendet.

Cytisus L. – Geißklee *(Leguminosae)*

Sommer- oder immergrüne Sträucher oder Halbsträucher, manchmal auch baumförmig; etwa 50 Arten in Mittel- und Westeuropa, im Mittelmeergebiet und auf den Kanarischen Inseln. Unter optimalen Bedingungen wachsen sie ziemlich schnell.

Zierwert: Blüte (IV bis VIII je nach der Art), Zweigchen (XI bis III).

Habitustypen

„Praecox-Typ": Strauch dicht rutenförmig und breit halbkugelig gestaltet, Zweigspitzen oft hängend (Abb. 310),

„Scoparius-Typ": locker, rutenförmig, starr aufrecht bis aufstrebend gebauter Strauch (Abb. 311 B),

„Supinus-Typ": aufrecht kugelförmiger, dicht verzweigter Strauch (Abb. 311 A),

„Moonlight-Typ": breit halbkugeliges Sträuchlein mit zierlich bogig bis zur Erde herabhängenden Zweigen (Abb. 312 B),

„Hirsutus-Typ": breit niederliegendes

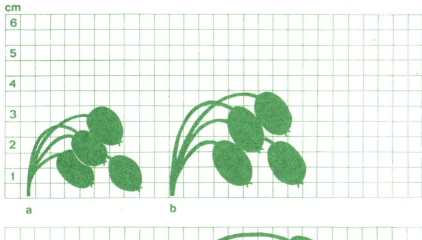
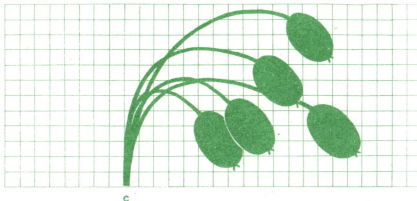

Abb. 308 Fruchtstand *Crataegus*
Locker, halbhängend, mit großen eiförmigen Früchten

a) *C. flava;* *C.* × *grignonensis,* *C.* × *lavallei,*
b)
c) *C. maximowiczii,* *C. pentagyna;* *C. douglasii,* *C. pedicellata*

Wissenschaftlicher Name	Deutscher Name	Natürliche Verbreitung bzw. Entstehungsort	Frosthärte
C. albus HACQ.	Weißblättriger Geißklee	M- u. SO-Europa	++
C. albus (LAM.) LINK non HACQ. = *C. multiflorus*			
C. ardoinii FOURN.		SW-Alpen	++
C. austriacus L.	Österreichischer Geißklee	M- u. SO-Europa bis Kaukasus	++

Sträuchlein mit aufstrebenden Zweigspitzen, dicht gebaut (Abb. 313), „Procumbens-Typ": vom vorigen Typ durch noch niedrigeren, kriechenden Wuchs und minimal aufstrebende Zweigspitzen unterschieden (Abb. 312 A).

Textur

Ziemlich dicht („Procumbens-" und „Hirsutus-Typ") oder auch fein aufgelockert („Praecox-", „Supinus-" und „Moonlight-Typ"), selten steif rutenförmig aufgelockert („Scoparius-Typ").

Laub

Blätter 3zählig, selten einfach, oft sehr klein bis fast fehlend, mit oder ohne kleine Nebenblätter. Normal grün ausgefärbt, nur bei den niederliegenden Typen auffallend, bei normal ausgebildeten Sträuchern kommen sie auf den rutenförmigen Zweigen nur sehr wenig zur Geltung.

Blüte und Blütenstand

Typische Schmetterlingsblüten; einzeln oder in endständigen Köpfen bzw. auch Trauben, die meist beblättert sind. Blüten verschieden groß, einzeln (Abb. 314 A), zu zweit (Abb. 314 B), zu dritt (Abb. 314 C), in wenigblütigen Köpfen (Abb. 314 D), vielblütigen kurzen und dichten Trauben (Abb. 314 E), langen lockeren Trauben (Abb. 314 A) und lockeren, längeren und einseitigen Trauben (Abb. 314 B).

Blütenfarbe:
Reinweiß
C. multiflorus, *C.* × *praecox* 'Sneewittje', *C. purpureus* 'Albus'.
Weißlich
C. albus (manchmal gelblich), *C.* × *kewensis* (gelbliche Tönung), *C. multiflorus* 'Durus', *C. m.* 'Toome's Variety' (zartrosafarbener

Wissenschaftlicher Name	Deutscher Name	Natürliche Verbreitung bzw. Entstehungsort	Frosthärte
var. *beuffelii* (Griseb. & Schenk) Schneid.		Ungarn, Rumänien	++
C. × *beanii* Nichols.		Kew Garden (1900)	++
● *C.* × *dallimorei* Rolfe		Kew Garden (1900)	++
● *C. decumbens* (Durande) Spach	Niederliegender Geißklee	S-Europa	+, ≙
C. diffusus (Willd.) Vis.		Lothringen, Österreich	++
C. elongatus Waldst. et Kit = *C. glaber*			
C. emeriflorus Reichenb.		Dalmatien, Tessin	++
C. glaber L. f.	Langzweigiger Geißklee	SO-Europa	++
C. hirsutus L.	Zottiger Geißklee	M-, S- u. SO-Europa	++
var. *alpestris* Arcang.		Alpen	++
var. *hirsutissimus* (K. Koch) Boiss.		S-Europa	++
C. ingramii Blakelock		N-Spanien	++
● *C.* × *kewensis* Bean	Zwergelfenbeinginster	Kew Garden (1891)	++
C. leucanthus Waldst. et Kit = *C. albus*			
C. multiflorus (Ait.) Sweet	Spanischer Ginster	Iberische Halbinsel, NW-Afrika	≙, +
● *C. nigricans* L. (Abb. 294 c)	Schwarzer Geißklee	M- u. SO-Europa	++
C. × *praecox* Bean	Elfenbeinginster	Warmister (1867)	++
● *C. procumbens* (Waldst. et Kit. ex Willd.) Spreng.	Liegender Geißklee	SO-Europa	++
● *C. purgans* (L.) Boiss.		SW-Europa, N-Afrika	≙, +
● *C. purpureus* Scop.	Purpur-Geißklee	SO-Alpen, Jugoslawien, Albanien	++
C. ratisbonensis Schaeff.	Regensburger Geißklee	M-Europa, Kaukasus	++
● *C. scoparius* (L.) Link	Besenginster	Europa	
C. sessilifolius L.	Italienischer Geißklee	S-, SW-Europa, N-Afrika	++
f. *leucanthus* (Dipp.) Zab.		wie die Art	++
● *C. supinus* L.	Niedriger Geißklee, Kopfginster	M- u. S-Europa	++
C. × *versicolor* (Kirchn.) Dipp.		(um 1860)	++

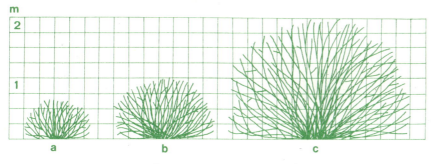

Abb. 310   Typ „praecox"
a)
C. albus,
C. austriacus (manchmal),
C. glabratus,
C. × praecox 'Goldspeer',
C. × p. 'Luteus',
'Sneeuwiittje',
C. purgans,
C. scoparius 'Diana',
C. s. 'Doward Gem',
● 'Doward Seedling',
'Dukaat',
'Geoffrey Skipwith',
● 'Fulgens',
● 'Golden Sunlight',
'Killiney Red',
'Lilac Time',
'Mrs. Norman Henry',
● 'Peter Pan',
'Radiance',
C. × versicolor;

b)
C. austriacus,
C. a. var. heuffelii,
● C. nigricans,
● C. × praecox,
● C. × p. 'Hollandia',
'Kathleen Ferrier',
'Osbornii',
● 'Zeelandia',
C. purgans,
C. ratisbonensis,
C. scoparius 'Cornish Cream',
C. s. 'Daisy Hill',
'Daisy Hill Splendens',
'Fairy Queen',
● 'Firefly',
'Golden Magic',
'Gloria',
'Hibernia',
'Hookstone',
'Hookstone Purple',
'Jubilee',
'Killiney Bicolour',
'Killiney Burgundy',
● 'Killiney Salmon',
'Lady Moore',
'Lord Lambourne',
● 'Maroon',
● 'Mayfly',
'Mrs. W. A. Slocock',
'Newry Seedling',
'Plantagenet',
'Plenus',
'Queen Mary',
'Redstart',
● 'Red Wings',
'Ruby',
● 'Slieve Donard',
● 'Splendens', 'Variegatus';

c)
C. ingramii,
● C. scoparius 'La Coquette',
C. s. 'Maria Burkwood'

Hauch), C. × praecox, C. × p. 'Albus', 'Osbornii', 'Zeelandia', C. scoparius, 'Bumble Bee' (Flügel dunkelkarminrot), C. s. 'Cornish Cream' (gelbliche Flügel und Schiffchen), 'Cornish Cream Improved' (wie die vorige Sorte), 'Diana' (gelbliche Flügel), 'Donard Seedling' (Flügel lila und gelblich gefleckt), 'Radiance' (Flügel bräunlich).

Cremegelb
C. scoparius 'Den Ouden's Cream', C. s. 'Moonlight', C. sessilifolius f. leucanthus (manchmal bis weißlich).

Gelb
C. austriacus und Varietäten, C. diffusus, C. ingramii (innen weißlich), C. multiflorus 'Pallidus', C. nigricans, C. × praecox 'Kathleen Ferrier', C. × p. 'Luteus', C. procumbens, C. ratisbonensis (bräunliche Zeichnung), C. scoparius 'Golden Sunlight', C. s. 'Mayfly' (brauner Fleck auf den Flügeln), 'Variegatus', C. sessilifolius, C. × versicolor (Fahne weißlich).

Goldgelb bis dunkelgelb
C. ardonii, C. × beanii, C. decumbens, C. emeriflorus, C. glaber, C. hirsutus und Varietäten (braunrote Tönung), C. purgans, C. scoparius 'Andreanus', C. s. 'Brightness', 'Butterfly' (unscheinbare bräunliche Tönung), 'Firefly' (etwas bräunlich gefleckte Flügel), 'Newry Gold', 'Plenus', 'Prostratus' (manchmal mit rötlicher Tönung), 'Pyramidalis', C. supinus (beim Abblühen bräunlich).

Gelborangefarben
C. scoparius 'Killiney Bicolour' (orangefarbene Flügel).

Gelbrot
C. scoparius 'Daisy Hill' (Fahne gelb, Flügel rot und gelb gesäumt), C. s. 'Daisy Hill Splendens' (wie vorige Sorte), 'Eastern Queen' (Flügel rot), 'Eileen' (Fahne weißlich gelb, Flügel rosarot), 'Goldfinch' (Flügel rot), 'Jubilee' (Flügel überwiegend rot), 'Lady Moore' (Flügel rot), 'Lord Lambourne' (violetter Hauch), 'Plantagement' (Flügel hellgelb), 'Redstart'.

Gelbbraun
C. scoparius 'Dragonfly' (Flügel braun), C. s. 'Newry Seedling' (Flügel bräunlich), 'Queen Mary' (Fahne cremefarbene Flügel und Schiffchen braun), 'Splendens' (Fahne gelb).

Hellrosafarben
C. purpureus 'Albocarneus', *C. scoparius* 'Gloria', *C. s.* 'Slieve Donard'.
Rosarot
C. scoparius 'Donard Gem', *C. s.* 'Enchantress' (rot gestreift), 'Johnson's Crimson'.
Violettrosa
C. × *dallimorei*, *C.* × *scoparius* 'Mrs. Norman Henry'.
Leuchtendrot
C. scoparius 'Killiney Red'.
Orangerot
C. scoparius 'Criterio' (Fahne rot, Flügel orangefarben), *C. s.* 'Hibernia', 'Killiney Salmon' (Flügel orangefarben).
Purpurrot
C. × *praecox* 'Hollandia', *C. purpureus*, *C. p.* 'Atropurpureus', 'Erectus', *C. scoparius* 'Garden Magic', *C. s.* 'Hookstone Purple', 'Mrs. W. A. Slocock' (Flügel unscheinbar gelblich), 'Windlesham Ruby'.
Violettrot
C. purpureus 'Amsaticus', *C. scoparius* 'Geoffrey Skipwith' (Flügel rot), *C. s.* 'Hookstone' (Flügel orangerot), 'Red Wings' (Schiffchen violett).
Braunrot
C. scoparius 'Burkwoodii' (Fahne karminrot, Flügel bräunlich), *C. s.* 'C. E. Pearson' (Fahne orangefarben, Schiffchen gelb), 'Dorothy Walpole', 'Fulgens' (orangefarbene Tönung), 'Killiney Burgundy', 'Maria Burkwood' (Flügel bräunlich), 'Peter Pan', 'Ruby'.
Violett
C. scoparius 'Lilac Time'.
Violettbraun
C. scoparius 'Fairy Queen' (Flügel braun).
Dunkelbraun
C. scoparius 'Maroon'.

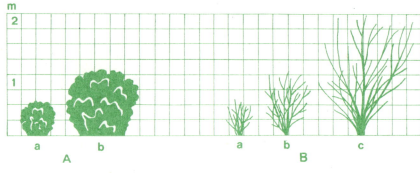

Abb. 311
A) Typ „supinus"
a)
C. emeriflorus;
b)
● *C. supinus*

B) Typ „scoparius"
a)
C. purpureus 'Erectus',
C. scoparius 'Butterfly',
● *C. s.* 'Dragonfly',
C. × *versicolor* (manchmal);
b)
C. × *dallimorei*,
C. hirsutus var. *hirsutissimus*,
● *C. scoparius*,
● *C. s.* 'Andreanus',
'Brightness', 'Bumble Bee',
'C. E. Pearson',
'Cornish Cream Improved',
'Den Ouden's Cream',
● 'Dorothy Walpole',
'Eastern Queen',
'Newry Gold',
'Windlesham Ruby',
C. sessilifolius,
C. s. f. *leucanthus*;

c)
C. multiflorus,
C. m. 'Durus',
'Pallidus',
'Toome's Variety',
● *C. scoparius* 'Burkwoodii',
C. s. 'Criterion',
● 'Enchantress',
'Luna',
'Palette',
'Pyramidalis',
'Red Favorite'

Manche Arten blühen im Frühling, andere knüpfen an die frühen *Cytisus*-Arten an und verlängern die Blüte über den ganzen Sommer bis Ende August (Abb. 315). Die Form des Blütenstandes und die Blütenfarbe erhöhen die Feinheit und den Effekt dieses ästhetisch besonders wirksamen Gehölzes.

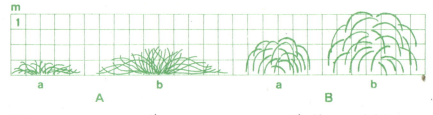

Abb. 312
A) Typ „procumbens"
a)
C. ardoinii,
● *C. decumbens*;

b)
C. hirsutus var. *alpestris*,
● *C.* × *kewensis*,
● *C. procumbens*,
● *C. scoparius* 'Prostratus',
C. supinus (manchmal)

B) Typ „moonlight"
a)
C. × *praecox* 'Albus',
C. scoparius 'Johnson's Crimson';
b)
C. scoparius 'Eileen',
● *C. s.* 'Moonlight'

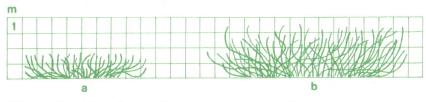

Abb. 313 Typ „hirsutus"
a)
C. × beanii,
C. diffusus,
C. hirsutus (manchmal),

● C. purpureus,
C.p. 'Albocarneus',
'Albus', 'Amsaticus',
'Atropurpureus',
C. ratisbonensis,
● C. scoparius 'Goldfinch';

b)
C. hirsutus

Abb. 314 Blütenstand
Cytisus

A) einzelne Blüten
C. emeriflorus,
C. hirsutus,
C. h. var. hirsutissimus,
C. × kewensis,
C. procumbens,
C. × versicolor (manchmal)

B) zu zweit
a)
C. ardoinii,
C. × beanii,
C. × dallimorei,
C. decumbens,
C. diffusus,
C. emeriflorus (manchmal),
C. × kewensis (manchmal),
C. ratisbonensis

C) zu dritt
a)
C. ardoinii (manchmal),
C. × beanii (manchmal),
C. decumbens (manchmal),
C. diffusus (manchmal),
C. hirsutus (manchmal),
C. h. var. alpestris,
var. hirsutissimus
(manchmal),
C. procumbens;
b)
C. × kewensis (manchmal),
C. × versicolor

D) wenigblütiges Köpfchen
C. albus,
C. austriacus,
C. emeriflorus (manchmal),
C. ratisbonensis (manchmal),
C. supinus,

E) vielblütige,
kurze und dichte Traube
C. glaber

Frucht und Fruchtstand

Manche Arten und Sorten sind mit ihren größeren oder auch kleineren, flachen, aufspringenden, zwei- bis vielsamigen Hülsen ziemlich auffallend.

Hülsenlänge:
Etwa 2 cm lang
C. × dallimorei, C. decumbens, C. diffusus, C. multiflorus und Sorten, C. procumbens, C. ratisbonensis.
3 bis 4 cm lang
C. hirsutus und Varietäten (schmale bis sichelartige Hülse), C. purgans, C. × versicolor.
4 bis 5 cm lang
C. scoparius und viele Sorten, C. supinus.

Oft bleiben die leeren, offenen und bräunlichen Hülsen noch lange im Winter auf den Sträuchern haften und wirken im Rauhreif oder bei leichter Schneedecke eindrucksvoll.

Stämmchen, Zweige und Wurzelsystem

Mehr oder weniger sichtbare Stämmchen bilden sich hauptsächlich beim „Scoparius-Typ"; bei älteren Pflanzen sind sie manchmal einige Zentimeter dick und grünlich, bzw. grau gestreift. Zweige und Zweiglein sind bei den meisten Cytisus-Arten kantig, rutenförmig steif oder schwach überhängend, dunkel- oder hellgrün und übernehmen oft nicht nur in physiologischer, sondern auch in ästhetischer Hinsicht die Funktion der Belaubung. Manche Arten, besonders unter den niederliegenden Typen, haben ihre Einjahrstriebe und junge Zweigchen weich filzig behaart. Die dichte rutenförmige Verzweigung kommt am besten im winterlichen Rauhreif zur Geltung. Wurzelsystem schwach verzweigt mit wenigen Wurzelhaaren.

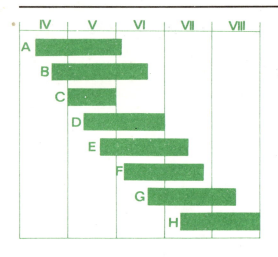

Abb. 315 Blütezeit *Cytisus*

A) *C. ardoinii*,
C. × *praecox*,
Sorten außer 'Osbornii';

B) *C. purgans*,
C. scoparius 'Fairy Queen';

C) *C.* × *beanii*,
C. × *dallimorei*,
C. × *kewensis*;

D) die meisten Arten,
Varietäten und Sorten;

E) *C. hirsutus*,
C. ingramii,
C. procumbens;

F) *C. albus*,
C. nigricans,
C. purpureus,
C. scoparius 'Fulgens';

G) *C. supinus*;

H) *C. austriacus*

Ansprüche

Ausschließlich lichtliebende Pflanzen, denen eine vollsonnige Lage entspricht. Beschattung wird nicht vertragen. Bereits im Halbschatten wachsen sie untypisch, fallen auseinander und blühen kaum. Vorzüglich geeignet sind nach Süden orientierte Lagen. Die Ausgangsarten wachsen am besten in leichten, sandigen bis schottrigen und steinigen Böden; edle Artkreuzungen und Sorten sollten besser in etwas nahrhafteren und tiefgründigeren Gartenböden kultiviert werden. Fast alle sind kalkfliehende Pflanzen. Sie vertragen auch Trockenperioden und trockene Böden, außer *C.* × *kewensis* und *C. purpureus*, denen wir eine angemessene Wässerung sichern; es kann eine kleine Torfgabe in den Boden beigemischt werden. Die meisten Sorten entwickeln sich in leicht feuchten und durchlässigen, nicht sehr trockenen Böden am besten. Höhere Feuchtigkeit und Nässe wird nicht vertragen. Winterhart sind die einheimischen oder eingebürgerten Ausgangsarten. Andere Arten und ihre Sorten können unter mitteleuropäischen Bedingungen vom Frost geschädigt werden oder sogar erfrieren, so daß Winterschutz notwendig ist (mit Reisig, die Erdoberfläche um die Pflanzen herum mit einer trockenen Laubschicht bedecken). Zu den empfindlichsten Arten gehören *C. multiflorus*, *C.* × *praecox* und *C.* × *kewensis*, einschließlich ihrer Sorten. Geschädigte Pflanzen regenerieren befriedigend. Ein tiefer Rückschnitt wird gut vertragen. Alle, besonders die höheren Typen, leiden sehr unter Wildverbiß.

Pflege

Da das Wurzelsystem nicht ausreichend mit Haarwurzeln ausgestattet ist, wird eine Pflanzung im Herbst oder Frühjahr nur mit Wurzelballen (aus Töpfen, Containern, Torf-Töpfen) empfohlen. *C.* × *kewensis, C. purpureus* und die meisten großblumigen Sorten müssen wir in Trockenperioden gießen. Den Winterschutz dürfen wir bei den empfindlicheren Arten und Kreuzungen nicht vergessen. Gegen Wildverbiß sichern wir alle *Cytisus*-Arten mit Reisig oder Maschendraht ab. Ein richtiger Schnitt ist sehr wichtig: im Frühjahr werden die abgeblühten Triebe sofort abgeschnitten, damit kein Samenansatz erfolgen kann und damit sich bis zum Herbst neue, im nächsten Jahr blühende Einjahrstriebe ausbilden können; die im Sommer blühenden Arten und Sorten werden im Vorfrühling ausgelichtet. Ältere Exemplare vertragen ein Umpflanzen schlecht (nur mit ausreichend großem Wurzelballen). Krankheiten und Schädlinge treten kaum auf. Vereinzelt erscheint die *Ceratophorum*-Blatt- und Stengelfleckenkrankheit mit zunächst kleinen, sich später ausdehnenden braunen Flecken auf Blattspreiten, Blattstielen und grünen Trieben; häufig Blattfall). (Befallene Pflanzenteile entfernen und vernichten; bei feuchtem Winter wiederholt mit Kupfer- oder Zineb-Präparaten spritzen).

Verwendung

Meist werden *Cytisus*-Arten so ausgepflanzt, daß ihr schönes Blühen bzw. auch ihr interessanter Winterhabitus, wirken können. Sie gehören zu den typischen Ergänzungspflanzen für Heidepartien, hauptsächlich zusammen mit *Juniperus, Betula, Calluna, Erica*, verschiedenen Zwergkoniferen usw. Bei ihrer Pflanzung müssen wir die Endgröße wüchsiger Habitustypen berücksichtigen (sie können die benachbarte Vegetation unterdrücken). Strauchtypen verwenden wir entweder als Solitärpflanzungen (hauptsächlich den „Moonlight-", „Scoparius-" und „Praecox-Typ") oder in kleineren Gruppenpflanzungen. Kriechende, aber auch aufrechte *Cytisus*-Arten eignen sich für Steingärten, Blumenmauern usw. Bogig überhängende Typen (besonders der „Moonlight-Typ") auf steilen Anhängen sehen beim Anblick von unten sehr eindrucksvoll aus. *Cytisus*-Arten eignen sich auch als Solitär oder in Gruppenpflanzungen für größere Staudenbeete, zu Treppenwangen, neben Bänken usw. Manche niederliegenden Arten, hauptsächlich der „Procumbens-" und „Hirsutus-Typ" (besonders *C. decumbens* und *C. purpureus*) eignen sich gut als Bodendecker (2 bis 3, beim schwächer wachsenden „Procumbens-Typ" 6 bis 8 Pflanzen je m^2). *Cytisus*-Arten eignen sich nicht nur für kleinere Anlagen und Gärten, sondern auch für größere Freiräume (Abhänge, Heiden, Bodendecker usw.).

Daboecia D. Don – Irische Heide, Glanzheide *(Ericaceae)*

Niedriges, heideartiges, immergrünes Sträuchlein, nur zwei Arten in Irland, Nordspanien und auf den Azoren. Für Mitteleuropa hat nur *D. cantabrica* (Huds.) K. Koch (Abb. 294 e) eine Bedeutung. Blätter wechselständig, ganzrandig, sitzend, eilänglich, 6 bis 12 mm lang, am Ende zugespitzt, dunkelgrün, kahl, auf der Unterseite weißfilzig. Blüten klein, bauchig krugförmig, 4zipfelig, rotviolett, in endständigen drüsig behaarten, verlängerten Trauben. Die Sorte 'Alba' hat weiße Blüten. Blütezeit: vom Mai bis Herbst. Kapsel 4klappig. Ansprüche, Pflege, Vermehrung wie bei *Calluna*. Liebhaberbedeutung. Verlangt aber Winterschutz.

Daphne L. – Seidelbast *(Thymelaeaceae)*

Sommer- oder immergrüne, ziemlich langsamwüchsige Sträucher; etwa 50 Arten in Europa und Asien.
Zierwert: Blüte (je nach der Art III bis X), Früchte (VI bis XI).

Habitustypen

„Mezereum-Typ": halbkugeliges, sehr lockeres und durchsichtiges Sträuchlein, oft mit „hohen Füßen", Blätter in den oberen Zweighälften zusammengedrängt (Abb. 316),
„Burkwoodii-Typ": unterscheidet sich vom vorigen Typ durch seinen dichteren Wuchs, nur die Konturen sind ungleich luftiger (Abb. 317),
„Cneorum-Typ": niederliegendes, kriechendes breites Sträuchlein, Konturen ungleichmäßig aufgelockert (Abb. 318).

Textur

Aufgelockert, leicht und durchsichtig mit gut sichtbaren Zweigen. Nur beim „Burkwoodii-Typ" ist sie etwas dichter und kompakter und je nach der Laubfarbe bis dunkel (besonders die immergrünen Arten).

Laub

Blätter sommer- oder immergrün, wechselständig, selten gegenständig, kurz gestielt, verschieden länglich bis linealisch (Abb. 302), hell- oder dunkelgrün. Im Herbst ist das Laub der sommergrünen *Daphne*-Arten meist wenig auffallend braungelb, manchmal aber, je nach Standort und Wetterverlauf, ist die Färbung intensiv gelborange.

Blüte und Blütenstand

Blüten mit einfacher Blütenhülle, mit walzen- oder glockenfömiger, 4 bis 5zipfeliger gefärbter Kelchröhre. Blüten in achsel- oder endständigen Trauben, Dolden bzw. Köpfchen. Man kann folgende Blütenstände unterscheiden: zu zweit (Abb. 319 A), zu dritt (Abb. 319 B), zu viert (Abb. 319 C), dicht halbkugeliger Blütenstand (Abb. 320), mitteldichter, kugeliger Blütenstand (Abb. 321 B) und locker hängender Blütenstand (Abb. 321 A). Die Ausfärbung ist verschieden.

Blütenfarbe:
Weiß
D. alpina, *D. altaica*, *D. caucasica*, *D. cneorum* 'Alba', *D. mezereum* 'Alba', *D. m.* 'Bowles Variety', 'Plena'.
Weißlich
D. acutiloba (grünliche Tönung), *D. blagayana* (gelbliche Tönung), *D. pseudo-mezereum* (gelbliche Tönung), *D. sophia*.
Gelb
D. giraldii, *D. jezoensis*, *D. kamtschatica*, *D. laureola* und Varietäten (grünliche Tönung), *D. pontica* (grünliche Tönung).
Orangegelb
D. aurantiaca.
Rosa
D. arbuscula, *D.* × *burkwoodii* und Sorte, *D. cneorum* (karminrote Tönung), *D. c.* 'Eximia', 'Major', 'Variegata', *D. glomerata*, *D. petraea* und Sorte, *D. retusa* (im Innern der Blüte weißlich), *D. striata*, *D. tangutica* (purpurfarbene Tönung), *D.* × *thauma* (purpurfarbene Tönung).
Purpurrot
D. × *hybrida*, *D.* × *mantensiana*, *D. mezereum* 'Grandiflora'.
Violettrot
D. × *houtteana*, *D. mezereum*, *D. m.* 'Variegata'.
Violett
D. genkwa.

Zu den Besonderheiten von *Daphne* gehört der unterschiedlich intensive Blütenduft:

Fast ohne Duft
D. acutiloba, *D. pseudo-mezereum*.
Schwach duftend
D. altaica, *D. genkwa*, *D. giraldii*, *D. glomerata*, *D.* × *houtteana*, *D. kamtschatica*, *D. laureola* und Varietäten, *D. retusa*.
Duftend
D. alpina, *D. arbuscula*, *D. caucasica*, *D. jezoensis*, *D. petraea* und Sorten, *D. pontica*, *D. sophia*, *D. tangutica*.
Stark duftend
D. aurantiaca, *D. blagayana*, *D.* × *burkwoodii* und Sorte, *D. cneorum* sowie Sorten und Varietäten, *D.* × *hybrida*, *D. mezereum* und Sorten, *D. striata* und Sorten, *D.* × *thauma*.

Die einzelnen *Daphne*-Arten haben eine 4 bis 8 Wochen lange Blütezeit. Bei geeigneter Artenauswahl kann man ununterbrochenes Blühen von März bis Oktober erreichen (Abb. 322).

Frucht und Fruchtstand

Fleischige oder lederige einsamige Steinfrucht, meist stark giftig. Darum sind *Daphne*-Arten nicht an Stellen zu pflanzen, zu denen kleine Kinder leichten Zutritt haben. Früchte meist kugelig, erbsengroß.

Fruchtfarbe:
Rosa
D. glomerata.
Weißlichrot
D. blagayana.
Gelbrot
D. altaica.
Rot
D. acutiloba, *D. alpina*, *D. giraldii*, *D. mezereum* (giftig), *D. pseudo-mezereum*, *D. retusa*, *D. sophia*, *D. tangutica*.
Gelb
D. mezereum 'Alba', *D. m.* 'Bowles Variety'.
Gelbbraun
D. cneorum sowie Sorten und Varietäten.
Blauschwarz
D. laureola und Varietät.

Wissenschaftlicher Name	Deutscher Name	Natürliche Verbreitung bzw. Entstehungsort	Frosthärte
Sommergrüne Arten			
D. alpina L.	Alpen-Seidelbast	M- u. S-Europa, Kleinasien, N-Afrika	++
D. altaica PALL.	Altai-Seidelbast	Altai, Dsungarei	++
● *D.* × *burkwoodii* TURRILL	Burkwood-Seidelbast	Poole (England)	++
D. caucasica PALL.	Kaukasischer Seidelbast	Kaukasus, Kleinasien	++
● *D. genkwa* S. et Z.		China, Korea	++
D. giraldii NITSCHE		Kansu, Shensi	++
D. × *houtteana* LINDL. et PAXT.		(vor 1850)	++
D. kamtschatica MAXIM.		NO-Asien	++
D. mezereum L. (Abb. 294 f)	Seidelbast, Kellerhals	Europa, Kaukasus,	++
D. pseudo-mezereum GRAY		M-Japan	++
D. sophia KALEN.	Russischer Seidelbast	Europäischer Teil der UdSSR	++
Immergrüne Arten			
D. acutiloba REHD.		W-China	++
● *D. arbuscula* CELAK.	Slowakischer Seidelbast	Slowakei	++
D. aurantiaca DIELS		Lichiang	++
● *D. blagayana* FREY	Königsblume	Balkan-Halbinsel	++
● *D. cneorum* L.	Rosmarinseidelbast, Steinrösel	M- u. S-Europa	++
var. *verlotii* MEISSN.		SO-Frankreich	++
D. glomerata LAM.		Kleinasien	++
D. × *hybrida* COV.		(vor 1827)	++
D. jezoensis MAXIM.		Japan	++
D. laureola L.	Lorbeer-Seidelbast	W-, M- u. S-Europa, N-Afrika	++
var. *philippi* (GREN.) MEISSN.		Pyrenäen	≙
D. × *mantensiana* T. M. C. TAYLOR		White Rock (Kanada)	++
D. petraea LEYBOLD	Felsen-Seidelbast	N-Italien	≙
D. pontica L.	Pontischer Seidelbast	SO-Europa, Kleinasien, Kaukasus	≙
D. retusa HEMSL.		W-Himalaja	++
D. striata TRATT.	Gestreiftes Steinröschen	Alpen	++
● *D. tangutica* MAXIM.		Kansu	++
D. × *thauma* FARR.		S-Tirol	+

30 *Acer negundo* 'Auratum'
32 *Acer negundo* 'Elegans'
31 *Acer palmatum* 'Dissectum Ornatum'
33 *Acer palmatum* 'Dissectum Nigrum'

34 *Acer palmatum*

35 *Acer palmatum* 'Dissectum' (Foto: Ehmke)

36 *Acer platanoides*, blühend
38 *Acer platanoides* 'Dissectum', Herbstfärbung
37 *Actinidia arguta* mit Früchten
39 *Ailanthus altissima* mit Früchten

40 *Aesculus* × *neglecta* 'Erythroblasta', Austrieb
42 *Akebia quinata*
41 *Amorpha fruticosa*
43 *Amelanchier lamarckii*

44 *Aesculus hippocastanum* 'Umbraculifera', Arb. Berlin B'weg

45 *Arctostaphylos uva-ursi*
46 *Andromeda glaucophylla*   47 *Asimina triloba*

48 *Berberis thunbergii* 'Roxana' 49 *Berberis koreana*
50 *Berberis thunbergii* 'Atropurpurea'

51 *Buddleja davidii* 'Kalypso'

52 *Buddleja alternifolia*
54 *Buddleja davidii* 'Nike'
53 *Campsis radicans*
55 *Calycanthus fertilis*

56 *Caragana arborescens*
58 *Castanea sativa*, Früchte
57 *Chaenomeles* 'Crimson and Gold'
59 *Catalpa bignonioides*

60 *Chaenomeles speciosa* 'Grandiflora'

61 *Chionanthus virginicus*

62 *Clematis tangutica*

63 *Celastrus orbiculatus*
64 *Chionanthus virginicus*
65 *Clematis patens* 'Lasurstern'
66 *Clematis alpina* 'Ruby'

67 *Cornus alba* 'Argenteomarginata' und *Prunus cerasifera* 'Woodii'

68 Cornus alba 'Späthii'
69 Cornus florida
70 Cotoneaster lucidus, Früchte

71 *Euonymus fortunei* 'Gracilis'

72 *Erica herbacea* 'Rubinteppich'
74 *Elaeagnus angustifolia*

73 *Forsythia ovata* 'Dresdner Vorfrühling'
75 *Erica tetralix* 'L. E. Underwood'

76 *Daphne cneorum*
78 *Gaultheria miqueliana*
77 *Elaeagnus umbellata*
79 *Enkianthus campanulatus*

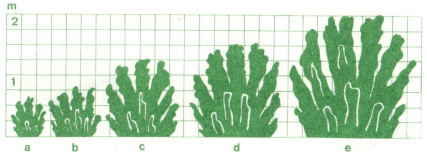

Abb. 316 Typ „mezereum"
a)
D. giraldii,
D. jezoensis;

b)
D. × *houtteana*,
D. laureola,
● *D. mezereum*,
● *D. m.* 'Alba',
'Plena',
'Variegata',
● *D. tangutica*;

c)
D. aurantiaca;
d)
D. mezereum 'Bowles Variety';
e)
D. mezereum 'Grandiflora'

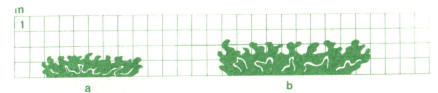

Abb. 318 Typ „cneorum"
a)
D. alpina,
● *D. blagayana*,
● *D. cneorum*,
● *D. c.* 'Alba',
'Variegata', var. *verlotii*,
D. striata,
D. s. 'Alba', *D.* × *thauma*;

b)
● *D. arbuscula*,
D. cneorum (manchmal),
D. c. 'Eximia,'
● 'Major',
D. laureola
var. *philippi*,
D. pseudo-mezereum

Abb. 319 Blütenstand *Daphne*

A) zu zweit
D. pontica

B) zu dritt
D. aurantiaca,
D. × *mantensiana*,
D. mezereum, Sorten,
D. petraea

C) zu viert
D. arbuscula,
D. aurantiaca (manchmal),
D. genkwa

Bei reicherem Fruchtansatz sind besonders die rötlichen und gelben Früchte sehr auffallend und dekorativ.

Zweige und Wurzelsystem

Zweige meist gut sichtbar, bei den beiden höheren Typen ziemlich starr gestellt, meist dunkelbraun, manchmal auch rötlich. Wurzelsystem mitteldicht, nicht sehr weit ausgebreitet.

Ansprüche

Wachsen am liebsten im Schatten oder Halbschatten; nur *D. alpina, D. arbuscula, D. blagayana, D. caucasica, D. cneorum, D. petraea, D. striatum* gedeihen gut auf lichten und sonnigen Standorten. Böden sollten feucht und humos sein. Kalk im Boden wird von *D. mezereum, D. alpina, D. cneorum* u. a. gut vertragen. Zu den ausgesprochen kalkfeindlichen Arten gehört z. B. *D. pontica. D. cneorum* braucht sandigen Lehm mit Zugabe von Humus und Kalk. Zugabe von Rasenerde verlangen *D. blagayana* und *D. petraea*; der zweiten Art kann man etwas Torf oder Moorerde bzw. Nadelerde zum Substrat beimischen. Außer den genannten licht- und sonnenliebenden Arten gedeihen alle *Daphne*-Arten meist sehr gut im Halbschatten von *Fagus*- oder *Quercus*-Arten. Alle angeführten Arten sind unter mitteleuropäischen Bedingungen winterhart, die etwas empfindlicheren *D. genkwa, D. laureola* und *D. striata* versehen wir mit Winterschutz. *D. mezereum* verträgt verunreinigte Luft sehr gut. Unter Wildverbiß leiden die angeführten Arten nicht.

Pflege

Pflanzung im Herbst oder Vorfrühling immer mit Wurzelballen, am besten aus Töpfen, Containern usw. Die Pflanzungen wässern wir nach Bedarf so, daß der Boden immer angemessen feucht bleibt. Mit Fichtenreisig o. a. schützen wir besonders die immergrünen Pflanzen vor der winterlichen Sonne, mit einer Wurzeldecke (Schicht trockenes Laub) verhindern wir bei den empfindlicheren Arten ein tiefes Durchfrieren des Bodens. *Daphne*-Arten vertragen auch im Winter etwas feuchte Erde. Schnitt ist nicht erforderlich. Ältere Exemplare vertragen ein Umpflanzen nicht immer (wenn, dann ausschließlich mit Wurzelballen). Krankheiten und Schädlinge kommen selten vor. In letzter Zeit macht sich eine gefährliche Virose, das Seidelbastmosaik (Gurkenmosaik-Virus) bemerkbar. Es zeigen sich mosaikartige Scheckungen, schmalere Blattspreiten, bei stärkerem Auftreten vergilben die Blätter, fallen ab und die Blütenbildung ist unzureichend (befallene Pflanzen müssen vernichtet werden). Eine weniger gefährliche Krankheit ist die *Marssonia*-Blattfleckenkrankheit (befallene und auch abgefallene Blätter werden gesammelt, erkrankte Zweige entfernt und verbrannt). Gefährlich ist die *Phytophthora*-Stengelgrund- und Wurzelfäule. Hier ist der Stengelgrund mit eingesunkenen, braunen Flecken bedeckt, es zeigen sich Wurzelfäulnis und Absterben ganzer Pflanzen. (Vorbeugend sind übermäßige Bodenfeuchtigkeit zu vermeiden. Chemische Behandlungen werden u. a. mit Propamocarb- oder Fenaminosulf-Präparaten durchgeführt).

Verwendung

Wegen der auffallenden Blüten und zierenden Früchten werden sie hauptsächlich als Solitärpflanzen verwendet, oft auch in kleineren Gruppen ausgepflanzt. So eignen sie sich für Steingärten, Heidegärten, Staudenrabatten oder bodenbedeckende, flächige Pflanzungen in Weg- oder Fensternähe bzw. als Unterholz unter höheren Gehölzen

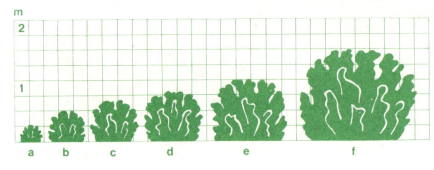

Abb. 317 Typ „burkwoodii"
a)
D. glomerata,
D. petraea,
D. sophia;
b)
D. kamtschatica,
D. petraea 'Grandiflora';

c)
● *D. × burkwoodii*,
D. × mantensianae;
d)
D. altaica,
D. pontica,
D. retusa;

e)
● *D. × burkwoodii* 'Somerset',
D. caucasica,
● *D. genkwa*,
D. × hybrida;
f)
D. acutiloba

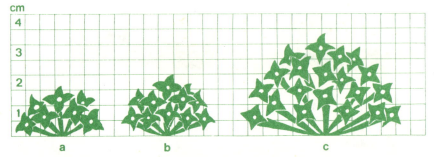

Abb. 320 Blütenstand
Daphne
Dicht halbkugelig
a)
D. acutiloba,
D. alpina,
D. altaica,
D. caucasica,
D. cneorum,
Sorten und Varietäten,
D. giraldii,
D. × houtteana,
D. jezoensis,
D. kamtschatica;

b)
D. × hybrida,
D. striata;

c)
D. blagayana,
D. sophia

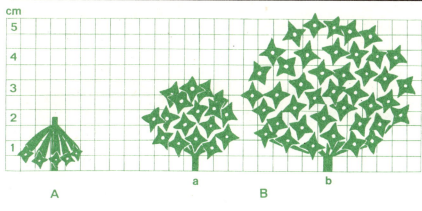

Abb. 321 Blütenstand *Daphne*

A) locker hängender Blütenstand
D. laureola

B) mitteldichter, kugeliger Blütenstand
a)
D. glomerata,
D. × *thauma*,
D. tangutica;

b)
D. × *burkwoodii*,
D. × *b.* 'Somerset',
D. retusa

(besonders *Fagus*). Sehr schön harmonieren sie mit im Frühjahr blühenden *Primula*-, *Galanthus*-Arten, Tulpen, *Helleborus*, verschiedenen Farnen, immergrünen Gehölzen (*Berberis, Viburnum, Prunus* usw.). Niedrige bis kriechende Typen werden meist solitär in Steingärten gepflanzt. Manche Arten sind in der Kultur ziemlich schwierig und haben nur Liebhaberbedeutung (*D. glomerata, D. sophia, D. striata, D.* × *thauma* usw.). Für größere Parkanlagen wird nur *Daphne mezereum* in gruppenweiser Pflanzung angewendet.

Davidia BAILL. – Taubenbaum *(Davidiaceae)*

Sommergrüne Bäume, in Mitteleuropa oft strauchig; zur Gattung gehört nur eine aus China stammende Art: *D. involucrata* BAILL. Blätter breit eiförmig, wechselständig, 8 bis 14 cm lang, grob gezähnt, mit ausgeprägter Nervatur, lebhaft grün. Blütenköpfchen kugelig, 2 cm im Durchmesser, auf schlanken etwa 7 cm langen Stielen; mit auffallend gelblichweißen Hochblättern, die einzelnen kleinen Blüten haben keinen Kelch und keine Krone. Blütezeit: Mai/Juni. Birnenförmige Steinfrucht etwa 3,5 cm lang, grünlich, mit roter Backe. Es sind zwei Varietäten bekannt: var. *laeta* (DODE) KRÜSSM. (Früchte kugeliger) und var. *vilmoriniana* (DODE) WAGERIN (Blattunterseite kahl, in Mitteleuropa härter als die Art). Für Liebhaber und Sammlungen. Die exotisch aussehenden Blütenstände erscheinen erst bei etwa 20 Jahre alten Pflanzen. Die Art und ihre Varietäten sind in Mitteleuropa winterhart. Wachsen in voller Sonne, aber auch im Halbschatten, in nahrhaftem, nicht zu trockenem Boden (ideal sind Waldlagen).

Decaisnea HOOK. f. et THOMS. – Gurkenstrauch *(Lardizabalaceae)*

Sommergrüne, aufrechte Sträucher mit dicken Zweigen; zur Gattung gehören nur zwei ostasiatische Arten, von denen in Mitteleuropa die chinesische winterharte Art *D. fargesii* FRANCH. kultiviert werden kann. In der Heimat wird sie wegen der eßbaren, aber nicht sehr schmackhaften Früchte angebaut. Unter mitteleuropäischen Bedingungen bildet sie 2 bis 5 m hohe Sträucher, verzweigt sich nur schwach, Zweige kahl, bläulich bereift. Blätter unpaarig gefiedert, 50 bis 80 cm lang, unten grau, Blüten hängend, glockig, grünlich, etwa 2,5 bis 3 cm lang, in hängenden endständigen Rispen, etwa 25 bis 50 cm lang. Sehr auffallend fleischige, walzenförmige und gekrümmte, 5 bis 10 cm lange, bläulich bereifte Früchte. Fruchtfleisch weiß, eßbar. Es sind zwei Sorten bekannt: 'Alba West' (Blüten weiß, Früchte gelb) und 'Grandiflora' (Blüten rosa, manchmal blüht sie schon im Herbst). Dieses interessante Gehölz braucht in Mitteleuropa eine geschützte, warme und ausreichend feuchte Lage (aber keine Nässe) und nahrhafte, am besten sandig-lehmige Böden. Liebt Sonne, verträgt aber auch Halbschatten. Schnitt kommt nur bei frostbeschädigten Exemplaren in Frage. Winterschutz zweckmäßig. Liebhaberbedeutung.

Desmodium DESV. – Wandelklee *(Leguminosae)*

Sommergrüne Sträucher oder Stauden; zur Gattung gehören etwa 170 hauptsächlich in den Tropen und Subtropen

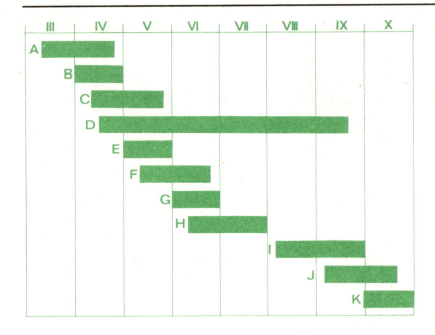

Abb. 322 Blütezeit *Daphne*

A) *D. jezoensis*,
D. laureola
(manchmal bis Mai),
D. mezereum,
D. pseudo-mezereum,
D. tangutica

B) *D.* × *houtteana*;

C) *D. blagayana*,
D. genkwa,
D. laureola var. *philippi*;

D) *D.* × *mantensiana*
(blüht vereinzelt bis Herbst);

E) *D. aurantiaca*,
D. giraldii,
D. pontica;

verbreitete Arten. Für Mitteleuropa haben nur zwei Arten eine begrenzte Bedeutung: *D. spicatum* REHD. und *D. tiliaefolium* (D. DON) G. DON. Sie stammen aus China und dem Himalajagebiet. Die erste bildet Sträucher, die zweite Halbsträucher, beide etwa 1,5 m hoch. Blätter 3zählig, das Endblättchen ist eirundlich, etwa 5 cm lang. Typische Schmetterlingsblüten, karminrosa (*D. spicatum*) oder helllila (*D. tiliaefolium*). Blütezeit: August/September, auch noch Oktober. Hülsen gebogen, rund 5 cm lang. *Desmodium*-Arten sind wegen ihrer späten Blüte wertvoll. Sind aber unter mitteleuropäischen Bedingungen nicht immer ganz winterhart, Winterschutz ist notwendig. Ideal ist eine geschützte, sonnige Lage mit durchlässigen, leichten Böden. Bedeutung für Sammlungen und Liebhaber.

Deutzia THUNB. – Deutzie *(Saxifragaceae)*

Sommergrüne, schnell heranwachsende Sträucher, etwa 50 hauptsächlich in Ostasien, dem Himalajagebiet und Mexiko verbreitete Arten.
Zierwert: Blüte (VI bis VII), ältere Zweige und Stämmchen (XI bis III).

Habitustypen

„Rosea-Typ": breit halbkugeliger Strauch, mitteldicht, Konturen ungleichmäßig luftig (Abb. 323),
„Scabra-Typ": breit aufrecht und starr wachsender Strauch, mitteldicht, manchmal mit sichtbaren, aufrechten Stämmchen (Abb. 324 A),
„Erecta-Typ": schmal und gleichmäßig säulenförmig gebauter Strauch, Konturen nicht immer gleichmäßig (Abb. 324 B),
„Candelabrum-Typ": halbkugeliger Strauch mit aufstrebenden Zweigen, deren Spitzen etwas überhängen (Abb. 325).

Textur

Luftig, manchmal auch locker durchsichtig, unregelmäßig und starr, nur beim „Erecta-" und „Candelabrum-Typ" etwas dichter. Oberfläche des ganzen Strauches ziemlich grob und unruhig gestaltet. Die Steifheit ist durch die oft sichtbaren Stämmchen und Zweige bedingt.

Laub

Blätter gegenständig, kurz gestielt, eiförmig bis länglich lanzettlich, gesägt, ohne Nebenblätter, verschieden groß (Abb. 243). Oft unterschiedlich rauh behaart und meist grün.

F) *D. acutiloba,*
D. alpina,
D. altaica,
D. arbuscula,
D. × *burkwoodii,*
D. caucasica,
D. cneorum,
D. retusa,
D. sophia;

G) *D. petraea;*

H) *D. glomerata,*
D. striata,
D. × *thauma;*

I) *D. cneorum* (manchmal noch ein nachträgliches Blühen);

J) *D.* × *hybrida;*

K) *D. mezereum* 'Grandiflora' (blüht hauptsächlich im Vorfrühling, oft erscheinen Blüten auch schon im Herbst)

Blattfarbe:
Hellgrün
D. × *candelabrum, D.* × *c.* 'Fastuosa, *D.* × *candida, D.* × *carnea* und Sorten, *D. chunii, D. coreana, D. discolor* und Sorte, *D. gracilis, D.* × *magnifica* und Sorten, *D.* × *rosea* und Sorten.
Mattgrün
D. × *elegantissima* und Sorten, *D.* × *excellens, D. globosa, D.* × *hybrida* und Sorten, *D. hypoleuca, D.* × *kalmiaeflora, D.* × *lemoinei* und Sorten, *D. longifolia* sowie Sorten und Varietäten, *D.* × *maliflora* und Sorten, *D. mollis, D. ningpoensis, D. parviflora* sowie Sorten und Varietäten, *D. pulchra, D. purpurascens, D. reflexa, D. rehderiana, D. rubens, D. schneideriana* und Varietät, *D. setchuenensis* und Varietät, *D. sieboldiana* und Varietät, *D. taiwanensis, D.* × *wilsonii.*
Dunkelgrün
D. alba, D. × *candelabrum* 'Erecta', *D. compacta, D. glomeruliflora, D. grandiflora, D. hypoglauca, D. monbeigii, D.* × *myriantha, D. scabra* und Sorten, *D. vilmoriniae.*
Gelblich
D. gracilis 'Aurea'.
Die Herbstfärbung ist wenig auffallend braungelb.

Blüte und Blütenstand

Blüten glockenförmig, 5zählig oder gefüllt, selten einzeln, meist trugdoldig: einzelne Blüten (Abb. 326 A), zu dritt (Abb. 326 B), Blütenstand breit bis halbkugelig und dicht (Abb. 326 C), Blütenstand breit bis halbkugelig und locker (Abb. 327), länglich schmal und dicht (Abb. 328), länglich schmal und locker (Abb. 329). Einzelne Blüten einfach gebaut, nur eine begrenzte Anzahl von Kreuzungen und Sorten gefüllt. Blütenstände aus gefüllten Blüten wirken bei gleicher Blütenzahl „dichter" als Blütenstände aus einfachen Blüten, die „leichter" und „luftiger" aussehen. Von den gefülltblühenden sollen folgende angeführt werden: *D.* × *magnifica* 'Formosa', *D.* × *m.*

Wissenschaftlicher Name	Deutscher Name	Natürliche Verbreitung bzw. Entstehungsort	Frosthärte
D. albida BASTAL.		China, Kansu	++
D. × *candelabrum* (LEMOINE) REHD.		Frankreich (bei Lemoine)	++
D. × *candida* (LEMOINE) REHD.		Frankreich (bei Lemoine)	++
● *D.* × *carnea* (LEMOINE) REHD.		Frankreich (bei Lemoine)	++
C. chunii HU		O-China	++
D. compacta CRAIB		China	++
D. coreana LÉV.	Koreanische Deutzie	Korea	++
D. corymbiflora erecta LEMOINE = *D. setchuenensis*			
● *D. crenata* S. et Z.		Japan	++
D. crenata magnifica LEMOINE = *D.* × *magnifica*			
● *D. discolor* HEMSL.	Zweifarbige Deutzie	M-China	++

'Longipetala', 'Macrothyrsa', *D. scabra* 'Candidissima', *D. s.* 'Plena' und 'Pride of Rochester'.
Bedeutsam ist die Färbung; in fast allen Fällen handelt es sich um zarte Tönungen, die die Zierlichkeit des ganzen Blütenstandes erhöhen.

Blütenfarbe:
Reinweiß
die meisten Arten, Varietäten und Sorten, die bei den Habitustypen angeführt sind.
Cremeweiß
D. × *candelabrum*, *D.* × *c.* 'Fastuosa', *D. globosa*, *D.* × *lemoinei* 'Boule de neige', *D. parviflora* 'Museai'.
Weißlich rosa
D. × *carnea*, *D.* × *c.* 'Stellata', *D. chunii*, *D. discolor* und Sorten, *D.* × *elegantissima*, *D.* × *e.* 'Fasciculata', *D.* × *kalmiaeflora*, *D. longiflora* 'Elegans', *D.* × *maliflora* 'Boule Rose', *D.* × *rosea* 'Carminea', *D.* × *r.* 'Eximia', 'Floribunda', 'Grandiflora', *D. rubens*, *D. scabra* 'Plena', *D. s.* 'Pride of Rochester', 'Watereri'.
Weiß-rot
D. longifolia, *D.* × *maliflora*, *D. mollis*, *D. pulchra*, *D. purpurascens*, *D.* × *rosea*, *D. scabra* 'Candidissima'.
Rosa
D. × *hybrida*, *D.* × *h.* 'Contraste', 'Magicien', 'Mont Rose', 'Perle Rose', 'Pink Pompon', *D. scabra* 'Codsall Pink'.
Purpurrosa
D. longiflora 'Veitchii'.
Zartviolett
D. × *hybrida* 'Joconde'.

Die Blütezeit erstreckt sich bei den einzelnen Arten auf etwa 4 Wochen. Alle blühen von April bis Juli (Abb. 330)

Frucht und Fruchtstand

Eine 3- bis 5fächrige Kapsel ohne größeren Zierwert.

Wissenschaftlicher Name	Deutscher Name	Natürliche Verbreitung bzw. Entstehungsort	Frosthärte
D. discolor carnea LEMOINE = *D.* × *carnea*			
● *D.* × *elegantissima* (LEMOINE) REHD.		Frankreich (bei Lemoine)	++
D. × *excellens* (LEMOINE) REHD.		Frankreich (bei Lemoine)	++
D. globosa DUTHIE		M-China	++
D. glomeruliflora FRANCH.		W-China	++
● *D. gracilis* S. et Z.	Zierliche Deutzie	Japan	++
D. grandiflora BGE.	Großblütige Deutzie	China	++
● *D.* × *hybrida* LEMOINE		Frankreich (bei Lemoine)	++
D. hypoglauca REHD.		Hupeh, Shensi	++
D. hypoleuca MAXIM.		Japan	++
● *D.* × *kalmiaeflora* LEMOINE		Frankreich (bei Lemoine)	++
● *D.* × *lemoinei* LEMOINE ex BOISS		Frankreich (bei Lemoine)	++
● *D. longifolia* FRANCH.	Langblättrige Deutzie	Szetschuan, Yünnan	++
var. *farreri* AIRY-SHAW		wie die Art	++
● *D.* × *magnifica* REHD.		Frankreich (bei Lemoine)	++
● *D.* × *maliflora* REHD.		Frankreich (bei Lemoine)	++
D. mollis DUTHIE	Weichhaarige Deutzie	M-China	++
D. monbeigii W. W. SM.		SW-China	++
D. × *myriantha* LEMOINE		Frankreich (bei Lemoine)	++
D. ningpoensis REHD.		China	++
D. parviflora BGE.	Kleinblütige Deutzie	China, Mandschurei	++
var. *amurensis* RGL.		Korea, Mandschurei	++
D. pulchra VIDAL	Schöne Deutzie	Philippinen Formosa,	++
D. purpurascens (L. HENRY) REHD.	Purpurblütige Deutzie	W-China	++
D. reflexa DUTHIE		China	++
D. rehderiana SCHNEID.		China	++
● *D.* × *rosea* (LEMOINE) REHD.		Frankreich (bei Lemoine)	++
D. rubens REHD.		W-China	++

Wissenschaftlicher Name	Deutscher Name	Natürliche Verbreitung bzw. Entstehungsort	Frosthärte
● *D. scabra* Thunb. (Abb. 294 g) *D. scabra* S. et Z. non Thunb. = *D. sieboldiana*	Rauhblättrige Deutzie	Japan, China	++
● *D. schneideriana* Rehd.		M-China	++
var. *laxiflora* Rehd.		M-China	++
D. setchuenensis Franch.		M- u. W-China	++
var. *corymbiflora* (Lemoine) Rehd.		wie die Art	++
D. sieboldiana Maxim.	Siebold-Deutzie	Japan	++
var. *dippeliana* Schneid.		Japan	++
D. taiwanensis Schneid.		Formosa	++
● *D. vilmorinae* Lemoine	Vilmorin-Deutzie	China	++
D. × *wilsonii* Duthie		M-China	++

Zweige und Wurzelsystem

Zweige (manchmal schwächere Stämmchen) sind aufstrebend, steif und locker gestaltet. Ältere Zweige sind bei manchen Arten mit ihrer ablösenden Rinde interessant und besonders in den Wintermonaten und im Vorfrühling auffallend, wie z. B. bei *D. discolor* und Sorten, *D. globosa*, *D. glomeruliflora*, *D.* × *lemoinei* und Sorten, *D. longifolia* sowie Sorten und Varietät, *D. purpurascens*, *D.* × *rosea* und Sorten, *D. scabra* und Sorten (erst sehr alte Pflanzen), *D. schneideriana* und Varietät (wie die vorige Art), *D. setchuenensis* und Varietät, *D. sieboldiana* und Varietät, *D. vilmoriniae* und *D.* × *wilsonii*.
Wurzelsystem mitteldicht, aber ausreichend ausgebreitet.

Ansprüche

Alle Arten brauchen für einen guten Wuchs einen hellen Standort; im Halbschatten sind sie nicht mehr schön und blühen schlecht. An die Bodenverhältnisse stellen sie keine besonderen Ansprüche, wachsen in jeder durchschnittlichen, nicht zu trockenen Gartenerde. Ideal ist ein nahrhaftes, lehmiges Substrat. Große Trockenheit und übermäßige Feuchtigkeit vertragen *Deutzia*-Arten nicht. Relativ gut wird Trockenheit von *D. scabra* vertragen. In längeren Trockenperioden welken die Pflanzen schnell, werfen Blüten ab und stellen das Weiterwachsen ein (eine rechtzeitige Wässerung kann Schäden verhindern). Alle angeführten Arten sind winterhart, nur in strengen Winterzeiten treten Frostschäden an Zweigen (*D. gracilis*) auf, sie regenerieren aber sehr gut. Befriedigend wird verunreinigte Luft vertragen, Wildverbiß kommt nicht vor.

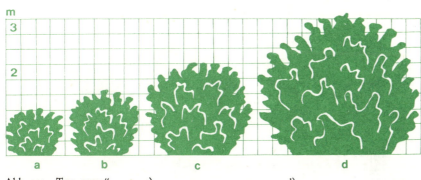

Abb. 323 Typ „rosea"
a) *D. globosa*, *D.* × *maliflora* 'Boule Rose', ● *D.* × *rosea*, *D.* × *r.* 'Eximia', 'Multiflora', 'Venusta';
b) *D. compacta*, ● *D. kalmiaeflora*, *D. rehderiana*, *D. rubens*;
c) *D. coreana*, *D. sieboldiana*, *D. s.* var. *dippeliana*;
d) *D. ningpoensis*, *D. pulchra*

Pflege

Im unbelaubten Zustand erfolgt das Auspflanzen im Herbst oder Vorfrühling, aus Containern während der ganzen Vegetation. An eine weitere Pflege stellen *Deutzia*-Arten keine Ansprüche, nur bei längerer Trockenheit muß gewässert werden. Die ältesten Zweige sollte man etwa alle 2 bis 3 Jahre entfernen, damit sich nach diesem Verjüngen immer neue blühfähige Zweige entwickeln können. Vom Frost geschädigte Pflanzen werden radikal zurückgeschnitten; ohne einen solchen Rückschnitt behalten die Blätter ein ungesundes, chlorotisches Aussehen. Umpflanzen älterer Exemplare ist möglich, besser ist aber das Pflanzen jüngerer Sträucher, die schnell heranwachsen und gut blühen. Krankheiten und Schädlinge treten nur selten auf. Mehrere pilzliche Erreger, *Ascochyta*-, *Septoria*- und *Phyllosticta*-Arten verursachen Blattfleckenkrankheiten (überwiegend blasse bis weißliche Flecken). Das Auftreten dieser Krankheiten ist aber so gering, daß keine Bekämpfung erforderlich ist. Vereinzelt erscheint im Frühsommer noch die Fliedermotte, deren Larven in Blattminen fressen, wodurch die Blätter verkrüppeln und vertrocknen; (Präparate gegen beißende Insekten mit Tiefenwirkung beim Sichtbarwerden der ersten Befallssymptome anwenden). Gelegentlich, in heißen Jahren treten Spinnmilben auf, die mit den handelsüblichen Akariziden behandelt werden können.

Verwendung

Gehören zu den schönsten Blütensträuchern, sind aber nach der Blüte nicht immer schön. Darum widmen wir den Solitärpflanzen eine größere Pflege durch ständiges Verjüngen, damit sie alljährlich schön blühen. Deutzien werden auch für größere, am besten gemischte Gruppen, freiwachsende Hek-

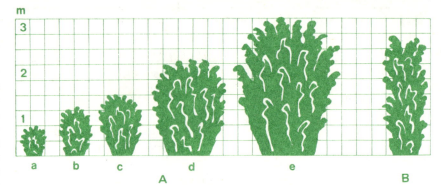

Abb. 324
A) Typ „scabra"
a)
D. × *lemoinei* 'Compacta';
b)
● *D. gracilis*,
D. g. 'Aurea',
● *D.* × *lemoinei*,
● *D.* × *l.* 'Boule de Neige',
● *D.* × *maliflora*,
● *D.* × *m.* 'Avalanche',
● *D.* × *myriantha*,
D. parviflora,
D. p. var. *amurensis*,
D. reflexa,
D. × *rosea* 'Floribunda';
c)
● *D.* × *carnea*,
D. × *c.* 'Densiflora',
● 'Lactea',
'Stellata',
● *D. discolor*,
D. d. 'Major',
● *D.* × *hybrida*,
D. × *h.* 'Joconde',
● 'Mont Rose',
● 'Perle Rose',
'Pink Pompon',
D. hypoleuca,
D. monbeigii,
D. × *rosea* 'Grandiflora',
D. taiwanensis;
d)
D. × *candelabrum* 'Fastuosa',
D. × *candida*,
D. chumii,

● *D. elegantissima*,
● *D.* × *e.* 'Fasciculata',
D. × *excellens*,
D. grandiflora,
D. hypoglauca,
● *D. longifolia*,
D. l. var. *farreri*,
D. l. 'Veitchii',
D. mollis,
D. parviflora 'Museai',
● *D. schneideriana*,
D. sch. var. *laxiflora*,
D. setchuenensis,
D. s. var. *corymbiflora*,
D. × *wilsonii*;
e)
D. albida,
● *D.* × *magnifica*,
● *D.* × *m.* 'Azalaeflora',
● 'Eburnea',
'Emines',
'Erecta',
'Formosa',
'Latiflora',
'Macrothyrsa',
'Mirabilis',
'Staphyleoides',
'Superba',
● *D. scabra*,
D. s. 'Angustifolia'
● 'Candidissima',
'Codsall Pink',
'Marmorata',
'Macropetala',
● 'Plena',
'Punctata',
● 'Watereri'

B) Typ „erecta"
D. × *candelabrum* 'Erecta',
D. × *magnifica* 'Longipetala'

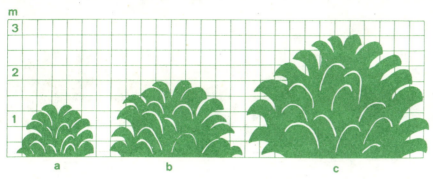

Abb. 325 Typ „candelabrum"

a)
- ● *D. rosea* 'Campanulata',
- ● *D. × r.* 'Carminea';

b)
- ● *D × hybrida* 'Contraste',
- *D. × h.* 'Magicien',
- *D. purpurascens*,
- ● *D. vilmoriniae*;

c)
- *D. × candelabrum*,
- *D. × elegantissima* 'Arcuata',
- *D. × e.* 'Conspicua',
- *D. glomeruliflora*,
- *D. longifolia* 'Elegans',
- ● *D. scabra* 'Pride of Rochester'

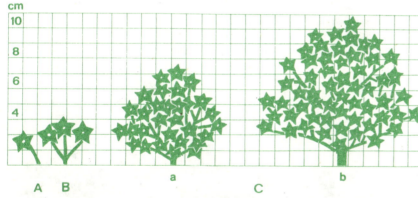

Abb. 326 Blütenstand *Deutzia*

A) einzelne Blüten
D. coreana,
D. grandiflora (manchmal)

B) zu dritt
D. grandiflora,
D. rehderiana (manchmal 5 Blüten im Büschel)

C) breit bis halbkugelig und dicht

a)
D. globosa,
D. × hybrida 'Pink Pompon',
D. × lemoinei 'Boule de Neige',
D. magnifica,
D. × m. 'Azaleaeflora',
'Eburnea',
'Formosa',
'Longipetala',
'Superba',
'Suspensa' (nickend),
D. × maliflora, Sorten,
D. parviflora 'Museai',
D. × rosea 'Floribunda';

b)
D. hypoglauca

ken und zum Einsäumen höherer Kulissen verwendet. Sie gedeihen gut und wirken prächtig, wenn sie in der Nähe von natürlichen Wasserflächen gepflanzt werden (höhere Bodenfeuchtigkeit). Die Blütenstände sollten aus nächster Nähe sichtbar sein; das gleiche gilt für die malerisch sich ablösende Rinde auf den älteren Zweigen. Auf die Möglichkeiten der Kombination mit *Polyantha*-Park- und -Kletterrosen (farbliche Kombination und Abstufungen) sei hingewiesen.

Diervilla MILL. – (Caprifoliaceae)

Sommergrüne niedrige Sträucher; alle drei zur Gattung gehörenden nordamerikanischen Arten und ein Bastard können in Mitteleuropa kultiviert werden: *D. lonicera* MILL., *D. rivularis* GATT., *D. sessilifolia* BUCKL. und *D. × splendens* (CARR.) KIRCHN. Sie bilden bis 1 m hohe, manchmal ausläufertreibende Sträucher; Blätter gegenständig, meist länglich lanzettlich bis eiförmig, Blüten nicht sehr auffallend, Krone 2lippig, trichter- oder röhrenförmig, gelb oder gelbgrün, seltener mit rötlichem Hauch *(D. rivularis)*. Blütezeit: Juni bis August. Frucht eine 2fächrige Kapsel. Anspruchslose Pflanzen für halbschattige Standorte, feuchte und trockenere Böden, ausgezeichnete höhere Bodendecker in Waldbeständen. Ansprüche, Pflege und Verwendung fast die gleiche wie bei *Weigela*. Zierwert geringer. Für Sammlungen und Liebhaber.

Diospyros L. – Dattelpflaume *(Ebenaceae)*

Sommer- oder immergrüne Sträucher und Bäume; die etwa 200 Arten überwiegend in den Tropen und Subtropen beheimatet. Für mitteleuropäische Bedingungen kommen nur folgende in Frage: *D. kaki* L. f. Kakipflaume, (Syn. *D. chinensis* BL.), *D. lotus* L. (Lotus- oder Dattelpflaume) und *D. virginiana* L. (Persimone, Abb. 331 a). In Mitteleuropa bilden sie strauchige Bäumchen, nur selten Bäume. Blätter einfach, sommergrün, wechselständig, Blüten klein, weiß oder weißlich, weibliche einzeln, männliche in Büscheln. Blütezeit: Juni. Früchte sehr saftige, tomatenähnliche Beeren (manche Arten werden wegen dieser Früchte kultiviert). Unter mitteleuropäischen Bedingungen reifen sie nur ausnahmsweise in den wärmsten Gebieten und in Jahren mit langem, warmem Sommer.

Alle Arten brauchen einen geschützten Standort und ausreichend warme, nahrhafte und tiefe Böden. Am härtesten ist *D. virginiana*; alle weiteren angeführten Arten sind nur in den wärmsten Gebieten Mitteleuropas geeignet. Liebhaberbedeutung.

Dipelta MAXIM. – Doppelschild *(Caprifoliaceae)*

Sommergrüne, der Gattung *Weigela* ähnliche Sträucher. Es sind 4 in China beheimatete Arten bekannt. Für Mitteleuropa haben nur zwei eine Bedeutung: *D. floribunda* MAXIM. (Abb. 294 h) und *D. ventricosa* HEMSL. Unter mitteleuropäischen Bedingungen bilden sie niedrige, meist unter 3 bis 4 m hohe Sträucher. Blätter kurzstielig,

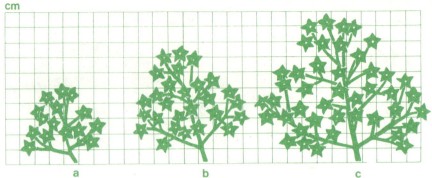

Abb. 327 Blütenstand *Deutzia*
Breit bis halbkugelig und locker
a)
D. compacta,
D. discolor, Sorten,
D. × *elegantissima*, Sorten,
D. glomeruliflora,
D. × *kalmiaeflora*,
D. × *lemoinei* 'Compacta',
D. longifolia,
D. l. 'Elegans', var. *farreri*,
D. mollis,
D. purpurascens,
D. rubens,
D. × *wilsonii*;
b)
D. albida,
D. × *excellens*,
D. × *lemoinei*,
D. longifolia 'Veitchii',
D. × *parviflora*,
D. p. var. *amurensis*,
D. reflexa,
D. × *rosea* 'Campanulata',
D. setchuenensis,
D. vilmoriniae;
c)
D. × *hybrida*, Sorten,
D. setchuenensis var. *corymbiflora*

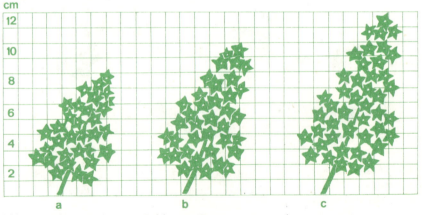

Abb. 328 Blütenstand *Deutzia*
Länglich schmal und dicht
a)
D. candelabrum, Sorten,
D. gracilis,
D. × *magnifica* 'Eminens',
D. × *m.* 'Macrothyrsa',
D. × *rosea* 'Carminea',
D. × *r.* 'Eximia',
D. sieboldiana, Varietäten;
b)
D. × *magnifica* 'Erecta',
D. × *m.* 'Latiflora',
'Mirabilis';
c)
D. ningpoensis,
D. pulchra (nickend)

314

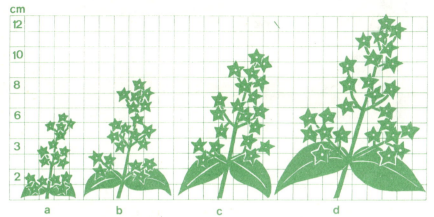

gegenständig, ganzrandig oder gezähnt, verschieden länglich eiförmig. Blüten ähneln denen der *Weigela*, einzeln oder in lockeren beblätterten Trauben. Blütezeit: Mai/Juni. Frucht eine trockene Kapsel. Jungpflanzen sind etwas empfindlicher als bei *Weigela*, sonst sind aber die Pflege, Ansprüche und Verwendung die gleiche. Liebhaberbedeutung.

Abb. 329 Blütenstand *Deutzia*
Länglich schmal und locker
a)
D. × *candida*,
D. *moubeigii*;

b)
D. × *carnea*, Sorten,
D. *chunii*,
D. *hypoleuca*,
D. × *magnifica*
'Staphyleoides',
D. × *myriantha*,
D. × *rosea*,
D. × *r*. 'Grandiflora',
'Multiflora',
'Venusta',
D. *scabra*, Sorten;

c)
D. *schneideriana*;

d)
D. *taiwanensis*

Dirca L. – Lederholz, Bleiholz *(Thymelaeaceae)*

Sommergrüne Sträucher mit biegsamen Zweigen; nur zwei Arten in Nordamerika. Für Mitteleuropa hat nur *D. palustris* (Lederholz) eine Bedeutung. Pflanzen etwa 2 m hoch, Blätter wechselständig, häutig, kurzstielig, elliptisch, 3 bis 7 cm lang, hellgelb, kurz gestielt, zu 2 bis 3 in achselständigen Büscheln. Blütezeit: März/April. Frucht eine ellipsoide Steinfrucht, 8 mm lang, hellgrün oder rötlich. Habitus ziemlich ungewöhnlich, Zweige tütenförmig zusammengestellt. Lieben frischen Waldboden mit ausreichendem Torfzusatz, Halbschatten und eine angemessene Feuchtigkeit, aber keine sumpfige Nässe. Kalk im Boden wird nicht vertragen. Blüten erfrieren unter mitteleuropäischen Bedingungen oft bei Spätfrösten. Liebhaberbedeutung.

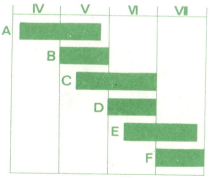

Abb. 330 Blütezeit *Deutzia*

A) D. *grandiflora*,
D. *rehderiana*;

B) D. *hypoleuca*;

C) D. × *candelabrum*,
D. × *elegantissima*,
D. *gracilis*,
D. × *magnifica*
'Azaleaeflora',
D. × *maliflora*,
D. *monbeigii*,
D. *ningpoensis*,
D. *pulchra*,
D. *purpurascens*;

D) die meisten Arten, Sorten und Varietäten;

E) D. *globosa*,
D. *reflexa*,
D. *scabra*,
D. *schneideriana*,
D. *setchuenensis*,
D. *sieboldiana*;

F) D. *compacta*,
D. *rubens*

Disanthus MAXIM. – Doppelblüte *(Hamamelidaceae)*

Sommergrüne, dichte, etwa 2 m hohe Sträucher. Es existiert nur eine Art (*D. cercidifolius* MAXIM.) in Japan. Laub ähnelt sehr *Cercis siliquastrum*.

Herbstfärbung schön purpurfarben oder weinrot bis orangefarben. Blüten ähneln denen von *Hamamelis*, sind dunkelpurpurfarben, etwa 1,5 cm im Durchmesser. Blütezeit: Oktober. Frucht eine Kapsel, etwa 1,5 cm breit. In Mitteleuropa relativ winterhart, verlangt aber Winterschutz, sonst können Frostschäden auftreten. Geschützter Standort ist zweckmäßig. Ansprüche, Pflege und Verwendung wie bei *Hamamelis*.

Dryas L. – Silberwurz *(Rosaceae)*

Immergrüne, kriechende, breit mattenförmige Spaliersträucher. Zur Gattung gehören 3 Arten, die in den Gebirgen der nördlichen Halbkugel verbreitet sind. Für Mitteleuropa haben hauptsächlich *D. drummondii* RICHARDS. ex HOOK., ● *D. octopetala* L. (Silberwurz, Abb. 294 i) und deren Bastard *D. × suendermannii* SÜNDERM. Bedeutung. Blätter sind wechselständig, einfach, länglich elliptisch, 1 bis 3 cm lang, gezähnt oder ganzrandig. Blüten einzeln, auf schlanken Stielen, weiß oder weißlich gelb, mit 8 bis 10 eiförmigen Kronblättern, die 1 bis 1,5 cm lang sind. Blütezeit: Juni–August. Frucht eine Kapsel mit zierenden langen Federschweifen. Am häufigsten wird *D. octopetala* kultiviert; von dieser Art sind u. a. folgende Sippen bekannt: var. *argentea* BLYTT (Blattspreite auch auf der Oberseite filzig), var. *asiatica* (NAKAI) NAKAI (kürzere und stumpfe Blätter), ssp. *octopetala* (CRANTZ) GAMS (Blätter grob gekerbt) und var. *integrifolia* (VAHL.) HOOK. f. (Blätter sehr klein, lanzettlich). *Dryas*-Arten brauchen volle Sonne, gute, kalkreiche und durchlässige Böden. Sind in Mitteleuropa völlig winterhart (bei Kahlfrösten ist leichter Winterschutz zweckmäßig), leiden bisher nicht unter

Abb. 331
a) *Diospyros virginiana*;
b) *Elaeagnus angustifolia*;
c) *Erica carnea*;
d) *Euonymus europaeus*;
e) *Exochorda racemosa*;
f) *Fagus silvatica*

Krankheiten und Schädlingen. Eignen sich hauptsächlich für Steingärten, Blumenmauern, Steinwege und zum Einsäumen von Staudenbeeten sowie zu Pflanzungen an die Sonnenseite vor *Berberis, Cotoneaster, Potentilla, Stephanandra* usw.

Elaeagnus L. – Ölweide *(Elaeagnaceae)*

Sommer- oder immergrüne Bäume bzw. Sträucher, oft dornig. Insgesamt sind etwa 40 Arten bekannt, beheimatet in Südeuropa, Asien und Nordamerika.

Zierwert: Laub (V bis XI, bei immergrünen Arten I bis XII, besonders XI bis III), Früchte (VI bis VII, IX bis X, je nach der Reifezeit der Art).

Habitustypen

„Angustifolia-Typ": Baum oder Bäumchen mit ungleichmäßig breit ausladender, hochgezogener, ziemlich dichter Krone; Stamm meist dicht über der Erde verzweigt (Abb. 332 B),
„Multiflora-Typ": breit ausladender Strauch, unregelmäßig halbkugelig, Äste und Zweige ungleichmäßig bogig überhängend (Abb. 333),
„Commutata-Typ": Strauch mit aufstrebendem bis aufrechtem Wuchs, Zweige ziemlich starr, ungleich locker gestellt, besonders die Konturen lokker bis luftig (Abb. 332 A).

Wissenschaftlicher Name	Deutscher Name	Natürliche Verbreitung bzw. Entstehungsort	Frosthärte
Sommergrüne Arten			
● *E. angustifolia* L. (Abb. 331 b)	Schmalblättrige Ölweide	W- u. M-Asien, Himalaja, China	++
var. *orientalis* (L.) KTZE.		O-Mittelmeergebiet	++
var. *spinosa* (L.) KTZE.		wie die Art	++
E. argentea PURSH non MOENCH = *E. commutata*			
● *E. commutata* BERNH. ex RYDB.	Silbrige Ölweide	N-Amerika	++
E. crispa THUNB. = *E. umbellata*			
E. edulis CARR. = *E. multiflora*			
E. longipes A. GRAY = *E. multiflora*			
E. multiflora THUNB.	Vielblütige Ölweide	Japan, Korea China	++
var. *ovata* (MAXIM.) SERVETTAZ		Japan	++
E. parvifolia ROYLE = *E. umbellata* var. *parvifolia*			
E. spinosa L. = *E. angustifolia* var. *spinosa*			
● *E. umbellata* THUNB.	Doldige Ölweide	Himalaja	++
var. *parvifolia* (ROYLE) SCHNEID.		Himalaja, Japan, China	++
Immergrüne Arten			
E. pungens THUNB.	Dornige Ölweide	N-China, Japan	
E. × ebbingei BOOM		Holland	
var. *reflexa* (MORR. & DECNE.) SCHNEID.		wie die Art	++
var. *simonii* (CARR.) NICHOLS.		China	++

Textur

Sehr unterschiedlich. *E. angustifolia* ist fein und zierlich, dabei aber luftig aufgebaut, während die weiteren *Elaeagnus*-Arten, besonders *C. commutata*, eine gröbere und „härtere" Textur aufweisen.

Laub

Blätter wechselständig, einfach, verschieden länglich oder eiförmig, kurz gestielt, mit silbrigen oder goldigen Schilferschuppen bedeckt (Abb. 289). Bei *E. commutata* beide Blattspreitenseiten auffallend silbrig, bei weiteren Arten und Kreuzungen nur die Unterseiten.

Blattfarbe der Oberseite:
Hellgrün
E. pungens var. *simonii*.
Mattgrün
E. angustifolia und Varietäten (Unterseite silbrig schuppig), *E. umbellata* und Varietät (Unterseite mit silbrigen und bräunlichen Schuppen).
Glänzend grün
E. × *ebbingei*, *E. pungens*, *E. p.* var. *reflexa*.

Dunkelgrün
E. multiflora und Varietäten (Unterseite silbrig schuppig).
Glänzend silbrig
E. commutata, *E. c.* 'Zempin'.
Gelbbunt
E. pungens 'Aurea', *E. p.* 'Frederici', 'Maculata' (die Blattspreitenmitte dunkelgelb), 'Tricolor' (weißlichrosige Flecken), 'Variegata' (hellgelb gesäumte Blattspreiten).

Blüte und Blütenstand

Blüten klein, glockig, 4zählig, einzeln oder zu 3 bis 7 in Büscheln, gelblich oder weißlich, duftend, unscheinbar und ohne größeren Zierwert. Die meisten Arten blühen im Frühjahr oder am Sommeranfang, *E. pungens* im Herbst (Abb. 334).

Frucht und Fruchtstand

Fleischige Steinfrüchte, kugelig oder länglich eiförmig (Abb. 289), Stein ellipsoid und gestreift. Früchte auffallender als Blüten – besonders die rötlich ausgefärbten.

Fruchtfarbe:
Silbrig
E. commutata.
Gelblich
E. angustifolia (silbrig schuppig).
Rot
E. umbellata (silbrig brauner Hauch).
Braunrot
E. multiflora und Varietät, *E. pungens* sowie Sorten und Varietäten.

Stamm, Zweige und Wurzelsystem

Stamm der baumartigen Typen bei älteren Exemplaren meist gefurcht, schwarzbraun (bei *E. angustifolia* kontrastiert er oft mit der hellen Krone). Äste und Zweige oft starr aufgestellt und besonders in der Jugend auch bewehrt. (z. B. bei *E. angustifolia* und *E. pungens*). Junge Zweige ähnlich

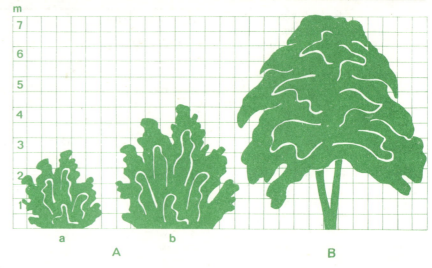

Abb. 332
A) Typ „commutata"
a)
E. × *ebbingei*,
E. pungens,
E. p. 'Aurea',
'Frederici',
'Maculata',
var. *reflexa*,
var. *simonsii*,
'Tricolor',
'Variegata';

b)
● *E. commutata*,
● *E. c.* 'Zempin',
E. umbellata,
E. u. var. *parvifolia*

B) Typ „angustifolia"
● *E. angustifolia* (manchmal)

Abb. 333 Typ „multiflora"
a)
E. multiflora,
E. m. var. *ovata*;

b)
● *E. angustifolia*,
E. a. var. *orientalis*,
var. *spinosa*

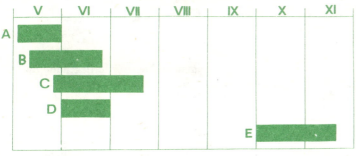

Abb. 334 Blütezeit *Elaeagnus*

A) *E. multiflora*;
B) *E.* × *ebbingei*, *E. umbellata*;
C) *E. commutata*;
D) *E. angustifolia*, *E. commutata* 'Zempin', *E. umbellata* var. *parvifolia*;
E) *E. pungens* (Früchte im Frühjahr des folgenden Jahres)

wie die Blätter mehr oder weniger silbrig oder goldbraun geschuppt, so daß sie auch mit ihrer Farbe zur Schönheit des ganzen Gehölzes beitragen. Wurzelsystem reich verzweigt und ausgebreitet, zäh.

Ansprüche

Alle *Elaeagnus*-Arten sind lichtliebend, in Halbschatten pflanzen wir höchstens die immergrünen Arten, alle anderen stets in südexponierten sonnige Lagen. An Bodenverhältnisse stellen sie keine besonderen Ansprüche. Immergrüne Arten wachsen sehr gut in ärmeren, trockenen und sogar salzigen Böden (vor allem die auffallend silbrigen). Ideal sind mittelschwere, sandig-lehmige Böden mit normaler Feuchtigkeit. Alle angeführten sommergrünen Arten sind in Mitteleuropa befriedigend winterhart, die immergrünen versehen wir vorsichtshalber mit einem Winterschutz (Reisig und auf die Wurzeln eine Laubdecke, oder auch Überwinterung im Kalthaus); in strengen Wintern verlieren sie die Blätter, treiben aber wieder gut durch. Stadtklima und verunreinigte Luft werden gut vertragen (von *E. angustifolia* sehr gut), unter Wildverbiß leiden die *Elaeagnus*-Arten nicht.

Pflege

Pflanzung im Herbst oder Vorfrühling, immergrüne Arten besser im Frühling und immer mit Wurzelballen. Den frisch gepflanzten Immergrünen muß bei längeren Trockenperioden gelegentlich Wasser zukommen, ein Winterschutz ist ebenfalls zweckmäßig. Sommergrüne Arten können wir je nach Bedarf auslichten und nach längerer Zeit radikal zurückschneiden; immergrüne *Elaeagnus*-Arten werden nicht geschnitten. Hecken aus sommergrünen Arten (hauptsächlich *E. angustifolia*) werden im Vorfrühling und wenn nötig noch einmal im Sommer geschnitten. Ältere Exemplare können umgepflanzt werden, aber immer mit ausreichendem Wurzelballen. Bedeutsame Krankheiten und Schädlinge treten kaum auf. Befall mit Blattfleckenkrankheiten (*Cercospora*-, *Septoria*- und *Phyllosticta*-Arten) sehr gering, so daß eine Bekämpfung kaum erforderlich ist. Vereinzelt stellt sich Zweigsterben durch verschiedene pilzliche Erreger z. B. *Nectria*-, *Phytophtora*- und *Fusarium*-Arten ein; (befallene Pflanzenteile oder ganze Pflanzen entfernen und verbrennen, feuchte Standorte meiden).

Verwendung

Alle *Elaeagnus*-Arten sind effektvolle Solitärpflanzen. Manche Typen und Größen brauchen im fortgeschrittenen Alter viel Platz (*E. angustifolia*), so daß sie auf größeren Flächen ausgepflanzt werden müssen. Geeignet sind sie auch für Gruppen. Mit ihrem hellen Laub (besonders *E. angustifolia*) vertiefen sie, wenn sie in den Hintergrund gepflanzt werden, die Perspektive (Tiefe) der ganzen Szenerie. Kontrastreich wirken Vorpflanzungen vor dunklem Hintergrund (z. B. vor *Taxus*-Arten oder anderen Nadelgehölzen). Auffallend silbrige Arten pflanzen wir an Wege zum Betrachten aus nächster Nähe. Einige Arten, besonders *E. angustifolia* und *E. multiflora*, eignen sich gut für geschnittene und freiwachsende Hecken. Außer den immergrünen Arten bewähren sich alle angeführten *Elaeagnus*-Arten beim Begrünen extrem trockener, sandiger und unfruchtbarer, devastierter Lagen. Sie befestigen steile, exponierte Abhänge. Sehr gut gedeihen sie im Industrie- und Stadtklima (Pioniergehölze).

Elsholtzia WILLD. – Kamminze *(Lamiaceae)*

Sommergrüne aromatische Halbsträucher oder Kräuter. Es sind etwa 30 Arten bekannt, die in China, Indien, Java, Äthiopien und Europa verbreitet sind. Eine gewisse Aufmerksamkeit verdient nur die chinesische Art *E. stauntonii* BENTH. Ein Halbstrauch, etwa 1 bis 1,5 m hoch, Wuchs aufrecht bis ausladend, Blätter länglich eiförmig bis lanzettlich, 6 bis 12 cm lang, grob gesägt. Blüten 7 bis 8 mm lang, hellpurpurfarben, in rispig angehäuften, etwa 10 bis 15 cm langen Ähren. Blütezeit: September/Oktober. Offene freie Lage und nahrhafter, kalkreicher Gartenboden werden vorgezogen. In Mitteleuropa winterhart. Wertvolle Pflanze, besonders wegen ihrer Herbstfärbung und späten Blüte. Eignet sich besonders für Gruppenpflanzungen.

Empetrum L. – Krähen- oder Rauschbeere *(Empetraceae)*

Immergrüne, niederliegende, heideartige Zwergsträucher. Etwa 6 einander sehr ähnliche Arten, die vor allem in den arktischen und subarktischen Gebieten verbreitet sind. Für mitteleuropäische Bedingungen haben folgende Arten eine gewisse Bedeutung: *E. atropurpureum* FERN. et WIEG., *E. eamesii* FERN. et WIEG., *E. nigrum* L. und *E. rubrum* VAHL. Es sind niederliegende Zwergsträucher von höchstens 25 cm Höhe. Blätter linealisch, dick, dicht, an den Rändern umgerollt, 4 bis 8 mm lang. Blüten klein und unscheinbar, zwittrig oder eingeschlechtlich, 1- oder 2häusig, einzeln achselständig. Früchte sind auffallende, saftige, rote oder schwarze, 5 bis 8 mm breite Steinfrüchte. Zu *E. nigrum* gehört eine weißfruchtende Sorte ('Leucocarpum'). Vertragen Sonne und auch Halbschatten. Am geeignetsten sind Moorböden, gedeihen aber auch auf leichten und etwas trockenen Standorten. Es wird aber kein Kalk vertragen (Vergilben der Blätter). Unter geeigneten, angemessen feuchten Bedingungen bilden sie großflächige Matten. Stellen geeignete Ergänzungen von Heidegärten dar. Pflege und Verwendung wie bei *Calluna*-Arten, ein radikaler Rückschnitt ist aber nicht notwendig.

Enkianthus LOUR. – Prachtglocke *(Ericaceae)*

Sommergrüne, selten immergrüne Sträucher. Es sind etwa 10 Arten aus Ostasien und dem Himalajagebiet bekannt. Für Mitteleuropa eignen sich: ● *E. campanulatus* (MIQ.) NICHOLS., ● *E. cernuus* (S. et Z.) MAK., ● *E. perulatus* (MIQ.) SCHNEID., *E. serrulatus* (WILLD.) SCHNEID. und *E. subsessilis* (MIQ.) MAK. Es sind Sträucher von 1 bis 3 m Höhe, nur *E. cernuus* und *E. serrulatus* können 5 bis 6 m hoch werden. Zweige oft quirlartig angeordnet, Blätter einfach, wechselständig, meist an den Triebenden gehäuft, fast immer fein gesägt, nach beiden Enden verschmälert. Blüten glockig bis krugförmig, in endständigen, hängenden Dolden oder Trauben, weiß oder rot. Blütezeit: Mai/Juni. Frucht eine 5fächrige Kapsel. Von *E. campanulatus* werden folgende Sorten und Varietäten kultiviert: 'Albiflorus' (Blüten reinweiß), 'Donardensis' (Blüten größer, mit dunkelrotem Saum) und var. *palibinii* BEAN. (Blüten rot). Schnellwachsende Sträucher, in Mitteleuropa winterhart, Kultur und Verwendung ähnlich wie bei Rhododendron, nur wählen wir etwas lichtere Standorte. Sehr gut für Heidegärten geeignet.

Epigaea L. – Bodenlorbeer *(Ericaceae)*

Immergrüne, niederliegende Zwergsträucher mit kriechenden Sprossen. Es sind nur die zwei Arten *E. asiatica* MAXIM. (Japan) und *E. repens* L. (Nordamerika) sowie deren Bastard *E.* × *intertexta* MULLIGAN bekannt. Sie sind meist nur 3 bis 7 cm hoch, ausnahmsweise bis 20 cm (*E. repens*); die niederliegenden Zweige wurzeln leicht. Blätter länglich eiförmig, 2 bis 8 cm lang, dunkelgrün. Blüten 5zählig, weiß oder rosa mit großem Kelch und 5zähliger, tellerförmiger Krone. Frucht eine zusammengedrückte kugelige Kapsel. Zu *E.* × *intertexta* gehören zwei Sorten: 'Apple Blossom' (Blüten reinrosa) und 'Aurora' (Blätter 6 cm lang, mit gewelltem Rand). Die Kultur dieses niedrigen, kriechenden Gehölzes ist ziemlich schwer. Verlangt Halbschatten, direkte Sonne wird nicht vertragen (in tieferem Schatten ist der Wuchs einwandfrei, aber das Blühen läßt nach), der Boden muß humos und kalkfrei sein. Ein Bedecken der Erdoberfläche mit Nadelstreu ist zweckmäßig. Liebhaberbedeutung.

Erica L. – Heide *(Ericaceae)*

Wissenschaftlicher Name	Deutscher Name	Natürliche Verbreitung bzw. Entstehungsort	Frosthärte
E. carnea L. = E. herbacea			
E. ciliaris L.	Dorset-Heide, Wimper-Heide	W-Europa	≙, +
● E. cinerea L.	Grau-Heide	W-Europa	+, ++
● E. herbacea L. (Abb. 331 c)	Schnee-Heide	S- u. M-Europa	++
E. mackaiana BABINGT.		NW-Spanien, W-Irland	+
E. mackaii HOOK. = E. mackaiana			
E. stuartii LINTON		W-Irland	++, +
● E. tetralix L.	Glocken-Heide, Moor-Heide	N- u. W-Europa	++
● E. vagans L.	Weitschweifige Heide, Cornwall-Heide	W-Europa	++
E. × williamsii DRUCE		Cornwall	+, ++

Immergrüne, reich verzweigte Sträucher, einige Arten in ihrer Heimat manchmal sogar baumartig. Es sind etwa 600 Arten bekannt, die vorwiegend in Südafrika und dem Mittelmeergebiet, einige auch in Europa vorkommen. Wachsen schnell, ausgenommen manche Sorten, die sehr langsam wachsen und zwergig bleiben. Die Auswahl von Sorten ist bei den in Kultur befindlichen Arten groß und umfangreich.

Zierwert: Laub (I bis XII, besonders die buntblättrigen und kompakten Sorten), Blüte (I bis XII – nacheinander alle Arten und Sorten).

Habitustypen

„Pallida-Typ": breit halbkugeliger Strauch, regelmäßig, sehr locker gebaut (Abb. 335),

„Herbacea-Typ": vom vorigen Typ durch einen dichteren, weniger luftigen Habitus unterschieden (Abb. 336),

„Tetralix-Typ": niedriger, breit ausladender Strauch, streng aufrecht und aufstrebend, mitteldicht (Abb. 337 C),

„Dill-Typ": zwergig und kompakt, halbkugeliges Sträuchlein (Abb. 337 B),

„Pygmaea-Typ": dicht über der Erdoberfläche ausgebreitetes Sträuchlein, mitteldichte Matten bildend (Abb. 337 A).

Textur

Fein, aber dabei etwas schroff (starre Stellung der Zweiglein). Blüten beleben das dunkel wirkende Laub. Das gilt auch für die buntblättrigen Sorten. Gesamteindruck fein und dicht, außer bei dem lockeren „Pallida-Typ".

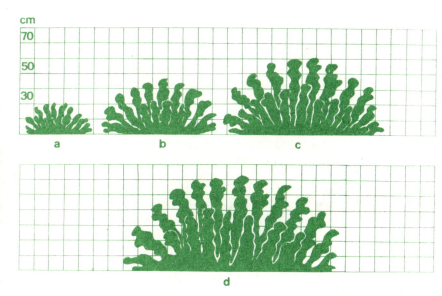

Abb. 335 Typ „pallida"
a) E. herbacea 'Gracilis', E. h. 'Queen of Spain', E. × mackaiana 'Plena', E. tetralix 'Mollis';
b) ● E. vagans 'Rubra';
c) E. vagans 'Cream', ● E. v. 'Mrs. D. F. Maxwell', 'Rosea';
d) E. vagans 'Grandiflora', E. v. 'Pallida'

Laub

Blätter nadelförmig, klein, meist in Quirlen, ziemlich dicht angeordnet, kurz gestielt, verschiedenfarbig.

Blattfarbe:
Hellgrün
E. cinerea und die meisten Sorten, E. herbacea und die meisten Sorten, E. × mackaiana und die meisten Sorten, E. tetralix 'Praegeri' (bis dunkelgrün), E. t. 'Rubra', E. × williamsii.

Graugrün
E. cinerea 'C. G. Best' (beim Austrieb rötlich), E. c. 'Domino' (später dunkelgrün), E. c. 'Eden Valley', E. × mackaiana 'Lawsoniana', E. tetralix und die meisten Sorten.

Dunkelgrün
E. ciliaris sowie die meisten Sorten und Varietäten, E. cinerea 'Atrorubens', E. c. 'E. D. Eason', 'Victoria' (später graufilzig), E. herbacea 'Gracilis', E. h. 'Winter Beauty', E. × mackaiana 'Gwen' (kupferfarbene Tönung), E. × stuartii (glänzend), E. vagans und Sorten (glänzend).

Gelbbunt
E. ciliaris 'Aurea', E. cinerea 'Golden Drop' (kupferfarbene Tönung), E. c. 'Golden Hue' (im Winter bronzefarbener Hauch), E. herbacea 'Aurea', E. × mackaiana 'Gwavas'.

Blüte und Blütenstand

Blüten 4zählig, mit feinem, fast bis zum Grunde geteiltem Kelch und glockiger, röhriger oder zylindrischer Krone, die verschieden gefärbt ist, Blüten in end- oder achselständigen Trauben, Ähren oder Rispen. Wir können folgende Haupttypen unterscheiden: einseitig, endständig und locker (Abb. 338 A), schlanke einseitige Traube (Abb. 338 B), dichtere breite Traube (Abb. 339 B) und dicht zusammengedrängter kurzer Blütenstand (Abb. 339 A).

Blütenfarbe:
Weiß
E. ciliaris 'Alba', E. c. 'Stoborough', E. ci-

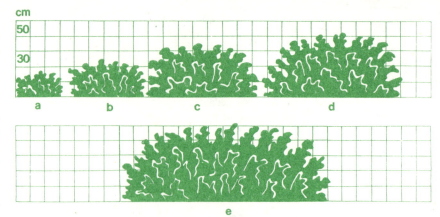

Abb. 336 Typ „herbacea"

a)
E. herbacea 'Aurea',
E. h. 'Cecilia M. Beale',
● 'Rubinteppich',
● 'Winter Beauty',
E. ciliaris 'Aurea',
E. cinerea 'Coccinea';
b)
die meisten Arten
und deren Sorten;

c)
E. ciliaris 'Stoborough',
E. cinerea 'Alba',
E. c. 'C. G. Best',
'Frances',
'Golden Hue',
'John Eason',
'Knap Hill',
'Lilacina',
'Rose Queen',
E. herbacea,
E. h. 'Alba',
● 'James Backhouse',
'Springwood Pink',
E. × mackaiana 'Gwawas',
E. × stuartii,
● E. vagans,
E. v. 'Alba',
'Diana Hornibrook',
'Viridiflora';

d)
E. ciliaris 'Globosa',
E. c. 'Wych',
● E. cinerea,
● E. vagans 'Lyonesse',
E. v. 'Pyrenees Pink';
e)
● E. vagans 'St. Keverne'

nerea 'Alba', E. c. 'Alba Minor', 'Domino', E. herbacea ● 'Alba', E. h. 'Alba Nana', ● 'Cecilia M. Beale', ● 'Snow Queen', 'Springwood', E. × mackaiana 'F. White' (rosafarbener Hauch), E. tetralix 'Alba', E. t. 'Mollis', 'Ruby's Variety' (purpurrosafarbener Hauch), ● E. vagans 'Alba', E. v. 'Cream' (gelbliche Tönung), ● 'Lyonesse'.

Hellrosa
E. ciliaris 'Wych', E. cinerea 'Apple Blossom' (manchmal bis weißlich), E. c. 'Eden Valley', 'Golden Drop', E. herbacea ● 'James Backhouse', E. h. 'Mrs. Sam Doncaster', 'Pallida', ● 'Pink Beauty', ● 'Prince of Wales', 'Queen of Spain', 'Springwood Pink', 'Thomas Kingscote', 'Urville', E. × mackaiana 'Gwen', E. × m. 'Lawsoniana', E. × stuartii, E. tetralix 'Silver Bells' (silbrige Tönung), E. vagans 'Pallida'.

Rosa
E. ciliaris 'Aurea', E. c. 'Globosa', 'Hybrida', var. maweana (BACKH.) BEAN., 'Mrs. C. H. Gill', E. cinerea, E. c. 'C. G. Best', ● 'Golden Hue', 'Knap Hill', ● 'Pygmaea', ● 'Rose Queen', E. herbacea, E. h. 'Aurea', ● 'C. J. Backhouse', 'Gracilis', ● 'King George',

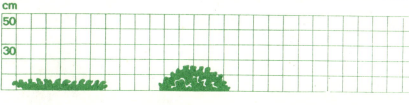

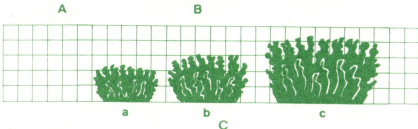

Abb. 337
A) Typ „pygmaea"
E. cinerea 'Golden Drop',
E. c. 'Pygmaea'

B) Typ „dill"
E. cinerea 'Mrs. Dill'

C) Typ „tetralix"
a)
E. tetralix 'Darleyensis',
E. t. 'L. E. Underwood',
'Mary Grace',
'Pink Glow',
'Praegerii',
'Rubra',
'Ruby's Var.',
'Silver Bells',
E. ciliaris var. maweana,
E. c. 'Mrs. C. H. Gill',
E. herbacea 'Rubra',
E. × williamsii;

b)
E. cinerea 'Apple Blossom',
E. c. 'Atropurpurea',
'P. S. Patrick',
'Victoria',
E. tetralix 'Alba',
E. t. 'Con Underwood';

c)
E. tetralix

Purpurrot
E. cinerea ● 'Atropurpurea', E. c. 'Ruby'.
Purpurfarben
E. herbacea 'Loughrigg'.
Hellviolett
E. cinerea 'Lilacina'.
Violettrosa
E. cinerea ● 'Mrs. Dill', E. c. 'P. S. Patrick', 'Victoria', E. × mackaiana, E. × m. 'Dawn'.
Grünlich
E. vagans 'Viridiflora' (mit einer Reihe violetter Blüten).

Am auffallendsten treten in der dunkleren Belaubung die weiß, hellrosa sowie hellviolett und violettrosa gefärbten Blütenstände hervor; dunklere Blüten kommen aus größerem Abstand betrachtet nur wenig zur Geltung.
Blütezeit siehe Abbildung 340.

Frucht und Fruchtstand

Eine kugelige, 4klappige Kapsel, ohne Zierwert.

Zweige und Wurzelsystem

Zweigchen dünn, rutenförmig, meist dunkelbraun, biegsam, sehr oft aufstrebend. Wurzelsystem kompakt dicht, mit reichen Wurzelhaaren, zusammenhaltend.

Ansprüche

An Lichtbedingungen sind Erica-Arten anpassungsfähig, sie wachsen am besten auf hellen oder halbschattigen Standorten, bzw. auch noch im Schatten, wo sie aber schlechter blühen. Am geeignetsten ist eine schwach saure Bodenreaktion (pH-4-5) und leichter, sandiger bis sandig-lehmiger, humoser Boden, mit Beimischungen von Torf und Nadelstreu oder Heideerde. Die meisten Arten kümmern oder sterben bei höheren Werten ab (E. cinerea u. a.). Es existieren aber auch Arten

● 'Queen Mary', 'Rosy Gem', ● 'Winter Beauty', E. × mackaiana 'Plena', E. × m. 'Watsonii', E. tetralix, E. t. ● 'Darleyense', ● 'L. E. Underwood', ● 'Praegeri', E. vagans, E. v. ● 'Grandiflora', 'Pyrenees Pink', ● 'Rosae', ● 'St. Keverne', E. × williamsii.
Dunkelrosa
E. cinerea ● 'E. D. Eason', E. c. 'John Eason', E. × mackaiana 'H. Maxwell', E. herbacea 'Rubinteppich'.
Rosarot
E. ciliaris, E. cinerea 'Startler', E. × makkaiana 'Gwavas', E. tetralix 'Mary Grace',

E. t. 'Pink Glow', E. vagans ● 'Mrs. D. F. Maxwell'.
Rot
E. cinerea 'Frances', E. tetralix 'Rubra', E. vagans 'Diana Hornibrook'.
Karminrot
E. cinerea 'Atrorubens', E. c. 'Coccinea', E. herbacea ● 'Atrorubra', ● 'Purpurteppich', ● 'Rubra', ● 'Ruby Glow'.
Dunkelrot
E. cinerea ● 'Atrosanguinea', E. herbacea 'Eileen Porter', E. h. ● 'Vivellii', ● E. vagans 'Rubra'.

Abb. 338 Blütenstand *Erica*

A) einseitig, endständig und locker
E. × *mackaiana*,
E. × *m.* 'Gwawas',
'Gwen',
'H. Maxwell',
'Watsonii',
E. × *stuartii*,
E. tetralix, Sorten

B) schlanke einseitige Traube
a)
E. herbacea, Sorten;
b)
E. herbacea, Sorten (manchmal);
c)
E. vagans, Sorten außer 'Grandiflora' und 'Rubra';
d)
E. vagans 'Grandiflora',
E. v. 'Rubra'

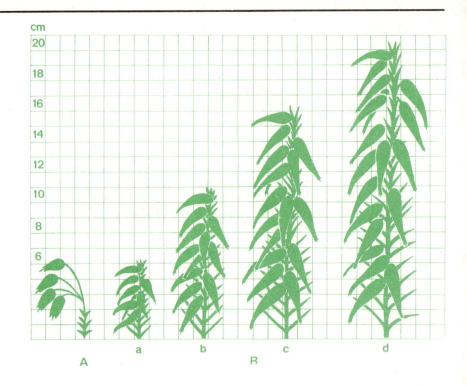

Abb. 339 Blütenstand *Erica*

A) dicht zusammengedrängter, kurzer Blütenstand
E. ciliaris 'Stoborough'

B) dichte, breite Traube
a)
E. cinerea 'Golden Drop',
E. c. 'Pygmaea',
b)
E. ciliaris, Sorten außer 'Stoborough',
E. cinerea, Sorten außer 'Golden Drop', 'Pygmaea' und 'Rose Queen',
E. × *mackaiana* 'Dawn',
E. × *m.* 'F. White',
'Lawsoniana', 'Plena';
c)
E. cinerea 'Rose Queen'

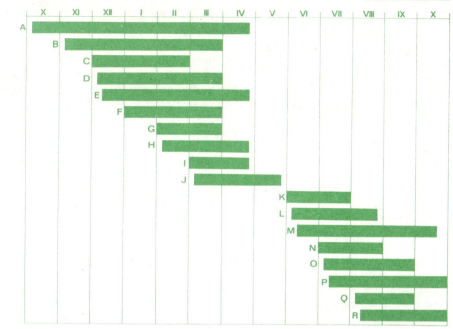

Abb. 340 Blütezeit *Erica*

A) *E. herbacea* 'Eileen Porter';

B) *E. herbacea* 'Winter Beauty';

C) *E. herbacea* 'Queen Mary';

D) *E. herbacea* 'Gracilis';

E) *E. herbacea*,
E. h. 'Alba',
'Alba Nana',
'Aurea',
'Cecilia M. Beale',
'Prince of Wales',
'Rubra',
'Vivellii';

F) *E. herbacea* 'Mrs. Sam Doncaster',
E. h. 'Snow Queen',
'Springwood';

G) *E. herbacea* 'Loughrigg',
E. h. 'Urville';

H) *E. h.* 'Springwood Pink';

I) *E. herbacea* 'James Backhouse',
E. h. 'King George',
'Pallida',
'Pink Beauty',
'Queen of Spain',
'Rosy Gem',
'Ruby Glow',
'Thomas Kingscote';

J) *E. herbacea* 'Atrorubra',
E. h. 'C. J. Backhouse',
var. *maweana*;

K) *E. ciliaris*,
E. c. 'Alba',
'Aurea',
E. cinerea 'Domino',
E. c. 'Mrs. Dill',
'P. S. Patrick',
'Pygmaea',
'Rose Queen',
'Rubry',
'Spicata',
'Startler',
'Victoria';

L) *E. cinerea* 'Alba',
E. c. 'Alba Minor',
'Apple Blossom',
'Atrorubens',
'C. G. Best',
'Coccinea',
'Lilacina';

M) *E. ciliaris* 'Hybrida',
E. × mackaiana 'F. White',
E. × m. 'Gwavas',
'H. Maxwell',
E. × stuartii,
E. tetralix,
E. t. 'Alba',
'Con Underwood',
'L. E. Underwood',
'Mollis',
'Ruby's Var.',
'Eden Valley',
'Frances',
'Golden Drop',
'Golden Gue',
'John Eason',
E. × mackaiana,
E. tetralix 'Darleyensis',
E. t. 'Pink Glow';

O) *E. cinerea* 'Knap Hill',
E. × mackaiana 'Dawn',
E. × m. 'Lawsoniana',
'Plena',
'Watsonii',
E. tetralix 'Mary Grace',
'Praegeri',
'Rubra',
E. vagans,
E. × williamsii;

P) *E. ciliaris* 'Globosa',
E. c. 'Mrs. C. H. Gill',
'Stoborough',
'Wych',
E. × mackaiana 'Gwen';

Q) *E. vagans* 'Alba',
E. v. 'Diana Hornibrook',
'Grandiflora',
'Mrs. D. F. Maxwell',
'Pallida',
'Pyrenees Pink',
'Rosea',
'Rubra';

R) *E. vagans* 'Cream',
E. v. 'St. Keverne',
'Viridiflora'

(*E. herbacea* und empfindlichere, für mitteleuropäische Bedingungen nicht geeignete *Erica*-Arten wie *E. purpurascens* und *E. terminalis*), die auch auf kalkreichen Tonerden gedeihen. Stagnierende Feuchtigkeit wird schlecht vertragen, Trockenheit wird in schweren Böden hauptsächlich von *E. herbacea* vertragen. Die angeführten Arten sind in Mitteleuropa winterhart, nur manche Arten aus maritimen Klimabereichen sind unter kontinentalen Bedingungen empfindlicher und brauchen Winterschutz (*E. ciliaris, E. cinerea, E. tetralix* und *E. vagans*). Besonders *E. cinerea* wächst am besten in warmen, leichten Böden. Winterschutz ist bei allen *Erica*-Arten in Gebieten mit wenig Schnee zweckmäßig. Die angeführten Arten vertragen befriedigend Luftverunreinigungen. Unter Wildverbiß leiden sie nur wenig.

Pflege

Pflanzung immer mit Wurzelballen, im Herbst oder im zeitigen Frühjahr, auch während der Vegetationszeit möglich. Bodenverbesserung mit Torf und Nadelstreu ist ratsam. Die Erdoberfläche können wir zwischen den Pflanzen mit einer Torfschicht bedecken, die wir alljährlich erneuern und nachfüllen bis die Pflanzen zusammengewachsen sind. Winterschutz soll leicht sein, am besten aus Reisig. Im Unterschied zu *Calluna* brauchen *Erica*-Arten nicht so oft geschnitten zu werden. Wir schneiden nur ältere, ausgebreitete und verfilzte, hohe Pflanzen. Die beste Zeit zum Verjüngen ist der Vorfrühling, kurz vor dem Austrieb. Ältere Exemplare lassen sich erfolgreich mit Wurzelballen umpflanzen; in der ersten Zeit danach ausreichend wässern. Zu den wichtigsten Krankheiten gehören das Auftreten von *Botrytris*-Grauschimmel – bei hoher Feuchtigkeit grauer Pilzrasen auf Faulstellen; (für ausreichende Belüftung sorgen, Thiram-, Benzimidazol-, Vinclozolin- und Iprodion-Präparate), bei der *Phytophthora*-Welke werden befallene Blättchen grau, zunächst welken Triebspitzen, später ganze Pflanzen; (infizierte Pflanzen entfernen und vernichten, in Baumschulen Bodendämpfung) oder Anwenden von Propamocarb-, Fenaminosulf- u. a. Präparaten, und die *Erica*-Bräune, verursacht durch *Stemphylium ericoctonum* – hier verbräunen die Blätter, fallen ab und sind mit braunschwarzem Pilzgeflecht bedeckt; (vorbeugend sorgen wir für optimale Wachstumsbedingungen). Bei ungünstigen Bodenverhältnissen (pH-Wert) und falscher Düngung stellt sich manchmal *Erica*-Sterben, d. h. eine nichtparasitäre Triebspitzenerkrankung, ein.

Verwendung

Erica-Arten werden wegen ihrer charakteristisch ausgeprägten Eigenschaften auch nur für spezifische Pflanzungen verwendet. Immer pflanzen wir sie in Gruppen, damit größere Flächen einer Art und möglicherweise auch einer Sorte entstehen. Nur so kommen sie richtig zur Geltung. *E. herbacea* und ihre Sorten (12 bis 16 Pflanzen je m^2) sind bei optimalen Bedingungen sehr gute Bodendecker. Solitärpflanzungen kommen nur ausnahmsweise in kleineren Steingärten, Pflanzgefäßen und bei empfindlichen Liebhaberarten in Frage. *Erica*-Arten werden großflächig in Heidegärten oder natürlichen Heidelandschaften sowie als Unter- oder Vorpflanzung immergrüner Laub- oder Nadelgehölze aller Arten verwendet. Am besten harmonieren sie mit *Calluna, Juniperus* (besonders Kriechwacholder), *Hebe, Lonicera pileata, Daboecia, Andromeda, Vaccinium, Dryas, Berberis* und verschiedenen Stauden, besonders mit Polsterpflanzen (*Thymus, Phlox, Acaena* usw.) und Ziergräsern.

Erinacea ADANS. – Igelginster *(Leguminosae)*

Sommergrüner, halbkugeliger, dicht verzweigter und dorniger Strauch. Es existiert nur eine Art in Südwesteuropa und Nordafrika: *E. anthyllis* LINK, niedriger, fast polsterförmiger, etwa 10 bis 30 cm hoher Dornstrauch. Triebe starr gestellt, stark und spitz dornig, in der Jugend seidenförmig behaart, Blätter länglich linealisch, 6 bis 12 mm lang, seidig behaart, Typische Schmetterlingsblüten, violettblau, etwa 2,5 cm lang. Blütezeit: Mai/Juni. Hülsen 2 cm lang. Liebt extrem sonnige und warme Lagen. In Mitteleuropa ist Igelginster nicht ganz winterhart, braucht Winterschutz. Effektvolles Sträuchlein für sonnige Stellen im Steingarten. Liebhaberbedeutung.

Eucommia OLIV. – Chinesischer Guttaperchabaum *(Eucommiaceae)*

Sommergrüner Baum, nur eine Art in China: *E. ulmoides* OLIV. Sie kann unter mitteleuropäischen Bedingungen über 10 m hoch werden. Zweige mit gekammertem Mark; Rinde, Mark und Blätter enthalten einen guttaperchaartigen (kautschukähnlichen) Stoff. Blätter wechselständig, gestielt, gesägt, elliptisch bis eiförmig, 7 bis 8 cm lang. Blüten zweihäusig, ohne Blütenhülle, nicht sehr auffallend; Blütezeit: April. Frucht ein längliches, 3 bis 4 cm langes, geflügeltes und zusammengedrücktes Nüßchen. Liebt helle Lagen und gewöhnliche, frische, kalkreiche (nicht Bedingung) Gartenerde. Liebhaberbedeutung. Einziges in Mitteleuropa winterhartes Gehölz, das Guttapercha enthält.

Euodia J. R. & G. Forst. – Bienenbaum, Stinkesche, Honigbaum *(Rutaceae)*

Sommer- oder immergrüne Bäume oder Sträucher, etwa 50 Arten in Asien, Australien und Polynesien verbreitet. Für mitteleuropäische Bedingungen kommen nur folgende in Frage: *E. bodinieri* Dode, ● *E. daniellii* (Benn.) Hemsl., *E. fraxinifolia* Hook., *E. glauca* Miq., *E. henryi* Dode, ● *E. hupehensis* Dode, *E. officinalis* Dode, *E. rutaecarpa* Benth. und *E. velutina* Rehd. et Wils.

In Mitteleuropa bilden diese Arten meist kleinere Bäumchen, baumartige Sträucher (5 bis 10 m hoch) oder nur Sträucher (besonders *E. bodinieri* – nur bis 2 m). Blätter sind bei allen Arten sommergrün, gegenständig, immer unpaarig gefiedert (je nach Art 5 bis 11 Blätter), ganzrandig oder fast ganzrandig, meist dunkelgrün. Blüten klein, 4- oder 5zählig, weißlich in end- oder wechselständigen Rispen oder Doldentrauben; erscheinen im Juni bis August. Oft von Bienen aufgesucht. Früchte aus 4 bis 5 zweiklappigen Kapseln zusammengesetzt. Die meisten angeführten Arten haben beim Berühren einen unangenehmen Geruch. Sind lichtliebend, wachsen in jedem durchschnittlichen, etwas frischen und durchlässigen Boden, bevorzugen eine warme Lage. Vor Spätfrösten schützen. Besitzen während der Blütezeit und im Fruchtschmuck beachtlichen Zierwert. Hauptsächlich als Bienenweide angepflanzt. Es sind bisher keine bedeutsamen Krankheiten und Schädlinge bekannt geworden.

Euonymus L. – Spindelstrauch *(Celastraceae)*

Sommer- oder immergrüne Sträucher bis kleine Bäumchen, seltener kletternde bzw. niederliegende Gehölze. Es sind insgesamt etwa 170 Arten bekannt, die in Europa, Asien, Nordamerika und Australien verbreitet sind. Sie wachsen schnell und erreichen bald ihre Endgröße.

Zierwert: Laub (IV bis XI, besonders X bis XI, immergrüne I bis XII). Früchte (VIII bis X), Zweige und Triebe (XI bis IV).

Habitustypen

„Sachalinensis-Typ": strauchartiges Bäumchen mit länglich kugeliger, mitteldichter Krone und meist reich verzweigtem Stamm (Abb. 341 B),

„Europaeus-Typ": aufrechte oder aufrecht strebende, in die Höhe gezogene, oft mit „kahlen Füßen" versehene Sträucher, deren Stämmchen und Zweige in den niedrigeren Partien sichtbar sind (Abb. 342),

„Alatus-Typ": Strauch breit halbkugelig mit aufstrebenden Zweigen, Konturen ziemlich locker (Abb. 343),

„Pendulus-Tp": halbkugeliger, leicht aufgebauter Strauch mit bogig gestalteten, teilweise überhängenden Zweigen (Abb. 344 B),

„Pauciflorus-Typ": Strauch sehr ungleich halbkugelig, locker bis manchmal unregelmäßig gewachsen (Abb. 344 A),

„Nanus-Typ": breit und niederliegend aufstrebender Strauch (Abb. 345 B),

„Fortunei I-Typ": kletternder, mitteldichter Strauch (Abb. 341 A),

„Fortunei II-Typ": niederliegender, kriechend der Erdoberfläche angepaßter Strauch, der sich vom „Nanus-Typ" durch einen niedrigeren und an den

Wissenschaftlicher Name	Deutscher Name	Natürliche Verbreitung bzw. Entstehungsort	Frosthärte
Sommergrüne Arten			
● *E. alatus* (Thunb.) Sieb.	Geflügelter Spindelstrauch	Japan, China, Mandschurei, Korea	++
var. *apterus* Regel		wie die Art	++
E. americanus L.	Amerikanischer Spindelstrauch	USA	++
var. *angustifolius* (Pursh) Wood		Georgia	++
E. atropurpureus Jacq.	Dunkelpurpurfarbener Spindelstrauch	N-Amerika	++
E. bungeanus Maxim.	Bunge-Spindelstrauch	N-China, Mandschurei	++
var. *semipersistans* (Rehd.) Schneid.		wie die Art	++
● *E. europaeus* L. (Abb. 331 d)	Pfaffenhütchen	Europa, Kleinasien, Kaukasus	++
var. *angustifolius* K. F. Schulz		wie die Art	++
var. *intermedius* Gaud.		wie die Art	++
● *E. hamiltonianus* Wall.		Japan, Korea, China	++

Zweigenden etwas aufstrebenden Wuchs unterscheidet (Abb. 345 A).

Textur

Die meisten Arten und Sorten haben eine mitteldichte bis lockere Struktur. Kleinblättrige *Euonymus*-Sträucher sind dichter und manchmal ganz kompakt belaubt (besonders bei den niederliegenden und kletternden immergrünen Typen). Immergrüne Arten wirken im Vergleich zu den sommergrünen steif, dunkel und ernst (ausgenommen die buntblättrigen Sorten). Sommergrüne, besonders großblättrige Arten wirken, wenn sie hellgrün sind, leichter und luftiger.

Laub

Blätter gegenständig, gestielt, seltener wechselständig *(E. nanus)* oder in Quirlen, meist kahl, eiförmig bis länglich oder auch rundlich, verschieden groß (Abb. 346). Viele *Euonymus*-Arten werden wegen ihrer Belaubung kultiviert.

Blattfarbe:

Hellgrün
E. bungeanus sowie Sorten und Varietäten, *E. fortunei* 'Vegetus', *E. obovatus*.

Grün
die meisten Arten und Sorten.

Mattgrün
E. sanguineus.

Dunkelgrün
E. alatus sowie Sorten und Varietäten, *E. americanus* und Varietät, *E. fortunei* sowie die meisten Sorten und Varietäten, *E. kiautschovicus* und Sorten, *E. latifolius*, *E. nanus*, *E. n.* var. *turkestanicus*, *E. verrucosoides*.

Gelbgrün
E. europaeus 'Chrysophyllum'

Gelbbunt
E. europaeus 'Aucubaefolius'.

Gelblich weißbunt
E. fortunei 'Gracilis'.

Wissenschaftlicher Name	Deutscher Name	Natürliche Verbreitung bzw. Entstehungsort	Frosthärte
var. *australis* KOMAR.		wie die Art	++
var. *hians* (KOEHNE) BLAKEL.		Japan	++
var. *lanceifolius* (LOES.) BLAKEL.		M- u. W-China	++
var. *maackii* (RUPR.) KOMAR.		Ussuri, Amur, Mandschurei, Japan	++
var. *nikoensis* (NAKAI) BLAKEL.		Japan	++
var. *semiexsertus* (KOEHNE) BLAKEL. var. *yedoensis* (KOEHNE) BLAKEL.		Japan	++
		Japan	++
E. hians KOEHNE = *E. hamiltonianus* var. *hians*			
● *E. latifolius* (L.) MILL.	Breitblättriger Spindelstrauch	SO- u. M-Europa Kaukasus, Kleinasien	++
E. maackii RUPR. = *E. hamiltonianus* var. *maackii*			
E. macropterus RUPR.		NO-Asien	++
E. nanoides LOES. et REHD.		W-China	++
● *E. nanus* BIEB.	Zwerg-Spindelstrauch	O-Europa bis Turkestan, W-China	++
var. *turkestanicus* (DIECK) KRISHT.		Turkestan, Altai	++
E. nikoensis NAKAI = *E. hamiltonianus* var. *nikoensis*			
E. obovatus NUTT.		N-Amerika	++
E. occidentalis NUTT.		N-Amerika	++
E. oresbius W. W. SM.		Szetschuan	++
● *E. oxyphyllus* MIQ.	Spitzblättriger Spindelstrauch	Japan, Korea, M-China	++
var. *nipponicus* (MAXIM.) BLAKEL.		Japan	++
var. *yesoensis* (KOIDZ.) BLAKEL.		Japan	++
● *E. pauciflorus* MAXIM.	Wenigblättriger Spindelstrauch	NO-Asien	++
● *E. phellomanus* LOES.		N- u. W-China	++
E. planipes KOEHNE = *E. sachalinensis*			
● *E. sachalinensis* (F. SCHMIDT) MAXIM.	Sachalin-Spindelstrauch	Japan, Korea, Mandschurei	++
E. sanguineus LOES. ex DIELS	Blut-Spindelstrauch	M- u. W-China	++
E. semenowii REGEL et HERDER		Turkestan, China	++
E. velutinus (C. A. MEY.)	Filziger Spindelstrauch	Kaukasus, Armenien	++

Wissenschaftlicher Name	Deutscher Name	Natürliche Verbreitung bzw. Entstehungsort	Frosthärte
Fisch et Mey.			
E. verrucosoides Loes.		SO-Tibet, China	++
● *E. verrucosus* Scop.	Warziger Spindelstrauch	M-, S- u. O-Europa, Kaukasus	++
E. yedoensis Koehne			
= *E. hamiltonianus* var. *yedoensis*			
Immergrüne Arten			
● *E. fortunei* (Turcz.) Hand.-Mazz.	Wurzelnder Spindelstrauch, Kletten-Spindelstrauch	M- u. W-China	++
var. *radicans* (Miq.) Rehd.		N- u. M-Japan	++
E. kiautschovicus Loes. (manchmal halbimmergrün)		O- u. M-China	++
E. patens Rehd. = *E. kiautschovicus*			
E. radicans Sieb. ex Miq. = *E. fortunei* var. *radicans*			

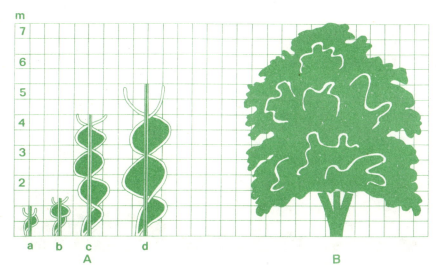

Abb. 341
A) Typ „fortunei I"
a)
● *E. fortunei* 'Minimus';
b)
E. fortunei 'Carrierei',
● *E. f.* 'Gracilis',
● var. *radicans*,
● 'Reticulatus',
● 'Silver Gem';
c)
E. obovatus;
d)
● *E. fortunei*,
● *E. f.* 'Coloratus',
● 'Vegetus'
B) Typ „sachalinensis"
E. europaeus (manchmal),
E. hamiltonianus var. *lanceifolius*,
E. h. var. *nikoensis*,
● *E. oxyphyllus*,
E. o. var. *nipponicus*,
E. o. var. *yesoensis*,
● *E. sachalinensis*,
E. sanguineus (manchmal)

Weißbunt
E. fortunei 'Reticulatus' (weißliche Nervatur), *E. f.* 'Silver Gem'.
Purpurrot
E. europaeus 'Atropurpureus'.

Manche Arten färben im Herbst sehr schön und auffallend; diese Tatsache sollte man bei der Kombination mit anderen Pflanzen in Betracht ziehen.

Herbstfärbung:
Scharlachrot
E. alatus 'Coloratus', *E. a.* 'Compactus', *E. europaeus* 'Atropurpureus' (violette Tönung), *E. sachalinensis*.
Leuchtend dunkelrot
E. alatus, *E. a.* var. *apterus*, *E. hamiltonianus* var. *yedoensis*, *E. latifolius*.
Braunrot
E. oxyphyllus und Varietäten, *E. pauciflorus*, *E. sanguineus*, *E. semenowii*.
Dunkelpurpurfarben
E. americanus, *E. a.* var. *angustifolius*, *E. europaeus* 'Aucubaefolius'.
Gelb
E. atropurpureus (manchmal auch braunrot), *E. bungeanus* sowie Sorten und Varietäten, *E. europaeus* sowie die meisten Sorten und Varietäten (manchmal auch rötlich), *E. hamiltonianus* und die meisten Varietäten (manchmal auch rötlich), *E. macropterus*, *E. nanoides*, *E. nanus* (manchmal auch rötlich), *E. obovatus*, *E. oresbius*, *E. phellomanus*, *E. velutinus*, *E. verrucosoides*, *E. verrucosus*.
Gelblich weißbunt
E. fortunei 'Gracilis'.
Weißbunt
E. fortunei 'Reticulatus', *E. f.* 'Silver Gem'.
Grün
E. bungeanus var. *semipersistens*, *E. fortunei* sowie die meisten Sorten und Varietäten, *E. kiautschovicus* und Sorten.

Blüte und Blütenstand

Blüten klein, 4- bis 5zählig, nur selten eingeschlechtlich, achselständig, oft in unscheinbaren Trugdolden. Wir unterscheiden einzeln stehende Blüten (Abb. 347 A), zu zweit stehende (Abb. 347 b), wenigblütige Blütenstände (Abb. 347 C) und dichtere Blütenstände (Abb. 348). Die weißlich- oder gelblich grünen Blüten sind unscheinbar.

Blütenfarbe:
Weißlich grün
E. fortunei sowie Sorten und Varietäten, *E. kiautschovicus* und Sorten.
Gelbgrün
die meisten Arten und Sorten, die bei den Habitustypen angeführt sind.
Weißlich rot
E. hamiltonianus und die meisten Varietäten.
Rotgrün
E. americanus und Varietät, *E. obovatus*, *E. sanguineus*, *E. verrucosoides*.
Purpurfarben
E. atropurpureus, *E. occidentalis*, *E. pauciflorus*, *E. semenovii*.
Bräunlich
E. nanus und Varietät, *E. oxyphyllus* und Varietäten, *E. verrucosus*.

Die Blütezeit bewegt sich je nach Art vom Mai bis September (Abb. 349).

Frucht und Fruchtstand

Eine 4- bis 5-, seltener 2- bis 3fächrige Kapsel, oft gelappt, manchmal geflügelt. In jedem Fach sind 1 bis 2 weiße, rote, braune oder schwarze Samen, die von einem fleischigen, meist orangegefärbten Samenmantel (Arillus) umgeben sind. Einzelne Früchte oft in hängenden Fruchtständen zusammengestellt. Stehen entweder einzeln (Abb. 350 A), oder zu zweit (Abb. 351 A), in lockeren (Abb. 350 B) oder dichteren Fruchtständen (Abb. 351 b). Früchte (Fruchtstände) gehören im reifen, offenen Zustand zu den wichtigsten Zierelementen der *Euonymus*-Sträucher; auffallend sind nicht nur ihre Form, Größe und Anzahl, sondern

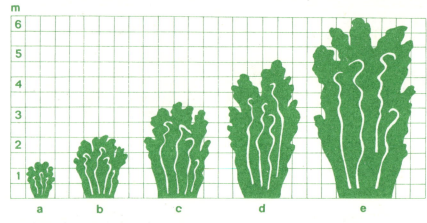

Abb. 342 Typ „europaeus"
a)
E. fortunei 'Emerald Leader',
E. nanus var. *turkestanicus* (manchmal);
b)
E. alatus 'Coloratus',
E. americanus,
E. a. var. *angustifolius*,
E. europaeus 'Argenteovariegatus',
E. oresbius,
● *E. verrucosus*;

c)
E. atropurpureus,
● *E. europaeus*,
E. e. 'Albus',
● 'Aldenhamensis',
var. *angustifolius*,
'Atropurpureus',
'Atrorubens',
'Aucubaefolius',
'Chrysophyllus',
var. *intermedius*,
'Microphyllus',
'Red Cascade',
● *E. hamiltonianus*,
E. h. var. *australis*,
var. *bians*,
var. *semiexsertus*,
E. occidentalis,
E. velutinus;

d)
E. hamiltonianus var. *yedoensis*,
● *E. oxyphyllus*,
E. o. var. *nipponicus*,
var. *yesoensis*;
e)
E. europaeus,
E. hamiltonianus,
E. h. var. *lanceifolius*,
● *E. sachalinensis*,
E. sanguineus

Abb. 345
A) Typ „fortunei II"
a)
E. fortunei 'Kewensis',
E. f. 'Minima';

b)
E. fortunei,
E. f. 'Coloratus',
'Gracilis',
var. *radicans* 'Reticulatus',
E. kiautschovicus,
E. k. 'Dupont',
'Newport',
E. obovatus

B) Typ „nanus"
E. nanus,
● *E. fortunei* 'Emerald'n Gold',
● *E. n.* var. *turkestanicus* (beide werden manchmal veredelt und bilden kleine Bäumchen)

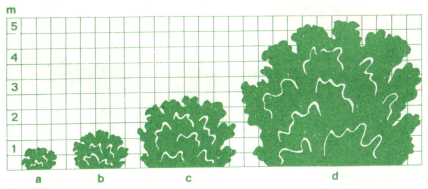

Abb. 343 Typ „alatus"
a)
E. fortunei 'Carrierei';
b)
E. alatus 'Compactus',
E. europaeus 'Pumilus',
E. kiautschovicus 'Dupont',
E. k. 'Newport',
E. nanoides;
c)
● E. alatus,
E. fortunei 'Emerald Gaiety',
E. f. 'Vegetus',
E. verrucoides;
d)
E. bungeanus,

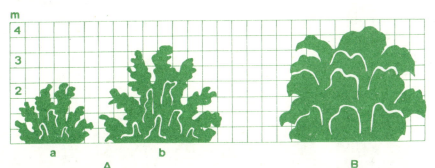

Abb. 344
A) Typ „pauciflorus"
a)
E. alatus var. apterus,
E. kiautschovicus,
● E. pauciflorus,
E. semenovii;
b)
E. macropterus
B) Typ „pendulus"
E. bungeanus 'Pendulus'
E. b. var. semipersistens,
E. hamiltonianus var. maackii,
● E. phellomanus

auch die wirkungsvolle, oft kontrastierende Färbung der eigentlichen Kapsel, des Arillus und des Samens.

Fruchtfärbung:
Weiß
E. europaeus 'Albus' (Arillus gelblich weiß, Samen weiß).
Gelb
E. bungeanus und E. b. 'Pendulus' (Kapsel mit rosafarbener Tönung, Arillus orangefarben, Samen weißlich rot), E. hamiltonianus var. australis (Arillus rötlich, der Samen gleichfalls), E. verrucosus (Kapsel rötlich, Arillus rot, Samen schwarz).
Rosa
E. americanus und Varietät (Arillus rot, Samen gelblich weiß), E. bungeanus var. semipersistens (Arillus orangefarben, Samen weißlich rot), E. europaeus 'Red Cascade' (Arillus orangefarben, Samen weiß), E. fortunei sowie Sorten und Varietäten, wenn sie fruchten (Arillus orangefarben, Samen weiß), E. hamiltonianus (Arillus und Samen rot), E. h. var. lanceifolius (Arillus orangefarben, Samen rosa), var. maackii (Arillus orangefarben, Samen rot), E. kiautschovicus und Sorten (Arillus orangefarben, Samen braun), E. macropterus (Arillus und Samen dunkelrot), E. nanoides (Arillus orangefarben, Samen purpurfarben), E. nanus und Varietät (Arillus rot, Samen braun), E. phellomanus (Arillus rot, Samen braunschwarz).
Rosarot
E. europaeus 'Aldenhamensis' (Arillus orangefarben, Samen weiß), E. hamiltonianus var. hians (Arillus und Samen rot), E. latifolius (Arillus orangefarben, Samen weiß), E. obovatus (Arillus und Samen rot), E. oresbius (Arillus scharlachrot, Samen rötlich), E. sachalinensis (Arillus orangefarben, Samen rötlich).
Rot
E. alatus sowie Sorten und Varietäten (Arillus orangefarben, Samen braun), E. europaeus, E. e. var. angustifolius, 'Argenteovariegatus', 'Aucubaefolius', 'Chrysophyllus', var. intermedius, 'Microphyllus', 'Pumilus' (Arillus orangefarben, Samen weiß), E. hamiltonianus var. nikoensis (Arillus orange-

farben, Samen grün), *E. pauciflorus* (Arillus rot, Samen schwarz), *E. sanguineus* (Arillus orangefarben, Samen schwarz), *E. semenovii* (Arillus orangefarben, Samen rotgrün), *E. velutinus* (Arillus orangefarben, Samen weißlich), *E. verrucosoides* (Arillus orangefarben, Samen schwarz).

Dunkelrot

E. europaeus 'Atropurpureus', *E. e.* 'Atrorubens' (Arillus orangefarben, Samen weiß), *E. oxyphyllus* und Varietäten (Arillus und Samen scharlachrot).

Hellpurpurfarben

E. atropurpureus (Arillus scharlachrot, Samen weiß), *E. occidentalis* (Arillus rötlich, Samen weißlich).

Stämmchen, Zweige und Wurzelsystem

Stämme oder Stämmchen meist hellgrau, manchmal stellenweise grünlich. Zweige und Zweigchen vierkantig, je nach Alter mehr oder weniger auffallend grün. Manche *Euonymus*-Arten haben sehr markante und dekorative Korkleisten, die besonders im unbelaubten Zustand zur Wirkung kommen: *E. alatus* und Sorten (außer var. *apterus*), *E. europaeus* sowie Sorten und Varietäten (Leisten meist auf Streifen entlang der Zweigkanten reduziert) und *E. phellomanus*. Wurzelsystem der meisten Arten reich und dicht verzweigt.

Ansprüche

Alle sommergrünen Arten sind lichtliebend, sie wachsen, fruchten und färben am besten in sonnigen Lagen, gedeihen aber auch im Halbschatten und Schatten. Auf sonnige Standorte pflanzen wir keine immergrünen Arten. An die Bodenverhältnisse sind sie anpassungsfähig, am besten eignet sich mittelschwere, angemessen feuchte (hauptsächlich in sonniger Lage), nahrhafte Gartenerde mit durchschnittlichem Humusgehalt (Torfzugabe ist besonders für immergrüne Arten geeignet).

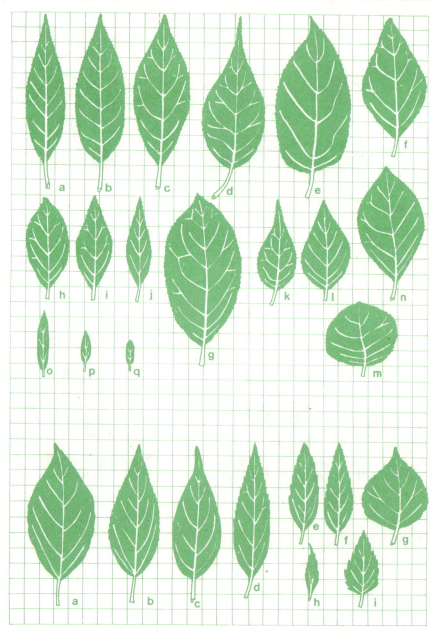

Abb. 346
Obere Reihen Blätter
Euonymus
a)
E. bungeanus,
E. hamiltonianus var. *yedoensis,*
E. h. var. *nikoensis,*
E. occidentalis;
b)
E. atropurpureus;
c)
E. phellomanus;
d)
E. bungeanus var. *sempersistens;*
e)
E. sanguineus;
f)
E. macropterus;
g)
E. hamiltonianus var. *yedoensis,*
E. h. var. *semiexsertus;*
h)
E. hamiltonianus,
E. h. var. *maackii;*
i)
E. alatus, E. verrucosoides;
j)
E. europaeus,
E. velutinus;
k)
E. oxyphyllus;
l)
E. fortunei 'Coloratus',
E. obovatus,
E. pauciflorus,
E. verrucosus;
m)
E. kiautschovicus,
E. sachalinensis;
n)
E. fortunei 'Vegetus';
o)
E. nanus var. *turkestanicus;*
p)
E. nanoides
q)
E. fortunei 'Minimus'

Untere Reihe Blätter
Forsythia
a)
F. europaea,
F. japonica;
b)
F. suspensa var. *fortunei;*
c)
F. giraldiana;
d)
F. × *intermedia* 'Spectabilis',
F. viridissima;
e)
F. × *intermedia* 'Lynwood';
f)
F. × *intermedia* 'Densiflora'
(auch dreiteilige Blätter),
F. × *i.* 'Primulina',
F. suspensa var. *sieboldii;*
g)
F. ovata;
h)
F. viridissima 'Bronxensis';
i)
F. × *intermedia* 'Arnold Giant',
F. × *i.* 'Beatrix Farrand',
'Mertensiana',
'Arnold Dwarf'
(Quadrat 1 × 1 cm)

Alle *Euonymus*-Arten sind kalkliebend, gedeihen aber auch noch in schwach sauren Böden (pH 6,0). Trockenheit wird in leichteren Böden hauptsächlich von *E. latifolius* und *E. verrucosus* vertragen. Alle angeführten Arten sind in Mitteleuropa winterhart (nur immergrüne Arten sollen wenigstens in der Jugend mit Winterschutz versehen werden). Verunreinigte Luft und Stadtklima werden gut bis sehr gut vertragen. Für wärmere Lagen ist besonders *E. verrucosus* geeignet. Unter Wildverbiß leiden diese Pflanzen nicht.

Pflege

Sommergrüne *Euonymus*-Arten werden im unbelaubten Zustand im Vorfrühling oder Herbst gepflanzt, belaubte Pflanzen nur mit Wurzelballen (Containerkultur) während der ganzen Vegetation, ähnlich auch alle immergrünen Arten. Immergrüne *Euonymus*-Arten, die wir mit Winterschutz aus Reisig versehen (besonders junge Pflanzungen), müssen in trockenen Jahren und im Frühjahr nach dem Auftauen des Bodens gründlich gewässert werden. Ältere Exemplare der kriechenden und strauchigen Typen vertragen ein Umpflanzen befriedigend (selbstverständlich mit Wurzelballen); bei den gewöhnlichen Arten (*E. europaeus, E. verrucosus* usw.) ist das überflüssig, da Jungpflanzen sehr schnell heranwachsen. Geschnittene Hecken schneiden wir zur Zeit der Vegetationsruhe (sommergrüne Arten) oder knapp vor dem Austrieb im Frühjahr (immergrüne Arten). Von den Krankheiten soll der Echte Mehltau erwähnt werden, dieser ist aber nicht sehr gefährlich, und kommt auf den Freilandarten nur sehr selten vor. Unbedeutend sind auch Blattfleckenkrankheiten, meist von *Gloesporium*-Arten hervorgerufen (Kupfer- oder organische Fungizide anwenden). Viel bedeutsamer ist der Raupenfraß, manchmal sogar Kahlfraß durch gelblichschwarz punktierte Raupen der Gespinstmotte (rechtzeitiges Abschneiden der „Nester" und Spritzungen mit Insektiziden wie bei *Crataegus*). Oft treten auch Blattläuse auf, deren Saugen das Einrollen der Blätter verursacht (Spritzen mit organischen Phosphorverbindungen).

Verwendung

Seltene *Euonymus*-Arten und Sorten mit schöner Herbstfärbung bzw. dekorativem Fruchtansatz können wir solitär in Wegnähe pflanzen. Gewöhnliche Arten eignen sich für Gruppenpflanzungen, als Unterholz unter lokker gepflanzten höheren Bäumen zum Einsäumen von Baumkulissen (wo sie meist im Herbst auffallen und die Szenerie beleben). Arten und Sorten mit schönen Korkleisten sollten so gepflanzt werden, daß sie aus nächster Nähe betrachtet werden können. Sie wirken hauptsächlich im unbelaubten Zustand. Die meisten sommergrünen Arten (hauptsächlich die einheimischen – *E. europaeus* und *E. verrucosus* und im Habitus ähnliche) eignen sich für freiwachsende oder geschnittene Hekken. Niederliegende und kriechende Typen sind gute Solitärpflanzen in Steingärten (in die Nähe von Steinen und Felsen pflanzen, die sie malerisch überwachsen). Sie eignen sich auch für sonnige oder halbschattige Abhänge, Terrassen, Blumenmauern oder für Pflanzgefäße (in allen Fällen ist eine Kombination mit Gestein sehr effektvoll) –; auch Einfassungen von Blumenbeeten und Steinwegen sind möglich (lange Triebe überwachsen schnell Wege). Klettertypen verwenden wir zur Bekleidung von Mauern, Pergolen, Säulen, alten Bäumen usw. Immergrüne *E. fortunei* und ihre Sorten bilden eine dankbare, harte und schöne Bodenbedeckung – auch auf stärker be-

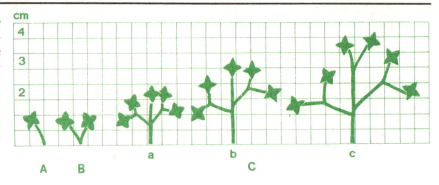

Abb. 347 Blütenstand *Euonymus*

A) einzelne Blüten
E. nanoides (manchmal),
E. nanus (manchmal),
E. obovatus (manchmal),
E. oresbius,
E. pauciflorus

B) zu zweit
E. pauciflorus (vereinzelt)

C) wenigblütiger Blütenstand
a)
E. alatus,
Sorten und Varietäten,
E. americanus,
E. nanoides,
E. nanus,
E. obovatus,
E. oresbius (manchmal),
E. semenowii;

b)
E. bungeanus,
E. kiautschovicus, Sorten,
E. occidentalis,
E. oxyphyllus, Varietäten,
E. phellomanus;

c)
die meisten Arten,
Sorten und Varietäten

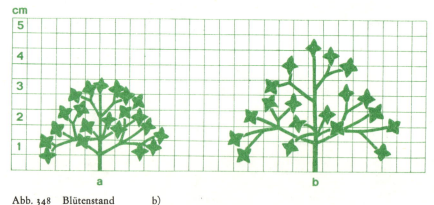

Abb. 348 Blütenstand *Euonymus* Dichter Blütenstand
a)
E. atropurpureus,
E. hamiltonianus var. *australis;*

b)
E. fortunei, die meisten Sorten und Varietäten,
E. hamiltonianus var. *lanceifolius,*
E. h. var. *yedoensis,*
E. macropterus,
E. sanguineus

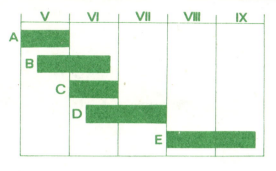

Abb. 349 Blütezeit *Euonymus*

A) die meisten Arten, Sorten und Varietäten;

B) *E. hamiltonianus* var. *lanceifolius*,
E. nanoides,
E. nanus;

C) *E. alatus*,
E. americanus,
E. atropurpureus,
E. bungeanus,
E. hamiltonianus var. *maackii*,
E. h. var. *yedoensis*,
E. obovatus,
E. oresbius,
E. pauciflorus,
E. velutinus,
E. verrucosoides,
E. verrucosus;

D) *E. fortunei*;

E) *E. kiautschovicus*

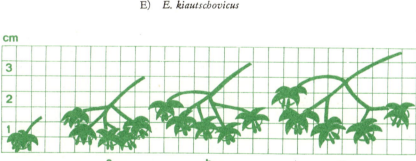

Abb. 350 Fruchtstand *Euonymus*

A) einzeln
E. nanoides (manchmal),
E. nanus (manchmal),
E. obovatus (manchmal),
E. oresbius,
E. pauciflorus

B) lockerer Fruchtstand
a)
E. alatus, Sorten und Varietäten,
E. americanus,
E. nanoides,
E. nanus,
E. obovatus,
E. oresbius,
E. semenowii;

b)
E. bungeanus, Sorten und Varietäten,
E. kiautschovicus, Sorten,
E. occidentalis,
E. oxyphyllus, Varietäten,
E. phellomanus;

c)
die meisten Arten, Varietäten und Sorten

schatteten Stellen (8 bis 10 Pflanzen je m²). Alle Arten eignen sich sehr gut für die natürliche Umgebung von Wochenend- und Landhäusern.

Euptelea S. et Z. (*Eupteleaceae*)

Sommergrüne Bäume oder Sträucher, vor dem Blattaustrieb blühend. Zur Gattung gehören drei asiatische Arten. Für Mitteleuropa haben nur zwei Bedeutung: *E. pleiosperma* HOOK. f. et THOMS. (Syn. *E. franchetii* VAN TIEGHEM) und *E. polyandra* S. et Z. Blätter grob und ungleich gezähnt, abgerundet eiförmig, 6 bis 12 cm lang, zugespitzt, grün, im Herbst schön rot oder gelb gefärbt. Blüten auf schlanken Stielen in Büscheln, achselständig, zahlreiche Staubblätter mit linealisch länglichen, roten Staubbeuteln. Früchte sind schräg geflügelt. Lieben Waldbedingungen (Licht und Boden). Unter mitteleuropäischen Bedingungen sind beide Arten ziemlich hart. Liebhaberbedeutung.

Eurotia ADANSON – Hornmelde (*Chenopodiaceae*)

Sommergrüne, in allen Teilen filzige Halbsträucher oder Sträucher. Wir kennen 4 Arten, die in Mittelasien, Südeuropa und Nordamerika beheimatet sind. Für mitteleuropäische Bedingungen kommen zwei in Frage: *E. ceratoides* (L.) C. A. MEY. und *E. lanata* (PURSH) MOQUIN-TANDON. Werden 0,5 bis 1 m hoch, Blätter wechselständig, ganzrandig, schmal, linealisch oder lanzettlich. Unscheinbare Blüten, in 1 bis 3 cm langen, dichten Ähren, erscheinen im Juni/Juli. Frucht von einer röhrenförmigen Blütenhülle eingeschlossen. Beide Arten brauchen für ihren Wuchs trockene, sandige Standorte. Mit ihrem filzigen, xerophytischen Aussehen haben sie nur für Liebhaber und Sammlungen eine Bedeutung.

Exochorda LINDL. – Prunkspiere, Radspiere (*Rosaceae*)

Sommergrüne Sträucher, vertreten mit vier Arten asiatischer Herkunft und zwei Kreuzungen. Robust wachsende, 2 bis 4 m hohe Sträucher.
Zierwert: Blüte (V), Fruchtstand (VII bis XI).

Habitus

Alle angeführten Arten bilden locker gebaute, ausladende Sträucher, außer *E. giraldii* var. *wilsonii*, die einen etwas aufrechten Wuchs aufweist.

Textur

Luftig, mitteldicht und etwas durchsichtig, dabei auch zierlich.

Laub

Blätter bis 8 cm lang, eiförmig oder verkehrt eiförmig, kurz gestielt, ganzrandig, hellgrün.

Blüte und Blütenstand

Blüten sehr schön, weiß, mit fünf breit eiförmigen, nagelartigen Kronblättern, etwa 2,5 bis 4 cm breit (bis 4,5 cm breit bei *E.* 'Irish Pearl' und bis 2,5 cm bei *E. giraldii*). In endständigen, sehr zierlichen Trauben zu 6 bis 10, unangenehm riechend, Blütezeit: Mai.

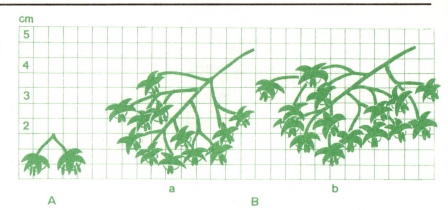

Abb. 351 Fruchtstand *Euonymus*
A) zu zweit
E. pauciflorus
B) dichter Fruchtstand
a)
E. atropurpureus,
E. hamiltonianus var. *australis*;
b)
E. fortunei, Sorten und Varietäten, wenn sie fruchten, *E. hamiltonianus* var. *lanceifolius*, *E. h.* var. *yedoensis*, *E. macropterus*, *E. sanguineus*

Wissenschaftlicher Name	Deutscher Name	Natürliche Verbreitung bzw. Entstehungsort	Frosthärte
E. albertii REGEL = *E. korolkowii*		M-China	++
E. giraldii HESSE var. *wilsonii* REHD.	Chinesische Radspiere	wie die Art	++
E. grandiflora HOOK. = *E. racemosa*			
E. × 'Irish Pearl'		Glasnevin	++
E. korolkowii LAV.	Turkestanische Radspiere	Turkestan	++
E. × *macrantha* (LEMOINE) SCHNEID.	Bastard-Radspiere	Frankreich (bei Lemoine)	++
E. racemosa (LINDL.) REHD. (Abb. 331 e)	Trauben-Radspiere	O-China	++
E. serratifolia MOORE		Mandschurei, Korea	++

Frucht und Fruchtstand

Frucht eine 5furchige, braune Kapsel, die in ganzen Trauben bis zum Frühjahr auf den Pflanzen haften bleibt.

Stämmchen, Zweige und Wurzelsystem

Ältere Stämmchen meist hellgrau bis schwärzlich grau. Zweige anfangs rotbraun bis purpurbraun *(E. korolkowii)* mit feinen, aber deutlichen Lentizellen, ältere Zweige werden dunkelgrau. Wurzelsystem weit ausgebreitet, mitteldicht verzweigt, flachwurzelnd.

Ansprüche

Am besten wächst dieser schöne Blütenstrauch in hellen, höchstens halbschattigen Lagen. Im Schatten blüht er schlecht. Ideal ist ein durchlässiger, mittelschwerer bis leichter, nahrhafter Boden (geeignet sind aber auch sandige und trockene Standorte). Unter mitteleuropäischen Bedingungen sind alle angeführten Arten und Kreuzungen völlig winterhart. Widerstandsfähigkeit gegenüber verunreinigter Luft nicht ausreichend bekannt. Wildverbiß kommt nur selten vor.

Pflege

Pflanzung im unbelaubten Zustand im Frühling oder Herbst, Containerpflanzen während der ganzen Vegetationszeit. In der Jugend sollten die Sträucher stärker zurückgeschnitten werden, damit sie in den unteren Partien nicht kahl werden und auseinanderfallen (Schnitt am besten nach der Blüte).

Verwendung

Ausgesprochenes Solitärgehölz. Wird hauptsächlich wegen der auffallenden, reichen und effektvollen Blüte sowie der dekorativen Fruchtstände (während der Vegetation und im Winter) kultiviert. Die Sträucher brauchen genügend Platz. Am besten eignen sich Pflanzungen in Weg- und Banknähe. In größeren Anlagen können sie lockere Gruppen bilden und z. B. in Kombination mit Parkrosen sehr schön wirken. *E.* × *macrantha* kann für geschnittene Hecken verwendet werden, alle Arten sind auch für freiwachsende Hecken gut geeignet.

Fagus L. – Buche *(Fagaceae)*

Sommergrüne, meist robuste und hohe Bäume. Es sind 10 Arten bekannt, die in der gemäßigten Zone der nördlichen Halbkugel verbreitet sind. In der Jugend wachsen die meisten Arten langsam, später schneller, bis zum 10. Lebensjahr sind sie niedriger als 1 m, nach 20 Jahren 3 bis 4 m, 30 Jahren 10 m und in 40 Jahren 10 bis 15 m. Zierwert: Laub (IV bis XI, hauptsächlich IV und X bis XI), Stamm und Äste (I bis XII, besonders XI bis III).

Habitustypen

Junge Kronen sind mehr oder weniger kegelförmig bis breit kegelförmig. Im Alter kann man folgende Habitustypen unterscheiden:
„Sylvatica-Typ": robuste, breit ausladende Bäume mit abgerundeten bis halbkugeligen Kronen (Abb. 352),
„Orientalis-Typ": große oder kleinere Bäume mit dichter, breit kegelförmi-

Wissenschaftlicher Name	Deutscher Name	Natürliche Verbreitung bzw. Entstehungsort	Frosthärte
F. americana Sw. = *F. grandifolia*			
F. crenata Bl.	Siebold-Buche	Japan	++
F. englerana Seemann	Engler-Buche	M-China	++
F. ferruginea Ait. = *F. grandifolia* Ehrh.	Amerikanische Buche	N-Amerika	++
var. *caroliniana* (Loud.) Fern & Rehd.		wie die Art	++
f. *pubescens* Fern. & Rehd.		wie die Art	++
F. japonica Maxim.	Japanische Buche	Japan	++
F. longipetiolata Seemen	Chinesische Buche	M- u. W-China	++
F. lucida Rehd. et Wils.	Glanz-Buche	W-China	++
F. macrophylla Koidz. = *F. orientalis*			
F. orientalis Lipsky	Orientalische Buche	SO-Europa, Kleinasien, Kaukasus	++
F. siboldii Endl. ex A. DC. = *F. crenata*			
F. sinensis Oliv. = *F. longipetiolata*			
● *F. sylvatica* L. (Abb. 331 f)	Rotbuche	Europa	++

ger, oben abgerundeter Krone (Abb. 353 B),

„Japonica-Typ": Baum mit seiner Krone sehr ähnlich dem „Sylvatica-Typ", aber schon von der Erdoberfläche mehrstämmig (Abb. 354 C),

„Cristata-Typ": Baum mit bizarr unregelmäßig aufgebauter Krone; die voll ausgebildeten Hauptäste sind ungleich mit kurzen Zweigen und zusammengedrängten Blättern bewachsen (Abb. 354 D),

„Bornyensis-Typ": Baum breit säulenförmig, mit bogig überhängenden Zweigen (Abb. 354 B),

„Pendula I-Typ": Bäume oft robust, mit unregelmäßig bogig bis waagerecht abstehenden Hauptästen. Zweige mehr oder weniger senkrecht hängend, oft bis zur Erde reichend (Abb. 353 A),

„Pendula II-Typ": niedrige Bäume oder Bäumchen mit geradem Stämmchen und schirmförmiger, auf allen Seiten gleichmäßig überhängender Krone (Abb. 355 A),

„Fastigiata-Typ": schmal-pyramidaler Typ, meist bis zur Erde ungleich beastet oder mit kurzem Stamm (Abb. 355 B),

„Tortuosa-Typ": strauchartiger, bizarr verflochtener, breit bogig bis zur Erde hängender und auf der Erde weiterkriechender Typ (veredelt bildet er Bäumchen ähnlich dem „Pendula II-Typ", aber mit einer verflochtenen, bizarren Krone) (Abb. 254 A).

Textur

Aufgrund der relativ kleinen Blätter fein, Oberfläche nicht glatt und die Kronenkonturen nicht regelmäßig abgegrenzt (Spitzen der Hauptäste starr strahlenartig auslaufend), so daß der Gesamteindruck auch bei reicher und kompakter Belaubung etwas aufgelockert luftig erscheint. Sehr dicht und einheitlich ist die Textur bei dem „Pendula II-Typ" sowie dem „Bornyensis-

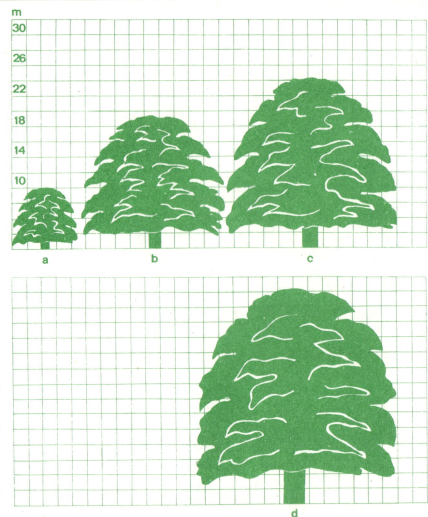

Abb. 352 Typ „sylvatica"

a)
F. lucida,
F. sylvatica 'Tricolor';

b)
F. englerana,
F. sylvatica 'Albovariegata',
F. s. 'Ansorgei',
'Argenteomarmorata',
'Luteovariegata',
● 'Rohanii';

c)
● *F. grandiflora*,
F. g. var. *caroliniana*,
f. *pubescens*,
F. longipetiolata,
● *F. sylvatica* 'Asplenifolia',
F. s. 'Crispa',
'Quercifolia',
'Quercoides',
● 'Roseomarginata',
'Striata',
'Swat Magret',
'Viridivariegata',
● 'Zlatia';

d)
F. crenata,
● *F. sylvatica*,
● *F. s.* 'Atropunicea',
● 'Cuprea',
'Grandidentata',
'Latifolia'

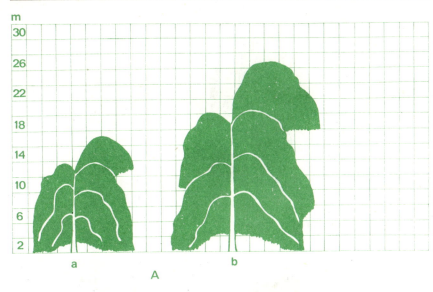

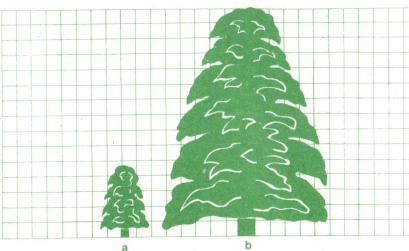

Abb. 353
A) Typ „pendula I"
a)
F. sylvatica 'Aureopendula';
b)
F. sylvatica 'Miltonensis',
● *F. s.* 'Pendula'

B) Typ „orientalis"
a)
F. sylvatica 'Cochleata',
F. s. 'Riversii';
b)
F. orientalis

Typ" (auch die dunkelroten Sorten wirken dichter, weniger luftig und dunkel). Am lockersten und durchsichtigsten ist sie bei dem bizarren „Christata-Typ". Graziös aufgelockert, aber gleichmäßig ist die Krone bei den meisten gefiederten Sorten.

Laub

Blätter der Arten sind gezähnt oder fast ganzrandig, auf den Zweigen verschiedener Sorten meist zweireihig aufgestellt, verschieden gestaltet und auch verschieden groß (Abb. 356).

Blattfarbe:
Grün
di meisten Arten und Sorten.
Dunkelgrün
F. grandifolia var. *caroliniana*, *F. sylvatica* 'Cristata'.
Blaugrün
F. grandifolia, *F. g.* f. *pubescens*.
Rötlich
F. sylvatica 'Cuprea' (Sämlinge der rotblättrigen Rotbuche; oft vergrünen sie gänzlich)
Dunkelrot
F. sylvatica 'Atropunicea', *F. s.* 'Purpurea Pendula' (vereinzelt grüne Triebe), 'Rohanii', 'Swat Magret'.
Braunrot
F. sylvatica 'Ansorgei', *F. s.* 'Riversii'.
Rosabunt
F. sylvatica 'Roseomarginata'.
Gelb
F. sylvatica 'Aureopendula', *F. s.* 'Zlatia' (stark glänzend, später grüngelb).
Gelbbunt
F. sylvatica 'Luteovariegata', *F. s.* 'Striata'.
Gelblich weißbunt
F. sylvatica 'Albovariegata'.
Weißbunt
F. sylvatica 'Argenteomarmorata', *F. s.* 'Tricolor' (rosa Tönung).

Sehr wirkungsvoll ist die Herbstfärbung – leuchtend gelb bis orangebraun (besonders bei *F. grandifolia*, *F. orientalis* und *F. sylvatica*).

Blüte und Blütenstand

Blüten unscheinbar, ohne größeren Zierwert. Männliche Blütenstände in langgestielten Büscheln, weibliche aus zwei Blüten bestehend und mit Hochblättern umgeben, Blüte zur Zeit des Blattaustriebes (April). Eintritt der Blühreife nach 40 bis 45 Jahren.

Frucht und Fruchtstand

Eiförmiges dreikantiges Nüßchen, einzeln oder zu zweit in einem holzigen, 4spaltigen, weichstacheligen Fruchtbecher (Buchecker), der bräunlich gefärbt ist und sich in der Belaubung verliert, so daß er keinen großen Zierwert hat. Nach dem Herausfallen des Samens haftet dieser Becher oft noch ein Jahr lang am Baum.

Stamm, Zweige und Wurzelsystem

Der eigentliche Stamm hat großen Zierwert. Bei älteren, solitär wachsenden Bäumen ist er stark, meist verzweigt (in dichterem Bestand schlanker und unverzweigter). Borke glatt, auffallend hellgrau (auf kalkreichen Böden fast grauweiß); das gleiche gilt auch von den stärkeren Hauptästen. Zweige dunkler, reich gegliedert und während der Vegetationsruhe mit auffallend langen, schlanken Knospen besetzt. Bäume im Boden gut verankert, sie leiden nicht unter Windbruch. Pfahlwurzel wächst schon in der Jugend im unteren Teil nicht weiter, verzweigt sich und ihre Funktion übernehmen die reich verzweigten Nebenwurzeln.

Ansprüche

Wachsen gut auf hellen, sonnigen Standorten, aber auch im Halbschatten oder sogar Schatten. Ein plötzliches Freistellen im Bestand stehender Bäume vertragen sie schlecht; direkte

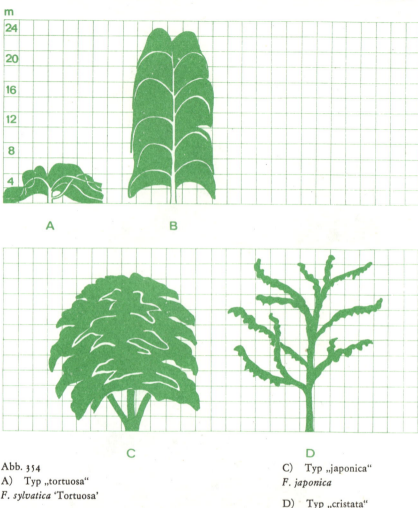

Abb. 354
A) Typ „tortuosa"
F. sylvatica 'Tortuosa'
B) Typ „bornyensis"
F. sylvatica 'Bornyensis'
C) Typ „japonica"
F. japonica
D) Typ „cristata"
F. sylvatica 'Cristata'

Sonnenbestrahlung verursacht dann sehr leicht „Verbrennungen" der Rinde, ihr Austrocknen und Zerspringen, damit wird die Infektion von Fäulnispilzen ermöglicht. An die Bodenverhältnisse sind *Fagus*-Arten nicht sehr anspruchsvoll. Ideal sind humose, frische, mineralische Böden. Geeignet sind auch steinige und schottrige Böden. Ungeeignet sind schwere Tonerden, Sand, Moor und nasse Böden. Alle *Fagus*-Arten sind kalkliebend (außer *F. grandiflora*). Die angeführten Arten stellen ziemlich hohe Ansprüche an eine ausreichende Luftfeuchtigkeit. Unter trockenen Bedingungen wachsen sie schlecht, manchmal kümmern sie sogar. Sie sind in Mitteleuropa alle winterhart (bei Spätfrösten können während des Austriebes Schäden entstehen) und sie vertragen verunreinigte Stadt- und Industrieluft. Unter Wild-

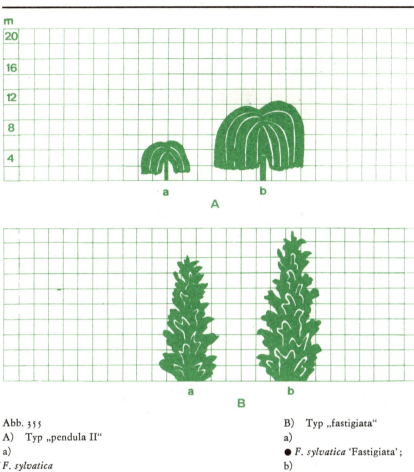

Abb. 355
A) Typ „pendula II"
a)
F. sylvatica
'Purpurea Pendula'
(manchmal);
b)
● F. sylvatica
'Purpurea Pendula'

B) Typ „fastigiata"
a)
● F. sylvatica 'Fastigiata';
b)
F. sylvatica 'Rotundifolia'

verbiß leiden sie, in der Jugend werden sie von Schafen und Ziegen verbissen.

Pflege

Buchen werden im unbelaubten Zustand im Herbst oder Vorfrühling ausgepflanzt, aus Containern während der ganzen Vegetationszeit. In längeren Trockenperioden müssen neue Pflanzungen gewässert und je nach Bedarf auch schattiert werden, wenn die jungen Bäume nicht im Halbschatten benachbarter Bestände stehen. Geformte *Fagus*-Pflanzen (Hecken und Wände) schneiden wir im Vorfrühling vor dem Austrieb und je nach Bedarf noch während des Sommers. Ältere Exemplare vertragen ein Umpflanzen nur schlecht (ein Jahr vorher müssen die Pflanzen mit einem radikalen Rückschnitt vorbereitet werden und im folgenden Jahr können sie dann mit einem ausreichenden Wurzelballen umgepflanzt werden). Von den Krankheiten können bei Aussaaten *Pythium*- und *Phytophthora*-Arten eine Buchenkeimlingsfäule verursachen (Propamocarb- oder Fenaminosulf-Präparate anwenden). Zweigkrankheiten werden verursacht durch *Nectria*-, *Asterosporium*-, *Cytospora*- und *Strumella*-Arten. Kranke Zweige müssen bis ins gesunde Holz zurückgeschnitten und verbrannt werden). Weiterhin tritt die *Gloeosporium*-Blattfleckenkrankheit auf, die mit vorzeitigem Blattabfall, z. B. schon in der Mitte des Sommers, verbunden ist (Spritzen mit Kupfer- und organischen Fungiziden vor dem Austrieb). Von den Schädlingen müssen wir mit der Buchenblattlaus rechnen, die mit ihrem Saugen braune Flecken auf den Blättern hervorrufen und einen vorzeitigen Blattabfall bedingen kann (bei stärkerem Auftreten Parathion-methyl- und Dimethoat-Präparate mit hohem Druck anwenden). Sehr gefährlich ist die Buchenwollschildlaus, die die Rinde der Stämme mit bläulichweißen, wolligen Kolonien bedeckt. Zur Austriebsspritzung Parathion-methyl- und Mineralöl-Präparate anwenden, mit gleichen Mitteln oder anderen Präparaten gegen saugende Insekten auch im Sommer behandeln. Der Buchenspringrüßler ist ein 2 bis 3 mm großer Käfer, der runde Löcher in die Blätter frißt (Lindanpräparate anwenden).

Verwendung

Außer einigen kleineren Typen, wie z. B. dem „Tortuosa-", „Pendula II-", und „Fastigiata-Typ", eignen sich alle angeführten *Fagus*-Arten für größere Anlagen, entweder als Solitärbäume oder für Gruppenpflanzungen. Bei solitärer Pflanzung können sie sich gut entwickeln und schön ausbreiten, so daß sie hauptsächlich durch ihre Größe und Gestalt wirken. Sie brauchen aber genügend Raum, am besten weite Rasen- und Wiesenflächen. Eine ausschließlich solitäre Verwendung haben manche weniger häufige Wuchsabweichungen (besonders der „Pendula I und II-", „Bornyensis-", „Cristata-" und „Fastigiata-Typ") und *Fagus*-Arten mit abweichender Blattfärbung, wobei die verbreiteten rotblättrigen Sorten auch aus größerer Entfernung wirken. Die anderen buntblättrigen Sorten pflanzen wir lieber so, daß ein Betrachten aus nächster Nähe möglich ist. Die einheimische *F. sylvatica* eignet sich auch sehr gut für größere Bestände in windexponierten Lagen. Auch gemischte Gruppen kommen in Frage; *Fagus*-Arten harmonieren mit allen Laubgehölzen, die ebenfalls sehr breit ausladend oder breit kegelförmig aufgebaut sind, sie können auch gut mit Nadelgehölzen zusammengepflanzt werden (besonders mit *Abies* und *Picea*). Zur Zeit ihrer rotbraunen bis dunkelbraunen Herbstfärbung sehen sie sehr schön neben gelblich gefärbten Gehölzen aus (z. B. *Acer, Larix, Euonymus, Ginkgo* usw.). Sehr gut harmonieren sie auch mit manchen Sträuchern, wie z. B. mit *Rhododendron, Corylus, Daphne, Lonicera, Sambucus racemosa* usw. Zur Unterpflanzung für lichte, hainartige Rotbuchenbestände eignen sich Farne, Anemonen, *Asarum, Convallaria, Helleborus, Pulmonaria, Galanthus* usw. Blutbuchen können im Kontrast mit weiß blühenden Sträuchern gelbbunten oder silbrig belaubten Bäumen – einschließlich der Nadelgehölze – benachbart werden. Die einheimische Art kann auch als Unterholz verwendet werden, wobei sie mit ihrem reichen Blattfall den Boden für andere Gehölze verbessert. Stehen die Buchen im dicht geschlossenen Bestand, dann kann allerdings die nur langsam verrottende Fallaubdecke jeden Boden-

Abb. 356 Blätter *Fagus*
a) *F. sylvatica*;
b) *F. lucida*;
c) *F. orientalis*;
d) *F. japonica*;
e) *F. crenata*,
F. englerana;
f) *F. sylvatica* 'Asplenifolia';
g) *F. sylvatica* 'Ansorgei';
h) *F. sylvatica* 'Rohanii';
i) *F. sylvatica* 'Cochleata';
j) *F. sylvatica* Laciniata';
k) *F. sylvatica* 'Cristata'
(Quadrat 1 × 1 cm)

bewuchs ersticken. Wegen ihres guten Regenerationsvermögens eignen sich die *Fagus*-Arten für geschnittene Hecken und höhere Wände.

Fendlera ENGELM. et A. GRAY – *(Saxifragaceae)*

Sommergrüne Sträucher mit gestreiften Zweigen. Es sind 3 Arten aus Nordamerika und Mexiko bekannt geworden.

Für mitteleuropäische Bedingungen können empfohlen werden: *F. rupicola* A. GRAY und *F. wrightii* (A. GRAY) HELLER. Bilden 0,5 bis 1 m hohe Sträucher, Wuchs etwas steif, bei älteren Zweigen fasert die Rinde etwas ab. Blätter lanzettlich bis schmal länglich, etwa 2 bis 3 cm lang, spitz, ganzrandig, grün. Blüten weiß, meist einzeln, manchmal zu dritt, 3 cm breit, duftend. Blütezeit: Mai/Juni. Pflanzen brauchen sandig-lehmige bis steinige Böden und warme, trockene Lagen. Liebhaberbedeutung.

Fontanesia Labill. – Fontanesie *(Oleaceae)*

Sommergrüne Sträucher ähnlich *Ligustrum*. Es existieren nur zwei Arten: *F. fortunei* Carr. (China) und *F. philliraeoides* Labill. (Westasien). Die erste Art bildet 2 bis 3 m hohe, die zweite 1 bis 1,5 m hohe Sträucher, dicht verzweigt, starr aufrecht. Blätter länglich-lanzettlich, 3 bis 10 cm (*F. philliraeoides* nur 2 bis 7 cm) lang, ganzrandig oder etwas gesägt, glänzend hellgrün; Blüten klein, weißlich, in endständigen Rispen oder achselständigen Trauben. Blütezeit: Mai/Juni. Zu *F. philliraeoides* gehört noch die Zwergsorte 'Nana'. *Fontanesia* wächst in sonniger und halbschattiger Lage und jedem durchschnittlichen Gartenboden. In kälteren Lagen ist Winterschutz zweckmäßig. Alle weiteren Ansprüche, die Pflege und Verwendung ähnlich wie bei *Ligustrum*. Zierwert aber geringer. Liebhaberbedeutung.

Forestiera Poir. – Adelie *(Oleaceae)*

Sommergrüne, selten auch immergrüne Sträucher mit geringem Zierwert. Es sind etwa 20 Arten bekannt, die in Nord- und Südamerika beheimatet sind. Für Mitteleuropa eignen sich *F. acuminata* (Michx.) Poir., *F. ligustrina* (Michx.) Poir. und *F. neomexicana* A. Gray. Unter mitteleuropäischen Bedingungen bilden alle drei Arten 1 bis 3 m hohe Sträucher, mit ziemlich starrem Wuchs, manchmal auch dornig (*F. neo-mexicana*). Blätter gegenständig, länglich eiförmig bis lanzettlich, zugespitzt, bis 5 cm lang, manchmal bis 10 cm, ganzrandig oder etwas gesägt. Blüten ähnlich *Fraxinus*, unscheinbar, grün oder gelblich. Blütezeit: April/Mai, *F. ligustrina* im August. Frucht eine kleine, meist schwarze Steinfrucht. Alle drei Arten sind in Mitteleuropa winterhart und in ihren Ansprüchen an die Standortbedingungen und Pflege *Ligustrum* gleich. Liebhaberbedeutung.

Forsythia Vahl. – Forsythie, Goldglöckchen *(Oleaceae)*

Sommergrüne Sträucher mit hohlen Zweigen oder gekammertem Mark. Insgesamt existieren etwa 7 Arten, die mit Ausnahme einer südosteuropäischen Art alle in Ostasien vorkommen. Schnell heranwachsende Gehölze. Zierwert: Blüte (III bis IV).

Habitustypen

„Suspensa-Typ": sehr breit ausladender Strauch mit bogig bis zur Erde herabhängenden Zweigen (Abb. 358).
„Ovata-Typ": breiter, großer, halbkugeliger Strauch, Zweige (Stämmchen) schräg aufstehend, an den Spitzen leicht überhängend, in den unteren Partien im Alter kahl (Abb. 359).
„Intermedia-Typ": höherer, starr und fast senkrecht aufrechter Strauch, der schmaler und schlanker ist als beide vorherigen Typen (Abb. 360 B).
„Arnold-Dwarf-Typ": sehr niedriges, breit niederliegendes Sträuchlein (Abb. 360 A).

Wissenschaftlicher Name	Deutscher Name	Natürliche Verbreitung bzw. Entstehungsort	Frosthärte
Forsythia	Forsythie		
F. europaea Deg. et Bald.	Balkan-Forsythie	N-Albanien, S-Jugoslawien	++
F. fortunei Lindl.			
= *F. suspensa* var. *fortunei*			
F. giraldiana Lingelsh.		NW-China	++
● *F. × intermedia* Zab.	Hybrid-Forsythie	Göttingen	++
F. × intermedia × japonica (Sax)		Arnold Arboretum	++
F. japonica Mak.	Japanische Forsythie	Japan	++
var. *saxatilis* Nakai		Korea	++
F. ovata Nakai	Korea-Forsythie	Korea	++
● *F. suspensa* (Thunb.) Vahl (Abb. 357 a)	Hängende Forsythie	O-China	++
var. *fortunei* (Lindl.) Rehd.		China	++
var. *sieboldii* Zab.		Japan	++
F. viridissima Lindl.	Dunkelgrüne Forsythie	China	+, ≙
var. *koreana* Rehd.		Korea	+, ≙

Textur

Mitteldicht bis luftig, wegen der Verzweigung ziemlich starr, nur selten vorhangartig („Suspensa-Typ").

Laub

Blätter gegenständig, gestielt, verschieden länglich bis eiförmig oder dreiteilig bzw. herzförmig, verschieden groß (Abb. 346). Meist grün, ausnahmsweise dunkelgrün (*F. viridissima*), oder auch mit bräunlichem Hauch (*F. giraldiana*).

Blüte und Blütenstand

Blüte glockig, mit tief 4teiliger Krone, deren Zipfel länger sind als das Blütenröhrchen, auf unbeblätterten Zweigchen, entweder einzeln (Abb. 361), zu zweit (Abb. 362) oder zu dritt (Abb. 363). Je nach der Sorte einzeln stehende oder vereinte Blüten, dicht nebeneinander, so daß „der ganze Zweig" blüht.

Blütenfarbe:
Hellgelb
F. giraldiana, F. × *intermedia* 'Densiflora', *F.* × *i.* 'Mertensiana', 'Primulina', 'Spring Glory', *F. suspensa, F. s.* 'Atrocaulis', 'Nymans', 'Pallida', var. *sieboldii, F. viridissima* var. *koreana*.
Dunkelgelb
F. europaea, F. × *intermedia, F.* × *i.* 'Arnold Giant', 'Beatrix Farrand', 'Goldzauber' 'Lynwood', 'Parkdekor', 'Spectabilis', 'Vitellina', *F. japonica, F. j.* var. *saxatilis, F. ovata, F. o.* 'Dresdner Vorfrühling', 'Robusta', 'Tetragold', *F. suspensa* 'Decipiens', *F. s.* var. *fortunei*, 'Variegata'.
Gelbgrün
F. intermedia × *japonica* 'Arnold Dwarf', *F. viridissima, F. v.* 'Bronxensis'.

Blütezeit März/April (Abb. 364).

Abb. 357
a) *Forsythia suspensa;*
b) *Fraxinus ornus;*
c) *Fuchsia magellanica;*
d) *Gaultheria humifusa;*
e) *Genista radiata*

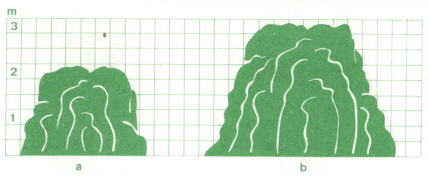

Abb. 358 Typ „suspensa"
a)
F. suspensa 'Variegata';

b)
● *F. suspensa*,
● *F. s.* var. *fortunei*, var. *sieboldii*

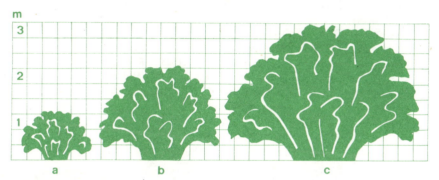

Abb. 359 Typ „ovata"
a)
F. japonica,
F. j. var. *saxatilis*,
● *F. ovata*;

b)
F. ovata,
● 'Dresdner Vorfrühling',
F. o. 'Robusta';

c)
F. × *intermedia* 'Parkdekor',
F. × *i.* 'Vitellina'

Frucht und Fruchtstand

Frucht eine 2klappige Kapsel mit zahlreichen Samen. Ohne Zierwert.

Zweige und Wurzelsystem

Hauptzweige, Zweige und Triebe auf den Sträuchern gut sichtbar — sowohl im belaubten Zustand als auch im Winter, wo die überwiegend helle Färbung und die zahlreichen, auffallenden Lentizellen zur Geltung kommen.

Rindenfarbe:
Dunkelgrau
F. giraldiana.
Gelbgrau
F. europaea, *F. intermedia* × *japonica* 'Arnold Dwarf', *F. japonica*, *F. j.* var. *saxatilis*, *F. ovata*, *F. o.* 'Robusta', *F. suspensa*, *F. s.* 'Nymans', 'Pallida', var. *sieboldii*, 'Variegata'.
Gelblich
F. × *intermedia* und die meisten Sorten.
Grün
F. viridissima sowie Varietät und Sorte.
Braungrün
F. × *intermedia* 'Densiflora, *F.* × *i.* 'Spectabilis', 'Spring Glory', *F. suspensa*.
Braunschwarz
F. suspensa 'Atrocaulis'.

Wurzelsystem reich verzweigt, manchmal bilden sich zahlreiche Ausläufer (*F. suspensa* u. a.).

Ansprüche

Forsythien wachsen am besten in lichten und sonnigen Lagen, gedeihen aber auch auf schattigen Standorten, wo sie weniger reich, aber noch befriegend blühen. An die Bodenverhältnisse stellen sie keine besonderen Ansprüche; am geeignetsten ist eine leichte, nahrhafte, mittelfeuchte und kalkreiche Erde. Zu große Trockenheit oder Nässe schadet. Unter mitteleuropäischen Bedingungen sind alle winterhart (außer *F. viridissima*, die unter Frost leiden kann und deswegen Winterschutz verlangt) und sie vertragen verunreinigte Luft. Unter Wildverbiß leiden alle Arten stark.

Pflege

Im unbelaubten Zustand erfolgt das Auspflanzen im Herbst oder Vorfrühling, aus Containern während der ganzen Vegetationszeit. Beim Pflanzen ist ein stärkerer Rückschnitt der Pflanzen zweckmäßig. Weitere Pflege ist nicht nötig (außer dem Winterschutz aus Reisig oder Laub bei *F. viridissima*). Alle 3 bis 4 Jahre ist ein Auslichten alten Holzes und leichtes Verjüngen der Pflanzen wichtig, da der Blütenansatz an einjährigen Trieben erscheint; alte, umgepflanzte Sträucher blühen schlecht. Bei einmaligem radikalen Verjüngen stellt sich ein unschöner besenartiger Wuchs ein und die Pflanzen fallen leicht auseinander. Ein Erziehungsschnitt im folgenden Jahr ist dann erforderlich. Geschnittene Hekken werden im Frühjahr oder am Sommeranfang geschnitten, damit noch bis zum Winter neue, blütenfähige Triebe heranwachsen und ausreifen. Ältere Exemplare vertragen ein Umpflanzen sehr gut, das Auspflanzen junger Pflanzen, die sich rasch vermehren lassen und schnell heranwachsen, ist leichter und besser. Krankheiten und Schädlinge kommen kaum in Frage, nur selten stellt sich *Sclerotinia*-Zweigsterben ein. Dieser Pilz dringt in die Zweige ein und verursacht ihr plötzliches Absterben (Entfernen und Verbrennen der befallenen Zweige, Boden mit Kalk düngen und den ganzen Strauch auslichten). Weiterhin kann noch die Bakterientriebfäule des Flieders auftreten. Junge Triebe verfärben sich am Sommeranfang dunkelbraun bis schwärzlich, knicken um und verwelken (feuchte und frostgefährdete Lagen meiden, befallene Pflanzenteile verbrennen, mit Kupferpräparaten spritzen). Vereinzelt finden wir Blattfleckenkrankheiten (verschiedene *Phyllosticta*-Arten) (mit Kupfer- und organischen Fungiziden wiederholt behandeln). Bakterien, Gallmilben und ein pilzlicher Erreger können Zweiggallen, d. h. verholzte Wucherungen an Zweigen hervorrufen (befallene Zweige vernichten).

Verwendung

Dieser Strauch sollte in keiner Anlage fehlen, da er mit seinem auffallenden Blühen die Frühjahrssaison eröffnet. In dieser Zeit kommt die Forsythie sowohl beim Anblick aus der Nähe wie auch aus größerer Ferne sehr gut zur Geltung. Wird als Solitär in niedrigen Pflanzungen oder für gleichartige bzw. gemischte Gruppen verwendet. Eignet sich zum Einsäumen höherer Baumkulissen, am besten in Kombination mit anderen Sträuchern und mit frühblühenden Stauden (z. B. *Ribes sanguineum*, *Chaenomeles*; *Aubrieta*, *Mus-*

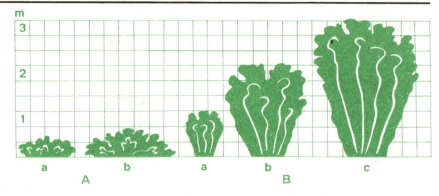

Abb. 360
A) Typ „arnold dwarf"
a)
F. viridissima 'Bronxensis',
F. v. 'Bronxensis Selektion Weber';
b)
F. ✕ *intermedia* 'Mertensiana',
● *F.* ✕ *i. japonica* 'Arnold Dwarf'

B) Typ „intermedia"
a)
F. suspensa var. *fortunei* (Jungpflanzen);
b)
F. europaea,
F. giraldiana,
F. ✕ *intermedia* 'Densiflora',
● *F.* ✕ *i.* 'Lynwood',
● 'Primulina',
● 'Spring Glory',
F. viridissima,
F. v. var. *koreana*;

c)
● *F.* ✕ *intermedia*,
● *F.* ✕ *i.* 'Arnold Giant',
■ 'Beatrix Farrand',
'Goldzauber',
● 'Spectabilis',
F. suspensa 'Atrocaulis',
F. s. 'Decipiens',
'Nymans',
'Pallida'

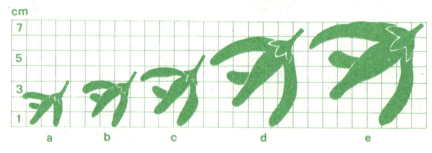

Abb. 361 Blüten *Forsythia* Einzeln
a)
F. europaea,
F. japonica var. *saxatilis*,
F. ovata;
b)
F. giraldiana, *F. japonica*,
F. suspensa 'Atrocaulis' (blüht schlecht),
F. viridissima,
F. v. 'Bronxensis' (blüht wenig);

c)
F. ovata 'Robusta',
F. suspensa,
F. s. var. *fortunei*,
F. viridissima var. *koreana*;

d)
F. ✕ *intermedia* 'Beatrix Farrand',
F. ✕ *i.* 'Lynwood',
'Mertensiana',
'Primulina',
'Spectabilis',
F. suspensa 'Nymans';

e)
F. ✕ *intermedia* 'Densiflora'

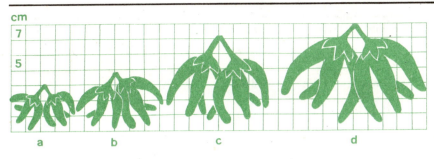

Abb. 362 Blüten *Forsythia* Zu zweit

a)
F. europaea (selten),
F. giraldiana (selten),
F. japonica var. *saxatilis* (manchmal),
F. ovata,
F. suspensa (manchmal),
F. s. 'Atrocaulis' (manchmal);

b)
F. × *intermedia* 'Arnold Dwarf' (manchmal, oft blüht sie überhaupt nicht),
F. ovata 'Robusta',
F. suspensa 'Decipiens',
F. s. 'Pallida',
'Variegata' (blüht schlecht),
F. viridissima,
F. v. 'Bronxensis' (blüht wenig);

c)
F. × *intermedia* (manchmal),
F. × *i.* 'Arnold Giant' (manchmal),
'Mertensiana' (manchmal),
'Spring Glory' (manchmal),
F. suspensa var. *fortunei*,
F. s. 'Nymans',
F. viridissima var. *koreana*;

d)
F. intermedia 'Lynwood'

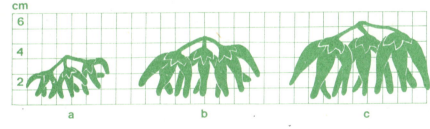

Abb. 363 Blüten *Forsythia* Zu dritt

a)
F. japonica var. *saxatilis* (manchmal);

b)
F. × *intermedia* 'Vitellina',
F. × *intermedia* × *japonica* 'Arnold Dwarf' (meistens blüht sie nicht),
F. ovata 'Dresdner Vorfrühling',
F. viridissima (manchmal);

c)
F. × *intermedia* (manchmal);
F. × *i.* 'Arnold Giant' (manchmal), 'Spring Glory',
F. viridissima var. *koreana* (manchmal)

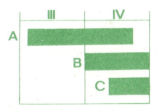

Abb. 364 Blütezeit *Forsythia*

A) *F. giraldiana*, *F. ovata*, *F. o.* 'Dresdner Vorfrühling', 'Robusta';

B) die meisten Arten, Sorten und Varietäten

C) *F. viridissima*

cari, *Scilla*, *Bergenia*). Der „Intermedia-" und „Ovata-Typ" eignet sich für freiwachsende, aber auch geschnittene Hecken. Der zierliche, etwas weniger reich blühende „Suspensa-Typ" ist am wirkungsvollsten auf erhöhten Terrassen und Abhängen (Seitenansicht, Anblick von unten), er kann teilweise wie eine Kletterpflanze aufgebunden werden. Schön sind kontrastierende Pflanzungen mit dunklen Nadelgehölzen (besonders mit *Taxus* oder malerischen *Pinus*-Arten), hellen *Larix*, *Betula* usw. Nach den ersten strengen Frösten können sie geschnitten als eindrucksvoller Vasenschmuck verwendet werden (Antreiben der Blüte).

Fothergilla Murr. – Federbuschstrauch (*Hamamelidaceae*)

Sommergrüne Sträucher, es existieren 4 nordamerikanische Arten, von denen für Mitteleuropa folgende eine Bedeutung haben: *F. gardenii* Murray (Syn. *F. alnifolia* L. f., *F. carolina* Britt.), *F. major* (Sims) Lodd. und *F. monticola* Ashe. Sträucher etwa 1 m hoch, manchmal auch bis 2 m (*F. major*), aufrecht-besenartiger Wuchs, mehrstämmig, Blätter ähneln ein wenig *Alnus*, sind länglich eiförmig bis verkehrteiförmig oder auch rundlich, hellgrün, 5 bis 10 cm lang (2 bis 5 cm bei *F. gardenii*). Blüten ohne Petalen, sehr auffallend in 4 bis 8 cm langen Köpfchen oder breiteren Ähren zusammengestellt. Weiß oder weißlich gelb, duftend, im Mai vor der Belaubung, zugleich mit dem Blattaustrieb. Früchte eiförmige, filzige und borstige Kapseln. Zur Blütezeit sind die Sträucher sehr schön. Lieben humose, torfreiche, feuchtere Böden (aber kein hohes Grundwasser) und sonnige Lagen. Die Pflanzen sind kalkfliehend. Auf trokkenen Standorten kümmern sie und sterben ab. Im Halbschatten leidet die Herbstfärbung, die schön karmin- bis orangerot ist. Alle angeführten Arten sind unter mitteleuropäischen Bedingungen winterhart. Schnitt ist überflüssig. Wachsen sehr langsam, darum bewähren sie sich hauptsächlich in kleineren Anlagen, Gärten und größeren Steingärten. Umpflanzen wird sehr schlecht vertragen.

Franklinia MARSH. – Franklinie *(Ternstroemiaceae)*

Sommergrüner Strauch oder Baum. Es existiert nur eine nordamerikanische Art: *F. alatamaha* MARSH. (Syn. *Gordonia alatamaha* SARG.). In Mitteleuropa nur in Strauchform, 3 bis 5 m hoch. Zweige aufrecht, Rinde glatt und dünn, Blätter länglich verkehrt eiförmig, 12 bis 15 cm lang, zugespitzt, oben mattgrün und etwas glänzend, im Herbst rötlich. Blüten dekorativ, 5zählig, becherförmig, weiß, 7 bis 8 cm im Durchmesser. Blütezeit: September/Oktober. Früchte holzige, rundliche, 5klappige Kapseln. Dieser sehr schöne Strauch ist hauptsächlich durch seine Blüte und effektvolle Herbstfärbung wertvoll. In Mitteleuropa winterhart. Ansprüche, Pflege und Verwendung etwa wie bei den großblättrigen *Rhododendron*-Arten.

Fraxinus L. – Esche *(Oleaceae)*

Sommergrüne Bäume, seltener Sträucher. Insgesamt sind etwa 65 Arten von der nördlichen Halbkugel bekannt. Meist schnellwachsende Bäume, in 10 Jahren werden die höheren

Wissenschaftlicher Name	Deutscher Name	Natürliche Verbreitung bzw. Entstehungsort	Frosthärte
F. americana L.	Weiß-Esche	O-, M-USA	++
var. *juglandifolia* (LAM.) D. J. BROWNE		wie die Art	++
var. *texensis* (GRAY) G. MILLER		M-Texas	++
F. angustifolia VAHL	Schmalblättrige Esche	M- u. S-Europa bis Vorderasien	++
var. *australis* (GRAY) SCHNEID.		S-Europa, N-Afrika	++
F. anomala TORR. ex S. WATS.		Colorado – Kalifornien	++
var. *lowellii* (SARG.) LITTLE		Arizona	△△
F. biltmoreana BEANDLE		O-USA	++
F. bungeana DC.	Bunges Blüten-Esche	N-China	++
F. chinensis ROXB.	Chinesische Esche	N-China, Korea, Japan	++
var. *rhynchophylla* (HANCE) HEMSL.	Schnabel-Esche	NO-Asien, Mandschurei	++
F. elonza KIRCHN.		Italien	++
● *F. excelsior* L.	Gemeine Esche	Europa, Kleinasien	++
F. holotricha KOEHNE		O-Balkanhalbinsel	++
F. hookeri WENZ.		NW-Himalaja	++
F. longicuspis S. et Z.	Langspitzige Esche	Japan, China	++
F. mandshurica RUPR.	Mandschurische Esche	O-Asien	++
F. mariesii HOOK. f.		M-China	++
F. michauxii BRITT. = *F. tomentosa*			
F. nigra MARSH.	Schwarz-Esche	N-Amerika	++
F. numidica DIPP.		N-Afrika	++
F. obliqua TAUSCH		Kleinasien	++
● *F. ornus* L. (Abb. 357 b)	Manna-Esche, Blumen-Esche	Südl. M-Europa Mittelmeergebiet	++
var. *juglandifolia* TEN.		wie die Art	++
var. *rotundifolia* TEN.		wie die Art	++
F. oxycarpa WILLD.		S-Europa – Iran, Turkestan	++
F. pallisae WILLMOTT		Balkan-Halbinsel	++
F. parvifolia LAM. = *F. rotundifolia*			
F. paxiana LINGELSH.	Chinesische Blüten-Esche	China, Himalaja	++
● *F. pennsylvanica* MARSH.		N-Amerika	++
ssp. *oregona* (WESM.) G. N. MILLER	Oregon-Esche	Kalifornien – Washington	++

Wissenschaftlicher Name	Deutscher Name	Natürliche Verbreitung bzw. Entstehungsort	Frosthärte
ssp. *pennsylvanica*	Grün-Esche, Rot-Esche	N-Amerika	++
ssp. *velutina* (TORR.) G. N. MILLER	Samt-Esche	SW-USA	++
F. platypoda OLIV.		Japan, China	++
F. potamophila HERD.		Turkestan	++
F. pubinervis BL.		Japan	++
F. quadrangulata MICHX.	Blau-Esche	N-Amerika	++
F. raibocarpa REG.		Turkestan	++
F. rhynchophylla HANCE = *F. chinensis* var. *rhynchophylla*		S-Europa, Kleinasien	++
F. rotundifolia MILL.			
F. rotundifolia LAM. non MILL. = *F. ornus* var. *rotundifolia*			
F. sogdiana BGE.		Turkestan	++
F. spaethiana LINGELSH. = *F. platypoda*			
F. syriaca BOISS.	Syrische Esche	Kleinasien – M-Asien	++
F. texensis SARG. = *F. americana* var. *texensis*			
F. tomentosa MICHX. f.	Filzige Esche	O-USA	++

baumartigen Typen 3 bis 4 m hoch, in 20 Jahren 4 bis 8 m, in 30 Jahren 7 bis 15 m und in 40 Jahren 15 bis 20 m. Zierwert: Laub (X bis XI), Blüte (V bis VI manche Arten), Fruchtstände (IX bis XII).

Habitustypen

„Excelsior-Typ": hoher Baum mit unregelmäßig breit eiförmiger Krone, Konturen ungleichmäßig luftig und locker (Abb. 365),
„Ornus-Typ": Bäume mit ungleichmäßig ausladender, fast halbkugeliger Krone, Konturen lockerer (Abb. 366),
„Diversifolia-Typ": Bäume mit gleichmäßiger, länglich eiförmiger Krone (Abb. 367 C),
„Pendula-Typ": niedrige, breit ausladende und kaskadenförmig halbkugelige Bäume, Zweige waagerecht oder bogig abstehend und oft bis zur Erde hängend (Abb. 367 B),
„Anomala-Typ": strauchiger, dicht gebauter, halbkugeliger Typ (Abb. 367 A).

Textur

Ziemlich fein und kompakt, nur in den Konturen lockerer und durchsichtiger, oft büschelförmig; am dichtesten beim vorhangartigen „Pendula-Typ".

Laub

Blätter gegenständig, unpaarig gefiedert, selten auf ein Blättchen reduziert, einzelne Blättchen verschieden groß und verschieden geformt (Abb. 368 bis 370). *Fraxinus*-Arten treiben sehr spät aus (V bis VI), so daß sie in der Frühjahrsszenerie mit ihrer kahlen Krone auffallen. Im Herbst verlieren sie das Laub schon im Oktober, so daß sich der Effekt der kahlen Krone wiederholt.

Blattfarbe:
Hellgrün
F. angustifolia 'Monophylla', *F. elonza*, *F. pallisae*, *F. syriaca*.
Graugrün
F. holotricha, *F. mandshurica*, *F. numidica*, *F. pennsylvanica* ssp. *velutina*.
Dunkelgrün
die meisten Arten, Sorten und Varietäten, die bei den Habitustypen angeführt sind.
Blaugrün
F. americana 'Acuminata' (dunkel und glänzend).
Gelbgrün
F. anomala var. *lowellii*, *F. quadrangulata*, *F. sogdiana*, *F. tomentosa* (dunkel).
Gelb
F. excelsior 'Aurea' (anfangs grüngelb).
Gelbbunt
F. excelsior 'Aureovariegata', *F. e.* 'Punctata' (oft mit rosiger Tönung), *F. pennsylvanica* 'Aucubifolia'.
Weißbunt
F. excelsior 'Argenteovariegata'.

Nur einige Arten haben eine auffallende Herbstfärbung ins Gelbe (*F. americana* sowie die meisten Sorten und Varietäten), Rote (*F. longicuspis*) oder Purpurviolette (*F. americana* 'Acuminata', *F. biltmoreana*). Alle anderen Arten färben gelblich braun.

Blüte und Blütenstand

Blüten zwei- oder auch eingeschlechtlich, sehr klein, in kleinen Büscheln und nur selten in auffallenden Rispen oder Trauben. Wir können folgende

Typen unterscheiden: schlanke kleine Rispe (Abb. 371 A), breite und lockere kleine Rispe (Abb. 371 B), längliche lockere Rispe (Abb. 371 C) und große breite Rispe (Abb. 372). Zierwert haben nur die beiden letztgenannten Typen, die anderen sind ziemlich unscheinbar und nur beim Betrachten aus nächster Nähe wirken sie wie kleine Sträuchlein. Färbung bei den meisten *Fraxinus*-Arten unauffällig grünlich und nur vereinzelt wirkungsvoller weißlich (*F. longicuspis*, *F. mariesii*, *F. ornus* und Varietäten – duftend, *F. paxiana* – duftend, *F. pubinervis*, *F. platypoda*). Blütezeit je nach der Art von April–Juni (Abb. 373). Eintritt der Blühreife bei Solitärbäumen im Alter von 20 Jahren, in dichteren Beständen bis zu 20 Jahren später.

Frucht und Fruchtstand

Frucht einsamiges Nüßchen, mit meist an der Spitze lang ausgezogenem Flügel. Man kann folgende drei Haupttypen in verschiedenen Größen unterscheiden: sichelartig gekrümmt (Abb. 374 A), breit oval (Abb. 374 B) und schmal länglich (Abb. 374 C). Nüßchen in Fruchtständen vereint, die dekorativ sind und auf den Bäumen lange bis in den Winter haften. Wir können folgende Fruchtstände unterscheiden: lockere (Abb. 375), lockere mit auffallend ovalen Früchten (Abb. 376 A) und dichte (Abb. 376 B). Am auffallendsten ist der letzte Typ. Nüßchen anfangs hellgrün, später dunkler und in der Reife braun.

Stamm, Zweige und Wurzelsystem

Stamm der meisten Bäume gerade, walzenförmig, bis in die Kronenspitze verlaufend, wobei er ziemlich gleichmäßig verzweigt ist; er bleibt auch im Alter schlank und nur selten wird er übermäßig dick. Rinde in der Jugend

Abb. 365 Typ „excelsior"
a)
F. anomala (manchmal),
F. a. var. *lowellii* (manchmal),
F. caroliniana,
F. elonza,
F. holotricha,
F. longicuspis,
F. mariesii,
F. obliqua,
F. pallisae,
F. pennsylvanica ssp. *velutina*,
F. platypoda,
F. raibocarpa,
F. rotundifolia (manchmal),
F. syriaca;
b)
F. americana 'Ascidita',
F. a. var. *texensis*,
F. biltmoreana,
F. caroliniana,
F. chinensis,
F. ch. var. *rhynchophylla*,
F. excelsior 'Argenteovariegata',
F. e. 'Aurea',
'Aureovariegata',
'Crispa',
'Erosa',
'Punctata',
'Verticillata',
F. hookeri,
F. paxiana (selten)
● *F. pennsylvanica*,
F. p. ssp. *oregona*,
ssp. *pennsylvanica*,
F. platypoda (manchmal),
F. pubinervis;

c)
F. americana var. *juglandifolia*,
F. angustifolia,
F. a. var. *australis*,
'Lenticifolia',
'Monophylla',
F. excelsior 'Angustifolia',
F. e. 'Asplenifolia',
'Jaspidea',
'Verrucosa',
F. mandshurica,
F. nigra,
F. quadrangulata;
d)
F. americana,
F. a. 'Acuminata',
● *F. excelsior*,
F. e. 'Doorenbos',
'Eureka',
'Westhof's Glorie',
F. tomentosa

glatt, glänzend, graugrün, mit auffallenden Lentizellen, bei älteren Exemplaren oft als zersprungene Borke, die dunkler und gefurcht ist. Äste meist schwächer als der Stamm. Bei manchen Arten und Sorten sind die jüngeren Zweige und Einjahrstriebe oft auffallend gefärbt, so daß sie besonders im unbelaubten Zustand zur Geltung kommen.

Es handelt sich hauptsächlich um folgende Zweigfärbungen:

Graugrün
F. elonza, *F. excelsior* und die meisten Sorten.
Auffallend grau: *F. chinensis*, *F. ch.* var. *rhynchophylla*, *F. mariesii*, *F. ornus* und Varietäten, *F. platypoda*.
Gelbgrün
F. excelsior 'Hessei', *F. obliqua*, *F. sogdiana*.
Gelb
F. excelsior 'Aurea', *F. e.* 'Aurea Pendula', 'Jaspidea'.
Gelbbraun
F. potamophila.
Braungrün
F. mandshurica.
Auffallend braun
F. excelsior 'Pendulifolia Purpurea', *F. numidica*, *F. pennsylvanica* (manchmal mit rötlicher bzw. gelblicher Tönung), *F. rotundifolia* und Sorte (manchmal rötliche Tönung).

Das Wurzelsystem der meisten Arten hat eine gut entwickelte Pfahlwurzel und starke, lange, reich verzweigte Nebenwurzeln, die die Bäume im Boden gut verankern. Sie können dadurch zur Befestigung von Abhängen usw. beträchtlich beitragen.

Ansprüche

Geeignet sind helle, sonnige Lagen, die Pflanzen gedeihen aber auch auf schattigen Standorten, die auch windexponiert sein können (nur *F. ornus* pflanzen wir nicht im Halbschatten, wenn sie ausreichend blühen soll). Am besten sind tiefgründige, feuchte, aber durchlässige und nahrhafte Böden; in trockenen Lagen wachsen sie langsam und oft nur strauchig (trockene Standorte vertragen *F. ornus* und *F. pubescens*). Eine höhere Bodenfeuchtigkeit vertragen hauptsächlich *F. americana* und *F. nigra*. Alle angeführten Arten gedeihen sowohl auf basischen, wie auch auf schwach sauren Standorten und sind unter mitteleuropäischen Bedingungen winterhart, in ausgesprochenen Frostlagen gedeihen manche aber nicht (besonders *F. anomala* – Winterschutz ist in der Jugend zweckmäßig). In unreiner Luft sind *Fraxinus*-Arten meist hart, insbesondere *F. pennsylvanica* wird von ILKUN als sehr widerstandsfähig angeführt.

Pflege

Pflanzung im unbelaubten Zustand im Herbst oder auch im Frühjahr. Eine besondere Pflege ist nicht notwendig (nur bei längeren Trockenperioden ist ein wiederholtes Wässern feuchtigkeitsliebender Arten empfehlenswert). *F. anomala* versehen wir in den ersten Jahren nach der Pflanzung mit einem Winterschutz. Ältere Exemplare vertragen ein Umpflanzen schlecht. Krankheiten und Schädlinge kommen kaum vor, nur selten erscheinen kleine, weißlich-grüne Raupen der Flieder-Motte, die in den Blättern Gangminen ausfressen; bei stärkerem Auftreten rollen sich die Blätter ein (Spritzungen mit organischen Phosphorverbindungen, ab Mai oder beim Erscheinen des Schädlings). *Fraxinus*-Arten leiden nur selten unter Wildverbiß.

Verwendung

Fraxinus-Arten sind nur für größere Anlagen bestimmt, für kleinere Park-

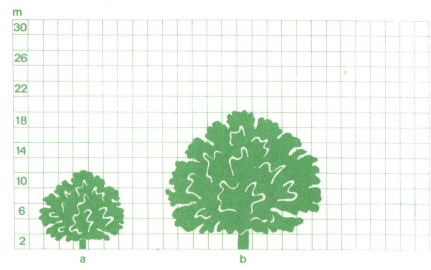

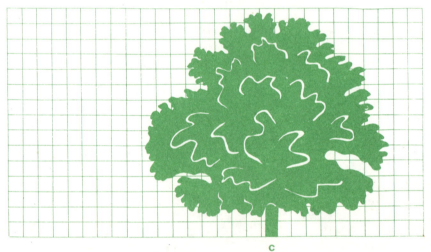

Abb. 366 Typ „ornus"
a)
● *F. ornus*,
F. o. var. *juglandifolia*,
var. *rotundifolia*;
b)
F. ornus (vereinzelt);
c)
● *F. excelsior* 'Elegantissima',
● *F. e.* 'Hessei'

anlagen und Gärten eignen sie sich nicht (ausgenommen „Anomala-" und „Pendula-Typ", die beim Pflanzen an einer Sitzgelegenheit eine Laube ersetzen können). Auf feuchten Böden können viele Arten (besonders *F. excelsior, F. americana* u. a.) rasch heranwachsen und so zum „Gerüst" einer Parkanlage werden. Solitär gepflanzte *Fraxinus*-Arten können mit ihren breit ausladenden hoch aufragenden, kräftigen Kronen sehr effektvoll wirken. Bedeutsam ist die Verwendung an Ufern. Buntblättrige und hängende Sorten pflanzen wir ausschließlich einzeln in größere Rasenflächen, in die Nähe von Wegen, Ufern, Gebäuden usw. Viele wüchsige Arten des „Excelsior-" und „Diversifolia-Typs" eignen sich vorzüglich als Alleebäume in der Landschaft oder auch als Straßenbäume bei ausreichender Straßenbreite. Bei der Einordnung ziehen wir auch die Herbstfärbung der einzelnen Arten sowie die Farbigkeit mancher Zweige und Triebe in den winterlichen Monaten in Betracht. In Szenerien mit einer großen Zahl von Koniferen eignen sich *Fraxinus*-Arten wegen des späten Austriebes. Eschen vermitteln durch ihre Grobastigkeit den Eindruck der Steif- und Starrheit, besonders im unbelaubten Zustand, der in Nachbarschaft mit anderen Laubbäumen (Linden, Ahorn, Hainbuchen u. a.) gemildert werden kann. Eschen eignen sich zur Pflanzung vom Flachland bis ins Gebirge (Talstandorte).

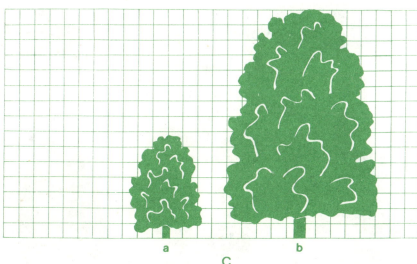

Abb. 367
A) Typ „anomala"
F. anomala,
F. a. var. *lowellii,*
F. bungeana,

● *F. excelsior* 'Nana' (bei Stammveredlung entstehen Bäumchen mit streng kugeliger Krone),
F. mariesii,
F. numidica,
F. paxiana,
F. pennsylvanica ssp. *velutina,*
F. rotundifolia

B) Typ „pendula"
● *F. excelsior* 'Aurea Pendula',
F. e 'Heterophylla Pendula',
● 'Pendula',
'Pendulifolia Purpurea'

C) Typ „diversifolia"
a)
F. potamophila;
b)
● *F. excelsior* 'Diversifolia'

Abb. 368   Blätter *Fraxinus*
a)
F. nigra,
F. platypoda;
b)
F. americana,
F. biltmoreana,
F. caroliniana,
F. chinensis,
F. excelsior
(manchmal bis 11 Blättchen),
F. hookeri
(manchmal nur 5 Blättchen),
F. mandshurica,
F. pennsylvanica ssp.
pennsylvanica,
F. pubinervis;
c)
F. elonzy;
d)
F. numidica,
F. rotundifolia;
e)
F. anomala
(selten 3–5 Blättchen);
f)
F. excelsior 'Hessei'
(Quadrat 1 × 1 cm)

354

Abb. 369 Blätter *Fraxinus*
a)
F. holotricha,
F. potamophila;
b)
F. angustifolia,
var. *australis*;
c)
F. pennsylvanica ssp. *oregona*;
d)
F. excelsior 'Diversifolia',
F. e. 'Monophylla';
e)
F. excelsior 'Diversifolia'
(manchmal),
F. e. 'Monophylla'
(manchmal)
(Quadrat 1 × 1 cm)

Abb. 370
Obere Reihe Blätter *Fraxinus*
a)
Fraxinus longicuspis;
b)
F. mariesii,
F. ornus,
F. pallisae
(manchmal 9 Blättchen),
F. tomentosa

Untere Reihe
Blätter *Gaultheria*
a)
G. shallon;
b)
G. forrestii,
G. yunnanensis;
c)
G. forrestii (selten);
d)
G. miqueliana,
G. veitchiana;
e)
G. cuneata,
G. procumbens,
G. pyrolifolia;
f)
G. humifusa
(Quadrat 1 × 1 cm)

Fuchsia L. – Fuchsie *(Onagraceae)*

Abb. 371 Blütenstand *Fraxinus*

A) schlanke, kleine Rispe
F. biltmoreana,
F. caroliniana,
F. excelsior, Sorten,
F. hookeri,
F. numidica,
F. platypoda,
F. potamophila, *F. sogdiana*

B) breite, lockere kleine Rispe
a)
F. americana,
Varietäten und Sorten,
F. anomala;
b)
die meisten Arten,
Sorten und Varietäten

C) längliche lockere Rispe
a)
F. syriaca;
b)
F. pubinervis;
c)
F. longicuspis

Sommergrüne, unter günstigen klimatischen Bedingungen auch immergrüne Sträucher. Insgesamt sind etwa 100 Arten bekannt, meist im tropischen Amerika und Neuseeland beheimatet. Für Mitteleuropa hat nur *F. magellanica* LAM. (Scharlach-Fuchsie, Abb. 357 c) Bedeutung. Bildet in wärmeren Gebieten bis etwa 1 m hohe Sträucher, Blätter gegenständig oder in Quirlen, eiförmig-lanzettlich, etwa 2,5 bis 5 cm lang, zugespitzt und gezähnt. Blüten hängend, mit typischem „Rock", etwa 2,5 bis 3 cm lang, Sepalen dunkelrot, Petalen purpurfarben. Blütezeit: Juni bis Oktober. Frucht eine saftige Beere. Von den vielen Varietäten und Sorten ist unter mitteleuropäischen Bedingungen hauptsächlich die Sorte 'Riccartonii' relativ hart (zierliche, feine Blüten, Pflanzen wüchsig, auch über 1 m hoch).

Lieben Halbschatten, am besten werden Waldbedingungen vertragen. Winterschutz der Wurzeln (trockenes Laub, Reisig) ist nötig. Oberirdische Teile werden meist vom Frost geschädigt, wenn aber das Wurzelsystem unbeschädigt bleibt, regenerieren die Pflanzen sehr gut und blühen auch gleich wieder. Fuchsien sind wegen ihres ausdauernden Blühens während des ganzen Sommers wertvoll. Eignen sich in erster Linie für niedrige, frei wachsende Hecken, Gruppen- oder Solitärpflanzungen.

× *Gaulnettya* W. J. Marchant *(Ericaceae)*

Es handelt sich um einen Gattungsbastard zwischen *Gaultheria* und *Pernettya*. Für mitteleuropäische Bedingungen hat nur × *G. wisleyensis* W. J. Marchant eine Bedeutung, die immergrüne, dichte, bis 1 m hohe Sträuchlein bildet. Blätter länglich elliptisch, 4 bis 6 cm lang, leicht gezähnt. Blüten zu 5 bis 15 in kurzen, drüsig behaarten Trauben, weiß. Blütezeit: Juni. Früchte rotbraun oder weinrot. Am häufigsten wird die reichfruchtende Sorte 'Wisley Pearl' kultiviert. Verlangt humose Tonerde. Alle weiteren Ansprüche, Pflege und Verwendung sind ähnlich wie bei der Gattung *Pernettya*.

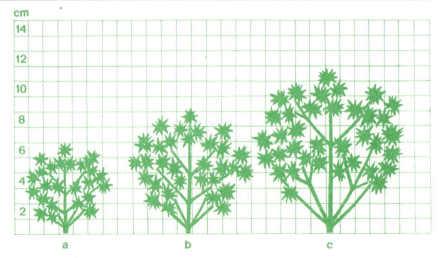

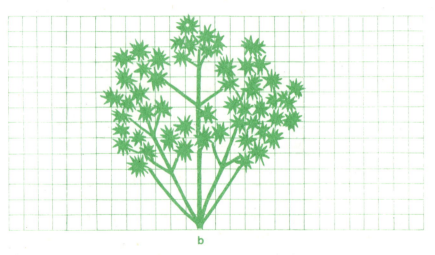

Abb. 372   Blütenstand
Fraxinus
Große breite Rispe
a)
F. tomentosa;
b)
F. bungeana,
F. chinensis var.
rhynchophylla,
F. raibocarpa;
c)
F. chinensis,
F. ornus, Varietäten;
d)
F. mariesii, F. paxiana

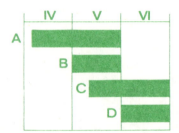

Abb. 373   Blütezeit
Fraxinus
A)   *F. americana*
B)   *F. bungeana,*
F. chinensis,
F. ornus
C)   *F. mariesii,*
F. pubinervis
D)   *F. longicuspis,*
F. paxiana

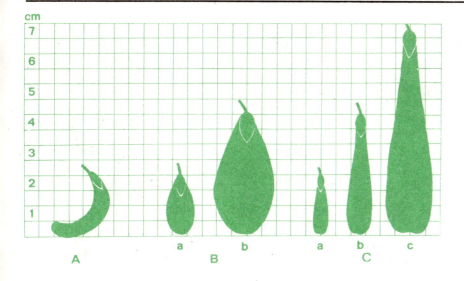

Abb. 374 Früchte *Fraxinus*
A) sichelartig gekrümmt
F. raibocarpa

B) breit ovalförmig
a)
F. anomala;
b)
F. anomala var. *lowellii,*
F. caroliniana,
F. rotundifolia,
F. syriaca

C) schmallänglich
a)
F. ornus,
F. platypoda;
b)
F. americana,
Varietäten und Sorten,
F. angustifolia,
Varietäten und Sorten,
F. biltmoreana,
F. bungeana,
F. chinensis,
F. elonza,
F. excelsior,
Sorten wenn sie fruchten,
F. holotricha,
F. hookeri,
F. longicuspis,
F. mandshurica,
F. mariesii,
F. nigra,
F. obliqua,
F. paxiana,
F. pennsylvanica, Subspezies,
F. potamophila,
F. pubinervis,
F. quadrangulata,
F. sogdiana;
c)
F. pallisae,
F. tomentosa

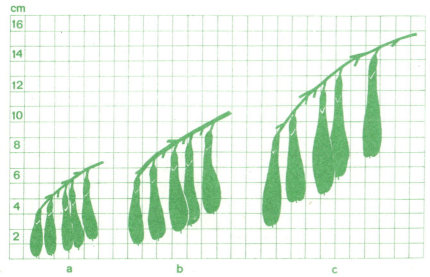

Abb. 375 Fruchtstand *Fraxinus* Locker
a)
F. americana,
Varietäten und Sorten,
F. sogdiana;
b)
die meisten Arten,
Sorten und Varietäten;
c)
F. longicuspis (die Form der einzelnen Früchte ist schematisch auf schmal-länglich vereinfacht, außer bei dem ovalen Typ, der in Abb. 376 dargestellt ist)

Gaultheria L. – Scheinbeere *(Ericaceae)*

Immergrüne, oft *Vaccinium* ähnliche Sträucher. Insgesamt sind etwa 120 Arten bekannt, die in Ost- und Südasien, Australien, Nord- und Südamerika verbreitet sind. Nur einige sind so winterhart, daß sie in Mitteleuropa kultiviert werden können. Alle angeführten Arten wachsen ziemlich schnell.
Zierwert: Laub (I bis XII), Blüte (V bis VIII), Früchte (VII bis XII).

Habitustypen

„Yunnanensis-Typ": luftig aufgebauter, breit halbkugeliger Strauch mit überhängenden Zweigen (Abb. 377 B),
„Forrestii-Typ": kugeliges, dicht gestaltetes Sträuchlein (Abb. 377 A),
„Shallon-Typ": stark ausläufertreibendes, dicht verzweigtes und aufstrebend breites Sträuchlein (Abb. 378),
„Humifusa-Typ": niedriges, dichtes und kriechendes Sträuchlein (Abb. 379).

Textur

Dicht und kompakt, besonders bei den kleinblättrigen und kriechenden Arten; bei den großblättrigen, wie z. B. bei *G. shallon,* ist sie etwas gröber und lockerer. Gesamteindruck dunkel und gleichmäßig.

Laub

Blätter ausdauernd, wechselständig, kurzgestielt, gesägt, lederig, verschieden eiförmig, klein oder größer (Abb. 370). Färbung während des ganzen Jahres, also auch im Winter, dunkelgrün. Nur *G. depressa* färbt sich im Herbst und Winter leicht bronzebraun.

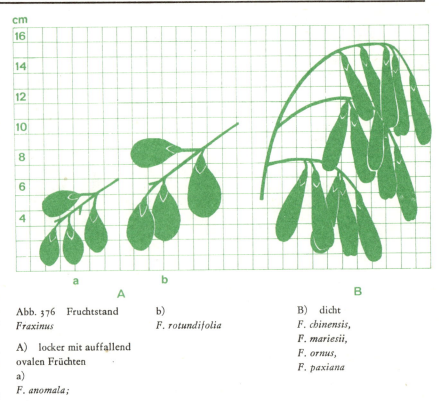

Abb. 376 Fruchtstand *Fraxinus*

A) locker mit auffallend ovalen Früchten
a) *F. anomala;*
b) *F. rotundifolia*

B) dicht *F. chinensis, F. mariesii, F. ornus, F. paxiana*

Wissenschaftlicher Name	Deutscher Name	Natürliche Verbreitung bzw. Entstehungsort	Frosthärte
G. adenothrix (MIQ.) MAXIM.		Japan	++
G. antarctica HOOK. f.	Antarktische Scheinbeere	Patagonien, Falklandinseln	++
G. antipoda FORST.		Neuseeland	++
G. codonantha AIRY-SHAW		Assam	≙, +
G. cuneata (REHD. et WILS.) BEAN	Keilblättrige Scheinbeere	W-China	++
G. depressa HOOK. f.	Niedergedrückte Scheinbeere	Neuseeland	++
G. forrestii DIELS		Yünnan	++
G. humifusa (GRAHAM) RYDB. (Abb. 357 d)		N-Amerika	++
G. itoana HAYATA		Japan	≙, +
● G. miqueliana TAKEDA	Miquel-Scheinbeere	Japan, Sachalin Kurilen	≙, +

Wissenschaftlicher Name	Deutscher Name	Natürliche Verbreitung bzw. Entstehungsort	Frosthärte
G. ovatifolia GRAY		N-Amerika	++
● G. procumbens L.	Niederliegende Scheinbeere	N-Amerika	++
G. pyrolifolia HOOK. f. ex C. B. CLARKE		O-Himalaja	++
G. pyroloides HOOK. f. et THOMS. ex MIQ. p. p. = G. miqueliana			
G. rupestris (L. f.) D. DON ex G. DON		Neuseeland	++
● G. shallon PURSH	Shallon-Scheinbeere	N-Amerika	++
G. thymifolia STAPF		Burma	++
G. trichophylla ROYLE		W-China, Himalaja	+, ⌒
G. veitchiana CRAIB		Hupeh	++
G. yunnanensis (FRANCH.) REHD.		W-China	++

Blüte und Blütenstand

Blüten meist 5zählig, mit krug- bis glockenförmig bauchiger Krone, einzeln (Abb. 380 A) oder in traubigem Blütenstand (Abb. 380 B). Färbung weißlich, manchmal mit verschiedener Tönung.

Blütenfarbe:
Weiß
G. adenothrix, G. antarctica, G. antipoda, G. cuneata, G. forrestii, G. miqueliana, G. rupestris, G. trichophylla (manchmal), G. veitchiana.
Weißlich grün
G. codonantha (rötlicher Hauch), G. yunnanensis.
Weißlich rosa
G. depressa, G. humifusa, G. itoana, G. ovalifolia, G. procumbens, G. pyrolifolia, G. trichophylla.
Weißlich rot
G. shallon, G. s. 'Acutifolia', G. thymifolia, G. trichophylla.

Hauptblütezeit je nach der Art vom Mai bis August; G. codonantha blüht im Oktober/November (Abb. 381).

Frucht und Fruchtstand

Frucht ist eine 5fächrige Kapsel, umgeben von einem fleischigen Kelch (0,8 bis 2 cm dick), der verschieden gefärbt ist.

Fruchtfarbe:
Weiß
G. antipoda, G. cuneata, G. depressa (selten).
Weißlich rosa
G. antarctica, G. miqueliana.
Hellrot
G. adenothrix, G. antipoda (manchmal).
Scharlachrot
G. depressa, G. humifusa, G. ovalifolia, G. procumbens.
Dunkelrot
G. shallon (bis schwarz).

Abb. 377
A) Typ „forrestii"
G. forrestii
B) Typ „yunnanensis"
G. codonantha,
G. yunnanensis

Blau
G. forrestii, G. pyrolifolia (bis schwärzlich), *G. thymifolia* (hellblau), *G. trichophylla* (hellblau), *G. veitchiana.*
Purpur-schwarz
G. codonantha.
Schwarz
G. yunnanensis.

Früchte stehen entweder einzeln (Abb. 382 A) oder in einseitigen Fruchtständen (Abb. 382 B). Gehören zu den dekorativsten Teilen der Pflanzen und haften lange im Winter.

Zweige und Wurzelsystem

Kleine, überwiegend liegende und kriechende Zweige sind grünlich braun, dünn und in der Belaubung nicht sehr auffallend. Wurzelsystem flach verlaufend, mit dichten Wurzelhaaren.

Ansprüche

Pflanzen brauchen Halbschatten bis Schatten. Direkte Sonne und warme Lagen werden nicht vertragen. Am besten sind leichte, stark humose, angemessen feuchte und nicht zu stark austrocknende, saure, mit Torf verbesserte Böden; eine Torf- und Sandbeimischung ist besonders für schwere Böden wichtig (geeignet ist auch Nadelstreu). Alle angeführten Arten sind in Mitteleuropa winterhart, ein leichter Winterschutz ist für diese Immergrünen zweckmäßig.

Pflege

Pflanzung am besten im Frühjahr oder Herbst mit Wurzelballen. Zwischen den Jungpflanzen kann die Erdoberfläche mit Torf und Nadelstreu bedeckt werden. Bei längerer Trockenheit müssen wir wässern. Weitere Pflege ist nicht notwendig, nur Winterschutz ist zweckmäßig, aber nicht unbedingt erforderlich. Ein Umpflanzen

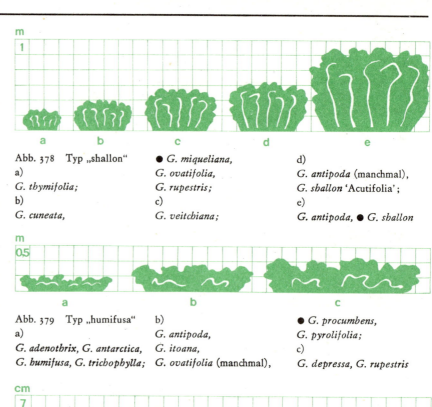

Abb. 378 Typ „shallon"
a)
G. thymifolia;
b)
G. cuneata,
● *G. miqueliana,*
G. ovatifolia,
G. rupestris;
c)
G. veitchiana;
d)
G. antipoda (manchmal),
G. shallon 'Acutifolia';
e)
G. antipoda, ● *G. shallon*

Abb. 379 Typ „humifusa"
a)
G. adenothrix, G. antarctica, G. humifusa, G. trichophylla;
b)
G. antipoda, G. itoana, G. ovatifolia (manchmal),
● *G. procumbens, G. pyrolifolia;*
c)
G. depressa, G. rupestris

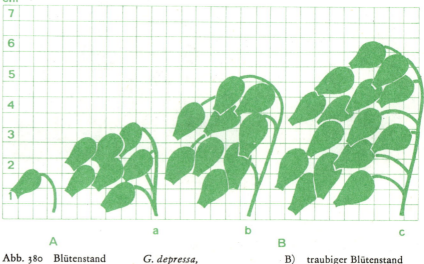

Abb. 380 Blütenstand *Gaultheria*

A) einzelne Blüten
G. adenothrix,
G. antarctica,
G. antipoda,
G. depressa,
G. humifusa,
G. ovatifolia,
G. procumbens,
G. thymifolia,
G. trichophylla

B) traubiger Blütenstand
a)
die meisten Arten;
b)
G. codonantha;
c)
G. shallon, G. yunnanensis

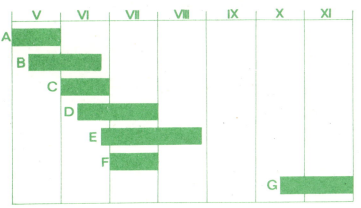

Abb. 381 Blütezeit *Gaultheria*

A) *G. antarctica*, *G. depressa*, *G. trichophylla*, *G. veitchiana*;

B) *G. forrestii*, *G. itoana*, *G. miqueliana*, *G. pyrolifolia*, *G. shallon*;

C) *G. cuneata*, *G. ovatifolia*, *G. thymifolia*;

D) *G. antipoda*, *G. rupestris*;

E) *G. procumbens*;

F) *G. humifusa*;

G) *G. codonantha*

älterer Exemplare ist mit Wurzelballen sehr gut möglich. Bedeutsame Krankheiten und Schädlinge treten nicht auf. Gelegentlich werden durch *Cercospora*-, *Mycosporella*-, *Phyllosticta*-, *Pestalotia*- oder *Venturia*-Arten Blattfleckenkrankheit verursacht. Wildverbiß kommt kaum vor.

Verwendung

Ausgepflanzt wird in Gruppen oder großflächig, nur der „Forrestii-" und „Yunnanensis-Typ" bilden Solitärs für größere oder kleinere Alpinen bzw. auch Heidegärten. Der „Humifus-Typ" und niedrige Vertreter des „Shallon-Typ" sind ideale Bodendecker für humose und schattige Lagen, wobei bei erstgenanntem Typ 12 bis 16 Pflanzen je m^2 und beim zweiten, dem wüchsigeren nur 3 bis 4 Pflanzen/m^2 ausgepflanzt werden. Beide niederliegenden Typen bilden auch ein gutes Unterholz. Sehr schön stehen sie zu Rhododendron, Farnen, sowie in der Nachbarschaft von Ziergefäßen kombiniert mit Schattenstauden und Gehölzen.

Gaylussacia H. B. K. – Buckelbeere *(Ericaceae)*

Sommer- oder immergrüne Sträucher, ähnlich *Vaccinium*. Etwa 50 Arten wachsen in Nord- und Südamerika. Für Mitteleuropa haben einige sommergrüne Arten und eine immergrüne Bedeutung: *G. baccata* (WANGH.) K. KOCH, *G. brachycera* (MICHX.) A. GRAY, *G. dumosa* (ANDR.) TORR. et A. GRAY ex A. GRAY, *G. frondosa* (L.) TORR. et A. GRAY und *G. ursina* (M. A. CURTIS) TORR. et A. GRAY. Sträucher etwa 1 m hoch oder niederliegend kriechend und nur 30 cm hoch (*G. brachycera* und *G. dumosa*). Blätter wechselständig, meist ganzrandig, verschieden länglich elliptisch, 3 bis 5 cm lang

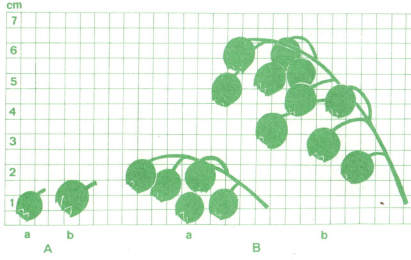

Abb. 382 Früchte *Gaultheria*

A) einzeln
a) die meisten Arten;
b) *G. antipoda*, *G. trichophylla*

B) einseitiger Fruchtstand
a) *G. cuneata*, *G. forrestii*, *G. miqueliana*, *G. pyrolifolia*, *G. veitchiana*;
b) *G. codonantha*, *G. shallon*, *G. yunnanensis*

(ausnahmsweise bei *G. brachycera*, nur 1,5 bis 2,5 cm), hellgrün und bei der immergrünen Art *G. brachycera* glänzend dunkelgrün. Blüten ähnlich denen von *Vaccinium*, krugförmig, in hängenden, dichten Trauben, weißlich oder weißlich rot. Erscheinen im Mai/Juni. Früchte kugelig, meist eßbar, süß, schwarz, etwa 1 cm groß. Ansprüche, Pflege und Verwendung ähnlich wie bei *Vaccinium*.

Genista L. – Ginster *(Leguminosae)*

Sommergrüne, sehr selten immergrüne Sträucher oder Halbsträucher, dornig oder unbewehrt. Diese umfangreiche Gattung enthält etwa 100 Arten, verbreitet im Mittelmeergebiet, Europa und Westasien. Alle wachsen schnell. Zierwert: Blüte (V bis VIII).

Habitustypen

„Tinctoria-Typ": aufrechter, halbkugeliger, ungleich luftig gestalteter Strauch (Abb. 383),
„Sagittalis-Typ": breit niederliegendes Sträuchlein, Zweigspitzen aufstrebend (Abb. 384 B),
„Minor-Typ": vom vorigen Typ durch niedrigen polstrigen Wuchs unterschieden (Abb. 384 A).

Textur

Das kleine bis winzige Laub bedingt die meist feine, ungleich büschelig luftige, manchmal bis starre Textur. Bei Arten mit unausgebildeten Blättern ist sie besen- oder rutenförmig.

Laub

Blättchen einfach oder 3zählig, klein, kaum 1 cm (selten bei *G. germanica*, *G. januensis*, *G. nyssana*, *G. ovata*, *G. sericea* und *G. tinctoria* größer, d. h.

Wissenschaftlicher Name	Deutscher Name	Natürliche Verbreitung bzw. Entstehungsort	Frosthärte
Sommergrüne Arten			
G. anglica L.	Englischer Ginster	W-Europa	++
G. aspalathoides Lam.		Sizilien, N-Afrika	≙≙
G. dalmatica H. L. Wendl.			
= *G. sylvestris* var. *pungens*			
G. delphinensis Verl. =			
G. sagittalis var. *minor*			
● *G. germanica* L.	Deutscher Ginster	Europa	++
G. hispanica L.	Spanischer Ginster	N-Spanien, S-Frankreich	≙, +
G. januensis Viv.		SO-Europa	≙≙
G. minor Lam. =			
G. anglica			
G. nyssana Petrovič		Serbien	++
G. ovata Waldst. et Kit.	Eiförmiger Ginster	S-Frankreich, Rumänien	++
G. pilosa L.	Sand-Ginster	Europa	++
G. pulchella Vis.	Behaarter Ginster	SO-Frankreich, W-Balkanhalbinsel	++
● *G. radiata* (L.) Scop. (Abb. 357 e)	Strahlen-Ginster	S-Alpen – SO-Europa	≙, +
G. sericea Wulf.	Seiden-Ginster	NO-Italien, W-Balkanhalbinsel	≙, +
G. sylvestris Scop.		Adriat. Küste	≙≙
var. *pungens* (Visiani) Rehd.		NW-Balkanhalbinsel	+, ≙
● *G. tinctoria* L.	Färber-Ginster	Europa	++
var. *alpestris* Bertol.		S-Tirol	++
f. *angustata* (Schur) Rehd.		wie die Art	++
var. *anxantica* (Ten.) Fiori		bei Neapel	++
var. *hirsuta* DC.		wie die Art	++
var. *humilior* (Willd.) Koch		N-Italien	++
var. *latifolia* (DC.) Rehd.		wie die Art	++
var. *ovata* Schultz = *G. ovata*			
var. *virgata* (Willd.) Koch		wie die Art	++
G. villarsii Clementi = *G. pulchella*			
Immergrüne Arten			
● *G. sagittalis* L.	Flügelginster	S-, M-Europa SO-Frankreich,	++
var. *minor* DC.		Pyrenäen	++

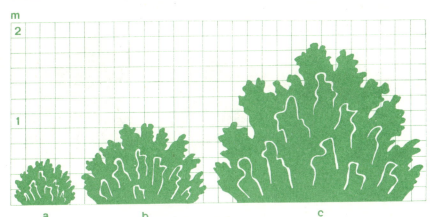

Abb. 383 Typ „tinctoria"
a)
G. sericea;
b)
G. anglica,

● G. germanica,
G. hispanica,
G. nyssana,
G. ovata,
G. radiata,

● G. tinctoria,
G. t. f. **angustata**, var. *hirsuta*,
f. *latifolia* 'Royal Gold';
c)
G. tinctoria var. *virgata*

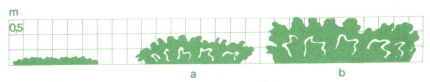

Abb. 384
A) Typ „minor"
G. sagittalis var. *minor*

B) Typ „sagittalis"
a)
G. aspalathoides,
G. januensis, G. pilosa,
G. pulchella, G. sagittalis,

G. s. var. *pungens*,
G. tinctoria var. *alpestris*,
G. t. var. *anxantica*;
b)
G. tinctoria var. *humilior*,

Abb. 385 Blütenstand
Genista
A) einzelne Blüten
G. aspalathoides (manchmal),
G. pulchella (manchmal)

B) Büschel zu viert
G. aspalathoides

C) in Köpfchen
G. hispanica,
G. radiata

1 bis 2,5 cm lang), schmal lanzettlich bis linealisch. Manchmal fehlen die Blätter fast gänzlich (*G. sagittalis*) und ihre Funktion übernehmen die grünen Triebe und Zweige. Die grüne Färbung hat verschiedene Tönungen.

Blattfarbe:
Hellgrün
G. serica, G. tinctoria sowie die meisten Varietäten, Formen und Sorten.
Blaugrün
G. anglica.
Dunkelgrün
G. aspalathoides, G. germanica, G. hispanica, G. januensis, G. nyssana, G. ovata, G. pilosa, G. radiata, G. sagittalis, G. s. var. *minor*, G. sylvestris und Varietät, G. tinctoria f. *latifolia*.

Blüte und Blütenstand

Typische Schmetterlingsblüten (ähnlich denen von *Cytisus*), mit 2lippigem Kelch (Oberlippe tief gespalten), Fahne eiförmig, Flügel und Schiffchen an ihrer Basis mit der Staubblattröhre verwachsen. Blüten verschiedenartig zusammengestellt: einzeln (Abb. 385 A), zu viert (Abb. 385 B), in Köpfchen (Abb. 385 C), in kurzen breiten Trauben (Abb. 386) oder in langen schlanken Trauben (Abb. 387).

Blütenfarbe:
Hellgelb
G. aspalathoides, G. sylvestris (manchmal).
Gelb
G. anglica, G. germanica, G. hispanica, G. januensis, G. nyssana, G. ovata, G. pilosa, G. radiata, G. sagittalis und Varietät, G. sericea, G. sylvestris und Varietät, G. tinctoria sowie die meisten Formen, Varietäten und Sorten.
Orangegelb
G. tinctoria 'Plena' (gefüllte Sorte).

Blütezeit verlängert sich je nach der Art bis auf 4 Monate (Mai bis August – Abb. 388).

Frucht und Fruchtstand

Frucht eine länglich linealische, seltener kugelige oder eiförmige Hülse, 1 bis 2,5 cm lang, grünlich, oft behaart, nach der Reife bräunlich, ohne größeren Zierwert.

Zweige und Wurzelsystem

Zweigchen dünn, rutenförmig, rund oder gefurcht kantig (bei *G. januensis* und *G. sagittalis* sogar auffallend geflügelt), meist grün, manchmal seidig behaart; *G. anglica*, *G. aspalathoides*, *G. germanica*, *G. hispanica* und *G. sylvestris* sind mehr oder weniger bewehrt. Im Winter wirken die Zweigchen im Rauhreif und unbeblätterten Zustand sehr interessant. Wurzelsystem tief und reich verzweigt (gut entwickelte Pfahlwurzel).

Ansprüche

Alle angeführten Arten sind lichtliebend. Ideal sind arme, steinige und leichte Böden (dann blüht *Genista* reichlich). Alle Arten sind kalkliebend. Manche Arten leiden unter mitteleuropäischen Bedingungen unter Frost (*G. hispanica*, *G. januensis* und *G. sericea*); die abgestorbenen Teile entfernen wir im Frühjahr, die Sträucher regenerieren sehr befriedigend. Winterschutz ist zweckmäßig (besonders bei den empfindlichen Arten). Im Winter sollen die Pflanzen trocken stehen; Nässe unterstützt das Erfrieren. Verunreinigte Luft wird gut vertragen.

Pflege

Da *Genista*-Arten tiefe Pfahlwurzeln besitzen, ist ein Aus- und Umpflanzen mit Wurzelballen notwendig. Die weitere Pflege ist die gleiche wie bei *Cytisus*. Oft werden die *Genista*-Arten von verschiedenen Blattläusen heimgesucht, hauptsächlich an den Triebspit-

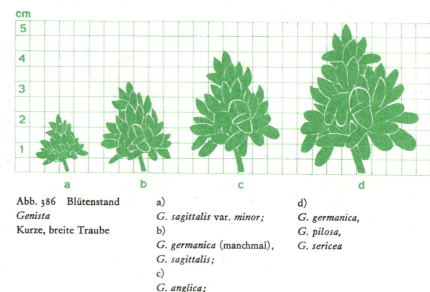

Abb. 386 Blütenstand *Genista* Kurze, breite Traube
a) *G. sagittalis* var. *minor*;
b) *G. germanica* (manchmal), *G. sagittalis*;
c) *G. anglica*;
d) *G. germanica*, *G. pilosa*, *G. sericea*

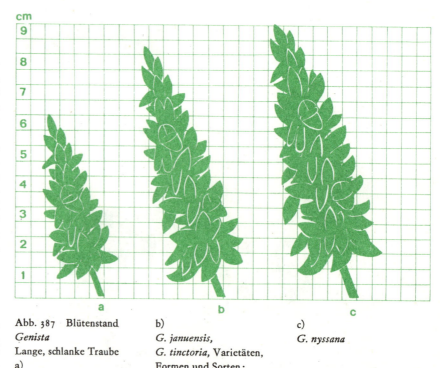

Abb. 387 Blütenstand *Genista* Lange, schlanke Traube
a) *G. ovata*, *G. silvestris*, *G. s.* var. *pungens*;
b) *G. januensis*, *G. tinctoria*, Varietäten, Formen und Sorten;
c) *G. nyssana*

Abb. 388 Blütezeit *Genista*

A) *G. sagittalis;*

B) *G. januensis,*
G. radiata,
G. sagittalis var. *minor,*
G. sericea;

C) *G. pilosa,*
G. silvestris;

D) *G. aspalathoides;*

E) *G. anglica,*
G. germanica,
G. hispanica,
G. nyssana,
G. ovata;

F) *G. tinctoria*

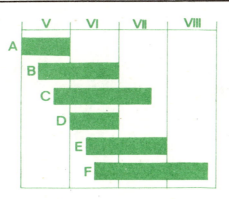

Wissenschaftlicher Name	Deutscher Name	Natürliche Verbreitung bzw. Entstehungsort	Frosthärte
G. aquatica MARSH.	Einsamige Gleditschie	S-USA	++
G. caspica DESF.	Kaspische Gleditschie	N-Iran, Transkaukasien	++
G. ferox DESF.	Starkdornige Gleditschie	SW-China	++
G. heterophylla BGE.	Verschiedenblättrige Gleditschie	NO-China	++
G. horrida MAK non WILLD. = *G. japonica*			
G. horrida WILLD. non MAK. = *G. sinensis*			
G. japonica MIQ.	Japanische Gleditschie	Japan	++
G. macracantha DESF.		M-China	++
G. monosperma WALT. = *G. aquatica*			
G. sinensis LAM.	Chinesische Gleditschie	China, Mongolei	++
● *G. triacanthos* L. (Abb. 389 a)	Amerikanische Gleditschie »Christusdorn«	USA	++

zen (Parathion-methyl-, Dimethoat- oder Methamidophos-Präparate anwenden). Wildverbiß kommt oft vor.

Verwendung

Wie bei *Cytisus*-Arten.

Gleditsia L. – Gleditsie *(Leguminosae)*

Sommergrüne, meist dornige Bäume, selten Sträucher. Insgesamt existieren etwa 12 Arten, die in Nord- und Südamerika, Mittel- und Ostasien, sowie im tropischen Afrika verbreitet sind. In der Jugend ist der Wuchs nur mittel, später erheblich schneller. Bis 10 Jahre werden die *Gleditsia*-Arten etwa 2 bis 4 m hoch, in 20 Jahren 4 bis 8 m, in 30 Jahren 7 bis 10 m und in 40 Jahren bis 15 m.
Zierwert: Laub (V bis XI), Dornen (I bis XII, hauptsächlich XI bis VI), Früchte (X bis I).

Habitustypen

Jüngere Kronen der meisten Arten walzenförmig-eiförmig, im Alter dann breiter.
„Triacanthos-Typ": unregelmäßig breit eiförmig, in den oberen Partien abgerundet, breitere bis halbkugelige, leicht und sehr luftig aufgebaute Kronen (Abb. 390),
„Caspica-Typ": breit bis flach kugelige, unregelmäßige luftige Krone mit kürzerem Stamm als beim vorigen Typ (Abb. 391),
„Majestic-Typ": Baum mit breit auslaufender, aber säulenförmiger dichter Krone; Äste schräg aufstrebend, Stamm kurz (Abb. 292 B),
„Elegantissima-Typ": vom vorigen Typ durch etwas niedrigeren, gleichmäßigeren und schmaler säulenförmigen Wuchs unterschieden (Abb. 392 A),

„Pendula-Typ": wüchsiger Baum mit länglich breit-eiförmiger, lockerer Krone, Äste bogig überhängend, Zweige hängend (Abb. 393 B),
„Heterophylla-Typ": breiter, leicht luftig und in den Konturen unregelmäßig aufgebauter Strauch, Zweige und Triebe senkrecht aufrecht, wenig verzweigt (Abb. 393 A).

Textur

Bei allen Arten und Sorten gleichmäßig zierlich, leicht und sehr luftig bis locker (oft auch durchsichtig). Nur bei den säulenförmigen Typen dichter, bei *G. caspica*, *G. japonica* und *G. sinensis* etwas gröber und starrer.

Laub

Blätter wechselständig oder in Büscheln, einfach oder doppelt gefiedert, verschieden groß (Abb. 394) in verschiedenen grünen Tönungen.

Blattfarbe:
Hellgrün
G. triacanthos sowie die meisten Sorten und Formen.
Grün
G. aquatica, *G. caspica*, *G. heterophylla*, *G. macrantha*.
Glänzend grün
G. ferox, *G. japonica*.
Matt gelbgrün
G. sinensis, *G. triacanthos* 'Sunburst' (beim Austrieb gelblich, später rein grün).

Austrieb erfolgt im Frühjahr ziemlich spät (Mai). Herbstfärbung ausschließlich gelb bis hellgelb.

Blüte und Blütenstand

Blüten polygam, 3 bis 5zählig, klein, unscheinbar grün, in Trauben oder Rispen, 5 bis 10 cm lang. Zierwert gering (nur bei *G. caspica* etwas auffallender). Blütezeit: Juni/Juli.

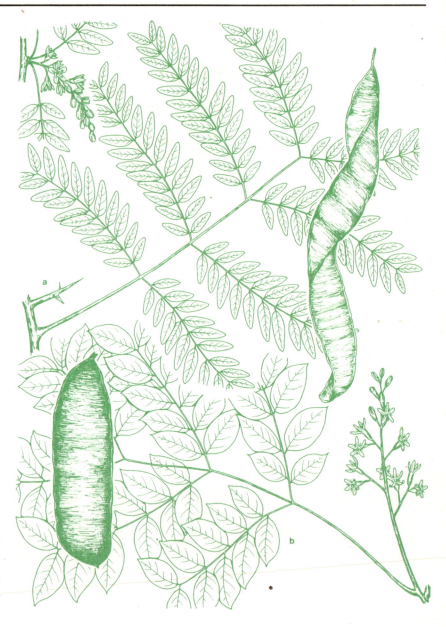

Abb. 389
a) *Gleditsia triacanthos*;
b) *Gymnocladus dioicus*

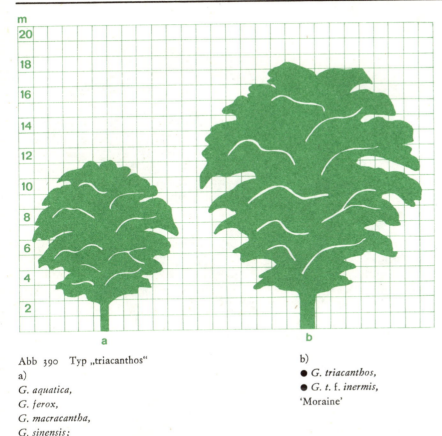

Abb 390 Typ „triacanthos"
a)
G. aquatica,
G. ferox,
G. macracantha,
G. sinensis;

b)
● *G. triacanthos,*
● *G. t.* f. *inermis,*
'Moraine'

G. triacanthos, G. t. 'Majestic', 'Pendula' (einfach oder verzweigt, zusammengedrückt), 10 bis 15 cm lang
G. caspica, G. macrantha (verzweigt).
Unbewehrt
G. triacanthos 'Elegantissima', *G. t.* f. *inermis,* 'Moraine', 'Shademaster', 'Sunburst'.

Unbewehrte *Gleditsia*-Arten sind meist zierlicher beblättert (Textur graziöser). Das Wurzelsystem besitzt eine lange und starke Pfahlwurzel. Nebenwurzeln ebenfalls robust und lang, aber nur wenig verzweigt und mit lockeren Wurzelhaaren. Bäume im Boden gut verankert, sie leiden nicht unter Windbruch.

Ansprüche

Alle *Gleditsia*-Arten lieben volle Sonne. Sind nicht anspruchsvoll, wachsen am besten in gutem, nahrhaften Gartenboden, gedeihen aber befriedigend auch in trockenen, sandigen Lagen. Vertragen auch salzige Böden. Wegen einer gewissen Brüchigkeit der Zweige sollten für die Pflanzung keine windexponierte Standorte vorgesehen werden. Alle angeführten Arten sind in Mitteleuropa winterhart, wärmere Lagen sagen ihnen aber mehr zu. Verunreinigte Luft wird befriedigend bis sehr gut vertragen.

Pflege

Pflanzung im Vorfrühling oder Herbst. An die Pflege stellen sie keine besonderen Ansprüche. Schnitt wird nur zum Entfernen trockener Äste bei alten Bäumen notwendig. Gleditschien besitzen eine gute Regenerationskraft. Krankheiten und Schädlinge kommen kaum in Betracht. Gegen Echten Mehltau sind bisher keine Bekämpfungsmaßnahmen erforderlich gewesen. Alle Arten leiden unter Wildverbiß.

Frucht und Fruchtstand

Frucht eine auffallende, dekorative, flache Hülse, die spät oder überhaupt nicht aufspringt und lange im Winter auf dem Baum haftet. Ist rautenförmig (Abb. 395 A), säbelförmig gekrümmt (Abb. 359 B) oder gerade (Abb. 395 C). Färbung violett braun und auffallend glänzend. Das Fruchten beginnt je nach Art und Standort im 25. bis 30. Lebensjahr.

Stamm, Zweige und Wurzelsystem

Stämme dekorativ, stark, dabei aber schlank, manchmal kürzer und breiter („Caspica-Typ" und „Majestica-Typ").

Borke dunkelgrau, im Alter dünn abblätternd – entweder in dünnen Streifen oder manchmal in Schuppen. Stärkere Äste ähnlich gefärbt, Zweigchen dünn, starr gestaltet, braungrün. Stamm und stärkere Äste bzw. auch Zweige je nach der Art und Sorte mehr oder weniger bewehrt. Dornen wirken besonders im unbelaubtem Zustand interessant.

Dornenlänge:
5 bis 10 cm lang
G. aquatica (verzweigt), *G. ferox* (sehr dick, scharf und verzweigt), *G. heterophylla* (dünn, meist einfach oder dreispitzig), *G. japonica* (verzweigt, etwa zusammengedrückt), *G. sinensis* (dick kegelförmig),

Gleditsien eignen sich für größere Parkanlagen als Solitärbaum oder für kleinere, lockere Gruppen (am besten gleichartige oder in Kombinationen mit *Sophora, Robinia, Taxodium* oder auch im Kontrast zu dunklen und starren Nadelgehölzen). Säulenförmige und hängende Typen sind sehr eigenwillige Solitärpflanzen, die sich mit anderen Gehölzen nur schlecht kombinieren lassen (der „Elegantissima-" und „Majestic-Typ" eignet sich auch in geometrischen Anlagen). In wärmeren Gebieten eignen sich die *Gleditsia*-Arten für höhere undurchdringliche, geschnittene Wände.

Abb. 391 Typ „caspica"
a)
G. caspica;
b)
G. japonica

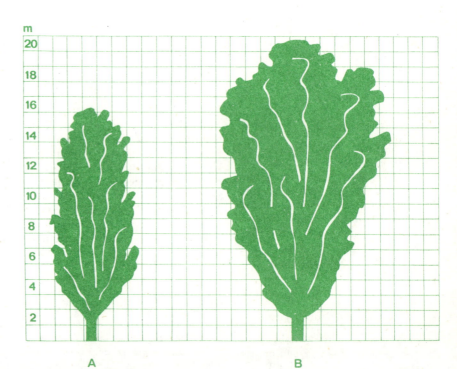

Abb. 392
A) Typ „elegantissima"
G. triacanthos
'Elegantissima'

B) Typ „majestic"
G. triacanthos 'Majestic',
G. t. 'Shademaster',
'Sunburst'

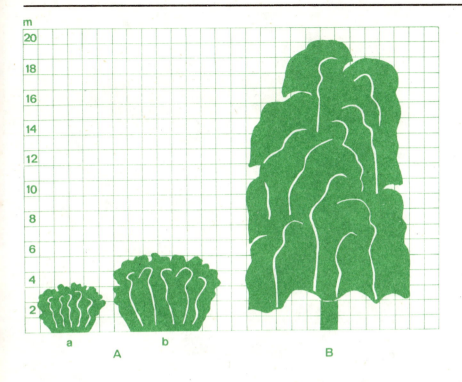

Abb. 393
A) Typ „heterophylla"
a) *G. heterophylla;*
b) *G. ferox* (manchmal)
B) Typ „pendula"
G. triacanthos 'Pendula'

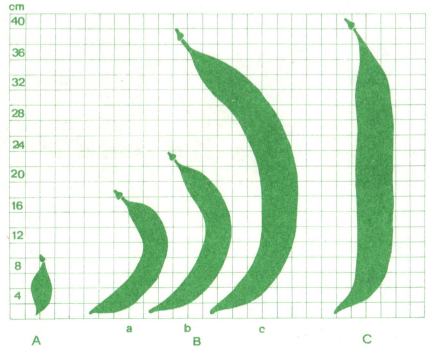

Abb. 395 Früchte *Gleditsia*
A) rautenförmig
G. aquatica,
G. heterophylla

B) säbelförmig gekrümmt
a) *G. ferox;*
b) *G. caspica;*
c) *G. triacanthos,*
Formen und Sorten
(manchmal)

C) gerade
G. japonica,
G. macracantha,
G. sinensis,
G. triacanthos,
Formen und Sorten

Gymnocladus LAM. – Geweihbaum
(Leguminosae)

Sommergrüne, hohe und ausgebreitete Bäume, nur je eine Art aus Nordamerika und China bekannt. Für mitteleuropäische Klimabedingungen ist nur die nordamerikanische Art ● *G. dioicus* (L.) K. KOCH (Syn. *G. canadensis* LAM., Abb. 389 b) von Bedeutung. Bäume bis 30 m hoch, buschig, mit dicken, geweihähnlichen Ästen. Stamm gerade, Rinde grau und in eine dunkle Borke zerspringend, die sich in länglichen Schuppen ablöst. Blätter treiben spät aus, sind sehr groß, 80 bis 100 cm lang, doppelt gefiedert, Blättchen eiförmig, ganzrandig, 4 bis 8 cm lang. Herbstfärbung effektvoll gelb. Blüten zweihäusig, hell gelbgrün, in unscheinbaren, endständigen Rispen. Blütezeit: Juni. Frucht eine dicke, bis 20 cm lange, violettbraune Hülse (reift im November und haftet bis zum Frühjahr auf dem Baum). Der Geweihbaum braucht sonnige Lagen und warme, tiefgründige, mittelfeuchte und nicht zu schwere Böden. Auf feuchten Böden treten Frostschäden auf. Ist in Mitteleuropa normalerweise winterhart. Unter Wildverbiß leidet dieses Gehölz nicht. Ein wirkungsvoller und eigenartiger Solitär für größere Anlagen; paßt gut zu Laubgehölzen mit gefiederten Blättern und besonders auch zu *Pinus*-Arten. Ältere Exemplare vertragen ein Umpflanzen schlecht. Wachsen langsam. Krankheiten und Schädlinge treten kaum auf. Blattfleckenkrankheiten durch *Cercospora-, Phyllosticta-* oder *Marssonina-*Arten haben bisher noch keine Bekämpfungsmaßnahmen erfordert.

Abb. 394 Blätter *Gleditsia*
a) *G. triacanthos* (manchmal, hauptsächlich *G. t. f. inermis*);
b) *G. triacanthos*, Formen und Sorten;
c) *G. macracantha*;
d) *G. caspica*
(Quadrat 1 × 1 cm)

Hieke Praktische Dendrologie Band 2

VEB Deutscher
Landwirtschaftsverlag
Berlin 1989

69 Farbfotos
und 455 Zeichnungen
im Text

Karel Hieke

Praktische Dendrologie

Band 2

Tschechischer Originaltitel
Ing. Karel Hieke: Praktická Dendrologie
© Státní zemedělské nakladatelstvi,
Praha 1978
Aus dem Tschechischen übersetzt von
Karel Hieke
Deutschsprachige Bearbeitung von
Dr. Peter Schmidt, Dr. Siegfried Sommer,
Hans-Joachim Albrecht und
Dr. Klaus Margraf

1. Auflage 1989
© 1989 VEB Deutscher
Landwirtschaftsverlag
DDR – 1040 Berlin, Reinhardtstraße 14
Lizenznummer 101-175/94/89
LSV 4375
Lektor: Klaus-Dieter Röding
Printed in the GDR
Gesamtherstellung:
Druckwerkstätten Stollberg
Bestellnummer:
559 634 6 (Band II)
559 655 7 (Band I und II)

ISBN 3-331-00144-9 (Band I)
3-331-00366-2 (Band II)
3-331-00430-8 (Band I und II)

Band I/II
11400

Inhalt

Laubgehölze (H bis Z) 6
Verwendete Literatur 439

Laubgehölze

Laubgehölze sind ein sehr vielfältiges Element in unseren Gärten, Parkanlagen und in der Landschaftsgestaltung. Sie sind in der Textur und Farbe, aber auch in Form und Habitus sehr veränderlich. Die meisten Laubgehölze haben schöne und auffallende Blüten oder Früchte und manche auch eine attraktive unterschiedliche Laubfärbung im Frühjahr, Sommer und im Herbst. Ihre gartengestalterische Verwendbarkeit ist deshalb sehr breit.

Halesia ELLIS ex L. – Schneeglöckchenbaum *(Styracaceae)*

Sommergrüne Sträucher, selten Bäumchen. Insgesamt 4 Arten in Nordamerika und China. Für mitteleuropäische Bedingungen haben 3 amerikanische Arten Bedeutung: *H. carolina* L. (Syn. *H. tetraptera* ELLIS), *H. diptera* ELLIS und *H. monticola* (REHD.) SARG. (Abb. 1). In Mitteleuropa sind sie strauchig, *H. carolina* kann auch ein strauchartiges Bäumchen von 4–5 m Höhe werden, locker gebaut. Blätter wechselständig, eiförmig oder länglich eiförmig, 5–12 cm lang. Blüten auffallend, glockig, hängend, 1–2,5 cm lang, weiß, zu 2–5 in Büscheln. Blütezeit: April/Mai, *H. diptera* im Juni. Frucht eine längliche, trockene, 4flügelige Steinfrucht. Von den wichtigsten Varietäten und Sorten sollen folgende angeführt werden: *H. carolina* 'Meehanii' (Blätter und Blüten kleiner), *H. c.* var. *mollis* (Blätter breiter, Unterseite auffallend filzig), *H. monticola* 'Rosea' (Blüten hellrosa) und *H. c.* var. *vestita* (Blüten bis 3 cm breit, oft auch rötlich). Verlangen warme und sonnige, höchstens halbschattige Lagen, nahrhafte, lockere, humose, durchlässige, leicht saure, kalkfreie Böden. Unter mitteleuropäischen Bedingungen sind alle drei Arten hart. Zur Zeit sind nur eine *Polyporus*-Wurzelfäule und eine *Cercospora*-Blattfleckenkrankheit bekannt; beide Krankheiten kommen aber selten vor. Verwendung als interessante Solitärpflanze zur Betrachtung aus nächster Nähe (an Wegen, Bänken oder Lauben).

Halimodendron FISCH. ex DC. – Salzstrauch *(Leguminosae)*

Sommergrüner, dorniger Strauch ähnlich *Caragana*. Nur eine Art in Sibirien: *H. halodendron* (PALL.) VOSS (Syn. *H. argenteum* FISCH. ex DC.). Sträucher bis 2 m hoch. Blätter paarig gefiedert, silbrig seidig, mit 2–4 sitzenden, 1,4–3,5 cm langen, verkehrt

Abb. 1
a) *Halesia monticola*;
b) *Hamamelis virginiana*;
c) *Hebe traversii*;
d) *Hedera helix*;
e) *Helianthemum alpestre*

lanzettlichen, bläulich grünen Blättchen. Blattspindel und Nebenblätter oft in Dornen umgewandelt. Typische Schmetterlingsblüten blaß rotlila, etwa 1,5–1,8 cm lang, in schlank gestielten, 2- bis 3blütigen Trauben. Blütezeit: Juni/Juli. Die Sorte 'Purpureum' hat dunklere, lebhaft purpurrosafarbene und weißliche Blüten.

Halimodendron braucht sonnige Lagen und leichte, durchlässige, sehr sandige oder wenigstens sandig-lehmige, auch salzige Böden. Sollte nicht geschnitten werden. Liebhaberbedeutung.

Hamamelis L. – Zaubernuß (*Hamamelidaceae*)

Sommergrüne Sträucher oder kleine Bäume, die *Corylus* ähneln. Insgesamt sind 6 Arten aus Nordamerika und Ostasien bekannt. Es sind langsam wachsende Gehölze.
Zierwert: Laub (X–XI), Blüte (je nach der Art II–III oder IX–XI).

Habitustypen

„Arborea-Typ": in Mitteleuropa seltener Typ eines mehrstämmigen Bäumchens mit halbkugeliger, lockerer Krone (Abb. 2 B),
„Mollis-Typ": starr aufrechter Strauch mit schräg aufstrebenden Ästen, locker gestaltet und wenig gegliedert (Abb. 2 A),
„Weeping-Typ": halbkugeliger, locker gestalteter Strauch mit bogig abstehenden und an den Spitzen hängenden Zweigen (Abb. 3 B),
„Japonica-Typ": niedriger, ausgebreiteter, ungleichmäßig dichter, flach kugeliger Strauch (Abb. 3 A).

Textur

Luftig, ungleichmäßig büschelförmig

grob und starr. Nur beim „Weeping-Typ" etwas kompakter und gleichmäßiger.

Laub

Blätter ähneln den *Corylus*-Blättern, kurz gestielt, an der Basis ungleichseitig, gezähnt, länglich oder rundlich eiförmig (Abb. 4), hell- oder auch dunkelgrün *(H. vernalis),* bzw. metallisch glänzend *(H. mollis* und Sorten, *H. vernalis* 'Lombarts Weeping').

Herbstfärbung:

Leuchtend gelb
H. × *intermedia* und Sorten, *H. japonica* sowie Varietäten und Sorten, *H. macrophylla, H. virginiana* sowie Varietäten und Sorten.
Orangefarben
H. mollis und Sorten (manchmal auch gelblicher Hauch), *H. vernalis* sowie Sorten und Formen.
Rot
H. intermedia und Sorten (manchmal), *H. japonica* sowie Varietäten und Sorten (manchmal).

Blüte und Blütenstand

Blüten sehr dekorativ und auffallend, 4teilig, polygam, Petalen linealisch, in kurzgestielten, achselständigen, lockeren Büscheln. Wir können folgende Blüten- und Blütenstandtypen unterscheiden: einzelne Blüten mit geraden Petalen (Abb. 5), einzelne Blüten mit gelockten Petalen (Abb. 6 B) und Blütenbüschel mit geraden Petalen (Abb. 6 C).

Blütenfarbe:

Hellgelb
H. japonica var. *zuccariniana, H. j.* var. *zuccariniana* 'Hiltingbury Form', *H. mollis* 'Pallida', *H. vernalis, H. virginiana* und Varietäten.
Dunkelgelb
H. × *intermedia, H.* × *i.* 'Nina', *H. japoni-*

Wissenschaftlicher Name	Deutscher Name	Natürliche Verbreitung bzw. Entstehungsort	Frosthärte
● *H.* × *intermedia* REHD.		–	++
● *H. japonica* S. et Z.	Japanische Zaubernuß	Japan	++
var. *arborea* (MAST.) GUMBLETON		wie die Art	++
var. *flave-purpurascens* (MAK.) REHD.		wie die Art	++
var. *zuccariniana* (MAST.) GUMBLETON		–	++
H. macrophylla PURSH	Großblättrige Zaubernuß	Georgia – Texas	++
H. mollis OLIV.	Weichhaarige Zaubernuß, Chinesische Z.	W-Hupeh	++
● *H. vernalis* SARG.	Frühlings-Zaubernuß	M-USA	++
f. *tomentella* REHD.		wie die Art	++
H. virginiana L. (Abb. 1 b)	Virginische Zaubernuß	N-Amerika	++
var. *angustifolia* NIEUWLAND		USA	++
var. *orbiculata* NIEUWLAND		USA	++

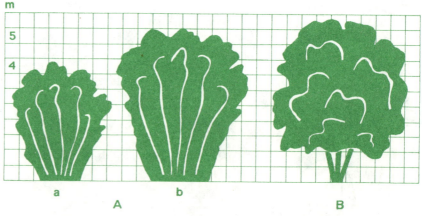

Abb. 2
A) Typ „mollis"
a)
H. × *intermedia,*
● *H.* × *i.* 'Jelena', 'Nina',
● *H. japonica* var. *zuccariniana,*
H. j. var. *zuccariniana* 'Hiltingbury';

b)
● *H. japonica* var. *arborea,*
H. macrophylla,
● *H. mollis*
● *H. m.* 'Brevipetala', 'Pallida', 'Carnea',
f. *tomentella,*

● *H. virginiana,*
H. v. var. *angustifolia,*
var. *orbiculata,*
'Rubescens';

B) Typ „arborea"
H. japonica var. *arborea* (manchmal)

Abb. 4
Obere Blattreihe *Hamamelis*
a)
H. × *intermedia,*
H. mollis;
b)
H. vernalis,
H. virginiana;
c)
H. japonica

Mittlere Blattreihe
a)
Kalmia latifolia;
b)
K. angustifolia;
c)
K. carolina;
d)
Laburnum alpinum,
L. anagyroides

Untere Blattreihe
Ligustrum
a)
L. chenaultii;
b)
L. vulgare 'Insulense';
c)
L. obtusifolium;
d)
L. tschonoskii;
e)
L. acutissimum,
L. × *ibolium,*
L. ovalifolium,
L. sinense,
L. × *vicaryi;*
f)
L. amurense,
L. quihoui,
L. vulgare;
g)
L. sinense var. *stauntonii;*
h)
L. purpusii,
L. tschonoskii var.
glabrescens
(Quadrat 1 × 1 cm)

ca var. *arborea* (Kelch innen purpurfarben), *H. macrophylla, H. mollis, H. vernalis* f. *tomentella.*

Gelbrot

H. virginiana 'Rubescens'.

Rosa

H. vernalis 'Carnea'.

Rot

H. japonica, H. j. var. *flavo-purpurascens* (oft mit gelblichen Spitzen, im Innern des Kelches dunkel purpurfarben), *H. vernalis* 'Lombarts Weeping'.

Dunkelrot

H. japonica var. *flavo-purpurascens* 'Carmine Red', *H. j.* var. *flavo-purpurascens* 'Adonis'.

Orangerot

H. × *intermedia* 'Jelena' (beim Abblühen gelblich), *H. mollis* 'Brevipetala' (dunkelorangefarben).

Alle Arten blühen im Winter, Vorfrühling oder Herbst, meist auf kahlen, unbeblätterten Zweigen, so daß die einzelnen Blüten oder Blütenbüschel sehr auffallen. Sie sind ein effektvoller und interessanter Vorbote des Frühlings (Abb. 7). *Hamamelis*-Arten haben noch eine wichtige Eigenschaft: Wenn sie im aufgeblühten Zustand von Frost und Schnee überrascht werden, drehen sich die Petalen zusammen und öffnen sich erst wieder, wenn sich die Witterung verbessert; das kann sich mehrmals wiederholen, bevor Beschädigungen auftreten.

Frucht und Fruchtstand

Frucht eine zweifächrige, harte Kapsel mit zwei kleinen Schnäbelchen. Verliert sich in der Belaubung und hat deshalb keinen Zierwert.

Stämmchen, Zweige und Wurzelsystem

Stämmchen und stärkere Zweige schlank, steif, bräunlich oder grau. Junge Zweige von *H. mollis* dicht

Abb. 3
A) Typ „japonica"
● *H. japonica,*
● *H. j.* var. *flavo-purpurascens,*
● 'Carmine Red',
● 'Adonis';

B) Typ „weeping"
H. mollis 'Lombart's Weeping'

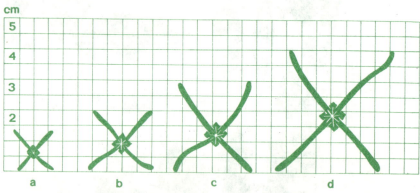

Abb. 5 Blüten *Hamamelis* Einzeln mit geraden Petalen
a)
H. macrophylla,
H. vernalis,
Sorten und Formen;

b)
H. mollis 'Brevipetala' (manchmal);
c)
H. × *intermedia,*
H. mollis;

d)
H. × *intermedia* 'Jelena' (manchmal),
H. × *i.* 'Nina'

graufilzig, bei den anderen Arten graubraun. Fallen auch im beblätterten Zustand auf und bedingen eine gewisse Starrheit der Sträucher. Wurzelsystem reich verzweigt und dicht.

Ansprüche

Hamamelis-Arten wachsen gut in voller Sonne oder im Halbschatten, ausnahmsweise im Schatten von Laubgehölzen, die zu ihrer Blütezeit noch nicht belaubt sind. Eine geschützte Lage ist zweckmäßig. Am geeignetsten sind tiefgründige, nahrhafte, nicht zu trockene, am besten sandig-lehmige Böden. Trockene Standorte eignen sich nicht. Außer *H. virginiana*, die Kalk im Boden verträgt, sind alle weiteren Arten eher kalkfliehend. Unter mitteleuropäischen Bedingungen sind sie winterhart, sie vertragen auch verunreinigte Luft.

Pflege

Ausgepflanzt wird am besten im Herbst mit Wurzelballen, aus Containern während der ganzen Vegetationszeit. Angemessen wird gewässert (besonders zu Trockenzeiten), hauptsächlich in den ersten Jahren nach der Pflanzung. Jungen Pflanzen können wir die Erde beim Auspflanzen mit Torf oder verrottetem Mist verbessern. Jeder Schnitt ist überflüssig, wird aber vertragen, wenn er nicht zu tief in das alte Holz erfolgt. *Hamamelis*-Arten sind so wertvolle Gehölze, daß wir ihren Wuchs nicht begrenzen sollten (vorausgesetzt, daß wir schon bei der Pflanzung eine ausreichend große, freie Stelle wählten). Ältere Exemplare vertragen ein Umpflanzen ziemlich schlecht (ein großer Wurzelballen ist nötig). Krankheiten und Schädlinge treten kaum auf. Selten kommt es zum Befall durch *Phyllosticta-*, *Romularia-* und *Mycosphaerella*-Blattfleckenkrankheiten, gegen

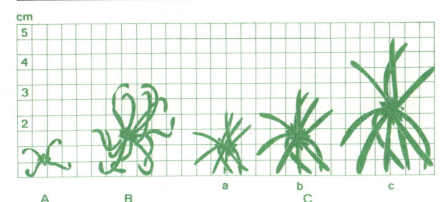

Abb. 6 Blüten *Hamamelis*
A) einzelne Blüten mit gelockten Petalen *H. japonica*, Varietäten und Sorten (manchmal)
B) Blütenbüschel mit gelockten Petalen *H. japonica*, Varietäten und Sorten
C) Blütenbüschel mit geraden Petalen
a) *H. macrophylla*, *H. vernalis*, Sorten und Formen;
b) *H. mollis* 'Brevipetala', *H. virginiana*, Varietäten und Sorten;
c) *H.* × *intermedia*, *H.* × *i.* 'Jelena', *H. mollis*, *H. m.* 'Pallida'

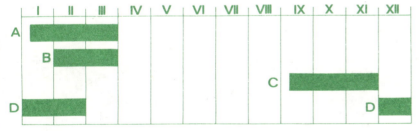

Abb. 7 Blütezeit *Hamamelis*
A) die meisten Arten, Kreuzungen, Sorten und Varietäten;
B) *H. japonica* var. *zuccariniana*, *H. j.* var. *zuccariniana* 'Hiltingbury Form';
C) *H. virginalis*, Varietäten und Sorten;
D) *H. macrophylla*

die nur ausnahmsweise eine Bekämpfung erforderlich ist. (Es können Kupfer-, Zineb-, Maneb-, Mancozeb- oder Captan-Fungizide verwendet werden.) Unter Wildverbiß leiden die Pflanzen nicht.

Verwendung

Typische Solitärpflanzen für kleinere und größere Anlagen. Wir pflanzen sie hauptsächlich in die Nähe von Gebäuden, Eingängen und Wegen, die auch im Winter häufig betreten werden. Blühende Sträucher wirken besonders als Vorpflanzung vor dunkleren Nadelgehölzen oder immergrünen Laubgehölzen wie z. B. Rhododendron, sie eignen sich aber auch als Unterholz unter lockeren Nadelholz- oder Laubholzgruppen und besser noch als Zwischenpflanzung. Bei der eigentlichen Pflanzung müssen wir mit der Langlebigkeit und Größe erwachsener Pflanzen rechnen (ausreichender Raum). *Hamamelis*-Arten sind sowohl für das Flachland als auch für das Hügelland geeignet. Blätter und hauptsächlich die Rinde von *H. virginiana* werden auch zur Erzeugung von Kosmetika verwendet.

Hebe COMM. ex. JUSS. – Strauchveronika *(Scrophulariaceae)*

Immergrüne Sträucher, in ihrer Heimat Neuseeland manchmal baumartig. Es sind etwa 140 Arten bekannt. Für mitteleuropäische klimatische Bedingungen haben nur einige eine gewisse Bedeutung. Die meisten Arten wachsen ziemlich schnell.
Zierwert: Laub (I–XII, besonders XI bis IV), Blüte (V–IX).

Wissenschaftlicher Name	Deutscher Name	Natürliche Verbreitung bzw. Entstehungsort	Frosthärte
● *H.* × *andersonii*-Hybriden		? (um 1849)	++
H. × *andersonii* (LINDL. ex PAXT.) COCK. = *H.* × *andersonii*-Hybriden			
H. angustifolia (A. RICH.) COCK. et ALLAN		Neuseeland	+, ≙
H. anomala (ARMSTR.) COCK.		Neuseeland	+, ≙
● *H. armstrongii* (JOHNSON ex ARMSTR.) COCK. et ALLAN		Neuseeland	++
H. balfouriana (HOOK. f.) COCK.		Neuseeland	≙, +
H. bidwillii (HOOK. f.) WALL.		Neuseeland	≙, ≙≙
H. brachysiphon SUMMERHAYS		Neuseeland	≙, +
● *H. buchananii* (HOOK. f.) COCK. et ALLAN		Neuseeland	≙, ≙≙
H. buxifolia (BENTH.) COCK. et ALLAN		Neuseeland	≙, ≙≙
● *H. carnosula* (HOOK. f.) COCK. et ALLAN		Neuseeland	≙, ≙≙
H. colensoi (HOOK. f.) WALL.		Neuseeland	+, ≙
H. cupressoides (HOOK. f.) ANDERS.		Neuseeland	+, ≙
H. darwiniana (COLENSO) COCK. et ALLAN		Neuseeland	
H. decumbens (ARMSTR.) COCK. et ALLAN		Neuseeland	+, ≙
H. diosmifolia (A. CUNN. ex A. CUNN.) COCK. et ALLAN		Neuseeland	≙, ≙≙
H. elliptica (G. FORST.) PENNELL		Neuseeland, S-Chile, Falkland-Inseln	
H. epacridea (HOOK. f.) COCK. et ALLAN		Neuseeland	≙, ≙≙
H. hectoris (HOOK. f.) COCK. et ALLAN		Neuseeland	≙, ≙≙
H. loganioides (ARMSTR.) WALL.		Neuseeland	≙, ≙≙
H. lycopodioides (HOOK. f.) ALLAN		Neuseeland	≙, ≙≙
H. macracantha (HOOK. f.)		Neuseeland	≙, +

Wissenschaftlicher Name	Deutscher Name	Natürliche Verbreitung bzw. Entstehungsort	Frosthärte
COCK. et ALLAN			
● *H. pimelioides* (HOOK. f.)		Neuseeland	+, ≙
COCK. et ALLAN			
var. *glauco-coerulea*		Neuseeland	+, ≙
(ARMSTR.) CHEESEN			
● *H. pinguifolia* (HOOK. f.)		Neuseeland	+, ≙
COCK. et ALLAN			
H. speciosa (R. CUNN. ex A. CUNN.) ANDERS.		Neuseeland	≙, ≙≙
H. subalpina (COCK.)		Neuseeland	≙, ≙≙
COCK. et ALLAN			
H. tetragona (HOOK. f.) ANDERS.		Neuseeland	≙
H. tetrasticha (HOOK. f.) ANDERS.		Neuseeland	+, ≙
H. traversii (HOOK. f.) COCK. et ALLAN = *H. brachysiphon*			
H. vernicosa (HOOK. f.) COCK. et ALLAN		Neuseeland	≙, ≙≙

Habitustypen

„Anomala-Typ": starr aufrechter Strauch, streng aufstrebend, dicht verzweigt (Abb. 8 B),

„Andersonii-Typ": halbkugeliges Sträuchlein, in den Konturen regelmäßig starr, dicht, Zweigchen aufrecht gestellt (Abb. 8 A),

„Decumbens-Typ": niedriges, breit niederliegendes, dicht verzweigtes Sträuchlein (Abb. 9).

Textur

Dicht und kompakt, starres Aussehen, gleichmäßig angeordnet.

Laub

Blätter gegenständig, lederig, ganzrandig, manchmal auch gesägt, oft klein, schuppenförmig, meist etwa 0,5–1 cm lang oder noch kürzer (manchmal bis 7 cm lang – bei *H. andersonii, H. angustifolia, H. bidwillii, H. speciosa, H. subalpina*). Blättchen verschieden grün, oft auch glänzend.

Blattfarbe:
Hellgrün
H. macrantha, H. subalpina.
Grün
H. × *andersonii* und Sorten, *H. angustifolia, H. armstrongii, H. balfouriana* (Blattrand rötlich), *H. bidwillii, H. brachysiphon, H. cupressoides, H. elliptica, H. hectori* (glänzend), *H. lycopodioides, H. tetragona, H. tetrasticha.*
Dunkelgrün
H. anomala (glänzend), *H. buxifolia* (glänzend), *H. colensoi* (anfangs blaugrün), *H. decumbens* (Blattspreite rötlich gesäumt), *H. diosmaefolia, H. epacridea, H. loganioides, H. speciosa, H. vernicosa* (glänzend).
Blaugrün
H. buchananii, H. carnosula, H. darwiniana, H. pimeleoides, H. p. var. *glauco-coerulea, H. pinguifolia.*

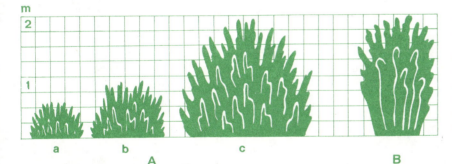

Abb. 8
A) Typ „andersonii"
a)
● *H. armstrongii,*
H. colensoi,
H. cupressoides,
H. hectori,
H. tetragona,
H. vernicosa;
b)
H. balfouriana,
H. buxifolia,

H. darwiniana,
H. diosmaefolia,
H. eliptica,
H. lycopodioides,
H. macrantha,
● *H. pimoleoides* var. *glauco-coerulea,*
H. subalpina

c)
● *H.* × *andersonii,*
H. × *a.* 'Cookiana',
'Evelyn',
'Imperial Blue',
'La Sédnisante',
'Variegata',
H. angustifolia,
H. brachysiphon,
H. speciosa

B) Typ „anomala"
H. anomala

Blüte und Blütenstand

Blüten haben einen 4zähligen Kelch und eine 4zählige (selten 3-, 5- und 6zählige) Krone mit kurzer Röhre. Sind ziemlich klein. Bei allen angeführten Arten sind sie in Köpfen oder Trauben zusammengestellt, wobei folgende Typen unterschieden werden können: kurzes Köpfchen (Abb. 10), zusammengestellte Traube (Abb. 11)

Blütenfarbe:
Weiß
H. × andersonii 'Cookiana', *H. angustifolia* (lila Tönung), *H. anomala* (manchmal leicht rosiger Hauch), *H. armstrongii*, *H. buchananii*, *H. buxifolia*, *H. carnosula*, *H. colensoi*, *H. darwiniana*, *H. decumbens*, *H. epacridea*, *H. loganioides* (manchmal rosa geädert), *H. lycopodioides*, *H. macrantha*, *H. pinguifolia*, *H. subalpina*, *H. tetragona*, *H. tetrasticha* und *H. vernicosa*.
Weißlich rosa
H. bidwillii (rosa Streifen), *H. elliptica* (manchmal reinweiß).
Rosa
H. hectori (manchmal weiß).
Karminrot
H. × andersonii 'Evelyn', *H. × a.* 'La Séduisante'.
Hellblau
H. diosmifolia (bis weißlich).
Dunkelblau
H. × andersonii 'Imperial Blue', *H. pimeleoides* var. *glauco-coerulea* (purpurfarbene Tönung).
Hellviolett
H. balfouriana, *H. cupressoides* (zartblaue Tönung), *H. pimeleoides*.
Violett
H. × andersonii, *H. × a.* 'Variegata'.
Dunkelpurpurfarben
H. speciosa.

Blütezeit erstreckt sich je nach Art von Mai bis September (Abb. 13).

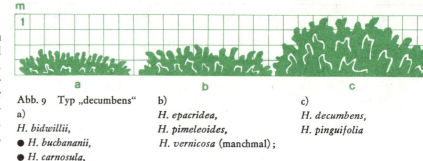

Abb. 9 Typ „decumbens"
a) *H. bidwillii*, ● *H. buchananii*, ● *H. carnosula*, *H. tetrasticha*;
b) *H. epacridea*, *H. pimeleoides*, *H. vernicosa* (manchmal);
c) *H. decumbens*, *H. pinguifolia*

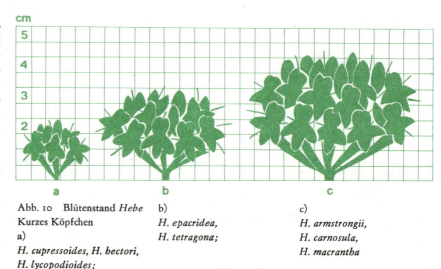

Abb. 10 Blütenstand *Hebe* Kurzes Köpfchen
a) *H. cupressoides*, *H. hectori*, *H. lycopodioides*;
b) *H. epacridea*, *H. tetragona*;
c) *H. armstrongii*, *H. carnosula*, *H. macrantha*

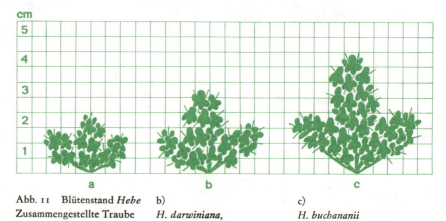

Abb. 11 Blütenstand *Hebe* Zusammengestellte Traube
a) *H. decumbens*;
b) *H. darwiniana*, *H. elliptica*, *H. loganioides*;
c) *H. buchananii*

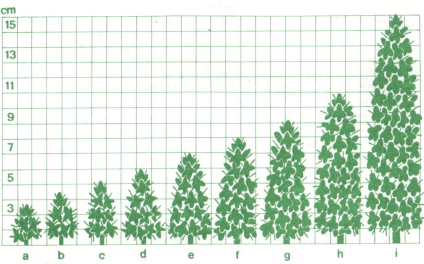

Abb. 12 Blütenstand *Hebe*
Einfache Traube
a)
H. buxifolia,
H. colensoi,
H. diosmaefolia,
H. pinguifolia,
H. tetrasticha;
b)
H. pimeleoides,
H. vernicosa;
c)
H. brachysiphon,
H. subalpina;
d)
H. angustifolia (manchmal);
e)
H. balfouriana, *H. speciosa*;
f)
H. × *andersonii*, Sorten,
H. angustifolia,
H. anomala,
H. bidwillii (manchmal);
g)
H. × *andersonii*, Sorten
(manchmal);
h)
H. angustifolia (manchmal),
H. bidwillii;
i)
H. bidwillii (manchmal)

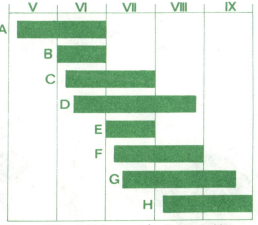

Abb. 13 Blütezeit *Hebe*
A) *H. tetragona*,
H. tetrasticha;

B) *H. lycopodioides*;

C) *H. anomala*,
H. balfouriana,
H. bidwillii,
H. buchananii,
H. buxifolia,
H. cupressoides,
H. longanioides,
H. subalpina;

D) *H. pimeleoides*,
H. pinguifolia,
H. vernicosa;

E) *H. diosmaefolia*,
H. epacridea,
H. hectori;

F) die meisten Arten
und Sorten

G) *H. angustifolia*,
H. speciosa;

H) *H. andersonii*

Frucht und Fruchtstand

Fruchtkapsel zusammengedrückt, dickwandig, ohne Zierwert.

Verzweigung und Wurzelsystem

Zweige und Triebe dünn, jüngere grünbraun, ältere braun bis schwarzbraun, meist starr gestellt, aber biegsam, dicht beblättert. Wurzelsystem reich verzweigt, dichte Haarwurzeln.

Ansprüche

Diese Pflanzen lieben volle Sonne und möglichst eine warme, geschützte Lage. Geeignet ist ein tiefer, leichter und sehr sandiger Boden. Sie gehören zu den anspruchslosesten Gehölzen und vertragen Trockenheit. Unter mitteleuropäischen Bedingungen sind sie etwas frostempfindlich, aber unter leichtem Winterschutz (am besten Reisig) vertragen die angeführten Arten auch Temperaturen bis −15 °C und niedriger.

Pflege

Pflanzung im Frühjahr, wenn keine Spätfrostgefahr mehr besteht. Bis zum Einwurzeln muß angemessen gewässert werden. Bei der Wahl des Standortes dürfen wir nicht vergessen, daß es sich um langlebige Gehölze handelt, die im erwachsenen Zustand viel Platz einnehmen. Bei Frostgefahr im Herbst bedecken wir die Pflanzen rechtzeitig mit Reisig und die Erdoberfläche mit trockenem Laub. Erfrorene Pflanzenteile werden im Frühjahr zurückgeschnitten, damit sie bald wieder regenerieren. Ein Umpflanzen älterer Exemplare mit großem Wurzelballen wird nur im Frühling empfohlen. Seit einigen Jahren ist eine *Fusarium*-Welke in Kalifornien festgestellt worden. Des weiteren ist eine *Septoria*-Blattfleckenkrankheit vorgekommen. Sie spielten bisher in Mitteleuropa allerdings noch keine Rolle.

Verwendung

Als Solitärpflanze oder in kleineren Gruppen hauptsächlich in Steingärten aller Art, in Heidegärten oder auch Staudenbeeten, möglichst in Weg- oder Banknähe. Wirken sehr schön in Nachbarschaft von Steinen, Mauern, Steinwegen, Terrassen usw. *Hebe*-Arten können auch zum Bepflanzen verschiedener Gefäße verwendet werden. In allen Fällen wirken sie mit ihrem kleinen bis schuppenförmigen, eigenartig zusammengestellten Laub und dem starren Wuchs sehr auffallend und fremd, so daß sie nur schwer mit der Pflanzenumgebung harmonieren. Darum eignen sie sich am besten für solitäre und gleichartige Pflanzungen. Zur Zeit haben sie in Mitteleuropa nur Sammlerbedeutung.

Hedera L. – Efeu *(Araliaceae)*

Immergrüne, mit Luftwurzeln kletternde Lianen oder niedrige Sträucher. Es sind 5–7 Arten (je nach Artauffassung des Autors) aus Europa, Nordafrika und Asien bekannt. Wachsen ziemlich langsam.
Zierwert: Laub (I–XII).

Habitustypen

„Helix I-Typ": dicht und ausgebreitet wachsender Kletterstrauch (Abb. 14 B),
„Helix II-Typ": wie der vorige Typ, ohne Stütze auf der Erde breit kriechendes Gehölz (Abb. 15 A),
„Arborescens-Typ": dichter, halbkugeliger Strauch mit hängenden Zweigenden (Abb. 14 A),

Wissenschaftlicher Name	Deutscher Name	Natürliche Verbreitung bzw. Entstehungsort	Frosthärte
● *H. colchica* (K. Koch) K. Koch	Kolchischer Efeu	Kaukasus, N-Anatolien	⌢, +
var. *dentata* (Hibb.) Lawrence		wie die Art	++
● *H. helix* L. (Abb. 1 d)	Gemeiner Efeu	Europa – Kaukasus	++
var. *hibernica* (Kirchn.) Jaeg.		Irland	+, ⌢
var. *poetica* West.		SO-Europa	++

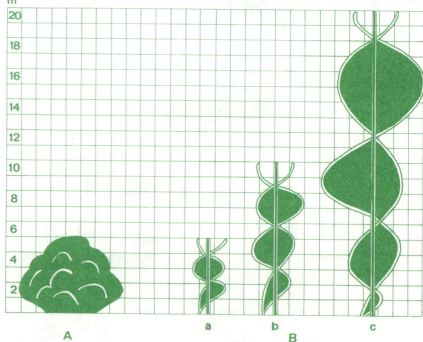

Abb. 14
A) Typ „arborescens"
H. colchica 'Arborescens',
H. helix 'Arborescens'
B) Typ „helix I"
a)
H. helix 'Cavendishii',
H. h. 'Crenata',
'Cullisii', 'Discolor',
'Glymii', 'Goldheart',
'Gracilis', 'Minima',
'Palmata Aurea';
b)
● *H. helix*,
H. h. 'Aureovariegata',
'Baltica',
'Deltoidea', 'Digitata',
● var. *hibernica*,
'Maculata', 'Pedata',
var. *poetica*, 'Remscheid',
● 'Sagittaefolia',
'Scutifolia',
'Walthamensis';
c)
H. colchica
● *H. c.* var. *dentata*,
● 'Dentato-variegata',
● *H. helix* (manchmal)
H. h. var. *hibernica* (manchmal)

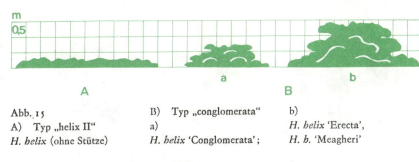

Abb. 15
A) Typ „helix II"
 H. helix (ohne Stütze)
B) Typ „conglomerata"
 a) H. helix 'Conglomerata';
 b) H. helix 'Erecta', H. h. 'Meagheri'

„Conglomerata-Typ": Stämmchen und Triebe anfangs starr aufstrebend, später auseinanderfallend, Sträuchlein ungleichmäßig breit aufstrebend (Abb. 15 B).

Laub

Blätter wechselständig, gestielt und ganzrandig, grob gezähnt oder gelappt, verschieden groß (Abb. 16). Sie sind der wichtigste zierende Bestandteil aller *Hedera*-Arten.

Blattfarbe:

Grün
H. helix 'Glymii' (glänzend), *H. h.* 'Pedata' (Nervatur weißlich, Blattspreite dunkelgrün), var. *poetica* (glänzend, manchmal gelblich).
Mattgrün
H. colchica sowie die meisten Sorten und Varietäten, *H. helix* 'Conglomerata', *H. h.* 'Sagittaefolia'.
Dunkelgrün
H. helix, *H. h.* 'Arborescens', 'Baltica', 'Crenata' (etwas glänzend), 'Deltoides', 'Digitata', 'Erecta', 'Gracilis' (Nervatur weißlich), var. *hibernica*, 'Meagheri' (hellere Nervatur), 'Minima', 'Scutifolia' (stark glänzend), 'Walthamensis' (weißliche Nervatur).
Gelb
H. helix 'Aureovariegata' (manchmal nur gelbbunt oder hell gelbgrün).
Gelbbunt
H. helix 'Palmata Aurea'.
Weißlich gelbbunt
H. colchica 'Dentato-variegata', *H. h.* 'Maculata'.
Weißbunt
H. helix 'Cavendishii' (Blattspreite weißlich gesäumt), *H. h.* 'Cullisii' (Ränder im Herbst rötlich), 'Discolor'.

Blüte und Blütenstand

Blüten polygam, klein, mit 5zähliger Krone, grüngelb, in traubig angeordneten Dolden. Nicht sehr auffallend. Erscheinen im September/Oktober. Viele Sorten blühen überhaupt nicht.

Frucht und Fruchtstand

Früchte sind bei den beiden genannten Arten schwarze oder blauschwarze, 3- bis 5samige, 6–8 mm große Beeren.

Zweige und Wurzelsystem

Lianenartige Zweige lang, dünn, grau, in der Jugend grünlich, dicht mit Luftwurzeln besetzt. Zweige der strauchartig wachsenden *Hedera*-Arten („Arborescens-" und „Conglomerata-Typ") sind meist dicker und fast ohne Luftwurzeln. Wurzelsystem lang, dicht verzweigt, mit vielen Wurzelhaaren.

Ansprüche

Am besten sind Halbschatten und Schatten, volle Sonne wird ebenfalls vertragen, wenn der Boden nicht zu trocken ist. An Bodenverhältnisse werden keine besonderen Ansprüche gestellt. Am besten wachsen die Pflanzen in etwas feuchten, humosen, nährhaften, sandig-lehmigen Böden; gut eingewurzelte Pflanzen vertragen auch Trockenheit. Ideal sind Waldbedingungen (Licht, Boden). Beide angeführten Arten sind in Mitteleuropa hart, *H. colchica* wächst jedoch besser in geschützten und wärmeren Lagen (auf exponierten Standorten können beide *Hedera*-Arten Frostschäden aufweisen, regenerieren aber gut). Stadtklima und unreine Luft werden gut bis sehr gut vertragen.

Pflege

Pflanzung im Herbst oder Frühling, am besten mit Wurzelballen. Bis zum Einwurzeln muß eine ausreichende Wässerung gesichert sein. Weitere Pflege ist minimal und beschränkt sich vor allem in der ersten Zeit nach der Pflanzung auf das Bekämpfen von Unkraut. Mit einem Schnitt können wir den Wuchs nach unseren Vorstellungen etwas beeinflussen, besonders beim Umschlingen von Baumstämmen. Wenn eine stärkere *Hedera*-Pflanze entfernt werden soll, was nur in seltenen, zwingenden Ausnahmefällen erfolgen sollte, schneiden wir ihr Stämmchen dicht über der Erde ab und lassen sie so lange hängen bis sie vollkommen trocken ist. Erst dann nehmen wir sie herunter (die Luftwurzeln halten nicht mehr so fest am Stamm oder auf der Mauer). Während der Vegetation, besonders bis Ende Juni, können wir den Wuchs durch Düngung fördern. Bei einer späteren Düngung vergrößert sich die Frostempfindlichkeit der Pflanzen. Das Umpflanzen mit Wurzelballen wird vertragen, ist aber wegen des kletternden Wuchses kompliziert. Geeigneter und einfacher ist die Verwendung von Jungpflanzen. Unter Freilandbedingungen treten Krankheiten und Schädlinge selten auf. Manchmal kommt der *Xanthomonas*-Efeukrebs vor. (Bei dieser Bakterienkrankheit erscheinen zu-

Abb. 16 Blätter *Hedera*
a) *H. colchica;*
b) *H. helix* (Blatt von einem Fruchtzweig);
c) *H. helix* (Blatt von einem nicht fruchtenden Zweig);
d) *H. helix* 'Pedata';
e) *H. helix* 'Minima';
f) *H. helix* 'Gracilis';
g) *H. helix* 'Sagittaefolia';
h) *H. helix* var. *hibernica;*
i) *H. helix* 'Erecta';
j) *H. helix* 'Glymii';
k) *H. helix* 'Deltoidea';
l) *H. helix* 'Crenata', *H. h.* 'Digitata';
m) *H. helix* 'Conglomerata'
(Quadrat 1 × 1 cm)

erst kleine helle, wässrige Flecken auf den Blättern, die sich schnell vergrößern; auf den Stengeln sind bräunliche, beulig verdickte Flecken; oberer Stengelteil stirbt ab.) Krankheitsfördernd sind nasse Jahre und übertriebene Düngung; (befallene Pflanzenteile vernichten, Kupferfungizide anwenden). Gelegentlich kommt es zum Befall mit Spinnmilben.

Verwendung

Der „Helix I-Typ" eignet sich zur Bekleidung von Stämmen alter Bäume (zu junge Bäume könnte er ersticken), grober Wände und Felsen. Kann auch in Kästchen mit Holz- oder Eisengitter ausgepflanzt werden (mobile grüne Wände). Sorten des „Arborescens"-Typs eignen sich für Solitärpflanzungen in Steingärten und größeren Alpinumanlagen, kleinere Pflanzen kommen auch in Pflanzgefäßen zur Geltung. Bedeutsam ist die Verwendung von *H. helix* („Helix II-Typ") als Bodendecker im Schatten höherer, dicht pflanzter Bäume und unter höheren Sträuchern, wo andere Pflanzen nicht mehr wachsen (bei 6–9 Pflanzen je m^2 bildet sich bald ein dichter Bestand). Mit ihren dunklen Blättern können *Hedera*-Arten mit helleren Gehölzen und Blumen, Plastiken, Steinen, Gebäuden usw. wirkungsvoll kontrastieren. Efeu eignet sich für Pflanzungen vom Flachland bis ins Mittelgebirge.

Hedysarum L. – Süßklee, Hahnenhopf *(Leguminosae)*

Sträucher, Halbsträucher, meist jedoch Stauden; etwa 70 Arten in der gemäßigten Zone der nördlichen Halbkugel. Bedeutsam ist nur eine Art: *H. multijugum* MAXIM., die breite, bis 1,5 m hohe Sträucher bildet. Zweige dünn, graugelb, verschieden gebogen. Blätter 10–15 cm lang mit 15–27 Blättchen, die eiförmig, graugrün, an der Unterseite seidig behaart sind. Typische Schmetterlingsblüten, purpurfarben, in aufrechten, bis 25 cm langen Trauben. Blütezeit: Juni–August. Hülse bis 3 cm lang. Häufiger als die Ausgangsart wird die var. *apiculatum* SPRAGUE (zugespitztere Blättchen) kultiviert. Die Pflanzen sind ganz anspruchslos und hart. Sie lieben Trockenheit, sandige, arme Böden und sonnige Standorte. Liebhaberbedeutung.

Helianthemum MILL. – Sonnenröschen *(Cistaceae)*

Immer- oder halbimmergrüne, zwergige Halbsträucher oder Stauden. Es existieren etwa 80 Arten in Europa, dem Mittelmeergebiet und Asien. Alle Arten und Sorten erreichen bald ihre Endgröße.
Zierwert: Laub (I–XII), Blüte (V bis VIII).

Habitustypen

„Nummularium-Typ": niedriges, breit aufrecht strebendes Sträuchlein, Zweigchen ungleich locker gestellt (Abb. 17),
„Grandiflorum-Typ": vom vorigen Typ durch breiteren, niedrigeren bis niederliegenden Wuchs unterschieden; Zweigspitzen aufstrebend (Abb. 19 B),
„Alpestre-Typ": sehr niedrig über der Erde, dichtes, matten- und polsterförmiges Sträuchlein (Abb. 18 A).

Textur

Locker bis dicht, aber luftig und zierlich. Mit seiner kleinen, meist hellen bis grauen Belaubung fast leicht wirkend. Zweigchen zusammen mit den Blütenständen sehr zierlich gestellt.

Laub

Blätter ungeteilt, klein, gegenständig

Wissenschaftlicher Name	Deutscher Name	Natürliche Verbreitung bzw. Entstehungsort	Frosthärte
H. alpestre (JACQ.) DC.			
= *H. oelandicum* ssp. *alpestre*			
● *H. apenninum* (L.) MILL.	Apenninen-Sonnenröschen	S- u. W-Europa	++
H. canum (L.) BAUMGART.	Grauhaariges Sonnenröschen	Europa, Kleinasien, NW-Afrika	++
H. glaucum (CAV.) PERS.	Blaugraues Sonnenröschen	S-Europa, N-Afrika	++
● *H. grandiflorum* (SCOP.) DC.	Großblütiges Sonnenröschen	Europa, Kleinasien	++
H. chamaecistus MILL.			
= *H. nummularium*			
H. lunulatum (ALL.) DC.		S-Europa	≙, +
H. nummularium (L.) MILL.	Gemeines Sonnenröschen	Europa, Kleinasien, Kaukasus	++
● *H. oelandicum* (L.) DC.	Öland-Sonnenröschen	Öland	++
ssp. *alpestre* (JACQ.) BREISTR.	Alpen-Sonnenröschen	Gebirge M- u. S-Europas	
H. × *sulphureum* WILLK.		–	++
H. tomentosum SMITH			
= *H. nummularium*			
H. vulgare GAERTN.			
= *H. nummularium*			

(die oberen auch wechselständig), lanzettlich bis eiförmig und rundlich, 1 bis 2 cm lang (ausnahmsweise bis 5 cm bei *H. nummularium* und einigen Gartenkreuzungen).

Blattfarbe:
Grün
H. canum (manchmal filzig), *H. grandiflorum*, *H. lunulatum*, *H. nummularium*, *H. oelandicum*, *H.* × *sulphureum*, die meisten Gartensorten.
Graugrün
H. apenninum (filzig), *H. glaucum*, Gartensorten: 'Ben Hope', 'Fire Dragon', 'Rhodanthe Carneum' und 'Watergate Rose'.
Dunkelgrün
Gartensorten 'Ben Venus', 'Goldie', 'Jock Scott' und 'Starlight'.

Blüte und Blütenstand

Blüten sehr dekorativ, gleichmäßig tellerförmig, 5zählig, verschieden gestaltet (meist einfach).

Blütenform:
Einfach
die meisten Arten und Gartenkreuzungen.
Halbgefüllt
Gartensorte 'Fireking'.
Gefüllt
Gartensorten 'Amabile Plenum', 'Blutströpfchen', 'Butter and Eggs', 'Chocolate Queen', 'Golden Ball', 'Goldie', 'Jubilee', 'Mrs. C. W. Earie', 'Orange Double', 'Rubin', 'Salmonea', 'Snowball', 'Sulphureum Plenum'.

Die Größe der einzelnen Blüten beeinflußt bedeutend das gesamte Aussehen des blühenden Sträuchleins und bewegt sich von 0,5–3,0 cm im Durchmesser.

Blütengröße:
0,5–1 cm breit
H. oelandicum.
1,5 cm breit
H. canum, H. lunulatum.
2 cm breit

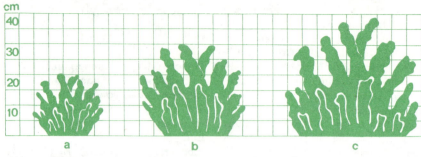

Abb. 17 Typ „nummularium"
a) *H. canum*;
b) ● *H.* × *sulphureum*;
c) fast alle Arten und Gartenkreuzungen

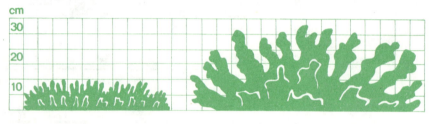

Abb. 18
A) Typ „alpestre"
● *H. oelandicum* ssp. alpestre,
H. glaucum,
H. lunulatum, 'Bon Heckla'

B) Typ „grandiflorum"
● *H. grandiflorum*,
'Amy Baring'

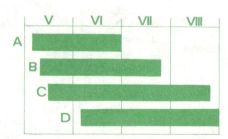

Abb. 21 Blütezeit *Helianthemum*
A) *H. canum*;
B) *H. glaucum, H. grandiflorum, H. nummularium*;
C) *H. appeninum, H. lunulatum, H.* × *sulphureum*;
D) *H. oelandicum* ssp. alpestre

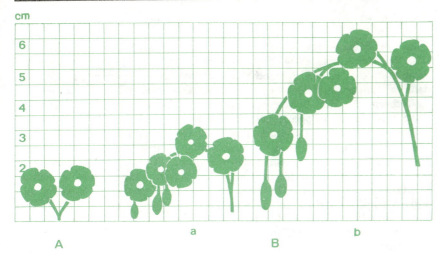

Abb. 19 Blütenstand *Helianthemum*
A) zu zweit im Büschel
H. oelandicum ssp. *alpestre*
B) locker mit 3–10 Blüten
a)
H. canum (manchmal),
H. glaucum (manchmal),
H. oelandicum;
b)
H. oelandicum ssp. *alpestre* (manchmal),
H. apenninum,
H. × *sulphureum*

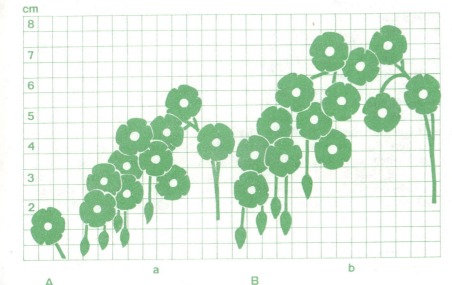

Abb. 20 Blütenstand *Helianthemum*
A) einzelne Blüten
H. lunulatum
B) 10–15 Blüten
a)
H. canum;
b)
H. glaucum,
H. grandiflorum,
H. nummularium und alle Gartenkreuzungen

H. glaucum.
2,5 cm breit
H. nummularium.
3 cm breit
H. apenninum, H. grandiflorum, H. × *sulphureum,* die meisten Gartensorten.

Die ästhetische Hauptwirkung wird hauptsächlich von der Blütenfarbe beeinflußt, sie ist unterschiedlich, meist leuchtend pastellfarbig.

Blütenfarbe:
Weiß
● *H. apenninum, H. glaucum* (manchmal), Gartensorten 'Avalanche', 'Snow Queen', 'White Queen' (Mitte gelb).
Hellgelb
● *H.* × *sulphureum,* Gartensorten 'Ben Attaw' (Mitte dunkler), 'Ben Newis' (Mitte bräunlich), 'Croceum', 'Praecox', 'Starlight', ● 'Sulphureum Plenum', 'Wisley Primrose'.
Gelb
H. glaucum, ● *H. grandiflorum, H. lunulatum* (orangefarben gefleckt), *H. nummularium,* ● *H. oelandicum,* Gartensorten 'Ben Fhada', 'Golden Queen', 'Jubilee'.
Dunkelgelb
H. canum, Gartensorten ● 'Golden Bell', 'Goldie'.
Rosa
Gartensorten 'Ben Avon' (orangefarbene Tönung), 'Ben Lomond' (Mitte orangefarben mit weißem Ring), 'Ben Macdui' (Mitte orangefarben), ● 'Gloriosa', 'Lachskönigin', 'Lawrensen's Pink', 'Magnificient' (stahlbraune Tönung), 'Mrs. Mould', 'Rhodanthe Carneum' (rötliche Tönung), 'Rosabella' (rötliche Tönung), ● 'Rose Queen' (helle Tönung), 'Rubens' (Mitte orangegelb), 'Salmonea', 'Sudbury Gem'.
Orangegelb
Gartensorten 'Ben Heckla' (brauner Ring), 'Golddollar', 'Orange' (Mitte braun).
Orangefarben
Gartensorten 'Amy Baring' (leuchtend), ● 'Atraction' (Mitte dunkler), ● 'Butter and Eggs', 'Orange Double' (bräunliche Tönung), ● 'Sunbeam' (Mitte dunkler), 'Watergate Orange'.

Orangerot
Gartensorten 'Ben Mare' (Mitte karminrot), ● 'Ben Mhor', 'Ben Venue' (Mitte dunkler).
Hellrot
Gartensorten 'Ben Dearg' (Mitte orangefarben), 'Ben Hope' (Mitte dunkelorange), ● 'Rose Perfection'.
Scharlachrot
Gartensorten ● 'Ben Ledi', 'Ben Lui', ● 'Fireball', 'Fire Dragon'.
Dunkelrot
Gartensorten ● 'Amabile Plenum', ● 'Blutströpfchen', ● 'Fireflame' (Mitte orangefarben), 'Fireking', 'Jock Scott', 'Mrs. C. W. Earie' (Mitte orangefarben), 'Red Dragon', ● 'Rubin', 'Supreme', 'Watergate Rose'.
Braungelb
Gartensorte 'Ben Vane'.
Bräunlich
Gartensorte ● 'Ben Alder' (Knospen karminrot), 'Ben Vorlick' (Mitte orangefarben), ● 'Chocolate Queen' (rötliche Tönung), 'Garibaldi' (mit rosa Tönung).

Einzelne Blüten meist in zierlich überhängenden traubenähnlichen Wickeln. Man kann folgende Blütenstandtypen unterscheiden: einfach – einzelne Blüten (Abb. 20 A), zu zweien in Büscheln (19 A), locker mit 3–10 Blüten (Abb. 19 B) und dichter mit 10–15 Blüten (Abb. 20 B). Die Blütezeit bewegt sich von Mai bis Ende August, d. h. über die Sommerzeit, während der es nicht viele blühende Gehölze gibt (Abb. 21).

Frucht und Fruchtstand

Frucht eine 3klappige Kapsel ohne besonderen Zierwert.

Verzweigung und Wurzelsystem

Zweige und Triebe dünn und zierlich, in der Jugend grünlich, dann grau, bogig ausgebreitet oder niederliegend. Wurzelsystem reich verzweigt, fein.

Ansprüche

Gute Sonnenbelichtung ist erforderlich. Von den Hybriden wird Halbschatten noch vertragen, jedoch ist dann mit einem Nachlassen der Blüte zu rechnen. An den Boden werden keine besonderen Ansprüche gestellt, am besten gedeihen sie in trockenem (größere Feuchtigkeit ist nicht vorteilhaft) und nicht zu nahrhaftem Boden (in nahrhafteren Substraten werden die Pflanzen zu robust). *Helianthemum*-Arten lieben Kalk im Boden. Unter mitteleuropäischen Bedingungen sind alle angeführten Arten hart. Stadtklima wird sehr gut vertragen.

Pflege

Pflanzung nach Möglichkeit mit Wurzelballen, am besten im Frühjahr oder Herbst. An die weitere Pflege werden keine besonderen Ansprüche gestellt. Abgeblühte Blütenstände werden rechtzeitig abgeschnitten, damit kein überflüssiger Samenansatz erfolgt und das Aussehen der ganzen Pflanze nicht leidet. Ein Umpflanzen älterer Exemplare ist mit Wurzelballen sehr gut möglich. Ein Rückschnitt nach der Blüte, ggf. mit der Heckenschere, fördert einen dichtbuschigen Wuchs und verzögert das Altern der Pflanzen. Krankheiten und Schädlinge treten kaum auf, jedoch sind *Phyllosticta*-, *Septoria*- oder *Cylindrosporium*-Blattfleckenkrankheiten möglich.

Verwendung

Eignet sich als Solitär- oder Gruppenpflanzung auf sandigen exponierten Stellen in Steingärten, Heidegärten, auf Terrassen, an Mauern, in Staudenbeeten oder Pflanzgefäßen. Wegen der auffallenden Blütenfarbe müssen wir die Sortenwahl mit der Nachbarvegetation abstimmen. Der niedrige, rasenförmige „Alpestre-Typ" ist ein guter Bodendecker für trockene Standorte (8–15 Pflanzen je m^2). Viele, vor allem niedrige Sorten, eignen sich sehr gut für farblich abgestufte oder kontrastierende großflächige Pflanzungen.

Hemiptelea PLANCH. – Dornenulme *(Ulmaceae)*

Sommergrüner Strauch, in seiner Heimat – China, Korea und Mandschurei – auch Baum, der *Ulmus* und *Zelkova* sehr ähnelt. Die einzige Art *H. davidii* (HANCE) PLANCH. wird in Mitteleuropa kaum 3 m hoch, bildet einen dicht verzweigten, starren Strauch, der besonders in der Jugend stark bewehrt ist. Blätter länglich elliptisch, 2–5 cm lang, einfach und grob gesägt, Blüten unscheinbar, erscheinen von April bis Mai. In Mitteleuropa gänzlich winterhart, ohne besonderen Zierwert, geeignet für undurchdringliche Hecken. Ansprüche, Pflege und Verwendung ähnlich wie bei *Zelkova*.

Wissenschaftlicher Name	Deutscher Name	Natürliche Verbreitung bzw. Entstehungsort	Frosthärte
H. paramutabilis BAILEY		China	?
H. sinosyriacus BAILEY		China	+, ≙
● *H. syriacus* L. (Abb. 22 a)	Roseneibisch	S- u. O-Asien	+, ++

Abb. 22
a) Hibiscus syriacus;
b) Hydrangea macrophylla ssp. serrata;
c) Hypericum calycinum;
d) Ilex opaca;
e) Jasminum nudiflorum

Hibiscus L. – Eibisch *(Malvaceae)*

Sommergrüne, in den Tropen auch immergrüne Sträucher oder Stauden. Es existieren etwa 200 Arten, die meist in den Tropen beheimatet sind. Wuchs ziemlich langsam.
Zierwert: Blüte (VI–IX).

Habitustypen

„Woodbridge-Typ": breiter und etwas starr aufrechter bis halbkugeliger Strauch (Abb. 23 A),
„Coelestis-Typ": vom vorigen Typ durch niedrigeren, schmaleren und aufrecht starren Wuchs unterschieden (Abb. 23 B).

Textur

Grob luftig, etwas unregelmäßig, Zweige verschieden starr, abstehend, wenig gegliedert. Beim „Coelestis-Typ" etwas regelmäßiger gestaltet.

Laub

Blätter rautenförmig-eiförmig oder etwas 3lappig, 5–10 cm lang (bei *H. sinosyriacus* etwas größer), grob gesägt, lang gestielt. Die meisten Arten und Sorten haben eine hell- oder auch dunkelgrüne Blattspreite. Es sind auch weniger wichtige und schwächer wachsende buntlaubige Sorten bekannt wie *H. syriacus* 'Meehanii' und *H. s.* 'Purpureus Variegatus'.

Blüte

Blüten stehen einzeln, achselständig, sie sind groß, breit und offen glockig, mit 5, an der Basis verwachsenen Petalen, einfach (Abb. 24) oder gefüllt (Abb. 25). Gefüllt blühende Sorten öffnen sich bei regnerischer Witterung nicht ganz.

Blütenfarbe:

Weiß

H. paramutabilis (roter Basalflecken), ● *H. syriacus* 'Admiral Dewey', ● *H. s.* 'Jeanne d'Arc' (gelbliche Knospe), ● 'Monstrosus' (dunkelrote Mitte), 'Snowdrift', ● 'Speciosus' (dunkelrote Flecken in der Mitte), 'Totus Albus', 'W. R. Smith'.

Weißlich rosa

● *H. syriacus* 'Comte d'Hainault', ● *H. s.* 'Lady Stanley' (beide mit rosa Tönung oder Streifen), ● 'Leopoldi' (wie die vorigen und dunkelrote Mitte).

Hellrosa

H. syriacus 'Carneus Plenus' (kleinere, dunkelrote Mitte).

Violettrosa

H. syriacus 'Roseus Plenus'.

Rot

H. syriacus 'Puniceus Plenus', ● *H. s.* 'Rubis'.

Dunkelrot

● *H. syriacus* 'Boule de Feu', ● *H. s.* 'Duc de Brabant', ● 'Woodbridge'.

Violettrot

H. syriacus 'Purpureus Variegatus'.

Zart violett

● *H. syriacus* 'Hamabo' (Basis karminrot).

Violett

H. sinosyriacus, ● *H. syriacus*, ● *H. s.* 'Souvenir de Charles Breton'.

Blauviolett

H. syriacus 'Ardens', ● *H. s.* 'Coelestis', ● 'Meehanii', ● 'Violet Claire Double' (ein kleiner rötlicher Fleck in der Mitte).

Blütezeit dauert den ganzen Sommer über (Abb. 26).

Frucht

Fünfklappige, vielsamige Kapsel ohne Zierwert.

Zweige und Wurzelsystem

Zweige starr aufrecht, nicht sehr stark, gerade, wenig verzweigt, graubraun, jüngere Triebe heller und grünlich. Nicht blühende oder unbelaubte Sträu-

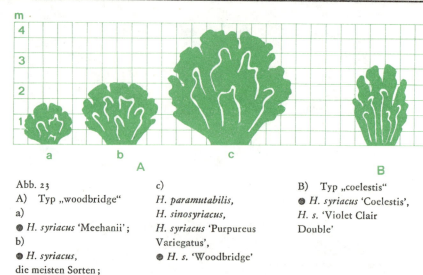

Abb. 23
A) Typ „woodbridge"
a)
● *H. syriacus* 'Meehanii';
b)
● *H. syriacus*,
die meisten Sorten;
c)
H. paramutabilis,
H. sinosyriacus,
H. syriacus 'Purpureus Variegatus',
● *H. s.* 'Woodbridge'
B) Typ „coelestis"
● *H. syriacus* 'Coelestis',
● *H. s.* 'Violet Clair Double'

cher sind nicht sehr schön (manchmal besenartiges Aussehen). Leider erfolgt der Austrieb ziemlich spät. Wurzelsystem reich und tief verzweigt.

Ansprüche

Hibiscus-Arten sollen immer in voller Sonne stehen, Halbschatten befriedigt nicht (schlechtes Blühen und unschönes Aussehen). Geeignet sind frische, nicht zu trockene, nahrhafte, durchlässige und warme Böden. Wir wählen möglichst geschützte und warme Standorte; unter mitteleuropäischen Bedingungen sind sie, vor allem die Sorten, nicht vollständig winterhart und können leicht, besonders in der Jugend, Frostschäden erleiden. Die Regenerationsfähigkeit ist nach Erfahrung des Autors – hauptsächlich wenn es sich um gepfropfte Pflanzen handelt – befriedigend (Stecklingspflanzen können in strengeren Wintermonaten oder Frostlagen bis in die Wurzeln erfrieren). Winterschutz ist in jedem Fall notwendig.

Pflege

Pflanzung im unbelaubten Zustand, am besten im Vorfrühling. Bis zum Einwurzeln muß eine angemessene Wässerung gesichert sein. An die weitere Pflege werden keine besonderen Ansprüche gestellt. Da *Hibiscus* im

Abb. 24 Blüten *Hibiscus*
Einfach
a)
H. syriacus,
H. s. 'Coelestis',
'Meehanii',
'Rubis',
'Snowdrift',
'Totus Albus';
b)
H. paramutabilis,
H. sinosyriacus,
H. syriacus 'Hamabo',
'Monstrosus',
'Pink Giant',
'Red Heart',
'Russian Violet',
'Woodbridge',
'W. r. Smith'

a

b

Sommer blüht, verträgt er einen Schnitt sehr gut, ein alljährliches tieferes Zurückschneiden wird für mitteleuropäische Klimaverhältnisse jedoch nicht empfohlen (schlechtes Ausreifen und leichteres Erfrieren der Triebe). Vorsichtiges Verjüngen älterer, in der Blühwilligkeit nachlassender Exemplare ist aber zweckmäßig. Junge Pflanzen werden den Winter über vollständig in Reisig und Stroh eingepackt und die Erde ringsum mit trockenem Laub bedeckt. In weniger günstigen Lagen schützen wir auch ältere Pflanzen, hauptsächlich vor der Wintersonne. Erfrorene Pflanzenteile werden im Frühjahr entfernt. Umpflanzen älterer Exemplare kann man nicht empfehlen; wenn es doch notwendig wird, dann nur mit Wurzelballen und einem vorsichtigen Rückschnitt. Krankheiten und Schädlinge treten nur wenige auf. Verschiedene pilzliche Blattfleckenkrankheiten werden von *Alternaria-, Cercospora-, Colletotrichum-* und *Phyllosticta*-Arten hervorgerufen (meist reicht das Entfernen befallener Blätter zur Bekämpfung aus). An den Zweigen, insbesondere von geschwächten Pflanzen, tritt die Rotpustelkrankheit auf. (Befallene Triebe abschneiden und vernichten.) Die Pflanzen leiden teilweise unter Wildverbiß.

Verwendung

Eignet sich ausschließlich für Solitärpflanzungen und kleinere, gleichartige Gruppen oder auch für freiwachsende Hecken. Mit anderen Pflanzen läßt sich diese Gattung, ihres Habitus und der exotischen, auffallenden Blüten wegen, sehr schlecht kombinieren. Sie sollten hauptsächlich in gut besuchten Grünanlagen gepflanzt werden (Bäder, Erholungsobjekte, städtische Parkanlagen, Fußgängerbereiche usw).

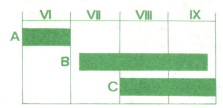

Abb. 26 Blütezeit *Hibiscus*
A) *H. paramutabilis*;

B) *H. syriacus*
'Admiral Dewey',
'Ardens',
'Lady Stanley',
'Puniceus Plenus';

C) *H. sinosyriacus*,
H. syriacus, Sorten außer den bei „B" aufgeführten

Abb. 25 Blüten *Hibiscus* Gefüllt
a)
H. syriacus
'Admiral Dewey',
H. s. 'Ardens',
'Boule de Feu',
'Carneus Plenus',
'Comte d'Hainault',
'Duc de Brabant',
'Jeanne d'Arc',
'Lady Stanley',
'Leopoldi',
'Purpureus Variegatus',
'Roseus Plenus',
'Speciosus';
b)
H. syriacus 'Puniceus Plenus',
H. s. 'Souvenir de Charles Breton',
'Violet Clair Double'

Hippophae L. – Sanddorn
(Elaeagnaceae)

Sommergrüne, dornige Sträucher oder Bäume. Es sind zwei Arten bekannt, die in Europa und Asien vorkommen.
Zierwert: Laub (V–XI), Früchte (VIII bis XII).

Habitus

Die beiden Arten bilden aufrechte, lockere, zwieselige und etwas dornige Sträucher oder Bäumchen (*H. salicifolia* ist unbewehrt und hat etwas hängende Zweige), bis 6 m hoch. *H. rhamnoides* 'Leikora' ist kompakter im Wuchs. Auffallend ist die Bildung von Ausläufern.

Textur

Locker bis luftig, aber dabei nicht sehr durchsichtig, sparrig.

Laub

Blätter wechselständig, linealisch lanzettlich, bis 7 cm lang, oberseits silberschilfrig (bei *H. salicifolia* auf der Oberseite mattgrün) und unterseits meist braunschilfrig. Die Sorte 'Auslese Rügen' hat breitere Blätter.

Blüte und Blütenstand

Pflanzen zweihäusig, Blüten ziemlich unscheinbar, gelblich, im März/April erscheinen kurze, mit Tragblättern versehene Ähren.

Frucht

Sehr dekorativ, klein, 6–8 mm lang, orangefarben, steinfruchtartig, mit hohem Vitamin-C-Gehalt – besonders bei der großfrüchtigen Züchtung 'Leikora' (auf den Zweigen der weiblichen Pflanzen sehr dicht und kompakt angeordnet). Früchte reifen im August/September und haften auf den Pflanzen manchmal lange in den Winter hinein.

Zweige und Wurzelsystem

Triebe silbergrau-schilfrig auf braunem Untergrund. Zweige rauh und braun, sparrig wachsend. Kurztriebe bei *H. rhamnoides* verdornend. Wurzelsystem weit ausgebreitet, zäh und ausläufertreibend. Knollenförmige Gallen werden von symbiotischen Strahlenpilzen hervorgerufen (Speicherung von Luftstickstoff).

Ansprüche

Sanddorn braucht sonnige Standorte. Böden sollen leicht, grobsandig, durchlässig und kalkreich sein. Befriedigend wächst dieses Gehölz aber auch auf etwas feuchteren lehmigen und auch salzigen Stellen; versagt aber auf zu nassen, sauren Standorten. Lebt in Symbiose mit luftstickstoffsammelnden Strahlenpilzen *(Actinomyceten)*. Unter mitteleuropäischen Bedingungen sind beide Arten winterhart (nur in strengen Wintern und auf feuchteren Standorten können ausnahmsweise Frostschäden auftreten). Trockenperioden und verunreinigte Luft werden gut vertragen.

Pflege

Pflanzung im unbelaubten Zustand im Frühling oder Herbst, Containerpflanzen während der ganzen Vegetationszeit. Weitere Pflege minimal. Damit wir einen guten Ansatz der dekorativen Früchte erreichen, pflanzen wir weibliche und männliche Exemplare im Verhältnis 6:1 aus. Manchmal kommt es an den Trieben zu Welkeerscheinungen (Ursachen noch nicht ausreichend geklärt). Sonst sind nur Gelegenheitsschädlinge zu finden wie Blattläuse oder Ringelspinner.

Verwendung

Sanddorn wirkt auch mit seinem silbrigen Laub dekorativ. Eignet sich zur Solitär- und auch Gruppenpflanzung. Ist ein anspruchsloses Pioniergehölz für unfruchtbare, devastierte Böden und Halden, sofern diese Kalk enthalten. Gleich gut eignet es sich auch für exponierte Abhänge und Uferpartien verschiedener Wasserflächen. Die Sorten 'Leikora' und 'Hergo' wurden zur Süßmostherstellung gezüchtet (große Früchte und hoher Ascorbin- und Fruchtsäuregehalt). 'Polmix' ist eine männliche Sorte, die für den Plantagenanbau Bedeutung hat. Schön mit Früchten besetzte Zweige eignen sich auch ausgezeichnet für die Blumenbindekunst (Schmuckzweige).

Wissenschaftlicher Name	Deutscher Name	Natürliche Verbreitung bzw. Entstehungsort	Frosthärte
● *H. rhamnoides* L.	Gemeiner Sanddorn	Küsten W-Europas, der Nord- und Ostsee, Alpen, Karpaten, Kleinasien – O-Asien	++
H. salicifolia D. Don	Weidenblättriger Sanddorn	Himalaja	++

Holodiscus (K. Koch) Maxim. *(Rosaceae)*

Sommergrüne Sträucher, manchmal auch baumartig. Die Gattung kommt in Nordamerika vor, es werden 2–8 Arten unterschieden. Für unsere Zwecke und mitteleuropäische Bedingungen eignet sich nur *H. discolor* (Pursh) Maxim. (Syn. *Spiraea discolor* Pursh). Die Art wird bis 4 m hoch, Äste stark und Zweige dünn, oft zierlich überhängend, Blätter eiförmig, 4 bis 10 cm lang, doppelt gezähnt und gelappt. Blüten klein, 4 mm groß, crèmeweiß, in 8–10 cm langen und 5 bis 15 cm breiten Rispen. Blütezeit: Juli/August. Frucht eine kurzstielige Schließfrucht. In Kultur befinden sich überwiegend var. *ariaefolius* (Sm.) Aschers. et Graebn. (etwas tiefer gelappte Blätter), die Sorte 'Carneus' (wie die vorige Varietät, aber Blüten zartrosa) und var. *dumosus* (Nutt.) Maxim. (Wuchs niedrig bis niederliegend, etwa 0,3–0,7 m hoch). Ist anspruchslos, gedeiht gut in voller Sonne, aber auch noch befriedigend im Schatten und sollte wegen seiner relativ späten Blüte häufiger gepflanzt werden. Wächst in jeder durchschnittlichen, durchlässigen, angemessen feuchten Gartenerde (verträgt aber auch trockenere Standorte). Ist ganz winterhart und in unreiner Luft widerstandsfähig. Bildet ein elegantes Solitär, ist aber auch für Gruppenpflanzungen, größere Alpinum-Anlagen oder in Wegnähe, an Wegkreuzungen, Treppen, Blumenmauern, Terrassen, Ufern usw. geeignet. Sehr gut harmoniert dieser Strauch mit Farnen. Umpflanzen mit Wurzelballen, am besten im Frühjahr.

Hovenia Thunb. – Japanischer Rosinenbaum *(Rhamnaceae)*

Sommergrüne Bäume oder Sträucher, es kommen 5 Arten in Asien vor. Für Mitteleuropa eignet sich nur *H. dulcis* Thunb., die unter mitteleuropäischen Bedingungen strauchartig wächst, Blätter breit eiförmig, 10–15 cm lang, grob gesägt. Blüten unscheinbar, grünlich, 5zählig, in 4–6 cm breiten, achsel- oder endständigen Trugdolden. Frucht erbsengroß, nicht aufspringend, dreifächerig, mit ledrigem Exocarp. Am besten gedeiht dieses Gehölz in sonniger Lage und guter Gartenerde. Unter mitteleuropäischen Bedingungen winterhart; bei Frostschäden regeneriert es gut. Liebhaberbedeutung.

Hydrangea L. – Hortensie *(Saxifragaceae)*

Sommer- oder immergrüne Sträucher, seltener Bäume oder Klettersträucher. Es existieren etwa 23 Arten, verbreitet in Ostasien, Nord- und Südamerika. Erreichen schnell ihre Endgröße.
Zierwert: Laub (V–XI), Blüte (VI bis VIII).

Wissenschaftlicher Name	Deutscher Name	Natürliche Verbreitung bzw. Entstehungsort	Frosthärte
● *H. anomala* D. Don	Kletter-Hortensie	O-Himalaja bis O-Asien	++
ssp. *anomala*		O-Himalaja, M-China, Japan, Korea	++
ssp. *petiolaris* (S. et Z.) McClintock		Japan, Formosa, Korea	++
● *H. arborescens* L.		O-USA	++
ssp. *arborescens*	Busch-Hortensie	O-USA	++
ssp. *discolor* (Ser.) McClintock	Graue Hortensie	O-USA	++
ssp. *radiata* (Walt.) McClintock	Strahlen-Hortensie	Carolina, Tennessee	++, +
● *H. aspera* D. Don	Rauhe Hortensie	O- bis SO-Asien	++
ssp. *aspera*		Yünnan, Tibet, Formosa, Burma	++
ssp. *robusta* (Hook. f. & Thoms.) McClintock		Kansu, Szetschuan	++
ssp. *sargentiana* (Rehd.)		Hupeh	++

Wissenschaftlicher Name	Deutscher Name	Natürliche Verbreitung bzw. Entstehungsort	Frosthärte
McClintock ssp. *strigosa* (Rehd.) McClintock		Szetschuan, Hupeh, Yünnan	++
H. bretschneideri Dipp. = *H. heteromalla*			
H. heteromalla D. Don		China, Himalaja	++
H. hirta (Thunb.) Sieb.	Rauhhaarige Hortensie	Japan	++
● *H. macrophylla* (Thunb. ex Murr.) Ser. (Abb. 22 b)	Garten-Hortensie	Himalaja bis O-Asien	++
ssp. *chungii* (Rehd.) McClintock		China	++
ssp. *macrophylla*		Japan	++
ssp. *serrata* (Thunb.) Mak.		Japan, S-Korea	++
ssp. *stylosa* (Hook. f. & Thoms.) McClintock		O-Himalaja	++
● *H. paniculata* Sieb.	Rispige Hortensie	Japan, S-Kurilen, SO-China	++
H. petiolaris S. et Z. = *H. anomala* ssp. *petiolaris*			
H. quercifolia Bartr.	Eichenblättrige Hortensie	USA	++, +
H. radiata Walt. = *H. arborescens* ssp. *radiata*			
H. sargentiana Rehd. = *H. asper* ssp. *sargentiana*			
H. scandens Maxim. non DC. nec Rehd. = *H. anomala* ssp. *petiolaris*			
H. strigosa (Rehd.) Mc Clintock = *H. aspera* ssp. *strigosa*			
H. stylosa Hook. f. & Thoms. = *H. macrophylla* ssp. *stylosa*			
H. villosa Rehd. = *H. aspera* ssp. *aspera*			
H. xanthoneura Diels = *H. heteromalla*			

Habitustypen

„Arborescens-Typ": bis zur Erde beblätterter, dicht aufgebauter, halbkugeliger Strauch (Abb. 27),

„Sargentiana-Typ": auffallend starr und wenig verzweigter Strauch, Zweige meist ziemlich dick, mehr oder weniger aufrecht, gesamte Gestalt lokker und grob (Abb. 28 B),

„Paniculata-Typ": niedrige, meist mehrstämmige Bäumchen mit etwas ungleichmäßigen Krönchen; Hauptäste leicht aufstrebend, aus dem Krönchen verschieden lang herausragend (Abb. 29 B),

„Petiolaris-Typ": hoch kletternder Strauch, der auf geeigneten Stützen kuppelartige Kaskaden bildet; auch ohne Stützen wächst er aufstrebend, reich verzweigt, mit leicht überhängenden Zweigen; weist ähnliche Größe auf wie der „Sargentiana-Typ" (Abb. 29 A),

„Quercifolia-Typ": niedriger, breit und flach ausgebreiteter, bis zur Erde beblätterter Strauch, meist locker aufgebaut (Abb. 28 A).

Textur

Bei den großblättrigen Arten des „Sargentiana-" und „Quercifolia-Typ" ziemlich locker und durchsichtig. Kleinblättrige Arten, besonders der Klettertyp „Petiolaris", haben eine dichtere, manchmal vorhangartige und einheitlich kompakte Textur. Die Starrheit des „Sargentiana-Typs" wird hauptsächlich durch die sichtbaren starken Stämmchen (in den unteren Partien) bewirkt.

Laub

Blätter gegenständig, gestielt, meist gesägt oder auch gelappt, verschieden geformt und groß (Abb. 30). Bei allen Arten (Unterarten), Varietäten und Sorten ist die Blattausfärbung frisch grün, eher hell- als dunkelgrün

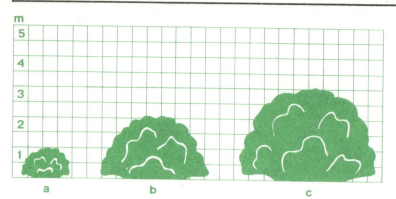
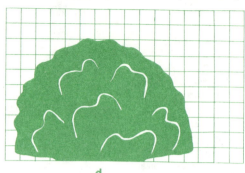

Abb. 27 Typ „arborescens"
a)
H. macrophylla 'Lennarth White',
● H. m. 'Mariesii',
● 'Otaksa',
'Rosalba', 'Tricolor';
b)
H. hirta,
H. macrophylla ssp. chungii,
H. m. 'Intermedia',
'Veitchii', 'Whitewave',
● H. paniculata (manchmal);

c)
● H. arborescens,
H. a. ssp. arborescens,
ssp. discolor,
● 'Grandiflora',
ssp. radiata,
'Sterilis',
● H. macrophylla,
H. m. ssp. macrophylla,
● ssp. serrata,
ssp. stylosa,
'Belzonii',
'Coerulea',
'Prolifera';

d)
● H. aspera,
H. a. ssp. aspera,
H. heteromalla (manchmal auch eine mehr baumartige Form)

(bei *H. macrophylla* ssp. *serrata* auffallend mattgrün). Blätter verschieden intensiv behaart oder auch filzig. Herbstfärbung nicht sehr auffallend.

Blüte und Blütenstand

Blüten klein, polygam, mit 4–5 Petalen, oft steril, mit kronenblattartig vergrößertem Kelch, in endständigen Doldentrauben oder Rispen. Wir können folgende Blütenstandtypen unterscheiden: flacher Blütenstand mit fertilen Blüten, umrandet mit unfruchtbaren Blüten (Abb. 31), halbkugeliger Blütenstand nur aus fertilen Blüten (Abb. 32 A), halbkugeliger, dichter Blütenstand nur aus sterilen Blüten (Abb. 32 B), halbkugeliger Blütenstand fertiler Blüten, umrandet mit sterilen Blüten (Abb. 33), kegelförmig verlängerte und dichte Rispe mit fertilen und vereinzelt auch sterilen Blüten (Abb. 34 A) und kegelförmig verlängerte, dichte Rispe mit sterilen Blüten (Abb. 34 B). Ausschlaggebend ist die Färbung der Blütenstände (besonders der sterilen Blüten).

Blütenfarbe:
Weißlich
H. anomala, H. a. ssp. *anomala,* ssp. *petiolaris, H. arborescens, H. a.* ssp. *arborescens,* ssp. *discolor,* ssp. *radiata,* 'Sterilis', *H. macrophylla* 'Maculata, *H. heteromalla.*

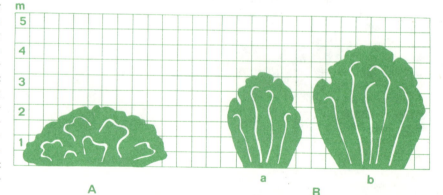

Abb. 28
A) Typ „quercifolia"
H. macrophylla 'Bluewave',
H. m. 'Grayswood',
H. quercifolia

B) Typ „sargentiana"
a)
H. macrophylla 'Maculata';
b)
H. aspera ssp. robusta,
● H. a. ssp. sargentiana,
ssp. strigosa

Abb. 29
A). Typ „petiolaris"
● *H. anomala*,
H. a. ssp. *anomala*,
● ssp. *petiolaris*

B) Typ „paniculata"
● *H. paniculata*,
● *H. p.* 'Grandiflora',
'Floribunda',
● 'Praecox'

Weißlich grün
H. arborescens 'Grandiflora'.
Weißrosa
H. macrophylla 'Veitchii', *H. aspera* ssp. *strigosa*, *H. paniculata*, *H. p.* 'Praecox'.
Weißrosa und bläulich
H. macrophylla ssp. *serrata*, *H. m.* 'Belzonii', 'Bluewave', 'Rosalba'.
Weißlich blau
H. macrophylla, *H. m.* ssp. *chungii*, ssp. *macrophylla*, ssp. *stylosa*, 'Lannarth White', 'Prolifera', 'Whitewave', *H. aspera*, *H. a.* ssp. *aspera*, ssp. *robusta*, ssp. *sargentiana*.
Blau
H. birta, *H. macrophylla* 'Coerulea'.
Rosa-blau
H. macrophylla 'Mariesii', *H. m.* 'Otaksa', 'Tricolor'.
Weißlich rosarot
H. paniculata 'Grandiflora', *H. macrophylla* 'Intermedia'.
Weißrot
H. paniculata 'Floribunda', *H. quercifolia*.
Rosarot
H. macrophylla 'Grayswood'.

Blüten von *H. macrophylla* verändern ihre Farbe je nach der Bodenreaktion: in alkalischen Böden sind sie rosig oder rot, in sauren bläulich. Die meisten *Hydrangea*-Arten blühen im Sommer, so daß sie in dieser Jahreszeit beträchtlich zur Belebung der Gehölzbestände beitragen (Abb. 35).

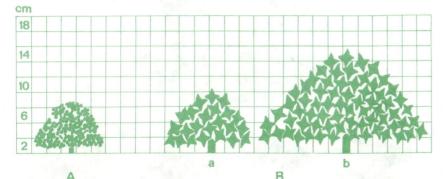

Abb. 32 Blütenstand
Hydrangea
A) halbkugelig, nur aus fertilen Blüten
H. arborescens,
H. a. ssp. *arborescens*,
H. birta

B) halbkugeliger, dichter Blütenstand, nur aus sterilen Blüten
a)
H. macrophylla 'Maculata';
b)
H. arborescens 'Sterilis',
H. macrophylla 'Coerulea' (manchmal),
H. m. 'Otaksa'

Frucht und Fruchtstand

Frucht eine 2–5fächrige Kapsel, mit vielen kleinen Samen, ohne größeren Zierwert. Der gesamte trockene Fruchtstand bleibt auf den Pflanzen lange in den Winter hinein haften und wirkt im Rauhreif oder bei leichtem Schnee sehr effektvoll.

Zweige und Wurzelsystem

Zweige und Triebe der meisten *Hydrangea*-Arten sind dick, behaart (manchmal sehr auffallend, z. B. bei

Abb. 30 Blätter *Hydrangea*
a) *H. aspera* ssp. *sargentiana*;
b) *H. aspera* ssp. *strigosa*;
c) *H. aspera* ssp. *robusta*;
d) *H. aspera* ssp. *aspera*;
e) *H. heteromalla*;
f) *H. quercifolia*;
g) *H. macrophylla*;
h) *H. anomala* ssp. *petiolaris*;
i) *H. anomala* ssp. *anomala*;
j) *H. arborescens* ssp. *discolor*,
H. a. ssp. *radiata*
(Quadrat 2 × 2 cm)

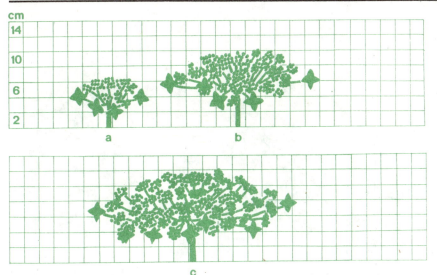

Abb. 31 Blütenstand *Hydrangea* Flach mit fertilen Blüten und nur mit unfruchtbaren Blüten umrandet
a)
H. anomala,
H. a. ssp. *anomala*,
ssp. *petiolaris*,
H. macrophylla,
ssp. *serrata*, *H. m.* 'Veitchii';

b)
H. macrophylla,
H. m. ssp. *chungii*,
ssp. *macrophylla*,
ssp. *stylosa*,
'Belzonii',
'Bluewave',
'Coerulea' (manchmal),
'Graywood', 'Intermedia',
'Lannarth White',
'Prolifera', 'Rosalba',
'Whitewave',
H. quercifolia;

c)
H. aspera,
H. a. ssp. *aspera*,
ssp. *robusta*,
ssp. *sargentiana*,
ssp. *strigosa*,
H. heteromalla

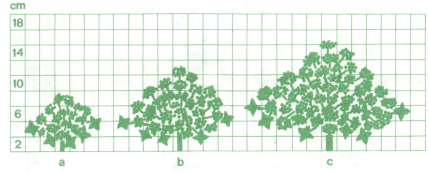

Abb. 33 Blütenstand *Hydrangea* Halbkugelig mit fertilen Blüten, umrandet mit sterilen Blüten

a)
H. arborescens ssp. *discolor*,
H. a. ssp. *radiata*;
b)
H. arborescens 'Grandiflora';
c)
H. macrophylla 'Mariesii',
H. m. 'Tricolor'

H. sargentiana, *H. anomala*) und steif angeordnet. Ältere Zweige haben eine hellbraune Rinde, später eine dünne, in Streifen sich ablösende graubraune Borke. Wurzelsystem fein, reich verzweigt.

Ansprüche

Am besten gedeihen *Hydrangea*-Arten im Halbschatten oder in nur wenig beschatteten Lagen, die meisten angeführten Arten wachsen aber auch in voller Sonne (wenn der Boden ausreichend feucht ist). Lieben frische, humose, aber nicht zu nasse Böden. Manche Arten wachsen auch in leichteren, aber angemessen feuchten Böden (*H. arborescens*, *H. macrophylla*, *H. anomala* und *H. aspera*). Für schwere Böden eignen sich alle Arten, wobei *H. arborescens* und *H. macrophylla* in diesem Fall auch größere Trockenheit vertragen. Ein erhöhter Anteil von Humus und Torf ist besonders für *H. arborescens*, *H. aspera* und *H. macrophylla* zu empfehlen. Der Wasserbedarf ist in den Sommermonaten während der Blütezeit am größten. Alle *Hydrangea*-Arten gehören zu den kalkfliehenden Pflanzen (Jungpflanzen sterben in kalkhaltigen Böden oft schnell ab). Unter mitteleuropäischen Bedingungen sind die angeführten Arten winterhart, aber für *H. paniculata* und *H. aspera* wählen wir wärmere und geschützte Lagen (*H. aspera* ist für einen Winterschutz dankbar). Alle angeführten Arten sind gegenüber Industrieklima nur wenig widerstandsfähig.

Pflege

Pflanzung in unbeblättertem Zustand im Frühjahr oder Herbst, aus Containern während der ganzen Vegetationszeit. Junge Pflanzungen werden angemessen gewässert, besonders im Sommer. Winterschutz ist besonders bei

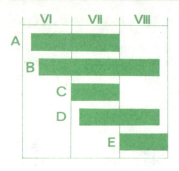

Abb. 35 Blütezeit
Hydrangea
A) *H. arborescens*
ssp. *radiata*,
H. heteromalla,
H. macrophylla (außer ssp. *serrata*);

B) *H. arborescens* 'Sterilis',
H. hirta;

C) *H. anomala*;

D) die meisten Arten und Subspezies;

E) *H. paniculata*

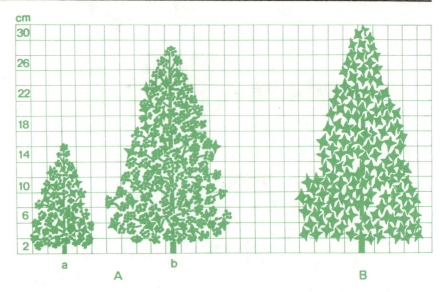

Abb. 34 Blütenstand *Hydrangea*
A) kegelförmig verlängerte und dichte Rispe mit fertilen und vereinzelt auch sterilen Blüten

a) *H. paniculata* 'Praecox';
b) *H. paniculata*, *H. p.* 'Floribunda'

B) kegelförmig verlängerte, dichte Rispe mit sterilen Blüten
H. paniculata 'Grandiflora'

Jungpflanzen zweckmäßig (Wurzelbedeckung mit trockenem Laub), auch Schattieren gegen winterliche Sonne durch übergedeckte Fichten- oder Kiefernzweige empfehlenswert. Winterschnitt wird bei Arten, die im Spätsommer schon Blütenknospen angesetzt haben, nicht durchgeführt (*H. anomala, H. aspera, H. heteromalla, H. macrophylla* und *H. quercifolia*). Frostbeschädigte Sträucher von *H. macrophylla* können wir bis zur Erde zurückschneiden, sie treiben dennoch gut durch, blühen aber meist erst im nächsten Jahr (das gleiche gilt auch für *H. arborescens*, wenn man ihre älteren, auseinanderfallenden Zweige zurückschneidet). Bei *H. paniculata* sichern wir uns ein reicheres Blühen durch Zurückschneiden aller stärkeren Zweige und Triebe auf einige Augen, im Frühjahr entfernen wir alle schwächeren Triebe. Umpflanzen älterer Exemplare ist möglich und kann mit einer Teilung der Pflanze verbunden werden (immer aber mit gutem Wurzelballen und gesicherter Wässerung). Krankheiten oder Schädlinge kommen kaum vor. Vereinzelt erscheinen graugrüne, rotbraune oder braune, rotgerandete Blattflecken, hervorgerufen von *Ascochyta-, Phyllosticta-* oder *Septoria*-Arten. (Gegen diese Pilzkrankheiten sind Kupfer-, Zineb-, Maneb-, Mancozeb- oder Captan-Fungizide anzuwenden.)

Verwendung

Wertvolle, im Sommer blühende Sträucher. Kommen hauptsächlich als Solitärpflanzen oder in kleinen selbständigen Gruppen (Kombination verschiedener Sorten und Arten) zur Geltung. Manche Arten (*H. macrophylla, H. arborescens*) eignen sich für niedrige, freiwachsende Hecken. Sie können sich ausgezeichnet mit kontrastierenden Stauden ergänzen. Manche höheren Arten (*H. heteromalla* usw.) kommen auch in größeren Randbeständen vor höheren Kulissen gut zur Geltung. Kletternde, wüchsige Arten (*H. anomala* ssp. *petiolaris*) eignen sich zum malerischen Begrünen größerer Felsen, Mauern, Säulen, unschöner alter Bäume usw. (für zierliche und brüchige Konstruktionen oder Drahtgeflechte eignen sie sich wegen ihres robusten Wuchses und Gewichtes nicht). *H. anomala* ssp. *petiolaris* eignet sich auch als Bodendecker, der höchstens 40 cm hoch wird (3–4 Pflanzen je m^2).

Hypericum L. – Johanniskraut, Johannisstrauch (Guttiferae)

Wissenschaftlicher Name	Deutscher Name	Natürliche Verbreitung bzw. Entstehungsort	Frosthärte
Sommergrüne Arten			
H. × arnoldianum REHD.		Arnold Arboretum	++
H. ascyron L.		N-Amerika, M-, O-Asien	++
H. frondosum MICHX.	Gold-Johannisstrauch	USA	≙, +
H. kouytchense LÉV. (manchmal halbimmergrün)		W-China	≙, ≙≙
Halbimmergrüne Arten			
● H. androsaemum L.	Konradskraut, Mannsblut	W- u. S-Europa, Kleinasien, Kaukasus	+, ≙
H. elatum AIT. = H. inodorum			
H. hircinum L.	Bocks-Johannisstrauch	Mittelmeergebiet	++
H. inodorum MILL.	Geruchsloser Johannisstrauch	Kaukasus, Iran, (Madeira?)	++
● H. × moseranum ANDRÉ	Bastard-Johannisstrauch	Versailles	+, ≙
H. uralum D. DON		Nepal, W-China	≙, ≙≙
Immergrüne Arten			
● H. calycinum L. (Abb. 22 c)	Immergrüner Johannisstrauch „Rose of Sharon"	SO-Bulgarien, N-Anatolien	++
H. chinense L. (manchmal halbimmergrün)	Chinesischer Johannisstrauch	China, Japan	≙, ≙≙
H. coris L.	Nadel-Johannisstrauch	S-Alpen bis M-Italien, SO-Frankreich	≙, +
H. densiflorum PURSH	Dichtblütiger Johannisstrauch	USA	++
H. hookeranum WIGHT et ARN. (manchmal halbimmergrün)		W-China	≙, +
H. kalmianum L.	Kalm-Johannisstrauch	N-Amerika	++
H. × nothum REHD.		Arnold Arboretum	++
● H. patulum THUNB. (manchmal halbimmergrün)	Japanischer Johannisstrauch	Japan, China	+, ≙
f. forrestii (CHITT.) REHD.		SW-China	++
var. henryi VEITCH		China	++
H. prolificum L.	Sprossender Johannisstrauch	SO-USA	++

Sommer- oder immergrüne Kräuter, Halbsträucher oder Sträucher. Insgesamt existieren etwa 300 Arten (meist Stauden) in der gemäßigten und subtropischen Zone der nördlichen Halbkugel. Wachsen ziemlich schnell.
Zierwert: Laub (V–XI, oder bei immergrünen I–XII), Blüte (VI–X), Früchte (VIII–X).

Habitustypen

„Calycinum-Typ": breit ausladende Sträuchlein mit schräg aufstrebenden Zweigen, die an den Enden leicht überhängen; locker aufgebaut (Abb. 36),
„Henryi-Typ": aufrechte, schlanke und sehr locker aufstrebende Sträuchlein (Abb. 37 B),
„Coris-Typ": niederliegende, dichte Sträuchlein mit aufstrebenden Zweigspitzen (Abb. 37 A).

Laub

Blätter gegenständig oder in Quirlen, kurz gestielt oder sitzend, ganzrandig, länglich oder linealisch-eiförmig, 3 bis 12 cm lang, meist durchsichtig punktiert (Öldrüsen), verschieden grün.

Blattfarbe:
Grün
H. androsaemum, H. ascyron, H. chinense, H. coris, H. densiflorum, H. hircinum, H. hookeranum 'Rowallane' (glänzend), H. inodorum, H. kouytchense, H. patulum sowie Formen und Varietäten (frisch glänzend), H. prolificum (glänzend), H. uralum.
Mattgrün
H. hookeranum 'Hidcote', H. × moseranum und Sorten.

Blaugrün
H. frondosum, H. bookeranum, H. b. 'Rogersii', *H. kalmianum.*
Dunkelgrün
H. × *arnoldianum* (etwas glänzend), *H. calycinum, H.* × *nothum* (glänzend).

Blätter einiger sommer- oder halbimmergrüner Arten haben eine schöne gelbe Herbstfärbung; besonders auffallend wirkt mit der teilweise orangeroten Färbung *H. patulum* f. *forrestii*.

Blüte und Blütenstand

Blüten polygam, 5zählig, groß und tellerförmig, sehr auffallend und dekorativ. Nach dem Blütendurchmesser können wir bei *Hypericum*-Arten folgende Gruppen unterscheiden.

Blütendurchmesser:
1–2 cm
H. × *arnoldianum, H. coris, H. densiflorum, H. inodorum, H. kouytchense, H.* × *nothum.*
2–3 cm
H. androsaemum, H. hircinum, H. kalmianum, H. prolificum, H. uralum.
4–5 cm
H. ascyron, H. chinense, H. frondosum, H. bookeranum, H. b. 'Rogersii', 'Rowallane', *H.* × *moseranum* 'Tricolor', *H. patulum, H. p.* var. *henryi.*
5–6 cm
H. × *moseranum.*
6–7 cm
H. calycinum, H. bookeranum 'Hidcote', *H. patulum* f. *forrestii.*

Blütenfarbe:
Hellgelb
H. bookeranum.
Goldgelb
die meisten Arten, Formen, Varietäten und Sorten.
Orangegelb
H. frondosum.

Blüten stehen auf den Pflanzen in end- oder achselständigen Trugdolden. Sind

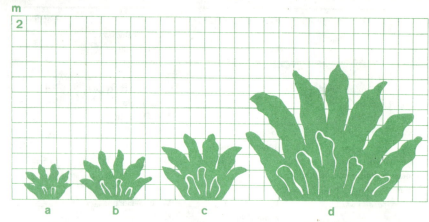

Abb. 36 Typ „calycinum"
a)
● *H. calycinum,*
H. × *moseranum* 'Tricolor';
b)
H. chinense,
H. bookeranum 'Rogersii',
● *H.* × *moseranum,*
H. uralum;
c)
H. inodorum,
H. kalmianum,
● *H. patulum;*
d)
● *H. androsaemum,*
H. × *arnoldianum,*
H. ascyron,
H. a. 'Vilmorinii',
H. densiflorum,
H. inodorum (manchmal),
H. i. 'Elstead Variety',
H. frondosum,
H. hircinum,
● *H. bookeranum,*
● *H. b.* 'Hidcote',
'Rowallance',
H. kouytchense,
● *H. patulum* f. *forrestii,*
H. prolificum

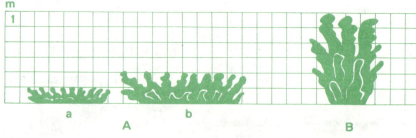

Abb. 37
A) Typ „coris"
a)
H. coris;
b)
H. × *nothum*

B) Typ „henryi"
● *H. patulum* var. *henryi*

Abb. 38 Blüten *Hypericum* Einzeln
a)
H. hircinum,
H. inodorum (vereinzelt),
H. kouytchense;

b)
H. chinense,
H. frondosum,
H. × *moseranum* 'Tricolor',
H. patulum (selten);

c)
H. calycinum,
H. × *moseranum,*
H. patulum f. *forrestii*
(selten)

entweder einzeln (Abb. 38), zu dritt in Büscheln (Abb. 39), in flachen Blütenständen zu 5–10 (Abb. 40) oder in halbkugeligen Blütenständen, oft mit mehr als 10 Blüten (Abb. 41). Alle blühen den ganzen Sommer bis in den Herbst. Einzelne Arten (Sorten, Varietäten und Formen) blühen ziemlich lange, auch einige Monate (Abb. 42).

Frucht und Fruchtstand

Frucht eine Kapsel, seltener Beere. Bei manchen *Hypericum*-Arten sind auch die Früchte zierend. Kapseln meist bräunlich und weniger dekorativ (*H.* × *arnoldianum, H. chinense, H. kalmianum, H.* × *moseranum, H. patulum* u. a.). Nur sehr selten rot (*H. frondosum*). Effektvoller sind manche beerenartige, rote oder braunrote Früchte (*H. androsaemum, H. inodorum* 'Elstead Variety' usw.). Am besten kommen sie im Spätsommer zur Geltung.

Zweige und Wurzelsystem

Zweigchen kurztriebig, dünn, aufstrebend-auseinanderfallend, grünbraun, zwischen der Belaubung gut sichtbar. Wurzelsystem reich verzweigt, mit dichtstehenden Haarwurzeln. *H. calycinum* u. a. sind ausläufertreibend.

Ansprüche

Die meisten *Hypericum*-Arten wachsen am besten im Halbschatten oder auch im Schatten (*H. calycinum*), seltener in voller Sonne (*H. patulum* var. *henryi*). Am besten ist eine geschützte, warme Lage. Der Boden soll leicht, humos, durchlässig, mäßig nahrhaft und nicht zu trocken sein. Die angeführten Arten sind in Mitteleuropa nicht immer vollständig winterhart. Strenge Fröste können bei den immergrünen Arten die Blätter und Triebspitzen beschädigen; nach dem Rückschnitt regenerieren sie aber meist befriedigend. Empfindlichen Arten gebe man einen Winterschutz.

Pflege

Pflanzung am besten im Frühjahr mit Wurzelballen (auch im Herbst) oder aus Containern während der ganzen Vegetationszeit. Den Boden können wir bei der Pflanzung mit Kompost und Torf aufbessern. Junge Pflanzungen schützen wir vor strengeren Frösten (Schutz mit Reisig, Stroh und Laub). Immergrüne *Hypericum*-Arten werden nicht geschnitten, nur frostbeschädigte Teile werden entfernt. Ältere sommergrüne, zu sehr auseinanderfallende Sträuchlein können wir mit einem stärkeren Rückschnitt im Frühjahr verjüngen, womit wir das Blühen im gleichen Jahr überhaupt nicht beeinträchtigen. Krankheiten und Schädlinge sind selten. Vereinzelt können Blattfleckenkrankheiten auftreten, verursacht durch *Cercospora*-, *Cladosporium*- und *Septoria*-Arten (meist ist eine Bekämpfung nicht erforderlich). Manchmal wird Echter Mehltau beobachtet.

Verwendung

Alle höheren *Hypericum*-Arten eignen sich als Solitärs oder als Gruppenpflanzungen in Steingärten, Staudenbeeten und Blumenmauern. Überall kontrastieren sie ausgezeichnet mit verschiedenen, besonders rot und blau blühenden Blumen. Sie bewähren sich auf Abhängen und in Gruppen als Vorpflanzung vor höheren Sträuchern, an deren Blühen sie gut anknüpfen können, und sie beleben die verschiedensten Kompositionen während des Sommers bis in den Herbst. Die höheren „Calycinum-" und „Henryi-Typen" eignen sich für niedrige Hecken. Als Bodendecker kommt in erster Reihe *H. calycinum* mit seinen Ausläufern in

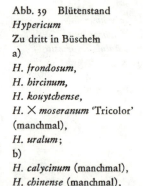

Abb. 39 Blütenstand
Hypericum
Zu dritt in Büscheln
a)
H. frondosum,
H. hircinum,
H. kouytchense,
H. × *moseranum* 'Tricolor' (manchmal),
H. uralum;
b)
H. calycinum (manchmal),
H. chinense (manchmal),
H. × *moseranum* (manchmal)

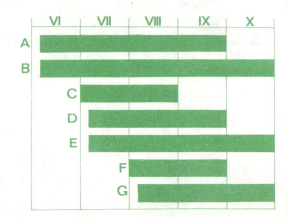

Abb. 40 Blütenstand *Hypericum*
Flach mit 5–10 Blüten
a)
H. androsaemum,
H. densiflorum,

H. bookeranum 'Rogersii',
H. patulum var. *henryi,*
H. prolificum,
H. uralum;
b)
H. ascyron,
H. a. 'Vilmorinii',

H. bookeranum,
H. b. 'Hidcote',
'Rowallane',
H. patulum,
H. p. f. *forrestii*

Abb. 42 Blütezeit *Hypericum*
A) *H. androsaemum;*
B) *H. kouytchense;*
C) *H.* × *arnoldianum,*
H. ascyron,
H. coris,
H. frondosum;
D) die meisten Arten, Formen und Varietäten;
E) *H. inodorum,*
H. × *moseranum;*

F) *H. chinense,*
H. kalmianum,
H. uralum;
G) *H. bookeranum*

Frage. Manchmal leidet diese Art unter Frostschäden, aber sie treibt immer wieder gut durch (6–8 Pflanzen je m^2). Geeignet ist auch *H. moseranum* (4 bis 6 Pflanzen je m^2; alljährliches Zurückschneiden ist zweckmäßig) oder auch *H. bookeranum* 'Hidcote' (bis 8 cm hoher Bestand, geeignet für größere Flächen; 3–4 Pflanzen je m^2).

Iberis L. – Schleifenblume *(Cruciferae)*

Immergrüne Halbsträucher oder ein- bis zweijährige Kräuter. Es sind etwa 20 Arten bekannt, die in Südeuropa und Kleinasien beheimatet sind. Zur Park- und Landschaftsgestaltung unter mitteleuropäischen Bedingungen sind geeignet: *I. saxatilis* L., ● *I. sempervirens* L. und *I. tenoreana* Dc. Alle bilden buschige und ausladende Zwergsträucher bis 10 cm Höhe, *I. sempervirens* und *I. tenoreana* werden etwas höher (bis 30 cm). Blätter kahl oder borstig, ganzrandig, bei *I. tenoreana* auch gezähnt, dick, zugespitzt, 1–3 cm lang, dunkelgrün. Bei den Blüten sind die beiden äußeren Petalen größer als die inneren, Blüten sitzen in dicht gedrängten Trauben, 2–3 cm breit; weiß, Blütezeit Mai/Juni, bei *I. tenoreana* Juli/August. Frucht ein kleines Schötchen. Zu der Art *I. sempervirens* gehören die Sorten 'Climax', 'Elfenreigen' (große, reinweiße Blüten), 'Nana' (nur 15 cm hoch, aufrecht), 'Perfection' (Wuchs kugelig, kompakt), 'Schneeflocke' (Blütezeit April–Juni, 20–25 cm hoch), 'Weißer Zwerg' (kleinere Blüten) und 'Zwergschneeflocke' (wie 'Schneeflocke', aber nur 10–15 cm hoch).

Iberis-Arten lieben Sonne, vertragen aber auch Halbschatten. Wachsen in jedem normalen Gartenboden. Da *Ibe-*

ris eine Wirtspflanze der Kohlherniekrankheit ist, darf der Anbau nicht auf Flächen erfolgen, die von diesem Schaderreger befallen sind. Mit ihren Blüten wirken sie sehr dekorativ in Steingärten, als Saum von Staudenpflanzungen, solitär in Mauern, in Pflanzgefäßen, neben steinigen Wegen, in Kombination mit Zwiebelblumen usw.

Idesia MAXIM. – Orangenkirsche (Flacourtiaceae)

Sommergrüner Baum, 10–15 m hoch, mit breit abgerundeter Krone. Es existiert nur eine Art, die in Japan und China vorkommt:
I. polycarpa MAXIM. Zweige in der Krone breit ausladend, Rinde des Stammes grauweiß. Blätter herz- bis eiförmig, ähnlich den Pappelblättern, 10–15 cm lang, Blattstiel rot. Blüten gelbgrün, duftend, in 10–20 cm langen, hängenden Rispen. Blütezeit: Mai/Juni, Früchte vielsamig, beerenartig, erbsengroß, orangebraun, sehr zierend.
I. p. var. *vestita* DIELS. hat eine auffallend filzige Unterseite der Blattspreite. In Mitteleuropa brauchen die Pflanzen Halbschatten und warme Lagen sowie trockene und nicht zu nahrhafte Böden. Große Trockenheit wird nicht vertragen. In Mitteleuropa nicht ganz winterhart, so daß Winterschutz notwendig ist. Frostbeschädigte Pflanzen können bis zur Erde zurückgeschnitten werden; binnen eines Jahres bilden sie bis 2 m hohe neue Triebe. Liebhaberbedeutung.

Abb. 41 Blütenstand *Hypericum* Halbkugelig, oft mit mehr als 10 Blüten

H. × *arnoldianum*,
H. *coris*,
H. *inodorum*,
H. i. 'Elstead Variety',
H. *kalmianum*,
H. × *nothum*

Ilex L. – Stechpalme, Hülse (Aquifoliaceae)

Immer- oder sommergrüne Sträucher und Bäume. Etwa 300 Arten sind in der gemäßigten und tropischen Zone beider Halbkugeln verbreitet. Sie wachsen ziemlich schnell.
Zierwert: Laub (I–XII bei den immergrünen Arten, V–XI bei den sommergrünen Arten), Früchte (IX–II).

Habitustypen

„Longipes-Typ": in Mitteleuropa seltener Typ eines strauchigen, mehrstämmigen Bäumchens, breit eiförmig aufgebaut, Konturen ziemlich locker, aber steif gestellt (Abb. 43 B),
„Aquifolium-Typ": breit kegelförmiger, starrer und dicht aufgebauter Strauch, von der Erde verzweigt, nur in den Konturen locker, Zweigspitzen starr heraussstehend (Abb. 44),
„Crenata-Typ": vom vorigen Typ durch einen dichteren Bau unterschieden, der sich auch in dichteren Konturen des ganzen Strauches bemerkbar macht (Abb. 45 A),
„Pyramidalis-Typ": ähnlich dem vorigen Typ, aber schmaler, säulenförmiger und bis zur Erde beastet, luftiger und weniger gleichmäßig aufgebaut (Abb. 43 A),
„Pendula-Typ": ein breiter, kugelig-eiförmiger Strauch mit leicht überhängenden Zweigen und Ästen (Abb. 45 B),
„Scotica-Typ": breit halbkugeliger Strauch, sehr locker aufgebaut, Zweige starr (Abb. 46).

Textur

Starr, mitteldicht, manchmal locker (beim „Scotica-Typ") oder dichter („Crenata-Typ"), dunkel, oft glänzend, „kalt" und „ernst". Manchmal ist der Gesamteindruck unregelmäßig verworren („Scotica-Typ"), meist jedoch regelmäßig.

Wissenschaftlicher Name	Deutscher Name	Natürliche Verbreitung bzw. Entstehungsort	Frosthärte
Sommergrüne Arten			
I. amelanchier M. A. Curtis		USA	++
I. decidua Walt.	Sommergrüne Winterbeere	USA	++
I. geniculata Maxim.		M-Japan	++
I. laevigata (Pursh) A. Gray	Glatte Winterbeere	USA	++
I. longipes Champ. ex Trel.		SO-USA	++
I. montana Torr. et Gray		O-USA	++
var. *media* (Gray) Britt.		W-Virginia	++
● *I. serrata* Thunb.	Gesägte Hülse, Siebold-H.	Japan, China	++
I. verticillata (L.) A. Gray	Rote Winterbeere	N-Amerika	++
Wintergrüne Arten			
● *I. glabra* (L.) A. Gray	Tintenbeere, Kahle Winterbeere	N-Amerika	++
Immergrüne Arten			
● *I.* × *altaclarensis* (Loud.) Dallim.	Bastard-Stechpalme	?	++
● *I. aquifolium* L.	Gemeine Hülse, Gemeine Stechpalme	Europa, N-Afrika, W-Asien	++
I. × *aquipernyi* (J. B. Gable)		Stewartstown	++
I. bioritensis Hayata		China	++
I. centrochinensis S. Y. Hu		M-China	++
I. ciliospinosa Loes.	Grannenborstige Hülse	W-China	≙, +
● *I. crenata* Thunb.	Kerbblättrige Hülse, Japanische H.	Japan	++
I. fargesii Franch.	Farges-Hülse	W-China	++
I. × *koehneana* Loes.		? (vor 1919)	++
I. opaca Ait. (Abb. 22 d)	Amerikanische Hülse	USA	++
I. pedunculata Hill.		M-China	++
var. *continentalis* (Loes.) Bean		M-China	++
● *I. pernyi* Franch.	Rautenblättrige Stechpalme	M- u. W-China	++
var. *manipurensis* Loes.		Yünnan, Manipur	++
I. rotunda Thunb.		Korea, Japan, SO-China	++
I. rugosa F. Schmidt		Japan, Sachalin	++
I. sugeroki Maxim.		Japan, Sachalin	++
I. yunnanensis Franch.	Yünnan-Hülse	SW-China	+, ≙

Laub

Sommer- oder immergrüne Blätter, ganzrandig oder gesägt, lederig, oft mit stacheligen bis dornigen Zähnen (Abb. 47). Sehr dekorativ, meist verschieden grün; „lebhafter" sind die buntblättrigen Sorten.

Blattfarbe:
Hellgrün
I. × *altaclarensis* 'Belgica', *I.* × *a.* 'Shepherdii', *I. amelanchier*, *I. aquifolium* 'Ovata', *I. laevigata* und Sorten (glänzend), *I. verticillata* var. *tenuifolia*.
Mattgrün
I. × *altaclarensis* 'Mundyi', *I. ciliospinosa*, *I. crenata* 'Stokes', *I. fargesii*, *I. opaca*, *I. serrata* und Sorten, *I. verticillata* sowie Sorten und Varietäten.
Dunkelgrün
I. × *altaclarensis* 'Camelliaefolia', *I.* × *a.* 'Hendersonii', 'Wilsonii', *I. geniculata*, *I.* × *koehneana*, *I. longipes* und Sorte, *I. rugosa* (Blattoberseite gerunzelt), *I. sugeroki*.
Glänzend dunkelgrün
die meisten Arten, Sorten und Varietäten.
Weißbunt
I. aquifolium 'Albomarginata' (schmal weißgesäumte Blattspreite), *I. a.* 'Albopicta' (in der Blattspreitenmitte ein größerer weißer Fleck), 'Handsworth's New Silver' (Blattspreite weißlich gesäumt und graugrün gefleckt), 'Silver Queen'.
Gelbbunt
I. × *altaclarensis* 'Lawsoniana', *I. aquifolium* 'Aureomarginata', *I. a.* 'Flavescens' (in der Jugend auffallend gelbgrün, später vergrünend), 'Golden King' (breit gesäumtes Blatt), 'Golden Queen' (gelb gefleckte und unterbrochen gesäumte Blattspreite), 'Mme. Briot' (manche Blätter sind fast vollständig gelb), *I. crenata* 'Aureovariegata', *I. c.* 'Luteovariegata'.

Blüte und Blütenstand

Blüten 4- oder 5–8zählig, weißlich, zweihäusig, klein, achselständig, einzeln oder in Büscheln und Trugdolden.

Blütezeit: Mai/Juni. Geringer Zierwert.

Frucht und Fruchtstand

Frucht eine beerenartige Steinfrucht mit 2–8 steinartigen einsamigen Nüßchen – sehr dekorativ. Bei den meisten *Ilex*-Arten sind die Früchte kugelig, 6 bis 10 mm dick und haften auf den Sträuchern lange in den Winter.

Fruchtfarbe:
Korallenrot
die meisten Arten, Sorten und Varietäten.
Orangerot
I. decidua, I. montana, I. verticillata 'Aurantiaca'.
Orangefarben
I. laevigata.
Gelb
I. aquifolium 'Bacciflava' (helle oder auch dunkle Tönungen), *I. laevigata* 'Hervey Robinson', *I. longipes* 'Vantrompii', *I. serrata* 'Xanthocarpa', *I. verticillata* 'Chrysocarpa'.
Weißlich
I. aquifolium 'Leucocarpa', *I. serrata* 'Leucocarpa'.
Schwarz
I. crenata und Sorten, *I. glabra*.

Beim Pflanzen muß man berücksichtigen, daß die *Ilex*-Arten zweihäusig sind, d. h. daß wir neben den weiblichen Pflanzen auch männliche auspflanzen müssen (wenn sie fruchten sollen).

Stämmchen, Zweige und Wurzelsystem

Stämmchen und Hauptäste meist gut sichtbar, rund, starr und mit verschieden grüner Rinde.

Rindenfarbe:
Gelbgrün
I. aquifolium 'Pyramidalis'.
Hellgrün
die meisten Arten, Sorten und Varietäten.

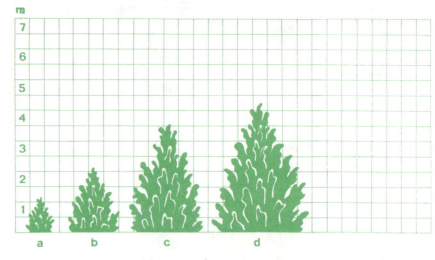
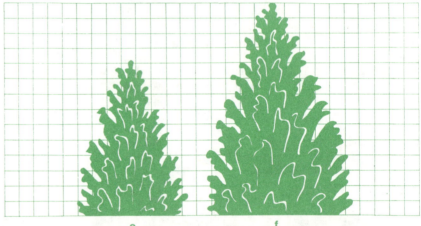

Abb. 44 Typ „aquifolium"
a)
I. aquifolium 'Bromeliaefolia',
I. a. 'Ciliata';
b)
I. amelanchier,
I. aquifolium 'Crispa',
I. a. 'Ferox',
'Ferox Argentea',
I. crenata 'Latifolia',
I. geniculata,
I. sugeroki;
c)
● *I. aquifolium* 'Albomarginata',
● *I. a.* 'Aureomarginata',
'Beetii',
'Bella',
'Crassifolia',
'Ferox' (manchmal),
'Golden King',
'Golden Queen',
'Handsworth's Silver',
'Hastata',
'Mme Briot',
'Silver Queen',
I. laevigata,
I. l. 'Hervey Robinson',
● *I. serrata*,
I. s. 'Leucocarpa',
'Xanthocarpa',
● *I. verticillata*,
I. v. 'Aurantiaca',
'Chrysocarpa',
'Cyclophylla',
var. *padifolia*,
var. *tenuifolia*
'Winter Red';
d)
● *I. aquifolium*,
I. a. 'Albopicta',
● 'Bacciflava',
'Donningtonensis',
'Fisheri',
'Flavescens',
● 'Foxii',
'Handsworthensis',

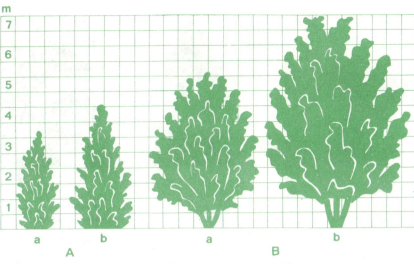

Abb. 43
A) Typ „pyramidalis"
a)
I. aquifolium 'Angustifolia', *I. a.* 'Serratifolia';
b)
● *I. aquifolium* 'Pyramidalis'

'Heterophylla',
'Latispina',
'Leucocarpa',
'Monstrosa',
'Nigricans',
'Ovata',
I. × *aquipernyi*,
I. × *a.* 'Aquipern',
'Brilliant',
I. cilliospinosa,
I. montana,
I. m. var. *media*,
● *I. pernyi*,
I. p. var. *manipurensis*,
I. yunnanensis,
I. y. var. *gentilis*;

B) Typ „longipes"
a)
I. longipes,
I. l. 'Vantrompii';

e)
● *I.* × *altaclarensis*,
I. × *a.* 'Camelliaefolia', 'Hendersonii',
'Hodginsii',
'Lawsoniana',
'Mundyi', 'Nobilis',
'Shepherdii',
'Wilsonii',
I. aquifolium 'Rubricaulis Aurea',
I. bioritsensis, *I. fargesii*,
I. × *koehneana*,
I. longipes,
I. l. 'Vantrompii' (manchmal),

b)
● *I. aquifolium* (manchmal),
I. a. 'Heterophylla' (manchmal),
I. centrochinensis (manchmal),
I. opaca (manchmal)

I. opaca, *I. pedunculosa*,
I. p. var. *continentalis*,
I. rotunda,
● *I. serrata* (selten);
f)
I. × *altaclarensis* (manchmal),
I. × *altaclarensis* 'Mundyi' (manchmal),
'Nobilis' (manchmal),
'Shepherdii' (manchmal),
'Wilsonii' (manchmal),
● *I. aquifolium*,
I. a. 'Bacciflava' (selten),
● 'Foxii' (selten),
'Heterophylla' (selten)

Dunkelgrün
I. × *altaclarensis* und manche Sorten, *I. aquifolium* und die meisten Sorten, *I.* × *aquipernyi* und Sorten.
Grau
I. decidua, *I. glabra* (behaart), *I. rugosa* (behaart), *I. serrata* (behaart):
Rötlich
I. aquifolium 'Angustifolia', *I. a.* 'Ciliata'.
Rotbraun
I. × *altaclarensis* 'Lawsoniana', *I. crenata* 'Longifolia'.
Dunkelbraun
I. crenata und die meisten Sorten.
Dunkel braunviolett
I. aquifolium 'Nigricans'.
Purpurfarben
I. aquifolium 'J. C. van Tol', *I. a.* 'Latispina', 'Mme Briot', 'Monstrosa', 'Scotica', 'Silver Queen'.

Wurzelsystem reich verzweigt und dicht.

Ansprüche

Alle *Ilex*-Arten lieben Halbschatten, *I. aquifolium* und *I. opaca* vertragen auch tieferen Schatten. Unter mitteleuropäischen Bedingungen geben wir ihnen einen geschützten Standort. Böden brauchen sie lehmige (nur *I. aquifolium* und *I. opaca* wachsen befriedigend auch in leichteren, aber lockeren Böden), leicht feuchte und durchlässige; für die meisten immergrünen Arten ist ein hoher Humusgehalt vorteilhaft. *I. aquifolium* verträgt Kalk im Boden. Für viele immergrüne Arten ist nicht nur die Luft-, sondern auch die Bodenfeuchtigkeit – hauptsächlich im Winter – wichtig (darum ausgiebiges Wässern im Herbst vor dem Einfrieren des Bodens). Sehr schädlich wirken austrocknende Winde (besonders im Winter). *Ilex*-Arten sind in Mitteleuropa nicht immer winterhart. In strengeren Wintern oder exponierten Lagen werden sie vom Frost beschädigt, weisen aber sehr gute Regenerationseigenschaften auf. Winterschutz und Schutz vor winterlicher Sonne sind bei den immergrünen Arten nötig. Alle *Ilex*-Arten vertragen verunreinigte Luft verhältnismäßig gut.

Pflege

Pflanzung nur mit Wurzelballen, am besten im Frühjahr, oder aus Containern in der ersten Hälfte der Vegetationsperiode. Bis in den Winter sollen die Pflanzen gut einwurzeln. Es muß für eine ausreichende Bodenfeuchtigkeit gesorgt werden. Winterschutz der Wurzeln ist bei allen jungen Pflanzungen nötig, bei älteren zweckmäßig (trockenes Laub und Reisig zum Beschatten immergrüner Arten). *Ilex*-Arten müssen wir, ähnlich wie andere immergrüne Gehölze, im Herbst ordentlich durchwässern. Frostbeschädigte Teile der immergrünen Arten entfernen wir im Vorfrühling, ein weiterer Schnitt ist überflüssig. Von den Schädlingen erscheinen Larven der Ilexminierfliege, die in den Blättern Miniergänge und zahlreiche punktförmige Löcher ausfressen (ab Ende Mai/Anfang Juni wiederholt mit Parathion-methyl-, Trichlorfon- oder Dimethoat-Präparaten spritzen). Der *Phomopsis*-Zweigkrebs macht sich mit hellbraunen, eintrocknenden, zweigumfassenden Flecken bemerkbar, später kommt es zum Absterben der grünen Zweige bzw. ganzer Pflanzen (befallene Pflanzen oder -teile rechtzeitig entfernen und vernichten). Manchmal erscheinen pilzliche Blattfleckenkrankheiten durch *Phyllosticta*-, *Cercospora*-, *Septoria*- u. a. Arten. Anwendung von Kupfer-, Captan-, Zineb-, Maneb-, Mancozeb- oder anderen Kontaktfungiziden.

Verwendung

Eignen sich hauptsächlich für Solitärpflanzungen und gleichartige Grup-

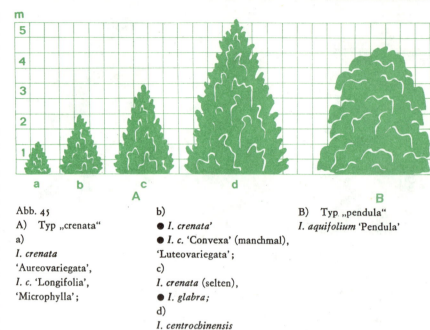

Abb. 45
A) Typ „crenata"
a)
I. crenata 'Aureovariegata',
I. c. 'Longifolia', 'Microphylla';
b)
● *I. crenata*'
● *I. c.* 'Convexa' (manchmal), 'Luteovariegata';
c)
I. crenata (selten),
● *I. glabra*;
d)
I. centrochinensis
B) Typ „pendula"
I. aquifolium 'Pendula'

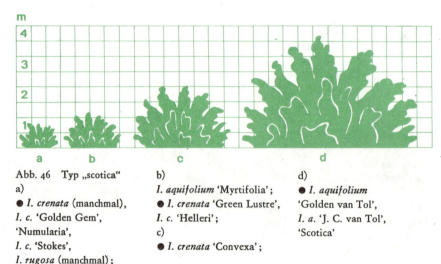

Abb. 46 Typ „scotica"
a)
● *I. crenata* (manchmal),
I. c. 'Golden Gem', 'Numularia',
I. c. 'Stokes',
I. rugosa (manchmal);
b)
I. aquifolium 'Myrtifolia';
● *I. crenata* 'Green Lustre',
I. c. 'Helleri';
c)
● *I. crenata* 'Convexa';
d)
● *I. aquifolium* 'Golden van Tol',
I. a. 'J. C. van Tol', 'Scotica'

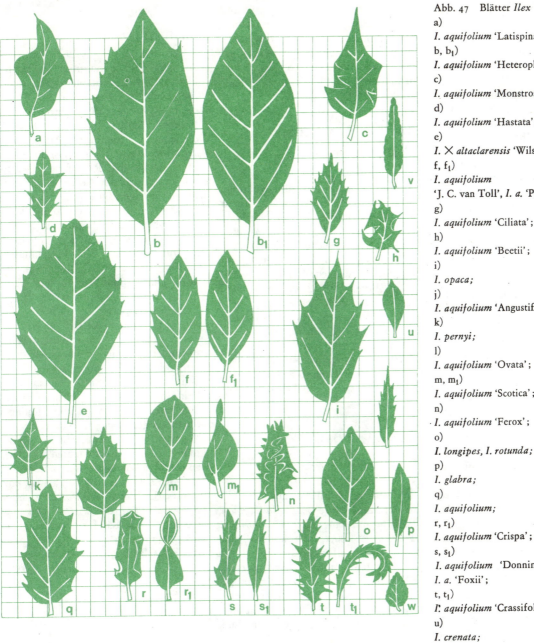

Abb. 47 Blätter *Ilex*
a) *I. aquifolium* 'Latispina';
b, b₁) *I. aquifolium* 'Heterophylla';
c) *I. aquifolium* 'Monstrosa';
d) *I. aquifolium* 'Hastata';
e) *I.* × *altaclarensis* 'Wilsonii';
f, f₁) *I. aquifolium* 'J. C. van Toll', *I. a.* 'Pyramidalis';
g) *I. aquifolium* 'Ciliata';
h) *I. aquifolium* 'Beetii';
i) *I. opaca*;
j) *I. aquifolium* 'Angustifolia';
k) *I. pernyi*;
l) *I. aquifolium* 'Ovata';
m, m₁) *I. aquifolium* 'Scotica';
n) *I. aquifolium* 'Ferox';
o) *I. longipes, I. rotunda*;
p) *I. glabra*;
q) *I. aquifolium*;
r, r₁) *I. aquifolium* 'Crispa';
s, s₁) *I. aquifolium* 'Donningtoniensis', *I. a.* 'Foxii';
t, t₁) *I. aquifolium* 'Crassifolia';
u) *I. crenata*;
v) *I. rugosa*;
w) *I. yunnanensis*
(Quadrat 1 × 1 cm)

penpflanzungen, oder auch für gemischte Gruppen mit niedrigen, niederliegenden oder auch zwergigen Nadelgehölzen (*Juniperus, Picea* usw.) bzw. anderen immergrünen Gehölzen (*Prunus laurocerasus, Mahonia, Kalmia* usw.). Ausgezeichnet bewährt sich *Ilex* als Unterholz unter höheren Bäumen, zusammen mit anderen immergrünen Gehölzen, Rhododendron und Farnen. Eignet sich ebenfalls für schattige Lagen größerer Alpinen. Unter klimatisch geeigneten Bedingungen können *Ilex*-Arten auch sehr schöne, undurchdringliche Hecken bilden. Abgeschnittene Zweige, besonders mit Früchten besetzte, sind ein beliebtes Material für die Blumenbindekunst (in den USA existieren große Plantagen, hauptsächlich mit *I. opaca*, die zum Schnitt dienen – besonders für Weihnachten).

Indigofera L. – Indigostrauch (*Leguminosae*)

Sommergrüne Sträucher, Halbsträucher oder Kräuter. Insgesamt sind etwa 300 Arten bekannt; sie sind vorwiegend in den Tropen und Subtropen verbreitet, nur eine begrenzte Anzahl in wärmeren Gebieten der gemäßigten Zone. Für mitteleuropäische klimatische Bedingungen eignen sich *I. amblyantha* CRAIB und *I. potaninii* CRAIB. Beide Arten bilden 1–1,5 m hohe Sträucher, Blätter unpaarig gefiedert, 7–15 cm lang, einzelne Blättchen elliptisch, frischgrün. Kleine Blüten stehen in etwa 10 cm langen, aufrechten Trauben, sind hellila bis dunkelrot. Blütezeit: Juli–Oktober. Frucht eine gedrehte Hülse.
Indigofera-Arten lieben eine sonnige Lage und durchlässige, trockene und tonige Böden. Oft erfriert der Strauch bis zur Erde, aber alljährlich treibt er wieder durch und blüht an den jungen Trieben. Ist hauptsächlich wegen seiner Sommerblüte wertvoll. Liebhaberbedeutung.

Itea L. – Rosmarinweide (*Saxifragaceae*)

Sommer- oder immergrüne Sträucher, auch Bäume. Es existieren über 10 Arten in Asien und eine in Nordamerika. *I. virginica* L. kann in Mitteleuropa kultiviert werden, es ist ein kaum über 1 m hoher, starr aufrechter, sommergrüner Strauch, Triebe rutenförmig. Blätter länglich elliptisch, 4 bis 10 cm lang, fein gesägt, im Herbst leuchtendrot gefärbt, Blüten weiß, duftend, in 5–15 cm langen, aufrechten Trauben. Blütezeit: Mai–Juli. Gedeiht am besten in humosen Böden, wächst aber in jeder guten Gartenerde, sogar in Nässe. Liebhaberbedeutung.

Jamesia TORR. et. A. GRAY (*Saxifragaceae*)

Sommergrüne Sträucher mit sich ablösender Rinde (wie bei *Philadelphus*). Es gibt nur eine Art: *J. americana* TORR. et A. GRAY, bis 1 m hohe Sträucher, Blätter elliptisch bis rundlich, 2 bis 6 cm lang, rauh, an der Unterseite filzig, grob gesägt, im Herbst orange- bis purpurfarben. Blüten 1,5 cm breit, weiß, etwas duftend, in bis 4 cm breiten Trugdolden. Blütezeit Mai/Juni. Frucht eine Kapsel. Sorte 'Rosea' hat rosa Blüten. Diese Pflanzen lieben einen sonnigen, warmen Standort. Wachsen in jeder normalen Gartenerde. Eignen sich hauptsächlich für Steingärten. Liebhaberbedeutung.

Jasminum L. – Jasmin (*Oleaceae*)

Sommer- oder immergrüne, aufrechte, kletternde oder windende Sträucher. Insgesamt existieren etwa 200 Arten, die in den Tropen und Subtropen verbreitet sind. Für Mitteleuropa hat nur die aus China stammende Art ● *J. nudiflorum* LINDL. (Winterjasmin, Abb. 22 e) Bedeutung. Rutenförmig wachsender Strauch, den wir auf einem Gitter bis in eine Höhe von 3 m emporziehen können, Zweige schlank, lang, bogig überhängend, kantig und grün. Blätter gegenständig und 3zählig, dunkelgrün, einzelne Blättchen länglich eiförmig, 1–3 cm lang. Blüten einzeln, achselständig, auf vorjährigen Trieben, gelb und manchmal etwas rötlich, meist 6zählig, etwa 2,5 cm breit. Blütezeit: Dezember–April.
Jasmin gehört zu den schönsten Winterblühern. Braucht einen geschützten und sonnigen Standort, am besten in Wandnähe. An den Boden stellt er keine besonderen Ansprüche. Am geeignetsten ist ein sandig-lehmiger, durchlässiger, sogar trockener Boden. Winterschutz der Wurzeln ist zweckmäßig, da es in strengeren Wintern zu Schäden kommen kann. Selten stellen sich Blattfleckenkrankheiten ein, verursacht durch *Phyllosticta*- oder *Septoria*-Arten, die wir – wenn notwendig – mit Kupfer-, Captan-, Zineb-, Maneb-, Mancozeb- oder anderen Kontaktfungiziden bekämpfen.

Juglans L. – Walnuß, Walnußbaum (*Juglandaceae*)

Sommergrüne Bäume, ausnahmsweise Sträucher. Es existieren etwa 15 Arten in Südosteuropa, Ostasien, Nord- und Südamerika. Wachsen ziemlich schnell, in 10 Jahren sind sie meist 3–4 m hoch (*J. nigra* 5–6 m), in 20 Jahren 4–8 m (*J. nigra* 6–12 m), in 30 Jahren 7–12 m (*J. nigra* 12–18 m) und in 40 Jahren durchschnittlich 10–16 m (*J. nigra* 16–25 m).
Zierwert: Laub (V–XI), Früchte (IX bis XI).

Wissenschaftlicher Name	Deutscher Name	Natürliche Verbreitung bzw. Entstehungsort	Frosthärte
J. ailantifolia CARR.	Siebold-Walnuß	Japan	++
var. *ailantifolia*		wie die Art	++
var. *cordiformis* (MAK.) REHD.	Herzfrüchtige Walnuß	wie die Art	++
J. × *bixbyi* REHD.		? (1903)	++
J. cathayensis DODE	China-Walnuß	M- u. W-China	++
● *J. cinerea* L. (Abb. 48 a)	Butternuß	N-Amerika	++
J. cordiformis MAXIM. = *J. ailantifolia* var. *cordiformis*			
J. draconis DODE = *J. cathayensis*			
J. × *intermedia* CARR.			++
var. *pyriformis* CARR.		–	++
var. *vilmoreana* (CARR.) SCHNEID.		Arboretum Vilmorin	++
● *J. mandshurica* MAXIM.	Mandschurische Walnuß	Mandschurei, Amur-, Ussuri-Gebiet	++
J. microcarpa BERL.	Felsennuß	USA	++
● *J. nigra* L.	Schwarznuß	N-Amerika	++
J. × *notha* REHD.		? (1878)	++
J. × *quadrangulata* (CARR.) REHD.		Frankreich (vor 1870)	++
● *J. regia* L.	Walnußbaum, Echte Walnuß	SO-Europa bis M-Asien	++
J. sieboldiana MAXIM. non GOEPP. = *J. ailantifolia* var. *cordiformis* MAK. = *J. ailantifolia* var. *cordiformis*			
J. × *sinensis* (DC.) DODE		N- u. O-China	++
J. stenocarpa MAXIM.		Mandschurei	++

Habitustypen

Meist ausladende Bäume, selten Sträucher.
„Nigra-Typ": große Bäume mit rundlich-eiförmiger, im Alter ausladender, luftig ungleicher Krone (Abb. 49 B),
„Pendula-Typ": Bäume mit bogigen, niedrig über der Erde hängenden Zweigen (Abb. 49 A),
„Mandshurica-Typ": Bäume mit breiter, ausladender und länglich abgerundeter Krone, der untere Teil der Krone ist meist schmaler als der obere (Abb. 50 B),
„Microcarpa-Typ": höherer, breit halbkugeliger, in seinen Konturen ziemlich ungleichmäßiger Strauch (Abb. 50 A).

Textur

Meist luftig aufgelockert, aus mehr oder weniger feineren ungleichen Büscheln zusammengestellt. Am gröbsten ist sie bei *J. regia*. Bei allen angeführten Arten in der Jugend dichter und im Alter ungleich durchlichtet. Hauptäste auch im beblätterten Zustand gut erkennbar, so daß die Bäume etwas starr wirken. Ihre Belaubung verfeinert aber den Gesamteindruck.

Laub

Blätter abfallend, aromatisch, unpaarig gefiedert, lederig, groß, einzelne Blättchen verschieden länglich eiförmig bis lanzettlich (Abb. 51), meist verschieden grün (buntblättrige Abweichungen sind unbedeutend).

Blattfarbe:

Hellgrün
J. regia 'Corcyrensis'.
Grün
J. microcarpa, *J. nigra* und Sorte (etwas glänzend), *J.* × *quadrangulata*, *J. regia* sowie die meisten Sorten und Subspecies.

Mattgrün
J. × *bixbyi*, *J. ailantifolia*, *J. cinerea*, *J. mandshurica*, *J.* × *notha*.
Dunkelgrün
J. cathayensis, *J.* × *intermedia* und Varietäten.
Mattrot
J. regia 'Purpurea'.
Weißbunt
J. regia 'Adspersa'.

Blüte und Blütenstand

Männliche Blüten grün, in hängenden Kätzchen, 8–12 cm lang, auf vorjährigen Zweigen. Weibliche Blüten in wenigblütigen Ähren oder Knäulen. *Juglans*-Arten blühen reich, meist im Mai, aber die Kätzchen sind nur wenig auffallend. Nur ausnahmsweise haben sie einen Zierwert, z. B. bei *J. ailantifolia*. Baumartige *Juglans*-Arten blühen und fruchten zum ersten Mal im Alter von 15–20 Jahren.

Frucht und Fruchtstand

Früchte sind die bekannten Nüsse mit meist dicker Außenschale. Nach der Form und Zusammenstellung können wir folgende Früchte (Fruchtstände) unterscheiden: einzelne kugelige Früchte (Abb. 52 A), kugelige Früchte zu zweit (Abb. 53 B), längliche und zugespitzte zu zweit (Abb. 53 A), längliche und zugespitzte zu dritt (Abb. 52 B), Traube kugeliger Früchte (Abb. 54 C), einzelne, längliche und zugespitzte Früchte (Abb. 54 A), längliche und zugespitzte Früchte in Trauben (Abb. 54 B). Alle Früchte sind grünlich.

Fruchtlänge:
1–3 cm
J. microcarpa.
4–5 cm
J. ailantifolia, *J. cathayensis*, *J.* × *intermedia* und Sorten, *J. mandshurica*, *J. nigra* und Sorte, *J.* × *notha*, *J.* × *quadrangulata*, *J. re-*

Abb. 48
a) *Juglans cinerea*;
b) *Kalmia latifolia*;
c) *Kerria japonica*;
d) *Koelreuteria paniculata*

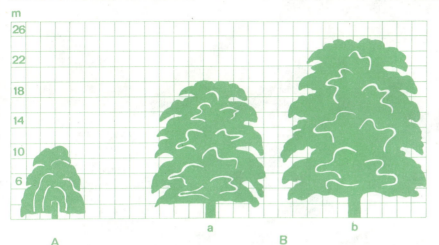

Abb. 49
A) Typ „pendula"
J. regia 'Pendula'

B) Typ „nigra"
a)
J. ailanthifolia,
J. × bixbyi, J. cathayensis,
J. × notha,
J. regia 'Adpressa',
J. r. 'Corcyrensis',
'Racemosa', 'Rubra', 'Striata';

b)
● J. cinerea,
J. × intermedia,
● J. regia,
J. r. 'Bartheriana',
ssp. fallax

Abb. 50
A) Typ „microcarpa"
J. microcarpa,
J. regia 'Laciniata',
J. r. 'Praepaturiens'

B) Typ „mandshurica"
a)
J. regia 'Purpurea';
b)
● J. mandshurica
(in der Heimat höher),

J. microcarpa,
J. regia 'Heterophylla',
J. r. 'Laciniata',
'Monophylla',
.J. × sinensis,
J. stenocarpa

gia sowie Sorten und Subspecies, J. × sinensis, J. stenocarpa.
5–10 cm
J. cinerea (Abb. 48 a).
10–15 cm
J. × bixbyi.

Mit ihrer Größe und manchmal auch Zusammenstellung in noch größeren Fruchtständen sind die Früchte erheblich auffallender als Blütenstände, wenn sie sich auch in der Belaubung mit ihrer grünen Färbung etwas verlieren. Eßbare Nüsse haben J. regia und J. × sinensis.

Stamm, Äste und Wurzelsystem

Juglans-Stämme sind ziemlich stark und auffallend, besonders dekorativ sind sie bei Arten, die sich erst in größeren Höhen verzweigen (J. nigra u. a.). Gerade gewachsen, oben starr verzweigt, wobei die Hauptäste auch im beblätterten Zustand gut sichtbar sind. Rinde bei allen Arten in der Jugend graubraun und mehr oder weniger glatt, später bildet sich eine malerische, länglich gefurchte Borke, die entweder grau (J. cinerea, J. regia u. a.) oder fast schwarz ist (J. nigra u. a.). Junge Zweige dick und wenig biegsam. Das Wurzelsystem hat eine gut entwickelte Pfahlwurzel und ausreichend starke und lange Nebenwurzeln mit reichem Haarwurzelbesatz. Bäume im Boden gut verankert.

Ansprüche

Alle Juglans-Arten sind lichtliebend und gedeihen am besten in sonniger Lage. Wachsen in jedem nahrhaften, ausreichend tiefgründigen, angemessen feuchten und durchlässigen, mittelschweren Gartenboden. Gedeihen aber auch auf trockeneren und schottrigen Standorten, wo der Zuwachs kleiner, aber die Widerstandsfähigkeit gegen Frost größer ist (z. B. bei J. re-

gia). Alle angeführten Arten sind unter mitteleuropäischen Bedingungen hart; in feuchteren Lagen und Niederungen wird *J. regia* manchmal von Spätfrösten beschädigt (*J. cinerea, J. nigra* und andere Arten sind härter). Am geeignetsten sind wärmere, niedrige, aber offene Lagen. Gegen Immissionen sind alle ziemlich hart (nach LINZOLN u. DOCHINGER ist aber *J. regia* gegen SO_2 empfindlich).

Pflege

Pflanzung im unbeblätterten Zustand im Vorfrühling oder im Herbst. Es ist zweckmäßig, die Pflanzung, besonders bei Straßenalleen, an Pfählen vorzunehmen (wenigstens in den ersten Jahren). An eine weitere Pflege stellen sie keine besonderen Ansprüche. Mit dem Schnitt werden nur beschädigte Teile der Krone entfernt; alle Arten, hauptsächlich *J. regia,* haben sehr gute Regenerationseigenschaften. Ältere Exemplare vertragen ein Umpflanzen schlecht. Manche Arten, besonders *J. nigra,* werden stark von Misteln bewachsen. Von den Krankheiten erscheint häufiger der Bakterienbrand auf den Blättern mit braunen und auf der Fruchtschale mit braunen bis schwärzlichen feuchten Flecken. (Mehrmalige Spritzungen mit Kupferpräparaten bei Knospenaufbruch und zum Blattfall durchführen.) Die pilzliche *Gnomonia*-Blattfleckenkrankheit, die ebenfalls zu braunen Nekrosen auf Blättern und Fruchtschalen führt, ist mit Kupfer-, Captan-, Mancozeb-, Propineb- oder anderen Kontaktfungiziden zu bekämpfen. *Juglans* leiden nicht unter Wildverbiß.

Verwendung

Alle *Juglans*-Arten, einschließlich des strauchigen „Microcarpa-Typs", eignen sich in erster Linie für Solitär-, Allee- oder Gruppenpflanzungen nur in

Abb. 51   Blätter *Juglans*
a)
J. cinerea,
J. nigra;

b)
J. regia
(Quadrat 2 × 2 cm)

größeren Landschafts- und Gartengestaltungen. Für Gärten, Höfe und Vorhallen wird nur *J. regia* als Obstbaum empfohlen. Alle Arten bilden auffallende, meist robust aufgebaute und ausladende Solitärpflanzen. Harmonieren am besten mit Laubgehölzen, besonders wenn diese gefiederte oder handförmige Blätter haben. Die langen Blätter mancher Arten sind sehr auffallend und dekorativ, fast mit exotischer Wirkung (wie bei *Ailanthus*). Wegen ihres schnellen Wuchses, ihrer hohen Stämme und ihres Nutzens werden *Juglans*-Arten oft in Alleen ausgepflanzt. Den strauchigen Typ „Microcarpa" können wir als eine Besonderheit auch in Wegnähe oder an Rändern höherer Baumkulissen auspflanzen. *Juglans*-Arten eignen sich mit Ausnahme von spätfrostgefährdeten Lagen für das Flach- und Hügelland.

Abb. 52 Früchte *Juglans*
A) einzeln, kugelig
a) *J. microcarpa, J. regia*, Sorten und Subspezies außer 'Racemosa' manchmal);
b) *J. nigra*
B) länglich und zugespitzt, zu dritt
J. × bixbyi,
J. cinerea

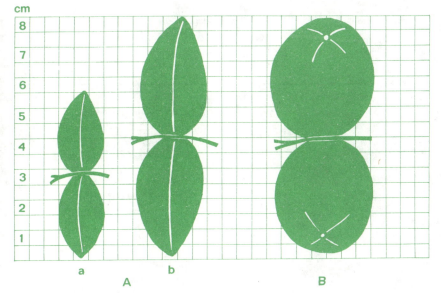

Abb. 53 Früchte *Juglans*
A) länglich und zugespitzt, zu zweit
a) *J. × quadrangulata* (fruchtet wenig);
b) *J. × intermedia* var. *pyriformis*
B) kugelig, zu zweit
J. × intermedia,
J. × i. var. *vilmoreana, J. nigra*,
J. regia, Sorten und Subspezies außer 'Racemosa'

Kalmia L. – Lorbeerrose, Berglorbeer
(Ericaceae)

Immergrüne oder sommergrüne Sträucher. Es sind insgesamt 8 Sorten aus Nordamerika und Kuba bekannt. Wuchs ziemlich langsam.
Zierwert: Laub (I–XII), Blüte (V bis VII).

Habitustypen

„Polifolia-Typ": niedriges, ausgebreitetes Sträuchlein mit mehr oder weniger aufstrebenden Zweigen, dicht aufgebaut (Abb. 55 A),
„Latifolia-Typ": breit aufstrebender, in den oberen Partien bis halbkugeliger Strauch, dicht gestaltet (Abb. 55 B).

Textur

Ziemlich dicht, aber dennoch so ungleich luftig, daß keine kompakte, einheitliche Oberfläche entsteht. Mit der Dichte und dunklen Farbe der Belaubung etwas ernst und starr wirkend; zur Blütezeit ist das ganze Sträuchlein erheblich lebhafter (die Blüten kontrastieren mit ihrer Form und Farbe schön mit dem Laub).

Laub

Blätter gegenständig (*K. angustifolia, K. carolina*), wechselständig (*K. latifolia*) oder in Quirlen (*K. microphylla, K. polifolia*), ganzrandig, länglich oder eiförmig-lanzettlich, 3–6 cm lang (manchmal größer – bis 10 cm bei *K. latifolia* oder bedeutend kleiner, 2 bis 3 cm bei *K. microphylla* und *K. polifolia*), lederig, dunkelgrün (selten hellgrün bei *K. angustifolia* und *K. carolina*) (s. Abb. 4)

	A	B	C
	Abb. 54 Früchte *Juglans* A) einzeln, länglich und zugespitzt *J.* × *quadrangulata* (manchmal)	B) längliche und zugespitzte Früchte in Trauben *J. ailanthifolia, J. cathayensis, J. cinerea, J. mandshurica, J.* × *notha*	C) Traube kugeliger Früchte *J. regia* 'Racemosa'

Wissenschaftlicher Name	Deutscher Name	Natürliche Verbreitung bzw. Entstehungsort	Frosthärte
● *K. angustifolia* L.	Schmalblättrige Lorbeerrose, Schaf-Berglorbeer	N-Amerika	++
K. carolina SMALL	Karolina-Lorbeerrose	S-Carolina bis Virginia	++
● *K. latifolia* L. (Abb. 48 b)	Breitblättrige Lorbeerrose, Berglorbeer	N-Amerika	++
var. *laevipes* FERN.		USA	++
K. microphylla (HOOK.) HELLER	Kleinblättrige Lorbeerrose	N-Amerika	++
● *K. polifolia* WANGH.	Poleiblättrige Lorbeerrose	N-Amerika	++
var. *rosmarinifolia* (PURSH) REHD.		wie die Art	++

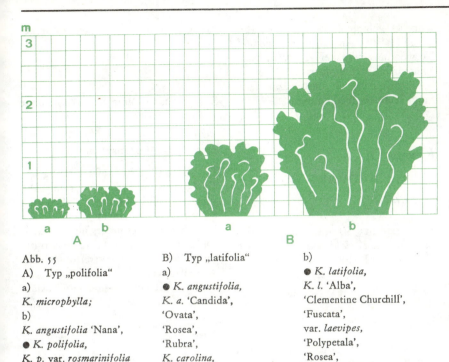

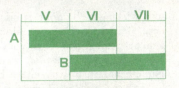

Abb. 56 Blütezeit *Kalmia*
A) *K. latifolia*,
K. microphylla,
K. polifolia;

B) *K. angustifolia*,
K. carolina

Abb. 55
A) Typ „polifolia"
a)
K. microphylla;
b)
K. angustifolia 'Nana',
● *K. polifolia*,
K. p. var. *rosmarinifolia*

B) Typ „latifolia"
a)
● *K. angustifolia*,
K. a. 'Candida',
'Ovata',
'Rosea',
'Rubra',
K. carolina,
K. latifolia 'Myrtifolia';

b)
● *K. latifolia*,
K. l. 'Alba',
'Clementine Churchill',
'Fuscata',
var. *laevipes*,
'Polypetala',
'Rosea',
'Rubra', 'Sheffield'

Blüte und Blütenstand

Blüten breit glocken- bis schalenförmig, 5zählig, etwa 1 cm breit (bei *K. latifolia* 2–2,5 cm), in dekorativen, end- oder achselständigen Dolden.

Blütenfarbe:
Weiß
K. angustifolia 'Candida', *K. latifolia* 'Alba', *K. l.* 'Fuscata' (dunkelbrauner Streifen).
Rosa
K. latifolia, K. l. var. *laevipes*, 'Myrtifolia', 'Polypetala', 'Rosea', 'Sheffield Park' (zur Zeit der dunkelste rosa Farbton).
Rosarot
K. angustifolia 'Rosea', *K. latifolia* 'Clementine Churchill' (Blüte innen dunkelrosa), *K. l.* 'Rubra'.
Violettrosa
K. microphylla, K. polifolia, K. p. var. *rosmarinifolia*.

Purpurrot
K. angustifolia, K. a. 'Nana', 'Ovata', *K. carolina* (rosa Tönung).
Dunkelpurpurfarben
K. angustifolia 'Rubra'.

Blütezeit von Mai bis Juli (Abb. 56).

Frucht und Fruchtstand

Frucht eine 5klappige, kugelige Kapsel ohne größeren Zierwert.

Zweige und Wurzelsystem

Zweige gebrechlich, ziemlich dünn, steif aufstrebend oder leicht ausladend, mit dunkelbrauner Rinde, bei Einjahrstrieben grünlich. Wurzelsystem reich verzweigt, mit gut ausgebildeten Wurzelhaaren.

Ansprüche

Sehr ähnlich denen von *Rhododendron*. *Kalmia*-Arten wachsen auch in voller Sonne, wenn eine ausreichende Bodenfeuchtigkeit gesichert ist. Im Halbschatten wachsen sie befriedigend auch auf trockeneren Standorten. Sie gedeihen gut in humusreichen, feuchten, lehmigen Böden. Die angeführten Arten sind in Mitteleuropa winterhart, günstig sind aber geschützte Lagen. Verunreinigte Luftverhältnisse werden schlecht vertragen. Pflege wie bei *Rhododendron*.

Verwendung

Am besten eignen sich *Kalmia*-Arten in „Waldpartien" verschiedener Anlagen, Steingärten und Heiden, wo sie sehr wirkungsvolle Solitärs oder kleinere, gleichartige Gruppen bilden können. Sehr gut stehen sie zusammen mit *Rhododendron, Mahonia,* zwergigen Nadelgehölzen usw. Weitere Einzelheiten siehe bei *Rhododendron*.

Kalmiopsis REHD. *(Ericaceae)*

Immergrüner Zwergstrauch. Die einzige Art kommt in Nordamerika vor. *K. leachiana* (HENDERSON) REHD. Aufrechter, etwa 30 cm hoher, reich verzweigter Zwergstrauch. Blätter elliptisch, an beiden Enden zugespitzt, 3 cm lang und 1,5 cm breit, dunkelgrün. Blüten schalenförmig, 2 cm breit, zu 6–9, purpurrosa. Blütezeit: März bis Mai. Ansprüche und Pflege wie bei *Kalmia*. Liebhaberbedeutung.

Kalopanax MIQ. – Baumaralie *(Araliaceae)*

Sommergrüner Baum oder Strauch; die Gattung wird nur durch eine ostasiatische Art vertreten: *K. septemlobus* (THUNB.) KOIDZ. (Syn. *K. pictus* [THUNB.] NAKAI, *Acanthopanax ricinifolius* MIQ.). In Mitteleuropa kaum über 8 m hoher Baum oder nur strauchig. Zweige und Äste dick, mit starken Dornen, Blätter rundlich, 5–7lappig, Lappen gesägt und dreieckig, dunkelgrün. Blüten weiß, klein, 5zählig, schlank gestielt, in 20–30 cm langen Rispen. Blütezeit: Mai. Frucht eine kugelige, blauschwarze, zweisamige Steinfrucht, 4 mm dick. Es sind zwei Varietäten bekannt: var. *magnificus* (ZAB.) NAKAI mit wenigen dornigen bis unbewehrten Trieben und var. *maximowiczii* (VAN HOUTTE) HARA mit sehr tief gelappten Blattspreiten (bis in die Hälfte). Ansprüche, Pflege und Verwendung wie bei *Acanthopanax*. Baumartige Exemplare kommen als Solitärpflanzen am besten zur Geltung. Liebhaberbedeutung.

Kerria DC. – Kerrie, Ranunkelstrauch *(Rosaceae)*

Sommergrüner Strauch, nur eine chinesische Art *K. japonica* (L.) DC. (in Japan nur in Kultur) (Abb. 48 c). Zierwert: Laub (V–XI), Blüte (IV bis V, VIII–X).

Habitus

Halbkugelige, oft ausläufertreibende, etwa 1,5–2 m hohe Sträucher.

Textur

Leicht, ziemlich luftig, aber auch ausreichend dicht, Zweige etwas starr.

Laub

Blätter wechselständig, eiförmig, lang zugespitzt, grob gesägt, 2–5 cm lang, lebhaft grün. Zwei Sorten haben eine abweichende Blattfarbe: 'Aureovariegata' (Blätter gelblich gesäumt) und 'Picta' (blüht schlecht und wächst schwächer, Blätter graugrün, weiß gesäumt).

Blüte

Blüten einzeln, 5zählig, einfach schalenförmig bis tellerförmig, gelb, 3 bis 4,5 cm im Durchmesser. Blütezeit: April/Mai und Herbst. Sehr oft wird die Züchtung 'Pleniflora' kultiviert, sie ist wüchsiger als die Ausgangsart, streng aufrecht und Blüten dicht gefüllt.

Frucht

Eine braunschwarze Steinfrucht ohne größeren Zierwert.

Zweige und Wurzelsystem

Typisch und sehr auffallend, grüne Triebe und auch Zweige sind kahl, glänzend und streifig. Stellen ein wichtiges Zierelement des ganzen Strauches dar, besonders im unbelaubten Zustand. Die Sorte 'Aureovittata' hat grüne, gelblich gestreifte Zweige. Wurzelsystem oberflächig, dicht verzweigt, weit ausgebreitet und ausläufertreibend.

Ansprüche

Kerrie wächst am besten in voller Sonne, befriedigend gedeiht sie auch in schattigen Lagen und in jeder durchschnittlichen, durchlässigen Gartenerde, verträgt ziemlich gut auch Trockenheit. Unter mitteleuropäischen Bedingungen ist dieses Gehölz winterhart, nur in strengen Wintern treten Schäden auf, nach dem Rückschnitt treiben die Sträucher sehr gut wieder durch. Luftverschmutzungen werden gut vertragen.

Pflege

Pflanzung im unbelaubten Zustand im Herbst oder Vorfrühling; Containerpflanzen während der gesamten Vegetationszeit. Ein öfteres Verjüngen wird empfohlen, da 3jährige Triebe oft schon absterben. Mit ihren Wurzelausläufern breiten sie sich langsam aus und müssen manchmal eingedämmt werden. Auf den Haupttrieben erscheinen manchmal unregelmäßige gelbbraune Flecken des *Phomopsis*-Zweigsterbens; bei stärkerem Befall verbräunen die Blätter und sterben ab (erkrankte Zweige abschneiden und vernichten, mehrmals mit Dithiocarbamat-Fungiziden behandeln). Zum Wildverbiß kommt es nur vereinzelt.

Verwendung

Wegen der schönen Blüte ist die Kerrie eine dankbare Solitärpflanze, kommt aber auch für gemischte Gruppen, vor höheren Baumbeständen, in freiwachsenden oder geschnittenen Hecken, größeren Steingärten und Staudenpflanzungen in Frage.

Koelreuteria LAXM. – Blasenbaum, Blasenesche *(Sapindaceae)*

Sommergrüne, meist kleine Bäume oder Sträucher; 7 Arten in Ostasien. Für mitteleuropäische Bedingungen hat nur *K. paniculata* LAXM. (Abb. 48 d) Bedeutung. Kleine Bäume von 5–8 m Höhe. Blätter wechselständig, unpaarig gefiedert oder teilweise doppelt gefiedert, bis 35 cm lang, Blättchen eiförmig, grob kerbig gesägt. Blüten gelb, 1 cm breit, in luftigen, mehrblütigen, aufrechten, bis 35 cm langen Rispen. Blütezeit: Juli bis September. Frucht eine 4–5 cm lange, aufgeblasene, papierartige, länglich eiförmige Kapsel. Die var. *apiculata* (REHD. et WILS.) REHD. bleibt meist niedriger und blüht hellgelb, die Sorte 'Fastigiata' hat einen säulenförmigen Wuchs.

Damit die Blasenesche schön und ausreichend blüht, braucht sie eine geschützte, warme und sonnige Lage. An die Bodenverhältnisse stellt sie keine größeren Ansprüche, wächst auch in leichteren und kalkreichen Böden und verträgt gut Trockenheit. Manchmal werden die Pflanzen von der *Verticillium*-Welke befallen (nasse Standorte vermeiden, kranke Pflanzen vernichten). Vor allem an geschwächten Exemplaren tritt die Rotpustelkrankheit auf. Ein geeignetes Solitärgehölz für wärmere Lagen, aber auch für Gruppen-, Reihen- und Alleepflanzungen geeignet. Ist mit seinen schönen Blütenständen, interessanten Früchten und auffallender herbstlicher, gelber Ausfärbung sehr wirkungsvoll.

Kolkwitzia GRAEBN. – Kolkwitzie *(Caprifoliaceae)*

Sommergrüner, der *Weigela* ähnlicher Strauch; zur Gattung gehört nur eine chinesische Art: *K. amabilis* GRAEBN. (Abb. 57 a).
Zierwert: Laub (V–XI), Blüte (V bis VI), Frucht (VII–IX).

Habitus

Bildet zierliche, 1–2 m hohe, aufrechte, leicht ausladende Sträucher. Zweige leicht, graziös überhängend.

Textur

Fein und zierlich, luftig und dabei ziemlich dicht, aber nicht kompakt. Ältere Pflanzen ohne Rückschnitt haben oft „kahle Füße".

Laub

Blätter gegenständig, breit eiförmig, 3–7 cm lang, stumpf grün, verstreut behaart, zugespitzt, fast ganzrandig.

Blüte und Blütenstand

Blüten glockig, 5zählig, etwa 1,5 cm lang, rosa mit gelblichem Schlund, gewimpert. In endständigen Doldentrauben. Sehr eindrucksvoll mit ihrer Zartheit und Fülle. Die Sorte 'Rosea' hat intensiv rötliche Blüten. Blütezeit: Mai/Juni.

Frucht und Fruchtstand

Eine trockene, eiförmige, 6 mm lange, borstige Kapsel. Der ganze Fruchtstand ist sehr dekorativ.

Triebe, Zweige und Wurzelsystem

Triebe grünlich, dicht behaart. Zweige kahl und braunrot, ältere Stämmchen mit dünner, malerisch abblätternder Borke. Wurzelsystem sehr fein und reich verzweigt, flachwurzelnd.

Ansprüche

Kolkwitzie liebt sonnige Lagen, gedeiht noch im Halbschatten und wächst in jedem normalen Boden, verträgt auch gut Trockenheit. Ist in Mitteleuropa winterhart und gehört zu den feinsten und elegantesten Blütensträuchern. Luftverunreinigungen werden gut vertragen.

Pflege

Pflanzung im unbelaubten Zustand im Frühjahr oder Herbst; Containerpflanzen während der ganzen Vegetationszeit. Vor dem Einwurzeln am Standort ausreichend wässern. Um die Blühkraft zu erhalten, sollte ein Schnitt bei älteren Sträuchern durch vorsichtiges Auslichten erfolgen, damit der zierliche Habitus nicht beeinträchtigt wird.

Verwendung

Eignet sich besonders für Solitärpflanzungen oder kleinere, gleichartige, lockere Gruppen.

+*Laburnocytisus* SCHNEID. *(Leguminosae)*

Die Periklinalchimäre von *L. anagyroides* + *Cytisus purpureus* wurde + *L. adami* (POIT.) SCHNEID. benannt. Sommergrüner, 3–5 m hoher Strauch, ähnlich *Laburnum*. Blüten hellpurpurfarben, in hängenden Trauben, neben ihnen gibt es auf dem gleichen Strauch auch reingelbe, *Laburnum*-artige Blütenstände und rosa Blüten ähnlich denen der *Cytisus*-Art. Blütezeit: Mai. Ansprüche, Pflege und Verwendung wie bei *Laburnum*. Liebhaberbedeutung.

Laburnum MED. – Goldregen *(Leguminosae)*

Sommergrüne Sträucher oder kleinere Bäume mit grüner Rinde. Die drei Arten der Gattung kommen in Südeuropa und Kleinasien vor. Schnell wachsende Gehölze.
Zierwert: Blüte (V–VI, bzw. IX–X).

Habitustypen

„Anagyroides-Typ": strauchiges, mehrstämmiges, länglich eiförmiges, gleichmäßig und mitteldicht aufgebautes Bäumchen (Abb. 58 A),
„Pendulum-Typ": vom vorigen Typ hauptsächlich durch die bogig halb-überhängenden Äste und Zweige unterschieden (Abb. 58 B).

Textur

Mitteldicht, manchmal – besonders in den Konturen des Strauches – luftig. Wirkt leicht. Zweige etwas starr.

Abb. 57
a) *Kolkwitzia amabilis;*
b) *Laburnum anagyroides;*
c) *Lavandula angustifolia;*
d) *Ledum palustre;*
e) *Leucothoë racemosa;*
f) *Ligustrum ovalifolium;*
g) *Liquidambar styraciflua*

Wissenschaftlicher Name	Deutscher Name	Natürliche Verbreitung bzw. Entstehungsort	Frosthärte
L. alpinum (MILL.) BERCHT. et PRESL	Alpen-Goldregen	Südl. M-Europa, S-Europa	++
f. *macrostachys* (ENDL.) KOEHNE		S-Tirol	++
L. anagyroides MED.	Gemeiner Goldregen	S- u. M-Europa	++
var. *alschingeri* (VIS.) SCHNEID.		S-Tirol, N-Italien, Dalmatien	++
L. vulgare BERCHT. = *L. anagyroides*			
L. × *watereri* (KIRCHN.) DIPP.	Bastard-Goldregen	Baumschulen Parkes Dartford	++

Laub

Blätter wechselständig, dreizählig, ganzrandig (s. Abb. 4).

Blattfarbe:
Hellgrün
L. alpinum, *L. a.* 'Autumnale', 'Lucidum' (auffallend glänzend), f. *macrostachys*, 'Pendulum'.
Dunkelgrün
L. anagyroides sowie die meisten Sorten und Varietäten, *L.* × *watereri* und Sorte (etwas glänzend).
Gelb
L. alpinum 'Aureum', *L. anagyroides* 'Aureum' (gelbgrün), *L. a.* 'Chrysophyllum'.
Gelbbunt
L. anagyroides 'Variegatum'.

Blüte und Blütenstand

Typische Schmetterlingsblüten, mit zweilippigem Kelch und fünf Petalen, mit breit verkehrt eiförmiger Fahne, hellgelb (*L. alpinum* sowie Sorten und Formen) oder goldgelb (*L. anagyroides* und Sorten und *L.* × *watereri*). Zusammengestellt in endständigen Trauben, entweder halbaufrecht (Abb. 59 A) oder hängend (Abb. 59 B). Hauptblütezeit: Mai/Juni, manchmal remontiert die Blüte noch im September/Oktober (Abb. 60).

Frucht und Fruchtstand

Hülsen giftig, länglich, zusammengedrückt, langsam aufspringend, mit verdicktem, leicht geflügeltem Rand. In trockenem, bräunlichem Zustand haften sie auf den Sträuchern lange in den Winter hinein. Zierwert gering.

Zweige und Wurzelsystem

Zweige steif aufstrebend, Zweigchen dünner und abstehend, mit auffallend grüner Rinde. Färbung der Äste und Zweige besonders im unbelaubten Zu-

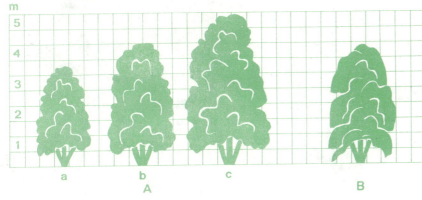

Abb. 58
A) Typ „anagyroides"
a)
L. anagyroides var. *alschingeri*;

b)
L. anagyroides 'Aureum',
L. a. 'Bullatum',
'Carlieri',
'Chrysophyllum',
'Incisum',
'Quercifolium',
'Sessilifolium',
'Variegatum';
c)
● *L. alpinum*,
L. a. 'Aureum',
'Autumnale',
'Lucidum',
f. *macrostachys*,
L. anagyroides,
L. a. 'Serotinum',
● *L.* × *watereri*,
L. × *w.* 'Vossii'

B) Typ „pendulum"
L. alpinum 'Pendulum',
L. anagyroides 'Pendulum'

stand auffallend. Wurzelsystem lang, weit ausgebreitet, reich verzweigt.

Ansprüche

Lichtliebende Gehölze, wachsen am besten in voller Sonne, aber auch im Halbschatten, *L. anagyroides* verträgt auch Schatten, blüht aber dort schlechter. Wächst in jedem mittelschweren, besseren, durchlässigen und auch in kalkreichem Boden (*L. alpinum* verträgt Kalk nicht sehr gut). Trockenheit wird gut vertragen, besonders in schwereren Böden. Unter mitteleuropäischen Bedingungen sind alle Arten normalerweise winterhart, in strengen Wintern können sie leiden und erfrieren manchmal bis zur Erdoberfläche, besonders auf feuchteren Standorten (treiben aber von unten wieder gut durch). Sehr gut wird verunreinigte Luft vertragen.

Pflege

Pflanzung im unbeblätterten Zustand im Vorfrühling oder Herbst. Nach der Pflanzung können die Gehölze ein- oder zweimal zurückgeschnitten werden, um das Anwachsen zu beschleunigen. Ältere Exemplare vertragen nur ein geringes Auslichten, jedoch keinen Rückschnitt. Umpflanzen älterer Exemplare ist nicht sehr erfolgreich und auch überflüssig, da Jungpflanzen schnell nachwachsen. Neue Pflanzungen sollten gegen Hasen und Kaninchen in den Wintermonaten geschützt werden (Einpacken in Maschendraht, Reisig usw.). Von den Krankheiten erscheint am häufigsten der Falsche Mehltau, der an der Blattunterseite einen schmutzig-weißen Überzug bildet; Blätter fallen vorzeitig ab, und Jungpflanzen können in der Baumschule völlig absterben (Blätter sammeln und verbrennen, wiederholte Spritzungen mit Maneb-, Mancozeb- oder Metiram-Präparaten).

Abb. 59 Blütenstand *Laburnum*
A) halbaufrecht
L. anagyroides var. *alschingeri* (manchmal), *L. a.* 'Carlieri'
B) hängend
a)
L. anagyroides, Sorten außer 'Carlieri';
b)
L. alpinum, Sorten;
c)
L. alpinum f. *macrostachys*,
L. × *watereri*,
● *L.* × *w.* 'Vossii'

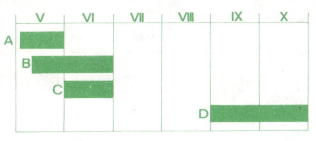

Abb. 60 Blütezeit *Laburnum*
A) *L.* × *watereri*, *L.* × *w.* 'Vossii';
B) *L. anagyroides*;
C) *L. alpinum*;
D) *L. alpinum* 'Autumnale' (remontierender lockerer Blütenstand)

Manchmal zeigt sich auch die *Cucurbitaria-laburni*-Braunpustelkrankheit der Zweige, die durch Wunden in das Holz hineindringt und das Absterben ganzer Zweige verursacht (Entfernen und Verbrennen aller befallenen Pflanzenteile). An *Laburnum* treten auch die *Ceratophorum*- sowie weitere, durch *Phyllosticta*- und *Cercospora*-Arten verursachte Blattfleckenkrankheiten auf (alle erkrankten Pflanzenteile werden entfernt, und wiederholt sollten Kupfer-, Maneb-, Mancozeb-, Propineb- oder Zineb-Präparate angewendet werden.) Bei größerem Auftreten von Läusen werden wiederholte Spritzungen mit Parathion-methyl-, Dimethoat- oder Methamidophos-Präparaten notwendig. Ähnlich ist die Bekämpfung der Blattminiermotte. Alle *Laburnum*-Arten und Sorten leiden sehr unter Wildverbiß, besonders durch Hasen und Kaninchen.

Verwendung

Typischer Strauch für solitäre Verwendung, in flachen, bodenbedeckenden Pflanzungen oder in kleineren, aufgelockerten Gruppen, bzw. als Hintergrund für niedrige Strauchgruppen. Goldregen harmoniert mit fast allen Laubgehölzen. Zur Blütezeit wirkt er sowohl aus größerer Entfernung als auch aus nächster Nähe, an Wegen und Bänken. Gehört zu den schönsten und effektvollsten Blütensträuchern. Vor dem Wintereinbruch muß ein Schutz gegen Wild, besonders bei jungen Pflanzungen, gewährleistet sein.

Lavandula L. – Lavendel *(Labiatae)*

Immergrüne aromatische Halbsträucher oder ausdauernde Kräuter. Etwa 20 Arten in Südeuropa und Nordafrika. Für Mitteleuropa hat lediglich ● *L. angustifolia* MILL. (Echter Lavendel, Syn. *L. officinalis* CHAIX. ex VILL., *L. spica* L., *L. vera* DC. – Abb. 57 c) Bedeutung. Halbstrauch 20 bis 60 cm hoch, dicht und aufrecht verzweigt, Zweige vierkantig. Blätter dicht gestellt, linealisch, rosmarinartig, etwa 5 cm lang, ganzrandig, graufilzig. Blüten klein, hellblau, in 15–20 cm langen Scheinähren. Blütezeit: Juli bis September. Sorten: 'Alba' (weiße Blüten), 'Bowles Variety' (früh, ganz niedrig), 'Hidcote' (Blüten dunkelviolett, Laub silbrig), 'Grappen Hill' (höher, bis 90 cm), 'Middachten Variety' (sehr früh, 40 cm hoch, dunkelviolett), 'Munstead' (Blüten leuchtend blau, Laub silbrig), 'Rosea' (Blüten hellrosa) und 'Twickel Purple' (dunkelblaue Blüten, halbhohes Sträuchlein).

Am geeignetsten sind sonnige Lagen, kalkreiche Böden, die auch schottrig und arm sein können. Ziemlich anspruchslose Pflanze. Ältere, unschöne Sträuchlein lassen sich durch starken Rückschnitt gut verjüngen. *Lavandula angustifolia* kommt hauptsächlich als Solitär oder in Gruppen für Staudenpflanzungen, für niedrige Hecken, in Steingärten, besonders auch zusammen mit Rosen zur Verwendung. Gut harmoniert Lavendel mit Pflanzen, die Trockenheit lieben (*Helianthemum*, *Yucca* u. a.), sowie mit Zwergkoniferen.

Ledum L. – Porst *(Ericaceae)*

Immergrüne, dicht verzweigte, niedrige Sträucher. Es sind etwa 10 Arten beschrieben worden, die in den kühleren Gebieten der nördlichen Halbkugel verbreitet sind. Meist werden nur zwei Arten anerkannt.
Zierwert: Laub (I–XII), Blüte (V bis VIII).

Habitus

In allen Fällen handelt es sich um Sträuchlein, dicht verzweigt, höchstens 1 m hoch. Bei *L. palustre* var. *decumbens* niederliegender Wuchs.

Textur

Dicht bis mitteldicht, etwas unruhig und ungleichmäßig, manchmal durchsichtig.

Laub

Blätter stark aromatisch, wechselständig, länglich schmal-lanzettlich bis eiförmig, dunkelgrün, etwa 2–4 cm lang, unterseits behaart. *L. palustre* var. *dilatatum* hat breitere Blattspreiten.

Blüte und Blütenstand

Blüten klein, weiß (bei *L. palustre* 'Roseum' zartrosa), mit auffallend langen Antheren, in dichten end- und seitenständigen, aufrechten, kugeligen Doldentrauben. Blütezeit: Mai bis August.

Frucht und Fruchtstand

Eine 5fächrige, vielsamige Kapsel ohne größeren Zierwert.

Zweige und Wurzelsystem

Triebe rotbraun, oft bräunlich filzig, bei *L. palustre* bald verkahlend. Zweige graubraun, Wurzelsystem sehr fein, dicht verzweigt, reich an Wurzelhaaren, bildet einen kompakten Ballen.

Ansprüche

Alle Arten lieben Halbschatten und torfig-sumpfige Böden. Kalkfliehende Pflanzen.
Pflege und Verwendung: Wie bei *Rhododendron*. Liebhaberbedeutung.

Wissenschaftlicher Name	Deutscher Name	Natürliche Verbreitung bzw. Entstehungsort	Frosthärte
L. glandulosum Nutt.	Drüsiger Porst	W-Kanada bis Kalifornien	++
L. groenlandicum Oed. = *L. palustre* ssp. *groenlandicum*			
L. palustre L. (Abb. 57 d)	Sumpf-Porst, Wilder Rosmarin	M-, N-Europa, N-Asien	++
var. *decumbens* Ait.		N-Amerika, NO-Asien	++
var. *dilatatum* Wahlb.		N-Europa bis Japan	++
ssp. *groenlandicum* (Oed.) Hult.	Labrador-Porst	N-Amerika	++

Leiophyllum (Pers.) Hedw. f. – Sandmyrte *(Ericaceae)*

Immergrüner, dicht verzweigter, niederliegender Zwergstrauch; nur eine Art in Nordamerika: *L. buxifolium* (Bergius) Ell. (Syn. *Ledum buxifolium* Bergius). Etwa 5–30 cm hoch, mit länglichen, 3–8 mm langen, dunkelgrünen, glänzenden Blättern; Blüten weiß oder hellrosa, in endständigen doldigen Sträußen. Blütezeit: Mai/Juni. Die var. *hugeri* (Small) Schneid. wächst dicht polsterförmig, var. *procumbens* (Loud.) Gray hat der Erdoberfläche angedrückte Triebe, deren Spitzen aufstreben.
Leiophyllum wächst am besten in voller Sonne oder Halbschatten. Am geeignetsten sind torfreiche, sandig-lehmige, aber leichte und kalkfreie Böden. Winterschutz mit Reisig ist zweckmäßig. Liebhaberpflanze für Stein- und Heidegärten.

Leptodermis Wall. *(Rubiaceae)*

Etwa 16 Arten sommergrüner Sträucher, verbreitet in Ostasien und im Himalajagebiet. Für mitteleuropäische Verhältnisse eignen sich nur *L. oblonga* Bge. und *L. purdomii* Hutchins. Pflanzen etwa 1 m hoch, Triebe schlank und rötlich, Blätter gegenständig oder in Quirlen (*L. purdomii*), eiförmig bis linealisch (*L. purdomii*), etwa 1–2,5 cm oder nur 0,6–1,2 cm lang, Blüten 5zählig, röhrig, etwa 1,2 bis 2 cm lang, violettrot oder rosa (*L. purdomii*), zu wenigen in achselständigen Büscheln. Lieben volle Sonne und begnügen sich mit trockenen, schottrigen Standorten. Blüten ähneln denen von *Daphne* oder *Syringa*. Beide Arten sind in Mitteleuropa winterhart. Liebhaberbedeutung für Steingärten.

Lespedeza Michx. – Buschklee *(Leguminosae)*

Sommergrüne Sträucher, Halbsträucher oder ausdauernde Kräuter, etwa 60 Arten in Nordamerika, Asien und Australien. Für Mitteleuropa haben nur folgende Bedeutung: ● *L. bicolor* Turcz. (Zweifarbiger Buschklee), *L. buergeri* Miq., *L. cuneata* (Dum.-Cours.) H. Don, *L. cyrtobotrya* Miq.,

L. japonica Bailey (Japanischer Buschklee), *L. maximowiczii* Schneid. und ● *L. thunbergii* (DC.) Nakai (Syn. *Desmodium penduliflorum* Oudemans). Meist handelt es sich um 1 m, ausnahmsweise bis 2 m hohe *(L. thunbergii)* Sträucher, Habitus aufrecht und luftig. Blätter wechselständig, meist 3zählig, Zweige aufstrebend-überhängend. Typische Schmetterlingsblüten sind meist purpurviolett, manchmal weiß (*L. cuneata*, *L. japonica* mit rötlichem Hauch) oder rötlich (*L. bicolor),* in dichten, teilweise hängenden, 4–8 cm langen Trauben (manchmal auch 60–80 cm langen – *L. thunbergii*), oder zu wenigen in Köpfen (*L. cyrtobotrya*). Blütezeit: Juli–Oktober. Frucht eine kurze, eiförmige, einsamige Hülse.

Lespedeza-Arten verlangen volle Sonne und leichte, trockene Böden; in schweren und feuchten Böden wachsen sie lange und blühen spät. Erfrorene Triebe werden alljährlich abgeschnitten (Frühjahr), damit die Pflanzen gut durchtreiben und im gleichen Jahr wieder blühen. Alle Arten, außer der härtesten – *L. bicolor* – verlangen Winterschutz. Kommen als Solitärpflanzen, in kleineren Gruppen an Abhängen, in Steingärten und zwischen Stauden gut zur Geltung. Sind hauptsächlich wegen ihres späten Blühens sehr wertvoll.

Leucothoë D. Don – Traubenheide *(Ericaceae)*

Immer- oder sommergrüne Sträucher. Etwa 35 Arten sind in Nord- und Südamerika, Japan, im Himalajagebiet und auf Madagaskar beheimatet. Für mitteleuropäische Bedingungen eignen sich von den immergrünen Arten *L. axillaris* (Lam.) D. Don, ● *L. fontanesiana* (Steud.) Sleumer (Syn. *L. catesbaei* Gray) und *L. keiskei* Miq, von den sommergrünen hauptsächlich *L. racemosa* (L.) A. Gray (Syn. *Lyonia racemosa* D. Don, *Andromeda racemosa* L. – Abb. 57 e) und *L. recurva* (Buckl.) A. Gray. Die erwähnten immergrünen Arten werden höchstens 1,5 m hoch (*L. keiskei* ist niederliegend und nur etwa 20–30 cm hoch), die sommergrünen *Leucothoë*-Arten 1–3 m. Blätter lederig, schmal-lanzettlich, länglich eiförmig, 5–10 cm lang (manchmal kürzer, 4–8 cm bei *L. keiskei* und *L. racemosa*), zugespitzt, dunkelgrün (bei *L. recurva* leuchtendrote Herbstfärbung). Blütenkrone meist schmal eiförmig bis röhrig, 8 mm lang (ausnahmsweise bei *L. keiskei* etwa 1,5 cm), weiß. Blüten in 2–7 cm langen Trauben, erscheinen von April bis Juli.

Immergrüne Arten stellen ähnliche Ansprüche wie *Rhododendron*. Sommergrüne *Leucothoë*-Arten lieben volle Sonne, nahrhafte, mittelschwere und etwas trockenere Böden. Eignen sich für Stein- und Heidegärten und auch für Solitärpflanzungen in Rasenflächen. Liebhaberbedeutung.

Ligustrum L. – Liguster, Rainweide *(Oleaceae)*

Immer- oder sommergrüne Sträucher, manchmal kleinere Bäume. Insgesamt sind etwa 50 Arten bekannt, deren Verbreitung von Ostasien bis Australien reicht, dazu eine europäische Art. Die meisten wachsen schnell heran. Zierwert: Laub (V–XII oder auch I bis XII), Blüte (VI–IX), Früchte (VIII bis IX).

Wissenschaftlicher Name	Deutscher Name	Natürliche Verbreitung bzw. Entstehungsort	Frosthärte
Sommergrüne Arten			
L. acuminata Koehne			
= *L. tschonoskii*			
L. acutissimum Koehne		M-China	++
L. amurense Carr.	Amur-Liguster	N-China	++
L. ciliatum Rehd.			
= *L. tschonoskii*			
L. ciliatum Sieb. ex Bl.			
= *L. ibota*			
L. ibota S. et Z.	Gewimperter Liguster	Japan	++
L. medium hort. ex non Franch. et Sav.			
= *L. tschonoskii*			
● *L. obtusifolium* S. et Z.	Stumpfblättriger Liguster	Japan	++
var. *regelianum*		Japan	++

Habitustypen

„Obtusifolium-Typ": strauchige, niedrige, mehrstämmige Bäumchen, mit mehr oder weniger abstehenden und in die Breite ausladenden Zweigen und Zweigchen, malerisch ungleichmäßig luftig (Abb. 61),
„Vulgare-Typ": luftig ausgebreitete und breit aufgebaute Sträucher mit bogig auseinanderfallenden Zweigen (Abb. 62),
„Ovalifolium-Typ": nicht sehr ausgebreitet, streng aufstrebend wachsende, in den Konturen ungleichmäßig und locker gestaltete Sträucher (Abb. 63).

Textur

Bei den meisten freiwachsenden Sträuchern luftig bis locker, unregelmäßig und durchsichtig, nur beim „Obtusifolium-Typ" meist dichter und kompakter. Geschnittene Sträucher können eine dichte, einheitlich geschlossene Oberfläche bilden. Dunkelgrüne Arten und Sorten wirken streng, auch wenn sie nicht geschnitten sind.

Laub

Blätter gegenständig, gestielt, ganzrandig, ungeteilt, verschieden länglich und eiförmig (s. Abb. 4).

Blattfarbe:

Hellgrün
L. chenaultii, L. tschonoskii und Varietäten, *L. vulgare* 'Insulense' (bis gelbgrün), *L. v.* 'Italicum'.

Grün
L. delavayanum (glänzend), *L. obtusifolium* var. *regelianum*, *L. vulgare*, *L. v.* 'Auriflorum', 'Chlorocarpum', 'Densiflorum', 'Leucocarpum', 'Microphyllum', 'Pyramidale', 'Triphyllum', 'Xanthocarpum'.

Mattgrün
L. amurense, L. ibota, L. sinense, L. s. 'Multiflorum', *L. vulgare* 'Glaucum' (nur leicht weißlich gesäumt).

Wissenschaftlicher Name	Deutscher Name	Natürliche Verbreitung bzw. Entstehungsort	Frosthärte
(KOEHNE) REHD.			
L. quihoui CARR.		China	+, ≙
L. regelianum KOEHNE			
= *L. obtusifolium* var. *regelianum*			
L. sinense LOUR.	Chinesischer Liguster	M-China	+, ≙
var. *stauntonii* (DC.) REHD.		wie die Art	+, ≙
L. stauntonii A. DC.			
= *L. sinense* var. *stauntonii*			
L. tschonoskii DCNE.	Spitzblättriger Liguster	Japan	++
var. *glabrescens* KOIDZ.		wie die Art	++
var. *macrocarpum* (KOEHNE) REHD.		wie die Art	++
L. × *vicaryi* REHD.		Aldenham House (um 1920)	++
L. villosum MAY			
= *L. sinense*			
L. vulgare L. (manche Sorten wintergrün)	Gemeiner Liguster, Rainweide	Europa bis Kaukasus, N-Afrika	++
Wintergrüne Arten			
L. chenaultii HICKEL		SW-China	≙, ≙≙
L. × *ibolium* COE ex REHD.		USA (um 1910)	++
L. ovalifolium HASSK. (Abb. 57 f – manchmal sommergrün)	Wintergrüner Liguster	Japan	++
L. purpusii HOEFK.	Purpus-Liguster	China	+, ≙
Immergrüne Arten			
L. delavayanum HARIOT	Delavay-Liguster	Yünnan, Burma	+, ≙
L. prattii KOEHNE			
= *L. delavayanum*			

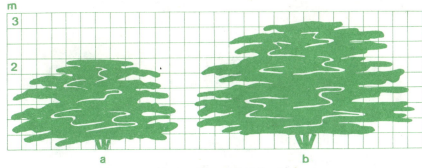

Abb. 61 Typ „obtusifolium"
a)
● *L. obtusifolium* var. *regelianum*,
L. purpusii,
L. quihoui,
L. tschonoskii,
L. t. var. *glabrescens*;
b)
● *L. obtusifolium*

Dunkelgrün

L. acutissimum, *L.* × *ibolium* (glänzend), *L. obtusifolium*, *L. o.* 'Multiflorum', *L. purpusii*, *L. quihoui* (etwas glänzend), *L. sinense* var. *stauntonii*, *L. vulgare* 'Atrovirens' (etwas metallisch glänzend), *L. v.* 'Buxifolium' (halbimmergrün), 'Laurifolium' (wintergrüne, im Winter dunkelviolette Blätter), 'Lodense' (wintergrüne, im Winter bronzefarben bräunliche Blätter).

Weißbunt

L. ovalifolium 'Argenteomarginatum' (weiß gesäumte Blattspreite), *L. vulgare* 'Argenteovariegatum'.

Gelbbunt

L. ovalifolium 'Aureum' (Blattspreite breit gelb gesäumt oder auch ganz gelb), *L.* × *vicaryi* (ganze Blattspreite oft goldgelb, später teilweise grün), *L. vulgare* 'Aureovariegatum', *L. r.* 'Aureum' (Blattspreite verwischt gelblich).

Weißlich gelbbunt

L. ovalifolium 'Tricolor' (rosafarbene Tönung beim Austrieb).

Blüte und Blütenstand

Blüten klein, 4zipfelig, ähnlich gebaut wie bei *Syringa*, d. h. mit trichterförmiger Krone und Röhre, weiß oder weißlich gelb, manchmal duftend (*L. quihoui*, *L. sinense* u. a.), oft in größeren oder kleineren Rispen, entweder kopfförmig (Abb. 64 A), dicht länglich-walzenförmig (Abb. 64 B) oder breit kegelförmig (Abb. 65). Am zierendsten sind die beiden letztgenannten Typen. Blütezeit je nach der Art von Juni bis September (Abb. 66).

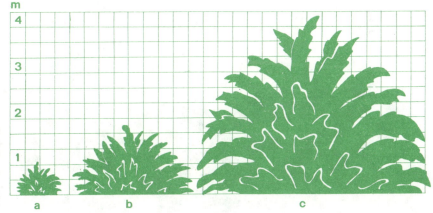

Abb. 62 Typ „vulgare"
a)
L. × *vicaryi*,
● *L. vulgare* 'Lodense';

b)
L. delavayanum,
L. sinense var. *stauntonii*,
L. tschonoskii var. *macrocarpum*,
L. vulgare 'Argenteovariegatum',
L. v. 'Aureovariegatum',
● 'Aureum',
'Insulense',
'Microphyllum';

c)
L. acutissimum,
L. sinense,
L. s. 'Multiflorum',
● *L. vulgare*,
L. v. 'Auriflorum',
'Buxifolium',
'Chlorocarpum',
'Glaucum',
'Leucocarpum',
'Triphyllum',
'Xanthocarpum'

Frucht und Fruchtstand

Frucht eine 1–4samige Beere, meist erbsengroß (6–9 mm), verschieden gefärbt, eiförmig (E) oder kugelig (K).

Fruchtfarbe:

Weiß

L. vulgare 'Leucocarpum' (K).

Gelbgrün
L. vulgare 'Chlorocarpum' (K).
Gelb
L. vulgare 'Xanthocarpum' (K).
Violettblau
L. chenaultii (K).
Rotschwarz
L. sinense sowie Sorte und Varietät (K).
Blauschwarz
L. acutissimum (E), *L. quihoui* (E).
Schwarz
L. amurense (K, leicht bereift), *L. obtusifolium* und Varietät (K, grauer Hauch), *L. tschonoskii* (E, glänzend), *L. vulgare* und die meisten Sorten (K).

Einzelne Früchte in Fruchtständen, die sehr den Blütenständen ähneln, vereint, länglich walzenförmig (Abb. 67) oder breit kegelförmig (Abb. 68).

Zweige und Wurzelsystem

Äste und Zweige dünn und schlank, ziemlich steif, aufrecht oder waagerecht bzw. bogig gestellt, grünlich, mit bräunlichem oder grauschwarzem Hauch. Wurzelsystem dicht und reich verzweigt.

Ansprüche

Wächst gut auf vollsonnigen bis stark beschatteten Standorten. Alle Arten haben minimale Bodenansprüche. Ideal ist eine lockere, sandig-lehmige und kalkreiche Gartenerde. Befriedigend wird Trockenheit vertragen (besonders in schwereren Böden). Größere Nässe wird nicht vertragen. Die angeführten Arten sind unter mitteleuropäischen Bedingungen frosthart, Winterschutz ist nur bei einigen immer- oder wintergrünen Arten nötig; für diese wählen wir auch geschützte Standorte. Die Regenerationsfähigkeit ist sehr groß, Schnitt wird ausgezeichnet vertragen. Verunreinigte Luft ebenfalls.

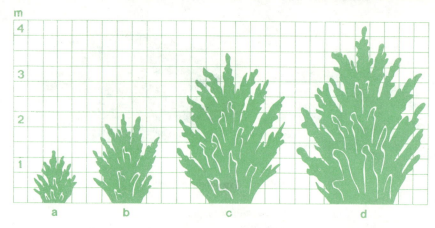

Abb. 63 Typ „ovalifolium"
a)
L. vulgare 'Densiflorum',
● *L. v.* 'Pyramidale';
b)
L. ibota,
L. ovalifolium
'Argenteomarginatum',
● *L. o.* 'Aureum',
'Tricolor';
c)
L. amurense,
L. ovalifolium
'Multiflorum',
● *L. vulgare* 'Atrovirens',
L. v. 'Italicum';
d)
L. chenaultii,
L. × *ibolium*,
● *L. ovalifolium*,
L. vulgare 'Laurifolium'

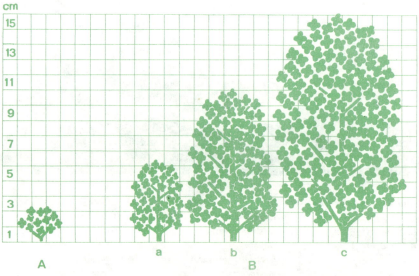

Abb. 64 Blütenstand
Ligustrum
A) kopfförmig
L. ibota
B) dicht länglich-walzenförmig
a)
L. delavayanum,
L. avayanum,
L. obtusifolium;
b)
L. × *ibolium*,
L. ovalifolium, Sorten,
L. × *vicaryi*;
c)
L. quihoui

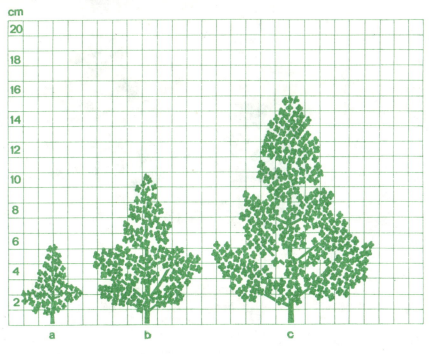

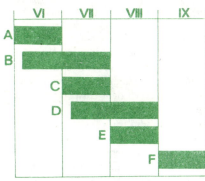

Abb. 66 Blütezeit *Ligustrum*
A) *L. acutissimum*, *L. chenaultii*, *L. delavayanum*, *L. ibota*, *L. obtusifolium*, *L. tschonoskii*;

B) *L. amurense*, *L. obtusifolium* var. *regelianum*, *L. vulgare*;

C) *L.* × *ibolium*, *L. ovalifolium*, *L. sinense*, *L. s.* 'Multiflorum', *L.* × *vicaryi*;

D) *L. sinense* var. *stauntonii*;

E) *L. purpusii*;

F) *L. quihoui*

Abb. 65 Blütenstand *Ligustrum*
Breit kegelförmig
a) *L. amurense*, *L. tschonoskii*, Varietäten, *L. vulgare*, Sorten außer 'Insulense';
b) *L. sinensis*;
c) *L. purpusii*;
d) *L. chenaultii*

Pflege

Sommergrüne Arten pflanzen wir in unbeblättertem Zustand im Vorfrühling oder Herbst, immer- und wintergrüne am besten im Frühjahr mit Wurzelballen. Nach dem Auspflanzen und bei den Immergrünen wird alljährlich vor Wintereinbruch gewässert. Alte Sträucher können wir radikal verjüngen, ausgenommen die immergrünen, auch ein Umpflanzen wird vertragen. Hecken werden im Vorfrühling und je nach Bedarf auch noch im Sommer geschnitten. Selten erscheint ein *Glomerella*-Zweigsterben, fast ausschließlich an *L. vulgare* (starke Verjüngung der erkrankten Pflanzen und wiederholte Spritzungen mit Kupferpräparaten). Gegen vereinzelten Fraß der Larven von Blattwespen oder der Ligustermotte sind Spritzungen mit Präparaten gegen beißende Insekten durchzuführen. Örtlich häufig zeigen sich Blätter mit Gang- und Blasenminen, ausgefressen von den Räupchen der Fliedermotte (siehe *Fraxinus*). Die Raupen des Ligusterschwärmers sind meist so selten, daß eine Bekämpfung nicht erforderlich ist. Ligusterarten leiden nicht unter Wildverbiß.

Verwendung

Wegen seiner Belaubung wird Liguster hauptsächlich in größeren Gruppen oder als Unterholz unter höheren Bäumen verwendet. Ausgezeichnet erfüllen diese Sträucher auch die Funktion als Deckstrauch. Alle Arten, besonders aber die sommer- und wintergrünen, vertragen ausgezeichnet den Schnitt, so daß sie sich sehr gut für geschnittene Hecken und Wände eignen. Für eine Solitärstellung werden nur buntblättrige Sorten zur Betrachtung aus nächster Nähe und der reichblühende *L. sinense* verwendet. Früchte sind ein geeignetes Vogelfutter, für den Menschen sind sie jedoch giftig.

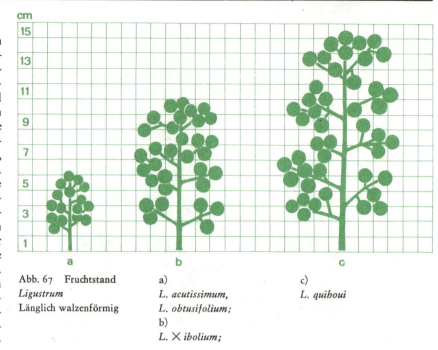

Abb. 67 Fruchtstand *Ligustrum*
a) Länglich walzenförmig *L. acutissimum, L. obtusifolium*;
b) *L. × ibolium*;
c) *L. quihoui*

Lindera THUNB. – Fieberstrauch *(Lauraceae)*

Sommer- oder immergrüne aromatische Bäume und Sträucher. Diese überwiegend tropisch-subtropische Gattung enthält etwa 60 Arten, nur einige reichen in die gemäßigten Zonen (O-Asien, N-Amerika). Von diesen haben für Mitteleuropa *L. benzoin* (L.) BL. (N-Amerika), *L. obtusiloba* BL. (O-Asien) und *L. sericea* (S. et Z.) BL. (Japan) Bedeutung, wobei sie in Kultur strauchartig bleiben. Etwa 3–6 m hohe Sträucher, Blätter wechselständig, länglich elliptisch oder 3zählig (*L. obtusiloba* hat eine sehr schöne Herbstfärbung). Blüten zweihäusig, in achselständigen Büscheln, gelbgrün, im März/April. Früchte kugelige, erbsengroße, scharlachrote oder auch schwarze (*L. obtusiloba*) Steinfrüchte. Brauchen geschützte Standorte, Halbschatten, lockere und humose Böden. Kalkfliehende Pflanzen. Liebhaberbedeutung.

Linnaea GRONOV. ex. L. – Moosglöckchen *(Caprifoliaceae)*

Immergrüner, zierlicher, kriechender Zwergstrauch. Eine einzige Art, die in Nordeuropa und Sibirien beheimatet ist: *L. borealis* L. (Nördliches Moosglöckchen, Syn. *L. serpyllifolia* RYDB.). Triebe fadenförmig, 30–120 cm lang. Blätter gegenständig, etwa 0,6–2,5 cm lang, eirundlich, schwach kerbig gesägt. Blüten 5zählig, duftend, Krone glockig, 6–9 mm lang, weiß und rosa punktiert. Blütezeit: Juni–August. Frucht eiförmig, gelb, 3 mm lang, trocken und nicht aufspringend. Die var. *americana* (FORBES) REHD. hat eine et-

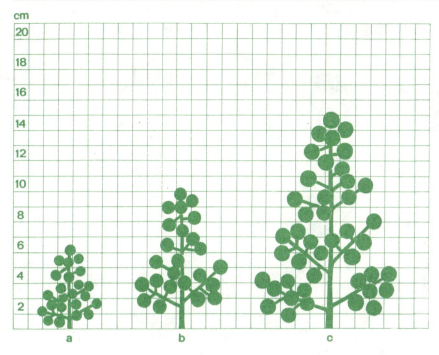

Abb. 68 Fruchtstand
Ligustrum
Breit kegelförmig
a)
L. *amurense*,
L. *tschoskii*, Varietäten,
L. *vulgare*, Sorten;
b)
L. *sinense*;
c)
L. *sinense* (manchmal);
d)
L. *chenaultii*

was längere Blütenröhre, var. *longiflora* TORR. eine mehr trichterförmige, bis 1,6 cm lange Krone. Moosglöckchen verlangt Halbschatten und wächst am besten auf feuchten, humosen Standorten mit Nadelstreu (unter Nadelgehölzen und Birken). Gehört zu den kalkfliehenden Gehölzen. Winterschutz mit Reisig zweckmäßig. Für feuchte und schattige Stellen im Steingarten – Liebhaberbedeutung.

Liquidambar L. – Amberbaum *(Hamamelidaceae)*

Sommergrüne Bäume oder strauchartige Bäumchen. Von den vier, in Nord- und Mittelamerika, Ost- und Westasien verbreiteten Arten kann in Mitteleuropa nur ● L. *styraciflua* L.

(Westlicher Amberbaum – Abb. 57 g) kultiviert werden. Bildet in Mitteleuropa Bäume mit tief gefurchter Rinde und oft Korkleisten an den Zweigen. Blätter handförmig gelappt, etwa 12–13 cm breit, Lappen dreieckig, fein gesägt, glänzend grün, mit schöner karminroter und gelber Herbstfärbung. Blüten ohne Kelch und Krone, klein, in kugeligen Köpfchen. Blütezeit: März/April. Fruchtköpfchen etwa 3 cm im Durchmesser, aus glänzend braunen Kapseln zusammengesetzt. Die Sorte 'Palo Alto' hat eine gleichmäßige orangerote Herbstfärbung, 'Pendula' wächst ziemlich säulenförmig und hat hängende Zweigchen, bei 'Rotundiloba' sind die Blattlappen rundlich und 'Variegata' besitzt gelb gescheckte Blätter. Die angeführte Art verlangt helle, warme und geschützte Standorte sowie tiefgründige, nahrhafte, ausreichend feuchte Böden. Nässe wird vorübergehend vertragen. Jungpflanzen leiden unter Frost, besonders auf zu feuchten Stellen, erwachsene Exemplare sind völlig winterhart. Ein sehr schönes, hauptsächlich wegen seiner leuchtend roten Herbstfärbung wertvolles Gehölz für größere Parkanlagen. Steht gut zu *Ginkgo* und *Liriodendron* und deren gelber Herbstfärbung. Eignet sich auch für Gruppen und Alleen.

Liriodendron L. – Tulpenbaum (*Magnoliaceae*)

Sommergrüne, wüchsige Bäume, die Gattung wird durch 2 Arten in Nordamerika und China vertreten: ● *L. tulipifera* L. (Abb. 69 a).
Zierwert: Laub (V–XI, besonders X bis XI), Blüte (V–VI), Stamm (I–XII, besonders XII–IV).

Abb. 69
a) *Liriodendron tulipifera*;
b) *Lonicera tatarica*;
c) *Lycium halimifolium*;
d) *Magnolia ovata*

Habitus

Bildet in Mitteleuropa robuste, bis etwa 30 m hohe Bäume mit breit ausladender oder – meist in der Jugend – kegelförmiger Krone. Anfangs wächst der Tulpenbaum ziemlich langsam, in 10 Jahren wird er 2–3 m hoch, in 20 Jahren 3–8 m, in 30 Jahren 8–14 m und in 40 Jahren 12–18 m. Die Sorte 'Compactum' wächst zwergig kugelig, 'Fastigiatum' ist streng kegelförmig.

Textur

Ziemlich locker und etwas unruhigluftig; mit der lebhaft grünen Belaubung wirken auch große Bäume leicht.

Laub

Blätter 10–20 cm lang, lyraförmig, hellgrün, im Herbst schön goldgelb. Die Sorte 'Crispum' hat Blätter mehr breit als lang, tief kerbig und verschieden gewellt, 'Integrifolium' als Jugendform mit fast ungelappten Blättern, 'Obtusilobum' mit Blättern beiderseits der Basis rundlich gelappt und 'Aureomarginatum' mit gelbgesäumten Blattspreiten und insgesamt schwächerem Wuchs.

Blüte

Einzeln, tulpenförmig, bis 6 cm im Durchmesser, gelbgrün mit orangefarbenem Hauch; sie entfalten sich im Mai/Juni, wobei sie sich in der Belaubung verlieren und nur aus nächster Nähe auffallen.

Frucht

Dachartig, aus geflügelten Schließfrüchten zusammengesetzt.

Stamm, Zweige und Wurzelsystem

Triebe kahl, grünlich, später bräunlich. Zweige graubraun, Stamm oft kerzengerade und fast bis in die Kronenspitze reichend; manchmal in der oberen Kronenhälfte etwas in die Breite verzweigt. Rinde etwas grob, hellbraun, im 30. bis 40. Lebensjahr in eine länglich aufgesprungene, dunkelgraue Borke übergehend. Wurzeln fleischig, locker verzweigt, Pfahlwurzel lang und stark. Baum gut verankert.

Ansprüche

Liebt volle Sonne, verträgt aber auch Halbschatten. Schöne Exemplare entwickeln sich hauptsächlich in geschützten, warmen Lagen und in tiefgründigen, schweren, ausreichend feuchten und nahrhaften Böden. Ein höherer Kalkgehalt wird schlecht vertragen. Unter mitteleuropäischen Bedingungen ist *L. tulipifera* L. ganz winterhart und verträgt auch Stadtklima sehr gut.

Pflege

Pflanzung am besten im Vorfrühling, da die fleischigen Wurzeln bei Herbstauspflanzung leicht faulen können. Wurzeln dürfen vor der Pflanzung nicht eintrocknen. Ältere Exemplare vertragen ein Umpflanzen nur schlecht. Krankheiten und Schädlinge kommen kaum vor. Nur sehr selten ist ein Befall mit pilzparasitären Zweigkrebs- und Blattfleckenkrankheiten oder mit Echtem Mehltau zu beobachten. Leidet in der Jugend unter Wildverbiß, in großen, nicht abgeschlossenen Parkanlagen ist ein Schutz junger Bäume vor dem Fegen durch Rehwild ratsam.

Verwendung

Liriodendron ist ein schöner Solitärbaum für größere Parkanlagen, eignet sich aber auch für Gruppen- und Alleepflanzungen.

Loiseleuria DESV. – Felsenröschen *(Ericaceae)*

Immergrünes Sträuchlein. Es gibt nur eine arktisch-alpine Art: *L. procumbens* (L.) DESV. (Syn. *Azalea procumbens* L.), die kahl ist und kaum 10 bis 20 cm hoch wird. Blätter wechselständig, eiförmig oder länglich, etwa 3 bis 8 mm lang, eingerollt, lederig. Blüten 5zählig, Krone breit glockig, rosa oder weißlich, 3–5 mm breit. Frucht eine 3–4 mm lange Kapsel. Kultur sehr schwierig. Die Pflanzen lieben Sonne, Heideerde ohne Kalk oder Moorerde, durchlässigen steinigen Untergrund und viel Schnee im Winter (am Winterende geben wir die Schneereste noch auf die Pflanzen). Liebhaberbedeutung – für Steingärten.

Lonicera L. – Heckenkirsche, Geißblatt *(Caprifoliaceae)*

Sommer- oder immergrüne, normal heranwachsende oder windende Sträucher. Etwa 180 Arten auf der nördlichen Halbkugel, meist in der milderen Zone. Wuchs, außer bei manchen immergrünen Arten, ziemlich schnell. Zierwert: Laub (V–XI, bei immergrünen Arten I–XII, hauptsächlich XI bis IV), Blüte (je nach der Art III–X), Früchte (VIII–X).

Habitustypen

„Xylosteum-Typ": dichte und breit halbkugelige Sträucher (Abb. 70),
„Tatarica-Typ": mitteldichte bis dichte Sträucher, breit aufrecht gebaut (Abb. 71),
„Erecta-Typ": schmal aufrechte Sträucher mit direkt aufstrebenden Zwei-

gen, oben breiter als in den bodennahen Partien (Abb. 72 A),

„Amoena-Typ": dicht aufgebaute, breit kugelige Sträucher (Abb. 73),

„Nitida-Typ": luftig und breit ausladende Sträucher, mit bogig abstehenden und leicht überhängenden Zweigen (Abb. 74),

„Pileata-Typ": unregelmäßige, bogenförmige, fast bis zur Erde auseinanderfallende, lockere und mitteldichte Sträuchlein (Abb. 75 B),

„Caprifolium I-Typ": dichter windender Strauch, oben kuppelartig ausgebreitet (Abb. 72 B),

„Caprifolium II-Typ": niederliegender, oft weit in die Breite reichender, bodendeckender Strauch, meist eine Liane des vorigen Typs I, aber ohne Stütze (Abb. 75 A).

Textur

Bei den meisten *Lonicera*-Arten mitteldicht, ziemlich weich, bei älteren Exemplaren ungleichmäßig auseinanderfallend und in Bodenpartien mit „kahlen Füßen" (wenig verzweigt und mit sichtbaren, stärkeren Stämmchen). Blüten und Blütenstände gestalten mit ihrer Form und Farbe den Gesamteindruck etwas leichter. Luftig und durchsichtig locker und bei einer gewissen Starrheit zierlich sind die immergrünen Arten; mit ihrer meist dunklen Belaubung wirken sie kalt, außer *L. henryi* und *L. alseuosmoides*.

Laub

Blätter gegenständig, kurz gestielt oder sitzend, manchmal an der Basis verwachsen, verschieden groß, länglich oder rundlich (Abb. 76). Färbung meist verschieden grün und nur selten gelblich.

Blattfarbe:
Hellgrün
L. angustifolia, L. arizonica, L. canadensis,

Wissenschaftlicher Name	Deutscher Name	Natürliche Verbreitung bzw. Entstehungsort	Frosthärte
Sommergrüne Arten			
L. albertii REGEL			
= *L. spinosa*			
var. *albertii*			
● *L. alpigena* L.	Alpen-Heckenkirsche	Gebirge M- u. S-Europas	++
L. altaica PALL.			
= *L. coerulea*			
var. *altaica*			
L. altmannii REGEL et SCHMALH.		Turkestan	++
var. *hirtipes* REHD.		Turkestan	++
var. *pilosiuscula* REHD.		Alatau-Gebirge	++
var. *saravshanica* REHD.		Sarawschan, W-Bucharei	++
L. × *americana* (MILL.) K. KOCH	Italienisches Geißblatt	S-Europa	++
● *L.* × *amoena* ZAB.		Gotha	++
L. angustifolia WALL. ex DC.	Schmalblättrige Heckenkirsche	Kaschmir – Sikkim	++
L. × *bella* ZAB.		Gotha	++
L. bracteolaris BOISS. et BUHSE		Transkaukasien	++
● *L.* × *brownii* (REGEL) CARR. (manche Sorten wintergrün)	Brown-Geißblatt	? (vor 1850)	++
L. canadensis BARTR. ex MARSH.	Kanadische Heckenkirsche	N-Amerika	++
● *L. caprifolium* L.	Echtes Geißblatt, Jelängerjelieber	M- u. S-Europa	++
L. caucasica PALL.			
= *L. orientalis*			
var. *caucasica*			
L. chaetocarpa (BATAL. ex REHD.) REHD.		W-China	++
L. chamissoi BGE.		O-Asien	++
● *L. chrysantha* TURCZ.	Gelbblütige Heckenkirsche	NO-Asien bis M-Japan	++
L. ciliata (PURSH) POIR.			
= *L. canadensis*			
L. ciliosa (PURSH) POIR.	Bewimpertes Geißblatt	N-Amerika	++
var. *occidentalis* (HOOK.) NICHOLS.		wie die Art	++

Wissenschaftlicher Name	Deutscher Name	Natürliche Verbreitung bzw. Entstehungsort	Frosthärte
● *L. coerulea* L.	Blaue Heckenkirsche	Pyrenäen – ČSSR, Kaukasus, NO-Europa, N-Asien bis Japan	++
var. *altaica* (PALL.) SWEET	Sibirische Heckenkirsche	N-Europa, N-Asien bis Japan	++
var. *angustifolia* REGEL		Turkestan	++
var. *dependens* (DIPP.) REHD.		Turkestan	++
var. *edulis* REGEL	Eßbare Heckenkirsche	Sibirien, Tibet	++
f. *emphyllocalyx* REHD.		Hondo	++
var. *glabrescens* RUPR.		Europa bis NO-Asien	++
var. *venulosa* REHD.		Japan, S-Europa	++
L. confusa (SWEET) DC. (manchmal wintergrün)	Verwechselte Heckenkirsche	O-China	++
L. deflexicalyx BATAL.		W-China, Tibet	++
var. *xerocalyx* (DIELS) REHD.		SW-China	++
L. demissa REHD.		Japan	++
L. dioica L.	Blaugrünes Geißblatt	N-Amerika	++
L. discolor LINDL.	Verschiedenfarbige Heckenkirsche	Kaschmir – Afghanistan	++
L. ferdinandi FRANCH.	Ferdinand-Heckenkirsche	N-China, Mongolei	++
var. *leycesterioides* (GRAEBN.) ZAB.		Mongolei	++
L. flava SIMS	Gelbes Geißblatt	USA	++
L. floribunda BOISS. et BUHSE	Reichblütige Heckenkirsche	Iran	++
L. glauca HILL = *L. dioica*			
L. glaucescens (RYDB.) RYDB.		N-Amerika	++
L. glehnii F. SCHMIDT		Sachalin, Hokkaido, Hondo	++
L. gracilipes MIQ.	Feinstielige Heckenkirsche	Japan	++
L. gymnochlamydea HEMSL.		W-China	++
● *L.* × *heckrottii* hort. ex REHD.	Bastard-Geißblatt	USA (vor 1895)	++

L. chrysantha, *L. coerulea* sowie Varietäten und Sorten, *L. flava*, *L. floribunda*, *L. gracilipes* und Sorte, *L. involucrata* sowie Varietäten und Formen, *L. myrtilloides*, *L. nervosa* (rötliche Nervatur), *L. nigra*, *L. prolifera*, *L.* × *pseudochrysantha*, *L. pyrenaica*, *L. similis* var. *delavayi*, *L. strophiophora*, *L. tenuipes*, *L. utahensis*.

Mattgrün

L. demissa, *L. giraldii*, *L. microphylla*, *L.* × *minutiflora*, *L. morrowii* und Sorte, *L. nitida* 'Elegant', *L. obovata*, *L. purpurascens*, *L. syringantha* var. *wolfii*, *L. szechuanica*, *L. tangutica*, *L. tomentella*, *L. webbiana*.

Graugrün

L. × *amoena* und Sorten, *L. caprifolium* 'Praecox', *L. iberica* und Sorten, *L. korolkowii* und Sorten, *L. villosa* und Varietät, *L. xylosteum*.

Dunkelgrün

die meisten Arten, Sorten bzw. Varietäten.

Glänzend dunkelgrün

L. nitida 'Maigrün'.

Blaugrün

L. altmannii und Varietäten, *L. bracteolaris*, *L. oblongifolia*, *L. praeflorens*, *L. rupicola*, *L. spinosa* var. *alberti*, *L. syringantha*, *L. s.* var. *minor*, *L. tatarica* 'Louis Leroy', *L.* × *xylosteoides* und Sorten.

Gelb

L. nitida 'Aurea'.

Gelbbunt

L. japonica 'Reticulata' (gelbe Nervatur), *L. periclymenum* 'Aurea', *L. tatarica* 'Fenzlii'.

Herbstfärbung meist unauffällig gelbbraun; auffallender sind die immergrünen Arten (z. B. *L. nitida* 'Maigrün' u. a.), besonders im Winter (wenn wir sie an geschützten Standorten nicht mit Winterschutz zu versehen brauchen).

Blüte und Blütenstand

Blüten 5zählig, Krone mit Röhrchen, oft höckerig, meist 2lippig und nur selten fast regelmäßig 5zipfelig. Einzelne Blüten verschieden zusammengestellt, in arm- oder reichblütigen Blütenständen, paarweise verschieden verwachsen oder in Quirlen. Vereinfacht können wir folgende Blütenzusammenstellungen unterscheiden: einzelne, meist langgestielte Blüten (Abb. 77 A), kurzröhrige Blüten zu zweit (Abb. 78), langröhrige Blüten zu zweit (Abb. 79 A), hängende kurzröhrige Blüten zu zweit (Abb. 77 B), hängende langröhrige Blüten zu zweit (Abb. 77 C), langröhrige Blüten zwei zu je zweien (Abb. 79 B), kurzröhrige Blüten zwei zu je zweien (Abb. 79 C), Blütenquirl (Abb. 80) und quirlig zusammengestellter länglicher Blütenstand (Abb. 81). Am häufigsten sind verschiedene Zusammenstellungen zweier achselständiger Blüten; sie können an den Zweigen manchmal so dicht angeordnet sein, daß sie sehr auffallend sind. Am wirksamsten und auffallendsten sind die beiden letztgenannten Blütentypen. Bedeutsam ist die Färbung der Blüten, die meist verschieden weißlich bzw. gelblich ist, manchmal kommen auch auffallende Farbtöne vor.

Blütenfarbe:
Weiß
L. affinis, L. × amoena 'Alba', L. × bella 'Candida' (Knospen grünlich), L. bracteolaris, L. confusa (später gelblich), L. gracilipes 'Alba', L. japonica var. repens (beim Abblühen hellgelb), L. korolkowii 'Floribunda', L. maackii und L. m. var. podocarpa (beim Abblühen gelblich), L. × minutiflora, L. morrowii und Sorte (beim Abblühen gelblich), L. × muscaviensis, L. × notha 'Alba', L. ruprechtiana (beim Abblühen gelblich), L. similis var. delavayi (beim Abblühen gelblich), L. strophiophora, L. tatarica 'Alba', L. t. 'Grandiflora', 'Virginalis', L. tomentella (ungleichmäßig rötlicher Saum), L. × xylosteoides 'Claveyi's Dwarf'.
Weißgelb
L. altmannii und Varietäten, L. caprifolium (manchmal rötliche Tönung), L. chaetocarpa, L. chrysantha (später gelb), L. coerulea sowie Varietäten und Sorten, L. demissa, L. fragrantissima, L. hispida und Varietäten, L.

Wissenschaftlicher Name	Deutscher Name	Natürliche Verbreitung bzw. Entstehungsort	Frosthärte
L. heteroloba BATAL.		W-China	++
L. heterophylla DECNE.		Himalaja	++
var. karelinii (BGE.) REHD.		M-Asien	++
L. hirsuta EATON	Rauhhaariges Geißblatt	N-Amerika	++
L. hispida (STEPH. ex FISCH.) PALL. ex ROEM. et SCHULT.	Steifhaarige Heckenkirsche	Turkestan bis W-China	++
var. hirsutior REGEL		Turkestan, Tibet	++
var. setosa HOOK f. & THOMS.		Himalaja	++
L. hispidula DOUGL.		N-Amerika	+, ≙
var. vacillans GRAY		Britisch Columbien bis S-Kalifornien	≙, +
● L. iberica BIEB.	Persische Heckenkirsche	Transkaukasien, Iran	++
● L. involucrata (RICHARDS) BANKS ex SPRENG.	Behüllte Heckenkirsche	N-Amerika	++
var. flavescens REHD.		USA	++
f. humilis KOEHNE		Colorado	++
f. serotina KOEHNE		Colorado	++
L. kesselringii REGEL = L. orientalis var. longifolia			
● L. korolkowii STAPF	Korolkow-Heckenkirsche	Turkestan	++
● L. ledebourii ESCHSCH.	Ledebour-Heckenkirsche	Kalifornien	++
L. leycesterioides GRAEBN. = L. ferdinandi var. leycesterioides			
● L. maackii (RUPR.) MAXIM.	Maack-Heckenkirsche	China	++
var. podocarpa FRANCH.		wie die Art	++
L. maximowiczii (RUPR.) MAXIM.	Maximowicz-Heckenkirsche	Korea, Mandschurei	++
L. microphylla WILLD. ex ROEM. et SCHULT.	Kleinblättrige Heckenkirsche	M-Asien	++
L. × minutiflora ZAB.		? (vor 1878)	++

Wissenschaftlicher Name	Deutscher Name	Natürliche Verbreitung bzw. Entstehungsort	Frosthärte
● *L. morrowii* A. Gray	Morrow-Heckenkirsche	Japan	++
L. × *muendeniensis* Rehd.	Mündener Heckenkirsche	Hann.-Münden	++
L. × *muscaviensis* Rehd.	Muskauer Heckenkirsche	Muskau	++
L. myrtilloides Purpus		Himalaja	++
L. myrtillus Hook. f. et Thoms.	Heidelbeer-Heckenkirsche	Afghanistan – Sikkim	++
var. *depressa* (Royle) Rehd.		Himalaja, Nepal, Sikkim	++
L. nervosa Maxim.	Rotrippige Heckenkirsche	NW-China	++
L. nigra L.	Schwarze Heckenkirsche	Gebirge S- u. M-Europas	++
L. × *notha* Zab.		? (1878)	++
L. oblongifolia (Goldie) Hook.		N-Amerika	++
L. obovata Royle ex Hook.		Sikkim-Kaschmir u. Afghanistan	++
L. orientalis Lam.	Orientalische Heckenkirsche	Kleinasien	++
var. *caucasica* Zab.	Kaukasische Heckenkirsche	Transkaukasien, Armenien	++
var. *longifolia* Dipp.		Kamtschatka?	++
L. parviflora Lam. = *L. dioica*			
● *L. periclymenum* L.	Wald-Geißblatt, Deutsches G.	W.- M- u. S-Europa, NW-Afrika	++
L. praeflorens Batal.		Mandschurei, Korea	++
L. prolifera (Kirchn.) Rehd.	Sprossendes Geißblatt	N-Amerika	++
L. × *propinqua* Zab.		Hann.-Münden	++
L. prostrata Rehd.	Niederliegende Heckenkirsche	China	++
L. × *pseudochrysantha* A. Barum ex Rehd.		? (vor 1889)	++
L. pubescens Sweet non Stokes = *L. hirsuta*			
L. purpurascens Walp.	Rötliche Heckenkirsche	Kaschmir, Afghanistan	++

iberica und Sorten, *L. microphylla*, *L.* × *muendeniensis* (manchmal rötlicher Hauch), *L. myrtillus* und Varietät, *L. nitida* und Sorten, *L.* × *notha* 'Gilva' (rosafarben gesäumt), *L. oblongifolia*, *L. obovata*, *L. pileata*, *L. praeflorens*, *L. prostrata*, *L.* × *pseudochrysantha*, *L.* × *purpusii*, *L. pyrenaica* (rötliche Tönung), *L. quinquelocularis* und Sorte (beim Abblühen gelblich), *L. standishii*, *L. szechuanica*, *L. tangutica* und *L. tatarica* (rosafarbener Hauch), *L. t.* 'Fenzlii', 'Lutea', *L. villosa* und Varietät, *L.* × *vilmorinii*, *L. xylosteum* (beim Abblühen gelblicher).

Gelb
L. alpigena (manchmal grünlich mit bräunlicher Tönung), *L. a.* 'Macrophylla', *L. alseuosmoides* (innen purpurfarben), *L. deflexicalyx* und Varietät, *L. ferdinandi* und Varietät, *L. flava* (später orangefarbig), *L. involucrata*, *L. i.* var. *flavescens*, f. *humilis* (manchmal rötlicher Hauch), *L.* × *notha*, *L.* × *n.* 'Grandiflora' (unauffälliger rosafarbener Hauch), 'Ochroleuca', *L. prolifera*, *L. sempervirens* 'Sulphurea', *L. trichosantha*, *L. vesicaria*.

Gelbgrün
L. glehnii, *L. webbiana*.

Weißrosa
L. × *amoena* 'Arnoldiana', *L. angustifolia*, *L. gymnochlamydea*, *L. hispidula* und Varietät (manchmal rötliche Tönung), *L. japonica*, *L. j.* var. *chinensis*, *L. korolkowii*, *L. maacki* 'Erubescens', *L. myrtilloides* (Petalenbasis schwach rosarot), *L. syringantha* und *L. s.* var. *minor* (bis violette Tönung), *L. tatarica* 'Gracilis'.

Hellrosa
L. × *amoena*, *L.* × *a.* 'Rosea', *L.* × *bella* 'Rosea' (später ganz weiß), *L. nervosa*, *L. nigra* (schmutzige Tönung), *L. tatarica* 'Albo-rosea', *L. t.* 'Discolor', 'Latifolia' (dunkler gestreift), 'Morden Orange', 'Rosea'.

Dunkelrosa
L. × *bella* 'Atrorosea', *L.* × *b.* 'Polyantha' (leuchtende Farbe), *L. gracilipes*, *L. korolkowii* 'Aurora', *L. orientalis* und *L. o.* var. *caucasica* (violetter Hauch), *L. syringantha* var. *wolfii*, *L. tatarica* 'Nana', *L. t.* 'Punicea'.

Violettrosa
L. spinosa var. *alberti*, *L. tatarica* 'Hacks Red', *L. t.* 'Louis Leroy' (weißlich gesäumte Petalen).

Gelbrot
L. × *americana* und *L.* × *a.* 'Quercifolia' (Blütenröhre gelb mit rötlichem Hauch), *L.* × *bella* (später mehr gelb), *L. canadensis* (weißliche Tönung), *L. coliosa*, *L. c.* var. *occidentalis* (orangefarbene Tönung), *L. glaucescens*, *L.* × *heckrotii*, *L. henryi* (manchmal ganz rot), *L. heterophylla* und Varietät, *L. periclymenum*, *L. p.* 'Aurea', 'Quercina', *L. utahensis* (weißliche Tönung).

Hellrot
L. caprifolium (manchmal cremefarben und später gelblich), *L.* × *notha* 'Carneorosea', *L. tatarica* 'Angustifolia', *L. t.* 'Splendens', *L.* × *xylosteoides*.

Rot
L. arizonica, *L.* × *brownii* 'Dropmore Scarlet Trumpet', *L. floribunda*, *L. orientalis* var. *longifolia*, *L. purpurascens*, *L. tenuipes*.

Scharlachrot
L. × *brownii* 'Fuchsioides', *L. sempervirens* 'Superba' (orangegelbe Tönung).

Dunkelrot
L. alpigena 'Nana', *L. americana* 'Atrosanguinea', *L. tatarica* 'Arnold Red', *L. t.* 'Sibirica' (weißliche gesäumte Petalen).

Orangegelb
L. hirsuta, *L. involucrata* (scharlachrote Tönung), *L. ledebourii* (manchmal scharlachrote Tönung), *L. sempervirens* (scharlachrote Tönung), *L.* × *tellmanniana*, *L. tragophylla*.

Orangerot
L. × *brownii*, *L.* × *b.* 'Punicea', 'Youngii' (sehr dunkle Färbung).

Hellviolett
L. rupicola.

Dunkelviolett
L. chamissoi.

Purpurrot
L. giraldii, *L. korolkowii* 'Zabelii' (dunkle Färbung), *L. maximowiczii*.

Purpurfarben
L. × *americana* 'Rubella', *L. caprifolium* 'Pauciflora' (das Blüteninnere gelblich), *L. heteroloba*, *L. maximowiczii* var. *sachali-*

Wissenschaftlicher Name	Deutscher Name	Natürliche Verbreitung bzw. Entstehungsort	Frosthärte
L. pyrenaica L.	Pyrenäen-Heckenkirsche	Pyrenäen, Balearen	++
L. quinquelocularis HARDW.	Durchsichtige Heckenkirsche	Himalaja – Afghanistan	++
L. rupicola HOOK. f. et THOMS.	Felsen-Heckenkirsche	Himalaja	≙, +
L. ruprechtiana REGEL	Ruprecht-Heckenkirsche	Mandschurei – N-China	++
L. sericea ROYLE = *L. purpurascens*			
● *L. spinosa* JACQ. ex WALP.	Dornige Heckenkirsche	Turkestan, Tibet, W-Himalaja	++
var. *alberti* (REGEL) REHD.		Turkestan	++
L. strophiophora FRANCH.		Japan	++
L. subaequalis REHD.		Szetschuan	++
● *L. syringantha* MAXIM.	Fliederblütige Heckenkirsche	China, Tibet	++
var. *minor* MAXIM.		Kansu, Tibet	++
var. *wolfii* REHD.		M-China	++
L. szechuanica BATAL.		Szetschuan	++
L. tangutica MAXIM.	Tangutische Heckenkirsche	W-China	++
● *L. tatarica* L. (Abb. 69b)	Tatarische Heckenkirsche	O-Europa bis Altai u. Turkestan	++
L. tatsiensis FRANCH.		Tibet	++
● *L.* × *tellmanniana* MAGYAR ex SPÄTH	Tellmann-Geißblatt	Budapest	
L. tenuipes NAKAI		Japan	++
● *L. thibetica* BUR. et FRANCH.	Tibet-Heckenkirsche	W-China	++
L. tomentella HOOK. f. et THOMS.	Flaumige Heckenkirsche	Sikkim	++
L. tragophylla HEMSL.		W-China	++
L. trichosantha BUR. et FRANCH.		W-China, Tibet	++
L. utahensis S. WATS.		N-Amerika	++
L. versicaria KOMAR.		Korea	++
L. villosa (MICHX.) ROEM. et SCHULT.		N-Amerika	++
var. *solonis* (EATON) FERN.		wie die Art	++
L. × *vilmorinii* REHD.		Les Barres (bei Vilmorin)	++

Wissenschaftlicher Name	Deutscher Name	Natürliche Verbreitung bzw. Entstehungsort	Frosthärte
L. webbiana WALL ex DC.	Webb-Heckenkirsche	SO-Europa, Afghanistan, Himalaja	++
L. × xylosteoides TAUSCH		Prag (?)	++
● L. xylosteum L.	Gemeine Heckenkirsche	Europa, W-, M-Asien, Sibirien	++
Wintergrüne Arten			
L. affinis HOOK. et ARN.		Japan, Yünnan	++
L. brachypoda DC. = L. japonica var. repens			
L. fragrantissima LINDL. et PAXT.	Duftende Heckenkirsche	O-China	+, ⌂
L. chinensis P. W. WATS. = L. japonica var. chinensis			
● L. japonica THUNB.		O-Asien	++
var. chinensis (P. W. WATS.) BAK.	Chinesische Heckenkirsche	China, Mandschurei, Korea	++
var. japonica	Japanische Heckenkirsche	Japan	
var. repens (SIEB.) REHD.	Kriechende Heckenkirsche	China, Japan	++
● L. × purpusii REHD.		Darmstadt	++
L. similis HEMSL.		W-China	+, ⌂
var. delavayi (FRANCH.) REHD.		SW-China	
● L. standishii JACQ.	Standish-Heckenkirsche	China	++
f. lancifolia REHD.		Szetschuan	++
Immergrüne Arten			
L. alseuosmoides GRAEBN.		W-China	++
L. henryi HEMSL.	Henry-Heckenkirsche	W-China	++
● L. nitida WILS.	Immergrüne Strauch-Heckenkirsche	W-China	⌂, +
● L. pileata OLIV.	Immergrüne Kriech-Heckenkirsche	M- u. W-China	++
L. pileata f. yunnanensis (FRANCH.) REHD. = L. nitida 'Elegant'			
L. sempervirens L.	Trompeten-Geißblatt	USA	

nensis (dunkle Färbung), *L. periclymenum* 'Belgica' (hellere Tönung), *L. p.* 'Serotina' (dunklere Tönung), *L. tatsiensis*, *L. thibetica* (hellere Tönung).
Braungelb
L. × propinqua.
Braunorange
L. × brownii 'Plantierensis'.

Manche *Lonicera*-Arten haben einen ausgeprägten Blütenduft:

L. × americana und Sorten, *L. angustifolia*, *L. caprifolium* und Sorten, *L. confusa*, *L. flava*, *L. fragrantissima*, *L. japonica* und Varietäten, *L. maackii*, *L. myrtilloides*, *L. myrtillus*, *L. periclymenum* und Sorte, *L. pileata*, *L. × purpusii*, *L. spinosa* var. *alberti*, *L. standishii*.

Einzelne Arten und Sorten blühen meist etwa 4 Wochen, nur selten länger, manche in milden Wintern und wärmsten Gebieten auch im Winter oder zeitigen Vorfrühling. Die einzelnen Arten blühen von März bis Oktober (Abb. 82).

Frucht und Fruchtstand

Früchte meist saftige, wenig- oder mehrsamige Beeren. Etwa 0,5–1,5 cm dick oder lang, entweder einzeln (Abb. 84 A), oder zu zweien verwachsen (Abb. 83 B), getrennt zu zweien (Abb. 84 A) oder zu zweien verwachsen Fruchtständen (Abb. 84). Der Zierwert wird von der Zahl und Färbung beeinflußt.

Fruchtfarbe:
(K = kugelig,
E = eiförmig)
Weißlich
L. quinquelocularis (K – durchsichtig mit violetten Samen), *L. q.* 'Translucens'.
Gelb
L. morrowii 'Xanthocarpa' (K), *L. ruprechtiana* 'Xanthocarpa' (K), *L. tatarica* 'Lutea' (K).

Gelbrosa

L. × vilmorinii (fein rötlich punktiert).

Gelbrot

L. floribunda (K), *L. hirsuta* (K), *L. × xylosteoides* und Sorte (K).

Hellrot

L. canadensis (K), *L. glaucescens* (K), *L. korolkowii* (K), *L. k.* 'Floribunda' (K), 'Zabelii' (K), *L. tatarica* und die meisten Sorten (K), *L. thibetica* (E), *L. utahensis* (K).

Rot

L. × americana und Sorten (K), *L. angustifolia* (K), *L. caprifolium* und Sorten (K), *L. chamissoi* (K), *L. chrysantha* (K), *L. deflexicalyx* und Varietät, *L. demissa* (K), *L. dioica* (K), *L. ferdinandi* und Varietät (K), *L. flava* (K), *L. gracilipes* und Sorte (E), *L. gymnochlamydea* (K – bis weißlich), *L. heteroloba* (K), *L. heterophylla* und Varietät (K), *L. hispida* und Varietät (E), *L. iberica* und Sorten (K), *L. maximowiczii* (K), *L. × minutiflora* (K), *L. × muendeniensis* (K), *L. myrtilloides* (K), *L. × notha* (K), *L. × n.* 'Alba' (K), 'Gilva' (K), *L. oblongifolia* (K), *L. periclymenum* sowie Sorten und Varietäten (K), *L. prolifera* (K), *L. prostrata* (E), *L. × pseudochrysantha* (K), *L. × purpusii* (K), *L. pyrenaica* (K), *L. rupicola* (K), *L. sempervirens* und Sorten (K), *L. strophiophora* (K), *L. syringantha* und Varietäten (K), *L. szechuanica* (K), *L. tangutica* (K), *L. tatarica* 'Virginalis' (K), *L. tenuipes* (E), *L. trichosantha* (K), *L. vesicaria* (K), *L. webbiana* (K).

Dunkelrot

L. alpigena und Sorten (K), *L. × bella* und Sorten, *L. fragrantissima*, *L. glehnii*, *L. maackii* sowie Varietät und Sorte (K), *L. × notha* 'Grandiflora' (K), *L. × propinqua* (K), *L. tatarica* 'Arnold Red' (K), *L. t.* 'Rosea' (K), *L. xylosteum* (K).

Orangerot

L. altmannii und Varietäten (E), *L. bracteolaris* (K), *L. chaetocarpa* (K), *L. korolkowii* 'Aurora' (K), *L. microphylla* (K), *L. myrtillus* und Varietät (K), *L. × notha* 'Ochroleuca' (K), *L. ruprechtiana* (K).

Orangefarben

L. tatarica 'Discolor' (K), *L. t.* 'Louis Leroy' (K), 'Morden Orange' (K).

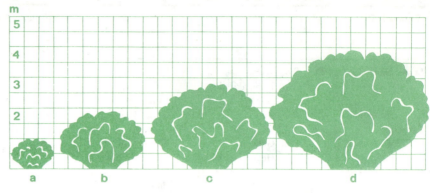

Abb. 70 Typ „xylosteum"

a)
L. gymnochlamydea,
L. szechuanica,
L. tangutica;

b)
L. canadensis,
L. coerulea var. *dependens*,
L. deflexicalyx,
L. d. var. *xerocalyx*,
L. flava (manchmal),
L. floribunda,
L. morrowii,
L. m. 'Xanthocarpa',
L. quinquelocularis 'Translucens',
L. utahensis,
L. × vilmorinii;

c)
L. ferdinandii,
L. f. var. *leycesterioides*,
● *L. korolkowii*,
● *L. k.* 'Floribunda',
● 'Zabelii',
L. purpurascens,

L. vesicaria,
● *L. xylosteum*;

d)
L. demisa,
● *L. maackii*,
L. m. 'Erubescens',
var. ● *podocarpa*,
L. quinquelocularis

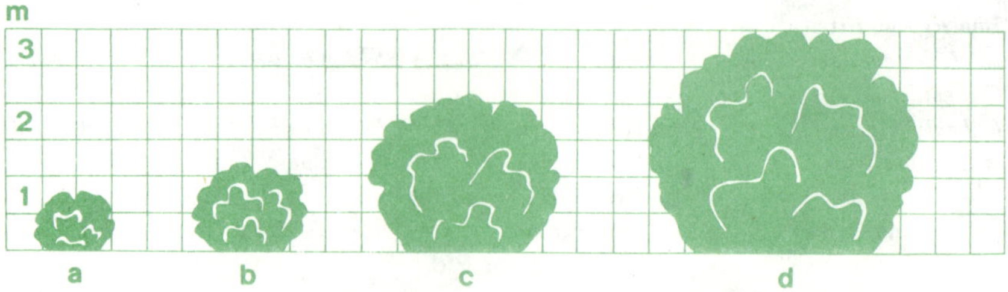

Abb. 73 Typ „amoena"

a)
L. tatarica 'Nana';

b)
L. myrtillus,
L. m. var. *depressa*,
L. tatarica 'Louis Leroy',
L. × xylosteoides 'Clavey's Dwarf';

c)
L. dioica (manchmal),

d)
● *L. × amoena*,
● *L. × a.* 'Alba',
'Rosea'

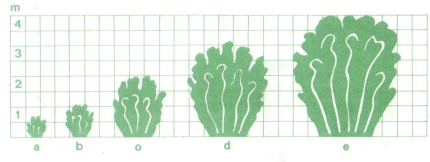

Abb. 71 Typ „tatarica"

a)
L. alpigena 'Nana',
L. involucrata f. humilis;

b)
● L. alpigena,
L. a. 'Macrophylla',
L. chamissoi,
L. glehnii,
● L. involucrata,
L. i. var. flavescens,
● f. serotina,
L. microphylla,
L. myrtilloides,
L. × propinqua,
L. pyrenaica,
L. villosa,
L. v. var. solonis;

c)
L. chaetocarpa,
● L. coerulea,
L. c. var. altaica,
var. angustifolia,
var. edulis,
f. emphyllocalyx,
var. glabrescens,
'Globosa',
'Sphaerocarpa',
var. tangutica,
var. venulosa,
'Viridifolia',
L. discolor,
L. gracilipes, L. g. 'Alba',
L. heterolobata,
L. heterophylla,
L. h. var. karelinii,
L. hispida,
L. h. var. hirsutor,
var. setosa,

● L. iberica,
● L. ledebourii,
L. × muscaviensis,
L. nigra,
L. nitida 'Fertilis',
L. oblongifolia,
L. obovata,
L. praeflorens,
● L. standishii,
L. s. f. lancifolia,
L. strophiophora,
L. tatsiensis,
L. tenuipes,
L. tomentella,
L. trichosantha;

d)
L. altmannii,
L. a. var. hirtipes,
var. pilosiuscula,
var. saravshanica,
● L. × bella,
L. × b. 'Atrorosea',
'Candida',
'Polyantha',
'Rosea',
L. bracteolaris,
● L. chrysantha,
L. maximowiczii,
L. m. var. sachalinensis,
L. × minutiflora,
L. × muendeniensis,
L. nervosa,
L. × notha,
L. × 'Alba',
'Carneorosea',
'Gilva',
'Grandiflora',
'Ochroleuca',
L. orientalis,

L. o. var. caucasica,
var. longifolia,
L. × pseudochrysantha,
● L. × purpusii,
● L. syringantha,
● L. tatarica,
● L. t. 'Alba',
'Albarosea',
'Angustifolia',
'Arnold Red',
'Discolor',
'Fenzlii',
'Gracilis',
● 'Hack's Red',
'Latifolia',
● 'Lutea',
'Morden Orange',
'Punicea',
● 'Rosea',
'Sibirica',
'Splendens',
'Virginalis',
L. webbiana;

e)
L. tatarica 'Grandiflora'

Purpurfarben
L. nitida und Sorten (K), L. pileata (K), L. spinosa var. alberti (K – manchmal auch weißlich).
Blau
L. villosa (K).
Blauschwarz
L. coerulea sowie Varietäten und Sorten (K, E), L. giraldii (K), L. nigra (K), L. obovata (K), L. tomentella (K), L. villosa var. solonis (K).
Schwarzrot
L. involucrata sowie Formen und Varietäten (K – glänzend).
Schwarz
L. alseuosmoides (K – purpurfarben bereift), L. confusa (K), L. discolor (K), L. henryi (K), L. japonica und Varietäten (K), L. ledebourii (K – purpurfarbene Tönung), L. nervosa (K), L. orientalis und Varietäten (K), L. similis var. delavayi (E).

Früchte von L. coerulea var. edulis, L. kamtschatica, L. villosa und L. v. var. solonis sind genießbar. Als Vogelfutter sind Früchte von L. caprifolium und L. periclymenum geeignet.

Zweige und Wurzelsystem

Lonicera-Arten sind ziemlich dicht verzweigt (wenn auch manche Sträucher luftig gestaltet sind); Zweige mitteldick, Zweigchen meist dünn und schlank, mit typisch gegenständigen und zugespitzten Knospen. Ein unbelaubter Strauch einer gewöhnlichen Lonicera-Art kann im Rauhreif oder nach leichtem Schneefall sehr effektvoll wirken. Zweigrinde meist unauffällig grau, es existieren aber auch farbige Abweichungen.

Rindenfarbe:
Graugrün
L. flava (bereift).
Gelblich
L. giraldii (behaart).
Gelbbraun
L. iberica und Sorten, L. × tellmanniana

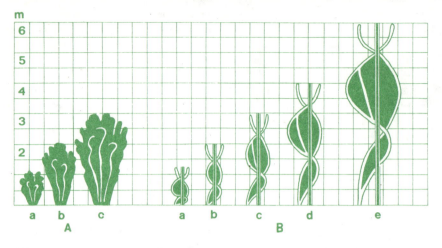

Abb. 72
A) Typ „erecta"
a)
L. nitida 'Aurea';
b)
L. × *xylosteoides*;
c)
L. iberica 'Erecta'

B) Typ „caprifolium I"
a)
L. bispidula (selten),
L. b. var. *vacillans* (selten),
● *L. japonica* var. *repens*,
● *L. j.* 'Reticulata';
b)
L. × *brownii* 'Punicea',
L. dioica,
L. giraldii, L. glaucescens,
● *L.* × *heckrottii*;

c)
L. arizonica,
● *L.* × *brownii*,
L. × *b.* 'Dropmore Scarlet Trumpet', 'Fuchsioides', 'Plantierensis', 'Youngii', *L. flava*,
● *L. japonica*,
L. j. var. *chinensis*,
L. prolifera (manchmal);
d)
L. affinis,
L. × *americana*,
L. × *a.* 'Atrosanguinea', 'Quercifolia', 'Rubella',
● *L.* × *caprifolium*,
L. × *c.* 'Pauciflora', 'Praecox',
L. ciliosa,

L. c. var. *occidentalis*,
L. confusa, L. henryi,
● *L. periclymenum*,
L. p. 'Aurea', 'Quercina', 'Serotina',
L. subaequalis,
● *L.* × *tellmanniana*,
L. tragophylla;
e)
L. alseuosmoides,
L. henryi (manchmal),
L. hirsuta,
L. japonica (manchmal),
L. j. var. *chinensis*,
L. sempervirens,
L. s. 'Sulphurea', 'Superba',
L. × *tellmanniana* (manchmal),
L. tragophylla (manchmal)

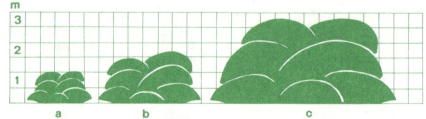

Abb. 74 Typ „nitida"
a)
● *L.* × *heckrottii*,
● *L. nitida, L. n.* 'Maigrün',
L. prolifera, L. rupicola;

b)
L. × *amoena* 'Arnoldiana',
L. angustifolia,
L. fragrantissima,
L. periclymenum 'Belgica';

c)
L. korolkowii 'Aurora',
L. ruprechtiana,
L. r. 'Xanthocarpa'

Abb. 76 Blätter *Lonicera*
a)
L. chaetocarpa;
b)
L. alseuosmoides,
L. henryi;
c)
L. deflexicalyx (manchmal schmalere und länglichere Blattspreite),
L. tatsiensis;
d)
L. webbiana;
e)
L. coerulea var. *altaica*,
L. maximowiczii (manchmal eine schmalere Blattspreite),
L. nervosa,
L. nigra,
L. periclymenum,
L. quinquelocularis,
L. tenuipes;
f)
L. × *bella*,
L. coerulea var. *glabrescens*,
L. bispida,
L. tatarica;
g)
L. involucrata,
L. ruprechtiana;
h)
L. ferdinandii,
L. giraldii;
i)
L. coerulea var. *angustifolia*,
L. morrowii,
L. myrtilloides,
L. syringantha,
L. thibetica;
j)
L. maackii;
k)
L. arizonica,
L. fragrantissima,
L. gracilipes,
L. xylosteoides;

l)
L. altmannii,
L. chamissoi;
m)
L. oblongifolia;
n)
L. pyrenaica,
L. villosa;
o)
L. amoena 'Arnoldiana',
L. myrtillus,
L. prostrata,
L. tomentella;
p)
L. hirsuta;
q)
L. korolkowii;
r)
L. iberica;
s)
L. xylosteum;
t)
L. × *heckrottii;*
u, u$_1$)
L. sempervirens;
v)
L. nitida,
L. pileata;
w)
L. spinosa var. *albertii;*
x)
L. flava
(manchmal schmalere und zugespitztere Blattspreite),
L. prolifera;
y, y$_1$)
L. heteroloba;
z, z$_1$)
L. ciliosa;
A)   *L. canadensis;*
B)   *L.* × *brownii;*
C)   *L. japonica;*
D)   *L. standishii;*
E)   *L. microphylla*
(Quadrat 1 × 1 cm)

(besonders beim Austrieb junger Triebe), *L. tenuipes* (manchmal auch rotbraun).

Rötlich

L. altmannii und Varietäten, *L.* × *americana* und Sorten, *L. bracteolaris*, *L. gymnochlamydea*, *L. japonica* var. *repens*, *L. j.* 'Reticulata', *L. maximowiczii* und Varietät, *L. quinquelocularis.*

Rotbraun

L. coerulea sowie Varietäten und Sorten (ältere Rinde ablösend), *L. deflexicalyx* und Varietät, *L. discolor, L. nervosa.*

Braun

L. confusa, L. villosa var. *solonis* (ältere Rinde in längeren Streifen ablösend).

Purpurfarben

L. nitida und Sorten.

Wurzelsystem besonders bei den sommergrünen Arten reich und dicht verzweigt.

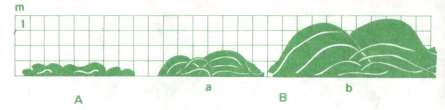

Abb. 75
A) Typ „caprifolium II"
L. alseuosmoides (manchmal ohne Stütze), *L.* × *americana*, *L.* × *a.* 'Atrosanguinea', 'Quercifolia', 'Rubella' (alle manchmal ohne Stütze),

● *L. caprifolium* (manchmal ohne Stütze), *L. ciliosa*, *L. c.* var. *occidentalis* (ohne Stütze), *L. henryi* (ohne Stütze), *L. hispidula*, *L. h.* var. *vacillans*, *L. japonica* var. *repens*, *L. j.* 'Reticulata' (ohne Stütze)

B) Typ „pileata"
a)
L. iberica 'Microphylla',
● *L. pileata*,
● *L. spinosa* var. *albertii*,
L. syringantha var. *minor*,
L. s. var. *wolfii*;
b)
● *L. nitida* 'Elegant',
● *L. n.* 'Graciosa',
● *L. prostrata* (manchmal kriechend),
● *L. thibetica*

Abb. 77 Blüten *Lonicera*
A) einzeln
L. gracilipes, L. tenuipes;

B) hängende kurzröhrige Blüten zu zweit
a)
L. myrtilloides,
L. myrtillus;
b)
L. purpurascens

C) hängende langröhrige Blüten zu zweit
a)
L. angustifolia,
L. chaetocarpa,
L. coerulea, Varietäten, Formen und Sorten,
L. szechuanica;
b)
L. discolor, L. hispida,
L. pyrenaica,
L. strophiophora, L. tangutica

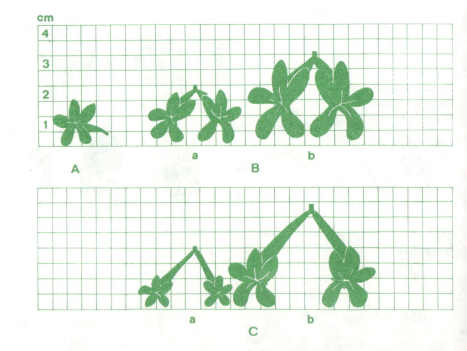

Abb. 78 Blüten *Lonicera* Kurzröhrig und zu zweit
a)
L. alpigena, Sorten,
L. altmannii, Varietäten,
L. bracteolaris,
L. chamissoi,
L. deflexicalyx,
L. demissa,
L. glehnii,
L. gymnochlamydea,
L. maximowiczii,
L. microphylla,
L. × *minutiflora*,
L. nervosa,
L. nigra,
L. nitida, Sorten,
L. obovata,
L. pileata,
L. spinosa var. *albertii*,
L. syringantha,
L. s. var. *minor*,
L. tatarica 'Angustifolia',
L. t. 'Nana',
L. × *xylosteoides*;

b)
die meisten Arten,
Sorten und Varietäten;

c)
L. tatarica 'Grandiflora',
L. t. 'Louis Leroy',
'Rosea'

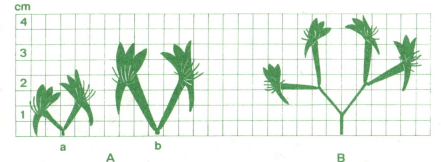
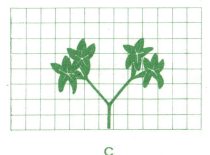

Abb. 79 Blüten *Lonicera*
A) langröhrig zu zweit
a)
L. × *bella*, Sorten,
L. chrysantha;
b)
L. affinis,
L. canadensis,
L. ferdinandi,
L. floribunda,
L. glaucescens,
L. gracilipes,
L. henryi,
L. heteroloba,
L. japonica,
L. j. var. *chinensis*,
L. ledebourii,
L. maackii,
L. × *muendeniensis*,
L. oblongifolia,
L. orientalis,
L. × *pseudochrysantha*,
L. quinquelocularis,
L. rupicola,
L. ruprechtiana,
L. similis var. *delavayi*,
L. tomentella,
L. trichosantha,
L. utahensis,
L. vesicaria,
L. villosa,
L. × *vilmorinii*

B) langröhrige Blüten zweimal zu zweit
L. henryi (manchmal)

C) kurzröhrige Blüten zweimal zu zweit
L. × *amoena*, Sorten,
L. × *purpusii*

Abb. 80 Blütenstand
Lonicera
Blütenquirl
a)
L. × *brownii*, Sorten,
L. confusa,
L. dioica,
L. giraldii,
L. hirsuta,
L. hispidula, L. prolifera;
b)
L. arizonica,
L. ciliosa,
L. flava,
L. subaequalis, L. × *tellmanniana;*
c)
L. caprifolium, Sorten,
L. × *heckrottii, L. periclymenum,* Sorten;
d)
L. americana, Sorten,
L. similis var. *delavayi* (an Zweigenden),
L. tragophylla

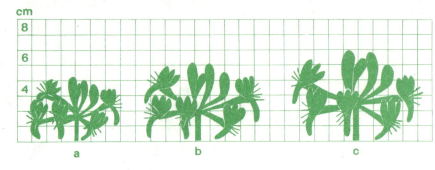

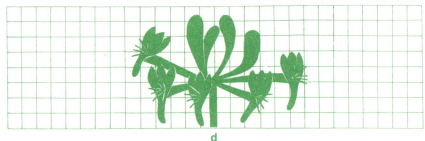

Abb. 81 Blütenstand
Lonicera
Quirlig zusammengestellter
länglicher Blütenstand
a)
L. alseuosmoides;
b)
L. hispidula var.
vacillans;
c)
L. sempervirens, Sorten

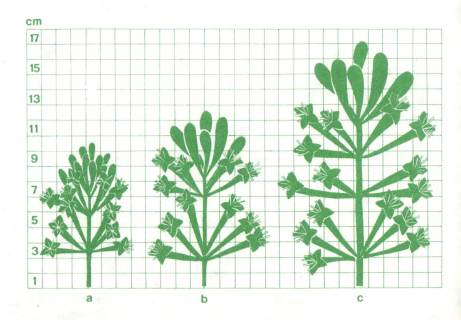

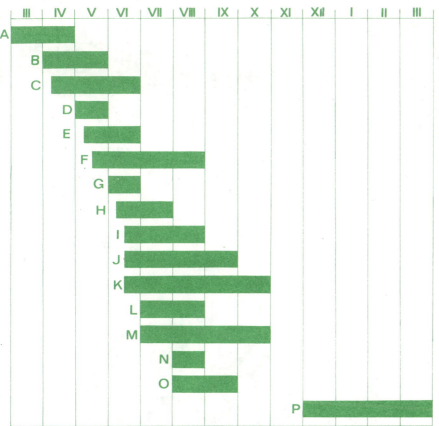

Ansprüche

Die meisten angeführten Arten wachsen in voller Sonne wie im Halbschatten. Ausnahmen sind: *L. spinosa* var. *albertii*, die im Halbschatten schlecht gedeiht und eine sonnige Lage braucht, sowie im Gegensatz dazu alle immergrünen Arten sowie *L.* × *heckrottii* und *L. ledebourii*, die im lichten Halbschatten am besten wachsen. Es existiert noch eine umfangreiche Gruppe, die sowohl auf sonnigen und halbschattigen Standorten als auch im Schatten befriedigend wächst (*L. caprifolium, L. coerulea, L.* × *heckrottii, L. henryi, L. ledebourii, L. tatarica, L.* × *tellmanniana* und *L. xylosteum*). An die Bodenverhältnisse stellen *Lonicera*-Arten keine besonderen Ansprüche, sie wachsen gut in leichten wie auch schweren Böden, nur die immergrünen Arten (besonders *L. pileata* und *L. nitida*) gedeihen am besten in humosen und leichten Substraten. Fast alle Arten sind kalkliebend (ausgenommen *L.* × *amoena*). Ideal ist eine mäßige Boden- und Luftfeuchtigkeit;

Abb. 82 Blütezeit *Lonicera*

A) *L. praeflorens, L. standishii, L. strophiophora;*

B) *L. altmannii, L. bracteolaris, L. canadensis, L. coerulea, L. gracilipes, L. heterophylla, L. hispida, L. tenuipes, L. utahensis, L. webbiana;*

C) *L. villosa;*

D) *L. alpigena, L. glehnii, L. gymnochlamydea, L. heteroloba, L. microphylla, L.* × *muendensis, L. nitida, L. oblongifolia, L. ovata, L. pileata, L.* × *propinqua, L. purpurascens, L. pyrenaica, L. ruprechtiana, L. spinosa* var. *albertii, L. tatsiensis, L.* × *xylosteoides;*

E) die meisten Arten, Sorten und Varietäten

F) *L.* × *brownii, L. sempervirens* (blüht manchmal noch im Herbst);

G) *L.* × *amoena, L. chaetocarpa, L. ciliosa, L. deflexicalyx, L. floribunda, L. iberica, L. korolkowii, L. maackii, L. prostrata, L. quinquelocularis, L. rupicola, L. tatarica, L. tomentella, L. tragophylla, L. trichosantha, L.* × *vilmorinii;*

H) *L. giraldii, L. hirsuta, L. hispidula, L. japonica, L. ledebourii, L. prolifera, L.* × *tellmaniana, L. thibetica;*

I) *L.* × *americana, L.* × *heckrottii;*

J) *L. confusa;*

K) *L.* × *'Dropmore Scarlet Trumpet';*

L) *L. involucrata* f. *serotina;*

M) *L. alseuosmoides;*

N) *L. affinis, L. similis* var. *delavayi;*

O) *L. periclymenum* 'Serotina';

P) *L. fragrantissima, L.* × *purpusii*

manche Arten vertragen auch trockene Lagen (*L. altmannii, L. coerulea, L. involucrata, L. korolkowii, L. rupicola, L. spinosa* var. *alberti* und *L. thibetica*); einige Arten, hauptsächlich die immergrünen, leiden aber unter trockenen Bedingungen (*L. henryi, L. nitida, L. pileata* und alle anderen immer- und auch wintergrünen Arten). Die angeführten Arten sind in Mitteleuropa winterhart, nur für manche wählen wir geschützte Standorte und vergessen nicht einen Winterschutz anzubringen (*L. confusa, L. floribunda, L. fragrantissima, L. hispidula, L. nitida, L. rupicola, L. sempervirens* sowie weitere immergrüne Arten). Alle Arten, auch die immergrünen, vertragen befriedigend verunreinigte Luft (besonders *L. periclymenum* und *L. tatarica* sind sehr widerstandsfähig, hingegen ist *L. morrowii* nach RANFT u. DÄSSLER gegen SO_2 empfindlich).

Pflege

Sommergrüne Arten werden im Frühling oder Herbst im unbelaubten Zustand und immergrüne Arten besser im Frühling mit Wurzelballen ausgepflanzt. Von Frost beschädigte Pflanzenteile schneiden wir im Frühling ab (auf ungeeigneten Standorten bleiben manche Arten wegen alljährlicher Frostschäden immer niedrig). Ältere sommergrüne Sträucher werden ab und zu radikal durchlichtet, d. h. die ältesten Zweige heraus- oder stark zurückgeschnitten. Umpflanzen älterer Exemplare ist mit Wurzelballen (bei sommergrünen auch ohne Ballen) möglich, lohnt sich aber nur bei immergrünen Arten. Pilzliche Blattfleckenkrankheiten werden hervorgerufen von *Leptothyrium periclymeni*, wobei hellbraune, dunkler gesäumte Flecken entstehen und austrocknen, so daß die Blätter durchlöchert erscheinen; oder auch von *Marssonina staritzii*, bei dessen Befall kleine schwarze, eckige,

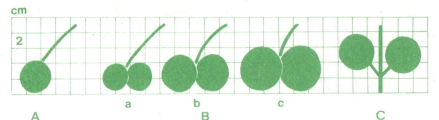

Abb. 83 Früchte *Lonicera*
A) einzeln
L. alpigena, Sorten,
L. gracilipes,
L. tenuipes

B) zu zweit verwachsen
a)
L. myrtillus,
L. nitida, Sorten,
L. pileata;
b)
die meisten Arten, Sorten und Varietäten
c)
L. hispida, Varietäten

C) getrennt zu zweit
L. gymnochlamydea,
L. nervosa
(vereinfacht sind in diesen schematischen Darstellungen alle Früchte kugelig angegeben; die genaue Form der einzelnen Früchte ist im Text angeführt)

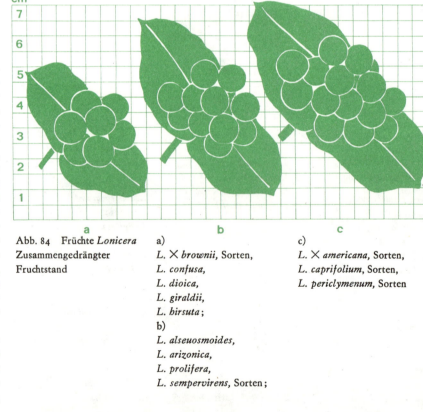

Abb. 84 Früchte *Lonicera* Zusammengedrängter Fruchtstand
a)
L. × *brownii*, Sorten,
L. confusa,
L. dioica,
L. giraldii,
L. hirsuta;
b)
L. alseuosmoides,
L. arizonica,
L. prolifera,
L. sempervirens, Sorten;
c)
L. × *americana,* Sorten,
L. caprifolium, Sorten,
L. periclymenum, Sorten

später ineinanderfließende Flecken gebildet werden (Entfernen und Verbrennen der befallenen Blätter, wiederholte Spritzungen mit Kupfer-Präparaten). Von den Schädlingen ist die Kirschfruchtfliege zu nennen, deren Fruchtbefall an *Lonicera tatarica* und *L. xylosteum* wenig von Bedeutung ist, aber als Schädlingsreservoir für den Anbau von Süßkirschen eine Gefahr darstellt. In Süßkirschanbaugebieten müssen die Sträucher in die Bekämpfungsmaßnahmen gegen die Kirschfruchtfliege einbezogen werden. Auf manchen Arten, besonders *L. xylosteum* und *L. tatarica* erscheint die Blasenlaus, die ähnlich wollige Kolonien bildet wie die Wollaus; oft bedeckt sie ganze Zweige (wiederholte Spritzungen mit Präparaten gegen saugende Insekten). Eine weitere Blattlausart verursacht vorzugsweise an *L. tatarica* an den Triebspitzen dünntriebige, 15 bis 20 cm lange, herabhängende, buschige, dicht beblätterte hexenbesenartige Gebilde, an denen im Winter die vertrockneten Blätter verbleiben. Der Schmuckwert des Gehölzes ist stark beeinträchtigt. *Lonicera*-Arten werden nicht vom Wild verbissen.

Verwendung

Die meisten sommergrünen Arten des „Xylosteum-", „Tataricum-" bzw. „Amoena-Typs" sind unersetzliche Bestandteile größerer Parkanlagen, wo sie meist das Unterholz bilden. Viele Arten dieser Typen eignen sich ausgezeichnet für Abhänge und Terrassen. Sie können fast mit allen Sträuchern kombiniert werden, die einen ähnlichen Habitus aufweisen. Auffällig blühende und manche immergrüne Arten eignen sich auch für Solitärstellung in stark besuchten Teilen der Grünanlagen („Erecta-", „Nitida-", „Pileata-Typ" usw.). Immergrüne Arten werden hauptsächlich im Halbschatten höherer Gehölze, Wände usw. verwendet. Eine selbständige Gruppe bilden die windenden Arten, die sich hauptsächlich zum Bekleiden von Treppenwangen, Eingängen, Zäunen, Gittern, Pergolen, älteren Bäumen usw. eignen. Ohne Stützen haben diese windenden Arten den Habitus des „Caprifolium II-Typs". Manche niedrigen immergrünen Arten eignen sich sehr gut zur flächigen Pflanzung auf sonnigen bis schattigen Standorten als Bodendecker; es handelt sich hauptsächlich um *L. nitida* 'Elegant' (3–4 Pflanzen je m², in zu kalten Wintern erfrieren sie aber) und *L. pileata* (auf große Flächen, etwa 4–5 Pflanzen je m²). Die meisten Arten eignen sich zur Pflanzung vom Flachland bis ins Gebirge (*L. tatarica* und *L. xylosteum* auch im Hochgebirge). Eine begrenzte Anzahl von Arten kommt vor allem für das Hügelland bis ins Hochgebirge (*L. alpigena, L. nigra* u. a.) oder nur für das Flach- und Hügelland (*L. caprifolium, L. henryi, L. korolkowii, L. maackii, L. nitida, L. periclymenum, L. pileata, L. sempervirens* usw.) in Frage.

Luetkea BONG. *(Rosaceae)*

Rasenartig wachsender, immergrüner Halbstrauch. Die einzige Art dieser Gattung, *L. pectinata* (PURSH) KTZE. (Syn. *Spiraea pectinata* TORR. et GRAY), stammt aus Nordamerika und ähnelt sehr *Saxifraga*, bildet kriechende, ausläufertreibende Stämmchen. Blühende Triebe werden 5 bis 15 cm lang, 2–3fach 3zählig, mit schmalen Abschnitten, etwa 1–1,5 cm lang. Blüten weiß, 8 mm im Durchmesser, in 2–5 cm langen Trauben. Blütezeit: Juli–September. Frucht 4 mm lang. Braucht kalkfreien, ausreichend lockeren, nicht zu trockenen Boden. Liebhaberbedeutung für Steingärten.

Lycium L. – Bocksdorn, Teufelszwirn *(Solanaceae)*

Sommergrüne Sträucher mit meist lang rutenförmig überhängenden Zweigen. Etwa 100 Arten sind in den gemäßigten und subtropischen Zonen der ganzen Welt beheimatet.
Zierwert: Laub (V–XI), Zweige und Triebe (XII–IV), Blüte (VI–X), Früchte (VIII–X).

Habitus

Sträucher bis 2 m hoch, kaskadenförmig überhängend oder bogenförmig ausgebreitet (ausnahmsweise aufrecht – *L. pallidum, L. ruthenicum* bzw. *L. turcomanicum*), bewehrt (außer *L. chinense*).

Textur

Dicht, geschlossen und ziemlich kompakt, aber – wegen der meist hellen graugrünen Belaubung – überwiegend lebhaft.

Laub

Blätter wechselständig oder manchmal in Büscheln, ganzrandig, kurz gestielt, verschieden eiförmig-lanzettlich, 3 bis 8 cm lang (bei *L. ruthenicum* nur 1 bis 3 cm), graugrün (bei *L. chinense* lebhaft grün), manchmal verschieden dick. Bei *L. chinense* gibt es eine var. *ovatum* (VEILL.) SCHNEID. (größere und eiförmigere Blätter), bei *L. barbarum* eine var. *lanceolatum* (VEILL.) SCHNEID. (streng lanzettliche Blätter).

Blüte und Blütenstand

Blüten mit glockenförmigem Kelch und 5zipfeliger trichterförmiger Krone, etwa 1–1,5 cm lang (bei *L. palli-*

dum bis 2 cm), auf schlanken Stielen, einzeln oder zu 2–4, purpurfarben (bei *L. pallidum* grüngelb und bei *L. turcomanicum* rosa). Blütezeit: Juni–Oktober.

Frucht

Früchte dekorative Beeren, länglich eiförmig (bei *L. ruthenicum* und *L. turcomanicum* kugelig), etwa 1–2,5 cm groß, meist auffallend rot (bei *L. ruthenicum* schwarz).

Zweige und Wurzelsystem

Zweige meist überhängend, manchmal mehr oder weniger aufrecht, sehr lang und dornig, brüchig, hell, meist grau. Oft sehr dicht zu einem verwitterten Gestrüpp verflochten. Wurzelsystem sehr zäh, meist ausläufertreibend, weit ausgebreitet.

Ansprüche

Dieses Gehölz ist anspruchslos, wächst sowohl in voller Sonne als auch im Halbschatten, begnügt sich mit armen, trockenen und sehr sandigen Böden. Liebt Kalk im Boden. Die angeführten Arten sind in Mitteleuropa winterhart. Vertragen unreine Luft (*L. barbarum* ist nach ILKUN gegen SO_2 sogar ausgezeichnet widerstandsfähig).

Pflege

Pflanzung im Herbst oder Frühling; Containerpflanzen während der ganzen Vegetationszeit. Nach dem Einwurzeln am Standort ist jede weitere Pflege überflüssig. Nur bei geformten Hecken wird im Frühjahr und je nach Bedarf noch im Sommer geschnitten. Die Pflanzen leiden nicht unter Schädlingen, Krankheiten oder Wildverbiß.

Wissenschaftlicher Name	Deutscher Name	Natürliche Verbreitung bzw. Entstehungsort	Frosthärte
L. barbarum L. (Abb. 69c)	Gemeiner Bocksdorn	China	++
L. flaccidum KOCH = *L. barbarum*			
L. halimifolium MILL. = *L. barbarum*			
L. chinense MILL.	Chinesischer Bocksdorn	N-China	++
L. pallidum MIERS	Blasser Bocksdorn	New Mexiko, Utah	≙, +
L. ruthenicum MURR.		Kasachstan, M-Asien, Vorderasien	++
L. turcomanicum TURCZ.		Turkestan, N-China	++
L. vulgare L. = *L. barbarum*			

Verwendung

Da *Lycium*-Arten sehr anpassungsfähig sind, können sie überall dort verwendet werden, wo andere Gehölze versagen (Halden, unfruchtbare Böden, zur Festlegung erosionsgefährdeter, exponierter Abhänge usw.). In gepflegten Grünanlagen kann es zu einem gefährlichen Unkraut werden, da es schnell Ausläufer treibt. Malerisch wirken freiwachsende Hecken oder auch Solitärpflanzen, besonders in der Nähe älterer Mauern. Bewachsene Abhänge sind oft sehr effektvoll (Kaskadenwirkung).

Lyonia NUTT. *(Ericaceae)*

Sommer- oder immergrüne Sträucher, sehr ähnlich der verwandten Gattung *Pieris*. Etwa 30 Arten in Ostasien, dem Himalajagebiet, Nordamerika und Westindien. Für mitteleuropäische Bedingungen haben eine gewisse Bedeutung: ● *L. ligustrina* (L.) DC. (Syn. *Andromeda ligustrina* MUEHLB.), *L. mariana* (L.) D. DON (Syn. *Pieris mariana* BENTH. et HOOK.) und *L. ovalifolia* (WALL.) DRUDE (Syn. *Andromeda ovalifolia* WALL., *Pieris ovalifolia* D. DON). In Mitteleuropa bilden sie 0,5–2 m hohe Sträucher, selten auch strauchartige Bäumchen. Blätter wechselständig, ganzrandig und weich gezähnt, länglich elliptisch, 3–7 cm lang (bei *L. ovalifolium* bis 12 cm), ledrig, grün (*L. mariana* hat eine rote Herbstfärbung), Blüten meist 5zählig, krugförmig oder walzenförmig glockig, 4 bis 9 mm lang, weiß bis rosa, in dichten endständigen, 8–15 cm langen Rispen bzw. auch Büscheln oder Trauben. Blütezeit: Mai/Juni. Ansprüche und Pflege ähnlich wie bei *Pieris*. Liebhaberbedeutung.

Maackia RUPR. et MAXIM. *(Leguminosae)*

Sommergrüne Sträucher oder kleinere Bäume. Es sind 6 Arten aus Ostasien bekannt. In Mitteleuropa können folgende kultiviert werden: *M. amurensis* RUPR. et MAXIM., *M. chinensis* TAKEDA, *M. fauriei* (LÈVL.) TAKEDA. *M. honanensis* BAILEY, *M. tashiroi* (YATABE) MAK. und *M. tenuifolia* HAND.-MAZZ. Die ersten zwei Arten bilden unter mitteleuropäischen Bedingungen kleine Bäume bis etwa 5 m Höhe, alle weiteren sind Sträucher bis 1,5 m Höhe. Blätter durchschnittlich 20 cm lang (bei *M. honanensis* etwa 10 cm), unpaarig gefiedert, Blättchen fast gegenständig und ganzrandig, meist dunkelgrün. Blüten klein, grünlich weiß, in 10–15 cm langen, dichten, rispenartigen Trauben. Blütezeit: Juli/August. Hülse linealisch länglich, aufspringend. Völlig anspruchslose Gehölze. Ansprüche und Pflege ähnlich wie bei *Cladrastis*. Liebhaberbedeutung.

Maclura NUTT. – Osagedorn *(Moraceae)*

Sommergrüner Baum oder Strauch; zur Gattung gehört nur eine nordamerikanische Art – *M. pomifera* (RAF.) SCHNEID. (Syn. *M. aurantiaca* NUTT.). In Kultur kleinere Bäume oder Sträucher, Rinde dunkelorange und gefurcht. Zweige bewehrt. Blätter eiförmig bis länglich lanzettlich, 5–12 cm lang, glänzend. Blüten zweihäusig, weiblicher Blütenstand in Form eines haarigen Köpfchens reift im September als eine gelbgrüne, pomeranzenartige, 10–14 cm große Sammelfrucht; ist nicht genießbar. Es existieren zwei Sorten: 'Inermis' (Zweige unbewehrt) und 'Pulverulenta' (weißlich bemehlte Blätter). Ein interessantes, schnell heranwachsendes Gehölz für geschützte Lagen im Weinbauklima. Vom Frost beschädigte Pflanzen treiben gut durch. Wird als Solitär in Sammlungen und auch für undurchdringliche Hecken verwendet. An Boden und Pflege werden nur minimale Ansprüche gestellt, verträgt Trockenheit.

Maddenia HOOK. f. et THOMS. *(Rosaceae)*

Sommergrüne Bäume oder Sträucher, sehr ähnlich *Prunus*. Etwa 5 Arten im Himalajagebiet und in China. Unter mitteleuropäischen Bedingungen kann *M. hypoleuca* KOEHNE kultiviert werden, wobei sie strauchig bleibt. Junge Zweige dunkelbraun, Blätter länglich eiförmig, 4–7 cm lang, lang zugespitzt, doppelt gesägt und dunkelgrün. Blüten zweihäusig, Petalen fehlend, kurzgestielt, in 3–5 cm langen Trauben. Blütezeit: Februar/März. Frucht eine einsamige, eiförmige und schwarze Steinfrucht. Diese Art ist in Mitteleuropa völlig winterhart und anspruchslos. Liebhaberbedeutung. Ansprüche und Pflege sehr ähnlich denen von *Prunus*.

Magnolia L. – Magnolie *(Magnoliaceae)*

Sommer- oder immergrüne Bäume und Sträucher. Etwa 35 Arten sind in Nord- und Mittelamerika, Ostasien und im Himalajagebiet verbreitet. Gehören zu mittel- bis langsamwüchsigen Gehölzen; baumförmige Arten raschwüchsiger als strauchige, so werden z. B. *M. acuminata* und *M. kobus* var. *borealis* in 10 Jahren 3–4 m hoch, in 20 Jahren 4–6 m, in 30 Jahren 6–9 m und in 40 Jahren 9–12 m, die niedrigere *M. tripetala* hat im Vergleich zu den oben genannten geringere Zuwachsraten.
Zierwert: Laub (V–XI – besonders bei den großblättrigen Arten), Blüte (III bis VII).

Habitustypen

„Acuminata-Typ": Bäume meist breit kegelförmig aufgebaut, mit höherem Stamm, der meist bis fast in die Kronenspitze reicht (Abb. 85 A),
„Obovata-Typ": Bäume mit unregelmäßig breit ausladender Krone (Abb. 85 B),
„Speciosa-Typ": niedrige, ausgebreitete Bäumchen mit länglicher, ungleich eiförmiger Krone und kurzem Stamm (Abb. 86 B),
„Kobus-Typ": vom vorigen Typ durch eine gleichmäßiger, dichter gestaltete Krone und oft auch höhere Stämmchen unterschieden (Abb. 87 C),
„Alexandrina-Typ": länglich halbkugelige bis kugelige Sträucher mit etwas aufstrebenden Zweigen und unscheinbaren, nur dicht über der Erde stehenden Stämmchen, die Verzweigung reicht nicht bis zur Erde (Abb. 86 A),
„Norbertiana-Typ": breit länglichhalbkugelige Sträucher ohne sichtbare Stämmchen, meist bis zur Erde bezweigt (Abb. 88),

„Niemetzii-Typ": breit säulenförmige Sträucher, Zweige dicht und streng aufrecht angeordnet, der obere Teil des Strauches meist breiter als der untere, unscheinbares Stämmchen (Abb. 87 B),
„Salicifolia-Typ": Sträucher breit kugelig aufgebaut, mit aufstrebenden Zweigen und unscheinbaren Stämmchen (Abb. 87 A).

Textur

Bei den einzelnen Arten ist die Oberfläche unterschiedlich; die strauchartigen Typen sind kleinblättriger und damit dichter und zierlicher in der Textur, wogegen viele großblättrige, hauptsächlich baumartige Typen vom Aussehen her viel gröber wirken. Die gröbste Textur finden wir bei den großblättrigsten Arten (*M. hypoleuca* u. a.), deren Blätter an den Zweigenden schirmförmig gehäuft stehen.

Laub

Blätter wechselständig, einfach, ungeteilt, ganzrandig, verschieden gestaltet und unterschiedlich groß (Abb. 89). Bedeutsam ist die Blattfarbe; je heller sie ist, desto „leichter" ist der Gesamteindruck, selbst wenn die Blätter groß sind.

Blattfarbe:
Hellgrün
M. × *soulangiana* 'Lennei' (manchmal ein feiner braunroter Hauch), *M.* × *s.* 'Lennei Alba'.
Grün
M. denudata und Sorten, *M. fraseri*, *M. hypoleuca*, *M. kobus* sowie Varietäten und Sorten, *M. liliiflora* und Sorten, *M.* × *slavinii* und Sorte, *M.* × *soulangiana* und die meisten Sorten, *M. stellata*, *M. tripetala*.
Mattgrün
M. × *proctoriana*, *M. salicifolia* und Sorten.
Dunkelgrün
M. acuminata, *M. cordata*, *M.* × *highdow-*

Wissenschaftlicher Name	Deutscher Name	Natürliche Verbreitung bzw. Entstehungsort	Frosthärte
● *M. acuminata* L.	Gurken-Magnolie	N-Amerika	++
M. conspicua SALISB.			
= *M. denudata*			
M. cordata MICHX.	Gelbblütige Gurken-Magnolie	Georgia, Carolina	++
● *M. denudata* DESR.	Yulan-Magnolie	M-China	++
M. fraseri WALT.	Berg-Magnolie	Virginia bis Georgia u. Alabama	++
M. × *highdownensis* DANDY		Caerhays Castle, Cornwall	++
● *M. hypoleuca* S. et Z. (Abb. 69 d)	Weißrückige Magnolie	Japan, Kurilen	+
M. × *kewensis* hort. 'Slavin's Snowy'			
= *M.* × *slavinii*			
● *M. kobus* DC.	Kobushi-Magnolie	Japan, Korea	++
var. *borealis* SARG.		N-Honshu, Hokkaido, Korea	++
var. *kobus*		Japan	++
var. *stellata* (S. et Z.) BLACKBURN			
= *M. stellata*			
M. liliiflora DESR.	Purpur-Magnolie	M-China	++
M. macrophylla MICHX.	Großblättrige M.	USA	++
M. obovata THUNB.			
= *M. hypoleuca*			
M. × *proctoriana* REHD.		USA (1928)	++
M. salicifolia (S. et Z.) MAXIM.	Weidenblättrige Magnolie	Japan	+
var. *concolor* MIQ.		Japan	++
M. × *slavinii* HARKNESS		Rochester (1917)	++
M. × *soulangiana* SOUL.-BOD.	Tulpen-Magnolie, Garten-M.	Fromont bei Paris (1820)	++
M. stellata (S. et Z.) MAXIM.	Stern-Magnolie	Japan	++
M. × *thompsoniana* (LOUD.) C. DE VOS		London (1808)	++
M. tomentosa THUNB. p. p.			
= *M. kobus*			
● *M. tripetala* (L.) L.	Schirm-Magnolie	O-, SO-USA	++
M. × *veitchii* BEAN		Exeter (1907)	++
M. × *watsonii* HOOK. f.		Japan? (Europa seit 1889)	++
M. yulan DESF.			
= *M. denudata*			

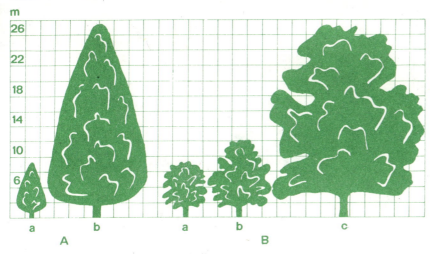

Abb. 85
A) Typ „acuminata"
a)
M. salicifolia,
M. s. var. concolor,
M. × proctoriana;
b)
● M. acuminata,
M. a. 'Variegata',
M. × slavinii,
M. kobus var. borealis

B) Typ „hypoleuca"
a)
M. × veitchii,
M. cordata;
b)
M. fraseri,
M. macrophylla,
● M. tripetala;
c)
● M. hypoleuca

Abb. 87
A) Typ „salicifolia"
M. salicifolia
(jüngere Exemplare),
M. × proctoriana
(jüngere Exemplare)

B) Typ „niemetzii"
M. × soulangiana
'Niemetzii'

C) Typ „kobus"
● M. kobus,
● M. k. var. kobus

nensis, M. macrophylla, M. × thompsoniana, M. × veitchii (junge Blätter rötlich), M. × watsonii.
Gelbbunt
M. × soulangiana 'Variegata'.
Weißbunt
M. acuminata 'Variegata'.

Herbstliche Blattfärbung bei Magnolien meist gelbbraun, nur bei M. acuminata goldgelb und bei M. fraseri auch beim Laubfall grün.

Blüte

Groß, einzeln, sehr dekorativ, Kelchblätter 3, oft kronenartig gefärbt, Petalen 6–15, meist auffallend gefärbt.

Blütenfarbe:
Weißlich
die meisten Arten und Sorten.
Gelblich
M. cordata, M. acuminata, M. a. 'Variegata' und M. fraseri.
Weißrosa
M. kobus 'Leonard Messel', M. stellata 'Rosea', M. × soulangiana 'Andrè Leroy', M. × s. 'Lombardy Rose', 'Verbanica', 'Rustica' und 'Brozzonii'.
Rosafarben
M. denudata 'Benedetto' und M. × veitchii.
Rosarot
M. liliiflora 'Trewithen' und M. × soulangiana 'Rustica Rubra'.
Weißrot
M. × soulangiana 'Liliputin', M. × s. 'Grace McDade', 'Grandis', 'Hammondii', 'Niemetzii', 'Triumphans', 'Speciosa', 'Variegata' und M. × soulangiana.
Weißpurpurfarben
M. liliiflora.
Rosapurpurfarben
M. stellata 'Rubra', M. × soulangiana 'Alexandrina' und M. × s. 'Norbertiana'.
Purpurrot
M. × soulangiana 'Burgundy', M. × s. 'Lennei' und 'San José'.
Purpurfarben mit weißem Saum
M. × soulangiana 'Cyathiformis'.

Dunkelpurpurfarben
M. liliiflora 'Gracilis', *M. l.* 'Nigra', *M.* × *soulangiana* 'Highland Park' und *M.* × *s.* 'Vanhouttei'.

Aus ästhetischer Sicht ist die Gestalt der Blüte sehr bedeutsam: schlank becherförmig (Abb. 91 A), breiter becherförmig (Abb. 90 B), offen becherförmig (Abb. 91 B), kugelig und halboffen (Abb. 92), schalenförmig ausgebreitet (Abb. 93) und sternartig ausgebreitet (Abb. 90 A).

Bei Magnolien ist die Blütezeit von größter Wichtigkeit; wir unterscheiden Arten, Sorten und Varietäten, die frühzeitig (März/April), mittelfrüh (Mai) und spät (Juni/Juli) blühen. In die letzte Gruppe gehören die meisten baumartigen Arten (Abb. 94). Mit der Blütezeit muß auch der Blattaustrieb verglichen werden. Wir unterscheiden dabei drei Magnolien-Gruppen:

Magnolien, die vor dem Blattaustrieb blühen
M. kobus sowie Sorten und Varietäten, *M. denudata* und Sorte, *M.* × *soulangiana* und die meisten Sorten, *M. salicifolia*, *M. s.* var. *concolor*, *M.* × *slavinii*, *M. stellata* und *M.* × *veitchii*.

Magnolien, die gleichzeitig mit dem Blattaustrieb blühen
M. liliiflora und Sorten, *M.* × *soulangiana* 'Lennei', *M.* × *s.* 'Lennei Alba', 'Lombardy Rose', 'Vanhouttei', 'Verbanica' und *M. cordata*.

Magnolien, die bei voller Belaubung blühen
M. acuminata, *M.* × *highdownensis*, *M. hypoleuca*, *M.* × *thomsoniana*, *M. macrophylla*, *M. tripetala*, *M. fraseri* und *M.* × *watsonii*.

Aus dieser Einteilung geht hervor, daß die gartengestalterisch wichtigsten, überwiegend strauchigen Magnolien vor der Belaubung oder während des Blattaustriebes blühen. Die Baum-Magnolien blühen überwiegend später bei voller Belaubung. Effektvoller

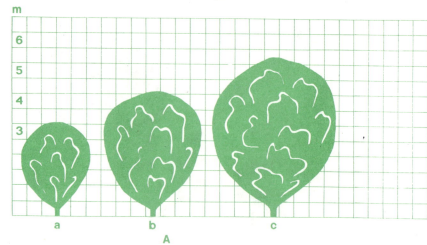

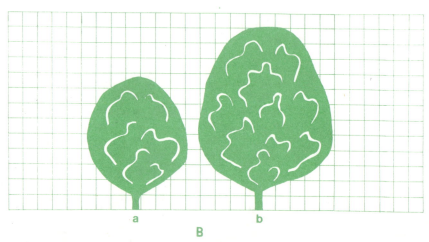

Abb. 86
A) Typ „alexandrina"
a)
● *M. kobus* (jüngere Exemplare);
b)
M. kobus var. *stellata* 'Waterlily',
M. × *soulangiana* 'Rustica',
M. × *s.* 'Rustica',
M. × *s.* 'Rustica Rubra';
c)
M. × *soulangiana* 'Alba Superba',
● *M.* × *s.* 'Alexandrina',
M. × *watsonii*

B) Typ „speciosa"
a)
M. denudata,
M. d. 'Benedetto',
M. × *s.* 'Triumphans';
b)
M. × *soulangiana* 'Brozzonii',
M. × *s.* 'Speciosa',
M. × *thompsoniana*

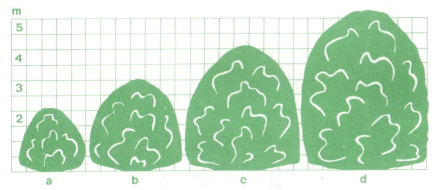

Abb. 88 Typ „norbertiana"
a)
M. liliiflora 'Gracilis';
b)
M. kobus 'Leonard Messel',
● *M. k.* var. *stellata*,
M. k. var. *stellata* 'Rosea',
var. *stellata* 'Royal Star',
var. *stellata* 'Rubra',
M. liliiflora,
● *M. l.* 'Nigra', 'Trewitchen',
M. × *soulangiana* 'Amabilis',
M. × *s.* 'Liliputin',
● 'Norbertiana', 'Verbanica';
c)
● *M. kobus* 'Loebneri',
M. k. 'Merrill',
● *M.* × *soulangiana*,
M. × *s.* 'André Leroy',
'Burgundy',
'Cyanthiformis',
'Grace McDale',
'Grandis',
'Highland Park',
'Hammondii',
● 'Lennei',
'Lennei Alba',
'Lombardy Rose',
'Vanhouttei',
'Variegata';
d)
M. × *soulangiana*
'San José',
M. × *highdownensis*

Abb. 90 Blüten *Magnolia*
A) sternartig ausgebreitet
a)
M. kobus var. *stellata*,
M. k. var. *stellata* 'Rosea',
var. *stellata* 'Royal Star',
var. *stellata* 'Rubra';
b)
M. kobus 'Loebneri',
M. k. 'Merrill',
var. *stellata* 'Waterlily'
B) breit becherförmig
a)
M. liliiflora 'Gracilis',
M. × *soulangiana*
'Amabilis',
M. × *s.* 'Liliputin';
b)
M. liliiflora,
M. × *soulangiana*,
M. × *s.* 'Alba Superba',
'André Leroy', **'Cyanthiformis'**,
'Grace McDale',
'Highland Park',
'Hammondii',
'Niemetzii',
'Norbertiana',
'Rustica',
'Triumphans', 'Variegata';
c)
M. liliiflora 'Trewitchen',
M. l. 'Nigra',
M. × *soulangiana* 'Grandis'

sind die beiden ersten Gruppen, bei der dritten ist die ästhetische Wirkung der Blüten geringer, da diese im Laub nicht so auffallen oder sich sogar verlieren. Die meisten strauchartigen Arten blühen zum erstenmal zwischen 5 und 10 Jahren, die baumartigen zwischen 15–20 Jahren (*M. acuminata* erst nach 20 Jahren).

Frucht und Fruchtstand

Frucht eine interessante, fleischige oder meist holzige, auf dem Rücken aufspringende Balgkapsel, mit überwiegend rötlichen und manchmal schwarzen Samen, die oft an langen Fäden heraushängen. Wir können drei Formen von Fruchtständen, die manchmal ineinander übergehen, unterscheiden: ungleichmäßig gekrümmte (Abb. 95 A), kegelförmige (Abb. 95 B) und walzenförmige (Abb. 96). Wichtig ist die Färbung dieser Balgkapseln, wobei die rosafarbenen und rötlichen Tönungen auffallen.

Fruchtfarbe:
Grün
M. denudata und Sorte, *M. kobus* sowie Varietäten und Sorten, *M. liliiflora* und Sorten, *M.* × *soulangiana* 'Lennei', *M.* × *s.* 'Lennei Alba'.
Rosa
M. fraseri, *M. macrophylla*, *M. salicifolia* und Varietäten, *M.* × *soulangiana* sowie die meisten Sorten (oft mehr grünlich), *M. tripetala*.
Rot
M. acuminata und Sorte, *M. cordata*, *M. hypoleuca*.

Fruchtstand vom Juli bis Oktober am auffallendsten (je nach Blütezeit der einzelnen Arten).

Stamm, Zweige und Wurzelsystem

Stärkste Stämme bilden *M. acuminata*, *M.* × *slavinii* u. a.; Stammdurchmes-

Abb. 89 Blätter *Magnolia*
a)
M. kobus 'Leonard Messel',
M. k. 'Loebneri',
'Merrill',
var. *stellata*,
var. *stellata* 'Rosea',
'Royal Star',
'Rubra',
'Waterlily';
b)
M. salicifolia,
M. s. var. *concolor*;
c)
M. fraseri,
M. hypoleuca,
M. macrophylla,
M. tripetala,
M. × *veitchii*;
d)
M. × *soulangiana*,
die meisten Sorten;
e)
M. cordata,
M. × *highdownensis*,
M. kobus,
M. k. var. *borealis*,
var. *kobus*,
M. liliiflora,
M. l. 'Gracilis',
'Nigra',
'Trewitchen';
f)
M. denudata,
M. d. 'Benedetto',
M. × *slavinii*,
M. × *watsonii*;
g)
M. acuminata,
M. a. 'Variegata',
M. × *soulangiana* 'Lennei',
M. × *s.* 'Lennei Alba',
'Lombardy Rose',
'Rustica Rubra',
'San José',
'Vanhouttei',
M. × *thompsoniana*
(Quadrat 1 × 1 cm)

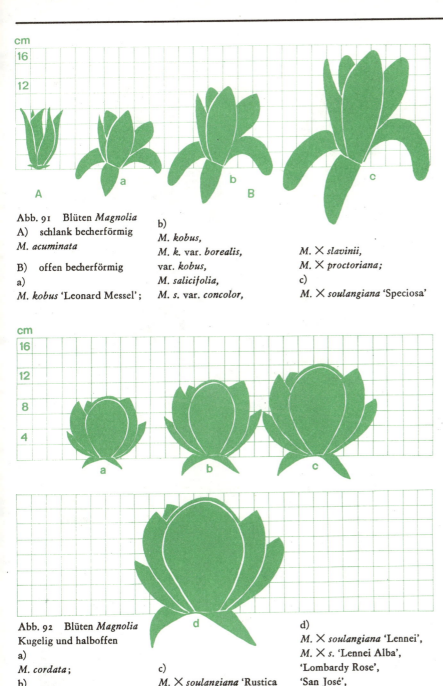

Abb. 91 Blüten *Magnolia*
A) schlank becherförmig
M. acuminata

B) offen becherförmig
a) *M. kobus* 'Leonard Messel';

b) *M. kobus*, *M. k.* var. *borealis*, var. *kobus*, *M. salicifolia*, *M. s.* var. *concolor*,

c) *M.* × *slavinii*, *M.* × *proctoriana*; *M.* × *soulangiana* 'Speciosa'

Abb. 92 Blüten *Magnolia* Kugelig und halboffen
a) *M. cordata*;
b) *M.* × *soulangiana* 'Alexandrina', *M.* × *s.* 'Burgundy', 'Vanhouttei';
c) *M.* × *soulangiana* 'Rustica Rubra';
d) *M.* × *soulangiana* 'Lennei', *M.* × *s.* 'Lennei Alba', 'Lombardy Rose', 'San José', *M.* × *thompsoniana*

ser bei alten Exemplaren bis 150 cm. In der Jugend sind sie mit einer glatten braungrauen Rinde bedeckt, die im Alter der Länge nach zerspringt. Bei den anderen baumartigen sowie auch strauchförmigen Magnolien ist der Stamm ziemlich schwach, Rinde in der Jugend braun oder hellbraun und später nur leicht borkenartig, Zweige glatt, Zweiglein starr hakenartig gegliedert, einjährige Triebe grünbraun, manchmal rötlich (z. B. bei *M. hypoleuca*); Wurzeln fleischig und brüchig, locker und flach verzweigt.

Ansprüche

Alle Magnolien brauchen sonnige Lagen, vertragen aber auch noch Halbschatten (im tieferen Schatten blühen sie unzureichend). Lieben nährstoffreichen, durchlässigen, lehmig-humosen und ausreichend feuchten Boden. Ungeeignet sind zu schwere, tonige oder trockene bzw. nasse Böden. Beimischung von Torf, Lauberde oder Kompost ist sehr zweckmäßig. Besser als in alkalischer Erde wachsen sie in leicht sauren Böden (bei höherem Kalkgehalt des Bodens leiden sie unter Chlorose). Alle angeführten Arten sind in Mitteleuropa winterhart, nur Jungpflanzen können in den ersten Jahren nach der Pflanzung Frostschäden aufweisen. Wärmere und geschützte Lagen wählen wir nur für einige Arten (*M. hypoleuca*, *M. liliiflora* und ihre Sorten, sowie für alle sehr früh blühenden, wie z. B. *M. stellata*). Winterschutz des Bodens mit trockenem Laub und strohigem Mist ist bei jungen sowie auch älteren Pflanzen zweckmäßig. Verunreinigte Luft wird überwiegend gut vertragen (z. B. von *M. hypoleuca* u. a.).

Pflege

Pflanzung immer mit ausreichendem Wurzelballen, am besten im Vorfrüh-

Abb. 93   Blüten *Magnolia*
Schalenförmig ausgebreitet
a)
M. denudata,
M. d. 'Benedetto';
b)
M. hypoleuca,
M. × *highdownensis*,
M. × *veitchii*,
M. × *watsonii*;
c)
M. macrophylla,
M. × *soulangiana*
'Brozzonii',
M. tripetala,
M. fraseri

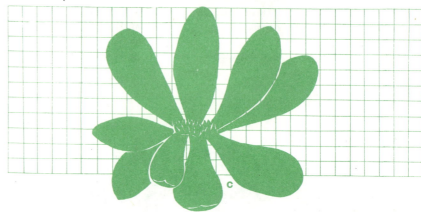

Abb. 95   Fruchtstand
Magnolia
A)   ungleichmäßig gekrümmt
a)
M. × *soulangiana*,
die meisten Sorten, wenn
sie fruchten (außer
'Lennei');
b)
M. × *soulangiana* 'Lennei'

B)   kegelförmig
M. denudata

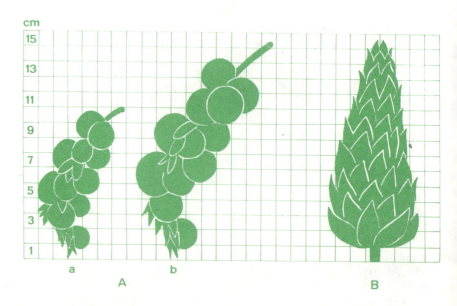

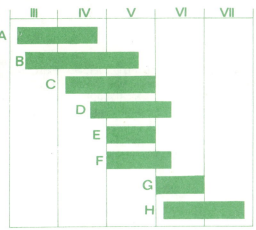

C) die meisten Arten und Sorten;

D) M. × soulangiana 'Alba Superba', M. × s. 'Amabilis', 'Lombardy Rose';

E) M. salicifolia var. concolor;

F) M. cordata, M. fraseri, M. liliiflora, M. l. 'Gracilis', 'Nigra', 'Trewitchen', M. × soulangiana 'Speciosa', M. × s. 'Vanhouttei', 'Verbanica';

G) M. × highdownensis, M. hypoleuca, M. macrophylla, M. tripetala;

H) M. acuminata, M. a. 'Variegata', M. × thompsoniana, M. × watsonii

Abb. 94   Blütezeit *Magnolia*
A) *M. kobus*,
M. k. var. *borealis*,
var. *kobus*,
'Leonard Messel',
'Loebneri',
'Merrill',
var. *stellata* 'Rubra',
var. *stellata* 'Rosea',
var. *stellata* 'Waterlily',
M. × slavinii,

M. × soulangiana
'Burgundy'
M. × s. 'Grace McDale',
'Highland Park',
'Hammondii';

B) *M. × soulangiana*,
M. × s. 'Cyathiformis',
'Grandis',
'Liliputin',
'Variegata';

ling, wenn die Knospen beginnen zu schwellen (noch vor dem Austrieb). Junge Pflanzungen müssen angemessen gewässert und im Winter vor Frost und Wild geschützt werden. Vom Frost beschädigte jüngere Pflanzungen werden bis aufs gesunde Holz zurückgeschnitten, womit wir auch die Verzweigung und Dichte der Pflanzen fördern (normalerweise wird jedoch nicht geschnitten). Frühzeitig blühende Arten und Sorten können wir vor den nächtlichen Spätfrösten durch Überhängen leichter Stoffe schützen. Magnolien sind für ein Bedecken des Bodens im Frühjahr direkt unter den Pflanzen mit Laub (Mulch) sehr dankbar; zugleich können wir flach in den Boden (die Wurzeln sind nahe unter der Oberfläche) verrotteten Mist hineinbringen. Pflanzen mit gelblichem Frühjahrsaustrieb (Chlorose) sollen wenigstens zweimal in 14tägigem Abstand mit 2%-iger Lösung Eisenvitriol oder Eisen-Zitrat (Ferroammonium-Zitrat) gewässert werden. Von den Schädlingen und Krankheiten spielen bei Magnolien manchmal pilzliche

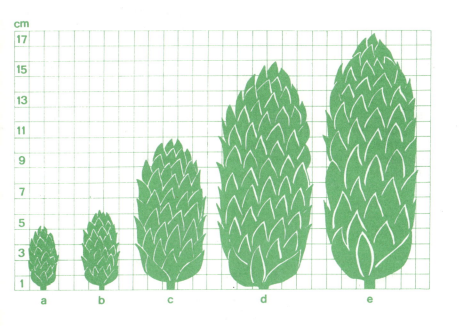

Abb. 96   Fruchtstand
Magnolia
Walzenförmig
a)
M. cordata;
b)
M. kobus, Varietäten und Sorten,
M. salicifolia (manchmal);
c)
M. acuminata,
M. liliiflora, Sorten,
M. macrophylla,
M. salicifolia, Varietäten,
M. tripetala;
d)
M. fraseri;
e)
M. hypoleuca

Blattfleckenkrankheiten eine Rolle. *Phyllosticta-, Hendersonia-, Pestalozzia-, Macrosporium-* und *Cladosporium*-Arten rufen große, weißliche Flecken, zum Teil braun gerandet oder gelbbraune bzw. kleine schwarze Flecken hervor. (Fallaub wird entfernt, mit Kupfer-, Captan-, Mancozeb-, Zineb-, Propineb- oder anderen Kontaktfungiziden bei feuchter Witterung spritzen). Gelegentlich kommt bei Magnolien ein *Nectria*-Krebs vor, der auf jungen Trieben zu stellenweise eingetrockneter Rinde und an älteren Zweigen zu zerklüfteten krebsartigen Wucherungen bis zum Holzteil führt (befallene Pflanzenteile bis in das gesunde Gewebe herausschneiden und verbrennen, Kupferpräparate anwenden). Bei Jungpflanzen kann Schneckenfraß empfindliche Verluste verursachen. In der Jugend leiden Magnolien auch unter Wildverbiß.

Verwendung

Magnolien aller Typen, der strauchigen und baumartigen, sind ausgesprochene Solitärpflanzen. Wir können sie auch in kleineren, lockeren Gruppen in Wegnähe als Blickfang verwenden. Am effektvollsten sind strauchige Arten, die im unbelaubten Zustand oder zugleich mit dem Blattaustrieb blühen. Schön kommen sie vor Nadelholzhintergrund zur Geltung (hauptsächlich die weißlich oder hellrosa gefärbten Arten und Sorten); die dunkelroten wirken am besten vor einem hellen Hintergrund von Bauten, Mauern oder hellgrün austreibenden bzw. noch unbeblätterten Laubgehölzen. Geeignet sind auch Kombinationen mit großblättrigen Gehölzen. Ideal ist die Verwendung in größeren Rasenflächen. Bäume können wir in die Randpartien größerer Gruppen pflanzen. *M. acuminata* ist auch ein geeigneter Straßenbaum.

× *Mahoberberis* SCHNEID. *(Berberidaceae)*

Immer- oder wintergrüne Sträucher, Gattungsbastard *Mahonia* × *Berberis*. Es sind folgende Hybriden bekannt: × *M. aquicandidula* KRÜSSM., × *M. aquisargentii* KRÜSSM., × *M. miehtkeana* MELANDER et EADE und × *M. neubertii* (BAUMANN ex LEM.) SCHNEID. Nur die letztgenannte ist wintergrün, alle anderen immergrün. Starr und locker gestaltete Sträucher, etwa 1–2 m hoch. Der Einfluß von *Berberis* macht sich mit den ungegliederten und einfachen Blättern bemerkbar, vereinzelt treten Blätter mit 3 Blättchen auf. Blüten und Früchte sind noch nicht bekannt. Liebhaberbedeutung. Ansprüche, Pflege und Verwendung ähnlich wie bei *Mahonia*.

Mahonia NUTT. – Mahonie *(Berberidaceae)*

Immergrüne Sträucher. Es existieren etwa 90 Arten, von denen die größere Zahl in Asien, die anderen in Mittel- und Nordamerika vorkommen. Wachsen ziemlich langsam.
Zierwert: Laub (I–XII), Blüte (I–VI), Früchte (VIII–IX).

Habitustypen

„Bealii-Typ": breiter, oft baumartiger und mehrstämmiger Strauch, die unteren Partien sind „kahlfüßig", dicke Zweige sind auch in den oberen Partien des breit abgerundeten, lockeren Strauches sichtbar (Abb. 98 B),
„Japonica-Typ": starke, stämmchenartige Zweige sind starr aufrecht und nur an den Enden zusammengedrängt, dekorativ beblättert (Abb. 98 A),
„Aquifolium-Typ": niedriges, ausgebreitetes Sträuchlein, ziemlich dicht, manchmal dicht über der Erde „kahlfüßige" Triebe (Abb. 99 B),
„Repens-Typ": ausläufertreibendes, niedriges, dicht über der Erde ausgebreitetes Sträuchlein (Abb. 99 A).

Wissenschaftlicher Name	Deutscher Name	Natürliche Verbreitung bzw. Entstehungsort	Frosthärte
● *M. aquifolium* (PURSH) NUTT. (Abb. 97 a)	Gewöhnliche Mahonie	N-Amerika	++
● *M. bealii* (FORT.) CARR.	Beale-Mahonie	Hupeh	≙, +
M. × 'Charitiy'		Windsor Great Park	++
M. × *heterophylla* (ZABEL) SCHNEID.		?	++
M. japonica (THUNB.) DC.	Japanische Mahonie	?	≙, ≙≙
M. piperiana ABRAMS		Kalifornien	+, ++
M. repens (LINDL.) G. DON	Kriechende Mahonie	N-Amerika	++

Textur

Die niedrigen „Aquifolium-" und „Repens-Typen" sind dicht und kompakt aufgebaut, die Textur ist aber gröber. Die beiden höheren Typen sind beträchtlich luftiger, bis kahl und durchsichtig, ungleich büschelartig grob. Die dunkle und glänzende Belaubung der Mahonien unterstreicht noch ihre Starrheit und den „kalten" Gesamteindruck.

Laub

Blätter wechselständig, unpaarig gefiedert, Blättchen meist dornig gezähnt. Nebenblätter sitzend, verschieden groß und gestaltet (Abb. 100), mit unterschiedlich grünen Tönungen, oft auch glänzend.

Blattfarbe:
Hellgrün
M. aquifolium 'Moseri' (später braunrosa), *M.* × *heterophylla* (stark glänzend).
Grün
M. aquifolium (stark glänzend), *M. a.* 'Juglandifolia', 'Mirena', 'Vicarii' (nur beim Austrieb rötlich), *M. piperiana* (glänzend).
Mattgrün
M. japonica, M. repens und Sorten.
Matt blaugrün
M. bealii.
Dunkelgrün
M. aquifolium 'Jupiter', 'Pamina' (beide stark glänzend), *M.* × 'Charitiy'.
Braunrot
M. aquifolium 'Atropurpurea'.

Am effektvollsten sind die glänzenden Blätter, die lebhafter wirken und sehr dekorativ sind. Die Herbstfärbung ist manchmal sehr schön ausgeprägt (z. B. dunkelrot bei *M. aquifolium* 'Jupiter').

Blüte und Blütenstand

Kleine Blüten haben 6 gelbe Petalen, manchmal sind sie hellgelb (*M. bealii*,

Abb. 97
a)
Mahonia aquifolium;
b)
Malus ioensis;
c)
Menispermum dauricum;
d)
Mespilus germanica;
e)
Morus alba

M. × 'Charityi' und *M. japonica*) bzw. gelbgrün (*M.* × *heterophylla*) oder auch mit rötlichem Hauch (*M. aquifolium* und Sorten), in dichten vielblütigen Trauben oder Rispen, die teilweise nicken (Abb. 101 A) oder aufrecht stehen (Abb. 101 B). Diese dekorativen Blütenstände sind wegen ihrer Dichte, Farbe und Größe sehr auffallend. In wärmeren Gebieten (in Mitteleuropa nur selten) blühen manche Arten und Kreuzungen schon im Januar/Februar, die Hauptblütezeit bewegt sich aber je nach Art vom März bis Juni (Abb. 102).

Frucht und Fruchtstand

Frucht eine Beere, bei allen Mahonien schwarzblau oder blau, mehr oder weniger bereift, fast erbsengroß. Einzelne Früchte in sehr dekorativen Fruchtständen, die in der Gestalt den Blütenständen ähneln. Haften auf den Sträuchern bis September.

Stämmchen, Zweige und Wurzelsystem

Zweige und Stämmchen dick, steif, mit hell graubrauner Rinde. Wurzelsystem reich verzweigt mit zahlreichen Haarwurzeln.

Ansprüche

Am besten gedeihen sie im lichten Halbschatten, gut wachsen sie auch noch in voller Sonne. An den Boden werden keine besonderen Ansprüche gestellt, optimal ist aber eine nahrhafte, durchlässige und angemessen feuchte, besser leichte als sehr schwere Erde. Gut wachsen Mahonien auch auf ärmeren und trockenen Standorten. Die meisten angeführten Arten sind unter mitteleuropäischen Bedingungen winterhart, nur *M. bealii* und *M. japonica* brauchen Winterschutz ihrer Wurzeln und ihres Laubes gegen die winterliche Sonne. Diese empfindlichen

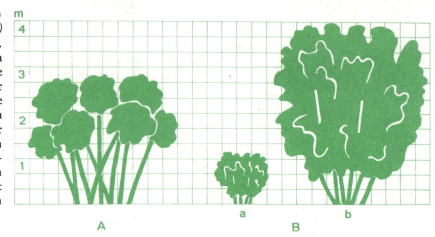

Abb. 98
A) Typ „japonica"
M. × 'Charity',
M. japonica

B) Typ „bealii"
a)
● *M. aquifolium* 'Jupiter',
● *M. a.* 'Mirena',
M. × *heterophylla*;
b)
● *M. bealii*

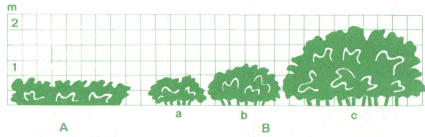

Abb. 99
A) Typ „repens"
● *M. aquifolium* 'Pamina',
M. repens,
M. r. 'Macrocarpa'

B) Typ „aquifolium"
a)
● *M. aquifolium* (manchmal),
M. a. 'Atropurpurea' (manchmal),
M. piperiana;
b)
● *M. aquifolium*,
M. a. 'Atropurpurea',
'Moseri', 'Vicarii',
M. repens 'Rotundifolia';
c)
M. aquifolium 'Juglandifolia',
M. piperiana (manchmal)

Abb. 100 Obere Reihen Blätter von *Philadelphus*
a)
P. delavayi, P. schrenkii, P. subcanus;
b)
P. caucasicus, P. coronarius, P. c. 'Zeyheri', *P. floridus, P.* × *nivalis, P. satsumanus, P. satsumi, P.* × *splendens*;
c)
P. inodorus, P. × *maximus, P. sericanthus, P. tomentosus*;
d)
P. shikokianus;
e)
P. insignis, P. pubescens;
f)
P. brachybotrys, P. dasycalyx, P. × *falconeri, P. incasus, P. intectus, P. kansuensis, P. laxiflorus, P.* × *monstrosus, P. purpurascens, P. tenuifolius, P.* × *virginalis*;
g)
P. delavayi (manchmal die oberen Blätter), *P. hirsutus, P. inodorus* var. *laxus, P. pekinensis, P. triflorus*;
h)
P. californicus;
i)
P. × *congestus, P. lewisii* var. *gordonianus*;
j)
P. lewisii;
k)
P. coronarius 'Dianthiflorus', *P.* × *cymosus*;
l)
P. inodorus var. *laxus* (manchmal), *P. salicifolius*;
m)
P. × *polyanthus, P. purpureomaculatus*;
n)
P. argyrocalyx;
o)
P. microphyllus (Blätter an Blütenzweigen oft bis um ein Drittel kleiner)

Untere Blattreihe *Mahonia*
a)
M. aquifolium, M. repens;
b)
M. × *heterophylla* (Quadrat 1 × 1 cm)

Arten pflanzen wir auf geschützte Stellen. Gegen verunreinigte Luft sind besonders *M. aquifolium* und *M. repens* widerstandsfähig, die anderen Arten etwas weniger. Schnitt wird sehr gut vertragen.

Pflege

Ausnahmsweise wird im Herbst gepflanzt, besser im Frühling, möglichst mit Wurzelballen. Junge Pflanzungen werden nach Bedarf gewässert und empfindliche Arten mit Winterschutz versehen. Eine besondere Pflege brauchen Mahonien nicht. Wenn wir bei den niedrigen Typen einen dichten, bodennahen Bestand erhalten wollen, wird nach der Blüte geschnitten, d. h. am Frühjahrsende, so daß die Sträucher anschließend neu durchtreiben und im nächsten Jahr wieder reich blühen. Ältere Pflanzen vertragen ein Umpflanzen nur mit ausreichend großem Wurzelballen. Mahonien übertragen den Getreiderost (Einzelheiten sind bei *Berberis* angeführt). Bei Befall mit dem nicht wirtswechselnden Mahonienrost entstehen auf den Blättern rötliche Flecken und unterseits staubende Pusteln. (Sträucher im Herbst kräftig zurückschneiden, Pflanzenteile verbrennen und im Frühjahr mit Zineb-, Maneb- oder Mancozeb-Präparaten spritzen.) Mahonien werden häufig von der *Phyllosticta*-Blattfleckenkrankheit befallen (Behandlung wie beim Rost oder mit weiteren Kontaktfungiziden durchführen). In manchen Jahren tritt auch Echter Mehltau auf. Unter Wildverbiß leiden die Pflanzen nicht.

Verwendung

Mahonien gehören in Mitteleuropa zu den wichtigsten immergrünen Sträuchern. Die niedrigen, bodennahen Typen „Repens" und „Aquifolium" sind ein ideales Unterholz unter lockeren

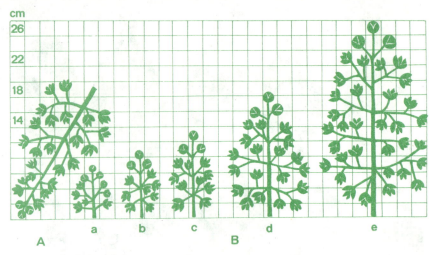

Abb. 101 Blütenstand *Mahonia*
A) teilweise nickende Rispen
M. japonica

B) aufrechte Rispen
a)
M. × heterophylla,
M. repens, Sorten (manchmal);
b)
M. aquifolium, Sorten,
M. piperiana,
M. repens, Sorten;
c)
M. bealii;

d)
M. japonica (manchmal);
e)
M. × 'Charity'

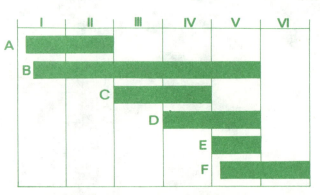

Abb. 102 Blütezeit *Mahonia*
A) *M. × 'Charity* (in wärmeren Gebieten);
B) *M. japonica* (in wärmeren Gebieten);
C) *M. piperiana*;
D) *M. aquifolium*,
M. × heterophylla;
E) *M. repens*;
F) *M. bealii*

Wissenschaftlicher Name	Deutscher Name	Natürliche Verbreitung bzw. Entstehungsort	Frosthärte
● *M.* × *adstringens* ZABEL			
M. angustifolia (AIT.) MICH.	Schmalblättriger Apfel	S-USA	++
● *M.* × *arnoldiana* (REHD.) SARG.		Arnold Arboretum	++
M. × *astracanica* DUM.-COURS.		Asien (?)	++
● *M.* × *atrosanguinea* (SPÄTH) SCHNEID.		Berlin (bei Späth)	++
● *M. baccata* (L.) MOENCH	Beeren-Apfel	NO-Asien bis China	++
var. *himalaica* (MAXIM.) SCHNEID.		W-Himalaja	++
var. *jackii* REHD.		SW-China	++
var. *mandshurica* (MAXIM.) SCHNEID.		Korea	++
		M-Japan bis M-China	
M. bracteata REHD.		S-USA	++
M. brevipes REHD.		?	++
M. communis POIR. = *M. sylvestris*			
● *M. coronaria* (L.) MILL.	Kronen-Apfel Duft-A.	N-Amerika	++
var. *dasycalyx* REHD.		Ontario – Indiana	++
var. *elongata* (REHD.) REHD.		New York – Alabama	++
M. × *dawsoniana* REHD.		Arnold Arboretum	++
M. × *denboerii* KRÜSSM.		Holland (bei A. de Boer)	++
M. domestica POIR. = *M. sylvestris* var. *domestica*			
M. florentina (ZUCCAGNI) SCHNEID.	Florentiner-Apfel	SO-, S-Europa	++
M. floribunda VAN HOUTTE	Vielblütiger Apfel	Japan	++
var. *arnoldiana* REHD. = *M.* × *arnoldiana*			
M. fusca (RAF.) SCHNEID.	Rotbrauner Apfel	N-Amerika	++
M. glabrata REHD.	Kahler Apfel	N-Carolina bis Alabama	++
M. glaucescens REHD.		O-USA	++
● *M.* × *gloriosa* LEMOINE		Nancy (bei Lemoine)	++
M. halliana KOEHNE	Hall-Apfel	Japan, China	++

Baumkulissen und eine flache Bodendecke zwischen anderen immergrünen Sträuchern (*Ilex, Kalmia, Berberis* u. a.). Sind auch geeignete dichte Bodendecker – auch im tieferen Schatten; wenn wir die Pflanzen niedrig erhalten wollen, müssen wir sie alljährlich nach der Frühjahrsblüte zurückschneiden (3–4 Pflanzen je m^2) oder eine flach wachsende Sorte verwenden (z. B. 'Pamina'). Vertreter der beiden höheren Typen bilden schöne Solitärs, die hauptsächlich mit ihrem dekorativen Laub wirken; wir pflanzen sie in Wegnähe, an Wegkreuzungen, zu Eingängen und Treppen, in größere Steingärten usw. Mit ihrer Frühjahrsblüte lassen sie sich ausgezeichnet mit Sträuchern und Stauden kombinieren, die ebenfalls im Frühling blühen (*Chaenomeles, Prunus, Bergenia*). Sehr schön sind auch niedrige, freiwachsende Hecken. Mahonien liefern ein unentbehrliches Material für die Blumenbindekunst.

Malus MILL. – Apfel, Apfelbaum (*Rosaceae*)

Sommergrüne Bäume oder Sträucher, manchmal dornig. Etwa 30, meist ziemlich raschwüchsige Arten in Europa, Asien und Nordamerika.
Zierwert: Laub (V–XI), Blüte (IV bis VI, ausnahmsweise IX–X), Früchte (VIII–XI, ausnahmsweise I).

Habitustypen

Viertel-, Halb-, Hochstamm oder Strauch, wird mit beeinflußt von der Anzucht in der Baumschule und der verwendeten Unterlage:
„Zumi-Typ": kleiner Baum mit gleichmäßiger, schlanker, kegelförmiger

Krone, Zweige mitteldicht (Abb. 103 B),

„Baccata-Typ": Baum mit kürzerem Stamm, breit halbkugeliger Krone und etwas ungleichen Konturen (Abb. 103 A),

„Pumila-Typ": Baum mit sehr kurzem Stamm und halbkugeliger, ausladender Krone (Abb. 104),

„Micromalus-Typ": Baum mit breit aufstrebender Krone und sehr luftigen und ungleichen Konturen (Abb. 105),

„Fastigiata-Typ": breit säulenförmiger Typ mit kurzem Stamm und ungleich luftiger Krone, Äste alle aufrecht (Abb. 106 B),

„Echtermeyer-Typ": niedriger Baum mit breit bogig, tief zur Erde überhängenden Ästen (Abb. 106 A),

„Rathke-Typ": niedriger Baum mit streng schirmförmiger Krone, Äste mehr oder weniger waagerecht abstehend und an den Enden kurz hängend, Stamm höher (Abb. 107 C),

„Sieboldii-Typ": breit halbkugeliger, bis zur Erdoberfläche beasteter Strauch; Äste breit abstehend und an den Enden hängend (Abb. 107 A),

„Purpurea-Typ": breit halbkugeliger bis kugeliger Strauch, Äste in die Breite ausladend und leicht schräg aufstrebend, Konturen ungleich luftig (Abb. 108),

„Beauty-Typ": schmal und streng kegelförmig aufrechter Strauch, Äste alle aufrecht, dicht gestellt (Abb. 107 B),

„Erecta-Typ": ungleichmäßig aufrechter Strauch, alle Äste mehr oder weniger direkt aufrecht, etwas breiter und lockerer aufgebaut als beim vorigen Typ (Abb. 109 B),

„Spontanea-Typ": mehr breiter als hoher Strauch mit schräg aufstrebenden Zweigen (Abb. 109 A).

Textur

Bei den meisten Apfelbäumen leicht büschelartig aufgelockert, bei den typischen Hängeformen „Echtermeyer-"

Wissenschaftlicher Name	Deutscher Name	Natürliche Verbreitung bzw. Entstehungsort	Frosthärte
var. *spontanea* (Mak.) Koidz.		Japan	++
M. × *hartwigii* Koehne		?	++
M. × *heterophylla* Spach	Verschiedenblättriger Apfel	?	++
M. *honanensis* Rehd.	Honan-Apfel	NO-China	++
M. *hupehensis* (Pamp.) Rehd.	Tee-Apfel	China, Himalaja	++
● M. *ioensis* (Wood) Britt. (Abb. 97 b)	Prärie-Apfel	USA	++
var. *bushii* Rehd.		Missouri	++
var. *creniserrata* Rehd.		wie die Art	++
var. *palmeri* Rehd.		Missouri	++
var. *spinosa* Rehd.		Missouri	++
var. *texana* Rehd.		Texas	++
M. *kansuensis* (Batal.) Schneid.	Kansu-Apfel	NW-China	++
f. *calva* Rehd.		NW-China	++
M. *lancifolia* Rehd.	Lanzettblättriger Apfel	O-USA	++
● M. × *magdeburgensis* Hartwig	Magdeburger Apfel	Magdeburg	++
M. × *micromalis* Makino	Japanischer Apfel	Japan	++
● M. × *moerlandsii* Doorenbos		Den Haag	++
M. × *platycarpa* Rehd.		N-Carolina	++
● M. *prattii* (Hemsl.) Schneid.		M- u. W-China	++
● M. *prunifolia* (Willd.) Borkh.	Kirschblättriger Apfel	O-Asien	++
var. *rinki* (Koidz.) Rehd.	Ringo-Apfel	China	++
M. *pumila* Mill. = M. *sylvestris* ssp. *mitis*			
● M. × *purpurea* (Barbier) Rehd.	Purpur-Apfel	Orléans	++
M. *ringo* Sieb. ex Carr. = M. *prunifolia* var. *rinki*			
M. *ringo sublobata* Dipp. = M. × *sublobata*			
M. *rivularis* M. J. Roem. = M. *fusca*			

Wissenschaftlicher Name	Deutscher Name	Natürliche Verbreitung bzw. Entstehungsort	Frosthärte
● M. × robusta (CARR.) REHD.		? (um 1815)	++
var. persicifolia REHD.		N-China	++
M. rockii REHD.		W-China	++
● M. sargentii REHD.	Sargent-Apfel	Japan	++
● M. × scheideckeri SPÄTH ex ZABEL		München	++
● M. sieboldii (REGEL) REHD.	Toringo-Apfel	Japan, Korea	++
M. sikkimensis (WENZIG) KOEHNE		N-Indien	++
M. × soulardii (BAILEY) BRITT.		USA	++
● M. spectabilis (AIT.) BORKH.	Prächtiger Apfel	China	++
M. × sublobata (DIPP.) REHD.		Japan	++
● M. sylvestris MILL. ssp. mitis (WALLLR.) MANSF.	Johannis-Apfel	Europa, W-, M-Asien	++
var. domestica (BORKH.) MANSF.	Kultur-Apfel, Apfelbaum	Nur in Kultur, in Europa auch verwildert u. eingebürgert	++
var. niedzwetzkiana (DIECK) SCHNEID.	Niedzwetzky-Apfel	SW-Sibirien, Turkestan	++
var. paradisiaca (L.) L. H. BAIL.	Paradies-Apfel	W-Asien, SO-Europa	++
ssp. sylvestris	Holz-Apfel, Wild-A.	Europa	++
M. toringo (K. KOCH) SIEB. ex CARR. = M. sieboldii			
M. toringoides (REHD.) HUGHES	Chinesischer Apfel	W-China	++
M. transitoria (BATAL.) SCHNEID.	Kansu-Apfel	NW-China	++
var. toringoides REHD. = M. toringoides			
M. tschonoskii (MAXIM.) Schneid.	Woll-Apfel	Japan	++
M. yunnanensis (FRANCH.) SCHNEID.	Yünnan-Apfel	W-China	++
var. veitchii REHD.		M-China	++
M. zumi (MATSUM.) REHD.	Zumi-Apfel	Japan	++
var. calocarpa REHD.		Japan	++

und „Sieboldii-Typ" locker vorhangartig. Fast bei allen Arten ist sie luftig; obwohl die Hauptäste gut sichtbar sind, ist der Gesamteindruck nicht sehr starr. Die dichteste und starrste Verzweigung besitzen die aufrecht wachsenden Typen („Fastigiata", „Beauty" und „Erecta"). Manche Typen, z. B. „Pumila-" oder „Micromalus-Typ", haben eine lockere bis durchsichtige Krone.

Laub

Blätter wechselständig, gesägt, selten auch gelappt, einfach, verschieden eiförmig, elliptisch bis länglich, verschieden groß (Abb. 110). Wichtig ist die Färbung, die nicht immer grünlich ist.

Blattfarbe:
Hellgrün
M. × adstringens und die meisten Sorten, M. angustifolia, M. × arnoldiana, M. × astracanica, M. baccata sowie alle Sorten und Varietäten (glänzend), M. coronaria sowie Sorten und Varietäten, M. × dawsoniana, M. × denboerii, M. fusca, M. glabrata, M. × robusta sowie Sorten und Varietäten, M. sargentii und Sorte, M. × scheideckeri und Sorten, M. trilobata (glänzend).
Mattgrün
die meisten Arten, Sorten und Varietäten.
Dunkelgrün
M. × atrosanguinea (glänzend), M. bracteata, M. brevipes, M. glaucescens, M. halliana sowie Sorte und Varietät (glänzend), M. honanensis, M. ioensis sowie Sorten und Varietäten, M. kansuensis und Form, M. magdeburgensis (glänzend), M. × micromalus (glänzend), M. sieboldii sowie Sorten und Varietät, M. spectabilis und Sorten (glänzend), M. tschonoskii.
Grün mit bronzefarbener Tönung
M. × adstringens 'Almey' (beim Austrieb purpurfarben), M. × a. 'Patricia'.
Braungrün
M. × moerlandsii (glänzend).
Hellrot
M. × adstringens 'Helen'.

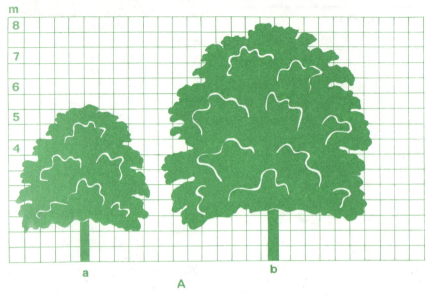

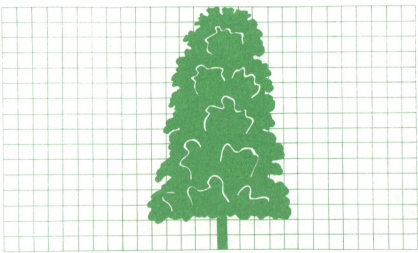

Abb. 103
A) Typ „baccata"
a)
● *M. baccata*,
M. b. var. *himalaica*,
var. *mandshurica*,
M. sylvestris,
M. s. 'Plena';
b)
M. angustifolia, M. bracteata,

● *M. floribunda* (selten),
M. hupehensis, M. h. 'Rosea',
M. × *platycarpa*,
M. × *p.* 'Hoopesii',
● *M.* × *scheideckeri*
(selten),
M. sieboldii var.
arborescens,
M. sikkimensis, M. sylvestris,
M. s. 'Rosilda', *M. toringoides*

B) Typ „zumi"
M. × *sublobata*,
● *M. tschonoskii*,
● *M.* × *zumi*,
M. × *z.* 'Bob White',
Sorte mit unbekannter
Herkunft
'Marshall Oyama'

Abb. 104   Typ „pumila"
a)
● *M.* × *adstringens*
'Crimson Brilliant',
● *M.* × *atrosanguinea*
(manchmal),
M. glaucescens (manchmal),
● *M.* × *purpurea*
(manchmal),
● *M.* × *p.* 'Aldenhamensis'
(manchmal),
'Amisk' (manchmal);
b)
● *M.* × *adstringens*,
● *M.* × *a.* 'Almey',
● 'Hopa',
'Irene' (manchmal),
'Patricia',
'Pink Giant' (manchmal),
'Red Silver',
'Robin',
● 'Transcendent'
(manchmal),
● *M. coronaria*,
● *M. c.* 'Charlottae',
var. *dasycalyx*,
var. *elongata*,
M. × *dawsoniana*
(manchmal),
M. florentina,
M. floribunda (manchmal),
M. f. 'Ormiston Roy',
M. glabrata,
M. glaucescens,
● *M.* × *gloriosa*,
M. halliana,
M. × *heterophylla* 'Kola',
M. × *h.* 'Red Tip',
● *M. ioensis*,
M. i. var. *bushii*,
'Fimbriata',
var. *palmeri*,
● 'Plena',
'Nova',
M. kansuensis (manchmal),
M. k. f. calva (manchmal),
M. lancifolia,
● *M.* × *magdeburgensis*
(manchmal),

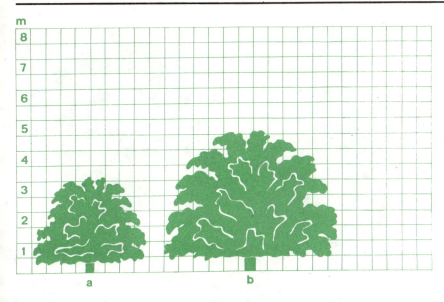

Rot

M. × *adstringens* 'Hopa' (bronzefarbene Tönung), M. × *a.* 'Irene', 'Red Silver' (beim Austrieb silbrig behaart), 'Wabiskaw' (später bronzefarben grün), M. × *denboerii* 'Evelyn' (bronzefarbene Tönung), M. × *d.* 'Lisa', M. × *gloriosa* und Sorten (bronzefarbene Tönung), M. × *moerlandsii* 'Profusion' (später bronzefarben grün), M. × *soulardii* 'Redflesh' (bronzefarbene Tönung), M. *sylvestris* 'Makamik' (später bronzefarben grün), M. *s.* 'Rosseau' (bronzefarbene Tönung), 'Wisley Crab' (bronzefarbene Tönung).

Dunkelrot

M. × *adstringens* 'Purple Wave' (beim Austrieb heller rot), M. *sylvestris* 'Oporto' (anfangs mit purpurfarbener Tönung).

Braunrot

M. × *purpurea* und manche Sorten, M. *sylvestris* 'Redford', Kultursorte: 'Royalty' (glänzend).

Hellpurpurfarben

M. × *adstringens* 'Nipissing'.

Purpurfarben

M. × *adstringens* 'Crimson Brilliant' (manchmal nur grün mit bronzefarbener Tönung), M. × *moerlandsii* 'Liset' (später glänzend dunkelgrün), M. × *purpurea* 'Eleyi' (dunkle Tönung), M. × *p.* 'Eleyi Compacta' (rötlicher Hauch), 'Jay Darling', 'Lemoine' (dunkle Tönung, später grünlich), M. *sylvestris* 'Kingsmere' (bronzefarbene Tönung und beim Austrieb blauvioletter Hauch).

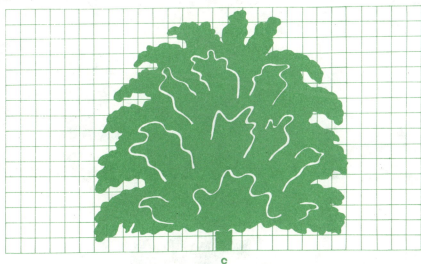

- M. × *moerlandsii* 'Profusion',
- M. *prunifolia*, M. *p.* 'Hyslop', var. *rinki*,
- M. *sylvestris*, M. *s.* 'Kingsmere',
- 'Makamik', 'Montreal Beauty',
- M. × *scheideckeri*,

- M. *sieboldii* 'Wintergold',
- M. × *soulardii*, M. × *s.* 'Soulard', M. *spectabilis*,
- M. *s.* 'Plena', 'Riversii',
- 'Van Eseltine',
- M. × *zumi* var. *calocarpa*, M. × *z.* 'Golden Hornet',
- 'Professor Sprenger';

c)
- M. × *astracanica*,
- M. *coronaria* (selten),
- M. *fusca*,
- M. *sylvestris* (selten),
- M. *spectabilis* (manchmal)

Die Auffälligkeit der Blattfarbe hängt von dem Hintergrund ab, vor dem das Gehölz steht (hellgrüne Tönungen kommen vor dunklerem Nadelholzhintergrund und dunkelrote bzw. purpurfarbene vor hellgrünen Laubkulissen oder hellen Bauten zur Geltung). Herbstfärbung ist bei manchen *Malus*-Arten effektvoll.

Herbstfärbung:

Gelb

M. *glaucescens* (dunkelpurpurfarbene Tönung).

Abb. 105 Typ „micromalus"
a)
M. × *denboeri*,
M. floribunda 'Peachblow',
M. × *micromalus*,
● *M. prunifolia* 'Cheal's Crimson',
M. p. 'Cheal's Golden Gem';
b)
● *M. prattii*,
● *M. sylvestris* 'Darthmouth' (manchmal),
M. transitoria,
M. yunnanensis (ältere Exemplare),
M. y. var. *veitchii*

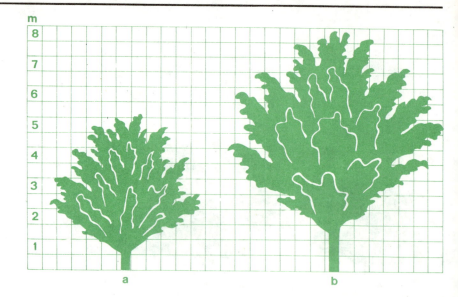

Abb. 107
A) Typ „sieboldii"
a)
M. sylvestris 'Oporto',
Sorte mit unbekanntem Ursprung
'Striped Beauty';
b)
● *M. sieboldii*,
● *M. s.* 'Wintergold'

B) Typ „beauty"
M. × *robusta* 'Beauty'

C) Typ „rathke"
M. sylvestris 'Elise Rathke'

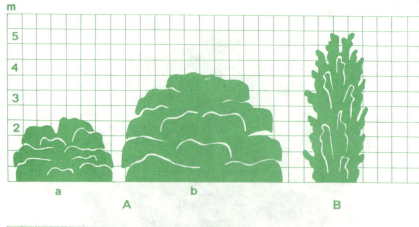

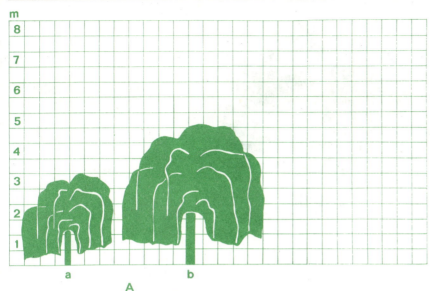

Orangegelb
M. sargentii, *M. s.* 'Rosea', 'Tina'.
Rotorange
M. coronaria 'Charlottae', *M. c.* 'Nieulandiana', *M. florentina*, *M.* × *heterophylla* 'Red Tip', *M. tschonoskii*, *M. yunnanensis*, *M. y.* var. *veitchii*.
Rot (meist scharlachrot)
M. × *adstringens* 'Timiskaming', *M.* × *a.* 'Wabiskaw', *M. coronaria* und Varietäten, *M.* × *denboerii*, 'Evelyn', *M. honanensis*, *M. sieboldii* und Sorten (manchmal auch gelbe Tönungen), *M. sylvestris* 'Rosseau', *M. trilobata*.
Purpurrot
M. sylvestris 'Cowichan'.

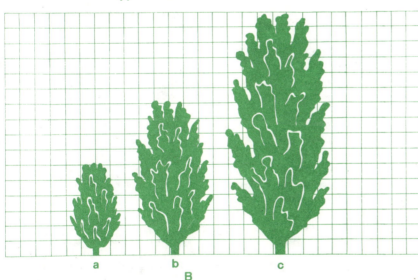

Blüte und Blütenstand

Malus-Blüten sind ursprünglich 5zählig. Alle angeführten Arten, Varietäten und Sorten können in verschiedene Größenkategorien und Formen eingeteilt werden: einfache, mit breiten Petalen (Abb. 111), einfache mit schmalen Petalen (Abb. 112), halbgefüllte mit breiten Petalen (Abb. 113 A), halbgefüllte mit schmalen Petalen (Abb. 113 B), gefüllte mit breiten Petalen (Abb. 114) und gefüllte mit schmalen Petalen (Abb. 115). Die einzelnen Blüten sind verschieden vereint, meist in Doldentrauben: zwei Blüten im Büschel (Abb. 116 A), lockerer Blütenstand, d. h. 3–4 Blüten (Abb. 116 B), dichter Blütenstand, d. h. 5–7 Blüten (Abb. 117).

Abb. 106
A) Typ „echtermeyer"
a)
● 'Red Jade' (Sorte mit unbekanntem Ursprung);
b)
M. × *gloriosa* 'Oekonomierat Echtermeyer', *M.* × *scheideckeri* 'Excellenz Thiel'

B) Typ „fastigiata"
a)
M. prunifolia 'Fastigiata';
b)
M. × *adstringens* 'Wabiskaw' (manchmal), *M. baccata* 'Columnaris', *M.* × *hartwigii*, *M. ioensis* var. *creniserrata*;

c)
M. trilobata, *M. yunnanensis* (junge Exemplare)

Blütenfarbe:
Grünlich
M. sylvestris 'Apetala'.
Weiß
die meisten Arten, Sorten und Varietäten.
Weißrosa
M. × *adstringens* 'Osman', *M. angustifolia*, *M.* × *arnoldiana*, *M. coronaria*, *M. c.* 'Charlottae', *M.* × *dawsoniana* (später fast weiß), *M. floribunda* und die meisten Sorten, *M. fusca* (später fast weiß), *M. glaucescens*,

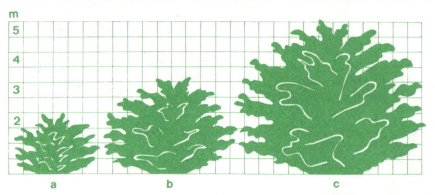

Abb. 108 Typ „purpurea"
a)
● *M.* × *arnoldiana*,
M. baccata 'Gracilis',
M. brevipes,
M. ioensis var. *spinosa*,
M. × *purpurea*
'Eleyi Compacta',
● *M. sargentii*,
M. s. 'Tina',
● *M.* × *scheideckeri*
'Dorothea',
Sorte mit unbekanntem
Ursprung 'Mary Potter';
b)
M. × *adstringens* 'Irene',
● *M.* × *a.* 'Nipissing',
'Osman',
'Pink Giant',
'Red Silver',
'Robin',
'Simcoe',
'Sissipuk',
● 'Timiskaming',
'Transcendent',
M. angustifolia
(manchmal),
● *M. baccata* (manchmal),
M. b. 'Dolgo',
var. *himalaica*,
● var. *jackii*,
'Lady Northcliffe',
var. *mandshurica*,
'Orange',
'Tanner's Variety',
M. coronaria
'Nieuwlandiana',

M. × *denboeri* 'Lisa',
M. × *florentina*
(in der Jugend),
M. glabrata,
M. × *gloriosa*,
M. halliana,
M. h. 'Parkmanii',
M. × *heterophylla* 'Kola',
● *M.* × *h.* 'Red Tip',
M. honanensis,
M. ioensis var. *texana*,
M. lancifolia,
● *M.* × *magdeburgensis*,
● *M.* × *moerlandsii*,
● *M.* × *purpurea*,
● *M.* × *p.* 'Aldenhamensis',
'Amisk',
● 'Eleyi',
'Henry F. Dupont',
'Hoser',
'Jadwiga',
'Jay Darling',
'Kobendza',
'Schafer',
'Sophia',
'Wierdak',
M. rockii,
M. sargentii 'Rosea',
● *M.* × *scheideckeri*,
● *M.* × *sch.* 'Dorothea'
(manchmal),
● 'Hillieri',
M. sylvestris (manchmal),
M. s. 'Plena',
M. × *soulardii* 'Wynema',
M. × *s.* 'Redflesh',
M. spectabilis

'Blanche Ames',
Kreuzungen mit ungewissem
Ursprung:
'Georges',
'Henriette Crosby',
'Red River';
c)
M. × *adstringens* 'Helen',
M. × *a.* 'Purple Wave',
M. × *dawsoniana*,
M. × *denboeri* 'Evelyn',
M. floribunda,
M. fusca,
M. × *heterophylla*,
M. hupehensis,
M. h. 'Rosea',
M. kansuensis,
M. k. f. calva,
● *M. sylvestris*
'Aldenham Purple',
M. s. 'Apetala',
'Cowichan',
● 'Darthmouth',
'Montreal Beauty'
(manchmal),
● 'Niedzwetzkyana',
var. *paradisiaca*,
'Redfield',
'Redford',
'Rosseau',
'Scugog',
'Trail',
'Translucens',
Veitch's Scarlet',
● 'Wisley Crab',
● *M.* × *robusta*,
M. × *r.* 'Erecta', 'Joan',

var. *persicifolia*,
● *M. spectabilis* (manchmal),
● *M. s.* 'Plena',
'Riversii',
● 'Van Eseltine' (alle
nur manchmal),
M. toringoides,
Kreuzungen mit ungewissem
Ursprung:
'Gibb's Golden Gage',
'Florence',
'Gold',
● 'John Downie'

M. halliana 'Parkmanii', *M. h.* var. *spontanea* (fast weiß), *M. hartwigii* 'Katherine' (später fast weiß), *M. ioensis* sowie Sorten und Varietäten, *M. lancifolia*, *M.* × *platycarpa* 'Hoopesii', *M.* × *robusta*, *M.* × *scheideckeri* und manche Sorten, *M. sieboldii* und Varietät (Knospen intensiv rosa), *M. sikkimensis* (oft reinweiß), *M.* × *soulardii* 'Wynema', *M. spectabilis* und die meisten Sorten, *M.* × *sublobata*, *M. sylvestris* und manche Sorten, Kreuzung unbekannter Herkunft: 'Marshall Oyama'.
Rosa
M. × *adstringens*, *M.* × *a.* 'Nipissing', *M.*

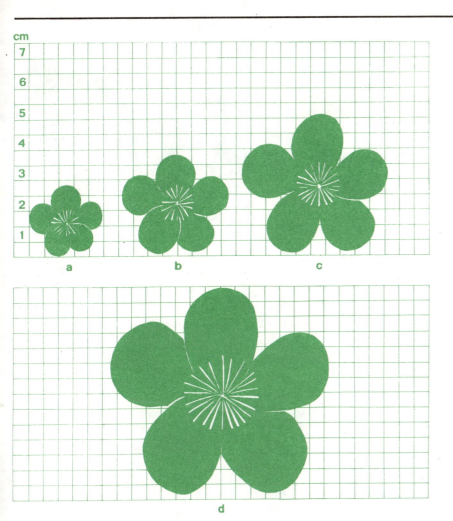

Abb. 111 Blüten *Malus*
Einfach, mit breiten Petalen
a)
M. florentina,
M. honanensis,
M. kansuensis,
M. prattii,
M. sieboldii,
M. toringoides,
M. transitoria,
M. yunnanensis;
b)
M. × *adstringens*
'Nipissing',
M. × *a.* 'Sissipuk',
M. × *atrosanguinea*,
M. baccata 'Gracilis',
M. b. var. *himalaica*,
M. brevipes,
M. × *dawsoniana*,
M. × *denboerii*, Sorten,
M. floribunda,
M. f. 'Peachblow',
M. glabrata,
M. halliana var. *spontanea*,
M. lancifolia,
M. prunifolia,
M. p. 'Cheal's Crimson',
'Cheal's Golden Gem',
'Hyslop',
M. sylvestris 'Apetala',
M. rockii,
M. sargentii,
M. sieboldii var.
arborescens,
M. sikkimensis,
M. tschonoskii,
M. × *zumi*, Sorten,
Kreuzungen ungewisser
Herkunft:
'Georgeous',
'Striped Beauty';
c)
die meisten Arten,
Kreuzungen, Sorten und
Varietäten;
d)
M. × *purpurea* 'Jadwiga',
M. × *p.* 'Schafer',
M. sylvestris 'Kingsmere'

× *a.* 'Red Silver', *M.* × *a.* 'Robin', *M.* × *a.* 'Simcoe' (alle anfangs dunkelrosa), *M. bracteata*, *M. coronaria* var. *dasycalyx*, *M. c.* var. *elongata*, 'Nieuwlandiana', *M. glabrata*, *M. halliana*, *M.* × *hartwigii* (später fast weiß), *M.* × *heterophylla* 'Kola', *M. h.* 'Red Tip', *M. hupehensis* (später fast weiß), *M.* × *h.* 'Rosea', *M. ioensis* 'Nova', *M. i.* var. *spinosa*, *M.* × *magdeburgensis* (leuchtende Farbe), *M.* × *micromalus*, *M. prunifolia* var. *rinki*, *M.* × *soulardii* und manche Sorten (beim Abblühen heller), *M.* × *purpurea* 'Amisk', *M.* × *p.* 'Hoser', 'Jadwiga', *M. spectabilis* 'Riversii', *M. sylvestris* 'Scugog', 'Sophia', Kreuzungen ungewisser Herkunft: 'Henrietta Crosby', 'Henry F. Dupont', 'Prince Georges', 'Red River'.

Rosarot
M. × *adstringens* 'Crimson Brilliant' (karminrote Tönung, weißes Sternchen in der Blütenmitte), *M.* × *atrosanguinea*, *M.* × *denboerii* und Sorten, außer 'Liset', *M.* × *gloriosa* 'Oekonomierat Echtermeyer', *M.* × *moerlandsii* 'Profusion', *M.* × *scheideckeri* 'Dorothea', *M. spectabilis* 'Blanche Ames' (Bluteninneres weiß), *M. sylvestris* 'Makamik' (purpurfarbene Tönung), *M. s.* 'Wisley Crab'.

Hellrot
M. × astracanica.
Dunkelrot
M. × adstringens 'Sissipuk', *M. × moerlandsii, M. sylvestris* 'Niedzwetzkyana'.
Violettrot
M. × adstringens 'Hopa', *M. sylvestris* 'Aldenham Purple'.
Violettrosa
M. × purpurea 'Wierdak'.
Hellviolett
M. × purpurea 'Schafer'.
Purpurrot
M. × adstringens 'Patricia', *M. × a.* 'Pink Giant' (rosa Tönung), 'Wabiskaw' (sehr dunkel), *M. × denboerii* 'Lisa', *M. × gloriosa* (hellere Tönung), *M. × moerlandsii* 'Liset', *M. × purpurea* und manche Sorten, *M. sylvestris* 'Cowichan', Kreuzung ungewisser Herkunft: 'Royalty'.
Purpurfarben
M. × adstringens 'Irene', *M. × a.* 'Purple Wave', *M. × purpurea* 'Lemoine', *M. × soulardii* 'Redflesh' (heller Hauch), *M. sylvestris* 'Kingsmere', *M. s.* 'Regfield', 'Redford' (etwas heller als die vorige Sorte).
Dunkelpurpurfarben
M. × adstringens 'Almey', *M. × a.* 'Helen', 'Timiskaming', *M. × purpurea* 'Eleyi', *M. sylvestris* 'Oporto'.
Purpurbraun
M. × purpurea 'Kobendza' (Blüteninneres rosa).

Eine gewisse Bedeutung hat der intensive Duft mancher *Malus*-Arten, es duften nur:

M. angustifolia, M. baccata var. *mandshurica, M. coronaria* sowie Sorten und Varietäten, *M. × denboerii* 'Evelyn', *M. × d.* 'Lisa', *M. × heterophylla* 'Kola', *M. hupehensis* und Sorte, *M. ioensis* sowie Varietäten und Sorten; Kreuzung ungewisser Herkunft: 'Prince Georges'.

Die eigentliche Blütenperiode dauert über drei Monate, von April bis Juni, wobei *M. × purpurea* 'Aldenhamensis' mit seiner Blüte im September/

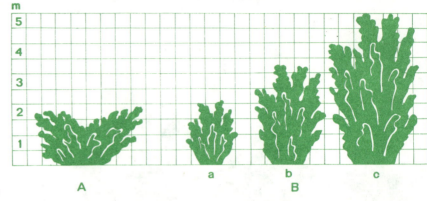

Abb. 109
A) Typ „spontanea"
M. halliana var. *spontanea*
B) Typ „erecta"
a)
Sorte mit ungewissem Ursprung 'Prince Georges';

b)
M. × hartwigii 'Katherine',
● *M. × moerlandsii* 'Liset',
● *M. × m.* 'Profusion',
● *M. × purpurea* 'Lemoine',
M. × robusta 'Erecta'
(nur junge Exemplare);

c)
● *M. × prattii* (manchmal),
M. × robusta 'Fairy',
M. transitoria,
M. triloba,
Sorte mit ungewissem Ursprung 'Flame'

Abb. 110 Blätter *Malus*
a)
M. × adstringens (manchmal),
M. baccata,
M. × hartwigii,
M. × robusta (manchmal schmaler und länger);
b)
M. × arnoldiana,
M. sargentii;
c)
M. × adstringens (manchmal),
M. sylvestris;
d)
M. hupehensis,
M. × magdeburgensis,
M. sikkimensis,
M. spectabilis,
M. × zumi;
e)
M. prattii,
M. × zumi (manchmal);
f)
M. yunnanensis;

g)
M. yunnanensis var. *veitchii;*
h)
M. rockii;
i)
M. × plarycarpa,
M. × purpurea,
M. tschonoskii;
j)
M. × gloriosa,
M. × scheideckeri;
k)
M. × astracanica;
l)
M. sylvestris 'Niedzwetzkyana';
m)
M. × atrosanguinea,
M. brevipes,
M. floribunda,
M. sieboldii;
n)
M. coronaria (manchmal),
M. glabrata,
M. glaucescens,

M. honanensis,
M. kansuensis;
o)
M. coronaria;
p)
M. bracteata,
M. × denboerii,
M. ioensis,
M. i. 'Plena',
M. × soulardii;
q)
M. angustifolia;
r)
M. toringoides;
s)
M. transitoria;
t)
M. florentina;
u)
M. halliana 'Parkmanii'
(Quadrat 1 × 1 cm)

Oktober eine Ausnahme bildet (Abb. 118). Für den Gartengestalter ist von Wichtigkeit, daß manche *Malus*-Arten nur jedes zweite Jahr voll blühen:

M. × *adstringens* 'Nipissing', *M.* × *a.* 'Simcoe' (blüht schlecht), 'Timiskaming', *M. baccata* 'Dolgo', *M. halliana* var. *spontanea*, *M.* × *hartwigii* 'Katherine' (jedes zweite Jahr eine sehr reiche Blüte), *M.* × *scheidekkeri* 'Excellenz Thiel', *M.* × *soulardii* 'Redflesh', *M.* × *s.* 'Wynema', *M. sylvestris* 'Elise Rathke', *M. s.* 'Redford'; Kreuzungen 'Flame' und 'John Downie'.

Frucht

Bekannter Apfel oder kleineres Äpfelchen, mit ausdauerndem oder auch abfallendem Kelch. Wir können folgende Apfelformen unterscheiden: flach Abb. 119), birnenförmig (Abb. 120 A), stumpf kegelförmig (Abb. 120 B), länglich eiförmig (Abb. 121), breit kugelig (Abb. 122) und kugelig (Abb. 123). Früchte ähnlich wie Blüten zusammengestellt. Gefärbte Äpfelchen, oft mit verschiedenfarbenen „Wangen", sind sehr dekorativ.

Fruchtfarbe:
Grün

M. coronaria, M. c. 'Charlottae', var. *elongata, M.* × *heterophylla, M. ioensis* sowie Varietäten und Sorten (wachsartiges Aussehen), *M. lancifolia, M.* × *platycarpa* 'Hoopesii', *M.* × *soulardii* 'Wynema' (rote Wange, oder die ganze Frucht rötlich), *M. sylvestris, M. s.* 'Apetala', 'Elise Rathke' (rote Wange), 'Montreal Beauty'.

Gelbgrün

M. angustifolia, M. coronaria var. *dasycalyx*, *M. c.* 'Nieuwlandiana' (blau bereift), *M. glabrata, M. halliana* var. *spontanea, M.* × *hartwigii, M.* × *heterophylla* 'Kola', *M.* × *h.* 'Red Tip', *M. honanensis, M. hupehensis* und Sorte (mit roter Wange), *M.* × *magdeburgensis* (rote Wange), *M.* × *soulardii* 'Soulard' (rote Wange), *M. tschonoskii* (rote Wange).

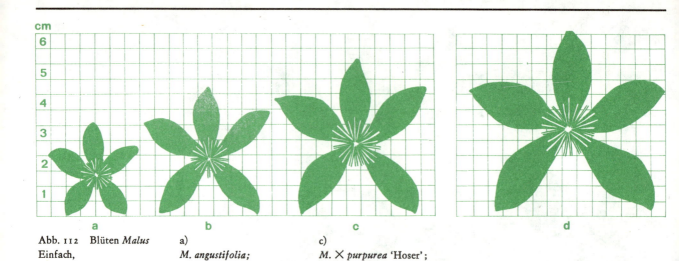

Abb. 112 Blüten *Malus*
Einfach,
mit schmalen Petalen

a)
M. angustifolia;
b)
M. × *purpurea* 'Kobendza';
c)
M. × *purpurea* 'Hoser';
d)
M. × *arnoldiana*,
M. × *purpurea* 'Wierdack'

Abb. 113 Blüten *Malus*
A) Halbgefüllt
mit breiten Petalen
a)
M. × *adstringens*
'Crimson Brilliant',
M. halliana (manchmal),
M. × *hartwigii*,
M. × *robusta* 'Erecta';
Kreuzung mit ungewissem
Ursprung 'Henry F. Dupont';
b)
M. × *adstringens*
'Wabiskaw' (manchmal)

B) halbgefüllt
mit schmalen Petalen
a)
M. × *purpurea*
'Aldenhamensis';

B) *M.* × *scheideckeri*,
M. × *sch.* 'Dorothea',
'Excellenz Thiel'

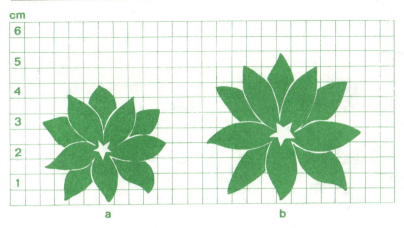

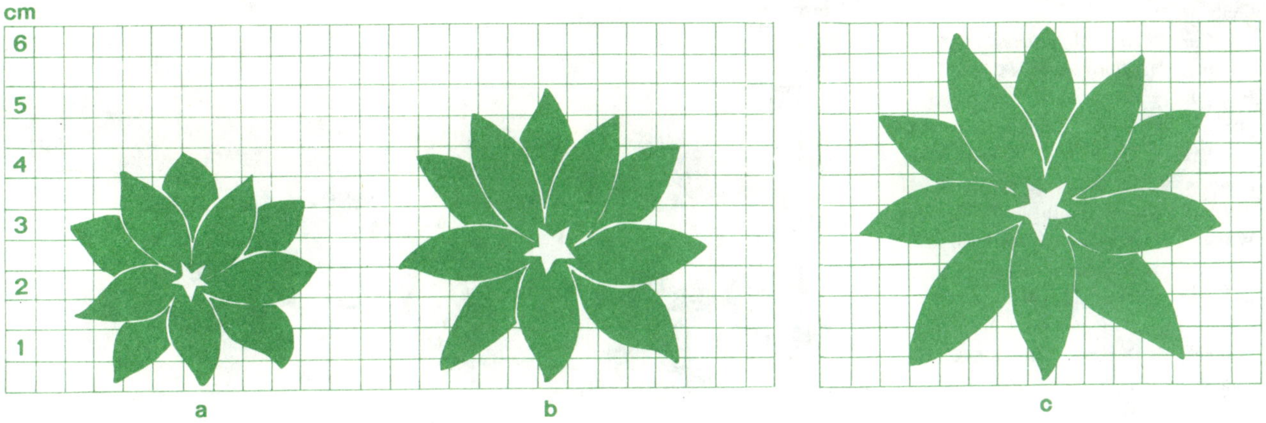

Abb. 115 Blüten *Malus*
Gefüllt,
mit schmalen Petalen

a) *M. ioensis* 'Fimbriata';

b) *M.* × *scheideckeri* 'Dorothea',

Sorte mit ungewissem Ursprung 'Prince Georges';
c) *M.* × *hartwigii* 'Katherine'

Abb. 114 Blüten *Malus*
Gefüllt,
mit breiten Petalen
a)
M. halliana 'Parkmanii';
b)
M. coronaria 'Nieuwlandiana',
M. sylvestris 'Translucens',
M. s. 'Plena';
c)
M. coronaria 'Charlottae',
M. ioensis 'Plena',
M. i. 'Nova',
M. × *magdeburgensis*,
M. spectabilis 'Plena',
M. s. 'Van Eseltine';
d)
M. spectabilis 'Riversii'

Gelb

M. × *arnoldiana, M. bracteata, M.* × *dawsoniana, M. floribunda, M. f.* 'Ormiston Roy', *M. glaucescens, M. kansuensis* (purpurfarbene Tönung und hellere Punktierung), *M. k. f. calva, M.* × *micromalus, M. prunifolia* 'Cheal's Golden Gem', *M. p.* 'Hyslop' (roter Hauch), 'Redford' (rote Wange), *M.* × *robusta* (manchmal auch rötlich), *M. rockii* (manchmal rote Wange), *M. sieboldii* 'Wintergold', *M. spectabilis* und Sorten, *M. sublobata, M. toringoides* (rote Wange), *M.* × *zumi* 'Bob White' (braune Tönung).

Gelbrot

M. × *adstringens* 'Robin', *M.* × *a.* 'Transcendens' (rot gestreift oder fast gänzlich rot), *M.* × *astracanica, M.* × *atrosanguinea, M. baccata* (rote Wange), *M. b.* 'Columnaris' (rote Wange), var. *himalaica, M. fusca* (manchmal nur gelb oder rot), *M.* × *hartwigii* 'Katherine', *M. prattii, M. prunifolia* (grünlicher Hauch), *M. p.* 'Fastigiata', *M.* × *robusta* 'Erecta', *M.* × *scheideckeri, M.* × *sch.* 'Excellenz Thiel', *M. sieboldii* var. *arborescens, M. sikkimensis, M. sylvestris* 'Dartmouth', *M. s.* var. *paradisiaca,* 'Plena' (manchmal fast gänzlich rot); Kreuzungen ungewisser Herkunft: 'Florence', 'Gold'.

Hellrot

M. × *adstringens* 'Pink Giant', *M.* × *gloriosa, M.* × *moerlandsii* 'Liset', *M.* × *m.* 'Profusion', *M. sylvestris* 'Makamik', *M. transitoria.*

Rot

M. × *adstringens, M.* × *a.* 'Hopa' (manchmal orangefarbig durchleuchtend), 'Wabiskaw' (auf der Schattenseite gelbe oder bräunliche Wange), *M. baccata* 'Dolgo', *M. b.* 'Gracilis', var. *jackii* (glänzend), var. *mandshurica, M. brevipes, M.* × *denboerii* und Sorten, *M. florentina, M. floribunda,* 'Peachlow', *M. halliana* 'Parkmanii', *M.* × *purpurea* 'Amisk', *M.* × *p.* 'Jadwiga', *M.* × *robusta* 'Beauty' (rote Wange, manchmal die ganze Frucht rötlich), *M.* × *r.* 'Erecta', 'Joan', var. *persicifolia, M.* × *soulardii* 'Redflesh', *M. sylvestris* 'Kingsmere', *M. s.* 'Veitch's Scarlet', 'Wisley Crab', *M. trilobata, M. yunnanensis* und Varietät (weiß

Abb. 116 Blütenstand *Malus*
A) zwei Blüten im Büschel
M. tschonoskii (manchmal)

B) lockerer Blütenstand mit 3–4 Blüten
a)
M. × *adstringens* 'Nipissing',
M. angustifolia,
M. baccata,
Sorten und Varietäten außer 'Dolgo',
M. bracteata,
M. coronaria, Sorten und Varietäten (manchmal),
M. dawsoniana (selten),
M. florentina (manchmal),
M. × *gloriosa,*
M. halliana var. *spontanea,*
M. kansuensis (manchmal),
M. lancifolia (manchmal),
M. × *micromalus* (manchmal),
M. toringoides,
M. tschonoskii;
b)
M. × *adstringens,* Sorten außer 'Hopa', 'Nipissing',
M. baccata 'Dolgo'
(die einzelnen Blüten sind vereinfacht dargestellt)

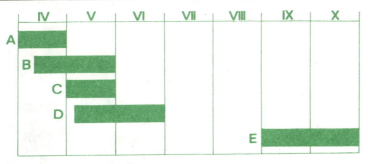

Abb. 118 Blütezeit *Malus*

A) *M.* × *astracanica,*
M. baccata 'Dolgo',
M. b. var. *mandshurica,*
M. prunifolia,
M. × *robusta;*

B) *M.* × *adstringens, M. baccata,*
M. × *denboerii,*
M. × *gloriosa,*
M. × *hartwigii,*
M. hupehensis,
M. × *magdeburgensis,*
M. × *moerlandsii,*
M. × *m.* 'Liset',
M. sylvestris 'Rosseau',
M. s. 'Scugog',
M. × *purpurea,*
M. × *rockii,*
M. × *scheideckeri*
'Excellenz Thiel',
M. × *zumi,*
'Bob White',
Sorten mit ungewissem Ursprung:
'Flame',
'Florence',
'Gibb's Golden Gage',
'Gold',
'Gorgeous',
'Henriette Crosby',
'Red Jade';

C) die meisten Arten,
Kreuzungen und Sorten;

D) *M.* × *adstringens* 'Sissipuk',
M. angustifolia,
M. bracteata,
M. coronaria,
M. × *dawsoniana,*
M. florentina,
M. floribunda 'Ormiston Roy',
M. × *heterophylla,*
M. ioensis,
M. lancifolia,
M. × *moerlandsii* 'Profusion',
Sorten mit ungewissem Ursprung:
'Marshall Oyama',
'Prince Georges',
'Tanner's Variety';

E) *M.* × *purpurea*
'Aldenhamensis' (Vorblüte)

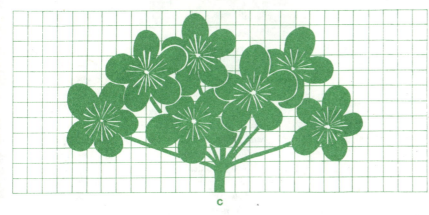

Abb. 117 Blütenstand *Malus*
Dichter Blütenstand (5–7 Blüten)

a)
M. × *dawsoniana,*
M. × *denboerii,* Sorten,
M. florentina,
M. floribunda, Sorten,
M. yunnanensis,
Kreuzung ungewisser Herkunft 'Mary Potter';

b)
die meisten Arten, Kreuzungen, Varietäten und Sorten;

c)
M. × *moerlandsii,* Sorten
M. × *purpurea* 'Jadwiga',
M. × *p.* 'Schafer',
M. × *robusta,* Sorten und Varietäten (manchmal),
M. sylvestris, Sorten und Varietäten

115

punktiert), *M.* × *zumi*, *M.* × *z.* var. *calocarpa* (manchmal orangefarbene Tönung); Kreuzungen ungewisser Herkunft: 'Flame', 'Georgus', 'Marshall Oyama', 'Mary Potter', 'Red Jade', 'Red River', 'Rosseau', 'Striped Beauty' (gelbliche Wange), 'Tanner's Variety'.

Dunkelrot
M. × *adstringens* 'Patricia', *M. sargentii* und Sorte, *M. sylvestris* 'Niedzwetzkyana'; Kreuzungen ungewisser Herkunft: 'Royalty'.

Rotbraun
M. × *gloriosa* 'Oekonomierat Echtermeyer', *M. halliana*, *M.* × *purpurea* 'Aldenhamensis', *M. sieboldii* (gelbliche Tönung).

Orangerot
M. × *adstringens* 'Simcoe', *M. sylvestris* 'Trail'.

Orangegelb
M. baccata 'Lady Northcliffe', *M. b.* 'Orange', *M. prunifolia* 'Cheal's Crimson' (rote Wange), *M.* × *scheideckeri* 'Dorothea', *M.* × *sch.* 'Hillieri'.

Orangefarben
M. × *adstringens* 'Almey' (rote Wange und dann ganz rot), *M.* × *a.* 'Osman' (manchmal rötlich), *M.* × *zumi* 'Professor Sprenger'; Kreuzung ungewisser Herkunft: 'John Downie' (rote Wange).

Purpurrot
M. × *adstringens* 'Helen', *M.* × *purpurea*, *M.* × *p.* 'Eleyi', 'Elyi Compacta', 'Jay Darling', 'Kobendza', 'Wierdak', *M. sylvestris* 'Aldenham Purple', *M. s.* 'Cowichan', 'Scugog'.

Purpurfarben
M. × *adstringens* 'Nipissing', *M.* × *a.* 'Purple Wave', 'Red Silver', 'Sissipuk', 'Timiskaming', *M.* × *moerlandsii*, *M.* × *purpurea* 'Hoser' (bläulich bereift), *M.* × *p.* 'Schafer' (glänzend), 'Sophia' (bläulich bereift).

Dunkelpurpurfarben
M. × *adstringens* 'Crimson Brilliant', *M.* × *a.* 'Irene', *M.* × *purpurea* 'Lemoine' (später mehr oder weniger dunkelgrün), *M. sylvestris* 'Oporto'.

Die meisten *Malus*-Arten verlieren ihre Früchte ziemlich bald, spätestens im Oktober/November. Es gibt aber

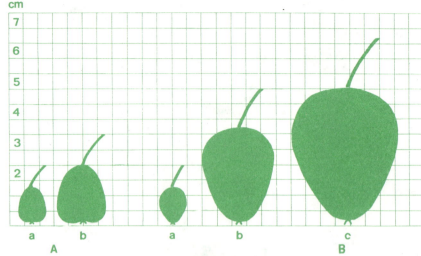

Abb. 121 Früchte *Malus*
Länglich eiförmig
a)
M. baccata var. *mandshurica*,
M. florentina,
M. fusca,
M. halliana,
M. h. var. *spontanea*,
M. kansuensis,
M. × *purpurea* 'Eleyi Compacta',
M. rockii,
Sorte mit ungewisser Herkunft 'Red Jade';

b)
M. prattii (manchmal),
M. prunifolia (manchmal),
M. p. 'Cheal's Golden Gem', 'Fastigiata',
M. × *robusta* (manchmal),
M. × *r.* var. *persicifolia* (manchmal),
M. trilobata,
M. × *zumi* 'Golden Hornet' (manchmal);

c)
M. × *dawsoniana*,
M. ioensis, Varietäten und Sorten (manchmal),
M. prunifolia 'Cheal's Crimson',
M. p. var. *rinki*,
M. × *purpurea* 'Eleyi';
d)
M. sylvestris 'Veitch's Scarlet'

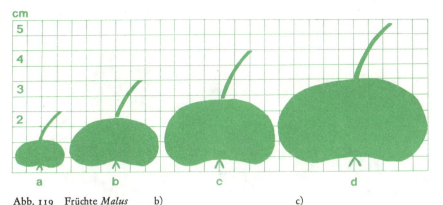

Abb. 119 Früchte *Malus*
Flach
a)
M. × *moerlandsii* 'Profusion',
M. spectabilis 'Van Eseltine';

b)
M. × *adstringens* 'Wabiskaw',
M. coronaria var. *elongata*,
M. sylvestris 'Wisley Crab';

c)
M. coronaria, *M. c.* 'Charlottae', var. *dasycalyx*;

d)
M. coronaria 'Nieuwlandiana'

einige Arten und Kreuzungen, deren Früchte lange an den Pflanzen haften bleiben, so daß sie im leichten Schnee oder Rauhreif sehr schön aussehen:

M. floribunda 'Ormiston Roy', *M.* × *purpurea* 'Eleyi', *M. sargentii*, *M. s.* 'Rosea', *M. sieboldii*, *M. s.* var. *arborescens*, 'Wintergold', *M.* × *zumi* 'Bob White', *M.* × *z.* var. *calocarpa*, 'Professor Sprenger'; Kreuzungen ungewisser Herkunft: 'Gibbs Golden Gage', 'Henry F. Dupont', 'Red Jade', 'Striped Beauty' und 'Tanner's Variety'.

Stamm, Zweige und Wurzelsystem

Bei Bäumen sind die Stämme fast alle schlank, etwas kurz und manchmal nur in Bodennähe ausgebildet. Rinde in der Jugend meist graubraun oder auch dunkelbraun, im Alter als graue Borke, die sich in dünneren, kleineren Schuppen ablöst. Ähnlich sind auch die Äste; Einjahrstriebe grünlich braun, an der Sonnenseite oft rötlich. Wurzelsystem von der Unterlage abhängig, bei Sämlingen mit ausgebildeter Pfahlwurzel, bald verzweigt, Nebenwurzeln stark und mit ausreichenden Haarwurzeln versehen. Bäume im Boden gut verankert.

Ansprüche

Malus-Arten brauchen für einen befriedigenden Wuchs, Blüten- und Fruchtansatz volle Sonne oder höchstens Halbschatten. Gedeihen in jedem guten, tiefgründigen, durchlässigen und dabei feuchten Boden. Ein gelegentliches Düngen mit organischem Dünger (verrotteter Mist oder Kompost) oder mit Mineraldünger (möglichst Volldünger) ist nützlich. Gut vertragen sie Trockenperioden, wenn diese nicht zu lange anhalten. Alle angeführten Arten sind unter mitteleuropäischen Bedingungen winterhart. Winterschutz ist nicht notwendig. Ver-

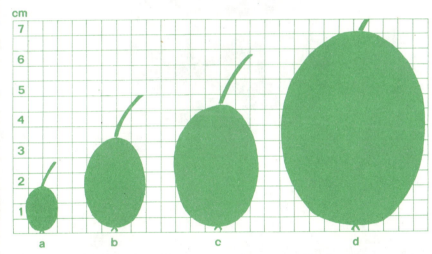

Abb. 120 Früchte *Malus*
A) birnenförmig
a)
M. baccata 'Gracilis',
M. × *hartwigii*, Sorten
b)
M. angustifolia, *M. sikkimensis*, *M. toringoides* (manchmal)

B) stumpf kegelförmig
a)
M. baccata,
M. baccata, *M. b.* 'Columnaris', var. *jackii*, *M. floribunda*, Sorte

b)
M. baccata var. *himalaica*,
M. b. 'Lady Northcliffe',
M. × *purpurea* 'Wierdack',
M. sylvestris 'Rosseau';

c)
M. × *adstringens*
M. baccata 'Dolgo',
M. b. 'Orange',
M. × *gloriosa*, Sorten,
M. × *purpurea* 'Amisk',
M. × *p.* 'Jadwiga';

M. sylvestris,
M. s. 'Makamik';
Sorten mit ungewissem Ursprung:
'Gold',
'Gorgeous',
'Henrietta Crosby';

d)
M. sylvestris 'Niedzwetzkyana',
M. s. var. *paradisiaca*

Abb. 122   Früchte *Malus*
Breit kugelig
a)
M. × *adstringens* 'Pink Giant';
b)
M. × *adstringens* 'Almey',
M. × *a.*
'Crimson Brilliant',
'Helen',
'Hope',
'Irena',
'Purple Wave',
'Red Silver',
M. × *scheideckeri,* Sorten;
c)
M. × *adstringens*
'Nipissing',
M. × *a.* 'Patricia' (manchmal),
'Robin',
'Simcoe',
'Sissipuk',
M. bracteata,
M. glabrata,
M. glaucescens,
M. × *heterophylla* 'Red Tip',
M. × *purpurea* 'Aldenhamensis',
M. × *p.* 'Jay Darling',
M. × *soulardii* 'Redflesh',
M. spectabilis 'Riversii',
M. sylvestris 'Cowichan',
Sorten mit ungewisser Herkunft:
'Gibbs Golden Gage',
'John Downie',
'Marshall Oyama';
d)
M. × *adstringens,*
M. × *a.* 'Patricia',
M. × *heterophylla,*
M. × *h.* 'Kola',
M. × *platycarpa,*
M. × *soulardii,*
M. × *s.* 'Wynema',
M. sylvestris 'Apetala',
M. s. 'Redford',
Sorten mit ungewisser Herkunft:
'Florence',
'Red River';
e)
M. sylvestris
'Aldenham Purple'

unreinigte Luft wird meist befriedigend vertragen, hauptsächlich von *M. floribunda, M. baccata, M. prunifolia, M.* × *purpurea, M. sylvestris* u. a.

Pflege

Pflanzung im Vorfrühling oder Herbst im unbelaubten Zustand und ohne Wurzelballen; aus Containern während der ganzen Vegetationszeit. Junge Bäumchen brauchen einen Erziehungsschnitt, d. h. die letzten diesjährigen Triebe werden um etwa $1/3$ gekürzt, alle inneren oder in die Krone gerichteten Triebe sollen entfernt werden. In den späteren Jahren begnügen wir uns mit einem vorsichtigen Durchlichten. Ältere gut eingewurzelte Pflanzungen sind für eine gelegentliche Düngung dankbar, am besten im Herbst mit Kompost oder verrottetem Mist (Rinderdung). Ältere Exemplare vertragen ein Umpflanzen bis etwa ins 20. Lebensjahr (ausnahmsweise bis ins 30. bei *M. sylvestris* u. a.). Die im Obstbau am Apfel vorkommenden Krankheiten und Schädlinge können

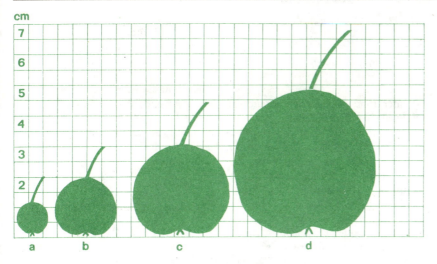

auch bei Zieräpfeln Bedeutung erlangen. Dies sind z. B. der Apfelmehltau (Rückschnitt befallener Triebe, Triforine-, Chinomethionat- u. a. Fungizide gegen Echten Mehltau anwenden), pilzparasitäre Rindenkrankheiten (befallene Pflanzenteile entfernen und vernichten sowie Kupferpräparate anwenden), Raupen der Apfelblattmotte und Miniermotte (Insektizid gegen beißende Insekten mit systemischer oder Tiefenwirkung einsetzen), Apfelblattsauger und Apfelblütenstecher (Austriebsspritzung mit Parathion-methyl- und Mineralöl-Präparaten durchführen). Unter Wildverbiß leiden alle *Malus*-Arten, besonders in der Jugend.

Verwendung

Hauptsächlich als Solitärgehölze, besonders die habituell ausgeprägten „Fastigiata-", „Echtermeyer-", „Rathke-", „Sieboldii-", Beauty-", „Erecta-" und „Spontanea-Typen". Geeignet sind auch kleinere, locker gestaltete Gruppen. Schön blühende Arten und Sorten sind aus der Nähe so-

Abb. 123 Früchte *Malus*
Kugelig
a)
M. × *atrosanguinea*,
M. × *hartwigii*, Sorten,
M. honanensis,
M. hupehensis,
M. prunifolia 'Ormiston Roy',
M. × *purpurea* 'Schafer',
M. × *p.* 'Sophia',
M. rockii (manchmal),
M. sargentii, Sorten,
M. sieboldii,
M. × *zumi*,
M. × *z.* 'Professor Sprenger',
Sorte mit ungewissem Ursprung 'Mary Potter';
b)
die meisten Arten, Kreuzungen, Sorten und Varietäten;
c)
M. × *denboerii*, Sorten,
M. ioensis, Varietäten und Sorten (manchmal),
M. lancifolia,
M. × *magdeburgensis*,
M. prunifolia 'Hyslop',
M. × *purpurea*,
M. × *p.* 'Hoser',
M. × *robusta* 'Fairy',
M. × *r.* 'Joan',
M. sylvestris,
M. s. 'Dartmouth',
'Kingsmere',
'Montreal Beauty',
'Redfield',
'Scugog',
'Trail',
M. spectabilis,
M. tschonoskii;
d)
M. × *astracanica*;
e)
M. sylvestris
'Elise Rathke'

wie aus größerer Entfernung auffallend, aber Arten, die reicher blühen und gleichzeitig auch dekorativ fruchten, pflanzen wir lieber in Wegnähe, da sich die Früchte bei größerer Entfernung oft in der Belaubung verlieren. Zur Blüte- und Fruchtzeit gehören *Malus*-Arten zu den schönsten Ziergehölzen. Sie harmonieren mit fast allen Laubgehölzen. Bei ihrer Pflanzung bemühen wir uns um kontrastierende Kombinationen, z. B. kommen rotblühende oder -laubige Arten und Sorten am besten vor einem hellen Birkenhintergrund zur Geltung, es können helle Bauten oder weißblühende *Spiraea* × *van houtteri* benachbart sein. Weißlich oder rosa blühende *Malus*-Arten treten vor dunklerem Hintergrund von Nadelgehölzen oder immergrünen Laubgehölzen wirkungsvoll hervor. Niedrige Typen eignen sich auch für Staudenpflanzungen, wo wir ebenfalls die Blüten-, Frucht- bzw. Blattfarbe mit der Blumenfarbe in Kontrast bringen. Der „Rathke-Typ" bildet ausgezeichnete Solitärs, die sich auch als „Dach" über Eingängen, Gartentüren und Bänken eignen (Ersatz für eine Laube). Manche baumartigen Typen (besonders der „Zumi-" und „Fastigiata-Typ") sind auch gute Straßenbäume und manche breiteren (hauptsächlich der „Baccata-Typ") Alleebäume. Die niedrigen, säulenförmigen und strauchigen Typen wirken am schönsten in der Nähe von Bauten und kommen besonders für kleinere Gärten in Frage.

Menispermum L. – Mondsame *(Menispermaceae)*

Sommergrüne windende Sträucher; nur zwei einander sehr ähnliche Arten: *M. canadense* L. (N-Amerika) und *M. dauricum* Dc. (Abb. 97 c, Sibirien bis Japan). Lianen bis 3–4 m Höhe, mit wechselständigen, langgestielten, 3- bis 7lappigen, schildförmigen Blättern, die 6–15 cm lang werden. Kleine, unauffällige, gelbgrüne Blüten in gestielten Trauben oder Rispen. Frucht eine blauschwarze Steinbeere mit flachnierenförmigen oder halbmondartigen Steinen (zu 2–3). Anspruchslose Gehölze wachsen im Halbschatten oder voller Sonne, in jedem besseren Gartenboden. Beide Arten sind in Mitteleuropa hart und wachsen gut. Sind mit ihrer Belaubung zierend; werden zum Bekleiden von Wänden, Balkons, Lauben, alter Bäume usw. verwendet. Liebhaberbedeutung.

Menziesia J. N. Sm. *(Ericaceae)*

Sommergrüne, niedrige Sträucher, verwandt mit *Rhododendron*. Es existieren 6 Arten in Nordasien und Nordamerika. In Mitteleuropa haben Bedeutung: *M. ciliicalyx* (Miq.) Maxim., *M. ferruginea* Sm., *M. petandra* Maxim., *M. pilosa* (Michx.) Juss. und *M. purpurea* Maxim. Aufrechte Sträucher von etwa 1 m Höhe (*M. ciliicalyx* etwas niedriger, *M. pilosa* manchmal etwas höher), mit wechselständigen, gestielten, ganzrandigen, verschieden länglich-eiförmigen, 1–5 cm langen Blättern. Die glockigen bis krugförmigen, rosa bis rötlichen oder weißlichen Blüten (*M. pentandra* und *M. pilosa*) sind 6–7 mm lang, in endständigen Büscheln. Blütezeit: Mai/Juni. Frucht eine lederartige 4–5klappige Kapsel. Es existieren die Varietäten *M. ciliicalyx* var. *multiflora* (Maxim.) Max. (sehr langsamwachsend, aber höher – bis 1 m) und *M. ferruginea* var. *glabella* (Gray) Peck. (etwas höher als 1 m, Blüten rahmweiß). Ansprüche, Pflege und Verwendung wie bei den sommergrünen Rhododendren.

Mespilus L. – Mispel *(Rosaceae)*

Sommergrüne Sträucher oder kleinere Bäume, nur eine Art in Südosteuropa und Vorderasien: ● *M. germanica* L. (Gemeine Mispel – Abb. 97 d), wird 2 bis 5 m hoch. Zweige behaart, Blätter wechselständig, kurzgestielt, länglich lanzettlich, fein gesägt, 6–12 cm lang, mattgrün, im Herbst gelb und rotbraun. Blüten einzeln oder zu zweien, groß, im Durchmesser 3–5 cm, weiß, kurzgestielt. Blütezeit: Mai/Juni. Früchte zusammengedrückt kugelig oder kreiselförmig, braungrün, ausgereift braun, nach Frosteinwirkung eßbar. Ein alter Kulturbaum. Die Sorte 'Macrocarpa' hat 3–4 cm große Früchte, 'Apyrena' besitzt Früchte ohne Steine. Die Mispel verlangt warme Lagen, geschützte und sonnige Standorte mit durchlässiger, nahrhafter Erde. Verträgt verunreinigte Luft. Liebhaberbedeutung.

Mitchella L. – Rebhuhnbeere (Rubiaceae)

Immergrüne, kriechende, polsterförmig ausgebreitete Zwergsträucher mit dünnen Trieben. Es sind 4 Arten aus Nordamerika und Japan bekannt. Für mitteleuropäische Bedingungen eignen sich *M. repens* L. und *M. undulata* S. et Z. Blätter eiförmig rundlich, 0,5–1 cm lang, weiß geadert, Blüten trichterförmig, paarweise, weiß mit rötlichem Hauch. Blütezeit: Mai/Juni. Frucht eine 6 mm dicke, kugelige, rote, genießbare Doppelbeere, die den ganzen Winter auf der Pflanze haften bleibt. Die Sorte *M. repens* 'Leucocarpa' hat weiße Früchte. In Mitteleuropa sind diese Pflanzen winterhart, gedeihen am besten unter Waldbedingungen (Halbschatten, frischer Humusboden). Eignen sich sehr gut als Bodendecker. Liebhaberbedeutung.

Wissenschaftlicher Name	Deutscher Name	Natürliche Verbreitung bzw. Entstehungsort	Frosthärte
● *M. alba* L. (Abb. 97 e)	Weißer Maulbeerbaum	N-Indien, M-Asien bis China	++
var. *tatarica* (PALLAS) SER.		wie die Art	++
M. australis POIR.		China, Korea, Japan	++
M. cathayana HEMSL.	China-Maulbeerbaum	M- u. O-China	++
M. kagayamae KOIDZ.		Japan	+
M. mongolica BGE.	Mongolischer Maulbeerbaum	Mandschurei, China, Korea	++
var. *diabolica* KOIDZ.		China	++
var. *vestita* REHD.		Yünnan	++
● *M. nigra* L.	Schwarzer Maulbeerbaum	Transkaukasien, Vorderasien	+, ⌂
M. rubra L.	Roter Maulbeerbaum	N-Amerika	+, ⌂
M. tatarica PALLAS = *M. alba* var. *tatarica*			

Morus L. – Maulbeerbaum (Moraceae)

Sommergrüne Bäume oder Sträucher. Es sind 12 Arten bekannt. Sträucher erreichen schnell ihre Endgröße, Bäume wachsen langsamer.
Zierwert: Laub (V–XI, besonders X bis XI), Fruchtstand (VI–VIII).

Habitustypen

„Alba-Typ": Bäume oder Bäumchen mit kurzen Stämmen, breit kugeliger, ungleichmäßig, sehr luftig und locker gestalteter Krone (Abb. 124),
„Nigra-Typ": vom vorigen Typ durch eine kompaktere, weniger luftige und lockere Krone unterschieden (Abb. 125 B),

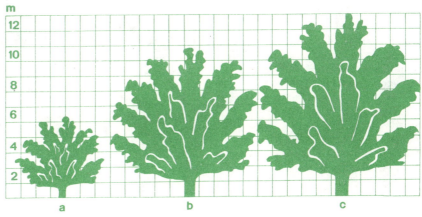

Abb. 124 Typ „alba"
a) ● *M. alba* 'Laciniata', *M. a.* 'Macrophylla' (manchmal), *M. kagayamae, M. mongolica, M. m.* var. *diabolica,* var. *vestita;*
b) *M. alba* 'Aurea', *M. a.* 'Macrophylla' (manchmal), 'Venosa', *M. cathayana* (selten), *M. rubra;*
c) ● *M. alba, M. rubra* (manchmal)

„Pendula-Typ": Bäumchen mit schlankerem Stamm und streng bogig, ungleichmäßig, schirmartig, fast bis zur Erde hängender Krone (Abb. 125 A),
„Australis-Typ": breit und dicht eiförmig gebaute Sträucher (Abb. 126 B),
„Pyramidalis-Typ": streng säulenförmig aufstrebende Sträucher, alle Äste und Zweige fast senkrecht aufrecht (Abb. 126 A),
„Nana-Typ": breit kugeliges, dichtes Sträuchlein (Abb. 127 B),
„Fegyvernekiana-Typ": zwergiges, ausgebreitetes Sträuchlein (Abb. 127 A).

Textur

Bei allen angeführten *Morus*-Arten ist sie gleichmäßig grob, einheitlich kompakt ist sie bei den vorhangartig überhängenden Typen und bei dem „Pyramidalis-" und „Nana-Typ". Einzelne Blätter meist auch aus größerer Entfernung gut unterscheidbar.

Laub

Blätter wechselständig, ungeteilt oder gelappt, gesägt oder gezähnt; werden sie abgerissen, scheiden sie bis in die Sommerhälfte Latex („Milchsaft"), aus, verschieden groß (Abb. 128).

Blattfärbung:

Hellgrün
M. alba, M. a. 'Fegyvernekiana', 'Laciniata', 'Macrophylla', 'Nana', 'Pendula', 'Pyramidalis', var. *tatarica*, *M. mongolica* und Varietäten (glänzend).
Mattgrün
M. australis, M. kagayamae, M. rubra.
Dunkelgrün
M. alba 'Constantinopolitana' (glänzend), *M. cathayana* (glänzend), *M. nigra.*
Gelb
M. alba 'Aurea'.
Weißlich gelbbunt
M. alba 'Venosa' (weißgelb geaderte Blätter).

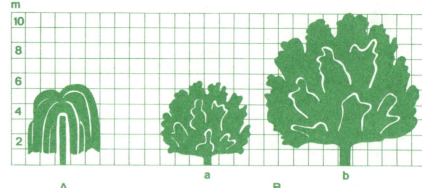

Abb. 125
A) Typ „pendula"
● *M. alba* 'Pendula'
b) *M. alba* 'Constantinopolitana', a)
● *M. nigra*
B) Typ „nigra"
M. alba var. *tatarica*;

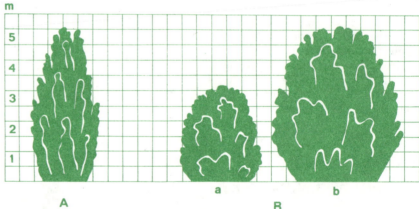

Abb. 126
A) Typ „pyramidalis"
M. alba 'Pyramidalis'
B) Typ „australis"
a) *M. alba* var. *tatarica* (manchmal), *M. australis*;
b) *M. alba*
'Constantinopolitana' (manchmal),
● *M. a.* 'Laciniata' (manchmal), 'Macrophylla', *M. cathayana*, *M. nigra* (manchmal)

Abb. 127
A) Typ „fegyvernekiana"
M. alba 'Fegyvernekiana'
B) Typ „nana"
M. alba 'Nana'

Abb. 128 Blätter *Morus*
a)
M. alba;
b)
M. alba (oft),
M. mongolica (selten),
M. rubra;
c)
M. alba (oft);
d)
M. cathayana,
M. rubra;
e)
M. kagayamae;
f)
M. nigra;
g)
M. australis;
h)
M. mongolica;
i)
M. alba 'Venosa'
(Quadrat 1 × 1 cm)

Im Herbst färbt sich das Laub meist goldgelb (am auffallendsten bei *M. kagayamae* und *M. rubra*).

Blüte und Blütenstand

Blüten klein, unscheinbar, ein- oder zweihäusig, beide Geschlechter in kopfartigen Ähren. Blütezeit Mai. Eintritt der Blühreife nach 15 bis 20 Jahren, bei Sträuchern etwas früher.

Frucht und Fruchtstand

Früchte brombeerartig, aber länglich walzenförmig, verschieden gefärbt (in der Klammer Länge der Frucht in cm).

Fruchtfarbe:

Weiß
M. alba und die meisten Sorten (1,5–2,5 cm), *M. cathayana* – manchmal auch rot oder schwarz (2–3 cm).
Hellrot
M. alba 'Macrophylla' (1,5–2,5 cm).
Dunkelrot
M. alba 'Constantinopolitana' (1,5–2,5 cm), *M. a.* var. *tatarica* (1 cm), *M. australis* (–1,5 cm), *M. mongolica* und Varietäten – später auch schwarz (1 cm), *M. nigra* (1 bis 3 cm).
Dunkelbraun
M. rubra (2–3 cm).

Stamm, Zweige und Wurzelsystem

Stämme der baumartigen Typen sind schlank bis dick und kurz, mit hellgrauer Rinde, die sich im Alter in eine braungraue, länglich gefurchte und schuppenförmige Borke verändert. Äste hellgrau, dünn, biegsam und reich verzweigt. Wurzelsystem mit einer starken Pfahlwurzel, die ziemlich tief in den Boden reicht, lange Nebenwurzeln reich verzweigt; Bäume auf ihrem Standort gut verankert. Bei den strauchigen Typen ist das ganze Wurzelsystem flacher, aber ausreichend gut verzweigt.

Ansprüche

Morus-Arten brauchen zum guten Gedeihen Sonne, vertragen aber noch Halbschatten. Am geeignetsten sind lehmige bis tonig-sandige nährstoffreiche Böden, eine Anpassungsfähigkeit an andere Bodenverhältnisse ist vorhanden. In strengeren Winterzeiten treten Frostschäden auf (besonders bei *M. nigra* und *M. rubra*); die Regenerationsfähigkeit ist befriedigend. In sandigen, leichten Böden reifen die Triebe besser aus und erfrieren weniger. Verunreinigte Luft wird gut vertragen.

Pflege

Pflanzung im Herbst oder Vorfrühling im unbelaubten Zustand und ohne Wurzelballen. *Morus*-Arten stellen keine besonderen Pflegeansprüche. Frostbeschädigte Teile werden im Frühjahr abgeschnitten. Geschnittene Hecken schneidet man im Vorfrühling bzw. noch einmal im Sommer. Krankheiten und Schädlinge sind bisher in Mitteleuropa nicht bedeutsam geworden. Unter Wildverbiß leiden diese Gehölze nicht.

Verwendung

Baumartige Typen eignen sich für Solitärpflanzungen in größeren Anlagen oder für breite Alleen. Strauchige, kleinere Typen kommen als Solitärs oder in kleineren Gruppen zur Geltung. Die „Nana-" und „Fegyvernekiana-Typen" eignen sich für größere Steingartenanlagen, auf Blumenmauern usw. Der „Pendula-Typ" ist ein interessantes und wirkungsvolles Solitär in Wegnähe, auf größeren Rasenflächen, an Bänken, Bauten, Wasserflächen usw. Strauchige Typen eignen sich ausgezeichnet für geschnittene Hecken und Wände. In Anlagen aller Art werden *Morus*-Arten hauptsächlich als interessante Besonderheiten gepflanzt. Sie harmonieren mit allen Laubgehölzen. Wir sollten die gelbe Herbstfärbung mit anderen roten oder orangefarbenen Pflanzen kombinieren (*Acer palmatum, A. japonicum, Parthenocissus, Vitis*, rotblühende Chrysanthemen u. a.). Blätter sind das Hauptfuttermittel für die Seidenraupen.

Myrica L. – Gagel *(Myricaceae)*

Sommer- oder immergrüne Bäume und Sträucher. Es existieren etwa 50 Arten, die in den gemäßigten und subtropischen Zonen beider Halbkugeln verbreitet sind. Für mitteleuropäische Bedingungen haben nur zwei Bedeutung: *M. gale* L. (Gagelstrauch) und
● *M. pennsylvanica* LOISEL. (Syn. *M. cerifera sensu* BIGEL. et HORT. non L.). Beide Arten sind sommergrüne, in Mitteleuropa höchstens 1,5 m hohe, aufrechte und dichte Sträucher, mit 3 bis 5 cm langen (bei *M. pennsylvanica* bis 10 cm), länglichen, dunkelgrünen Blättern. Blüten unansehnlich, in dichten Kätzchen. Blütezeit: März/April. Früchte klein, kugelig, mit wächsernem Belag oder harzig punktiert. *Myrica gale* hat zwei Varietäten: var. *subglabra* (CHEVALIER) FERN. (ganz kahle Blätter) und var. *tomentosa* DC. (dichtfilzige Jungtriebe und Blätter). Wächst in Sonne, aber auch im Halbschatten. Trockene Sandböden genügen *M. pennsylvanica*, *M. gale* braucht frische, torf- oder moorbodenreiche Substrate. Verunreinigte Luft wird gut vertragen. Liebhaberbedeutung. Wird hauptsächlich wegen der aromatischen Belaubung und der grauweiß bereiften, lange in den Winter auf den Sträuchern haftenden, Früchten kultiviert. Früchte werden als Vasen-

schmuck verwendet. Interessant ist auch das sehr frühzeitige Blühen (ein Antreiben im Januar für Vasenschmuck ist ebenfalls möglich).

Myricaria Desv. – Rispelstrauch *(Tamaricaceae)*

Sommergrüne Sträucher oder Halbsträucher, sehr ähnlich *Tamarix*. Es sind etwa 10 Arten bekannt, die in Südeuropa, Mittelasien, China und Sibirien beheimatet sind. Für unsere Zwecke hat nur *M. davurica* (Willd.) Ehrenb. und *M. germanica* (L.) Desv. (Gemeiner Rispelstrauch, Syn. *Tamarix germanica* L.) eine Bedeutung. Die aufrecht wachsenden Sträucher werden 1–2 m hoch, Belaubung und Gesamtaussehen ähneln sehr *Tamarix*, Blüten hellrot, in 10–15 cm langen ährenartigen Trauben. Blütezeit: Mai–August. Ansprüche, Pflege und Verwendung wie bei *Tamarix*. Liebhaberbedeutung.

Neillia D. Don – Traubenspiere *(Rosaceae)*

Sommergrüne, der Blasenspiere ähnliche Sträucher, die sich von dieser vor allem durch ihren traubenartigen Blütenstand unterscheiden. Es sind etwa 15 Arten aus China, dem Himalajagebiet, Korea und Java bekannt. Für mitteleuropäische Bedingungen eignen sich: ● *N. longiracemosa* Hemsl. (Abb. 129 a), *N. ribesioides* Rehd., *N. sinensis* Oliv. und *N. thibetica* Franch. Aufrechte bis ausladende Sträucher, bis 2 m hoch, Blätter eiförmig bis breit eiförmig, oft lang zuge-

Abb. 129
a) *Neillia longiracemosa*;
b) *Ostrya carpinifolia*;
c) *Pachysandra terminalis*;
d) *Paeonia suffruticosa*;
e) *Parthenocissus tricuspidata*

spitzt, gesägt oder gelappt, hellgrün, 5–12 cm lang. Blüten weiß oder lachsfarben, mit abfallenden Nebenblättern und glockiger Kelchröhre, in 3 bis 8 cm langen Trauben. Blütezeit: Mai/Juni. Ansprüche, Pflege und Verwendung ähnlich wie bei *Spiraea*. Manchmal kann dieses Gehölz bis zum Boden erfrieren, treibt aber immer wieder gut durch. Winterschutz ist also zweckmäßig.

Nemopanthus RAF. – Berghülse *(Aquifoliaceae)*

Sommergrüner, wenig verzweigter Strauch; nur eine nordamerikanische Art: *N. mucronatus* (L.) TREL. Wird 2 m hoch, Zweige dünn und in der Jugend rötlich, Blätter länglich elliptisch, 2–3,5 cm lang, ganzrandig oder leicht gezähnt, dunkelgrün, Herbstfärbung gelb. Blüten klein, unscheinbar, weißlich, männliche Blüten zu 1–4 auf fadendünnen Stielen. Frucht kugelig, 6 bis 8 mm groß, schmutzig rot. In seiner Heimat wächst *Nemopanthus* an Rändern sehr kalter Seen in *Sphagnum*-Mooren. Liebhaberbedeutung.

Neviusia A. GRAY. – Schneelocke *(Rosaceae)*

Sommergrüne Sträucher; nur eine nordamerikanische Art: *N. alabamensis* A. GRAY. Breit aufrechte, ausläufertreibende Sträucher, 1–1,5 m hoch, Triebe zierlich, Blätter meist 2zeilig, eiförmig oder länglich, zugespitzt, 3 bis 7 cm lang, doppelt gesägt, Blüten weiß, etwa 2,5 cm im Durchmesser, ohne Petalen, in 3–7blütigen Büscheln, selten auch einzeln, Staubblätter lang und zierend. Blütezeit: Juni/Juli.

Frucht eine kleine Achäne, ähnlich einer Steinfrucht. Geeignet für geschützte, warme und ausreichend helle Standorte. Braucht schwere, tonige Böden. Winterharter, aber nicht sehr dekorativer Strauch. Liebhaberbedeutung.

Nothofagus BL. – Süd- oder Scheinbuche *(Fagaceae)*

Sommer- oder immergrüne Sträucher und Bäume. Etwa 17 Arten wachsen im antarktischen S-Amerika, in Australien und Neuseeland. Für Mitteleuropa haben nur zwei Arten Bedeutung: *N. antarctica* (FORST.) OERST. und *N. obliqua* (MIRBEL) OERST. Beide sind sommergrüne Bäume, unter mitteleuropäischen Bedingungen meist nur baumartige Sträucher von 6 bis 10 m Höhe. Blätter klein, dicht gedrängt, ganz kurz gestielt, bei den angeführten Arten breit eiförmig, 2–3 cm (bei *N. obliqua* bis 7 cm) lang, gekerbt oder gesägt, dunkelgrün, Herbstfärbung meist auffallend gelb bis orange. Blüten unscheinbar, männliche zu 1 bis 3, weibliche fast immer zu dritt. Blütezeit: Mai. Frucht bucheckernartig, aber viel kleiner als bei Buchen, Fruchtbecher mit Schuppen. Triebe mit deutlichen, hellen Lentizellen, Zweige glatt, meist braungrün.
Nothofagus-Arten verlangen einen geschützten Standort, beide sind in Mitteleuropa ziemlich winterhart; Winterschutz ist hauptsächlich bei *N. antarctica* zweckmäßig. Boden soll mittelschwer und insbesondere durchlässig sein. Alle weiteren Ansprüche sowie die Pflege wie bei *Fagus*. Interessante, besonders in ihrer Herbstfärbung schöne Solitärpflanze. Liebhaberbedeutung.

Nyssa L. – Tupelobaum *(Nyssaceae)*

Sommergrüne Bäume. Es sind 4 nordamerikanische und 2 asiatische Arten bekannt. Für mitteleuropäische Klimaverhältnisse kommt nur *N. sylvatica* MARSH. in Frage. In Mitteleuropa kann sie bis 20 m hoch werden. Krone schmal kegelförmig, abgerundet, Äste reichen fast bis zum Boden, Jungtriebe rötlich; Blätter elliptisch, 5–12 cm lang, zugespitzt, ganzrandig, glänzend grün, Herbstfärbung leuchtendrot. Blüten 1–3,5 cm lang, auf längeren Stielen. Blütezeit: Mai/Juni. Früchte eiförmige, 0,8–1,2 cm lange, blauschwarze Steinfrüchte, mit scharf bis bitter schmeckendem Fleisch.
Geeignet sind helle, geschützte Standorte mit nahrhaftem, mittelfeuchtem Boden, verträgt aber auch Trockenheit. Beim Umpflanzen sterben viele Pflanzen ab. Unter mitteleuropäischen Bedingungen treten oft Frostschäden auf, besonders bei Jungpflanzungen, ältere Bäume sind winterhart (wärmere Lagen). Schöner Baum für solitäre Verwendung, vor allem wegen seiner roten Laubfärbung. Liebhaberbedeutung.

Oemleria RCHB. – Oregonpflaume *(Rosaceae)*

Sommergrüner Strauch; nur eine nordamerikanische Art: *Oemleria cerasiformis* (TORR. et A. GRAY ex HOOK. et ARN.) LANDON (Syn. *Osmaronia cerasiformis* [TORR. et A. GRAY] GREENE, *Nuttallia cerasiformis* TORR. et A. GRAY). Dieser starr aufrechte, mehrstämmige, bis 2 m hohe, ausläuferbildende Strauch treibt sehr frühzeitig aus, schon im März (leidet oft unter Spätfrösten). Blätter länglich lanzettlich, 7–10 cm lang, dunkelgrün. Blüten weiß, 5zählig, in kurzen, hängenden und duftenden Trauben. Blütezeit: Mai. Früchte etwa 1–1,5 cm lang, aus etwa 5 Steinfrüchten mit dünnem Fruchtfleisch zusammengesetzt, blauschwarz, bereift. *Oemleria* liebt Waldbedingungen, also Halbschatten, eine angemessene Feuchtigkeit und humosen Boden. Liebhaberbedeutung.

Oplopanax MIQ. – Igelkraftwurz *(Araliaceae)*

Sommergrüne Sträucher mit bestachelten Trieben und Blättern. Die drei in Nordamerika und Ostasien vorkommenden Arten können auch in Mitteleuropa kultiviert werden: *O. elatus* NAKAI (Schlanke Igelkraftwurz, Korea), *O. horridus* (SM.) MIQ. (Syn. *Echinopanax horridum* DECNE. et PLANCH.), Abschreckende Igelkraftwurz; Alaska bis Kalifornien und *O. japonicus* NAKAI (Japanische Igelkraftwurz, Syn. *Echinopanax japonicus* NAKAI, Japan). Diese Sträucher werden in Kultur etwa 2 m hoch. An allen Teilen sind sie stachelig, Blätter wechselständig, langgestielt, handförmig 5–7lappig, hellgrün. Blüten grünlich weiß, klein, in 8–15 cm langen Rispen. Blütezeit: Juli/August. Frucht eine zusammengedrückte, 8 mm lange, scharlachrote Steinfrucht. Alle Arten lieben Halbschatten und einen kühleren, feuchteren Standort mit typischen waldhumosen Bodenverhältnissen; alle sind in Mitteleuropa gänzlich winterhart. Versagen aber oft wegen falscher Standortwahl. Liebhaberbedeutung – als Unterholz.

Orixa THUNB. *(Rutaceae)*

Sommergrüner aromatischer Strauch, nur eine japanische Art: *O. japonica* THUNB. Bildet lockere, etwas starre, in Mitteleuropa bis etwa 2 m hohe Sträucher. Zweigchen hellgrün, später grau, Blätter breit lanzettlich, 5–12 cm lang, glänzend dunkelgrün, durchscheinend punktiert, beim Reiben oder Berühren aromatisch riechend. Männliche sowie weibliche Blüten unscheinbar, grüngelb. Blütezeit: Mai. Unter mitteleuropäischen Bedingungen fruchtet dieses Gehölz praktisch nicht. Diese harte und anspruchslose Pflanze wächst am besten im Halbschatten, auf etwas feuchtem Sandboden. Liebhaberbedeutung.

Osmanthus LOUR. – Duftblüte *(Oleaceae)*

Immergrüne Sträucher oder Bäume. Von den 32 Arten wachsen zwei in Nordamerika, alle weiteren in Ost- und Südasien sowie Polynesien. Für Mitteleuropa eignet sich nur eine Art: *O. heterophyllus* (G. DON) P. S. GREEN (Syn. *O. ilicifolius* [HASSK.] MOUILLEF., *O. aquifolium* S. et Z.); Strauch dicht und aufrecht, etwa 2–4 m hoch. Blätter elliptisch oder eiförmig, 2–6 cm lang, ledrig, an den Seiten mit 2–4 großen, dornigen Zähnen, dunkelgrün. Blüten 4zipfelig, duftend, weiß in achselständigen Büscheln oder Rispen. Blütezeit: September/Oktober. Früchte eiförmige, etwa 1,2 cm lange, blaue Steinfrüchte. Es sind einige Sorten bekannt: 'Aureus' (Blätter gelb gesäumt), 'Myrtifolius' (Blätter elliptisch, 2,5–4,5 cm lang), 'Purpureus' (nach dem Austrieb schwarzrot, erwachsene, vollausgebildete Blätter mit rötlichem Hauch), 'Rotundifolius' (Blätter mehr oder weniger rundlich, etwa 2–4 cm lang) und 'Variegatus' (Blätter rahmweiß gesäumt). Ansprüche, Pflege und Verwendung ähnlich wie bei den immergrünen *Ligustrum*- oder *Ilex*-Arten.

× *Osmarea* BURKW. et SKIPWITH *(Oleaceae)*

Immergrüner, strauchiger, durch Kreuzung von *Osmanthus* × *Phillyrea* erzielter Gattungsbastard, bisher nur eine Hybride bekannt: × *O. burkwoodii* BURKW. et SKIPWITH. Sträucher etwa 2 m hoch, Habitus locker, Blätter eiförmig, etwa 2–4 cm lang, zugespitzt, mehr oder weniger gesägt, glänzend grün. Blüten ähnlich wie bei *Osmanthus*. Blütezeit: April/Mai. Ansprüche, Pflege und Verwendung wie bei *Ilex*-Arten.

Ostrya SCOP. – Hopfenbuche *(Betulaceae)*

Sommergrüne, *Carpinus* sehr ähnliche Bäume. Es sind 7 Arten bekannt, die in Europa, Asien und Amerika beheimatet sind. Für mitteleuropäische Bedingungen eignen sich: • *O. carpinifolia* SCOP. (Abb. 129 b, Europäische Hopfenbuche; Europa, Kleinasien), *O. japonica* SARG. (Japanische Hopfenbuche; O-Asien), *O. knowltonii* COVILLE (USA) und *O. virginiana* (MILL.) K. KOCH (Virginische Hopfenbuche; N-Amerika). Die Bäume werden etwa 15 m hoch (*O. knowltonii* nur 6–9 m), Krone dicht und regelmäßig. Blätter ähnlich denen von *Carpinus*, 4–10 cm lang. Männliche Kätzchen schlank und hängend, weibliche aufrecht. Früchte gerippte, eiförmige, etwa 4–5 cm große Nüßchen. Die Pflanzen lieben Sonne oder nur leichten Halbschatten, mittelschwere oder leichte, nahrhafte und feuchte Böden. Die angeführten Arten sind unter mitteleuropäischen Bedingungen winterhart. Eignen sich zu Solitärpflanzungen in größeren Anlagen. Liebhaberbedeutung, ähnliche Ansprüche und Verwendungsmöglichkeiten wie bei *Carpinus*.

Ostryopsis DECNE. – Scheinhopfenbuche *(Corylaceae)*

Sommergrüne Sträucher, zwischen *Ostrya* und *Corylus* stehend. Es existieren 2 chinesische Arten: *O. davidiana* (BAILL.) DECNE. und *O. nobilis* BALF. et SM. Ausläufertreibende, *Corylus* ähnliche Sträucher, etwa 1,5 m hoch (*O. davidiana* bis 3 m hoch), Blätter sind aber kleiner. Nüßchen etwa 8 mm lang, zu 6–12 in langgestielten, 3–7 cm langen Büscheln. *O. davidiana* var. *cinerascens* FRANCH. hat kleinere und rundlichere Blätter. Ansprüche, Pflege und Verwendung ähnlich wie bei *Corylus*. Liebhaberbedeutung.

Oxydendrum DC. – Sauerbaum *(Ericaceae)*

Sommergrüner Baum (in Mitteleuropa nur Strauch), nur eine in den USA vorkommende Art: *O. arboreum* (L.) DC. Unter mitteleuropäischen Bedingungen wird dieser Strauch bis 5 m hoch, Blätter länglich lanzettlich, 8–20 cm lang, fein gesägt, steif, glänzend, beim Austrieb bronzegrün, im Sommer hellgrün, Herbstfärbung schön scharlachrot. Blüten mit einer walzenförmig eilänglichen, 6–8 mm langen, 5zähligen, weißlichen Krone, in 15–20 cm langen, nickenden Rispen. Blütezeit: Juni–August. Frucht eine 5fächrige, etwa 5 mm lange Kapsel. Gedeiht am besten im Halbschatten oder auf einem helleren Standort. Der Boden muß kalkfrei und angemessen feucht sein; wächst aber auch auf trockenen Stellen als Unterholz. Schnitt überflüssig. Liebhaberbedeutung.

Pachysandra MICHX. *(Buxaceae)*

Immer- oder wintergrüne, kriechende Halbsträucher mit fleischigen Stämmchen. Insgesamt existieren 5 Arten in Ostasien und Nordamerika. Zierwert: Laub (I–XII).

Habitus

Ausläufertreibende Sträuchlein 10 bis 30 cm hoch. Dichte, undurchsichtige Bodendecker. Die Sorte *P. terminalis* 'Green Carpet' ist zwergiger und noch dichter.

Textur

Kompakt geschlossen, etwas streng und ernst wirkend (ausgenommen die buntblättrige Sorte). Undurchsichtig.

Laub

Blätter wechselständig, grob gezähnt, an den Spitzen der fleischigen, später teilweise verholzenden Triebe gehäuft. Die Sorte *P. terminalis* 'Variegata' ist weißbunt belaubt.

Blüte und Blütenstand

Weiße, kleine, eingeschlechtliche, wenig auffallende Blüten in aufrechten Ähren.

Frucht und Fruchtstand

Eine 2- bis 3hörnige, kugelige Kapsel ohne größeren Zierwert.

Triebe und Wurzelsystem

Triebe leicht ansteigend oder niederliegend, fleischig, in den unteren Teilen verholzend. Das flach ausgebreitete Wurzelsystem konkurriert mit dem anderer Gehölze kaum, im Gegenteil, es schützt vor Austrocknen und Durchfrieren. Ausläufertreibend.

Ansprüche

Braucht Halbschatten oder Schatten. Wächst in schweren wie auch leichten, angemessen feuchten und humusreichen Böden mit schwach saurer, keinesfalls basischer Reaktion. Am besten gedeihen die Pflanzen unter Waldbedin-

Wissenschaftlicher Name	Deutscher Name	Natürliche Verbreitung bzw. Entstehungsort	Frosthärte
P. axillaris FRANCH.	Chinesische Pachysandra	China	+, ⌒
P. procumbens MICHX.	Amerikanische Pachysandra	W-Virginia bis Florida	++
● *P. terminalis* S. et Z. (Abb. 129 c)	Japanische Pachysandra	Japan, China	++

gungen. Eine Torfzugabe (oder auch Lauberde) und ein gutes Auflockern des Bodens vor der Pflanzung sind wünschenswert.

Pflege

Pachysandra-Arten benötigen kaum Pflege; unter mitteleuropäischen Bedingungen sind sie ganz winterhart und leiden nicht unter Krankheiten und Schädlingen. Können Jahrzehnte ohne Pflege in schönem Zustand bleiben.

Verwendung

Pachysandra-Arten gehören zu den dankbarsten und auch schönsten Bodendeckern für die oben angeführten Standorte (12–16 Pflanzen je m^2). In kurzer Zeit bilden sie einen dichten, das ganze Jahr über schönen Teppich unter Bäumen, der das abfallende Laub aufnimmt (Arbeitseinsparung und Mulchersatz). Zwergsorte 'Green Carpet' eignet sich als Unterholz unter niedrigen Gehölzen.

Paederia L. *(Rubiaceae)*

Sommergrüne, windende Sträucher, alle Teile beim Reiben unangenehm riechend. Es existieren etwa 25 Arten, die im tropischen und subtropischen Asien und in Amerika verbreitet sind. Für Mitteleuropa kommt nur *P. scandens* (Lour.) Merr. in Frage. Diese Art windet sich bis 5 m hoch, Blätter gegenständig, eiförmig-lanzettlich, 5 bis 12 cm lang, länglich zugespitzt, ganzrandig, dunkelgrün. Blüten röhrig, weißlich, mit purpurfarbenem Schlund, etwa 1,5 cm lang, in 20 bis 40 cm langen, endständigen Rispen. Blütezeit: Juli/August. Blütenstand wenig auffallend. Die orangefarbige Frucht ist erbsengroß. Stellt minimale Ansprüche.

Paeonia L. – Pfingstrose, Päonie *(Paeoniaceae)*

Stauden oder sommergrüne Sträucher mit steif aufgestellten Zweigen und großen Winterknospen. Etwa 35 Arten in Eurasien, eine in Nordamerika. Wuchs ziemlich langsam, besonders in der Jugend.
Zierwert: Blüte (IV–VI).

Habitustypen

„Suffruticosa-Typ": breit halbkugeliger Strauch, über der Erdoberfläche mehr oder weniger „kahlfüßig", mit sichtbaren Stämmchen (Abb. 130 A), „Potaninii-Typ": vom vorigen Typ hauptsächlich durch eine bis zur Erde reichende Verzweigung und Belaubung unterschieden, ohne sichtbare Stämmchen (Abb. 130 B).

Textur

Grob luftig bis locker und durchsichtig (besonders in der Jugend). Steif gestellte Zweige und später Stämmchen geben den jungen Sträuchern und später ihren weniger belaubten bodennahen Partien ein starres und hartes Aussehen.

Wissenschaftlicher Name	Deutscher Name	Natürliche Verbreitung bzw. Entstehungsort	Frosthärte
P. arborea Donn = *P. suffruticosa*			
P. delavayi Franch.	Delavay-Pfingstrose	Yünnan, Sinkiang	++
var. *angustifolia* Rehd. = *P. potaninii*			
● *P.* × *lemoinei* Rehd.	Lemoine-Pfingstrose	Frankreich (bei Lemoine)	++
P. lutea Delavay ex Franch.	Gelbe Pfingstrose	China, Tibet	+, ≙
var. *ludlowii* F. C. Stern et Taylor		Tibet	+
P. potaninii Komar.	Potanin-Pfingstrose	Tibet	++
var. *trollioides* (Stapf ex F. C. Stern) F. C. Stern		W-China, Tibet	++
● *P. suffruticosa* Andr. (Abb. 129 d) var. *spontanea* Rehd.	Strauch-Pfingstrose	NW-China Tibet	++
P. szechuanica Fang	Szetschuan-Pfingstrose	NO-Szetschuan	++
P. yunnanensis Fang	Yünnan-Pfingstrose	Yünnan	++

Abb. 132 Blüten *Paeonia*
Einfach, mit fünf Petalen
a)
P. × *lemoinei* 'Mine d'Or',
P. suffruticosa 'De Bugny',
P. s. var. *spontanea;*
b)
P. × *lemoinei* 'Aurore',
P. × *l.* 'Mme Louis Henry',
'Roman Gold',
'Silver Sails',
P. suffruticosa 'Beatrix',
P. s. 'Belle Japanaise',
'Blanche Noisette',
'Black Pirate',
'Colonel Malcolm',
'Fragrans Maxima',
'Jeanne d'Arc',
'Josephine Sénéclause',
'Lactea',
'Mme de Vatry',
'Reine des Violettes',
'Souvenir de Ducher',
'Souvenir de Monsieur Frutiger',
'Triomphe de Gaud',
'Triomphe de Vandermaelen',
japanische Sorten:
'Hinodesekai',
'Kenreimon' (schmale Petalen),
'Yo-meimon';
c)
P. × *lemoinei* 'Argosy',
P. × *l.* 'Flambeau',
'L'Espérance',
P. suffruticosa 'Athléte',
P. s. 'Beauté de Twickel',
'Jules Pirlot',
'Louise Mouchelet',
'Mme Marie Ratier',
'Reine Elisabeth',
'Robert Fortune',
'Souvenir de Mme Knorr',
'Velours Rouge',
japanische Sorte:
'Koka-mon' (stark gefranste Petalen);
d)
P. suffruticosa
'Hana-kisoi' (Quadrat 1 × 1 cm)

Abb. 131 Blätter *Paeonia*
a)
P. suffruticosa;
b)
P. potaninii (Teil des Blattes);
c)
P. lutea (Teil des Blattes) (Quadrat 1 × 1 cm)

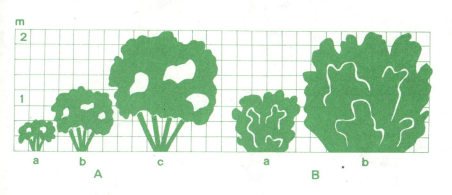

Abb. 130
A) Typ „suffruticosa"
a)
P. suffruticosa 'Barone d'Ales',
P. s. 'Großherzog von Baden',
'Kochs Weiße';
b)
P. lutea,
P. l. 'Superba',
P. suffruticosa var. *spontanea*,
P. yunnanensis;
c)
die meisten Arten, Sorten und Varietäten

B) Typ „potaninii"
a)
P. potaninii,
P. p. 'Alba', var. *trollioides*;
b)
P. suffruticosa 'Fragrans Maxima'

Laub

Blätter groß, wechselständig, gefiedert geteilt (Abb. 131), meist dunkelgrün oder auch heller grün (P. × lemoine und Sorten, P. suffruticosa und Sorten), manchmal beim Austrieb mit bronzefarbener Tönung (P. lutea 'Superba').

Blüte

Blüten endständig, meist einzeln, mit folgenden Größen und Formen: einfach mit fünf Petalen (Abb. 132), einfach mit mehr als fünf Petalen (Abb. 133 A), einfach und regelmäßig gebaut (Abb. 134 A), halbgefüllt (Abb. 134 B), kugelig gefüllt (Abb. 135) und halbgeöffnet, trollblumenartig (Abb. 133 B). Einige Sorten mit Fleck am Grund des Kronblattes (= Nagel).

Blütenfarbe:
Weiß
P. potaninii 'Alba', *P. suffruticosa* 'Beatrix', 'Bijou de Chusan', ● 'Carnea Plena', ● 'Lactea' (Nagel violett), 'Triomphe de Gand' (Mitte dunkler), japanische Sorten: 'Fusonotsukasa', 'Gessekai', 'Godaishu' (gelbliche Mitte), 'Hagukan', ● 'Renkaku', 'Tama-sudare'.
Zartgelb
● *P.* × *lemoinei* 'La Lorraine', 'Silver Sails'.
Gelb
● *P.* × *lemoinei*, *P.* × *l.* 'Alice Harding', 'Argosy', ● 'Chromatella' 'Eldorado' (hellerer Saum), ● 'L. Espérance' (bräunlicher Hauch, rosa Basalflecken), ● 'Mine d'or', 'Roman Gold', ● 'Souvenir de Maxime Cornu' (rötliche Tönung), *P. lutea* sowie Varietäten und Sorte, *P. potaninii* var. *trollioides*.
Gelbrosa
● *P.* × *lemoinei* 'Mme Louis Henry', ● 'Surprise' (purpurfarbene Tönung).
Weißrosa
P. suffruticosa 'Blanche Noisette', japanische Sorte: ● 'Yaso-okina' (weiße Blüte, Petalenbasis rosig), *P. yunnanensis* (manchmal rötlicher Hauch).

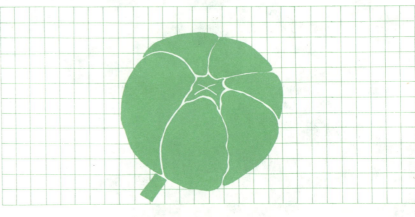

Abb. 133 Blüten *Paeonia*
A) einfach,
mit mehr als fünf Petalen
a)
P. delavayi, Sorten,
P. lutea,
P. l. var. *ludlowii*
(Blüten oft zu viert
auf einem Stengel),
P. potaninii, Sorten;
b)
P. lutea 'Superba',
P. suffruticosa
'Baronne d'Ales',
P. szechuanica,
P. yunnanensis

B) halbgeöffnet,
trollblumenartig
P. potaninii var.
trollioides

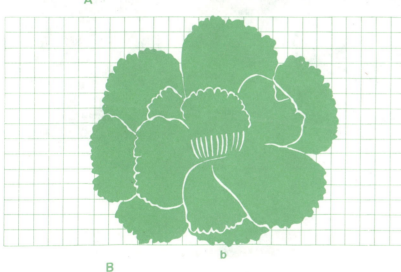

Abb. 134 Blüten *Paeonia*
A) einfach und regelmäßig gebaut
P. suffruticosa 'Fuso-no-tsukasa'

B) halbgefüllt
a)
P. suffruticosa 'Belle d'Orléans',
P. s. 'Blanche de Chateau Futu',
'Großherzog von Baden',
'Kochs Weiße',
'Mme Stuart Low',
'New York',
'Omar Pacha',
'Zenobia',

japanische Sorten:
'Hakugan' (auffallend gefranste Petalen),
'Yachiyo-tsubaki';
b)
P. suffruticosa 'Hana-daigin',
P. s. 'Momo-yama',
'Sakura jishi'

Hellrosa
● *P. suffruticosa* 'Jean d'Arc', ● 'Josephine Sénèclause', ● 'Jules Pirlot' (Mitte dunkelviolett-rot), 'Louise Mouchelet' ● 'Reine Amalie', 'Robert Fortune', japanische Sorten: 'Momoyama', ● 'Yae-zakura'.

Rosa
P. suffruticosa 'Arlè sienne', ● 'Baronne d'Alès' (Mitte dunkler rosa), ● 'Belle d'Orleans' (Mitte dunkler rosa), ● 'Comtesse de Tuder', ● 'Fragrans Maxima', 'Hybride de Vaumarcus', 'Marquis de Clapiers', 'Mme Henriette Caillot', 'Mme Marie Retier', ● 'Mme Stuart Low', 'Reine de Fleurs', ● 'Reine Elisabeth', 'Souvenir de Mme Knorr', 'Victoire d'Alma', japanische Sorten: 'Skura-jishi', 'Shintenchi', 'Yachiyo-tsubaki'.

Rosarot
P. suffruticosa 'Beautè de Twickel' (Mitte dunkler), 'Großherzog von Baden', 'Mme Laffay', ● 'Souvenir d'Etienne Mèchin', 'Velours Rouge' (samtartige Tönung).

Rot
P. delavayi 'Sang Lorrain', *P. × lemoinei* 'Aurore', 'Flambeau' (purpurfarben geadert), ● 'Satin Rouge' (lachsfarbige Tönung), 'Black Douglas' (bräunliche Tönung), japanische Sorten: 'Hinodesekai', 'Hodai', 'Imashojo' (glänzend), ● 'Nissho' (glänzend), 'Yo-meimon'.

Dunkelrot
P. delavayi, ● *P. suffruticosa* 'Black Pirate' (rötlicher Hauch), 'Impèratrice Josephine', japanische Sorten: 'Hnakisoi', ● 'Ruriban' (purpurfarbene Tönung).

Orangerot
P. suffruticosa 'Mont Vèsuve'.

Violettweiß
● *P. suffruticosa* 'Blanche de Chateau Futu', 'De Bunge' (weiße Blüte, in der Mitte violett gestreift), 'Kochs Weiße' und ● 'New York' (Blüten mit violettem Hauch).

Violettrosa
● *P. suffruticosa* 'Mme de Vatry', 'Omar Pacha' (dunkle Tönung), 'Triomphe de Vandermaelen', *P. szechuanica*.

Violett
P. suffruticosa 'Maxima Plena', ● 'Ville de St. Denis'.

Abb. 135 Blüten *Paeonia*
Kugelig gefüllt
a)
die meisten
b)
P. × lemoinei
'Chromatella',
P. × l. 'Eldorado',
'Satin Rouge',
'Souvenir
de Maxime Cornu',
'Surprise',
P. suffruticosa
'Comtesse de Tuder',
P. s. 'Mme Laffay',
'Shintenchi',
'Taima-sudare';
c)
P. suffruticosa
'Gessekai',
P. s. 'Nissho',
'Rimpo',
'Yae-zakura'
(Quadrat 1 × 1 cm)

Dunkelviolett
● *P. suffruticosa* 'Reine des Violettes',
● 'Souvenir de Ducher', 'Souvenir de Monsieur Frutiger'.
Violettpurpurfarben
P. suffruticosa 'Belle Japonaise' (schwarzer Nagel), ● 'Zenobia', japanische Sorten:
● 'Hana-daigin', 'Rimpo' (leuchtende Tönung).
Blaupurpurfarben
P. suffruticosa 'Colonel Malcolm'.
Dunkelpurpurfarben
P. suffruticosa 'Kenreimon'.
Dunkelbraun
P. potaninii, P. suffruticosa 'Koka-mon'
(weißlich gestreift).

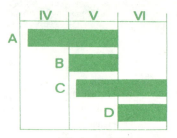

Abb. 136 Blütezeit
Paeonia
A) *P. suffruticosa*
'Belle Japonaise',
P. yunnanensis;

B) die meisten Arten und Sorten;

C) *P. suffruticosa*
'Mme Marie Ratier',
'Rimpo';

D) *P. lutea*, Sorten

Eine begrenzte Anzahl von *Paeonia*-Arten duftet: *P.* × *lemoinei* 'La Lorraine', 'Mme Louis Henry', 'Surprise' und *P. delavayi* 'Sang Lorrain'. Blütezeit ist auf den Frühling und Sommeranfang begrenzt (Abb. 136).

Frucht

Balgfrüchte mit einigen großen Samen, ohne Zierwert.

Stämmchen, Zweige und Wurzelsystem

Stämmchen der älteren Sträucher grau, manchmal mit ablösender Rinde, steif gestaltet. Jüngere Zweige braungrau und schwächer, wenig verzweigt. Wurzelsystem flach, gut verzweigt und mit reich ausgebildeten Haarwurzeln.

Ansprüche

Verlangen einen hellen, sonnigen Standort; wenn diese Grundbedingungen nicht erfüllt sind, blühen sie schlecht. Eine windige, ungeschützte Lage ist nicht geeignet (die großen Blüten werden durch den Wind beschädigt und die frühaustreibenden *Paeonia*-Arten können unter Spätfrösten leiden). Der Boden muß vor der Pflanzung gut vorbereitet werden, da die Pflanzen an einem Standort 50 oder noch mehr Jahre schön wachsen und blühen können. Am geeignetsten ist ein mittelschwerer, lehmiger Sandboden, der humos, durchlässig, angemessen feucht und nahrhaft ist (Kompost- oder auch Torfzugabe). Die angeführten Arten sind in Mitteleuropa winterhart, können aber in strengen Wintern und besonders bei Kahlfrösten beschädigt werden (Bodendeckung mit Reisig und Laub, hauptsächlich bei jüngeren Pflanzungen). Schnitt ist nicht erforderlich.

Pflege

Am geeignetsten ist eine frühe Pflanzung im März/April, kurz vor dem Austrieb und mit Wurzelballen. Die Pflanzen werden genau so tief oder nur wenig tiefer gepflanzt als am vorigen Standort, damit sie über der Veredlungsstelle eigene Wurzeln schlagen können, wodurch sich ihre Lebensdauer verlängert; eine zu tiefe Pflanzung verursacht aber oft einen üppigen vegetativen Wuchs und ein schlechtes Blühen. Den Strauchpäonien sichern wir je nach Bedarf eine ausreichende Wässerung, besonders zur Blütezeit. Ältere Exemplare können ab und zu zusätzlich gedüngt werden – etwa bis Mitte Juni mit Volldünger; eine spätere Düngung kann das Ausreifen der Triebe beeinträchtigen und eine schlechte Blüte verursachen (Frost). Sehr zweckmäßig ist ein gelegentliches Düngen mit verrottetem, nahrhaftem Kompost. Abgeblühte Blüten werden rechtzeitig entfernt, damit sich die Pflanzen nicht mit einem überflüssigen Samenansatz verausgaben. Im Winter vergessen wir nicht einen Winterschutz aus Reisig, Laub oder noch besser mit strohreichem Dung, der auch gleichzeitig eine Düngung bewirken kann. Schnitt wird nur auf das Entfernen trockener Zweige beschränkt. Ältere Exemplare vertragen ein Umpflanzen ziemlich schlecht. In feuchten Jahren treten häufig Grauschimmel, die *Botrytis*-Knospen-, Blatt- und Stengelfäule auf (erkrankte Pflanzenteile vernichten, Sträucher mit Thiram-, Dichlofluanid, Vinclozolin- oder Iprodion-Präparaten behandeln). Manchmal kommt auch eine *Phytophthora*-Stengelfäule vor (Kupfer-, Propamocarb- oder andere Fungizide anwenden).

Verwendung

Die Strauchpaeonien sind sehr edle, schön blühende Sträucher, die zur Betrachtung aus nächster Nähe geeignet sind. Sie werden solitär oder in kleineren Gruppen in bodenbedeckenden Pflanzungen (*Sedum, Acaena* o. a.) in die Nähe von Wegen, Bauten, Eingängen, Treppen, Bänken usw. gepflanzt. Sie können auch in größeren Staudenpflanzungen zur Geltung kommen, wobei wir aber darauf achten müssen, daß sie nicht in die Nachbarschaft gleich hoher oder höherer Stauden geraten.

Paliurus MILL. – Stechdorn, Christdorn *(Rhamnaceae)*

Sommergrüne Sträucher oder Bäume. Es existieren 6 Arten, verbreitet von Südeuropa bis Ostasien. In Mitteleuropa kann nur *P. spina-christi* MILL. (Christdorn) kultiviert werden. Breite, dornige, bis 5 m hohe Sträucher. Blätter eiförmig bis rundlich, 2–4 cm lang, schwach gesägt. Blüten gelbgrün, 5zählig, in kurzgestielten Trugdolden, Blütezeit: Juni/Juli. Früchte holzig, 2–2,5 cm lang, flach-kugelig, mit breitem Flügelsaum. Nur für wärmere Lagen, in mitteleuropäischen Wintern treten häufig Frostschäden auf (ältere Exemplare überwintern meist gut). Boden soll sandig-schottrig und humos sein, Lage warm und sonnig. Liebhaberbedeutung. Die dornigen Zweige dienten nach der Überlieferung zur Herstellung der Dornenkrone für Christus.

Parrotia C. A. Mey. – Parrotie *(Hamamelidaceae)*

Sommergrüner Strauch oder Baum mit plattenartig abblätternder Borke. Es ist eine einzige Art bekannt: ● *P. persica* (DC.) C. A. Mey. (Persische Parrotie – N-Iran). Breit ausladender Strauch, 5 oder mehr Meter hoch, in Mitteleuropa nur selten baumartig, Zweige olivbraun, etwas zusammengedrängt. Blätter eiförmig, 6–10 cm lang, in der oberen Hälfte grob kerbig gezähnt, dunkelgrün, Herbstfärbung auffallend goldgelb und scharlachrot. Blüten entfalten sich vor dem Blattaustrieb im März/April, zweigeschlechtlich, ohne Petalen, Staubblätter rot in dichten Köpfchen, von breiten, braun filzigen Deckblättern umhüllt. Unter mitteleuropäischen Bedingungen winterhartes Gehölz. Ansprüche, Pflege und Verwendung wie bei *Hamamelis*.

Parrotiopsis (Niedenzu) Schneid. – Scheinparrotie *(Hamamelidaceae)*

Sommergrüner Strauch oder kleiner Baum. Die einzige, aus dem Himalajagebiet stammende Art *P. jacquemontiana* (Decne.) Rehd. bildet in Mitteleuropa 2–3 m hohe Sträucher, Rinde glatt, Zweige graugelb, Blätter rundlich, 3–5 cm lang, scharf gezähnt, erlenähnlich, im Herbst goldgelb. Blüten in 3–5 cm breiten, weißlich gelben Köpfchen, mit purpurbraunen und weißlichen Deckblättern. Blütezeit: Mai. Etwas empfindlicher, aber in der Blüte schöner als *Parrotia* (nur für wärmere Gebiete). Liebhaberbedeutung. Ansprüche, Pflege und Verwendung ähnlich wie bei *Parrotia*.

Parthenocissus Planch. – Jungfernrebe *(Vitaceae)*

Sommergrüne, seltener auch immergrüne Kletterstäucher. Es sind etwa 15 Arten bekannt, die in Ostasien, im Himalajagebiet und in Nordamerika beheimatet sind. Wachsen sehr schnell und sind unter geeigneten Bedingungen sehr robust.
Zierwert: Laub (V–XI, besonders X bis XI).

Habitustypen

„Vitacea-Typ": niedriger, langtriebiger, breiter und unregelmäßiger, selten teilweise rankender Strauch (Abb. 137 A),
„Tricuspidata-Typ": rankender Strauch (Abb. 137 B).

Textur

Meist dicht und unregelmäßig, bei *P. quinquefolia* luftig aufgelockert, aber

Wissenschaftlicher Name	Deutscher Name	Natürliche Verbreitung bzw. Entstehungsort	Frosthärte
● *P. quinquefolia* (L.) Planch. emend. Rehd.	Selbstkletternde Jungfernrebe, Wilder Wein	N-Amerika	++
var. *engelmannii* (Koehne et Graebn.) Rehd.		O-USA	++
var. *hirsuta* (Pursh) Planch. Planch.		N-Amerika bis Mexiko	++
var. *latifolia* Rehd. = var. *murorum*			
var. *murorum* (Focke) Rehd.		wie die Art	++
var. *saint-paulii* (Koehne et Graebn.) Rehd.		Iowa – Texas	++
var. *vitacea* (Knerr) L. H. Bailey = *P. inserta*			
● *P. tricuspidata* (S. et Z.) Planch. (Abb. 129 e)	Dreispitzige Jungfernrebe	Japan, Korea, China	++
P. inserta (Kern.) Fritsch	Gemeine Jungfernrebe, Wilder Wein	N-Amerika	++
var. *dubia* (Rehd.) Rehd.		wie die Art	++
var. *laciniata* (Planch.) Rehd.		Wyoming – New Mexico	++
P. saint-paulii Koehne et Graebn. = *P. quinquefolia* var. *saint-paulii*			
P. veitchii (Carr.) Graebn. = *P. tricuspidata*			
P. vitacea Hitchcock = *P. inserta*			

in der Fläche ausgeglichen, vorhangartig. Am dichtesten ist die **Textur** bei der kompakt, dachartig deckend wachsenden *P. tricuspidata* (bildet eine geschlossene Fläche).

Laub

Blätter langgestielt, handförmig gestaltet oder teilweise auch 3lappig (Abb. 138), sehr dekorativ, meist verschieden grün und manchmal auch glänzend.

Blattfarbe:
Hellgrün
P. tricuspidata 'Lowii' (beim Austrieb rötlich), *P. t.* 'Minutifolia' (glänzend), 'Veitchii' (manchmal auch dunkelgrün und glänzend).
Mattgrün
P. quinquefolia, *P. q.* var. *hirsuta*, 'Minor' var. *murorum*, var. *saint-paulii*.
Dunkelgrün
P. quinquefolia var. *engelmannii*, *P. tricuspidata* (glänzend), *P. t.* 'Beverly Park Form' (glänzend), *P. inserta* (glänzend), *P. i.* var. *dubia* (wenig glänzend), 'Macrophylla'.
Gelbgrün
P. inserta var. *laciniata*.
Gelb
P. tricuspidata 'Aurata' (schwach grün gefleckt).
Rot
P. tricuspidata 'Purpurea'.
Rotbraun
P. tricuspidata 'Gloire de Boskoop'.

Bedeutsam und gartengestalterisch sehr wertvoll ist die Herbstfärbung:

Orangegelb
P. tricuspidata (scharlachrote Tönung), *P. t.* 'Aurata', 'Beverley Park Form', 'Veitchii'.
Hellrot
P. quinquefolia var. *hirsuta*.
Karminrot (leuchtend)
P. quinquefolia, *P. q.* 'Minor', var. *murorum*.
Dunkelrot
P. quinquefolia var. *engelmannii*, *P. q.* var.

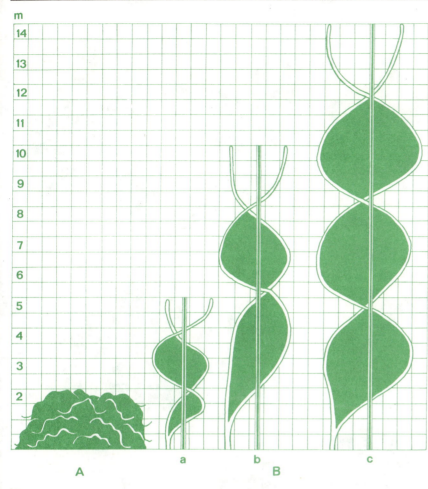

Abb. 137
A) Typ „inserta"
P. inserta,
P. i. var. *dubia*,
var. *laciniata*,
'Macrophylla'

B) Typ „tricuspidata"
a)
P. inserta,
P. i. var. *dubia*,
var. *laciniata*,
'Macrophylla';
b)
P. quinquefolia
var. *hirsuta*,
P. q. 'Minor',
P. tricuspidata 'Aurata',
P. t. 'Beverly Park Form',
'Lourii',
'Minutifolia',
'Purpurea',
● 'Veitchii';

c)
● *P. quinquefolia* (manchmal niedriger, je nach Bedarf und Standort),
● *P. q.* var. *engelmannii*,
var. *murorum*,
var. *saint-paulii*,
● *P. tricuspidata*,
● *P. t.* 'Gloire de Boskoop'

saintpaulii, P. *tricuspidata* 'Lowii', P. t. 'Purpurea'.
Purpurrot
P. *tricuspidata* 'Minutifolia'.
Rotbraun
P. *tricuspidata* 'Gloire de Boskoop'.

Blüte und Blütenstand

Blüten unscheinbar, 5zipfelig, grünlich, in gegenüberstehenden Trugdolden, die manchmal noch mehr oder weniger große Rispen bilden. Blütezeit: VI bis VIII.

Frucht und Fruchtstand

Eine 1–4samige, dunkelblaue bis blauschwarze Beere, oft bereift, 6–8 mm groß, mit geringem Zierwert.

Zweige und Wurzelsystem

Zweige lang, rutenförmig dünn, mit geschlossener Rinde, die mit zahlreichen Lentizellen versehen ist, windend, sich an Mauern und anderen Stützen mit Ranken und Haftscheiben festhaltend. Wurzelsystem in die Breite ausgedehnt, verzweigt, mit reichem Haarwurzelbesatz.

Ansprüche

Gedeihen in Sonne wie auch im Schatten (Herbstfärbung ist in sonniger Lage am effektvollsten). Wachsen in jedem normalen Gartenboden; in schweren Böden vertragen *Parthenocissus*-Arten sehr gut auch Trockenheit. Einen Rückschnitt vertragen sie ebenfalls sehr gut. Die angeführten Arten sind in Mitteleuropa winterhart (P. *tricuspidata* leidet manchmal in der Jugend unter Frösten, treibt aber immer wieder gut durch); verunreinigte Luft wird vertragen.

Abb. 138 Blätter *Parthenocissus*
a) P. *inserta*, P. *quinquefolia*;
b) P. *tricuspidata* 'Veitchii';
c) P. *quinquefolia* var. *murorum*;
d) P. *tricuspidata* (Quadrat 1 × 1 cm)

Pflege

Pflanzung im Herbst oder Vorfrühling, mit Wurzelballen oder aus Containern (Töpfen) während der ganzen Vegetationszeit. Nach dem Pflanzen werden die Zweige eingekürzt. *P. quinquefolia* muß in der Jugend aufgebunden und heraufgezogen werden. Wenn die Pflanzen in der gewünschten Richtung und in den gegebenen Grenzen wachsen sollen, ist es vorteilhaft die Zweige so zu schneiden, daß sich kurzes „Nebenholz" bildet. Die einzelnen Triebe schneiden wir dann auf eine Knospe zurück, den Haupttrieb auf mehrere Knospen, je nach Bedarf. „Überflüssiges Holz" wird entfernt. Üppig herangewachsene Pflanzen können wir auch sehr tief zurückschneiden (sie regenerieren sehr gut). Umpflanzen älterer Exemplare ist möglich. Krankheiten und Schädlinge kommen nur vereinzelt vor. Manchmal erscheint das *Coniothyrium*-Zweigsterben, hauptsächlich an Stämmchen von *P. quinquefolia* (befallene Pflanzenteile vernichten, Kupfer-, Zineb-, Captan- oder andere Kontaktfungizide verwenden). Verschiedene pilzliche Blattfleckenkrankheiten werden von *Phyllosticta-* und *Septoria-*Arten hervorgerufen (Fallaub entfernen, Kupfer- und andere Kontaktfungizide anwenden).

Verwendung

Gehören zu den am schnellsten und robustesten heranwachsenden und vielseitig verwendbaren Klettergehölzen. *P. quinquefolia* wächst schlecht an senkrechten Wänden, aber ausgezeichnet eignet sich diese Art zum Bekleiden von Pergolen, alten Bäumen, Felsen, gröberen und weniger steilen Wänden oder Drahtkonstruktionen, Zäunen, Lauben, Veranden und überall dort, wo die langen Zweige frei hinunterhängen können, z. B. von Wänden, Terrassen, Säulen, Balkons usw.

P. tricuspidata haftet sehr gut auch an steilen Wänden, an denen sie einheitliche und lückenlose grüne Flächen bilden kann – weniger gut gedeiht diese Art aber an Nordwänden. Alle kletternden Arten eignen sich zum Begrünen von Bauten und architektonischen Gebilden, zum Verkleiden unschöner Wände oder zur Bildung malerischer, vorhangartig oder kaskadenförmig wachsender Naturpartien usw. Zur letztgenannten Funktion eignen sich auch die Vertreter des „Vitacea-Typs". Die Haftscheiben der *Parthenocissus*-Arten scheiden keine chemisch aktiven, sondern nur leimartige Substanzen aus, mit denen sie an der Unterlage festkleben ohne diese negativ zu beeinflussen.

Paulownia S. et Z. – Paulownie, Blauglockenbaum *(Scrophulariaceae)*

Sommergrüne Bäume, alle Arten stammen aus China. Sie haben in Mitteleuropa nur in wärmeren oder geschützten Lagen eine Bedeutung.
Zierwert: Laub (V–XI), Blüte (V).

Habitus

Es existiert nur ein einziger Habitustyp, der „Tomentosa-Typ": ungleichmäßig ausladende Bäume, kugelförmig aufgebaut mit abgerundeten Gipfel, ungleichen Konturen und oft verzweigten, gegabelten Stämmen (Abb. 139).

Textur

Grob, luftig dachziegelartig, exotisch wirkend.

Laub

Blätter sehr dekorativ, gegenständig, groß bis sehr groß (besonders auf verjüngten Pflanzen), eiförmig-herzförmig, ganzrandig oder 3–5lappig (Abb. 140), meist hell- und mattgrün, unterschiedlich stark behaart und nur selten mehr oder weniger glänzend *(P. fortunei).*

Blüte und Blütenstand

Fünfzählige Blüten, fingerhutartig gestaltet, 6–7,5 cm lang, an den vorjährigen Triebenden (*P. elongata, P. fargesii, P. tomentosa* und Sorten) oder trichterförmig und 5–10 cm lang *(P. fortunei, P. glabrata)* bzw. glockig und 3–5 cm lang *(P. kawakamii).*

Blütenfarbe:
Weißlich
P. fortunei (helle purpurfarbene Tönung).
Violett
P. elongata, P. fargesii (manchmal auch weißlich oder weißlich lila), *P. glabrata, P. kawakamii* (feine Tönung), *P. tomentosa* (Blüteninneres gelb gestreift), *P. t.* 'Coreana' (gelb gefleckter Schlund), 'Lilacina' (zarte Tönung).

Einzelne Blüten stehen in endständigen Rispen: schlank (Abb. 142 A), locker verzweigt (Abb. 141) oder dichter gebaut (Abb. 142 B). Blüten entwickeln sich schon im Herbst. In Mitteleuropa erfrieren sie in harten Wintern. Sie entfalten sich meist vor der Belaubung im Mai.

Frucht und Fruchtstand

Frucht eine interessante, breit eiförmige, 3–4 cm lange, verholzende, schnabelig zugespitzte, braune Kapsel.

Stamm, Äste und Wurzelsystem

Stamm schlank, grau, mit gefurchter

Borke, oft niedrig über der Erde verzweigt. Äste dick und ausladend. Holz sehr leicht. Wurzelsystem ohne Pfahlwurzel, angemessen verzweigt.

Ansprüche

Licht und Sonne liebendes Gehölz, das am besten auf freien großräumigen Standorten gedeiht. Unter mitteleuropäischen Bedingungen ist es aber ratsam, daß die Paulownie auf warme, geschützte, südorientierte Standorte (teilweise umbaute Gärten) gepflanzt wird. Da sie schnell heranwächst, braucht sie nahrhafte, angemessen feuchte und durchlässige Böden. In Mitteleuropa treten oft Frostschäden auf (besonders an den Blütenständen und jungen Zweigen), meist treiben die Pflanzen wieder gut durch; in ungeeigneten Lagen blüht sie fast nie. Am besten gedeiht sie in den Weinbaugebieten oder auf gut ausgewählten mikroklimatisch günstigen Stellen in höheren Lagen. In der Jugend ist Winterschutz zweckmäßig. Widerstandsfähigkeit gegenüber verunreinigter Luft ist noch nicht ausreichend bekannt.

Pflege

Pflanzung am besten im Frühjahr im unbelaubten Zustand. In der Jugend wird ein alljährlicher Winterschutz der Wurzeln und ein Schutz gegen die winterliche Sonne empfohlen (in den ersten Jahren schützen wir hauptsächlich die jungen, hohlen 3–4 cm dicken Triebe; die später heranwachsenden dünneren, etwa 1 cm starken vollen Triebe sind schon erheblich winterhärter). Schnitt beschränkt sich auf das Entfernen trockener Teile. Zur Umpflanzung älterer Exemplare sind die Erfahrungen noch unzureichend. Bemerkenswerte Krankheiten und Schädlinge sind bisher noch nicht aufgetreten. Die Widerstandsfähigkeit gegenüber Wildverbiß ist noch nicht ausreichend bekannt.

Verwendung

Eine auffällige, besonders zur Blütezeit effektvolle Solitärpflanze für größere Anlagen. Sollte nicht mit anderen Pflanzen kombiniert werden. Früher wurde dieses interessante Gehölz auch als Kübelpflanze verwendet, vor allem wegen des sehr dekorativen Laubes (bei alljährlichem Rückschnitt bilden sich bis 3 m lange Triebe mit riesigen, bis 50 cm breiten Blättern).

Wissenschaftlicher Name	Deutscher Name	Natürliche Verbreitung bzw. Entstehungsort	Frosthärte
P. duclouxii DODE = *P. fortunei*			
P. elongata SH. - Y. HU		Hupeh, Honan, Schantung	++
P. fargesii FRANCH.		Hupeh, Yünnan, Szetschuan	++
P. fortunei (SEEM.) HEMSL.		Anhwei, Yünnan, Formosa	++
P. glabrata REHD.	Kahle Paulownie	Szetschuan, Honan	++
P. imperialis S. et Z. = *P. tomentosa*			
P. kawakamii ITO		Formosa, Fukien, Kiangsi, Hupeh	++
● *P. tomentosa* (THUNB.) STEUD.	Kaiser-Paulownie	Hupeh, Honan, Kiangsi	++

Paxistima RAF. *(Pachystima* RAF., *Pachystigma* MEISSN.) – Dicknarbe *(Celastraceae)*

Immergrüner Zwergstrauch mit kantigen, fein warzigen Trieben. Es sind etwa 5 Arten bekannt, die alle in Nordamerika vorkommen. Für mitteleuropäische Bedingungen eignen sich *P. canbyi* A. GRAY (Virginische Dicknarbe) und *P. myrsinites* (PURSH) RAF. Zwergsträucher, meist unter 50 cm hoch, Blätter 1–3 cm lang, gegenständig, fein gesägt, länglich eiförmig, steif, hellgrün. Blüten 4zählig, braunrot, in wenigblütigen, achselständigen Büscheln. Blütezeit: April/Mai. Frucht ist eine weißlich-lederige, 4 bis 8 mm große Kapsel. *P. canbyi* wächst gut in sonnigen und die zweite Art in halbschattigen Lagen. Am geeignetsten sind nahrhafte, gut durchlässige, ausreichend feuchte, kalkfreie Böden. Gedeihen aber auch auf trockenen Stellen. Winterschutz mit Reisig zweck-

Abb. 139 Typ „tomentosa"
a)
P. fargesii,
P. kawakamii;
b)
P. glabrata,
● P. tomentosa,
P. t. 'Coreana',
'Lilacina';
c)
P. elongata,
P. fortunei,
● P. tomentosa (manchmal),
P. t. 'Coreana' (manchmal)

mäßig. Eignet sich sehr gut als Bodendecker, hat aber nur Liebhaberbedeutung.

Penstemon SCHMIDEL – Bartfaden *(Scrophulariaceae)*

Ausdauernde Kräuter oder Halbsträucher; zur Gattung gehören etwa 150 Arten, die mit Ausnahme einer ostasiatischen Art in Nordamerika verbreitet sind. Für mitteleuropäische Bedingungen haben Bedeutung: *P. barrettae* A. GRAY, *P. cardwellii* HOWELL, *P.* × *edithae* ENGLISH, *P. menziesii* HOOK., *P. newberryi* A. GRAY, *P. rupicola* (PIPER) HOWELL und *P. scouleri* LINDL. (Syn. *P. fruticosus* [PURSH] GREENE). Flache, vielstämmige, dichte Halbsträucher, 10–20 cm hoch, ausnahmsweise polsterförmig (*P. menziesii* und *P. rupicola*). Blätter gegenständig, selten in Quirlen, ganzrandig oder gesägt, verschieden elliptisch, oft verdickt oder ledrig, 1–2 cm lang (manchmal bis 5 cm bei *P. barrettae* und *P. scouleri*). Blüten sehr dekorativ, 5zählig, mit röhriger 2lippiger Krone (Oberlippe 2lappig, Unterlippe 3lappig), blaulila, blaurot oder weiß, 2 bis 4 cm lang. Blütezeit: Mai–Juli. Frucht eine wandspaltige Kapsel. Verlangen Sonne, mittelwarmen und trockenen Gartenboden, den wir mit einer Schotterschicht bedecken. Nach der Blüte werden die Pflanzen leicht zurückgeschnitten. Winterschutz zweckmäßig. Schöner Halbstrauch für Steingärten.

Pentactina Nakai (Rosaceae)

Sommergrüner Strauch, verwandt mit *Spiraea*; nur eine koreanische Art: *P. rupicola* Nakai. Niederliegender, zierlicher, bis 70 cm hoher Strauch, dessen Jungtriebe kantig und rötlich sind. Blätter elliptisch bis lanzettlich, 2 bis 3 cm lang. Blüten klein, 5zählig, weiß, in 6–8 cm langen nickenden Rispen, Blütezeit: Juni. Anspruchslose, harte Steingartenpflanze für Liebhaber.

Peraphyllum Nutt. – Sandbirne (Rosaceae)

Sommergrüne, mit *Amelanchier* verwandte Sträucher, nur eine nordamerikanische Art: *P. ramosissimum* Nutt. Aufrechter Strauch, 1–2 m hoch, starr verzweigt, Blätter ganzrandig oder gezähnt, länglich lanzettlich, 1–5 cm lang, in der Jugend seidig behaart. Blüten 5zählig, etwa 2 cm breit, weiß bis rosa, in büscheligen Trauben. Blütezeit: Mai. Frucht eine kugelige, hängende, etwa 0,8–1 cm große, gelbe Apfelfrucht. Liebt warme, sonnige Lagen und sandige Böden (Pioniergehölz für ansonsten ungeeignete Standorte). Unter mitteleuropäischen Bedingungen winterhart. Liebhaberbedeutung.

Periploca L. – Baumschlinge (Asclepiadaceae)

Sommer- oder immergrüne windende Sträucher. Es existieren 12 Arten, die in Südeuropa, Ostasien, Indien und im tropischen Afrika beheimatet sind. Für mitteleuropäische Bedingungen haben nur zwei sommergrüne Arten Bedeutung: ● *P. graeca* L. (Orientalische Baumschlinge) und *P. sepium* Bge. (Chinesische Baumschlinge). Lianen, 10–15 m hoch, Blätter ganzrandig, länglich, lanzettlich, 4–10 cm lang, bis zum Blattabfall grün oder gelblich gefärbt *(P. sepium)*, enthalten giftigen Milchsaft (Latex). Blüten radförmig 5zählig, unterhalb mit einer 5- oder 10zähligen Scheinkrone, innen schmutzig gelb oder braun, außen grünlich. Blütezeit: Juni–August. Frucht 2 miteinander verbundene Balgkapseln, die kleine Samen enthalten. Pflanzen lieben Sonne und nahrhaften, durchlässigen Boden. In strengeren Wintern erfrieren sie, treiben

Abb. 140 Blätter
Paulownia
P. tomentosa
a)
Blatt von einem starken, durchgetriebenen Trieb;
b)
Blatt von einem normalen Trieb
(Quadrat 1 × 1 cm)

aber von unten wieder gut durch. Ein Durchlichten ist zuweilen zweckmäßig. Junge Pflanzen sollen mit Winterschutz versehen werden. *Periploca* eignet sich zum schnellen, dichten Begrünen von Mauern, Gebäuden, Lauben, Pergolen usw.

Pernettya GAUDICH. – Torfmyrte *(Ericaceae)*

Immergrüne Sträucher oder Zwergsträucher; etwa 25 Arten in Mexiko, Südamerika, Neuseeland und Tasmanien.
Zierwert: Laub (I–XII), Blüte (VI oder manchmal schon V), Früchte (VIII–III).

Habitustypen

„Prostrata-Typ": niederliegende bis kriechende Sträuchlein (Abb. 144 A),
„Mucronata-Typ": dichte, ungleichmäßig kugelige Sträucher (Abb. 144 B).

Textur

Ziemlich dicht, in sich aber aufgelockert.

Laub

Blätter wechselständig, ganzrandig oder gekerbt gezähnt, meist elliptisch, 1–2 cm lang, ledrig, oft glänzend grün.

Blüte

Die einzelnen 5zähligen, nickenden und achselständigen Blüten auf schlanken Stielen, meist 4–6 mm lang und ei-krugförmig (bei *P. lanceolata* und *P. pumila* kurz glockenförmig), bei allen angeführten Arten und Sorten weiß. Blütezeit: V–VI (bei *P. pumila* IV–V).

Frucht

Eine 5fächrige, vielsamige, kugelige, sehr dekorative, 0,8–1,2 cm große Beere (bei *P. pumila* bis 2 cm).

Fruchtfarbe:
Weiß
P. mucronata, P. m. 'Alba', var. *angustifolia*, var. *rupicola* (manchmal rötliche Tönung), P. pumila (manchmal rötlich).
Rosa
P. mucronata 'Rosea'.
Rot
P. mucronata 'Bell's Seedling', P. m. 'Coccinea' (leuchtende Tönung).
Violett
P. mucronata 'Lilacina'.
Violettpurpurfarben
P. mucronata 'Purpurea'.
Blauschwarz
P. prostrata, P. p. ssp. pentlandii.

Zweige und Wurzelsystem

Triebe kahl oder mit anliegenden Borstenhaaren, Zweige graubraun, dicht verzweigt. Wurzeln dicht und fein, ähnlich wie bei *Erica* und *Calluna*, einen kompakten Ballen bildend.

Ansprüche

Zu einem schönen Wuchs und Entwicklung brauchen die Pflanzen auf jeden Fall leichten Halbschatten, einen humosen, ausreichend feuchten, kalkfreien Boden, den wir nach der Pflanzung noch mit einer Schicht aus Torf oder Lauberde bedecken. Die angeführten Arten sind in mitteleuropäischen Lagen nicht ganz winterhart (Winterschutz ist nötig, wobei auch die dekorativen Früchte abgedeckt werden müssen).

Pflege

Pflanzung im Frühjahr mit Wurzelballen. Bedeutsame Krankheiten und Schädlinge sind bisher nicht bekanntgeworden.

Verwendung

Wird als Solitär oder in kleineren

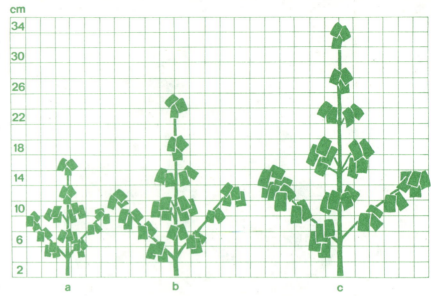

Abb. 141 Blütenstand a) *Paulownia* Locker verzweigt P. *kawakami* (manchmal), P. *fargesii*; c) P. *fargesii* (manchmal)

Wissenschaftlicher Name	Deutscher Name	Natürliche Verbreitung bzw. Entstehungsort	Frosthärte
P. empetrifolia GAUDICH. = P. pumila			
P. lanceolata (HOOK. f.) BURTT et HILL		Tasmanien	+
● P. mucronata (L. f.) GAUDICH. ex SPRENG. (Abb. 143 a)	Zugespitzte Torfmyrte	S-Chile bis Feuerland	+, ≙
var. rupicola (PHIL.) REICHE		M-Chile	+
P. prostrata (CAV.) SLEUMER	Kriechende Torfmyrte	Costa Rica – M-Chile	+, ≙
ssp. pentlandii (DC.) BURTT		Costa Rica – N-Chile	+
P. pumila (L. f.) HOOK.	Zwergige Torfmyrte	Patagonien – Feuerland, Falklandinseln	+
P. rupicola PHIL. = P. mucronata var. rupicola			

Gruppen verwendet, besonders zusammen mit Immergrünen, in Rhododendronpflanzungen oder auch in größeren Steingärten (hauptsächlich der „Prostrata-Typ").

Perovskia KAREL. (Labiatae)

Sommergrüne Halbsträucher oder Stauden, ähnlich *Salvia*. Für mitteleuropäische Verhältnisse eignen sich von den in Asien beheimateten Arten: *P. abrotanoides* KAREL., *P. atriplicifolia* BENTH., *P. scrophulariifolia* BGE. und *P.* ✕ '*Superba*'. Mehr oder weniger aufrechte, teilweise auseinanderfallende bis niederliegende Halbsträucher, etwa 0,5 m hoch (*P. atriplicifolia* bis 1,5 m), mit gegenständigen, gesägten bis fiederschnittigen, 3–6 cm langen Blättern; Blüten in Quirlen, salbeiähnlich, in länglichen, 30–50 cm großen Scheinähren, lila bis blau oder auch rosa (*P. scrophularifolia*). Blütezeit: August/September. Frucht aus 4 eiförmigen Nüßchen bestehend. Die Pflanzen brauchen Sonne, geschützte warme und trockene Lagen und arme, steinige Böden. Manche Arten erfrieren alljährlich, *P. atriplicifolia* sogar bis zum Boden; nach einem strengen Rückschnitt treiben sie immer neu durch und blühen im gleichen Jahr wieder sehr reich. Es ist ein alljährlicher radikaler Rückschnitt notwendig. Für den Winter muß für eine Wurzelbedeckung gesorgt werden; winterliche Feuchtigkeit wird nicht vertragen. Dieser Halbstrauch kommt in größeren Steingärten sowie in Staudenpflanzungen zur Geltung.

Abb. 143
a) *Pernettya mucronata*;
b) *Phellodendron amurense*;
c) *Philadelphus coronarius*;
d) *Phyllodoce coerulea*;
e) *Physocarpus opulifolius*;
f) *Pieris japonica*

Petteria K. B. Presl.
(Leguminosae)

Sommergrüner Strauch; nur eine in Istrien und Albanien vorkommende Art: *P. ramentacea* (Sieber) Presl (Syn. *Cytisus ramentaceus* Sieber); starr aufrechter, bis 2 m hoher Strauch, Blätter 3zählig, Blättchen länglich elliptisch, 2–5 cm lang, dunkelgrün. Typische Schmetterlingsblüten, gelb, duftend, in 4–7 cm langen, dichten, aufrechten Trauben. Blütezeit: Mai/Juni. Hülsen flach, 4–5 cm lang. Ansprüche, Pflege und Verwendung ähnlich wie bei *Cytisus*. Liebhaberbedeutung.

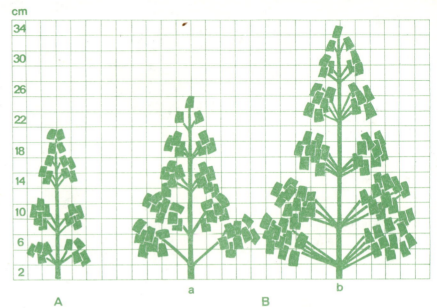

Abb. 142 Blütenstand *Paulownia*
A) schlank
P. fortunei,
P. glabrata

B) dichter gebaut
a)
P. elongata
P. tomentosa, Sorten;

b)
P. elongata (manchmal),
P. tomentosa, Sorten (manchmal)

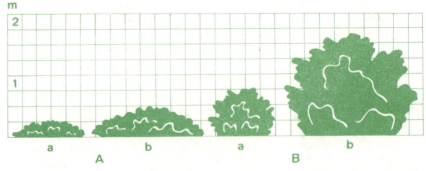

Abb. 144
A) Typ „prostrata"
a)
P. prostrata;
b)
P. prostrata ssp. *pentlandii*,
P. pumila

B) Typ „mucronata"
a)
P. lanceolata;
b)
● *P. mucronata*,
● *P. m.* 'Alba',
var. *angustifolia*,
● 'Bells Seedling',
'Coccinea',
'Lilacina',

● 'Purpurea',
● 'Rosea',
var. *rupicola*

Wissenschaftlicher Name	Deutscher Name	Natürliche Verbreitung bzw. Entstehungsort	Frosthärte
● P. amurense RUPR. (Abb. 143 b)	Amur-Korkbaum	N-China, Korea, Mandschurei	++
P. chinense SCHNEID.	Chinesischer Korkbaum	M-China	++
P. japonicum MAXIM.	Japanischer Korkbaum	Japan	++
P. lavallei DODE		Japan	++
P. sachalinense (F. SCHMIDT) SARG.	Sachalin-Korkbaum	Japan, Sachalin, Korea, China	++

Phellodendron RUPR. – Korkbaum *(Rutaceae)*

Sommergrüne aromatische Bäume mit dicker, oft korkiger Borke. Etwa 10 Arten sind in Ostasien beheimatet. Zierwert: Laub (V–XI, besonders X bis XI), Blüte (VI–VII), Früchte (VIII bis X).

Habitustypen

„Japonicum-Typ": Krone starr breit aufrecht (Abb. 145 A),
„Amurense-Typ": Krone breit schirmförmig und sehr luftig, etagenartig ausgebreitet (Abb. 145 B).

Textur

Locker, gleichmäßig fein.

Laub

Blätter unpaarig gefiedert (Abb. 146).

Blattfarbe:
Glänzend dunkelgrün
P. amurense
Dunkel gelbgrün
P. chinense, P. lavallei
Mattgrün
P. japonicum, P. sachalinense

Herbstfärbung meist gelbgrün und manchmal schön goldgelb (*P. amurense*).

Blüten und Blütenstand

Eintritt der Blühreife nach 25–30 Jahren, Blüten zweihäusig, klein, gelbgrün, stark nektarbildend, in endständigen, kegelförmigen Rispen, die 5 bis 6 cm *(P. chinense)* oder 6–8 cm *(P. amurensis, P. lavallei* u. a.) lang sind.

Frucht und Fruchtstand

Eine kleine, schwarze, etwa 1 cm dicke Steinfrucht, die in größeren Fruchtständen vereint ist.

Stamm, Äste und Wurzelsystem

Stamm kurz, gerade, in einige starke Äste verzweigt. Rinde in der Jugend silbrig graubraun, nach 6–10 Jahren verändert sie sich entweder in eine dicke, korkige, hellgraue (*P. amurense, P. lavallei*) oder dünne, bräunliche Borke (*P. chinense, P. japonicum* und *P. sachalinense*). Das stark ausgebildete Wurzelsystem hat eine lange Pfahlwurzel sowie lange Nebenwurzeln.

Ansprüche

Verlangen warme und sonnige Lagen, wachsen in jeder durchschnittlichen Gartenerde, am besten, wenn diese tief, nahrhaft und nicht zu schwer ist. Ungeeignet sind Sandböden und Frostlagen. Vertragen werden auch trockene und leicht beschattete Standorte. Die angeführten Arten sind in Mitteleuropa winterhart.

Pflege

Pflanzung im unbeblätterten Zustand im Frühling oder Herbst. Eine besondere Pflege brauchen *Phellodendron*-Arten nicht. Sie leiden auch nicht unter Wildverbiß oder Krankheiten und Schädlingen.

Verwendung

Schöne Solitärpflanzen für größere Anlagen; fallen mit ihren malerisch gestalteten Kronen („Amurense-Typ"), herrlicher gelber Herbstfärbung und im Winter mit ihren charakteristisch ausgeprägten Stämmen und Zweigen (hauptsächlich Arten mit korkiger Borke) auf. Die Krone des „Amurense-Typ" kommt in der Nähe moderner Gebäude sehr gut zur Geltung. Der „Japonica-Typ" eignet sich als Alleebaum, der „Amurense-Typ" nur für große Freiräume.

Abb. 145
A) Typ „japonicum"
P. japonicum

B) Typ „amurense"
a)
P. chinense,
P. lavallei,
P. sachalinense;
b)
● *P. amurense*

Abb. 146 Blätter
Phellodendron
a)
P. amurense;
b)
P. japonicum,
P. chinense
(Quadrat 1 × 1 cm)

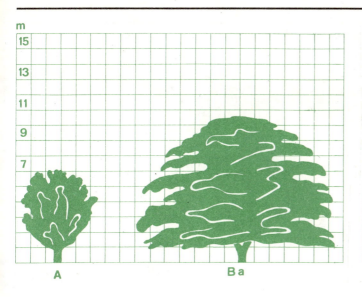
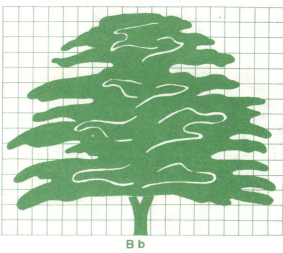

Wissenschaftlicher Name	Deutscher Name	Natürliche Verbreitung bzw. Entstehungsort	Frosthärte
P. argyrocalyx WOOT.	Silberkelch-Pfeifenstrauch	Neu Mexiko	++
P. billiardii KOEHNE = P. × insignis			
● P. brachybotrys (KOEHNE) KOEHNE	Kurztraubiger Pfeifenstrauch	China (?)	++
P. californicus BENTH.	Kalifornischer Pfeifenstrauch	Kalifornien	++
P. caucasicus KOEHNE	Kaukasischer Pfeifenstrauch	Abchasien, Pontinische Region	++
var. glabratus SH. – Y. HU		Kaukasus	++
P. × congestus REHD.		Berlin (bei Späth)	++
P. cordifolius LANGE	Herzblättriger Pfeifenstrauch	Kalifornien	++
● P. coronarius L. (Abb. 143 c)	Gemeiner Pfeifenstrauch	Italien bis Kaukasus	++
● P. × cymosus REHD.	Trugdoldiger Pfeifenstrauch	?	++
P. dasycalyx (REHD.) SH. – Y. HU		Honan, Schansi	++
● P. delavayi L. HENRY	Delavay-Pfeifenstrauch	Yünnan	++
var. melanocalyx LEMOINE		wie die Art	++
● P. × falconeri SARG.		USA	++

Philadelphus L. – Pfeifenstrauch, Falscher Jasmin *(Saxifragaceae)*

Sommer-, selten auch immergrüne Sträucher. Es sind etwa 70 Arten aus Ostasien, Nordamerika, Südeuropa und dem Kaukasus bekannt. Schnell heranwachsende Gehölze, nur einige kleine und zierliche Arten (sowie Hybriden) wachsen mittelschnell (*P. microphyllus,* Zwergtypen u. a.).
Zierwert: Blüte (V–VIII je nach der Art).

Habitustypen

„Coronarius-Typ": aufrechter und breit aufstrebender, dicht verzweigter Strauch, nicht immer regelmäßig gestaltet (Abb. 147),
„Purpureo-maculatus-Typ": breit bis halbkugelig ausgebreiteter Strauch, dicht verzweigt, nur in den Konturen ungleichmäßig luftig (Abb. 148),
„Falconeri-Typ": vom vorigen Typ

hauptsächlich durch den schmaleren und aufrechten unteren (bodennahen) Strauchteil unterschieden, dessen Hauptstämmchen oft gut beblättert und verzweigt, also nicht „kahlfüßig" sind; der obere Teil des Strauches ist flach halbkugelig (Abb. 149),
„Congestus-Typ": bis zur Erde regelmäßig verzweigter, mitteldichter und halbkugeliger Strauch, dessen Zweige halbbogig überhängen (Abb. 150),
„Lemoinei-Typ": aufstrebende, kugelige, sehr dichte, zierlich verzweigte, gleichmäßig gestaltete Sträucher, Hauptzweige fast senkrecht stehend, Konturen ziemlich gleichmäßig (Abb. 151 B),
„Duplex-Typ": zwergiger, sehr dichter, flach und breit kugeliger Strauch (Abb. 151 A),
„Dasycalyx-Typ": breit und ungleichmäßig kletternder Strauch (Abb. 151 C).

Textur

Wegen ihrer relativ großen Blätter und der etwas steif und unregelmäßig aufgestellten Zweige und Zweigchen haben *Philadelphus*-Arten (außer kleinblättrige Arten und Sorten) eine ziemlich grobe Textur, die bei den abgerundeten Typen („Purpureo-maculatus", „Congestus", „Falconeri" und „Lemoinei" bzw. noch „Duplex") etwas „weicher" ausfällt als beim starren „Coronarius-Typ", dessen Konturen oft von rutenförmig herausragenden starken Trieben geprägt werden. Die kleinblättrigen *Philadelphus*-Arten haben eine feine Textur und sind auch gleichmäßiger dicht, meist auch zierlicher verzweigt.

Laub

Blätter gegenständig, ganzrandig oder gezähnt, mit 3–5 Nerven, von der Basis verschieden länglich oder eiförmig, unterschiedlich groß (s. Abb. 100). An

Wissenschaftlicher Name	Deutscher Name	Natürliche Verbreitung bzw. Entstehungsort	Frosthärte
P. floridus BEADLE		Georgia	++
P. gloriosus BEADLE = *P. inodorus* var. *grandiflorus*			
P. gordonianus LINDL. = *P. lewisii* var. *gordonianus*			
P. grandiflorus WILLD. = *P. inodorus* var. *grandiflorus*			
P. hirsutus NUTT.	Rauhhaariger Pfeifenstrauch	SO-USA	++
P. incanus KOEHNE	Grauhaariger Pfeifenstrauch	Schansi, Hupeh	++
● *P. inodorus* L.	Duftloser Pfeifenstrauch	SO-USA	++
var. *carolinus* SH. – Y. HU		N-Carolina, Tennessee	++
var. *grandiflorus* (WILLD.) GRAY		wie die Art	++
var. *laxus* SH. – Y. HU		N-Carolina	++
var. *strigosus* BEADLE		wie die Art	++
P. × *insignis* CARR.		Kalifornien, Oregon	++
P. intectus BEADLE		Tennessee, Alabama, Arkansas	++
P. kansuensis (REHD.) SH. – Y. HU	Kansu-Pfeifenstrauch	NW-China	++
P. laxiflorus REHD.		Schansi, Schensi, Kansu, Hupeh	++
P. lewisii PURSH	Lewis-Pfeifenstrauch	W-Kanada, W-USA	++
● *P.* × *lemoinei* LEMOINE	Lemoine-Pfeifenstrauch	Frankreich (bei Lemoine)	++
var. *gordonianus* (LINDL.) KOEHNE		Washington – Kalifornien	++
var. *helleri* (RYDB.) SH. – Y. HU		Washington – Kalifornien	++
P. magdalenae (KOEHNE) SH. – Y. HU = *P. subcanus* var. *magdalenae*			
P. × *maximus* REHD.		? (Kew Garden) seit 1885	++

Wissenschaftlicher Name	Deutscher Name	Natürliche Verbreitung bzw. Entstehungsort	Frosthärte
● *P. microphyllus* A. Gray	Kleinblättriger Pfeifenstrauch	Colorado – New Mexico	++
P. × *monstrosus* (Späth) Schelle		(bei Späth, Berlin, seit 1894)	++
P. × *nivalis* Jacq.		? (vor 1841)	++
P. pekinensis Rupr.	Peking-Pfeifenstrauch	N-China bis Korea	++
var. *brachybotrys* Koehne = *P. brachybotrys*			
var. *kansuensis* Rehd. = *P. kansuensis*			
P. × *pendulifolius* Carr.		Frankreich (bei Billard vor 1875)	++
P. × *polyanthus* Rehd.		(bei Lemoine, Nancy, seit 1893)	++
● *P. pubescens* Louisel	Weichhaariger Pfeifenstrauch	SO-USA	++
var. *intectus* (Beadle) A. H. Moore = *P. intectus*			
var. *verrucosus* (Schrad.) Sh. – Y. Hu		USA	++
P. purpurascens (Koehne) Rehd.	Purpurkelch-Pfeifenstrauch	W-China	++
var. *venustus* (Koehne) Sh. – Y. Hu		SW-Szetschuan, Yünnan	++
● *P.* × *purpureo-maculatus* Lemoine		Frankreich (bei Lemoine, Nancy)	++
P. salicifolius K. Koch	Weidenblättriger Pfeifenstrauch	?	++
P. satsumanus Sieb. ex Miq.		Japan	++
P. satsumi Sieb. ex Lindl. et Paxt.		Japan	++
P. schrenkii Rupr.		Mandschurei, Korea	++
var. *jackii* Koehne		wie die Art	++
var. *manshuricus* (Maxim.) Kitagawa		Mandschurei	++
P. sericanthus Koehne		W-China	++
P. shikokianus Nakai	Shikoku-Pfeifenstrauch	Shikoku	++
P. × *splendens* Rehd.	Glänzender Pfeifenstrauch	Arnold Arboretum	++
P. subcanus Koehne		Szetschuan, Yünnan	++

Blütenzweigen sind sie oft um mehr als ein Drittel kleiner. Die Blattfarbe ist meist matt- bis hellgrün; es gibt aber Abweichungen.

Blattfarbe:
Glänzend grün
P. × *cymosus* 'Almathée'.
Dunkelgrün
P. inodorus und Varietäten (glänzend), *P. microphyllus*, *P.* × *pendulifolius* (glänzend).
Gelbgrün
P. caucasicus 'Aureus'.
Gelbbunt
P. × *lemoinei* 'Innocence'.
Weißbunt
P. coronarius 'Variegatus' (weiß gesäumte Blattspreite).

Herbstfärbung meist unscheinbar braungelb, nur ausnahmsweise auffallend gelb.

Blüte und Blütenstand

Die Blüte ist die wichtigste Zierde der *Philadelphus*-Arten. Von den angeführten Sorten blüht *P. coronarius* 'Cochleatus' überhaupt nicht. Bei den Ausgangsarten ist die Blüte 4zählig; das ganze umfangreiche Sortiment können wir nach der Größe und Form der einzelnen Blüten folgendermaßen einteilen: Blüten einfach und teller- oder scheibenförmig (Abb. 152), einfach mit kreuzartig gestellten Petalen (Abb. 153), halbgefüllt (Abb. 154) oder gefüllt (Abb. 155). Blüten stehen auf den Zweigen entweder einzeln oder in wenigblütigen Trauben oder reichblütigen Rispen. Wir unterscheiden: einzelne Blüten (Abb. 156), zu dritt vereint (Abb. 157), kurz-länglicher Blütenstand (Abb. 158) und langer rispenartiger, reicher Blütenstand (Abb. 159). Die einzelnen Blüten oder ganze Blütenstände sind achselständig und oft am ganzen Zweig entlang angeordnet, so daß der ganze Strauch reich blüht. Wichtig ist die Färbung, die bei fast allen Arten, Varietäten und Sorten weiß oder rahmweiß ist, bis auf einige Abweichungen.

Blütenfarbe:
Gelbweiß
P. pekinensis.
Petalenbasis rötlich (bildet in der Blütenmitte ein „Auge")
P. × *cymosus* 'Amalthéé' (beim Abblühen), *P.* × *purpureo-maculatus* (purpurfarbene Tönung), *P.* × *p.* 'Etoile Rose' (Basis karminrosa), 'Fantasie' (zartrosa Basis), 'Galathée' (Basis zartrosa), 'Nuage Rose' (Basis rosa), 'Oeil de Pourpre' (Basis schwarzrot), 'Ophelie', 'Romeo' (Basis purpurfarben), 'Sirène' (zart rosige Basis), 'Surprise' (Basis purpurkarmin), 'Sybille' (Basis rosa), 'Sylviane' (Basis zartrosa); Kreuzungen unklarer Herkunft: 'Belle Etoile' (Basis purpurfarben), 'Bicolore' (Basis purpurfarben), 'Burkwoodii' (Basis violettrosa), 'Maculiflorus' (Basis rot).

Besondere Bedeutung hat der Blütenduft, der sehr intensiv und manchmal unangenehm sein kann (nicht angeführte *Philadelphus* haben keinen ausgeprägten Duft):

Gänzlich ohne Duft
P. × *cymosus* 'Mer de Glance', *P. floridus*, *P. f.* 'Faxonii', *P. hirsutus*, *P. lewisii* sowie Varietäten und Sorten, *P. pubescens* und Varietäten, *P. sericanthus* und Varietät.
Zart und schwach duftend
P. argyrocalyx, *P. coronarius* 'Variegatus', *P.* × *cymosus*, *P.* × *c.* 'Amalthéé', 'Bannière', 'Bouquet Blanc', 'Nuèe Blanche', 'Rosace', 'Velléda', 'Voie Lactée', *P.* × *falconeri*, *P. incanus*, *P. kansuensis*, *P.* × *lemoinei* 'Candelabre', *P.* × *l.* 'Coupe d'Argent', 'Manteau d'Hermine' (manchmal gänzlich ohne Duft), *P.* × *polyanthus*, *P.* × *p.* 'Atlas', 'Boule d'Argent', 'Norma', 'Pavillon Blanc', *P.* × *purpureo-maculatus* 'Etoile Rose', *P.* × *p.* 'Ophelie', *P. salicifolius*, *P. satsumi*, *P.* × *splendens*, *P. subcanus*, *P. tenuifolius*, *P.* × *virginalis* 'Albatre', *P.* × *v.* 'Enchantement', 'Minnesota Snowflake',

Wissenschaftlicher Name	Deutscher Name	Natürliche Verbreitung bzw. Entstehungsort	Frosthärte
var. *magdalenae* SH. – Y. HU		wie die Art	++
P. tenuifolius RUPR. et MAXIM.	Mandschurischer Pfeifenstrauch	O-Sibirien bis Korea	++
P. tomentosus WALL. ex ROYLE	Filziger Pfeifenstrauch	Himalaja	++
P. triflorus WALL.		Indien, Himalaja	++
P. verrucosus SCHRAD. ex DC. = *P. pubescens* var. *verrucosus*			
P. villosus MUEHL. = *P. hirsutus*			
● *P.* × *virginalis* REHD.		Frankreich (bei Lemoine)	++

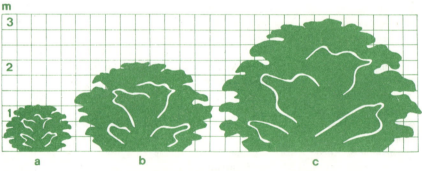

Abb. 148 Typ „purpureo-maculatus"
a)
P. × *cymosus* 'Conquete', *P.* × *c.* 'Dresden', 'Nuée Blanche',
● 'Velléda',
Sorte mit ungewissem Ursprung 'Patricia';

b)
● *P.* × *cymosus* 'Perle Blanche', *P. kansuensis*, *P. monstrosus*,
● *P.* × *purpureo-maculatus*,
● *P.* × *p.* 'Ophelie', 'Romeo', 'Sirène', 'Surprise',
● 'Sybille', 'Sylviana';

c)
P. laxiflorus, *P. lewisii* var. *gordonianus*, *P. schrenkii*, *P. sch.* var. *jackii*, var. *mandshuricus*, *P. serianthus*

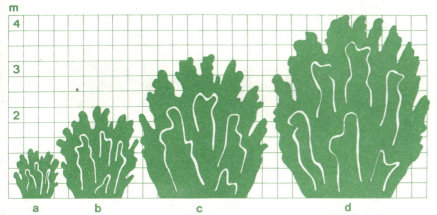

Abb. 147 Typ „coronarius"
a)
P. coronarius 'Deutziflorus',
● *P. × cymosus* 'Mer de Glace',
P. × lemoinei 'Erectus',
● *P. × polyanthus* 'Mount Blanc',
P. × virginalis 'Argentine',
● *P. × v.* 'Fleur de Neige',
● 'Le Roi',
'Purity',
Sorten mit ungewissem Ursprung:
'Bicolore',
'Burkwoodii';
b)
P. argyrocalyx,
P. cordifolius,
P. coronarius 'Cochleatus',
P. c. 'Zeyheri',
● *P. × cymosus*,
● *P. × c.* 'Amalthéé',
● 'Bouquet Blanc',
'Rosace',
● *P. incanus*,
● *P. × lemoinei* 'Avalanche',
P. pekinensis,
P. × pendulifolius,
● *P. × polyanthus* 'Boule d'Argent',
P. × shikokianus,
P. × splendens,
● *P. × virginalis* 'Fraicheur',
● *P. × v.* 'Girandole',
● 'Glacier',
● 'Minnesota Snowflake',
'Savilos',
'Silvia',
Sorte mit ungewissem Ursprung ● 'Belle Etoile';
c)
● *P. brachybotrys*,
● *P. coronarius*,
● *P. delavayi*,
P. d. var. *melanocalyx*,
P. floridus,
P. intectus,
P. lewisii,
P. l. var. *helleri*,
'Waterton',
P. × polyanthus,
● *P. × p.* 'Atlas',
● 'Favorite',
P. purpurascens,
P. p. var. *venustus*,
P. satsumanus,
P. satsumi,
P. subcanus (manchmal),
P. tomentosus,
P. triflorus,
● *P. × virginalis*,
● *P. × v.* 'Burfordiensis',
● 'Enchantement',
'Pyramidal',
Sorten mit ungewissem Ursprung: 'Beauclerc',
● 'Gracieux',
'Maculiflorus',
'Thelma';
d)
● *P. delavayi* (manchmal),
P. incanus (manchmal),
P. insignis,
P. × maximus,
● *P. pubescens*,
P. p. var. *verrucosus*,
P. purpurascens (manchmal),
P. subcanus,
P. s. var. *magdalense*

'Silvia'; Kreuzungen unklarer Herkunft: 'Beauclerc', 'Belle Etoile', 'Bicolore', 'Burkwoodii', 'Frosty Morn', 'Slavinii'.
Stark duftend
P. coronarius und die meisten Varietäten, *P. × cymosus* 'Conquete', *P. × c.* 'Perle Blanche', *P. × lemoinei*, *P. × l.* 'Dame Blanche', 'Erectus', 'Innocence', 'Silberregen' (Erdbeerenduft), *P. microphyllus*, *P. purpurascens* und Varietät, *P. × purpureo-maculatus*, *P. × p.* 'Nuage Rose', 'Oeil de Pourpre', 'Surprise', 'Sybille', *P. schrenkii* und Varietäten, *P. tomentosus*, *P. × virginalis*, *P. × v.* 'Argentine', 'Burfordiensis', 'Fleur de Neige', 'Glacier', 'Le Roi', 'Purity', 'Pyramidal', 'Savilos'; Sorte unklarer Herkunft: 'Patricia'.

Philadelphus-Arten blühen vom Mai bis August; die Hauptblütezeit bewegt sich zwischen Mai und Juli (Abb. 160).

Frucht und Fruchtstand

Frucht eine unscheinbare 4klappige Kapsel mit vielen kleinen Samen. Anordnung der Kapseln entspricht der Zusammenstellung der Blüten (Blütenstände).

Zweige und Wurzelsystem

Hauptzweige beim „Coronarius-Typ" ziemlich starr, bei den anderen etwas ausladender und wenig steif; Kurzzweige bzw. Nebenzweige oft gegenständig angeordnet und dicht verzweigt. Die Rindenfarbe ist im Winter am wirksamsten.

Rindenfarbe:
Graugelb
P. lewisii var. *gordonianus*.
Grau
P. incanus, *P. insignis*, *P. × lemoinei* 'Avalanche', *P. × l.* 'Erectus' (manchmal rötlich), *P. × maximus*, *P. × monstrosus*, *P. pubescens* und Varietäten, *P. schrenkii* und Varietäten, *P. × virginalis* 'Argentine', *P. × v.* 'Glacier'; Kreuzung: 'Patricia'.

Graubraun

P. brachybotrys, P. coronarius 'Dianthiflorus', *P. c.* 'Variegatus', *P.* × *cymosus* 'Bouquet Blanc', *P. delavayi* und Varietät, *P. intectus, P. kansuensis, P.* × *lemoinei* 'Manteau d'Hermine', *P.* × *polyanthus* 'Favorite', *P. purpurascens* var. *venustus, P. salicifolius, P. sericanthus, P. subcanus* und Varietät, *P. tenuifolius, P.* × *virginalis* 'Pyramidal'.

Rostig braun

die meisten Arten und Sorten.

Braunrot

P. cordifolius (manchmal grau), *P. hirsutus, P. lewisii* 'Waterton'.

Dunkelbraun

P. coronarius und die meisten Varietäten (Ausnahme bei graubrauner Färbung), *P.* × *cymosus* 'Rosace', *P.* × *falconeri, P. floridus* und Sorte, *P. laxiflorus* (manchmal mehr grau), *P.* × *lemoinei* 'Candelabre', *P. microphyllus* (glänzend), *P.* × *polyanthus* 'Pavillon Blanc', *P.* × *splendens*.

Braunschwarz

P. californicus, P. × *lemoinei* 'Dame Blanche', *P.* × *purpureo-maculatus* und Sorten, *P.* × *virginalis* 'Enchantement', *P.* × *v.* 'Le Roi'; Kreuzung unklarer Herkunft: 'Burkwoodii'.

Dunkler gefärbte Zweigchen sind in Rauhreif oder leichtem Schnee noch auffallender. Bei den älteren Zweigen löst sich streifenartig die Rinde (Borke). Wurzelsystem zäh, gut verzweigt, aber flach.

Ansprüche

Lieben Licht und Sonne, vertragen leichten Schatten und nur einige Arten auch tieferen Schatten, wobei sie aber schlechter blühen (*P. coronarius, P.* × *falconeri* und *P. pubescens*). Die Ausgangsarten sind an die Bodenverhältnisse nicht anspruchsvoll; Kreuzungen und Sorten pflanzen wir in gute, nahrhafte und durchlässige Gartenböden, viele *Philadelphus*-Arten vertragen auch schwere, tonige Erden. Alle sind kalkliebend. Ideal ist eine angemes-

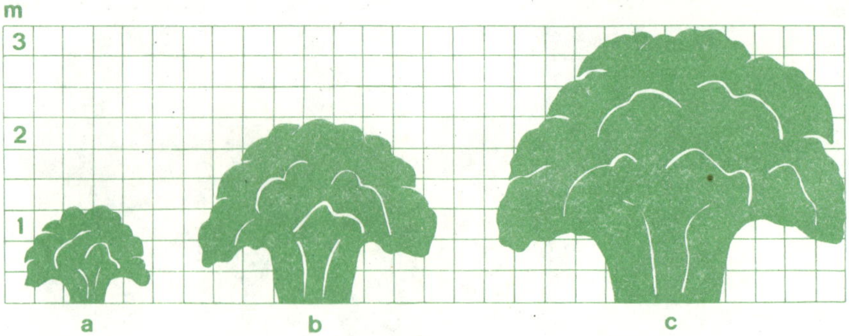

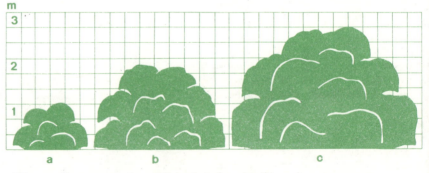

Abb 149 Typ „falconeri"

a)
P. × *lemoinei* 'Candelabre',
● *P. microphyllus*,
● *P.* × *purpureo-maculatus* 'Etoile Rose';
b)
P. caucasicus,
P. c. 'Aureus',
P. × *cymosus* 'Voic Lactée',
P. floridus 'Faxonii',
● *P.* × *lemoinei* 'Coupe d'Argent',
P. × *l.* 'Innocence',
● *P.* × *polyanthus* 'Norma',
● *P.* × *virginalis* 'Albatre',
● *P.* × *v.* 'Schneesturm';

c)
P. californicus,
P. caucasicus var. *glabratus*,
● *P.* × *falconeri*,
P. × *nivalis*,
P. tenuifolius,
Sorte mit ungewissem Ursprung 'Stenopetalus'

Abb. 150 Typ „congestus"

a)
P. inodorus var. *carolinus*;
b)
P. × *congestus*,
P. coronarius 'Dianthiflorus',
P. c. 'Primuliflorus',
P. × *cymosus* 'Bannière',

● *P. inodorus* (manchmal),
P. i. var. *laxus*,
var. *strigosus*,
P. × *polyanthus* 'Pavillon Blanc',
● *P.* × *purpureo-maculatus* 'Galathée';

c)
P. hirsutus,
● *P. inodorus*,
● *P. i.* var. *grandiflorus*,
Sorte mit ungewisser Herkunft 'Slavinii'

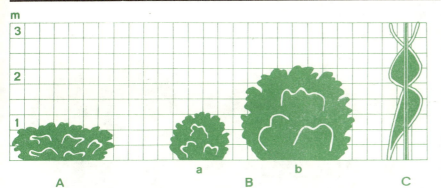

Abb. 151
A) Typ „duplex"
● *P. coronarius* 'Duplex',
P. c. 'Variegatus',
Sorte mit ungewisser Herkunft 'Frosty Morn'

B) Typ „lemoinei"
a)
● *P.* × *lemoinei* 'Dame Blanche',
P. × *l.* 'Fimbriatus',
● 'Monteau d'Hermine',
● 'Silberregen',
P. × *purpureo-maculatus* 'Fantaisie',

P. × *p.* 'Nuage Rose', 'Oeil de Pourpre',
P. salicifolius;
b)
● *P.* × *lemoinei*

C) Typ „dasycalyx"
P. dasycalyx

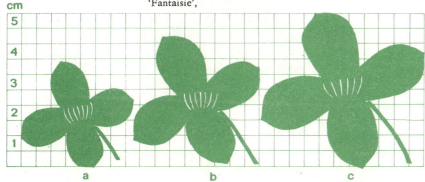

Abb. 153 Blüten *Philadelphus*
Einfach mit kreuzartig angeordneten Petalen
a)
P. californicus,
P. × *cymosus* 'Conquete',
P. delavayi var. *melanocalyx*,
P. × *falconeri*,
P. insignis,
P. × *lemoinei*,
P. × *l.* 'Avalanche',
'Erectus', *P. microphyllus*,

P. × *polyanthus*,
P. × *p.* 'Mont Blanc',
P. salicifolius,
P. shikokianus,
P. tomentosus;
b)
P. argyrocalyx,
P. cordifolius,
P. floridus 'Faxonii',
P. insignis (manchmal),
P. × *lemoinei* 'Candelabre',
P. × *l.* 'Innocence',

'Silberregen',
P. lewisii, *P. l.* var. *helleri*,
'Waterton',
P. × *maximus*,
P. × *polyanthus* 'Atlas',
P. × *p.* 'Favorite',
'Pavillon Blanc',
P. pubescens,
P. p. var. *verrucosus*;
c)
P. inodorus var. *laxus*,
P. lewisii (manchmal),
P. × *monstrosus*,
Sorten mit ungewisser Herkunft: 'Burkwoodii', 'Slavinii'

sene Feuchtigkeit, sie vertragen aber auch vorübergehende Trockenheit, bei längeren Trockenperioden welken sie und werfen vorzeitig das Laub ab (flaches Wurzelsystem). Alle angeführten Arten und ihre Sorten oder Varietäten sind unter mitteleuropäischen Bedingungen hart. Verunreinigte Luft wird ebenfalls gut vertragen (besonders von *P.* × *virginalis*, nur *P. coronarius* ist nach DOBROVOLSKIJ gegen SO_2 empfindlich).

Pflege

Pflanzung im Herbst oder Vorfrühling im unbelaubten Zustand. Dabei werden die Pflanzen tief zurückgeschnitten und während des Einwurzelns und des Austriebs je nach Bedarf gewässert. Ältere Pflanzen sollen ausgelichtet werden (Entfernen älterer Zweige, die jüngeren verbleiben), um die Blühfreudigkeit zu erhalten; radikales, einmaliges Zurückschneiden des ganzen Strauches führt oft zu einem unschönen besenartigen Wuchs. Geschnittene Hecken sollen auch nicht alljährlich geschnitten werden, wenn wir eine Blüte erleben wollen, weshalb es besser ist, *Philadelphus* als freiwachsende Hecke zu verwenden. Ein Umpflanzen älterer Exemplare lohnt sich nicht. Vereinzelt treten pilzliche Blattfleckenkrankheiten durch *Ascochyta*-, *Ramularia*- und *Phyllosticta*-Arten auf, die ockerfarbige bis braune Flecken verursachen (Fallaub muß entfernt und verbrannt werden, Kupfer-, Captan-, Zineb-, Maneb- oder andere Kontaktfungizide anwenden). Von Schädlingen ist die Schwarze Bohnenblattlaus unangenehm, da sie ganze Triebe besiedeln und durch ihr Saugen schädigen kann (Spritzungen mit Dimethoat-, Methamidophos- u. a. Präparaten gegen saugende Insekten). Wildverbiß kommt kaum vor.

Verwendung

Philadelphus-Arten gehören zu den wertvollsten Blütensträuchern. Am besten kommen sie in kleineren oder größeren Gruppen (manchmal auch als Solitärs) und freiwachsenden Hecken zur Geltung. Sie erfüllen schnell und gut abschirmende oder ausfüllende Funktionen. Der „Falconeri-", „Congestus-" und „Lemoinei-Typ" eignet sich besonders für solitäre Pflanzungen, der „Duplex-Typ" auch für größere Steingärten und der „Dasycalyx-Typ" für Pergolen, Säulen und Lauben. Intensiv duftende Arten und Sorten sollen nicht in Gebäudenähe unter oft geöffnete Fenster ausgepflanzt werden. *Philadelphus* kombinieren wir hauptsächlich mit großblättrigen Sträuchern wie z. B. mit *Weigela*, *Physocarpus*, *Viburnum* u. a. Schön fallen auch Pflanzungen mit rot- oder rosablühenden Gehölzen aus (Park- und Kletterrosen). Weniger glücklich sind Kombinationen mit kleinblättrigen *Spiraea*, *Potentilla* usw.

Abb. 152 Blüten *Philadelphus*
Einfach und teller- oder scheibenförmig
a)
P. × *lemoinei* 'Dame Blanche',
P. subcanus var. *magdalenae*,
Sorten mit ungewisser Herkunft und fast glockigen Blüten: 'Stenopetalus', 'Thelma';
b)
die meisten Arten, Kreuzungen, Sorten und Varietäten;
c)
P. × *cymosus* 'Mer de Glace' (manchmal),
P. × *c.* 'Rosace',
P. floridus,
P. inodorus,
P. i. var. *grandiflorus*, var. *strigosus*,
P. × *polyanthus* 'Norma',
P. × *purpureo-maculatus* 'Nuage Rose',
P. × *p.* 'Sirène', 'Sybille' (bis schalenförmig),
P. × *virginalis* 'Savilos', Sorten mit ungewisser Herkunft: 'Beauclerc', 'Belle Etoile' (teilweise glockig), 'Bicolore' (teilweise glockig);
d)
P. × *cymosus* 'Voie Lactée' (bis schalenförmig),
P. inodorus var. *carolinus*

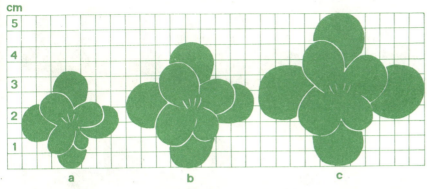

Abb. 154 Blüten *Philadelphus* Halbgefüllt
a)
P. coronarius 'Dianthiflorus',
P. × *cymosus* 'Conquete' (manchmal),
P. × *c.* 'Nuée Blanche',
'Perle Blanche',

P. × *lemoinei* 'Fimbriatus',
P. × *virginalis* 'Pyramidal';
b)
P. × *lemoinei* 'Innocence',
P. × *purpureo-maculatus* 'Ophelie',
P. × *virginalis* 'Fleur de Neige';

c)
P. × *cymosus* 'Bannière',
P. × *c.* 'Mer de Glace', 'Rosace' (manchmal),
P. × *virginalis* 'Savilos' (manchmal),
Sorte mit ungewisser Herkunft: 'Beauclerc'

Phillyrea L. – Steinlinde *(Oleaceae)*

Immergrüne Sträucher. Die 4 Arten der Gattung sind im Mittelmeergebiet beheimatet. Für mitteleuropäische Bedingungen hat nur *P. decora* BOISS. et BAL. (Syn. *P. vilmoriniana* BOISS. et BAL.) Bedeutung. Sträucher 2–3 m hoch, Zweige starr, Blätter länglich lanzettlich, 8–12 cm lang, 3–4 cm breit, zugespitzt, ganzrandig, glänzend dunkelgrün. Blüten klein, duftend, weiß, in kurzen achselständigen Trauben. Blütezeit: Mai. Frucht eine einsamige, blauschwarze, eiförmige, etwa 1,5 cm lange Steinfrucht. Die Sorte 'Angustifolia' hat schmalere Blätter. Ansprüche, Pflege und Verwendung ähnlich wie beim Buchsbaum *(Buxus)*; bei Kahlfrösten ist Winterschutz notwendig. Ideal sind leichte, sandige Böden, Sonne oder Halbschatten.

Abb. 155 Blüten *Philadelphus* Gefüllt
a)
P. × *cymosus* 'Bouquet Blanc',
P. × *lemoinei* 'Manteau d'Hermine',
P. × *virginalis* 'Enchantement',
P. × *v.* 'Glacier',

Sorten mit ungewisser Herkunft:
'Frosty Morn',
'Gracieux';
b)
P. coronarius 'Primuliflorus',
P. × *polyanthus* 'Boule de Argent',
P. × *virginalis* 'Girandole',

P. × *v.*
'Minnesota Snowflake',
'Schneesturm',
'Silvia';
c)
P. × *virginalis*,
P. × *v.* 'Albatre',
'Argentine',
'Burfordiensis',
'Fraicheur',
'Le Roi', 'Purity'

Photinia Lindl. – Glanzmispel *(Rosaceae)*

Immer- oder sommergrüne Sträucher und Bäume. Es existieren etwa 40 Arten in Süd- und Ostasien. Für Mitteleuropa eignen sich nur zwei sommergrüne Arten: *P. parvifolia* (Pritz.) Schneid. (Kleinblättrige Glanzmispel; China) und *P. villosa* (Thunb.) Dc. (Zottige Glanzmispel; O-Asien). Sträucher, selten Bäumchen, 2–3 m hoch, Blätter länglich eiförmig, 3–8 cm lang, zugespitzt, dunkelgrün, bei *P. villosa* im Herbst herrlich orangerot. Blüten etwa 1,2 cm groß, weiß, in 3 bis 5 cm breiten Doldenrispen. Blütezeit: Mai/Juni. Frucht elliptisch, etwa 0,8–1 cm lang, scharlachrot. Bei *P. villosa* var. *laevis* (Thunb.) Dipp. sind die Zweige kahl, *P. v.* f. *maximowicziana* (Lévl.) Rehd. hat eine abgerundete Blattspitze, und var. *sinica* Rehd. et Wils. ist mehr baumartig. Die Pflanzen lieben Sonne oder auch Halbschatten, nahrhafte, nicht zu schwere und kalkfreie Böden. Die angeführten Arten sind in Mitteleuropa winterhart. Diese sehr schönen Solitärgehölze wirken dekorativ mit ihrer Blüte, Herbstfärbung und auch mit ihren Früchten, die auf den Pflanzen bis lange in den Winter haften. Sie sollten deshalb häufiger verwendet werden. Vereinzelt erscheinen Blattfleckenkrankheiten, verursacht durch *Entomosporium*- und *Septoria*-Arten, gegen die am besten Kupfer-, Captan- oder andere Kontaktfungizide angewendet werden.

Abb. 157 Blütenstand *Philadelphus* Blüten zu dritt (manchmal nur zwei Blüten im Büschel),
a) *P.* × *lemoinei* 'Dame Blanche';
b) *P. hirsutus*, Sorte mit ungewisser Herkunft: 'Thelma';
c) *P.* × *congestus* (selten), *P. coronarius* 'Deutziflorus', *P. c.* 'Duplex' 'Primuliflorus', 'Variegatus', 'Zeyheri', *P.* × *cymosus*, *P.* × *c.* 'Amalthée', 'Bannière', 'Conquète', 'Dresden', 'Nuée Blanche', *P.* × *lemoinei*, *P.* × *l.* 'Erectus', 'Manteau d'Hermine', *P.* × *polyanthus*, *P.* × *p.* 'Mont Blanc', *P. triflorus* (selten), Sorten mit ungewisser Herkunft: 'Patricia', 'Stenopetalus';
d) *P.* × *cymosus* 'Mer de Glace', *P.* × *c.* 'Rosace', *P.* × *falconeri*, *P.* × *lemoinei* 'Candelabre', *P.* × *l.* 'Coupe d'Argent', 'Fimbriatus', *P.* × *polyanthus* 'Favorite',

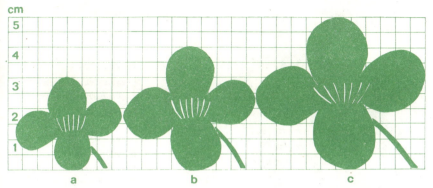

Abb. 156 Blütenstand *Philadelphus* Blüten einzeln

a)
P. × *cymosus* 'Amalthée',
P. × *c.* 'Velléda',
P. hirsutus (selten),
P. × *polyanthus* 'Mont Blanc',
P. × *purpureo-maculatus*,
P. × *p.* 'Oiel de Pourpre',
P. salicifolius;

b)
P. argyrocalyx,
P. congestus (selten),
P. coronarius 'Dianthiflorus' (manchmal),
P. c. 'Primuliflorus',
P. × *cymosus*,
P. × *c.* 'Bannière',
'Dresden',
'Nuée Blanche',
P. × *lemoinei*,
P. × *l.* 'Candelabre',
'Silberregen',
P. × *purpureo-maculatus* 'Etoile Rose',
P. × *p.* 'Fantaisie',
'Galathée',
'Ophelie',
'Romeo', 'Surprise';

c)
P. × *cymosus* 'Mer de Glace' (selten),
P. floridus (selten),
P. inodorus, Varietäten,
P. × *purpureo-maculatus* 'Nuage Rose',
P. × *p.* 'Sirène' (selten),
'Sybille',
Sorten mit ungewisser Herkunft:
'Belle Etoile',
'Bicolore',
'Burkwoodii',
'Slavinii'
(die einzelnen Blüten sind vereinfacht dargestellt)

Phyllodoce SALISB. – Blauheide, Moosheide (Ericaceae)

Immergrüne Zwergsträucher, ähnlich *Calluna*. Etwa 8 Arten wachsen in Nordeuropa, Nordasien und Nordamerika, sie sind für die Kultur unter mitteleuropäischen Bedingungen geeignet: *P. aleutica* (SPRENG.) A. HELLER, *P. alpina* KOIDZ., *P. breweri* (A. GRAY) A. HELLER, *P. coerulea* (L.) BAB. (Abb. 143 d), *P. empetriformis* (SM.) D. DON, *P. glanduliflora* (HOOK.) COV., *P.* × *intermedia* (HOOK.) RYDB., *P. nipponica* MAK. und *P. tsugifolia* NAKAI. Zwergsträucher von 5–15 cm Höhe, dicht verzweigt und dicht belaubt, Blätter wechselständig, linealisch, fein gesägt oder gewimpert, 8–10 mm lang. Blüten krugförmig oder glockig, purpurfarben oder weißlich (*P. aleutica, P. nipponica*) bzw. auch grünlich (*P. glanduliflora*), in endständigen Köpfen (außer *P. breweri*, die aufrechte, bis 10 cm lange Trauben bildet). Frucht eine Kapsel. Ansprüche und Pflege wie bei *Erica*. Schutz gegen winterliche Sonne ist zweckmäßig. Liebhaberbedeutung – hauptsächlich für Steingärten.

P. × *purpureo-maculatus* 'Oeil de Pourpre',
P. × *p.* 'Romeo',
'Surprise',
P. salicifolius,
P. × *virginalis* 'Pyramidal',
P. × *v.* 'Silvia',
Sorten mit ungewisser Herkunft:
'Frosty Morn',
'Gracieux';

e)
P. floridus,
P. inodorus, Varietäten,

P. × *polyanthus* 'Norma',
P. × *p.* 'Pavillon Blanc',
P. × *purpureo-maculatus* 'Etoile Rose',
P. × *p.* 'Ophelie',
'Sirène',
'Sybille',
P. × *virginalis* 'Argentine',
P. × *v.* 'Minnesota Snowflake',
'Purity',
'Savilos';

f)
Sorten mit ungewisser Herkunft:
'Belle Etoile',
'Bicolore' (selten),
'Burkwoodii',
'Slavinii'
(die einzelnen Blüten sind vereinfacht dargestellt)

Abb. 158 Blütenstand *Philadelphus* Kurz-länglich
a)
P. brachybotrys,
P. caucasicus, Varietäten,
P. coronarius 'Duplex' (selten),
P. c. 'Variegatus' (manchmal),
P. hirsutus (selten),
P. × *lemoinei* 'Dame Blanche',
P. lewisii 'Waterton',
P. shikokianus,
P. tomentosus,
Sorte mit ungewisser Herkunft 'Thelma' (manchmal);
b)
P. × *congestus,*
P. coronarius,
P. c. 'Deutziflorus' (manchmal),
'Dianthiflorus',
'Zeyheri' (manchmal),
P. × *cymosus* 'Bannière' (manchmal),
P. × *c.* 'Bouquet Blanc',
'Perle Blanche',
P. dasycalyx,
P. × *falconeri* (manchmal),
P. kansuensis,
P. × *lemoinei* (selten),
P. × *l.* 'Avalanche',
'Manteau d'Hermine' (manchmal),
P. microphyllus,
P. pekinensis,
P. × *pendulifolius,*
P. × *polyanthus,*
P. × *p.* 'Mont Blanc',
P. satsumanus,
P. satsumi
P. schrenkii, Varietäten,
P. triflorus,
P. × *virginalis* 'Enchantement',
P. × *v.* 'Schneesturm',

Sorten mit ungewisser Herkunft:
'Patricia', 'Stenopetalus';
c)
die meisten Arten,
Kreuzungen, Sorten und Varietäten;
d)
P. × cymosus 'Rosace',
P. floridus (selten),
P. incanus,
P. laxiflorus (manchmal),
P. lewisii, Varietäten,
P. × polyanthus
'Pavillon Blanc',
P. × splendens;
e)
P. inodorus, Varietäten
(seltener),
P. × monstrosus (manchmal),
P. × polyanthus 'Norma' (selten),
P. × purpureo-maculatus
'Sirène',
P. × virginalis,
P. × v. 'Albatre', 'Burfordiensis',
'Minnesota Snowflake',
'Purity',
'Savilos',
Sorten mit ungewisser Herkunft:
'Beauclerc',
'Burkwoodii',
'Slavinii'
(die einzelnen Blüten sind
vereinfacht dargestellt)

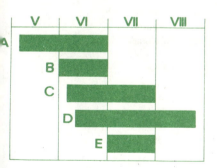

Abb. 160   Blütezeit
Philadelphus
A)   *P. coronarius*,
P. dasycalyx,
P. × lemoinei,
P. pekinensis,
P. × virginalis,
Sorten mit ungewisser
Herkunft:
'Belle Etoile',
'Burkwoodii',
'Gracieux';

B)   die meisten Arten,
Kreuzungen, Sorten und
Varietäten;

C)   *P. brachybotrys*,
P. californicus,
P. caucasicus,
P. cordifolius,
P. × cymosus,
P. insignis,
P. lewisii,
P. schrenkii,
P. × splendens,
Sorten mit ungewisser
Herkunft:
'Patricia', 'Slavinii';

D)   *P. argyrocalyx*;

E)   *P. incanus*,
P. kansuensis

Abb. 159   Blütenstand
Philadelphus
Lang, rispenartig
und reichblühend
a)
P. californicus,
P. cordifolius;
b)
P. subcanus (die einzelnen
Blüten sind vereinfacht
dargestellt)

Phyllostachys S. et Z. *(Gramineae)*

Schlanke Bambusarten mit kriechendem Wurzelstock; etwa 30 Arten in Ostasien und im Himalajagebiet. Für mitteleuropäische Bedingungen eignen sich: *P. aurea* (CARR.) A. et C. RIV., *P. aureosulcata* MCCLURE, *P. flexuosa* A. et C. RIV., *P. nidularia* MUNRO, *P. nigra* (LODD. ex LINDL.) MUNRO, *P. pubescens* MAZEL., *P. viridiglaucescens* (CARR.) A. et C. RIV. und *P. viridis* (YOUNG) MCCLURE. In Mitteleuropa erreichen die meisten Arten eine Höhe von 3–5 m, die bambusartigen Stämme haben kurze, hohle Internodien, Stammscheiden bald abfallend, Blätter linealisch, 5–10 cm lang, 1–1,5 cm breit, lang zugespitzt, dunkelgrün, manchmal grau. Blüten in endständigen, beblätterten Rispen, die einzelnen Ährchen 2–3- oder 1–4blütig (in Mitteleuropa blühen die Pflanzen sehr selten; nach der Blüte sterben sie ab). Brauchen helle oder halbschattige Standorte und guten, nahrhaften und ausreichend feuchten Boden. Winterschutz ist notwendig. Liebhaberbedeutung.

Physocarpus (CAMBESS.) MAXIM. – Blasenspiere *(Rosaceae)*

Sommergrüne Sträucher. Es sind 13 Arten aus Nordamerika und eine aus Asien bekannt. Wachsen ziemlich schnell.
Zierwert: Laub (X–XI), Blüte (IV bis VII je nach der Art), Früchte (VIII bis XI).

Habitustypen

„Opulifolius-Typ": breite, halbkugelige, fast bis zur Erde bogig ausladende und dichte Sträucher (Abb. 161),
„Malvaceus-Typ": aufrecht gestalteter Strauch, Konturen luftig, in den bodennahen Partien oft mit kahlen Stämmchen (Abb. 162 B),
„Monogynus-Typ": niedriger, über der Erdoberfläche breit ausladender, abgerundeter Strauch (Abb. 162 A),

Textur

Ziemlich grob und luftig, aber weich abgerundet – wegen der bogig auseinanderfallenden Hauptzweige. Gesamteindruck beim „Monogynus-Typ" am dichtesten und beim „Malvaceus-Typ" steif und rutenförmig starr.

Laub

Blätter wechselständig, gesägt, meist 3lappig (s. Abb. 183). Bei allen *Physocarpus*-Arten ist die Blattspreite

Wissenschaftlicher Name	Deutscher Name	Natürliche Verbreitung bzw. Entstehungsort	Frosthärte
P. alternans (JONES) J. T. HOWELL		Kalifornien – Nevada	++
● *P. amurensis* (MAXIM.) MAXIM.	Amur-Blasenspiere, Mandschurische B.	Mandschurei, Korea	++
P. bracteatus (RYDB.) REHD.	Hüllblättrige Blasenspiere	Colorado	++
P. capitatus (PURSH) O. KTZE.	Kopf-Blasenspiere	Oregon, Utah, Kalifornien	+, ≙
P. glabratus (RYDB.) REHD.	Kahle Blasenspiere	Colorado	++
P. intermedius (RYDB.) SCHNEID.	Missouri-Blasenspiere	USA	++
var. *parvifolius* REHD.		wie die Art	++
P. malvaceus (GREENE) O. KTZE.	Wenigblütige Blasenspiere	N-Amerika	++
P. monogynus (TORR.) COULT.	Einfrüchtige Blasenspiere	USA	++
● *P. opulifolius* (L.) MAXIM. (Abb. 143 e)	Schneeballblättrige Blasenspiere	USA	++
P. stellatus (RYDB.) REHD.	Sternhaarige Blasenspiere	S-Carolina bis Georgia	++

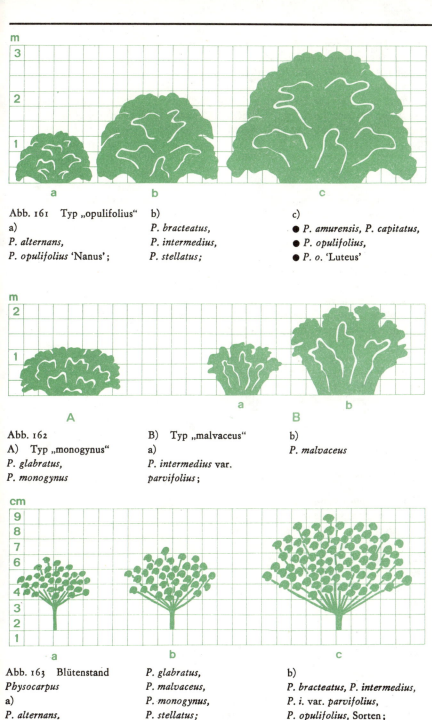

Abb. 161 Typ „opulifolius"
a) P. alternans, P. opulifolius 'Nanus';
b) P. bracteatus, P. intermedius, P. stellatus;
c) ● P. amurensis, P. capitatus, ● P. opulifolius, ● P. o. 'Luteus'

Abb. 162
A) Typ „monogynus" P. glabratus, P. monogynus
B) Typ „malvaceus" a) P. intermedius var. parvifolius;
b) P. malvaceus

Abb. 163 Blütenstand Physocarpus
a) P. alternans, P. amurensis,
b) P. glabratus, P. malvaceus, P. monogynus, P. stellatus;
c) P. bracteatus, P. intermedius, P. i. var. parvifolius, P. opulifolius, Sorten; c) P. capitatus

mehr oder weniger hellgrün, nur bei *P. opulifolius* 'Luteus' beim Austrieb gelb, später gelbgrün bis bronzefarben gelb und bei *P. o.* 'Nanus' dunkelgrün. Herbstfärbung bei allen gelblich, besonders bei *P. opulifolius* und Sorten auffallend.

Blüte und Blütenstand

Blüten klein, 5zählig, weiß und nur vereinzelt weißlich rosa (*P. capitatus*, *P. opulifolius* und Sorten) mit auffallend roten Staubblättern, in meist endständigen, halbkugeligen, dichten und verschieden großen Doldentrauben (Abb. 163). Blütezeit je nach der Art von April bis Juli (Abb. 164).

Frucht und Fruchtstand

Früchte meist aufgeblasene, verwachsene, grünlich rotbraune, oft laut aufspringende Balgfrüchte, die in dekorativen Fruchtständen vereint sind. Haften lange auf den Sträuchern.

Stämmchen, Zweige und Wurzelsystem

Die älteren Stämmchen wirken malerisch mit ihrer, in längeren Streifen ablösenden, hell graubraunen Rinde (besonders bei *P. bracteatus* und *P. opulifolius* und Sorten). Jüngere Zweige sind verschieden bräunlich. Hauptzweige mehr oder weniger elegant bogig überhängend. Wurzelsystem reich und dicht verzweigt.

Ansprüche

Physocarpus-Arten stellen nur geringe Ansprüche an den Standort. Am geeignetsten sind sonnige Lagen, Halbschatten und Schatten werden aber auch vertragen. Böden können verschieden sein, auch extrem leicht und trocken oder schwer mit höherem Grundwasserspiegel (ideal sind sandig-lehmige,

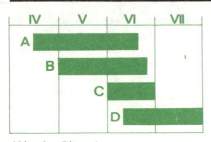

Abb. 164 Blütezeit
Physocarpus

A) *P. capitatus;*

B) *P. glabratus,*
P. monogynus;

C) *P. bracteatus,*
P. intermedius,
P. malvaceus,
P. opulifolius,
P. stellatus;

D) *P. alternans,*
P. amurensis

nahrhafte und frische Bodenverhältnisse). Unter mitteleuropäischen Bedingungen sind alle angeführten Arten hart, in strengen Wintern treten Frostschäden auf, aber die Pflanzen treiben von unten wieder gut durch. Verunreinigte Luft wird sehr schlecht vertragen.

Pflege

Pflanzung im unbelaubten Zustand im Herbst oder Frühling; beim Pflanzen werden die Sträucher stark zurückgeschnitten. Nach dem Einwurzeln brauchen sie keine weitere Pflege mehr. Bei Frostschäden werden die trockenen Teile herausgeschnitten. Alte Sträucher werden ausgeglichtet (die ältesten Stämmchen und Zweige werden entfernt). Geschnittene Hecken werden im Vorfrühling und je nach Bedarf noch im Sommer geformt. Erwähnenswerte Krankheiten und Schädlinge traten bisher nicht auf. Manchmal leidet *Physocarpus* unter Wildverbiß.

Verwendung

Hauptsächlich ein Gehölz zum Abschirmen und Ausfüllen größerer Gruppen, zusammen mit *Philadelphus, Spiraea, Syringa, Viburnum opulus* usw. Der „Opulifolius-Typ" und der „Monogynus-Typ" eignen sich auch für Solitärpflanzungen, da die Pflanzen bis zur Erde verzweigt sind. Das Blühen und Fruchten ist nicht sehr auffallend. *Physocarpus* kommt auch in freiwachsenden oder geschnittenen Hecken zur Geltung. Können auch als Pioniergehölze für wenig fruchtbare Böden verwendet werden und eignen sich ausgezeichnet zum Befestigen von Abhängen, auf denen sie mit ihrem halbhängenden Wuchs sehr schön aussehen. Dankbares Unterholz auch im tiefen Schatten und auf leichten oder feuchten Böden.

Picrasma Bl. – Bitterholz *(Simaroubaceae)*

Sommergrüne, *Ailanthus*-ähnliche Bäume. In den Tropen und Subtropen existieren 8 Arten, von denen sich nur eine für mitteleuropäische Bedingungen eignet: *P. quassioides* (D. Don) Bennet. In Mitteleuropa wird dieses Gehölz bis 5 m hoch, die Triebe sind rotbraun, reich mit gelben Lentizellen gezeichnet, Rinde sehr bitter. Blätter unpaarig gefiedert, 25–35 cm lang, Blättchen länglich eiförmig, zugespitzt, fein kerbig gesägt, glänzend grün, im Herbst orangerot. Blüten grün, klein, in 8–15 cm breiten, rispenartigen Blütenständen. Blütezeit: Mai/Juni. Frucht eine eiförmige, 6–7 mm lange, rote Steinfrucht. Stellt keine besonderen Ansprüche. Ist hauptsächlich mit seiner Herbstfärbung, besonders als Solitärpflanze, sehr auffallend.

Pieris D. Don – Lavendelheide *(Ericaceae)*

Immergrüne Sträucher, selten auch baumförmig, ähnlich *Andromeda*. Etwa 8 Arten in Nordamerika, Ostasien und im Himalajagebiet.
Zierwert: Laub (I–XII), Blüte (II–V).

Habitus

Aufrechte und etwas ausladende Sträucher 1–2 m hoch, selten um 1 m höher *(P. japonica), P. nana* nur 5 bis 10 cm hoch.

Laub

Blätter wechselständig oder zu dritt in Quirlen *(P. nana)*, elliptisch oder länglich lanzettlich, verschieden kerbig gesägt, 3–8 cm (bei *P. nana* 1 cm) lang,

Wissenschaftlicher Name	Deutscher Name	Natürliche Verbreitung bzw. Entstehungsort	Frosthärte
● *P. floribunda* (PURSH ex SIMS) BENTH. et HOOK. f.	Vielblütige Lavendelheide	USA	++
P. japonica (THUNB.) D. DON ex G. DON (Abb. 143 f.)	Japanische Lavendelheide	Japan	++
P. nana (MAXIM.) MAK.	Arktische Lavendelheide	NO-Asien	++
P. taiwanensis HAYATA	Formosa-Lavendelheide	Formosa	+, ++

matt- oder glänzendgrün. Bei *P. japonica* 'Crispa' Blätter gewellt und am Rande gekraust; bei 'Variegata' Blätter klein, schmal weiß gesäumt.

Blüte und Blütenstand

Blüten 5zählig, ei-krugförmige Krone 5–6 mm lang, weiß (bei *P. japonica* 'Dorothy Wyckhoff' und 'Flamingo' rosa), in endständigen, 5–12 cm langen, bei *P. japonica* und *P. taiwanensis* hängenden Rispen (bei *P. nana* sind die Blüten zu 3–8 vereint). Blütezeit: April/Mai, bei *P. japonica* und *P. taiwanensis* schon im Februar, so daß die Blüten in Mitteleuropa manchmal erfrieren; darum ist ein geschützter Standort sehr wichtig.

Frucht und Fruchtstand

Frucht eine kugelige, 5fächrige Kapsel.

Zweige und Wurzelsystem

Triebe und Zweige rostfarben und borstig behaart, später mit bräunlicher Borke (bei *P. japonica* längs stark abfasernd). Wurzeln dicht, fein, reich an Wurzelhaaren, kompakten Ballen bildend.

Pflege

Wie bei *Rhododendron*. Alle angeführten Arten reagieren sehr empfindlich auf Mineraldünger. Schnitt ist nicht erforderlich. In allen Fällen ist aber Winterschutz zweckmäßig. Vereinzelt erscheinen bei regnerischem Wetter *Phyllosticta*-Blattfleckenkrankheiten (Fallaub entfernen, Kupfer-, Captan-, Maneb- oder andere Kontaktfungizide anwenden). Besonders an *P. japonica* können graugelb gesprenkelte Saugschäden von der *Andromeda*-Blattwanze verursacht werden (mehrmals Lindan-, Parathion-methyl- oder Dimethoat-Präparate einsetzen).

Verwendung

Wie bei *Rhododendron*. *Pieris*-Arten passen gut zu *Kalmia*, *Ilex*, *Rhododendron* und zu *Erica*. Sind hauptsächlich durch ihren Blütenstand im Frühjahr auffallend.

Planera GMEL. – Wasserulme *(Ulmaceae)*

Ein sommergrüner, *Ulmus*-ähnlicher Baum. Es existiert nur eine nordamerikanische Art: *P. aquatica* (WALT.) GMEL. (Syn. *P. ulmifolia* MICHX.). Von Ulmen durch teilweise eingeschlechtliche Blüten und einfach gesägte Blätter unterschieden; Frucht mit einer harten und krustigen Schale. In Mitteleuropa winterhart, wächst auch in Sümpfen. Ansprüche und Pflege ähnlich wie bei Ulmen. Liebhaberbedeutung.

Plantago L. – Wegerich *(Plantaginaceae)*

Meist Stauden, nur wenige der etwa 260 Arten, die weltweit verbreitet sind, sind Sträucher. In Mitteleuropa hat nur *P. sempervirens* CRANTZ (Syn. *P. cynops* L.) Bedeutung. Immergrüner 30–40 cm hoher Strauch, reich verzweigt, Blätter linealisch, gegenständig, 3–6 cm lang. Blüten weißlich, klein, unansehnlich, in etwa 1 cm langen Köpfen. Blütezeit: Juni/Juli. In Mitteleuropa winterhart und ohne besondere Ansprüche. Liebhaberbedeutung.

Platanus L. – Platane *(Platanaceae)*

Wissenschaftlicher Name	Deutscher Name	Natürliche Verbreitung bzw. Entstehungsort	Frosthärte
P. × *acerifolia* (AIT.) WILLD. = *P.* × *hybrida*			
● *P.* × *hybrida* BROT.	Ahornblättrige Platane	? (vor 1700)	++
● *P. occidentalis* L.	Abendländische Platane	Südl. N-Amerika	++
var. *glabrata* (FERN.) SARG.		Iowa – Mexiko	++
P. orientalis L.	Orientalische Platane	Balkan-Halbinsel bis Himalaja	+,++
var. *cretica* (DODE)		Kreta	+,++
var. *cuneata* (WILLD.) LOUD.		Griechenland	+,++
f. *digitata* (GORD.) JANKO		Zypern, Kaukasus	+,++

Sommergrüne Bäume mit charakteristisch sich in Platten ablösender Borke. Es sind etwa 7 Arten bekannt, verbreitet von Südosteuropa bis Indien und in Nordamerika. Wuchs mittelschnell, in 10 Jahren werden sie 3 bis 4 m hoch, in 20 Jahren 4–10 m, in 30 Jahren 8–14 m und in 40 Jahren 14 bis 18 m.
Zierwert: Laub (V–XI), Stamm (I bis XII), Früchte (XI–IV).

Habitustypen

„Acerifolia-Typ": Baum mit breiter, länglich kugeliger bis eiförmiger Krone und ausladenden, leicht aufstrebenden Grundästen (Abb. 166),
„Pyramidalis I-Typ": kleiner Baum mit streng aufstrebenden Ästen, Krone länglich eiförmig, oben abgerundet, kürzerer Stamm (Abb. 167 B),
„Pyramidalis II-Typ": breit aufstrebender kugeliger Baum, ziemlich regelmäßig, Konturen locker; Stamm kürzer (Abb. 167 C),
„Cuneata-Typ": höherer, unregelmäßig eiförmiger Strauch, locker gebaut (Abb. 167 A).

Textur

Ziemlich grob, die einzelnen Blätter sind schon von weitem erkennbar und unterscheidbar, die Äste bewirken eine gewisse Starrheit des Gesamtaussehens. Krone in den Konturen locker und luftig; zu einer gewissen „Leichtigkeit" im Aussehen dieser meist robusten Bäume trägt auch der hellgescheckte „nackte" Stamm bei.

Laub

Blätter wechselständig, groß, langge-

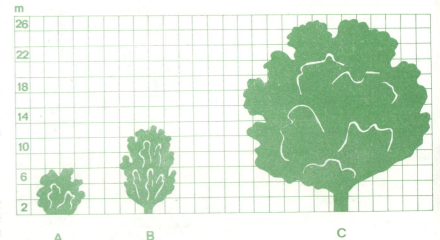

Abb. 167
A) Typ „cuneata"
P. orientalis var. *cuneata* (manchmal)

B) Typ „pyramidalis I"
P. × *hybrida* 'Pyramidalis'

C) Typ „Pyramidalis II"
P. × *hybrida* 'Pyramidalis' (ältere Exemplare),
● *P. occidentalis* (manchmal auch etwas höher),
P. o. var. *glabrata*,
P. orientalis f. *digitata*

Abb. 165
a) *Platanus × hybrida;*
b) *Polygonum baldschuanicum;*
c) *Populus nigra;*
d) *Potentilla fruticosa;*
e) *Prunus serotina*

stielt, verschieden handförmig gelappt (Abb. 168, 169), mehr oder weniger hellgrün (nur bei *P. × acerifolia* 'Kelseyana' gelbbunt und *P. × a.* 'Suttneri' weißlich punktiert und gesprenkelt). Herbstfärbung unauffällig braun.

Blüte und Blütenstand

Blüten unscheinbar, einhäusig, in dichten kugeligen Köpfen, weibliche und männliche Blüten sind sich sehr ähnlich, stehen aber getrennt. Die meisten angeführten Platanen fruchten etwa im 20. Lebensjahr zum ersten Mal. Blütezeit: Mai.

Frucht und Fruchtstand

Frucht einsamig, kegelförmig und geflügelt, in kugeligen, graubraunen Fruchtständen, verschieden an langen Stielen angeordnet (Abb. 170). Diese interessanten Köpfchen verlieren sich in der Belaubung; haften aber fast den ganzen Winter auf den Bäumen und kommen erst dann mehr zur Geltung.

Stamm, Zweige und Wurzelsystem

Stämme meist gerade, stark (Durchmesser bis 2 m), sie reichen fast bis in die Kronenspitze. Rinde in der Jugend glatt und graugrün, später entwickelt sich eine typische Borke, die sich entweder in größeren Platten (*P. × hybrida* und Sorten und *P. orientalis* sowie Sorten und Formen) oder kleineren Schuppen *(P. occidentalis)* ablöst. Ganzer Stamm dann hell und dunkel (interessant gescheckt) gefärbt. Hauptäste haben eine ähnliche Färbung wie der Stamm, die anderen Zweige sind dünn und lang, manchmal etwas überhängend. Wurzelsystem flach ausgebildet, aber Wurzeln reich verzweigt und robust, so daß die Bäume im Boden gut verankert sind.

Ansprüche

Lieben sonnige Standorte, vertragen aber auch leichten Halbschatten. Am geeignetsten sind freie, großräumige, geschützte und wärmere Lagen. Es genügt jede gute, nahrhafte, leicht feuchte, nicht zu nasse oder trockene Gartenerde. Auf zu trockenen Standorten wachsen sie langsamer und sind nicht sehr schön. Unter mitteleuropäischen, besonders wärmeren Bedingungen, sind die angeführten Arten winterhart, aber auf nassen Standorten und in Frostlagen treten Frostschäden auf, besonders bei *P. orientalis* (am härtesten ist *P. × hybrida*). Bedeutsam ist die Widerstandsfähigkeit gegen verunreinigte Luft. Sie gehören zu den für Stadtklima am besten geeigneten Gehölzarten und sind unempfindlich gegenüber Wärmerückstrahlung von befestigten Flächen.

Pflege

Pflanzung im Herbst, besser im Vorfrühling. Jungen Pflanzungen sichern wir eine ausreichende Wasserzufuhr. Platanen haben eine sehr gute Regenerationsfähigkeit, frostgeschädigte Bäumchen wachsen dann strauchartig. Geschnittene Wände sollen knapp vor dem Austrieb geschnitten werden. Ältere Exemplare vertragen ein Verpflanzen sehr gut. *P. × hybrida* wird im Frühjahr manchmal von der *Gleosporium*-Blattfallkrankheit (Zweigdürre) befallen (befallenes Laub sammeln und verbrennen, Spritzungen vor der Laubentfaltung mit Kupfermitteln, was aber bei größeren Bäumen problematisch ist). Unter Wildverbiß leiden sie nicht.

Verwendung

Wegen ihrer eindrucksvollen Größe stellen Platanen sehr wirkungsvolle Solitärpflanzen für größere Anlagen

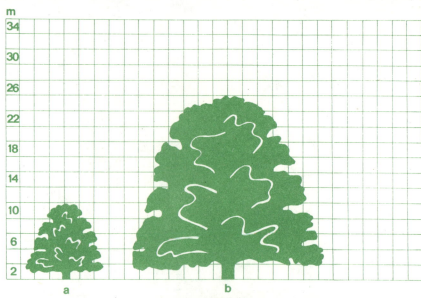
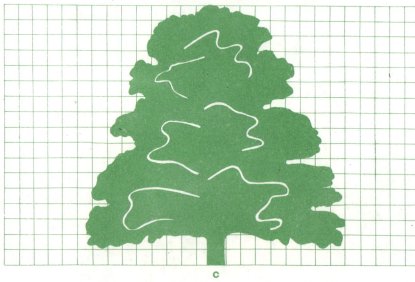

Abb. 166 Typ „hybrida"
a) *P. orientalis* var. *cuneata*;
b) ● *P. × hybrida*, *P. × h.* 'Cantabrigiensis', 'Hispanica', 'Kelseyana', 'Suttneri', *P. orientalis*, *P. o.* var. *cretica*;
c) *P. × hybrida* (selten), *P. × h.* 'Cantabrigiensis' (selten), 'Hispanica' (selten)

dar. Sie eignen sich für lockere gleichartige Gruppen in Kombination mit anderen Laubbäumen, besonders *Acer, Populus* usw. Weniger gut sind Kombinationen von Laubgehölzen mit gefiederten oder anders geteilten Blättern. In allen Fällen dürfen wir nicht vergessen, daß Platanen ausladende Bäume sind, die viel Raum beanspruchen (ausgenommen der strauchige „Cuneata-Typ" oder strauchig verjüngte Bäumchen). Vereinzelt, hauptsächlich in wärmeren Lagen, können sie für geschnittene höhere Wände verwendet werden. Sehr vorteilhaft ist ihre Verwendung in der Stadt- und Industriebegrünung.

Abb. 168 Blätter *Platanus*
a)
P. × *hybrida;*
b)
P. × *h.* 'Hispanica'
(Quadrat 1 × 1 cm)

Polygala L. – Kreuzblume
(Polygalaceae)

Kräuter oder Sträucher, selten Bäume. Die etwa 450, meist krautigen Arten sind weltweit verbreitet, die holzigen überwiegend in den Subtropen. Für Mitteleuropa eignen sich die europäischen Arten *P. chamaebuxus* L. (Zwergbuchs; M-Europa bis Italien) und *P. vayredae* COSTA (Pyrenäen). Beide Arten sind immergrüne Halbsträucher, bis 25 cm hoch, niederliegend oder kriechend, bis 50 cm breit, mit kantigen, gelbgrünen bis rötlichen Trieben. Blätter elliptisch, ganzrandig, 1–2 cm lang, ledrig, dunkelgrün, Blüten 5zählig, 1,2 cm lang, weißgelb (bei *P. vayredae* purpurrosa), einzeln oder zu dritt. Blütezeit: April–Juni, *P. vayredae* im März/April. Frucht eine 2samige Kapsel. Verlangen Sonne bis Halbschatten und sandig-humose Böden. Liebhaberbedeutung für Steingärten.

Abb. 169 Blätter *Platanus*
a)
P. occidentalis;
b)
P. orientalis
(Quadrat 1 × 1 cm)

Polygonum L. – Knöterich *(Polygonaceae)*

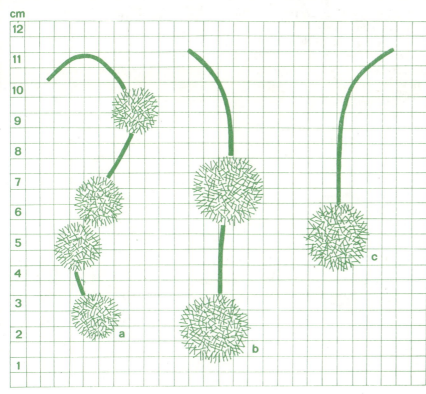

Abb. 170 Fruchtstand *Platanus*
a) *P. orientalis*, Varietäten und Formen;
b) *P.* × *hybrida*, Sorten, *P. occidentalis* (selten), *P. orientalis* (selten, kleinere Fruchtstände);
c) *P.* × *hybridus*, Sorten (vereinzelt), *P. occidentalis*

Sommergrüne windende Sträucher, jedoch sind die meisten der etwa 150 Arten der weltweit verbreiteten Gattung krautige Pflanzen. Bei der sich in letzter Zeit doch durchsetzenden Auftrennung der Gattung gehören die hier zu behandelnden holzigen Lianen in eine eigene Gattung: *Fallopia* ADANS. (Syn. *Bilderdykia* DUMORT.).
Zierwert: Laub (V–XI), Blüte (VII bis X), Früchte (VIII–IX).

Habitus

P. aubertii und *P. baldschuanicum* sind windende, robust wachsende 8 bis 15 m hohe Sträucher, *P. vaccinifolium* ist ein niederliegender Halbstrauch.

Textur

Dicht und kompakt, aber wegen der hellen Belaubung lebhaft.

Laub

Blätter breit eiförmig, 2–10 cm lang, zugespitzt, hellgrün, bei *P. vaccinifolium* klein, elliptisch rundlich, etwa 1,5 bis 2 cm lang.

Blüte und Blütenstand

Blüten bei allen drei Arten klein, weißlich (bei *P. vaccinifolium* rosa), in achselständigen Rispen oder Trauben. Blütezeit: Juli–Oktober, *P. aubertii* nur September/Oktober.

Frucht und Fruchtstand

Geflügelte Nüßchen behalten bei beiden windenden Arten die weiße Färbung und wirken auf größere Entfernung ähnlich wie die Blüten.

Wissenschaftlicher Name	Deutscher Name	Natürliche Verbreitung bzw. Entstehungsort	Frosthärte
● *P. aubertii* L. HENRY = *Fallopia aubertii* (L. HENRY) HOLUB	Chinesischer Schlingknöterich	W-Szetschuan, Tibet	++
● *P. baldschuanicum* REGEL (Abb. 165 b) = *Fallopia baldschuanicum* (REGEL) HOLUB	Bucharischer Schlingknöterich	Tadschikistan	++
P. vaccinifolium WALL. = *Fallopia vaccinifolium* (WALL.) HOLUB	Himalaja-Schlingknöterich	Himalaja	++

Zweige und Wurzelsystem

Junge Triebe hellgrün, kahl, später – besonders auf der Sonnenseite – braun, auffallende Lentizellen. Wurzeln flach, weit ausgedehnt, zäh.

Ansprüche

Die beiden windenden Arten wachsen in Sonne und auch Halbschatten. An die Bodenverhältnisse stellen sie keine Ansprüche, gedeihen in Trockenheit und auf armen Standorten; ideal ist ein nahrhafter, lockerer Boden. Sind in Mitteleuropa normalerweise hart, aber in strengeren Wintern können Frostschäden auftreten.

Pflege

Sollen immer mit Wurzelballen, am besten aus Containern gepflanzt werden. Nach dem Einwurzeln am Standort ist eine weitere Pflege überflüssig. Blühen immer an neuen Trieben, darum ist ein öfteres Durchlichten und Verjüngen notwendig. Krankheiten und Schädlinge treten kaum auf. Vereinzelt erscheinen *Septoria*-Blattfleckenkrankheiten (Fallaub wird gesammelt und mit Kupfer-, Captan- oder anderen Kontaktfungiziden gespritzt).

Verwendung

Polygonum-Arten sind sehr schön und besonders durch ihre späte Blüte sehr wirkungsvoll, aber ihre Wüchsigkeit muß in Betracht gezogen werden, sonst können sie zu einem lästigen Unkraut werden, das alles in nächster Nähe überwächst und den Boden stark auszehrt. Eignen sich am besten für hohe Wände, Pergolen an großen Terrassen, mächtige Säulen und alte Bäume, wo sie sehr malerische, blühende Vorhänge bilden können. Diese Schlingpflanzen eignen sich aber nicht für Drahtzäune, leichtere Lauben usw.,

die sie vollständig überwachsen und mit der Zeit zerstören. *P. vaccinifolium* verlangt Halbschatten und ein lockeres Substrat, am liebsten die Nordseite in größeren Steingärten, wo diese Art in kurzer Zeit ausgedehnte Flächen bedeckt.

Poncirus RAF. – Bitterorange *(Rutaceae)*

Sommergrüner, meist dorniger Strauch, manchmal baumförmig, verwandt mit *Citrus*. Die einzige Art – *P. trifoliatus*

Wissenschaftlicher Name	Deutscher Name	Natürliche Verbreitung bzw. Entstehungsort	Frosthärte
P. × *acuminata* RYDB.		Rocky Mountains	++
P. adenopoda MAXIM.		M- u. W-China	++
● *P. alba* L.	Silber-Pappel	M-, S-Europa bis M-Asien, N-Afrika	++
var. *bachofenii* HARTIG		M-Asien, Himalaja	++
P. × *andrewsii* SARG.		Colorado	++
P. angulata AIT.	Karolina-Pappel	SO-USA	++
P. angustifolia JAMES ex TORR.	Schmalblättrige Balsam-Pappel	N-Amerika	++
● *P. balsamifera* L.	Balsam-Pappel	N-Amerika	++
var. *subcordata* HYLANDER	Ontario-Pappel	N-Amerika	++
● *P.* × *berolinensis* (K. KOCH) DIPP.	Berliner Pappel	Botanischer Garten Berlin (vor 1870)	++
P. × *canadensis* MOENCH	„Euroamerikanische Schwarzpappelhybriden"	Frankreich (um 1750)	++
P. candicans AIT. = *balsamifera* L.			
● *P.* × *canescens* (AIT.) SMITH	Grau-Pappel	M-, O- u. SO-Europa, W-Asien	++
P. cathayana REHD.	Chinesische Pappel	NW-China, Mandschurei, Korea	++
P. × *charkowiensis* SCHROED.	Charkow-Pappel	Charkow	++
● *P. deltoides* BARTR. ex MARSH.	Amerikanische Schwarz-Pappel	N-Amerika	++
P. fremontii S. WATS.	Arizona-Pappel	Kalifornien – Arizona	++
var. *wislizenii* S. WATS.		W-Texas, New Mexiko	++
● *P.* × *generosa* HENRY		Kew Garden	++
P. grandidentata MICHX.	Großzähnige Espe	N-Amerika	++
P. heterophylla L.	Koreanische Balsam-Pappel	O-USA	++
P. × *jackii* SARG.		N-Amerika	++
P. koreana REHD.		Korea	++

Wissenschaftlicher Name	Deutscher Name	Natürliche Verbreitung bzw. Entstehungsort	Frosthärte
P. lasiocarpa OLIV.	Großblatt-Pappel	M- u. W-China	++
P. laurifolia LEDEB.	Lorbeer-Pappel	Sibirien	++
f. lindleyana (CARR.) REHD.		wie die Art	++
P. maximowiczii HENRY	Mandschurische Balsam-Pappel	Japan, Korea, Mandschurei, Ussurigebiet	++
P. monilifera AIT. = P. deltoides			
● P. nigra L. (Abb. 165 c)	Schwarz-Pappel	Europa, Vorderasien, N-Afrika	++
var. betulifolia (PURSH) TORR.		England, Frankreich	++
var. thevestina (DODE) BEAN		N-Afrika	++
P. × petrowskiana (REGEL) SCHNEID.		?	++
P. pseudograndidentata DODE		?	++
P. purdomii REHD.		NW-China	++
P. pyramidalis ROZAN. = P. nigra 'Italica'			
P. × rasumowskiana (REGEL) DIPP.		? (vor 1882)	++
P. × rogalinensis WROBLEWSKI		Polen (vor 1930)	++
P. sargentii DODE		N-Amerika	++
P. sieboldii MIQ.		Japan	++
● P. simonii CARR.	Birken-Pappel, Simon-P.	N-China	++
P. suaveolens FISCH.	Sibirische Balsam-Pappel	Turkestan – Kamtschatka u. Korea	++
P. suaveolens MAXIM. non FISCH. = P. maximowiczii			
P. szechuanica SCHNEID.	Chinesische Balsam-Pappel	Szetschuan	++
P. tacamahaca MILL. = P. balsamifera			
P. tomentosa CARR.	Chinesische Silber-Pappel	N-China	++
● P. tremula L.	Zitter-Pappel, Espe, Aspe	Europa, N-Afrika, W-, N-Asien	++
var. davidiana (DODE) SCHNEID.		NO-Asien, China	++
P. tremuloides MICHX.	Amerikanische Espe	N-Amerika	++
var. aurea (TIDESTR.) DANIELS.		Rocky Mountains	++

(L.) RAF. (Syn. *Citrus trifoliata* L.) – ist in China und Korea beheimatet. Erreicht eine Höhe von 1–7 m, Triebe dunkelgrün, mit starken, steifen und grünen Dornen, Blätter 3zählig, elliptisch, 3–6 cm lang, gekerbt, etwas ledrig. Blüten weiß, 3–5 cm breit, achselständig. Blütezeit: April/Mai. Frucht eine duftende Zitrone, 3–5 cm dick, gelblich, aber nicht genießbar. Verlangt geschützte, sonnige und warme Standorte, einen durchschnittlichen Gartenboden, verträgt Trockenheit. In Mitteleuropa in wärmeren Gebieten winterhart. Ein interessantes Solitär für Sammlungen, dekorativ nicht nur durch Blüte und Frucht, sondern auch durch den exotisch-starren Habitus.

Populus L. – Pappel *(Salicaceae)*

Sommergrüne, schnell wachsende, meist hohe Bäume. Es sind etwa 40 Arten bekannt, die in der gemäßigten Zone der nördlichen Halbkugel verbreitet sind; im Süden reichen sie bis in das Himalajagebiet. Die Arten werden in 10 Jahren etwa 5–8 m hoch, in 20 Jahren 8–12 m, in 30 Jahren 12 bis 18 m und in 40 Jahren 18–25 m (*P. lasiocarpa*, *P. wilsonii* wachsen etwa halb so schnell).
Zierwert: Laub (V–XI, besonders X bis XI), Blüte (III–V), Früchte (IV bis VI), Stamm (I–XII, besonders XI bis IV).

Habitustypen

„Canadensis-Typ": Baum mit breiter, halbkugeliger oder straußartiger Krone und meist kürzerem, dickerem Stamm (Abb. 171),
„Balsamifera-Typ": Baum mit länglich eiförmiger, in den Konturen nicht immer regelmäßig gestalteter Krone und

auch längerem Stamm (Abb. 172),
„Grandidentata-Typ": vom vorigen Typ durch eine kegelförmige Kronengestalt mit lockeren Konturen unterschieden (Abb. 173),
„Pyramidalis-Typ": Bäume mit schlank säulenförmiger Krone, alle Äste fast senkrecht aufstrebend, Stamm kurz (Abb. 174 B),
„Pendula-Typ": Baum mit kurzen, malerisch bogig überhängenden Zweigen und kaskadenförmig gestalteter Krone (Abb. 174 A),
„Tristis-Typ": strauchiges Bäumchen mit halbkugeliger, regelmäßiger Krone, meist mehrstämmig (Abb. 175 B),
„Globosa-Typ": dicht aufgebauter Strauch, halbkugelig bis kugelig (Abb. 175 A).

Textur

Bei allen angeführten Arten meist ungleichmäßig grob und büschelartig, nur bei den kleinblättrigen *Populus*-Arten (*P. tremula, P. tremuloides, P. simonii, P. nigra* 'Italica' usw.) wesentlich zierlicher. Bei den Säulentypen dichter und kompakter, wogegen bei den anderen Typen die Textur gleichmäßiger luftig ist.

Laub

Blätter wechselständig, meist eiförmig oder ei-lanzettlich, mit langen Stielen, ganzrandig oder gezähnt, verschieden groß (Abb. 176, 177).

Blattfarbe:
Hellgrün
P. angulata, P. × canadensis 'Brabantica', *P. × c.* 'Gelrica' (glänzend), 'Marilandica', 'Regenerata', 'Robusta' (glänzend und beim Austrieb auffallend braunrot), *P. × charkowiensis, P. deltoides, P. nigra, P. × rasumowskiana, P. szechuanica, P. yunnanensis.*
Mattgrün
P. pseudograndidentata, P. suaveolens, P.

Wissenschaftlicher Name	Deutscher Name	Natürliche Verbreitung bzw. Entstehungsort	Frosthärte
var. *vancouveriana* (Trel.) Sarg.		Britisch Kolumbien – Oregon	++
● *P. trichocarpa* Torr. et A. Gray	Westliche Balsam-Pappel	Westl. N-Amerika	++
var. *hastata* (Dode) Henry		N-Kalifornien	++
P. tristis Fisch.	Dunkelblättrige Pappel	M-Asien	++
P. violascens Dode		China	++
● *P. wilsonii* Schneid.	Wilsons-Großblatt-Pappel	Hupeh, Szetschuan	++
P. × woobstii (Regel) Dode		?	++
P. yunnanensis Dode		SW-China, Yünnan	++

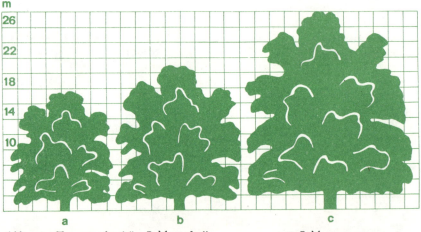

Abb. 171 Typ „canadensis"
a) *P. × acuminata, P. heterophylla;*
b) *P. alba* 'Intertexta', *P. a.* 'Richardii', *P. × canadensis* 'Aurea', *P. × canescens* 'Aureovariegata', *P. laurifolia, P. l.* f. *lindleyana,* ● *P. wilsonii* (manchmal die Krone regelmäßiger kugelig), *P. × woobstii, P. yunnanensis;*
c) *P. adenopoda,* ● *P. alba, P. a.* var. *bachofenii,* ● 'Nivea', *P. × andrewsii, P. angulata, P. a.* 'Cordata', *P. balsamifera* var. *subcordata, P. b.* 'Balm of Gilead', ● *P. × canadensis, P. × c.* 'Marilandica', ● *P. × canescens* (manchmal), *P. cathayana,* ● *P. deltoides, P. maximowiczii,* ● *P. nigra, P. n.* var. *betulifolia, P. purdomii, P. × rogalinensis* (manchmal), *P. sargentii, P. szechuanica* (manchmal auch höher), *P. tomentosa*

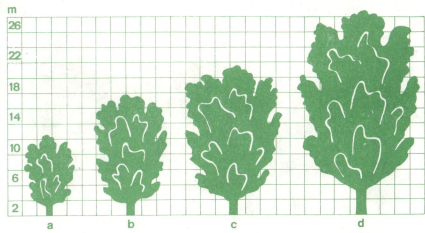

Abb. 172 Typ „balsamifera"
a)
P. tremuloides var. *aurea*;
b)
P. × *rasumowskiana*,
P. suaveolens,
P. tremuloides,
P. t. var. *vancouveriana*;
c)
P. alba 'Pyramidalis' (manchmal ältere Exemplare),
P. × *canadensis* 'Brabantica',
● *P. lasiocarpa*,
P. suaveolens (manchmal),
P. tremula 'Purpurea',
P. violascens;
d)
● *P. balsamifera*,
● *P.* × *berolinensis*,
P. × *canadensis* 'Eugenei',
P. × *c.* 'Gelrica',
● *P.* × *canescens*,
P. × *c.* 'Macrophylla' (manchmal auch etwas höher),
● *P.* × *generosa*,
P. × *jackii*,
● *P.* × *petrowskiana*,
P. × *rogalinensis*,
● *P. tremula*,
P. t. var. *davidiana*, 'Gigas',
var. *villosa*,
● *P. trichocarpa*,
P. t. var. *hastata*

tremula sowie die meisten Sorten und Varietäten, *P. tremuloides*, *P. violascens* (beim Austrieb violettrot, später nur die Nervatur rötlich), *P. wilsonii* (bläulicher Hauch).
Graugrün
P. lasiocarpa (glänzend).
Dunkelgrün
die meisten Arten, Varietäten und Sorten.
Glänzend dunkelgrün
P. × *acuminata*, *P. balsamifera*, *P. cathayana*, *P.* × *generosa*, *P.* × *jackii*, *P. koreana*, *P. laurifolia*, *P. purdomii*.
Gelbgrün
P. sargentii.
Gelb
P. alba 'Richardii', *P.* × *canadensis* 'Aurea' (später grüngelb).
Gelbbunt
P. alba 'Intertexta', *P.* × *canescens* 'Aureovariegata' (oft kommen normal grüne Blätter durch).
Rötlich
P. tremula 'Purpurea'.

Alle angeführten *Populus*-Arten haben eine auffallende gelbe bis bräunliche Herbstfärbung; eine besonders hellgelbe Färbung hat *P. tremuloides* und Varietäten, insbesondere *P. t.* var. *aurea* mit einer herrlichen orangegelben Tönung. Junge Blätter von *P. koreana* haben einen aromatischen Geruch.

Blüte und Blütenstand

Blüten winzig, zweihäusig, an der Basis mit einem schiefen, becherförmigen Diskus, in der Achsel einer eingeschnittenen, seltener ganzrandigen Kätzchenschuppe. Vereint in auffallenden kätzchenartigen Blütenständen, die sich schon vor dem Blattaustrieb entfalten. In der schematischen Darstellung sind die drei wichtigsten Kätzchentypen und -längen festgehalten (überwiegend weibliche, die meist länger sind): lockeres Kätzchen (Abb. 178 A), halblockeres Kätzchen (Abb. 178 B) und dichtes Kätzchen (Abb.

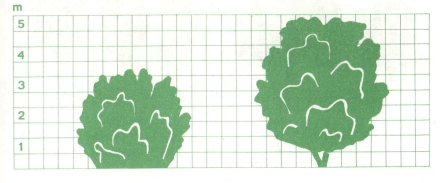

Abb. 175
A) Typ „globosa"
P. alba 'Globosa'
B) Typ „tristis"
P. tristis

179). Färbung meist hellgrün oder rötlich. Die meisten Arten blühen nach 15–20 Jahren zum ersten Mal.

Frucht und Fruchtstand

Frucht eine 2–4klappige Kapsel, die schon im Frühjahr vor der vollen Entfaltung des Laubes reif ist. Kapseln stehen in Kätzchen, die den Blütenständen ähneln. Zur Reifezeit sind die weiblichen Kätzchen mit vielen weißlichen, seidigen Haaren umgeben. Während der Reife zerfallen die Kätzchen und verunreinigen die ganze Umgebung, darum werden lieber männliche Bäume gepflanzt.

Stamm, Äste und Wurzelsystem

Der Stamm ist bei den meisten *Populus*-Arten ein wirkungsvolles Element – auch während der Belaubung – aber am bedeutsamsten ist er sicherlich im Winter. Meist ist er geradegewachsen, walzenförmig, oft verdickt und stark (meist bis 2 m Durchmesser, manchmal auch 4 m, z. B. bei *P. alba*). Rinde in der Jugend glatt, meist graugrün, im 8.–10. Lebensjahr verändert sie sich in eine zersprungene und gefurchte Borke, die bei manchen Arten auffallend gefärbt ist.

Borkenfarbe:
Weiß
P. alba var. *bachofeni*, *P. nigra* var. *thevestina*.
Grauweiß
P. alba, *P.* × *canadensis* 'Gelrica' (später dunkelgrau), *P. koreana*, *P. tremuloides* var. *aurea*.
Grau
P. maximowiczii.
Graugelb
P. × *canescens* (besonders die jüngeren Stammteile und stärkeren Zweige), *P. simonii* und Sorte (grünlicher Hauch), *P. tremula*, *P. tremuloides*, *P. t.* 'Pendula', var. *vancouveriana*.

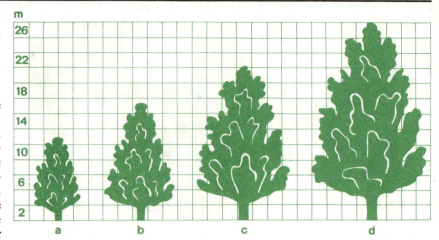

Abb 173 Typ „grandidentata"
a)
P. sieboldii;
b)
● *P. simonii* (vereinzelt);

c)
P. angustifolia,
P. grandidentata;
d)
● *P.* × *canadensis* 'Bachelieri',
P. × *c.* 'Regenerata',

● 'Robusta',
'Serotina', 'Vernirubens',
P. × *charkowiensis*,
P. fremontii,
P. f. var. *arizonica*,
var. *wislizenii*, *P. koreana*

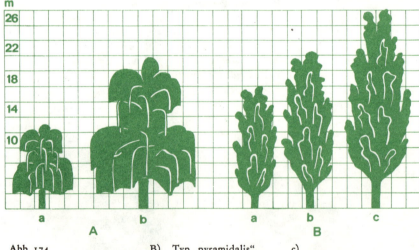

Abb. 174
A) Typ „pendula"
a)
P. tremuloides 'Pendula';
b)
P. alba 'Pendula',
● *P. simonii*,
P. pseudograndidentata,
● *P. tremula* 'Pendula'

B) Typ „pyramidalis"
a)
● *P. simonii* 'Fastigiata';
b)
● *P. alba* 'Pyramidalis'
P. nigra 'Italica',
P. n. 'Plantierensis',
var. *thevestina*,
● *P. tremula* 'Erecta';

c)
P. × *charkowiensis*
(manchmal)

1 *Hedera helix* (Foto: Ehmke)

2 *Hamamelis mollis*
4 *Hibiscus syriacus* 'Red Heart'
3 *Hippophaë rhamnoides* 'Leikora'
5 *Hibiscus syriacus* 'Woodbridge'

6 *Hypericum calycinum*
8 *Hypericum androsaemum*
7 *Hypericum kalmianum*
9 *Hypericum hoekeranum* 'Hidcote'

10 *Lonicera* × *tellmanniana* (Foto: Margraf)

11 *Lonicera × brownii* 'Dropmore Scarlet'
13 *Lonicera × heckrottii*
12 *Magnolia × soulangiana* 'Alexandrina'
14 *Magnolia denudata*

15 *Malus sargentii* 'Tina'
16 *Malus sieboldii* 'Arborescens'
17 *Malus* × *purpurea* 'Eleyi'
18 *Malus* × *moerlandsii* 'Liset'

19 *Parthenocissus tricuspidata*

20 *Philadelphus* 'Beauclerc'
22 *Philadelphus-Virginalis*-Hybride 'Girandole'
21 *Prunus triloba*
23 *Prunus kurilensis* 'Brillant'

24 *Prunus avium* 'Plena', Arb. Berlin B'weg

25 *Prunus maackii*
26 *Prunus* 'Accolade'
27 *Prunus laurocerasus*

28 *Prunus tenella*

29 *Prunus cerasifera* 'Woodii'

30 *Pyracantha* 'Orange Glow'

31 *Parthenocissus tricuspidata*

32 *Rhus typhina*

33 *Philadelphus* 'Beauclerc'

34 *Robinia hispida* 'Macrophylla'

35 *Robinia pseudoacacia* 'Casque Rouge'

36 *Robinia kelseyi*

37 *Rhododendron* 'Lissabon'

Abb. 176 Blätter *Populus*
a) *P. alba* 'Pyramidalis';
b) *P. alba* var. *bachofenii*;
c) *P. alba* 'Richardii';
d) *P. alba* (auf Kurztrieben), *P.* × *canescens* (auf Kurztrieben), *P.* × *rogalinensis*;
e) *P. pseudograndidentata*, *P. tremula*;
f) *P.* × *canadensis*, *P.* × *c.* 'Regenerata', 'Robusta', 'Serotina', *P. deltoides*, *P. fremontii*, *P. sargentii*;
g) *P.* × *canadensis* 'Marilandica', *P.* × *charkowiensis*, *P. nigra*;
h) *P. heterophylla*;
i) *P. sargentii* (manchmal)
(Quadrat 1 × 1 cm)

Abb. 177 Blätter *Populus*
a)
P. angustifolia
(vereinzelt),
P. balsamifera
(vereinzelt),
P. × *jackii*,
P. suaveolens,
P. yunnanensis;
b)
P. × *generosa*,
P. koreana,
P. szechuanica
(auf Langtrieben),
P. trichocarpa;
c)
P. balsamifera;
d)
P. angustifolia;
e)
P. simonii;
'Fastigiata';
f)
P. simonii;
g)
P. grandidentata
(auf Kurztrieben);
h)
P. lasiocarpa,
P. violascens
(meist 5–6 cm kürzer);
i)
P. cathayana
(auf Langtrieben),
P. sieboldii (manchmal),
P. tremuloides
(Quadrat 1 × 1 cm)

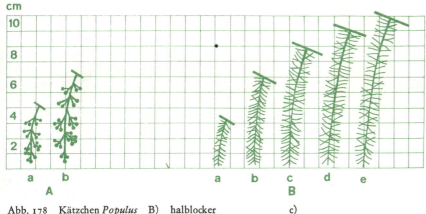

Abb. 178 Kätzchen *Populus*
A) locker
a) *P. heterophylla* (manchmal);
b) *P. heterophylla*

B) halblocker
a) *P. simonii*;
b) *P. fremontii* (manchmal), *P. grandidentata*, *P. trichocarpa* (manchmal);
c) *P.* × *generosa*, *P. trichocarpa*;
d) *P. lasiocarpa*;
e) *P. fremontii*, Varietäten, *P. wilsonii*, *P. yunnanensis*

Die starken, meist leicht aufstrebenden oder ausladend abstehenden Hauptäste haben den gleichen Charakter wie der Stamm. Zweige und Einjahrstriebe ziemlich stark, starr gegliedert und oft gefärbt.

Rindenfarbe:
Stark weiß filzig
P. alba, P. tomentosa.
Grau
P. × *canescens, P. maximowiczii* (anfangs rötlich), *P.* × *rogalinensis.*
Graugelb
P. × *berolinensis, P. cathayana* (anfangs etwas grünlich und orangegelb), *P. laurifolia, P. nigra, P.* × *perowskiana, P. purdomii,*

Gelb
P. × *charkowiensis* (besonders die jüngeren Stammteile und Äste).
Schwarzgrau
P. nigra sowie Sorten und Varietäten (Borke stark gefurcht).

P. × *rasumowskiana, P. tremula, P.* × *woobstii.*
Gelbgrün
P. × *charkowiensis.*
Grün
P. × *canadensis* 'Robusta' (rötlicher Hauch), *P.* × *c.* 'Vernirubens', *P. deltoides* (unscheinbarer rötlicher Hauch), *P. sargentii, P. wilsonii* (manchmal graubraun oder rötlich).
Grünbraun
P. × *generosa.*
Gelbbraun
P. × *acuminata, P. angulata* und Sorte, *P. balsamifera, P.* × *jackii, P. lasiocarpa, P. suaveolens, P. szechuanica* (anfangs rötlich), *P. trichocarpa* und Varietät, *P. violascens.*
Graubraun
P. adenopoda (manchmal gänzlich braun), *P.* × *canadensis* und Sorten, *P. fremontii, P. koreana, P. sieboldii.*
Braun
P. grandidentata (glänzend), *P. heterophylla, P. pseudograndidentata, P. yunnanensis* (beim Austrieb rötlich).

Orangebraun
P. × *andrewsii, P. angustifolia, P. tristis* (dunkle Tönung).
Rotbraun
P. balsamifera var. *subcordata, P. b.* 'Balm of Gilead', *P. simonii, P. tremuloides.*

Die graue und weißliche Färbung der Stämme, Äste und Zweige kommt hauptsächlich abends und im Herbst zur Geltung. Die schwarzen oder dunklen Stämme bilden einen wirkungsvollen Kontrast zu Schnee (ähnlich auch die bräunlichen und orangefarbenen Zweige und Triebe). Viele *Populus*-Arten haben auf ihren Einjahrstrieben große und lange Knospen, die bei *P. balsamifera* intensiv nach Harz riechen.

Wurzelsystem meist kräftig entwickelt. Neben den tief in die Erde reichenden Hauptwurzeln wachsen unter der Erdoberfläche lange und starke Nebenwurzeln. Bei einigen Arten (*P. simonii, P. wilsonii* u. a.) ist das Wurzelsystem nicht so robust, jedoch so ausgebildet, daß die Bäume im Boden gut verankert sind.

Ansprüche

Alle *Populus*-Arten lieben eine sonnige Lage, ein Beschatten hält befriedigend nur *P. tremula* aus. An die Bodenverhältnisse sind sie nicht sehr anspruchsvoll, verlangen aber tiefgründige, ausreichend feuchte, dabei durchlässige, leichte oder auch schwere Böden. Leichte und dabei trockene Böden vertragen nur *P. alba, P.* × *berolinensis, P.* × *canescens* und *P. tremula;* in schwereren Böden vertragen größere Trockenheit noch *P. lasiocarpa, P. nigra* und *P. trichocarpa.* Eine stauende Nässe oder längere Überschwemmung wird nicht vertragen (außer vielleicht von *P. heterophylla*), ähnlich ist es auch mit langer Trockenheit. Alle Arten vertragen Kalk im Boden (außer *P. trichocarpa*).

Die angeführten Arten und ihre Sorten bzw. Varietäten sind unter mitteleuropäischen Bedingungen winterhart, nur einige teilweise im März austreibenden, wie z. B. *P. simonii* u. a. leiden etwas unter Spätfrösten. Bekannt ist die Widerstandsfähigkeit der *Populus*-Arten gegenüber verunreinigter Luft (außer der empfindlichen *P. koreana*).

Pflege

Gepflanzt wird im Herbst oder Frühjahr im unbelaubten Zustand. Pflanzschnitt durch Kürzen der Zweige um etwa 1/3 ihrer Länge ist empfehlenswert. Je nach Bedarf wird bis zum Einwurzeln gewässert. Eine weitere Pflege beschränkt sich bei den älteren Exemplaren auf ein Herausschneiden trockener Zweige. Von den Krankheiten ist besonders der *Nectria*-Krebs zu nennen, der ein Absterben der Rinde an Trieben und Ästen, offene Wunden sowie Überwallungsgeschwülste auf älteren Ästen und Stämmen verursacht (Entfernen der befallenen Äste, Kupferpräparate anwenden, Wundpflege). Gefährlich ist auch der *Cryptodiaporthe*-Rindentod, der ein Absterben der Rinde verursacht, wobei sich dunkle Stellen, später Einsenkungen bilden (Vernichtung kranker Pflanzen, von Juni bis August wiederholt mit Kupfer-, Mancozeb- oder Thiram-Fungiziden spritzen). Bei den Schädlingen handelt es sich hauptsächlich um Raupen des Pappelspinners, die bei größerem Auftreten im Frühjahr Kahlfraß verursachen können (Lindan-, Parathion-methyl-, Carbaryl-, Butonat-, Methidathion- oder Bakterienpräparate anwenden). Die Larven des Großen Pappelbocks fressen unter der Rinde beginnende tiefe Gänge in das Holz; die Bäume kümmern und wachsen schlecht (befallene Pflanzenteile entfernen und verbrennen, Stämmchen spritzen mit Lindan-

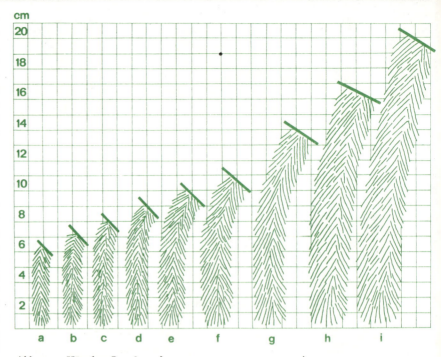

Abb. 179 Kätzchen *Populus*
Dicht
a) *P.* × *charkowiensis* (manchmal); *P. nigra*, Sorten und Varietäten (manchmal);
b) *P. cathayana* (manchmal), *P. maximowiczii* (manchmal), *P. suaveolens*;
c) *P. adenopoda* (manchmal), *P.* × *canadensis*, Sorten, *P.* × *canescens* (manchmal);
d) *P. alba*, Sorten und Varietäten, *P.* × *berolinensis* (nur männliche), *P. tremuloides*, Varietäten und Sorten;
e) *P. balsamifera* (manchmal);
f) *P. adenopoda*, *P.* × *canescens*, Sorten, *P.* × *charkowiensis*, *P. deltoides*, *P. laurifolia*, *P. maximowiczii*, *P. nigra*, Sorten und Varietäten, *P.* × *petrowskiana*, *P. tremula*, Varietäten und Sorten;
g) *P. balsamifera*, *P.* × *jackii*;
h) *P. balsamifera* var. *subcordata*;
i) *P. cathayana*

und Trichlorfon-Präparaten). Die Larven des Kleinen Pappelbocks bilden gallenartige Anschwellungen an Zweigen (Bekämpfung wie beim Großen Pappelbock). Unter Wildverbiß leiden *Populus*-Arten nicht (außer *P. tremula* und *P. tremuloides*), aber in der Jugend sind Fegeschäden durch Reh- und Rotwild nicht selten. Für entsprechenden Schutz (Plastemanschette o. ä.) sollte deshalb gesorgt werden.

Verwendung

Eignen sich hauptsächlich für größere Anlagen, besonders in der Landschaft. Sie können zu gewaltigen Solitärbäumen heranwachsen und besonders im höheren Alter sehr malerisch wirken. Besonders für rasch wirksam werdende Begrünungen und Deckpflanzung, auch sogenannte Zwischenbegrünungen sind sie sehr gut verwendbar. Die hellgrüne und weißliche Belaubung sowie die grauweißen Stämme können sehr gut zur Vertiefung der Perspektive in den verschiedensten Parkszenerien gebraucht werden. Sehr geeignet sind Pappeln für naturhafte Uferpflanzungen mit *Salix, Alnus, Fraxinus, Ulmus, Quercus robur, Prunus padus* usw. An den Ufern von Wasserflächen und -läufen kommen sie auch als Solitärpflanzen sehr gut zur Geltung. Für Gärten eignen sich nur manche schmal säulenförmige Typen („Pyramidalis" und die kleineren Größen von „Grandidentata" und „Balsamifera") oder kleinere Größen des „Pendula-Typ" bzw. strauchige Typen („Globosa" und „Tristis"). Wegen ihrer guten Regenerationsfähigkeit eignen sich insbesondere die kleinblättrigen Arten für höhere, geschnittene Wände. Ähnliche, aber freiwachsende Wände werden oft mit Vertretern des „Pyramidalis-Typ" erreicht. Die meisten Wuchsabweichungen, besonders „Pendula-", „Pyramidalis-" bzw. „Grandidentata-Typ" bilden ausgezeichnete Solitärs in Rasenflächen nahe an Wegen, in Uferpartien, an Terrassen und Treppen, in Gebäudenähe, besonders an modernen Bauten usw. Das gilt auch für großblättrige *Populus*-Arten. Oft werden sie als Alleebäume verwendet, wenn sie sich auch für diese Pflanzungen nicht sehr eignen (brüchige Äste gefährden den Verkehr; das robuste und meist flach liegende Wurzelsystem wächst unter dem Weg oder der Straße und beschädigt sie). Schnellwachsende Arten und Sorten können als Pioniergehölze Verwendung finden. Auf die große Bedeutung vieler *Populus-Canadensis*-Hybriden für den Flurholzanbau, insbesondere als Schutzpflanzung für verschiedene Zwecke sei hingewiesen.

Potentilla L. – Fingerstrauch *(Rosaceae)*

Sommergrüne Sträucher, die überwiegende Zahl von den etwa 500 Arten der in der gemäßigten und kalten Zone der nördlichen Halbkugel verbreiteten Gattung sind jedoch krautige Pflanzen. Wachsen ziemlich schnell.
Zierwert: Blüte (V–X).

Habitustypen

„Ochroleuca-Typ": halbkugeliger Strauch, bis zur Erde ausgebreitet verzweigt, die aufrechten Zweige leicht bogig überhängend (Abb. 180),
„Jackman-Typ": grob starr aufrecht, ungleich locker, wenig ausgebreiteter Strauch (Abb. 181),
„Klondike-Typ": aufrechter, breit ausladender, in den Konturen ungleich lockerer Strauch (Abb. 182 B),

Wissenschaftlicher Name	Deutscher Name	Natürliche Verbreitung bzw. Entstehungsort	Frosthärte
● *P. fruticosa* L. (Abb. 165 d)	Gemeiner Fingerstrauch	Nördliche gemäßigte Zone	++
var. *arbuscula* D. Don		Himalaja	++
var. *arbuscula* hort. non D. Don = 'Elizabeth'			
var. *davurica* (Nestl.) Ser. = *P. glabrata*			
var. *mandshurica* Maxim.	Mandschurischer Fingerstrauch	Mandschurei, N-China, Japan	++
var. *rigida* (Lehm.) Wolf		Himalaja	++
var. *unifoliolata* Ludl.	Einblättriger Fingerstrauch	Bhutan	++
P. glabrata	Dahurischer Fingerstrauch	N-China, S-Sibirien	++
P. salesoviana Steph.	Salesow-Fingerstrauch	Gemäßigte Zone Asien	++

„Mandshurica-Typ": niederliegender bis ausgebreiteter, dicht gestalteter Strauch (Abb. 182 A).

Textur

Dicht und oft fast kompakt, besonders bei den letzten drei Habitustypen. Beim „Jackman-" und teilweise auch „Klondike-Typ" ist der Gesamteindruck wegen der starren Zweigstellung ziemlich hart und grob, nur zur Blütezeit wird dieses Aussehen etwas gemildert. Die „weichste" und teilweise auch luftigste Stellung finden wir beim „Ochroleuca-Typ".

Laub

Blätter gegliedert, verschieden groß und unterschiedlich gestaltet, Nebenblätter mit stengelumfassender Blattbasis verwachsen (Abb. 183).

Blattfarbe:
Hellgrün
P. fruticosa 'Friedrichsenii', 'Mount Everest', 'Purdomii'.
Grün
die meisten Sorten.
Mattgrün
P. fruticosa 'Albicans'.
Graugrün
P. fruticosa 'Beesii', 'Katherine Dykes', var. *mandshurica*, 'Vilmoriniana'.
Dunkelgrün
P. fruticosa 'Friesengold', 'Micrandra', 'Walton Park', *P. glabrata*, *P. salesowiana*.
Blaugrün
P. fruticosa 'Lady Daresborough'.

Herbstfärbung gelblich braun.

Blüte und Blütenstand

Blüten meist einfach, 5zählig, tellerartig, ziemlich groß. Wir können unterscheiden: Blüten einzeln und einfach (Abb. 184 B), einzeln und halbgefüllt (Abb. 184 A), in wenigblüti-

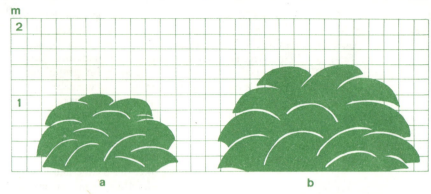

Abb. 180 Typ „ochroleuca"
a)
P. fruticosa,
● 'Sonnenglut',
P. f. 'Primrose Beauty';

b)
P. fruticosa
'Katherine Dykes',
P. f. 'Ochroleuca'

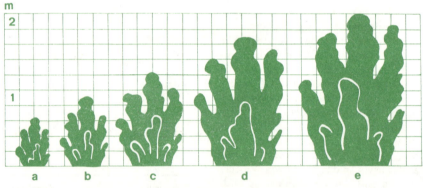

Abb. 181 Typ „jackman"
a)
P. fruticosa 'Sommerflor',
P. salessowiana (manchmal);
b)
P. fruticosa 'Parvifolia';

c)
P. fruticosa 'Friesengold',
● *P. f.* 'Manelys',
'Purdomii',
var. *unifoliata*,
P. salessowiana;
d)
P. fruticosa 'Beanii',
P. f. 'Friedrichsenii',
● 'Jackman',
● 'Mount Everest',
● 'Snowflake',
'Vilmoriniana';

e)
P. fruticosa
'Friedrichsenii'
(manchmal),
● *P. f.* 'Grandiflora'

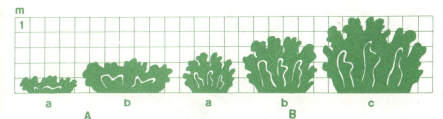

Abb. 182
A) Typ „mandshurica"
a)
P. fruticosa 'Pyrenaica';
b)
● P. fruticosa var. arbuscula,
● P. f. 'Elfenbein', 'Goldteppich',
● 'Jolina', 'Longacre', var. mandshurica

B) Typ „klondike"
a)
● P. glabrata,
P. fruticosa 'Beesii',
● 'Donard Gold',
'Klondike',
'Kobold',
'Micranda',
'Red Ace',
● 'Rheinsberg',
f. rigida;

b)
● P. fruticosa 'Farreri',
P. f. 'Farrer's White',
● 'Goldkissen',
● 'Sommerfreude',
'Walton Park';
c)
● P. fruticosa,
P. f. 'Albicans',
'Goldstar',
'Lady Daresborough'

gen Blütenständen (Abb. 185 A) und in kegelförmig verlängerten Blütenständen (Abb. 185 B).

Blütenfarbe:
Weiß
P. fruticosa 'Beanii', 'Elfenbein', 'Farrer's White', var. mandshurica, 'Mount Everest', 'Snowflake', 'Veitchii', P. glabrata (manchmal schwachgelbe Tönung).
Weißlich mit rötlicher Tönung
P. salesowiana.
Hellgelb
P. fruticosa 'Albicans', 'Friedrichsenii', 'Katherina Dykes', 'Longacre', 'Manelys', 'Ochroleuca', 'Purdomii', 'Vilminiana'.
Gelb
P. fruticosa 'Micranda', 'Primrose Beauty' (dunklere Mitte).
Goldgelb
P. fruticosa var. arbuscula, P. f. 'Beesii', 'Donard Gold' (manchmal orangefarbene Tönung), 'Farreri', 'Friesengold', 'Goldkissen', 'Grandiflora', 'Hachmann's Gigant', 'Jackman', 'Jolina', 'Parvifolia', 'Pyrenaica', f. rigida, 'Rheinsberg', 'Sommerfreude', 'Sonnenglut', var. unifoliata, 'Walton Park'.
Dunkelgelb
P. fruticosa 'Lady Daresborough', 'Tangerine' (bei kalter Witterung rötlicher Hauch).
Rot
P. fruticosa 'Red Ace' (Petalenunterseite gelblich).

Blüten sind die Hauptzierde dieses Gehölzes. Wichtig ist, daß sie vom Mai bis September erscheinen (Abb. 186), und wenn wir dazu noch die Anspruchslosigkeit dieses Zierstrauches zählen, gehört Potentilla mit Recht zu den bedeutungsvollsten Blütensträuchern moderner Anlagen.

Frucht und Fruchtstand

Frucht nußartig, trocken, meist ohne Zierwert.

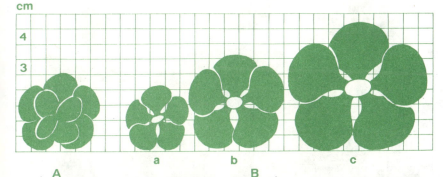

Abb. 184 Blüten
Potentilla
A) halbgefüllt
P. fruticosa 'Snowflake'

B) einfach und einzeln
a)
P. fruticosa 'Parvifolia';
b)
die meisten Arten, Sorten und Varietäten;
c)
P. fruticosa var. arbuscula,
P. f. 'Donard Gold',
'Klondike',
'Mount Everest',
'Orchroleuca',
'Walton Park' (manchmal)

Abb. 183
Obere Blattreihen
Potentilla
a)
P. fruticosa var.
arbuscula (auch 5zählig),
P. f. 'Farreri' (auch 4zählig),
'Parvifolia';
b)
P. fruticosa 'Beesii' (auch 3zählig),
'Klondike' (manchmal),
'Lady Daresborough',
'Manelys',
'Mount Everest' (auch 6zählig),
'Walton Park' (auch 3zählig);
c)
P. fruticosa 'Jackman' (auch 3zählig);
d)
P. salessowiana;
e)
P. fruticosa 'Grandiflora' (auch 3zählig);
f)
P. fruticosa
'Friedrichsenii',
P. f. 'Veitchii';
g)
P. fruticosa
'Vilmoriniana';
h)
P. fruticosa 'Klondike';
i)
P. fruticosa f. *rigida*
(auch 4zählig)
(Quadrat 2 × 2 cm)
Untere Blattreihe
Physocarpus
a)
P. amurensis,
P. opulifolius, Sorten;
b)
P. capitatus,
P. malvaceus,
P. opulifolius (manchmal),
P. stellatus;
c)
P. bracteatus,
P. glabratus,
P. intermedius,
P. monogynus

Abb. 185 Blütenstand
Potentilla

A) wenigblütig
P. fruticosa 'Elfenbein',
P. f. 'Jackman',
'Jolina',
'Rheinsberg',
'Walton Park',
P. salessowiana

B) kegelförmig verlängert
P. fruticosa 'Beesii'

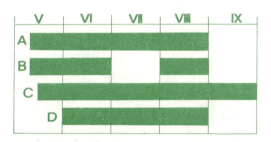

Abb. 186 Blütezeit
Potentilla

A) *P. fruticosa*, Sorten, Formen und Varietäten außer 'Pyrenaica', 'Snowflake';

B) *P. fruticosa* 'Snowflake';

C) *P. fruticosa* 'Pyrenaica';

D) *P. salessowiana*

Zweige und Wurzelsystem

Hauptzweige steif und aufrecht gestellt, dicht kurz verzweigt. Von der zusammengedrängten Belaubung ist die Verzweigung fast ganz verdeckt. Rinde bräunlich, im Alter etwas ablösend. Wurzelsystem reich verzweigt und tief in den Boden reichend.

Ansprüche

Verlangt einen sonnigen Standort, im Halbschatten blühen die Pflanzen unzureichend und sehen unschön aus. Bodenansprüche minimal, wachsen in schweren und leichten, etwas humosen und durchlässigen Böden; sie vertragen keine extreme Trockenheit. Alle angeführten Arten und Sorten sind unter mitteleuropäischen Bedingungen winterhart. Gegenüber SO_2 scheint *P. fruticosa* empfindlich zu reagieren, die Prüfungen sind aber noch nicht abgeschlossen.

Pflege

Pflanzung im belaubten Zustand im Vorfrühling oder Herbst; aus Containern während der ganzen Vegetationsperiode. An die Pflege werden keine Ansprüche gestellt; geformte Hecken müssen aber im Vorfrühling geschnitten werden. Ab und zu sollen die Sträucher ausgelichtet werden (Herausschneiden älterer Zweige) damit sie immer reich blühen. Noch besser ist ein regelmäßiger scharfer Rückschnitt, der Blütengröße und -reichtum fördert. Sehr alte Sträucher müssen radikal verjüngt werden, am besten im Vorfrühling. Ältere Exemplare vertragen ein Verpflanzen sehr gut (möglichst mit Wurzelballen). Krankheiten und Schädlinge treten nur selten auf. Nur vereinzelt kommen Blattfleckenkrankheiten, verursacht durch *Marssonina-*, *Fabraea-*, *Phyllosticta-* und *Ramularia*-Arten vor. (Kupfer-, Captan- und andere Kontaktfungizide anwenden.) Manchmal sind auch Spinnmilben festzustellen, deren Bekämpfung meist nicht lohnt. Unter Wildverbiß leiden sie nicht.

Verwendung

Als Solitär oder in kleinen Gruppen auf kleineren Rabatten oder Hochbeeten zum Betrachten, an Bänken und als Vorpflanzung vor höheren Sträuchern. Sehr gut kann man *Potentilla*-Arten mit verschiedenen niederliegenden und niedrigen Laub- und Nadelgehölzen für großflächige bodenbedeckende Pflanzungen kombinieren. Sie harmonieren gut mit *Calluna, Cytisus, Lavandula, Betula, Cotoneaster, Berberis, Spiraea-Bumalda*-Hybriden, *Caryopteris* u. a. Sie können größere Stein- oder Heidegärten gut ergänzen, die sie während der Sommermonate schön beleben. Gut kommen *Potentilla*-Arten als Solitärs in niedrigen, polsterförmigen Staudenpflanzungen, auf Blumenmauern, Abhängen usw. zur Geltung. Freiwachsende oder auch geschnittene Hecken und Einfassungen sind dicht und kompakt. Alle Vertreter des „Mandshurica-Typs" eignen sich sehr gut als Bodendecker für sonnige Standorte (3–4 Pflanzen je m²).

Prinsepia ROYLE – Dornkirsche *(Rosaceae)*

Sommergrüne dornige Sträucher; 4 Arten in Ostasien und im Himalajagebiet. Für mitteleuropäische Bedingungen eignen sich nur die ostasiatischen Arten *P. sinensis* (OLIV.) BEAN und *P. uniflora* BATAL. Sträucher bis 2 m hoch, Zweige meist hellgrau, Dornen 6–12 mm lang, Austrieb sehr früh. Blätter eiförmig länglich oder lanzettlich, 2,5–8 cm lang, ganzrandig oder gesägt, Blüten gelb oder weiß, etwa 1,5 cm breit, duftend, zu 2–4 oder einzeln. Blütezeit: März–April. Früchte sind eßbare, rote, saftige, kirschenähnliche Steinfrüchte. Ansprüche und Pflege ähnlich wie bei *Prunus*. Liebhaberbedeutung.

Prunus L. – Pflaume, Kirsche, Mandel, Aprikose *(Rosaceae)*

Sommer-, selten auch immergrüne Sträucher oder Bäume. Es existieren etwa 200 Arten, die meisten sind in der gemäßigten Zone der Nordhalbkugel beheimatet. Die überwiegende Mehrzahl der baumartigen Typen wächst schnell, die strauchigen gewöhnlich langsamer, insbesondere in der Jugend.
Zierwert: Laub (I–XII immergrüne Arten), Blüte (III–X je nach der Art, II–XII je nach der Witterung), Früchte (VI–XI je nach der Art), Stamm (I bis XII, besonders XI–IV).

Habitustypen

Sie werden oft von der Kultur in der Baumschule beeinflußt.
„Avium-Typ": Bäume mit breit eiförmig ausgebreiteter, in der Kontur leicht luftiger Krone; Äste im unteren Teil fast waagerecht abstehend bis leicht überhängend, Stamm nicht sehr hoch (Abb. 188),

Wissenschaftlicher Name	Deutscher Name	Natürliche Verbreitung bzw. Entstehungsort	Frosthärte
Sommergrüne Arten			
P. alabamensis MOHR		Alabama	++
P. alleghaniensis PORTER		USA	++
P. americana MARSH.	Amerikanische Pflaume	N-Amerika	++
P. × amygdalopersica (WEST.) REHD.		Schweiz	++
P. amygdalus BATSCH = P. dulcis			
P. angustifolia MARSH.	Schmalblättrige oder Chicasa-Pflaume	New Jersey bis Missouri	++
var. watsonii (SARG.) BAILEY		Kansas – New Mexiko	++
P. apetala (S. et Z.) FRANCH. et SAV.		Japan	++
● P. armeniaca L.	Aprikose, Marille	Turkestan bis Mandschurei, N-China	++
P. × arnoldiana REHD.		? (1920)	++
● P. avium (L.) L.	Süß-Kirsche, Vogel-K.	Europa bis Kaukasus,	++

Wissenschaftlicher Name	Deutscher Name	Natürliche Verbreitung bzw. Entstehungsort	Frosthärte
		W-Sibirien	
P. baldschuanica REGEL	Baldschuan-Mandelbäumchen	Turkestan	++
P. besseyi BAILEY		USA	++
P. bifrons FRITSCH		Himalaja, SW-Afghanistan, Kaschmir	++
● P. × blireana ANDRÉ		Frankreich (Lemoine)	++
P. bokhariensis ROYLE		Kaschmir ?	++
P. brigantina VILL.	Briancon-Aprikose	SO-Frankreich	++
P. brigantiaca VILL. = P. brigantina			
P. bucharica (KORSH) FEDTSCH.	Buchara-Mandel	Turkestan	++
P. bungei WALP. = P. humilis			
P. canescens BOIS	Grau-Kirsche	M- u. W-China	++
● P. cerasifera EHRH.	Kirsch-Pflaume, Myrobalane	SO-Europa, W-Asien	++
var. divaricata (LEDEB.) BAILEY		wie die Art	++
● P. cerasus L.	Sauer-K., Weichsel-K.	SO-Europa, W-Asien	++
P. changyangensis INGRAM		W-Hupeh	++
P. × cistena (HANSEN) KOEHNE		USA (bei E. Hansen)	++
P. cocomilia TEN.	Italienische Myrobalane	Italien	++
P. communis (L.) ARCANG. non HUDS. = P. dulcis			
P. conadenia KOEHNE		W-China	++
P. concinna KOEHNE		M-China	++
P. consociiflora SCHNEID.		M-China	++
P. cornuta (ROYLE) STEUD.	Himalaja-Traubenkirsche	Himalaja	++
P. curdica FENZL. et FRITSCH	Kurdische Schlehe	S-Armenien	++
P. cyclamina KOEHNE		M-China	++
P. × dasycarpa EHRH.	Purpur-Aprikose	? (M-, W-Asien)	++
P. davidiana (CARR.) FRANCH.	David-Pfirsich	N-China	++
var. potaninii (BATAL.) REHD.		NW-China	++

„Serotina-Typ": Baum mit breit kegelförmig verlängerter, oben abgerundeter Krone, Konturen ungleichmäßig luftig (Abb. 189),

„Serrulata-Typ": Baum mit starr schräg aufstrebenden Ästen und lockerer, ungleich halbkugeliger Krone, Stamm verschieden lang (Abb. 190),

„Cartilaginea-Typ": Baum mit breit aufrechter bis eiförmig länglicher, dichter Krone, Konturen gleichmäßig und luftig; Äste fast senkrecht aufrecht (Abb. 191 B),

„Fastigiata-Typ": vom vorigen Typ durch breit säulenförmigen Wuchs unterschieden (Abb. 192 B),

„Cerasus-Typ": Baum mit breit halbkugeliger Krone, die zweitrangigen Zweige kurz bogig und zierlich überhängend (Abb. 193),

„Pendula-Typ": Baum, dessen Hauptäste bogig oder starr hakenförmig überhängen, Zweiglein gänzlich hängend; Krone ungleich kaskadenförmig überhängend (Abb. 194),

„Weeping-Typ": Bäumchen mit einer auf allen Seiten gleichmäßig schirmförmigen, fast bis zur Erde hängenden Krone; Äste dünn und leicht bogig überhängend (Abb. 195 B),

„Cerasifera-Typ": strauchiges, oft mehrstämmiges, dicht über der Erde verzweigtes Bäumchen mit schräg aufstrebenden Hauptästen und vasenartig aufgebauter ungleichmäßig lockerer Krone (Abb. 196),

„Fugenzo-Typ": Bäumchen mit breiter, flacher Krone, Äste länglich und mehr oder weniger waagerecht abstehend, Konturen ungleichmäßig luftig; Stämme schlank (Abb. 191 A),

„Triloba I-Typ": Bäumchen mit schlanken Stämmchen und breit halbkugeliger Krone, Äste leicht zu den Seiten aufstrebend, schlank bis rutenförmig (Abb. 195 A),

„Triloba II-Typ": breit halbkugeliger, über der Erde schmaler Strauch, mit seitlich ausladenden Ästen (Abb. 197),

„Tenella-Typ": breit aufstrebender Strauch, direkt über der Erdoberfläche schmaler, Konturen unregelmäßig locker (Abb. 198),
„Herbergii-Typ": Strauch bis zur Erde verzweigt, breit bis eiförmig pyramidal, Konturen regelmäßig und dicht (Abb. 192 A),
„Laurocerasus-Typ": unregelmäßig lockerer halbkugeliger Strauch, Äste schräg und flach aufstrebend, Konturen ungleich, stellenweise durchsichtig (Abb. 199),
„Moerheimii-Typ": breit bis flach kugeliger Strauch, über der Erdoberfläche schmaler, in den oberen Partien mit Zweigchen kurz bogig seitlich überhängend (Abb. 200 C),
„Zabeliana-Typ": niedriges Sträuchlein, Zweige seitlich schräg aufstrebend, locker aufgebaut (Abb. 200 B),
„Prostrata-Typ": niederliegendes, starres, dicht über der Erde ausgebreitetes Sträuchlein (Abb. 200 A).

Textur

Die baumartigen Typen haben eine gleichmäßige, mittelgrobe Textur. Am feinsten und zierlichsten ist sie beim „Cerasus-Typ" mit seinen dünnen Zweigen und am gröbsten, büschelig ungleichmäßig und dabei oft starr bei dem „Serotina-", „Serrulata", „Cartilaginea-" und „Fastigiata-Typ". Ein vorhangartiges Aussehen ist typisch für den „Pendula-" und „Weeping-Typ". Strauchige und bäumchenartige Typen sind meist dichter gebaut, aber die Blätter sind in der Regel aus größerer Ferne unterscheidbar, so daß sie nicht in ein kompaktes, einheitliches Ganzes zusammenfließen. Bei manchen Typen ist der Gesamteindruck locker („Tenella", „Laurocerasus" bzw. auch „Cerasifera") und bei den immergrünen Arten dunkel und ernst.

Wissenschaftlicher Name	Deutscher Name	Natürliche Verbreitung bzw. Entstehungsort	Frosthärte
P. dawyckensis SEALY		China	++
P. dehiscens KOEHNE = *P. tangutica*			
P. dielsiana SCHNEID.		M-China	++
● *P. domestica* L.	Gemeine Pflaume, Haus-P., Zwetschke, Haferschlehe u. a.	W-Asien	++
● *P. dulcis* (MILL.) D. A. WEBB.	Mandel, Mandelbaum	Vorderasien, M-Asien	++
P. × *dunbarii* REHD.		? (um 1900)	++
P. emarginata (HOOK.) EAT.		N-Amerika	++
var. *mollis* (HOOK.) BREW. et WATS.		Britisch-Kolumbien – Kalifornien	++
P. × *eminens* BECK.		? (1831)	++
P. fenzliana FRITSCH.		Kaukasus	+, ≙
P. × *fontanesia* (SPACH) SCHNEID.		? (vor 1834)	++
● *P. fruticosa* PALL.	Steppen-Kirsche, Zwerg-K.	M-, SO- u. O-Europa, Sibirien	++
P. × *gigantea* (SPÄTH) KOEHNE		? (vor 1877)	
● *P. glandulosa* THUNB.	Drüsige Strauch-Kirsche	China	++
P. × *gondouinii* (POIT. et TURP.) REHD.	Halbweichsel	?	++
P. gracilis ENGELM. et GRAY	Zierliche Pflaume	SW-USA	++
P. gravesii SMALL		Connecticut	++
P. grayana MAXIM.	Japanische Trauben-Kirsche	Japan	++
P. gymnodonta KOEHNE		Mandschurei	++
P. × *hillieri* HILLIER		?	++
P. hortulana BAILEY	Gärtner-Pflaume	USA	++
P. humilis BGE.		N-China	++
P. incana (PALL.) BATSCH.	Graublättrige Zwerg-Kirsche	Kleinasien, Kaukasus	++
● *P. incisa* THUNB.	Japanische März-Kirsche	Japan	++
P. involucrata KOEHNE = *P. pseudocerasus*			
P. jacquemontii HOOK. f.		NW-Himalaja	++
P. japonica THUNB.	Japanische Mandel-Kirsche	China – Korea	++

Wissenschaftlicher Name	Deutscher Name	Natürliche Verbreitung bzw. Entstehungsort	Frosthärte
var. *nakai* (Lév.) Rehd.		Mandschurei	++
P. × *juddii* E. Enderson		Arnold Arboretum (1914)	++
P. *kansuensis* Rehd.		NW-China	++
P. *kurilensis* Miyabe	Kurilen-Kirsche	Kurilen, Sachalin, Hokkaido	++
P. × *laucheana* Bolle		? (um 1880)	++
P. *litigiosa* Schneid.		Hupeh	++
● P. *maackii* Rupr.	Maack-Traubenkirsche, Amur-Kirsche	Mandschurei, Korea	++
P. *macradenia* Koehne		W-China	++
● P. *mahaleb* L.	Felsen-Kirsche, Steinweichsel Weichselohr	M- u. S-Europa bis M-Asien,	++
P. *mandshurica* (Maxim.) Koehne	Mandschurische Aprikose	Mandschurei, Korea	++
P. *maritima* Marsh.	Strand-Pflaume	USA	++
P. *maximowiczii* Rupr.		Hondo – Sachalin, Korea, Mandschurei	++
P. *mexicana* S. Wats.		SW-USA bis Mexiko	++
P. *microcarpa* (Boiss.) C. A. Mey.	Kleinfrüchtige Weichsel	Transkaukasien, Iran	++
var. *diffusa* Schneid.		SW-Iran	++
var. *tortuosa* (Boiss. et Hausskn.) Schneid.		Kurdistan	++
P. *mira* Koehne		W-Szetschuan	++
P. *mongolica* Maxim.	Mongolischer Mandelbaum	S-Mongolei	++
P. *monticola* K. Koch	Gebirgs-Myrobalane	Kleinasien	++
P. *mugus* Hand.-Mazz.		SO-Tibet	++
P. *mume* S. et Z.	Japanische Aprikose	Japan, China	++
P. *munsoniana* Wight et Hedr.		Ohio – Kansas, Oklahoma, Texas	++
P. *myrobalana* Loisel. = P. *cerasifera*			
P. *nana* (L.) Stokes = P. *tenella*			
P. *nana* DuRoi = P. *virginiana*			
P. *nigra* Ait.	Kanadische Pflaume	N-Amerika	++

Laub

Blätter wechselständig, länglich eiförmig bis elliptisch oder rundlich, etwa 1–2 cm lang, kurz gesägt, manchmal fast ganzrandig, verschieden groß (Abb. 201, 202). Blattspreite meist verschieden grünlich, manchmal auch anders gefärbt.

Blattfarbe:
Hellgrün
P. × *amygdalo-persica* und Sorten, P. *bokhariensis*, P. *cerasifera*, P. *c.* var. *divaricata*, P. *c.* 'Pendula', P. *changyangensis*, P. *cocomilia*, P. *conadenia*, P. *consociiflora*, P. *dulcis*, P. × *gigantea*, P. *glandulosa* und Sorten, P. *gymnodonta*, P. *laurocerasus* 'Micheana' (beim Austrieb bräunlich), P. *l.* 'Reyvaanii' (matt), P. *l.* 'Zabeliana', P. *macradenia*, P. *maximowiczii*, P. *monticola*, P. *mume* und Sorten, P. *munsoniana*, P. *pensylvanica* var. *saximontana* (glänzend), P. *persica* 'Versicolor', P. *salicina*, P. *subhirtella* und Sorten, P. *subhirtella* × *yedoensis* 'Pandora' und 'Hally Jolivette', P. *szechuanica*, P. *virginiana* sowie die meisten Sorten und Varietäten, P. *webbii*, P. × *yedoensis* und Sorten (beim Austrieb gelblich).

Grün
die meisten Arten, Sorten, Varietäten und Formen.

Graugrün
P. *apetala*, P. *besseyi*, P. *canescens* (behaart), P. *curdica*, P. *cyclamina*, P. *domestica* und Sorte, P. *insititia*, P. *pilosa* (behaart), P. *setulosa*, P. *spinosa* und die meisten Sorten, P. *utahensis*.

Blaugrün
P. *fenzliana*.

Dunkelgrün
P. *americana*, P. × *arnoldiana*, P. *baldschuanica*, P. *fibrons* (grauer Hauch), P. *brigantina*, P. *bucharica*, P. *cerasus* und die meisten Sorten (glänzend), P. *concinna*, P. *cornuta*, P. *davidiana* sowie Sorten und Varietäten (glänzend), P. × *eminens*, P. *fruticosa* (glänzend), P. *f.* 'Pendula', P. *glandulosa* 'Sinensis', P. *gondounii* (glänzend), P. *grayana*, P. *incana*, P. *jaquemontii*, P. *laurocerasus*

rasus und die meisten Sorten (ledrig, glänzend), *P. mandshurica*, *P. mongolica*, *P. mugus*, *P. nigra*, *P. padus* und die meisten Sorten, *P. prostrata* und Varietäten, *P. reverchonii*, *P. serotina* und Sorte (glänzend), *P. serrula* (matt), *P. simonii*, *P. ssiori*, *P. tangutica*, *P. triloba* sowie Form und Sorte, *P. vaniotii* und Varietät (beim Austrieb bräunlich).

Purpurrot
P. avium 'Rubrifolia', *P. persica* 'Purpurea'.

Dunkelrot
P. × *blireana* 'Moseri', *P. cerasifera* 'Newport', *P. persica* 'Ackerman Readleaf'.

Rotschwarz
P. cerasifera 'Nigra'.

Rotbraun
P. × *blireana*, *P. cerasifera* 'Atropurpurea', *P. c.* 'Festeri', 'Lindsayae', 'Purpusii' (beim Austrieb grün), 'Thundercloud' (im Herbst eine bronzefarbene Tönung), 'Woodii', *P.* × *cistena*, *P. spinosa* 'Purpurea' (später grün mit rötlichem Blattrand).

Dunkelbraun
P. cerasifera 'Hessei', *P. virginiana* 'Shubert' (beim Austrieb grün).

Gelbbunt
P. fruticosa 'Variegata', *P. padus* 'Aucubifolia'.

Weißbunt
P. armeniaca 'Variegata', *P. cerasifera* 'Louise Asselin', *P. cerasus* 'Pulverulenta' (gelblicher Hauch), *P. c.* 'Variegata' (gröber gefleckt als die vorige), *P. laurocerasus* 'Variegata', *P. spinosa* 'Variegata'.

Herbstfärbung vieler sommergrüner Arten unauffällig gelbbraun. Einige Arten haben eine wirkungsvollere Farbe.

Herbstfärbung:

Hellgelb
P. padus sowie Sorten und Varietäten, *P. pensylvanica* und Varietäten, *P. serotina* und Sorten, *P. serrulata* 'Shirotae' (goldgelbe Tönung), *P.* × *yedoensis* und Sorten (oft mit ziegelrotem Hauch).

Leuchtendrot
P. avium und Sorten, *P. cerasus* und Sorten,

Wissenschaftlicher Name	Deutscher Name	Natürliche Verbreitung bzw. Entstehungsort	Frosthärte
P. nipponica MATSUM.		Japan, Kurilen	++
P. × *orthosepala* KOEHNE		Kansas	++
P. pachyclada ZAB.			
= *P. cornuta*			
● *P. padus* L.	Traubenkirsche	Europa, N-Asien bis Japan	++
var. *commutata* DIPP.		O-Asien	++
var. *laxa* REHD.		Korea	++
var. *pubescens* REGEL et TILING		NO-Asien	++
P. pedunculata (PALL.) MAXIM.		Sibirien	++
P. pensylvanica L.	Pennsylvanische Kirsche	N-Amerika	++
var. *saximontana* REHD.		Rocky Mountains	++
P. petunnikowii (LITVIN.) REHD.		Turkestan	++
● *P. persica* (L.) BATSCH	Pfirsich	N- u. M-China	++
P. pilosa (TURCZ.) MAXIM.		Mongolei	++
P. pilosiuscula (SCHNEID.) KOEHNE		M. u. W-China	++
var. *media* KOEHNE		wie die Art	++
P. pleiocerasus KOEHNE		W-Hupeh bis Yünnan	++
P. prostrata LABILL.	Niedergestreckte Zwerg-Kirsche	W-Asien, Mittelmeergebiet	+, ≙
var. *brachypetala* (BOISS.) INGRAM		SW- u. W-Iran, Kurdistan	++
var. *concolor* BOISS.		Syrien, Kleinasien, Griechenland	++
var. *glabrifolia* J. H. MORIS		Marokko, Algerien	++
var. *incana* LITARDIÈRE et MAIRE		Atlas	++
P. pseudoarmeniaca HELDR. et SART.	Falsche Aprikose	Griechenland	++
P. pseudocerasus LINDL.		W-Hupeh	++
● *P. pumila* L.	Sand-Kirsche	N-Amerika	++
var. *depressa* (PURSH) BEAN		New Brunswick – Ontario	++
var. *susquebanae* (WILLD.) JÄG.		Nordöstl. N-Amerika	++
P. racemosa LAM.			
= *P. padus*			
P. rehderiana KOEHNE			
= *P. litigiosa*			

Wissenschaftlicher Name	Deutscher Name	Natürliche Verbreitung bzw. Entstehungsort	Frosthärte
P. reverchonii SARG.		M-USA	++
P. salicina LINDL.	Weiden-Pflaume	China	++
● P. sargentii REHD.	Sargent-Kirsche	Japan, Sachalin, Korea	++
P. × schmittii REHD.		?	++
P. sericea (BATAL.) KOEHNE		Szetschuan	++
● P. serotina EHRH. (Abb. 165 e)	Spätblühende Traubenkirsche	N-Amerika	++
P. serrula FRANCH.		W-China	++
● P. serrulata LINDL.	Sakura, Japanische Blüten-Kirsche	Japan, China, Korea	++
var. hupehensis INGRAM	Chinesische Berg-Kirsche	S-Kansu, Shensi, Hupeh, Szetschuan	++
var. pubescens WILS.	Koreanische Berg-Kirsche	Korea, NW-Hokkaido	++
var. sachalinensis (Fr. SCHMIDT) WILS. = P. sargentii			
var. spontanea (MAXIM.) WILS.	Japanische Berg-Kirsche	Japan	++
P. setulosa BATAL.		Kansu	++
P. sibirica L.	Sibirische Aprikose	O-Sibirien, Mandschurei, N-China	++
P. simonii CARR.		N-China	++
P. × skinneri REHD.		? (um 1934)	++
P. speciosa (KOIDZ.) INGRAM		Japan	++
● P. spinosa L.	Schlehe, Schwarzdorn	Europa, W-Asien, N-Afrika	++
P. ssiori F. SCHMIDT		M-Japan	++
P. subcordata BENTH.		N-Amerika	++
● P. subhirtella MIQ.	Schnee-Kirsche, Berg-Kirsche	Japan	++
var. ascendens WILS.		M-Japan	++
P. sweginzowii KOEHNE		Turkestan	++
P. szechuanica BATAL.		Szetschuan	++
P. tangutica (BATAL.) KOEHNE		Szetschuan	++
P. tatsiensis BATAL.		W-China	++
var. stenadenia KOEHNE		wie die Art	++

P. × fontanesiana, P. × gondounii (alle Arten auch leuchtendgelb), P. × hillieri und Sorten, P. maximowiczii (manchmal leuchtendgelb), P. pumila und Varietäten, P. sargentii.

Orangerot

P. serrulata und die meisten Sorten, P. kurilensis 'Brillant'.

Schwarzrot

P. cerasifera 'Nigra', P. c. 'Woodii'.

Blüte und Blütenstand

Die Blüte ist bei fast allen Arten und vor allem den Sorten sehr wirkungsvoll. Zwittrig, teller- oder schalenförmig gebaut, bei den Ausgangsarten 5zählig. Es können folgende Blütentypen unterschieden werden: einfache Blüte (Abb. 203), halbgefüllte (Abb. 204), gefüllte (Abb. 205 B) und glockige (Abb. 205 A). Einzelne Blüten in Büscheln oder Trauben zusammengestellt. Vereinfacht können wir folgende Blütenzusammenstellungen unterscheiden: einzelne aufrechte Blüte (Abb. 206 A), einzelne hängende Blüte (Abb. 206 B), Blüten zu zweien (Abb. 207 A), hängende Blüten zu zweien (Abb. 207 B), Blüten zu dritt (Abb. 208), Blüten in Büscheln zu 4–6 (Abb. 209), hängende Blüten zu dritt (Abb. 210 A), hängende Büschel zu 4–6 (Abb. 210 B), kurze Traube (Abb. 211), Büschel zu 6–10 (Abb. 212 A), lockere hängende Traube (Abb. 213 B), dichte aufrechte Traube (Abb. 212 B) und dichte hängende Traube (Abb. 213 A).

Blütenfarbe:

Gelbgrün

P. serrulata 'Ukon'.

Gelbweiß

P. ursina.

Weißlich grün

P. serrulata 'Gioiko'.

Weiß

(in der Knospe und beim Abblühen manchmal rosa)

die meisten Arten, Varietäten und Sorten.

Weißrosa
P. changyangensis, *P. dielsiana* (manchmal rötliche Tönung), *P. humilis*, *P. japonica*, *P. j.* 'Engleri', 'Kerii', *P. kurilensis* 'Brillant', *P. microcarpa* und Varietäten, *P. mira*, *P. persica* 'Versicolor' (rötlich oder rot gestreift), *P. serrulata* 'Benden', *P. s.* 'Botansakura' (später weiß), 'Ito-kukuri', 'Ojochin', *P. sibirica* (bis weißlich), *P. subhirtella* 'Grandiflora', *P. s.* 'Pendula', 'Stellata', *P. s.* × *yedoensis* 'Hally Jolivette', *P. tomentosa*, *P. t.* 'Leucocarpa'.
Hellrosa
P. × *amygdalo-persica* (Blütenmitte dunkler), *P. armeniaca* und Sorten (manchmal weißlich), *P.* × *arnoldiana*, *P. canescens*, *P. cerasus* 'Persiciflora', *P. davidiana*, *P. d.* var. *potaninii*, *P. dawyckensis*, *P.* × *gigantea*, *P.* × *hillieri* 'Kornicensis', *P. japonica* var. *nakai*, *P. j.* 'Thunbergii', *P. mandshurica*, *P. persica* 'Burbank', *P. p.* 'Duplex', 'Ispahan', 'Nana', *P. serrulata* 'Amenogawa', *P. s.* 'Fukurokuju', 'Hokusai', 'Horinji', 'Ichiyo', 'Kikusakura', 'Kokonoye-sakura', 'Okiku-sakura', 'Mikuruma-gaeshi', 'Pink Perfection', 'Ruiran', 'Sumizome', 'Taizanfukun', 'Takasago', 'Taoyoma Sakura', 'Udzu-sakura', *P.* × *skinneri*.
Rosa
P. bifrons, *P.* × *blireana* und Sorte, *P. cerasifera* 'Nigra', *P. c.* 'Thundercloud', 'Woodii', *P. glandulosa* 'Sinensis', *P.* × *hillieri* 'Spire', *P. incana*, *P. jaquemontii*, *P.* × *juddii*, *P. mugus*, *P. mume* 'Alphandii', *P. persica* und die meisten Sorten, *P. p.* 'Dianthiflora' (dunkelrot gestreifte Blüten), *P. prostrata* und Varietäten, *P. sargentii*, *P. s.* × *subhirtella* 'Accolade', *P. serrulata* 'Fugenzo', *P. s.* 'Hisakura', 'Shujaku', 'Yedosakura', *P. spinosa* 'Purpurea', *P. subhirtella* 'Fukubana' (beim Aufblühen dunkelrosa), *P. s.* 'Rosea', *P. triloba*.
Dunkelrosa
P. dulcis 'Rosea Plena', *P. persica* 'Aurea', 'Rubroplena', 'Windle Weeping', *P. serrulata* 'Kazan', *P. s.* 'Kikushidare-sakura', *P. sweginzowii*, *P. tenella* 'Speciosa'.
Violettrosa
P. serrulata 'Asano', *P. s.* 'Daikoku', 'Yaemurasaki'.

Wissenschaftlicher Name	Deutscher Name	Natürliche Verbreitung bzw. Entstehungsort	Frosthärte
● *P. tenella* BATSCH	Zwergmandel	O- u. M-Europa bis O-Sibirien, M-Asien	++
var. *campestris* (BESS.) REHD.		O-Europa	++
P. tomentosa THUNB.	Filzige Kirsche	N- u. W-China	++
var. *endotricha* KOEHNE		W-Hupeh	++
P. trichocarpa BGE. = *P. tomentosa*			
● *P. triloba* LINDL. (Abb. 187 a)	Mandelbäumchen	China	++
f. *simplex* (BGE.) REHD.		wie die Art	++
P. urina KOTSCHY		Syrien	++
P. × *utahensis* KOEHNE		USA (um 1865)	++
P. vaniotii LEV.		W-China	++
var. *potaninii* (KOEHNE) REHD.		W-China	++
● *P. virginiana* L.	Virginische Traubenkirsche	N-Amerika	++
var. *demissa* (TORR. et GRAY) TORR.		Washington – Kalifornien	++
var. *melanocarpa* (A. NELS.) SARG.		Rocky Mountains, Kalifornien, Britisch-Kolumbien	++
P. webbii (SPACH) VIERH.		Sizilien – Kleinasien	++
P. wilsonii (SCHNEID.) KOEHNE		M-China	++
P. × *yedoensis* MATSUM.	Yoshina-Kirsche	Japan	++
Immergrüne Arten			
● *P. laurocerasus* L.	Kirschlorbeer, Lorbeerkirsche	O-Balkanhalbinsel bis Vorderasien	++
P. lusitanica L.	Portugiesische Lorbeerkirsche	SW-Europa, Kanaren	≙, +
P. salicifolia KUNTH (manchmal wintergrün)		Mexiko – Peru	+, ++
P. virens (WOOT. et STANDL.) SHREVE (manchmal wintergrün)		New Mexico – Arizona	++

Rosarot

P. cyclamina, *P. davidiana* 'Rubra', *P. kurilensis*, *P. mongolica*, *P. petunnikowii*, *P. persica* 'Florentine', *P. p.* 'Klara Mayer', 'Magnifica', *P. subhirtella* 'Pendula Lanceolata', *P. s.* 'Pendula Plena Rosea', *P. tangutica*, *P. tenella*.

Hellrot

P. persica 'Russel's Red'.

Rot

P. baldshuanica, *P. pilosa*, *P. tenella* var. *campestris*, *P. t.* 'Fire Hill'.

Dunkelrot

P. persica 'Camellifolia', *P. p.* 'Palace Peach'.

Purpurrot

P. dulcis 'Purpurea'.

Eine kleine Anzahl von Arten hat mehr oder weniger duftende Blüten:

P. consociiflora, *P. mahaleb* und Sorten, *P. mume* und Sorten (duftet stark, hauptsächlich abends), *P. padus* sowie Sorten und Varietäten, *P. serrulata* 'Amanogawa', *P. s.* 'Jonioi' (Mandelduft), *P. s.* 'Shirotae', *P. simonii*, *P. speciosa*, *P.* × *yedoensis*.

Die meisten gartengestalterisch wichtigen Arten und Sorten blühen vor oder zugleich mit dem Blattaustrieb. Später blühende Arten sind nicht mehr so auffallend, da auch der reichste Blütenansatz sich teilweise in der Belaubung verliert, dennoch bieten viele im Sommer oder Herbst blühende Arten eine angenehme Belebung der Szenerien (Abb. 214).

Frucht und Fruchtstand

Früchte kahle (oft mit wachsartigem Belag) oder auch filzige Steinfrüchte (Kirschen, Renekloden, Aprikosen, Pfirsiche, Pflaumen, Mandeln usw.). Stein glatt oder grob, mit Vertiefungen. Die meisten Früchte sind sehr zierend. Sie sind verschieden groß, unterschiedlich geformt und angeordnet: einzelne kugelige Frucht (Abb. 215 A),

Abb. 187
a) *Prunus triloba*;
b) *Ptelea trifoliata*;
c) *Pterocarya fraxinifolia*;
d) *Pyracantha coccinea*;
e) *Pyrus ussuriensis*

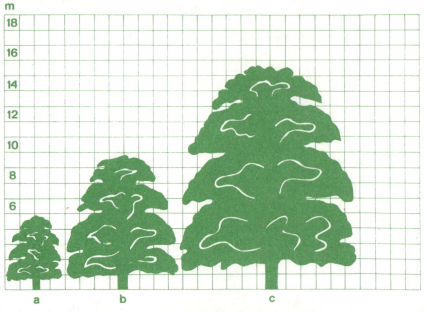

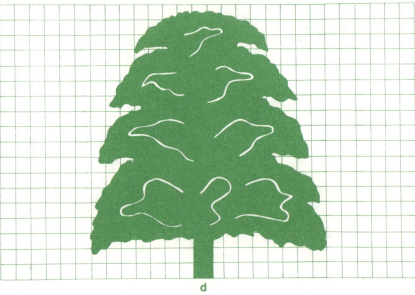

Abb. 188 Typ „avium"
a)
P. *alleghaniensis* (selten),
P. *americana* (manchmal),
P. × *amygdalo-persica* (manchmal),
P. × *a.* 'Pollardii' (manchmal),
P. *apetala* (manchmal),
P. *armeniaca* 'Variegata',
P. *avium* 'Purpurea',
P. *brigantina* (manchmal),
P. *cerasus* 'Polygyna',
P. *concinna* (manchmal),
P. *cornuta*,
P. *cyclamina*,
P. *dasycarpa*,
P. *dielsiana* (manchmal),
● P. *incisa*,
● P. *spinosa* (selten),
● P. *virginiana*,
P. *v.* 'Duerinckii',
'Leucocarpa',
'Schubert';
b)
P. *alabamensis*,
● P. *armeniaca*,
P. *a.* 'Ansu',
P. *avium* 'Decumana',
P. *a.* 'Praemorsa',
'Salicifolia',
P. *bokhariensis*,
P. *consociiflora*,
P. *dawyckensis*,
● P. *domestica*,
P. *d.* 'Plantierensis',
P. *emarginata* var. *mollis*,
P. *gymnodonta*,
P. *hortulana*,
P. *macradenia*,
● P. *mahaleb*,
P. *m.* 'Xanthocarpa',
P. *maximowiczii*,
P. *mexicana*,
P. *mira* (manchmal),
P. *mume*,
P. *m.* 'Alba',
'Alboplena',
'Alphandii',
P. *munsoniana*,

P. padus 'Aucubifolia',
P. p. 'Heterophylla',
'Leucocarpos',
'Plena',
'Stricta',
P. pensylvanica,
P. salicifolia,
P. salicina,
P. serrulata 'Taki-nioi',
P. speciosa,
P. subcordata,
P. szechuanica,
P. virens,
P. wilsonii;
c)
● *P. avium,*
P. a. 'Asplenifolia',
● 'Plena',
P. × *fontanesiana,*
● *P. padus,*
P. p. 'Bracteosa',
'Chlorocarpos'
var. *commutata,*
var. *pubescens,*
'Spaethii',
● 'Watereri',
P. sericea,
P. ssiori,
● *P. subhirtella,*
P. vaniotii;
d)
P. vaniotii var. *potaninii*

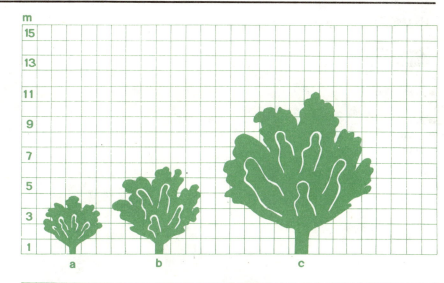

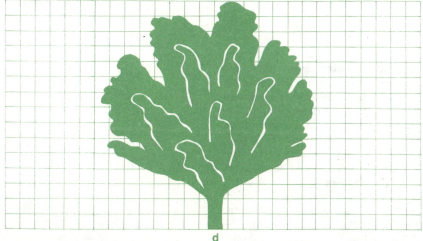

Abb. 190 Typ „serrulata"
a)
● *P. serrulata;*
b)
P. grayana,
P. × *schmittii,*
P. serrulata 'Fukurokuju',
● *P. s.* 'Hokusai',
'Horinji',
'Shujaku',
'Sumizome',
'Udzusakura',
'Yedo-sakura';

c)
● *P. cerasifera* (selten),
● *P. c.* 'Atropurpurea',
'Festeri',
'Lindsayae',
'Nigra', 'Purpusii',
'Thundercloud',
'Woodii' (alle Sorten
siehe Ausgangsart
P. cerasifera),
P. changyangensis,
P. conadenia,
P. davidiana (selten),

● *P. dulcis,*
P. d. 'Alba Plena',
'Purpurea',
'Rosea Plena',
P. nigra,
P. serrulata,
P. s. var. *hupehensis,*
var. *pubescens,*
var. *spontanea,*
'Benden',
'Botan-sakura',
'Daikoku',
'Fudansakura',

● 'Gioiko',
'Hatasakura',
'Hisakura',
'Ichiyo',
● 'Kazan',
● 'Oyochin',
'Pink Perfection',
'Ruiran',
● 'Shirofugen',
● 'Tai Haku',
'Takasago',
● 'Tayoyoma Sakura',
● 'Ukon', 'Washi-no-o';

d)
P. × *juddi,*
● *P. sargentii,*
P. subhirtella var.
ascendens,
● *P.* × *yedoensis*

Abb. 189 Typ „serotina"
a)
P. padus 'Alberti',
P. simonii;
b)
● P. maackii;
c)
● P. serotina,
P. s. 'Asplenifolia',
'Gradschaft'

einzelne eiförmige Frucht (Abb. 216 A), einzelne herzförmige Frucht (Abb. 215 B), 2 kugelige Früchte zusammen (Abb. 217), 2 eiförmige Früchte zusammen (Abb. 218), 2 herzförmige Früchte zusammen (Abb. 216 B), 3 kugelige Früchte zusammen (Abb. 219), 3 eiförmige Früchte zusammen (Abb. 220), 4–6 kugelige Früchte im Büschel (Abb. 221), 4–6 eiförmige Früchte im Büschel (Abb. 222), 4–6 herzförmige Früchte im Büschel (Abb. 223 B), pfirsichartige Frucht (Abb. 224), eiförmigflache mandelartige Frucht (Abb. 223 A), lockere Fruchttraube (Abb. 225) und dichte Fruchttraube (Abb. 226).

Fruchtfarbe:
Weißlich
P. tomentosa 'Leucocarpa'.
Gelbweiß
P. padus 'Leucocarpos'.
Gelb
P. armeniaca und die meisten Sorten (rote Wange), P. brigantina, P. cerasifera var. divaricata, P. cocomilia, P. davidiana sowie Sorten und Varietäten, P. mahaleb 'Xantho-

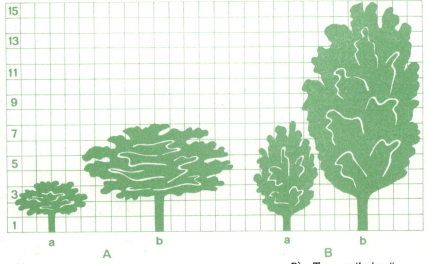

Abb. 191
A) Typ „fugenzo"
a)
● P. serrulata
'Shimidsu-sakura';
b)
● P. serrulata
'Fugenzo'

B) Typ „cartilaginea"
a)
P. hillieri 'Kornicensis',
● P. pardus
'Schloß Tiefurt';
b)
P. serotina
'Cartilaginea'

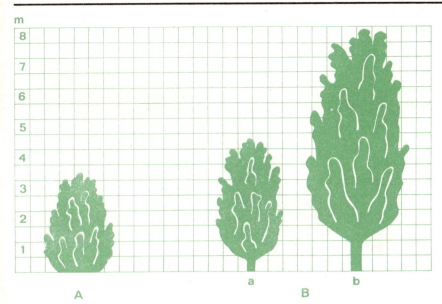

Abb. 192
A) Typ „herbergii"
P. laurocerasus
'Herbergii', *P. l.* 'Pyramidalis'

b)
P. avium 'Fastigiata',
P. serotina 'Pyramidalis'

B) Typ „fastigiata"
a)
● *P. serrulata*
'Amanogawa';

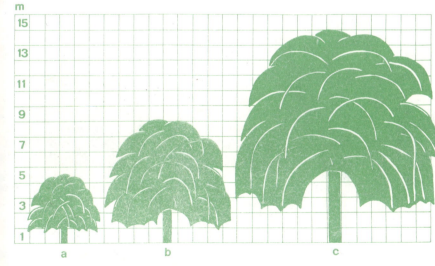

Abb. 193 Typ „cerasus"
a)
● *P. cerasus*,
P. c. 'Bunyardii',
'Cucullata', 'Laciniata',
'Persiciflora',

'Plena',
'Pulverulenta',
● 'Rhexii',
'Salicifolia',
'Variegata',
P. × *gondouinii*;

b)
P. × *laucheana*,
P. mahaleb 'Pendula',
P. mandshurica;
c)
P. padus var. *laxa*

carpa', *P. mandshurica*, *P. mume* und Sorten (grünlicher Hauch), *P. sibirica* (rote Wange), *P. virginiana* 'Leucocarpa' (ockerfarbene Tönung), *P. v.* 'Xanthocarpa'.
Hellgrün
P. persica 'Klara Mayer' (rote Wange).
Graugrün
P. bucharica, *P. dulcis*, *P. fenzliana*, *P. mongolica*, *P. petunnikowii* (gelblicher Hauch), *P. tangutica*, *P. tenella* sowie Sorten und Varietäten (gelblicher Hauch), *P. webbii*.
Gelbgrün
P. padus 'Chlorocarpos'.
Gelbrot
P. × *amygdalo-persica* und Sorte, *P. angustifolia* und Varietät (mehr rot- als gelbgefärbt), *P. bokhariensis*, *P. consociiflora*, *P. dawyckensis*, *P. gymnodonta*, *P. hortulana*, *P. kansuensis*, *P. mira*, *P. munsoniana*, *P. persica* und die meisten Sorten, *P. pseudocerasus* und Sorte, *P. reverchonii*, *P. salicina*, *P. subcordata*.
Hellrot
P. canescens, *P. humilis*.
Orangerot
P. nigra, *P. vaniotii*.
Rot
P. armeniaca 'Ansu', *P. avium* und Sorten (bis schwarzrot), *P. bifrons* (ockerfarbene Tönung), *P. cerasifera* und die meisten Sorten (manchmal gelblicher Hauch), *P. conadenia*, *P. cyclamina*, *P. dielsiana*, *P.* × *gondounii*, *P. gracilis*, *P. incana*, *P. jaquemontii*, *P. japonica* sowie Sorten und Varietäten, *P. litigosa* (scharlachroter Hauch), *P. monticola*, *P.* × *orthosepala* (weißlich punktiert), *P. pensylvanica* und Varietät, *P. pilosiuscula* und Varietät, *P. simonii* (bräunlicher Hauch), *P. tatsiensis* und Varietät (bräunlicher Hauch), *P. tomentosa*, *P. t.* var. *endotricha*.
Dunkelrot
P. cerasus und Sorten (manchmal bis schwarz), *P. emarginata* und Varietät (bis schwarz), *P.* × *eminens*, *P.* × *fontanesiana*, *P. fruticosa* und Sorten, *P.* × *hillieri* und Sorten, *P.* × *laucheana* (bis schwarz), *P. laurocerasus* und Sorten (bis schwarz), *P. macradenia*, *P. microcarpa* und Varietäten (manchmal gelblich), *P. mugus*, *P. nipponica* (bis schwärzlich), *P. pleiocerasus* (bis

schwarz), *P. prostrata* und Varietäten (bis schwarz), *P. sargentii* (glänzend), *P. serrula*, *P. serrulata* (die meisten Sorten und Varietäten fruchten schlecht oder überhaupt nicht, am besten noch var. *spontanea*), *P. setulosa*, *P. szechuanica*, *P.* × *utahensis* (bräunlicher Hauch).

Violettrot
P. americana (helle Tönung), *P. maritima*, *P. ursina*.

Purpurrot
P. cerasifera 'Atropurpurea', *P. dasycarpa*, *P. mexicana*, *P. salicifolia* (dunkle Tönung), *P. virginiana* sowie die meisten Sorten und Varietäten.

Dunkelpurpurfarben
P. alleghaniensis (bereift), *P. besseyi* (bis rötlich), *P. changyangensis* (bis rötlich), *P.* × *cistena* (bis rötlich), *P. concinna* (bis rötlich), *P.* × *dunbarii*, *P. glandulosa* und Sorten, *P. incisa* (bis schwärzlich), *P. kurilensis* und Sorte (bis schwärzlich), *P. pseudoarmeniaca* (bläulicher Hauch), *P. pumila* und Varietäten, *P. serotina* und Sorten, *P. subhirtella* sowie Sorten und Varietät (schwärzlicher Hauch), *P. virens*.

Purpurbraun
P. cornuta.

Blauschwarz
P. curdica, *P. domestica* und Sorten, *P. spinosa* und Sorten.

Schwarz
P. alabamensis, *P. apetala*, *P. gravesii*, *P. grayana*, *P. maackii*, *P. mahaleb* und die meisten Sorten, *P. maximowiczii*, *P. padus* und die meisten Sorten, *P. sericea*, *P. ssiori*, *P. virginiana* var. *melanocarpa*, *P. wilsonii*, *P.* × *yedoensis* und Sorten.

Einige Vertreter dieser Gattung haben neben ihrem Zierwert auch eßbare Früchte:

P. armeniaca und Sorten, *P. avium* und Sorten, *P. besseyi* (fruchtet in Mitteleuropa nur vereinzelt), *P. brigantina*, *P. cerasifera* sowie Sorten und Varietäten, *P. cerasus* und Sorten, *P. cocomilia*, *P. dasycarpa*, *P. domestica*, *P.* × *goudounii*, *P. hortulana*, *P. nigra*, *P. persica*, *P. salicina*, *P. tomentosa*.

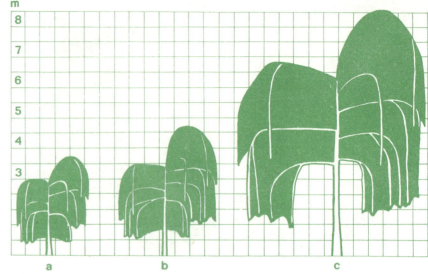

Abb. 194   Typ „pendula"
a)
● *P. subhirtella* 'Pendula Plena Rosea';

b)
P. avium 'Pendula',
P. cerasifera 'Pendula',
● *P. serrulata* 'Kiku-shidare-sakura',
● *P. s.* 'Shirotae',
● *P. subhirtella* 'Pendula',
P. s. 'Pendula Lanceolata';

c)
P. armeniaca 'Pendula',
P. mume 'Pendula',
P. padus 'Pendula',
P. persica 'Pendula',
P. serotina 'Pendula',
P. × *yedoensis* 'Ivensii',
P. × *y.* 'Shidare Yoshino'

Abb. 195
A)   Typ „triloba I"
a)
● *P. triloba*,
P. t. f. *simplex*,
P. t. 'Petzoldii';

b)
P. × *arnoldiana* (manchmal)

B)   Typ „weeping"
P. fruticosa 'Pendula',
P. f. 'Variegata',
P. persica 'Windle Weeping'

198

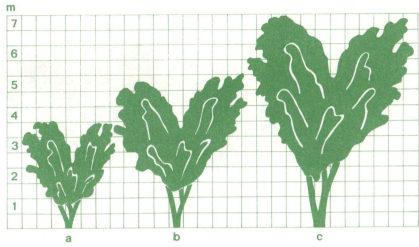

Abb. 196 Typ „cerasifera"
a)
P. serrulata 'Asano',
P. s. 'Jae-murasaki';

b)
● P. cerasifera,
● P. c. 'Atropurpurea',
var. divaricata,
'Festeri',
'Newport',
'Nigra',
'Purpusii',
'Thundercloud',
'Woodii',
P. cocomilia,
P. emarginata (manchmal),
P. × gigantea,
P. × hillieri,
P. × h. 'Spire',
P. litigiosa,
P. mume (manchmal),
P. pilosiuscula,
P. p. var. media,
P pleiocerasus,
P. serrula,
P. serrulata 'Yo-nioi',
P. s. 'Kokonoye-sakura',
'Okiku-sakura',
● 'Mikuruma-gaeshi',
P. setulosa,
P. sibirica,
● P. subhirtella
'Autumnalis',
● P. s. 'Fukubana',
'Grandiflora',
● 'Rosea',
● 'Stellata',

● P. subhirtella ×
yedoensis 'Pandora',
P. s. × y. 'Hally Jolivette',
P. tatsiensis,
P. t. var. stenadenia,
P. webbii (manchmal);
c)
P. cansuensis,
P. cerasifera 'Hollywood',
● P. persica,
P. p. 'Ackerman Readleaf',
'Alba',
'Alboplena',
'Aurea',
'Aurora',
'Burbank',
'Camelliifolia',
'Dianthiflora',
'Duplex',
'Florentina',
'Helen Borchers',
'Iceberg',
'Magnifica',
'Palace Peach',
'Purpurea',
'Rubroplena',
'Russel's Red',
P. pseudocerasus,
P. p. 'Cantabrigiensis'

Stamm, Zweige und Wurzelsystem

Stämme der baumartigen Typen sind gerade, oft schlank bis dünn, selten dicker, Rinde in der Jugend glatt mit auffallenden Lentizellen, im Alter zerspringt sie und löst sich ab. Folgende Arten haben eine auffallende Zweig- und Stammrinde (Borke):

Graugelb
P. canescens (beim Ablösen unten hellbraun), P. gracilis.
Graubraun
P. ssiori (duftend).
Braungelb
P. maackii (glänzend).
Rotbraun
P. armeniaca und Sorten (glänzend), P. avium und Sorten, P. cerasus und Sorten, P. munsoniana, P. × orthosepala, P. salicina (glänzend), P. serrula (glänzend).
Braun
P. canescens (glänzend, aber erst nach dem Ablösen der oberen graugelben Rinde), P. cornuta (glänzend), P. hortulana (dunklere Tönung), P. padus und Sorten, P. serotina und Sorten (dunklere Tönung).

Im Alter löst sich die Rinde mancher Stämme papierartig in malerischen waagerechten Streifen und rollt sich ein:

P. avium und Sorten, P. canescens (die graugelbe obere Rindenschicht löst sich ab und ermöglicht der glänzend braunen Unterschicht hervorzutreten), P. cerasus und Sorten, P. maackii (in großen Stücken), P. serrula.

Hauptäste meist dick und starr; Zweige ebenfalls dick, bei den Weichseln und allen überhängenden Typen dünner und biegsamer. Bedeutsam ist auch die Bedornung, die manchmal die Verwendbarkeit beeinflußt. Viele Arten sind unbewehrt oder fast unbewehrt. Bedornung kann man bei folgenden Arten (Sorten) feststellen:

Wenig dornig
P. alleghaniensis, P. × *amygdali-persica, P. angustifolia, P. bucharica, P. mahaleb* und Sorten, *P. ursina.*

Mittelstark dornig
P. americana, P. angustifolia var. *watsonii, P. cerasifera* sowie Sorten und Varietäten, *P. curdica, P. petunnikowii, P. webbii.*

Stark dornig
P. cocomilia, P. fenzliana, P. mongolica, P. spinosa und Sorten, *P. tangutica.*

Wurzelsystem aller Arten, der Bäume und Sträucher, ist lang und reich verzweigt, mit reichem Haarwurzelbesatz. Die meisten baumartigen Typen bilden in tiefgründigen Böden eine lange Pfahlwurzel; wenn sich die Wurzel nicht ausreichend verlängern kann, dann verzweigt sie sich umso mehr. Bäume sind im Boden gut verankert, leiden nicht unter Windbruch; einige Arten eignen sich zur Befestigung verschiedener (auch schottriger) Abhänge, Ufer usw.

Ansprüche

Alle Arten lieben sonnige Lagen und vertragen auch einen leichten Halbschatten. Eine Ausnahme bildet *P. laurocerasus*, der Halbschatten und Schatten bevorzugt. Tieferen Schatten vertragen auch noch *P. mahaleb, P. padus, P. serotina* und *P. virginiana.* Bodenansprüche sind unterschiedlich. Allgemein kann angeführt werden, daß die meisten Arten gut in normalen sandig-lehmigen Gartenböden wachsen und in zu tonigen, schweren, nassen und kalten Böden versagen. Leichte Böden eignen sich nicht für *P. laurocerasus*; alle anderen Arten mit traubigen Blüten und Fruchtständen (Traubenkirschen usw.) bevorzugen lockere, humose und kalkfreie Böden. Umgekehrt wachsen *P. cerasus, P. mahaleb* und weitere Weichselkirschen sehr gut auch in steinigen, schottrigen, sandigen, ar-

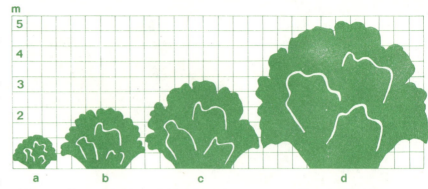

Abb. 197   Typ „triloba II"

a)
● *P. fruticosa,*
P. gravesii,
P. japonica var. *nakai;*

b)
P. × *arnoldiana,*
P. avium 'Nana',
P. bifrons,
P. bucharica,
P. cerasus 'Umbraculifera',
P. concinna,
● *P. glandulosa,*
P. g. 'Alba',
● 'Alboplena',
● 'Sinensis',
P. japonica,
P. j. 'Engleri',
'Kerii',
'Thunbergii',
P. monticola,
P. × *orthosepala,*
P. pedunculata,
P. pilosa,
P. reverchonii,
P. tomentosa,
P. t. var. *endotricha,*
'Leucocarpa',
P. triloba,
P. t. f. *simplex,*
'Petzoldii';

c)
P. apetala,
● *P. armeniaca* (manchmal),
P. baldschuanica,
P. brigantina,
P. cerasus 'Semperflorens',
P. × *cistena,*
P. dielsiana,
P. emarginata,
P. fenzliana,
P. jacquemontii,
P. laurocerasus

'Fiesseriana',
P. l. 'Serbica',
P. mexicana,
P. mongolica,
P. ursina;

d)
P. americana,
P. × *amygdalopersica,*
P. × *a.* 'Pollardii',
P. persica 'Ispahan',
P. tangutica

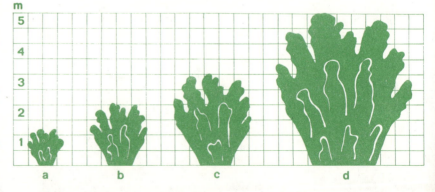

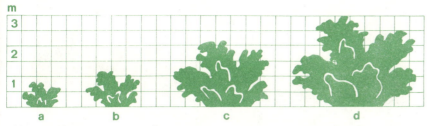

men und trockenen Böden. Einen trockenen Standort vertragen hauptsächlich *P. cerasifera, P. cerasus, P. mahaleb, P. serotina, P. spinosa, P. tenella.* Eine angemessene feuchte Erde brauchen *P. avium* (Trockenheit nur in schweren Böden), *P. domestica, P. laurocerasus, P. padus, P. virginiana* usw. Alle Arten (außer den schon angeführten traubenblütigen) sind kalkliebend. Aprikosen und Pfirsichbäume verlangen leichtere Sandböden, Mandelbäume gleichfalls, aber zugleich auch tiefere und nahrhafte. Pflaumen und Kirschpflaumen wachsen in jedem Boden, wenn er nicht zu tonig ist. Alle angeführten Arten sind unter mitteleuropäischen Bedingungen hart, wobei wir den meisten Mandel- und Pfirsichbäumen sowie auch Aprikosen, geschützte und wärmere Lagen aussuchen müssen. Das gleiche gilt für höhere Lagen bei *P. laurocerasus,* der in stärkeren schneearmen Wintern Frostschäden aufweisen kann (besonders die großblättrigen Sorten), aber immer wieder gut durchtreibt. Fast alle angeführten Arten vertragen verunreinigte Luft befriedigend; zu den härtesten gehören *P. laurocerasus, P. mahaleb, P. padus, P. persica, P. serotina, P. spinosa* und *P. tenella.*

Abb. 199 Typ „laurocerasus"
a)
P. curdica;
b)
P. angustifolia var. *watsonii*,
P. mahaleb 'Monstrosa',
P. mugus,
P. persica 'Nana';
c)
P. × *dunbarii*,
P. gracilis,
P. incana,
P. laurocerasus 'Compacta',
P. l. 'Microphylla',
● 'Schipkaensis',
'Van Nes',
'Variegata',
P. maritima,
P. persica 'Versicolor',
P. pilosiuscula (manchmal),
P. pseudoarmeniaca,
● *P. spinosa*,
● *P. s.* 'Plena',
'Purpurea',
'Variegata';
d)
P. alleghaniensis,
P. angustifolia,
P. cocomila (manchmal),
● *P. insititia* (manchmal),
● *P. laurocerasus*,
P. l. 'Angustifolia',
'Colchica',
'Latifolia',
'Magnolifolia',
'Ottinii',
'Otto Luyken',
● 'Reynvaanii',
● 'Schipkaensis' (manchmal),
● 'Schipkaensis Macrophylla',
'Versailensis',
P. pensylvanica,
P. p. var. *saximontana*,
P. sargentii 'Accolade',
P. webbii

Pflege

Pflanzung im unbeblätterten Zustand im Herbst oder Vorfrühling, den immergrünen *P. laurocerasus* immer mit Wurzelballen und am besten im Frühling. Den sommergrünen Arten werden bei der Pflanzung die Einjahrstriebe um $2/3$ zurückgeschnitten. In den weiteren Jahren begrenzt sich der Schnitt auf das Entfernen kranker und störender Äste und Zweige. Ein stärkeres Zurückschneiden überalterter Exemplare ist nicht erfolgreich (Gummifluß, kompliziertes Formen einer neuen Krone); eine rechtzeitige Neupflanzung ist vorteilhafter. Bei Zier-

Abb. 198 Typ „tenella"
a)
P. kurilensis,
P. × *skinneri*,
P. × *s.* 'Baton Rouge',
P. tenella 'Speciosa',
P. virginiana 'Nana';
b)
P. canescens,
P. cerasifera 'Hessei',
P. c. 'Louise Asselin',
P. humilis,
● *P. kurilensis* 'Brillant',
P. petunnikowii,
P. pumila var. *susquehanae*,
P. setulosa, P. sweginzowii,
● *P. tenella*,
● *P. t.* 'Alba',
var. *campestris*, 'Fire Hill';
c)
P. davidiana,
P. d. 'Alba',
var. *potaninii*, 'Rubra',
P. × *eminens*,
P. laurocerasus 'Camelliifolia',
● *P. l.* 'Caucasica',
P. serrulata 'Ito-kukuri',
● *P. s.* 'Kiku-sakura',
'Taizanfukan',
● *P. subhirtella* 'Autumnalis' (manchmal),
● *P. virginiana* (manchmal),
P. v. var. *demissa*,
var. *melanocarpa*,
'Xanthocarpa';
d)
P. nipponica,
● *P. persica* 'Klara Mayer'

Abb. 201   Blätter *Prunus*
a)
P. americana,
P. avium,
P. brigantina,
P. nigra,
P. pseudocerasus;
b)
P. alabamensis,
P. mandshurica,
P. serrulata,
P. yedoensis;
c)
P. sericea,
P. virginiana;
d)
P. avium (manchmal),
P. cerasus,
P. × goudounii;
e)
P. dawyckensis,
P. maximowiczii;
f)
P. macradenia,
P. szechuanica;
g)
P. cornuta;
h)
P. cyclamina;
i)
P. mugus;
j)
P. subhirtella;
k)
P. vaniotii;
l)
P. microcarpa,
P. mongolica,
P. prostrata;
m)
P. tomentosa;
n)
P. ssiori;
o)
P. wilsonii;
p)
P. serotina,
P. vaniotii var. potaninii
(Quadrat 1 × 1 cm)

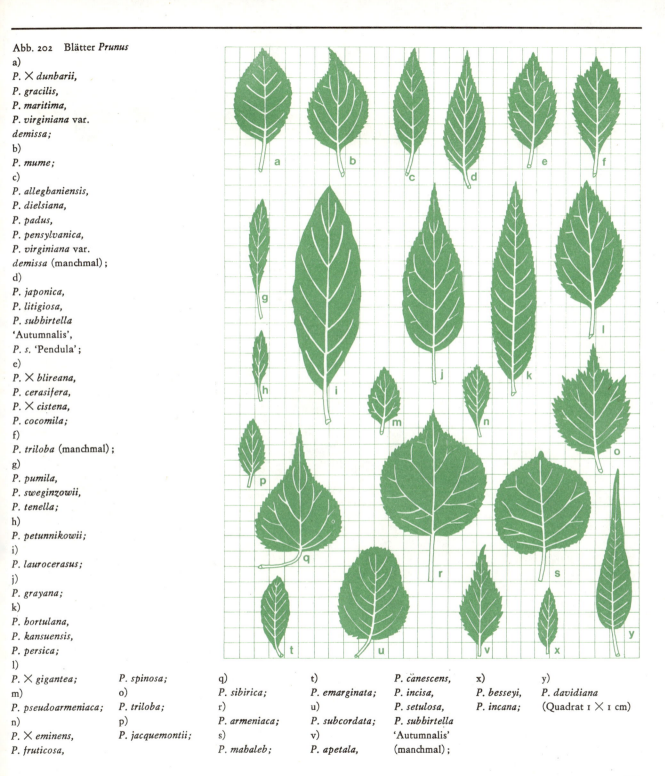

Abb. 202 Blätter *Prunus*
a)
P. × *dunbarii*,
P. gracilis,
P. maritima,
P. virginiana var. *demissa*;
b)
P. mume;
c)
P. alleghaniensis,
P. dielsiana,
P. padus,
P. pensylvanica,
P. virginiana var. *demissa* (manchmal);
d)
P. japonica,
P. litigiosa,
P. subhirtella 'Autumnalis',
P. s. 'Pendula';
e)
P. × *blireana*,
P. cerasifera,
P. × *cistena*,
P. cocomila;
f)
P. triloba (manchmal);
g)
P. pumila,
P. sweginzowii,
P. tenella;
h)
P. petunnikowii;
i)
P. laurocerasus;
j)
P. grayana;
k)
P. hortulana,
P. kansuensis,
P. persica;
l)
P. × *gigantea*;
m)
P. pseudoarmeniaca;
n)
P. × *eminens*,
P. fruticosa,
P. spinosa;
o)
P. triloba;
p)
P. jacquemontii;
q)
P. sibirica;
r)
P. armeniaca;
s)
P. mahaleb;
t)
P. emarginata;
u)
P. subcordata;
v)
P. apetala,
P. canescens,
P. incisa,
P. setulosa,
P. subhirtella 'Autumnalis' (manchmal);
x)
P. besseyi,
P. incana;
y)
P. davidiana
(Quadrat 1 × 1 cm)

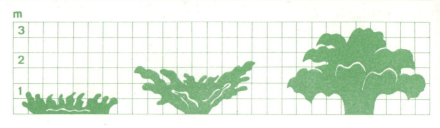

Abb. 200
A) Typ „prostrata"
P. *besseyi*,
P. *microcarpa*,
P. *m.* var. *diffusa*,
P. *prostrata*,
P. *p.* var. *brachypetala*,
var. *concolor*,
var. *glabrifolia*, var. *incana*,

● P. *pumila*,
P. *p.* var. *depressa*,
P. × *utahensis*

B) Typ „zabeliana"
P. *laurocerasus*
'Mischeana',
P. *l.* 'Rotundifolia',
● 'Zabeliana'

C) Typ „moerheimii"
● P. × *blireana*,
● P. × *b.* 'Moseri',
P. *incisa* 'February Pink',
P. *virginiana* 'Pendula',
P. × *yedoensis* 'Moerheimii'

Abb. 204 Blüten *Prunus*
Halbgefüllt
a)
P. *blireana* 'Moseri',
P. *japonica* 'Kerri',
P. *persica* 'Iceberg';

b)
P. × *blireana*,
P. *persica* 'Aurora',
P. *p.* 'Burbank',
'Dianthiflora',
'Helene Borchers',
P. *serrulata* 'Ammanogawa',
P. *s.* 'Ito-kukuri',
P. *subhirtella*
'Autumnalis',
P. *s.* 'Pendula',
'Pendula Lanceolata';

c)
P. *sargentii* 'Accolade',
P. *serrulata* 'Fugenzo',
'Hisakura' (manchmal),
'Ichiyo',
'Shujaku',
'Taoyoma Sakura',
'Yoemurasaki',
'Yedo-sakura',
P. *subhirtella* 'Stellata';

d)
P. *serrulata* 'Botan-sakura' (manchmal),
P. *s.* 'Fukurokuju',
'Hokusai',
'Horinji',
'Ko-konoye-sakura',
'Shimidsu-sakura',
'Sumizome',
'Takasago',
'Udzusakura',
'Ukon';

e)
P. *serrulata* 'Shirotae'
(manchmal)

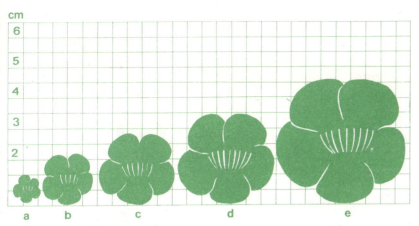

Abb. 203 Blüten *Prunus*
Einfach
a)
P. alabamensis,
P. angustifolia,
P. cerasifera var. *divaricata*,
P. cornuta,
P. emarginata,
P. gracilis,
P. grayana,
P. × *laucheana*,
P. laurocerasus, Sorten,
P. maackii,
P. maritima,
P. reverchonii,
P. salicifolia,
P. sericea,
P. serotina, Sorten,
P. ssiori,
P. vaniotii,
P. virens,
P. virginiana,
Sorten und Varietäten,
P. wilsonii;

b)
die meisten Arten, Kreuzungen, Varietäten, Formen und Sorten;

c)
P. americana,
P. armeniaca, Sorten,
P. avium, Sorten außer 'Plena',
P. baldshuanica,
P. bucharica,
P. cerasus,
die meisten Sorten,
P. changyangensis,
P. concinna,
P. dasycarpa,
P. davidiana,
Sorten und Varietäten,
P. dulcis,
P. d. 'Purpurea',
P. fenzliana,
P. × *goudounii*,
P. × *hillieri*, Sorten,
P. incana,
P. incisa,
P. kurilensis, Sorte,
P. litigiosa,
P. mandshurica,
P. mira,
P. mongolica,
P. mume,
P. m. 'Alba',
'Pendula',
P. nigra,
P. nipponica,
P. petunnikowii,
P. serrulata 'Benden',
P. s. 'Hatasakura',
'Yo-nioi',
'Taki-nioi',
P sibirica,
P. × *skinneri*,
P. subhirtella,
P. s. var. *ascendens*,
P. s. 'Rosea',
P. subhirtella × *yedoensis*
'Pandora',
P. sweginzowii,
P. tatsiensis,
P. tenella, Sorten,
P. triloba f. *simplex*;

d)
P. cyclamina,
P. dielsiana,
P. persica 'Klara Mayer',
P. sargentii,
P. serrulata 'Fudansakura',
'Gioiko',
'Hisakura',
'Washi-no-o',
P. speciosa,
P. subhirtella
'Grandiflora',
P. × *yedoensis*, Sorten;

e)
P. × *amygdalo-persica*,
Sorten,
P. × *judii*,
P. serrulata
'Botan-sakura',
P. s. 'Ojochin',
'Ruiran';

f)
P. serrulata
'Mikuruma-gaeshi',
P. s. 'Shirotae',
'Tai Haku'

kirschen und -mandeln, besonders bei *P. triloba,* werden nach dem Abblühen alle Einjahrstriebe kurz zurückgeschnitten, damit sich kräftige Blütentriebe für das nächste Jahr entwickeln. Das wirkt auch vorbeugend gegen chronisches Eintrocknen der Triebspitzen. Pflaumen, Kirschpflaumen, Aprikosen und alle traubenblütigen Vertreter einschließlich des Kirschlorbeers sollte man überhaupt nicht schneiden. Kirschlorbeer verträgt einen Schnitt sehr gut, er ist aber überflüssig. Ein Verpflanzen älterer Exemplare vertragen alle Arten schlecht, meist ist das auch überflüssig, da die gartengestalterisch wichtigsten Arten, wie z. B. *P. serrulata* u. a. relativ kurzlebig sind (20–25 Jahre je nach der ausgewählten Unterlage). Besser ist also eine rechtzeitige Neupflanzung. Bei jungen Pflanzungen von *P. laurocerasus* muß für Winterschutz der Wurzeln und Schutz gegen die winterliche Sonne, die auch die Stämme anderer Arten beschädigen kann (Gummifluß), gesorgt werden.

Von den häufigeren Krankheiten soll die *Monilia*-Blütenfäule und Spitzendürre genannt werden; sie verursacht Blütenfäule, Vertrocknen der Früchte und Spitzendürre (Sauerkirschen und Mandelbäumchen nach dem Abblühen ständig kräftig schneiden, vor dem Blattaustrieb und dem Blühbeginn mit Captan-Präparaten spritzen und Fruchtmumien entfernen). Weiter zu erwähnen ist der *Pseudomonas*-Rindenbrand, der mit Blattflecken anfängt und anschließend auf den Kurztrieben, Zweigen, Ästen und dann auch Stämmen die Rinde aufreißt, Nekrosen entwickelt und Gummifluß verursacht (stark befallene Gehölze vernichten, wiederholte Behandlungen mit Kupferpräparaten als Spätwinter- oder Blattfallspritzungen durchführen). Der gefürchtete Gummifluß ist oft die Folge von Frostschäden und Frosttafeln im Holz und der Rinde

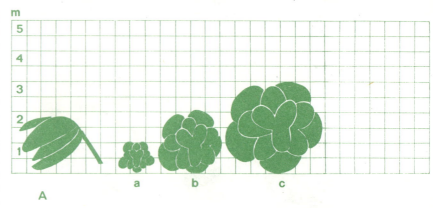

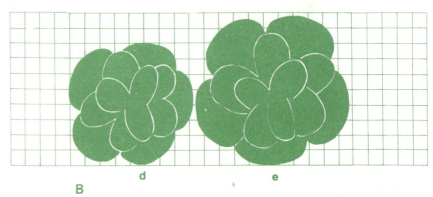

Abb. 205 Blüten *Prunus*
A) glockig
P. canescens,
P. mugus,
P. persica 'Aurea',
P. p. 'Windle Weeping'
B) gefüllt
a)
P. spinosa 'Plena';
b)
P. glandulosa 'Alboplena',
P. g. 'Sinensis',
P. persica 'Alboplena',
P. p. 'Duplex',
'Rubraplena',
'Russel's Red',
'Versicolor';
c)
P. avium 'Plena',
P. cerasus 'Persiciflora',
P. c. 'Plena',
'Rhexii',
P. dulcis 'Alba Plena',
'Alboplena',
P. m. 'Alphandii',
P. persica 'Camelliifolia',
P. p. 'Florentine',
'Magnifica',
'Palace Peach',
P. serrulata 'Daikoku',
P. s. 'Kikusakura',
'Kiku-shidare-sakura',
P. subhirtella 'Fukubana',
P. s. 'Pendula Plena Rosea';
d)
P. × *arnoldiana,*
P. serrulata 'Asano',
P. s. 'Shirofugen,'
'Taizanfukan',
P. dulcis 'Rosea Plena',
P. triloba,
P. t. 'Petzoldii';
e)
P. serrulata 'Kanzan',
P. s. 'Okikusakura',
'Pink Perfection'

Abb. 206 Blütenstand *Prunus*
A) einzelne aufrechte Blüte
a)
P. apetala (manchmal),
P. × *arnoldiana*,
P. bifrons,
P. × *blireana* 'Moseri',
P. bokhariensis,
P. cerasifera, Sorten und Varietäten,
P. × *cistena*,
P. concinna,
P. curdica,
P. domestica (manchmal),
P. × *gigantea*,
P. glandulosa, Sorten,
P. gravesii,
P. gymnodonta,
P. × *hillieri*, Sorten,
P. humilis,
P. incana (im Durchmesser etwa 1 cm),
P. jaquemontii (selten),
P. mugus,
P. persica, Sorten außer 'Burbank', 'Camelliifolia', "Dianthiflora',
P. prostrata, Varietäten,
P. setulosa,
P. simonii,
P. spinosa, Sorten,
P. tomentosa,
P. ursina,
P. webbii

b)
P. × *amygdalo-persica*,
P. armeniaca, Sorten außer 'Ansu' (meist auch kleinerer Durchmesser),
P. × *blireana*,
P. bucharica (auch kleinerer Durchmesser),
P. dasycarpa (auch kleinerer Durchmesser),
P. davidiana, Sorten und Varietäten,
P. dulcis, Sorten,
P. kurilensis,
P. mandshurica,
P. mira (auch kleinerer Durchmesser),
P. mongolica (auch kleinerer Durchmesser),
P. mume, Sorten,
P. pedunculata,
P. petunnikowii,
P. persica 'Burbank' (auch größere Blüten),
P. p. 'Cameliifolia' (auch größere Blüten),
'Dianthiflora' (auch größere Blüten),
P. pilosa,
P. serrulata, die meisten Sorten und Varietäten,
P. sibirica,
P. × *skinneri*,
P. subhirtella × *yedoensis* 'Pandora',
P. s. × *ye.* 'Hally Jolivette',
P. sweginzowii,
P. tangutica,
P. tenella, Sorten und Varietät,
P. triloba

B) einzelne hängende Blüte
P. serrula

der Bäume (wir schützen die Bäume im Winter vor größeren Temperaturschwankungen, vor allem vor der winterlichen Sonne). Vereinzelt erscheint auf der Belaubung die Sprühfleckenkrankheit; bei stärkerem Befall kommt es zum vorzeitigen Blattfall (ab Mai wiederholte Spritzungen mit Captan-, Metiram-, Propineb- oder anderen Kontaktfungiziden). Ähnlich werden auch Blattfleckenkrankheiten an Lorbeerkirschen (*Cercospora*-, *Coryneum*-, *Gloeosporium*-, *Phyllosticta*-, *Phyllachora*- und *Septoria*-Arten) bekämpft. *Prunus avium*, *P. laurocerasus* und *P. persica* werden besonders von der Schrotschußkrankheit befallen, bei der runde Blattflecken entstehen, die später ausfallen (Captan-, Propineb-, Metiram- oder andere Kontaktfungizide einsetzen). An *Prunus triloba* verursacht der *Botrytis*-Grauschimmel ähnliche Symptome wie die *Monilia*-Spitzendürre (Dichlofluanid-, Thiram- oder Benomyl-Präparate anwenden). Von den wichtigsten Schädlingen müssen die Raupen der Gespinstmotten genannt werden, die im Frühjahr sehr intensiv fressen und oft den ganzen Baum in ein Gespinst einhüllen. Für den Obstbau bedeutsam sind die Kirschfruchtfliege und Pflaumensägewespe. In der Nähe von Obstanbaugebieten sind Wirtspflanzen der virösen Scharkakrankheit wie *Prunus cerasifera*, *P. spinosa* und *P. triloba* nicht zu pflanzen.
Unter Wildverbiß leidet nur *P. mahaleb* in der Jugend.

Verwendung

Von den baumartigen Typen eignen sich die am schönsten blühenden Arten, wie z. B. *P. serrulata*, *P. sargentii*, *P. padus*, *P. serotina* und viele andere besonders für Solitärstellung oder als Vorpflanzung vor höheren Gruppen. Für gemischte Gruppen sind sie zu wertvoll, obwohl sie mit allen Laubgehölzen harmonieren. Eine ausfüllende oder abdeckende Funktion haben hauptsächlich *P. mahaleb, P. avium, P. cerasus* usw. Die Obstgehölze *P. avium* und *P. cerasus* werden in Garten- und Parkanlagen nur wenig verwendet, können aber in größeren Anlagen als belebendes Element der Gruppenränder und in kleineren Gärten als eine dekorative und zugleich obstbaulich nutzbare Dominante wirken. Ausgesprochene Solitärpflanzen sind auch alle Wuchstypen, besonders der „Pendula-", „Weeping-", „Fastigiata-", „Cartilaginea-", „Fugenzo-" und „Triloba I-Typ". Hängetypen kommen besonders in der Nähe von Gebäuden, Eingängen, Treppen und Bänken und die Säulentypen in Alleen (ähnlich wie der „Serrulata-Typ") zur Geltung. Als Straßenbäume eignen sich auch kleinkronige Typen (z. B. *P. padus* 'Schloß Tiefurt' u. a.). Der „Fugenzo-Typ" ist ein Solitär für Rasenflächen an Wegkreuzungen oder für moderne Terrassen in Gebäudenähe, ähnlich wie der „Triloba I-Typ", der sich außerdem, wie die meisten strauchigen Typen, für Kombinationen mit Staudenpflanzungen eignet. Manche Strauchtypen, wie z. B. der „Triloba II-", „Tenella-", „Moerheimii-" und „Prostrata-Typ", beleben sehr gut Heide- und Steingärten. Die immergrüne Lorbeer-Kirsche, *P. laurocerasus,* bildet unter höheren, nicht zu dichten Bäumen sehr schöne Bestände und eignet sich für freiwachsende und geschnittene Hecken. Für geschnittene Hecken kann auch *P. mahaleb* verwendet werden. Fast alle Strauchtypen eignen sich für freiwachsende Hecken. Alle Arten, die trockene, schottrige bzw. arme Böden vertragen, können auf Abhängen verwendet werden; sie festigen das Terrain und zur Blüte- und Fruchtzeit wirken sie noch dekorativ. Die wärmeliebenden Mandel-, Pfirsich- und Aprikosenbäume werden in Gebieten mit Weinbauklima erfolg-

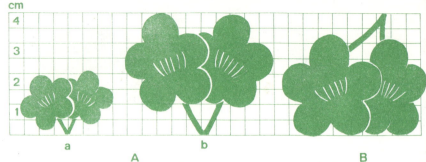

Abb. 207 Blütenstand *Prunus*
A) Blüten zu zweit
a) die meisten Arten, Kreuzungen, Varietäten, Formen und Sorten;
b) *P. americana,*
P. apetala (oft auch kleinerer Blütenstand),
P. armeniaca 'Ansu',
P. baldschuanica,
P. dulcis, Sorten (manchmal auch breiterer Blütenstand),
P. × *juddii,*
P. litigiosa,
P. mira,
P. mume, Sorten (manchmal auch doppelt so breiter Blütenstand),
P. nipponica,
P. × *orthosepala,*
P. persica 'Burbank', 'Camelliifolia' 'Dianthiflora' (manchmal),
P. pilosiuscula,
P. sargentii (auch breiterer Blütenstand),
P. tatsiensis,
P. triloba

B) hängende Blüten zu zweit
P. incisa

Abb. 208 Blütenstand *Prunus*
Blüten zu dritt
a) *P.* × *dunbarii* (manchmal),
P. gravesii (manchmal),
P. japonica, Sorten (manchmal auch kleinerer Blütenstand),
P. maritima,
P. microcarpa, Varietäten,
P. pensylvanica,
P. salicina,
P. simonii (manchmal),
P. ursina (manchmal auch breiterer Blütenstand);
b) *P. consociiflora* (auch kleinerer Blütenstand),
P. dielsiana,
P. domestica,
P. kurilensis (manchmal),
P. k. 'Brillant',
P. litigiosa (manchmal),
P. nigra,
P. petunnikowii (manchmal),
P. pilosiuscula,
P. serrulata, die meisten Sorten und Varietäten (manchmal auch breiter),
P. × *skinneri,*
P. sweginzowii,
P. tatsiensis (manchmal auch kleinerer Blütenstand),
P. tenella, Sorten und Varietät,
P. × *yedoensis* 'Moerheimii'

versprechend angebaut. Viele Arten lassen sich auch als Vasenschmuck im Winter antreiben (z. B. *P. kurilensis* 'Brillant' u. a.).

Pseudosasa MAK. (Gramineae)

Immergrüne Bambusarten mit kriechendem Wurzelstock. Es sind 3 Arten aus Ostasien bekannt. Für Mitteleuropa hat nur eine Bedeutung: *P. japonica* MAK. (Syn. *Arundinaria japonica* S. et Z., *Bambusa metake* SIEB.). Halme 2–3 m hoch, Blätter lanzettlich, 10–24 cm lang, 2–4 cm breit, lang zugespitzt, glänzend dunkelgrün. In Mitteleuropa winterhart, in geschützten Lagen überwintern sie ohne Schutz. Braucht einen nahrhaften, angemessen feuchten Boden. Wächst schnell und verbreitet sich mit Ausläufern. Liebhaberbedeutung.

Ptelea L. – Lederstrauch, Hopfenstrauch, Kleeulme (Rutaceae)

Sommergrüne aromatische Sträucher; 7 bis 10 Arten in Nordamerika und Mexiko. Für Mitteleuropa haben nur folgende Bedeutung: *P. baldwinii* TORR. et A. GRAY (Syn. *P. angustifolia* BENTH.), *P. polyadenia* GREENE und ● *P. trifoliata* L. (Abb. 187 b). Kugelige Sträucher bis 5 m hoch. Rinde gelbbraun, drüsig punktiert, bitter. Blätter wechselständig, 3zählig, mit länglich eiförmigen Blättchen, 3 bis 10 cm lang, ganzrandig oder leicht gekerbt, dunkelgrün. Blüten klein, polygam, grünlich weiß, 4–5zählig, in endständigen Doldentrauben. Früchte

Abb. 209   Blütenstand *Prunus*
Büschel zu 4–6 Blüten
a)
P. angustifolia (manchmal),
P. a. var. *watsonii* (auch kleinerer Blütenstand),
P. × *eminens* (manchmal),
P. fruticosa, Sorten (manchmal),
P. gracilis (auch kleinerer Blütenstand),
P. munsoniana (manchmal),
P. reverchonii (manchmal),
P. subcordata;

b)
P. alleghaniensis,
P. besseyi (manchmal auch kleinerer Blütenstand),
P. brigantina (manchmal),
P. canescens, cerasus, Sorten,
P. changyagensis (manchmal auch breiterer Blütenstand),
P. caclamina (manchmal auch breiterer Blütenstand),
P. dawyckensis,
P. dielsiana (manchmal auch breiterer Blütenstand),
P. fenzliana,
P. × *fontanesiana,*
P. × *hillieri,* Sorten (manchmal),

P. hortulana,
P. × *juddii* (manchmal auch breiterer Blütenstand),
P. mexicana,
P. nipponica,
P. pensylvanica,
P. pleiocerasus,
P. pseudocerasus, Sorten,
P. subhirtella, Sorten außer 'Stellata' (auch breiterer Blütenstand),
P. webbii;
c)
P. americana,
P. avium, Sorten außer 'Plena',
P. × *goudounii,*
P. × *schmittii,*
P. speciosa

Abb. 210 Blütenstand
Prunus
A) hängende Blüten zu dritt
P. incisa,
P. sargentii × *subhirtella* 'Accolade' (manchmal auch breiterer Blütenstand),
P. serrula

B) hängende Büschel zu 4–6 Blüten
P. avium 'Plena',
P. serrulata 'Daikoku',
P. s. 'Fugenzo',
'Hisakura',
'Ichiyo',
'Shimidsu-sakura',
'Shirofugen',
'Shirotae'

A

B

Abb. 212 Blütenstand
Prunus
A) Büschel zu 6–10 Blüten
P. emarginata,
P. mahaleb, Sorten (auch breiterer Blütenstand),
P. maximowiczii

B) dichte aufrechte Traube
a)
P. virginiana var. *melanocarpa*;
b)
P. padus 'Stricta'

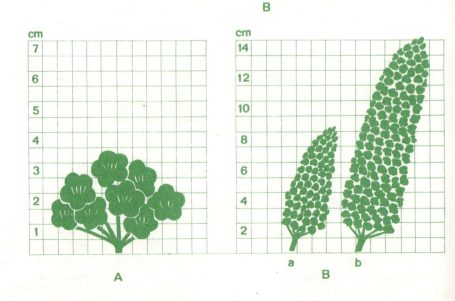

210

Abb. 211 Blütenstand *Prunus* Kurze Traube
a) *P. maackii*, *P. macradenia*, *P. szechuanica*; *P. conadenia*,
b) *P. × yedoensis*, Sorten außer 'Moerheimii' (oft noch etwas breiter);
c) *P. subhirtella* 'Stellata'

sehr dekorative, zusammengedrückte, meist breit geflügelte Nüßchen. Zu *P. trifoliata* gehören folgende Varietäten und Sorten: 'Aurea' mit ausdauernd lebhaft gelben Blättern, 'Fastigiata' mit streng aufrechtem Wuchs, var. *mollis* TORR. et GRAY mit breiteren an der Unterseite filzigen Blättchen, 'Monophylla' mit nur 1 aus Blättchen bestehendem Blatt, 'Pentaphylla' mit 3 bis 5 schmaleren Blättchen und f. *pubescens* (PURSH) Voss., mit mattgrünen Blättern, ohne Glanz.

Wächst in jeder Lage und in jedem Boden, am besten gedeiht *Ptelea* in voller Sonne und auf feuchteren Standorten. Trockenheit wird gut vertragen, Schatten und verunreinigte Luft ebenfalls. Nur in strengen Wintern und ungünstigen Lagen treten Frostschäden auf. Leidet nicht unter Krankheiten und Schädlingen (selten erscheinen Blattfleckenkrankheiten). Vor Wildverbiß sind die Sträucher zu schützen. Eignet sich hauptsächlich für größere Anlagen als Füll- und Deckgehölz. *Ptelea trifoliata* besitzt wegen seiner Anspruchslosigkeit Bedeutung als Pioniergehölz, vor allem auf leichten Böden.

Abb. 213 Blütenstand *Prunus*
A)   dichte hängende Traube
a)
P. laurocerasus, Sorten (manchmal);
b)
P. grayana, P. × *laucheana*;
c)
P. cornuta,
P. laurocerasus, Sorten,
P. padus, Sorten außer 'Stricta',
P. sericea, P. vaniotii, P. wilsonii

B)   lockere hängende Traube
a)
P. virginiana,
Sorten und Varietäten
außer var. *melanocarpa*;
b)
P. virens;
c)
P. alabamensis, P. salicifolia,
P. serotina, Sorten;
d)
P. ssiori

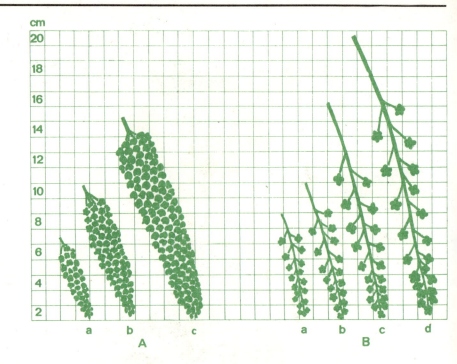

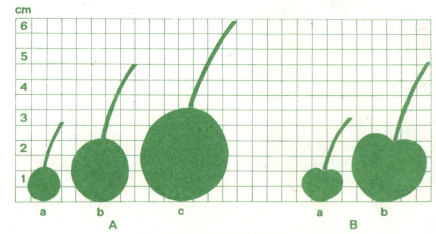

Abb. 215 Früchte *Prunus*
A)   einzeln und kugelig
a)
P. curdica,
P. glandulosa, Sorten,
P. gravesii,
P. incana,
P. kurilensis,
P. pendunculata,

P. pilosa,
P. prostrata, Varietäten,
P. serrulata var.
spontanea (die anderen
Sorten und Varietäten
fruchten nur vereinzelt),
P. tomentosa,
P. triloba;

b)
P. bucharica,
P. × *cistena*,
P. humilis,
P. jacquemontii,
P. sibirica,
P. spinosa, Sorten,
P. tenella var. *campestris*,
P. t. 'Albiflora';
c)
P. apetala,
P. cerasifera, Sorten,
P. dasycarpa,
P. mandshurica,
P. mira,
P. mume, manche Sorten,
P. munsoniana,
P. ursina

B)   einzeln und herzförmig
a)
P. bifrons;
b)
P. webbii

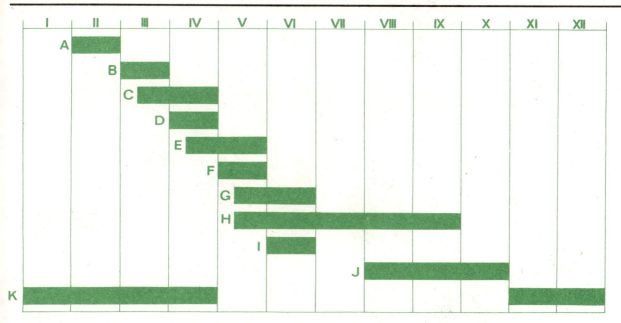

Abb. 214 Blütezeit *Prunus*

A) *P. incisa* 'February Pink' (je nach Witterung), *P. kansuensis* (je nach Witterung);

B) *P. bucharica*, *P. davidiana*, Sorten, *P. fenzliana*, *P. incisa* 'February Pink', *P. mongolica*, *P. pseudocerasus*, *P. tangutica*;

C) *P. baldschuanica*, *P. cerasifera*, Sorten und Varietäten außer 'Atropurpurea', *P. dasycarpa*, *P.* × *gigantea*, *P. incisa*, *P. triloba*, *P.* × *yedoensis*;

D) *P. alabamensis*, *P. alleghaniensis*, *P. armeniaca*, *P.* × *blireana*, *P. bokhariensis*, *P. cerasifera* 'Atropurpurea', *P. changyangensis*, *P. cocomilia*, *P. consociiflora*, *P. curdica*, *P. cyclamina*, *P. dawyckensis*, *P. dielsiana*, *P. domestica*, *P.* × *dunbarii*, *P. gracilis*, *P. gymnodonta*, *P.* × *hillieri*, *P. hortulana*, *P.* × *juddii*, *P. maackii*, *P. mandshurica*, *P. maritima*, *P. monticola*, *P. mume*, *P. persica*, *P. pseudoarmeniaca*, *P. salicina*, *P. sargentii*, *P. sargentii* × *subhirtella* 'Accolade', *P. sibirica*, *P. subhirtella*,

Sorten außer 'Autumnalis', *P. subhirtella* × *yedoensis* 'Pandora', *P. ursina*;

E) die meisten Arten, Kreuzungen, Sorten, Varietäten und Formen;

F) *P. besseyi*, *P. bifrons*, *P. brigantina*, *P.* × *cistena*, *P. conadenia*, *P. cornuta*, *P. emarginata*, *P. jaquemontii*, *P. laurocerasus*, *P. macradenia*, *P. mahaleb*, *P. maximowiczii*, *P. pensylvanica*, *P. pilosiuscula*, *P. prostrata*, *P. salicifolia*, *P. sericea*, *P. szechuanica*, *P.* × *utahensis*, *P. virens*, *P. wilsonii*;

G) *P. serotina*, *P. serrulata* 'Shimidsu-sakura', *P. s.* 'Taki-nioi', *P. virginiana*;

H) *P. cerasus* 'Semperflorens';

I) *P. laurocerasus* 'Schipkaensis Macrophylla' (manchmal noch einmal im Herbst);

J) *P. grayana*;

K) *P. serrulata* 'Fudansakura', *P. subhirtella* 'Autumnalis' (je nach Witterung)

Abb. 216 Früchte *Prunus*
A)   einzeln und eiförmig
a)
P. × *billieri*, Sorten;
b)
P. mongolica,
P. serrula,
P. tenella, Sorten;
c)
P. concinna,
P. davidiana, Sorten und Varietäten;
d)
P. domestica;

B)   zwei herzförmige Früchte zusammen
P. bifrons (manchmal),
P. pseudoarmeniaca

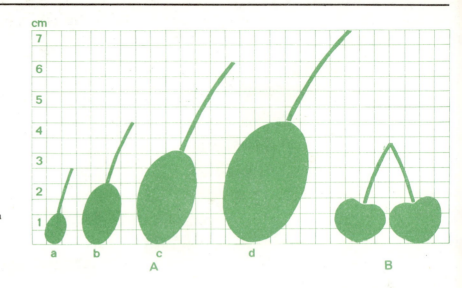

Pterocarya KUNTH – Flügelnuß *(Juglandaceae)*

Sommergrüne Bäume, Zweige mit gefächertem Mark. Es existieren 8 Arten, die in Asien und Kleinasien beheimatet sind. Für mitteleuropäische Bedingungen eignen sich: ● *P. fraxinifolia* (LAM.) SPACH (Kaukasus-Flügelnuß, Syn. *P. caucasica* A. A. MEY. – Abb. 187 c), *P. hupehensis* SKAN., *P. paliurus* BATAL., *P.* × *rehderiana* SCHNEID., *P. rhoifolia* S. et Z. und *P. stenoptera* C. DC. (Syn. *P. japonica* hort.). Bäume bis 20 m hoch (*P. hupehensis, P. paliurus* nur halb so hoch), Blätter wechselständig, unpaarig gefiedert, 20–40 cm lang, Blättchen länglich, eiförmig bis lanzettlich, zugespitzt, lebhaft oder dunkelgrün. Blüten einhäusig, in hängenden Kätzchen. Blütezeit: Mai/Juni. Fruchtstände sehr dekorativ, nickend, 20–45 cm lang, enthalten kleine, geflügelte, einsamige Nüßchen.
Am besten gedeihen diese Gehölze auf

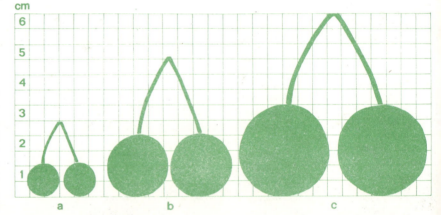

Abb. 217 Früchte *Prunus*
Zwei kugelige Früchte zusammen
a)
P. alleghaniensis,
P. fruticosa, Sorten,
P. glandulosa, Sorten (manchmal),
P. gravesii (manchmal),
P. incana (manchmal),
P. nipponica,
P. prostrata, Varietäten,
P. triloba (fruchtet aber selten);

b)
P. angustifolia,
P. besseyi,
P. × *cistena* (manchmal),
P. × *eminens,*
P. gracilis,
P. humilis,
P. jacquemontii,
P. japonica, Sorten,
P. maritima,
P. mexicana,
P. monticola,
P. reverchonii,
P. × *utahensis*;

c)
P. americana,
P. apetala (manchmal),
P. × *dunbarii,*
P. mira (manchmal),
P. mume, manche Sorten (manchmal),
P. × *orthosepala*

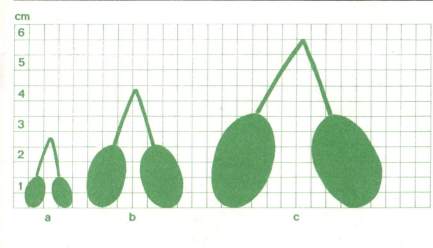

Abb. 218 Früchte *Prunus*
Zwei eiförmige Früchte zusammen
a)
P. × *hillieri*, Sorten (manchmal),
P. incisa, *P.* × *juddii*, *P. litigiosa*,
P. microcarpa, Varietäten,
P. mugus (manchmal),
P. pilosiuscula,
P. pumila, Varietäten,
P. sargentii, *P. setulosa*;
b)
P. dawyckensis,
P. japonica var. *nakai*;
c)
P. cocomilia, *P. hortulana*, *P. subcordata*

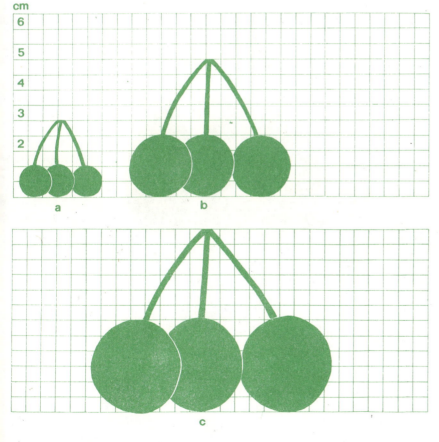

Abb. 219 Früchte *Prunus*
Drei kugelige Früchte zusammen
a)
P. kurilensis (manchmal),
P. × *yedoensis* 'Moerheimii';
b)
P. angustifolia (manchmal),
P. japonica, Sorten (manchmal),
P. maritima (manchmal),
P. tenella var. *campestris* (manchmal),
P. t. 'Albiflora' (manchmal);
c)
P. × *dunbarii*,
P. munsoniana (manchmal),
P. ursina (manchmal)

sonnigen, warmen Standorten, in tiefgründigen und feuchten Böden, eine ideale Lage ist nahe an Wasserflächen und Flüssen. Sie vertragen auch eine vorübergehende Überschwemmung. Alle angeführten Arten sind in Mitteleuropa hart, nur manchmal leiden sie unter Spätfrösten, in kalten oder zu feuchten Lagen können sie auch stärker zurückfrieren. Die Regenerationsfähigkeit ist aber ausgezeichnet. *Pterocarya*-Arten bilden malerische, aber viel Platz beanspruchende Solitärs, besonders die am häufigsten kultivierten *P. fraxinifolia* und auch *P. × rehderiana*; sie sind ausläufertreibend, so daß sich ein älterer, ausladender Baum in ein hohes, ausgebreitetes Dickicht verwandeln kann. Für Gruppen und größere Bestände eignen sie sich nicht. Kommen nur in größeren Anlagen zur Geltung.

Pteroceltis MAXIM. (Ulmaceae)

Sommergrüner Baum, in Wuchs und Beblätterung sehr ähnlich *Celtis*, von dieser Gattung vor allem durch ulmenähnliche Früchte unterschieden. Es existiert nur eine Art, *P. tatarinowii* MAXIM., in Nord- und Mittelchina. Wird bis 15 m hoch. In Mitteleuropa gänzlich winterhart. Ansprüche und Pflege wie bei *Celtis* oder *Ulmus*. Liebhaberbedeutung.

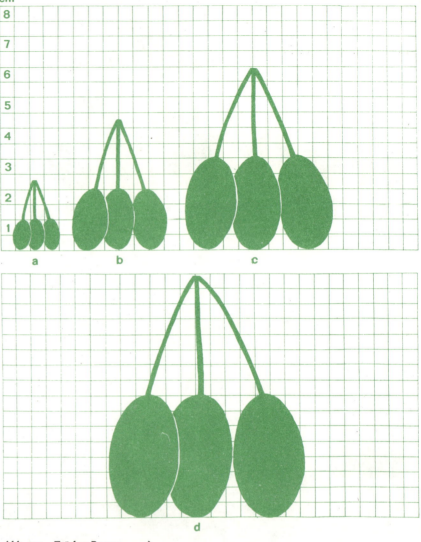

Abb. 220 Früchte *Prunus*
Drei eiförmige Früchte zusammen
a) *P. dielsiana*, *P. litigiosa* (manchmal), *P. microcarpa*, Varietäten (manchmal), *P. pilosiuscula* (manchmal);
b) *P. tenella*, Sorten (manchmal);
c) *P. nigra*;
d) *P. salicina*

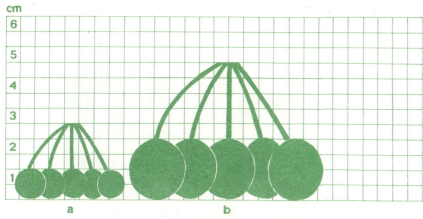

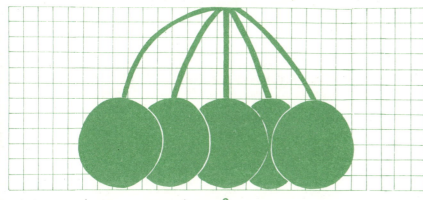

Abb. 221 Früchte *Prunus*
Vier bis sechs kugelige Früchte zusammen
a)
P. canescens,
P. changyangensis,
P. fruticosa, Sorten (manchmal),
P. mahaleb, Sorten (bis 10 Früchte zusammen),
P. maximowiczii
(bis 10 Früchte zusammen),
P. nipponica (manchmal),
P. pensylvanica;
b)
P. avium, Sorten,
P. cerasus, Sorten,
P. emarginata,
P. × *fontanesiana*,
P. gracilis (manchmal),
P. reverchonii (manchmal);
c)
P. × *goudounii*,
P. nigra (manchmal)

Pterostyrax S. et Z. – Flügelstyrax *(Styracaceae)*

Sommergrüne Bäume oder Sträucher. Es sind 4 Arten aus Ostasien bekannt. Für mitteleuropäische Bedingungen eignen sich: *P. corymbosa* S. et Z. und ● *P. hispida* S. et Z. Die erstgenannte Art ist ein 2–4 m hoher Strauch, die zweite ein 8–15 m hoher Strauch oder Baum. Blätter wechselständig, länglich eiförmig, 8–20 cm lang, sattgrün. Blüten 5zählig, weiß, duftend, in 10–20 cm langen, hängenden Rispen (bei *P. corymbosa* in lockeren, 8–15 cm langen Doldenrispen). Blütezeit: Mai/Juni. Frucht eine trockene, längliche Steinfrucht. Dieses schnell heranwachsende Gehölz eignet sich für sonnige, höchstens halbschattige warme Standorte und tiefgründige, humose, lieber leichte als zu schwere Böden. Eine übermäßige Feuchtigkeit ist nicht erwünscht. Lange Einjahrstriebe erfrieren oft, darum wird am Sommerende ihr Kürzen empfohlen (besseres Ausreifen). Ein interessantes, zur Blütezeit elegantes und auffallendes Gehölz, verwendbar in größeren Parkanlagen als Solitärpflanze.

Pyracantha M. J. Roem. – Feuerdorn *(Rosaceae)*

Immergrüne dornige Sträucher. Es sind etwa 6 Arten bekannt, die von Südosteuropa bis zum Himalajagebiet und Mittelchina verbreitet sind. Für mitteleuropäische Bedingungen haben nur zwei Arten größere Bedeutung: ● *P. coccinea* M. J. Roem. (Abb. 187 d) und *P. koidzumi* (Hayata) Rehd.
Zierwert: Laub (I–XII), Blüte (V bis VI), Früchte (VIII–XII).

Habitus

Breit ausladende, 2–3 m hohe, dornige Sträucher, vereinzelt flach wachsend (*P. koidzumii* 'Santa Cruz Prostrata') oder niedrig bleibend ('Red Elf').

Textur

Durchsichtig und etwas starr, hauptsächlich wegen der sichtbaren, starken Zweige. Während der Blüte und des Fruchtens etwas lebhafter und „weicher".

Laub

Blätter eiförmig lanzettlich, 2–4 cm lang, gesägt oder leicht gekerbt (bei *P. koidzumii* und deren Kreuzungen fast ganzrandig), dunkelgrün.

Blüte und Blütenstand

Blüten klein, 8 mm breit, 5zählig, weiß, in 3–4 cm breiten Doldentrauben. Blütezeit: Mai/Juni.

Frucht und Fruchtstand

Frucht eine kugelige (bei *P. koidzumii* und deren Kreuzungen flachkugelige), 5–6 mm dicke Apfelfrucht, die lange in den Winter am Strauch haftet.

Fruchtfarbe:

Gelb
P. Hybr. 'Soleil d'Or'; Artkreuzung: 'Shawnee' (später orangefarbene Tönung)
Orangefarben
Artkreuzung: 'Orange Charmer'
Orangerot
P. coccinea 'Lalandei', 'Orange Giant'; Artkreuzungen: 'Mohave', 'Orange Glow'
Rot
P. coccinea 'Kasan', 'Keesen', 'Koralle' (lebhaft rot), 'Red Column', *P. koidzumii* 'Santa Cruz Prostrata'; Artkreuzung: 'Red Elf'.

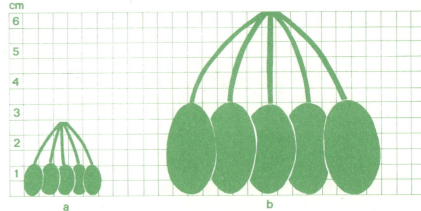

Abb. 222 Früchte *Prunus*
Vier bis sechs eiförmige Früchte zusammen
a)
P. cyclamina,
P. × *juddii* (manchmal),
P. pumila, Varietäten (manchmal),
P. subhirtella, Sorten außer 'Stellata';
b)
P. subcordata (manchmal)

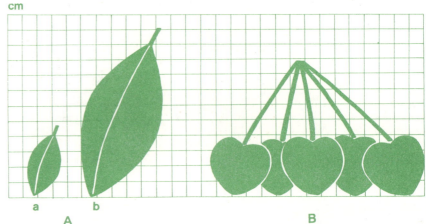

Abb. 223
Früchte *Prunus*
A) eiförmig-flache mandelartige Frucht
a)
P. petunnikowii;
b)
P. dulcis, Sorten, *P. fenzliana*, *P. simonii*

B) vier bis sechs herzförmige Früchte zusammen
P. pleirocerasus,
P. pseudocerasus

Abb. 224 Früchte *Prunus*
a) *P. brigantina*;
b) *P. amygdalopersica*, *P. kansuensis*;
c) *P. armeniaca*, Sorten, *P. persica*, Sorten

Zweige und Wurzelsystem

Triebe meist rostig oder grau behaart, bald verkahlend, braunrot oder graubräunlich. Zweige überwiegend dornig, starr und wenig verzweigt. Wurzelsystem weit flach ausgebreitet, zäh.

Ansprüche

Pyracantha-Arten wachsen gut in der Sonne und im Schatten. Sie gedeihen auf nahrhaften, schwereren, tonig-lehmigen, aber auch noch auf humosen, lehmig-sandigen Böden. Zu nasse und wenig durchlässige Standorte vertragen sie nicht. Sind kalkliebend und vertragen Trockenheit. Brauchen keinen Winterschutz. Frostschäden treten nur in strengen Wintern auf; nach einem Rückschnitt ist der Durchtrieb sehr gut. Die Sorten sind unterschiedlich hart. Verunreinigte Luft wird gut vertragen.

Pflege

Pflanzung mit Wurzelballen, am besten im Vorfrühling; bis zum Einwurzeln soll je nach Bedarf gewässert werden. Geformte Hecken werden kurz vor dem Austrieb geschnitten. Ältere Exemplare wachsen nach einem Umpflanzen nur schlecht. Von den Krankheiten und Schädlingen kommt es häufig zum Auftreten von Schorf auf Blättern und Früchten, ähnlich dem Apfel- und Birnenschorf (wiederholte Spritzungen mit Zineb-, Captan-, Thiram-, Propineb- und anderen Kontaktfungiziden; schorfwiderstandsfähige Sorten, wie 'Andenken an Heinrich Bruns' pflanzen; *Pyracantha* wird vom gefährlichen Feuerbrand befallen (Pflanzenschutzdienst informieren, befallene Gehölze roden und verbrennen.) Die Pflanzen leiden unter Wildverbiß.

Abb. 225   Früchte *Prunus*
Lockere Traube
a)
P. maackii (die einzelnen Früchte oft auch kleiner),
P. macradenia;
b)
P. conadenia,
P. × *yedoensis*, Sorten außer 'Moerheimii';
c)
P. virens,
P. virginiana, Sorten und Varietäten;
d)
P. alabamensis,
P. salicifolia (die einzelnen Früchte manchmal auch größer),
P. serotina, Sorten,
P. subhirtella 'Stellata';
e)
P. ssiori

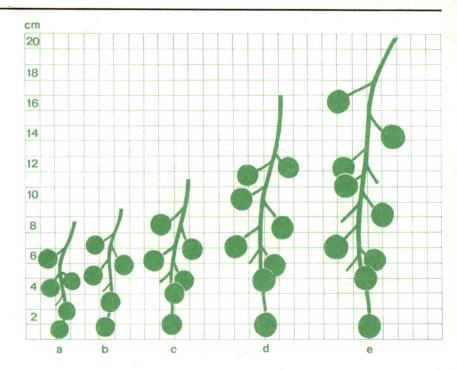

Verwendung

Pyracantha hat dekorative Blätter, Blüten und hauptsächlich Früchte. Sie bilden schöne Solitärs in Wegnähe, eignen sich auch für gemischte oder gleichartige Gruppen und können zu undurchdringlichen Dickichten zusammenwachsen. Für freiwachsende oder geschnittene Hecken sind sie ebenfalls sehr gut verwendbar. An geschützten Stellen können wir die Pflanzen zum Bedecken von Pflanzgerüsten und Lauben wie eine Kletterpflanze ausnutzen. Gut kommen sie in größeren Stein- oder Heidegärten zur Geltung, die sie besonders in den Herbst- und Wintermonaten beleben.

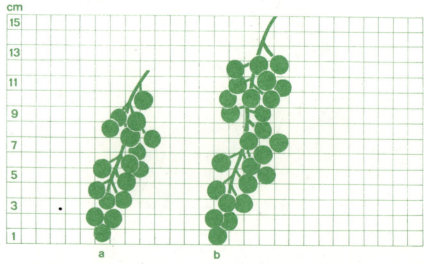

Abb. 226   Früchte *Prunus*
Dichte Traube
a)
P. grayana,
P. × *laucheana*;
b)
P. cornuta,
P. laurocerasus, Sorten,
P. padus, Sorten,
P. vaniotii,
P. wilsonii (die einzelnen Früchte manchmal größer)

+*Pyrocydonia* Winkl. ex Daniel *(Rosaceae)* und ×*Pyronia* Veitch *(Rosaceae)*

Gattungshybriden zwischen *Cydonia* und *Pyrus* mit intermediärem Aussehen. +*Pyrocydonia* ist eine Pfropfhybride, zu ihr gehört +*P. danielii* (Danien) Rehd. Dagegen ist ×*Pyronia veitchii* (Trabut) Guill. eine durch Kreuzung erzielte generative Hybride zwischen beiden Gattungen. Wuchs baum- oder strauchartig, sehr ähnlich *Cydonia*. Blätter eiförmig bis elliptisch, 4–6 cm lang, ganzrandig oder etwas gesägt, hellgrün und glänzend. Blüten – bisher nur von ×*Pyronia* bekannt – zu dritt, rosig-weiß, 5 cm breit. Blütezeit: Mai–Juli, manchmal noch ein Remontieren im Herbst. Früchte eiförmig, grün, 6–8 cm lang, Fleisch süß, weiß und eßbar. Die Sorte +*Pyrocydonia danielii* 'Winkleri' ist ein Strauch mit 1–4 cm langen Blättern und ×*Pyronia veitchii* 'Luxemburgiana' ein birnbaumähnlicher Baum mit hellrosa Blüten. Ansprüche, Pflege und Verwendung ähnlich wie bei *Pyrus* oder *Cydonia*. Liebhaberbedeutung.

Pyrus L. – Birnbaum, Birne *(Rosaceae)*

Sommergrüne Bäume oder Sträucher, nur selten auch immergrün. Es existieren etwa 20 Arten, verbreitet von Europa bis Ostasien, Nordafrika und Persien. Die Bäume wachsen ziemlich langsam und werden je nach der Art in 10 Jahren etwa 1–2 m hoch, in 20 Jahren 1,5–4 m, in 30 Jahren 2–6 m und in 40 Jahren 4–9 m.
Zierwert: Laub (X–XI), Blüte (IV bis V), Früchte (IX–XI).

Habitustypen

„Communis-Typ": Baum mit verlängert eiförmiger bis breit kegelförmiger, oben abgerundeter Krone, dicht aufgebaut (Abb. 227 A),
„Syriaca-Typ": kleinerer Baum mit breit eiförmiger, aufstrebender, mitteldichter Krone, Konturen abgerundet (Abb. 227 B),
„Elaeagrifolia-Typ": kleineres Bäumchen mit länglich eiförmiger, zierlich unregelmäßig kaskadenförmiger Krone, Äste und Zweige kurzbogig überhängend (Abb. 228 A),
„Salicifolia-Typ": kleinerer Baum mit ungleich kugelig ausgebreiteter Krone, Äste bogig, manchmal fast bis zur Erde hängend (Abb. 228 B),
„Michauxii-Typ": Bäumchen mit breit halbkugeliger Krone, Konturen etwas unregelmäßig, Stamm meist kürzer (Abb. 229 B),
„Regelii-Typ": Strauch schmal und starr aufstrebend, Konturen sehr unregelmäßig, luftig bis durchsichtig (Abb. 229 A).

Textur

Bei den meisten Arten fein, gleichmäßig und bei denen mit kleinen und länglichen Blättern glatt. Beim Hängetyp „Salicifolia" vorhangartig und beim strauchigen „Regelii-Typ" unregelmäßig steif, büschelig durcheinander.

Laub

Blätter wechselständig, gestielt, gesägt oder ganzrandig, seltener gelappt, verschieden eiförmig bis schmallänglich (Abb. 230), Blattspreite meist glänzend grün, ausnahmsweise matt-

Wissenschaftlicher Name	Deutscher Name	Natürliche Verbreitung bzw. Entstehungsort	Frosthärte
P. amygdaliformis Vill. = *P. spinosa*			
P. balsanae Decne.		Kleinasien	++
P. betulifolia Bge.	Birkenblättrige Birne	N-China	++
P. bretschneideri Rehd.		N-China	++
P. bucharica Litvin = *P. korshinskyi*			
P. calleryana Decne.		O-Asien	++
var. *fauriei* (Schneid.) Rehd.		Korea	++
f. *tomentella* Rehd.		China	++
P. × *canescens* Spach		? (vor 1830)	++
● *P. communis* L.	Gemeine Birne	Europa bis W-Sibirien, Kleinasien	++
var. *communis*	Birnbaum, Kultur-Birne		++
var. *cordata* (Desv.) Brigge	Herzblättrige Birne	W-Europa	++

grün (*P. salicifolia* und Sorten), blaugrün (*P. spinosa* var. *persica*), dunkelgrün (*P.* × *canescens, P. nivalis*) oder gelbgrün (*P. ussuriensis* und Varietäten). Herbstfärbung auffallend gelbgrün und manchmal auch dunkelrot (*P. nivalis* und manchmal auch *P. communis*) oder braunrot (*P. ussuriensis* und Varietäten).

Blüte und Blütenstand

Blüten 5zählig, einfach schalenförmig und verschieden groß, alle weiß und nur selten zartrosa (Abb. 231), in Dolden oder Doldentrauben, die meist filzig sind (Abb. 232). Eintritt der Blühreife bei den meisten baumartigen *Pyrus*-Arten nach 15 bis 20 Jahren. Blütezeit: April/Mai (Abb. 233).

Frucht

Bekannte Birne, unterschiedlich groß und verschieden geformt: kugelig (Abb. 234), birnenförmig (Abb. 235) oder eiförmig (Abb. 236). Ausgereift haben sie verschiedene Farben.

Fruchtfarbe:

Grün
P. × *canescens* (hellere Tönung), *P. elaeagrifolia, P. salicifolia* und Sorte, *P. spinosa* var. *persica* (rote Wange).

Gelbgrün
P. balansae, P. communis und Varietäten, *P. korshinskyi, P. lindleyi, P.* × *michauxii, P. nivalis, P.* × *salviifolia, P. ussuriensis* und Varietäten.

Gelb
P. bretschneideri, P. × *lecontei* (punktiert), *P. spinosa* var. *oblongifolia* (rote Wange).

Gelbbraun
P. pyrifolia var. *culta, P. regelii, P. spinosa, P. s.* var. *cuneifolia, P. s.* var. *lobata, P. syriaca.*

Braun
P. betulifolia (winzig weiß punktiert), *P. calleryana* (winzig weiß punktiert), *P. pashia, P. phaeocarpa* (helle Punkte), *P. pyri-*

Wissenschaftlicher Name	Deutscher Name	Natürliche Verbreitung bzw. Entstehungsort	Frosthärte
var. *pyraster* L.	Holz-Birne, Wild-B.	Europa	++
● *P. elaeagrifolia* PALL.	Kleinasiatische Birne	Kleinasien, SO-Europa	++
var. *kotschyana* (DECNE.) BOISS.		wie die Art	++
P. korshinskyi LITVIN	Buchara-Birne	Turkestan	++
P. × *lecontei* REHD.		Philadelphia	++
P. lindleyi REHD.		China	++
P. × *michauxii* BOSC		Orient?	++
P. nivalis JACQ.	Schnee-B., Leder-B.	S- u. M-Europa	++
f. *austriaca* (KERN.) SCHNEID.		Österreich, Ungarn	++
P. pashia HAMILT.	Himalaja-Birne	Himalaja bis W-China	++
var. *kumaoni* (DECNE.) STAPF		wie die Art	++
P. phaeocarpa REHD.		N-China	++
f. *globosa* REHD.		wie die Art	++
P. pyrifolia (BURM. f.) NAKAI	Chinesische Birne, Sand-B.	M- u. W-China	++
var. *culta* (MAK.) NAKAI		? (China, Japan)	++
f. *stapfiana* (REHD.) REHD.		China	++
P. regelii REHD.		Turkestan	++
● *P. salicifolia* PALL.	Weidenblättrige Birne	SO-Europa, Kleinasien, Kaukasus	++
P. × *salviifolia* DC.	Salbeiblättrige Birne	Belgien – Griechenland, Krim	++
P. serrulata REHD.		Kansu, Hupeh	++
P. sinensis L. H. BAILEY non POIR. nec LINDL. = *P. pyrifolia* var. *culta*			
P. spinosa FORSK.	Dornige Birne, Mandelblättrige B.	S-Europa, Kleinasien	++
var. *cuneifolia* (GUSS.) BEAN		wie die Art	++
var. *lobata* (DECNE.) KOEHNE		wie die Art	++
var. *oblongifolia* (SPACH) BEAN		S-Frankreich	++
var. *persica* (PERS.) BORNM.	Persische Birne	SO-Europa, W-Asien	++
P. syriaca BOISS.	Syrische Birne	Zypern, Kleinasien	++
P. ussuriensis MAXIM. (Abb. 187 e)	Ussuri-Birne	NO-Asien bis Japan	++
var. *hondoensis* (KIKUCHI et NAKAI) REHD.		M-Japan	++
var. *ovoidea* (REHD.) REHD.		N-China, Korea	++

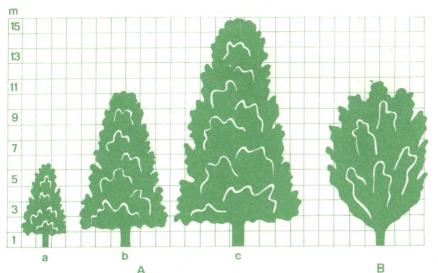

Abb. 227
A) Typ „communis"
a)
P. spinosa var. persica;
b)
P. calleryana,
P. c. f. tomentella,
P. × canescens,
P. korshinskyi,
P. × lecontei,
P. lindleyi,
P. nivalis,

P. n. f. austriaca,
P. pashia,
P. p. var. kumaoni,
P. phaerocarpa,
P. pyrifolia,
P. p. var. culta, f. stapfiana,
P. regelii (selten),
P. spinosa,
P. s. var. cuneifolia,
var. oblongifolia
(manchmal);

c)
P. balansae,
P. bretschneideri,
● P. communis,
P. c. var. cordata,
var. pyraster,
P. ussuriensis,
P. u. var. hondoensis,
var. ovoidea

B) Typ „syriaca"
P. syriaca

folia, P. p. f. stapfiana (helle Punktierung), P. serrulata.

Die meisten Früchte verschwinden in der Belaubung und kommen erst aus nächster Nähe zur Wirkung.

Stamm, Äste und Wurzelsystem

Stamm gerade, meist niedrig verzweigt, in der Jugend mit glatter brauner Rinde, die nach 3 Jahren zerspringt und in eine braungraue Borke übergeht, die sich in kleinen Schuppen ablöst. Bei den baumartigen Typen sind die Hauptäste dick bzw. stark, die zweitrangigen leicht bogig und die Einjahrstriebe auch stark. Mehr oder weniger bewehrte *Pyrus*-Arten:

P. calleryana var. fauriei, P. communis und Varietäten (meist dornig), P. elaeagrifolia, P. korshinskyi, P. pashia und Varietät, P. regelii, P. salicifolia und Sorte, P. × salviifolia, P. syriaca, P. spinosa und Varietäten.

Wurzelsystem gut entwickelt, hat eine lange und tiefe Pfahlwurzel sowie lange, starke, reich verzweigte Nebenwurzeln, so daß die Bäume im Boden gut verankert sind.

Ansprüche

Verlangt wird eine sonnige Lage, aber auch ein leichter Halbschatten wird noch vertragen. Der Boden soll tiefgründig, nahrhaft, lehmig oder toniglehmig und nicht zu feucht sein. Die meisten Arten vertragen auch eine Trockenperiode (nur *P. communis* wächst auf trockenen Stellen schlechter und oft nur strauchig). Es handelt sich in allen Fällen um kalkbedürftige Gehölze. Alle angeführten Arten sind in Mitteleuropa winterhart, nur ausnahmsweise treten auf nassen Standorten in strengen Wintern Frostschäden auf. Ausgezeichnet wird verunreinigte Luft vertragen.

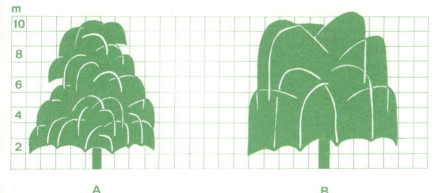

Abb. 228
A) Typ „elaeagrifolia"
P. betulifolia,
● P. elaeagrifolia

B) Typ „salicifolia"
● P. salicifolia,
● P. s. 'Pendula'

Pflege

Pflanzung im Herbst oder Frühjahr im unbelaubten Zustand. Bei der Pflanzung ist ein Erziehungsschnitt zur Förderung der Kronenentwicklung (Leittrieb) durch Einkürzen der Zweige um $1/3$ bis $2/3$ ihrer Länge zu empfehlen. In späteren Jahren dient der Schnitt nur zum Entfernen trockener Teile und sich gegenseitig störender Triebe. Die meisten Arten vertragen ein Umpflanzen als ältere Exemplare nicht (*P. communis* bis zum 20. Lebensjahr). Von den wichtigen Krankheiten ist der Feuerbrand zu nennen, dessen bevorzugte Wirtspflanze die Birne ist (Pflanzenschutzdienst informieren, befallene Pflanzen entfernen und verbrennen). Von den Pilzkrankheiten sind der Birnenschorf (Bekämpfung wie beim Feuerdornschorf) und der Birnengitterrost (Zineb-, Maneb-, Mancozeb-, Propineb- oder Oxycarboxin-Präparate anwenden) zu nennen. Viele Schädlinge der Obstsorten sind die gleichen wie bei *Malus*. Die Ausgangsarten von *Pyrus* sind aber meist gesund. Unter Wildverbiß leiden *Pyrus*-Arten sehr (besonders junge Exemplare, bevor sich die Borke bildet).

Verwendung

In der gartengestalterischen Praxis werden sie nur wenig verwendet. In der letzten Zeit steigt aber die Bedeutung bestimmter *Pyrus*-Arten zur Begrünung unter extrem verschmutzten Luftbedingungen. Ihr Zierwert ist nicht sehr groß. Am häufigsten wird *P. salicifolia* ausgepflanzt, am besten in Gruppen oder Solitärs vor dunklem Hintergrund. Die meisten Ausgangsarten haben nur Liebhaberbedeutung. In der Landschaft können wir sie an Waldränder oder zu anderen größeren Gruppen pflanzen.

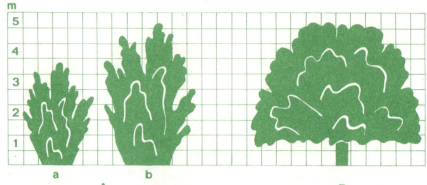

Abb. 229
A) Typ „regelii"
a)
P. calleryana var. *fauriei*,
P. elaeagrifolia var. *kotschyana*;

b)
P. regelii,
P. spinosa (manchmal),
P. s. var. *lobata*,
var. *oblongifolia*

B) Typ „michauxii"
P. × michauxii

Abb. 231 Blüten *Pyrus*
Einzeln
a)
P. betulifolia,
P. × michauxii,
P. salicifolia;

b)
P. calleryana,
P. regelii,
P. serrulata,
P. spinosa, Varietäten,
P. syriaca;

c)
die meisten Arten, Varietäten und Sorten;
d)
P. pyrifolia

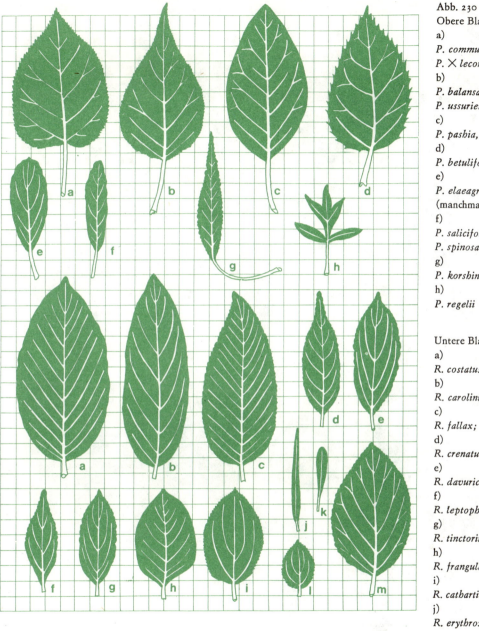

Abb. 230
Obere Blattreihe *Pyrus*
a)
P. communis,
P. × *lecontei, P. pyrifolia, P. ussuriensis*;
b)
*P. balansae, P. bretschneideri, P. calleryana,
P. ussuriensis* var. *ovoidea*;
c)
P. pashia, P. nivalis;
d)
P. betulifolia;
e)
P. elaeagrifolia
(manchmal auch schmalere Blattspreiten);
f)
P. salicifolia,
P. spinosa (Blattform veränderlich);
g)
P. korshinskyi;
h)
P. regelii

Untere Blattreihen *Rhamnus*
a)
R. costatus, R. purshianus;
b)
R. carolinianus;
c)
R. fallax;
d)
R. crenatus;
e)
R. davuricus;
f)
R. leptophyllus;
g)
R. tinctorius;
h)
R. frangula;
i)
R. catharticus, R. pumilus;
j)
R. erythroxylon;
k)
R. pallasii;
l) *R. saxatilis*;
m) *R. alnifolius*,
n)
R. alpinus (Quadrat 1 × 1 cm)

225

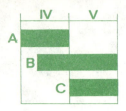

Abb. 233 Blütezeit *Pyrus*
A) *P.* × *lecontei,*
P. lindleyi,
P. salicifolia,
P. ussuriensis;

B) die meisten Arten,
Varietäten und Sorten;

C) *P. betulifolia,*
P. spinosa

Abb. 232 Blütenstand *Pyrus*
Dolde
a)
P. × *michauxii,*
P. regelii;

b)
die meisten Arten,
Varietäten und Sorten

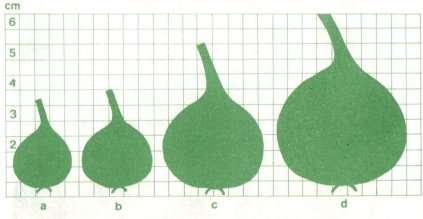

Abb. 234 Früchte *Pyrus*
Kugelig
a)
P. betulifolia,
P. calleryana,
P. elaeagrifolia,
P. korshinskyi,
P. × *michauxii,*
P. pashia,
P. phaeocarpa f. *glabra,*
P. serrulata;
b)
die meisten Arten,
Varietäten und Sorten;

c)
P. ussuriensis, Varietäten;
d)
P. nivalis (manchmal),
P. pyrifolia var.
culta (manchmal),
P. spinosa var.
oblongifolia

Abb. 235 Früchte *Pyrus*
Birnenförmig
a)
P. elaeagrifolia (manchmal),
P. × *michauxii* (manchmal),
P. phaeocarpa,
P. salicifolia;
b)
P. balansae,
P. bretschneideri,
P. × *canescens*,
P. regelii,
P. × *salicifolia, P. syriaca*;
c)
P. pyrifolia f. *stapfiana*;
d)
P. communis,
P. c. var. *cordata*,
P. nivalis (manchmal),
P. pyrifolia var. *culta*

Abb. 236 Früchte *Pyrus*
a)
P. lindleyi;
b)
P. × *lecontei*

Quercus L. – Eiche *(Fagaceae)*

Sommer- oder immergrüne Bäume, seltener Sträucher. Zur Gattung gehören etwa 450 Arten, deren Verbreitung von der gemäßigten Zone bis in die tropischen Gebirge der nördlichen Halbkugel reicht, in SO-Asien auch den Äquator überschreitend. Wachsen langsam bis mittelschnell. In 10 Jahren sind die baumartigen Typen etwa 2–4 m hoch, in 20 Jahren 4–6 m (*Q. rubra*, *Q. palustris* und *Q. coccinea* bis 10 m), in 30 Jahren 6–9 m (wüchsigere *Quercus*-Arten bis 16 m). Die geringere Höhe erreichenden Arten, wie z. B. *Q. alba*, *Q. dalechampii*, *Q. marilandica*, *Q. hartwissiana*, *Q. pyrami*, *Q.* × *hispanica*, *Q. falcata*, *Q. stellata* usw. wachsen fast um die Hälfte langsamer.

Zierwert: Laub (V–XI, bei den halbimmergrünen Arten besonders XI–IV), Stamm (I–XII, besonders XI–IV).

Habitustypen

„Robur-Typ": Baum mit robuster und breit ausladender, halbkugeliger Krone, Konturen sehr ungleich und stellenweise ziemlich luftig (Abb. 238),
„Alba-Typ": Baum mit breit eiförmiger, oben abgerundeter Krone, Konturen nicht ganz gleichmäßig (Abb. 239),
„Cerris-Typ": Baum mit breit und stumpf kegelförmiger, bis fast eiförmiger, sehr ungleich gebauter Krone (Abb. 240),
„Palustris-Typ": Baum mit breiter, manchmal bis kugelig eiförmiger Krone, wobei die unteren Äste (meist vorzeitig eintrocknend) den Stamm entlang typisch herunterhängen; ziemlich dicht gestaltet (Abb. 241 b),
„Pendula-Typ": Baum mit breit ausladender, meist halbkugeliger Krone, Hauptäste normal ausgebreitet, sekun-

Wissenschaftlicher Name	Deutscher Name	Natürliche Verbreitung bzw. Entstehungsort	Frosthärte
Sommergrüne Arten			
Q. acutissima CARRUTH.	Seidenraupen-Eiche	O-Asien bis Himalaja	++
Q. alba L.	Weiß-Eiche	N-Amerika	++
f. *elongata* DIPP.		wie die Art	++
f. *pinnatifida* (MICHX.) REHD.		wie die Art	++
f. *repanda* (MICHX.) TREL.		Virginia – Illinois	++
Q. aliena BL.		Japan, Korea bis M-China	++
var. *acuteserrata* MAXIM.		Japan, M-China	++
Q. arkansana SARG.	Arkansas-Eiche	Arkansas	++
Q. × *bebbiana* SCHNEID.		N-Amerika	++
Q. × *benderi* BAENITZ		Wroclaw u. a. Orte	++
Q. bicolor WILLD.	Zweifarbige Eiche, Platanen-E.	N-Amerika	++
Q. borealis MICHX. f. = *Q. rubra*			
Q. × *brittonii* W. T. DAVIS		W-USA	++
Q. bungeana FORBES = *Q. variabilis*			
Q. × *bushii* SARG.		USA	++
Q. castanea WILLD. = *Q. muehlenbergii*			
Q. castaneifolia C. A. MEY.	Kastanienblättrige Eiche	Kaukasus, Iran	++
● *Q. cerris* L.	Zerr-Eiche	S-Europa bis Syrien	++
var. *austriaca* (WILLD.) LOUD.		Italien, SO-Europa,	++
var. *haliphloeos* LAM. et DC.		Frankreich	++
var. *pseudocerris* BOISS.		Griechenland, Libanon, Syrien	++
var. *tournefortii* (WILLD.) KOCH		Sizilien, Libanon, Armenien	++
● *Q. coccinea* MUENCHH.	Scharlach-Eiche	N-Amerika	++
Q. conferta KIT. = *Q. frainetto*			
Q. dalechampii TEN.		S-Italien	++
Q. dalechampii WENZ. non TEN. = *Q. virgiliana*			
Q. × *deamii* TREL.		Indiana	++
Q. dentata THUNB.	Japanische Kaiser-Eiche	Japan, Korea, W- u. M-China	++

Wissenschaftlicher Name	Deutscher Name	Natürliche Verbreitung bzw. Entstehungsort	Frosthärte
var. oxyloba FRANCH.		Yünnan	++
Q. ellipsoidalis E. J. HILL		NO-USA	++
Q. fabri HANCE		Korea, China	++
Q. falcata MICHX.	Sichelblättrige Eiche	USA	++
Q. ferruginea MICHX. f. = Q. marilandica			
● Q. frainetto TEN.	Ungarische Eiche	Italien, SO-Europa, Kleinasien	++
Q. gambelii NUTT.		S-USA	++
Q. garryana DOUGL. ex HOOK.	Oregon-Eiche	N-Amerika	++
Q. georgiana M. A. CURTIS	Georgia-Eiche	Georgia	++
Q. glandulifera Bl.	Drüsige Eiche	Japan, Korea, W-China	++
Q. haas KOTSCHY		Kleinasien	++
Q. hartwissiana STEV.		Bulgarien, Kleinasien Kaukasus	++
Q. × heterophylla MICHX. f.	Verschiedenblättrige Eiche	USA	++
Q. hungarica HUB. = Q. frainetto			
Q. hybrida HOUBA = Q. × runcinata			
Q. iberica BIEB.	Iberische Eiche	Kleinasien, W-Kaukasus	++
Q. ilicifolia WANGH.	Zwerg-Eiche, Busch-E.	USA	++
● Q. imbricaria MICHX.	Schindel-Eiche	USA	++
Q. × jackiana SCHNEID.		N-Amerika	++
Q. lanuginosa THUILL. = Q. pubescens			
Q. × leana NUTT.		USA	++
Q. liaotungensis KOIDZ.		Mandschurei, Mongolei, China	++
Q. × libanerris BOOM		Niederlande (vor 1957)	++
Q. libani OLIV.	Libanon-Eiche	Syrien, Kleinasien	++
Q. × ludoviciana SARG.		S- u. O-USA	++
Q. lyrata WALT.	Leierblättrige Eiche	USA	++
Q. macranthera FISCH. et MEY.	Persische Eiche	Kaukasus bis N-Iran	++
● Q. macrocarpa MICHX.	Großfrüchtige Eiche, Klettenfrüchtige E.	N-Amerika	++

däre Zweige und Zweiglein kurz und halbhängend (Abb. 241 a),
„Schochiana-Typ": Baum, der sich vom ähnlichen „Robur-Typ" durch geringere Breite und sehr lockere und unregelmäßige Konturen unterscheidet (Abb. 242 a),
„Macranthera-Typ": Baum mit sehr ausladender, halbkugeliger, dichter und gleichmäßiger Krone und kurzem, dicht über der Erde verzweigtem Stamm (Abb. 242 b),
„Fastigiata-Typ": breit säulenförmig bis walzenförmig, dicht und kompakt gestalteter Baum, alle Zweige und Äste aufstrebend, Stamm meist kurz (Abb. 243 c),
„Cupressoides-Typ": unterscheidet sich vom vorigen Typ durch seine wesentlich schmalere, säulenförmige Krone (Abb. 243 b),
„Ilicifolia-Typ": unregelmäßig halbkugeliger Strauch, Konturen aufgelockert (Abb. 243 a).

Textur

Bei den meisten *Quercus*-Arten büschelig und mittelgrob, bei manchen Arten feiner und glatter (*Q. cerris, Q. coccinea, Q. palustris* usw.). Krone aus großen, aufgelockerten, gut unterscheidbaren, dichten Büscheln zusammengesetzt (wie z. B. bei den mitteleuropäischen Arten), wirkt mit den ausladend gekrümmten Ästen sehr malerisch. Die meisten Arten wirken luftig, manchmal auch locker (mit Ausnahme der kompakten Säulentypen und der halbimmergrünen Arten).

Laub

Blätter oft sehr dekorativ, kurzstielig, gefiedert gelappt, fiederschnittig, gezähnt oder auch ganzrandig, verschieden geformt und unterschiedlich groß (Abb. 244, 245, 246, und 247).

Blattfarbe:
Hellgrün
Q. georgiana, Q. × ludoviciana und Sorte, Q. prinoides.
Grün
Q. acutissima (glänzend), Q. × benderi, Q. coccinea (glänzend), Q. dalechampii, Q. × deamii, Q. ellipsoidalis, Q. fabri, Q. iberica, Q. michauxii (glänzend), Q. mongolica und Varietät, Q. palustris und Sorten (glänzend), Q. pedunculiflora, Q. petraea 'Falkenbergensis', Q. polycarpa, Q. pontica, Q. × richteri, Q. × robbinsii (glänzend), Q. stellata, Q. virgillana.
Mattgrün
Q. arkansana, Q. liatungensis, Q. petraea und manche Sorten, Q. pubescens sowie Form und Sorte, Q. pyrenaica und Sorte (manchmal dunkelgrün), Q. rubra und die meisten Sorten.
Dunkelgrün
die meisten Arten, Sorten, Varietäten und Formen, die bei den Habitustypen angeführt sind.
Rotgrau
Q. petraea 'Purpurea'.
Rotbraun
Q. robur 'Atropurpurea', Q. r. 'Purpurascens' (nur beim Austrieb dunkelrot).
Gelbgrün
Q. petraea 'Aureovariegata', Q. prinus (glänzend), Q. × sargentii.
Gelb
Q. petraea 'Aurea' (später vergrünend), Q. robur 'Concordia', Q. rubra 'Aurea'.
Gelbbunt
Q. robur 'Aureobicolor' (die ersten Blätter nur wenig gelblich gesprenkelt, Blätter des sommerlichen Austriebes auffallend gelbbunt), Q. r. 'Maculata' (die ersten Blätter grün, beim Junitrieb auffallend gelblich gefleckt), 'Pulverulenta' (beim Austrieb leicht rötlich, gelbbunt und bemehlt).
Weißbunt
Q. cerris 'Argenteovariegata' (ungleich weiß gesäumte Blattspreite), Q. petraea 'Albovariegata', Q. robur 'Albomarmorata' (weiß gesprenkelte Blattspreite), Q. r. 'Argenteomarginata' (weiß gesäumte Blattspreite), 'Argenteopicta' (weißlich gesprenkelt, spä-

Wissenschaftlicher Name	Deutscher Name	Natürliche Verbreitung bzw. Entstehungsort	Frosthärte
var. *oliviformis* (Michx. f.) Gray		O-USA	++
Q. *marilandica* Muenchh.	Schwarz-Eiche, Prärie-E.	USA	++
Q. *michauxii* Nutt.	Sumpfkastanien-Eiche, Korb-E.	N-Amerika	++
Q. *mongolica* Fisch. ex Ledeb.	Mongolische Eiche	O-Sibirien, N-China, Korea, N-Japan	++
var. *grosseserrata* (Bl.) Rehd. et Wils.		Japan, Sachalin	++
Q. *muehlenbergii* Engelm.	Gelb-Eiche	USA	++
Q. *nigra* L.	Wasser-Eiche	USA	++
Q. *nigra* DuRoi non L. = Q. *velutina*			
Q. *nigra* Wangenh. non L. = Q. *marilandica*			
Q. *palustris* Muenchh.	Sumpf-Eiche	N-Amerika	++
Q. *pedunculata* Ehrh. = Q. *robur*			
Q. *pedunculiflora* K. Koch		SO-Europa bis Transkaukasien	++
● Q. *petraea* (Mattuschka) Liebl.	Trauben-Eiche, Stein-E., Winter-E.	Europa, Kaukasus	++
● Q. *phellos* L.	Weiden-Eiche	USA	++
Q. *polycarpa* Schur		SO-Europa, Kleinasien	++
Q. *pontica* K. Koch	Pontische Eiche	Armenien, Kolchis	++
Q. *prinoides* Willd.	Zwergkastanien-Eiche	USA	++
Q. *prinus* L.	Kastanien-Eiche, Gerber-E.	N-Amerika	++
Q. × *pseudoturneri* Schneid. non Veitch ex Späth = Q. × *turneri*			
● Q. *pubescens* Willd.	Flaum-Eiche	Europa, Kleinasien, Kaukasus	++
f. *crispata* (Stev.) Schwarz		wie die Art	++
Q. *pumila* (Marsh.) Sudw. = Q. *ilicifolia*			

Wissenschaftlicher Name	Deutscher Name	Natürliche Verbreitung bzw. Entstehungsort	Frosthärte
Q. pyrenaica WILLD.	Pyrenäen-Eiche	SW-Europa	++
Q. × rehderi TREL.		USA	++
Q. × richteri BAENITZ		Schlesien (vor 1900), USA	++
Q × rubbinsii TREL.		USA	++
● Q. robur L. (Abb. 237 a)	Stiel-Eiche, Sommer-E.	Europa, Kaukasus	++
var. thomasii WENZ.		S-Italien	++
Q. × rosacea BECHST.		Europa	++
● Q. rubra L.	Rot-Eiche	N-Amerika	++
Q. × rudkinii BRITT.		O-USA	++
Q. × runcinata ENGELM.		USA	++
Q. × sargentii REHD.		(vor 1830)	++
Q. × saulii SCHNEID.		N-Amerika	++
● Q. × schochiana DIECK		Wörlitz (1894), O-USA	++
Q. serrata CARRUTH. non THUNB. nec SIEB. et ZUCC. = Q. variabilis			
Q. serrata THUNB. non auct. = Q. glandulifera			
Q. sessiliflora SALISB. = Q. petraea			
Q. sessilis EHRH. = Q. petraea			
Q. shumardii BUCKL.		M-USA	++
var. schneckii (BRIT.) SARG.		Illinois – Texas	++
Q. stellata WANGH.	Stern-Eiche, Pfahl-E.	USA	++
Q. thomasii TEN. = Q. robur var. thomasii			
Q. tinctoria BARTR. = Q. velutina			
Q. variabilis BL.	Chinesische Eiche	N-China, Korea, Japan	++
● Q. velutina LAM.	Färber-Eiche	N-Amerika	++
Q. virgiliana TEN.		SO-Europa bis Italien	++
Wintergrüne Arten			
Q. cerris 'Ambrozyana'		Mlýnany (ČSSR)	++
Q. × hispanica LAM.		S-Europa	++
Q. pyrami KOTSCHY		Kleinasien, Sizilien	+, ++
Halbimmergrüne Art			
Q. × turneri WILLD.	Wintergrüne Eiche	Holloway Down, Essex	+, ++

ter hellgrün), 'Argenteovariegata', 'Fürst Schwarzenberg' (der Junitrieb hat fast weiße Blätter mit rosafarbener Tönung).

Herbstfärbung bei den meisten *Quercus*-Arten unauffällig bräunlich, wobei die ledrig trockenen Blätter an Bäumen und Sträuchern lange in den Winter hinein haften. Nur eine begrenzte Zahl von Arten und Sorten hat eine auffallende Herbstfärbung:

Dunkelgrün
Q. cerris 'Ambrozyana', *Q.* × *hispanica* und Sorten, *Q.* × *turneri* und Sorten.
Gelb
Q. ilicifolia (oft auch braunrot), *Q. bicolor* (manchmal braunrot), *Q. imbricaria* (manchmal braunrot), *Q. phellos* (helle Tönung), *Q. pontica* (dunklere Tönung), *Q. robur* 'Concordia', *Q. rubra* 'Aurea'.
Gelbbraun
Q. cerris und die meisten Sorten, *Q. marilandica*.
Scharlachrot
Q. coccinea, *Q. palustris* und Sorten (manchmal ist das Rot weniger auffallend).
Orangerot
Q. alba und die meisten Formen (manchmal rötliche Tönung), *Q. bebbiana*, *Q. bicolor*, *Q. prinus*, *Q. rubra* und die meisten Sorten (manchmal scharlachrot oder nur braun), *Q. velutina* und Sorten (oft mit braunrotem Hauch).

Violettrot
Q. alba, *Q. a.* f. *elongata* (manchmal orangefarbene Tönung).
Purpurrot
Q. × *benderi* (manchmal gelb).

Blüte und Blütenstand

Kleine männliche Blüten in unterbrochenen und hängenden Kätzchen; weibliche einzeln oder in zwei- bis vielblättrigen Ähren. Beide Typen unscheinbar und ohne Zierwert. Bei den meisten baumartigen *Quercus*-Arten erscheinen sie erstmals nach 40–50

Jahren, bei Q. *rubra,* Q. *coccinea,* Q. *palustris* u. a. schon nach 25–30 Jahren.

Frucht und Fruchtstand

Frucht eine Nuß (Eichel), in einem Becher sitzend. Eicheln verschieden gestaltet und unterschiedlich groß. Vereinfacht können wir folgende Haupttypen unterscheiden: flach (Abb. 248 a), eiförmig zugespitzt (Abb. 248 b), breit eiförmig und Becher im unteren Teil (Abb. 249 a), breit eiförmig und Becher bis zur Hälfte reichend (Abb. 250), kugelig-eiförmig und Becher in der unteren Hälfte (Abb. 251 a), kugelig-eiförmig und Becher bis zu zwei Dritteln reichend (Abb. 252), länglich eiförmig und Becher in der unteren Hälfte (Abb. 253), länglich eiförmig und Becher bis zur Hälfte reichend (Abb. 251 b) und länglich eiförmig mit Becher, der lang und schmal schuppig ist (Abb. 249 b). Die Eicheln haften oft noch im zweiten Jahr auf dem Baum. Färbung anfangs grün, beim Reifen bräunlich. Fallen nur aus nächster Nähe auf.

Stamm, Äste und Wurzelsystem

Stämme der meisten *Quercus*-Arten sind sehr dekorativ, stark, gerade und oft schon niedrig verzweigt; nur selten wachsen sie bis in die Kronenspitze durch (Q. *petraea* u. a.) und nur vereinzelt sind sie im Gegensatz zur robusteren Krone schwächer (Q. *cerris,* Q. *coccinea,* Q. *palustris,* Q. *rubra,* Q. *lyrata* u. a.). Auf felsigen Standorten sind sie verschiedenartig gekrümmt und knorrig (hauptsächlich Q. *pubescens,* Q. *petraea* und Q. *robur*). Bis zum 30. Lebensjahr (bei Q. *coccinea,* Q. *rubra,* Q. *palustris* usw. bis zu 50 Jahren) ist die Rinde glatt, verschieden grau, braungrün, später in Borke zersprungen, die bei den folgenden Arten auffallend gefärbt ist.

Abb. 237
a) *Quercus robur;*
b) *Rhamnus frangula;*
c) *Rhododendron dauricum;*
d) *Rhododendron –* großblumige Gartensorte;
e) *Rhus typhina*

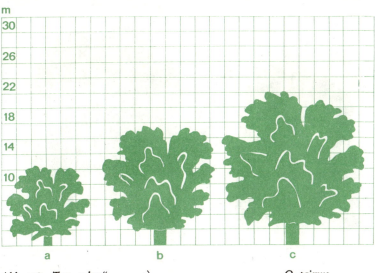
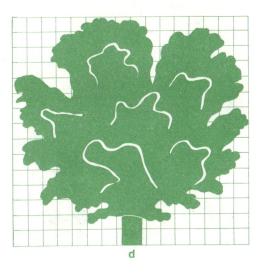

Abb. 238   Typ „robur"
a)
Q. arkansana,
Q. dentata 'Pinnatifida',
Q. stellata;
b)
Q. falcata,
Q. glandulifera,
Q. × hispanica,
Q. × h. 'Dentata',
'Heterophylla',
'Latifolia',
Q. × ludoviciana,
Q. × l. 'Microcarpa',
Q. petraea 'Laciniata',
Q. p. 'Purpurea',
Q. pubescens 'Pinnatifida',
Q. pyrenaica,
Q. × robbinsii,
● *Q. robur* 'Concordia',
Q. r. 'Salicifolia',
● 'Strypemonde',
'Tortuosa',
Q. × saulii,
Q. variabilis,
Q. virgiliana;

c)
Q. × benderi,
Q. bicolor,
● *Q. coccinea,*
Q. × deamii,
Q. dentata,
Q. d. var. *oxyloba,*
Q. fabri,
Q. garryana (manchmal),
Q. haas,
● *Q. × heterophylla,*
Q. iberica,
● *Q. imbricaria,*
Q. × jackiana,
Q. × leana,
Q. lyrata,
Q. liaotungensis,
● *Q. macrocarpa,*
Q. m. var. *oliviformis,*
Q. mongolica,
Q. m. var. *grosserata,*
Q. muehlenbergii,
Q. petraea 'Albovariegata',
Q. p. 'Aurea',
'Aureovariegata',
'Cochleata',
'Falkenbergensis',
'Giesleri',
'Insecata',
● 'Mespilifolia',
'Muscaviensis',
Q. polycarpa,

Q. primus,
● *Q. pubescens,*
Q. robur 'Albomarmorata',
Q. r. 'Argenteomarginata',
'Argenteovariegata',
'Argenteopicta',
'Asplenifolia',
'Aureobicolor',
'Cucullata',
'Maculata',
'Pulverulenta',
'Purpurascens',
var. *thomasii,*
Q. × rosacea,
● *Q. rubra,*
● *Q. r.* 'Aurea',
● 'Heterophylla',
'Schrefeldii',
Q. × runcinata,
Q. sargentii,
Q. shumardii,
Q. s. var. *schneckii,*
● *Q. velutina,*
Q. v. 'Albertsii',
'Macrophylla',
'Magnifica',
'Nobilis';

d)
● *Q. frainetto,*
Q. michauxii,
Q. pedunculiflora,
● *Q. petraea,*
● *Q. robur*

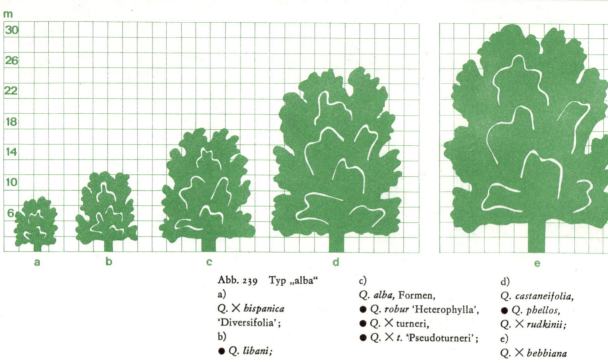

Abb. 239 Typ „alba"
a)
Q. × *hispanica* 'Diversifolia';
b)
● Q. *libani*;
c)
Q. *alba*, Formen,
● Q. *robur* 'Heterophylla',
● Q. × turneri,
● Q. × *t.* 'Pseudoturneri';
d)
Q. *castaneifolia*,
● Q. *phellos*,
Q. × *rudkinii*;
e)
Q. × *bebbiana*

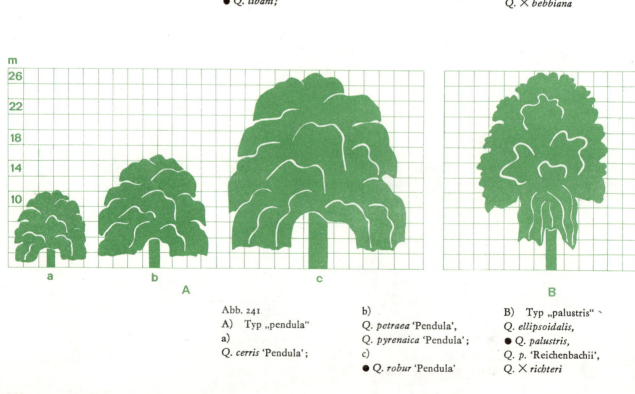

Abb. 241
A) Typ „pendula"
a)
Q. *cerris* 'Pendula';
b)
Q. *petraea* 'Pendula',
Q. *pyrenaica* 'Pendula';
c)
● Q. *robur* 'Pendula'
B) Typ „palustris"
Q. *ellipsoidalis*,
● Q. *palustris*,
Q. *p.* 'Reichenbachii',
Q. × *richteri*

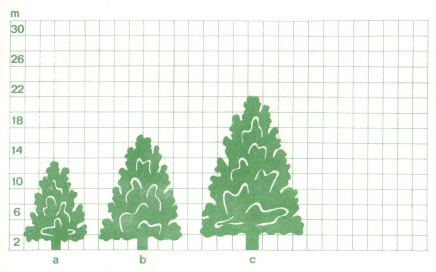

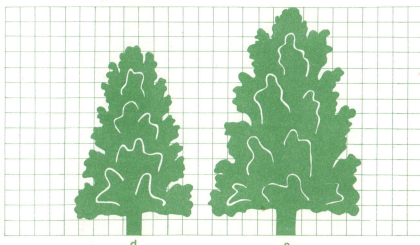

Abb. 240 Typ „cerris"
a)
Q. cerris var. *tournefortii*;
b)
Q. pyrami,
Q. robur 'Fürst Schwarzenberg';
c)
Q. cerris 'Argenteovariegata',
Q. c. var. *pseudocerris*;
d)
Q. × *hispanica* 'Lucombeana',
Q. × *libanerris*,
Q. × *l.* 'Trompenburg',
Q. robur 'Cucullata Macrophylla';
e)
Q. cerris,
Q. c. var. *austriaca*, var. *haliphloeos*

Rindenfarbe:
Graubraun
Q. alba und Formen (hellere Tönung), *Q.* × *bebbiana*, *Q. bicolor* (schuppenförmig ablösend, hell), *Q. ellipsoidalis*, *Q. macranthera*, *Q. michauxii* (hell), *Q. pyrami*, *Q. robur* (dunkelgrau).
Schwarz
Q. cerris sowie Sorten und Varietäten, *Q.* × *libanerris*, *Q. marilandica*.

Eine stark gefurchte malerische Borke haben *Q. dentata*, *Q. hartwissiana*, *Q. macrocarpa*, *Q. prinus*, *Q. pyrami* und *Q. stellata*. Auffallend korkartige Borke haben *Q.* × *hispanica* 'Crispa' und 'Lucombeana'. Hauptäste der meisten Arten stark, oft malerisch gekrümmt, Rinde und Borke wie beim Stamm. Einjahrstriebe und Zweigchen meist schwächer und dünner, steif. Wurzelsystem mit einer gut entwickelten Pfahlwurzel und reich verzweigten Nebenwurzeln, die mit einer Vielzahl von Haarwurzeln ausgestattet sind. Bäume im Boden sehr gut verankert.

Ansprüche

Lieben Sonne; Halbschatten vertragen insbesondere *Q. petraea*, *Q. robur*, *Q. rubra*, *Q.* × *turneri*. Geeignet sind offene, flache Lagen bzw. auch Abhänge. Ideal sind tiefgründige, lehmige und tonig-lehmige, nahrhafte und mittelfeuchte Böden. Manche Arten sind anpassungsfähig und wachsen auch in armen und trockenen Böden, wenn diese ausreichend tiefgründig sind. Auf extrem trockenen, felsigen und schottrigen Standorten gedeihen *Q. cerris*, *Q. pubescens* und auch *Q. petraea*. Nasse Böden sind ungünstig, ausgenommen *Q. palustris* (diese Art wächst aber auch auf trockenen Stellen befriedigend, nur die Herbstfärbung ist etwas schwächer), sowie *Q. lyrata*, *Q. michauxii*, *Q. phellos*, *Q.* × *richteri*, *Q.* × *schochiana*. Kalkliebend sind *Q. petraea*, *Q. pubescens*, *Q. rubra*,

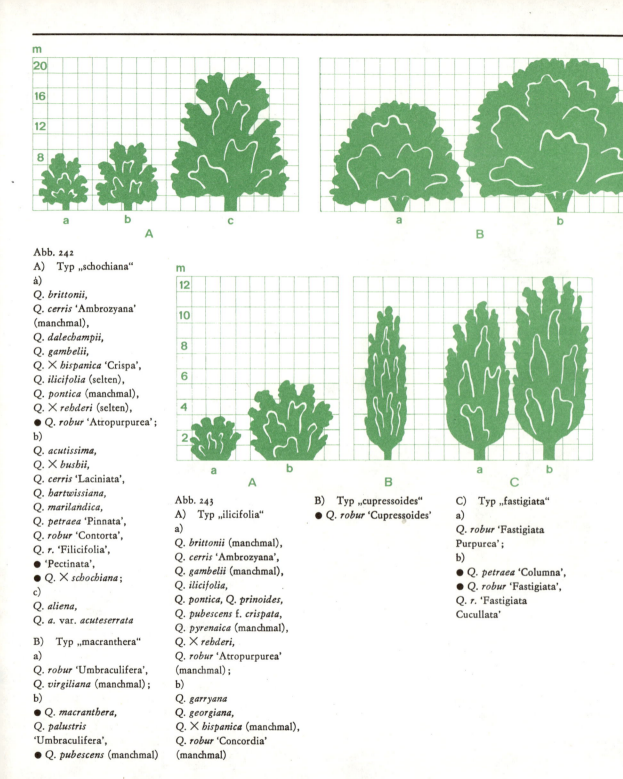

Abb. 242
A) Typ „schochiana"
a)
Q. brittonii,
Q. cerris 'Ambrozyana' (manchmal),
Q. dalechampii,
Q. gambelii,
Q. × hispanica 'Crispa',
Q. ilicifolia (selten),
Q. pontica (manchmal),
Q. × rehderi (selten),
● Q. robur 'Atropurpurea';
b)
Q. acutissima,
Q. × bushii,
Q. cerris 'Laciniata',
Q. hartwissiana,
Q. marilandica,
Q. petraea 'Pinnata',
Q. robur 'Contorta',
Q. r. 'Filicifolia',
● 'Pectinata',
● Q. × schochiana;
c)
Q. aliena,
Q. a. var. acuteserrata

B) Typ „macranthera"
a)
Q. robur 'Umbraculifera',
Q. virgiliana (manchmal);
b)
● Q. macranthera,
Q. palustris 'Umbraculifera',
● Q. pubescens (manchmal)

Abb. 243
A) Typ „ilicifolia"
a)
Q. brittonii (manchmal),
Q. cerris 'Ambrozyana',
Q. gambelii (manchmal),
Q. ilicifolia,
Q. pontica, Q. prinoides,
Q. pubescens f. crispata,
Q. pyrenaica (manchmal),
Q. × rehderi,
Q. robur 'Atropurpurea' (manchmal);
b)
Q. garryana
Q. georgiana,
Q. × hispanica (manchmal),
Q. robur 'Concordia' (manchmal)

B) Typ „cupressoides"
● Q. robur 'Cupressoides'

C) Typ „fastigiata"
a)
Q. robur 'Fastigiata Purpurea';
b)
● Q. petraea 'Columna',
● Q. robur 'Fastigiata',
Q. r. 'Fastigiata Cucullata'

Abb. 244 Blätter *Quercus*
a)
Q. petraea;
b)
Q. alba,
Q. × *bebbiana*,
Q. gambelii,
Q. garryana,
Q. × *jackiana*,
Q. lyrata (oft auch spitzere Lappen);
c)
Q. robur;
d)
Q. cerris;
e)
Q. cerris 'Ambrozyana';
f)
Q. × *ludoviciana* (sehr veränderliche Blattform);
g)
Q. × *heterophylla* (veränderliche Blattform),
Q. × *leana*;
h, h₁)
Q. robur 'Strypemonde';
i)
Q. prinus,
Q. × *sargentii*,
Q. × *saulii*;
j)
Q. petraea 'Laciniata',
Q. robur 'Strypemonde' (manchmal)
(Quadrat 1 × 1 cm)

Abb. 245 Blätter *Quercus*
a) *Q. dentata*;
b) *Q. macrocarpa*;
c) *Q. frainetto*, *Q. pyrenaica*;
d) *Q. aliena* (stark veränderliche Blattform), *Q. bicolor*, *Q. macranthera*, *Q. mongolica*;
e) *Q. haas*, *Q. pedunculiflora*
(Quadrat 1 × 1 cm)

Abb. 246 Blätter *Quercus*
a)
Q. × *benderi*,
Q. rubra;
b)
Q. velutina;
c)
Q. coccinea,
Q. ellipsoidalis,
Q. palustris,
Q. × *richteri*,
Q. × *robbinsii*;
d)
Q. falcata;
e)
Q. shumardii
(Quadrat 1 × 1 cm)

Abb. 247 Blätter *Quercus*
a)
Q. × *schochiana*;
b)
Q. phellos,
Q. × *rudkinii* (sehr veränderliche Blattform);
c)
Q. imbricaria;
d)
Q. petraea 'Mespilifolia';
e)
Q. petraea 'Muscaviensis';
f)
Q. hispanica,
Q. libani;
g)
Q. castaneifolia;
h)
Q. × *turneri*;
i)
Q. muehlenbergii;
j)
Q. ilicifolia,
Q. × *rehderi*;
k)
Q. prinoides;
l)
Q. arkansana,
Q. marilandica;
m)
Q. pubescens (Blattspreite sehr veränderlich)
(Quadrat 1 × 1 cm)

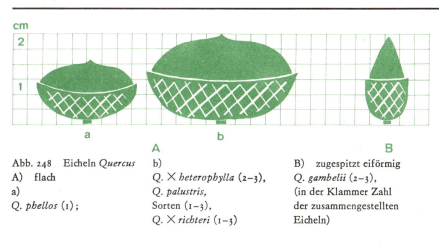

Abb. 248 Eicheln *Quercus*
A) flach
a) *Q. phellos* (1);
b) *Q.* × *heterophylla* (2–3), *Q. palustris*, Sorten (1–3), *Q.* × *richteri* (1–3)
B) zugespitzt eiförmig *Q. gambelii* (2–3), (in der Klammer Zahl der zusammengestellten Eicheln)

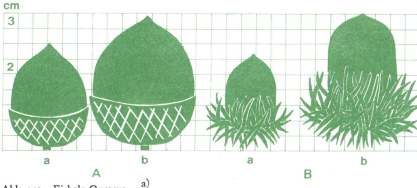

Abb. 249 Eicheln *Quercus*
A) breit eiförmig, Becher im unteren Teil
a) *Q. muehlenbergii* (1);
b) *Q. arkansana* (1–2), *Q. michauxii* (1–3), *Q. rubra*, Sorten (2–3), *Q.* × *runcinata* (2–3), *Q. shumardii* (1–2), *Q. virgiliana* (2–4)

B) länglich eiförmig mit Becher, der lang und schmal schuppig ist
a) *Q. dentata* (3–5);
b) *Q. cerris*, Sorten und Varietäten (1–4)
(in der Klammer Zahl der zusammengestellten Eicheln)

Q. frainetto, *Q. libani* und *Q. macranthera*. Alle anderen Arten gedeihen auch in kalkarmen Substraten. Die angeführten Arten sind unter mitteleuropäischen Bedingungen frosthart, außer *Q. cerris*, *Q. hartwissiana*, *Q.* × *hispanica*, *Q.* × *libanerris*, *Q. pontica*, *Q.* × *turneri* und *Q. virgiliana*, die auf feuchten Standorten Frostschäden aufweisen können. Darum pflanzen wir diese Arten und Hybriden lieber in warme und geschützte Lagen. In verunreinigter Luft gedeihen die meisten Arten befriedigend, bis auf *Q. macranthera*. Als härteste werden angeführt: *Q. alba*, *Q. coccinea*, *Q. macrocarpa*, *Q. pubescens*, *Q. palustris*, *Q. petraea*, *Q. rubra* usw.

Pflege

Pflanzung im unbeblätterten Zustand, ohne Wurzelballen im Frühjahr oder Herbst (die immergrünen *Quercus*-Arten mit Wurzelballen im Frühjahr), wobei eine Frühjahrspflanzung bei den empfindlichen Arten vorteilhafter ist. Beim eigentlichen Pflanzen werden die Triebe noch nicht gekürzt, sondern erst im nächsten Jahr nach dem Einwurzeln. Wenn wir den oberirdischen Teil gleich im ersten Jahr bei der Pflanzung kürzen, stellt sich nur ein schwacher Durchtrieb ein, da die Pflanzen noch nicht ausreichend Wurzeln bilden konnten. Eine spezielle Pflege ist nicht notwendig; Schnitt ist überflüssig und beschränkt sich nur auf das Entfernen trockener oder beschädigter Teile. Die Regenerationsfähigkeit ist gut. Umpflanzen älterer Exemplare ist bis zum 20.–25. Lebensjahr möglich (bei *Q. robur* und *Q. petraea* bis 40–50 Jahre), aber immer mit Wurzelballen vorzunehmen. Schlecht wird ein Umpflanzen von *Q. cerris*, *Q.* × *hispanica*, *Q.* × *libanerris*, *Q. coccinea* und *Q. pubescens* vertragen. Von den Krankheiten erscheint am häufigsten der Eichenmehltau, der ab Mai die Blätter weißlich überzieht, diese kümmern und sterben ab. Ein mehrmaliges Spritzen mit Triforine-, Dinocap-, Pyrazophos-, Benzimidazol- oder Schwefel-Präparaten ist am wirkungsvollsten. Die Bekämpfung wird aber nur in der Baumschule lohnend sein. Gefährlichen Kahlfraß können Raupen des Eichenprozessionsspinners, Goldafters und Eichenwicklers herbeiführen. Die Bekämpfung erfolgt durch frühzeitiges Spritzen oder Stäuben mit Insektiziden gegen beißende Insekten.

Wildverbißschäden sind gering (*Q. palustris* und in der Jugend *Q. rubra*), Schafe und Ziegen beschädigen manchmal junge Pflanzenteile von *Q. robur* und *Q. petraea*.

Verwendung

Quercus-Arten gehören zu den wichtigsten Bäumen unserer Anlagen. Sie sind hauptsächlich durch ihre Robustheit schön. Zur Geltung kommen sie als Solitärpflanzen (mit zunehmendem Alter entwickeln sich Schönheit und malerisches Aussehen) oder in lockeren Gruppen, bzw. auch in Kulissenbeständen. Eignen sich für größere, auch städtische Anlagen und vor allem für die Landschaft. In Mitteleuropa heimische Arten bilden oft das „Gerüst" der ganzen Anlage; eignen sich ausgezeichnet für raumbildende und rahmende Pflanzungen sowie für Windschutzanlagen. Sie harmonieren mit allen anderen Laubgehölzen, zu den Nadelgehölzen stehen sie in einem gewissen Kontrast, der am schwächsten bei *Pinus* und am kräftigsten bei den zypressenförmigen Baumformen ausgeprägt ist. Viele *Quercus*-Arten, hauptsächlich der „Robur-", „Alba-" oder auch der „Cerris-Typ" sind ausgezeichnete Alleebäume und werden auch gern zum Bepflanzen von Teichdämmen oder verschiedener Abhänge verwendet. Als Straßenbaum eignen

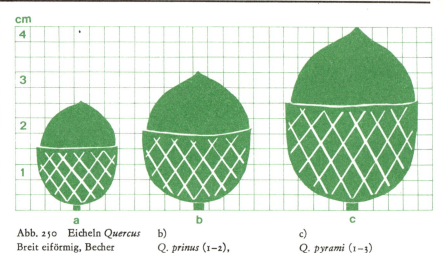

Abb. 250 Eicheln *Quercus* Breit eiförmig, Becher bis zur Mitte reichend
a) *Q. ellipsoidalis* (1–2), *Q. imbricaria* (1–3), *Q. × leana* (1–2), *Q. pontica*, *Q. prinoides*;
b) *Q. prinus* (1–2), *Q. × sargentii* (1–2), *Q. × saulii* (1–2);
c) *Q. pyrami* (1–3) (in der Klammer Zahl der zusammengestellten Eicheln)

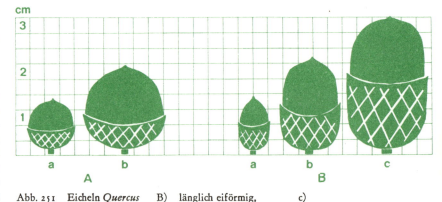

Abb. 251 Eicheln *Quercus*
A) kugelig-eiförmig, Becher in der unteren Hälfte
a) *Q. falcata*;
b) *Q. acutissima* (2–3)
B) länglich eiförmig, Becher bis zur Mitte reichend
a) *Q. georgiana*, *Q. ilicifolia*;
b) *Q. coccinea* (1), *Q. marilandica* (1–2), *Q. robbinsii* (1–3), *Q. × turneri* (1–3), *Q. velutina*, Sorten (1–3);
c) *Q. × benderi* (2–3), *Q. × bushii* (2–3), *Q. castaneifolia* (2–3), *Q. × deamii* (in der Klammer Zahl der zusammengestellten Eicheln)

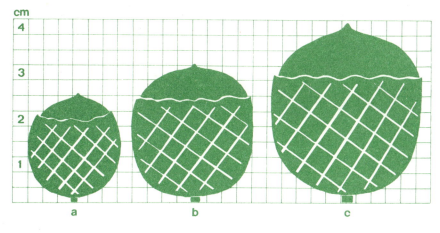

Abb. 252 Eicheln *Quercus* Kugelig-eiförmig, Becher ins zweite Drittel reichend
a)
Q. lyrata (1–3),
Q. variabilis (1–3);
b)
Q. macrocarpa (1–3);
c)
Q. libani (1–2)
(in der Klammer Zahl der zusammengestellten Eicheln)

Abb. 253 Eicheln *Quercus* Länglich eiförmig, Becher in der unteren Hälfte
a)
Q. dalechampii,
Q. fabri (1–2),
Q. glandulifera (1–3),
Q. liatungensis (1–3),
Q. macranthera (1–4),
Q. mongolica (1–3),
Q. pubescens (1–4),
Q. stellata (1–3);
b)
Q. alba (2–3),
Q. aliena (1–3),
Q. × *bebbiana* (2–3),
Q. bicolor (1–2),
Q. frainetto (2–5),
Q. garryana (2–3),
Q. hartwissiana (2–5),
Q. × *hispanica* 'Lucombeana' (2–3),
Q. iberica (2–3),
Q. × *jackiana* (1–2),
Q. × *ludoviciana*,
Q. pedunculiflora,
Q. petraea, Sorten (3–5),
Q. polycarpa (3–5),
Q. pyrenaica (2–4),
Q. robur, Sorten und Varietäten (2–5),
Q. × *rosacea* (1–3);
c)
Q. × *hispanica*, Sorten außer 'Lucombeana' (2–3);
d)
Q. haas (1–3)
(in der Klammer Zahl der zusammengestellten Eicheln)

sich insbesondere die Säulentypen „Pyramidalis" und „Cupressiforme"; beide Typen eignen sich auch als Solitärs, die meist zu ihrer Umgebung im Kontrast stehen – auch eignen sie sich für die Nähe von Gebäuden. *Q. palustris*, *Q. coccinea*, *Q. rubra* u. a. sind in Uferpartien sehr schön. Trockenheit- und wärmeliebende Arten eignen sich ausgezeichnet zur Bepflanzung exponierter Stellungen, z. B. ausgetrockneter und felsiger Abhänge. Der Hängetyp „Pendula" ist eine typische Solitärpflanze für größere Szenerien. In kleineren Gärten können nur säulen- und strauchförmige Typen oder die schwächer wachsenden wintergrünen Arten verwendet werden.

Rhamnella Miq. (Rhamnaceae)

Sommergrüne Bäume oder Sträucher, sehr ähnlich *Rhamnus*. Es sind etwa 10 Arten bekannt, die in Ostasien beheimatet sind. Für mitteleuropäische Bedingungen eignet sich nur *R. franguloides* (Maxim.) Weber. In seiner Heimat ein Baum, in Mitteleuropa mehr strauchig wachsend, mit länglich eiförmigen, 5–12 cm langen, zugespitzten Blättern. Unscheinbare Blüten erscheinen im Mai/Juni. Früchte walzenförmige, 8 mm lange, schwarze Steinfrüchte. Ansprüche und Pflege ähnlich wie bei *Rhamnus*. Liebhaberbedeutung.

Rhamnus L. – Kreuzdorn, Faulbaum *(Rhamnaceae)*

Sommer- oder selten immergrüne Bäume oder Sträucher. Es sind etwa 155 Arten bekannt, die überwiegend in der gemäßigten Zone der nördlichen Halbkugel verbreitet sind. Wachsen mittelschnell, die zwergigen und niederliegenden Arten langsam.
Zierwert: Laub (X–XI), Früchte (VIII bis X).

Habitustypen

„Arborescens-Typ": baumartiger, mehrstämmiger Strauch, Krönchen breit halbkugelig ausgebreitet, ziemlich dicht aufgebaut (Abb. 254 b),
„Columnaris-Typ": breit länglich säulenförmiger, dichter Strauch, Konturen mehr oder weniger luftig, bis zur Erde verzweigt, mitteldicht, Äste aufstrebend (Abb. 254 a),
„Frangula-Typ": breit halbkugeliger, mitteldichter bis lockerer Strauch (Abb. 255),
„Catharticus-Typ": ungleichmäßig, lockerer, breit eiförmiger Strauch, Konturen locker und durchsichtig, Gesamteindruck starr (Abb. 256),
„Pumilus-Typ": niederliegendes Sträuchlein, nur leicht aufstrebende Zweigspitzen (Abb. 257).

Wissenschaftlicher Name	Deutscher Name	Natürliche Verbreitung bzw. Entstehungsort	Frosthärte
Sommergrüne Arten			
R. alnifolius L'Hér.	Erlenblättriger Kreuzdorn	N-Amerika	++
R. alpinus L.	Alpen-Kreuzdorn	SW-Europa, M-Alpen,	++
ssp. *alpinus*		Italien, NW-Afrika	++
ssp. *fallax* (Boiss.) Maire et Petitm.	Illyrischer Kreuzdorn	O-Alpen, Balkanhalbinsel	++
R. carniolicus Kerner = *R. alpinum* ssp. *fallax*			
R. carolinianus Walt.	Indianerkirsche, Karolina-Faulbaum	USA	++
R. catharticus L.	Gemeiner Kreuzdorn, Purgier-K.	Europa, W-Asien, NW-Afrika	++
R. costatus Maxim.		Japan	++
R. crenatus S. et Z.	Kerbblättriger Faulbaum	Japan, Korea, N-China	++
R. davuricus Pall.	Dahurischer Kreuzdorn	N-China, Mandschurei, Korea	
R. erythroxylon Pall.	Sibirischer Kreuzdorn	Sibirien	++
R. fallax Boiss. = *R. alpinus* ssp. *fallax*			
R. frangula L. (Abb. 237 b)	Gemeiner Faulbaum, Pulverholz	Europa, W-Asien, NW-Afrika	++
var. *latifolius* Dipp.		Kaukasus	++
R. heterophyllus Oliv.		W-China	++
● *R. imeretinus* Booth ex Kirchn.	Kaukasischer Kreuzdorn	Kaukasus, W-Asien	++
R. japonicus Maxim.	Japanischer Kreuzdorn	Japan	++
R. lanceolatus Pursh		USA	++
R. leptophyllus Schneid.		M- u. W-China	++
R. pallasii Fisch. et Mey.	Schmalblättriger Kreuzdorn	W-Asien	++
R. pumilus Turra	Zwerg-Kreuzdorn	Pyrenäen, Alpen, Apenninen, W-Balkanhalbinsel	++
R. purshianus Dc.	Purgier-Faulbaum	N-Amerika	++
R. rupestris Scop.	Felsen-Faulbaum	W-Balkanhalbinsel	++
R. saxatilis Jacq.	Färberdorn, Felsen-Kreuzdorn	M- u. S-Europa	++
R. tinctorius W. et K.		SO-Europa	++
R. utilis Decne.		W-China	++
Wintergrüne Art			
R. × *hybridus* L'Hér.		(vor 1788)	++

244

Abb. 254
A) Typ „columnaris"
R. frangula 'Columnaris'

B) Typ „arborescens"
- R. catharticus (manchmal),
R. davuricus (manchmal),
- R. frangula (manchmal)

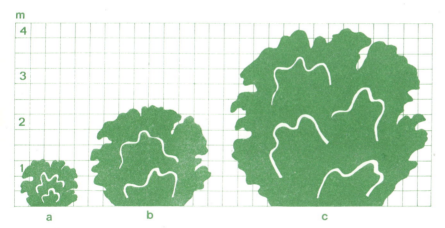

Abb. 255 Typ „frangula"
a)
R. alnifolius,
R. rupestris,
R. saxatilis;

b)
- R. frangula,
R. f. 'Angustifolius',
- 'Asplenifolius',
var. latifolius,
'Heterophyllus',
R. heterophyllus,
R. pallasii,
R. tinctorius, R. utilis;

c)
R. davuricus,
R. × hybridus,
R. × h. 'Billardii'

Textur

Bei den meisten Arten luftig bis locker durchsichtig. Mittelgrob bis gleichmäßig zierlich ist die Textur beim „Columnaris-Typ". Gesamteindruck leicht, bei dem „Columnaris-" und „Catharticus-Typ" steif.

Laub

Blätter wechselständig oder gegenständig, gesägt oder ganzrandig, verschieden länglich (Abb. 230) und verschieden grün.

Blattfarbe:
Hellgrün
R. crenatus, R. japonicus.
Grün
die meisten Arten, Varietäten und Sorten, die bei den Habitustypen angeführt sind.
Mattgrün
R. catharticus.
Dunkelgrün
R. alnifolius, R. alpinus (glänzend), R. erythroxylon, R. fallax (glänzend), R. frangula sowie Sorten und Varietäten, R. imeretinus (glänzend), R. pumilus, R. purshianus, R. rupestris, R. saxatilis, R. utilis (glänzend).

Die meisten Rhamnus-Arten haben eine auffallende gelbliche bis hellbraune Herbstfärbung. Besonders schön goldgelb färbt R. carolinianus, rötlich mit bronzefarbenem Hauch R. imeretinus, und dunkelgrün bleibt der halbimmergrüne R. × hybridus.

Blüte und Blütenstand

Polygam oder 2häusig, klein, grünlich, gelblich oder weißlich, 4- oder 5zählig, in achselständigen Büscheln. Blütezeit: Mai/Juni. Blüten unscheinbar, ohne Zierwert. Lediglich R. japonicus hat etwas größere und duftende Blüten.

Frucht und Fruchtstand

Früchte kugelige oder längliche, erbsengroße Steinfrüchte, in Büscheln. Sind meist etwas auffallender als die Blüten, schwarz, nur *R. purshianus* hat schwarzrote und *R. pumilus* blauschwarze Früchte.

Stämmchen, Zweige und Wurzelsystem

Stämmchen dünn, dunkel bis schwärzlich und etwas rauh, matt. Äste und Zweige starr. Junge Triebe und Zweige mancher *Rhamnus*-Arten sind etwas auffallender gefärbt.

Zweigfarbe:
Grau
R. alnifolius (filzig), *R. carolinianus*, *R. imeretinus*, *R. purshianus* (behaart), *R. rupestris*.
Graubraun
R. alpinus.
Gelbbraun
R. japonicus, *R. leptophyllus*.
Rostig braun
R. crenatus (behaart).
Rotbraun
R. alpinus ssp. *fallax*, *R. lanceolatus*.

Manche Arten sind bewehrt:
R. catharticus, R. davuricus, R. erythroxylon (besonders dornige Art), *R. heterophyllus, R. japonicus, R. leptophyllus, R. pallasii, R. saxatilis, R. tinctorius.*

Wurzelsystem reich verzweigt mit vielen Wurzelhaaren.

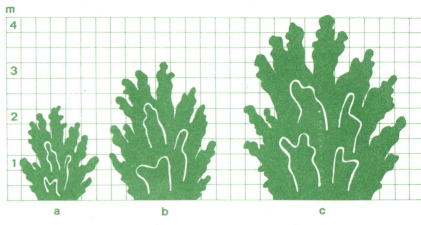

Abb. 256 Typ „cartharticus"
a)
R. erythroxylon,
R. lanceolatus,
R. leptophyllus;

b)
R. alpinus,
● *R. catharticus,*
R. crenatus,
● *R. imeretinus,*
R. japonicum,
R. purshianus;

c)
R. carolinianus,
R. costatus

Abb. 257 Typ „pumilus"
a)
R. pumilus;

b)
R. rupestris (manchmal)

Ansprüche

Ein großer Vorzug der *Rhamnus*-Arten ist ihre Anspruchslosigkeit. Wachsen in voller Sonne und auch im Schatten (nur *R. davuricus* und *R. imeretinus* pflanzen wir höchstens in Halbschatten, nicht in tiefen Schatten). *R. frangula* benötigt Halbschatten, in voller Sonne gedeiht er nicht. Wachsen in jedem normalen, auch wenig nahrhaften und unfruchtbaren, trockenen oder mittelfeuchten Boden. Viele Arten zählen zu den Pionierpflanzen für unfruchtbare Standorte. *R. frangula* verlangt feuchte Böden und verträgt sogar Nässe. Außer der letztgenannten Art sind es kalkliebende Pflanzen (besonders *R. catharticus*). Die angeführten Arten sind in Mitteleuropa winterhart und vertragen befriedigend verunreinigte Luft.

Pflege

Pflanzung im Vorfrühling oder Herbst im unbelaubten Zustand. Nach dem Einwurzeln brauchen sie keine weitere Pflege. Schnitt beschränkt sich auf das Entfernen trockener Teile. Ältere Exemplare können umgepflanzt werden, ist aber überflüssig. Bedeutende Krankheiten und Schädlinge treten nicht auf.

Verwendung

Hauptsächlich in größeren oder kleineren, am besten gemischten Gruppen, als anspruchslose Deck- und Füllsträucher in größeren Anlagen und in der Landschaft. *R. catharticus* eignet sich zum Begrünen exponierter, sehr sonniger und trockener Abhänge, von Schutt, wenig fruchtbaren Böden, zum Ausbilden undurchdringlicher Dickichte usw. *R. frangula* eignet sich auch zur Pflanzung an Ufern. Als Solitär kann nur *R. imeretinus* verwendet werden. In Steingärten kommt *R. pumilus* zur Geltung.

Rhododendron L. – Rhododendron, Alpenrose, Azalee *(Ericaceae)*

Immer- oder sommergrüne Sträucher, manchmal auch baumartig. Die Angaben für die Artenzahl der Gattung schwanken von 500 bis 900. Rhododendren sind vor allem in Ostasien (bis Kamtschatka und S-Sibirien reichend), SO-Asien (vom Himalaja u. Tibet bis Neuguinea reichend), in Nordamerika und im Kaukasus verbreitet, einige Arten kommen auch in Hochgebirgen und im arktischen Norden Europas vor. Die meisten Arten wachsen ziemlich langsam.

Zierwert: Laub (I–XII bei immergrünen Arten und Sorten, besonders XII bis IV und sommergrünen X–XI), Blüte (hauptsächlich IV–VII, ausnahmsweise I–VIII).

Habitustypen

„Catawbiense-Typ": dicht und halbkugelig gebauter Strauch, meist breiter als höher, bis zur Erde beastet, undurchsichtig (Abb. 258),

„Japonicum-Typ": vom vorigen Typ durch seine Kontur unterschieden, die luftiger und lockerer gestaltet ist (Abb. 259),

„Carolinianum-Typ": breiter, eiförmig länglicher, oben abgerundeter Strauch, ziemlich dicht, manchmal in der Kontur etwas leichter gebaut (Abb. 260),

„Roseum-Typ": breit länglicher, lockerer, starrer und unregelmäßig gestalteter, luftiger bis durchsichtiger Strauch (Abb. 261),

„Vasey-Typ": vom vorigen Typ durch lockeren, kegelförmig aufrechten Wuchs unterschieden (Abb. 262 b),

„Praecox-Typ": locker aufstrebender Strauch, oben abgerundet und breiter als in den bodennahen Partien, Stämmchen oft sichtbar (Abb. 263),

„Repens-Typ": niedrige bis niederliegende, breit halbkugelige, in den Konturen etwas etagenartig gegliederte Sträuchlein (Abb. 264),

„Mucronatum-Typ": niedrige, bodennahe, breite und gleichmäßig hohe, dicht aufgebaute Sträuchlein (Abb. 262 a).

Textur

Bei den meisten immergrünen, großblättrigen Gartensorten und manchen Ausgangsarten ist die Belaubung dicht, manchmal sogar kompakt und „schwer". Die meisten immergrünen

Wissenschaftlicher Name	Deutscher Name	Natürliche Verbreitung bzw. Entstehungsort	Frosthärte
Sommergrüne Arten			
R. albiflorum HOOK.	Weißblütige Azalee	N-Amerika	++
● *R. albrechtii* MAXIM.	Albrecht-Azalee	Japan	+, ⌢
R. arborescens (PURSH) TORR.	Süßduftende Azalee	USA	++
R. bakeri LEMMON et McKAY		Kentucky	++
● *R. calendulaceum* (MICHX.) TORR.	Flammen-Azalee	USA	++
● *R. camtschaticum* PALL.	Kamtschatka-Azalee	Kurilen, Kurilen, Kamtschatka,	++
● *R. canadense* (L.) TORR.	Kanadische Azalee, Rhodora	N-Amerika	++
R. chartophyllum FRANCH.		Yünnan	+, ⌢
● *R. dauricum* L. ssp. *dauricum* (Abb. 237 c)	Dahurischer Rhododendron	M-Sibirien bis Mandschurei	++
R. flavum (HOFFM.) G. DON = *R. luteum*			
R. × *fraseri* W. WATS.		Ucluelet (Kanada)	++
R. hormophorum BALF. f. et FORREST		SW-Szetschuan	+, ⌢
● *R. japonicum* (A. GRAY) SURING.	Japanische Azalee	Japan	++
R. kaempferi PLANCH. (in kälteren Gebieten, sonst wintergrün)	Kaempfer-Azalee	Japan	++

247

Ausgangsarten haben eine mitteldichte Textur, Blätter bis unregelmäßig büschelartig an den Zweigenden zusammengedrängt, Stämmchen in Bodennähe „kahlfüßig". Sommergrüne Arten wirken oft leichter und luftiger, auch wenn bei der lockeren und starren Stellung der Äste und Zweige diese gut sichtbar sind. Die dichteste Textur weisen meist die „Catawbiense-", „Carolinianum-", „Mucronatum-" und „Repens-Typen" auf, die lockerste der „Roseum-Typ".

Laub

Blätter wechselständig, meist kurzstielig, ganzrandig, seltener gekerbt oder wimperförmig gesägt, verschieden länglich und unterschiedlich groß (Abb. 265). Blattspreite meist grün.

Blattfarbe:

Glänzend dunkelgrün
die meisten immergrünen Arten und ihre Sorten, Varietäten und Formen.

Mattdunkelgrün
R. × arbutifolium, R. clementinae, R. fortunei, R. galactinum (gelbe Nervatur), R. glaucophyllum, R. lutescens, R. sutchuenense, R. trichocladum, R. trichostomum var. ledoides.

Dunkelgrün, leicht gerunzelt
R. beanianum, R. caucasicum, R. haematodes, R. mallotum, R. przewalski, R. rex, R. roxieanum, R. scyphocalyx, R. taliense, R. traillianum.

Dunkelgrün, rotbraun schuppig
R. ferrugineum und Formen, R. oreotrephes, R. russatum (grauer Hauch), R. tapetiforme, R. timeteum.

Blaugrün
R. campanulatum var. aeruginosum (in der Jugend mit Stahlglanz), R. canadense (matt), R. lepidostylum, R. prinophyllum (matt).

Hellgrün
R. brachycarpum, R. calophytum, R. hirsutum sowie Formen und Sorte, R. kiusianum, R. × laetevirens, R. obtusum (Blätter im

Wissenschaftlicher Name	Deutscher Name	Natürliche Verbreitung bzw. Entstehungsort	Frosthärte
● R. luteum SWEET	Pontische Azalee	Kaukasus, Kleinasien, O-Europa	++
● R. molle (BL.) G. DON	Chinesische Azalee	O- u. M-China	+, ≙
● R. mucronulatum TURCZ.	Stachelspitziger Rhododendron	Japan, Korea, China	++
R. nipponicum MATSUM.	Nippon-Azalee	Japan	++
R. nudiflorum TORR. = R. periclymenoides			
● R. occidentale (TORR. et A. GRAY) A. GRAY	Westliche Azalee	USA	++
R. pentaphyllum MAXIM.	Nikko-Azalee	Japan	+, ≙
● R. periclymenoides (MICHX.) SKINNERS	Nacktblütige Azalee	N-Amerika	++
R. poukhanense LÉVL. = R. yedoense var. poukhanense			
● R. prinophyllum (SMALL) MILLAIS	Rosa-Azalee	N-Amerika	++
R. prunifolium (SMALL) MILLAIS		N-Amerika	++
R. quinquefolium BISS. et S. MOORE	Fünfblättrige Azalee	Japan	+, ≙
R. reticulatum D. DON ex G. DON	Netzadrige Azalee	Japan	++
f. pentandrum WILS.		wie die Art	++
R. roseum (LOISEL) REHD. = R. prinophyllum			
● R. schlippenbachii MAXIM.	Schlippenbach-Azalee	Japan, Korea, NO-Mandschurei	+, ++
R. searsiae REHD. et WILS.		W-Szetschuan	≙, ≙≙
R. semibarbatum MAXIM.		M- u. S-Japan	++
R. sinense SWEET = R. molle			
R. trichocladum FRANCH.		W-Yünnan, NO-Burma	++
R. tschonoskii MAXIM.	Tschonoski-Rhododendron	Japan, S-Korea, Kurilen	++
● R. vaseyi A. GRAY	Vasey-Azalee	N-Carolina	++
R. viscosum (L.) TORR.	Klebrige Azalee, Sumpf-A.	USA	++
R. × viscosepalum REHD.		–	++
● R. yedoense MAXIM.	Yodogawa-Azalee	M- u. S-Korea, Japan	+, ≙

Wissenschaftlicher Name	Deutscher Name	Natürliche Verbreitung bzw. Entstehungsort	Frosthärte
var. *poukhanense* (Lévl.) Nakai		S-Korea, Japan	+, ≙
Gandavense-Sorten	Genter Azaleen	Belgien u. Holland (seit 1830–1840)	++
● Knapp-Hill-Sorten		Woking (England)	++
● Mollis-Sorten			++
Occidentale-Sorten		England (um 1864)	++
Rustica-Sorten			++
Wintergrüne Arten			
● *R. dauricum* L. ssp. *ledebourii* (Pojark.) Alex. et P. Schmidt	Wintergrüner Dahurischer Rhododendron	Gebirge S-Sibiriens N-Mongolei	++
var. *sempervirens* Sims = ssp. *ledebourii*			++, +
● *R. hirsutum* L.	Almenrausch, Rauhhaarige Alpenrose	M- u. O-Alpen, NW-Jugoslawien	++
f. *albiflorum* Goiran		wie die Art	++
R. kaempferi Planch. (auch sommergrün)	Kaempfer-Azalee	Japan	++
R. linearifolium S. et Z.		Japan	≙, ≙≙
● *R. mucronatum* (Bl.) G. Don (auch immergrün)	Porstblättrige Azalee	Japan	++
● *R. obtusum* (Lindl.) Planch. (auch immergrün)	Stumpfblättrige Azalee	Japan	++
● *R.* × *praecox* Carr.	Vorfrühlings-Rhododendron	Ormskirk (England)	++
Kaempferi-Sorten		Holland (um 1920)	+
Immergrüne Arten			
● *R. aberconwayi* Cowan		Yünnan	+, ≙
● *R. adenogynum* Diels		NW-Yünnan	+, ≙
R. adenophorum Balf. f. et W. W. Sm.		Yünnan	+, ≙
● *R. ambiguum* Hemsl.		W-Szetschuan	++
R. anthopogon D. Don		O-Himalaja	+
R. × *arbutifolium* Rehd.		Frankreich	+
R. argyrophyllum Franch.	Silberblatt-Rhododendron	W-Szetschuan, Tibet	++
var. *cupulare* Rehd. et Wils.		wie die Art	++
var. *nankingense* Franch.		Kweitschau	++
R. artosquameum Balf. f. et Forrest		SO-Tibet, Tsarong	+, ≙

Frühjahr), *R. orbiculare* (matt), *R. ririei* (matt), *R. wightii* (gerunzelt), *R. williamsianum*; die meisten sommergrünen Arten und ihre Sorten, Varietäten und Formen.
Hellgelbgrün
R. lanatum.
Hellgrau, ein wenig grünlich (schuppig):
R. hippophaeoides, *R. hormophorum*, *R. impeditum*, *R. intricatum*, *R. orthocladum*, *R. parvifolium*, *R. radicans*, *R. salvenense*, *R. scintillans*.
Weißlich gelbbunt
R. ponticum 'Variegatum' (gelblich weiß gesäumte, oft deformierte Blattspreite).

Manche sommergrünen *Rhododendron*-Arten haben eine herrliche, sehr auffallende Herbstfärbung:

Hellgelb
R. luteum, *R. molle* (manchmal orangefarbene Tönung), *R. quinquefolium*; die meisten weiß oder gelblich blühenden sommergrünen Sorten.
Gelb
R. camtschaticum, *R. canadense*, *R. occidentale*, *R. prinophyllum* (alle manchmal orangebraun), *R. schlippenbachii* (bis karminrot), *R. semibarbatum* (bis karminrot).
Orangefarben
R. bakeri, *R. calendulaceum* (bis karminrot), *R.* × *fraseri*, *R. nipponicum* (manchmal auch karminrot), *R. pentaphyllum* (manchmal auch karminrot), *R. prunifolium*; die meisten rosa oder rot blühenden sommergrünen Sorten (manchmal auch leuchtendrote Färbung).
Dunkelgrün
alle immergrünen Arten, ihre Sorten, Formen und Vaietäten.

Blüte und Blütenstand

Wegen ihrer einzigartig dekorativen Blüten gehören die *Rhododendron*-Arten zu den schönsten Gehölzen. Blüten meist gleichmäßig; Kelch überwiegend 5zählig, Krone trichterförmig, 5- seltener auch 6- bis 10zipfelig, Zipfel nicht immer alle gleich groß, zur Basis verschieden tief geteilt. Vereinfacht können wir alle angeführten Arten, Sorten, Varietäten und Formen nach der Gestalt der einzelnen Blüten in folgende Typen einteilen: Blüte trichterförmig und ganz geöffnet (Abb. 266), trichterförmig mit zwei Petalenreihen (Abb. 267 b), trichterförmig und gefüllt (Abb. 268 b), kurzröhrig und breit geöffnet (Abb. 269), langröhrig und breit geöffnet (Abb. 270 b), schmalröhrig mit wenig geöffneten Kronenzipfeln (Abb. 270 a), langröhrig und gefüllt (Abb. 268 a), röhrig mit linealisch verlängerten Petalen (Abb. 271 b), schalenförmig (Abb. 272), offen glockig (Abb. 273), geschlossen glockig (Abb. 267 a), länglich glockig (Abb. 274 b), schmal walzenförmig (Abb. 274 a) und geschlitzt zweilippig (Abb. 271 a).

Blütenfarbe:
Weiß
● *R. aberconwayi* (manchmal rosafarbener Hauch), *R. albiflorum*, *R. carolinianum* 'Album', *R. cephalanthum*, *R. ferrugineum* f. *album*, *R. fistolacteum* (manchmal gelblich oder rosa), *R. hirsutum* f. *albiflorum*, *R. irroratum* (manchmal gelbliche Tönung), ● *R. micranthum*, *R. morii* (manchmal rosafarbener Hauch), ● *R. mucronatum*, *R. m.* 'Narcissiflorum' (grüne Flecken), *R. taliense* (manchmal gelblich oder rosa), *R. tschonoskii*, *R. viscosum* (manchmal rosa Anflug); Amoena-Sorten: 'Luzi'; Gandavense-Sorten: 'Alba Odorata', 'Daviesii'; Kaempferi-Sorten: 'Annamarie', 'White Lady'; Knap-Hill-Sorten: ● 'Persil', 'White Swan', 'Whiteehroat', ● 'Exbury White'; Mollis-Sorten: 'Snowdrift'; Occidentale-Sorten: ● 'Irene Koster'; Rustica-Sorten: ● 'Byron'; Großblumige immergrüne Sorten: ● 'Album Novum' (beim Aufblühen violette Tönung), ● 'Alena' (Knospe rosa), ● 'Bismarck' (beim Aufblühen rosafarbene Tönung), 'Boule de Neige' (Knospen rosa), ● 'Catawbiense Album', ● 'Cunningham's White' (grünliche Tönung), 'Genoveva' (gelbe Zeichnung), ● 'Gomer Waterer' (beim Aufblühen rosafarbene Tönung), 'Gudrun' (pur-

Wissenschaftlicher Name	Deutscher Name	Natürliche Verbreitung bzw. Entstehungsort	Frosthärte
R. angustinii HEMSL.		Szetschuan, W-Hupeh	+, ⌒
R. barbatum WALL.		Nepal, Sikkim	⌒, ⌒⌒
R. basilicum BALF. f. et W. W. SM.		China	+, ⌒
R. beanianum COWAN		SO-Tibet	+, ⌒
● *R. brachycarpum* D. DON ex G. DON	Kurzfrüchtiger Rhododendron	Japan, Korea, Kurilen	++
R. brevistylum FRANCH.	Kurzgriffeliger Rhododendron	Yünnan	+, ⌒
R. bureavii FRANCH.		China	+, ⌒
R. callimorphum BALF. f. et W. W. SM.		W-Yünnan, NO-Burma	+, ⌒
● *R. calophytum* FRANCH.		W-Szetschuan, Tibet	+, ⌒
● *R. calostrotum* BALF. f. et WARD		NO-Burma	⌒, ⌒⌒
R. campanulatum D. DON	Glockenblütiger Rhododendron	Kaschmir-Bhutan	++
var. *aeruginosum* HOOK. f.		Sikkim, Himalaja	++
R. campylocarpum HOOK. f.		Sikkim, O-Nepal	+, ⌒
var. *elatum* hort.			
R. campylogynum FRANCH.		W-Yünnan, SO-Tibet, Burma	++
R. cantabile BALF. f. ex HUTCHINS. = *R. russatum*			
● *R. carolinianum* REHD.	Karolinischer Rhododendron	N-Carolina	+, ⌒
● *R. catawbiense* MICHX.	Catawba-Rhododendron	USA	++
● *R. caucasicum* PALL.	Kaukasischer Rhododendron	Kaukasus	+
R. cephalanthum FRANCH.		Yünnan, Szetschuan	⌒, ⌒⌒
R. cerasinum TAGG		Tibet	+, ⌒
R. chaetomallum BALF. f. et FORREST		China	+, ⌒
var. *xanthanthum* TAGG et FORREST		SO-Tibet	+, ⌒
R. chamae-thomsonii (TAGG et FORREST) COWAN et DAVIDIAN		SO-Tibet, Yünnan	++
● *R. chryseum* BALF. f. et WARD	Goldblütiger Rhododendron	NW-Yünnan, Mekong-Gebiet	++
R. cinnabarinum HOOK. f.	Zinnoberroter Rhododendron	Sikkim, Himalaja	⌒, ⌒⌒
var. *aestivale* HOOK.		wie die Art	⌒, ⌒⌒
var. *blandfordiiflorum* HOOK.		wie die Art	⌒, ⌒⌒

Wissenschaftlicher Name	Deutscher Name	Natürliche Verbreitung bzw. Entstehungsort	Frosthärte
var. *pallidum* hort.		wie die Art	△, △△
var. *purpurellum* Hook.		wie die Art	△, △△
var. *roylei* Hook.		wie die Art	△, △△
R. citriniflorum Balf. f. et Forrest	Zitronengelber Rhododendron	Yünnan	+, △
R. clementinae Forrest		NW-Yünnan, SW-Szetschuan	++
R. complexum Balf. f. et W. W. Sm.		Yünnan	+
R. concatenans Hutschins.		SO-Tibet, Sikkim, Himalaja	+, △
R. concinnum Hemsl.	Angenehmer Rhododendron	Szetschuan	+, △
R. crinigerum Franch.		China, Tibet	+, △
R. cuneatum W. W. Sm.		Yünnan	++
R. cyanocarpum (Franch.) W. W. Sm.	Blaufrüchtiger Rhododendron	China	+, △
R. davidsonianum Rehd. et Wils.		Yünnan, W-Szetschuan	+, △
R. degronianum Carr.		Japan	++
R. desquamatum Balf. f. et Forrest		W-Yünnan, SO-Tibet, N-Burma	+, △
R. detonsum Balf. f. et Forrest		Yünnan	+, △
R. dichroanthum Diels		Yünnan	+, △
R. didymum Balf. f. et Forrest		SO-Tibet	+, △
R. discolor Franch.	Verschiedenfarbiger Rhododendron	Szetschuan, Hupeh	△, △△
● *R. edgarianum* Rehd. et Wils.		W-Szetschuan	++
R. exquisitum Hutschins.		W-Szetschuan	+, △
● *R. fargesii* Franch.		Szetschuan, Hupeh	+, △
● *R. fastigiatum* Franch.		Yünnan	++
● *R. ferrugineum* L.	Rostblättrige Alpenrose	Alpen, Pyrenäen, Jura, W-Jugoslawien	++
f. *album* Sweet		wie die Art	++
f. *atropurpureum* Millais		wie die Art	++
R. fictolacteum Balf. f.		Yünnan, SW-Szetschuan	△, △△
R. floccigerum Franch.		Yünnan	+, △
var. *appropinquans* Franch.		wie die Art	+, △
R. floribundum Franch.	Reichblütiger Rhododendron	S-Szetschuan, O-Yünnan	+, △

purfarbene Zeichnung), 'Hero' (grüne Zeichnung), ● 'Jacksonii' (beim Aufblühen rosa), 'Leopardii' (braune Flecken), ● 'Madame Masson' (gelbe Flecken), 'Mrs. Lindsay Smith', 'Sappho' (schwarze Flecken), 'Schneebukett' (dunkle Zeichnung); Vuykina-Sorten: 'Palestrina'; Yakusimanum-Sorten: 'Laguna' (lila Hauch), 'Schneekrone', 'Schneewolke', 'Silberwolke' (grünliche Zeichnung).

Weißgelb

R. crinigerum, *R. brachycarpum* (manchmal weiß), *R. hanceanum*, *R. lacteum*, *R. semibarbatum* (manchmal rosafarbene Tönung), *R. xanthocodon*; Knap Hill-Sorten: 'Ballerina' (orangefarbene Tönung), 'Marina' (orangefarbene Tönung); Großblumige immergrüne Sorten: 'Diane' (braunrote Flecken), 'Libelle' (gelbgrüne Zeichnung), 'Maharani' (braune Zeichnung).

Gelbgrün

R. trichocladum; Knap Hill-Sorten: 'George Reynold's'.

Hellgelb

R. basilicum (rote Tönung), *R. brachyanthum* und Varietät (grünliche Tönung), *R. hanceanum* var. *nanum*, ● *R. lepidostylum*, *R. litiense*, *R. lutescens* (grüne Flecken), *R. macabeanum* (manchmal dunkler gelb und Basis rötlich gefleckt), *R. triflorum* (grünlich punktiert), *R. wightii*; Gandavense-Sorten: 'Chromatella', 'Narcissiflora'; Knap Hill-Sorten: 'Mrs. Arthur Fawcus'; Großblumige immergrüne Sorten: 'Bellini', 'Festival', ● 'Goldsworth Yellow', 'Marina', 'Zuiderzee' (dunkle Flecken).

Gelb

● *R. ambiguum* (grüne Flecken), *R. campylocarpum* und Varietät, *R. carolinianum* 'Yellow Form', ● *R. chryseum*, *R. citriniflorum*, *R. keiskei* (manchmal rosafarbene Tönung), *R. lanatum* (Schlund rötlich punktiert), *R. luteum*, ● *R. molle* (grüne Flecken), *R. primuliflorum*, *R. sargentianum*, ● *R. wardii*; Gandavense-Sorten: 'Goldlack', ● 'Nancy Waterer'; Knap Hill-Sorten: 'Avon', 'Buzzard', 'Frome', ● 'Golden Dust', 'Golden Girl', 'Golden Horn', 'Golden Oriole', ● 'Golden Sunset', ● 'Harvest Moon', ● 'Hugh Wormald', 'Nancy Buchanan', 'Tamar', 'Tay', ● 'Toucan', 'Trent', 'Wryneck', 'Wye'; Mollis-Sorten: ● 'Adrian Koster', ● 'Directeur Moerlands', 'Sunbeam'; Rustica-Sorten: ● 'Phébé'; Großblumige immergrüne Sorten: 'Banana' (rosa Aderung).

Gelbrosa

● *R. caucasicum* (grüne Zeichnung), *R. chaetomallum* var. *xanthanthum*.

Weißrosa

● *R. adenogynum* (auch violette Tönung), *R. arborescens, R. argyrophyllum, R. a.* var. *cupulare, R. beesianum*, ● *R. brachycarpum* (grüne Flecken), ● *R. calophytum* (manchmal reinweiß), *R. campanulatum, R. clementinae, R. cyanocarpum,* ● *R. fargesii* (manchmal dunkelrosa), ● *R. fortunei,* ● *R. fulvum, R. galactinum,* ● *R. hemitrichotum*, ● *R. insigne, R. jucundum, R. moupinense, R. occidentale, R. ponticum* 'Lancifolium' (purpurfarbene Tönung), *R. periclymenoides, R. przewalskii, R. pubescens* (manchmal reinweiß), ● *R. racemosum, R. roxieanum* (manchmal weiß), *R. selense* (manchmal weiß), *R. souliei* (manchmal weiß), *R. traillianum* (manchmal weiß), *R. trichostomum* var. *radium, R. vellereum* (rot punktiert), *R. vernicosum* (manchmal violetter Hauch), *R.* × *viscosepalum;* Gandavense-Sorten: 'Heureuse Surprise', 'Clothilde', 'Raphael de Smet'; Knap Hill-Sorten: 'Fawley', 'Silber Slipper'; Mollis-Sorten: ● 'Chevalier de Reali'; Occidentale-Sorten: 'Delicatissima', 'Magnificum'; Rustica-Sorten: ● 'Velasquez'; Williamsianum-Sorten: ● 'Jackwill', 'Tibet'; Großblumige immergrüne Sorten: 'Brigitte' (rosa Saum), 'Eidam', 'Louis Pasteur' (rosa gesäumt), ● 'Motýl' (hellrosa gerandet), ● 'Petr'.

Hellrosa

R. callimorphum, ● *R. carolinianum, R. chartophyllum, R. cinnabarinum* var. *pallidum, R. davidsonianum* (etwas rot punktiert), *R. degronianum* (dunklere Zeichnung), *R. discolor* (später weißlich), *R. makinoi,* ● *R. maximum* (manchmal etwas violett oder weißlich), *R. oreodoxa, R. trichostomum* var. *ledoides, R. ungernii,* ● *R. vaseyi* (rot gefleckt), *R. yakusimanum* (zum Schluß weiß), *R. yunnanense* (manchmal weißlich

Wissenschaftlicher Name	Deutscher Name	Natürliche Verbreitung bzw. Entstehungsort	Frosthärte
R. forrestii BALF. f. ex DIELS var. *repens* (BALF. f. et FORREST) COWAN et DAVIDIAN		NW-Yünnan, SO-Tibet Tibet	+, ≙ +, ≙
● *R. fortunei* LINDL.		China	+, ≙
R. fulgens HOOK. f.		Himalaja, Nepal	≙, ≙≙
● *R. fulvum* BALF. f. et W. W. SM.		W-Yünnan, SO-Tibet	≙, ≙≙
R. galactinum BALF. f.		Szetschuan	+, ≙
R. glaucopeplum BALF. f. et FORREST		Yünnan, Mekong-Gebirge	+, ≙
R. glaucophyllum REHD.		Sikkim, Bhutan, SO-Tibet	≙, ≙≙
R. glaucum HOOK. f. non (LAM.) SWEET = *R. glaucophyllum*			
R. haemaleum BALF. f. et FORREST		SO-Tibet, Yünnan, Mekong-Gebiet	≙, ≙≙
R. haematodes FRANCH.		Yünnan	+, ≙
R. hanceanum HEMSL. var. *nanum* hort.		China wie die Art	+, ≙ +, ≙
R. heliolepis FRANCH.		Yünnan	+, ≙
● *R. hemitrichotum* BALF. f. et FORREST		SW-Szetschuan	≙, ≙≙
● *R. hippophaeoides* BALF. f. et W. W. SM.	Grauer Rhododendron	Yünnan	++
R. houlstonii HEMSL. et WILS.		Hupeh, O-Szetschuan	++
● *R. impeditum* BALF. f. et W. W. SM.	Veilchenblauer Rhododendron	Yünnan	+, ≙
R. imperator HUTCHINS. et WARD		Burma	+, ≙
● *R. insigne* HEMSL. et WILS.		SW-Szetschuan	+, ≙
R. × *intermedium* TAUSCH	Bastard-Alpenrose	Tirol	++
R. intricatum FRANCH.		W-Szetschuan	+, ≙
R. irroratum FRANCH.		Yünnan	≙, ≙≙
R. jucundum BALF. f. et W. W. SM.		W-Yünnan	+, ≙
R. keiskei MIQ.		Japan	≙, ≙≙
● *R. keleticum* BALF. f. et FORREST	Bezaubernder Rhododendron	Yünnan, SO-Tibet	+, ≙
R. keysii NUTT.		Bhutan	+, ≙
R. kiusianum MAK.		Japan	++
● *R. kotschyi* SIMK.	Siebenbürgische Alpenrose	Karpaten, Bulgarien	++

Wissenschaftlicher Name	Deutscher Name	Natürliche Verbreitung bzw. Entstehungsort	Frosthärte
R. lacteum FRANCH.		Yünnan	△, △△
R. × laetevirens REHD.		(um 1903)	++
R. lanatum HOOK. f.	Wolliger Rhododendron	Himalaja, Sikkim	+, △
R. lapponicum WAHLB.	Lappländischer Rhododendron	Lappland	++
R. ledifolium (HOOK.) G. DON = R. mucronatum			
● R. lepidostylum BALF. f. et FORREST		W-Szetschuan, Yünnan	△, △△
R. lutescens FRANCH.		W-Szetschuan, Yünnan, Tibet	+, △
R. macabeanum WATT.		Indien, Assam	+, △
R. macrophyllum D. DON	Großblättriger Rhododendron	N-Amerika	++
R. makinoi TAGG ex NAKAI et KOIDZ.	Makino-Rhododendron	Japan	++
R. mallotum BALF. f. et WARD		W-Yünnan	+, △
● R. maximum L.	Riesen-Rhododendron	N-Amerika	++
● R. metternichii S. et Z.	Metternich-Rhododendron	Japan	++
R. micranthum TURCZ.	Kleinblütiger Rhododendron	N- u. W-China, Mandschurei, N-Korea	++
R. minus MICHX.	Kleiner Rhododendron	USA	++
R. morii HAYATA		Formosa	+, △
R. moupinense FRANCH.		Szetschuan, O-Tibet	△, △△
R. mucronatum (BL.) G. DON	Porstblättrige Azalee	Japan	++
var. ripense WILS.		Japan	++
R. myiagrum BALF. f. et FORREST		W-Yünnan	+, △
R. myrtifolium SCHOTT et KOTSCHY non LODD. = R. kotschyi			
R. obtusum (LINDL.) PLANCH. var. japonicum (MAXIM.) ZAB. = R. kiusianum var. kaempferi (PLANCH.) WILS. = R. kaempferi	Stumpfblättrige Azalee	Japan	++

und rot punktiert); Amoena-Sorten: 'Caldwellii', ● 'Hinomayo'; Gandavense-Sorten: 'Aurore de Rooighem', 'Baron van Heckeron', 'Graf von Meran', 'Mathilde' (gelb gefleckt), 'Racine', 'Superba'; Kaempferi-Sorten: 'Garden Beauty', 'Willy'; Kurume-Sorten: ● 'Blanice'; Mollis-Sorten: ● 'Apple Blossom'; Großblumige immergrüne Sorten: 'Lady Annete de Trafford' (braune Flekken), ● 'Lunik' (violette Tönung), ● 'Marie Oliva Schlicková', ● 'Marka' (lachsfarbene Tönung), 'Mother of Pearl' (beim Abblühen weiß), 'N. N. Sherwood' (gelbliche Zeichnung), 'Simona' (braune Zeichnung), ● 'Sputnik'; Vuykina-Sorten: 'Schubert'; Williamsianum-Sorten: ● 'Moerheim's Pink', 'Royal Pink'.

Rosa

R. adenophorum, R. anthopogon, R. × arbutifolium, R. argyrophyllum var. nankingense (manchmal purpurfarbene Tönung), R. artosquameum, R. brevistylum (rote Zeichnung), R. bureavii, R. cuneatum, R. detonsum (rote Flecken), R. glaucopeplum (karminrote Zeichnung), R. glaucophyllum, R. heliolepis, R. hormophorum (braune Flecken), R. kaempferi (manchmal purpurfarbene bis rote Tönung), ● R. kotschyi, R. × laetevirens, R. linearifolium, ● R. metternichii, R. parvifolium, R. rex (rote Basalflecken), ● R. prinophyllum, ● R. schlippenbachii (hellere und dunklere Tönungen), R. sutchuenense (manchmal purpurfarben punktiert), ● R. williamsianum; Amoena-Sorten: ● 'Fläri' (leuchtende Farbe); Gandavense-Sorten: ● 'Bouquet de Flore', 'Comte de Egmont', 'Corneille', 'Domenico Scassi', 'Flameola Incarnata', 'Josephine Klinger', 'Louis Hellebuyck' (weißliche Streifen); Kaempferi-Sorten: ● 'Betty', 'Ivette', 'Mevrouw Hugo T. Hooftman', 'Pink Tresure'; Knap Hill-Sorten: 'Beaulier', 'Berryrose' (orangegelber Hauch), 'Can', 'Cecile', 'Clarice', ● 'Gallipoli', 'Homebush', 'Strawberry Ice', 'Taugiers', 'Thames'; Kurume-Sorten: ● 'Enzett-Rauschenstein', 'Morava', ● 'Oslava', ● 'Vltava'; Mollis-Sorten: ● 'Babeuff', 'Beethoven', ● 'Comte de Gomer', ● 'T. J. Seidel'; Occidentale-Sorten: 'Equisitum', 'Superbum'; Repens-

Sorten: 'Marinka', 'Piccolo'; Rustica-Sorten: ● 'Aida', 'Phidias', ● 'Norma'; Großblumige immergrüne Sorten: 'Antoon van Welie' (braunrote Flecken), 'Kate Waterer' (gelbgrüne Flecken), ● 'Panenka', 'Rosarka' (leuchtende Farbe); Vuykina-Sorten: 'Johann Strauss' (dunkle Flecken); Yakusimanum-Sorten: 'Polaris' (gelblich grüne Zeichnung), 'Tatjana'.
Dunkelrosa
R. ravum; Amoena-Sorten: 'Buzi'; Gandavense-Sorten: 'Quentin Metsys'; Kaempferi-Sorten: ● 'Fedora', 'Fidelio', 'Jeanette'; Knap Hill-Sorten: ● 'Pink Delight'; Kurume-Sorten: ● 'Enzett-Wildenstein' (leuchtende Farbe), ● 'Favorite', 'Labe'; Mollis-Sorten: 'Susenne Loef'; Repens-Sorten: ● 'Má vlast'; Großblumige immergrüne Sorten: ● 'Aurora', 'Constanze' (dunkelrote Zeichnung), ● 'Dagmar', 'Diadem' (roter Fleck), 'Romanze' (dunkelrote Zeichnung), 'Sába'; Williamsianum-Sorten: 'Willbrit'.
Rosaorange
● *R. japonicum* (orangefarbige Flecken); Gandavense-Sorten: 'Beauté Celeste'; Knap Hill-Sorten: 'Kathleen', 'Medway'; Mollis-Sorten: 'Comte de Papadopoli', ● 'Frans van der Bom', ● 'Hugo Koster'; Occidentale-Sorten: 'Westminster'; Rustica-Sorten: ● 'Freya'.
Gelborange
● *R. calendulaceum* (manchmal scharlachrote Tönung), *R. concatenans*, *R. c.* 'Copper' (rötlichere Tönung), *R. scyphocalyx* (manchmal orangefarbiger oder auch karminroter Hauch); Gandavense-Sorten: ● 'Altaclarensis', 'Bartholo Lazzari', 'Fénélon' (Spitzen orangefarben), ● 'Gloria Mundi', ● 'Guelder Rose', 'Honneur de la Belgique', ● 'Unique', 'Willem III'; Kaempferi-Sorten: ● 'Orange Beauty', 'Zampa'; Knap Hill-Sorten: 'Basilisk', 'Fasching', ● 'Klondyke', 'Marion Marriman', 'Orange Truffles'; Mollis-Sorten: 'Alphonse Lavallée', 'Christopher Wren', 'Hollandia', ● 'Hortulanus H. Witte', ● 'Lemonara', 'Mrs. A. E. Endtz', 'Salmon Queen'; Großblumige immergrüne Sorten: ● 'Bernstein' (rotbraune Zeichnung), 'Flamingo'.

Wissenschaftlicher Name	Deutscher Name	Natürliche Verbreitung bzw. Entstehungsort	Frosthärte
● *R. orbiculare* Decne.	Rundblättriger Rhododendron	W-Szetschuan	++
R. oreodoxa Franch.	Bergruhm-Rhododendron	W-Szetschuan	+, ≙
R. oreotrephes W. W. Sm.		Yünnan, SO-Tibet	+, ≙
R. orthocladum Balf. f. et Forrest		N-Yünnan	++
R. parvifolium Adams	Kleinblättriger Rhododendron	Japan, Sachalin, Korea, O-Sibirien, Alaska	++
● *R. pemakoense* Ward.		Tibet	++
R. pocophorum Balf. f. ex Tagg		Tibet	
● *R. ponticum* L.	Pontischer Rhododendron	O-Bulgarien bis Kaukasus, Südl. Iberische Halbinsel	+, ≙
R. primuliflorum Bur. et Franch.	Primelblütiger Rhododendron	SO-Tibet	++
R. prostratum W. W. Sm.	Niederliegender Rhododendron	Yünnan	++
R. przewalskii Maxim.		NW-China, O-Tibet, SW-Szetschuan	++
R. pseudoyanthinum Balf. f.		W-Szetschuan	+, ≙
R. pubescens Balf. f. et Forrest		SW-Yünnan	+, ≙
R. pulchrum Sweet		China	+, ≙
R. puralbum Balf. f. et W. W. Sm.		Yünnan	+, ≙
R. rubiginosum Franch.	Traubenblütiger Rhododendron	Yünnan	+, ≙
R. radicans Balf. f. et Forrest	Kriechender Rhododendron	Tibet	++
R. ravum Balf. f. et W. W. Sm.		Yünnan	++
R. rex Lév.		NO-Yünnan, SW-Szetschuan	+, ≙
R. ririei Hemsl. et Wils.		Szetschuan	+, ≙
R. roxieanum Forrest		Yünnan	+, ≙
R. rubigniosum Franch.	Rotbrauner Rhododendron	Yünnan	+, ≙
● *R. russatum* Balf. f. et Forrest		NW-Yünnan	++
R. saluenense Franch.		NW-Yünnan	+, ≙
R. sanguineum Franch.	Blutroter Rhododendron	NW-Yünnan	≙, ≙≙
R. sargentianum Rehd. et Wils.		W-Szetschuan	+, ≙

Wissenschaftlicher Name	Deutscher Name	Natürliche Verbreitung bzw. Entstehungsort	Frosthärte
R. scintillans BALF. f. et W. W. SM.		Likiang	+, ≙
R. scyphocalyx BALF. f. et FORREST		NO-Burma, W-Yünnan	+, ≙
R. selense FRANCH.		W-Yünnan	+, ≙
R. setosum D. DON		S-Tibet, Sikkim	++
	Borstiger Rhododendron		
● *R. smirnowii* TRAUTW.	Smirnow-Rhododendron	S-Kolchis, Lazistan	++
R. smithii NUTT.		Bhutan	+, ≙
R. souliei FRANCH.		W-Szetschuan	+, ≙
R. sutchuenense FRANCH.		Szetschuan, Hupeh	+, ≙
var. *geraldii* HUTCHINS.		wie die Art	+, ≙
R. taliense FRANCH.		W-Yünnan	+, ≙
● *R. tapetiforme* BALF. f. et WARD		Yünnan, Tibet	++
R. telmateium BALF. f. et W. W. SM.		Yünnan	++
R. tethropeplum BALF. f. et FARR.		SO-Tibet	+, ≙
R. thompsonii HOOK. f.		Sikkim, Bhutan, Tibet	≙, ≙≙
var. *candelabrum* (HOOK. f.) CLARKE		wie die Art	≙, ≙≙
R. timeteum BALF. f. et FORREST		SW-Szetschuan	+, ≙
R. traillianum FORREST et W. W. SM.		NW-Yünnan, SW-Szetschuan	+, ≙
R. triflorum HOOK. f.	Dreiblütiger Rhododendron	Bhutan, Sikkim	+, ≙
R. tsangpoense WARD		Tibet	+, ≙
R. ungernii TRAUTV.	Ungern-Rhododendron	S-Kolchis, Lazistan	+, ≙
R. vellereum HUTCHINS.		SO-Tibet	+, ≙
R. vernicosum FRANCH.		W-Yünnan, W-Szetschuan	≙, ≙≙
R. violaceum REHD. et WILS.	Violetter Rhododendron	W-Szetschuan	++
● *R. wardii* W. W. SM.		W-Yünnan, SO-Tibet	+, ≙
R. wightii HOOK. f.		Sikkim, Nepal, Bhutan	+, ≙
● *R. williamsianum* REHD. et WILS.	Williams-Rhododendron	Szetschuan	+, ≙
R. xanthocodon HUTCHINS.	Gelbglockiger Rhododendron	Tibet	+, ≙

Orangefarben
Knap Hill-Sorten: 'Anabella', 'Bakkarat', 'Ginger', 'Knight Hood', 'Seville'; Mollis-Sorten: 'Bismarck', ● 'Dr. Reichenbach', ● 'Königin Emma', 'Polly Claessens', 'Spek's Orange'; Vuykina-Sorten: 'Prinses Juliana'.

Rotorange
R. bakeri, *R. dichroanthum* (manchmal etwas rosigere Tönung); Gandavense-Sorten: ● 'Coccinea Speciosa', 'Comte de Flander', ● 'Pallas'; Glenn Dale-Sorten: ● 'Buccaneer'; Kaempferi-Sorten: 'Anny', 'Orange King'; Knap Hill-Sorten: 'Devon', 'Eisenhower', 'Fanal', 'Feuerwerk', ● 'Fireball', 'Fireglow', 'Firefly', 'Frills', ● 'Gibraltar', 'Kestrel', 'Tunis'; Mollis-Sorten: ● 'Dr. M. Oosthoek', 'Floradora', ● 'Koster's Brilliant Red', 'Marconi', 'Multatuli', 'Orange Glow', ● 'Spek's Brilliant', ● 'Von Gneist', ● 'Winston Churchill'; Vuykina-Sorten: 'Nordlicht', 'Sibelius', 'Signalglühen'.

Rosarot
R. mucronulatum 'Cornell Pink', *R. orbiculare*, *R. sutchuense* var. *geraldii*; Arendsii-Sorten: 'Ronsdorfer Frühblühende'; Kaempferi-Sorten: 'Augusta', ● 'Kathleen'; Repens-Sorten: ● 'Largo'; Großblumige immergrüne Sorten: 'Countess of Derby' (hellere Tönung), ● 'Cynthia', 'Holbein', 'Homer', ● 'Kokardia' (auffallender Fleck), 'Mrs. R. S. Holford', 'Oldewig' (hellere Tönung), 'Ornament' (braunroter Fleck); Williamsianum-Sorten: 'Pink Bountiful'; Yakusimanum-Sorten: 'Lumina'.

Weißrot
R. cerasimum (roter Saum); Yakusimanum-Sorten: 'Flammrose' (roter Saum).

Hellrot
● *R. hirsutum*, *R. h.* 'Laciniatum'; Großblumige immergrüne Sorten: 'Omega'; Vuykina-Sorten: 'Prinses Irene'; Williamsianum-Sorten: ● 'Bremen'; Yakusimanum-Sorten: 'Morgenrot' (bräunliche Zeichnung).

Lachsrot
R. kiusianum (manchmal mehr rosa); Kaempferi-Sorten: 'Alice'.

Karminrot
R. barbatum, *R. chaetomallum* (manchmal dunkelrosa), *R. chamae-thomsoni*, *R. cinnabarinum* var. *roylei*, *R. floccigerum*, *R. f.* var.

appropinquans, ● *R. forrestii* (dunkle Tönung), ● *R. f.* var. *repens* (mehr scharlachrote Tönung), *R. haemaleum* (bis rötlich), *R. pulchrum* 'Maxwellii', *R. sanguineum* (hell leuchtender Hauch), *R. smithii*; Amoena-Sorten: 'Amoena Coccinea', 'Fiener'; Gandavense-Sorten: 'Dr. Chas. Baumann' (gelber Fleck), 'Ignea Nova'; Großblumige immergrüne Sorten: ● 'Hassan', 'Humoreska'.

Rot
R. cinnabarium, R. c. var. *aestivalis, R. c.* var. *blandfordiiflorum* (Schlund gelbgrün), *R. houlstonii, R. keysii,* ● *R. obtusum* (manchmal scharlach- oder karminroter Hauch), *R. pocophorum, R. thomsonii* var. *candelabrum, R. tsangpoense, R. t.* var. *pruniflorum*; Amoena-Sorten: 'Mizi'; Gandavense-Sorten: 'Roi des Feux', ● 'Sang de Gentbrugge', 'Nero'; Kaempferi-Sorten: 'Bengal Fire'; Knap Hill-Sorten: ● 'Balzac', ● 'Brazil', 'Bullfinch', 'Corringe', 'Dracula', 'Embley Crimson', 'Heron', ● 'Hotspur', 'Lord Fairhaven' (gelblicher Hauch), 'Orwell', 'Robin', 'Royal Lodge', 'Scarlet Pimpernel', 'Stour'; Kurume-Sorten: ● 'Aladdin', ● 'Jeršov' (leuchtende Farbe); Mollis-Sorten: 'Catharine Rinke' (orangefarbene Tönung), ● 'Hugo Hardijzer', 'Evening Glow', ● 'J. C. van Toll', ● 'Mrs. Peter Koster', 'Radiant', 'Willem Hardijzer'; Repens-Sorten: ● 'Baden-Baden', ● 'Bad Eilsen', ● 'Bengal', 'Frühlingsanfang', 'Frühlingstag' (leuchtende Farbe), ● 'Frühlingszauber', 'Monica', 'Red Carpet' (leuchtende Farbe), ● 'Scarlet Wonder'; Rustica-Sorten: ● 'Il Tasso'; Großblumige immergrüne Sorten: 'Bas de Bruin' (scharlachrote Tönung), 'Bibber', ● 'Catharine van Tol', 'Charles Dickens', ● 'C. S. Sargent', ● 'Don Juan' (leuchtende Farbe), ● 'Dr. V. H. Rutgers', ● 'Edward S. Rand', ● 'Hachmann's Feuerschein', 'Kluis Sensation' (dunkle Flecken), 'Mexiko' (dunkle Flecken), 'Nicoline' (leuchtende Farbe), ● 'Prof. Jelinek' (leuchtende Farbe), 'Rubinpracht'; Yakusimanum-Sorten: 'Barmstedt', 'Fantastica', 'La Bostella', 'Mona Lisa' (Schlund weißlich).

Dunkelrot
R. beanianum, R. didymum (manchmal

Wissenschaftlicher Name	Deutscher Name	Natürliche Verbreitung bzw. Entstehungsort	Frosthärte
R. yakusimanum NAKAI	Yakushima-Rhododendron	Japan	++, +
R. yunnanense FRANCH.	Yunnan-Rhododendron	Yünnan, Szetschuan	≙, ≙≙
● Amoena-Sorten		Japan	++
Arendsii-Sorten		Wuppertal-Ronsdorf	++
● Glenn Dale-Sorten		USA (um 1935)	+, ≙
● Impeditum-Sorten			++
● Kurume-Sorten		Japan	++, +
● Repens-Sorten		Wales (bei Aberconway), Oldenburg (bei Hobbie)	++
● Großblumige immergrüne Sorten (Abb. 237 d) Vuykina-Sorten		Holland, Belgien	+, ≙
● Williamsianum-Sorten			++
● Yakusimanum-Sorten			++

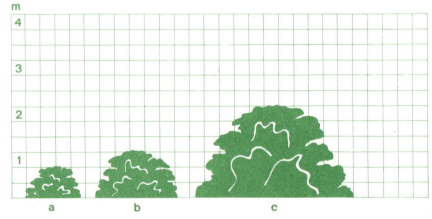

Abb. 258
Typ „catawbiense"
a)
R. anthopogon,
● *R. calostrotum,*
R. hanceanum var. *nanum,*
● *R. impeditum,*
● *R. lepidostylum,*
R. parvifolium,
● *R. pemakoense,*
R. sargentianum,
R. setosum,
R. tsangpoense,
R. t. var. *pruniflorum,*
Sorten der Gruppe „Impeditum";

b)
● *R. aberconwayi,*
R. beanianum,
R. brachyanthum,
R. b. var. *hypolepidotum,*
R. citriniflorum,
● *R. edgarianum,*
● *R. ferrugineum,*
R. f. f. *album,*

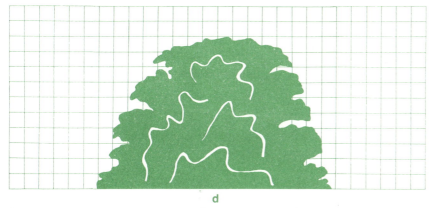

f. *atropurpureum*,
R. floccigerum,
R. glaucophyllum,
R. haemaleum,
R. haematodes,
R. hanceanum,
R. hemitrichotum,
R. keiskei,
R. kiusianum,
● *R. kotschyi*,
R. × *laetevirens*,
R. linearifolium,
● *R. micranthum*,
R. moupinense,
● *R. orbiculare*,
R. orthocladum,
R. primuliflorum,

R. przewalskii,
R. pubescens,
R. ravum,
R. roxieanum,
R. sanguineum,
R. scintillans,
R. scyphocalyx,
R. traillianum,
R. violaceum,
● *R. williamsianum*,
R. yakusimanum,
● Sorten der Gruppe „Kurume";
c)
die meisten Arten, Sorten, Varietäten und Formen;

d)
R. a. var. *cupulare*,
var. *nankingense*,
R. augustinii,
● *R. brachycarpum*,
R. campylocarpum var. *elatum*,
R. crinigerum,
R. litiense,
R. mallotum,
● *R. maximum*,
R. minus,
R. ponticum,
R. p. 'Album', 'Roseum',
R. pseudoyanthinum,
R. souliei,

R. sutchuenense,
R. s. var. *geraldii*,
R. triflorum,
R. vellareum,
● *R. wardii*,
R. yunnanense,
● großblumige immergrüne Sorten (manchmal);
e)
R. calophytum,
● *R. catawbiense*,
R. cynocarpum,
R. discolor,
● *R. fulvum*,
R. galactinum,
R. houlstonii,
● *R. insigne*,
R. lacteum,
R. puralbum,
R. rex,
R. thompsonii,
R. t. var. *candelabrum*;
f)
R. barbatum,
R. basilicum,
R. rubiginosum,
R. smithii

Abb. 259 Typ „japonicum"
a)
● *R. yedoense*,
R. y. var. *poukhanense*;
b)
● *R. japonicum*,
● *R. mucronulatum*,
R. m. 'Cornell Pink',
R. tschonoskii,
● Sorten der Gruppe „Mollis" und „Rustica";
c)
R. penthaphyllum (manchmal);
d)
● *R. luteum*

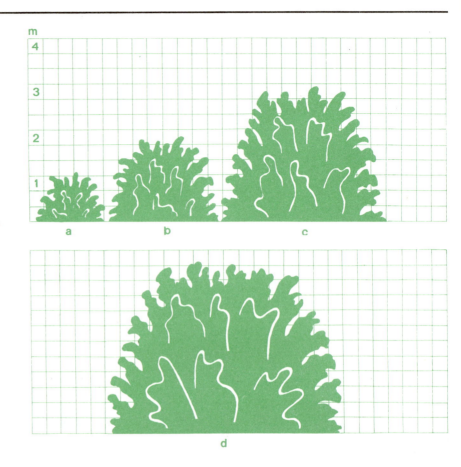

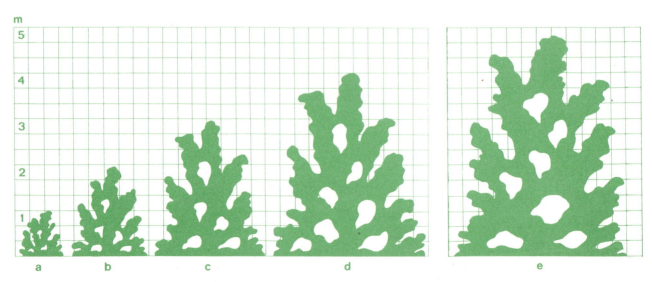

Abb. 260 Typ „carolinianum"
a)
R. cephalanthum,
R. didymum,
R. intricatum,
R. pulchrum 'Maxwellii';

b)
R. chaetomallum var. xanthanthum,
● R. chryseum,
R. cuneatum,
R. degronianum,
R. exquisitum,
● R. hippophaeoides,
R. myiagrum,
R. pulchrum,
R. p. 'Calycinum';

c)
R. albiflorum,
● R. ambiguum, R. bakeri,
● R. carolinianum,
R. c. 'Album',
'Yellow Form',
R. chaetomallum,
R. chartophyllum,
R. dichroanthum,
R. jucundum,
R. lutescens,
R. oreotrephes;

d)
R. cerasinum,
R. davidsonianum,
R. dentosum,
● R. fargesii, R. irrotum,
R. searsiae,
R. timeteum, R. wightii;
e)
R. desquamatum,
R. fictolacteum,
R. macabeanum

Abb. 261 Typ „roseum"
a)
● R. canadense;
b)
● R. calendulaceum,
● R. dauricum,
R. d. var. sempervirens,
R. nipponicum,
● R. occidentale,
R. pentaphyllum,
R. prunifolium,
R. quinquefolium,
● Sorten der Gruppen „Gandavense", „Knap Hill" und „Occidentale";

c)
● R. albrechtii,
R. hormophorum,
● R. molle,
● R. periclymenoides,
● R. prinophyllum;
d)
● R. schlippenbachii;
e)
R. reticulatum,
R. r. f. pentandrum

schwarzrot), R. fulgens, R. haematodes (scharlachrote Tönung), R. mallotum (scharlachroter Hauch), R. thomsonii; Amoena-Sorten: 'Popzi' (leuchtende Farbe); Gandavense-Sorten: 'Joseph Baumann', 'Juda Schipp'; Kaempferi-Sorten: 'John Cairns'; Knap Hill-Sorten: ● 'Satan'; Kurume-Sorten: 'Addy Werry', 'Campfire'; Repens-Sorten: 'Abendglut', ● 'Aksel Olsen', 'Antje', 'Buketta', 'Burning Love', 'Camillo Schneider', ● 'Elisabeth Hobbie', ● 'Juwel', ● 'Salute'; Großblumige immergrüne Sorten: ● 'America', ● 'Britannia', ● Dr. H. C. Dresselhuys', 'F. D. Godman', ● 'Hugh Koster' (dunkle Flecken), 'James Marshall Brooks' (braune Flecken), 'Lord Roberts' (rote Flecken), 'Moser's Maroon' (schwarze Flecken), ● 'Mrs. P. de Ouden', ● 'Nova

Zembla', 'Raphael', ● 'Sametglut', 'Scharnhorst', 'Van den Broeke', 'Van der Hoop', ● 'Van Weerden Poelman', ● 'Wiliam Austin'.

Violettrosa
R. campanulatum var. *aeruginosum* (manchmal purpurroter Hauch), ● *R. dauricum*, ● *R. edgarianum, R. exquisitum* (zarte Tönung), *R.* × *fraseri, R. hippophaeoides, R. imperator, R. minus,* ● *R. mucronulatum,* ● *R. pemakoense* (manchmal purpurfarbene Tönung), *R. pentaphyllum, R. ponticum* 'Roseum', ● *R.* × *praecox, R. prostratum* (purpurfarbene Tönung), *R. pulchrum* 'Calycinum', *R. reticulatum, R. r.* f. *pentadrum, R. rubiginosum, R. setosum,* ● *R. smirnowii* (purpurfarbene Tönung), ● *R. tapetiforme, R. telmateium* (dunkle Tönung), *R. timetum* (purpurfarbene Tönung und dunklere Zeichnung), *R. yedoense* var. *poukhanense*; Gandavense-Sorten: 'General Trauff', ● 'Grandeur Triomphante', 'Marie Verschaffelt', 'Pucella'; Kurume-Sorten: ● 'Sázava' (silbriger Hauch); Rustica-Sorten: 'Murillo'; Großblumige immergrüne Sorten: ● 'Allah', ● 'Arnošt Silva Tarouca' (hellere Tönung), ● 'Direktör K. Hjelm', ● 'Lajka', 'Parson's Gloriosum', ● 'Roseum Elegans', ● 'Von Oheimb-Woislowitz' (hellere Tönung); Yakusimanum-Sorten: 'Bluretta' (Schlund weißlich).

Violettrot
R. campylogynum (Schlund dunkelbraun); Großblumige immergrüne Sorten: ● 'Old Port' (dunkle Tönung).

Hellviolett
R. mucronatum var. *ripense, R. orthocladum* (bläuliche Tönung), *R. ponticum* (purpurfarbene Tönung und gelbgrüne Flecken), *R. p.* 'Cheiranthifolium', *R. p.* 'Variegatum', *R. searsiae* (manchmal fast weiß); Kaempferi-Sorten: 'Atalanta', 'Lilac Time'; Knap Hill-Sorten: 'Windsor Lady'; Großblumige immergrüne Sorten: ● 'Album Elegans' (später weißlich), 'Hymen', ● 'Lavender Girl', ● 'Madame Carvalho' (bis weißlich), ● 'Violetta' (Rand fast weißlich).

Violett
R. augustinii (bläuliche Tönung), *R. desquamatum, R. oreotrephes, R. ponticum* 'Imbri-

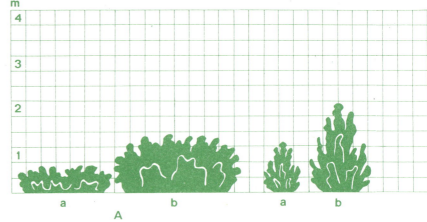
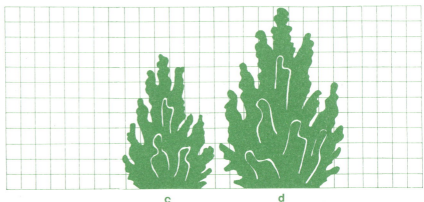

Abb. 262
A) Typ „mucronatum"
a) *R. ponticum* 'Imbricatum';
b) *R. mucronatum, R. m.* 'Narcissiflorum', var. *ripense,* 'Van Noordt', Sorten der Gruppe „Arendsii"

B) Typ „vaseyi"
a) *R. trichocladum;*
b) ● *R. vaseyi, R. viscosum;*
c) *R. semibarbatum;*
d) *R. arborescens*

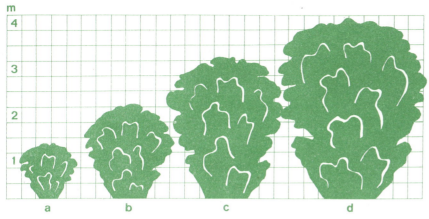

Abb. 263 Typ „praecox"
a)
R. × *arbutifolium*,
R. *chamaethomsonii*,
● R. *fastigiatum*,
● R. *racemosum*,
● R. *russatum*,
R. *telmateium*,
R. *tetropeplum*;

b)
R. *cinnabarinum*,
R. *c.* var. *aestivale*,
var. *blandfordiiflorum*,
var. *pallidum*,
var. *purpurellum*,
var. *roylei*,
● R. × *praecox*,
R. *selense*,
R. × *viscosepalum*;

c)
R. *floribundum*,
R. *oreodoxa* (die Triebe nur an den Spitzen belaubt);

d)
R. *beesianum*,
R. *ririei*,
R. *xanthocodon*

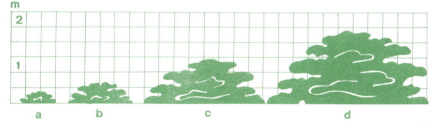

Abb. 264 Typ „repens"
a)
R. *keleticum*,
R. *prostratum*,
R. *radicans*;

b)
R. *campylogynum*,
R. *camtschaticum*,
R. *complexum*,
● R. *ferrugineum*,
R. *f.* f. *album*,
f. *atropurpureum*,
R. *forrestii*,
R. *f.* var. *repens*,
R. *imperator*,
R. *lapponicum*,
● R. × *pruhonicianum*,
R. *tapetiforme*;

c)
R. *fastigiatum* (manchmal),
● R. *hirsutum*,
R. *h.* f. *albiflorum*,
'Laciniatum',
R. × *intermedium*,
● R. *obtusum*,
● Sorten der Gruppe „Amoena" und „Repens";

d)
● Sorten der Gruppe „Glenn Dale"

catum'; Gandavense-Sorten: 'Fama' (gelber Fleck); Kurume-Sorten: ● 'Enzett-Lilienstein', 'Multiflora'; Großblumige immergrüne Sorten: ● 'Alfred' (gelbgrüne Zeichnung), ● 'Fastuosum Plenum'.

Dunkelviolett

● R. *russatum*; Kaempferi-Sorten: 'Gretchen'; Kurume-Sorten: ● 'Enzett-Königstein' (leuchtende Farbe); Großblumige immergrüne Sorten: ● 'Leopold'.

Violettblau

R. *scintillans*; Amoena-Sorten: 'Lavenda' (leuchtende Farbe); Großblumige immergrüne Sorten: 'Azurwolke', ● 'Blue Peter', 'Susan'.

Blau

Impeditum-Sorten: ● 'Blue Tit'.

Purpurviolett

● R. *calostrotum* (helle Tönung), ● R. *camtschaticum* (rotbraune Zeichnung), ● R. *canadense*, ● R. *catawbiense* (grüne Flecken), R. *cinnabarinum* var. *purpurellum*, ● R. *fastigiatum* (manchmal blaue Tönung), R. *floribundum* (manchmal rosa), ● R. *impeditum*, R. *intricatum*, R. *lapponicum*, R. *violaceum*, ● R. *yedoense*; Kurume-Sorten: ● 'Otava'; Großblumige immergrüne Sorten: ● 'Catawbiense Boursault' (hellere Tönung), ● 'Catabiense Grandiflorum' (hellere Tönung), ● 'Everestianum', 'Holger' (hellere Tönung, grüne Zeichnung), 'Holstein' (hellere Tönung), ● 'Humboldt' (hellere Tönung), ● 'Lee's Dark Purple' (dunkle Tönung), ● 'Milan' (hellere Tönung), ● 'Purpureum Elegans'.

Purpurrot

● R. *albrechtii*, R. *complexum* (dunkle Tönung), ● R. *ferrugineum* (dunkle Tönung), R. × *intermedium*, ● R. *keleticum*, R. *macrophyllum* (gelbe Flecken), R. *prunifolium*, R. *ririei*, R. *saluenense*, R. *tethropeplum* (karminroter Hauch); Amoena-Sorten: 'Amoena'; Großblumige immergrüne Sorten: 'Caractacus' (hellere Mitte), 'Dietrich'.

Purpurfarben

R. *concinnum*, R. *ferrugineum* f. *atropurpureum*, R. *pulchrum*, R. *radicans*; Vuykina-Sorten: 'Purple Triumph' (dunkle Tönung).

Dunkelpurpurfarben

R. *pseudoyanthinum*; Großblumige immer-

Abb. 266 Blüten
Trichterförmig und ganz geöffnet
Rhododendron
a)
R. *kiusianum* (2–5),
R. *micranthum* (meist 12),
R. *obtusum* (1–3);
b)
R. *fastigiatum* (4–5),
R. *hemitrichotum* (1–2),
R. *hippophaeoides* (6–8),
R. *intricatum* (4–6),
R. *keleticum* (1–3),
R. *orthocladum* (1–3),
R. *pubescens* (2–3),
R. *tapetiforme* (2–4),
R. *telmateium* (1–2),
R. *violaceum* (1–3);
c)
R. *brachycarpum* (10–20),
R. *bureavii* (10–15),
R. *camtschaticum* (1–2),
R. *complexum* (3),
R. *cuneatum* (4),
R. *dauricum*,
Varietäten (1–2),
R. *desquamatum* (2–4),
R. *hanceanum* (meist 15),
R. *heliopsis* (4–5),
R. *hormophorum* (3–5),
R. *impeditum* (2–3),
R. *imperator* (1–2),
R. *keiskei* (3–5),
R. *lapponicum* (3),
R. *lepidostylum* (2),
R. *macrophyllum* (meist 20),
R. *mallotum* (12–18),
R. *mucronulatum* (1),
R. *parvifolium* (meist 5),
R. *pemakoense* (1–2),
R. *ponticum* 'Imbricatum' (20–15),
R. × *praecox* (meist 3),
R. *prostratum* (1–3),
R. *quinquefolium* (1–2 nickend),
R. *racemosum* (3–5),
R. *reticulatum*,
Formen (1–4),
R. *russatum* (4–5),

262

R. scintillans (3–6),
R. searsiae (3–8),
R. setosum (3),
R. trichocladum (3–5),
R. vaseyi (5–8),
Sorten der Gruppe
„Amoena" (1–5),
„Impeditum" (2–3)
und „Kurume" (2–5);
d)
R. adenophorum (10),
R. ambiguum (3–6),
R. augustinii (3),
R. brevistylum (4–8),
R. calostrotum (2),
R. catawbiense (12–20),
R. chartophyllum (3–5),
R. cinnabarinum var. *pallidum* (meist 5),
R. concinnum (3),
R. davidsonianum (2–4),
R. degronianum (meist 12),
R. dentosum (meist 10),
R. edgarianum (1),
R. equisitum (8–10),
R. kaempferi (2–4),

R. litiense (6–8),
R. lutescens (3–6),
R. mucronatum (1–3),
R. m. var. *ripense* (1–3),
R. occidentale (6–12),
R. oreotrephes (5–10),
R. ponticum, Sorten außer 'Imbricatum' (10–15),
R. pseudoyanthinum (3–5),
R. pulchrum (2–4),
R. timeteum (5–10),
R. triflorum (3),
R. ungernii (20–30),
R. yedoense var. *poukhanense* (2–4),
R. yunnanense (3–5),
Sorten der Gruppe
„Arendsii" (1–3),
„Glenn Dale" (1–3),
„Kaempferi" (2–4),
„Occidentale" (12 und mehr),
großblumige immergrüne Sorten (nur vereinzelt 15 und mehr),
„Vuykina" (2–4);

e)
R. japonicum (6–10),
R. mucronatum 'Van Noordt' (3–7),
R. pulchrum 'Calycinum' (2–4),
R. p. 'Maxwellii' (2–4),
R. schlippenbachii (3–6),
großblumige immergrüne Sorten (15 und mehr);
f)
Sorten der Gruppe
„Mollis" (8 und mehr)
und viele großblumigen immergrünen Sorten (15 und mehr)
(in der Klammer die Blütenzahl im Blütenstand)

grüne Sorten: 'Purple Splendour' (violette Tönung).
Braunorange
Knap Hill-Sorten: 'Gog'.
Einige *Rhododendron*-Arten besitzen duftende Blüten:
R. arborescens, R. calendulaceum (nur schwacher Duft), *R. flavum, R. fortunei, R. banceanum, R. linearifolium, R. moupinense, R. occidentalis, R. prinophyllum, R. schlippenbachii, R. viscosum* (stark duftend); außerdem viele Sorten der angeführten Arten.

In milden Wintern beginnt die Blütezeit schon im Januar–Februar und endet im August (Abb. 275). Die Hauptblüte der wichtigsten Gartensorten ist auf den Zeitraum Mai/Juni begrenzt.

Frucht und Fruchtstand

Früchte meist eiförmige, gefächerte Kapseln mit vielen kleinen Samen. Haben keinen Zierwert und sollten rechtzeitig entfernt werden.

Stämmchen, Zweige und Wurzelsystem

Stämmchen dünn, dicht über der Erde verzweigt, im Alter oft mit weißlich grauer, in Streifen ablösender Rinde. Zweige mitteldicht, in der Jugend braungrün, später grün und dann wie die Stämmchen ausgefärbt. Wurzelsystem sehr dicht, flach, zum größten Teil aus Haarwurzeln bestehend.

Ansprüche

Alle angeführten sommergrünen Arten gedeihen am besten im Halbschatten, die immergrünen im Halbschatten bis Schatten (*R. ambiguum* nur Halbschatten, und der wintergrüne *R. hirsutum* gedeiht in der Sonne sowie auch im Halbschatten). Zur groben Orientierung gilt der Grundsatz: Je größer das Blatt, desto größer ist die Sonnenverträglichkeit. Der beste Blütenansatz erfolgt bei sonnigem Stand, der

Abb. 267 Blüten *Rhododendron*
A) geschlossen glockig
R. chryseum (4–5)
B) trichterförmig mit zwei Petalenreihen
R. cronatum 'Narcissiflorum' (1–3) und eine Sorte aus der Gruppe „Knap Hill": 'Homebush' (10 und mehr)
(in der Klammer die Blütenzahl im Blütenstand)

Abb. 265   Blätter
Rhododendron
a)
R. catawbiense,
R. insigne,
R. smirnowii, die meisten
großblumigen immergrünen
Sorten;
b)
R. fictolacteum, viele
großblumige immergrüne
Sorten;
c)
R. metternichii;
d)
R. campylocarpum,
R. caucasicum,
R. triflorum;
e)
R. laetevirens,
R. yunnanense;
f)
R. albiflorum,
R. calendulaceum;
g)
R. periclymenoides;
h)
R. didymum;
i)
R. camtschaticum;
j)
R. orbiculare;
k)
R. schlippenbachii;
l)
R. ferrugineum;
m)
R. micranthum,
R. viscosum;
n)
R. lapponicum,
R. obtusum;
o)
R. keleticum,
R. trichocladum;
p)
R. dauricum
(Quadrat 1 × 1 cm)

Abb. 268 Blüten *Rhododendron*
A) langröhrig und gefüllt manche Sorten aus der Gruppe „Gandavense"
'Bartholo Lazzari', 'Chromatella', 'Corneille', 'Fénélon', 'Narcissiflora', 'Racine', 'Raphael de Smet' (alle 6 und noch mehr)

B) trichterförmig und gefüllt
a) *R. yedoense* (1–3);
b) Sorten aus der Gruppe „Rustica" (5 und mehr)

Abb. 269 Blüten *Rhododendron*
Kurzröhrig und breit geöffnet
a) *R.* × *arbutifolium* (6–12), *R. ferrugineum*, Sorten (6–12), *R.* × *intermedium* (6–12), *R. sargentianum* (3–6);
b) *R. arborescens* (3–6), *R. cinnabarinum*, Varietäten außer var. *pallidum* (meist 5), *R. kotschyi* (2–4), *R. laetevirens* (6–8), *R. nipponicum* (6–15), *R. ravum* (4–5);
c) *R. luteum* (7–12), *R. moupinense* (1–3), Sorten der Gruppe „Knap Hill" außer 'Homebush' (10 und mehr)
(in der Klammer die Blütenzahl im Blütenstand)

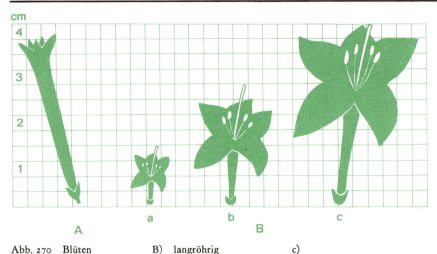

Abb. 270 Blüten *Rhododendron*
A) schmalröhrig mit wenig geöffneten Kronenzipfeln
R. haematodes

B) langröhrig und breit geöffnet
a)
R. cephalanthum (meist 8),
R. trichostomum var. *ledoides* (12–20),
R. t. var. *radinum* (8–10),
R. tschonoskii (3–6);
b)
R. bakeri (4–7),
R. carolinianum, Sorten (4–9),
R. cephalanthum (meist 8),
R. periclymenoides (6–12),
R. primuliflorum (6–15),
R. prunifolium (4–5);

c)
R. anthopogon (4–6),
R. calendulaceum (5–7),
R. viscosum (5–10),
R. × viscosepalum (5–10),
Sorten der Gruppe „Gandavense" außer den Sorten, die bei Abb. 268 angeführt sind (6 und mehr)
(in der Klammer die Blütenzahl im Blütenstand)

Abb. 273 Blüten *Rhododendron*
Offen glockig
a)
R. × albiflorum (1–2),
R. campylogynum (1–4);
b)
R. aberconwayi (6–12),
R. albrechtii (4–5),
R. argyrophyllum (6–10),
R. a. var. *cupulare* (6–10),
R. barbatum (10–15),
R. basilicum,
R. beanianum (6–8),
R. beesianum (15–25),
R. brachyanthum (3–4),
R. callimorphum (5–8),
R. calophytum (bis 30),
R. citriniflorum (6–8),
R. clementinae (meist 15),
R. concatenans (7–8),
R. crinigerum (meist 12),
R. cyanocarpum (5–8),
R. fulgens (10–12),
R. fulvum (bis 20),
R. glaucophyllum (5–6),
R. maximum (16–24),
R. metternichii (10–15),
R. myiagrum (4–5),
R. przewalskii (12–15),

Abb. 271 Blüten *Rhododendron*
A) geschlitzt zweilippig
R. canadense (3–6),
R. × fraseri (3–6)

B) röhrig mit linealisch verlängerten Petalen
R. linearifolium (3)
(in der Klammer die Blütenzahl im Blütenstand)

R. *radicans* (1),
R. *ririei* (8–10),
R. *roxieanum* (10–15),
R. *saluense* (2–3),
R. *tsangpoense* (3–5),
R. *wardii* (7–14),
R. *wightii* (12–20),
R. *williamsianum* (2–3, nickend),
R. *xanthocodon* (meist 5̄);
c)
R. *adenogynum* (12),
R. *argyrophyllum* var. *nankingense* (6–10),
R. *artosquameum* (3–5),
R. *campanulatum* (meist 8),
R. *c.* var. *aeruginosum* (10–12),
R. *caucasicum* (7–10),
R. *cerasium* (5–6, nickend),
R. *fargesii* (6–10),
R. *fistolacteum* (12–15),
R. *floribundum* (8–12),
R. *galactinum* (bis 15),
R. *glaucopeplum* (meist 10),
R. *insigne* (8 und mehr),
R. *lacteum* (20–30),
R. *lanatum* (6–10),
R. *macabeanum* (12–15),
R. *molle* (12–18),
R. *morii* (12–15),
R. *orbiculare* (7–10),
R. *oreodoxa* (10–12),
R. *sutchuense* (8–10),
selten auch die großblumigen immergrünen Sorten (15 und mehr);
d)
viele großblumigen immergrünen Sorten (15 und mehr);
e)
R. *discolor* (meist 10),
R. *fortunei* (6–12),
manche großblumigen immergrünen Sorten (15 und mehr)
(in der Klammer die Blütenzahl im Blütenstand)

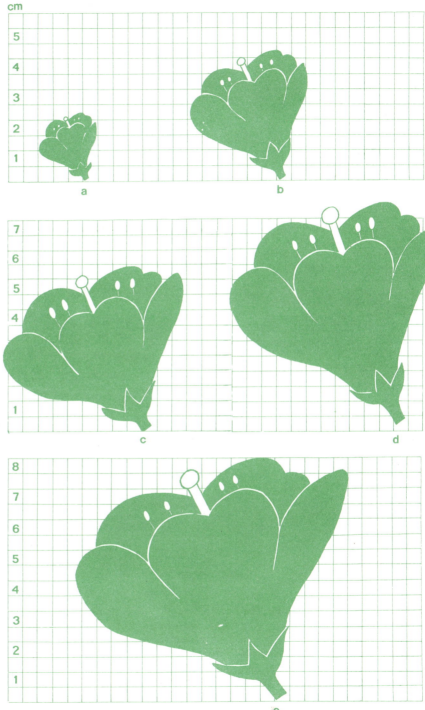

Abb. 272 Blüten *Rhododendron* Schalenförmig
a) *R. semibarbatum* (einzeln, aber angehäuft);
b) *R. puralbum* (meist 8) (in der Klammer die Blütenzahl im Blütenstand)

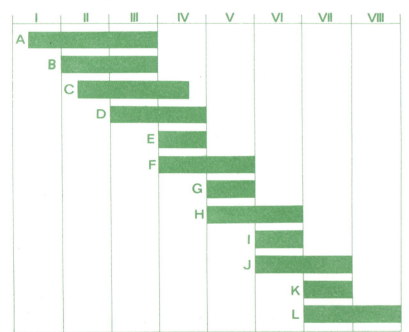

Abb. 275 Blütezeit *Rhododendron*

A) *R. mucronulatum;*

B) *R. dauricum,*
R. moupinense,
R. ririei,
R. sutchuenense;

C) *R. × praecox;*

D) *R. calophytum,*
R. chaetomallum,
R. floccigerum,
R. fulgens,
R. fulvum,
R. irroratum,
R. lutescens,
R. mallotum,
R. oreodoxa,
R. pemakoense,
R. pocophorum,
R. racemosum,
R. smithii;

jedoch eine ständige hohe Luft- und Bodenfeuchtigkeit voraussetzt. Der Boden soll sauer, also kalkarm sein (außer bei *R. hirsutum* und *R. praecox*, die etwas kalkverträglicher sind als die anderen Arten). Vorteilhaft ist ein hoher Humusgehalt (Beimischung von Torf, Heideerde, Nadelstreu und Waldboden). Gedüngt wird am besten mit halbverrottetem Stallmist oder physiologisch sauer wirkenden Mineraldüngern (z. B. „Aziplex", ein Spezialdünger für *Rhododendron*). Die Erdoberfläche sollte mit einer Laub- und Torfschicht bedeckt sein, damit sich die Bodenfeuchtigkeit erhält. Eine ausreichende Boden- und Luftfeuchtigkeit bedingt einen guten Wuchs; die Feuchtigkeit ist auch im winterlichen Ruhestand nötig. Auf trockenen Standorten ist deshalb eine durchdringende Bewässerung im Herbst nötig. Die beschriebenen Arten und Sorten vertragen aber keine stagnierende

E) *R. adenogynum,*
R. adenophorum,
R. anthopogon,
R. barbatum,
R. bureavii,
R. calostrotum,
R. crinigerum,
R. cuneatum,
R. cyanocarpum
R. davidsonianum,
R. degronianum,
R. desquamatum,
R. fargesii,
R. floribundum,
R. × fraseri,
R. hemitrichotum,
R. hippophaeoides,
R. impeditum,
R. intricatum,
R. lanatum,
R. orbiculare,
R. orthocladum,
R. parvifolium,
R. thomsonii,
R. vellereum,
R. williamsianum,
R. yedoense,
Sorten der Gruppe „Impeditum";

F) die meisten Arten, Kreuzungen, Varietäten, Formen und Sorten;

G) *R. argyrophyllum,*
R. artosquameum,
R. basilicum,
R. beanianum,
R. campylogynum,
R. camtschaticum,
R. caucasicum,
R. cerasinum,
R. clementinae,
R. complexum,
R. dentosum,
R. exquisitum,
R. fortunei,
R. glaucopeplum,
R. haemaleum,
R. haematodes,
R. hormophorum,

R. houlstonii,
R. imperator,
R. kaempferi,
R. kotschyi,
R. litiense,
R. luteum,
R. molle,
R. mucronatum,
R. myiagrum,
R. periclymenoides,
R. obtusum,
R. oreotrephes,
R. pulchrum,
R. puralbum,
R. radicans,
R. ravum,
R. sanguineum,
R. sargentianum,
R. setosum,
R. souliei,
R. taliense,
R. timeteum,
R. tschonoskii,
R. violaceum,
R. wardii,
R. xanthocodon,
R. yakusimanum,
R. yunnanense,
Sorten der Gruppe „Amoena", „Arendsii", „Glenn Dale", „Kaempferi", „Knap Hill", „Mollis" und „Vuykina";

H) *R. carolinianum,*
R. cinnabarinum,
R. dichroanthum,
R. insigne,
R. jucundum,
R. keysii,
R. kiusianum,
R. × laetevirens,
R. lepidostylum,
R. macrophyllum,
R. micranthum,
R. minus,
R. nipponicum,
R. occidentale,
R. scyphocalyx,
R. semibarbatum,
R. smirnowii,

R. trichostomum,
R. t. var. ledoides,
R. t. var. radinum,
R. triflorum,
R. tsangpoense,
Sorten der Gruppe „Gandavense", „Kurume", „Occidentalis", „Rustica" und der großblumigen, immergrünen Rhododendren;

I) *R. × arbutifolium,*
R. calendulaceum,
R. callimorphum,
R. catawbiense,
R. heliolepis,
R. hirsutum,
R. keleticum,
R. makinoi,
R. ponticum;

J) *R. albiflorum,*
R. arborescens,
R. bakeri,
R. brachyanthum,
R. brachycarpum,
R. brevistylum,
R. didymum,
R. discolor,
R. ferrugineum,
R. × intermedium,
R. lapponicum,
R. maximum;

K) *R. ungernii,*
R. viscosum,
R. × viscosepalum;

L) *R. prunifolium*

hohe Bodennässe (ausgenommen *R. canadense*). Wegen des flachen Wurzelsystems ist ein tieferes Hacken zwischen den Pflanzen unbedingt zu vermeiden. Wir wählen einen windgeschützten Standort, um die Gefahr der Austrocknung zu vermindern. Alle angeführten Arten sind unter mitteleuropäischen klimatischen Bedingungen unterschiedlich winterhart, wobei der Standort eine große Rolle spielt. Die Pflanzen brauchen vor allem im Winter und im Vorfrühling einen Schutz vor der Sonne, da diese große Schäden anrichten kann, besonders bei trockenem Boden ohne Laub- oder Torfschicht. Ideal ist eine Lage im Halbschatten, eine West- oder sogar Nordseite und in freier Lage ein Abdecken mit Reisig.

Einen ausreichenden Winterschutz, gemäßigtes Klima und einen geschützten Standort brauchen alle Arten, die in der Übersicht mit den diesbezüglichen Zeichen versehen sind. In strengeren Wintern können auch sie erfrieren.

Bis zu einem gewissen Grade gilt auch folgender Grundsatz: Je größeres Laub eine *Rhododendron*-Art hat, desto frostempfindlicher ist sie. Manche frühzeitig blühenden Arten leiden unter Spätfrösten, es kommt zum Erfrieren der schon gefärbten Blütenknospen oder der geöffneten Blüten. In unreiner Luft wachsen die meisten Arten befriedigend, besonders diejenigen, die glatte, ledrige Blätter besitzen (hauptsächlich *R. × laetivirens, R. fortunei, R. praecox, R. minus, R. williamsianum*-Sorten). Wildverbiß kommt kaum vor. *Rhododendron*-Arten sind im Laub und Holz giftig.

Pflege

Pflanzung im Vorfrühling oder im Herbst, aber immer mit Wurzelballen, auch sommergrüne Arten. Es ist vorteilhaft, dichter zu pflanzen und später jede zweite Pflanze nach Bedarf

Abb. 274 Blüten *Rhododendron*
A) schmal walzenförmig
R. keysii (meist 6)

a)
R. didymum (meist 4),
R. haemaleum (3–5),
R. hirsutum (3–10);
b)
R. chaetomallum (4–6),
R. chamaethomsonii (4–5),
R. dichroanthum (4–8),
R. forrestii (1–3),
R. houlstonii (6–10),
R. jucundum (5–7),
R. makinoi (6 und mehr),
R. minus (12–18), *R. rex* (20–30),
R. rubiginosum (4–8),
R. sanguineum (3–4),
R. scyphocalyx (4),
R. selense (4–8),
R. smithii (10–16),
R. taliense (10–15),
R. tethropeplum (3–5),
R. thomsonii (5–8),
R. traillianum (10–15),
R. vellereum (15–20),
R. vernicosum (meist 10),
Sorten aus der Gruppe
„Repens" außer 'Gertrud Schäle' (1–3);
c)
R. chaetomallum var.
xanthanthum (4–6),
R. floccigerum (4–7),
R. irroratum (8–12),
R. pentaphyllum (1–2),
R. pocophorum (6–15),
R. smirnowii (10–12),
R. souliei (5–8),
R. yakusimanum (meist 12),
Sorte aus der Gruppe
„Repens": 'Gertrud Schäle' (1–3),
selten auch manche Sorten
der großblumigen
immergrünen Gruppe (15 und mehr);
d, e)
viele großblumige immergrüne Sorten
(15 und mehr);
(in der Klammer die Blütenzahl
im Blütenstand)

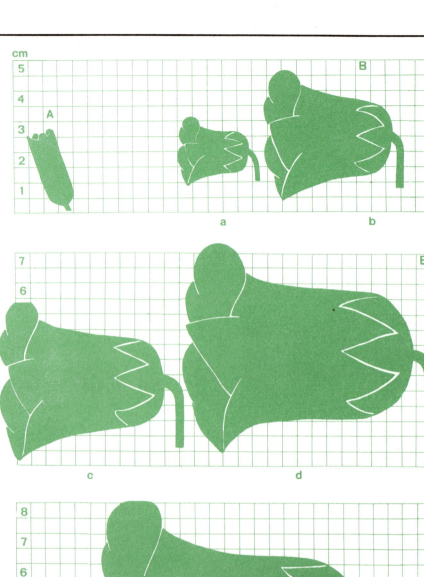

wieder umzusetzen, als schon am Anfang die endgültigen Standorte vorzusehen. Wenn nötig, wird das Substrat zubereitet, der pH-Wert soll zwischen 4–5 liegen, wir können deshalb Moorerde oder Torf beimischen; für 40 bis 60 cm hohe Pflanzen wird mit 1–2 kg je Pflanze gerechnet, bei sommergrünen Arten mit 0,5–1 kg. Sehr geeignet ist eine Mischung von Nadelstreu und grobem Torf mit Sand und einer Zugabe von verrottetem Rindermist (keinen Hühnermist). Nadelstreu kann teilweise durch verrottetes Laub oder halbzersetzten Kompost (Grobsubstrat Wurzeln, Rinde und Zweige) ersetzt werden. Beim Auspflanzen kleinerer Pflanzen wird ein Loch ausgehoben, dessen Durchmesser der Höhe der zu pflanzenden Gehölze entspricht. Anschließend füllen wir dieses Loch mit dem o. g. Substrat. Wenn der Standort nicht ausreichend durchlässig ist, wird das Pflanzloch tiefer gegraben und mit einer Dränschicht (Grobsand) versehen. Vor der Pflanzung werden die Wurzelballen wenigstens eine halbe Stunde ins Wasser gestellt; ein Auspflanzen der *Rhododendron*-Pflanzen mit trockenem Wurzelballen ist zu vermeiden. Auf trockenen Standorten und bei trockener Witterung müssen wir eine ausreichende Wässerung sichern. Sie ist auch vor dem Gefrieren des Bodens im Herbst oder während frostfreier Wintertage notwendig. *Rhododendron*-Arten werden praktisch nicht geschnitten, in der Jugend vertragen sie einen Erziehungs- bzw. Formenschnitt jedoch sehr gut. Zu groß gewordene oder überständige Exemplare von *R. ponticum*, *R. catawbiense* und der immergrünen großblumigen *Rhododendron*-Sorten können im Frühjahr verjüngt, d. h. tiefer zurückgeschnitten werden – sie besitzen gute Regenerationsfähigkeit. Wenn die Pflanzen alljährlich reich blühen sollen, müssen die abgeblühten Blütenstände rechtzeitig entfernt werden, damit kein Samenansatz gebildet wird. Dieses Ausbrechen hat vorsichtig zu erfolgen, da direkt unter dem Blütenstand neue Knospen oder kurze Austriebe entwickelt sind, die nicht beschädigt werden dürfen.

Zusätzliches Düngen kommt nur bei den Gartensorten in Frage. Ideal ist verdünnte Jauche, die aber frühestens 6–8 Wochen nach der Pflanzung auszubringen ist, etwa im April–Juni, nicht später. Wenn ältere Pflanzen im Wuchs nachlassen, ist eine Winterdeckung der Wurzeln mit verrottetem Stallmist (eine 3–4 cm hohe Schicht) und ihr flaches Einarbeiten in den Boden im Frühjahr sehr zweckmäßig. Mineraldünger wird ausschließlich im April/Mai, etwa 5 kg auf 100 m² (= 50 g/m²) verabreicht. Bei späterer Düngung reifen die Triebe nicht rechtzeitig aus. Am besten sind chlorfreie Mineraldünger mit geringem Kalkgehalt. Da die Pflanzen dicht und flach wurzeln, hacken wir den Boden nicht, wir kratzen ihn nur ganz flach und reißen das höhere Unkraut heraus. Ältere Exemplare kann man erfolgreich mit Wurzelballen umpflanzen, am günstigsten im Frühjahr.

Von den Schädlingen muß insbesondere die Rhododendronhautwanze angeführt werden; nach ihrem Saugen werden die Blätter hell und dunkel gesprenkelt, um später gänzlich einzutrocknen. Am wirksamsten sind in diesem Fall wiederholte Spritzungen mit Lindan-, Dimethoat- oder Parathionmethyl-Präparaten. An den Wurzeln und Blättern verursacht der Dickmaulrüßler größere Schäden (nähere Angaben siehe bei *Taxus*). Gelegentlich auftretende Blattläuse bekämpfen wir mit Spritzungen von organischen Phosphorverbindungen wie Methamidophos-, Dimethoat- oder Parathion-methyl-Präparaten. Die weiße Fliege bewirkt mit ihrer Saugtätigkeit das Entstehen gelbgesprenkelter Blätter; wir bekämpfen sie ähnlich wie die Rhododendronwanze. Bei sommergrünen Arten erscheint manchmal eine Blattfallkrankheit (siehe bei *Juglans*).

Weitere Blattfleckenkrankheiten werden von *Phyllosticta-*, *Cercospora-*, *Gloeosporium-*, *Septoria-* u. a. Arten hervorgerufen. (Bekämpft werden sie durch vorbeugende Spritzungen mit Kupfer-, Zineb-, Maneb- und Captan-Präparaten.)

Die Ohrläppchenkrankheit erscheint auf Freilandrhododendron ziemlich selten; (befallene, verschieden löffelartig deformierte Blätter werden gesammelt und verbrannt, und wiederholt wird mit Zineb- bzw. Captan-Präparaten gespritzt). Unangenehm ist das Auftreten der *Phytophtora*-Fäule (*Phytophtora cinnamomi*) am Stammgrund, bei der das Laub hell und glanzlos wird, die Pflanzen welken und sterben ab; (befallene Pflanzen müssen vernichtet, der Boden muß entseucht werden.) Vorbeugend müssen wir uns bemühen, die Stammbasis mechanisch nicht zu verletzen und die Jungpflanzen mit Propamocarb-Präparaten behandeln.

Beim Auftreten der *Phytophtora*-Zweigkrankheit (*Phytophtora cactorum*) treiben die Endknospen nicht durch, verbräunen und trocknen ein. Blätter werden fleckig und ganze Zweige können absterben (erkrankte Pflanzenteile entfernen, in 14tägigen Abständen nach der Blüte organische Fungizide oder Kupfer-Präparate verwenden. Man kann auch Fenaminosulf- oder Propamocarb-Präparate einsetzen. Stickstoffmangel macht sich bei *Rhododendron* mit einer gelblichgrünen Verfärbung der ganzen Blattspreite bemerkbar; Blätter bleiben klein, Neutrieb ist gering, und mit der Zeit stellt sich ein erheblicher Blattfall ein (regelmäßige Volldüngergaben mit Aziplex im Frühjahr, zusätzlich schwefelsaures Ammoniak geben). Durch zu hohen Kalkgehalt des Bodens oder auch des Gießwassers wird die normale Zufuhr mancher Spurenelemente (Magnesium, Eisen und Mangan) gestört und es erscheint eine Blattchlorose (zwischen den grünbleibenden Adern verfärbt sich die Blattspreite gelblich grün). In diesem Falle müssen wir für einen optimalen pH-Wert sorgen.

Verwendung

Wegen ihrer Schönheit werden Rhododendren in den stark besuchten Teilen öffentlicher Anlagen und auch Gärten verwendet. Sie eignen sich für Solitär- und auch Gruppenpflanzungen. Sie gedeihen am besten als Unterholz unter locker stehenden und hochkronigen Nadelholz- bzw. auch Laubholzbäumen. Am besten sind Kombinationen mit *Pinus, Larix, Picea, Quercus, Sophora* u. a.
Gut harmonieren sie mit immergrünen Sträuchern, wie mit *Prunus laurocerasus, Ilex* usw. und auch mit verschiedenen *Erica*-Arten und Sorten. Sehr effektvoll können sie höhere Baumgruppen säumen. Die niedrigen Typen (besonders „Repens" und „Mucronatum") eignen sich ausgezeichnet für Stein- und Heidegärten. Das reiche Blühen der einzelnen Sträucher und die umfangreiche Farbpalette der Sorten verlangen eine wohlüberlegte Zusammenstellung der Pflanzen, um vor allem bei Rot- und Lilafarbtönen keine Dissonanzen zu erzeugen. Im größeren Umfange können sie in weiträumigen Landschaftsparks und parkartig gestalteten Erholungswäldern verwendet werden.

Rhodothamnus REICHENB. – Zwergalpenrose *(Ericaceae)*

Immergrüner Zwergstrauch, sehr ähnlich *Rhododendron*. Es ist nur eine Art bekannt, die in den Kalkalpen vorkommt: *R. chamaecistus* (L.) REICHENB. (Syn. *Rhododendron chamaecistus* L.). Kaum 30 cm hoch, Zweige miteinander verflochten, unregelmäßig wachsend, Blätter schmalelliptisch, 8–15 mm lang, gewimpert, dick und ledrig, glänzend dunkelgrün. Blüten mit radförmiger Krone, 2–2,5 cm breit, hellpurpurfarben, einzeln oder zu dritt. Blütezeit: Mai/Juni. Kultur ziemlich schwierig, verlangt Halbschatten, kühlen und steinigen Standort mit Moorerde, Heideerde und zerkleinertem Kalkstein. Wächst sehr langsam. Liebhaberbedeutung für Steingärtner. Kultur ähnlich wie bei *Rhododendron*.

Rhodotypus SIEB. et ZUCC. – Scheinkerrie *(Rosaceae)*

Sommergrüner Strauch, nur eine Art in Japan und China: ● *R. scandens* (THUNB.) MAK. (Syn. *R. kerrioides* S. et Z.). In Mitteleuropa bis 2 m hoch, Zweige gegenständig, Blätter eiförmig, zugespitzt, 4–8 cm lang, zweimal gesägt. Blüten einzeln 4–5 cm breit, weiß, 4zählig, Petalen rundlich. Blütezeit: Mai–Juli. Frucht eine trockene, erbsengroße, glänzende schwarze Steinfrucht. Stellt minimale Ansprüche und wächst in Sonne sowie auch Schatten, auf trockenen und feuchten Böden. In sehr strengen Wintern kann dieser Strauch bis zum Boden erfrieren, er treibt aber wieder sehr leicht durch. Vereinzelt erscheint die *Ascochyta*-Blattfleckenkrankheit (Bekämpfung wenn notwendig mit Kupfer-, Captan-, Zineb- oder Maneb-Fungiziden). Kommt hauptsächlich in gemischten Gruppen mit deckender Funktion zur Geltung.

Rhus L. – Sumach *(Anacardiaceae)*

Sommer- oder immergrüne Sträucher, Bäume und Lianen, meist mehr oder weniger giftig. Es sind etwa 150 Arten aus den subtropischen und gemäßigten Zonen beider Halbkugeln bekannt. Sie sind mittelschnell oder auch schnell wachsende Gehölze.
Zierwert: Laub (V–XI, besonders X bis XI), Blüte (IV–IX), Fruchtstand (VIII–III).

Habitustypen

„Verniciflua-Typ": höhere Bäume mit breit halbkugeliger Krone, Hauptäste im scharfen Winkel aufstrebend (Abb. 276 b),
„Potaninii-Typ": Bäume mit breit halbkugeliger, verzweigter Krone (Abb. 277),
„Sylvestris-Typ": Bäume mit länglich kegelförmiger, abgerundeter bis walzenförmiger Krone (Abb. 276 a),
„Typhina-Typ": mehrstämmige Sträucher bis Bäumchen, meist flach kugelig bis schirmförmig, dicht und exotisch aussehend (Abb. 278),
„Radicans-Typ": dichte Klettersträucher (Abb. 279 c),
„Diversiloba-Typ": aufrechte, aber halbkugelige und dicht aufgebaute Sträucher (Abb. 279 b),
„Toxicodendron-Typ": niederliegende bis kriechende, bodennahe, oft sehr dichte, kompakte Bestände bildende Sträucher (Abb. 279 a).

Wissenschaftlicher Name	Deutscher Name	Natürliche Verbreitung bzw Entstehungsort	Frosthärte
R. aromatica AIT.	Duftender Sumach	N-Amerika	++
R. chinensis MILL.	China-Sumach, Gallen-S.	O-Asien	++
R. diversiloba TORR. et GRAY		N-Amerika	++
● R. glabra L.	Scharlach-Sumach, Kahler S.	N-Amerika	++
R. michauxii SARG.		SO-USA	++
R. orientalis (GREENE) SCHNEID.		Japan, China	++
R. potaninii MAXIM.		M- u. W-China	++
R. × pulvinata GREENE	Bastard-Sumach	N-Amerika	++
R. punjabensis STEWART var. sinica (DIELS) REHD. et WILS.		M- u. W-China wie die Art	++ ++
R. radicans L. = Toxicodendron radicans			
R. sylvestris S. et Z.	Wald-Sumach	Japan, Formosa, China, Korea	++
R. trichocarpa MIQ.	Stink-Sumach	Japan, China	++
R. trilobata NUTT. ex TORR. et A. GRAY		N-Amerika	+, ⌒
● R. typhina L. (Abb. 237 e)	Hirschkolben-Sumach, Essigbaum	N-Amerika	++
R. verniciflua STOKES = Toxicodendron verniciflua			
R. vernix L. = Toxicodendron vernix			

Textur

Mittelgrob, manchmal bis büschelig grob (Bäume). Am dichtesten und kompaktesten ist sie bei dem „Toxicodendron-" und „Radicans-Typ". Beim „Typhina-Typ" wirkt die Gesamttextur wegen der gleichmäßig etagenförmigen Konturen etwas fremdländisch.

Laub

Blätter wechselständig, einfach, 3zählig oder unpaarig gefiedert, verschieden geformt und unterschiedlich groß (Abb. 280), verschieden grün.

Blattfarbe:
Grün
R. aromatica, R. diversiloba, R. michauxii, R. orientalis, R. punjabensis var. sinica, R. sylvestris, R. trilobata.
Grün mit graublauer Tönung
R. glabra, R. × pulvinata, R. typhina und Sorten.
Dunkelgrün
R. chinensis, R. potaninii, R. trichocarpa.

Sehr auffallend ist die Färbung im Herbst, mit der wir schon bei der Pflanzung rechnen sollten.

Herbstfärbung:
Gelbrot
R. diversiloba, R. michauxii, R. potaninii, R. punjabensis var. sinica, R. trilobata.
Orangerot
R. aromatica, R. orientalis, R. trichocarpa, R. typhina und Sorten.
Rot
R. chinensis, R. glabra, R. × pulvinata und R. sylvestris.

Blüte und Blütenstand

Blüten 5zählig, zweihäusig oder polygam, unscheinbar oder nur wenig auffallend.

Blütenfarbe:
Weißlich
R. punjabensis var. sinica.
Gelbweiß
R. chinensis, R. potaninii.
Grünweiß
R. sylvestris.
Grüngelb
R. diversiloba, R. glabra und Sorte, R. michauxii, R. orientalis, R. × pulvinata, R. trichocarpa, R. trilobata, R. typhina und Sorten.
Gelb
R. aromatica.

Blüten in achsel- oder endständigen Rispen. Vereinfacht unterscheiden wir: schmal ährenartige Blütenstände (Abb. 281 a), breite, dichte und aufrechte (Abb. 281 b), breite, dichte und lockere (Abb. 282), breite, lockere und hängende (Abb. 281 c). Am auffallendsten ist der zweitgenannte Blütenstandtyp. Blütezeit je nach Art von März bis September (Abb. 283).

Frucht und Fruchtstand

Früchte kugelige oder zusammengedrückte, kleine Steinfrüchte mit dünnem Exocarp; die Gestalt der Fruchtstände sehr ähnlich den Blütenständen.

Fruchtstandfarbe:
Weißlich
R. diversiloba.
Weißgelb
R. orientalis, R. trichocarpa.
Gelbbraun
R. sylvestris.
Rot
R. aromatica, R. glabra, R. michauxii, R. potaninii, R. × pulvinata, R. punjabensis var. *sinica, R. trilobata, R. typhina* und Sorten.
Orangerot
R. chinensis.

Am auffallendsten sind die keulenförmigen Fruchtstände von *R. glabra* und *R. typhina;* auf den Pflanzen haften sie lange in den Winter, wo sie leicht verschneit oder im Rauhreif mit ihrer steifen und starren Stellung sehr wirksam sind.

Stamm, Zweige und Wurzelsystem

Stamm meist schmal, mehr oder weniger glatt, grau bis grauschwarz; ähnlich auch die Zweige und Einjahrstriebe. Bei *R. typhina* u. a. sind die Zweige verdickt, hell graugelb und die Triebe rostig behaart. Die dekorativen Triebe von *R. typhina* sind auch im belaubten Zustande auffallend. Wurzelsystem gut verzweigt, reicht ziemlich tief, und manchmal bilden sich auch Ausläufer. Baumartige Typen von *R. typhina* können bei Wind und Schneelast umbrechen.

Ansprüche

Alle *Rhus*-Arten wachsen am besten in voller Sonne, vertragen aber auch

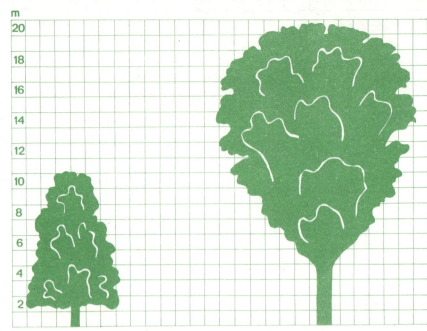

Abb. 276
A) Typ „sylvestris"
R. chinensis, R. sylvestris;

B) Typ „verniciflua"
Toxicodendron verniciflua

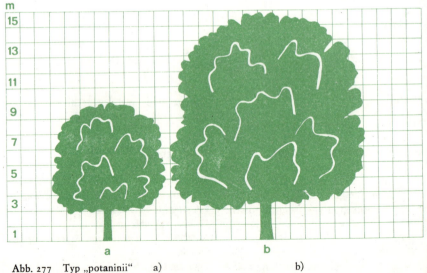

Abb. 277   Typ „potaninii"   a) *R. potaninii;*   b) *R. punjabensis* var. *sinica*

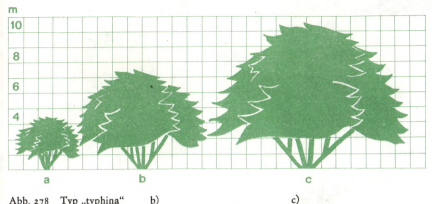

Abb. 278 Typ „typhina"
a)
● *R. glabra*,
● *R. g.* 'Laciniata',
R. × *pulvinata*;

b)
● *R. typhina*,
● *R. t.* 'Dissecta',
● 'Laciniata';

c)
R. trichocarpa

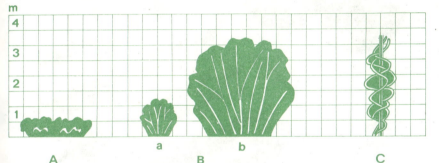

Abb. 279
A) Typ „toxicodendron"
R. aromatica,
R. michauxii,
R. orientalis,
R. diversiloba (manchmal),
R. trilobata,
Toxicodendron radicans,
T. quercifolium

B) Typ „diversiloba"
a)
R. trilobata (manchmal),
Toxicodendron radicans
var. *rydbergii*;
b)
R. chinensis (manchmal),
R. diversiloba,
Toxicodendron vernix

C) Typ „radicans"
R. orientalis,
Toxicodendron radicans

Halbschatten, wo sich ihr Laub im Herbst nicht so schön ausfärbt. Alle angeführten Arten wachsen in jedem nahrhaften Boden sehr gut. Manche gartengestalterisch wichtigen Arten (*R. typhina*, *R. glabra*) begnügen sich sogar mit extrem schlechten Böden oder rein sandigen Standorten. Sie wachsen in leichten und schweren, trockenen oder normal feuchten Böden oder auch auf Felsen. *R. glabra* verträgt sogar sehr schwere, tonige und kalte Böden. An den Humus- oder Kalkgehalt im Boden stellen die angeführten Arten keine besonderen Ansprüche. Alle sind unter mitteleuropäischen Bedingungen hart und brauchen keinen Winterschutz. *R. typhina* und *R. glabra* vertragen sehr gut das Stadt- und Industrieklima. Besonders *R. typhina* wird außerordentlich stark vom Wild verbissen.

Pflege

Pflanzen ohne Wurzelballen werden im Frühjahr oder Herbst im unbelaubten Zustand gepflanzt, aus Containern während der ganzen Vegetationszeit. Beim Weiterwachsen brauchen sie keine besondere Pflege, auch keinen Schnitt, nur bei älteren Exemplaren entfernen wir trockene Zweige oder beeinflussen die Wuchsrichtung. Ein Umpflanzen älterer Exemplare ist möglich, aber wegen des schnellen Heranwachsens von Jungpflanzen überflüssig. Das Ausläufertreiben mancher Arten (z. B. bei *R. typhina* u. a.) kann besonders auf leichten Böden lästig werden, was bei ihrer Verwendung zu beachten ist. Krankheiten und Schädlinge treten nur selten auf, z. B. als Welkekrankheiten *Fusarium-*, *Verticillium-* und *Botryosphaeria*-Arten, bei denen ganze Pflanzen absterben (nasse Standorte vermeiden, befallene Pflanzen sofort vernichten, in Baumschulen chemische Bodendesinfektion). Weniger gefährlich sind

Abb. 280 Blätter *Rhus*, *Toxicodendron*
a)
R. trilobata;
b)
R. aromatica;
c)
R. orientalis,
Toxicodendron radicans;
d)
Rhus glabra,
R. chinensis,
R. michauxii,
R. × *pulvinata*,
R. typhina
(Quadrat 1 × 1 cm)

Abb. 281 Blütenstand *Rhus, Toxicodendron*
A) schmal ährenartig
R. aromatica

B) breit, dicht und aufrecht
R. glabra,
R. g. 'Laciniata',
R. pulvinata,
R. typhina,
R. t. 'Dissecta',
'Laciniata'

C) breit, locker und hängend
R. potaninii,
R. punjabensis var. *sinica*,
Toxicodendron verniciflua,
T. vernix

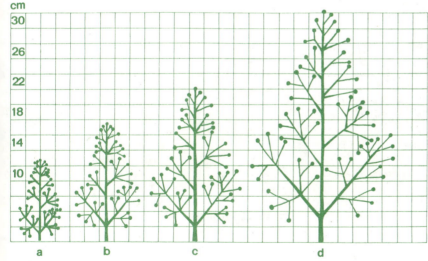

Abb. 282 Blütenstand *Rhus, Toxicodendron*
Breit, locker und aufrecht
a)
R. diversifolia,
R. orientalis,
R. trichocarpa,
R. trilobata,

Toxicodendron radicans,
T. r. var. *rydbergii*,
T. quercifolium;

b)
R. sylvestris;
c)
R. michauxii;
d)
R. chinensis

Blattfleckenkrankheiten, verursacht durch *Pezizella-*, *Phleospora-* und *Septoria*-Arten, die wir mit Kupfer-, Captan-, Zineb- oder Maneb-Fungiziden bekämpfen können.

Verwendung

Eignen sich für Solitär- und Gruppenpflanzungen. Angesichts der effektvollen Herbstfärbung ist es vorteilhaft, die rot oder orange färbenden *Rhus*-Arten mit anderen gelblich färbenden Gehölzen zu kombinieren (z. B. mit *Ginkgo, Acer campestre* und anderen *Acer*-Arten, *Betula, Larix* usw.); auch im Herbst gelb blühende Stauden sollte man dabei in Betracht ziehen (*Rudbeckia fulgide, Chrysanthemum indicum*). Geeignet sind auch Kombinationen gelb färbender *Rhus*-Arten mit rötlich ausfärbenden Gehölzen wie z. B. mit *Acer palmatum, A. japonicum, Quercus rubra* u. a., mit dunkelgrünen Nadelgehölzen oder violett blühenden Stauden. Kletterarten können auf größeren Felsen, Alpinen oder zum Bedecken größerer Flächen als Rasenersatz verwendet werden. *R. typhina* und *R. glabra* können zum Begrünen von Abhängen (Ausläufer) dienen. Beide Arten sind auch sehr effektvolle Solitärpflanzen und kommen besonders in der Nähe moderner Bauten zur Geltung; leider haben sie eine kürzere Lebensdauer als andere Gehölze (20–30 Jahre).
Alle Arten sind mehr oder weniger giftig und werden deshalb nur sehr selten gepflanzt. Die giftigen Arten (siehe *Toxicodendron*) pflanzen wir auf abgelegene Stellen oder in nicht öffentlich zugängliche Bereiche, besser noch wir verzichten ganz darauf. Bei einigen ruft schon die bloße Berührung eine Vergiftung hervor; sehr giftig sind die Früchte und vor allem der klebrige „Milchsaft". Meist werden sie deshalb nur in botanischen Sammlungen kultiviert.

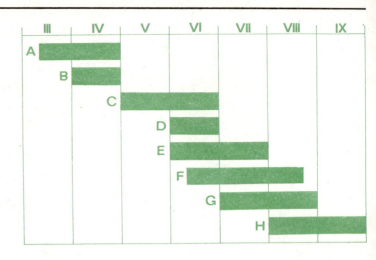

Abb. 283 Blütezeit *Rhus, Toxicodendron*
A) *R. trilobata*;
B) *R. aromatica*;
C) *R. potaninii*;
D) *R. sylvestris*, *R. trichocarpa*, *Toxicodendron verniciflua*;
E) die meisten Arten, Sorten und Varietäten;
F) *R. punjabensis* var. *sinica*;
G) *R. glabra*, *R. g.* 'Laciniata', *R.* × *pulvinata*;
H) *R. chinensis*

Ribes L. – Johannisbeere, Stachelbeere *(Saxifragaceae)*

Sommer-, selten immergrüne, niedrige bis mittelhohe Sträucher. Etwa 150 Arten sind in der borealen und gemäßigten Zone der nördlichen Halbkugel verbreitet. Wachsen ziemlich schnell. Zierwert: Laub (V–XI, besonders X bis XI), Blüte (IV–VIII), Früchte (VI bis X), Zweige mit Stacheln (XI–IV).

Habitustypen

„Aureum-Typ": aufrecht wachsender, mitteldichter Strauch mit aufstrebenden Zweigen, in bodennahen Partien meist schmaler als oben (Ab. 285),
„Alpinum-Typ": halbkugeliger, ausgebreiteter, sehr dicht verzweigter Strauch mit gleichmäßigen Konturen (Abb. 286),
„Lacustre-Typ": breit halbkugeliger Strauch, Zweige in der Regel schwach und dünn, teilweise überhängend, zierlich gestaltet (Abb. 287),
„Gordonianum-Typ": aufstrebender, sehr lockerer und ungleichmäßiger

Wissenschaftlicher Name	Deutscher Name	Natürliche Verbreitung bzw. Entstehungsort	Frosthärte
R. aciculare Sm.		Sibirien	++
R. alpestre Wall.		Himalaja, W-China	++
var. *giganteum* Jancz.		W-China	++
● *R. alpinum* L.	Alpen-Johannisbeere	N-, M- u. S-Europa	++
● *R. americanum* Mill.	Amerikanische Ahlbeere	N-Amerika	++
R. ambiguum Maxim.		Japan, China	++
● *R. aureum* Pursh	Gold-Johannisbeere	USA	++
R. × *bethmontii* Jancz.		D. Bethmont, Chateau Ruffec	++
R. bracteosum Dougl.		Alaska bis N-Kalifornien	++
R. burejense F. Schmidt		NO-Asien	++
R. cereum Dougl.	Wachsblättrige Johannisbeere	USA	++
var. *farinosum* Jancz.		N-Amerika	++
R. coloradense Cov.		SW-USA	++
R. × *culverwellii* McFralane		(um 1880)	++
R. cynosbati L.	Hunds-Stachelbeere	O-USA	++
R. × *darwinii* F. Koch		(1952)	++
R. diacanthum Pall.	Zweistachelige Johannisbeere	M- u. N-Asien bis Korea, China	++
R. distans Jancz.		Mandschurei	++

Wissenschaftlicher Name	Deutscher Name	Natürliche Verbreitung bzw. Entstehungsort	Frosthärte
● R. divaricatum DOUGL.	Sparrige Stachelbeere	N-Amerika	++
R. echinatum LINDL. = R. lacustre			
R. emodense REHD.		Yünnan	++
R. floridum MILL. = R. americanum			
R. × fontenayense JANCZ.		Frankreich (bei Billard)	++
R. fragrans PALL.		Mandschurei, O-Sibirien	++
R. fragrans LODD. = R. odoratum			
R. × fuscescens JANCZ.		(vor 1905)	++
R. giraldii JANCZ.		Schensi	++
R. glaciale WALL.		Yünnan, Hupeh, Tibet	++
R. landulosum GRAUER	Stink-Johannisbeere	N-Amerika	++
R. × gondouinii JANCZ.		St. Cloud (vor 1907)	++
R. × gordonianum BEATON	Gordon-Johannisbeere	Ipswich (um 1837)	++
R. grossularia L. = R. uva-crispa			
R. grossularioides MAXIM.		Japan	++
R. grossularioides MICHX. non MAXIM. = R. lacustre			
R. hirtellum MICHX.	Amerikanische Stachelbeere	N-Amerika	++
R. × holosericeum OTTO et DIETR.		(vor 1842)	++
R. × houghtonianum JANCZ.		England (vor 1901)	++
R. hudsonianum RICHARDS.		Hudson Bay – Alaska	++
R. inebrians LINDL.		N-Amerika	++
var. spaethianum (KOEHNE) JANCZ.		Colorado, Utah, Montana	++
R. inerme RYDB.		N-Amerika	++
R. irriguum DOUGL.		N-Amerika	++
R. × kochii KRÜSSM.		(1941)	++
R. × koehneanum JANCZ.		(1904)	++
● R. lacustre (PERS.) POUR.	Sumpf-Stachelbeere	N-Amerika	++

Strauch, Zweige zierlich starr (Abb. 288 b),
„Triste-Typ": niedriger, niederliegender bis kriechender Strauch, Konturen unregelmäßig, ziemlich dicht (Abb. 288 a).

Textur

Bei den kleinblättrigen *Ribes*-Arten ist sie dicht, fein und kompakt, besonders beim „Alpinum-", „Lacustre-" und „Aureum-Typ"; bei den großblättrigen Arten mittelgrob, manchmal bis locker und wenn die Hauptzweige sichtbar sind, sogar starr (hauptsächlich beim „Gordonianum-" und „Aureum-Typ").

Laub

Blätter wechselständig, gestielt, ohne Nebenblätter, meist handförmig gelappt, verschieden groß (Abb. 289, 290) und überwiegend grünlich gefärbt.

Blattfarbe:
Hellgrün
die meisten angeführten Arten oder deren Sorten und Varietäten (glänzend, manchmal matt).
Dunkelgrün
R. × *darwinii*, *R. niveum*, *R. sanguineum* und Sorten, *R. triste*.
Grauweiß
R. cereum var. *farinosum* (stark drüsig behaart).
Weißbunt
R. nigrum 'Coloratum', *R. rubrum* 'Variegatum'.
Gelblich weißbunt
R. nigrum 'Marmoratum'.
Gelblich
R. alpinum 'Aureum' (später grüngelb), *R. sanguineum* 'Brocklebankii'.

Die meisten *Ribes*-Arten haben eine grünlich gelbe Herbstfärbung, nur die *R. alpinum*-Sorten färben auffallend gelb (manchmal weißgelb), *R. americanum* rot (manchmal bis braunrot) und *R. aureum* manchmal mit einem violetten Hauch.

Blüte und Blütenstand

Blüten zwittrig oder zweihäusig, 5zählig, seltener 4zählig, Petalen meist kleiner als die Kelchzipfel, oft ganz klein oder fehlend; Kelchröhre walzen- bis radförmig, meist kronenartig ausgefärbt. Blüten entweder einzeln, in Trauben oder Büscheln. Vereinfacht können wir unterscheiden: einzelne Blüten (Abb. 291 a), zu zweit (Abb. 291 b), zu dritt (Abb. 291 c), zu viert (Abb. 292), lockere aufrechte Traube (Abb. 293), lockere hängende Traube (Abb. 294), dichte aufrechte Traube (Abb. 295 a) und dichte hängende Traube (Abb. 295 b).

Blütenfarbe:
Weißlich
R. cereum (manchmal grünlich oder gelblich), *R. c.* var. *farinosum* (manchmal rötlich), *R. fragrans*, *R. hudsonianum*, *R. leptanthum*, *R. nevadense* (rosafarbener Hauch), *R. niveum*, *R. oxyacanthoides* (grünlicher Hauch), *R. petiolare*, *R. sanguineum* 'Albescens', *R. setosum*, *R. wolfii* (grünliche Tönung).
Hellgelb
R. × *lydiae*.
Grün
R. ambiguum, *R. coloradense* (manchmal rötlich), *R. distans*, *R. grossularioides* (rötlicher Hauch), *R. hirtellum* (rötlicher Hauch), *R. irriguum* (weißlicher Hauch), *R. missouriense* (weißlicher Hauch), *R. petraeum* (manchmal rötlich), *R. uva-crispa*.
Gelbgrün
R. alpinum und Sorten, *R. americanum*, *R. aureum* und Sorten, *R.* × *bethmontii*, *R. bracteosum* (manchmal rötlich), *R.* × *culverwellii*, *R. diacanthum*, *R.* × *gouduinii*, *R.* × *gordonianum* (rötlicher Hauch), *R. mandshuricum*, *R. multiflorum*, *R. odoratum* und Sorten, *R. ussuriense*.

Wissenschaftlicher Name	Deutscher Name	Natürliche Verbreitung bzw. Entstehungsort	Frosthärte
var. *molle* A. Gray = *R. montigenum*			
R. laxiflorum Pursh		Alaska bis N-Kalifornien	++
R. leptanthum A. Gray	Zartblütige Stachelbeere	USA	++
R. longeracemosum Franch.		Szetschuan, Hupeh	++
R. luridum Hook. f. et Thoms.		Himalaja, Tibet, Sikkim, Nepal	++
R. × *lydiae* F. Koch		(1944)	++
R. × *magdalenae* F. Koch		(1929)	++
R. mandshuricum (Maxim.) Komar.		NO-Asien	++
R. maximowiczianum Komar. = *R. distans*			
R. maximowiczii Batal.		Japan, Korea, Mandschurei	++
var. *floribundum* Jesson		W-China	++
R. meyeri Maxim.		Pamir – Dsungarei	++
var. *turkestanicum* Jancz.		Turkestan, Dsungarei	++
R. missouriense Nutt.		N-Amerika	++
R. montigenum McClatchie		N-Amerika	++
R. moupinense Franch.		Tibet, Yünnan, Hupeh, Kansu	++
R. multiflorum Kit.	Vielblütige Johannisbeere	SO-Europa, M-Italien, Sardinien	++
R. nevadense Kellogg		Kalifornien	++
● *R. nigrum* L.	Schwarze Johannisbeere	M- u. O-Europa bis Mandschurei, W-Asien bis Himalaja	++
R. niveum Lindl.	Weiße Stachelbeere	USA	+, ⌂
R. odoratum Wendl.	Duft-Johannisbeere	USA	++
R. orientale Desf.		Griechenland bis Himalaja u. Sibirien	++
var. *heterotrichum* (C. A. Mey.) Jancz.		Sibirien	++
R. oxyacanthoides L.	Amerikanische Gebirgs-Stachelbeere	N-Amerika	++

Wissenschaftlicher Name	Deutscher Name	Natürliche Verbreitung bzw. Entstehungsort	Frosthärte
R. petiolare FISCH.		O-Sibirien, Mandschurei, N-Amerika	++
R. petraeum WULF.	Felsen-Johannisbeere	M- u. S-Europa, N-Afrika	++
var. altissimum (TURCZ.) JANCZ.		Sibirien	++
var. atropurpureum (C. A. MEY.) SCHNEID.		Sibirien	++
var. carpaticum (SCHULTE) SCHNEID.		Tatra u. Karpaten	++
var. biebersteinii (BERL.) SCHNEID.		Kaukasus	++
R. pinetorum GREENE	Wald-Stachelbeere	Arizona bis New Mexico	++
R. procumbens PALL.		O-Sibirien	++
R. prostratum L'HÉR. = R. glandulosum			++
R. pulchellum TURCZ.		N-China	++
R. pumilum NUTT. = E. inebrians			
R. roezlii REGEL		Kalifornien	++
var. cruentum (GREENE) REHD.		N-Amerika	++
R. rotundifolium MICHX.		M- u. O-USA	++
● R. rubrum L.	Rote Johannisbeere, Garten-J.	M- u. W-Europa	++
R. rubrum L. p. p. = R. spicatum			
R. sanguineum PURSH	Blut-Johannisbeere	N-Amerika	++
R. sativum (REICHB.) SYME = R. rubrum			
R. saxatile PALL. = R. diacanthum			
R. spicatum ROBSON	Nordische Johannisbeere	N-, NO-Europa, Sibirien	++
R. stenocarpum MAXIM.		NW-China	++
R. × succirubrum ZAB.		?	++
R. sylvestre (LAM.) MERTENS et KOCH = R. rubrum			

Rosa

R. aciculare (manchmal hellgrün), R. inebrians und Varietät, R. × magdalenae, R. petraeum var. carpathicum, R. sanguineum 'Carneum' (hellere Tönung), R. s. 'Lombertsii', R. × succirubrum.

Weißlich rot

R. × darwinii (Kelchzipfel weißlich, Kelch rot, Petalen weiß), R. glandulosum, R. × kochii, R. nigrum und Sorten, R. stenocarpum.

Rot

R. × fontenayense, R. laxiflorum, R. maximowiczii, R. meyeri, R. moupinense, R. orientale var. heterotrichum, R. petraeum var. altissimum (helle Tönung), R. p. var. biebersteinii, R. pinetorum (orangefarbene Tönung), R. procumbens, R. pulchellum, R. sanguineum, R. s. 'Brocklebankii', 'Grandiflorum', 'King Edward VII', 'Plenum', R. triste, R. warszewiczii.

Dunkelrot

R. sanguineum 'Atrorubens', R. s. 'Atrorubens Select', 'Pulborough Scarlet', 'Splendens'.

Purpurrot

R. alpestre und Varietät, R. petraeum var. atropurpureum, R. roezlii und Varietät.

Grünlich purpurfarben

R. divaricatum, R. emodense (rötlicher Hauch), R. lacustre, R. orientale (rötlicher Hauch), R. rotundifolium (rötlicher Hauch), R. rubrum und Sorten, R. viscosissimum (rötlicher Hauch).

Braungrün

R. burejense, R. cynosbati, R. giraldii, R. × houghtonianum, R. montigenum, R. spicatum, R. vilmorinii.

Braunrot

R. × fuscescens, R. glaciale (purpurfarbene Tönung), R. × holosericeum und Sorten, R. × koehneanum, R. × urceolatum.

Die Blütezeit bewegt sich je nach der Art von April bis August (Abb. 296). Blüten von R. odoratum duften.

Wissenschaftlicher Name	Deutscher Name	Natürliche Verbreitung bzw. Entstehungsort	Frosthärte
R. triste PALL.		N-Amerika	++
R. × urceolatum TAUSCH		(vor 1838)	++
R. ussuriense JANCZ.		Mandschurei, Korea	++
● R. uva-crispa L.	Stachelbeere	S-, M- u. W-Europa	++
var. reclinatum (L) BERL.		nur in Kultur	++
R. vilmorinii JANCZ.		Yünnan	++
R. viscosissimum PURSH		N-Amerika	++
R. vulgare LAM. p. p. =			
R. rubrum p. p. =			
R. spicatum			
R. warszewiczii JANCZ.		O-Sibirien	++
R. wolfii ROTHR.		SW-USA	++

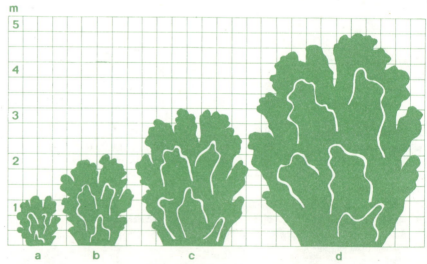

Abb. 285 Typ „aureum"
a)
R. × fontenayense,
R. leptanthum,
R. × lydiae,
R. meyeri,
R. m. var. turkestanicum,
● R. sanguineum 'Atrirubens',
R. s. 'Brocklebankii',
● 'King Edward VII',
● 'Plenum';
b)
● R. aureum,
R. a. 'Chrysococcum',
R. × bethmontii,
R. bracteosum,
R. × darwinii,
R. diacanthum,
R. fragrans,
R. × fuscescens,
R. × gouduinii,
R. grossularioides,
R. × holosericeum,
R. h. 'Pallidum',
R. × houghtonianum,
R. hudsonianum,
R. × magdalenae,
R. nevadense,
R. odoratum,

R. o. 'Crandall',
'Leiobotrys',
'Xanthocarpum',
R. petiolare,
R. petraeum,
R. p. var. atropurpureum,
var. carpathicum,
var. biebersteinii,
R. pulchellum,
R. rubrum,
● R. sanguineum,
R. s. 'Albescens',

'Atrorubens Select',
'Carneum',
'Grandiflorum',
'Lombartsii',
'Pulborough Scarlet',
● 'Splendens',
R. spicatum,
R. × succi-rubrum,
R. warszewiczii;
c)
R. alpestre,
● R. divaricatum,

R. irriguum,
R. petraeum var. altissimum,
R. wolfii;
d)
R. alpestre var. giganteum

Abb. 284
a) *Ribes alpinum;*
b) *Robinia pseudoacacia;*
c) *Rosa × rehderiana* (Syn. *R. × polyantha*);
d) *Rubus idaeus;*
e) *Salix alba;*
f) *Sambucus nigra*

Frucht und Fruchtstand

Frucht ist eine saftige, mehr- oder auch wenigsamige, verschieden große Beere, die kugelig oder länglich eiförmig, meist borstig behaart ist (Abb. 297 a, b), einzeln oder in Fruchtständen, die in der Form den Blütenständen sehr ähneln.

Fruchtfarbe:

Gelb
R. aureum 'Chrysococcum', *R. nigrum* 'Xanthocarpum' (bis weißlich), *R. odoratum* 'Xanthocarpum' (orangefarbene Tönung), *R. uva-crispa* (manchmal grünlich).

Grün
R. alpestre var. *giganteum*, *R. burejense*, *R. montigenum* (bräunliche Tönung), *R. nigrum* 'Chlorosarpum', *R. stenocarpum* (rötlich).

Hellrot
R. cereum und Varietät, *R. × holosericeum* 'Pallidum', *R. inebrians*, *R. viscosissimum*.

Rot
die meisten *Ribes*-Arten, die bei den Habitustypen angeführt sind.

Dunkelrot
R. alpinum und Sorten, *R. divaricatum* (bis schwärzlich), *R. × holosericeum* (schwärzlicher Hauch), *R. inebrians* var. *spaethianum*, *R. multiflorum*, *R. petraeum* und Varietäten (rötlicher Hauch), *R. × urceolatum*, *R. warszewiczii* (schwärzlich).

Purpurrot
R. alpestre, *R. grossularioides*, *R. inerme*, *R. oxyacanthoides*, *R. pinetorum*, *R. roezlii* und Varietät, *R. rotundifolium*.

Purpurbraun
R. aureum, *R. × fontenayense* (bis schwärzlich), *R. hirtellum* (bis schwärzlich), *R. missouriense*.

Blau
R. nevadense.

Bräunlich
R. fragrans, *R. × kochii*, *R. procumbens.*

Schwarz
R. americanum, *R. ambiguum*, *R. × bethmontii*, *R. bracteosum* (weißlich bereift), *R. coloradense*, *R. × darwinii*, *R. × fusces-*

cens, R. hudsonianum, R. irriguum, R. lacustre, R. leptanthum, R. longeracemosum, R. luridum, R. × lydiae, R. × magdalenae, R. meyeri, R. moupinense, R. nigrum und die meisten Sorten, R. niveum (bläulicher Hauch), R. odoratum und die meisten Sorten, R. petiolare (bläulicher Hauch), R. sanguineum und Sorten (blauweiß bereift), R. × succirubrum, R. ussuriense (bläulicher Hauch), R. villmorinii, R. wolfii.

Zweige und Wurzelsystem

Hauptzweige mittelstark, starr, Rinde anfangs glänzend, dunkel oder auch hell, später zersprungen und ablösend. Zweige und Triebe meist dünn (besonders beim „Alpinum-Typ"), manchmal etwas verdickt und steif gestellt. Die meisten *Ribes*-Arten haben keine Stacheln außer:

Kurz stachelig (Stacheln bis 1 cm lang)
R. aciculare, R. alpestre, R. burejense, R. R. cynosbati (manchmal ohne Stacheln), R. × darwinii, R. diacanthum, R. giraldii, R. grossularioides, R. hirtellum, R. inerme (manchmal ohne Stacheln), R. lacustre, R. leptanthum, R. × lydiae, R. × magdalenae, R. montigenum, R. niveum, R. oxycanthoides, R. pinetorum, R. pulchellum, R. roezlii, R. rotundifolium, R. setosum, R. stenocarpum.
Lang stachelig (Stacheln etwa 2 cm oder länger)
R. alpestre var. giganteum, R. divaricatum, R. × kochii, R. missouriense, R. × succirubrum, R. uva-crispa und Varietät.

Wurzelsystem reich und dicht verzweigt.

Ansprüche

Alle *Ribes*-Arten wachsen in sonniger Lage am besten, manche vertragen auch Halbschatten (R. divaricatum, R. × gordonianum, R. lacustre, R. montigenum, R. niveum), und nur eine begrenzte Anzahl gedeiht befriedi-

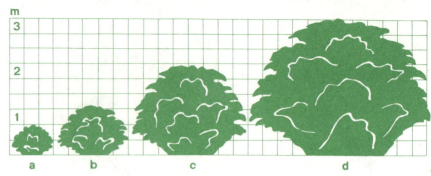

Abb. 286 Typ „alpinum"
a)
R. alpinum 'Compactum',
R. ambiguum (auch epiphytische Pflanzen),
R. inebrians var. spaethianum;
b)
R. aciculare,
R. alpinum 'Aureum',
R. a. 'Laciniatum', 'Pumilum',
R. cereum,
R. distans,
R. hirtellum,
R. inebrians,
R. × kochii,
R. oxyacanthoides,
R. rotundifolium,
R. setosum,
R. ussuriense,
R. uva-crispa,
R. u. var. reclinatum,
R. viscosissimum;

c)
● R. alpinum,
● R. a. 'Schmidt', 'Weber',
R. × culverwellii,
R. emodense,
R. glaciale,
R. inerme,
R. × koehneanum,
R. luridum,
R. mandshuricum,
R. maximowiczii,
R. m. var. floribundum,
R. missouriense,
R. moupinense,
R. multiflorum,
R. nigrum,
R. n. 'Apiifolium', 'Chlorocarpum', 'Colostratum', 'Heterophyllum', 'Marmoratum', 'Xanthocarpum',

R. orientale,
R. o. var. heterotrichum,
R. roezlii,
R. r. var. cruentum,
R. stenocarpum,
R. × urceolatum,
R. vilmorinii;
d)
R. longeracemosum,
R. niveum

Abb. 287 Typ „lacustre"
a)
R. burejense, R. cereum var. farinosum,
R. cynosbati,
● R. lacustre

b)
● R. americanum,
R. pinetorum

Abb. 289 Blätter *Ribes*
a) *R. americanum*;
b) *R. coloradense*, *R. glandulosum*, *R. ussuriense*;
c) *R. nigrum*;
d) *R. alpinum*;
e) *R. aureum*, *R.* × *culverwellii*, *R. cynosbati*, *R. divaricatum*, *R. grossularioides*, *R. hirtellum*, *R. setosum*, *R. uva-crispa*;
f) *R. lacustre*;
g) *R. odoratum*;
h) *R. vilmorinii*
(Quadrat 1 × 1 cm)

Abb. 290 Blätter *Ribes*
a)
R. emodense,
R. × *fontenayense*,
R. multiflorum,
R. petraeum (manchmal),
R. procumbens,
R. sanguineum, Sorten,
R. triste,
R. × *urceolatum*,
R. viscosissimum;
b)
R. × *gonduinii*,
R. meyeri,
R. petraeum;
c)
R. aciculare,
R. alpestre,
R. giraldii,
R. grossularioides,
R. hirtellum,
R. leptanthum,
R. × *lydiae*,
R. × *magdalenae*;
d)
R. longeracemosum,
R. moupinense;
e)
R. cereum,
R. giraldii (manchmal),
R. viscosissimum,
R. inebrians,
R. nevadense,
f)
R. × *bethmonthii*,
R. nevadense (manchmal),
R. orientale;
g)
R. luridum;
h)
R. burejense,
R. pulchellum;
i)
R. bracteosum,
R. × *fuscescens*;
j)
R. glaciale
(Quadrat 1 × 1 cm)

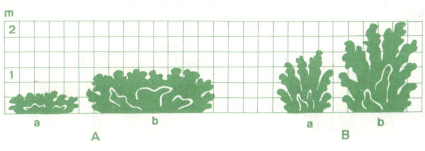

Abb. 288
A) Typ „triste"
a)
R. coloradense,
R. laxiflorum,
R. procumbens,
R. triste;

b)
R. glandulosum

B) Typ „gordonianum"
a)
R. giraldii,
R. montigeum;
b)
R. × gordonianum

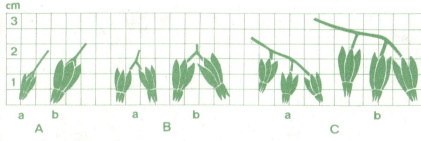

Abb. 291 Blütenstand Ribes
A) einzelne Blüten
a)
R. alpestre,
R. burejense,
R. × darwinii (manchmal),
R. inerme (manchmal),
R. leptanthum,
R. × magdalenae,
R. niveum (manchmal),
R. pinetorum (manchmal),
R. roezlii (manchmal),
R. rotundifolium (manchmal),
R. setosum (manchmal),
R. uva-crispa (manchmal);
b)
R. irriguum,
R. oxyacanthoides

B) zu zweit
R. alpestre (manchmal),
R. ambiguum,
R. burejense (manchmal),
R. grossularioides,
R. hirtellum,
R. leptanthum,
R. × lydiae,
R. magdalenae (manchmal);
b)
R. cynosbati,
R. divaricatum,
R. inerme,
R. × kochii,
R. missouriense,
R. niveanum,
R. oxyacanthoides (manchmal),
R. pinetorum,
R. roezlii,
R. rotundifolium,
R. × succirubrum

C) zu dritt
a)
R. × culverwellii;
b)
R. cynosbati (manchmal),
R. × darwinii,
R. inerme (manchmal),
R. irriguum (manchmal),
R. × kochii (manchmal),
R. missouriense (manchmal),
R. roezlii (manchmal),
R. rotundifolium (manchmal),
R. setosum,
R. stenocarpum,
R. uva-crispa

gend auch im Schatten (*R. alpinum, R. aureum, R. nigrum* und *R. rubrum*). An die Bodenverhältnisse stellen sie keine großen Ansprüche, gedeihen in leichten und auch schweren Gartenböden mit einer neutralen Bodenreaktion. Alle *Ribes*-Arten sind kalkverträglich. Einen trockenen Standort vertragen hauptsächlich *R. alpinum* (auch extreme Trockenheit), *R. aureum, R. divaricatum, R. montigenum* u. a. Feuchte bis nasse Böden verlangt *R. lacustre* (zweckmäßig ist eine Beimischung von Torf oder Moorerde). *R. aureum* zeichnet sich auch durch Verträglichkeit von hohen Salzkonzentrationen im Boden aus. Die angeführten Arten sind unter mitteleuropäischen Bedingungen hart, nur in sehr strengen Wintern können besonders bei *R. sanguineum* Frostschäden auftreten, aber auch diese Art hat sehr gute Regenerationsfähigkeiten. Alle vertragen sehr gut (besonders *R. alpinum*) verunreinigte Luft.

Pflege

Pflanzung im unbelaubten Zustand und ohne Wurzelballen im Frühjahr oder Herbst. Nach dem Einwurzeln verlangen sie keine besondere Pflege mehr. Geformte Hecken werden im Vorfrühling und je nach Bedarf noch im Sommer geschnitten. Überalterte Exemplare sollen ab und zu ausgelichtet werden, d. h., das älteste Holz soll herausgeschnitten werden, der ganze Strauch wird damit verjüngt. Teilweise spätfrostbeschädigte Pflanzen werden chlorotisch, darum verjüngen wir sie lieber gleich im Frühling beim Austrieb. Ein Umpflanzen älterer Exemplare ist möglich, aber ohne Bedeutung, da diese Gehölze sehr leicht vermehrbar sind und schnell heranwachsen. Von den wichtigsten Krankheiten erscheint die *Drepanopeziza*-Blattfallkrankheit (nähere Einzelheiten bei *Juglans*). Der Johannisbeer-

Abb. 292   Blütenstand
Ribes
Blüten zu viert
a)
R. × *culverwellii* (selten);
b)
R. × *darwinii* (manchmal),
R. *divaricatum* (manchmal),
R. *inerme* (manchmal),
R. *niveum* (manchmal),
R. × *succirubrum* (manchmal)

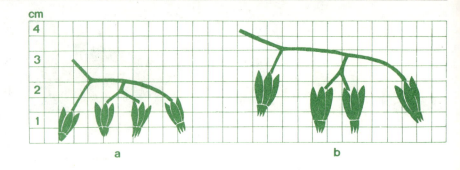

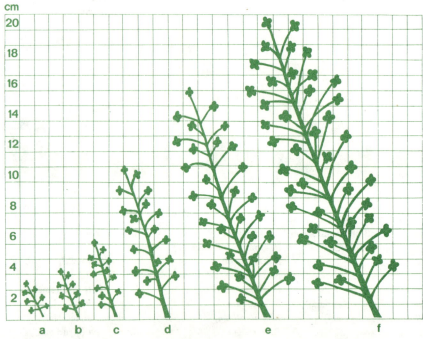

Abb. 293   Blütenstand
Ribes
Lockere aufrechte Traube
a)
R. *diacanthum*,
R. *distans*,
R. × *fontenayense*;
b)
R. *triste*;
c)
R. *coloradense*,
R. *glaciale*,
R. *glandulosum*,
R. × *gonduinii*,
R. × *gordonianum*,
R. *hudsonianum*,
R. *luridum*,
R. *maximowiczii*,
R. *meyeri*,
R. *orientale*,
R. *procumbens*,
R. *pulchellum*;
d)
manchmal Sorten von
R. *sanguineum* und weitere Arten;
e)
R. *maximowiczii* var. *floribundum*;
f)
R. *bracteosum*,
R. × *fuscescens*

Abb. 294 Blütenstand
Ribes
Lockere hängende Traube
a)
R. cereum,
R. vilmorinii;
b)
R. inebrians,
R. montigenum;
c)
R. aureum,
R. × *bethmontii*,
R. × *holosericeum*,
R. × *houghtonianum*,
R. nevadense,
R. nigrum, Sorten,
R. odoratum, Sorten,
R. rubrum,
R. r. 'Variegatum',
R. spicatum,
R. ussuriense;
d)
R. americanum,
R. giraldii (manchmal),
R. × *koehneanum*,
R. moupinense,
R. sanguineum,
R. s. 'Albescens',
'Brocklebankii', 'Carneum',
'Grandiflorum',
'Plenum', 'Splendens',
R. rubrum 'Macrocarpum',
R. × *urceolatum*,
R. warszewiczii;
e)
R. emodense, R. mandshuricum,
R. multiflorum,
R. sanguineum 'King
Edward VII',
R. s. 'Pulborough Scarlet';
f)
R. longeracemosum

säulenrost verursacht ebenfalls einen vorzeitigen Blattfall, wobei sich zunächst auf den Blättern anfangs gelbe, später bräunliche Pusteln zeigen. Der Pilz wechselt den Wirt zur Weymouthskiefer. (Im Frühjahr Spritzungen mit Zineb-Präparaten bei *Ribes*-Arten und im Herbst bei Weymouthskiefern.) Der Amerikanische Stachelbeermehltau befällt Früchte, Triebe und Blätter besonders der Obstsorten und bedeckt sie mit weißlichen, später bräunlichen Überzügen. (Befallene Triebspitzen zurückschneiden, vom Austrieb an mit Triforme-, Bupirimat-, Benomal- oder anderen Fungiziden gegen Echten Mehltau wiederholt behandeln.)

Von den Schädlingen sind es hauptsächlich die Blattwanzen *Lygus*- und *Plesiocoris*-Arten (siehe bei *Malus*), Raupen der Johannisbeermotte, die in den Beeren und im Frühjahr an den Knospen fressen (Spätwinterspritzung mit Parathion-methyl + Mineralöl-Präparaten und während der Blüte mit Endosulfan-Präparaten), und die blaugrünen Larven der Stachelbeerblattwespe, die in kurzer Zeit Kahlfraß verursachen können (frühzeitige Spritzungen mit Insektiziden gegen beißende Insekten). Einige *Ribes*-Arten reagieren empfindlich auf Dicofol (Wirkstoff des Handelspräparates Milbol EC). Unter Wildverbiß leiden *Ribes*-Arten praktisch nicht.

Verwendung

Die meisten Arten eignen sich für Gruppen-, Füll- und Deckpflanzungen, zum Einsäumen höherer Gruppen und Kulissen, als Unterholz (bes. *Ribes alpinum*), auf Abhängen, Felsenpartien usw. Für eine solitäre Pflanzung eignen sich hauptsächlich *R. sanguineum* und *R.* × *gordonianum*, es können dazu auch andere Arten verwendet werden. Die auffallend rotblühenden *R. sanguineum* kann man effektvoll mit gelbblühenden Forsythien und blaublühenden Frühjahrsstauden bzw. Zwiebelblumen kombinieren. Bedeutsam ist die Verwendung in freiwachsenden oder geschnittenen Hecken *(R. alpinum, R. aureum, R. divaricatum, R. lacustre, R. niveum* und *R. sanguineum)*. Die niedrig bis zwergig wachsenden „Alpinum-", „Aureum-" und "Triste-Typen" kommen in größeren Steingärten sehr gut zur Geltung. Viele Vertreter der Gattung *Ribes* gehören zu den wichtigen Obstgehölzen. Eßbare Früchte haben folgende:

R. bracteosum, R. burejense, R. cynosbati, R. × gordonianum, R. hirtellum, R. × holosericeum und Sorte, *R. × houghtonianum, R. × koehneanum, R. multiflorum, R. nigrum* und Sorten, *R. petraeum* und Varietäten, *R. rubrum* und Sorten, *R. spicatum, R. uva-crispa* und Varietät.

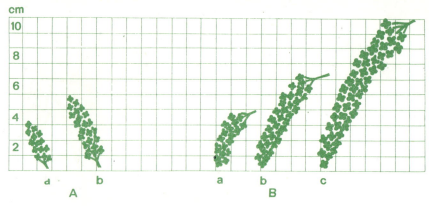

Abb. 295   Blütenstand *Ribes*
A)   dichte aufrechte Traube
a)
R. alpinum, Sorten;
b)
R. wolfii

B)   dichte hängende Traube
a)
R. petraeum var. *atropurpureum,*
R. p. var. *carpathicum;*

b)
R. petraeum,
R. sanguineum 'Atrorubens',
R. s. 'Atrorubens Select',
'Lombartsii';

c)
R. lacustre,
R. petraeum var. *altissimum,*
R. p. var. *biebersteinii*

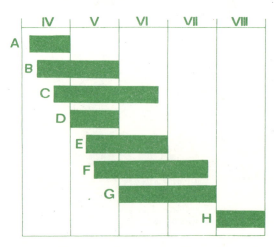

Abb. 296   Blütezeit *Ribes*
A)   *R. glandulosum,*
R. × kochii;

B)   die meisten Arten, Sorten und Varietäten;

C)   *R. × gondouinii,*
R. missouriense,
R. petraeum,
R. setosum,
R. × urcelatum;

D)   *R. giraldii,*
R. lacustre,
R. luridum,
R. maximowiczii,
R. montigenum,
R. nigrum,
R. roezlii,
R. vilmorinii;

E)   *R. hudsonianum,*
R. irriguum,
R. triste;

F)   *R. inebrians,*
R. inerme,
R. laxiflorum,
R. viscosissimum;

G)   *R. coloradense,*
R. nevadense;

H)   *R. distans*

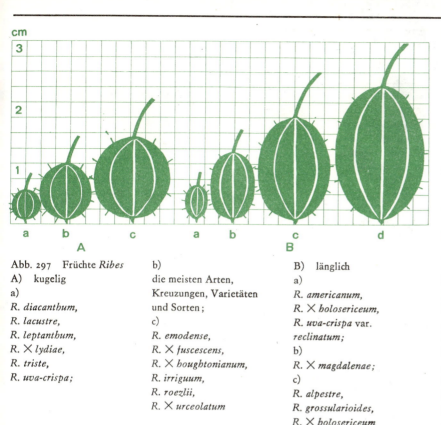

Abb. 297 Früchte *Ribes*
A) kugelig
a)
R. diacanthum,
R. lacustre,
R. leptanthum,
R. × *lydiae*,
R. triste,
R. uva-crispa;
b)
die meisten Arten, Kreuzungen, Varietäten und Sorten;
c)
R. emodense,
R. × *fuscescens*,
R. × *houghtonianum*,
R. irriguum,
R. roezlii,
R. × *urceolatum*

B) länglich
a)
R. americanum,
R. × *holosericeum*,
R. uva-crispa var. *reclinatum*;
b)
R. × *magdalenae*;
c)
R. alpestre,
R. grossularioides,
R. × *holosericeum* 'Pallidum',
R. pinetorum,
R. pulchellum;
d)
R. stenocarpum

und halbkugelige Krone unterschieden (Abb. 299),

„Pendula-Typ": Baum, dessen zweitrangigen Äste kurzbogig überhängen, die Gesamtgestalt der Krone ist breit halbkugelig (Abb. 300 b),

„Fastigiata-Typ": Baum mit eiförmig aufstrebender, in den oberen Konturen lockerer Krone, alle Äste schräg aufstrebend (Abb. 301 b),

„Rectissima-Typ": Baum mit schmal säulenförmiger Krone, Äste zusammengedrängt, streng den Stamm entlang senkrecht aufstrebend, Stamm kurz, Konturen ungleichmäßig (Abb. 301 a),

„Umbraculifera-Typ": niedriges Bäumchen mit breit schirmförmig ausladender, flach halbkugeliger, dichter Krone (Abb. 300 a),

„Hispida-Typ": ungleichmäßig und locker gestalteter halbkugeliger Strauch (Abb. 302),

„Monument-Typ": kegelförmig aufstrebender, oben abgerundeter und bis zur Erde bezweigter Strauch (Abb. 303 c),

„Rehderi-Typ": niedriger, ungleich eiförmiger, dichter Strauch (Abb. 303 b),

„Nana-Typ": breit niederliegendes Sträuchlein, Konturen unregelmäßig (Abb. 303 a).

Textur

Bei den meisten fein büschelig, die strauchigen Typen sind oft lockerer und in der Jugend bis durchsichtig. Am dichtesten ist die Textur beim aufrechten „Monument-", „Rectissima-", „Fastigiata-Typ" und dem schirmförmigen „Umbraculifera-Typ". Konturen bei allen ziemlich abgerundet und nur ausnahmsweise ungleichmäßig („Rectissima-Typ").

Laub

Blätter unpaarig gefiedert mit gegenständigen, kurzgestielten Blättchen, die

Robinia L. – Robinie, Scheinakazie (*Leguminosae*)

Sommergrüne Bäume oder Sträucher. Es sind etwa 20 Arten aus Nordamerika und Mexiko bekannt. Alle sind schnellwachsende Gehölze. Die baumartigen Typen sind in 10 Jahren 3 bis 6 m hoch, in 20 Jahren 6–10 m, in 30 Jahren 8–16 m und in 40 Jahren 14 bis 18 m. Die schwächer wachsende *R. viscosa* u. a. erreichen nach 20 Jahren ihre Endhöhe von etwa 10 m.

Zierwert: Blüte (V–IX je nach der Art).

Habitustypen

„Pseudoacacia-Typ": ungleichmäßig ausgebreiteter Baum mit einer breit abgerundeten Krone, Konturen ungleichmäßig, Stamm mehr oder weniger hoch (Abb. 298),

„Viscosa-Typ": vom vorigen Typ durch seine noch breitere, ausladende

ganzrandig, eiförmig oder auch schmallänglich, 2–4 cm lang sind, das ganze Blatt ist 10–25 cm lang, auffallend hellgrün, im Herbst unauffällig gelbbraun. Austrieb spät (V–VI) und Blattfall früh (IX–X). Laub ohne besonderen Zierwert.

Blüte und Blütenstand

Typische Schmetterlingsblüten, duften, Kelch 5zählig und schwach 2lippig, Fahne breit. Blüten in hängenden Trauben auf schlanken Stielen: Trauben 3–6blütig (Abb. 305 b), 5–8blütig (Abb. 305 c), 8–10blütig (Abb. 304 a) und mehr als 10blütig (Abb. 304 b).

Blütenfarbe:
Weißlich
R. × holdtii 'Britzensis', R. pseudoacacia und Sorten.
Weißlich rosa
R. × holdtii (Schiffchen und Flügel weiß, Fahne rosa).
Hellrosa
R. ambigua und Sorten, R. margaretta, R. neo-mexicana var. luxurians, R. viscosa.
Rosa
R. fertilis, R. × margaretta 'Pink Cascade', R. neo-mexicana.
Purpurrosa
R. boyntonii, R. elliottii (manchmal mit weißlicher Tönung), R. fertilis 'Monument', R. hispida, R. kelseyi, R. viscosa var. hartwigii.

Robinien blühen von Mai bis September je nach der Art (Abb. 306). Eintritt der Blühreife im 20.–30. Lebensjahr. Stark nektarbildend.

Frucht und Fruchtstand

Frucht eine flache, hellbraune, linealisch längliche und leicht gewellte Hülse (Abb. 305 a), in hängenden Trauben analog den Blütenständen. Haften auf den Pflanzen fast den ganzen Winter über. Manche Arten, z. B. *R. vis-*

Wissenschaftlicher Name	Deutscher Name	Natürliche Verbreitung bzw. Entstehungsort	Frosthärte
R. × ambigua Poir.	Zweifelhafte Robinie	(seit 1812)	++
R. boyntonii Ashe		SO-USA	++
R. elliottii (Champ.) Ashe	Rosa-Robinie	SO-USA	++
R. fertilis Ashe	Reichfrüchtige Robinie	USA	++
● R. hispida L.	Borstige Robinie	Virg. u. Kent. – Georg. u. Alab.	++
R. × holdtii Beissn.		Alcott, Colorado (um 1890)	++
R. kelseyi Kelsey ex Hutchins.	Kelsey-Robinie	N-Carolina	++
R. luxurians Schneid. = R. neo-mexicana var. luxurians			
R. × margaretta Ashe		N-Carolina	++
R. neo-mexicana A. Gray	Neumexikanische Robinie	USA	++
var. luxurians Dieck	Üppige Robinie	wie die Art	++
● R. pseudoacacia (Abb. 284 b)	Robinie, Scheinakazie	USA	++
R. rosea Ell. = R. elliottii			
● R. viscosa Vent.	Klebrige Robinie	N-Carolina bis Alabama	++
var. hartwigii (Koehne) Ashe		wie die Art	++

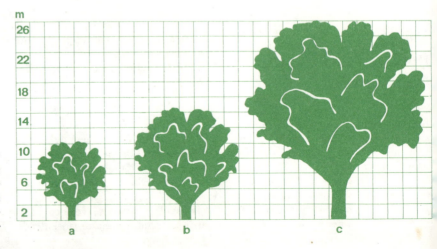

Abb. 299 Typ „viscosa"
a)
R. × holdtii,
R. × h. 'Britzensis';
b)
R. pseudoacacia 'Pendulifolia',
R. p. 'Pendulifolia Purpurea',
'Rozynskiana',
● R. viscosa

Abb. 298 Typ „pseudoacacia"
a)
R. neomexicana var. luxurians,
R. × pragensis,
R. pseudoacacia 'Aurea',
R. p. 'Coluteoides',
'Crispa',
'Microphylla',
R. viscosa var. hartwigii;
b)
R. ambigua,
R. a. 'Bellarosea',
'Decaisnea',
R. pseudoacacia 'Amorphipholia',
● R. p. 'Frisia',
'Glaucescens',
'Linearis',
'Myrtifolia',
● 'Unifolia',
● R. viscosa (manchmal);
c)
● R. pseudoacacia,
● R. p. 'Inermis',
'Purpurea',
'Semperflorens',
● 'Tortuosa',

Abb. 300
A) Typ „umbraculifera"
● R. pseudoacacia 'Bessoniana',
● R. p. 'Umbraculifera' (veredelt)

B) Typ „pendula"
R. pseudoacacia 'Monophylla Pendula',
R. p. 'Pendula' (manchmal auch höher),
'Ulriciana'

cosa und *R. ambigua* fruchten in Mitteleuropa überhaupt nicht. Zierwert unbedeutend.

Stamm, Äste und Wurzelsystem

Stamm meist gerade, schlank, in der Jugend mit matt graubrauner Rinde, die sich etwa nach 20 Jahren in eine längliche, tief gefurchte und netzförmig gesprungene Borke verändert. Hauptäste schwach, bei älteren Exemplaren verschiedenartig gekrümmt – Rinde und Borke ähnlich wie beim Stamm; Zweige und Zweiglein dünn, unterschiedlich dornig.

Dornigkeit:
Dornig
R. ambigua, *R. a.* 'Bella-rosea', *R.* × *holdtii* und Sorte, *R. kelseyi*, *R.* × *margaretta* und Sorte, *R. neo-mexicana*, *R. pseudoacacia* und die meisten Sorten, *R. viscosa*.
Unbewehrt oder nur wenig dornig
R. ambigua 'Decaisnea', *R. boyntonii*, *R. elliottii*, *R. fertilis* (borstig), *R. hispida* (dichtborstig), *R. h.* 'Macrophylla' (auch ohne Borsten), *R. pseudoacacia* 'Bessoniana', *R. p.* 'Umbraculifera'.

Wurzelsystem hat lange, dünne, reich verzweigte und verflochtene Wurzeln, die oft ganz flach liegen und viele Ausläufer treiben. In tieferen Böden ist eine Pfahlwurzel entwickelt.
In Symbiose mit den Wurzeln leben Bakterien, die Stickstoff aus der Luft assimilieren.

Ansprüche

Zu einem guten Wuchs brauchen diese Gehölze Sonne. An den Boden stellen sie keine besonderen Ansprüche, sie wachsen auf armen, steinigen und trockenen Standorten. Extrem trockene Stellen mit heißer Sonne verträgt sehr gut *R. pseudoacacia*, die auch höhere Salzkonzentrationen im Boden aushält. Eine größere Trockenheit ver-

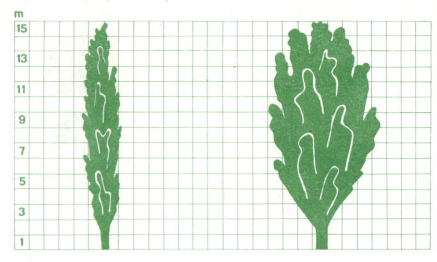

Abb. 301
A) Typ „rectissima"
● *R. pseudoacacia* 'Pyramidalis',
● *R. p.* 'Rectissima'

B) Typ „fastigiata"
R. pseudoacacia 'Appalachia',
R. p. 'Monophylla Fastigiata',
'Stricta'

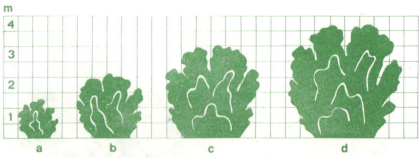

Abb. 302 Typ „hispida"
a) *R. elliottii*, *R. pseudoacacia* 'Dissecta';
b) *R. fertilis*, ● *R. hispida*, *R. h.* 'Macrophylla', *R. neomexicana*, *R. n.* var. *luxurians* (manchmal), *R. pseudoacacia* 'Bullata';
c) *R. boyntonii*, *R. kelseyi*, *R. pseudoacacia* 'Coluteoides' (manchmal), *R. p.* 'Volubilis';
d) *R.* × *margaretta*, *R.* × *m.* 'Pink Cascade', ● *R. pseudoacacia* 'Umbraculifera' (manchmal)

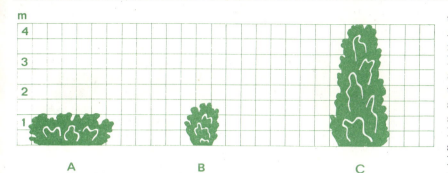

Abb. 303
A) Typ „nana"
R. pseudoacacia 'Nigra Nana'
B) Typ „rehderi"
R. pseudoacacia 'Rehderi'
C) Typ „monument"
R. fertilis 'Monument'

tragen *R. viscosa* und manchmal auch *R. ambigua* nicht (besser sind mittelfeuchte Böden und wärmere Lagen). Ein gewisser Kalkgehalt ist günstig, aber nicht Bedingung. Alle angeführten Arten sind unter mitteleuropäischen Bedingungen winterhart, wenn sie nach strengeren Wintern dennoch Frostschäden aufweisen, regenerieren sie wieder leicht. Eine windgeschützte Lage ist besonders für die schwach wachsenden Arten (*R. hispida, R. luxurians* u. a.) empfehlenswert, da die Äste leicht brechen. Verunreinigte Luft wird sehr gut vertragen.

Pflege

Pflanzung im unbeblätterten Zustand ohne Wurzelballen im Vorfrühling oder Herbst. Junge Pflanzungen schützen wir vor Hasen durch Maschendraht oder Plastmanschetten. Schnitt ist überflüssig, nur bei der sehr brüchigen *R. hispida* können nach dem Abblühen die Triebe etwa um die Hälfte gekürzt werden. Auf armen und trockenen Standorten werden stark Ausläufer gebildet, besonders bei *R. pseudoacacia* und deren Veredlungen, so daß wir sie in den Fällen, wo sie unerwünscht sind, rechtzeitig entfernen müssen. Ältere Exemplare vertragen ein Umpflanzen sehr gut, bei *R. pseudoacacia* ist es aber bedeutungslos. Geformte Hecken werden im Vorfrühling und je nach Bedarf noch einmal im Sommer geschnitten. Vereinzelt treten auch Blattfleckenkrankheiten auf, so z. B. durch *Ascochyta robiniae* (weißliche Flecken mit dunkelbraunem Rand), *Heterosporium robiniae* (kleine, runde oder eckige, erst grünliche dann braune Flecken) und *Phyllosticta*-Arten (gelbliche, rötliche und dunkelbraune Flecken). (Bekämpfung nur in Ausnahmefällen mit Kupfer-, Captan- oder organischen Fungiziden). Robinien leiden unter dem Saugen von Larven der Zwetschgennapfschildlaus,

Abb. 304 Blütenstand
Robinia
A) 8–10blütige Traube
R. boyntonii,
R. elliottii,
R. fertilis,
R. neomexicana,
R. viscosa

B) mehr als 10blütige Traube
a)
R. ambigua, Sorten,
R. × holdtii,
R. × margaretta;

b)
R. pseudoacacia, Sorten
außer den kaum blühenden
'Bessoniana', 'Rectissima',
'Tortuosa' und
'Umbraculifera'

die befallenen Bäume vertrocknen mit der Zeit (Parathion-methyl + Mineralöl-Präparate anwenden). Blattmilben (*Phyllocoptes*-Arten) verursachen Kräuseln, Einrollen und Krümmen der Blätter (befallene Triebe entfernen, Laub sammeln und vernichten). In der Jugend werden sie von Hasen geschädigt.

Verwendung

Die verbreitete *R. pseudoacacia* eignet sich besonders für trockene Lagen, zum Begrünen wenig fruchtbarer Böden, zum Befestigen extrem exponierter Abhänge, steiniger Halden, zur Bildung freiwachsender oder auch geschnittener undurchdringlicher Hekken usw. Alle Robinien eignen sich für solitäre oder gruppenartige Pflanzungen, besonders unter städtischen Bedingungen und in Industriegebieten. Sie kommen auch als Alleebäume, besonders der „Umbraculifera-", „Fastigiata-" und „Rectissima-Typ" sowie für Straßen in Frage; man sollte aber immer beachten, daß sie nicht auf windexponierte Standorte gesetzt werden. Die beiden Säulentypen, besonders der „Rectissima-Typ", sind sehr auffallende Solitärpflanzen und eignen sich insbesondere in die Nähe moderner Gebäude, Terrassen, Treppen usw. gepflanzt zu werden.
Strauchtypen „Monument", „Rehderi" und „Nana" pflanzen wir einzeln in bodenbedeckende Pflanzungen in Wegnähe. Zur Blütezeit sind alle Robinien sehr effektvoll. Zur Pflanzung in der Landschaft eignen sie sich vom Flachland bis ins Mittelgebirge. Große Bedeutung haben sie für die Bienenzucht.

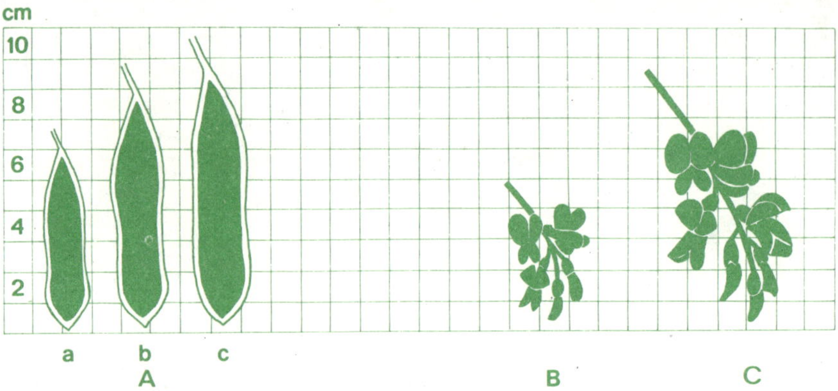

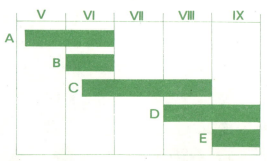

Abb. 305 *Robinia*
A) Hülsen
a)
R. fertilis,
R. × *holdtii*;

b)
R. hispida,
R. viscosa;
c)
R. neomexicana,
R. pseudoacacia,
Sorten, wenn sie fruchten

B) Blütenstand
3–6blütige Traube
R. hispida

C) 5–8blütige Traube
R. kelseyi

Abb. 306 Blütezeit *Robinia*
A) *R. boyntonii*,
R. elliottii;

B) die meisten Arten und Sorten;

C) *R. neomexicana* var. *luxurians*,
R. viscosa;

D) *R. holdtii* (remontierendes Blühen),
R. neomexicana (remontierendes Blühen),
R. pseudoacacia 'Semperflorens';

E) *R. hispida* (remontierendes Blühen)

Rosa L. – Rose
(Rosaceae)

Sommer-, selten auch immergrüne, aufrecht wachsende oder kletternde Sträucher. Insgesamt existieren, je nach Auffassung, 100–200 Arten, die in den gemäßigten und subtropischen Zonen der nördlichen Halbkugel verbreitet sind. Die meisten Rosen wachsen ziemlich schnell.

Die Gartensorten sind zur Zeit in folgende Hauptgruppen eingeordnet: Bourbon-Rosen, Floribundarosen, Miniaturrosen, Noisettrosen, Kletterrosen, Polyantharosen, Polyantha-Hybriden, Zwergige Polyantharosen, Rugosa-Hybriden, Park- oder Strauchrosen (außer *R. rugosa*-Hybriden) und Edelrosen (Teehybriden, Pernetianrosen und Remontantrosen).
Zierwert: Blüte (je nach der Art und Sorte V–X), Früchte (VII–XI).

Habitustypen

„Multiflora-Typ": Kletterstrauch, der eine Stütze braucht, Triebe einige Meter lang (Abb. 307),
„Canina-Typ": Strauch breit halbkugelig ausladend bis nahe über der Erdoberfläche, dicht, die bodennahen Partien bedeutend schmaler und manchmal auch etwas „kahlfüßig" (Abb. 308),
„Pendulina-Typ": breit halbkugelig ausgebreiteter Strauch mit leicht überhängenden Zweigen, dicht, in den bodennahen Partien fast unbelaubt und mit kahlen Stämmchen (Abb. 309),
„Blanda-Typ": vom vorigen Typ durch seine flachere Gestalt und längere, mehr hängende Zweige unterschieden (Abb. 310 b),
„Willmottiae-Typ": fast bis zur Erde bezweigter, breit halbkugeliger Strauch mit überhängenden Zweigen (Abb. 310 a),
„Pimpinellifolia-Typ": stark ausläufertreibender Strauch, bogig oder starr aufstrebend verzweigt, ganz niedrig, Konturen ungleichmäßig luftig (Abb. 311 b),
„Nitida-Typ": niedriger, ungleich breiter, wenig ausgebreiteter und mehrstämmiger Strauch; hierher gehören auch manche Beetrosen (Abb. 312 b),
„Polyantha-Typ": vom vorigen Typ durch etwas aufrechteren Wuchs und ein dicht über dem Boden verzweigtes Stämmchen unterschieden; hierher gehören die meisten Beetrosen (Abb. 312 a),
„Arvensis-Typ": niederliegender und kriechender, langtriebiger Strauch (Abb. 311 a).
Einige Arten und Sorten, die in diese Typen eingereiht sind, werden in der Baumschulpraxis „in die Krone" veredelt, wodurch die bekannten Hochstamm- und Trauerrosen entstehen.

Wissenschaftlicher Name	Deutscher Name	Natürliche Verbreitung bzw. Entstehungsort	Frosthärte
R. acicularis LINDL.	Nadel-Rose	NO-Europa, Sibirien bis Japan, N-Amerika	++
var *bourgeaniana* (CRÉP.) CRÉP.		N-Amerika	++
var. *bourgeaniana* (CRÉP.) KOEHNE		O-Asien	++
R. agrestis SAVI	Acker-Rose	Europa, N-Afrika	++
● *R.* × *alba* L.	Weiße Rose		++
R. alpina L. = *R. pendulina*			
R. anemoneflora FORT.		O-China	++
R. arkansana PORTER		N-Amerika	++
● *R. arvensis* HUDS.	Kriech-Rose, Feld-R.	S-, W- u. M-Europa	++
R. × *aschersoniana* GRAEBN.		Hann.-Münden	++
R. banksiae AIT.	Banks-Rose	W- u. M-China	++
f. *normalis* REGEL		wie die Art	++
R. banksiopsis BAKER		W-China	++
R. beggeriana SCHRENK		N-Iran bis Altai, Dsungarei	++
R. bella REHD. et WILS.		N-China	++
● *R. blanda* AIT.	Labrador-Rose	N-Amerika	++
R. britzensis KOEHNE	Kurdistan-Rose	Kurdistan	++
R. caesia SM.	Lederblättrige Rose	Europa, Kleinasien	++
var. *froebelii* (LAMB.) REHD.		wie die Art	++
R. californica CHAM. et SCHLECHTD.	Kalifornische Rose	Oregon – Kalifornien	+, ◠
R. × *calocarpa* WILLM.		Frankreich (vor 1891)	++
● *R. canina* L.	Hunds-Rose	Europa, W-, N- u. M-Asien, N-Afrika	++
var. *tomentella* BAKER = *R. obtusifolia*			

Textur

Bei den meisten Rosen ziemlich zierlich, wenn auch oft zwischen der Belaubung Zweige und Triebe sichtbar sind (hauptsächlich beim „Multiflora-", „Canina-", „Pendulina-", „Blanda-" und „Arvensis-Typ"). Am feinsten ist sie beim „Pimpinellifolia-" und „Arvensis-Typ", am gröbsten bei den großblättrigen Vertretern des „Polyantha-" oder „Nitida-Typs". Eine gewisse Starrheit weisen die in den bodennahen Partien „kahlfüßigen" „Pendulina-" und „Blanda-Typen" auf.

Laub

Blätter wechselständig, unpaarig gefiedert, sehr selten auch einfach, verschieden groß, mit Nebenblättern an der Blattstielbasis (Abb. 313 und 314). Blattspreite meist grün, matt oder glänzend. Eine abweichende Blattfarbe gibt es bei folgenden Rosen:

Hellgrün
R. × *aschersoniana*, *R. foetida* und Sorten, *R.* × *fortuneana* (glänzend), *R. nitida* 'Dutch Hedge', *R. setigera*, *R. suffulta*, *R. sweginzowii* und Sorte.
Gelbgrün
R. × *alba* 'Felicité Parmentier'.
Graugrün
R. britzensis, *R.* × *francofurtana* (behaart gewellt), *R.* × *involuta*, *R. villosa* und Sorte (behaart).
Mattgrün
R. acicularis und Varietäten, *R. arvensis*, *R. blanda* (graue Tönung), *R. californica* und Sorten, *R. majalis* und Sorten, *R. multibracteata*.
Blaugrün
R. × *alba* 'Célesté', *R. bella*, *R. caesia* var. *froebelii*, *R. elegantula*, *R. fedschkoana*, *R. glauca* (braunpurpurfarbene Tönung), *R. hemisphaerica*, *R. oxyodon* f. *haematodes*, *R.* × *rubrosa*.
Dunkelgrün
R. carolina, *R. centifolia* 'Variegata', *R. chi-*

Wissenschaftlicher Name	Deutscher Name	Natürliche Verbreitung bzw. Entstehungsort	Frosthärte
● *R. carolina* L.	Wiesen-Rose	N-Amerika	++
R. caudata Baker		W-China	++
● *R. centifolia* L.	Zentifolie, Kohl-Rose, Provence-R.	Holland, ? Kaukasus	++
R. chinensis Jacq.	China-Rose, Bengal-R.	China	≙, ≙≙
R. cinnamomea L. =			
R. majalis			
R. × *collina* Jacq.		M-Europa	++
R. corrifolia Fries =			
R. caesia			
R. corymbifera Borkh.	Hecken-Rose	Europa, N-Afrika, Kleinasien	++
● *R.* × *damascena* Mill.	Damaszener-Rose		++
R. davidii Crép.		W-China	+, ≙
var. *elongata* Rehd. et Wils.		wie die Art	++
R. davurica Pall.	Dahurische Rose	N-China, NO-Asien	++
R. deserta Lunell =			
R. woodsii			
R. dumetorum Thuill. =			
R. corymbifera			
R. dupontii Déségl.		Frankreich (vor 1817)	++
R. ecae Aitchis.		Afghanistan, Turkestan	+, ≙
R. eglanteria L. =			
R. rubiginosa			
R. elegantula Rolfe		W-China	++
R. elliptica Tausch =			
R. inodora			
R. farreri Stapf =			
R. elegantula			
R. fedchkoana Regel		Turkestan	++
R. filipes Rehd. et Wils.		W-China	++
● *R. foetida* Herrm.	Gelbe Rose, Fuchs-R.	Kleinasien bis NW-Himalaja	++
R. foliolosa Nutt. ex Torr. et A. Gray		SO-USA	++
R. × *fortuneana* Lindl.		China	++
R. × *francofurtana* Muenchh.		(vor 1770)	++
● *R. gallica* L.	Essig-Rose	S- u. M-Europa bis Vorderasien	++
var. *damascena* Voss =			
R. × *damascena*			
R. giraldii Crép.		M- u. N-China	++
● *R. glauca* Pourr.	Rotblättrige Rose, Hecht-R.	M-Europa bis M-Italien, N-Albanien, Pyrenäen	++

Wissenschaftlicher Name	Deutscher Name	Natürliche Verbreitung bzw. Entstehungsort	Frosthärte
R. glaucophylla EHRH. = *R. hemisphaerica*			
● *R. glutinosa* SIBTH. et SM.	Südliche Weinrose	SO-Europa, Kleinasien	++
var. *dalmatica* (KERN.) SCHNEID.		Dalmatien	++
R. gymnocarpa NUTT.		N-Amerika	≙, +
R. × *harisonii* RIVERS		New York	++
R. hemisphaerica HERRM.	Schwefel-Rose		++
var. *rapinii* (BOISS.) ROWLEY		Türk. – NW-Iran	++
R. hemsleyana TÄCKHOLM		M-China	++
R. × *hibernica* TEMPLETON	Irische Rose	N-Irland, N-England	++
R. × *highdownensis* HILLIER		Highdown (1925)	++
R. holodonta STAPF		W-China	++
R. horrida FISCH.		SO-Europa bis Kaukasus	++
● *R. hugonis* HEMSL.		M-China	++
R. × *hugoptera* KAVKA		Pruhonice	++
R. indica LOUR. non L. = *R. rugosa*			
R. inodora FRIES	Keilblättrige Rose, Elliptische R.	Europa	++
R. × *involuta* SM.		W-Europa	++
R. iwara SIEB.		Japan	++
R. jundzillii BESS.	Rauhblättrige Rose	S-, M- u. O-Europa, W-Asien	++
R. kamtschatica VENT. = *R. rugosa*			
R. laxa RETZ.		Turkestan, Dsungarei	++
R. × *lheritieranea* THORY		(vor 1820)	++
R. lucida EHRH. = *R. virginiana*			
R. lutea MILL. = *R. foetida*			
R. macounii GREENE		N-Amerika	++
R. × *macrantha* DESP.		Frankreich (18. Jahrhundert)	++
R. macrophylla LINDL.	Großblättrige Rose	Himalaja	++
R. majalis HERRM. emend. MANSF.	Zimt-Rose, Mai-R.	N-, M- u. O-Europa, N- u. W-Asien	++
R. marginata WALLR. = *R. jundzillii*			
R. marrettii LÉV.		Sachalin	++
R. maximowicziana REGEL		Mandschurei, Korea	++
var. *jackii* (REHD.) REHD.		Korea	++

nensis, *R. gallica* und Sorten, *R. nitida* (stark glänzend), *R. n.* 'English Hedge', 'Pink Hedge' (bronzefarbener roter Hauch), 'Red Hedge' (bronzefarbener roter Hauch), *R. nutkana*, *R. palustris*, *R. rubiginosa* und Sorte, *R. rugosa* und Sorten (glänzend und meist gerunzelt), *R. tomentella* (oft auch glänzend), *R. wichuraiana*; Floribunda-Sorten (die meisten), Miniaturrosen-Sorten (besonders die rotblühenden), Polyantharosen (einschließlich der Polyantha-Hybriden – die meisten, besonders dunkelblühenden Sorten), großblumige Parkrosensorten (einige).

Herbstfärbung der meisten Rosen nicht sehr auffallend gelbbraun. Nur manche färben sich etwas wirksamer:

Auffallend gelb
R. multiflora und Sorten (die Belaubung haftet lange in den Winter auf den Sträuchern), *R. rugosa* und Sorten (manchmal auch schön rötlich).

Rot
R. pimpinellifolia sowie Varietäten und Sorten (mit bräunlicher Tönung), *R. virginiana* und Sorte (mit orangefarbener bzw. bräunlicher Tönung).

Bronzefarben braun
R. nitida und Sorten (mit auffallend rötlicher Tönung).

Blüte und Blütenstand

Blüten sind die Hauptzierde der Rosen. Sie erscheinen meist auf Kurzzweigenden, sind 5zählig, selten 4zählig, bei den Gartensorten haben sie oft vermehrte Petalen. Die zahlreichen Staubblätter fallen besonders bei den einfacher gestalteten Blüten auf. Viele großblumige Beetsorten sind im Knospenstadium am schönsten. Eine voll aufgeblühte Rosenblüte kann folgendermaßen gestaltet sein: einfach (Abb. 315), halbgefüllt (Abb. 316 b) oder gefüllt (Abb. 316 a). Sie steht entweder einzeln oder in Doldenrispen.

Blütenfarbe:

Grün
R. chinensis 'Viridiflora'.
Weiß
R. × alba (manchmal rosafarbene Tönung), ● R. × a. 'Suaveolens', R. anemoneflora, R. banksiae, R. b. 'Alba Plena', R. b. f. normalis, R. beggeriana, R. caesia var. froebelii, R. centifolia 'Albamuscosa', R. dupontii (rosa Knospe), R. fedschenkoana, R. filipes, R. × fortuneana, R. × harisonii 'Vorbergii', R. horrida, R. × involuta, R. iwara, R. laxa, R. maximowicziana, R. m. var. jackii, R. moyesii 'Nevada', ● R. multiflora, R. odorata, ● R. omeiensis, ● R. o. f. pteracantha, ● R. × paulii, ● R. pimpinellifolia (manchmal gelbliche Tönung), R. p. var. altaica (beim Aufblühen gelblich), R. p. 'Nana', 'Plena', R. phoenica, R. sericea, R. s. var. hookeri, R. wichuraiana; Floribunda-Sorten: ● 'Jacujama', ● 'Kristall', ● 'Schneewittchen', ● 'Weißes Meer'; Kletterrosen-Sorten: ● 'Ilse Krohn Superior', 'Long John Silver', 'Weiße New Dawn'; Polyantha-Hybriden: ● 'Dagmar Späth', ● 'Schneewittchen'; Rugosa-Hybriden: 'Alba', 'Alba Plena', ● 'Schneelicht', ● 'Schneezwerg'; Parkrosen-Sorten (außer R. rugosa): 'Blanc Double de Coubert', ● 'Blanche Moreau', 'Frühlingsschein', ● 'Nevada', 'Schneeschirm', 'Schneewittchen'; Edelrosen-Sorten: ● 'Dezent', ● 'Kasbek', ● 'Message', 'Pascali', ● 'Schneewittchen', ● 'Virgo'.
Weißlich rosa
R. × alba 'Incarnata' (später gelblich gerandet), ● R. canina, R. centifolia 'Variegata' (rosafarbene Streifen), R. caesia, R. corymbifera (manchmal fast weiß), R. damascena 'Versicolor' (rosa gestreift), R. gallica 'Versicolor' (neben rosafarbenen Streifen auch rötliche Tönung), R. inodora, R. micrantha, R. pimpinellifolia var. myriacantha, R. serafinii, R. stylosa (manchmal reinweiß), R. tomentella (manchmal reinweiß oder rötlich), R. watsoniana; Floribunda-Sorten: ● 'Junge Liebe'; Miniaturrosen-Sorten: 'Rosmarin'; Kletterrosen-Sorten: 'Maria Lisa' (weiße Mitte); Rugosa-Hybriden: 'Nova Zembla' (fast weiß); Parkrosen-Sorten (au-

Wissenschaftlicher Name	Deutscher Name	Natürliche Verbreitung bzw. Entstehungsort	Frosthärte
R. micrantha Borrer ex Sm.	Kleinblütige Rose	W-, M- u. S-Europa	++
R. microphylla Roxb. = R. roxburghii			
R. × micrugosa Henkel		Frankreich (vor 1905)	++
R. mollis Sm.	Weichblättrige Rose	Europa, Kleinasien	++
● R. moyesii Hemsl. et Wils.	Blutrote Rose	Szetschuan	++
R. multibracteata Hemsl. et Wils.	Kragen-Rose	Szetschuan	++
● R. multiflora Thunb. ex Murr.	Vielblütige Rose	Japan, Korea	++
f. cathayensis Rehd. et Wils.		China	++
● R. nitida Willd.	Glanz-Rose	N-Amerika	++
R. nutkana K. B. Presl	Nutka-Rose	N-Amerika	++
R. obtusifolia Desv.	Stumpfblättrige Rose	Europa	++
R. odorata (Andr.) Sweet (manchmal wintergrün)	Tee-Rose	China	+, ≙
● R. omeiensis Rolfe	Omei-Rose	W-Szetschuan	++
f. chrysocarpa Rehd.		wie die Art	++
f. pteracantha Rehd. et Wils.	Stacheldraht-Rose	wie die Art	++
R. palustris Marsh.	Sumpf-Rose	N-Amerika	++
● R. × paulii Rehd.		(vor 1903)	++
R. pendulina L.	Alpen-Rose	S- u. M-Europa	++
f. pyrenaica (Gonan) Keller		Pyrenäen	++
R. persica Michx.	Persische Rose	Iran, Afghanistan, Dsungarei	++
● R. pimpinellifolia L.	Bibernell-Rose, Dünen-R.	Europa, W-Asien, Sibirien	++
var. altaica (Willd.) Thory		Sibirien, Dsungarei	++
var. hispida (Sims) Boom		Sibirien	++
f. luteola (Andr.) Krüssm.		O-Europa	++
var. myriacantha (Lam. et DC.) Loisel.		Spanien, S-Frankreich bis Armenien	++
R. phoenicea Boiss.		Kleinasien, Libanon, Syrien	++
R. pisocarpa A. Gray		N-Amerika	++
R. polyantha Carr. = R. × rehderiana			
R. pomifera Herrm. = R. villosa			
R. prattii Hemsl.		W-China	++
R. × prattigosa Kordes		BRD (bei W. Kordes 1953)	++
R. × pruhoniciana Kriechbaum		Pruhonice (um 1920)	++

Wissenschaftlicher Name	Deutscher Name	Natürliche Verbreitung bzw. Entstehungsort	Frosthärte
R. × pteragonis KRAUSE		Hasloh, Holstein (1938)	++
R. reclinata THORY =			
R. × lheritieranea			
● R. × rehderiana BLACK-BURN (Abb. 284 c)	Polyantha-Rose		++
R. repens SCOP. =			
R. arvensis			
R. richardii REHD.		Abessinien	++
R. roxburghii TRATT.	Igelfrüchtige Rose	China, Japan	++
f. normalis REHD. et WILS.		wie die Art	++
● R. rubiginosa L.	Wein-Rose, Schottische Zaun-Rose	Europa bis Kaukasus	++
R. rubrifolia VILL. =			
R. glauca			
R. × rubrosa PRESTON		Kanada (vor 1923)	++
R. × ruga LINDL.		Italien (vor 1830)	++
● R. rugosa THUNB.	Kartoffel-Rose	O-Asien	++
R. serafinii VIV.		Bulgarien, S-Jugoslawien	++
R. sericea LINDL.		W-Himalaja	++
var. hookeri REGEL		Kumaon	++
R. sertata ROLFE		Kansu, Yünnan	++
R. setigera MICHX.	Prärie-Rose	N-Amerika	++
R. setipoda HEMSL. et WILS.		M-China	++
R. sherardii DAVIES	Samt-Rose	N- u. M-Europa	++
R. soongarica BGE. =			
R. laxa			
R. spinosissima L. =			
R. pimpinellifolia			
R. stellata WOOT.		S-Texas, New Mexiko	++
R. stylosa DESV.	Verwachsen griffelige Rose	W-Europa, NW-Spanien	++
R. suffulta GREENE		O- u. M-USA	++
R. sweginzowii KOEHNE		NW-China	++
R. systyla BAST. =			
R. stylosa			
R. tomentella LÉMAN =			
R. obtusifolia			
R. tomentosa SM.	Filz-Rose	Europa, Kaukasus, Kleinasien	++
R. turbinata AIT. =			
R. × francofurtana			
R. tuschetica BOISS.		Dagestan	++
● R. villosa L.	Apfel-Rose	Europa bis Vorderasien, Kaukasus	++

ßer R. rugosa): 'Silberlachs', 'Sparries Hoop'.
Weiß und rot
Parkrosen-Sorten (außer R. rugosa): ● 'Frühlingszauber'.
Hellgelb
R. × harisonii, R. hemisphaerica, ● R. hugonis, R. odorata 'Ochroleuca', R. pimpinellifolia var. hispida, R. p. f. luteola, R. × pteragonis, R. × p. 'Cantabrigiensis', Parkrosen-Sorten (außer R. rugosa): ● 'Frühlingsanfang', 'Frühlingsgold', ● 'Omul', ● 'Wartburg', ● 'Zitronenfalter'; Edelrosen-Sorten: ● 'Gloria Dei', ● 'Spek's Yellow'.
Gelb
R. banksiae 'Lutea', R. b. 'Lutescens', R. hemisphaerica var. rapinii, R. omeiensis 'Hidcote Gold', R. × pteragonis 'Earldomensis', R. × p. 'Redwing'; Floribunda-Sorten: ● 'IZETKA Köpenicker Sommer'; Miniaturrosen-Sorten: ● 'Bit O'Sunshine'; Kletterrosen-Sorten: ● 'Golden Showers', 'Leverkusen'; Polyantha-Hybriden: ● 'Goldteppich', ● 'Sonne der Freundschaft'; Parkrosen-Sorten (außer R. rugosa): ● 'Lichtkönigin Licia', ● 'Maigold'; Edelrosen-Sorten: ● 'Apollo', ● 'Poiana', ● 'Salzagold'.
Dunkelgelb
R. ecae, ● R. foetida, ● R. f. 'Persian Yellow', R. xanthina, R. x. f. spontanea; Floribunda-Sorten: ● 'Allgold', ● 'Goldener Reiter', ● 'Goldmarie', ● 'Goldschatz'; Noisettrosen-Sorten: 'Réve d'Or'; Kletterrosen-Sorten: 'Golden Glow'; Polyantha-Hybriden: ● 'Bernstein' (braune Tönung), ● 'Goldjuwel', ● 'Goldteppich'; Rugosa-Hybriden: 'Dr. Eckener' (bronzefarbene Tönung); Parkrosen-Sorten (außer R. rugosa): ● 'Frühlingsduft', 'Goldbusch', 'Goldquelle'; Edelrosen-Sorten: 'Dr. A. J. Verhage', ● 'Goldenes Prag', ● 'King's Ransom', ● 'Peer Gynt', ● 'Sutter's Gold'.
Rosa und gelb
Polyantha-Hybriden: 'Rosenmärchen'; Parkrosen-Sorten (außer R. rugosa): 'Fritz Nobis', 'Nymphenburg', 'Plomin' (zarte Tönung), 'Rostock'; Edelrosen-Sorten: ● 'Kordes Perfecta', 'Königin der Rosen', ● 'Permoser'.

Gelbrot
R. chinensis 'Mutabilis', *R. odorata* 'Fortune's Double Yellow' (lachsfarbene Tönung), *R. persica* (dunkelrotes „Auge"); Floribunda-Sorten: 'Charleston', ● 'Papagena'; Miniaturrosen-Sorten: ● 'Baby Maskerade'; Kletterrosen-Sorten: 'Reveil Dijonnais'; Polyantha-Hybriden: ● 'Circus', ● 'Masquerade', ● 'Natalie', ● 'Petito' (rötlich berandet), ● 'Rumba'; Parkrosen-Sorten (außer *R. rugosa*): ● 'Arabella' (Mitte gelb), 'Bayreuth'; Edelrosen-Sorten: ● 'Apart' (roter Saum), ● 'Kronenbourg', 'Piccadilly'.

Hellrosa
R. agrostis (manchmal auch weißlich), *R. britzensis*, *R. glutinosa*, *R. g.* var. *dalmatica*, *R. macounii*, *R.* × *macrantha* (später fast weiß), *R. multibracteata*, *R. nitida* 'Dutch Hedge', *R. richardii*, *R. roxburghii*, *R. r.* f. *normalis*, ● *R. rubiginosa*, *R.* × *ruga*, *R. sweginzowii*, *R. s.* 'Macrocarpa', *R. tomentosa* (manchmal weißlich), *R. tuschetica*, ● *R. virginiana*, *R. webbiana*; Bourbonrosen-Sorten: 'Souvenir de la Malmmaison'; Floribunda-Sorten: ● 'Jubel'; Kletterrosen-Sorten: ● 'New Dawn' (manchmal bis weißlich), ● 'Tausendschön'; Polyantha-Hybriden: 'Frau Astrid Späth'; Edelrosen-Sorten: 'Andrea', ● 'Carina', 'First Lady'.

Rosa
R. × *alba* 'Céleste', *R.* × *a.* 'Félicité Parmentier' (gelbliche Knospe), *R.* × *a.* 'Maiden's Blush', *R. banksiopsis*, *R. bella*, ● *R. blanda*, *R. californica*, *R. c.* 'Plena', ● *R. carolina*, *R. c.* var. *grandiflora*, ● *R. centifolia*, *R. c.* 'Bullata', 'Cristata', 'Muscosa', *R. chinensis*, *R.* × *collina*, *R. damascena* 'Semperflorens', *R. d.* 'Trigintipetala', *R. davidii*, *R. d.* var. *elongata*, *R. davurica*, *R. elegantula*, *R. giraldii*, *R. gymnocarpa*, *R. hemsleyana*, *R.* × *hibernica*, *R. holodonta*, *R. jundzillii*, *R. majalis* 'Foecundissima', *R. marrettii*, *R.* × *micrugosa*, *R. mollis*, *R. multiflora* 'Carnea', *R. m.* f. *cathayensis*, ● *R. nitida*, *R. n.* 'English Hedge', 'Pink Hedge', *R. odorata* 'Erubescens', *R. palustris*, *R.* × *paulii* 'Rosea', *R. pendulina* (purpurfarbene Tönung), *R. p.* f. *pyrenaica* (purpurfarbene Tönung), *R. prattii*, *R.* × *pratti-*

Wissenschaftlicher Name	Deutscher Name	Natürliche Verbreitung bzw. Entstehungsort	Frosthärte
R. vilmorinii Bean = *R.* × *micrugosa*			
● *R. virginiana* J. Herrm.	Virginia-Rose	N-Amerika	++
R. × *waitziana* Tratt.		M-Europa	++
R. watsoniana Crép.			++
R. webbiana Royle		W-Himalaja	++
● *R. wichuraiana* Crép. (halbimmergrün)	Wichura-Rose	O-Asien	+, ≙
R. willdenowii Spreng. = *R. davurica*			
R. willmottiae Hemsl.		W-China	++
R. woodsii Lindl.		N-Amerika	++
var. *fendleri* (Crép.) Rehd.		N-Amerika	++
R. xanthina Lindl.		Korea, N-China, Mongolei, Turkestan	++

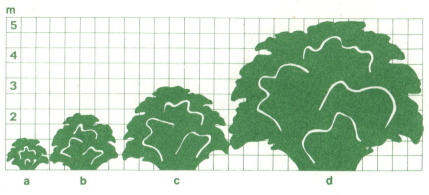

b)
die meisten Arten,
Kreuzungen, Varietäten,
Formen und Sorten;
c)
R. canina,
R. coriifolia,
R. c. var. *froebelii*,
R. moyesii 'Geranium',
● *R. rubiginosa*,
R. r. 'Duplex',
R. setipoda,
Sorten aus der Gruppe
der „Parkrosen":
'Frühlingsanfang',
'Frühlingsgold',
'München',
'Parkfeuer';
d)
R. sweginzowii,
R. s. 'Macrocarpa'

Abb. 308 Typ „canina"
a)
R. acicularis,
R. a. var. *bourgeauiana*,
var. *nipponensis*,
R. arkansana,
R. centifolia 'Muscosa',
R. c. 'Variegata',
R. davurica,
R. ecae,
R. foliolosa,
R. gallica 'Conditorum',

● *R. glutinosa*,
R. g. var. *dalmatica*,
R. gymnocarpa,
R. × *harisonii*,
R. × *h.* 'Vorbergii',
R. haemisphaerica var. *rapinii*,
R. × *involuta*,
R. iwara,
R. × *rugotida*,
R. × *r.* 'Darts Defender',
R. sicula,

R. suffulta,
R. tuschetica,
Sorten der „Parkrosen"
(außer *R. rugosa*):
'Andersonii',
'Blanche Moreau',
'Frühlingsschnee',
'Grandmaster',
'Lichterloh',
'Lyric', 'Plomin',
'Silberlachs',
'Schneeschirm';

Abb. 307 Typ „multiflora"
a)
R. watsoniana;
b)
R. arvensis,
R. × *francofurteana*,
R. setigera;
c)
● *R. multiflora*,
R. m. 'Carnea', f. *cathayensis*,
'Platyphylla', *R.* × *ruga*;
d)
R. anemoneflora,
R. filipes,
R. × *lheritieranea*,
R. maximowicziana,
R. m. var. *jackii*,
R. phoenicea,
● *R.* × *wichuraiana*,
Sorten der Gruppe „Noisettrosen"
(*R.* × *noisetiana*);

e)
R. odorata,
R. o. 'Erubescens',
'Ochroleuca',
'Fortune's Double Yellow',
Kletterrosensorten;
f)
R. × *fortuneana*,
R. odorata (manchmal)

gosa, *R. rubiginosa* 'Duplex', ● *R.* × *rugotoda*, *R.* × *r.* 'Darts Defender', *R. sertata*, *R. setipoda*, *R. suffulta*, ● *R. villosa*, *R. v.* 'Duplex', *R. virginiana* 'Plena', *R. woodsii*, *R. w.* var. *fendleri*; Floribunda-Sorten: ● 'Elysium', ● 'Junior Miss', 'Odette', Pariser Charme, ● 'The Queen Elisabeth Rose'; Miniaturrosen-Sorten: ● 'Minirosa' (weiße Mitte), 'Zwergkönigin'; Noisettrosen: 'Manettii'; Kletterrosen-Sorten: 'Mme Sancy de Parabére', 'Raubritter'; Polyantharosen-Sorten (einschließlich Polyantha-Hybriden): 'Betty Prior', ● 'Charme' (orangefarbene Tönung), ● 'Iga Erfurt' (lachsfarbig), ● 'Romanze', 'Tip Top'; Rugosa-Hybriden: 'Hollandica', 'Rosea', 'Berger's Erfolg', ● 'Conrad Ferdinand Meyer' (silbrige Tönung), ● 'Pink Grootendorst'; Parkrosen-Sorten (außer *R. rugosa*): 'Andersonii', 'Claus Groth', 'Dornröschen', ● 'Elmshorn', 'Kathleen Ferrier', 'Laric', ● 'Lichtblick, (orangefarbene Tönung), 'Märchenland', 'Mozart'; Edelrosen-Sorten: ● 'Abu' (silbrige Tö-

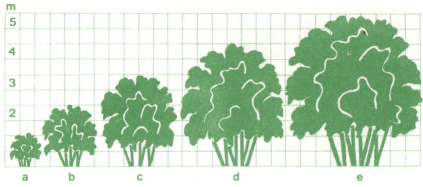

Abb. 309 Typ „pendulina"
a)
R. *horrida*,
R. *mollis*,
R. *pendulina* f. *pyrenaica*,
R. *woodsii* var. *fendleri*;
b)
● R. × *alba*,
R. × *a.* 'Céleste',
'Maiden's Blush',
'Suaveolens',
R. × *aschersoniana*,
R. × *calocarpa*,
● R. *centifolia*,
R. *c.* 'Albo-muscosa',
'Andrewsii',
● R. *damascena*,
R. *d.* 'Semperflorens',
'Trigintipetala',
'Versicolor',
R. *fedschenkoana*,
● R. *foetida*,
R. *f.* 'Bicolor',
'Persian Yellow',
R. *inodora*,
R. *macounii*,
R. *majalis*,
R. *m.* 'Foecundissima',
R. *micrantha*,
R. × *micrugosa*,
R. *nutkana*,
R. *palustris*,
R. *pendulina*,
R. × *pteragonis*
'Cantabrigiensis',
R. *sericea*,
R. *s.* var. *hookeri*,
● R. *virginiana*,
R. *v.* 'Plena',
R. *woodsii*,
R. *xanthina*;
c)
R. *beggeriana*,
R. *bella*, R. *californica*,
R. *c.* 'Ardens', 'Plena',
R. *davidii*,
R. *d.* var. *elongata*,
● R. *glauca*,
R. × *highdownensis*,
R. *holodonta*,
● R. *moyesii*,
R. *m.* 'Eos',
'Heart of Gold', 'Fargesii',
'Langley Gem', 'Maroon',
'Nevada', 'Sealing Wax',
R. *roxburgii*,
R. *xanthina* f. *spontanea*;
d)
R. *banksiopsis*,
R. *caudata*,
R. *macrophylla*,
● R. *omeiensis*,
R. *o.* f. *chrysocarpa*,
f. *pteracantha*,
'Hidcote Gold',
R. × *rubrosa*;
e)
R. *roxburgii* f. *normalis*

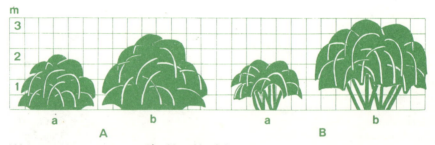

Abb. 310
A) Typ „willmottiae"
a)
R. *pisocarpa*,
R. × *pruhoniciana*;
b)
R. *banksiae*,
R. *b.* 'Alba Plena',
'Lutea', 'Lutescens',
f. *normalis*,
R. *stylosa*,
R. *willmottiae*

B) Typ „blanda"
a)
R. × *alba* 'Incarnata',
● R. *blanda*,
R. × *hibernica*,
R. *oxyodon*,
R. *sertata*,
R. *sherardii*,
R. *tomentosa*;
b)
R. *multibracteata*,
R. *oxyodon* f. *haematodes*

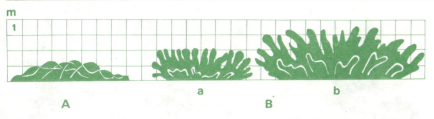

Abb. 311
A) Typ „arvensis"
● *R. arvensis*,
R. gallica 'Pumila',
● *R.* × *paulii*,
R. × *p.* 'Rosea',
R. setigera,
R. wichuraiana

B) Typ „pimpinellifolia"
a)
R. pimpinellifolia 'Nana';
b)
● *R. pimpinellifolia*,
R. p. 'Andrewsii',
var. *myriacantha* 'Plena',
'Rubra'.

Abb. 312
A) Typ „polyantha"
a)
R. chinensis 'Longifolia',
R. ch. 'Minima',
'Mutabilis',
'Viridiflora',
Sorten aus der Gruppe „Bourbon-Rosen" (*R.* × *borboniana*),
„Floribunda"-Sorte 'Meteor',
„Polyantharosen" (einschließlich Polyantha-Hybriden):
'Dagmar Späth',
'Joseph Guy',
'Marlena',
'Nordlicht',
'Sarabande',
'Tip Top',
'Orange Sensation';

b)
R. chinensis 'Semperflorens',
Sorten der Gruppe „Floribunda" (einschließlich „Floribunda") außer 'Meteor',
„Polyantharosen" (einschließlich Polyantha-Hybriden) außer den Sorten, die unter dem Punkt „a" angeführt sind und „Großblumige Beetrosen" (Teehybriden, Remontantrosen, Pernetianrosen)

B) Typ „nitida"
a)
Sorten der Gruppe „Miniaturrosen" und „Zwergige Polyantharosen";
b)
R. centifolia 'Parvifolia',
R. c. 'Pomponia',
R. chinensis,
R. nitida 'Red Hedge',
R. persica,
R. richardii,
R. stellata;
c)
R. nitida,
R. n. 'Dutch Hedge',
'English Hedge',
R. pimpinellifolia var. *altaica*,
R. stellata var. *mirifica*

nung), 'Ballet', ● 'Carla', ● 'Dr. Fr. Debat', ● 'Katrin', ● 'Pink Peace', (karminrote Tönung), ● 'Salzaperle'.

Dunkelrosa
R. acicularis und Varietäten, ● *R. centifolia* 'Andrewsii', *R. oxyodon*, *R. o.* f. *haematodes*, *R. setigera*, *R. sherardii*, *R. stellata*, *R. s.* var. *mirifica*, *R.* × *waitziana*; Floribunda-Sorten: ● 'Variant' (lachsfarbig); Kletterrosen-Sorten: 'Chaplin's Pink Climber'; Edelrosen-Sorten: ● 'Alte Liebe' (lachsfarbig), 'Rendezvous'.

Rosarot
R. × *calocarpa*, ● *R. damascena*, ● *R. gallica*, *R. g.* 'Conditorum', ● *R. glauca*, *R. moyesii* 'Eos', *R. m.* 'Sealing Wax', *R. nitida* 'Red Hedge', *R. pimpinellifolia* 'Rubra', *R.* × *rubrosa*, ● *R. rugosa*, *R. willmottiae*; Kletterrosen-Sorten: ● 'American Pillar', ● 'Coral Dawn'; Rugosa-Hybriden: 'Nitens'; Parkrosen-Sorten (außer *R. rugosa*): ● 'Frühlingsmorgen'.

Hellrot
R. arkansana, ● *R. arvensis*, *R. chinensis* 'Semperflorens', *R. foliolosa*, *R. macrophylla*, *R. pimpinellifolia* 'Andrewsii'; Kletterrosen-Sorten: ● 'Bonn', Friedrich Meyer'; Edelrosen-Sorten: ● 'Bob Hope', ● 'Champs Elysées', ● 'Ovation', 'Wendy Gussons'.

Rot
R. caudata, *R. centifolia* 'Pomponia', *R. gallica* 'Officinalis', *R. g.* 'Pumila', *R.* × *lheritieranea*, *R. moyesii* 'Geranium', *R. m.* 'Langley Gem'; Floribunda-Sorten: ● 'Coup de Foudre', ● 'Duftwolke', ● 'Juliska', ● 'Pilurett', 'Kordes Sondermeldung', ● 'Lilli Marleen', ● 'Meteor' (scharlachrote Tönung), 'Wiener Walzer'; Miniaturrosen-Sorten: 'Minirot' (weiße Mitte), 'Scarlet Gem', ● 'Starina', ● 'Little Buckaroo'; Kletterrosen-Sorten: ● 'Blaze Superior', ● 'Gruß an Heidelberg', ● 'Pauls Scarlet Climber' (scharlachrote Tönung); Parkrosen-Sorten (außer *R. rugosa*): ● 'Feuerfunken', ● 'Fortissimo (lachsfarbig); Polyantha-Sorten (einschließlich Polyantha-Hybriden): ● 'Aladin' (leuchtende Farbe), ● 'Brennpunkt', ● 'Feuerreiter', ● 'Feuertaufe', ● 'Mädi Korona' (scharlachrote Tönung), 'Mosaik' (innen gelblich), ● 'Nordlicht' (scharlachrote Tö-

Abb. 313 Blätter *Rosa*
a)
R. *hemisphaerica*, R. *multiflora*;
b)
R. × *alba*,
R. *beggeriana*,
R. *canina*,
R. *centifolia* (manchmal),
R. × *collina*,
R. *coriifolia*,
R. *foetida*,
R. *glauca*,
R. *gymnocarpa*,
R. *horrida*,
R. *inodora*,
R. *marginata*,
R. *pisocarpa*,
R. *rubiginosa*,
R. × *rubrosa*, R. *stylosa*;
c)
R. × *highdownensis*,
R. *holodonta*, R. *moyesii*;
d)
R. *hugonis* (manchmal);
e)
R. *hugonis*, R. *pimpinellifolia*;
f)
R. × *calocarpa*, R. *rugosa*;
g)
R. *agrestis*, R. *wichuraiana*,
R. *woodsii*;
h)
R. *sericea*;
i)
R. *multibracteata*;
j)
R. *arvensis*, R. *californica*,
R. *centifolia*,
R. *chinensis*, R. *dumetorum*,
R. *gallica*,
R. *majalis*,
R. *micrantha*, R. *tomentella*;
k)
R. *glutinosa*, R. *villosa*;
l)
R. *francofurtana*;
m)
R. *webbiana*;
n)
R. *omeiensis* (Quadrat 1 × 1 cm)

Abb. 314 Blätter *Rosa*
a)
R. laxa,
R. virginiana;
b)
R. davidii,
R. prattii;
c)
R. macrophylla,
manche Sorten der Gruppe „Kletterrosen";
d)
R. blanda,
R. oxyodon,
R. pendulina;
e)
R. banksiae;
f)
die meisten Sorten der Gruppe „Bourbon-Rosen" und „Polyantharosen";
g)
R. setigera
(Quadrat 1 × 1 cm)

nung), ● 'Opus', ● 'Orange Triumph' (scharlachrote Tönung), ● 'Paprika', ● 'Pinal', ● 'Revolution', ● 'Sarabande'; Zwergpolyantharosen-Sorten: ● 'Berlin', 'Bischofsstadt Paderborn', 'München', ● 'Parkfeuer', ● 'Parkjuwel', 'Prestige', 'Sangerhausen', 'Scharlachglut', 'Wilhelm'; Edelrosen-Sorten: ● 'Adagio', 'Fritz Thiedemann', ● 'Komet' (leuchtende Farbe), ● 'Lebensfreude', ● 'Nadja', ● 'Rakete' (leuchtende Farbe).
Karminrot
R. californica 'Ardens', *R.* × *highdownensis*, *R. majalis*, *R. moyesii* 'Heart of Gold', *R. multiflora* 'Platyphylla' (rosafarbener Hauch); Polyantha-Hybriden: 'Chatter'; Rugosa-Hybriden: ● 'Carmen', ● 'Ruskin'; Edelrosen-Sorten: ● 'Crimson Glory' (dunkle Tönung), ● 'Henkell Royal' (dunkle Tönung), ● 'Prof. Knöll', ● 'Undine' (dunkle Tönung).
Dunkelrot
R. chinensis 'Longifolia', ● *R. moyesii*, ● *R. m.* 'Fargesii'; Floribunda-Sorten:

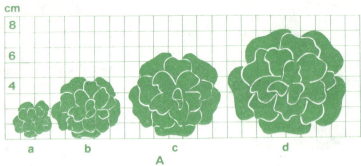
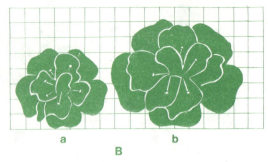

Abb. 316 Blüten *Rosa*
A) gefüllt
a)
R. multiflora 'Carnea' (D),
R. m. 'Platyphylla' (D);
b)
R. banksiae 'Alba Plena' (R),
R. b. 'Lutea' (R),
R. californica 'Plena' (D),
R. centifolia
'Parvifolia' (3–10),
R. c. 'Pomponia' (etwa 2),
R. rubiginosa 'Duplex' (1–3),
Sorten der Gruppe
„Zwergige Polyantharosen",
„Rugosa-Hybriden":
'F. G. Grootendorst',
'Pink Grootendorst' (1–3);
c)
R. anemoneflora
(R – manchmal), *R. chinensis*
'Viridiflora' (2–6),
R. damascena (1–3),
R. d. 'Semperflorens' (1–3),
R. foetida 'Persian Yellow'
(1–2),
R. gallica 'Agatha' (1),
R. g. 'Officinalis',
R. hemisphaerica (1–2),
R. × *lheritierana*
(D – manchmal),
R. majalis 'Foecundissima'
(1–3),
R. pimpinellifolia
'Andrewsii' (1),
R. p. 'Plena' (1),
R. roxburghii (1–3),
R. virginiana 'Plena' (1–4),

R. xanthina (1–2),
Sorten der Gruppe
„Bourbon-Rosen" (1–3),
der Gruppe „Floribunda"
(einschließlich
„Floribunda Grandiflora")
außer 'Orange Sensation',
'Schweizer Gruß' (D),
der Gruppe „Miniaturrosen"
außer 'Bit O'Sunshine',
'Mr. Bluebird' (1–4),
der Gruppe „Kletterrosen"
außer 'American Pillar',
'Blaze Superior',
'Dortmund',
'Golden Showers',
'Chaplin's Pink Climber',
'La Reve', 'Maria Lisa',
'Zweibrücken' (D)
der Gruppe „Polyantharosen"
(einschließlich
der Polyantha-Hybriden)
außer den halbgefüllten
und einfachen Sorten;
d)
R. alba, Sorten (1–3),
R. centifolia, Sorten
außer 'Parvifolia' und
'Pomponia' (2–3),
R. × *fortuneana* (1),
R. × *francofurtana* (1),
R. odorata 'Ochroleuca'
(1–3),
Sorten der „Rugosa-
Hybriden":
'Albo-plena', 'Plena',
'Conrad Ferd. Meyer',
'Hansa', 'Ruskin',

'Stern von Prag' (1–3),
Gruppe „Parkrosen" (außer
Rugosa-Hybriden) (D),
die Gruppe „Edelrosen"
(Teehybriden,
Remontantrosen
und Pernetianrosen) (1–3)

B) halbgefüllt
a)
R. damascena
'Trigintipetala' (1–3),
R. d. 'Versicolor' (1–3),
R. gallica 'Conditorum' (1),
R. × *harisonii* (1),
R. × *lheritieranea* (D),
R. pimpinellifolia 'Nana' (1),
R. × *ruga* (D),
R. villosa 'Duplex' (1–3),
R. xanthina (1–2),
Sorten der Gruppe
„Floribunda":
'Orange Sensation',
'Schweizer Gruß',
der Gruppe „Miniaturrosen":
'Bit O'Sunshine',
'Mr. Bluebird' (1–4),
der Gruppe „Noisettrosen"
(D),
der Gruppe „Kletterrosen":
'Blaze Superior',
'Golden Showers',
'Chaplin's Pink Climber',
'La Reve' (D),
der Gruppe
„Polyantharosen"
(einschließlich
Polyantha-Hybriden):

'Dagmar Späth',
'Fanal',
'Frau Astrid Späth',
'Joseph Guy',
'Marlena',
'Olala',
'Tip Top' (D);
b)
R. × *francofurteana* (1),
R. × *macrantha* (2–7),
R. odorata 'Fortune's
Double Yellow' (1–3),
Sorten der Gruppe „Rugosa-
Hybriden":
'Dr. Eckener',
'Schneezwerg' (1–3),
der Gruppe „Parkrosen":
'Bayreuth',
'Claus Groth',
'Feuerwerk',
'Frühlingsschnee',
'Grandmaster',
'Kathleen Ferrier',
'Lichterloh',
'München',
'Oskar Scheerer',
'Plomin',
'Prestige',
'Saarbrücken',
'Sangerhausen',
'Wilhelm Hausmann',
'Zitronenfalter' (D)
(in der Klammer ist die
Blütenzahl im Blütenstand
bzw. die Form des
Blütenstandes angeführt:
R = Rispe,
D = doldenförmige Rispe)

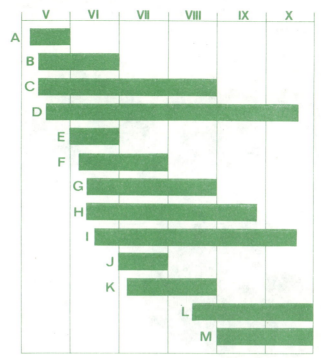

Abb. 317 Blütezeit *Rosa*

A) *R.* × *harisonii*,
R. serafinii,
R. sericea;

B) *R. acicularis*,
R. agrestis,
R. × *aschersoniana*,
R. banksiana,
R. blanda,
R. britzensis,
R. ecae,
R. hugonis,
R. × *involuta*,
R. majalis,
R. omeiensis,
R. pendulina,
R. pimpinellifolia,
R. tomentosa,
R. xanthina;

C) *R. persica*;

D) Sorten der Gruppe „Bourbon-Rosen";

E) die meisten Arten, Kreuzungen, Formen, Varietäten und Sorten;

F) *R. anemoneflora*,
R. arkansana,
R. arvensis,
R. banksiopsis,
R. × *collina*,
R. damascena,
R. d. 'Versicolor',
R. davidii,
R. davurica,
R. fedschenkoana,
R. filipes,
R. giraldii,
R. gymnocarpa,
R. hemisphaerica,
R. macounii,
R. maximowicziana,
R. mollis,
R. multiflora,
R. nitida,
R. nutkana,
R. prattii,
R. × *ruga*,
R. stellata,
R. villosa,
R. virginiana,
R. woodsii,
Sorten der Gruppe „Kletterrosen" und der Gruppe „Parkrosen";

G) *R. californica*,
R. centifolia,
R. palustris,
R. pisocarpa,
R. setigera,
Sorten der Gruppe „Edelrosen";

H) *R. chinensis*,
R. iwara,
R. × *kamtschatica*,
R. odorata,
R. × *paulii*,
R. × *prattigosa*,
R. rugosa;

I) Sorten der Gruppe „Floribunda" (einschließlich „Floribunda Grandiflora"), der Gruppe „Miniaturrosen", der Gruppe „Polyantharosen" (einschließlich Polyantha-Hybriden);

J) *R. laxa*,
R. multibracteata;

K) *R. carolina*,
R. foliolosa,
R. wichuraiana;

L) Sorten der Gruppe „Kletterrosen" außer 'American Pillar', 'Golden Glow', 'Le Rêve', 'Long John Silver', 'Paul's Scarlet Climber', 'Reveil Dijonnais', 'Tausendschön', der Gruppe „Parkrosen" außer 'Andersonii', 'Canina von Kiese', 'Claus Groth', 'Dornröschen', 'Fritz Nobis', 'Frühlingsgold', 'Frühlingsduft', 'Frühlingsmorgen', 'Goldbusch', 'Maigold', 'Nevada', 'Parkfeuer', 'Parkzauber', 'Parkjuwel', 'Scharlachglut';

M) *R. damascena* 'Semperflorens'

Abb. 315　Blüten *Rosa*
Einfache
a)
R. *banksiopsis* (R),
R. *ecae* (1),
R. *elegantula* (1–7),
R. *filipes* (R),
R. *giraldii* (1–5),
R. *glutinosa* (1),
R. *multiflora* (D),
R. *m.* f. *cathayensis* (D),
R. *prattii* (3–7),
R. *tomentella* (1–3),
R. *tuschetica* (1),
R. *watsoniana* (D);
b)
R. *arkansana* (D),
R. × *aschersoniana* (D),
R. *banksiae* (R),
R. *b.* 'Lutescens' (R),
f. *normalis* (R),
R. *beggeriana* (D),
R. *californica* (D),
R. *corrifolia* var.
froebelii (1–3),
R. *foliolosa* (1–3),
R. *glauca* (2–7),
R. *gymnocarpa* (1–2),
R. *horrida* (L),
R. *inodora* (1–3),
R. *iwara* (D),
R. *macounii* (1–3),
R. *maximowicziana* (D),
R. *m.* var. *jackii* (R),
R. *micrantha* (1–4),
R. *multibracteata* (1–4),
R. *omeiensis*, Formen
und Sorten (1–3),
R. *pendulina* (1–5),
R. *persica* (1),
R. *pimpinellifolia* var.
myriacantha (1),
R. *pisocarpa* (D),
R. × *pruhoniciana* (1),
R. *rubiginosa* (1–3),
R. × *rubrosa* (2–7),
R. *suffulta* (D),
R. *sweginzowii* (1–3),
R. *tomentosa* (1–3),
R. *willmottiae* (1),
R. *woodsii* (1–3),
Sorte aus der Gruppe
„Rugosa" – 'Hollandica';
c)
R. *acicularis*,
Varietäten (1),
R. *agrestis* (1–3),
R. *anemoneflora* (R),
R. *bella* (1–3),
R. *blanda* (1–3),
R. × *calocarpa* (D),
R. *canina* (1),
R. *caudata* (D),
R. *chinensis* (1–10),
R. *ch.* 'Longifolia' (D),
'Mutabilis',
'Semperflorens' (1),
R. × *collina* (1–3),
R. *corrifolia* (1–3),
R. *davidii* (D),
R. *davurica* (1–3),
R. *dumetorum* (D),
R. *fedschenkoana* (1–4),
R. *foetida* (1–2),
R. *f.* 'Bicolor' (1–2),
R. *gallica* (1),
R. *g.* 'Pumila',
R. × *harisonii* 'Vorbergii' (1),
R. *haemisphaerica* var.
rapinii (1–3),
R. *hemsleyana* (3–11),
R. × *hibernica* (1–3),
R. × *highdownensis* (2–7),
R. *holodonta* (1–6),
R. *hugonis* (1),
R. × *involuta* (1),
R. *laxa* (1–5),
R. *macrophylla* (1–3),
R. *majalis* (1–3),
R. *marrettii* (1–3),
R. *mollis* (1–4),
R. *moyesii*, Sorten (2–6),
R. *nitida*, Sorten (1–3),
R. *nutkana* (1),
R. *oxyodon* (3–7),
R. *palustris* (D),
R. × *paulii* (D),
R. *pimpinellifolia* (1),
R. *p.* f. *luteola*, 'Rubra',
R. *phoenicea* (D),
R. × *pteragonis*,
Sorten (1–2),
R. *roxburghii* f.
normalis (1–3),
R. *serafinii* (1–3),
R. *sericea*, R. *sertata*,
R. *setigera*, R. *setipoda*,
R. *sherardii* (D),
R. *stellata* (1),
R. *stylosa* (1–8),
R. *villosa* (1–3),
R. *virginiana* (1–4),
R. *webbiana* (1–3),
R. *wichuraiana* (D),
Sorten aus der Gruppe
„Kletterrosen":
'American Pillar', 'Dortmund',
'Maria Lisa' (D),
aus der Gruppe
„Polyantharosen"
(einschließlich Polyantha-
Hybriden):

'Holstein', 'Paprika',
'Sarabande' (D);
d)
R. britzensis (1),
R. californica 'Ardens' (D),
R. × collina
'Andersonii' (1–3),
R. dupontii (4–7),
R. × kamtschatica (3–5),
R. macrantha (2–7),
R. marginata (1–7),
R. odorata (1–3),
R. o. 'Erubescens' (1–3),
R. pimpinellifolia var.
altaica (1),
R. × prattigosa (1–2),
R. richardii (D),
R. rugosa (1–3),
R. × waitziana (1),
Sorten der Gruppe „Rugosa"
außer den Sorten,
die in der schematischen
Darstellung halbgefüllter
und gefüllter Blüten
angeführt sind (1–3),
die Gruppe „Parkrosen":
'Andersonii', 'Berlin',
'Bischofstadt Paderborn',
'Canina von Kiese',
'Dirigent',
'Friedrich Heyer',
'Frühlingsanfang',
'Frühlingsgold',
'Frühlingsmorgen',
'Frühlingszauber',
'Lyric', 'Mozart',
'Nevada',
'Parkfeuer', 'Silberlachs',
'Scharlachglut',
'Schneesturm',
'Sparrieshoop' (D);
e)
R. × microga (1)
(in der Klammer
ist die Blütenzahl im
Blütenstand bzw. die Form
des Blütenstandes
angeführt:
R = Rispe,
D = doldenförmige Rispe)

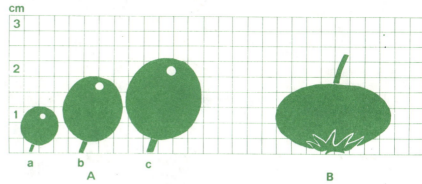

Abb. 318 Früchte *Rosa*
A) kugelige
a)
die meisten Arten,
Kreuzungen, Formen,
Varietäten und Sorten;
b)
R. arkansana,
R. californica, Sorten,
R. gallica 'Officinalis',
R. glauca,
R. × harisonii,
R. hemisphaerica,
R. × hibernica,
R. hugonis,
R. × kamtschatica,
R. × lheritierana,
R. × macrantha,
R. marrettii,
R. mollis,
R. persica,
R. pimpinellifolia
f. luteola,
R. xanthina f. spontanea;
c)
R. nutkana,
R. tomentosa
B) flache
R. carolina

Abb. 319 Früchte *Rosa*
Kugelige und stachelige
R. × microgosa,
R. roxburghii, Formen

● 'Blickfang' (leuchtende Farbe), ● 'Europaeana', ● 'Schweitzer Gruß'; Miniaturrosen-Sorten: 'Zwergkönig'; Kletterrosen-Sorten: 'Chevy Chase', ● 'Flammentanz', ● 'Hamburger Phoenix', ● 'Schwarzer Samt', ● 'Solo', ● 'Sympathie', 'Wilhelm Hansman' (bis rötliche Tönung), 'Zweibrücken'; Polyantha-Sorten (einschließlich Polyantha-Hybriden): ● 'Alain', ● 'Ama', 'Aspekt' (leuchtende Farbe), ● 'Effekt', ● 'Fanal', 'Holstein', ● 'Käthe Duvigneau', ● 'Marléne', ● 'Olala'; Rugosa-Hybriden: ● 'F. G. Grootendorst', 'Stern von Prag'; Parkrosen-Sorten (außer *R. rugosa*): ● 'Abraxas', ● 'Cannina van Kiese', ● 'Dirigent', 'Lichterloh', ● 'Oskar Scheerer' (bis rötlicher Hauch), ● 'Parkzauber', 'Saarbrücken'; Edelrosen-Sorten: 'Chrysler Imperial', ● 'Crimson Glory', ● 'Erotica', ● 'IZETKA Spreeathen', ● 'Karneol-Rose', ● 'New Yorker', ● 'Papa Mailland', ● 'Soliman', ● 'Tradition'.

Braunrot
R. moyesii 'Maroon', ● *R.* × *pruhoniciana*.

Orangerot
Floribunda-Sorten: ● 'Altenburg', ● 'Präsent'; Polyantha-Sorten (einschließlich Polyantha-Hybriden): 'Messestadt Hannover'; Parkrosen-Sorten (außer *R. rugosa*): 'Hansestadt Lübeck'; Edelrosen-Sorten: ● 'Roter Stern'.

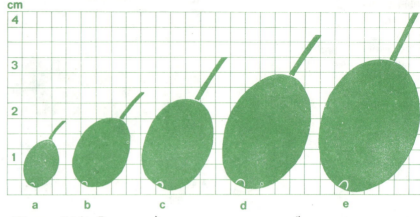

Abb. 320 Früchte *Rosa* Eiförmige
a)
R. filipes, R. giraldii;
b)
R. bella,
R. davurica,
R. elegantula,
R. × *hibernica* (manchmal),
R. laxa,
R. multibracteata,
R. phoenicea,
R. prattii,
R. serafinii,
R. wichuraiana;
c)
R. acicularis var. *nipponensis,*
R. arvensis,
R. dumetorum,
R. maximowicziana,
R. micrantha,
R. × *pruhoniciana,*
R. rubiginosa,
R. stylosa,
R. willmottiae;
d)
R. × *alba*, Sorten,
R. horrida,
R. villosa;
e)
R. britzensis,
R. marginata

Abb. 321 Früchte *Rosa* Eiförmig mit auffallenden Kelchblättern
a)
R. davidii,
R. gallica, Sorten außer 'Officinalis';
b)
Sorten der Gruppe „Bourbon-Rosen" und der „Polyantharosen" (einschließlich der Polyantha-Hybriden);
c)
die meisten Sorten der Gruppe „Floribunda";
d)
die meisten Sorten der Gruppe „Edelrosen"

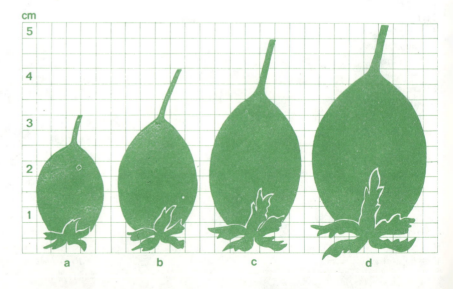

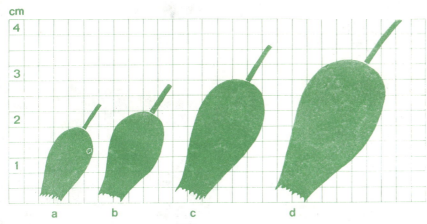

Abb. 322 Früchte *Rosa*
Eiförmig länglich
a)
R. agrestis,
R. dupontii;
b)
R. inodora;
c)
die meisten Sorten der Gruppe „Parkrosen";
d)
R. canina,
R. × *collina*,
R. coriifolia

Abb. 323 Früchte *Rosa*
Birnenförmig
a)
R. acicularis,
R. fedschenkoana,
R. omeiensis, Formen und Sorten;
b)
R. maximowicziana var. *jackii*,
R. stellata;
c)
R. damascena, Sorten,
R. × *involuta*;
d)
R. sherardii

Orangegelb
Polyantha-Hybriden: ● 'Start' (zur Mitte gelb); Parkrosen-Sorten (außer *R. rugosa*): 'Grandmaster', ● 'Varna'.
Orange
Zwergige Polyantha-Sorten: ● 'Vatertag'; Parkrosen-Sorten (außer *R. rugosa*): 'Feuerwerk', ● 'Stadt Rosenheim' (lachsfarbiger Hauch); Edelrosen-Sorten: ● 'Super Star'.
Violettrosa
R. nutkana, *R. pisocarpa*.
Violett
Miniaturrosen-Sorten: ● 'Mr. Bluebird' (bläuliche Tönung); Edelrosen-Sorten: ● 'Mainzer Fastnacht' (bläuliche Tönung).
Violettrot
Rugosa-Hybriden: ● 'Hansa'.
Hellpurpurfarben
R. × *aschersoniana*, *R. gallica* 'Agatha'.
Purpurrot
R. centifolia 'Parvifolia' (violette Tönung); Rugosa-Hybriden: 'Plena'.
Purpurfarben
R. × *francofurtana*; Kletterrosen-Sorten: 'Amadis' (dunkle Tönung), 'Zéphirine Drouhin'.
Blau-lila
Edelrosen-Sorten: ● 'Salzaquelle'.
Silbrig blau
Edelrosen-Sorten: 'Kölner Karneval' (violetter Hauch), ● 'Intermezzo', ● 'Silver Star'.

Viele Rosen duften, die meisten aber nur gering oder überhaupt nicht.

Duft:

Stark duftende Blüten
R. banksiae 'Alba Plena', *R. damascena* 'Semperflorens', *R. odorata* und Sorten.
Duftende Blüten
R. acicularis und Varietät, *R.* × *alba* und Sorten, *R. banksiae* sowie die meisten Sorten und Formen, *R. bella*, *R. collina* und Sorte, *R. damascena* und Sorten, *R. dupontii*, *R. gallica* und die meisten Sorten, *R.* × *hibernica* (nur schwach), *R. oxyodon* und Form (nur schwach), *R.* × *ruga*, *R. wichuraiana* (nur schwach), *R. willmottiae* (nur

schwach); Floribunda-Sorten, Edelrosen-Sorten.
Unangenehm riechende Blüten
R. fedschenkoana.

Blütezeit je nach der Art von Mai bis Oktober (Abb. 317).

Frucht und Fruchtstand

Zahlreiche Stempel in einer Blütenachse eingeschlossen. Daraus entwickelt sich eine fleischige Hagebutte, die einsamige harte Früchtchen (Nüßchen) enthält. Hagebutten sind ein bedeutsames Zierelement. Die angeführten Arten und Sorten können wir nach der Form (Größe) der Hagebutten in folgende Gruppen einteilen: kugelige (Abb. 318 a), kugelige und dornige (Abb. 319), eiförmige (Abb. 320), eiförmige mit auffallenden Kelchblättern (Abb. 321), eiförmig längliche und verschmälerte (Abb. 322), birnenförmige (Abb. 323), flaschenförmige mit auffallenden Kelchblättern (Abb. 324), flache (Abb. 318 b) und flache mit auffallenden Kelchblättern (Abb. 325).

Früchte in den Blütenständen ähnlich gestalteten Fruchtständen zusammengestellt. Ihre Oberfläche ist oft drüsig gewimpert, aber überwiegend glatt und verschieden gefärbt, meist rötlich.

Abb. 324   Früchte *Rosa*
Flaschenförmig
mit auffallenden
Kelchblättern
a)
R. banksiopsis, R. caudata,
R. davidii var. *elongata,*
R. hemsleyana,
R. oxyodon,
R. setipoda,
R. webbiana;
b)
R. macrophylla,
R. oxyodon f. *haematodes*
R. pendulina;
c)
R. glutinosa,
R. tuschetica;
d)
R. × *highdownensis,*
R. holodonta,
R. moyesii, Sorten,
R. sweginzowii

Abb. 325   Früchte *Rosa*
Flach mit auffallenden
Kelchblättern
a)
R. virginiana;
b)
R. macounii,
R. pimpinellifolia,
die meisten Sorten und
Varietäten,
R. × *prattigosa,*
R. rugosa, Sorten

Fruchtfarbe:

Grün
R. persica, R. roxburghii, R. setigera (manchmal bräunliche Tönung).

Gelb
R. hemisphaerica var. *rapinii* (manchmal auch rötlich).

Hellrot
R. arvensis, R. × *calocarpa, R. serafinii, R. sweginzowii, R. xanthina* f. *spontanea*.

Rot
die meisten angeführten Arten, Sorten, Formen und Varietäten.

Dunkelrot
R. britzensis, R. gallica 'Officinalis', *R. horrida, R. hugonis* (bis schwärzliche Tönung), *R. jundzillii, R. majalis, R. sertata, R. villosa, R. wichuraiana* .

Orangerot
R. × *micrugosa, R. nitida* 'Dutch Hedge', *R. pisocarpa, R. sericea* (gelbliche Tönung, manchmal auch rötlich).

Dunkelpurpurfarben
R. beggeriana (anfangs rötlich), *R. pimpinellifolia* f. *luteola*.

Dunkelbraun
R. × *involuta*.

Schwarz
R. × *harisonii, R. pimpinellifolia* sowie die meisten Sorten und Varietäten (bräunlicher Hauch).

Eßbare Hagebutten gibt es hauptsächlich bei *R. canina* und *R. oxyodon*.

Stämmchen, Zweige und Wurzelsystem

Hauptzweige (Stämmchen) der höheren Typen ziemlich stark, anfangs grünbraun, später braun bis graubraun. Höhere Sträucher haben meist längliche, bogig ausladende Zweige, die niedrigen Typen besitzen überwiegend kurze und aufrechte, weniger ausladende Zweige. Die längsten, bis rankenförmigen Zweige haben die „Multiflora-" und „Arvensis-Typen". Triebe sind grün, später grünbraun und oft mit rötlichem Hauch. Die Bestachelung ist ein wichtiges Unterscheidungsmerkmal und auch ein ästhetischer Faktor (hauptsächlich im unbelaubten Zustand), der die Verwendbarkeit beeinflussen kann. Nach der Bewehrung können wir folgende Haupttypen unterscheiden:

Sehr auffallende und dekorative Stacheln
R. caudata, R. davurica, R. iwara, R. nutkana, R. omeiensis sowie Formen und Sorten (besonders f. *pteracantha*), *R.* × *pteragonis* und Sorten, *R. sericea, R. setipoda, R. sweginzowii*.

Gering oder sehr wenig stachlig
R. acicularis und Varietäten (manche Triebe ganz ohne Stacheln), *R. banksiopsis* (Triebe in den oberen Teilen gänzlich ohne Stacheln), *R. bella, R. carolina* (oft ganz ohne Stacheln), *R. centifolia* 'Parvifolia', *R. chinensis* (nur ausnahmsweise stärker stachlig), *R. ch.* 'Longifolia', *R. dupontii, R. foetida* und Sorten, *R. glauca, R. hemsleyana, R.* × *lheritieranea* (manchmal ganz ohne Stacheln), *R. marrettii, R. maximowicziana, R. oxyodon, R. phoenicea*.

Unbewehrt
R. banksiae und Sorten, *R. pendulina* und *R. prattii* (die beiden letztgenannten selten etwas stachlig); Kletterrosen-Sorten: 'Amadis', 'Maria Lisa', 'Mme Sancy de Parabére', 'Tausendschön', 'Zéphirine Drouhin'.

Wurzelsystem reich und dicht verzweigt. Einige Arten und ihre Sorten sind mehr oder weniger ausläufertreibend:

Wenig Ausläufer treibend
R. centifolia und Sorten, *R. virginiana*.

Stark Ausläufer treibend
R. carolina, R. elegantula, R. gallica und Sorten, *R. involuta, R. nitida, R. persica, R. pimpinellifolia* sowie Sorten, Formen und Varietäten, *R. rugosa, R. villosa*.

Die Ausläuferbildung beeinflußt die Verwendbarkeit (Festigung von Abhängen, Unterholz) und die Pflege am Standort.

Ansprüche

Alle Rosen brauchen zum Blühen eine sonnige Lage, nur *R. arvensis, R. hugonis, R. majalis* und *R. rugosa* vertragen auch lichten Halbschatten. Wir pflanzen sie nicht auf von der Sonne abgewandte Seiten, aber auch nicht auf zu sonnige Stellen oder wenig luftige Standorte (enge und dicht umpflanzte Parkräume) und auch nicht unter höhere Gehölze. An die Bodenverhältnisse stellen die Arten und die höheren Typen, auch die Parkrosen, keine besonderen Ansprüche. Ideal ist ein tiefgründiger, nahrhafter, lockerer, gut durchlüfteter Boden mit einem pH-Wert von 5,5–6,5. Zu nasse und feuchte Böden können mit einer Dränung und Zugabe von Perlit, Sand, Schotter, Torf oder Kalk durchlüftet und erwärmt werden. Zu leichte Böden werden mit einer Humus- oder Lehmgabe verbessert. Da Rosen langlebige Gehölze sind, müssen wir den Boden vor der Pflanzung gut vorbereiten und düngen. Einen trockenen Standort vertragen besonders *R. arvensis, R. canina, R.* × *hugoptera, R. rubiginosa, R. multiflora, R. glauca, R. rugosa* und *R. pimpinellifolia* (auch extrem trockene Standorte). In schwereren Böden verträgt *R.* × *alba* auch Trockenheit. Feuchte Böden braucht *R. carolina*. Alle Rosen vertragen einen höheren Kalkgehalt im Boden. Die angeführten Arten und deren Sorten sind unter mitteleuropäischen Bedingungen winterhart, nur manche benötigen wärmere Lagen, wie z. B. *R. chinensis* und *R. gallica*. Frostbeschädigte Rosen treiben meist sehr gut durch. Verunreinigte Luft wird am besten von *R. canina, R. glauca* und *R. rugosa* vertragen.

Pflege

Pflanzung im unbelaubten Zustand am besten im Herbst oder auch im Frühjahr. In den letzten Jahren verbreitete sich die Pflanzung blühender Containerpflanzen. Vor der eigentlichen Pflanzung muß der Boden etwa 40 bis 50 cm tief aufgelockert und möglichst mit verrottetem Rinderdung verbessert werden, aber in einer Tiefe, bei der die Wurzeln frisch gepflanzter Rosen nicht sofort mit ihm in Berührung kommen. Wenn kein Dung zur Verfügung steht, kann Torf oder Kompost verwendet werden. Etwa 6 Wochen vor der Pflanzung sollte auf sauren Standorten Kalk in den Boden eingearbeitet werden. Es ist zweckmäßig, die Rosen vor der Pflanzung etwa 24 Stunden in einen Behälter mit Wasser zu stellen (besonders bei der Frühjahrspflanzung und bei eingetrockneten Wurzeln). Bei einer Sommerpflanzung von Containerpflanzen achten wir darauf, daß der Wurzelballen nicht auseinanderfällt (bei schlecht durchwurzelten Ballen). Vor der Herbst- oder Frühjahrspflanzung werden nur die abgestorbenen Wurzelteile entfernt. Je mehr Wurzeln vorhanden sind und je besser das Wurzelsystem ausgebildet ist, um so sicherer wachsen die Pflanzen an. Es wird so tief gepflanzt, daß die Veredlungsstelle einige Zentimeter unter die Erdoberfläche kommt. Bei der Herbst- aber auch der Frühjahrspflanzung werden veredelte Pflanzen leicht angehäufelt, damit wir ein Erfrieren des Edelreises verhindern. Pflanzweiten sind unterschiedlich: bei Edelrosen und Polyantha-Rosen im geschlossenen Bestand 40 bis 50 cm, bei Zwergrosen enger; Park- und Kletterrosen pflanzen wir einige Meter voneinander entfernt und Stammrosen mindestens 1 m auseinander, abhängig von den Wuchseigenschaften der jeweiligen Sorte.

Bei Herbstpflanzungen wird der oberirdische Teil nicht zurückgeschnitten, damit die Zweige im anschließenden Winter nicht zu weit zurückfrieren. Erst im Frühjahr, etwa im April, werden die angehäufelten Pflanzen bei trübem Wetter freigemacht und zurückgeschnitten. Polyantha- und Edelrosen werden auf 3–6 Augen und die wüchsigeren Kletter- und Parkrosen etwa auf 8–10 Augen (je nach Triebstärke) zurückgeschnitten. Während der Vegetationszeit wird der Boden gelockert, gejätet, gewässert, gedüngt, und die Pflanzen werden vorbeugend gegen Krankheiten und Schädlinge gespritzt. Vorteilhaft ist das Mulchen mit verrottetem Mist oder mit Torf. Bei längerer Trockenheit wird gewässert, besonders im ersten Jahr nach der Pflanzung, aber nie bei voller Sonne, lieber am Morgen oder abends. Gedüngt wird mit Volldünger im März/April und dann noch einmal im Juni. Sehr günstig ist ein Wechseln organischer Düngung (Mist) mit Mineraldünger. Abgeblühte Blüten werden bis zum ersten voll ausgebildeten Blatt abgeschnitten. Vor dem Einwintern ist es sehr zweckmäßig, Rosen aus den Gruppen der Polyantha-, Floribunda-, Bourbon-, Miniatur- und Edelrosen rechtzeitig vor stärkeren Frösten etwa 20 cm hoch anzuhäufeln (aber nicht vor Mitte November) und dann mit Reisig abzudecken. Kletterrosen werden in ungünstigen Lagen mit Reisig eingepackt, Hochstammrosen werden vorsichtig zum Boden hinuntergebogen und die Krone mit Erde bedeckt (Einpacken in Papier oder Folie ist nicht zu empfehlen, da die Pflanzen „schwitzen" und leiden). Alle anderen Rosen, Parkrosen usw. brauchen keinen Winterschutz.

In den Jahren nach der Auspflanzung werden die Rosen alljährlich im Frühjahr nach dem Abdecken, bevor das Wachstum einsetzt, geschnitten. Großblumige Beetrosen schneiden wir auf 2–3 Augen, alle durchschnittlich wachsenden auf 4–6; großblumige Polyantha-Rosen auf 4–6 und die kleinblumigen auf 2–3 Augen. Entgegen dieser traditionellen Schnittmethode ist es auch möglich, die Rosen nur so weit zurückzuschneiden wie sie zurückgefroren sind. Man erhält damit oft größere Büsche mit mehr Blüten. Bei Kletterrosen schneiden wir alle alten Zweige, die im vorigen Jahr geblüht haben zurück und lassen nur 4–5 starke Einjahrstriebe stehen. Bei Sorten, die auf 2- bis 3jährigen Trieben blühen, entfernen wir nur die noch älteren Triebe. Parkrosen werden minimal geschnitten, und wir begnügen uns mit dem Entfernen trockener Teile bzw. mit einem Verjüngen überalterter Exemplare durch Auslichten.

Wichtiger Bestandteil der Rosenpflege ist der Pflanzenschutz. Zu den am häufigsten auftretenden Krankheiten gehört der Echte Mehltau, der schimmelige Überzüge auf Blättern, Knospen und Trieben bildet, befallene Blätter krümmen sich und die Pflanzen sehen unschön aus (vorbeugende und wiederholte Spritzungen mit Benomyl-, Triforine-, Bupirimat- u. a. Fungiziden gegen Echten Mehltau, Laub möglichst beim Wässern wenig benetzen, Fallaub rechtzeitig entfernen). Oft erscheint auch der Rosenrost, hauptsächlich auf den Ausgangsarten, aber auch auf den Kultursorten. Am widerstandsfähigsten sind Polyantha-Rosen. Im Sommer finden wir auf den Blättern gelbliche, später verbräunende Flecken und an der Unterseite rostige Pusteln (im Herbst nach dem Ende der Vegetation vorbeugendes Spritzen und bei den ersten Merkmalen des Befalles wiederholte Spritzungen mit Maneb-, Mancozeb- oder Zineb-Präparaten). Der Sternrußtau erscheint am häufigsten bei niedrigen Beetrosen. Die schwarz gefleckten Blätter fallen vorzeitig ab (ab Mai das befallene Fallaub sogleich entfernen, wiederholte Spritzungen mit Zineb-, Captan- oder Benomyl-Fungiziden). Unangenehm ist das Auftreten des *Botrytis*-Grauschimmels, der Knospen und Blüten mit grauem schimmeligen Überzug bedeckt, die dann faulen (Entfernung aller befallenen Teile, Spritzungen mit Thiram-, Benomyl-, Vinclozolin- oder Iprodion-Präparaten, regelmäßiger Rückschnitt der Triebe nach dem Abblühen). Beim Erscheinen der *Coniothyrium*-Rindenfleckenkrankheit finden wir auf der Rinde vorjähriger Zweige violett umrandete, bräunliche Flecken; befallene Zweige sterben ab, manchmal auch die ganze Pflanze (wiederholte Anwendung von Zineb-, Thiram- oder Captan-Präparaten. Im Frühjahr nach dem Rückschnitt sind Kupferpräparate zu bevorzugen.)

Von den wichtigsten Schädlingen erscheinen am häufigsten die Blattläuse, *Macrosiphon*- u. a. Arten, die bei stärkerem Befall durch ihr Saugen das Verkümmern und Verunstalten junger Triebe herbeiführen (wiederholte Spritzungen mit Parathion-methyl-, Methamidophos-, Dimethoat- u. a. Präparaten gegen saugende Insekten). Gefährlich sind Schildläuse, *Aulacaspis*-, *Eulecanium*- u. a. Arten (nähere Einzelheiten siehe bei *Prunus*), weiterhin die Weißgegürtelte Rosenblattwespe, deren Larven sich auf der Blattunterseite aufhalten, wo sie Löcher fressen (Spritzungen mit Präparaten gegen beißende Insekten). Der Fraß der kleinen, grünen Räupchen des Rosenwicklers erfolgt in zusammengesponnenen Blättern bzw. auch Knospen („Nester" vernichten und Spritzungen mit Präparaten gegen beißende Insekten). Die Larven der Blattroll-Rosenblattwespe leben in eingerollten Blättern, die sie fressen, so daß diese vergilben und abfallen (Spritzungen mit systemischen Präparaten gegen beißende Insekten). Die Rosengallwespe verursacht an den Trieben grünliche bis rötliche, wie mit Moos besetzte, klumpige Gebilde, sogenannte „Schlafäpfel" unterschiedlicher Größe, die wir sofort entfernen und verbrennen müssen. Weißliche Sprenkel auf den Blättern verursachen die Rosenzikaden und ihre hellgrünen Larven (bei Befallsbeginn mehrmals Parathion-methyl- oder Dimethoat-Präparate anwenden). Außer den erwähnten Schädlingen und Krankheiten erscheinen auf den Rosen noch viele weitere, die aber seltener vorkommen. Unter Wildverbiß leiden Rosen wenig, gelegentlich jüngere Pflanzen.

Verwendung

Die Verwendung der Rosen ist außerordentlich vielseitig entsprechend der großen Zahl der Arten und Sorten. Höhere Strauchtypen, die hauptsächlich Parkrosen einschließen („Canina", „Pendulina", „Blanda" und „Willmottiae"), kommen als Solitärpflanzen oder in Gruppen bzw. als freiwachsende Zäune zur vollen Geltung. Sie lassen sich sehr gut mit Nadelgehölzen kombinieren, weiterhin mit *Betula, Crataegus, Berberis,* höheren *Cotoneaster*-Arten, *Spiraea* und mit zierlich belaubten Laubgehölzen. Als Solitärs eignen sich besonders die überhängenden „Blanda"- und „Willmottiae"-Typen. Für lockere Gruppenpflanzungen, z. B. auf Abhängen kann der „Pimpinellifolia"- und manchmal auch der „Nitida-Typ" empfohlen werden. Der „Polyantha-Typ" stellt die typische Rose für Beetpflanzungen dar. Der kriechende „Arvensis-Typ" wirkt sehr eindrucksvoll auf höheren Terrassen, von denen er vorhangartig herunterhängt, oder auf Abhängen, die er undurchdringlich bewächst und dadurch zur Blütezeit in ganze Blumenkaskaden verwandelt. Eine besondere Stellung nehmen die Kletterrosen („Multiflora-Typ") ein, die zu Zäunen, Bögen über Wegen oder Eingängen, Pergolen, Lauben, Pflanzgerüsten und Wänden oder auch zu Pfählen ausgepflanzt werden können; wenn sie keine Stütze haben, kommen sie ähnlich wie der „Arvensis-Typ" zur Geltung. Kletterrosen können wir gut mit Blütensträuchern, wie z. B. mit *Clematis,* weiß blühenden *Hydrangea* oder auch mit weißen Einjahrsblumen bzw. Stauden kombinieren. Hochstamm- und Trauerrosen haben eine begrenzte Verwendung in Wegnähe, Vorgärten, auf Gräbern oder in Rosarien. Manche niedrige Typen („Pimpinellifolia", „Arvensis" oder „Nitida") eignen sich für größere Steingärten. Als Ergänzung größerer Heidegärten können *R.* × *alba, R. arvensis, R. canina, R. rubiginosa, R.* × *harisonii, R. hugonis, R. glauca, R. pimpinellifolia* und *R. wichuraiana* empfohlen werden. Für geschnittene Hecken können *R. canina, R. rubiginosa, R. glauca, R. rugosa* und *R. pimpinellifolia* verwendet werden. Für Pflanzungen in der Landschaft eignen sich alle höheren Strauchtypen und der „Pimpinellifolia"- und „Arvensis-Typ" (*R. pendulina* und *R. rugosa* auch fürs Hochgebirge verwendbar).

Rubus L. – Himbeere, Brombeere *(Rosaceae)*

Sommer- oder wintergrüne, aufrechte, kletternde oder niederliegende Sträucher, einige Arten auch Stauden. Es existieren über 400 Arten von dieser mannigfaltigen Gattung, deren Verbreitungsschwerpunkt in den kalten und gemäßigten Zonen der nördlichen Halbkugel liegt, es kommen aber auch Arten in den Tropen und auf der südlichen Halbkugel vor. Es handelt sich um schnell wachsende Pflanzen.
Zierwert: Laub (V–XI, bei den immergrünen besonders XI–IV, bei den sommergrünen besonders X–XI), Blüte (IV–X je nach der Art), Früchte (VII–X).

Habitustypen

„Henryi-Typ": kletternder, mitteldichter Strauch (Abb. 326 B),
„Idaeus-Typ": sehr locker, ungleichmäßig halbkugelig ausgebreiteter Strauch, Zweige halbbogig überhängend, die bodennahen Partien aufrecht, oft mit kahlen Stämmchen (Abb. 327),
„Fruticosus-Typ": halbkriechender, teilweise aufstrebender und ausläufertreibender Strauch, lange, verschieden verflochtene unregelmäßig gestaltete Ranken (Abb. 328),
„Deliciosus-Typ": breit flach halbkugeliger, ausladender Strauch, Konturen regelmäßig, Zweige lang bis rankenförmig und bogig, verschieden verflochten bis zur Erde reichend (Abb. 329 B),
„Odoratus-Typ": aufrechter, breit aufstrebender Strauch, Hauptzweige aufrecht und nur wenig ausgebreitet, Konturen etwas ungleich abgerundet (Abb. 326 A),
„Hispidus-Typ": niedriger ausläufer-

Wissenschaftlicher Name	Deutscher Name	Natürliche Verbreitung bzw. Entstehungsort	Frosthärte
Sommergrüne Arten			
R. *adenophorus* ROLFE		W-Hupeh	++
R. *amabilis* FOCKE		W-Szetschuan	++
R. *buergeri* MIQ.		Japan, China	++
R. *caesius* L.	Bereifte Brombeere, Acker- oder Kratzbeere	Europa, N-Asien bis Altai	++
R. *canadensis* L.	Kanadische Brombeere	N-Amerika	++
R. *candicans* WEIHE	Strauß-Brombeere	M-Europa	++
R. *cockburnianus* HEMSL.	Cockburne-Himbeere	N-, M-China	+, ⌒
R. *corchorifolius* L. f. var. *oliveri* (MIQ.) FOCKE	Kerriablättrige Himbeere	Japan, China	++
R. *coreanus* MIQ.	Koreanische Himbeere	Japan, Korea, China	++
R. *crataegifolius* BGE.	Weißdornblättrige Himbeere	Japan, China	++
R. *cuneifolius* PURSH	Keilblättrige Brombeere	O-USA	++
R. *deliciosus* TORR.	Kolorado-Himbeere	Colorado	++
R. *flagellaris* WILLD.	Niederliegende Brombeere	N-Amerika	++
R. *flosculus* FOCKE		Hupeh, Szetschuan	++
R. × *fraseri* REHD.			++
● R. *fruticosus* L. s. l.	Gemeine Brombeere	Europa	++
R. *fruticosus laciniatus* WEST. = R. *laciniatus*			
R. *hupehensis* OLIV. (manchmal wintergrün)		Hupeh	++
R. *ichangensis* HEMSL. et O. KUNTZE		M- u. W-China	++
● R. *idaeus* L. (Abb. 284 d)	Himbeere	Europa, gemäßigtes bis subarktisches Asien, N-Amerika	++
var. *aculeatissimus* RGL. et TILING		N-Amerika, O-Asien	++
var. *canadensis* RICHARDSON		N-Amerika, O-Asien	++
var. *strigosus* (MICHX.) MAXIM.		N-Amerika	++
R. *innominatur* S. MOORE		Szetschuan, Yünnan	++

Wissenschaftlicher Name	Deutscher Name	Natürliche Verbreitung bzw. Entstehungsort	Frosthärte
var. *kuntzeanus* (FOCKE) BAILEY		M-China	++
R. incisus THUNB. = *R. microphyllus*			
R. inopertus FOCKE		Szetschuan, Yünnan, Hupeh	++
R. kerrifolius LÉV. et VAN. = *R. corchorifolius*			
R. laciniatus (WEST.) WILLD.	Schlitzblättrige Brombeere	?	++
R. lasiostylus FOCKE	Zottelige Himbeere	M-China	++
R. leucodermis DOUGL.	Weißrindige Himbeere, Westamerikanische H.	Westl. N-Amerika	++
R. maliformis FOCKE		Szetschuan	++
R. mesogaeus FOCKE		M-China	++
R. microphyllus L. f.	Kleinblättrige Himbeere	Japan, China	++
R. × nobilis REGEL		bei Boskoop entst.	++
R. nutkanus MOCINO = *R. parviflorus*			
R. occidentalis L.	Schwarze Himbeere, Ostamerikanische H.	N-Amerika	++
R. odoratus L.	Zimt-Himbeere	N-Amerika	++
R. omeiensis ROLFE = *R. setchuenensis*			
R. parkeri HANCE		Szetschuan	++
● *R. parviflorus* NUTT.	Nutka-Himbeere	N-Amerika	++
R. parvifolius L. = *R. cuneifolius*			
R. peltatus MAXIM.	Schildblättrige Himbeere	Japan, China	++
● *R. phoenicolasius* MAXIM.	Japanische Weinbeere	Japan, Korea, China	++
R. setchuenensis BUR. et FRANCH.		W-China	++
R. spectabilis PURSH	Pracht-Himbeere	N-Amerika	+, ≙
R. thibetanus FRANCH.	Tibet-Himbeere	W-China	++
R. × 'Tridel'		England (1950)	++
R. triphyllus THUNB. = *R. cuneifolius*			
R. trilobus MOC. et SESSE		S-Mexiko	≙, +

treibender, kriechender, mitteldichter Strauch (Abb. 329 A).

Textur

Bei den meisten Arten grob und lokker, manchmal etwas weniger grob, so daß die einzelnen Blätter aus größerer Entfernung gut unterscheidbar sind. Nur die kleinblättrigen Arten haben eine etwas feinere und gleichmäßigere Textur. Oft sind in der Belaubung in Bodennähe Stämmchen und höher gestellte Zweige sichtbar, so daß der Gesamteindruck einer gewissen Starrheit entsteht.

Laub

Blätter wechselständig, einfach oder oft auch handförmig bis gefiedert gegliedert, auch 3zählig, verschieden stachelig und unterschiedlich groß (Abb. 330 und 331).

Blattfarbe:
Hellgrün
R. lasiostylus.
Grün
die meisten Arten, die bei den Habitustypen angeführt sind.
Mattgrün
R. adenophorus.
Dunkelgrün
R. candicans und Sorte (matt), *R. chroosepalus*, *R. fruticosus* (etwas glänzend), *R. henryi* und Varietät, *R. laciniatus*, *R. parkeri*, *R. phoenicolasius*, *R. ulmifolius* und die meisten Sorten.
Gelbbunt
R. ulmifolius 'Variegatus' (gelbe Nervatur).

Herbstfärbung bei allen *Rubus*-Arten schön gelb, bei *R. crataegifolius* oft auffallend rot und bei den immergrünen Arten dunkelgrün.

Blüte und Blütenstand

Blüten typisch rosenblütig, zweigeschlechtlich, selten zweihäusig, 5zählig, mit vielen Staubblättern, verschieden groß und folgendermaßen zusammengestellt: einzeln hängend oder aufrecht (Abb. 332), sehr wenigblütige Rispen (Abb. 333), wenigblütige Rispen (Abb. 334) und reichblütige Rispen (Abb. 335).

Blütenfarbe:
Weiß
die meisten Arten und Sorten.
Weißrosa
R. fruticosus, *R. laciniatus*, *R. mesogaeus*, *R. trifidus*.
Rosa
R. coreanus, *R. flosculosus*, *R.* × *fraseri* (bald weißlich), *R. innominatus* und Varietät, *R. ulmifolius* und Sorten.
Hellrosa
R. adenophorus, *R. phoenicolasius*.
Hellrot
R. henryi, *R. lasiostylus*.
Purpurrosa
R. cockburnianus, *R. cuneifolius*.
Purpurrot
R. × *nobilis*, *R. spectabilis*.
Purpurfarben
R. odoratus, *R. setchuenensis*, *R. thibetanus*.

Die meisten Arten blühen etwa 4 Wochen, ausnahmsweise länger, von April bis Oktober (Abb. 336).

Frucht und Fruchtstand

Rubus-Arten haben eine Sammelfrucht, die einzelnen Steinfrüchtchen bilden die bekannten Brom- und Himbeeren, die klein, schlecht und nur teilweise (Abb. 337 A), oder flach kugelig (Abb. 338) bzw. breit kegelförmig ausgebildet sind (Abb. 337 B). Färrötlich.

Fruchtfarbe:
Gelb
R. xanthocarpus.
Orange
R. innominatus, *R. microphyllus*, *R. phoeni-*

Wissenschaftlicher Name	Deutscher Name	Natürliche Verbreitung bzw. Entstehungsort	Frosthärte
R. xanthocarpus BUR. et FRANCH.		Szetschuan, Yünnan	++
Wintergrüne Arten			
R. chroosepalus FOCKE		Hupeh	++
R. hispidus L.	Immergrüne Brombeere	N-Amerika	++
R. lambertianus SER.		M-China	++
var. *hakonensis* (FRANCH. et SAV.) FOCKE		Japan, M-China	++
R. platyphyllos K. KOCH	Breitblättrige Brombeere	Kaukasus	++
R. setosus BIEGEL		N-Amerika	++
R. ulmifolius SCHOTT.	Mittelmeer-Brombeere	S-, W- und M-Europa, NW-Afrika	++
Immergrüne Arten			
R. henryi HEMSL.	Henry-Himbeere	M-China	+, ⌒
var. *bambusarum* (FOCKE) REHD.		Hupeh	++
R. trifidus THUNB. (manchmal nur wintergrün)		Japan	+, ⌒
R. ursinus CHAM. et SCHLECHTD.		USA	++

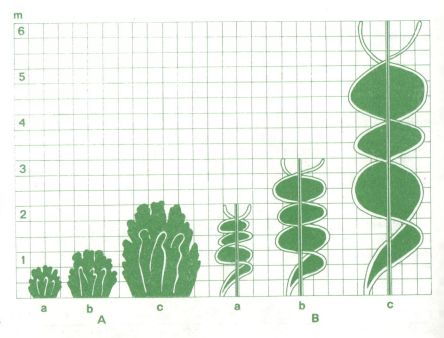

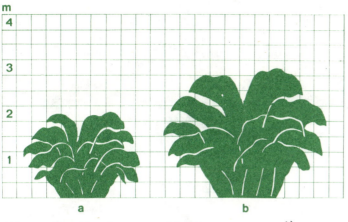
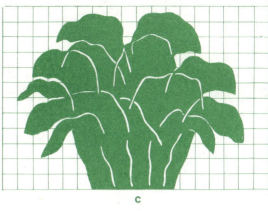

Abb. 327 Typ „idaeus"
a)
R. adenophorus,
R. amabilis,
R. flosculus,
R. × fraseri,
● R. idaeus,
R. i. var. aculeatissimus,
'Albus',
var. canadensis,
'Phyllanthus',
var. strigosus,
R. innominatus,
R. i. var. kuntzeanus,
R. lasiostylus,
R. spectabilis,
R. thibetanus,
R. trifidus,
R. ursinus,
R. u. 'Loganberry';
b)
R. candicans,
R. c. 'Linkianus',
R. cockburnianus,
R. coroanus,
R. mesogaeus,
● R. phoenicolasius,
R. setchuenensis,
R. ulmifolius
'Belliflorus';
c)
R. ulmifolius,
R. u. 'Inermis',
'Variegatus'

Abb. 326
A) Typ „odoratus"
a)
R. xanthocarpus;
b)
R. peltatus;
c)
R. leucodermis, R. × nobilis,
● R. odoratus,
R. o. 'Albus'
B) Typ „henryi"
a)
R. ichangensis;
b)
R. hupehensis,
R. inopertus,
R. laciniatus,
R. lambertianus,
R. l. var. hakonensis,
R. malifolius,
R. parkeri;
c)
● R. henryi,
R. h. var. bambusarum

colasius (rötliche Tönung), R. spectabilis (manchmal gelblich).
Hellrot
R. corchorifolius und Varietät.
Rot
R. amabilis, R. crataegifolius, R. ichangensis, R. innominatus var. kuntzeanus, R. lambertianus, R. lasiostylus, R. odoratus und Sorte, R. parviflorus, R. setosus, R. trifidus.
Dunkelrot
R. flosculosus, R. occidentalis (bei beiden Arten eine fast schwärzliche Tönung).
Purpurrot
R. idaeus sowie Varietäten und Sorten.
Dunkelpurpurfarben
R. deliciosus, R. hispidus (später schwärzlich), R. hupehensis (später schwärzlich), R. leucodermis (später schwärzlich), R. platyphyllos (violette Tönung), R. thibetanus, R. trilobus, R. ulmifolius und Sorten.
Schwarz
R. adenophorus, R. buergeri, R. caesius

Abb. 328 Typ „fruticosus"
a)
R. buergeri,
R. caesius,
R. setosus;
b)
R. chroosepalus,
R. incisus,
R. i. var. *subcrataegifolius,*
● *R. parviflorus;*
c)
R. corchorifolius,
R. c. var. *oliveri,*
R. crataegifolius,
● *R. fruticosus*

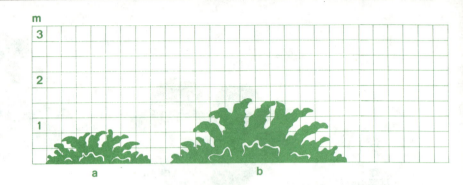

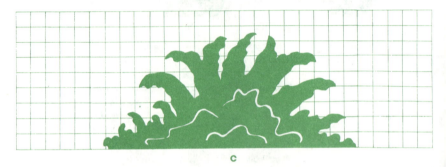

Abb. 329
A) Typ „hispidus"
R. flagellaris,
R. hispidus,
R. ichangensis,
R. laciniatus,
R. lambertianus,
R. l. var. *hakonensis,*
R. malifolius,
R. platyphyllos,
R. ursinus (manchmal),
R. u. 'Loganberry' (manchmal)
B) Typ „deliciosus"
a)
R. canadensis,
R. trilobus;
b)
R. deliciosus,
R. occidentalis,
R. × 'Tridel'

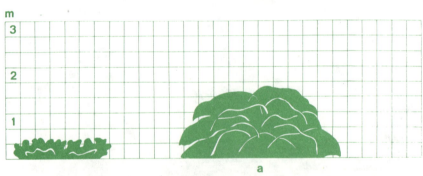

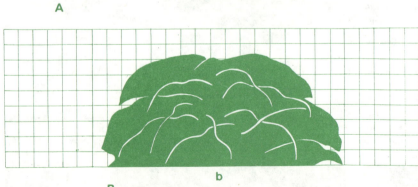

Abb. 330 Blätter *Rubus*
a)
R. caesius,
R. idaeus;
b)
R. parvifolius;
c)
R. spectabilis;
d)
R. setchuenensis;
e)
R. trifidus
(Quadrat 1 × 1 cm)

(blau bereift), *R. canadensis*, *R. candicans* (glänzend), *R. chroosepalus*, *R. cockburnianus*, *R. coreanus* (anfangs rötlich), *R. flagellaris*, *R. fruticosus* (glänzend), *R. henryi*, *R. laciniatus*, *R. malifolius*, *R. mesogaeus*, *R. parkeri*, *R. setchuenensis*, *R. ursinus*.

Viele Früchte sind eßbar, deshalb werden manche dieser Arten auch als Obstgehölze kultiviert. Eßbare Früchte haben:

R. amabilis, *R. corchorifolius*, *R. cuneifolius*, *R. flagellaris*, *R. fruticosus*, *R. idaeus* sowie Varietäten und Sorten, *R. innominatus*, *R. laciniatus*, *R. leucodermis*, *R. occidentalis*, *R. peltatus*, *R. phoenicolasius*, *R. spectabilis*, *R. trifidus*, *R.* × *xanthocarpus*.

Zweige und Wurzelsystem

Zweige meist ruten- oder rankenförmig, anfangs grün oder graugrün, oft bereift, später bräunlich. Auf älteren Trieben bildet sich mit der Zeit eine helle braungraue, in Streifen sich ablösende Rinde. Jüngere wie auch ältere Triebe der meisten *Rubus*-Arten stark bewehrt, außer folgende:

Schwach stachelig
R. caesius, *R. canadensis* (manchmal auch unbewehrt), *R. cockburnianus*, *R. microphyllus* var. *subcrataegifolius*, *R. spectabilis* (manchmal unbewehrt).

Abb. 331   Blätter *Rubus*
a)
R. buergeri,
R. lambertianus;
b)
R. ichangensis;
c)
R. chroosepalus;
d)
R. deliciosus;
e)
R. trilobus;
f)
R. henryi (manchmal, meist sind aber die Blätter handförmig dreiteilig),
R. malifolius;
g)
R. × *fraseri*,
R. odoratus,
R. parviflorus;
h)
R. hupehensis
(Quadrat 1 × 1 cm)

Abb. 332   Blüten *Rubus*
Einfach (aufrecht oder hängend)
a)
R. incisus;
b)
R. corchorifolius,
R. c. var. *oliveri*,
R. spectabilis (hängend),
R. trifidus;
c)
R. amabilis (hängend),
R. deliciosus,
R. peltatus,
R. × 'Tridel';
d)
R. trilobus

Unbewehrt
R. deliciosus, R. parviflorus, R. setchuensis.

Wurzelsystem oberflächlich, dicht verzweigt, länglich ausläufertreibend, mit reichen Wurzelhaaren.

Ansprüche

Nicht sehr anspruchsvolle Gehölze. Wachsen alle gut in voller Sonne und im Halbschatten, manche sogar im Schatten, z. B. *R. fruticosus, R. laciniatus* und *R. odoratus*. Gedeihen in leichten oder auch schweren, möglichst nahrhaften, sandig-lehmigen und angemessen feuchten Böden. Es genügen ihnen aber auch ärmere und wenig fruchtbare Standorte. Trockenheit verträgt am besten *R. laciniatus*. Schöne und schmackhafte Früchte kann man von *R. fruticosus* auf einem angemessen feuchten, mit Torf oder Moorerde angereicherten Standort erlangen. Diese Art enthält kalkliebende, aber auch kalkfeindliche Sorten. Auch *R. odoratus* wächst am besten in lockeren, humosen und nicht zu trockenen Böden. Alle angeführten Arten sind in Mitteleuropa frosthart, nur einige von ihnen verlangen eine wärmere Lage und Winterschutz, besonders *R. henryi* und *R. ulmifolius*. Die Arten *R. lasiostylus* und *R. coreanus* erfrieren oft bis zur Erde, aber alljährlich treiben sie wieder kräftig durch. Alle gedeihen auch in unreiner Luft.

Pflege

Sommergrüne Arten werden im unbelaubten Zustand im Vorfrühling oder Herbst gepflanzt, die immergrünen mit Wurzelballen am besten im Frühling. Weitere Ansprüche an die Pflege gibt es praktisch nicht. Bei allen sommergrünen Arten werden alljährlich die zweijährigen abgeblühten und ggf. abgeernteten Triebe herausgeschnitten, da sie meist absterben; wir entfernen sie im Herbst oder bis zum Ende des Winters knapp über der Erde. Die immergrünen Arten haben lebensfähigere Triebe, so daß wir sie nur ab und zu auslichten. Ein Verjüngen oder radikales Zurückschneiden ist nicht erforderlich, da die meisten *Rubus*-Arten am vorjährigen „Holz" auf den Trieben den blühen und fruchten. Ein Umpflanzen älterer Exemplare ist überflüssig. Von den Pilzkrankheiten erscheint manchmal die *Rhadospora*-Brombeerrankenkrankheit, die mit rötlichblauen Rindenflecken anfängt, dann zum Verdorren der Blätter und Fruchtansätze führt, um mit dem Absterben ganzer Ranken zu enden (Spritzungen junger, etwa 50 cm langer Ranken mit Zineb- oder Kupferpräparaten zweimal im Abstand von 14 Tagen). Die gleichen Symptome erscheinen beim Befall mit der Himbeerrutenkrankheit, verursacht durch *Didymella-*, *Leptosphaerica-* u. a. Arten. Vorbeugend ist für lichten Stand zu sorgen, dazu muß regelmäßig ausgelichtet werden; die Pflanzen erhalten die erforderlichen Nährstoffe durch eine ausgeglichene Düngung und Bodenabdeckung mit Humus. Insbesondere die Humusversorgung stärkt die Widerstandskraft der Pflanzen. Zur chemischen Bekämpfung werden Kupferpräparate ab 20 cm Austrieb mehrmals im Abstand von 14 Tagen einge-

Abb. 333   Blütenstand
Rubus
Sehr wenigblütige Rispen
a)
S. buergeri (1),
R. incisus var. *subcrataegifolius* (1),
R. xanthocarpus (0,8);

b)
R. caesius (3),
R. corchorifolius (3, manchmal),
R. crataegifolius (2),
R. flagellaris (2–4),
R. hispidus (2),
R. hupehensis (2),
R. idaeus, Varietäten und Sorten (1),
R. inopertus,
R. lasiostylus (0,8),
R. leucodermis (1),
R. mesogaeus (0,8),
R. occidentalis (1–1,5),
R. parvifolius (1),
R. phoenicolasius (1),
R. thibetanus (1,5),
R. trifidus (2,5–3);
c)
R. × nobilis (2),
R. setchuenensis (1–1,5),
R. ursinus (2),
(in der Klammer der Durchmesser der einzelnen Blüte in cm)

Abb. 334   Blütenstand
Rubus
Wenigblütige Rispen
a)
R. × fraseri (3–5),
R. odoratus (3–5),
R. parviflorus (3–6),
R. platyphyllos (2–3);
b)
R. parkeri (0,8)

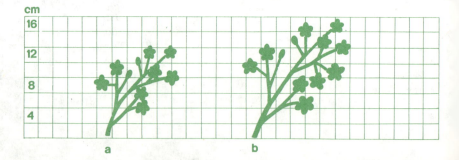

Abb. 335 Blütenstand *Rubus*
Reichblütige Rispen
a)
R. candicans (2,5),
R. c. 'Linkianus' (2,5 – Blüte gefüllt),
R. flosculosus (0,8–1),
R. fruticosus (2),
R. henryi (2),

R. setchuenensis (1–1,5 – manchmal),
R. ulmifolius, Sorten, wobei 'Bellidiflorus' gefüllt blüht (2);
b)
R. adenophorus (1),
R. canadensis (1,5),
R. cockburnianus (1),
R. coreanus,
R. laciniatus (2),

R. lambertianus (0,8),
R. malifolius (2,5),
R. setosus (0,8);
c)
R. chroosepalus (2,5),
R. ichangensis (0,6–0,8);
d)
R. innominatus (1)
(in der Klammer der Durchmesser der einzelnen Blüte in cm)

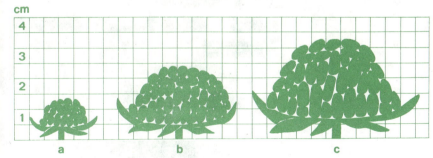

Abb. 338 Fruchtstand *Rubus*
Flach kugelig
a)
R. coreanus,
R. mesogaeus;

b)
die meisten Arten, Varietäten und Sorten;
c)
R. lasiostylus,
R. parviflorus

setzt. *Rubus*-Arten werden von Viruskrankheiten, insbesondere Mosaikkrankheiten und der Himbeerstauche befallen (kranke Pflanzen sind zu entfernen). Die Pflanzen leiden nicht unter Wildverbiß.

Verwendung

Die meisten *Rubus*-Arten eignen sich nur für größere Park- und Grünanlagen. Grundsätzlich werden sie in Gruppen angepflanzt, die großblumigen und farbenprächtigen Sorten in Wegnähe, an Rändern höherer Gruppen usw., Kletterarten kommen an Pergolen, Pfählen und alten Bäumen zur Geltung. Der „Hispidus-Typ" eignet sich für größere Felsenpartien oder als Bodendecker, auch in schattigen Lagen. *R. fruticosus* und *R. laciniatus* können auch undurchdringliche, freiwachsende Zäune bilden. In Heideszenerien passen sehr gut *R. fruticosus*, *R. henryi*, *R. laciniatus*, *R. phoenicolasius* und noch andere. Bedeutsam ist die Verwendung anspruchsloser Arten auf unfruchtbaren Böden, Halden usw. (besonders *R. fruticosus*, *R. laciniatus* usw.). Fast alle Arten eignen sich ausgezeichnet zum Bedecken und Befestigen von Abhängen, die trocken und arm sein können. Für Pflanzungen in der Landschaft eignen sie sich vom Flachland bis ins Gebirge (*R. idaeus* auch fürs Hochgebirge). Bedeutsam ist selbstverständlich auch der Konsumwert der genießbaren Früchte.

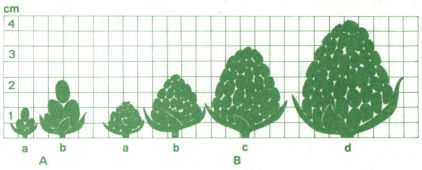

Abb. 337 Fruchtstand *Rubus*
A) klein, schlecht und nur teilweise ausgebildet
a)
R. caesius,
R. incisus;
b)
R. parkeri

B) breit kegelförmig
a)
R. adenophorus,
R. buergeri,
R. chroosepalus,
R. crataegifolius,
R. flosculosus,
R. hispidus,
R. lambertianus,
R. setosus,
R. ulmifolius, Sorten;

b)
R. amabilis,
R. cockburnianus,
R. henryi,
R. hupehensis,
R. ichangensis,
R. idaeus,
Varietäten und Sorten,
R. malifolius,
R. setchuenensis,
R. trifidus,
R. xanthocarpus;

c)
R. corchorifolius,
R. fruticosus,
R. peltatus,
R. platyphyllos
(reift nur in gemäßigten Klimaverhältnissen),
R. spectabilis,
R. ursinus;
d)
R. ursinus 'Loganberry'

Abb. 336 Blütezeit *Rubus*
A) *R. corchorifolius,*
R. trifidus;

B) *R. deliciosus,*
R. spectabilis,
R. × 'Tridel',
R. trilobus;

C) *R. coreanus,*
R. flagellaris,
R. incisus,
R. leucodermis,
R. mesogaeus,
R. occidentalis;

D) *R. idaeus,*
R. parviflorus;

E) *R. caesius;*

F) die meisten Arten, Varietäten und Sorten;

G) *R. amabilis,*
R. candicans,
R. fruticosus,

R. laciniatus,
R. phoenicolasius;

H) *R.* × *fraseri,*
R. odoratus;

I) *R. adenophorus,*
R. ichangensis;

J) *R. hupehensis,*
R. innominatus,
R. setchuenensis,
R. setosus;

K) *R. chroosepalus;*

L) *R. lambertianus;*

M) *R. buergeri*

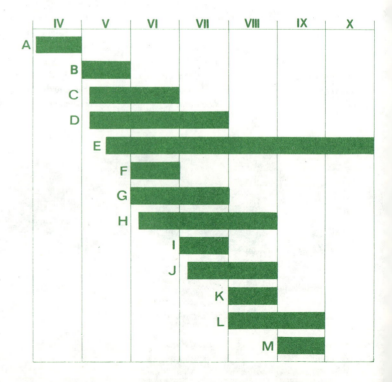

Salix L. – Weide *(Salicaceae)*

Sommer-, selten immergrüne Bäume, Sträucher oder Zwergsträucher. Es sind etwa 500 Arten dieser mannigfaltigen Gattung bekannt. Ihr Verbreitungsschwerpunkt liegt auf der Nordhalbkugel von der arktischen bis in die gemäßigte Zone. *Salix*-Arten kommen aber auch auf der Südhalbkugel (außer Australien) vor und reichen bis in tropische Gebiete. Mit Ausnahme einiger kriechender Arten handelt es sich meist um schnellwachsende Gehölze. Die höheren baumartigen Typen erreichen in 10 Jahren etwa 4–8 m, in 20 Jahren 7–11 m, in 30 Jahren 10–14 m, und in 40 Jahren werden sie 13–17 m hoch. Die niedrigen Typen wachsen langsamer, so z. B. *S. caprea* in entsprechender Zahl von Jahren nur 2–3 m, 2–5 m, 3–6 m und 4–12 m.

Zierwert: Laub (IV–XI), Blüte (je nach der Art II und VII), Stamm und Zweige (I–XII, besonders XI–IV).

Habitustypen

„Fragilis-Typ": Baum mit breiter und etwas unregelmäßiger, kugeliger, mitteldichter bis lockerer Krone, Zweige mehr oder weniger seitlich abstehend (Abb. 339),
„Tristis-Typ": Baum mit unregelmäßig breiter länglich-kugeliger Krone, Zweige und Äste charakteristisch lang bogig abstehend und überhängend, Zweiglein oft bis zur Erde hängend (Abb. 340),
„Blanda-Typ": vom vorigen Typ durch seine wesentlich kürzeren Äste und Zweige unterschieden, Krone regelmäßig halbkugelig (Abb. 341),
„Dahpnoides-Typ": breit kugelig-eiförmiger Baum mit aufstrebenden und schräg abstehenden Ästen, Konturen unregelmäßig luftig und locker (Abb. 342),
„Chermesina-Typ": Baum mit breit kegelförmigem Wuchs, Krone oben abgerundet, Äste aufstrebend, ziemlich dicht (Abb. 343 B),
„Umbraculifera-Typ": niedriges Bäumchen mit flach kugeliger bis schirmförmiger Krone, gleichmäßig und dicht aufgebaut (Abb. 343 A),
„Caprea-Typ": Strauch breit aufrecht, luftig und „leicht" gestaltet (Abb. 344 B),
„Viminalis-Typ": breit halbkugeliger bis kugeliger Strauch, ziemlich regelmäßig, mitteldicht (Abb. 345),
„Repens-Typ": niedriger, breit ausgebreiteter, ungleichmäßig dichter Strauch, Äste und Zweige niederliegend aufstrebend (Abb. 346 B),
„Pendula-Typ": niedriger, breit und flach halbkugeliger Strauch, Zweige kompakt und starr bogig bis zur Erde reichend, ziemlich dicht (Abb. 344 A),
„Retusa-Typ": kriechendes Sträuchlein, ganz zur Erde gedrückt, reich und dicht verzweigt (Abb. 346 A).

Wissenschaftlicher Name	Deutscher Name	Natürliche Verbreitung bzw. Entstehungsort	Frosthärte
S. *acutifolia* WILLD..	Spitzblättrige Weide, Kaspische W.	O-Europa bis O-Asien	++
S. *adenophylla* HOOK. = S. *cordata*			
S. *aeggyptica* L.	Orientalische Weide, Persische W.	Griechenland, W-Asien	++
● S. *alba* L. (Abb. 284 e)	SilberW., Weiß-W.	Europa, W- bis S-Asien, N-Afrika	++
S × *ambigua* EHRH.		Europa	++
S. *amygdalina* L. emend. FRIES = S. *triandra*			
S. *amygdaloides* ANDERSS.	Pfirsich-Weide	N-Amerika	++
S. *apoda* TRAUTV.	Kaukasische Zwerg-Weide	Kaukasus	++
S. *arbuscula* L. p. p. = S. *formosa*			
S. *arctica* PALL.	Arktische Weide	arktisches Europa, Asien u. N-Amerika	++
S. *arenaria* L. = S. *repens* ssp. *argentea*			
● S. *aurita* L.	Ohr-Weide	Europa, W-Asien	++
S. *babylonica* L.	Chinesische Trauer-W.	O-Asien	++
● S. × *balfourii* LINTON		England (um 1890)	++
S. *balsamifera* BARRATT. = S. *pyrifolia*			
S. *bicolor* EHRH. = S. *phylicifolia*			

Textur

Ist im hohen Maße von der Größe und Form der Blätter abhängig; schmalblättrige Arten haben meist ein zierliches und kompaktes Aussehen (besonders bei den strauchigen Typen, aber auch bei manchen baumartigen Arten, wie z. B. bei *S. daphneides* u. a.), oder die Textur ist mittelgrob bis fein, da die Krone aus federartigen Blattbüscheln zusammengesetzt ist (*S. alba, S. fragilis* u. a.). Gröber ist die Textur bei großblättrigen Arten (*S. caprea, S. hookeriana, S. aegyptica, S. hastata, S. nigricans* usw.). Bei dem „Tristis-", „Blanda-" und „Pendula-Typ" ist die vorhangartige Zusammenstellung sehr wirkungsvoll. Der Gesamteindruck ist bei den meisten *Salix*-Arten ziemlich leicht, hauptsächlich wegen der helleren Blattfarbe.

Laub

Blätter wechselständig und nur vereinzelt fast gegenständig, gestielt oder sitzend, meist lanzettlich oder verschieden länglich eiförmig, gezähnt oder ganzrandig, oft mit ausgebildeten Nebenblättern, besonders auf den robusten Trieben (Abb. 347).

Blattfarbe:

Hellgrün
S. acutifolia 'Pendulifolia', *S. apoda, S. herbacea* (glänzend), *S. interior, S. melamostachys, S. oxica, S. petrophila, S. phylicifolia* (glänzend), *S. polaris, S.* × *rubens*.
Grün
die meisten Arten und Varietäten.
Mattgrün
S. alba und die meisten Sorten, *S. arctica, S. aurita* (gerunzelt), *S.* × *balfourii* (gerunzelt), *S. candida* (gerunzelt), *S. caprea* und Sorte (gerunzelt), *S. cinerea, S. dasyclados, S. friesiana, S. lanata, S. lapponum, S. purpurea* und Sorten, *S. rigida*.
Graugrün
S. alba 'Sericea', *S.* × *ambigua, S. caesia, S.*

Wissenschaftlicher Name	Deutscher Name	Natürliche Verbreitung bzw. Entstehungsort	Frosthärte
S. × *blanda* ANDERSS.	Liebliche Trauer-Weide		++
S. × *boydii* LINTON		Schottland	++
S. caesia VILL.	Blaugrüne Weide	Alpen, S-Ural	++
S. × *calliantha* KERN.		Europa	++
S. candida FLUEGGE ex WILLD.		N-Amerika	++
● *S. caprea*	Sal-Weide, Palm-W.	Europa, Sibirien, M-Asien, Kleinasien	++
● *S. cinerea* L.	Asch-Weide, Aschgraue W.	Europa, gemäßigtes Asien, N-Afrika	++
S. cordata MICHX.	Pelz-Weide	N-Amerika	++
S. × *cottetii* KERN.		Alpen	++
S. cremensis KERN. = *S.* × *erdingeri*			
S. cuspidata SCHULTZ		Europa	++
S. culteri TUCKERM. = *S. uva-ursi*			
● *S. daphnoides* VILL.	Reif-W., Schimmel-W.	Europa bis M-Asien	++
var. *pomeranica* (WILLD.) KOCH		Europa	++
S. dasyclados WIMM.	Bandstock-Weide, Filzast-W.	M- und O-Europa	++
S. discolor MÜHLENB.	Verschiedenfarbige Weide	N-Amerika	++
S. × *ehrhartiana* SM.		Europa	++
S. elaeagnos SCOP.	Grau-Weide	M- u. S-Europa bis Kleinasien	++
S. elegantissima K. KOCH = *S.* × *blanda* ANDERSS.			
S. × *erdingeri* KERN.		Europa	++
S. fargesii BURK.		Szetschuan, Hupeh	++
S. formosa WILLD.	Bäumchen-Weide	Europa – Kaukasus, Sibirien	++
● *S. fragilis* L.	Knack-Weide, Bruch-W.	M- u. O-Europa, W-Asien	++
S. friesiana ANDERSS. = *S. repens* ssp. *rosmarinifolia*			
S. × *gillotii* A. et E. G. CAMUS		Frankreich	++

Wissenschaftlicher Name	Deutscher Name	Natürliche Verbreitung bzw. Entstehungsort	Frosthärte
S. glauca L.	Arktische Grau-Weide	Alpen, N-Europa, N-Asien	++
var. acutifolia (HOOK.) SCHNEID.		N-Amerika	++
S. gracilistyla MIQ.	Thunberg-Weide	Japan, Korea, Mandschurei, China	++
S. grisea WILLD. = S. sericea			
● S. hastata L.	Spießblättrige Weide	N- u. M-Europa, N-Asien	++
● S. helvetica VILL.	Schweizer Weide	Alpen, Tatra	++
● S. herbacea L.	Zwerg-Weide, Kraut-W.	Europa, N-Asien, arktisches N-Amerika	++
S. hookeriana BARRATT.		N-Amerika	++
S. incana SCHRANK = S. elaeagnos			
S. interior (ROWLEE) MÜHLENB.	Sandbank-Weide	N-Amerika	++
S. irrorata ANDERSS.	Amerikanische Reif-Weide	USA	++
S. lasiandra BENTH.	Zottige Weide	N-Amerika	++
S. laurifolia WESM. = S. pentandra			
S. lucida MÜHLENB.	Glanz-Weide	N-Amerika	++
S. lyallii HELLER = S. lasiandra			
● S. magnifica HEMSL.	Pracht-Weide	W-China	++
● S. matsudana KOIDZ.	Chinesische Baumweide	N-China, Korea, Mandschurei, O-Sibirien	++
S. medwedewii DODE		Kleinasien	++
● S. melanostachys MAK.		Japan	++
S. × meyeriana WILLD. p. p. = S. × cuspidata			
S. miyabeana SEEMEN		Japan	++
S. × mollissima EHRH.		M-Europa	++
● S. moupinensis FRANCH.		Szetschuan	++
S. myrsinites L.	Gebirgs-Weide, Myrten-W.	N-Europa, N-Asien	++
S. myrtilloides L.	Moor-Weide, Sumpf-W., Heidelbeer-W.	Europa bis O-Asien, N-Amerika	++
● S. nigra MARSH.	Schwarz-Weide	N-Amerika	++
var. falcata (PURSH.) REHD.		wie die Art	++

repens var. nitida, S. syrticola (mit der Behaarung fast weißlich).

Dunkelgrün

S. acutifolia (glänzend), S. babylonica, S. × blanda (glänzend), S. × calliantha (glänzend), S. daphnoides (glänzend), S. elaeagnos, S. × erdingeri (glänzend), S. fargesii (glänzend), S. fragilis (glänzend), S. glauca (glänzend), S. hastata, S. helvetica, S. lasiandra (glänzend), S. × meyeriana (glänzend), S. mollissima, S. myrtilloides, S. nigricans, S. pentandra (glänzend), S. phanera, S. pyrifolia, S. repens, S. r. var. rosmarinifolia, S. reticulata (gerunzelt), S. sachalinensis, S. × simulatrix (glänzend), S. triandra (glänzend), S. vestita (gerunzelt) und S. viminalis und Sorten.

Blaugrün

S. magnifica.

Weißlich rotbunt

S. cinerea 'Tricolor'.

Bei allen angeführten *Salix*-Arten ist die Herbstfärbung unauffällig gelbbraun bis gelb; die schönste goldgelbe Farbe finden wir bei S. bicolor 'Xantha', S. elaeagnes und ihrer Sorte 'Angustifolia'.

Blüte und Blütenstand

Zum erstenmal blühen die Weiden je nach der Art im 5.–10. Lebensjahr. Ihre „Kätzchen" sind ein Symbol des Frühlings. Einzelne kleine Blüten stehen in den Achseln von Tragblättern verschieden großer Kätzchen. Die Pflanzen sind zweihäusig. Männliche Blüten sind mit ihren gelben Staubblättern auffallender. Kätzchen haben grundsätzlich zweierlei Formen: kurz und breit walzenförmig (Abb. 348 A) oder schmal und länglich walzenförmig (Abb. 348 B).

Kätzchenfarbe:

Silbriggrün

die meisten angeführten Arten, Sorten und Varietäten (in voller Blüte sind alle Arten mehr oder weniger gelblich).

Graugrün
S. *apoda*.
Auffallend gelb (besonders in voller Blüte)
S. × *balfourii*, S. *hastata* 'Wehrhahnii', S. *lanata* (seidig), S. *l.* 'Stuartii' (besonders dunkelgelb), S. *pentandra*, S. *repens* und Varietäten, S. *triandra*.
Schwarz
S. *melanostachys*.

Da die weiblichen Kätzchen das wichtigste Zierelement der *Salix*-Arten darstellen, ist ihre Blütezeit besonders wichtig (Abb. 349). Am wirkungsvollsten kommen sie bei denjenigen Arten zur Geltung, die noch vor dem Blattaustrieb blühen, und am wenigsten bei denen, die erst in der Belaubung aufblühen:

Vor der Belaubung blühen
S. *acutifolia*, S. *aegyptica*, S. × *balfourii*, S. × *calliantha*, S. *caprea*, S. *daphnoides*, S. *dasyclados*, S. *discolor*, S. *gracilistyla*, S. *lapponum* (manchmal zugleich mit dem Austrieb), S. *rigida*, S. *sachalinensis* und Sorte, S. *sericea*, S. *sitchensis*, S. × *stipularia*, S. × *tsugaluensis*.
Zugleich mit dem Blattaustrieb blühen die meisten angeführten *Salix*-Arten.
Nach dem Blattaustrieb blühen
S. *amygdaloides*, S. × *boydii*, S. *ehrhartiana*, S. *elaeagnos*, S. *elegantissima*, S. *fragilis*, S. *glauca*, S. *interior*, S. *magnifica*, S. × *mollissima*, S. *myrtilloides*, S. *nigra*, S. *pentandra*, S. *petrophila*, S. *pyrenaica*, S. *retusa*, S. × *simulatrix*, S. *triandra*, S. *vestita*.

Frucht und Fruchtstand

Frucht eine 2klappige Kapsel, meist vielsamig. Der ganze Fruchtstand ähnelt in seiner Form dem Blütenstand. Nach der Reife fällt er auseinander.

Stamm, Äste und Wurzelsystem

Stämme der baumartigen Arten meist gerade, höher oder auch niedriger ver-

Wissenschaftlicher Name	Deutscher Name	Natürliche Verbreitung bzw. Entstehungsort	Frosthärte
● S. *nigricans* SM.	Schwarzwerdende Weide	Europa, W-Asien, W-Sibirien	++
S. *nivea* SER.			
= S. *helvetica*			
S. *oxica* DODE		M-Asien	++
S. *pendulina* WENDER			
= S. × *blanda*			
S. *pentandra* L.	Lorbeer-Weide	Europa, Kaukasus	++
S. *petiolaris* SM.	Stiel-Weide	N-Amerika	++
S. *petrophila* RYDB.		N-Amerika	++
S. *phanera* SCHNEID.		Szetschuan	++
S. *phylicifolia* L.	Zweifarbige Weide	M-, N-Europa, Sibirien bis NW-China	++
S. *polaris* WAHLENB.	Polar-Weide	arktisches Europa u. Asien	++
S. *praecox* HOPPE			
= S. *daphnoides*			
S. *pruinosa* BESS.			
= S. *acutifolia*			
S. *prunifolia* SM.			
= S. *formosa*			
S. *pulchra* WIMM.			
= S. *daphnoides*			
● S. *purpurea* L.	Purpur-Weide	Europa bis O- u. M-Asien, N-Afrika	++
var. *lambertiana* (SM.) KOCH		wie die Art	++
S. *pyrenaica* GOUAN		Pyrenäen	++
S. *pyrifolia* ANDERSS.		N-Amerika	++
S. *rehderiana* SCHNEID.	Rehder-Weide	Szetschuan, Kansu	++
● S. *repens* L.	Kriech-Weide	Europa, W-Asien, Sibirien	++
ssp. *argentea* (SM.) G. et A. CAMUS		W-, M-Europa	++
var. *nitida* (SER.) WENDER			
= ssp. *argentea*			
ssp. *repens*		Europa	++
ssp. *rosmarinifolia* (L.) CELAK.		M-Europa bis Sibirien	++
● S. *reticulata* L.	Netz-Weide	Europa, N-Asien, arktisches Amerika	++

Wissenschaftlicher Name	Deutscher Name	Natürliche Verbreitung bzw. Entstehungsort	Frosthärte
● S. retusa L.	Stumpfblättrige Weide	Europa	++
var. serpyllifolia (Scop.) Ser.			
= S. serpyllifolia			
S. rigida Muehlenb.	Herzblättrige Weide	N-Amerika	++
S. rosmarinifolia L.			
= S. repens ssp. rosmarinifolia			
S. rosmarinifolia hort. non L.			
= S. elaeagnos 'Angustifolia'			
S. × rubens Schrank	Hohe Weide	M-Europa	++
● S. sachalinensis F. Schmidt		Japan, Sachalin, Kamtschatka, Kurilen	++
S. sericea Marsh.	Seidige Weide	N-Amerika	++
● S. serpyllifolia Scop.	Quendelblättrige Weide	Alpen, SO-Europa	++
● S. × simulatrix F. B. White		Schweiz	++
S. sitchensis Bong.	Sitka-Weide	N-Amerika	++
● S. × smithiana Willd.	Kübler-Weide	Europa	++
S. × stipularis Sm.		Europa	++
S. syrticola Fern.		N-Amerika	++
● S. triandra L. emend. Ser.	Mandel-Weide	Europa bis Kaukasus, Sibirien, Japan, N-Afrika	++
S. × tsugaluensis Koidz.		Japan	++
S. undulata Ehrh.			
= S. × mollissima			
S. uva-ursi		N-Amerika	++
S. vestita Pursh		Kanada	++
● S. viminalis L.	Korb-W., Hanf-W.	Eurasien (außer S-Asien)	++
S. violacea Andr.			
= S. acutifolia			

zweigt, Rinde in der Jugend meist graubraun oder graugelb; nach 10 Jahren (*S. alba* u. a.) oder nach 30 Jahren (*S. fragilis* u. a.) verändert sie sich in eine länglich zersprungene Borke. Viele Bäume, hauptsächlich *S. alba*, werden später hohl. Hauptäste ziemlich stark, haben ein ähnliches Aussehen wie der Stamm; die größeren Äste und Zweige sind meist brüchig (besonders bei *S. fragilis* u. a.). Eigenartig gekrümmte Zweige und Äste finden wir bei *S. matsudana* 'Tortuosa'. Malerisch und auffallend sind nicht nur die alten Stämme und Äste, sondern auch die Zweige und Einjahrstriebe; mit ihrer Färbung können sie im Vorfrühling oder auch im Winter sehr wirkungsvoll erscheinen (hauptsächlich die gelben, orangefarbenen und roten Tönungen).

Trieb- und Zweigfarbe:
Grau
S. cinerea (filzig), *S. cordata, S. dasyclados, S. hookeriana.*
Graugrün
S. aegyptica, S. × *ambigua* und die meisten angeführten *Salix*-Arten.
Gelb
S. alba 'Tristis' (im Frühjahr bis leuchtend gefärbt), *S. nigra* (besonders die Einjahrstriebe).
Gelbgrün
S. babylonica (einseitig rötlich), *S. bicolor* 'Xantha' (manchmal bräunlich), *S.* × *calliantha* (manchmal bräunlich), *S. matsudana* und Sorten, *S.* × *tsugaluensis.*
Gelbbraun
S. alba, S. a. 'Sericea', 'Vitellina', *S.* × *cottetii, S.* × *erdingeri* (rotbrauner Hauch), *S. fragilis* (glänzend), *S. lucida* (glänzend), *S. myrtilloides, S. phylicifolia* (glänzend).
Orangerot
S. alba 'Chermesina' (beste Färbung im Winter), *S. interior* (hauptsächlich Einjahrstriebe).
Rot
S. daphnoides (auffallend bereift), *S. d.* 'Latifolia' (weniger bereift), *S. fargesii, S. frie-*

Abb. 339 Typ „fragilis"
a)
● *S. caprea* (manchmal),
S. lucida (manchmal),
S. miyabeana;
b)
● *S. alba* (manchmal),
● *S. a.* 'Sericea'
(jüngere Pflanzen),

S. amygdalina (manchmal),
S. amygdaloides (manchmal),
● *S. cinerea* (manchmal),
S. discolor,
S. ehrhartiana (manchmal),
S. elaeagnos (manchmal),
S. lasiandra (manchmal),
S. × *meyeriana*,
S. nigra,
S. n. var. *falcata*,
S. pentandra,
S. phanera (manchmal),
S. pyrifolia (manchmal),
S. rehderiana (manchmal),
S. × *rubens*,
● *S. sachalinensis*,
S. sitchensis,
● *S. viminalis* (manchmal),
S. v. 'Gigantea',
'Cinnamomea',
'Regalis' (manchmal);

c)
● *S. alba* (manchmal auch höher),
● *S. a.* 'Vittelina',
● *S. fragilis*,
S. jessoensis,
S. oxica

siana (anfangs dicht seidig behaart), *S. sericea*.
Rotgrün
S. × *mollissima*.
Rotbraun
S. amygdaloides (glänzend orangefarbene Tönung), *S. aurita* 'Haga', *S.* × *balfourii* (glänzend), *S. candida* (glänzend, anfangs weißlich filzig), *S. caprea* (glänzend, anfangs graufilzig), *S. helvetica*, *S. lapponum* (anfangs seidig behaart), *S. moupinensis*, *S. myrsinites*, *S. purpurea* sowie Sorten und Varietäten (glänzend), *S. pyrifolia* (glänzend), *S. rehderiana*.
Dunkel rotbraun
S. acutifolia (stark bläulich bereift), *S. alba* 'Calva', *S. aurita* (etwas glänzend und rötlich), *S. a.* 'Ripa', *S. oxica*, *S. viminalis* 'Cinnamomea'.

Abb. 340 Typ „tristis"
a)
● *S. caprea* 'Pendula' (veredelt);
b)
S. babylonica 'Crispa';
c)
S. acutifolia 'Pendulifolia', *S. babylonica*;
d)
● *S. alba* 'Tristis', *S. a.* 'Tristis Resistenta', *S. elegantissima*

Braungrün
S. ehrhartiana, *S. lassiandra* (anfangs filzig), *S.* × *meyeriana*, *S. pentandra*, *S. retusa*, *S. serphyllifolia*, *S. viminalis*, *S. v.* 'Gigantea', 'Regalis'.
Braun
S. babylonica (glänzend), *S. caesia*, *S. elaeagnos* (anfangs grau), *S.* × *gillotii* (glänzend), *S. glauca* und Varietät (anfangs graufilzig, später braungelb), *S. jessoensis* (hellere Tönung), *S. miyabeana* (hellere Tönung), *S. repens*, *S. reticulata*, *S.* × *simulatrix*, *S. sitchensis* (orangefarbene Tönung), *S.* × *stipularis*, *S. uva-ursi*, *S. vestita*.
Purpurbraun
S. discolor.
Purpurfarben
S. irrorata (stark bereift), *S. magnifica* (Einjahrstriebe), *S. petiolaris*.

Wurzelsystem flach verlaufend, mit schwacher Pfahlwurzel und langen Nebenwurzeln, die den Baum oder Strauch am Standort gut festhalten. Ufer und Böden werden von den *Salix*-Arten nur durchschnittlich oder schwach gefestigt (*S. alba* u. a.); am geeignetsten sind Strauchtypen.

Ansprüche

Für einen guten Wuchs brauchen sie Sonne, nur eine begrenzte Zahl verträgt Halbschatten (*S. aurita* und *S. serpyllifolia*) oder sogar Schatten (*S. caprea*). Die meisten gedeihen in lehmig-sandigen bis lehmigen Böden, die vor allem angemessen feucht oder vorübergehend überschwemmt sind. Trok-

Abb. 341 Typ „blanda"
a)
S. *matsudana* 'Pendula';
b)
S. × *blanda*

Abb. 343
A) Typ „umbraculifera"
S. *matsudana* 'Umbraculifera'
B) Typ „chermesina"
S. *alba* 'Chermesina'

kenheit wird gut von S. *acutifolia* (auch extreme Trockenheit), S. *alba*, S. *caprea*, S. *daphnoides*, S. *incana*, S. *pentandra* und S. *purpurea* vertragen. In humosen bis moorartigen Böden gedeihen ausgezeichnet S. *alba*, S. *aurita*, S. *caprea*, S. *cinerea*, S. *daphnoides*, S. *fragilis*, S. *pentandra*, S. *purpurea*, S. *repens*, S. *triandra* und S. *viminalis*. Kalkliebend ist S. *incana* und kalkfliehend S. *aurita*. Einen höheren Salzgehalt im Boden vertragen vor allem S. *acutifolia* und S. *daphnoides*. Die angeführten *Salix*-Arten sind unter mitteleuropäischen Bedingungen frosthart, nur für S. *babylonica* wählen wir wärmere Lagen. Bäume, insbesondere S. *fragilis* pflanzen wir nicht in windexponierte Lagen (Windbrüche). Verunreinigte Luft wird am besten von S. *alba*, S. *caprea*, S. *purpurea* und S. *elaeagnes* var. *angustifolia* vertragen. Nach RANFT u. DÄSSLER sind S. *fragilis*, S. *pentandra*, S. *purpurea* und S. *viminalis* gegen SO_2 empfindlich.

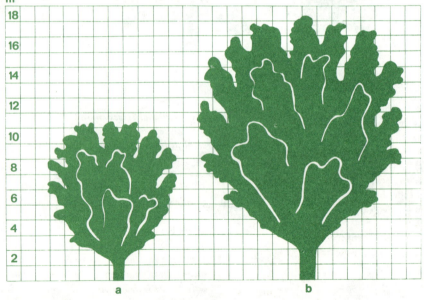

Abb. 342 Typ „daphnoides"
a)
● S. *daphnoides*,
S. *d.* 'Latifolia',
S. × *erythroflexuosa*,
● S. *matsudana*,
S. *m.* 'Tortuosa';
b)
S. *alba* 'Calva',
● S. *a.* 'Chermesina'

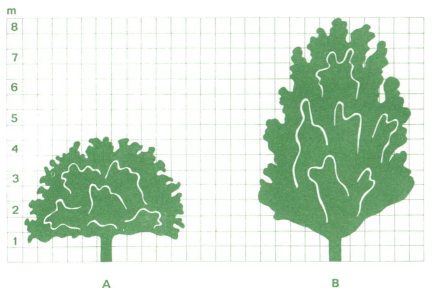

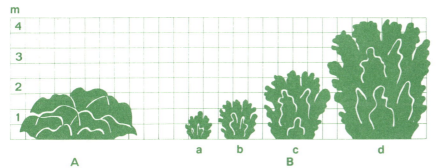

Abb. 344
A) Typ „pendula"
● S. caprea 'Pendula' (manchmal),
S. purpurea 'Pendula'

B) Typ „caprea"
a)
● S. helvetica;
b)
S. × boydii,
S. caesia,
S. friesiana,
S. lantana,
S. l. 'Stuartii';
c)
● S. × balfourii,
S. candida,

● S. caprea,
S. c. 'Silberglanz',
S. cinerea 'Tricolor',
S. daphnoides var. pomeranica,
S. gracilistyla,
S. lapponum,
S. miyabeana (manchmal),
● S. purpurea,
S. p. 'Amplexicaulis',
var. lambertiana,
● S. sachalinensis 'Sekka';
d)
S. amygdaloides,
S. × calliantha,
● S. caprea,
● S. cinerea,

S. dasyclada,
S. discolor,
S. ehrhartiana,
S. elaeagnos,
S. × erdingeri,
S. lasiandra,
S. lucida,
● S. matsudana 'Tortuosa',
S. pentandra (manchmal),
S. phanera,
S. pyrifolia,
S. rehderiana,
S. sericea,
S. sitchensis,
● S. × smithiana,
S. × stipularis

Pflege

Pflanzung meist im unbelaubten Zustand im Vorfrühling oder im Herbst. Bei angemessener Feuchtigkeit verläuft das Einwurzeln ausgezeichnet. An weitere Pflege sind sie, wenn sie auf einem geeigneten Standort wachsen, nicht anspruchsvoll. Wenn wir die *Salix*-Arten speziell wegen ihrer wirkungsvollen „Kätzchen" und farbigen Einjahrstriebe kultivieren, müssen wir auf ein alljährliches Zurückschneiden (am besten nach der Blüte) achten, damit wir immer ausreichend neue, lange Triebe bekommen. Kriechende Typen werden überhaupt nicht geschnitten; bei älteren Exemplaren begnügen wir uns mit dem Entfernen beschädigter und trockener Teile. Alle *Salix*-Arten vertragen sehr gut jeden Schnitt. Ein Umpflanzen älterer Exemplare ist grundsätzlich möglich, aber wegen des schnelleren Heranwachsens junger Pflanzen nicht erforderlich. Von den Krankheiten erscheint manchmal der *Fusicladium*-Weidenschorf, der auf der Zweigrinde vereinzelte dunkelbraune, längliche Flecken bildet, die dann auch auf den Blättern erscheinen; die Belaubung trocknet zusammen mit den Zweigen ein, besonders bei den Trauerweiden (befallene Zweige werden bis ins gesunde Holz zurückgeschnitten und mit dem Fallaub vernichtet; während der Vegetationsperiode wiederholen wir Spritzungen mit Kupfer-, Mancozeb-, Maneb- oder Zineb-Fungiziden). Bekannt ist auch der *Melampsora*-Weidenrost mit seinen kleinen gelblichen Blattflecken; bei stärkerem Befall trocknen die Blätter ein und fallen vorzeitig ab (Beseitigung des Fallaubes und Spritzungen mehrmals ab Anfang Juli mit Kupfer-, Zineb-, Triforine- oder Mancozeb-Präparaten). Verschiedene Gallmilbenarten verursachen das Entstehen von „Wirrzöpfen" an den Zweigen, dies

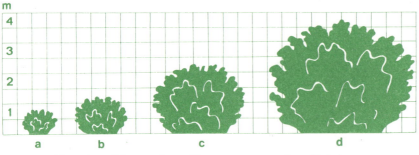

Abb. 345 Typ „viminalis"
a)
S. × gillotii,
S. myrsinites;
b)
S. elaeagnos 'Angustifolia',
S. glauca,
S. g. var. acutifolia,
S. gracilis,
● S. hastata,
S. medwedewii,
● S. moupinensis;
c)
S. cordata,
S. fargesii,
● S. hastata 'Wehrhahnii',

S. magnifica,
● S. melanostachys,
S. phylicifolia,
● S. purpurea × repens 'Haga',
S. syrticola,
S. × tsugaluensis,
S. × t. 'Ginme';
d)
S. acutifolia,
S. aegyptiaca,
S. amygdalina,
● S. aurita,
S. fragilis 'Bullata',
S. interior (manchmal),
S. irrorata,

S. mollissima,
● S. myrsinifolia,
S. nigra (manchmal),
S. n. var. falcata (manchmal),
S. rigida,
● S. viminalis,
S. v. 'Gigantea', 'Cinnamomea', 'Regalis'

Abb. 347 Blätter Salix
a)
S. matsudana;
b)
S. acutifolia,
S. alba,
S. candida,
S. interior,
S. medwedewii;
c)
S. acutifolia 'Pendulifolia',
S. babylonica,
S. elaeagnos,
S. viminalis;
d)
S. × blanda;
e)
S. × stipularis;
f)
S. daphnoides,
S. nigra,
S. sericea;
g)
S. irrorata;
h)
S. hookeriana;
i)
S. amygdalina,
S. pyrifolia,
S. × smithiana;
j)
S. ehrhartiana,
S. fragilis,
S. lucida,
S. × meyeriana,
S. pentandra;
k)
S. cinerea,
S. purpurea,
S. sitchensis;
l)
S. aegyptica;
m)
S. × balfourii (oft auch kleinere Blattspreite),
S. caprea,
S. hastata (sehr veränderliche Blattspreite),

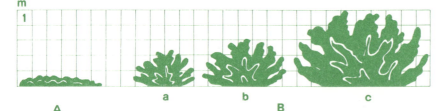

Abb. 346
A) Typ „retusa"
S. arctica,
S. formosa (manchmal),
S. herbacea,
S. myrtilloides,
S. petrophila,
S. polaris (nahe der Erdoberfläche),
● S. reticulata (nahe der Erdoberfläche),
● S. retusa an der Erdoberfläche),

● S. serpyllifolia (an der Erdoberfläche),
● S. × simulatrix,
S. uva-ursi (nahe der Erdoberfläche),
S. vestita (nahe der Erdoberfläche)
B) Typ „repens"
a)
S. apoda,
S. × cottetii,
S. × grahamii,
● S. purpurea 'Gracilis';

b)
S. formosa,
S. pyrenaica;
c)
S. × ambigua,
● S. aurita 'Auricula',
● S. bicolor 'Xanthia',
S. hookeriana,
S. interior,
● S. repens,
● S. r. var. nitida,
● var. rosmarinifolia

a) *S. alba*,
S. fragilis;
b) *S. pentandra*;
c) *S. triandra*;
d) *S. daphnoides*;
e) *S. eleagnos*;
f) *S. purpurea*;
g) *S. viminalis*;
h) *S. appendiculata*,
S. caprea;
i) *S. glaucosericea*,
S. hastata;
j) *S. nigricans* =
S. myrsinifolia;
n)
S. myrtilloides,
S. polaris;
o)
S. serpyllifolia;
p)
S. × cottetii,
S. retusa;
q)
S. caesia,
S. vestita;
r)
S. discolor,
S. fargesii,
S. moupinensis;
s)
S. cordata,
S. syrticola;
t)
S. myrsinites,
S. phylicifolia;
u)
S. helvetica,
S. lapponum,
S. repens;
v)
S. × boyfii,
S. herbacea,
S. × simulatrix,
S. reticulata;
x)
S. × ambigua,
S. aurita;
y)
S. pyrenaica
(Quadrat 1 × 1 cm)

Abb. 348 Kätzchen *Salix*
A) kurz und breit walzenförmig
a)
S. × *ambigua*,
S. *apoda* (w),
S. *aurita* (m),
S. *babylonica* (w),
S. × *boydii*,
S. × *cottetii*,
S. *friesiana*,
S. *gracilis* (m),
S. *irrorata*,
S. *matsudana*, Sorten (w),
S. *melanostachys*,
S. *myrtilloides*,
S. *polaris*,
S. *pyrenaica*,
S. *pyrifolia* (m),
S. *repens*, Varietäten (m),
S. *retusa*,
S. *sericea*,
S. *serpyllifolia*,
S. × *simulatrix*,
S. *uva-ursi* (m);

b)
S. *aurita* (w),
S. *candida*,
S. *daphnoides*,
S. d. 'Latifolia',
S. *elaeagnos*,
S. *jessoensis*,
S. *lapponum*,
S. *lasiandra* (m),
S. *matsudana*, Sorten (m),
S. *medwedewii*,
S. *phylicifolia* (m),
S. *rehderiana*,
S. *reticulata*,
S. *viminalis*, Sorten;
c)
S. *aegyptica*,
S. *apoda* (m),
S. *discolor* (m),
S. × *mollissima*,
S. *smithiana*,
S. × *stipularis*

(das Geschlecht wird nur dann unterschieden, wenn es Differenzen in der Blütenstandlänge gibt; bei den weiblichen Kätzchen ist die Länge zur Fruchtzeit wiedergegeben)

B) schmal und länglich walzenförmig
a)
S. × *blanda*,
S. *formosa*,
S. *myrsinifolia* (m),
S. *petrophila*,
S. *purpurea*, Sorten und Varietät,
S. *rigida* (m – manchmal);
b)
S. *arctica*,
S. *babylonica* (m),
S. × *calliantha*,
S. *cordata* (manchmal),
S. *fragilis* (m),
S. *gracilis* (w),
S. *gracilistyla* (m),
S. *interior* (m),
S. × *tsugaluensis*,
S. *uva-ursi* (w),
S. *vestita*;
c)
S. *amygdaloides* (m),
S. × *balfourii* (m),
S. *caprea* (m),
S. *cinerea* (m),
S. *ehrhartiana* (m),
S. *elegantissima*,
S. *glauca*,
S. *hastata*, S. *helvetica*,
S. *hookeriana* (m),
S. *interior* (w),
S. *lantana* (m),
S. × *meyeriana* (m),
S. *miyabeana*,
S. *myrsinites*,
S. *nigra* (m),
S. *pentandra* (w),
S. *repens*, Varietäten (w),
S. *rigida* (m),
S. *sachalinensis*,
S. *sitchensis*;
d)
S. *acutifolia* (m),
S. *alba*, Sorten,
S. *amygdalina*,
S. × *balfourii* (w),
S. *caprea* (w),
S. *cordata*,
S. *dasyclada*,
S. *ehrhartiana* (w),
S. *fragilis* (w),
S. *lucida*,
S. *myrsinifolia* (w),
S. *pentandra* (w),
S. *phylicifolia* (w),
S. *rigida* (w),
S. × *rubens*;
e)
S. *cinerea* (w),
S. *discolor* (w),
S. *moupinensis* (m),
S. *nigra* (w),
S. *pyrifolia* (w),
S. *syrticola*;
f)
S. *daphnoides* var. *pomeranica*,
S. × *erdingeri* (w),
S. *gracilistyla* (w),
S. *lantana* (w);
g)
S. *amygdaloides* (w);
h)
S. *fargesii* (w),
S. *hookeriana* (w),
S. *magnifica* (m),
S. *moupinensis* (w),
S. *phanera*

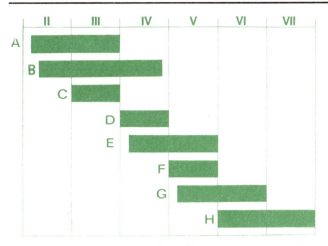

Abb. 349 Blütezeit Salix
A) *S. acutifolia,*
S. aegyptica,
S. × calliantha,
S. daphnoides;

B) *S. dasyclada,*
S. discolor;

C) *S. caprea,*
S. sachalinensis,
S. sericea,
S. sitchensis;

D) *S. × ambigua,*
S. apoda, S. arctica,
S. aurita,
S. × balfourii,
S. × blanda,
S. candida,
S. cinerea,
S. herbacea, S. lapponum,
S. lasiandra,
S. medwedewii,
S. myrsinifolia,
S. myrsinites,
S. phylicifolia,
S. rehderiana,
S. rigida,
S. × smithiana,
S. stipularis, S. syrticola,
S. × tsugaluensis;

E) die meisten Arten, Kreuzungen, Varietäten und Sorten;

F) *S. × boydii,*
S. formosa,
S. magnifica,
S. reticulata;

G) *S. ehrhartiana,*
S. pentandra,
S. retusa;

H) *S. glauca*

romantisch geheimnisvoll bis melancholisch. Viele strauchige Typen beleben die Parkkompositionen mit ihren farbigen Trieben besonders in den Wintermonaten. Sie haben in der Landschaft eine große Bedeutung beim Befestigen von Ufern und exponierten Abhängen, beim Begrünen nasser Standorte und als vorübergehende Deck- und Füllsträucher. Der „Retusa-Typ" sieht sehr schön in Steingärten, auf Terrassen (in Pflanzgefäßen) und Heidepartien aus; der „Repens-Typ" eignet sich für größere alpine Anlagen und Heidelandschaften. Trockenheit vertragende Arten (besonders *S. alba, S. caprea, S. daphnoides, S. elaeagnos* und *S. repens*) sind ausgezeichnete Pioniergehölze für wenig fruchtbare Böden. Für die Korbflechterei werden selbständige Bestände (Weidenheger) angelegt. Sehr wichtig sind die Weiden für den Imker. Die „Kätzchen" sind ein wichtiger und beliebter Vasenschmuck und ein effektvolles Material für die Blumenbindekunst.

sind verunstaltete Blätter und verkürzte besenwuchsförmige Triebe (sofort abschneiden und verbrennen). Manchmal stellt sich auch ein Befall durch Schild- oder Rindenläuse ein. Weitere nennenswerte Krankheiten und Schädlinge kommen kaum vor. Wildverbiß ist nur vereinzelt bei jüngeren Pflanzen festzustellen.

Verwendung

Baum- und auch Strauchtypen eignen sich sowohl für Solitär- als auch Gruppenpflanzungen. Besonders kommen sie auf feuchten Standorten, Uferpartien usw. zur Geltung. Sie harmonieren mit fast allen Laubgehölzen, besonders mit feuchtigkeitsliebenden und mit Fichten. Für kleinere Anlagen eignen sich nur einige Strauchtypen. Sehr beliebt sind alle Trauerweiden. Mit ihrer meist hellen Belaubung geben die *Salix*-Arten, hauptsächlich in den Frühjahrsmonaten, den einzelnen Szenerien einen „leichten und optimistischen" Charakter. Alte, hohle und malerisch verflochtene Weiden wirken

Sambucus L. – Holunder
(*Caprifoliaceae*)

Sommergrüne Sträucher oder kleinere Bäume, einige Arten auch Stauden. Etwa 20 Arten sind von den gemäßigten bis in die tropischen Zonen beider Halbkugeln verbreitet. Schnell heranwachsende Pflanzen.
Zierwert: Laub (IV–XI), Blüte (IV bis VIII), Früchte (VIII–X).

Habitustypen

„Arborescens-Typ": baumartiger Strauch oder Bäumchen mit halbkugeliger ausladender Krone und verzweigtem Stamm (Abb. 350),
„Nigra-Typ": ungleichmäßig ausgebreiteter, mitteldichter bis lockerer, breit halbkugeliger mehrstämmiger Strauch, die bodennahen Partien meist kahl (Abb. 351),
„Racemosa-Typ": länglich breit aufstrebend, schmalerer Strauch als der vorige Typ, Konturen ungleichmäßig (Abb. 352 A),
„Pyramidalis-Typ": schmal kegelförmig aufrechter Strauch, oben abgerundet, bis zur Erde verzweigt, Zweige aufstrebend, dicht (Abb. 352 B),
„Pendula-Typ": Bäumchen mit schlanken Stämmchen und gleichmäßig schirmförmig überhängender, ziemlich dichter Krone (Abb. 353 C),
„Nana-Typ": niedriges, breit halbkugeliges Sträuchlein, Konturen unregelmäßig (Abb. 353 B),
„Prostrata-Typ": bodennahes, kriechend-aufstrebendes, dichtes Sträuchlein (Abb. 353 B).

Textur

Bei den meisten *Sambucus*-Arten grob, aus größerer Entfernung sind die einzelnen Blätter gut unterscheidbar, und

Wissenschaftlicher Name	Deutscher Name	Natürliche Verbreitung bzw. Entstehungsort	Frosthärte
S. callicarpa GREENE		Kalifornien, Oregon	+, ⌒
● *S. canadensis* L.	Kanadischer Holunder	N-Amerika	++
S. coerulea RAF.	Blauer Holunder	N-Amerika	+, ⌒
var. *neomexicana* A. NELSON		Arizona – New Mexico	++
var. *velutina* JOHNST.		Kalifornien	⌒, ⌒⌒
S. glauca NUTT. = *S. coerulea*			
S. kamtschatica E. WOLF	Kamtschatka-Holunder	Kamtschatka	++
S. melanocarpa A. GRAY	Schwarzer Trauben-Holunder	N-Amerika	+, ⌒
S. microbotrys RYDB.		SW-USA	++
● *S. nigra* L. (Abb. 284 f)	Schwarzer Holunder	Europa, Kaukasus, Kleinasien, N-Afrika	++
S. pubens MICHX.		N-Amerika	++
● *S. racemosa* L.	Trauben-Holunder, Hirsch-H., Berg-H.	Europa, Kleinasien bis N-China	++
var. *melanocarpa* McMINN = *S. melanocarpa*			
S. sieboldiana (MIQ.) GRAEBN.		Japan, China	++

Abb. 350 Typ „arborescens"
● *S. nigra* (manchmal),
S. sieboldiana (manchmal)

auch die ziemlich dicken, steif gestellten Hauptzweige sind in der Belaubung sichtbar. Nur manche gefiedert- und geteiltblättrigen Sorten haben ein zierlicheres und kompakteres Aussehen.

Laub

Blätter gegenständig, unpaarig gefiedert, Blättchen gesägt, verschieden groß und unterschiedlich geformt (Abb. 354). Blattspreite meist grünlich, aber auch anders gefärbt.

Abb. 351 Typ „nigra"
a)
S. microbotrys,
S. nigra 'Rotundifolia';
b)
S. callicarpa,
● *S. canadensis* 'Aurea',
S. c. 'Acutiloba',
'Chlorocarpa',
S. glauca,
S. g. var. *neo-mexicana*,
S. nigra 'Albopunctata',
S. n. 'Albovariegata',
● 'Aurea',

'Aureomarginata',
● 'Laciniata',
'Latisecta',
'Linearis',
'Luteovariegata',
S. pubens 'Dissecta',
S. p. 'Xanthocarpa';
c)
● *S. canadensis*,
● *S. c.* 'Maxima',
'Rubra',
var. *submollis*,
S. × fontenaysii,
S. melanocarpa,

S. m. 'Fuerstenbergii',
● *S. nigra*,
S. n. 'Alba',
● 'Glanzblatt',
'Marginata',
'Plena',
'Riese aus Vossloch',
'Rosiflora',
'Viridis',
S. pubens,
S. p. 'Leucocarpa',
S. sieboldiana

Blattfarbe:

Hellgrün
S. canadensis, S. c. 'Maxima', 'Rubra', var. *submollis, S. microbotrys, S. nigra* 'Viridis', *S. sieboldina.*

Grün
S. callicarpa, S. kamtschatica, S. pubens und Sorten, *S. racemosa* und die meisten Sorten, *S. r.* 'Plumosa' (beim Austrieb violett), 'Tenuifolia' (beim Austrieb eine violette Tönung).

Graugrün
S. caerulea var. *neomexicana.*

Blaugrün
S. × fontanaysii, S. caerulea.

Dunkelgrün
S. canadensis 'Acutiloba', *S. melanocarpa, S. nigra* und die meisten Sorten, *S. n.* 'Glanzblatt' (auffallend glänzend).

Gelbgrün
S. canadensis 'Chlorocarpa'.

Gelb
S. canadensis 'Aurea', *S. nigra* 'Aurea', *S. racemosa* 'Plumosa Aurea'.

Gelbbunt
S. nigra 'Aureomarginata' (gelb gesäumte Blättchen), *S. n.* 'Luteovariegata', 'Marginata' (beim Austrieb goldgelb gesäumt, später weißlich gelb).

Weißbunt
S. nigra 'Albopunctata', *S. n.* 'Albovariegata'.

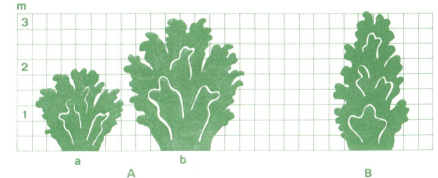

Abb. 352
A) Typ „racemosa"
a)
S. kamtschatica,
S. racemosa 'Moerheimii',
● *S. r.* 'Plumosa Aurea',
'Tenuifolia';

b)
● *S. racemosa*,
S. r. 'Laciniata',
'Ornata',
'Plumosa'

B) Typ „pyramidalis"
S. nigra 'Pyramidalis'

Herbstfärbung nicht sehr auffallend.

Blüte und Blütenstand

Zur Blütezeit sind die *Sambucus*-Arten meist sehr dekorativ und auffallend. Kleine Blütchen 5-, selten auch 3- bis 4zählig, mit winzigem Kelch, radförmiger Krone, überwiegend gelbweiß oder mit einer fast unscheinbaren gelbgrünen Tönung; nur die Knospen von *S.* × *fontenaysii* sind rötlich und die Blüten von *S. microbotrys* reinweiß. Sie bilden endständige Doldentrauben oder Rispen, die in folgende Typen eingeteilt werden: tellerartiger Blütenstand (Abb. 355), flach kugeliger (Abb. 356 B) und eine breite, dichte, kegelförmige Rispe (Abb. 356 A). Die Blütezeit gehört zu der effektvollsten Zeit dieses Gehölzes. Je nach der Art liegt sie zwischen April und August (Abb. 357).

Frucht und Fruchtstand

Kleine beerenartige Steinfrucht mit 3 bis 5 einsamigen Nüßchen, rundlich, 4 bis 8 mm dick, verschieden gefärbt.

Fruchtfarbe:
Weißlich
S. nigra 'Alba', *S. pubens* 'Leucocarpa'.
Gelblich
S. pubens 'Xanthocarpa'.
Grün
S. nigra 'Viridis'.
Hellrot
S. canadensis 'Rubra'.
Rot
S. callicarpa (scharlachrote Tönung), *S. kamtschatica*, *S. microbotrys* (orangefarbene Tönung), *S. pubens*, *S. p.* 'Dissecta', *S. racemosa* und Sorten, *S. sieboldiana*.
Rotbraun
S. melanocarpa 'Fuerstenbergii'.
Purpurschwarz
S. canadensis und die meisten Sorten, *S. caerulea* (stark bereift).
Schwarz
S. × *fontenaysii* (bläulich bereift), *S. melanocarpa*, *S. nigra* und die meisten Sorten (anfangs rötlich, glänzend).

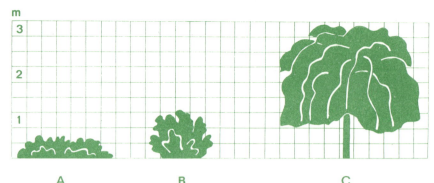

Abb. 353
A) Typ „prostrata"
S. nigra 'Pendula'
(nicht veredelt)

B) Typ „nana"
S. nigra 'Nana'

C) Typ „pendula"
S. nigra 'Pendula'
(Stammveredlung)

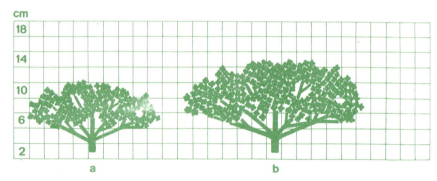

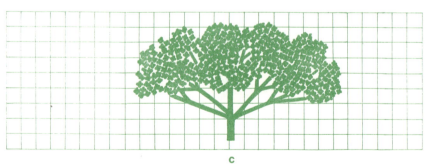

Abb. 355   Blütenstand
Sambucus
Tellerförmig
a)
S. glauca;
b)
S. nigra, Sorten;
c)
S. racemosa,
Sorten und Varietäten,
S. × *fontenaysii*

Abb. 354 Blätter
Sambucus
a) *S. nigra*;
b) *S. nigra* 'Laciniata' (Teil des Blattes);
c) *S. racemosa*;
d) *S. glauca* (Quadrat 1 × 1 cm)

Die Form der Fruchtstände entspricht der der Blütenstände: lockere und flach kugelige (Abb. 358), dicht halbkugelige (Abb. 359 B) und dicht breit kegelförmige (Abb. 359 A). Früchte von *S. nigra* sind verarbeitet genießbar und medizinisch wirksam.

Stämmchen, Zweige und Wurzelsystem

Stämmchen wie auch Zweige dick, hell graubraun, mit auffallenden Lentizellen und einem gut ausgebildeten, vollen Mark, ziemlich steif aufgestellt und an den Enden dicht verzweigt. Wurzelsystem sehr flach verlaufend, gut verzweigt und bei manchen Arten (besonders bei *S. nigra*) ausgebreitet bis ausläufertreibend.

Ansprüche

Sie wachsen ebenso gut in voller Sonne wie im Schatten (außer *S. caerulea* und gelbbunte Sorten aller Arten, die wir höchstens in Halbschatten, aber besser in volle Sonne pflanzen). An die Bodenart stellen sie keine Ansprüche, besonders wenn diese angemessen feucht und locker sind (Trockenheit vertragen *S. racemosa*, *S. nigra* und in schweren Böden noch *S. canadensis*). Natürlich sind sie besonders auf stickstoffreichen Böden (Mist- und Kompostplätze, Rieselfelder, unter Robinien usw. verbreitet und gelten als Nitratanzeiger (bes. *S. nigra*). Alle Arten sind kalkverträglich. Einen höheren Salzgehalt im Boden verträgt sehr gut *S. nigra*. Die angeführten *Sambucus*-Arten sind in Mitteleuropa winterhart, nur für *S. caerulea* suchen wir einen geschützten und warmen Standort (Winterschutz ist zweckmäßig). Verunreinigte Luft wird von allen Arten vertragen.

Pflege

Pflanzung im unbelaubten Zustand im Frühjahr oder Herbst. Eine besondere Pflege brauchen *Sambucus*-Arten nicht. Überalterte Sträucher werden je nach Bedarf ausgelichtet, indem die ältesten Zweige (Stämmchen) bis zum Boden abgeschnitten werden. Auch kann man eine radikale Verjüngung durchführen (sehr gute Regenerationsfähigkeit). *S. nigra* kann zu einem lästigen Unkraut werden, so daß man von Anfang an Ausläufer und massenhaft auftretende Sämlinge (Verbreitung durch Vögel) beseitigen muß. Ein Umpflanzen älterer Exemplare ist überflüssig. Krankheiten und Schädlinge kommen kaum vor, wobei die Blattläuse, besonders die Schwarze Bohnenlaus manchmal in größerer Anzahl auftreten kann (Spritzungen mit Methamidophos-, Dimethoat- oder Parathion-methyl-Präparaten). *Sambucus* wird auch zum Teil stark von Spinnmilben befallen (zur Bekämpfung können Methamidophos-, Dimethoat-, Dicofol-Präparate oder andere Akarizide eingesetzt werden). Regelmäßig ist auf das Vorkommen von Viruskrankheiten zu achten (erkrankte Pflanzen sind sofort zu beseitigen). Blattfleckenkrankheiten erscheinen nur im begrenzten Maße (das Bekämpfen ist nicht nötig). Unter Wildverbiß leiden die Pflanzen nicht.

Verwendung

Alle *Sambucus*-Arten eignen sich für Solitärpflanzungen und sind hauptsächlich zur Blüte- und Fruchtzeit sehr auffallend. Sehr geeignet sind die Wuchsformen der „Pyramidalis-", „Pendula-" und „Nana-Typen" sowie auch die buntblättrigen und gefiederten Abweichungen, die aber nur beim Betrachten aus nächster Nähe wirksam werden. Auffallend sind auch die rotfrüchtigen Arten. Die Arten wer-

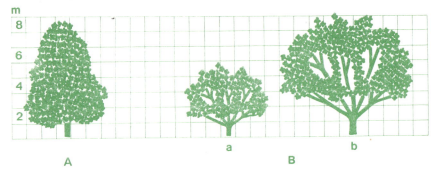

Abb. 356 Blütenstand *Sambucus*
A) breite, dichte, kegelförmige Rispe
S. pubens, Sorten,
S. racemosa, Sorten,
S. sieboldiana

B) flach kugelig
a)
S. microbotrys;
b)
S. callicarpa,
S. kamtschatica,
S. melanocarpa

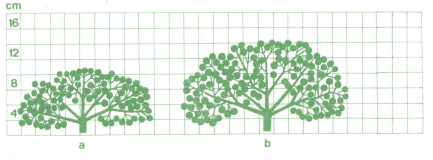

Abb. 358 Fruchtstand *Sambucus*
Locker und flach kugelig
a)
S. glauca;

b)
S. nigra, Sorten;
c)
S. canadensis, Sorten und Varietät,
S. × fontenaysii

Abb. 357 Blütezeit
Sambucus
A) *S. callicarpa*;
B) *S. kamtschatica*,
S. racemosa,
S. sieboldiana;
C) *S.* × *fontenaysii*;

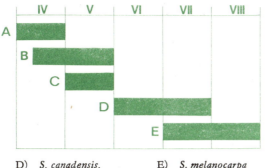

D) *S. canadensis*,
S. glauca,
S. microbotrys,
S. nigra,
S. pubens;

E) *S. melanocarpa*

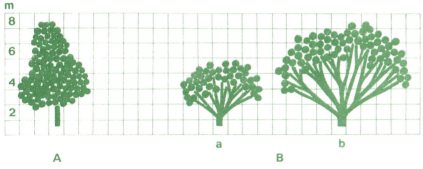

Abb. 359 Fruchtstand
Sambucus
A) dicht breit kegelförmig
S. pubens, Sorten (meist etwas lockerer gebaut),
S. racemosa, Sorten,
S. sieboldiana

B) dicht halbkugelig
a)
S. microbotrys;
b)
S. callicarpa,
S. kamtschatica,
S. melanocarpa

Santolina L. – Heiligenkraut *(Compositae)*

Immergrüne aromatische Sträucher und Halbsträucher. Im Mittelmeerraum wachsen etwa 8 Arten, von denen für Mitteleuropa nur folgende Bedeutung haben: *S. chamaecyparissus* L. und *S. rosmarinifolia* L. (Syn. *S. virens* MILL., *S. viridis* WILLD.). Etwa 30–60 cm hohe Sträuchlein mit niederliegend-aufstrebenden Zweigen, Blätter fein fiederschnittig, kammförmig angeordnet, dicht, Blüten alle röhrenförmig, in Köpfchen, gelb. Blütezeit: Juli/August. Leicht und schnell heranwachsende Halbsträucher für sonnige und trockene Lagen (sonst frostempfindlich), hauptsächlich für Steingärten und Staudenbeete. Stellen keine besonderen Ansprüche.

Sarcococca LINDL. – Fleischbeere *(Buxaceae)*

Immergrüne, in Mitteleuropa nur niedrige kahle Sträucher. Insgesamt existieren etwa 5 Arten in Indien, China und Malaysia. Für Mitteleuropa eignen sich zwei: *S. confusa* DEALY und ● *S. humilis* (REHD. et WILS.), STAPF ex SEALY. Die erstgenannte Art ist ein aufrechter, etwa 1 m hoher Strauch, die zweite nur 0,5 m und ausläufertreibend. Blätter elliptisch bis elliptisch-lanzettlich, 2,5–6 cm lang, dunkelgrün, glänzend, ledrig. Blüten in achselständigen Trauben, weißlich, stark duftend, ohne Petalen. Blütezeit: Januar bis März. Frucht eine kugelige, 6 mm dicke, schwarze Beere. Empfindliche Sträucher, für warme, geschützte, halbschattige bis schattige Standorte und nahrhafte, humose Böden. Winterschutz ist nötig, besonders bei Schnee-

den hauptsächlich in Gruppenpflanzungen verwendet. Sie eignen sich besonders für Pflanzungen in der Landschaft als Deck- und Füllstrauch (Schutzpflanzungen). In kleineren Parkanlagen und Gärten verbreiten sie sich unkrautartig (besonders *S. nigra*) und unterdrücken alle wertvolleren Gehölze, weshalb man dort auf sie verzichtet. *Sambucus*-Arten sollten hauptsächlich dort ausgepflanzt werden, wo andere Gehölze nicht gedeihen (schlechte Böden, Trockenheit, Schatten usw.) Mit ihren in jedem Herbst anfallenden Laubmassen reichern sie den Boden mit Humus an und wirken so sehr bodenverbessernd. Blütenstände und Früchte von *S. nigra* haben Konsum- und Heilbedeutung.

mangel. Liebhaberbedeutung für Steingärten als Unterholz oder als niedrige Zwischenpflanzung.

Sasa MAK. et SHIBATA – Zwergbambus *(Gramineae)*

Strauchige oder halbstrauchige Gräser. Etwa 70 Arten sind in Ostasien beheimatet. Für Mitteleuropa haben folgende eine Bedeutung: *S. palmata* (BURBRIDGE) A. CAMUS (Syn. *S. senanensis sensu* REHD.), *S. tessellata* (MUNRO) MAK. et SHIBATA (Syn. *Arundinaria tessellata* BEAN.), *S. veitchii* (CARR.) REHD. (Syn. *Arundinaria albomarginata* MAK., *S. veitchii* N. E. BR.). Die Halmbüschel meist 0,5 bis 1 m hoch, bei *S. palmata* bis 2 m, bambusartiges Aussehen, Halme röhrig und mit 1–2 Seitentrieben an jedem Knoten. Blätter an den Triebenden gehäuft, lang zugespitzt oder spitz lanzettlich, hellgrün, 8–15 cm lang (bei *S. palmata* bis 30 cm und bei *S. tessellata* bis 60 cm). Blütenknospen frei, mit 2–9blütigen Ährchen. Wie alle Bambusgewächse brauchen sie einen nahrhaften, lehmigen bis sandig-lehmigen Boden mit ausreichender Feuchtigkeit und einen geschützten Standort (am besten als Unterholz). Liebhaberbedeutung.

Sassafras TH. NEES et EBERM. – Fieberbaum *(Lauraceae)*

Sommergrüne aromatische Bäume. Insgesamt sind 3 Arten bekannt, in Mitteleuropa kann aber nur die nordamerikanische *S. albidum* (NUTT.) NEES (Syn. *S. officinale* var. *albidum* BLAKE) kultiviert werden. Bäume 10–12 m hoch, manchmal nur ausläufertreibende Sträucher. Borke am Stamm tief gefurcht; Blätter eiförmig bis elliptisch, 8–12 cm lang, ganzrandig, oder im oberen Teil 1–3lappig, lebhaft grün, im Herbst scharlachrot. Blüten gelb, 7 mm breit, in 3–5 cm langen Trauben. Blütezeit: April/Mai. Frucht eine eiförmige, 1 cm lange, blauschwarze und bereifte Steinfrucht. Die var. *molle* (RAF.) FERN. ist mehr behaart. Verlangt eine freie, aber geschützte Lage, tiefe, nahrhafte, sandiglehmige und durchlässige Böden. Umpflanzen wird schlecht vertragen. In der Jugend treten unter mitteleuropäischen Bedingungen leicht Frostschäden auf. Ältere Exemplare sind sehr effektvolle Solitärpflanzen, insbesondere im Herbst. Liebhaberbedeutung.

Schisandra MICHX. *(Schisandraceae)*

Immer- oder sommergrüne, windende, mehr oder weniger aromatische Sträucher. Es existieren 24 Arten in Ost- und Südasien. Für Mitteleuropa haben nur *S. chinensis* (TURCZ.) BAILL. (Abb. 360 a), *S. repanda* (S. et Z.) C. A. SMITH und *S. sphenanthera* REHD. et WILS. Bedeutung. Windende Sträucher 3–7 m hoch, alle sommergrün, Blätter wechselständig, schwach gestielt, ganzrandig oder gezähnt, zugespitzt eiförmig bis fast rundlich, 5 bis 10 cm lang, glänzend grün. Blüten zweihäusig, etwa 1,5 cm im Durchmesser, einzeln oder zu 2–3 achselständig, weißlich bis rosa, bei *S. sphenanthera* orangefarben, duftend. Blütezeit: April–Juni. Früchte beerenartig in Trauben, bei *S. repanda* schwarz, sehr dekorativ und mit hohem Vitamin-C-Gehalt. Pflanzen lieben eine etwas schattige, geschützte Lage, tiefe, humose und lockere Böden, am besten Waldbedingungen. Eignen sich zum Bekleiden von Lauben, alten Bäumen und Wänden. Liebhaberbedeutung.

Schizophragma S. et Z. – Spalthortensie *(Saxifragaceae)*

Sommergrüner Kletterstrauch, nur 3 asiatische Arten. Für Mitteleuropa eignet sich *S. hydrangeoides* S. et Z., die mit ihren Luftwurzeln bis 10 m hoch klettern kann. Blätter gegenständig, langgestielt, 7–12 cm lang, rundlich eiförmig, hellgrün. Weiße Blüten in lockeren, 15–20 cm breiten Doldentrauben, die sterilen Randblüten nur mit einem vergrößerten Kelchblatt. Blütezeit: Juli. Frucht eine kreiselförmige Kapsel. Ansprüche, Pflege und Verwendung ähnlich wie bei *Hydrangea anomala* ssp. *petiolaris*.

Securinega COMM. ex JUSS. – Hartholz *(Euphorbiaceae)*

Sommergrüne Sträucher, verbreitet in Asien, Südeuropa, Afrika, Mittel- und Südamerika. Es sind etwa 10 Arten bekannt. Für Mitteleuropa hat nur *S. suffruticosa* (PALL.) REHD. (Syn. *ramiflora* MUELL. ARG., *S. flueggeoides* MUELL. ARG.) Bedeutung. Ein etwas starrer, 1–2 m hoher Strauch mit dünnen, bräunlichen oder gelbgrünen Zweigchen. Blätter elliptisch, bis 6 cm lang, Blüten klein, grünlich, männliche in kleineren Büscheln, weibliche einzeln, etwa 3 mm groß. Blütezeit: Juli/August. Frucht eine kugelige, grünliche, etwa 5 mm breite Kapsel. Stellt keine besonderen Ansprüche, liebt Sonne. Junge Triebe erfrieren oft bis zum Boden, aber die Regenerationsfähigkeit ist gut.

Shepherdia Nutt. – Büffelbeere *(Elaeagnaceae)*

Sommer- oder immergrüne Sträucher. Es existieren 3 nordamerikanische Arten, von denen sich die beiden sommergrünen Arten und ihr Bastard für Mitteleuropa eignen: *S. argentea* (Pursh), *S. canadensis* (L.) Nutt. und *S. × gottingensis* Rehd. Sie werden in Mitteleuropa 2–3 m hoch, sind etwas starr und bewehrt (*S. canadensis* nicht dornig). Blätter schmal länglich (bei *S. canadensis* eiförmig), bis 6 cm lang, gegenständig, silbrig schuppig, auch bei jüngeren Trieben, Blüten unscheinbar, gelblich. Blütezeit: März/April. Früchte beerenartig, eiförmig, etwa erbsengroß, rot oder gelbrot, süßsauer, sehr dekorativ, eßbar und zur Gelee-Herstellung geeignet. Ansprüche, Pflege und Verwendung ähnlich wie bei *Hippophae*. Da es sich um ein zweihäusiges Gehölz handelt, muß man zur Erzeugung von Früchten Pflanzen von beiden Geschlechtern kultivieren.

Shibataea Mak. *(Gramineae)*

Bambusartiges Gras, verwandt mit *Phyllostachys*. Es sind zwei asiatische Arten bekannt. Für Mitteleuropa hat nur *S. kumasaca* (Zoll.) Nakai Bedeutung. Dieses sehr dichte Bambusgewächs wird etwa 1 m hoch und ist dem *Phyllostachys* sehr ähnlich. Auch die Ansprüche, Pflege und Verwendung sind die gleichen.

Abb. 360
a) *Schizandra chinensis;*
b) *Smilax rotundifolia;*
c) *Sophora japonica;*
d) *Sorbus aucuparia*

Sibiraea MAXIM. – Blauspiere *(Rosaceae)*

Sommergrüne, niedrige Sträucher. Es sind 2 Arten bekannt, die in Südosteuropa, Sibirien und Westchina verbreitet sind. Beide können in Mitteleuropa kultiviert werden: *S. altaiensis* (LAXM.) SCHNEID. (Syn. *S. laevigata* [L.] MAXIM.) und *S. tomentosa* DIELS. Etwas starre, 40–60 cm hohe Sträucher, Blätter wechselständig, ganzrandig, länglich eiförmig, 4–10 cm lang, an Kurztrieben gehäuft. Blüten zweihäusig, weiß oder grünlich gelb, in rispenförmigen Trauben. Frucht eine längliche Balgkapsel. Es existiert *S. laevigata* var. *angustata* REHD. mit schmal lanzettlichen Blättern und var. *croatica* (DEGEN) SCHNEID. mit fast sitzenden Blättern. Ansprüche, Pflege und Verwendung ähnlich wie bei *Spiraea*. Liebhaberbedeutung.

Sinofranchatia HEMSL. *(Lardizabalaceae)*

Sommergrüner windender Strauch, ähnlich *Akebia*. Es ist nur eine chinesische Art bekannt: *S. chinensis* (FRANCH.) HEMSL. Windet sich 5 bis 10 m hoch, junge Triebe und Blattstiele sind rötlich, Blätter dreiteilig, Blättchen 6–10 cm lang, breit eiförmig, ganzrandig, dunkelgrün. Blüten klein, weiß, in etwa 10 cm langen Trauben. Blütezeit: Mai. Früchte sind kugelige, lilafarbige, etwa 1,5 cm lange Beeren. Ansprüche, Pflege und Verwendung ähnlich wie bei *Akebia*. Liebhaberbedeutung.

Sinowilsonia HEMSL. *(Hamamelidaceae)*

Sommergrüner Strauch oder kleiner Baum. Zur Gattung gehört nur eine chinesische Art: *S. henryi* HEMSL. Etwa 5 m hoch. Blätter länglich eiförmig bis rundlich und zugespitzt, fein gezähnt, 10–18 cm lang und 6–11 cm breit. Blüten grün, auffallend. Frucht eine holzige, etwa 1 cm lange Kapsel. Ansprüche, Pflege und Verwendung ähnlich wie bei *Hamamelis*. Liebhaberbedeutung.

Skimmia THUNB. – Skimmie *(Rutaceae)*

Immergrüne, lorbeerartig aussehende Sträucher. Etwa 12 Arten in Ostasien und im Himalajagebiet. Für Mitteleuropa eignen sich *S.* × *formemanii* KNIGHT, ● *S. japonica* THUNB. und *S. repens* NAKAI. Kahle Sträucher, etwa 1,5 m hoch (*S. repens* nur 30 cm und die Zweige niederliegend kriechend), Blätter an den Triebenden quirlartig gedrängt, länglich elliptisch, dunkelgrün, 7–12 cm lang (bei *S. repens* nur 2–8 cm und zugespitzter). Blüten meist zweihäusig, weißlich oder weißgelb, 4- bis 5zählig, 8 mm breit und in endständigen, duftenden, 5–8 cm langen (bei *S. repens* nur 3 cm) Rispen. Blütezeit: April–Juni. Frucht eine kugelige bis eiförmige, erbsengroße, auffallend rote, sehr dekorative Steinfrucht; Fruchtstände haften bis in den Winter auf den Sträuchern. Die Sorte *S.* × *foremanii* 'Rogersii' hat einen schwachen und niedrigen Wuchs und karminrote Früchte, *S. japonica* 'Macrophylla' besitzt größere Blätter und Blütenrispen. Skimmien verlangen Halbschatten bis Schatten, schwere, frische, angemessen feuchte und humose Böden (mit Torfgehalt). Vorgezogen werden auch geschützte und warme Lagen. Ein Schutz vor der Wintersonne ist notwendig. Wirkungsvoll sind Kombinationen mit niedrigeren und auch höheren, schattenwerfenden Nadelgehölzen und *Rhododendron*. Am besten kommen sie in größeren Gruppen als Unterholz oder in Solitärpflanzungen in Steingärten zur Geltung. In Mitteleuropa gedeihen sie in Gebieten mit mäßig kaltem Winter. Zweige und Früchte sind ein sehr schöner Weihnachtsschmuck.

Smilax L. – Stechwinde *(Liliaceae)*

Sommer- oder immergrüne aufrechte Sträucher oder Lianen. Es existieren etwa 200 Arten, beheimatet von den tropischen bis in die gemäßigten Zonen beider Halbkugeln. Für mitteleuropäische Bedingungen haben nur die sommergrünen Arten *S. hispida* MUEHLENB. und *S. rotundifolia* L. (manchmal wintergrün – Abb. 360 b) eine Bedeutung. Beide sind windende Sträucher und werden in ihrer Heimat bis 10 m hoch, in Mitteleuropa bleiben sie viel niedriger. Triebe dornig oder borstig, Blätter breit eiförmig (bei *S. rotundifolius* bis rundlich), 6–15 cm lang, glänzend grün, ganzrandig. Blüten klein, grünlich weiß, zweihäusig und in achselständigen, gestielten Dolden. Blütezeit: Juni. Frucht eine dekorative, kleine, schwarze Beere. Verlangen geschützte Lagen. Winterschutz ist zweckmäßig. Sie sind anspruchslos an den Boden und vertragen ausgezeichnet Trockenheit. Wachsen sehr robust und eignen sich besonders zum Bekleiden von Bäumen. Liebhaberbedeutung.

Solanum L. – Nachtschatten
(Solanaceae)

Kräuter, sommergrüne Sträucher oder Halbsträucher. Es sind über 1500 Arten bekannt, überwiegend aus den Tropen und Subtropen beider Halbkugeln. Unsere einheimische Art ist *S. dulcamara* L. (Bittersüß), ein windender Halbstrauch, bis 2,5 m hoch wachsend, mit kantigen graugelben Trieben. Blätter länglich eiförmig, oft mit basalen Lappen, 4–10 cm lang. Blüten klein, violett. Blütezeit: Juli/August. Früchte sind eiförmige, auffallend rote, 1 cm lange, giftige und dekorative Beeren. Diese Pflanzen wachsen auf jedem etwas feuchten Standort, am besten in Uferpartien.

Sophora L. – Schnurbaum
(Leguminosae)

Sommer- oder immergrüne Bäume, Sträucher oder Halbsträucher. Etwa 20 Arten in Asien und Nordamerika.

● *S. japonica* wächst nur mittelschnell, in 10 Jahren ist sie 2–3 m hoch, in 20 Jahren 3–6 m, in 30 Jahren 6–10 m und in 40 Jahren 10–12 m.
Zierwert: Laub (IV–XI), Blüte (VI bis VIII), Früchte (VII–X).

Habitus

Meist Bäumchen oder Bäume bis 25 m hoch, mit breit ausladender, malerischer Krone, die manchmal säulenförmig (*S. japonica* 'Columnaris') oder hängend ausgebildet ist (*S. japonica* 'Pendula', 'Dot'). Die sehr seltene *S. davidii* ist ein Strauch, *S. flavescens* ein Halbstrauch.

Textur

Zierlich, luftig aufgelockert, beim Hängetyp dicht kompakt vorhangartig.

Laub

Blätter sommergrün, unpaarig gefiedert, mit 7–17 länglich elliptischen, grau- bis hellgrünen Blättchen. Bei *S. japonica* 'Dot' gekräuselt und bei der Sorte 'Albovariegata' weißlich gefleckt.

Blüte und Blütenstand

Blüten klein, typische Schmetterlingsblüten, gelblich weiß (bei *S. davidii* und bei *S. japonica* 'Violacea' mit violetter Tönung), in Trauben oder Rispen, bis 30 cm lang (bei *S. davidii* nur kurz). Blütezeit: Juli/August, *S. davidii* im Juni. Eintritt der Blühreife bei *S. japonica* nach 20–25 Jahren.

Frucht und Fruchtstand

Frucht eine gestielte, walzenförmige Hülse, etwa 5–7 cm lang und bis zum Frost fleischig.

Stamm, Äste und Wurzelsystem

Stamm gerade oder auch etwas gekrümmt, Borke flach und gleichmäßig gefurcht. Triebe dunkelgrün, an der Sonnenseite bräunlich behaart, bald verkahlend (ausgenommen *S. japonica* var. *pubescens*). Zweige bei *S. davidii* verkahlend und verdornend, braun, etwas gestreift und abstehend. Wurzelsystem reich und auch in die Tiefe verzweigt. Bäume im Boden gut verankert.

Ansprüche

Sophora-Arten gedeihen am besten in sonnigen, höchstens halbschattigen Lagen, besser trockeneren als zu feuchten Böden, die tiefgründig, locker, lehmig und nahrhaft sind. Keine besonderen Ansprüche an die Bodenreaktion. Auf armen, trockenen Sandböden ist das Wachstum unbefriedigend (strauchartig). Unter mitteleuropäischen Bedingungen sind alle angeführten Arten winterhart (nur auf feuchten Stellen und in exponierten, rauhen Lagen kommt es bei Jungpflanzen manchmal zu Frostschäden), sie vertragen auch unreine Luft.

Wissenschaftlicher Name	Deutscher Name	Natürliche Verbreitung bzw. Entstehungsort	Frosthärte
S. davidii KOM.	Wickenblatt-Schnurbaum	W-China	++
S. flavescens AIT.		China	++
● *S. japonica* L. (Abb. 360 c)	Japanischer Schnurbaum	China, Korea	++
var. *pubescens* (TAUSCH) BOSSE		wie die Art	++
S. vicifolia HANCE non SALISB. = *S. davidii*			

Pflege

Pflanzung im Frühjahr bzw. auch im Herbst im unbelaubten Zustand. Die weitere Pflege muß in den ersten Jahren darauf gerichtet sein, das Ausbilden eines Leittriebes und geradschaftigen Stammes zu fördern (Schnitt). Ältere Exemplare vertragen ein Umpflanzen schlecht (lange und verzweigte Pfahlwurzel). Nennenswerte Krankheiten und Schädlinge kommen nicht in Betracht. Nur vereinzelt stellen sich Krankheitserreger an Stamm und Zweigen durch *Coniothyrium-*, *Diplodia-*, *Cytospora-* und *Fusarium-*Arten ein; sie führen zum Absterben der Triebe und Zweige (kranke Teile bis ins gesunde Holz zurückschneiden, Kupferpräparate mehrmals während der Vegetation anwenden). Blattfleckenkrankheiten werden verursacht durch *Cladosporium-*, *Macrosporium* u. a. Arten (wir bekämpfen mit Captan-, Zineb-, Maneb-, Mancozeb-, Thiram- oder anderen organischen Fungiziden). *Sophora* ist anfällig für die Rotpustelkrankheit (optimale Wachstumsbedingungen schaffen, befallene Zweige tief ins gesunde Holz zurückschneiden und verbrennen).

Verwendung

Die baumartige Art *S. japonica* eignet sich nur für größere Anlagen, als Solitär und in Gruppen, ihre Sorte 'Pendula', die langsam heranwächst, kann auch in Gärten ausgepflanzt werden. Sie bildet ein wirkungsvolles Solitär in der Nähe von Gebäuden, Terrassen, Treppen, Bänken, in Uferpartien usw. Bäume eignen sich auch als Alleepflanzungen für breitere Straßen (auch in Industriegebieten). Sie harmonieren mit allen Laubbäumen, die mittelgroße, einfache oder gegliederte Blätter besitzen (*Acer*, *Quercus*, *Tilia*, *Ulmus* usw.). Die beiden Straucharten haben Liebhaberbedeutung.

Sorbaria (Ser. ex Dc.) A. Br. – Fiederspiere *(Rosaceae)*

Sommergrüne, ziemlich robuste, ausläufertreibende Sträucher, die Gattung ist mit 7 Arten ist Ostasien vertreten. Für Mitteleuropa eignen sich: *S. aitchisonii* Hemsl., *S. arborea* Schneid., *S. assurgens* Vilm. et Bois, *S. grandiflora* (Sweet) Maxim. (Syn. *S. alpina* Dipp.) und ● *S. sorbifolia* (L.) A. Br. (Syn. *Spiraea sorbifolia* L.). Sträucher 2 bis 3 m hoch (*S. arborea* bis 5 m und *S. grandiflora* nur 50 cm), von *Spiraea* durch einfache unpaarig gefiederte, 25 bis 30 cm lange Blätter unterschieden, Blättchen gesägt, lanzettlich und lang zugespitzt. Blüten klein, weiß, in dekorativen, großen, endständigen, 10 bis 25 cm langen Rispen, nur bei *S. grandiflora* sind die 1–1,5 cm großen Blüten in wenigblütigen Blütenständen zusammengestellt. Rispen aufrecht oder leicht überhängend. Blütezeit: Juni–August. Frucht ist eine Balgfrucht. *S. arborea* var. *glabrata* Rehd. hat kahle Jungtriebe etwas rötlich, var. *subtomentosa* Rehd. hat sie behaart, bei *S. sorbifolia* var. *stellipila* Maxim. ist die Blattunterseite mehr oder weniger behaart.

Sorbaria-Arten wachsen am besten in sonniger Lage, vertragen aber auch vollschattige Standorte. An Bodenverhältnisse sind sie nicht sehr anspruchsvoll, gedeihen in schweren und leichten Böden und vertragen auch Trockenheit. Günstig ist eine geschützte Lage, da sie frühzeitig austreiben und unter Spätfrösten etwas leiden können, was ihre Verwendung aber nicht einschränkt. Ein Winterschutz ist nur bei *S. aitchisonii* zweckmäßig. In sehr strengen Wintern und ungünstigen Lagen können sie bis zur Erde erfrieren, aber sie regenerieren sehr gut. Werden bei heißer trockener Witterung von Spinnmilben befallen. Sie werden wegen ihrer sehr auffallenden Blüte verwendet (diese duftet aber unangenehm) hauptsächlich in Gruppenpflanzungen, oft in Kombination mit Gehölzen, die ebenfalls gefiedertes Laub tragen (*Rhus*, *Sorbus* u. a.) oder mit im Sommer blühenden *Spiraea*-Arten. Für kleinere Anlagen eignen sich diese Sträucher kaum; in größeren Anlagen können sie besonders auf leichten Böden gut als Deck- und Füllstrauch eingesetzt werden. *S. sorbifolia* ist wegen ihrer starken Ausläuferbildung (besonders auf leichten Böden) ein hervorragendes Pioniergehölz.

× *Sorbaronia* Schneid. *(Rosaceae)*

Kreuzungen von *Aronia-* und *Sorbus-*Arten bilden sommergrüne Sträucher oder kleinere Bäumchen. Bisher kennen wir: *S. alpina* (Willd.) Schneid. (Syn. *Sorbus alpina* Heynh.), *S. dipelii* (Zab.) Schneid. (Syn. *Sorbus dipelii* Zab.), *S. fallax* Schneid. (Syn. *Sorbus heterophylla sensu* Dipp., *Aronia heterophylla* Zab.), *S. hybrida* (Moench.) Schneid. (Syn. *Sorbus spuria* Pers.) und *S. sorbifolia* (Poir.) Schneid. (Syn. *Sorbus sargentii* Dipp., *S. sorbifolia* Hedl.). Baumartige Sträucher 2–5 m hoch, Blätter länglich elliptisch, ganzrandig oder verschieden gelappt und gesägt, 3–8 cm lang, oft filzig. Blüten weiß, etwa 8 mm groß, in kleinen und dichten Doldentrauben. Blütezeit: Mai/Juni. Früchte kugelig oder birnenförmig, rot bis schwärzlich. Ansprüche, Pflege und Verwendung ähnlich wie bei *Sorbus*. Liebhaberbedeutung.

38 *Rhododendron* 'Edward S. Rand'
39 *Rhododendron* 'Humboldt'
40 *Rhododendron* 'Le Progres'
41 *Rhododendron* 'Susan'

42 *Rosa rugosa*

43 *Rhododendron repens* 'Gertrud Schäle'
44 *Rhododendron* 'Baden-Baden'
45 *Rhododendron* 'Exburry White'
46 *Rhododendron* 'Homebush'

47 *Rosa multiflora* (Foto: Haenchen)

48 *Rosa rugosa* (Foto: Haenchen)

49 *Rosa hugonis* (Foto: Haenchen)
50 *Rosa* × *paulii* (Foto: Haenchen)
51 *Rosa rugosa*, Früchte (Foto: Haenchen)
52 *Rosa* × *harisonii* (Foto: Haenchen)

53 *Salix sachalinensis* 'Sekka'

54 *Sambucus racemosa*
56 *Spirea × bumalda* 'Anthony Waterei'
55 *Syringa × prestoniae* 'Hiawatha'
57 *Symphoricarpos orbiculatus* 'Magic Berry'

58 *Salix daphnoides* 'Leuka'

59 *Sorbaria sorbifolia*

60 *Viburnum rhytidophyllum*, Fruchtstand
61 *Viburnum carlesii* 'Aurora'
62 *Syringa laciniata*

63 Syringa × prestoniae 'Royalty'

64 *Viburnum lantana,* Früchte

65 *Wisteria sinensis*

66 *Viburnum opulus*, Früchte
67 *Viburnum opulus* 'Roseum'

68 *Weigela* 'Bristol Ruby'

69 *Weigela* 'Eva Rathke'

×*Sorbocotoneaster* POJARK. *(Rosaceae)*

Sommergrüner Strauch, ein Gattungsbastard *Cotoneaster* × *Sorbus*, der in Sibirien entdeckt und als *S. pozdnjakovii* POJARK. beschrieben wurde. Zweige dünn, rotbraun, Blätter gefiedert, frischgrün, etwas glänzend, Blättchen meist zu fünf, stumpf eiförmig, 2–3 cm lang. Blüten weiß, in reichen Doldentrauben, Früchte rot. Ansprüche und Pflege ähnlich wie bei *Sorbus*-Arten. Liebhaberbedeutung.

×*Sorbopyrus* SCHNEID. – Hagebuttenbirne *(Rosaceae)*

Sommergrüner Baum, Gattungsbastard zwischen *Pyrus* und *Sorbus*, als *Sorbus*-Art ist an der Entstehung die Mehlbeere *(Sorbus aria)* beteiligt. Bisher nur eine Hybride, ● *S. auricularis* (KNOOP) SCHNEID. (Syn. *Pyrus pollveria* L., *P. auricularis* KNOOP), bekannt. Baum bis 15 m hoch, unbewehrt, Blätter länglich elliptisch, kurz zugespitzt, 6–10 cm lang, ungleich gesägt, dunkelgrün und glänzend. Blüten weiß, 2 cm breit, in filzigen Doldentrauben. Blütezeit: Mai. Frucht birnenförmig, etwa 2,5 cm dick, gelb mit rötlicher Wange, süß, eßbar. Die Sorte 'Bulbiformis' hat bis 5 cm lange Früchte. Ansprüche und Pflege ähnlich wie bei *Pyrus*-Arten. Liebhaberbedeutung.

Sorbus L. – Eberesche, Mehlbeere *(Rosaceae)*

Sommergrüne Bäume oder Sträucher. Es existieren etwa 80 Arten auf der nördlichen Halbkugel. Schnell heranwachsende Gehölze. Baumartige Typen werden in 10 Jahren 4–6 m hoch, in 20 Jahren 5–10 m, in 30 Jahren 8 bis 14 m und in 40 Jahren 10–16 m. Zierwert: Laub (V–XI, besonders X bis XI), Blüte (IV–VI), Früchte (VIII bis X), Stämme (I–XII, besonders XI bis IV).

Habitustypen

„Torminalis-Typ": Baum mit einer regelmäßig aufgebauten, halbkugeligen,

Wissenschaftlicher Name	Deutscher Name	Natürliche Verbreitung bzw. Entstehungsort	Frosthärte
● *S. alnifolia* (S. et Z.) K. KOCH	Erlenblättrige Mehlbeere	O-Asien	++
● *S. americana* MARSH.	Amerikanische Eberesche	N-Amerika	++
● *S. aria* (L.) CRANTZ	Echte Mehlbeere	Europa bis Kaukasus, N-Afrika	++
● *S.* × *arnoldiana* REHD.	Arnold-Eberesche		++
S. arranensis HEDL.		Schottland, Norwegen	++
● *S. aucuparia* L. (Abb. 360 d)	Gemeine Eberesche, Vogelbeerbaum	Europa bis Kaukasus, Sibirien	++
S. austriaca HEDL.	Österreichische Mehlbeere	Südl. M-Europa	++
S. caloneura (STAPF) REHD.		M-China	++
● *S. cashmiriana* HEDL.	Kaschmir-Eberesche	Kaschmir	++
S. chamaemespilus (L.) CRANTZ	Zwerg-Mehlbeere	M-, SW-, S. u. SO-Europa	++
var. *sudetica* (TAUSCH) WENZ.		M-Europa	++
S. commixta HEDL.	Japanische Eberesche	Japan, Kurilen, Sachalin	++
S. × *decipiens* (BECHST.) HEDL.		M-Europa	++
● *S. decora* (SARG.) SCHNEID.	Schmuck-Eberesche	N-Amerika	++
● *S. discolor* (MAXIM.) MAXIM.	Verschiedenfarbige Eberesche	N-China	++
● *S. domestica* L.	Speierling, Sperbe	S- u. südl. M-Europa, N-Afrika, Kleinasien	++
f. *pomifera* (HAYNE) REHD.		wie die Art	++
f. *pyriformis* (HAYNE) REHD.		wie die Art	++
S. epidendron HAND.-MAZZ.		W-China	++
S. esserteauna KOEHNE		W-China	++
S. fennica FRIES = *S.* × *hybrida*			

dichten Krone (Abb. 361),
„Aucuparia-Typ": Baum mit breit bis ausladend pyramidal-eiförmiger, dicht gestalteter Krone, Stamm schlank (Abb. 362),
„Magnifica-Typ": Baum mit breit eiförmiger, länglicher Krone, Zweige aufstrebend, Konturen ungleichmäßig locker (Abb. 363 B),
„Fastigiata-Typ": kleinerer, breit säulenförmiger, streng aufrechter, dicht verzweigter Baum (Abb. 363 A),
„Pendula-Typ": Bäumchen mit sehr unregelmäßiger, verflochten und schirmförmig fast bis zur Erde herabhängender Krone, Hauptäste starr, im breiten Bogen und verschiedenartig gekrümmt überhängend (Abb. 364 B),
„Epidendron-Typ": halbkugelige Sträucher mit herabhängenden Ästen und Zweigen (Abb. 364 A),
„Koehneana-Typ": locker ungleichmäßige aufrechte Sträucher, die nur im oberen Teil ausladend breit sind (Abb. 365).

Textur

Bei allen *Sorbus*-Arten kompakt und glatt dicht, bei den unpaarig gefiederten und kleinblättrigen Arten und Sorten meist fein, bei den großblättrigen Arten mit ungeteilter Blattspreite ist die Textur gröber, aber meist kompakt, nur in der Jugend locker durchsichtig.

Laub

Blätter wechselständig, einfach oder unpaarig gefiedert, gesägt, verschieden groß (Abb. 366 und 367).

Blattfarbe:
Hellgrün
S. americana, *S. commixta* (beim Austrieb braungrün), *S. esserteauiana*, *S. koehneana*, *S. prattii* und Varietäten, *S. rufo-ferruginea*, *S.* × *splendida*, *S. torminalis* (etwas glänzend).

Wissenschaftlicher Name	Deutscher Name	Natürliche Verbreitung bzw. Entstehungsort	Frosthärte
S. filipes Hand.-Mazz.		W-China	++
S. folgneri (Schneid.) Rehd.	Folgneri-Mehlbeere	M-China	++
S. gracilis (S. et Z.) K. Koch	Zierliche Eberesche	Japan	++
S. × *hostii* (Jacq.) K. Koch		M-Europa	++
● *S. hupehensis* Schneid.	Hupeh-Eberesche	M- u. W-China	++
var. *aperta* Schneid.		Hupeh	++
var. *obtusata* Schneid.		Hupeh	++
● *S.* × *hybrida* L.	Finnische Mehlbeere	N-Europa	++
var. *meinichii* Rehd.			
= *S.* × *meinichii*			
● *S. intermedia* (Ehrh.) Pers.	Schwedische Mehlbeere, Oxelbeere	N-Europa	++
S. japonica (Decne) Hedl.	Japanische Mehlbeere	Japan, Korea	++
var. *calocarpa* Rehd.		M-Japan	++
● *S. koehneana* Schneid.	Weißfrüchtige Eberesche	M-China	++
S. koehnei Zab.			
= *S. japonica*			
S. latifolia (Lam.)	Breitblättrige Mehlbeere	SW- bis M-Europa	++
S. matsumurana (Mak.) Koehne		Japan	++
● *S. megalocarpa* Rehd.		N-China	++
S. × *meinichii* (Lindeb.) Hedl.		S-Norwegen	++
● *S. meliosmifolia* Rehd.		W-China	++
S. minima (Ley) Hedl.		England, Wales	++
S. mougeotii Soy.-Willem. et Godr.	Südliche Oxelbeere, Berg-Mehlbeere	Pyrenäen, W-Alpen	++
S. munda Koehne			
= *S. prattii*			
S. occidentalis (S. Wats.) Greene	Niedrige Eberesche	Britisch-Kolumbien – Oregon	++
S. × *paucicrenata* (Ilse) Hedl.		Alpen	++
S. pinnatifida (Ehrh.) Bean			
= *S.* × *thuringiaca*			
S. pekinensis Koehne			
= *S. discolor*			

Wissenschaftlicher Name	Deutscher Name	Natürliche Verbreitung bzw. Entstehungsort	Frosthärte
S. pluripinnata (SCHNEID.) KOEHNE	Vielfiedrige Eberesche	W-China	++
S. pohuashanensis (HANCE) HEDL.		N-China	++
S. prattii KOEHNE	Nette-Eberesche	W-China	++
var. subarachnoidea (KOEHNE) REHD.		W-Szetschuan	++
var. tatsienensis (KOEHNE) SCHNEID.		W-China	++
S. pumila RAF. = S. occidentalis (S. WATS.) GREENE			
S. reducta DIELS		W-China, Burma	+, ≙
S. rehderiana KOEHNE		W-China	++
S. rufo-ferruginea (SCHNEID.) SCHNEID.		Japan	++
S. rupicola (SYME) HEDL.	Felsen-Mehlbeere	Britische Inseln, S-Skandinavien	++
S. salicifolia (MYRIN.) HEDL. = S. rupicola			
S. sargentiana KOEHNE		W-China	++
S. scalaris KOEHNE		W-China	++
S. scandica FRIES = S. intermedia			
● S. scopulina GREENE	Felsen-Eberesche	N-Amerika	++
S. serotina KOEHNE	Späte Eberesche	Japan	++
S. sitchensis PIPER = S. scopulina			
S. sitchensis ROEM.	Sitka-Eberesche	N-Amerika	++
S. × splendida HEDL.		? (um 1850)	++
S. × thuringiaca (ILSE) FRITSCH	Thüringer Mehlbeere	M-Europa	++
S. tianshanica	Tienschan-Eberesche	Turkestan	++
● S. torminalis (L.) CRANTZ	Elsbeere	S-, W- u. M-Europa, Kleinasien, N-Afrika	++
S. umbellata (DESF.) FRITSCH	Dolden-Mehlbeere	SO-Europa, Kleinasien	++
var. cretica (LINDL.) SCHNEID.	Griechische Mehlbeere	SO-Europa bis Syrien	++
● S. vilmorinii SCHNEID.	Vilmorin-Eberesche	W-China	++
S. wilsoniana SCHNEID.	Wilson-Eberesche	M-China	++

Grün

S. alnifolia, S. arranensis, S. austriaca (glänzend), S. caloneura, S. domestica und Formen, S. epidendron, S. filipes, S. gracilis, S. × hostii, S. hupehensis und Varietäten, S. megalocarpa (beim Austrieb bronzefarben braun), S. meliosmifolia, S. pohuashanensis, S. reducta, S. rehderiana, S. sargentiana, S. vilmorinii, S. wilsoniana.

Mattgrün

S. minima, S. sitchensis.

Blaugrün

S. decora (dunkle Tönung), S. occidentalis (matt).

Dunkelgrün

S. aria und die meisten Sorten (die Blattunterseite auffallend weißfilzig), S. aucuparia und die meisten Sorten, S. cashmiriana (matt), S. chamaemespilus, S. × decipiens (matt glänzend), S. discolor, S. folgneri (Blattunterseite weißfilzig), S. × hybrida (Blattunterseite weißfilzig), S. intermedia (glänzend, Blattunterseite grau), S. japonica (Blattunterseite weißfilzig), S. latifolia (matt glänzend), S. scalaria, S. matsumurana, S. × meinichii, S. mougeotii, S. × paucicrenata, S. pluripinnata, S. rupicola, S. scopulina (glänzend), S. serotina, S. × thuringiaca und Sorten, S. tianshanica (glänzend), S. umbellata (Blattunterseite weißfilzig).

Gelbgrün

S. aria 'Lutescens'.

Gelb

S. aria 'Aurea' (beim Austrieb schneeweiß), S. aucuparia 'Dirkenii' (später vergrünend).

Gelbbunt

S. aucuparia 'Pendula Variegata', S. a. 'Variegata'.

Schön und auffallend ist die Herbstfärbung:

Goldgelb

S. americana, S. aria 'Aurea', S. japonica, S. × splendida, S. terminalis (manchmal bräunliche Tönung).

Gelbrot

S. austriaca, S. caloneura, S. commixta, S. pluripinnata, S. prattii und Varietäten, S.

Abb. 361   Typ „torminalis"
a)
S. folgneri,
● S. megalocarpa,
S. mougeotii,
S. pluripinnata (manchmal),
S. pohuashanensis,
S. rehderiana (manchmal),
S. rupicola (selten),
S. scalaris (manchmal),
S. tianshanica (manchmal),
S. vilmorinii (manchmal);
b)
● S. americana,
S. arranensis,
S. austriaca,
● S. discolor,
S. epidendron (manchmal),
S. esserteaniana,
S. e. 'Flava',
● S. hupehensis,
● S. h. var. aperta,
var. obtusata,
S. × meinichii,
● S. meliosmifolia,
S. sargentiana,
S. s. 'Warleyensis',
S. serotina,
S. × splendida,
S. wilsoniana;
c)
● S. alnifolia,
S. a. var. submollis,
● S. hybrida,
● S. intermedia,
S. japonica,
S. j. var. calocarpa,
● S. torminalis;
d)
● S. domestica,
S. d. f. pomifera,
f. pyriformis

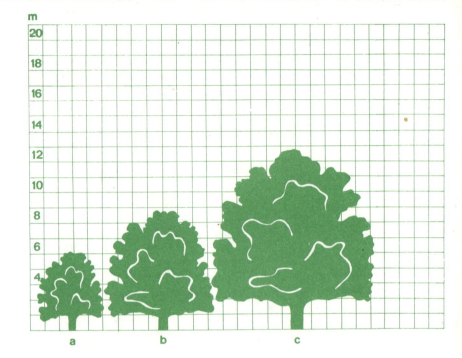

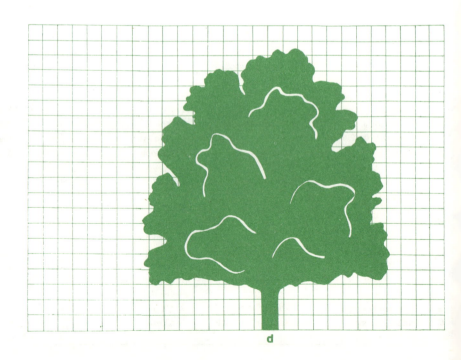

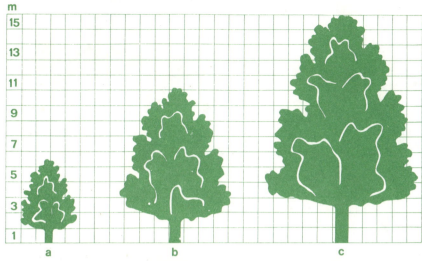

Abb. 362 Typ „aucuparia"
a)
S. caloneura (manchmal);
b)
● S. aria,
S. a. 'Aurea',
f. longifolia,
● 'Lutescens',
● 'Majestica',
● S. × arnoldiana (manchmal),
S. aucuparia 'Dirkenii',
● S. a. 'Edulis',
● 'Konzentra',
● 'Rosina',
● 'Rossica',
'Variegata',
'Xanthocarpa' (bei allen Sorten meist höherer Stamm),
● S. cashmiriana,
S. commixta (in der Jugend mehr säulenförmig),
● S. decora,
S. rufo-ferruginea,
S. umbellata (selten);
c)
● S. aria (manchmal),
● S. × arnoldiana,
● S. aucuparia,
S. a. 'Asplenifolia',
'Beissneri',
'Edulis' (manchmal),
S. × decipiens, S. latifolia,
S. × paucicrenata,
S. × thuringiaca,
S. × t. 'Decurrens',
'Leonard Springer',
'Neuillyensis'

Abb. 364
A) Typ „epidendron"
a)
S. folgneri (manchmal);
b)
S. epidendron
B) Typ „pendula"
● S. aucuparia 'Pendula',
S. a. 'Pendula Variegata'

rufo-ferruginea, S. scopulina, S. sitchensis, S. vilmorinii.
Orangerot
S. alnifolia, S. matsumurana, S. sargentiana (manchmal bräunliche Tönung).
Rot
S. × arnoldiana, S. aucuparia und Sorten (karminrote Tönung), S. discolor, S. esserteauiana und Sorte, S. hupehensis und Varietäten, S. koehneana, S. megalocarpa, S. pohuashanensis, S. reducta, S. rehderiana, S. scalaris (karminroter Hauch), S. serotina (dunkle Tönung), S. tianshanica, S. wilsoniana.
Braun
die übrigen Sorbus-Arten.

Blüte und Blütenstand

Blüten durchschnittlich zierend, 5zählig, 1–1,5 cm breit, mit einer größeren Anzahl von Staubblättern und überwiegend angenehm duftend, in endständigen Doldentrauben, die wir vereinfacht folgendermaßen einteilen können: wenigblütige Büschel (Abb. 368 A), dichte flach bis tellerartig halbkugelige Blütenstände (Abb. 369) und dicht kegelförmig halbkugelige Blütenstände (Abb. 368 B).

Blütenfarbe:
Weiß bis weißlich gelb
fast alle angeführten Arten und ihre Sorten, Varietäten und Formen.
Hellrosa
S. cashmiriana (bis weißlich rosa), S. × hostii.
Rosarot
S. chamaemespilus.
Rot
S. filipes.

Eintritt der Blühreife nach 15–20 Jahren, bei den Strauchtypen erheblich früher. Blütezeit vom April bis Juni (Abb. 370).

Abb. 363
A) Typ „fastigiata"
● *S. aucuparia* 'Fastigiata'

B) Typ „magnifica"
a)
● *S. aria* 'Magnifica',
S. a. 'Integerrima',
'Rossica Major';
b)
S. × *thuringiaca*
'Quercifolia'

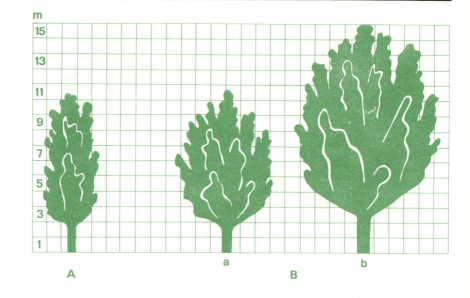

Frucht und Fruchtstand

Frucht ein kleiner Apfel, ähnlich einer Beere, kugelig (Abb. 371 A), eiförmig (Abb. 450) oder birnenförmig (Abb. 371 B). Früchte in meist dekorativen, auffallenden Fruchtständen, die – ähnlich wie bei den Blütenständen – entweder flachkugelig (Abb. 373), oder Büschel (Abb. 372 A) bzw. dicht kugelig (Abb. 372 B) sind.

Fruchtfarbe:
Weiß
S. cashmiriana, S. koehneana, S. prattii und Varietäten.
Weißlich rosa
S. hupehensis und Varietäten, *S. rehderiana* (manchmal auch rötlich).
Weißgelb
S. discolor.
Gelbgrün
S. domestica und Formen (bräunliche Tönung).
Rosa
S. × *arnoldiana* (manchmal weißlich rosa), *S. vilmorinii* (anfangs rot, beim Ausreifen hellrosa).
Gelborangefarben
S. aucuparia 'Xanthocarpa', *S. esserteauiana* 'Flava'.

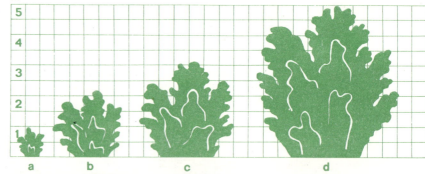

Abb. 365 Typ „koehneana"
a)
S. reducta;
b)
S. aucuparia 'Nana',
S. chamaemespilus,
S. ch. var. *sudetica,*
S. gracilis,
S. rupicola,
S. sitchensis;
c)
● *S. americana* (manchmal),
S. austriaca (manchmal),
S. caloneura,
● *S. decora* (manchmal),
S. × *hostii,*

● *S. koehneana,*
S. minima,
S. mougeotii,
S. occidentalis,
S. pluripinnata,
S. pratti,
S. p. var. *subarachnoidea,* var. *tatsiensis,*
S. serotina (manchmal),
S. × *splendida* (manchmal);

d)
S. filipes,
S. intermedia (manchmal),
● *S. megalocarpa* (manchmal),
S. rehderiana,
S. scalaris,
● *S. scopulina,*
S. tianshanica,
S. umbellata,
S. u. var. *cretica,*
● *S. vilmorinii*

Orangefarben
S. aria f. *longifolia*, *S. a.* 'Majestica' (dunkle Tönung), *S. japonica* var. *calocarpa*.
Orangerot
S. aria und die meisten Sorten, *S. intermedia*, *S. matsumurana*, *S. pohuashanensis*, *S. umbellata*.
Rot
Die meisten *Sorbus*-Arten.
Purpurrot
S. occidentalis.
Rot und gelb
S. alnifolia.
Gelbbraun
S. × *decipiens*.
Braunrot
S. meliosmifolia, *S. umbellata* var. *cretica*.
Braun
S. caloneura (dicht punktiert), *S. epidendron*, *S. latifolia* (punktiert), *S. megalocarpa*, *S. torminalis* (heller punktiert).

Manche Arten haben eßbare Früchte:

S. aucuparia 'Edulis', *S. a.* 'Konzentra', 'Rossica', 'Rossica Major', 'Rosina', *S. domestica* und Formen.

Stamm, Äste und Wurzelsystem

Stämme der baumartigen Typen sind ziemlich schlank, nur vereinzelt dikker (z. B. bei *S. domestica*), in der Jugend mit einer dünnen, glatten, oft glänzenden, grauschwarzen, manchmal auch rötlich braunen Rinde (*S. domestica, S. torminalis* u. a.), die sich nach 20 Jahren in eine meist länglich gefurchte, manchmal *(S. torminalis)* auch klein schuppenförmige Borke umwandelt. Hauptäste mittelstark bis schwach, ähnlich wie der Stamm aussehend. In der Jugend Äste im scharfen Winkel aufrecht, später mehr aus-

Abb. 366 Blätter *Sorbus*
a) *S. occidentalis*;
b) *S.* × *arnoldiana*, *S. aucuparia, S. tianshanica*;
c) *S. meinichii*, *S.* × *thuringiaca* 'Decurrens', *S.* × *t.* 'Neuillyensis';
d) *S. hybrida*, *S.* × *thuringiaca* 'Quercifolia' (oft etwas schmaleres Blatt);
e) *S. latifolia*;
f) *S. torminalis*;
g) *S. sargentiana*;
h) *S. arranensis* (Quadrat 1 × 1 cm)

Abb. 367 Blätter *Sorbus*
a) *S. intermedia;*
b) *S. umbellata* var. *cretica;*
c) *S. mougeotii,*
   S. × *paucicrenata;*
d) *S. chamaemespilus;*
e) *S.* × *decipiens;*
f) *S. aria,*
   S. rupicola;
g) *S. minima;*
h) *S. alnifolia;*
i) *S. meliosmifolia;*
j) *S. umbellata*
(Quadrat 1 × 1 cm)

gebreitet. Die eigentliche Verzweigung ist (außer bei den säulenförmig wachsenden Typen) nicht sehr dicht. Wurzelsystem reich verzweigt. Nebenwurzeln reichen in größere Tiefen; Pfahlwurzel der baumartigen Typen ziemlich kurz und sehr verzweigt. Haarwurzeln mit einer ektotrophen Mykorrhiza ausgestattet. Bäume und Sträucher im Boden gut verankert.

Ansprüche

Lieben Sonne, vertragen aber auch Halbschatten (*S. aria, S. intermedia* usw.) bzw. auch tieferen Schatten (*S. aucuparia, S. torminalis* usw.). An den Boden stellen sie keine besonderen Ansprüche, sie wachsen in schweren und auch leichten Böden; in schweren Substraten vertragen sie sehr gut Trockenheit. Die in Mitteleuropa heimische

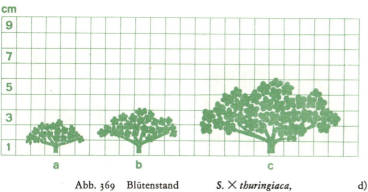
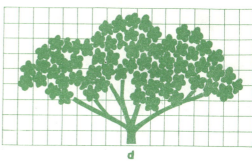

Abb. 369 Blütenstand *Sorbus*
Dicht, flach bis tellerförmig halbkugelig
a)
S. chamaemespilus (1);
b)
S. alnifolia (6–10),
S. aria, Sorten
und Formen (1,5),
S. arranensis (1),
S. filipes (1),
S. gracilis (1),
S. occidentalis (1),
S. rupicola (1,5),
S. umbellata (1,5);
c)
S. austriaca (1),
S. caloneura (0,6–0,7),
S. cashmiriana (1,5),
S. commixta (0,8),
S. × *decipiens* (1,5),
S. decora (1),
S. epidendron (1),
S. × *hostii* (1),
S. hybrida (1,5),
S. intermedia (1),
S. japonica (1),
S. koehneana (1),
S. matsumurana (1),
S. meliosmifolia (1),
S. pluripinnata (1,5),
S. pohuashanensis (1),
S. pratti, Varietäten (1),
S. rehderiana (1),
S. rufo-ferruginea (0,8),
S. sitchensis (0,6–1 manchmal),

S. × *thuringiaca,*
Sorten (1,2),
S. vilmorinii (0,6);

d)
S. americana (0,5–0,6),
S. × *arnoldiana* (1),
S. aucuparia, Sorten (1),
S. discolor (1),
S. esserteauniana (0,8),
S. hupehensis, Varietäten (1),
S. megalocarpa (1),
S. × *meinichii* (1),
S. sargentiana (1),
S. scalaris (0,6 – manchmal),
S. scopulina (1),
S. serotina (0,6),
S. × *splendida* (0,6),
S. torminalis (1,2),

S. wilsoniana (0,5)
(in der Klammer der Durchmesser der einzelnen Blüte in cm)

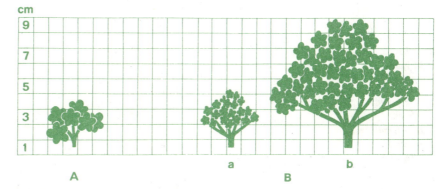

Abb. 368 Blütenstand *Sorbus*
A) wenigblütige Büschel
S. reducta (1, 2)

B) dichte kegelförmige halbkugelige Blütenstände
a)
S. minima (0,6);

b)
S. folgneri (1),
S. latifolia (1,5),
S. mougeotii (1,5),
S. × *paucicrenata* (1,5),
S. scalaris (0,6),
S. sitchensis (0,6–1),
S. tianshanica (2)

(in der Klammer der Durchmesser der einzelnen Blüte in cm)

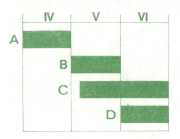

Abb. 370 Blütezeit *Sorbus*
A) *S. meliosmifolia;*

B) die meisten Arten, Formen, Varietäten und Sorten;

C) *S. americana,*
S. chamaemespilus,
S. domestica,
S. esserteauiana,
S. hupehensis,
S. koehneana,
S. matsumurana,
S. minima,
S. occidentalis,
S. pratti,
S. reducta,
S. rehderiana,
S. rupicola,
S. scalaris,
S. scopulina,
S. serotina,
S. sitchensis,
S. × *splendida,*
S. torminalis;

D) *S. commixta,*
S. filipes,
S. rufo-ferruginea,
S. tianshanica,
S. vilmorinii

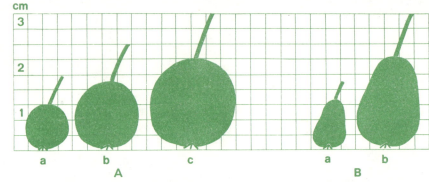

Abb. 371 Früchte *Sorbus*
A) kugelig
a)
die meisten Arten, Kreuzungen, Varietäten, Formen und Sorten;

b)
S. aucuparia 'Fastigiata',
S. a. 'Konzentra',
'Rosina',
'Rossica',
S. austriaca,
S. folgneri,
S. hybrida,
S. meliosmifolia,
S. rupicola;
c)
S. aucuparia 'Rossica Major',
S. cashmiriana,
S. domestica f. *pomifera*

B) birnenförmig
a)
S. caloneura,
S. gracilis;
b)
S. domestica f. *pyriformis*

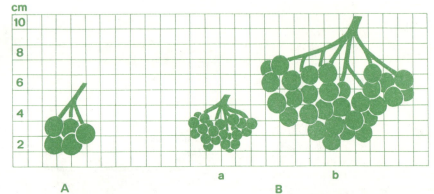

Abb. 372 Fruchtstand *Sorbus*
A) Büschel mit einigen Früchten

B) dicht kugeliger Fruchtstand

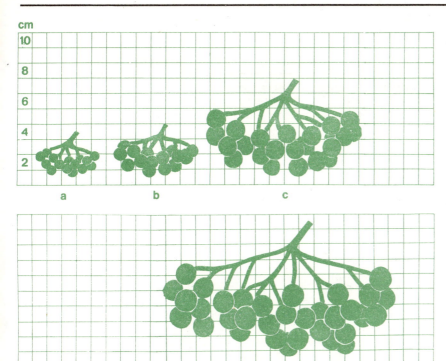

Abb. 373 Fruchtstand
Sorbus
Dicht und flachkugelig

Art *S. aucuparia* gedeiht am besten in lehmigen, kalkigen, sehr humosen Böden, verträgt aber auch leichte, schottrige und trockene Standorte, wobei sie auch auf Moorböden wächst. *Sorbus*-Arten sind meist kalkhold, insbesondere *S. aria*, *S. domestica* und *S. torminalis*. Die angeführten Arten sind in Mitteleuropa winterhart, nur in strengen Wintern und auf feuchten Stellen treten Frostschäden auf. Eine geschützte Lage und Winterschutz sind bei *S. domestica* empfehlenswert. Die meisten Arten vertragen verunreinigte Luft gut, besonders *S. aria*, *S. intermedia* und *S. torminalis*. Zur Empfindlichkeit von *S. aucuparia* gegenüber SO_2 gibt es noch keine einheitlichen Erfahrungen.

Pflege

Pflanzung im unbelaubten Zustand im Frühjahr oder Herbst. Beim Auspflanzen kürzen wir die Krone oder den Strauch etwa um ein Drittel. An die weitere Pflege werden keine besonderen Ansprüche gestellt. Schnitt ist überflüssig, wenn es sich nicht um eine geformte Hecke handelt, die im Vorfrühling und nach Bedarf noch einmal im Sommer geschnitten wird. Ältere Exemplare vertragen ein Umpflanzen schlecht. Eine große Anzahl von Krankheiten und Schädlingen kommt nicht vor. Vereinzelt erscheinen pilzliche Zweigkrankheiten (*Cytospora*-Arten), wobei wir die befallenen Zweige zurückschneiden und optimale Wachstumsbedingungen schaffen. Die *Gymnosporangium*-Rostpilze verursachen rundliche, gelbliche und verdickte Flecken auf den Blättern. Bekämpfung ist meist nicht nötig. Selten fressen die Raupen der Ebereschenmotte in den Früchten. Eine Bekämpfung ist dort erforderlich, wo in der Nachbarschaft Apfelbäume stehen, da diese auch eine Wirtspflanze des Schädlings sind. *Sorbus*-Arten werden von der gefährlichen Bakterienkrankheit Feuerbrand befallen. (Bei Befallsverdacht sofort den Pflanzenschutzdienst informieren und erkrankte Pflanzen bzw. Pflanzenteile entfernen und verbrennen.) In der Jugend leiden die *Sorbus*-Arten unter Wildverbiß.

Verwendung

Die baumartigen *Sorbus*-Arten sind schöne Solitärpflanzen, besonders Arten mit auffallenden Fruchtständen, stark filzigen Blättern oder einer schönen Herbstfärbung. Sie eignen sich für locker gestaltete gleichartige oder gemischte Gruppen. Sie harmonieren gut mit allen Laubgehölzen und auch Nadelbäumen außer den schmalen und schlanken *Cupressaceaen*. Auffallende Solitärs sind die säulenförmigen oder aufrecht eiförmig gebauten „Fastigiata-" und „Magnifica-Typen" sowie die mehr oder weniger hängenden („Pendula-" und „Epidendron-Typ"). Der „Pendula-Typ" ist ein bizarres Gehölz, das in der Nähe von Wegen, Terrassen, Mauern, Wasserflächen, Bänken, auf Friedhöfen usw. am besten zur Geltung kommt. Es eignet sich auch für Gärten, ähnlich wie die säulenförmigen, nicht zu breiten Baumtypen („Aucuparia", „Magnifica") und Sträucher (besonders „Koehneana-Typ"). Bäume sind auch schöne Alleegehölze, deren Früchte auch als Obst verwendet werden können. Die Arten *S. aria* und *S. aucuparia* eignen sich ausgezeichnet in Heideszenerien. Wegen ihrer Anspruchslosigkeit kommen manche Arten, hauptsächlich *S. aucuparia* und *S. intermedia,* als Pioniergehölze für wenig fruchtbare und devastierte Flächen in Frage. Umfangreich ist die Verwendung für Pflanzungen in der Landschaft, wo sie neben den schon genannten Verwendungsarten noch als Vorpflanzung vor höheren Kulissen zur Geltung kommen.

Spiraea L. – Spierstrauch *(Rosaceae)*

Sommergrüne Sträucher, etwa 80 Arten in der gemäßigten Zone Asiens, Europas und Nordamerikas. Ziemlich schnellwüchsig.
Zierwert: Laub (V–XI, bei manchen Arten besonders X–XI), Blüte (IV–X je nach der Art).

Habitustypen

„Vanhouttei-Typ": breit ausladend, flach halbkugeliger Strauch, Zweige ausgebreitet halbhängend, in bodennahen Partien später kahle Stämmchen (Abb. 375),
„Salicifolia-Typ": breit aufstrebender halbkugeliger bis kugeliger Strauch, dicht gestaltet, Zweige aufrecht (Abb. 376),
„Canescens-Typ": vom vorigen Typ durch einen breiteren, kugeligeren, bis zur Erde bezweigten, dichten Habitus unterschieden (Abb. 377 B),
„Chamaedryfolia-Typ": breit ungleichmäßig ausladend, sehr luftig und locker gestalteter Strauch, Zweige teilweise seitlich aufstrebend (Abb. 378),
„Bumalda-Typ": breiter, flach in einer Ebene ausgebreiteter Strauch, Zweige mehr oder weniger aufrecht, mitteldicht (Abb. 379),
„Arguta-Typ": zierlich gestalteter

Wissenschaftlicher Name	Deutscher Name	Natürliche Verbreitung bzw. Entstehungsort	Frosthärte
S. alba DuRoi	Amerikanischer Weißer Spierstrauch	USA	++
● *S. albiflora* (Miq.) Zab.	Japanischer Weißer Spierstrauch	Japan, aber keine natürlichen Vorkommen	+
S. alpina Pall.		NO-Asien bis W-China	++
● *S.* × *arguta* Zab.	Spitzblättriger Spierstrauch	Deutschland (bei Zabel, vor 1893)	++
● *S. bella* Sims	Schöner Spierstrauch	Himalaja	++
S. betulifolia Pall.	Birkenblättriger Spierstrauch	Japan, O-Sibirien, Sachalin, Kurilen	++
var. *aemiliana* (Schneid.) Koidz.		Japan	++
● *S.* × *billardii* Herinq		Frankreich (bei Billard)	++
S. × *blanda* Zab.	Hübscher Spierstrauch	Frankreich (?)	++
S. blumei G. Don		Japan, Korea	++
S. × *brachybotrys* Lange	Bereifter Spierstrauch	Arboretum Muskau	++
● *S. bullata* Maxim.	Runzelblättriger Spierstrauch	Japan (aber keine natürlichen Vorkommen)	++
● *S.* × *bumalda* Burvénich (Abb. 374 a)	Niedriger Spierstrauch	? (vor 1890)	++
S. calcicola W. W. Sm.	Kalkliebender Spierstrauch	Yünnan	++
S. cana Waldst. et Kit.	Grauhaariger Spierstrauch	N-Jugoslawien	++
S. canescens D. Don	Weißgrauer Spierstrauch	Himalaja	++
S. cantoniensis Lour.	Kanton-Spierstrauch	China	++
S. chamaedryfolia L. emend. Jacq.	Gamanderblättriger Spierstrauch	O-Alpen, Karpaten, SO-Europa bis Japan	++
var. *ulmifolia* (Scop.) Maxim.		wie die Art	++
S. chinensis Maxim.	Chinesischer Spierstrauch	O-China	++
S. × *cinerea* Zab.	Grauer Spierstrauch	? (um 1880)	++
S. corymbosa Raf.	Ebensträußiger Spierstrauch	USA	++
S. crataegifolia Link = *S. corymbosa*			

Wissenschaftlicher Name	Deutscher Name	Natürliche Verbreitung bzw. Entstehungsort	Frosthärte
S. crenata L.	Kerbblättriger Spierstrauch	SO-Europa – Kaukasus, Altai	++
S. crenifolia C. A. Mey. = S. crenata			
S. decumbens W. D. J. Koch	Niederliegender Spierstrauch	S-Tirol, SO-Alpen	++
● S. douglasii Hook.	Douglas-Spierstrauch	Oregon, Kalifornien	++
S. expansa Wall. = S. bella			
S. flexuosa Fisch. = S. chamaedryfolia			
S. × fontenaysii Lebas		Frankreich (bei Billard)	++
S. × foxii (Voss) Zab.		? (vor 1870)	++
S. gemmata Zab.		NW-China	++
S. henryi Hemsl.		M- u. W-China	++
S. hypericifolia L.	Hartheublättriger Spierstrauch	SW-Europa bis Sibirien, M-Asien	++
● S. japonica L. f.	Japanischer Spierstrauch	Japan, Korea, China-Himalaja	++
var. acuminata Franch.		M- u. W-China	++
var. fortunei (Planch.) Rehd.		O- u. M-China	++
var. glabra Koidz.		wie die Art	++
var. ovalifolia Franch.		W-China	++
S. lanceolata Borkh. = S. alba			
S. lancifolia Hoffmgg. = S. decumbens			
S. latifolia (Ait.) Borkh.	Breitblättriger Spierstrauch	N-Amerika	++
S. longigemmis Maxim.		NW-China	++
S. × margaritae Zab.		Deutschland (bei Zabel, vor 1890)	++
S. media F. Schmidt	Mittlerer Spierstrauch	O-Alpen, Karpaten bis Sibirien, NO-Asien	++
● S. menziesii Hook.	Menzies-Spierstrauch	USA	++
S. miyabei Koidz.		Japan	++
S. mollifolia Rehd.	Weichhaariger Spierstrauch	W-China	++
● S. × multiflora Zab.	Vielblütiger Spierstrauch	? (vor 1884)	++
S. nipponica Maxim.	Nippon-Spierstrauch	Japan	++
var. tosalensis (Yatabe) Mak.		Japan	++

Strauch, dünne Zweige halbbogig überhängend, Stämmchen (Zweige) in den bodennahen Partien aufstrebend (Abb. 380),

„Pumilionum-Typ": zwergig niedriges Sträuchlein mit aufstrebend niederliegenden Zweigen, Konturen unregelmäßig, dicht (Abb. 377 A).

Textur

Meist zierlich und luftig, nur bei den großblättrigen Arten etwas gröber. Bei älteren, nicht fortlaufend verjüngten und durchlichteten Exemplaren sind die bodennahen Partien der Zweige (Stämmchen) oft starr und kahl.

Laub

Blätter wechselständig, meist gestielt, einfach, gezähnt oder gesägt bzw. leicht gelappt, seltener ganzrandig, verschieden groß (Abb. 381).

Blattfarbe:
Hellgrün
S. albiflora, S. × arguta, S. chamaedryfolia, S. gemmata, S. latifolia, S. longigemmis, S. prunifolia, S. × revirescens.
Grün
die meisten Arten, Sorten, Varietäten und Formen.
Mattgrün
S. × foxii.
Graugrün
S. bella, S. calcicola, S. cana, S. × cinerea, S. crenata, S. × fontenaysii, S. hypericifolia, S. × multiflora, S. × picoviensis, S. pubescens.
Blaugrün
S. triloba.
Dunkelgrün
S. betulifolia, S. bullata (gerunzelt), S. × bumalda 'Anthony Waterer' (manchmal weißbunt), S. × b. 'Froebelii' (beim Austrieb braunrot), S. cantoniensis, S. chinensis, S. × margaritae, S. media, S. nipponica und Varietäten, S. × schinabeckii, S. × superba, S. tomentosa (gerunzelt), S. × vanhouttei.

Im Herbst sind *Spiraea*-Arten meist unauffällig gelbbraun bis rötlich gefärbt, nur ausnahmsweise gibt es eine auffallendere Blattfärbung.

Herbstfärbung:
Gelb
S. albiflora.
Rotgelb
S. thunbergii, S. × *vanhouttei.*
Orangefarben
S. prunifolia (manchmal braunrote Tönung).

Blüte und Blütenstand

Blüten zweigeschlechtlich, 5zählig, klein, mit einer größeren Anzahl von Staubblättern, 4–8 mm breit (nur *S. prunifolia* hat eine gefüllte, etwa 1 cm große Blüte). Blütenstand verschieden groß, bildet eine unterschiedlich gestaltete Traube, Rispe oder Doldentraube. Vereinfacht können wir folgende Blütenstände unterscheiden: locker und wenigblütig (Abb. 382 A), locker und breit (Abb. 382 B), dicht und regelmäßig flach gewölbt (Abb. 383), dicht verzweigt und halbkugelig (Abb. 384) und dicht länglich rispenförmig (Abb. 385).

Blütenfarbe:
Weiß
die meisten Arten und Sorten.
Gelbweiß
S. alpina, S. sargentiana.
Weißlich rosa
S. bella, S. × *brachybotrys, S.* × *bumalda, S.* × *b.* 'Elegans', *S.* × *fontenaysii* 'Rosea', *S.* × *foxii, S. latifolia, S.* × *superba.*
Rosa
S. × *billardii* und die meisten Sorten, *S.* × *bumalda* 'Anthony Waterer' (karminroter Hauch), *S.* × *b.* 'Pruhoniciana', *S. japonica* var. *acuminata, S. j.* var. *fortunei,* var. *glabra,* 'Macrophylla', *S.* × *margaritae, S. menziesii, S.* × *revirescens, S. salicifolia, S.* × *sanssouciana, S.* × *semperflorens, S.* × *watsoniana.*

Wissenschaftlicher Name	Deutscher Name	Natürliche Verbreitung bzw. Entstehungsort	Frosthärte
var. *tosalensis* (YATABE) MAK.		Japan	++
S. nobleana HOOK.			
= *S.* × *sanssouciana*			
S. oblongifolia WALDST. et KIT.			
= *S. media*			
S. × *pikoviensis* BESS.	Podolischer Spierstrauch	Polen	++
S. pruinosa ZAB.			
= *S.* × *brachybotrys*			
● *S. prunifolia* S. et Z.	Pflaumenblättriger Spierstrauch	China, Korea, Formosa	++
f. *simpliciflora* NAKAI		wie die Art	++
S. pubescens TURCZ.	Behaarter Spierstrauch	N-China	++
S. pumila ZAB.			
= *S.* × *bumalda*			
S. pumillionum ZAB.			
= *S. decumbens*			
S. reevesiana LINDL.			
= *S. cantoniensis*			
S. × *revirescens* ZAB.	Zweimalblühender Spierstrauch	? (vor 1893)	++
S. rosthornii PRITZ.		W-China	++
● *S. salicifolia* L.	Weidenblättriger Spierstrauch	SO- u. O-Europa bis Alaska, O-Asien	++
S. × *sanssouciana* K. KOCH	Sanssouci-Spierstrauch	Sanssouci	++
S. sargentiana REHD.	Sargent-Spierstrauch	W-China	++
S. × *schinabeckii* ZAB.	Schinabeck-Spierstrauch	? (vor 1884)	++
S. × *semperflorens* ZAB.	Immerblühender Spierstrauch	? (um 1870)	++
S. spicata DIPP.			
= *S.* × *semperflorens*			
S. × *superba* (FROEB.) ZAB.	Pracht-Spierstrauch	? (vor 1873)	++
● *S. thunbergii* SIEB. ex BL.	Thunberg-Spierstrauch	China	++
S. tomentosa L.	Filziger Spierstrauch	N-Amerika	++
● *S. trichocarpa* NAKAI	Haarfrüchtiger Spierstrauch	Korea	++
● *S. trilobata* L.	Dreilappiger Spierstrauch	N-China bis Turkestan	++
S. × *vanhouttei* (BRIOT) ZAB.	Vanhoutte-Spierstrauch	Frankreich (Billard)	++
S. veitchii HEMSL.		M- u. W-China	++
S. × *watsoniana* ZAB.		Oregon	++
S. wilsonii DUTHIE		M- u. W-China	++

Abb. 374
a)
Spiraea × bumalda 'Anthony Waterer';
b)
Staphylea pinnata;
c)
Symphoricarpos albus var. *laevigatus*;
d)
Syringa vulgaris;
e)
Tamarix pentandra;
f)
Tilia cordata

Dunkelrosa
S. bullata (beim Abblühen schmutzig rot), *S. × bumalda* 'Atrorosea', *S. japonica* 'Atrosanguinea', *S. j.* 'Ruberrima'.
Rosarot
S. × bumalda 'Walluf', *S. japonica*.
Rot
S. × bumalda 'Crispa'.
Dunkelrot
S. × bumalda 'Froebelli' (purpurfarbene Tönung), 'Zigeunerblut'.
Purpurrosa
S. × billardii 'Triumphans', *S. douglasii, S. tomentosa*.

Die einzelnen Arten oder Sorten blühen in der Regel etwa 4 Wochen, manchmal sogar bis 8 Wochen oder auch länger. Bei richtiger Artenauswahl kann man sich also ein Blühen von April bis Oktober sichern (Abb. 386).

Frucht und Fruchtstand

Früchte haben keinen größeren Zierwert; es handelt sich um auf der Bauchnaht aufspringende, unauffällig grünbraune Balgkapseln.

Zweige und Wurzelsystem

Zweige schlank bis dünn, rutenförmig, aufstrebend oder etwas überhängend. Zweige und Triebe reich verzweigt. Färbung meist hell- oder dunkelbraun. Wurzelsystem dicht und reich verzweigt, bei manchen Arten stark ausläufertreibend (*S. chamaedryfolia, S. douglasii, S. menziesii* und *S. salicifolia*).

Ansprüche

Nicht sehr anspruchsvolle Sträucher. Alle lieben sonnige Lagen, vertragen aber auch Halbschatten. Wachsen in jeder normalen, leichten oder schweren Gartenerde. Alle sind kalkhold. Einige Arten vertragen auch trockene

Abb. 375 Typ „vanhouttei"
a)
S. *cantoniensis*,
S. *chinensis*,
S. *longigemmis*,
S. *mollifolia*,
S. *pubescens*,
S. *rosthornii*,
S. *sargentiana*,
● S. × *vanhouttei*;
b)
S. *gemmata*,
S. *henryi*,
S. *veitchii*,
S. *wilsonii*

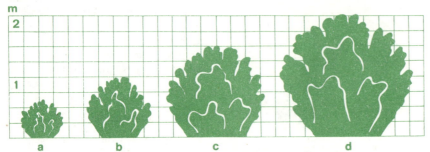

Abb. 376 Typ „salicifolia"
a)
S. × *superba*;
b)
● S. *albiflora*,
S. *cana*, S. *crenata*,
S. *japonica* 'Ruberrima',
● S. *menziesii*,
S. *miyabei*,
S. × *pikoviensis*,
S. × *revirescens*;

c)
S. *alba*,
S. *alpina*,
S. × *cinerea*,
● S. × *c.* 'Greifsheim',
● S. *japonica*,
S. *j.* var. *acuminata*,
'Atrosanguinea',
var. *glabra*,

● 'Macrophylla',
var. *ovalifolia*,
S. *latifolia*,
S. *media*,
● S. × *multiflora*,
● S. *salicifolia*,
S. × *semperflorens*,
S. *tomentosa*;
d)
● S. *billardii*,
S. × *b.* 'Lenneana',
'Macrothyrsa',
● 'Triumphans',
S. × *blanda*,
S. × *brachybotrys*,
● S. *douglasii*,
S. × *fontenaysii*,
S. × *f.* 'Rosea',
S. *japonica* var. *fortunei*,
S. × *sanssouciana*,
S. × *watsoniana*

Abb. 378 Typ „chamaedryfolia"
a)
● S. *trilobata*;
b)
S. *chamaedryfolia*,
S. × *schinabeckii*;
c)
S. *chamaedryfolia*
var. *ulmifolia*

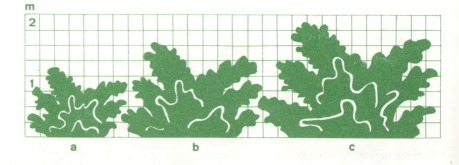

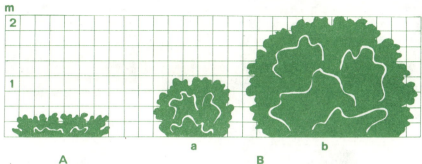

Abb. 377
A) Typ „pumilionum"
S. lancifolia,
S. × *pumilionum*

B) Typ „canescens"
a)
● *S.* × *bumalda* 'Atrorosea';
b)
S. canescens,
S. c. 'Myrtifolia'

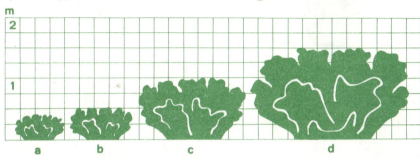

Abb. 379 Typ „bumalda"
a)
S. betulifolia var. *aemiliana*,
S. decumbens;
b)
S. betulifolia,
● *S. bullata*,

● *S.* × *bumalda* 'Crispa',
● *S.* × *b.* 'Goldflamme', 'Pruhoniciana', 'Walluf',
S. japonica 'Little Princess';
● *S. bella*,
● *S.* × *bumalda*,

● *S. b.* × 'Anthony Waterer', 'Anthony Waterer-Sapho', 'Elegans';
d)
● *S.* × *bumalda* 'Froebelii',
● *S.* × *margaritae*

Standorte (*S.* × *arguta*, *S.* × *bumalda*, *S. menziesii*, *S. thunbergii*, *S. trichocarpa*, *S. trilobata* usw.). Extreme Trockenheit verträgt *S. menziesii*. Einen feuchteren Standort braucht *S. tomentosa*. Alle angeführten Arten sind in Mitteleuropa winterhart; für *S. prunifolia* sind eine geschützte Lage und Winterschutz günstig. Alle *Spiraea*-Arten vertragen befriedigend unreine Luft, nach RANFT und DÄSSLER ist *S.* × *arguta* gegen SO_2 empfindlich.

Pflege

Pflanzung im unbelaubten Zustand im Vorfrühling oder Herbst, wobei die oberirdischen Teile etwa um $2/3$ zurückgeschnitten werden. An weitere Pflege werden keine besonderen Ansprüche gestellt. Den frühzeitig blühenden Arten *S.* × *arguta*, *S. thunbergii*, *S.* × *vanhouttei* u. a. sollen bald nach dem Abblühen die älteren abgeblühten Triebe herausgeschnitten werden. Am günstigsten ist ein alljährliches Verjüngen durch Auslichten der stärksten Zweige. Sommerblühende Arten sollen während der Wintermonate ausgelichtet werden, wobei aber ein Kürzen der Zweige nicht vorgenommen wird. *S. bumalda* und ihre Sorten vertragen ein alljährliches Beschneiden ausgezeichnet. Ein Einkürzen der Zweige (Rückschnitt) wird möglichst unterlassen, da dadurch der

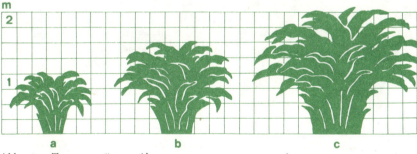

Abb. 380 Typ „arguta"
a)
S. corymbosa,
S. hypericifolia,
● *S. nipponica* 'Flächenfüller',
S. thunbergii;

b)
● *S.* × *arguta*,
S. blumei,
S. calcicola,
S. × *foxii*,
S. nipponica 'Snowmound';

c)
● *S. nipponica*,
S. n. var. *rotundifolia*,
var. *tosaensis*,
● *S. prunifolia*,
S. p. f. *simpliciflora*,
● *S. trichocarpa*

Abb. 381
Obere Blattreihe *Spiraea*
a)
S. alba,
S. bella,
S. chamaedryfolia,
S. × *schinabeckii*;
b)
S. × *fontenaysii*;
c)
S. albiflora,
S. × *bumalda* 'A. Waterer',
S. japonica,
S. salicifolia,
S. × *sanssouciana*,
S. × *semperflorens*;
d)
S. × *billardii*,
S. douglasii,
S. menziesii,
S. × *watsoniana*;
e)
S. × *bumalda* 'Froebelii';
f)
S. betulifolia;
g)
S. × *arguta*,
S. thunbergii;
h)
S. prunifolia;
i)
S. × *vanhouttei*;
j)
S. × *foxii*,
S. japonica 'Macrophylla'
(Blattränder oft etwas
umgerollt),
S. × *margaritae*;
k)
S. corymbosa;
l)
S. veitchii;
m)
S. × *pikoviensis*,
S. wilsonii;

n)
S. × *vanhouttei*
(Blättchen in den oberen Triebteilen);
o)
S. lancifolia;
p)
S. nipponica;
q)
S. henryi,
S. media,
S. trichocarpa
(Quadrat 1 × 1 cm)

Untere Blattreihe
Symphoricarpos
a)
S. albus var. *laevigatus*
(an langen Trieben);
b)
S. albus var. *laevigatus*
(an langen Trieben);
c)
Symphoricarpos albus var. *laevigatus;*
d)
S. × *doorenbosii,*
S. hesperis,
S. rotundifolius;
e)
S. occidentalis;
f)
S. hesperis
(an längeren Trieben);
g)
S. oreophilus;
h)
S. × *chenaultii,*
S. orbiculatus
(Quadrat 0,5 × 0,5 cm)

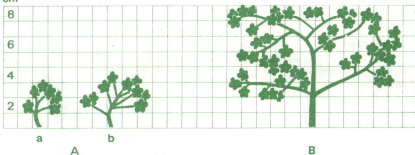

Abb. 382 Blütenstand
Spiraea
A) locker und wenigblütig
a)
S. lancifolia,
S. prunifolia;
b)
S. thunbergii

B) locker und breit
S. × *margaritae*

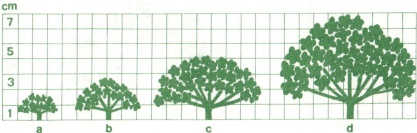

Abb. 383 Blütenstand
Spiraea
Dicht und regelmäßig, flach gewölbt
a)
S. alpina,
S. × *arguta,*
S. hypericifolia,
S. mollifolia;

b)
S. albiflora,
S. cana,
S. cantoniensis,
S. chamaedryfolia,
S. × *cinerea,*
S. crenata,
S. × *multiflora,*
S. nipponica,
S. pubescens,
S. × *schinabeckii,*
S. × *vanhouttei;*

c)
S. chamaedryfolia var. *ulmifolia,*
S. trilobata;
d)
S. × *bumalda,* Sorten

Abb. 384   Blütenstand
Spiraea
Dicht verzweigt
und halbkugelig
a)
S. betulifolia var. *aemiliana*,
S. blumei;
b)
S. bella,
S. betulifolia,
S. × *blanda*,
S. canescens,
S. chinensis,
S. decumbens,
S. gemmata,
S. henryi,
S. japonica 'Macrophylla',
S. miyabei,
S. × *pikoviensis*,
S. × *pumilionum*,
S. sargentiana,
S. trichocarpa,
S. veitchii,
S. wilsonii;
c)
S. bullata,
S. × *foxii*,
S. longigemmis,
S. media,
S. rosthornii,
S. × *superba*;
d)
S. corymbosa;
e)
S. japonica var.
acuminata;
f)
S. japonica, Sorten und
Varietäten außer
var. *acuminata* und Sorte
'Macrophylla',
S. × *revirescens*,
S. × *sanssouciana*

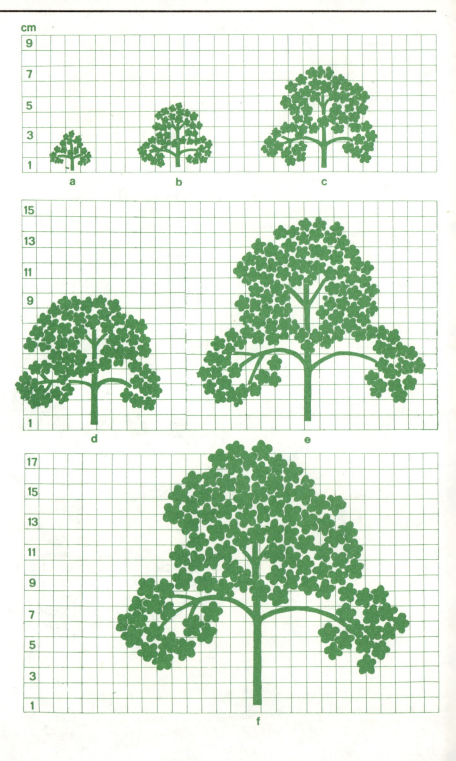

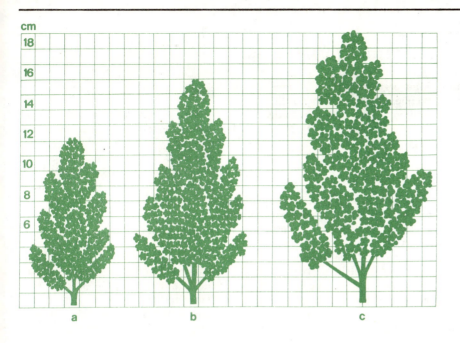

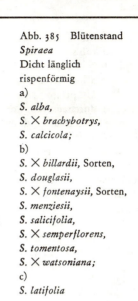

Abb. 385 Blütenstand *Spiraea* Dicht länglich rispenförmig
a) *S. alba*, *S.* × *brachybotrys*, *S. calcicola*;
b) *S.* × *billardii*, Sorten, *S. douglasii*, *S.* × *fontenaysii*, Sorten, *S. menziesii*, *S. salicifolia*, *S.* × *semperflorens*, *S. tomentosa*, *S.* × *watsoniana*;
c) *S. latifolia*

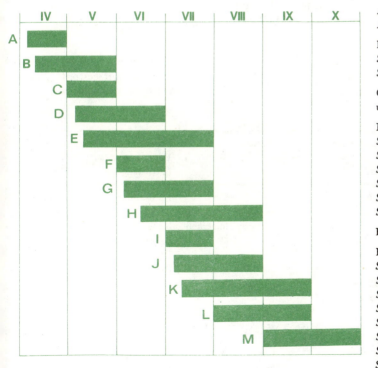

Abb. 386 Blütezeit *Spiraea*
A) *S. media*;
B) *S.* × *arguta*, *S. hypericifolia*, *S. thunbergii*;
C) die meisten Arten und Formen;
D) *S. alpina*, *S.* × *blanda*, *S. cantoniensis*, *S. chamaedryfolia*, *S. nipponica*, *S. trilobata*, *S.* × *vanhouttei*;
E) *S. bella*;
F) *S. betulifolia*, *S. blumei*, *S. calcicola*, *S. decumbens*, *S. henryi*, *S. miyabei*, *S. rosthornii*, *S. sargentiana*, *S. schinabeckii*, *S.* × *superba*, *S. trichocarpa*, *S. wilsonii*;

G) *S.* × *brachybotrys*, *S. corymbosa*, *S.* × *fontenaysii*, *S.* × *foxii*, *S. japonica*, *S. mollifolia*, *S.* × *revirescens*, *S. salicifolia*, *S. veitchii*;
H) *S. alba*, *S.* × *billardii*, *S. latifolia*, *S. menziesii*, *S.* × *sanssouciana*, *S.* × *watsoniana*;
I) *S. bullata*, *S. canescens*, *S. longigemmis*;
J) *S. albiflora*, *S. bumalda* 'Zigeunerblut', *S. douglasii*;
K) *S.* × *bumalda*, *S.* × *semperflorens*, *S. tomentosa*;
L) *S.* × *margaritae*;
M) *S.* × *revirescens* (remontierendes Blühen)

Blütenreichtum beeinträchtigt wird. Ein radikales Zurückschneiden zur Verjüngung in größeren Zeitabständen wird von allen Arten sehr gut vertragen. Ein Umpflanzen älterer Exemplare ist durchaus möglich, aber nur selten erforderlich und zweckmäßig. Alle Hybriden von S. × bumalda sind empfindlich gegen Bodenherbizide auf Triazinbasis, Simazin-Präparate u. a. Nennenswerte Krankheiten und Schädlinge kommen nicht in Betracht. Vereinzelt erscheinen Blattfleckenkrankheiten, meist hervorgerufen von *Cercospora*. Blattflecken sind groß, braun, purpurfarben gesäumt. Bei *Cercosporella* sind die Blattflecken dagegen klein, braun, später grau bis weißlich und bräunlich gerandet. Wenn nötig Bekämpfung mit Kupfer-, Captan-, Zineb-, Maneb- oder anderen organischen Fungiziden. Unter Wildverbiß leiden sie nur vereinzelt; meist S. × *arguta*.

Verwendung

Pflanzung meist in Gruppen; eignen sich zu frei wachsenden Hecken (ideal dafür ist S. × *vanhouttei*), aber auch für geschnittene, meist niedrige Hecken und Einfassungen (*S. bumalda* u. a.). Als Solitärs in bodenbedeckenden Pflanzungen, am besten in Wegnähe, eignen sich besonders die Vertreter des „Arguta-Typs". Der „Pumilionum-Typ" kommt in Steingärten zur Geltung, und *S. decumbens* bewährt sich sehr gut als niedriger Bodendecker (die Ausläufer breiten sich rasch aus; wir pflanzen am besten 8–10 Pflanzen je m^2). In größeren Naturpartien bewähren sich weitere ausläufertreibende, aber höhere Arten, hauptsächlich auf Abhängen oder an Rändern größerer ausgedehnter Kulissen usw. Kleine, nicht sehr wüchsige Arten der verschiedenen Habitustypen eignen sich für kleinere Gärten als Solitärs oder in kleineren Gruppen.

Staphylea L. – Pimpernuß *(Staphyleaceae)*

Sommergrüne Sträucher oder kleine Bäume, 12 Arten in der nördlichen gemäßigten Zone. Rascher Wuchs. Zierwert: Blüte (IV–VI), Fruchtstand (VII–IX).

Habitustypen

„Bumalda-Typ": breit ausladender, mehrstämmiger, in den bodennahen Partien „kahlfüßiger" Strauch (Abb. 387 A).
„Pinnata-Typ": Strauch vom vorigen Typ durch seine heraufgezogene eiförmige Krone unterschieden (Abb. 387 B).

Textur

Luftig, grob, ziemlich leicht. Der untere Strauchteil ist bald „kahlfüßig".

Laub

Blätter gegenständig, aus 3–7 gesägten Blättchen zusammengesetzt, grün bis hellgrün, verschieden groß (Abb. 388); Herbstfärbung nicht sehr wirkungsvoll.

Blüten und Blütenstand

Blüten 5zählig, glockig zusammengezogen, Kelch- und Kronenblätter aufrecht und gleich lang, weißlich oder etwas rosa, in endständigen Rispen, die 5–12 cm lang und meist nickend sind (aufrecht nur bei *S. bumalda* und *S. colchica*).

Frucht und Fruchtstand

Blasig aufgetriebene, 2–3klappige, häutige, dekorative Kapseln, etwa 3 bis 8 cm lang, hellgrün (in der Belaubung verlieren sie sich ein wenig). Nur wenige Samen, kugelig bis eiförmig, mit einer harten, glänzenden Testa.

Stämmchen, Zweige und Wurzelsystem

Borke bildet sich nur selten, Rinde der Stämmchen glatt, oft gestreift, Triebe meist olivbraun, grünlich oder grau.

Wissenschaftlicher Name	Deutscher Name	Natürliche Verbreitung bzw. Entstehungsort	Frosthärte
S. bolanderi A. GRAY		Kalifornien	+, ≙
S. bumalda DC.	Japanische Pimpernuß	O-Asien	++
● S. colchica STEV.	Kaukasus-Pimpernuß	Kaukasus	++
var. kochiana MEDWED.		wie die Art	++
S. × elegans ZAB.		Deutschland (bei Zabel, um 1871)	++
S. holocarpa HEMSL.		M-China	++
f. rosea REHD. et WILS.		M-China	++
● S. pinnata L. (Abb. 374 b)	Gemeine Pimpernuß	M- u. S-Europa, SW-Asien	++
S. trifolia L.	Amerikanische Pimpernuß	N-Amerika	++

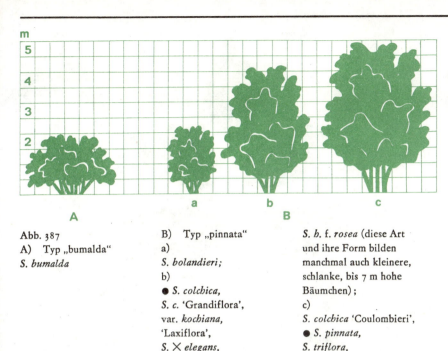

Abb. 387
A) Typ „bumalda"
S. bumalda

B) Typ „pinnata"
a)
S. bolandieri;
b)
● S. colchica,
S. c. 'Grandiflora',
var. kochiana,
'Laxiflora',
S. × elegans,
S. × e. 'Hessei',
S. holocarpa,

S. h. f. rosea (diese Art und ihre Form bilden manchmal auch kleinere, schlanke, bis 7 m hohe Bäumchen);
c)
S. colchica 'Coulombieri',
● S. pinnata,
S. triflora,
S. t. 'Pauciflora'

Stellera GMEL. *(Thymelaeaceae)*

Kleine Sträucher oder ausdauernde Kräuter. Von den 8 asiatischen Arten hat für Mitteleuropa nur *S. albertii* REGEL Bedeutung. Es ist ein 0,4–0,5 m hoher, dicht und reich verzweigter Strauch. Zweige glatt und kahl, Blätter wechselständig, verkehrt eiförmig bis spatelförmig, 1–4 cm lang, hellgrün. Blüten röhrig, gelb, etwa 1 cm lang, in köpfchenartigen Dolden. Blütezeit: Juni. Ansprüche und Pflege ähnlich wie bei den alpinen *Daphne*-Arten. Liebhaberbedeutung.

Stephanandra S. et Z. – Kranzspiere *(Rosaceae)*

Sommergrüne Sträucher, von den 4 asiatischen Arten haben für Mitteleuropa nur ● *S. incisa* (THUNB.) ZAB. (Syn. *S. flexuosa* S. et Z.) und *S. tanakae* (FRANCH. et SAV.) FRANCH. eine Bedeutung. Sie werden 1–2 m hoch, Zweige bogig überhängend, sehr zierlich, Blätter wechselständig in zwei Reihen, gesägt und meist gelappt, 4 bis 8 cm lang, breit eiförmig bis dreieckig, lang schwanzartig zugespitzt, lebhaft grün, im Herbst auffallend orangerot. Blüten weiß oder grünweiß, 4–5 mm breit, in lockeren und luftigen, 6 bis 10 cm langen Rispen. Blütezeit: Juni/Juli. Frucht eine wenig zierende Balgfrucht. *S. incisa* 'Crispa' ist nur 0,5 cm hoch, mit nach unten gekrümmten Zweigen. Verlangt Sonne, verträgt aber auch Halbschatten, wächst in jeder humosen Erde, große Trockenheit ist nicht günstig. Um die Blühfähigkeit zu erhalten, ist ein alljährliches Auslichten zu empfehlen, da die Zweige nur kurze Lebensdauer haben. Gedeihen auch in unreiner Luft. Eignen sich

Wurzelsystem reich verzweigt, flachwurzelnd, zähe.

Ansprüche

Lieben sonnige Lagen, gedeihen aber auch im Halbschatten. Geeignet ist jeder normale, nahrhafte Boden, der auch etwas trocken sein kann. *S. colchica* gedeiht besser auf humosen Standorten. Alle Arten sind für kalkhaltige Böden dankbar, wachsen aber auch auf kalkarmen Substraten. Unter mitteleuropäischen Bedingungen sind sie winterhart, nur in strengen Wintern leiden sie, regenerieren sich aber sehr leicht.

Pflege

Pflanzung ohne Wurzelballen im Vorfrühling oder Herbst. Weitere Pflege brauchen sie nicht. Krankheiten und Schädlinge kommen kaum vor. Nur Blattfleckenkrankheiten (*Mycosphaerella*-, *Ovularia*- und *Septoria*-Arten) können vereinzelt auftreten (Kupfer-, Captan-, Maneb-, Zineb- oder andere organische Fungiziden wenn nötig anwenden). Auch Spinnmilben erscheinen nur manchmal.

Verwendung

Da alle Arten an den bodennahen Trieben mit zunehmendem Alter kahl werden, ist ein Umpflanzen mit niedrigeren Sträuchern (*Potentilla, Spiraea-Bumalda*-Hybriden) empfehlenswert. Sie lassen sich außerdem gut mit *Euonymus, Forsythia, Laburnum, Holodiscus* usw. benachbaren. Es sind mehr interessante als gartengestalterisch wichtige Gehölze.

für Solitärpflanzungen, für freiwachsende Hecken und auch als Solitär für größere Steingärten.

Stewartia L. – Scheinkamelie *(Theaceae)*

Höhere sommergrüne Sträucher. Es sind insgesamt 8 Arten aus Nordasien und Nordostamerika bekannt. Für Mitteleuropa eignen sich: *S. monadelpha* S. et Z., *S. ovata* (CAV.) WEATHERBY, *S. pseudocamellia* MAXIM. (Syn. *S. grandiflora* CARR.), *S. serrata* MAXIM. und *S. sinensis* REHD. et WILS. Unter mitteleuropäischen Bedingungen werden es 2–5 m hohe Sträucher, die Rinde der Stämmchen löst sich wie bei den Platanen ab. Blätter gegenständig, einfach, eiförmig lanzettlich, 4–6 cm lang (bei *S. ovata* und *S. sinensis* bis 12 cm), getrennt fein gesägt, grün und im Herbst oft dunkelrot. Blüten einfach, gewöhnlich 5zählig, becherförmig, 5–6 cm breit (bei *S. monadelpha* nur 3–4 cm), gestielt. Blütezeit: Juli/August. Frucht eine 5lappige Kapsel. *S. pseudocamellia* var. *koreana* (NAKAI) SEALY hat Zweige verschiedenartig gebogen, Blüten mehr schalenförmig, 6–7 cm breit, 'Minterne Narrowleaf Form' hat schmalere Blätter, im Herbst schön scharlachrot. Ansprüche und Kultur ähnlich wie bei *Rhododendron*. Liebhaberbedeutung.

Stranvaesia LINDL. – *(Rosaceae)*

Immergrüne Bäume oder Sträucher; 5 Arten in China und dem Himalajagebiet. Für Mitteleuropa hat nur ● *S. davidiana* DECNE. (Syn. *S. henryi* DIELS) Bedeutung. Dieser Strauch wird 2 bis

Abb. 388 Blätter
Staphylea
a) *S. pinnata*;
b) *S. bolandieri*;
c) *S. bumalda* (manchmal etwas breitere und eiförmigere Blättchen), *S. colchica* (an blühenden Trieben), *S. holocarpa*, *S. trifolia* (manchmal etwas eiförmigere Blättchen);
d) *S.* × *elegans*, *S. colchica* (Quadrat 1 × 1 cm)

3 m hoch, Jungtriebe seidig behaart, Blätter länglich lanzettlich, zugespitzt, ganzrandig, etwa 12 cm lang. Blüten klein, weiß, in flachen, etwa 5–8 cm breiten Doldentrauben. Blütezeit: Juni. Frucht eine rote, erbsengroße Apfelfrucht. Die var. *undulata* (DECNE.) REHD. et WILS. ist niedriger und hat kleinere Blätter, 'Lutea' besitzt orangegelbe Früchte. Verlangt warme und geschützte Lagen, verträgt Sonne und auch Schatten, wächst in jeder Gartenerde, die ausreichend humos, angemessen feucht ist und eine Torfzugabe erhalten hat. Ein empfindliches Gehölz, das Winterschutz braucht. Liebhaberbedeutung.

Styrax L. – Storaxbaum *(Styracaceae)*

Immer- oder sommergrüne Bäume und Sträucher. Es sind etwa 100 Arten aus den wärmeren Gebieten Amerikas, Asiens und Südwesteuropas bekannt. Für mitteleuropäische Bedingungen ist nur die sommergrüne Art *S. obassia* S. et Z. von Bedeutung. Sie bildet aufrechte Sträucher, Blätter fast rundlich bis eirundlich, 7–15 cm lang, dunkelgrün. Blüten tief 5zipfelig mit glockigem Kelch, 2 cm lang, duftend, in hängenden, 10–20 cm langen Trauben. Blütezeit: Mai/Juni. Frucht eine 2 cm lange Steinfrucht mit 1–2 großen, kugeligen Samen. Braucht geschützte, warme Standorte und sonnige Lagen, verträgt auch Halbschatten. Böden sollen nahrhaft und durchlässig sein. In der Jugend ist Winterschutz und Schutz vor der winterlichen Sonne zweckmäßig. Am geeignetsten sind Solitärpflanzungen. Liebhaberbedeutung.

Symphoricarpos DUHAM. – Schneebeere *(Caprifoliaceae)*

Sommergrüne niedrige Sträucher, 15 Arten in Nordamerika und China. Alle wachsen sehr schnell.
Zierwert: Laub (IV–XI), Blüte (VI bis IX), Früchte (VI–XII).

Habitustypen

„Albus-Typ": breit halbkugeliger, ausladender, fein und dicht verzweigter Strauch, in den bodennahen Partien ziemlich kahl (Abb. 389),
„Turesson-Typ": vom vorigen Typ durch seine bogig kurz überhängenden Zweige unterschieden (Abb. 390 C),
„Chenaultii-Typ": aufstrebend aufrechter, dicht verzweigter Strauch, im

Wissenschaftlicher Name	Deutscher Name	Natürliche Verbreitung bzw. Entstehungsort	Frosthärte
● *S. albus* (L.) S. F. BLAKE (Abb. 374 c)	Gemeine Schneebeere	N-Amerika	++
var. *albus*		Alaska,	++
var. *laevigatus* (FERN.) S. F. BLAKE		Kalifornien	
f. *ovatus* (SPAETH) REHD.			++
● *S.* × *chenaultii* REHD.	Bastard-Korallenbeere	Orléans	++
● *S.* × *doorenbosii* KRÜSSM.		Den Haag	++
S. giraldii HESSE = *S. orbiculatus*			
S. hesperius G. N. JONES		N-Amerika	++
S. mollis NUTT.	Zwerg-Schneebeere	Kalifornien	+, ++
S. nanus GREENE = *S. mollis*			
S. occidentalis HOOK.	Westamerikanische Schneebeere, Wolfsbeere	N-Amerika	++
var. *heyeri* DIECK		Colorado	++
● *S. orbiculatus* MOENCH	Rotfrüchtige Schneebeere, Korallenbeere	N-Amerika	++
S. oreophilus GRAY	Berg-Schneebeere	USA	++
S. pauciflorus BRITT. = *S. albus*			
S. racemosus PURSH = *S. albus*			
S. rivularis SUKSD. = *S. albus* var. *laevigatus*			
S. rotundifolius GRAY		SW-USA	++
S. sinensis REHD.	Chinesische Schneebeere	M-China	++
S. vulgaris MICHX. = *S. orbiculatus*			

oberen Teil etwas breiter und abgerundet (Abb. 390 B),
„Hesperius-Typ": niedriges, niederliegendes bis kriechendes und wurzelndes Sträuchlein, Zweigspitzen aufstrebend, Konturen weniger regelmäßig (Abb. 389 A).

Textur

Zierlich und oft gleichmäßig dicht bis kompakt, beim „Turesson-Typ" zierlicher luftig.

Laub

Blätter gegenständig, ganzrandig (an wüchsigeren Trieben manchmal teilweise gelappt), verschieden länglich eiförmig (Abb. 381). Blattspreite dunkelgrün, oft bläulich bereift; buntblättrig ist nur *S. orbiculatus* 'Variegatus' (gelblich gesäumte Blattspreite, Nervatur ebenfalls gelb).

Blüte und Blütenstand

Blüten 4–5 zählig, glockig oder röhrig, in achselständigen Büscheln, die dann in endständige Büschel oder Ähren vereinigt sind.

Blütenfarbe:
Weiß
S. sinensis.
Gelbgrün
S. orbiculatus 'Leucocarpus'.
Weißlich rosa
S. albus var. *laevigatus, S.* × *doorenbosii, S. occidentalis, S. orbiculatus* (gelbliche Tönung), *S. o.* 'Variegatus', *S. rotundifolius.*
Hellrosa
S. albus f. *ovatus.*
Rosa
S. albus 'Turesson', *S.* × *chenaultii, S. hesperius, S. mollis, S. oreophilus;* Sorten: 'Erect', 'Magic Berry'.
Weißrot
S. albus; Sorte: 'White Hedge'.

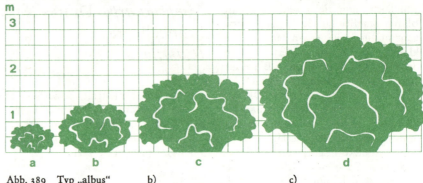

Abb. 389 Typ „albus"
a)
Sorte 'Magic Berry' (manchmal);
b)
● *S. albus,*
S. sinensis;
Sorten ● 'Magic Berry',
● 'White Hedge';
c)
● *S. albus* var. *laevigatus,*
● *S.* × *doorenbosii,*
● *S.* × *d.* 'Mother of Pearl';
d)
S. albus f. *ovatus*

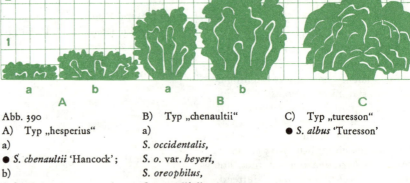

Abb. 390
A) Typ „hesperius"
a)
● *S. chenaultii* 'Hancock';
b)
S. hesperius,
S. mollis
B) Typ „chenaultii"
a)
S. occidentalis,
S. o. var. *heyeri,*
S. oreophilus,
S. rotundifolius;
b)
● *S.* × *chenaultii,*
● *S. orbiculatus,*
S. o. 'Leucocarpus',
● 'Variegatus',
Sorte ● 'Erect';
C) Typ „turesson"
● *S. albus* 'Turesson'

Die Blüten sind klein und wenig auffallend. Blütezeit VI bis IX.

Frucht und Fruchtstand

Frucht eine beerenartige Scheinfrucht, etwa 0,6–1,3 cm dick, kugelig oder eiförmig.

Fruchtfarbe:

Weiß
S. albus sowie Varietäten, Formen und Sorten, *S.* × *doorenbosii* (rosa Wange), *S. hesperius*, *S. occidentalis* (grünlicher Hauch), *S. orbiculatus* 'Leucocarpus', *S. oreophilus*, *S. rotundifolius*; Sorten: 'White Hedge'.
Rot
S. × *chenaultii* (weiß punktiert), *S. orbiculatus* (purpurfarbene Tönung), *S. o.* 'Variegatus'; Sorten: 'Erect', 'Magic Berry' (violetter Hauch).
Blauschwarz
S. sinensis.

Früchte sehr dekorativ, haften auf den Sträuchern lange in den Winter hinein.

Zweige und Wurzelsystem

Hauptzweige und Nebenzweigchen ziemlich dünn, grau oder bräunlich, Einjahrstriebe bereift. Verzweigung sehr dicht und fein; schön ist sie im Winter im Rauhreif oder leicht verschneit. Wurzelsystem dicht und reich gegliedert, mit gut ausgebildeten Haarwurzeln und großer Ausläuferbildung.

Ansprüche

Anspruchslose Gehölze. Wachsen gut in der Sonne wie im Halbschatten bis Schatten, in jedem armen und auch trockenen bzw. auch sehr feuchtem Boden. *S. albus* var. *laevigatus* verträgt sogar extreme Trockenheit. Die angeführten Arten und Kreuzungen sind in Mitteleuropa winterhart und gedeihen sehr gut auch in unreiner Luft.

Pflege

Pflanzung im unbelaubten Zustand ohne Wurzelballen im Frühjahr oder Herbst. Nach dem Einwurzeln brauchen die Pflanzen keine weitere Pflege mehr. Ältere Stöcke werden in 3–5jährigen Abständen ausgelichtet (Herausschneiden aller alten Zweige). Geschnittene Hecken werden im Frühjahr vor dem Austrieb und noch einmal im Sommer geschnitten. Ein Umpflanzen älterer Exemplare kommt nicht in Frage. Je nach Erfordernis begrenzen wir das Ausbreiten der Sträucher durch Abstechen der Ausläufer. Vereinzelt erscheinen Blattflecken- und Beerenkrankheiten. Bei den letztgenannten werden Früchte von *Botrytis*-Grauschimmel und weiteren pilzlichen Erregern, z. B. *Alternaria*-, *Sphaceloma*- und *Glomerella*-Arten befallen, die auch auf Blätter und Triebe übergehen können (kranke Teile entfernen, Kupferpräparate, Captan-, Maneb-, Zineb- u. a. organische Fungizide anwenden). Unter Wildverbiß leiden sie nicht.

Verwendung

Grundsätzlich werden diese Sträucher in Gruppenpflanzungen als Deck- und Füllgehölze verwendet, auch als Unterholz unter höheren Bäumen können sie gepflanzt werden. Sehr verbreitet ist ihre Verwendung zu freiwachsenden oder auch geschnittenen Hecken, die sehr dicht sind. Für kleine Gärten und die Nähe wertvoller Gehölze eignen sich *Symphoricarpos*-Arten nicht, da sie sich mit ihren Ausläufern ziemlich schnell in ihre Umgebung ausbreiten und die benachbarte Vegetation unterdrücken. Ideal sind diese Sträucher in größeren Park- oder Landschaftsanlagen zum Begrünen von Abhängen, exponierten und auch schottrigen und steinigen Standorten und insbesondere als Unterholz in schattigen Lagen. Auffallende Früchte können in den Herbst- und Wintermonaten die Szenerien sehr effektvoll beleben (besonders bei neueren Sorten). Vertreter des „Hesperius-Typs" eignen sich ausgezeichnet als Bodendecker auch in schattigen Lagen (2–3 Pflanzen je m^2). Alle Arten eignen sich als Pioniergehölze auf Halden. *Symphoricarpos*-Arten sind auch nektarreiche, für den Imker wichtige Pflanzen.

Symplocos JACQ. – Saphirbeere, Rechenblume (*Symplocaceae*)

Sommer- oder immergrüne Bäume und Sträucher, etwa 290 Arten in den Tropen und Subtropen. In Mitteleuropa kann nur *S. paniculata* (THUNB.) MIQ. (Syn. *S. crataegoides* BUCH.-HAM.) kultiviert werden. Sommergrüne Sträucher, in Mitteleuropa höchstens 3 m hoch. Blätter eiförmig elliptisch, fein und scharf gesägt, 3–7 cm lang, hellgrün, gerunzelt. Blüten ähneln denen von *Crataegus,* duften etwas, 8 bis 10 mm breit, weiß, in 4–8 cm breiten Rispen. Blütezeit: Mai/Juni. Früchte bläulich, steinfruchtartig, erbsengroß, in reichen Fruchtständen. Eignet sich für warme, sonnige und etwas geschützte Standorte. Wird hauptsächlich wegen der effektvollen Fruchtstände gepflanzt (ein Zusammenstellen mehrerer Pflanzen ermöglicht reicheren Fruchtansatz). Liebhaberbedeutung.

Syringa L. – Flieder *(Oleaceae)*

Sommer-, selten immergrüne Sträucher, auch kleinere Bäume. Es sind etwa 30 Arten aus Asien und Südosteuropa bekannt. Die meisten Arten und Sorten sind schnell heranwachsende Gehölze (bei den Sorten wird das Wachstum durch die Unterlage mitbestimmt; die unveredelten wachsen langsam).
Zierwert: Laub (V–XI), Blüte (hauptsächlich IV–VII).

Habitustypen

„Japonica-Typ": kleines Bäumchen mit kurzem Stamm und breit eiförmiger Krone, Konturen etwas unregelmäßig und luftig (Abb. 391).
„Vulgaris-Typ": mehrstämmiger, breit aufrechter, kugelig-eiförmiger Strauch, Konturen regelmäßig locker, mitteldichte und starre Verzweigung (Abb. 392),
„Reflexa-Typ": schlank aufstrebender, sehr lockerer Strauch, Hauptzweige schräg aufstrebend, zur Blütezeit teilweise abgebogen (Abb. 393 B),
„Chinense-Typ": breit ausladender und flach halbkugeliger Strauch, dicht und zierlich verzweigt (Abb. 394),
„Persica-Typ": vom vorigen Typ hauptsächlich durch seine gleichmäßigere bis zur Erde reichende Verzweigung unterschieden, kompakter Wuchs (Abb. 393 A).

Textur

Bei den großblättrigen Vertretern des „Japonica-", „Reflexa-Typ" usw. büschelig grob bis mittelgrob und umgekehrt bei den kleinblättrigen Typen, besonders beim „Chinense-" und „Persica-Typ" zierlich und dabei auch „leicht". Der „Vulgaris-Typ" wirkt etwas starr, der „Reflexa-Typ" hat oft

Wissenschaftlicher Name	Deutscher Name	Natürliche Verbreitung bzw. Entstehungsort	Frosthärte
● *S. amurensis* RUPR.	Amur-Flieder	Mandschurei, N-China	++
var. *japonica* (MAXIM.) FRANCH. et SAV.		wie die Art	++
● *S.* × *chinensis* WILLD.	„Chinesischer" Flieder	Rouen (um 1777)	++
S. emodi WALL. ex G. DON	Himalaja-Flieder	Afghanistan, W-Himalaja bis Kumaon	++
● *S.* × *henryi* SCHNEID.		?	++
S. × *hyacinthiflora* (LEMOINE) REHD.		Nancy	++
● *S.* × *josiflexa* (PRESTON)		?	++
S. josikaea JACQ. f. ex RCHB.	Ungarischer Flieder	Transsylvanien, Karpaten, Ukraine	++
S. julianae SCHNEID.	Juliane-Flieder	W-China	++
● *S. komarowii* SCHNEID.		N-China	++
S. laciniata MILL.	Geschlitztblättriger Flieder	NW-China	++
● *S. meyeri* SCHNEID.		N-China	++
● *S. microphylla* DIELS.	Kleinblättriger Flieder	N-China	++
S. × *nanceiana* MCKELVEY		Nancy	++
S. oblata LINDL.	Rundblättriger Flieder	N-China	++
var. *giraldii* (LEMOINE) REHD.		N-China	++
var. *dilatata* (NAKAI) REHD.		Korea	++
S. pekinensis RUPR.	Peking-Flieder	N-China	++
● *S.* × *persica* L.	Persischer Flieder	Vorderasien bis NW-China	++
S. pinetorum W. W. SM.		SW-China	++
S. pinnatifolia HEMSL.	Fiederblättriger Flieder	SW-China	++
S. potaninii SCHNEID.		W-China	++
● *S.* × *prestoniae* MCKELVEY		Ottawa	++
S. pubescens TURCZ.	Wolliger Flieder	N-China	++
● *S. reflexa* SCHNEID.	Hänge-Flieder	M-China	++
● *S.* × *swegiflexa* HESSE		Deutschland (bei HESSE-WEENER, 1935)	++

Wissenschaftlicher Name	Deutscher Name	Natürliche Verbreitung bzw. Entstehungsort	Frosthärte
● *S. sweginzowii* Koehne et Lingelsh.	Sweginzow-Flieder	NW-China	++
● *S. tigerstedtii* H. Sm.	Tigerstedt-Flieder	W-China	++
● *S. tomentella* Bur. et Franch.	Filziger Flieder	W-China	++
● *S. velutina* Komar.	Samtiger Flieder	N-China, Korea	++
S. villosa Vahl	Zottiger Flieder	N-China	++
● *S. vulgaris* L. (Abb. 374 d)	Gemeiner Flieder, Garten-F.	SO-Europa	++
S. wolfii Schneid.		Mandschurei, Korea	++
S. yunnanensis Franch.		Yünnan	++

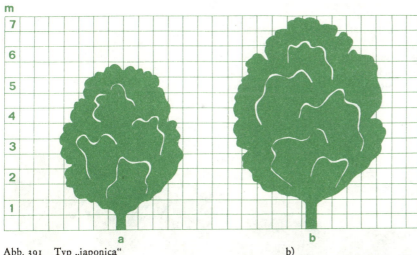

Abb. 391 Typ „japonica"
a) *S. amurensis* var. *japonica*;
b) *S. vulgaris*, Sorten (ausnahmsweise)

einen unordentlichen, verschieden auseinanderfallenden Wuchs.

Laub

Blätter gegenständig, gestielt, ganzrandig, gelappt, selten sogar gefiedert, verschieden länglich, zugespitzt oder auch rundlich (Abb. 395).

Blattfarbe:
Hellgrün
S. amurensis var. *japonica*.
Grün
S. × *chinensis* und Sorten, *S.* × *hyacinthiflora* und Sorten (glänzend, beim Austrieb bronzefarbene Tönung), *S. komarowii*, *S. laciniata*, *S. meyeri*, *S. microphylla*, *S. oblata* sowie Varietäten und Sorten (glänzend, anfangs bronzefarben-grün), *S.* × *persica* und Sorten, *S. pinetorum*, *S. pinnatifolia*, *S. tigerstedtii*, *S. velutina* (matt), *S. vulgaris* und Sorten, *S. yunnanensis*.
Dunkelgrün
S. amurensis, *S. emodi*, *S.* × *henryi* und Sorten, *S.* × *josiflexa* und Sorten, *S. pekinensis*, *S. potaninii*, *S.* × *prestoniae* und Sorten, *S. pubescens*, *S. reflexa*, *S.* × *swegiflexa*, *S. sweginzowii* und Sorten, *S. tomentella*, *S. villosa*, *S. wolfii*.
Gelbbunt
S. emodi 'Variegata' (Blattspreitenrand besonders im Frühjahr auffallend gelblich gesäumt).

Herbstfärbung fast ausnahmslos gelbbraun, nicht sehr auffallend, außer bei *S. oblata* (weinrot).

Blüte und Blütenstand

Blüten klein, bei der Ausgangsart 4zipfelig, mit langem Röhrchen und verschieden gestaltet (unter dem Begriff *S. vulgaris*-Sorten sind auch die sogenannten *S.* × *hyacinthiflora*-Sorten mit einbezogen).

Blütenform:
Einfach

fast alle Ausgangsarten und die meisten ihrer Sorten, Varietäten und Formen.

Halbgefüllt

S. vulgaris-Sorten: 'Adelaide Dunbar' (bis gefüllt), 'Edith Cavell', 'General Pershing', 'Henry Martin' (manchmal gefüllt), 'Katherine Havemeyer' (bis gefüllt), 'Louvois' (meist einfach), 'Marc Micheli', 'Maximowicz' (manchmal auch einfach), 'Montaigne', 'Président Grévy' (oft auch gefüllt), 'Président Loubet' (oft auch gefüllt), 'Vauban' (oft auch gefüllt).

Gefüllt

S. vulgaris-Sorten: 'Captaine Perrault', 'Charles Joly', 'Jeanne d'Arc', 'Jules Ferry', 'Léon Gambetta', 'Maréchal Lannes' (selten auch einfach), 'Mme Antoine Buchner', 'Mme Lemoine', 'Mrs. Edward Harding', 'Paul Deschanel', 'Paul Thirion', 'Président Fallieres', 'Président Poincaré', 'Président Viger' (manchmal halbgefüllt), 'René Jarry-Desloges' (manchmal halbgefüllt), 'Rosace', 'Thunberg', 'Victor Lemoine', 'Violetta' (manchmal halbgefüllt), 'Waldeck-Rousseau'.

Sehr bedeutsam (besonders bei den Sorten) ist die Blütenfarbe. Das hier angeführte Sortiment ist nach deutschen, englischen, tschechischen und amerikanischen Bewertungen zusammengestellt (unter dem Begriff *S. vulgaris*-Sorten sind auch hier die Sorten von *S.* × *hyacinthiflora* einbezogen).

Blütenfarbe:

Weiß

● *S. amurensis* (rahmweiß), *S. chinensis* 'Alba', *S. oblata* 'Alba', *S. persica* 'Alba', *S. pinnatifolia* (manchmal rosafarbene Tönung), *S. potaninii* (manchmal auch purpurrosa), *S. vulgaris*-Sorten: ● 'Ellen Willmont', ● 'Jan van Tol', ● 'Jeanne d'Arc', ● 'Marie Legraye', ● 'Mme Casimir Parier', ● 'Mme Lemoine', 'Mont Blanc', ● 'Vestale'.

Weißgelb

● *S. amurensis* var. *japonica*, *S. pekinensis*.

Gelb

S. vulgaris-Sorten: ● 'Primrose' (helle Tönung).

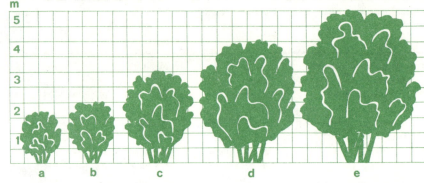

Abb. 392 Typ „vulgaris"
a)
S. × *prestoniae* 'Hiawatha';
b)
S. julianae,
S. pinetorum,
S. pubescens;
c)
S. × *nanceiana*,
S. × *n.* 'Floréal', 'Rutilant',
S. potaninii,
● *S. sweginzowii*,
S. s. 'Superba',
● *S. tomentella*;
d)
● *S. amurensis*,
S. a. var. *japonica*,
● *S.* × *henryi*,
S. × *h.* 'Lutèce',
S. × *hyacinthiflora*,
● *S.* × *josiflexa*,
S. × *j.* 'Bellicent',
'Guinevere',
'Lynette',
'Enid',
S. oblata,
S. o. 'Alba',
var. *dilatata*,
● *S.* × *prestoniae*,
Sorten außer 'Hiawatha',
S. villosa;
e)
S. oblata var. *giraldii*,
S. pekinensis,
● *S. vulgaris*, Sorten,
S. wolfii

Abb. 393
A) Typ „persica"
a)
S. meyeri,
● *S. microphylla*,
S. m. 'Superba';
b)
S. laciniata,
● *S.* × *persica*,
S. × *p.* 'Alba', 'Rubra'

B) Typ „reflexa"
a)
S. josikaea 'H. Zabel',
● *S. reflexa*,
● *S.* × *swegiflexa*;
b)
S. josikaea,
S. j. 'Eximia', 'Rubra';
c)
S. emodi,
S. e. 'Variegata'

Abb. 394 Typ „chinensis"
a)
● *S. chinensis*,
S. × ch. 'Alba',
'Metensis',
'Saugeana',
S. pinnatifolia,
● *S. tigerstedtii*,
● *S. velutina*,
S. yunnanensis;
b)
● *S. komarowii*

Abb. 396 Blütenstand *Syringa*
Locker und mehr oder weniger aufrecht
a)
S. pinnatifolia;
b)
S. pinnatifolia (manchmal);
c)
S. × nanceiana, Sorten,
S. sweginzowii

Weißrosa
● *S. sweginzowii* 'Superba' (innen rosa).
Hellrosa
S. × josiflexa 'Bellicent', *S. yunnanensis*; *S. × prestoniae*-Sorten: ● 'Hiawatha'; *S. vulgaris*-Sorten: 'Macrostachya' (beim Abblühen fast weiß), 'Marc Michel' (lila Tönung), 'Mme Antoine Buchner', 'Montaigne' (später weißlich lila), 'Necker', 'Vauban'.
Rosafarben
● *S. × josiflexa*, *S. × persica* 'Rubra' (Knospen rot), ● *S. sweginzowii* (Blüten innen weißlich); *S. × prestoniae*-Sorten: 'Coral' (beim Abblühen weißlich), 'Nerissa' (das Blüteninnere heller), 'Regan'; *S. vulgaris*-Sorten: ● 'Buffon', 'Catinat', 'Esther Staley', 'Hippolyte Maringer' (lila Tönung), 'Jean Macé, 'Jules Ferry' (silbriger Hauch), 'Lucie Baltet' (rötliche oder altrosafarbene Tönung), ● 'Maréchal Foch' (karminrote Tönung, beim Abblühen lila Tönung).
Dunkelrosa
● *S. × swegiflexa* (Knospen dunkelrot); *S. × prestoniae*-Sorten: 'Hecla'.
Violettrosa
S. × josiflexa 'Lynette', *S. pubescens*, ● *S. tomentella* (Blüten innen weiß), *S. villosa*; *S. vulgaris*-Sorten: 'Lamartine' (lila Tönung), 'Leon Gambetta' (lila Tönung), 'Mirabeau' (lila Tönung), ● 'Président Falliéres' (lila Tönung, Blütenmitte weißlich), 'Reaumur', ● 'Rosace' (lila Tönung), 'Waldeck-Rousseau' (lila Tönung).
Hellrot
S. josikaea 'Eximia'.
Rosarot
● *S. microphylla* 'Superba' (beim Abblühen heller), *S. reflexa* (Saum und Blüteninneres weißlich); *S. × prestoniae*-Sorten: 'Redwine'; *S. vulgaris*-Sorten: ● 'Captain Perrault'.
Dunkelrot
S. vulgaris-Sorten: 'J. de Messemmaeker'.
Rotviolett
● *S. × chinensis* 'Saugeana', ● *S. × henryi* (helle Tönung), *S. × josiflexa* 'Enid', *S. josikaea* 'H. Zabel' (beim Abblühen weißlich), *S. j.* 'Rubra', *S. × nanceiana* 'Rutilant'; *S. × prestoniae*-Sorten: 'Isabella'; *S. vulgaris*-Sorten: ● 'Charles X', 'Paul Hariot' (Petalen-

Abb. 395 Blätter *Syringa*
a) *S. sweginzowii*, *S. tomentella*
b) *S. velutina*;
c) *S.* × *josiflexa*, *S. reflexa*;
d) *S. tigerstedtii*;
e) *S. sweginzowii* (manchmal, hauptsächlich die oberen Blätter), *S. tomentella* (manchmal, hauptsächlich die oberen Blätter);
f) *S. amurensis* (manchmal), *S. josikae*;
g) *S.* × *henryi*, *S.* × *nanceiana*, *S.* × *prestoniae*, *S. villosa*;
h) *S. amurensis*;
i) *S. tomentella* (manchmal), *S. vulgaris*;
j) *S. pinnatifolia*;
k) *S.* × *chinensis*, *S. laciniata* (die ersten Blätter sind gespalten oder gelappt), *S.* × *persica*;
l) *S. oblata*
(Quadrat 1 × 1 cm)

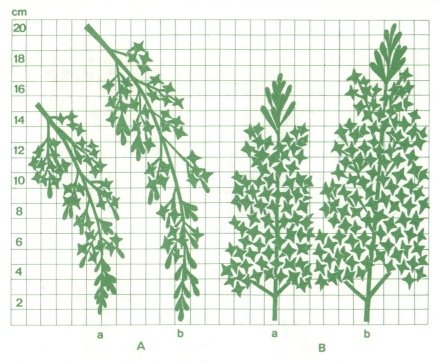

Abb. 397 Blütenstand *Syringa*
A) schmal, locker und halbhängend
a) *S. komarowii*, *S. reflexa*;
b) *S.* × *josiflexa*, Sorten außer 'Lynette' und 'Enid', *S.* × *swegiflexa*
B) schmal, dicht und aufrecht
a) *S. josikaea*, Sorten;
b) *S. vulgaris* 'Macrostachya', *S. v.* 'Michel Buchner' (Zweiglein in der Rispe manchmal mehr abstehend), 'Paul Hariot', 'Président Viger' (manchmal stärker verzweigt)

unterseite silbrig), ● 'Ruhm von Horstenstein' (lila Tönung, Knospen rot), 'Tombouctou' (Petalenunterseite weißlich).

Lila
S. vulgaris-Sorten: 'Henry Martin', 'Jacques Callot', ● 'Michel Buchner' (weißes Auge), 'Thunberg' (dunkle Tönung), 'Victor Lemoine' (feine Tönung).

Hellviolett
S. emodi, *S. e.* 'Variegata', ● *S. tigerstedtii* (bis weißlich); *S.* × *prestoniae*-Sorten: ● 'Desdemona' (Blüteninneres weißlich), 'Elinor', 'Valeria' (später fast weiß); *S. vulgaris*-Sorten: 'Christophe Colomb', 'Maréchal Lannes'.

Violett
● *S.* × *chinensis*, ● *S. meyeri*, *S. microphylla*, ● *S. velutina* (innen weiß), *S. wolfii*; *S.* × *prestoniae*-Sorten: 'Miranda' (violette Tönung), 'Henry'.

Dunkelviolett
S. josikaea; *S. vulgaris*-Sorten: 'Violetta'.

Hellblau
S. vulgaris-Sorten: ● 'Ambassadeur', 'Decaisne', 'Emil Gentil', 'Firmament', 'President Lincoln'.

Blauweiß
S. × *chinensis* 'Metensis'.

Dunkelblau
S. vulgaris-Sorten: 'Ami Schott'.

Blaupurpurfarben
S. × *nanceiana*, ● *S.* × *n.* 'Floréal'; *S.* × *prestoniae*-Sorten: 'Nocturne'; *S. vulgaris*-Sorten: ● 'Alphonse Lavallée', 'Cavour' (violetter Hauch), 'De Miribel' (violetter Hauch), 'Edith Cavell' (violetter Hauch).

Violettblau
S. vulgaris-Sorten: 'Gilbert', 'Maurice Barrés' (helle Tönung mit lila Hauch), 'Olivier de Serres', 'Président Grévy' (Blütenmitte lila), ● 'Président Viger' (helle Tönung mit lila Hauch), 'René Jarry-Desloges' (lila Hauch).

Hellpurpurfarben
S. × *henryi* 'Lutéce' (manchmal auch weißlich), *S. laciniata*; *S. vulgaris*-Sorten: ● 'Paul Deschanel'.

Purpurrosa
● *S. komarowii*; *S. vulgaris*-Sorten: 'General Pershing', ● 'Katherine Havemeyer'.

Purpurrot
S. vulgaris-Sorten: ● 'Andenken an Ludwig Späth' (dunkle Tönung), ● 'Charles Joly', ● 'Congo', ● 'Etna' (dunkle Tönung), 'Monge' (dunkle Tönung), ● 'Mrs. Edward Harding' (helle Tönung), ● 'Paul Thirion' (dunkle Tönung), 'Prodige', 'Sensation' (silbrig gesäumte Blüten), 'Volcan' (dunkle Tönung).

Purpurviolett
S. × *josiflexa* 'Guinevere', *S. julianae*, *S. oblata* (helle Tönung), *S. o.* var. *giraldii*, *S. o.* var. *dilatata*, ● *S.* × *persica*, *S. pinetorum*; *S. vulgaris*-Sorten: ● 'Captaine Baltet', 'Diderot' (Petalenunterseite dunkler), 'Edmond Boissier', 'Hyazinthenflieder' (lila Tönung), 'Louvois' (bläulicher Hauch), 'Maximowicz', 'Montesquieu' (lila Tönung), 'Murillo' (lila Tönung), ● 'President Loubet' (lila Tönung), 'Président Poincaré' (lila Tönung), 'Toussaint-l Ouverture' (lila Tönung).

Dunkelpurpurfarben
S. vulgaris-Sorten: 'Adelaide Dunbar', ● 'Hugo de Vries', 'Marceau', ● 'Masséna', 'Mrs. W. E. Marshall', 'Pasteur'.

Abb. 398 Blütenstand
Syringa
Mitteldicht und mehr oder weniger aufrecht
a)
S. *microphylla*;
b)
S. *julianae*,
S. *laciniata*,
S. *microphylla* (manchmal),
S. *oblata*, Varietäten und Sorten,
S. × *persica*, Sorten,
S. *potaninii*,
S. *tomentella*,
S. *velutina*,
S. *yunnanensis*;
c)
S. *amurensis*,
S. *emodi*,
S. *pinetorum*,
S. *tigerstedtii*;
d)
S. *chinensis*, Sorten;
e)
S. *amurensis* var. *japonica*,
S. × *hyacinthiflora*,
S. *wolfii*

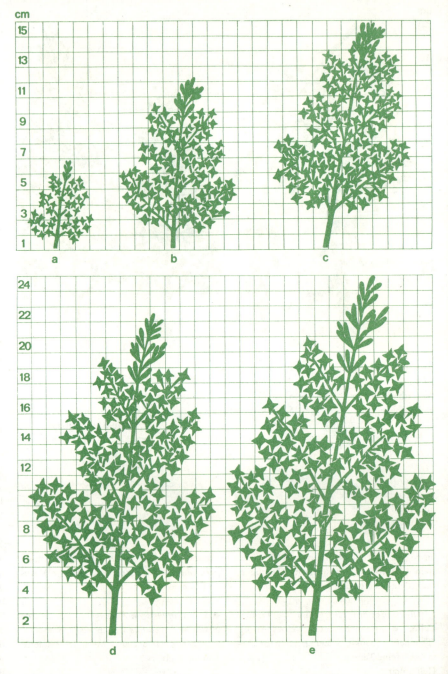

Geschätzt wird auch der Blütenduft, der bei manchen Arten und Sorten ausgeprägt ist:

Ohne ausdrucksvollen Duft
S. *amurensis*, S. × *henryi* und Sorten, S. × *josiflexa* und Sorten, S. *josikaea*, S. *komarowii*, S. *meyeri*, S. × *nanceiana* und Sorten, S. *pinetorum*, S. *pinnatifolia*, S. × *prestoniae* und Sorten, S. *reflexa*, S. × *sweginzowii*, S. *villosa*.
Duftend
S. *chinensis* und Sorten, S. *emodi* (unangenehm riechend), S. × *hyacinthiflora* und Sorten, S. *laciniata*, S. *oblata* sowie Varietäten und Sorten, S. *pekinensis*, S. × *persica* und Sorten, S. *potaninii*, S. *tigerstedtii*, S. *tomentella*, S. *velutina*, S. *vulgaris* und Sorten.

Abb. 399　Blütenstand *Syringa*
Dicht und mehr oder weniger aufrecht
a)
S. meyeri,
S. pubescens;
b)
S. pekinensis,
S. pubéscens (manchmal),
S. vulgaris 'Charles Joly',
S. v. 'Emil Gentil';
c)
S. villosa,
S. vulgaris, die meisten Sorten

Abb. 400　Blütenstand *Syringa*
Dicht und halbhängend
a)
S. × *josiflexa* 'Lynette',
S. × *j.* 'Enid' (manchmal schlankere Rispen),
S. × *prestoniae*, Sorten;
b)
S. × *henryi*,
S. vulgaris 'Tombouctou'

Stark duftend

S. amurensis var. *japonica*, *S. julianae*, *S. microphylla*, *S. pubescens*, *S. vulgaris* 'Jan van Tol'.

Einzelne Blüten in end- oder nebenständigen Rispen auf vorjährigen Zweigen zusammengestellt. Die Blütenstände kann man folgendermaßen einteilen: locker und mehr oder weniger aufrecht (Abb. 397 B), schmal und locker halbhängend (Abb. 397 A), mitteldicht und mehr oder weniger aufrecht (Abb. 398), dicht und mehr oder weniger aufrecht (Abb. 399), dicht und halbhängend (Abb. 400) und dicht, länglich halbkugelig (Abb. 401). Hauptblütezeit: April bis Juli (Abb. 402).

Frucht und Fruchtstand

Eine in dekorativer Hinsicht unbedeutende ledrige Kapsel, die im ganzen Fruchtstand auf dem Strauch unschön aussieht, so daß sie rechtzeitig entfernt werden soll.

Stamm, Zweige und Wurzelsystem

Stamm oder Stämmchen der baumartigen Typen oft verschiedenartig gekrümmt und verflochten, hellgrau, im höheren Alter löst sich faserförmig die Rinde. Jüngere Stämmchen, Hauptäste und Zweige ziemlich dünn, steil gestaltet, meist dunkel grauschwarz oder bräunlich. Einjahrstriebe dünn, grüngrau, später gelbgrau mit großen, verdickten Knospen. Wurzelsystem reich verzweigt und mit gut entwickelten Haarwurzeln ausgestattet; die Ausläuferbildung hängt bei den Kultursorten von der Unterlage ab (Sorten, die auf *S. vulgaris* veredelt sind, neigen zur Ausläuferbildung und zum Durchwachsen des „Wilden Flieders").

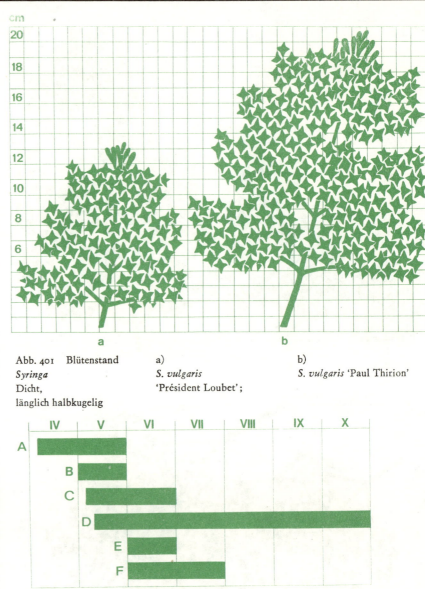

Abb. 401 Blütenstand *Syringa* Dicht, länglich halbkugelig

a) *S. vulgaris* 'Président Loubet';

b) *S. vulgaris* 'Paul Thirion'

Abb. 402 Blütezeit *Syringa*

A) *S. hyacinthiflora*, *S. oblata*; *S. laciniata*,

B) *S.* × *chinensis*, *S.* × *persica*, *S. pinnatifolia*, *S. vulgaris*;

C) *S. emodi*, *S.* × *henryi*, *S. josikaea*, *S. julianae*, *S. meyeri*, *S. pinetorum*, *S.* × *prestoniae*, *S. velutina*, *S. villosa*;

D) *S. microphylla* 'Superba';

E) die meisten Arten und Sorten;

F) *S. amurensis* var. *japonica*

Ansprüche

Gedeihen am besten in der Sonne und vertragen auch Halbschatten, wo sie aber schwächer blühen, *S. vulgaris* wächst sogar im Schatten. Alle Arten und viele ihrer Sorten und Varietäten wachsen gut in leichten und auch schweren Böden. Gartensorten sind anspruchsvoller an den Nährstoffgehalt des Bodens und für eine regelmäßige Düngung sehr dankbar; ideal ist eine Düngung mit Stallmist, aber jeder mineralische Volldünger ist ebenfalls geeignet. Im Frühjahr düngen wir mit etwa 80 g je m^2 und im August, zur Zeit des Blütenknospenansatzes noch einmal mit etwa 40 g je m^2. Sorten sind auch etwas anspruchsvoller an die Bodenfeuchtigkeit. Trockenheit vertragen insbesondere *S.* × *chinensis* und *S. vulgaris*. Alle *Syringa*-Arten sind kalkhold, ein gelegentliches Kalken ist daher zweckmäßig. Die angeführten Arten sind in Mitteleuropa winterhart und vertragen auch verunreinigte Luft gut.

Pflege

Pflanzung im Frühjahr oder Herbst ohne Wurzelballen und im unbelaubten Zustand. Beim Pflanzen werden die Zweige der Jungpflanzen radikal gekürzt, was besonders bei wenig verzweigten Sträuchern notwendig ist. Während längerer Trockenperioden müssen die Gartensorten gewässert werden. Schnitt beschränkt sich auf ein Auslichten älterer Sträucher. *Syringa*-Arten vertragen eine radikale Verjüngung sehr gut. Wichtig ist das alljährliche Entfernen der abgeblühten Blütenstände, die auf den Sträuchern nicht schön aussehen und unnötig Kraft für den Samenansatz verbrauchen. Geschnittene Hecken werden im Juni, rechtzeitig vor dem Ausbilden neuer Blütenknospen (August) geschnitten. Wurzelausläufer (Durchwachsen der Unterlage), die vor allem bei Veredlungen auf *S. vulgaris* auftreten, müssen rechtzeitig abgestochen werden, damit sie die Edelsorte nicht überwachsen. Ein Umpflanzen älterer Exemplare ist möglich, muß aber mit stärkerem Rückschnitt verbunden sein.

Als gefährliche Krankheit ist die *Pseudomonas*-Fliederseuche zu nennen, bei der an jungen Trieben meist im Mai/Juni braune Flecken entstehen, später fault die Rinde, Triebe knicken und welken, Blätter sind ebenfalls fleckig und trocknen ein (feuchte Standorte meiden, Schutz vor Frost, Spritzungen mit Kupfermitteln in 14tägigen Abständen). Zweigkrankheiten durch *Diaperthe-*, *Fusarium-* und *Ascochyta-*Arten machen sich mit braunen, teilweise eingesunkenen Stellen an Trieben und Zweigen bemerkbar, dann folgen Welke und Absterben (befallene Pflanzenteile entfernen und Kupferpräparate anwenden). Von den Schädlingen sind die Raupen der Fliedermotte unangenehm; sie verursachen in den Blättern große Platzminen, die später bräunlich aufgeblasen sind und dann gänzlich eintrocknen (bei Auftreten erster Symptome mit Parathionmethyl-, Trichlorfon-, Dimethoat-Präparaten oder anderen Insektiziden mit Tiefenwirkung gegen beißende Insekten behandeln). Die Fliedergallmilbe, *Eriophyes löwi*, schädigt hauptsächlich die Knospen von *S. vulgaris*. Sie ist auch der Erreger des Knospenanschwellens, wobei der Austrieb unterbleibt; bei häufigem Auftreten blühen ganze Sträucher nicht und deformieren sich (beim Austrieb und während der Vegetationszeit Spritzungen mit Akariziden, insbesondere Endosulfan-Präparaten). Unter Wildverbiß leiden hauptsächlich junge Pflanzen.

Verwendung

Syringa-Arten gehören zu den bekanntesten und verbreitetsten Blütensträuchern. Sie eignen sich zur Solitär- aber hauptsächlich zur Gruppenpflanzung. Als Einzelpflanzen bewähren sich die Arten, vor allem die „Japonica-", „Persica-" und „Chinense-Typen" (die zwei letztgenannten eignen sich auch für kleinere Anlagen); die Kultursorten des „Vulgaris-Typs" haben oft kahle bodennahe Astpartien und sehen mit einer Vorpflanzung anderer niedriger Sträucher besser aus (*Spiraea*, niedrige *Prunus-* und *Lonicera*-Arten usw.). Die Flieder des „Reflexa-Typs" verwenden wir ähnlich wie *S. vulgaris*. Größere Gruppen sind zur Blütezeit sehr effektvoll. Großblättrige *Syringa*-Arten harmonieren ausgezeichnet mit großblättrigen Sträuchern (*Philadelphus*, *Cornus*, *Viburnum*, *Weigela* usw.) und die kleinblättrigen, bzw. die mit lockeren Blütenständen, korrespondieren sehr gut mit leichter aufgebauten Arten (*Forsythia*, *Laburnum*, *Genista*, *Cytisus*, *Prunus*, *Staphylea* u. a.). Manche Arten, hauptsächlich *S.* × *hyacinthiflora*, *S. josikaea*, *S. persica*, *S. villosa* und *S. vulgaris*, eignen sich für freiwachsende oder auch geschnittene Hecken. Bedeutsam ist die Verwendung zum Schnitt und in diesem Zusammenhang auch für die Treiberei im Glashaus.

Tamarix L. – Tamariske *(Tamaricaceae)*

Sommer- oder immergrüne Sträucher und Bäume, etwa 80 Arten, deren Verbreitung von Europa bis Ostasien und Indien reicht. Zierwert: Laub (V–XI), Blüte (V–IX, je nach der Art).

Wissenschaftlicher Name	Deutscher Name	Natürliche Verbreitung bzw. Entstehungsort	Frosthärte
T. anglica Webb	Englische Tamariske	SW-England, W-Frankreich	++
T. gallica L.	Französische Tamariske	W-Mittelmeergebiet	++
T. juniperina Bge.	Chinesische Tamariske	China	++
T. odessana Stev. = *T. ramosissima*			
● *T. parviflora* Dc.	Kleinblütige Tamariske	SO-Europa, N-Afrika	++
● *T. pentandra* Pall. (Abb. 374 e)	Fünfmännige Tamariske	SO-Europa bis M-Asien	++
● *T. ramosissima* Ledeb.	Kaspische Tamariske	Ukraine bis Kaspisches Meer	++
● *T. tetrandra* Pall. ex M. B.	Viermännige Tamariske	SO-Europa, W-Asien	++

Habitus

In Mitteleuropa handelt es sich meist um 1–3 m hohe Sträucher, selten kleinere Bäume bis 5 m, mit sehr schlanken, rundlichen bis rutenförmigen, oft überhängenden Zweigen.

Textur

Sehr fein und zierlich, luftig und leicht.

Laub

Blättchen wechselständig, sitzend, dachziegelartig sich überdeckend, grün oder bläulich, klein bis winzig.

Blüte und Blütenstand

Kleine Blütchen kurzgestielt oder sitzend, rosafarben, in dichten Trauben oder Ähren, die dann oft in große, endständige, sehr auffallende und zierlich gestaltete Rispen zusammengestellt sind. *T. parviflora* und *T. tetrandra* blühen im Mai, die anderen angeführten Arten von Juni bis September.

Frucht und Fruchtstand

Eine unbedeutende, unauffällige Kapsel.

Stämmchen, Zweige und Wurzelsystem

Stämmchen meist dunkelbraun, Triebe dünn, oft zierlich überhängend oder breit ausladend, purpurrot bis rotbraun, im Winter stark nachdunkelnd (bei *T. pentandra* und *T. ramosissima* grünlich bis gelblich). Die kleinen Endzweigchen fallen mit den schuppenförmigen Blättchen ab. Wurzelsystem fein und dicht verzweigt, flach ausgebreitet.

Ansprüche

Tamarix-Arten brauchen volle Sonne; gut wird auch Hitze vertragen; lediglich *T. ramosissima* verträgt auch Halbschatten. Geeignet sind leichte, nicht sehr kalkige, aber auch völlig sandige Böden. Ausgezeichnet werden ein höherer Salzgehalt und Trockenheit vertragen. Die angeführten Arten sind in Mitteleuropa winterhart, und wenn sie Frostschäden aufweisen sollten, regenerieren sie sich sehr leicht. Am geeignetsten ist ein warmer, geschützter Standort. Verunreinigte Luft wird gut bis sehr gut vertragen.

Pflege

Pflanzung im Frühjahr oder Herbst, am besten aus Containern während der ganzen Vegetationszeit; mit Wurzelballen ist der Erfolg beim Pflanzen größer. Umpflanzen wird schlecht vertragen. Nennenswerte Krankheiten und Schädlinge treten nicht auf. Vereinzelt stellen sich Zweigkrankheiten, vor allem durch *Botrytis*-Grauschimmel verursacht, ein (befallene Teile rechtzeitig entfernen, gegebenenfalls mit Dichlofluanid-, Thiram-, Vinclozolin- oder Iprodion-Präparaten behandeln). Wildverbiß kommt nur vereinzelt vor.

Verwendung

Diese Gehölze kommen in größeren, aber auch kleineren Anlagen, hauptsächlich als Einzelpflanzen zur Geltung; wegen des unterschiedlichen Habitus und etwas eigenartiger Belaubung ist das Benachbarn mit anderen Gehölzen sehr schwierig (vielleicht mit *Juniperus*- und *Pinus*-Arten). Bilden sehr auffallende, feine, effektvolle Sträucher.

Tetracentron OLIV. *(Tetracentraceae)*

Sommergrüner Baum, vertreten mit einer einzigen Art, die aus China stammt – *T. sinense* OLIV. Baum 10 bis 15 m hoch, oft niedriger, Einjahrstriebe mit auffallenden Lentizellen, Blätter eiförmig zugespitzt, gekerbt, 7 bis 12 cm lang. Blüten klein, gelb, in 10–15 cm langen Kätzchen (Ähren). Blütezeit: Juni. Ansprüche, Pflege und Verwendung ähnlich wie bei *Cercidiphyllum*. Liebhaberbedeutung.

Tilia L. – Linde *(Tiliaceae)*

Sommergrüne Bäume; 30–50 leicht miteinander hybridisierende Arten in der gemäßigten Zone der nördlichen Halbkugel. Die meisten Arten wachsen ziemlich schnell, sie werden in 10 Jahren 3–5 m hoch, in 20 Jahren 4–9 m, in 30 Jahren 9–14 m und in 40 Jahren 12–20 m (manche Arten, wie z. B. *T. cordata*, *T.* × *euchlora* u. a., wachsen etwa um ein Drittel langsamer). Zierwert: Laub (V–XII, besonders X bis XI), Blüte (VI–VIII).

Habitustypen

„Cordata-Typ": Bäume mit breit ausladender und halbkugelig abgerundeter, dichter Krone; Hauptäste leicht aufstrebend und im unteren Kronenteil mehr oder weniger waagerecht abstehend (Abb. 404),

Wissenschaftlicher Name	Deutscher Name	Natürliche Verbreitung bzw. Entstehungsort	Frosthärte
● *T. americana* L.	Amerikanische Linde	N-Amerika	++
T. amurensis RUPR.	Amur-Linde	Mandschurei, Korea	++
T. argentea DESF.			
= *T. tomentosa*			
T. chinensis MAXIM.	Chinesische Linde	Kansu, Szetschuan, Hupeh	++
T. caucasica RUPR.			
= *T. dasystyla*			
● *T. cordata* MILL. (Abb. 374 f)	Winter-Linde, Stein-L.	Europa, W-Sibirien	++
T. dasystyla STEV.	Kaukasus-Linde	SO-Europa bis Kaukasus, N-Persien	++
● *T.* × *euchlora* K. KOCH	Krim-Linde	? (um 1860)	++
T. × *europaea* L.			
= *T. vulgaris*			
T. × *flaccida* HOST		?	++
T. × *flavescens* A. BR.		?	++
T. glabra VENT.			
= *T. americana*			
T. grandifolia EHRH.			
= *T. platyphyllos*			
T. henryana SZYSZ.		M-China	++
T. heterophylla VENT.	Verschiedenblättrige Linde	USA	++
var. *michauxii* (NUTT.) SARG.		N-Amerika	++
T. hollandica K. KOCH			
= *T. vulgaris*			
T. insularis NAKAI	Koreanische Linde	Korea	++
T. japonica (MIQ.) SIMONKAI	Japanische Linde	Japan	++
T. mandshurica RUPR. et MAXIM.	Mandschurische Linde	Mandschurei, N-Korea	++
T. maximowicziana SHIRAS.		Japan	++
T. miqueliana MAXIM.		China	++
T. miyabei JACK			
= *T. maximowicziana*			
T. × *moltkei* SPÄTH		Berlin (bei Späth)	++
T. mongolica MAXIM.	Mongolische Linde	Mongolei, N-China	++
T. neglecta SPACH		N-Amerika	++
T. oliveri SZYSZ.		M-China	++
T. × *orbicularis* (CARR.) JOUIN		Metz (bei Simon-Louis)	++

„Tomentosa-Typ": Bäume mit mehr oder weniger kegelförmiger, dichter Krone und abgerundetem Gipfel; Äste aufstrebend, im unteren Teil fast waagerecht (Abb. 405),
„Americana-Typ": Bäume mit mehr oder weniger eiförmig-länglicher, oben abgerundeter Krone; Hauptäste meist leicht aufstrebend (Abb. 403),
„Euchlora-Typ": Bäume mit typisch emporgezogener, oben abgerundeter Krone und mit Ästen, die im unteren Teil manchmal bis zur Erde herabhängen (Abb. 406 B),
„Fastigiata-Typ": Bäume mit länglich eiförmiger, schmaler Krone, die in den mittleren und höheren Partien am breitesten ist; Äste streng aufstrebend (Abb. 406 A).

Textur

Ist sehr von der Blattgröße abhängig; bei den meisten *Tilia*-Arten ist sie gleichmäßig fein, am feinsten und zier-

Wissenschaftlicher Name	Deutscher Name	Natürliche Verbreitung bzw. Entstehungsort	Frosthärte
T. parvifolia EHRH.			
= *T. cordata*			
● *T. petiolaris* DC.	Hängende Silber-Linde	? (SO-Europa), Kleinasien	++
● *T. platyphyllos* SCOP.	Sommer-Linde	M- u. S-Europa, W-Ukraine, Vorderasien	++
T. rubra STEV.			
= *T. dasystyla*			
T. rubra DC. non STEV.			
= *T. platyphyllos* 'Rubra'			
T. spaethii SCHNEID.			
= *T.* × *flavescens*			
● *T. tomentosa* MOENCH	Silber-Linde, Ungarische Silber-Linde	SO-Europa, Kleinasien	++
T. tuan SZYSZ.		M-China	++
T. × *varsaviensis* KOBENDZA	Warschauer Linde	Botanischer Garten Warschau	++
● *T.* × *vulgaris* HAYNE	Holländische Linde	?	++

Abb. 403 Typ „americana"
a)
T. chinensis,
T. henryana,
T. miqueliana,
T. oliveri,
T. tuan,
T. t. var. *chinensis;*
b)
T. × *moltkei* 'Blechiana';
c)
● *T. americana,*
T. a. 'Ampelophylla',
'Macrophylla'

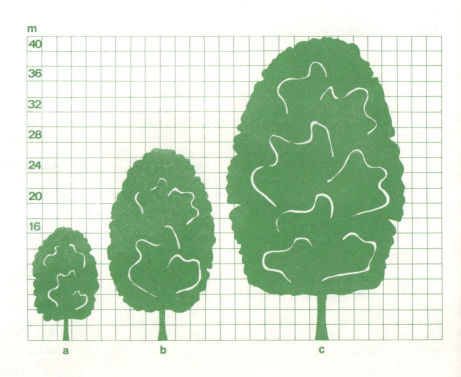

lichsten bei *T. cordata* und *T.* × *euchlora*, am gröbsten bei *T. americana*, bei deren Sorte 'Macrophylla' sehr grob. Gesamteindruck dicht, außer bei *T. americana*. Die Zierlichkeit von *T. cordata* und ähnlicher Arten wird von der dünnen und immer schwächer werdenden Verzweigung unterstrichen.

Laub

Hauptzierde der *Tilia*-Arten ist deren Belaubung. Blätter wechselständig, schlank gestielt, schräg herzförmig oder auch verschieden breit eiförmig, gesägt, verschieden groß (Abb. 407), meist grün gefärbt.

Blattfarbe:
Gelblich
T. vulgaris 'Wratislaviensis' (später nur grüngelb).
Hellgrün
T. × *flaccida*, *T.* × *flavescens*, *T. mandshurica*, *T. mongolica* (beim Austrieb rötlich, später glänzend), *T. vulgaris* 'Pallida', *T. v.* 'Longevirens' (beim Austrieb gelblich).
Dunkelgrün
alle weiteren Arten und Sorten.

Bei *T. tomentosa* fällt die weißlich-silbrige Blattunterseite auf, sie gibt der ganzen Krone einen etwas unruhigen Charakter. Im Herbst färben die meisten *Tilia*-Arten auffallend gelb, oder goldgelb, z. B. *T. tomentosa*. Oft bleiben auch die Blätter bis zum Blattfall am Baum grün (besonders bei *T.* × *flavescens*).

Blüte und Blütenstand

Blüten 5zählig, etwa 1–1,5 cm breit, mit vielen Staubblättern, gelblich oder auch etwas weißlich (*T. henryana*, *T. petiolaris*) gefärbt, duftend (vor allem bei *T. cordata*). Zusammengestellt in hängenden Trugdolden zu 3–15 Blüten (manchmal noch mehr); dieser Blütenstand ist 5–9 cm lang und nur bei grö-

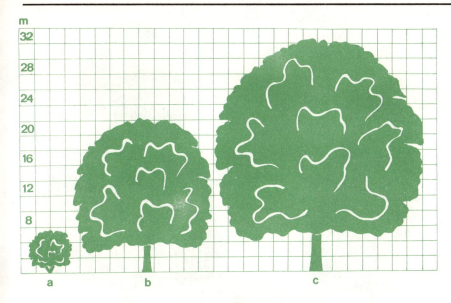

Abb. 404 Typ „cordata"
a)
T. platyphylla 'Compacta';
b)
T. insularis,
T. japonica,
T. mandshurica;
c)
T. amurensis,
● *T. cordata*,
T. c. 'Handsworth',
T. × *flavescens*;
d)
T. americana (manchmal),
T. a. 'Ampelophylla' (manchmal),
'Macrophylla'

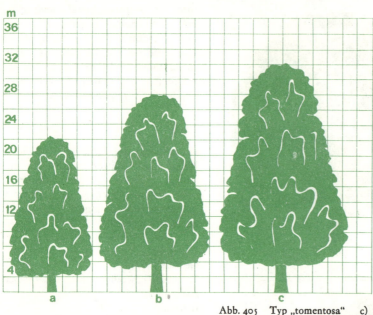

Abb. 405 Typ „tomentosa"
a)
● *T. platyphylla* 'Laciniata',
T. p. 'Tortuosa',
T. × *varsaviensis*;
b)
T. × *orbicularis*;

c)
T. dasystyla,
T. heterophylla,
T. h. var. *michauxii*,
T. maximowicziana,
T. neglecta,
● *T. tomentosa*;

d)
T. americana 'Dentata',
● *T.* × *europaea*,
● *T.* × *e.* 'Pallida',
'Longevirens',
'Wratislaviensis',
T. × *flaccida*,
● *T. platyphylla*,
T. p. 'Aurea',
'Obliqua',
'Rubra',
'Vitifolia'

ßerem Blütenreichtum in der Krone auffallend. Eintritt der Blühreife nach 20–25 Jahren, in dichteren Beständen auch erst nach 40 Jahren (*T.* × *euchlora, T. americana* und *T. tomentosa* nach 25–35 Jahren). Die Blütezeit ist in Abbildung 408 dargestellt.

Frucht und Fruchtstand

Frucht ein kugeliges oder längliches, meist 0,5–1 cm großes Nüßchen, das 1–3 Samen enthält. In der Belaubung fallen die Früchte nur bei reicherem Ansatz auf.

Stamm, Äste und Wurzelsystem

Tilia-Stämme sind ein wichtiges dekoratives Element. Sind meist streng walzenförmig, mittelhoch verzweigt (bei *T. cordata* und *T. japonica* oft ziemlich niedrig), in der Jugend mit einer dünnen und glatten, meist graubraunen (bei *T. platyphyllos* und *T.* × *euchlora* auffallend grünlichen) Rinde,

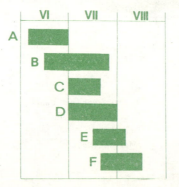

Abb. 408 Blütezeit *Tilia*
A) *T. maximowicziana*, *T. miquelina*, *T. oliveri*;

B) *T.* × *europaea*, *T. platyphylla*;

C) *T. cordata*;

D) die meisten Arten, Kreuzungen, Varietäten und Sorten;

E) *T. americana*;

F) *T. henryana*

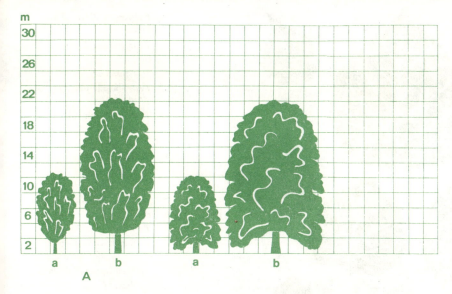

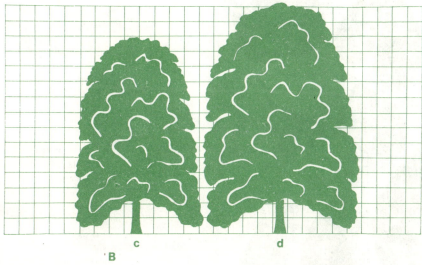

Abb. 406
A) Typ „fastigiata"
a)
T. × flaccida
'Diversifolia';
b)
T. americana 'Fastigiata',
T. cordata 'Pyramidalis',
T. platyphylla 'Fastigiata',
T. p. 'Orebro'

B) Typ „euchlora"
a)
T. mongolica;
b)
● T. × euchlora,
T. × e. 'Redmont';
c)
T. × moltkei,
● T. petiolaris;
d)
T. × europaea 'Pendula'

die sich später in eine dünne, länglich und flach zersprungene dunkelbraune Borke umwandelt (bei T. *americana* und T. *tomentosa* auffallend grau). Hauptäste haben ähnlichen Charakter. Zweige und Einjahrstriebe schwächer und feiner verzweigt. Manche Arten und Sorten haben ihre Einjahrstriebe auffallend gefärbt, was besonders im unbelaubten Zustand auffällt.

Rindenfarbe junger Triebe:
Hellgrün
T. *platyphyllos* 'Aurea' (auffallend hellgrüne Rinde, hauptsächlich im Winter).
Rot
T. *dasystyla*, T. *heterophylla*, T. *platyphyllos* 'Rubra' (orangefarbene Tönung, auch bei älteren Zweigen), T. × *varsaviensis*, T. *vulgaris* 'Pallida' (besonders im Herbst, auch ältere Zweige).
Rotbraun
T. *heterophylla* var. *michauxii*, T. *mongolica*, T. *oliveri*, T. *platyphyllos*.

Wurzelsystem mit kurzer, aber starker Pfahlwurzel, Nebenwurzeln sind lang und reich verzweigt, mit gut ausgebildeten Haarwurzeln. Bäume im Boden gut verankert, am besten T. *platyphyllos* (das robusteste Wurzelsystem).

Ansprüche

Alle *Tilia*-Arten lieben Sonne, die meisten aber vertragen auch Halbschatten, T. *cordata* und T. *platyphyllos* auch tieferen Schatten, nur T. *tomentosa* verträgt Schattierung schlecht. Alle angeführten Arten wachsen in normalen, leichten oder auch schweren Böden; lockere und angemessen feuchte Böden bevorzugen T. *platyphyllos* und T. *cordata* (auf ihren Wuchs wirkt sich auch eine höhere Luftfeuchtigkeit günstig aus). Einem sehr trockenen Standort können sich T. *cordata*, T. *tomentosa* und T. *vulgaris* anpassen. T. *cordata* wächst unter natürlichen Bedingungen auch auf expo-

Abb. 407 Blätter *Tilia*
a)
T. americana 'Macrophylla';
b)
T. americana,
T. a. 'Fastigiata',
T. × *moltkei*,
T. × *m.* 'Blechiana',
T. neglecta;
c)
T. henryana;
d)
T. heterophylla,
T. h. var. *michauxii*;
e)
T. platyphylla, Sorten
(außer 'Laciniata',
'Obliqua' und 'Vitifolia'),
T. × *europaea* 'Pallida',
T. flaccidda;
f)
T. dasystyla,
T. mandshurica;
g)
T. platyphylla 'Obliqua';
h)
T. platyphylla
'Vitifolia';
i)
T. × *flavescens*,
T. insularis,
T. × *europaea*, Sorten
(außer 'Pallida'),
T. × *orbicularis*,
T. olivieri,
T. japonica,
T. miqueliana,
T. amurensis,
T. cordata,
T. c. 'Handsworth',
T. c. 'Pyramidalis';
j)
T. mongolica;

k)
T. tomentosa,
T. × *varsaviensis*;
l)
T. tuan,
T. t. var. *chinensis*,
T. maximowicziana,
T. chinensis,
T. petiolaris;
m)
T. × *euchlora*,
T. × 'Redmont';
n)
T. platyphylla 'Laciniata',
T. × *flaccida* 'Diversifolia'
(Quadrat 2 × 2 cm)

Untere Blattreihe *Weigela*
a)
W. coraeensis (manchmal),
W. florida;
b)
W. coraeensis,
W. decora,
W. floribunda,
W. japonica;
c)
W. coraeensis (manchmal),
W. floribunda (manchmal),
W. florida (manchmal);
d)
W. middendorfiana,
W. × *wagneri*;
e)
W. praecox
(Quadrat 1 × 1 cm)

nierten, trockenen und felsigen Stellen, wo sich andere Bäume nicht mehr halten können und bildet hier niedrige, malerisch gekrümmte Kronen. Alle angeführten Arten sind unter mitteleuropäischen Bedingungen winterhart. Gegenüber Stadt- und Industriebedingungen ist *T. tomentosa* am widerstandsfähigsten, gefolgt von *T.* × *euchlora* und *T.* × *vulgaris*. In gepflasterten Böden beenden *T. cordata* und *T. platyphyllos* vorzeitig (manchmal schon im Juli/August) ihre Vegetation. Allgemein kann angegeben werden, daß sich *Tilia*-Arten für Gebiete mit Luftverunreinigungen nicht eignen und daß sie sehr empfindlich gegenüber höheren Salzkonzentrationen im Boden (Salzstreuen auf den Straßen im Winter) reagieren.

Pflege

Pflanzung im unbelaubten Zustand im Frühjahr oder Herbst. Schnitt beschränkt sich auf das Entfernen trockener Teile und auf die Erzielung eines Leittriebes. *Tilia*-Arten vertragen auch einen tieferen Rückschnitt. Geschnittene höhere Wände werden vor dem Austrieb und noch im Sommer geschnitten. Alle Arten können mit Erfolg im höheren Alter, mit ausreichendem Wurzelballen und bei gesicherter Bewässerung, umgepflanzt werden. Zu den wichtigsten Krankheiten gehört die *Gloeosporium*-Blattfallkrankheit, bei der auf den Blättern kleine, rundliche, hellbraune Flecken erscheinen. Manchmal stellt sich dann schon im Mai/Juni Blattfall ein (Bekämpfung mit Kupferpräparaten bzw. Captan-, Zineb- oder anderen organischen Fungiziden während des Austriebes). An Stämmen und Zweigen erscheint in Form von schwärzlich braunen, eingesunkenen Flecken die *Pyrenochaeta*-Rindenfleckenkrankheit, hauptsächlich an jungen Bäumen; ganze Stammteile und Zweige sterben dann ab (befal-

lene Teile bis ins gesunde Holz zurückschneiden, Kupferpräparate und organische Fungizide anwenden). Von den Schädlingen ist die Lindenspinnmilbe („Rote Spinne") am häufigsten; sie saugt auf den Blättern, bis diese vergilben und vorzeitig abfallen (die Linden, hauptsächlich *T. cordata*, pflanzen wir nicht auf mikroklimatisch ungeeignete, warme, städtische Standorte; je nach Möglichkeit, insbesondere bei niedrigen Gehölzen, spritzen wir mit Akariziden). Oft erscheinen Blattläuse, die klebrige Honigtauausscheidungen hervorrufen (bei niedrigen Gehölzen ist es möglich, Insektizide gegen saugende Insekten einzusetzen). Hörnchengallen, verursacht durch Gallmilben, zeigen sich den Blättern, sie verursachen keinen größeren Schaden. In manchen Jahren kommt es zum Befall mit der Kleinen Lindenblattwespe, deren nacktschneckenähnliche Larven einen Fensterfraß an den Blättern verursachen (bei Massenbefall spritzen wir mit Insektiziden gegen beißende Insekten). *Tilia*-Arten leiden kaum unter Wildverbiß.

Verwendung

Alle Linden sind meist größere Bäume, die hauptsächlich für größere Anlagen und Landschaftsgestaltungen in Frage kommen. In Gärten werden sie nur vereinzelt, als Solitärbäume gepflanzt. Gruppenpflanzungen sind in größeren Anlagen möglich. Einzelbäume sind sehr schön aufgebaut, in dichteren Beständen entwickeln sich schöne schlanke Stämme, aber unschöne Kronen, die nur in größeren, kompakten Beständen wirken. Die schattenvertragende *T. platyphyllos* eignet sich auch als Unterholz. Für höhere geschnittene Wände eignen sich besonders *T.* × *euchlora*, *T. cordata*, *T. platyphyllos* und *T.* × *vulgaris*, wobei *T. cordata* und *T. platyphyllos* auch für niedrige geschnittene Hecken verwendbar sind.

Für breite Alleen eignen sich hauptsächlich *T. americana, T. cordata, T. platyphyllos, T. tomentosa* und *T. × vulgaris.* Die gelbe Herbstfärbung können wir zu kontrastierenden Benachbarungen mit rötlich färbenden Gehölzen (manche *Acer*-Arten, *Rhus typhina* usw.) oder rot fruchtenden Arten (*Euonymus, Crataegus, Pyracantha, Rosa* usw.) oder auch blühenden Stauden (*Chrysanthemum*) ausnutzen. *Tilia*-Arten harmonieren fast mit allen Laubgehölzen; sie können Formkontraste mildern. Von den Nadelgehölzen kommen sie gemeinsam mit *Pinus*-Arten am besten zur Geltung. Manche Arten (besonders *T. cordata*) gehören unter „gesunden" Umweltbedingungen auch zu den Pioniergehölzen, die sich hauptsächlich beim Begrünen von Abhängen, felsigen Stellen und wenig fruchtbaren Böden bewähren; alle diese Standorte können sie durch ihre Blattmassen beim Laubfall mit Humus anreichern. Zur Blütezeit haben sie eine große Bedeutung für die Imkerei und auch als Heilmittel.

Toona (ENDL.) M. J. ROEM. – Surenbaum *(Meliaceae)*

Sommer- oder immergrüne Bäume; von den 18 Arten kann nur eine chinesische Art in Mitteleuropa kultiviert werden: *T. sinensis* (JUSS.) ROEM. (Syn. *Cedrela sinensis* JUSS.). Sehr ähnlich *Ailanthus*, Blätter 40–60 cm lang, Blättchen ganzrandig, im Herbst schön gelb gefärbt, sommergrün, Blüten in 50–70 cm langen überhängenden Rispen, weißlich oder weißgrün. Blütezeit: Juni/Juli. Kultur und Verwendung wie bei *Ailanthus.* Eignet sich hauptsächlich für Weinbaugebiete, wo dieser Baum sehr schnell heranwächst.

Die wüchsigen jungen Triebe leiden in kühleren Lagen unter Frost. Lieben humose, nahrhafte Böden.

Toxicodendron MILL. – Giftsumach *(Anacardiaceae)*

Sommer- oder immergrüne Sträucher, Bäume auch Lianen, meist sehr giftig. Es sind etwa 8 Arten aus den Subtropen und gemäßigten Zonen beider Halbkugeln bekannt. In letzter Zeit hat sich die Abtrennung dieser Arten von der Gattung *Rhus* (Sumach) durchgesetzt. Deshalb werden sie auch hier unter der Gattung *Toxicodendron* besprochen. Für mitteleuropäische Bedingungen haben folgende eine gewisse Bedeutung: *T. quercifolium* (MICHX.) GREENE Behaarter Giftsumach (Syn. *Rhus toxicodendron* L.), *T. radicans* (L.) O. KUNTZE Kletternder Giftsumach, „Poison Ivy" (Syn. *Rhus radicans* L.), *T. verniciflua* (STOKES) BARKL. Lacksumach (Syn. *Rhus verniciflua* STOKES) und *T. vernix* (L.) O. KUNTZE Kahler Giftsumach (Syn. *Rhus vernix* L., *R. venedeta* DC). Ansprüche, Pflege und Verwendung sind praktisch die gleichen wie bei *Rhus.*

Tripetaleia S. et Z. *(Ericaceae)*

Sommergrüne Sträucher, zur Gattung gehören nur 2 japanische Arten: *T. bracteata* MAXIM. und *T. paniculata* S. et Z. Sie werden 0,5–1 m hoch, Blätter wechselständig, ganzrandig, eiförmig, etwa 2–5 cm lang, Blüten mit 5zähligem Kelch und 3 länglichen Petalen, weißlich mit rosafarbenem Hauch in endständigen Rispen oder Trauben. Blütezeit: Juli–September. Beide Arten sind in Mitteleuropa winterhart. Ansprüche, Pflege und Verwendung wie bei den sommergrünen *Rhododendron*-Arten. Liebhaberbedeutung.

Tripterygium HOOK. f. – Dreiflügelfrucht *(Aquifoliaceae)*

Sommergrüne Klettersträucher. Von den 3 ostasiatischen Arten eignet sich für Mitteleuropa nur *T. regelii* SPRAGUE et TAKEDA. Die Art wird 2 m hoch, Zweige lang, kletternd oder überhängend, dicht punktiert, Blätter eiförmig, 10–17 cm lang zugespitzt, gekerbt, hellgrün. Blüten gelblich weiß, 8 mm breit, in bis 25 cm langen Rispen. Blütezeit: Juni/Juli. Frucht ein grünlich weißes, 3flügeliges Nüßchen. Ansprüche und Pflege ähnlich wie bei *Celastrus*-Arten. Wertvoll durch späte Blüte und schöne Laubfärbung; bisher nur Liebhaberbedeutung.

Tsusiophyllum MAXIM. *(Ericaceae)*

Halbimmergrüner Zwergstrauch; nur eine japanische Art: *T. tanakae* MAXIM. Pflanzen werden 30–40 cm hoch, Blätter eiförmig bis lanzettlich, 1–2 cm lang. Endständige Blüten zu 2–6, klein, röhrig, bis 1 cm lang. Blütezeit: Juni. Frucht eine 3fächrige Kapsel. Ansprüche, Pflege und Verwendung wie bei den niedrigen *Rhododendron*-Arten. Liebhaberbedeutung.

Ulex L. – Stechginster *(Leguminosae)*

Stark dornige, dicht verzweigte Sträucher, deren Blätter bis auf den verdornten Blattstiel reduziert sind. Etwa 8 Arten (nach einigen Autoren 20) sind in Westeuropa und Nordafrika verbreitet. Für Mitteleuropa hat nur ● *U. europaeus* L. Bedeutung. Meist nur bis 1 m hoch, Zweige dicht dornig und starr, Triebe gefurcht und grün, Blätter in 6–12 cm lange Dornen umgewandelt. Blüten einzeln, mit gefärbtem 2teiligen Kelch und gelber Schmetterlingskrone. Blütezeit: Mai/Juni. Hülsen klein, etwa 1 cm lang, aufplatzend. Die Sorte 'Plenus' ist niedriger und hat gefüllte Blüten, die var. *strictus* (MACKAY) WEBB hat einen fast säulenförmigen Wuchs. Unter mehr kontinentalen mitteleuropäischen Bedingungen gibt es alljährlich Frostschäden, die Pflanzen können sogar ganz erfrieren, aber immer treibt die Pflanze um so dichter wieder durch. Braucht warme, geschützte und sonnige Lagen mit stark sandiger Heideerde ohne Kalk. Pflanzung nur mit Wurzelballen oder Aussaat direkt am Standort. Bei normalem Umpflanzen wächst Stechginster nur sehr schlecht. Eignet sich hauptsächlich für Heide- und Steingärten, wo er mit seiner bizarren Dornigkeit und mit den großen Blüten auffällt. Liebhaberbedeutung.

Ulmus L. – Ulme, Rüster *(Ulmaceae)*

Sommergrüne Bäume, selten auch halbimmergrüne Sträucher. Es sind etwa 30 Arten in der ganzen nördlichen gemäßigten Zone verbreitet. Schnell heranwachsende Gehölze. Die normalen Baumtypen sind in 10 Jahren 2 bis

Wissenschaftlicher Name	Deutscher Name	Natürliche Verbreitung bzw. Entstehungsort	Frosthärte
U. alata MICHX.	Flügel-Ulme	USA	++
U. americana L.	Amerikanische Ulme, Weiße Ulme	N-Amerika	++
U. carpinifolia GLEDITSCH = *U. minor*			
U. campestris L. p. p. = *U. minor*			
U. campestris L. p. p. = *U. procera*			
U. effusa WILLD. = *U. laevis*			
U. fulva MICHX. = *U. rubra*			
● *U. glabra* HUDS. emend MOSS	Berg-Ulme	Europa, W-Asien	++
U. heyderi SPÄTH = *U. rubra*			
● *U.* × *hollandica* MILL.	Holländische Ulme	?	++
U. chinensis PERS. = *U. parvifolia*			
U. japonica (REHD.) SARG.	Japanische Ulme	Japan, NO-Asien	++
U. laciniata (TRAUTV.) MAYR	Gelappte Ulme	O-Asien	++
var. *nikkoensis* REHD.		M-Japan	++
● *U. laevis* PALL. (Abb. 409 a)	Flatter-Ulme	Europa, W-Kleinasien, W-Kaukasus	++
U. macrocarpa HANCE	Großfrüchtige Ulme	China	++
U. mandschurica NAKAI = *U. pumila*			
● *U. minor* MILL. emend. RICHENS	Feld-Ulme	Europa bis Kaukasus, N-Afrika	++
U. montana STOKES = *U. glabra*			
U. parvifolia JACQ.	Chinesische Ulme, Kleinblättrige Ulme	Japan, Korea, M-China, Formosa	++
● *U. procera* SALISB.	Englische Ulme	W- u. S-Europa	++
var. *australis* (HENRY) REHD.		S-Europa	++
U. pubescens WALT. = *U. rubra*			

5 m hoch, in 20 Jahren 5–7 m, in 30 Jahren 7–12 m und in 40 Jahren 10 bis 16 m. *U. glabra* wächst fast doppelt so schnell, *U. laevis* dagegen langsamer. Zierwert: Laub (V–XI, hauptsächlich X–XI).

Habitustypen

„Glabra-Typ": robust und unregelmäßig breit ausladender, malerischer Baum, Zweige im unteren Kronenteil teilweise überhängend (Abb. 410),
„Parvifolia-Typ": Baum mit regelmäßig kugelig-eiförmiger Krone, dicht aufgebaut (Abb. 411),

Wissenschaftlicher Name	Deutscher Name	Natürliche Verbreitung bzw. Entstehungsort	Frosthärte
● *U. pumila* L.	Sibirische Ulme Zwerg-Ulme	Turkestan, N-China, O-Sibirien	++
f. *androssowii* (Litvin) Rehd.		wie die Art	++
var. *arborea* Litvin		wie die Art	++
U. rubra Muehlb.	Rot-Ulme	N-Amerika	++
U. scabra Mill. = *U. glabra*			
U. thomasii Sarg.	Felsen-Ulme	N-Amerika	++
U. wilsoniana Schneid.		China	++

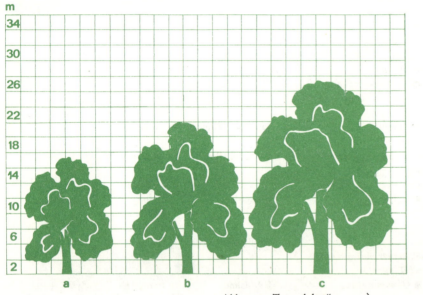

Abb. 410 Typ „glabra"
a) *U. wilsoniana*;
b) ● *U. carpinifolia*, *U. c.* var. *italica*, 'Variegata', ● *U. procera* 'Aurea', *U. p.* 'Myrtifolia', 'Purpurascens';
c) ● *U. glabra* 'Atropurpurea', *U. g.* 'Cornuta', 'Lutescens', 'Purpurea', 'Rubra', ● *U.* × *hollandica*, *U.* × *h.* 'Belgica', *U. japonica*, *U. procera* 'Argenteo-variegata', *U. p.* 'Purpurea';
d) ● *U. glabra*, *U. g.* f. *nitida*, *U.* × *hollandica* 'Major', *U.* × *h.* 'Vegeta', ● *U. procera*

„Superba-Typ": Baum mit breit kegelförmiger, regelmäßiger Krone (Abb. 412 A),

„Americana-Typ": Baum mit fontänenförmiger oder vasenartiger, breit ausladender Krone; Zweige und Äste kurzbogig überhängend (Abb. 413),

„Pendula-Typ": Baum oder Bäumchen mit einer streng und dicht kaskadenbis schirmförmig zur Erde hängenden Krone; Hauptäste bogig lang überhängend (Abb. 414),

„Viminalis-Typ": Baum mit kugeliger Krone, Äste und Zweige kurzbogig halbhängend, luftig angeordnet (Abb. 415 B),

„Wredei-Typ": baumartiger Typ mit kurzem, dickem Stamm und breit säulenförmiger Krone, streng aufstrebende Äste, Konturen unregelmäßig (Abb. 412 B),

„Exoniensis-Typ": Baum mit kurzem, **dickem Stamm** und starr fächerförmig aufgebauter Krone, Äste und Zweige schräg bis senkrecht aufstrebend, locker (Abb. 415 A),

„Crispa-Typ": vom vorigen Typ hauptsächlich durch sehr locker gestaltete, unregelmäßig stehende und oft verschieden gekrümmte und deformierte Äste unterschieden (Abb. 416),

„Koopmannii-Typ": Bäumchen mit dicht eiförmiger, gleichmäßig gestalteter Krone und schlankem Stamm (Abb. 417 C),

„Umbraculifera-Typ": vom vorigen Typ durch eine kugeligere Krone und manchmal niedriger verzweigten Stamm unterschieden (Abb. 417 B),

„Propendens-Typ": breit halbkugeliger, bis zur Erde verzweigter Strauch, Zweige bogig überhängend, luftig gestaltet (Abb. 418 B),

„Suberosa-Typ": ungleich länglich aufrechter Strauch, Konturen ungleich locker (Abb. 418 A),

„Nana-Typ": kompakt kugeliges, sehr gleichmäßig und dicht gestaltetes Sträuchlein (Abb. 417 A).

Abb. 409
a) *Ulmus laevis*;
b) *Vaccinium canadense*;
c) *Viburnum opulus*;
d) *Vitis vinifera*

Textur

Bei den meisten Ulmen gröber, ungleichmäßig locker, manchmal bis durchsichtig, hauptsächlich in den Konturen („Suberosa-", „Crispa-", „Exoniensis-Typ" usw.). Am gröbsten ist sie bei den großblättrigen Arten und Sorten, am feinsten bei den kleinblättrigen, die auch meist am dichtesten und kompaktesten sind („Nana-", „Umbraculifera-" und „Koopmannii-Typ"). Dicht und undurchsichtig ist die Textur auch mancher großblättrigen Hängetypen (besonders „Pendula"). Gesamteindruck malerisch ungleichmäßig („Glabra-Typ"), starr unregelmäßig („Crispa-", „Exoniensis-Typ"), unruhig („Suberosa-Typ"), zierlich fein („Propendens-", „Koopmannii-Typ") oder einheitlich kompakt („Nana-", „Umbraculifera-Typ", manchmal „Koopmannii-" und „Pendula-Typ").

Laub

Blätter kurz gestielt, meist mit ungleicher Blattspreite, verschieden länglich oder auch fast schmallänglich, doppelt gesägt bis gelappt (Abb. 419), verschieden gefärbt.

Blattfarbe:
Grün
U. alata, U. americana, U. japonica, U. macrocarpa, U. rubra, U. thomasii, U. wilsoniana.
Dunkelgrün
U. glabra und die meisten Sorten, *U.* × *hollandica* und Sorten, *U. laciniata, U. laevis* (glänzend), *U. minor* und die meisten Sorten, *U. parvifolia* (glänzend), *U. procera* und die meisten Sorten, *U. pumila* sowie Sorten, Formen und Varietäten.
Braunrot
U. glabra 'Atropurpurea', *U. g.* 'Purpurea' (später dunkelgrün).
Rot
U. procera 'Purpurascens', *U. p.* 'Purpurea' (Blätter vergrünen später).

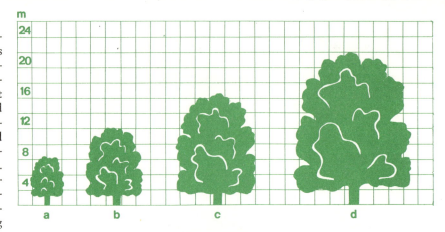

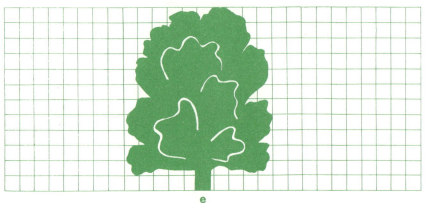

Abb. 411 Typ „parvifolia"
a)
● *U. pumila,*
U. p. f. *androssowii,*
'Coolshade';
b)
U. macrocarpa,
U. parvifolia;
c)
U. alata;
d)
U. carpinifolia
'Hoersholm',
U. rubra,
U. thomasii;
e)
U. × *hollandica*
'Dauvessei',
U. × *h.* 'Pitteursii'

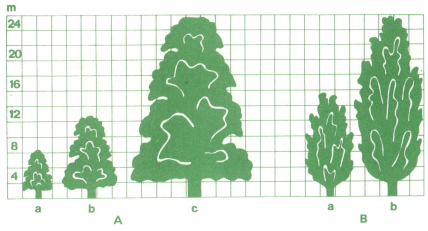

Abb. 412
A) Typ „superba"
a)
U. pumila var. *arborea*;
b)
U. laciniata,
U. l. var. *nikkoensis*;
c)
U. × hollandica 'Klemmer',
U. × h. 'Superba',
Dendrologie II Spalte 357
U. procera var. *australis*

B) Typ „wredei"
a)
● *U. carpinifolia* 'Dampieri',
● *U. c.* 'Wredei';
b)
U. americana 'Augustine',
U. carpinifolia 'Cornubiensis',
● *U. c.* 'Sarniensis',
'Webbiana',
U. × hollandica 'Dumontii'

Gelbgrün
U. glabra 'Lutescens' (später bronzefarben gelb).
Gelb
U. minor 'Wredei', *U. procera* 'Aurea', *U. p.* 'Louis van Houtte'.
Weißbunt
U. minor 'Variegata' (fein punktiert), *U. procera* 'Argenteo-variegata', *U. p.* 'Marginata' (weißlich gestrichelte Ränder der Blattspreite).

Blattaustrieb nach dem Abblühen, wenn die Früchte reifen. Alle Ulmen färben im Herbst auffallend gelb.

Blüte und Blütenstand

Blüten klein, glockig, mit 4–9zähligem Kelch und der gleichen Zahl von Staubgefäßen, weißlich, purpurfarben oder rosa gefärbt, unscheinbar in Köpfchen oder Büscheln, oft hängend. Erscheinen im zeitigen Frühjahr oder im Herbst (Abb. 420). Frühjahrsblüte auffallender. Eintritt der Blühreife nach 30–40 Jahren.

Frucht und Fruchtstand

Frucht ein flaches Nüßchen, umgeben von einem breiteren oder schmaleren, häutigen Flügelrand, sie reift bald nach der Blüte. Grundsätzlich können wir folgende Nüßchentypen unterscheiden: breit rundlich (Abb. 421) und länglich eiförmig (Abb. 422). Früchte oft in größeren, manchmal auffallenden Büscheln vereint. Fruchtflügel anfangs grünlich, beim Ausreifen bräunlich.

Stamm, Äste und Wurzelsystem

Stämme bei Solitärpflanzen oft unregelmäßig, in dichteren Beständen aber gerade. Gerade sind sie hauptsächlich bei *U. procera* und *U. glabra*. Oft erscheinen muskelartige Verdickungen

Abb. 413 Typ „americana"
U. americana

und verschiedene knotenartige Gebilde (hauptsächlich bei *U. laevis, U. minor* u. a.). Rinde anfangs glatt, meist graubraun oder auch dunkelbraun, mattglänzend, bald in eine zersprungene, gefurchte graubraune bis graue schuppenförmige Borke übergehend. Hauptäste meist stark, ungleich ausgebreitet und oft verflochten (*U. laevis* usw.) verzweigt. Zweige ziemlich dünn, so daß die Kronen in den Randpartien am dichtesten sind. Interessant und bemerkenswert sind verschiedene Korkleisten und Wucherungen auf den Zweigen und Zweiglein; am auffallendsten und dekorativsten sind sie bei:

U. alata, U. japonica (manchmal), *U. macrocarpa* (in der Regel zwei Korkleisten), *U. m.* 'Koopmannii' (nicht immer), *U. m.* 'Propendens', var. *suberosa, U. thomasii, U. wilsoniana.*

Wurzelsystem gut verzweigt, Hauptwurzel pfahlförmig, lang und stark, Nebenwurzeln schwächer, aber lang und an den Enden reich verzweigt, am Stammfuß brettartig hervorstehende, verbreiterte Wurzelansätze. Bäume im Boden gut verankert. Typisch ist die Wurzelbrut, die sich am intensivsten bei *U.* × *hollandica* 'Major' sowie *U. procera* und Sorten ausbildet (ebensoviele Triebe auch am Stamm und an stärkeren Ästen). Keine Wurzelbrut bildet insbesondere *U. glabra*.

Ansprüche

Lieben sonnige Lagen; vertragen aber auch Halbschatten; in tieferem Schatten wächst befriedigend *U. minor*. An die Bodenart stellen sie keine besonderen Ansprüche, die Böden können leichter und auch schwerer, gut feucht bei *U. minor,* auch trocken sein. Dürre wird nicht gut vertragen. Ideal ist ein lehmiges, ausreichend tiefgründiges, etwas schottriges Substrat. Einen lok-

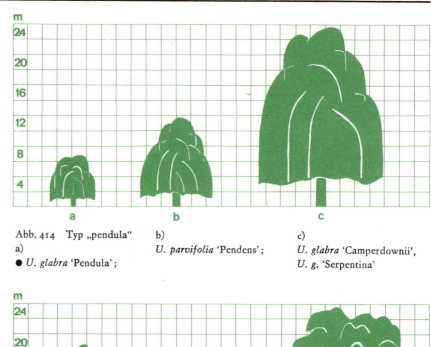

Abb. 414 Typ „pendula"
a)
● *U. glabra* 'Pendula';
b) *U. parvifolia* 'Pendens';
c) *U. glabra* 'Camperdownii', *U. g.* 'Serpentina'

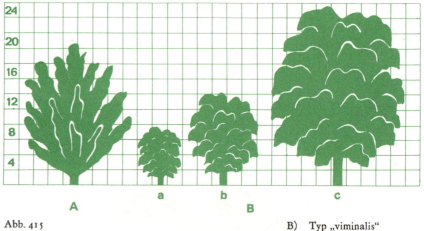

Abb. 415
A) Typ „exoniensis"
● *U. glabra* 'Exoniensis',
● *U. procera* 'Louis van Houtte'

B) Typ „viminalis"
a) *U. pumila* 'Pendula';
b) *U.* × *hollandica* 'Pendula', *U. procera* 'Marginata', *U. p.* 'Viminalis';
c) *U. carpinifolia* 'Pendula',
● *U. laevis,*
● *U. procera* 'Bea Schwarz', *U. p.* 'Christine Buisman'

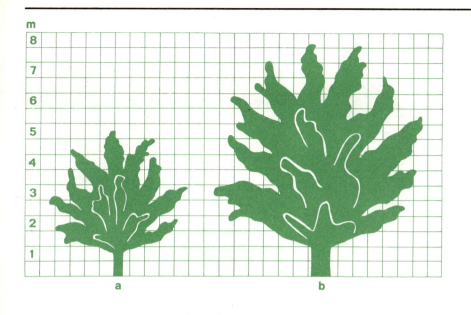

Abb. 416 Typ „crispa"
a)
U. procera 'Berardii';
b)
U. glabra 'Crispa',
U. g. 'Monstrosa'

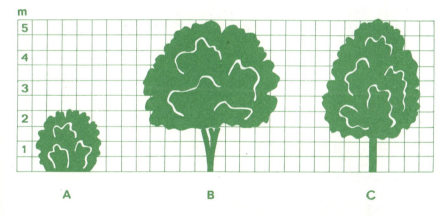

Abb. 417
A) Typ „nana"
U. × *elegantissima* 'Jacqueline Hillier',
U. glabra 'Nana'

B) Typ „umbraculifera"
U. carpinifolia 'Rueppellii',
U. c. 'Umbraculifera'

C) Typ „koopmannii"
U. carpinifolia 'Gracilis',
U. c. 'Koopmannii'

Abb. 418
A) Typ „suberosa"
U. carpinifolia var. *suberosa*,
U. macrocarpa

B) Typ „propendens"
U. carpinifolia 'Propendens'

Abb. 419
Blätter *Ulmus*
a)
U. americana,
U. glabra,
U. laevis;
b)
U. carpinifolia,
U. × *hollandica* 'Superba';
c)
U. procera
'Louis van Houtte';
d)
U. rubra;
Dendrologie II   Spalte 358
e)
U. carpinifolia
'Sarniensis',
U. c. 'Wredei',
U. procera;
f)
U. glabra;
g)
U. alata,
U. wilsoniana;
h)
U. glabra 'Exoniensis';
i)
U. pumila,
U. p. var. *arborea*
(Quadrat 1 × 1 cm)

Abb. 420 Blütezeit *Ulmus*
A) die meisten Arten, Formen, Varietäten und Sorten;
B) *U. thomasii*;
C) *U. parvifolia*

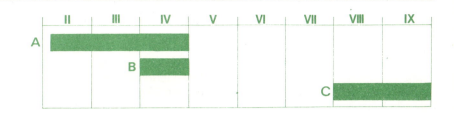

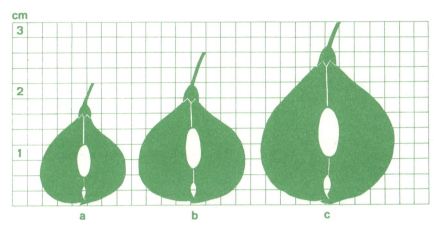

Abb. 421 Früchte *Ulmus*
Breit rundlich

a) *U. procera*, Sorten, *U. pumila*, Sorten;
b) *U. rubra*;
c) *U. macrocarpa*

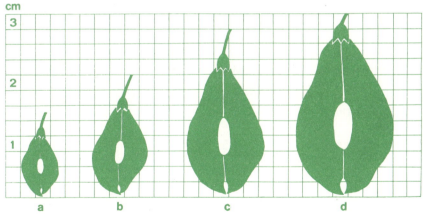

Abb. 422 Früchte *Ulmus* Länglich eiförmig
a) *U. alata, U. americana, U. carpinifolia*, Sorten und Varietäten, *U. parvifolia*;
b) c) *U. laevis*;
c) *U. × hollandica* 'Pendula', *U. × h.* 'Superba', *U. japonica, U. laciniata, U. thomasii, U. wilsoniana*;
d) *U. glabra*, Sorten, *U. × hollandica*, Sorten außer 'Pendula' und 'Superba'

keren, feuchten Boden verlangen *U. glabra* und *U. laevis*, die größte Trockenheit verträgt *U. minor* var. *suberosa*. Auf feuchteren Standorten leiden Ulmen weniger unter dem *Ceratocystis*-Ulmensterben. In Mitteleuropa sind alle Ulmen winterhart und vertragen unreine Luft.

Pflege

Pflanzung im unbelaubten Zustand im Frühjahr oder Herbst. Eine besondere Pflege brauchen sie nicht, nur geschnittene Wände werden im Vorfrühling und wenn nötig noch einmal im Sommer geschnitten. Ältere Exemplare vertragen ein Umpflanzen, aber nur mit ausreichend großem Wurzelballen. Von den Krankheiten ist das *Ceratocystis*-Ulmensterben am gefährlichsten; der Pilz verstopft die Leitgewebe und verursacht dadurch das plötzliche Absterben der Bäume, wobei die Krankheit auch einen schleichenden Verlauf nehmen kann. Die Bäume kränkeln dann über Monate und Jahre. Die Belaubung ist viel dünner, die Blätter vergilben und fallen vorzeitig ab. Die Verbreitung der Krankheit erfolgt durch den Ulmensplintkäfer (befallene und absterbende Bäume werden entfernt und vernichtet, der Ulmensplintkäfer ist rechtzeitig zu bekämpfen). Nicht jedes Eintrocknen von Zweigen muß jedoch von dieser Krankheit hervorgerufen sein. Am empfindlichsten ist *U. americana*, die asiatischen Arten *U. parvifolia* und *U. pumila* hingegen sind resistent. In der holländischen Station Baarn wurden drei resistente (nicht immune) Klone erzielt: 'Bea Schwarz', 'Christine Buisman' und 'Commelin'; diese sollte man weiter verbreiten. Weitere Rinden- und Zweigkrankheiten durch *Camarosporium*- und *Exosporium*-Arten erscheinen hauptsächlich in Baumschulen auf jüngeren Pflanzen; auf älteren Bäumen wird das *Sphaeropsis*-Zweigsterben verursacht (erkrankte Zweigteile sofort entfernen und vernichten). Zu den bedeutenden Schädlingen zählen die Ulmensplintkäfer. Sie fressen sich in die Stämme hinein, die Larven legen horizontale Nebengänge an und die jungen Käfer fressen sich wieder heraus, so daß die Stämme mit unzähligen kleinen Löchern versehen sind. Bei stärkerem Befall sterben die Bäume ab. Die Käfer befallen hauptsächlich geschwächte oder beschädigte Bäume und verbreiten dabei durch Übertragung der Sporen auch das Ulmensterben (zur Flugzeit der Käfer im Mai und August mit Insektiziden spritzen, bei einem stärkeren Befall müssen die Bäume schnell beseitigt, die Rinde entfernt und verbrannt werden). Durch die Saugtätigkeit der Ulmenzikade erscheinen weiß gesprenkelte Blätter (Parathion-methyl-, Dimethoat- oder andere Insektizide gegen saugende Insekten anwenden). Wildverbiß ist nicht zu beobachten.

Verwendung

Baumtypen kommen nur für größere Anlagen, als Einzel- oder Gruppenpflanzungen in Frage. Umfangreiche Pflanzungen kann man wegen der Gefahr der Ulmenkrankheit nicht empfehlen. Ulmen gehören zu den malerischen Parkbäumen (besonders der „Glabra-", „Parvifolia-" und „Viminalis-Typ"). Eine besondere Stellung nimmt der „Pendula-Typ" ein. Seine Vertreter eignen sich als Solitärs auch in kleineren Anlagen und Gärten, an Wegkreuzungen, in Banknähe, zu Gebäuden usw.; höhere Bäume kommen in Uferpartien, größeren Rasenflächen, Hügeln usw. sehr gut zur Geltung. Auffallende Solitärgehölze, auch für architektonische Partien, sind die Vertreter der „Wredei-", „Koopmannii-" und „Umbraculifera-Typen". Die beiden letztgenannten Typen sind ideal für Straßenalleen. Strauchtypen „Propendens" und „Suberosa" pflanzt man in kleineren Gruppen; der „Nana-Typ" eignet sich für regelmäßig angelegte Parterres oder Terrassen bzw. auch für architektonisch angelegte größere Steingärten. Ulmen harmonieren mit allen Laubgehölzen. In Landschaftsparken bewährt sich in der Nähe von Wasserflächen hauptsächlich *U. laevis*.

Vaccinium L. – Heidelbeere, Preiselbeere, Moosbeere *(Ericaceae)*

Sommer- oder immergrüne Sträucher und Zwergsträucher. Etwa 150 Arten sind auf der nördlichen Halbkugel vom Polarkreis bis zu den tropischen Hochgebirgen verbreitet. Wachsen nur langsam.

Zierwert: Laub (V–XI, bei den immergrünen Arten hauptsächlich XII bis IV), Blüte (IV–VIII), Früchte (VIII bis XII).

Habitustypen

„Corymbosum-Typ": aufrecht und et-

Wissenschaftlicher Name	Deutscher Name	Natürliche Verbreitung bzw. Entstehungsort	Frosthärte
Sommergrüne Arten			
V. angustifolium AIT.	Schmalblättrige Heidelbeere	N-Amerika	++
var. *laevifolium* HOUSE		USA	++
V. arctostaphylos L.	Kaukasische Strauch-Heidelbeere	N-Kleinasien, W-Kaukasus	++
V. × *atlanticum* BICKNELL		O-USA	++
V. caespitosum MICHX.	Rasige Heidelbeere	N-Amerika	++
V. canadense RICHARDS. = *V. myrtilloides*			
V. ciliatum G. DON non THUNB. = *V. oldhamii*			
● *V. corymbosum* L.	Strauch-Heidelbeere, Amerikanische „Blueberry"	N-Amerika	++
V. deliciosum PIPER		N-Amerika	++
V. erythrocarpum MICHX		SO-USA	++
V. hirsutum BUCKL.		USA	++
V. hirtum THUNB.		Japan	++
V. japonicum MIQ.		Japan, Korea	++
V. melanocarpum MOHR		SO-USA	++
V. membranaceum DOUGL.		N-Amerika	++

Wissenschaftlicher Name	Deutscher Name	Natürliche Verbreitung bzw. Entstehungsort	Frosthärte
● *V. myrtilloides* MICHX. (Abb. 409 b)		N-Amerika	++
● *V. myrtillus* L.	Heidelbeere, Blaubeere	Europa, Kaukasus, N-Asien, N-Amerika	++
V. oldhamii MIQ.		Japan, Korea	++
V. ovalifolium SM.		Kanada, N-USA	++
V. pallidum AIT.		O-USA	++
V. parvifolium SM.		N-Amerika	++
V. praestans LAMB.		NO-Asien	++
V. smallii GRAY		Japan	++
V. stamineum L.		N-Amerika	++
V. uliginosum L.	Rauschbeere, Trunkelbeere, Moor-(Heidel)-beere	zirkumpolar	++
V. vaccillans TORR.		O-USA	++
V. virgatum AIT.		SO-USA	++
Immergrüne Arten			
V. × *intermedium* RUTHE (manchmal wintergrün)		Europa	++
● *V. macrocarpon* AIT.	Großfrüchtige Moosbeere, Cranberry	N-Amerika	++
V. oxycoccos L.	Moosbeere	zirkumpolar	++
● *V. vitis-idaea* L.	Preiselbeere, Kronsbeere	N- u. M-Europa, N-Asien, N-Amerika	++

was locker ausgebreiteter Strauch, Hauptzweige aufstrebend, etwas starr und unregelmäßig in die Seiten ausgestreckt (Abb. 423),

„Pallidum-Typ": breit halbkugeliger, dicht verzweigter Strauch, in den Konturen regelmäßig (Abb. 424),

„Myrtillus-Typ": bodennahes, flach ausgebreitetes, ungleich und locker gestaltetes Sträuchlein (Abb. 425 B),

„Vititis-idaea-Typ": bodennahes, kriechendes, flach ausgebreitetes Sträuchlein (Abb. 425 A).

Textur

Bei manchen höheren Sträuchern („Corymbosum-Typ") locker bis durchsichtig und luftig „leicht", wenn auch die Stellung der Zweige eine gewisse Starrheit aufweist. Das gleiche gilt für die kleineren Sträuchlein des „Myrtillus-Typs", die in größeren und dichteren Beständen etwas dichter und zierlicher luftig aufgebaut sind. Fein und dabei ziemlich dicht ist die Textur bei den „Pallidum-" und „Vitis-idaea-Typen". Gesamteindruck meist unregelmäßig luftig (außer beim „Vitis-idaea-Typ").

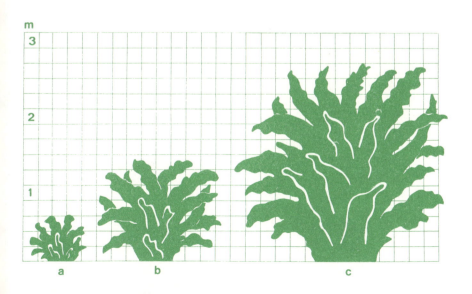

Abb. 423
Typ „corymbosum"
a)
V. hirsutum;
b)
V. × *atlanticum*,
V. erythrocarpum,
V. japonicum,
V. membranaceum,
V. virgatum;
c)
V. arctostaphylos,
● *V. corymbosum*,
V. ovalifolium,
V. parvifolium

Laub

Blätter wechselständig, ganzrandig oder gesägt, kurzgestielt, verschieden länglich, eiförmig bis elliptisch (Abb. 426). Blattspreite bei allen Arten und ihren Sorten dunkelgrün und meist auch glänzend, ausnahmsweise hellgrün *(V. × intermedium, V. japonicum)* oder mattgrün *(V. hirsutum, V. pallidum)*. Herbstfärbung überwiegend gelbbraun, vereinzelt karminrot *(V. arctostaphylos, V. corymbosum – oft eine orangefarbene Tönung – und V. oldhamii)* oder dunkelgrün (alle anderen Arten).

Blüte und Blütenstand

Blüten ziemlich klein, 4–5zählig; nach der Gestalt können wir vereinfacht folgende Blütentypen unterscheiden: röhrig-glockig (Abb. 427 B), kugelig glockig (Abb. 428 A), glockig (Abb. 427 A), krugförmig (Abb. 429) oder zerschlitzt 4zählig (Abb. 428 B).

Blütenfarbe:
Grünlich
V. myrtillus (oft mit rötlichem Hauch), *V. oldhamii* (gelblicher Hauch), *V. parvifolium* (manchmal rötlicher Hauch), *V. stamineum* und *V. vaccilans* (beide Arten manchmal gelblich oder auch rötlich getönt).
Grünweiß
V. angustifolium, V. arctostaphylos (rötliche Tönung), *V. melanocarpum, V. membranaceum* (rosafarbener Hauch), *V. myrtilloides* (manchmal rötlich).
Weiß
V. angustifolium var. *laevifolium, V. × atlanticum, V. corymbosum* (manchmal rötlich), *V. pallidum* (manchmal rötlicher Hauch).
Weißrosa
V. hirsutum, V. praestans, V. uliginosum, V. vitis-idaea.
Rosa
V. caespitosum, V. deliciosum, V. × intermedium, V. japonicum, V. ovalifolium.

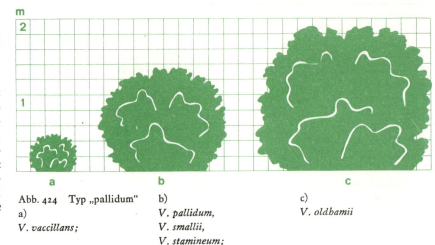

Abb. 424 Typ „pallidum"
a) *V. vaccillans*;
b) *V. pallidum, V. smallii, V. stamineum*;
c) *V. oldhamii*

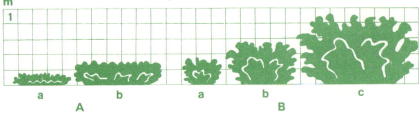

Abb. 425
A) Typ „vitis-idaea"
a) ● *V. macrocarpon, V. oxycoccos*;
b) ● *V. vitis-idaea, V. v. 'Erntedank', 'Koralle', 'Leucocarpum'*

B) Typ „myrtillus"
a) *V. caespitosum, V. deliciosum, V. × intermedium, V. praestans*;
b) *V. angustifolium, V. a.* var. *laevifolium, V. canadense, V. hirtum,* ● *V. myrtillus, V. m. 'Leucocarpum', V. uliginosum*;
c) *V. melanocarpum*

Abb. 426
Obere Blattreihen
Vaccinium
a)
V. arctostaphylos;
b)
V. × *atlanticum,*
V. corymbosum;
c)
V. ovalifolium,
V. stamineum;
d)
V. praestans;
e)
V. smallii;
f)
V. canadense,
V. hirsutum;
g)
V. caespitosum,
V. deliciosum,
V. uliginosum;
h)
V. parvifolium;
i)
V. myrtillus;
j)
V. vitis-idaea;
k)
V. macrocarpon;
l)
V. angustifolium;
m)
V. oxycoccos
(Quadrat 0,5 × 0,5 cm)

Untere Blätter *Wisteria*
a)
W. macrostachya;
b)
W. floribunda,
W. × *formosa,*
W. frutescens,
W. sinensis,
W. venusta;
c)
W. sinensis
(Detail eines Blättchens)
(Quadrat 1 × 1 cm)

411

Weißrot
V. hirtum, V. smallii.
Hellrot
V. erythrocarpum.
Hellpurpurfarben
V. macrocarpon, V. oxycoccos.

Blütezeit je nach der Art von April bis August (Abb. 430).

Frucht und Fruchtstand

Frucht eine Beere mit bleibendem Kelch, meist 6–8 mm groß, ausnahmsweise kleiner, d. h. 3–4 mm *(V. vaccilana)* oder größer, d. h. 1–2 cm *(V. angustifolium* var. *laevifolium, V. corymbosum, V. macrocarpon, V. myrtillus, V. ovalifolium* und *V. parvifolium).* Beerenform überwiegend kugelig und nur ausnahmsweise leicht birnenförmig *(V. japonicum, V. stamineum).*

Fruchtfarbe:
Weißlich
V. myrtillus 'Leucocarpum', *V. vitis-idaea* 'Leucocarpum'.
Gelbgrün
V. stamineum.
Rot
V. erythrocarpum (später purpurrot), *V. hirsutum* (dunkle bis schwärzliche Tönung), *V. japonicum, V. macrocarpon, V. melanocarpum* (violetter Hauch), *V. oxycoccos* (dunkle Tönung), *V. parvifolium, V. praestans, V. vitis-idaea.*
Purpurfarben
V. arctostaphylos, V. membranaceum.
Hellblau
V. angustifolium var. *laevifolium.*
Blau
V. × *atlanticum* (bereift), *V. ovalifolium* (bereift), *V. pallidum* (bereift), *V. vaccillans.*
Blauschwarz
V. angustifolium (bereift), *V. caespitosum* (bereift), *V. corymbosum* (stark bereift), *V. hirtum, V.* × *intermedium* (violette Tönung), *V. myrtilloides* (bereift), *V. smallii, V. uliginosum* (bereift).

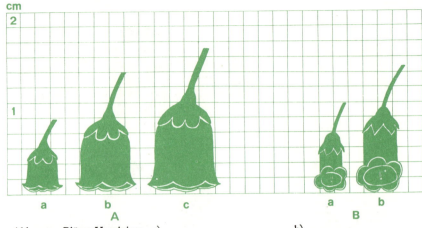

Abb. 427 Blüten *Vaccinium*
A) glockig
a)
V. oldhamii (T);
b)
V. arctostaphylos (T),
V. canadense (T),
V. hirtum (E, B),
V. melanocarpum (T),
V. praestans (E, B),
V. smallii (E, B),
V. vitis-idaea (T);
c)
V. stamineum (T)
B) röhrig-glockig
a)
V. angustifolium (manchmal – B);
b)
V. angustifolium (B),
V. pallidum (B),
V. vaccillans (T)
(in der Klammer die Zusammenstellung der Blüten:
E = einzeln, B = in Büscheln, T = lockere Trauben etwa 3–6 cm lang)

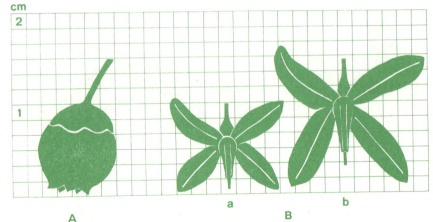

Abb. 428 Blüten *Vaccinium*
A) kugelig glockig
V. × *intermedium* (E, B)
B) zerschlitzt 4zählig
a)
V. erythrocarpum (E),
V. macrocarpon (B),
V. oxycoccos (B);
b)
V. japonicum (E)
(Abkürzungen siehe Abb. 427)

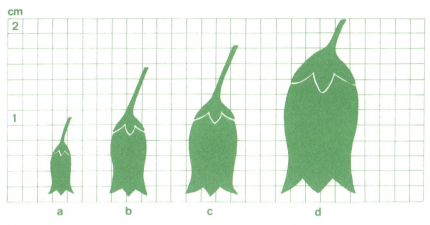

Abb. 429 Blüten *Vaccinium* Krugförmig
a)
V. caespitosum (E),
V. uliginosum (E, B),
V. virgatum;

b)
V. deliciosum (E),
V. membranaceum (E);

c)
V. × *atlanticum* (B),
V. corymbosum (B),
V. myrtillus (E),
V. ovalifolium (E);

d)
V. hirsutum (T)
(Abkürzungen siehe Abb. 427)

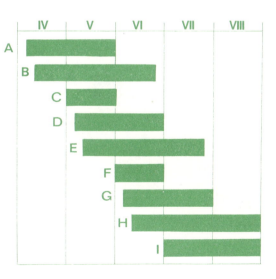

Abb. 430 Blütezeit *Vaccinium*
A) *V. angustifolium*, *V.* × *atlanticum*;

B) *V. stamineum*;

C) *V. corymbosum*, *V. myrtillus*, *V. pallidum*, *V. vaccillans*;

D) die meisten Arten und Varietäten;

E) *V. oxycoccos*;

F) *V. erythrocarpum*, *V.* × *intermedium*, *V. ovalifolium*, *V. praestans*;

G) *V. japonicum*, *V. membranaceum*, *V. oldhamii*;

H) *V. macrocarpon*;

I) *V. canadense*

Schwarz
V. deliciosum, *V. oldhamii*, *V. virgatum*.

Früchte mancher Arten sind eßbar:
V. angustifolium, *V. corymbosum* (es existieren Obstsorten, wie z. B. 'Earlyblue', 'Blueray', 'Blue Crop', 'Herbert', 'Berkley', 'Coville' u. a.), *V. macrocarpon*, *V. myrtillus* und Sorte, *V. oxycoccos*, *V. vitis-idaea* und Sorte.

Zweige, Wurzelsystem

Zweige und Zweiglein ziemlich dünn, reich gegliedert, oft gefurcht, die stärkeren bei den höheren Sträuchern graubraun bis braun, bei vielen, meist halbstrauchigen Typen („Myrtillus" und „Vitis-idaea") hell und frischgrün. Zweige, Zweiglein und Einjahrstriebe auch im belaubten Zustand gut sichtbar, geben den Sträuchern eine gewisse Starrheit, die aber durch die kleinblättrige Belaubung aufgelockert wird. Wurzelsystem sehr dicht, reich und dünn verzweigt, mit vielen Haarwurzeln.

Ansprüche

Den meisten *Vaccinium*-Arten sagt eine sonnige oder halbschattige Lage zu; für einen tieferen Schatten eignet sich *V. vitis-idaea* (besser aber ist volle Sonne). Die Böden sollten locker, sandig-lehmig, sauer und für manche Arten (*V. oxycoccos*, *V. uliginosum*) sogar feucht moorartig sein. Große Trokkenheit ist nicht günstig (auch nicht für *V. vitis-idaea*). Die angeführten Arten sind unter mitteleuropäischen Bedingungen winterhart.

Pflege

Um- und Auspflanzen immer mit Wurzelballen. Die meisten Arten (besonders aber *V. myrtillus*) vertragen ein Umpflanzen schlecht. Der Vorbereitung des Standortes muß besondere

Aufmerksamkeit gewidmet werden (saure Bodenreaktion, Torfzugabe oder auch ein Beimischen von Nadelstreu oder Heideerde bzw. halbverrotteter Lauberde. Nach dem Einwurzeln brauchen die Pflanzen keine weitere Pflege mehr. Krankheiten und Schädlinge haben keine wirtschaftliche Bedeutung.

Verwendung

In Gärten und Parkanlagen nur im begrenzten Umfang, am häufigsten wird solitär oder in Gruppen der „Corymbosum-Typ" und manchmal auch der „Pallidum-Typ" gepflanzt (*V. corymbosum* hauptsächlich als Obstgehölz). Niedrige „Myrtillus-" und „Vitisidaea-Typen" kommen insbesondere in größeren Heidegärten, als Unterholz höherer *Rhododendron*-Arten und weiterer *Ericaceen* bzw. auch immergrüner Gehölze, weiterhin in größeren Alpinen usw. zur Geltung. Ein besonders schöner immergrüner Bodendecker ist *V. vitis-idaea,* aber nur auf entsprechend vorbereiteten Standorten (12–16 Pflanzen je m^2).

Viburnum L. – Schneeball *(Caprifoliaceae)*

Sommer- oder wintergrüne Sträucher, selten auch baumförmig. Es sind etwa 110 Arten bekannt, die in den gemäßigten und subtropischen Zonen beheimatet sind. Die meisten wachsen ziemlich schnell, nur manche immer- oder wintergrüne Arten etwas langsamer. Zierwert: Laub (I–XII, bei den sommergrünen Arten besonders X–XI, bei den immergrünen XI–IV), Blüte (III bis XI je nach der Art), Früchte (VII bis XII).

Wissenschaftlicher Name	Deutscher Name	Natürliche Verbreitung bzw. Entstehungsort	Frosthärte
Sommergrüne Arten			
V. acerifolium L.	Ahornblättriger Schneeball	N-Amerika	++
V. alnifolium MARSH.	Erlenblättriger Schneeball	N-Amerika	++
V. betulifolium BATAL.	Birkenblättriger Schneeball	M- u. W-China	++
V. bitchiuense MAK.		Japan, Korea	++
● *V.* × *bodnantense* ABERCONWAY		Bodnant (N-Wales)	++
V. bracteatum REHD.		Georgia	++
V. burejaeticum RGL. et HERD.		Mandschurei, N-China	++
● *V.* × *carlcephalum* BURKW. ex PIKE		? (um 1932)	++
● *V. carlesii* HEMSL.	Koreanischer Schneeball	Japan, Korea	++
V. cassinoides L.	Birnblättriger Schneeball	N-Amerika	++
V. corylifolium HOOK. f. et THOMS.	Haselblättriger Schneeball	O-Himalaja, M- u. W-China	++
V. cotinifolium D. DON		Himalaja	++
V. dasyanthum REHD.		M-China	++
V. davuricum PALL. = *V. mongolicum*			
● *V. dentatum* L.	Gezähnter Schneeball	USA	++
var. *deamii* (REHD.) FERN.		S-Ohio bis Missouri	++
var. *dentatum*		New Jersey bis Florida u. Texas	++
var. *indianense* (REHD.) GLEAS.		S-Indiana bis Illinois	++
var. *lucidum* AIT.		Maine, New York bis Ohio u. Georgia	++
var. *scabrellum* TORR. et GRAY		Florida – Louisiana, Ohio	++
var. *venosum* (BRIT.) GLEAS.		Massachusetts, New Jersey	++
● *V. dilatatum* THUNB.	Breitdoldiger Schneeball	Japan	++
V. edule (MICHX.) RAF.	Eßbarer Schneeball	N-Amerika	++
V. ellipticum HOOK.	Elliptischer Schneeball	N-Amerika	++

Wissenschaftlicher Name	Deutscher Name	Natürliche Verbreitung bzw. Entstehungsort	Frosthärte
V. erosum Thunb.		Japan	++
V. erubescens Wall.		Nepal, W-China	++
var. gracilipes Rehd.		M-China	++
● V. farreri Stearn	Duftender Schneeball	N-China	++
V. fragrans Bge.			
= V. farreri			
V. furcatum Bl.		Japan	++
V. hupehense Rehd.	Hupeh-Schneeball	M-China	++
V. ichangense (Hemsl.) Rehd.		M- u. W-China	++
V. × jackii Rehd.		? (vor 1900)	++
● V. × juddii Rehd.		Arnold Arboretum (um 1920)	++
V. kansuense Batal.	Kansu-Schneeball	W-China	++
● V. lantana L.	Wolliger Schneeball, Schlinge	M- u. S-Europa, Kleinasien, Kaukasus	++
var. discolor Huter		Balkan	++
● V. lentago L.	Schafbeere, Kanadischer Schneeball	N-Amerika	++
V. lobophyllum Graebn.		M- u. W-China	++
V. macrocephalum Fort.	Chinesischer Schneeball	China	++
f. keteleerii Carr.		China	++
V. molle Michx.		USA	++
V. mongolicum (Pall.) Rehd.	Mongolischer Schneeball, Dahurischer Sch.	O-Sibirien, N-China	++
V. nudum L.	Ungezähnter Schneeball	USA	++
● V. opulus L. (Abb. 409 c)	Gemeiner Schneeball	Europa, N- u. W-Asien	++
V. orientale Pall.	Orientalischer Schneeball	Kleinasien, Kaukasus	++
V. pauciflorum Raf.			
= V. edule			
V. phlebotrichum S. et Z.		Japan	++
● V. plicatum Thunb.	Japanischer Schneeball	Japan, China, Formosa	++
f. tomentosum (Thunb.) Miq.		Japan, China	++
V. prunifolium L.	Kirschblättriger Schneeball	USA	++
V. rafinesquianum Schult.		Nördl. N-Amerika	++

Habitustypen

„Juddii-Typ": kugelige oder halbkugelige, nicht sehr dicht aufgebaute Sträucher, Hauptzweige etwas aufrecht gestellt (Abb. 431),

„Plicatum-Typ": vom vorigen Typ durch die typischen, mehr oder weniger waagerecht ausgestreckten und fast etagenartig zusammengestellten Zweige unterschieden (Abb. 432),

„Betulifolium-Typ": breit ausladender, aber aufrechter und nur wenig verzweigter Strauch (Abb. 433 B),

„Lentago-Typ": breit eiförmig-länglicher und aufrechter, mitteldicht verzweigung sehr locker bis durchsichtig (Abb. 434 A),

„Veitchii-Typ": vom vorigen Typ hauptsächlich durch die aufrechter gestellten Zweige unterschieden, Verzweigungen sehr locker bis durchsichtig (Abb. 434 A),

„Urceolatum-Typ": sehr niedrige, bodennahe bis kriechende und auseinanderfallende Sträuchlein (Abb. 433 A).

Textur

Je nach der Blattgröße mittelgrob (kleinblättrige) bis grob (großblättrige Arten). Bei den lockeren Typen (hauptsächlich „Betulifolium") und den Typen mit mehr oder weniger etagenförmig gestellten Zweigen („Plicatum" und „Lentago") ist der Gesamteindruck büschelig starr. Bei vielen großblättrigen Arten ist die gesamte Zusammenstellung etwas unruhig und unregelmäßig, manchmal bis steif (V. rhytidophyllum, V. utile, V. × burkwoodii, V. carlesii, V. veitchii usw.).

Laub

Blätter gegenständig, vereinzelt in Quirlen, ganzrandig, gesägt, gezähnt oder gelappt, überwiegend verschieden länglich, aber auch rundlich (Abb. 435, 436 und 437), meist grünlich.

Blattfarbe:
Hellgrün
V. buddleifolium (matt), *V. cassinoides*, *V. lentago*, *V. nudum* (glänzend), *V. opulus* und die meisten Sorten, *V.* × *rhytidocarpum*, *V. sargentii* (gelbliche Tönung), *V. trilobatum*.
Grün
V. acerifolium, *V. bitchiuense*, *V.* × *bodnantense* und Sorten, *V. bracteatum*, *V. burejaeticum*, *V. corylifolium*, *V. cotinifolium* (fein gerunzelt), *V. dasyanthum*, *V. dentatum* und Varietäten, *V. dilatatum*, *V. edule*, *V. ellipticum*, *V. erosum*, *V. erubescens*, *V. farreri* und Sorten, *V. furcatum*, *V.* × *hillieri*, *V. hupehense*, *V. ichangense*, *V. kansuense*, *V. lobophyllum*, *V. mongolicum*, *V. orientale*, *V. phlebotrichum*, *V.* × *pragense* (gerunzelt), *V. rafinesquianum*, *V. sympodiale*, *V. urceolatum*, *V. veitchii*.
Mattgrün
V. × *carlcephalum*, *V. carlesii* und Sorten, *V. cylindricum*, *V.* × *juddii*.
Dunkelgrün
V. alnifolium, *V. betulifolium*, *V.* × *burkwoodii* und Sorten (glänzend, aber rauh), *V. burkwoodii* × *carlesii* 'Anne Russel' und 'Fulbrook', *V.* × *jackii*, *V. lantana* (gerunzelt), *V. l.* var. *discolor*, 'Rugosum', *V. macrocephalum*, *V. molle*, *V. plicatum* sowie Sorten und Varietäten, *V. prunifolium*, *V.* × *rhytidophylloides* (gerunzelt), *V. rhytidophyllum* (stark gerunzelt, glänzend), *V. r.* 'Roseum' (stark gerunzelt, glänzend), *V. rufidulum* (glänzend), *V. schensianum*, *V. setigerum*, *V. sieboldii* (glänzend), *V. utile* (glänzend), *V. wrightii*.
Gelb
V. latana 'Aureum' (später nur gelbgrün), *V. opulus* 'Aureum' (beim Austrieb bronzefarben gelb, später hellgelb und dann grüngelb).
Gelbbunt
V. lantana 'Variegatum', *V. l.* 'Versicolor', *V. rhytidophyllum* 'Variegatum'.
Weißbunt
V. opulus 'Tatteri', *V. o.* 'Variegatum'.

Wissenschaftlicher Name	Deutscher Name	Natürliche Verbreitung bzw. Entstehungsort	Frosthärte
var. *affine* (SCHNEID.) HOUSE		Östl. N-Amerika	++
V. rufidulum RAF.		USA	++
V. sargentii KOEHNE	Sargent-Schneeball	NO-Asien	++
V. schensianum MAXIM.		NW-China	++
V. sieboldii MIQ.	Stinkender Schneeball	Japan	++
V. sympodiale GRAEBN.		China	++
V. trilobum MARSH.	Amerikanischer Schneeball	N-Amerika	++
V. urceolatum S. et Z.		Japan	++
V. veitchii WRIGHT		China	++
V. wrightii MIQ.		Japan, Sachalin, Korea, China	++
var. *hessei* (KOEHNE) REHD.		Japan	++
Wintergrüne Arten			
V. buddleifolium WRIGHT	Sommerfliederblättriger Schneeball	M-China	++
V. × *rhytidocarpum* LEMOINE (manchmal sommergrün)		Nancy (1936)	++
Immergrüne Arten			
V. × *burkwoodii* BURKW. et SKIWITH		England (1924)	++
V. cylindricum BUCH.-HAM. ex D. DON		W-China, Himalaja	≙, +
V. × *hillieri* STEARN		England (1950)	≙, +
● *V.* × *pragense* (VIK)		Prag (um 1955)	++
V. × *rhytidophylloides* SURING.		Holland	++
● *V. rhytidophyllum* HEMSL.	Runzelblättriger Schneeball	M- u. W-China	++
● *V. utile* HEMSL.	Nützlicher Schneeball	M-China	++

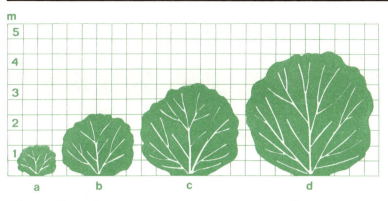
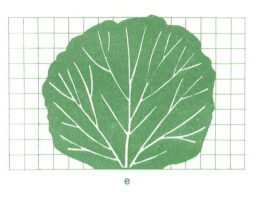

Abb. 431 Typ „juddii"
a)
● *V. opulus* 'Nanum',
V. o. 'Compactum';
b)
V. acerifolium,
V. bracteatum,
● *V.* × *burkwoodii*,
V. × *b.* 'Park Farm',
V. × *b.* 'Chenault',
V. burkwoodii ×
carlesii 'Anne Russel',
'Fulbrook',
● *V.* × *carlcephalum*,
● *V. carlesii*, Sorten,

V. edule,
V. erosum,
● *V. fragrans* 'Nanum',
V. × *billieri*,
V. b. 'Winton',
● *V.* × *juddii*,
V. orientale,
V. rafesquianum,
V. r. var. *affine*,
● *V. utile*;

c)
V. ellipticum,
V. furcatum,
V. ichangense,
V. kansuense,
V. lantanoides,
V. l. 'Praecox',
V. plicatum 'Rotundifolium',
V. p. 'Rowallane',
V. sympodiale;
d)
V. cotinifolium;
e)
V. burejaeticum

Herbstfärbung bei manchen Arten sehr auffallend und effektvoll:

Gelbbraun
die meisten sommergrünen Arten, Sorten, Formen und Varietäten.

Gelbrot
V. carlesii und Sorten, *V.* × *juddii*.

Karminrot
V. acerifolium, *V. alnifolium*, *V. trilobum*.

Scharlachrot
V. cassinoides (orangefarbene Tönung), *V. nudum* (manchmal braunrot), *V. opulus* und Sorten.

Dunkelrot
V. plicatum sowie Sorten und Formen (manchmal dunkel-violettbraune Tönung), *V. prunifolium* (dunkelbrauner Hauch).

Dunkelgrün
alle immer- oder wintergrünen Arten und ihre Sorten.

Blüte und Blütenstand

Kleine Blüten 5zählig, Krone radförmig, glockig oder röhrig, überwiegend weißlich, aber auch anders gefärbt (in der Klammer ist der Blütendurchmesser in mm angegeben).

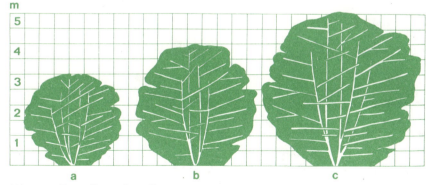

Abb. 432 Typ „plicatum"
a)
● *V. plicatum*,
● *V. p.* 'Mariesii',
var. *plicatum*,
● 'Roseum',
● 'St. Keverne',
f. *tomentosum*;

b)
V. plicatum 'Lanarth';
c)
V. sieboldii

Blütenfarbe:
Weiß
V. alnifolium (6 und die sterilen Randblüten bis 25), *V. betulifolium* (8), *V. b.* 'Trewithen' (8), *V. buddleifolium* (8), *V. burejaeticum* (8), *V.* × *burkwoodii* 'Park Farm'

Abb. 433
A) Typ „urceolatum"
V. urceolatum
B) Typ „betulifolium"
a)
V. betulifolium, *V. molle*,
V. × rhytidophylloides, *V. × r.* 'Holland',
● *V. rhytidophyllum*,
V. r. 'Variegatum';
b)
V. betulifolium 'Trewitchen',
V. lobophyllum,
V. rhytidophyllum 'Roseum'

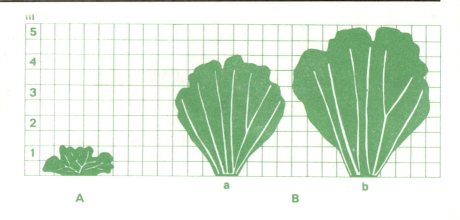

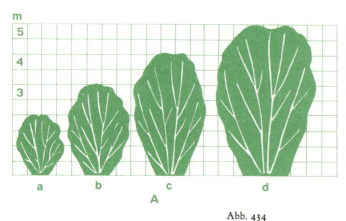

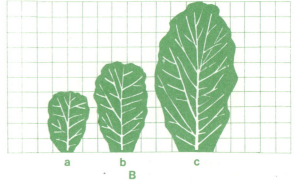

Abb. 434
A) Typ „veitchii"
a)
V. buddleifolium,
V. macrocephalum,
V. m. f. *keteleerii*,
V. phlebotrichum,
V. × rhytidocarpum,
V. veitchii,
● *V. wrightii* var. *hessei*;
b)
V. bitchiuense,
V. corylifolium,
V. dasyanthum,
● *V. dilatatum*,
V. d. 'Xanthocarpum',
V. hupehense,
V. sargentii (manchmal),
V. s. 'Flavum' (manchmal),
V. trilobum, *V. wrightii*,
V. cassinoides;

(10), *V. burkwoodii × carlesii* 'Anna Russel' (Knospen rosa – 10), *V. b. × c.* 'Fulbrook' (10), *V. × carlcephalum* (10), *V. carlesii* und die meisten Sorten (10–14), *V. c.* 'Aurora' (anfangs rosa), *V. cassinoides* (5), *V. corylifolium* (3–4), *V. cylindricum* (6 bis 8), *V. dasyanthum* (6), *V. ellipticum* (8), *V. erosum* (8), *V. farreri* 'Album' (10), *V. furcatum* (8 und die sterilen Randblüten 25), *V. × hillieri* (4–6), *V. hupehensis* (8), *V. lobophyllum* (8), *V. macrocephalum* (25–30), *V. nudum* (8), *V. opulus* und Sorten (8 und die sterilen Randblüten 25), *V. o.* 'Roseum' (25), *V. o.* 'Tatteri' (25), *V. orientale*, *V. plicatum* und die meisten Sorten (25), *V. p.* 'Mariesii' (8–10 und die Randblüten 25), 'St. Keverne' (8–10 und die Randblüten 25), f. *tomentosum* (8–10 und die Randblüten

c)
● *V. dentatum*,
alle Varietäten,
● *V. opulus* (manchmal),
V. o. 'Aureum',
● 'Notcutt',
● 'Roseum',
'Tatteri',
'Variegatum',
'Xanthocarpum',
● *V. × pragense*,
V. setigerum,
V. s. 'Aurantiacum';
d)
V. cylindricum,
● *V. lantana*, alle Sorten,
V. nudum,
V. prunifolium,
V. rufidulum,
V. schensianum

B) Typ „lentago"
a)
V. mongolicum;
b)
● *V. × bodnantense*, Sorten,
● *V. fragrans*,
V. f. 'Album';
c)
V. erubescens,
V. e. var. *gracilipes*,
V. × jackii,
● *V. lentago*

Abb. 435 Blätter *Viburnum*
a)
V. buddleifolium,
V. × pragense,
V. × rhytidocarpum;
b)
V. dasyanthum,
V. dilatatum (manchmal);
c)
V. nudum,
V. rufidulum;
d)
V. rhytidophyllum
(manchmal);
e)
V. erubescens,
V. urceolatum;
f)
V. × rhytidophylloides,
V. rhytidophyllum;
g)
V. sympodiale,
V. veitchii;
h)
V. sieboldii,
V. mongolicum,
V. schensianum;
j)
V. lantana,
V. macrocephalum,
V. plicatum;
k)
V. × jackii,
V. lentago,
V. prunifolium;
l)
V. × burkwoodii,
V. hupehense
(Quadrat 1 × 1 cm)

Abb. 436 Blätter *Viburnum*
a)
V. burejaeticum (manchmal),
V. cassinoides;
b)
V. × *carlcephalum*,
V. carlesii,
V. dilatatum;
c)
V. betulifolium;
d)
V. dentatum,
V. setigerum;
e)
V. bracteatum,
V. burejaeticum,
V. lobophyllum,
V. molle,
V. wrightii;
f)
V. cylindricum;
g)
V. cotinifolium,
V. furcatum,
V. lantanoides;
h)
V. utile (oft);
i)
V. utile;
j)
V. ichangense (Quadrat 1 × 1 cm)

25), *V. prunifolium* (8), *V. rafinesquianum* (8), *V.* × *rhytidocarpum* (6), *V.* × *rhytidophylloides* (6), *V. rufidulum* (8), *V. sargentii* (8 und die sterilen Randblüten 30), *V. schensianum* (8), *V. setigerum* (8), *V. sympodiale* (8 und die sterilen Randblüten 25), *V. trilobum* (10–15), *V. veitchii* (6), *V. wrightii* (8–10).
Gelbweiß
V. acerifolium (8), *V. dentatum* und Varietäten, *V. dilatatum*, *V. edule* (8), *V. ichangense* (8), *V.* × *jackii* (8), *V. lantana* und Sorten (6), *V. lentago* (8), *V. molle* (8), *V. mongolicum* (8), *V. phlebitrichum* (8), *V.* × *pragense* (6), *V. rhytidophyllum* (6), *V. r.* 'Roseum' (Knospen rosa – 6), 'Variegatum' (6), *V. sieboldii* (8).

Abb. 437   Blätter *Viburnum*
a)
V. opulus;
b)
V. sargentii;
c)
V. acerifolium,
V. orientale;
d)
V. erosum;
e)
V. edule;
f)
V. ellipticum;
g)
V. phlebotrichum,
V. rafinesquianum;
h)
V. fragrans
(Quadrat 1 × 1 cm)

Weißlich rosa

V. bitchiuense (anfangs rosa, dann weiß – 10), *V.* × *bodnantense* und Sorten (Knospen intensiv rosa – 10), *V. bracteatum* (6–8), *V.* × *burkwoodii* (anfangs rosa, später weiß – 10), *V. b.* 'Chenault' (anfangs rosa, dann weiß – 8), *V. cotinifolium* (8), *V. erubescens* (10), *V. farreri* (10), *V. f.* 'Nanum' (10), *V.* × *juddii* (6), *V. kansuense*, *V. plicatum* 'Roseum' (8 und die sterilen Randblüten 25), *V. p.* 'Rowallane' (8 und die sterilen Randblüten 25), *V. urceolatum* (8).

Blüten in Doldentrauben oder achsel- bzw. endständigen Rispen zusammengestellt. Vereinfacht unterscheiden wir Blütenstände flach gewölbt (Abb. 438

A), flach gewölbt mit sterilen Randblüten (Abb. 439 A), kugelig kopfige (Abb. 438 B), länglich kegelförmige (Abb. 439 B), halbkugelige mit größeren Blüten (Abb. 440 A) und kugelige mit größeren Blüten (Abb. 440 B). Blütenstände mancher Arten und Sorten duften.

Blütenduft:
V. × *burkwoodii* und Sorten (sehr stark duftend), *V. burkwoodii* × *carlesii* 'Anne Russel' und 'Fulbrook' (sehr stark duftend), *V.* × *carlcephalum* (sehr stark duftend), *V. carlesii* und Sorten (sehr stark duftend), *V. corylifolium*, *V. erubescens*, *V. farreri* und Sorten (stark duftend), *V.* × *juddii* (stark duftend), *V. sieboldii* (unangenehm riechend).

Blütezeit je nach Art von März bis November (Abb. 441).

Frucht und Fruchtstand

Eine Steinfrucht mit einem einsamigen Stein, der meist flach ist.

Fruchtfarbe und -form:
(E = eiförmig, K = mehr oder weniger kugelig):
Gelb
V. dilatatum 'Xanthocarpum' (E), *V. opulus* 'Notcutt' (rote Wange – E), *V. o.* 'Xanthocarpum' (manchmal bräunliche Tönung), *V. sargentii* 'Flavum' (K), *V. setigerum* 'Aurantiacum* (orangefarbene Tönung – E).
Rot
V. betulifolium (K), *V. corylifolium* (E), *V. dasyanthum* (E), *V. dilatatum* (E), *V. edule* (E), *V. erosum* (K), *V. hupehense* (E), *V. ichangense* (E), *V. cansuense* (E), *V. lobophyllum* (K), *V. opulus* und die meisten Sorten (E), *V. phlebotrichum* (E), *V. sargentii* (hellere Tönung – K), *V. setigerum* (E), *V. trilobum* (K), *V. wrightii* (glänzend – K).
Schwarzrot
V. acerifolium (E), *V.* × *hillieri* (E), *V. orientale* (E).

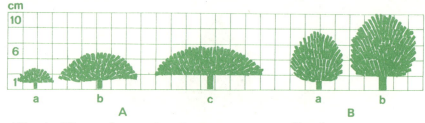

Abb. 438 Blütenstand *Viburnum*
A) flach gewölbt
a)
V. burejaeticum,
V. corylifolium,
V. ellipticum,
V. hupehense,
V. ichangense,
V. kansuense,
V. mongolicum,
V. orientale,
V. rafinesquianum,
V. r. var. *affine*,
V. setigerum,
V. s. 'Aurantiacum',
V. urceolatum,
V. utile,
V. wrightii var. *hessei*;
b)
die meisten Arten, Kreuzungen, Sorten und Varietäten;
c)
V. cassinoides,
V. cylindricum,
V. dilatatum,
V. × *jackii*,
V. lantana 'Rugosum',
V. lantanoides,
V. lentago,
V. nudum,
V. rhytidophyllum,
V. r. 'Roseum',
'Variegatum',
V. rufidulum,
V. veitchii

B) kugelig kopfig
a)
V. edule;
b)
V. bodnantense,
V. b. 'Dawn',
'Deben'

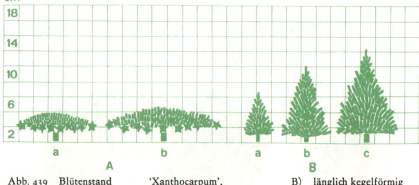

Abb. 439 Blütenstand *Viburnum*
A) flach gewölbt mit sterilen Randblüten
a)
V. furcatum,
V. opulus,
V. o. 'Aureum',
'Compactum',
'Notcutt',
'Tatteri',
'Variegatum',
'Xanthocarpum',
V. plicatum 'Mariesii',
V. p. f. *tomentosum*,
'Roseum',
'Rowallane',
'St. Keverne',
V. sargentii,
V. s. 'Flavum';
b)
V. macrocephallum f. *keteleerii*

B) länglich kegelförmig
a)
V. erubescens,
V. fragrans, *V. f.* 'Album',
V. phlebotrichum;
b)
V. × *hillieri*,
V. × 'Winton',
V. sieboldii;
c)
V. erubescens var. *gracilipes*

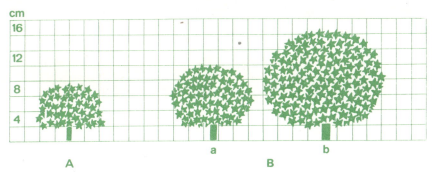

Abb. 440 Blütenstand *Viburnum*
A) halbkugelig mit größeren Blüten
V. bitchiuense,
V. × burkwoodii,
V. × b. 'Park Farm',
'Chenault',
V. burkwoodii × carlesii
'Anne Russel',
'Fulbrook',
V. carlesii,
V. c. 'Aurora',
'Charis',
'Diana',
'Compactum'

B) kugelig mit größeren Blüten
a)
V. opulus 'Roseum',
V. plicatum,
V. p. 'Lanarth',
'Rotundifolium',
'Rosace',
var. *plicatum*;
b)
V. × carlcephalum,
V. macrocephalum

Blauschwarz

V. bracteatum (E), *V. carlesii* und Sorten (E), *V. cassinoides* (E), *V. dentatum* und Varietäten (K), *V. lentago* (bereift – E), *V. molle* (E), *V. nudum* (K), *V. plicatum* f. *tomentosum* (E), *V. prunifolium* (bereift – K), *V. rafinesquianum* (E), *V. rufidulum* (bereift – E), *V. utile* (E).

Schwarz

V. alnifolium (anfangs rot – E), *V. bitchiuense* (K), *V. buddleifolium* (anfangs rot – K), *V. burejaeticum* (E), *V. cotinifolium* (anfangs rot – E), *V. cylindricum* (E), *V. ellipticum* (E), *V. erubescens* (anfangs rot – E), *V. furcatum* (anfangs rot – E), *V. lantana* und Sorten (anfangs rot – E), *V. mongolicum* (E), *V. × rhytidocarpum* (E), *V. rhytidophyllum* und Varietäten (anfangs rot, glänzend – E), *V. schensianum* (anfangs rot – E), *V. sieboldii* (anfangs rot – E), *V. sympodiale* (anfangs rot – E), *V. urceolatum* (E), *V. veitchii* (anfangs rot – E).

Einzelne Früchte sind in zwei Fruchtstandtypen zusammengestellt: locker und flach kugelig (Abb. 442) und locker, eiförmig länglich (Abb. 443).

Stämmchen, Zweige und Wurzelsystem

Hauptzweige schwach, meist dunkel schwarzbraun oder auch graubraun, jüngere Zweige grau und in der Regel starr, aber wenig verzweigt; Einjahrstriebe überwiegend grau oder bräunlich, oft auch filzig. Wurzelsystem reich verzweigt, mit Haarwurzeln.

Ansprüche

Alle sommergrünen Arten wachsen am besten in sonnigen Lagen, sie vertragen aber auch Halbschatten. Für die immergrünen Arten sind halbschattige und schattige Standorte am günstigsten. Einen tieferen Schatten vertragen *V. lentago*, *V. opulus* und *V. rhytidophyllum*. Den angeführten Arten genügen alle normalen Gartenböden, die angemessen feucht und humos sind. *V.*

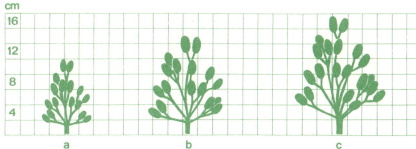

Abb. 443 Fruchtstand *Viburnum*
Locker, eiförmig länglich
a)
V. edule (8),
V. erubescens (8),
V. phlebotrichum (6–8);

b)
V. × hillieri (8),
V. sieboldii (8);

c)
V. erubescens var. *gracilipes* (8)
(in der Klammer die Länge der einzelnen Früchte in Millimeter)

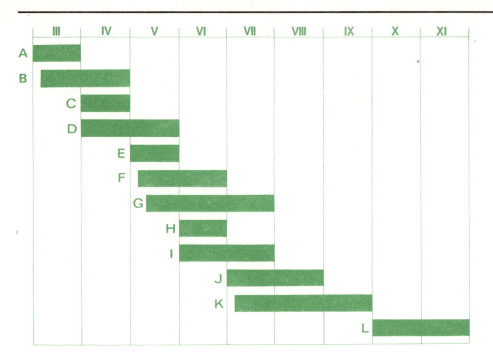
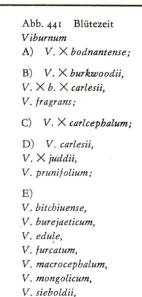

Abb. 441   Blütezeit *Viburnum*

A)   *V.* × *bodnantense*;

B)   *V.* × *burkwoodii*,
V. × *b.* × *carlesii*,
V. fragrans;

C)   *V.* × *carlcephalum*;

D)   *V. carlesii*,
V. × *juddii*,
V. prunifolium;

E)
V. bitchiuense,
V. burejaeticum,
V. edule,
V. furcatum,
V. macrocephalum,
V. mongolicum,
V. sieboldii,
V. sympodiale,
V. urceolatum,
V. utile;

Abb. 442   Fruchtstand *Viburnum*
Locker und flach kugelig
a)
V. burejaeticum (10),
V. corylifolium (8),
V. elipticum (12),
V. hupehense (8–10),
V. ichangense (6),
V. kansuense (10),
V. mongolicum (8–10),
V. orientale (8–10),
V. rafinesquianum (8),
V. setigerum (6),
V. urceolatum (6),
V. utile (6–8),

V. wrightii var. *hessei* (8);
b)
V. acerifolium (6–8),
V. betulifolium (6–8),
V. bracteatum (10),
V. buddleifolium (8),
V. cotinifolium (10),
V. dasyanthum (8),
V. dentatum, Varietäten (5–10, k),
V. erosum (6, k),
V. furcatum (6–8),
V. lantana, Sorten (8),
V. lobophyllum (8, k),
V. molle (10),

V. opulus, Sorten (10, k),
V. plicatum f. *tomentosum* (8),
V. × *pragense* (8),
V. prunifolium (10, k),
V. × *rhytidocarpum* (8),
V. schensianum (8),
V. sympodiale (6–8),
V. trilobum (9, k),
V. wrightii (8, k);
c)
V. cassinoides (8),
V. cylindricum (5),
V. dilatatum (8),
V. lantanoides (8),
V. lentago (15),

V. macrocephalum f. *keteleeri* (8),
V. nudum (8, k),
V. rhytidophyllum, Sorten (8),
V. rufidulum (15),
V. veitchii (8)
(die einzelnen Früchte sind vereinfacht eiförmig dargestellt, kugelige Früchte sind in der Klammer, zusammen mit der Größe in Millimeter, mit dem Buchstaben „k" gekennzeichnet)

F) die meisten Arten, Kreuzungen, Sorten und Varietäten;

G) *V. dentatum;*

H) *V. betulifolium,*
V. corylifolium,
V. cotinifolium,
V. dasyanthum,
V. erubescens,
V. × *billieri,*
V. ichangense,
V. molle,
V. orientale;

I) *V. lobophyllum,*
V. nudum;

J) *V. cassinoides;*

K) *V. cylindricum;*

L) *V.* × *bodnantense*

opulus und *V. alnifolium* lieben nicht nur feuchte, sondern sogar nasse Böden. Auf trockenen Standorten mit geringerem Humusgehalt wachsen befriedigend *V. lantana, V. prunifolium* und *V. acerifolium*. Kalkhold ist *V. opulus*. Alle angeführten Arten sind unter mitteleuropäischen Bedingungen winterhart, eine wärmere und geschütztere Lage verlangen nur *V. henryi, V. rhytidophyllum* und *V. utile* (*V. utile* ist auch für Winterschutz dankbar). Fast alle Arten vertragen befriedigend Stadtklima und verunreinigte Luft.

Pflege

Sommergrüne Arten werden ohne Wurzelballen im Frühling oder Herbst gepflanzt; wertvollere (*V. carlesii, V.* × *burkwoodii, V.* × *carlcephalum* u. a.) und alle immer- und wintergrünen Arten stets mit Wurzelballen. Besonders bei den Immergrünen ist auf ausreichende Bodenfeuchtigkeit zu achten. Der Bedarf an weiterer Pflege ist minimal. Junge, wenig verzweigte Pflanzen sind durch Erziehungs- und Erhaltungsschnitt zu einer reichen Verzweigung anzuregen. Die immergrünen Arten schneiden wir nicht; ältere Sträucher sommergrüner Arten werden ausgelichtet; ein stärkeres Zurückschneiden führt zu einem ruten- und besenartigen Wuchs und sollte deshalb unterbleiben. Ältere Exemplare vertragen ein Umpflanzen mit Wurzelballen, wenn ausreichende Wässerung gesichert ist. Von den Krankheiten sind Blatt- und Stengelfleckenkrankheiten zu nennen. *Ascochyta viburni* verursacht braune, purpurfarbene gesäumte Flecken; *Heterosporium polymorphum* – große, purpurfarbene Flecken; *Sphaceloma viburni* – graue Flecken mit braunem Rand. (Bekämpfung mit Captan-, Zineb- u. a. organischen Fungiziden oder Kupferpräparaten.) Beim Erscheinen der *Pseudomonas*-Bakterien-Blattfleckenkrankheit sind unregelmäßige braune Flecken zu finden, die manchmal auch auf junge Zweige übergreifen (befallene Pflanzenteile sofort abschneiden und vernichten). Nur einige Arten, hauptsächlich *V. opulus* und *V. carlesii* leiden, besonders an sonnigen Standorten, unter Blattläusen. (Präparate gegen saugende Insekten verwenden.) Der Schneeballblattkäfer und seine Larven fressen die Blätter bis auf die Blattrippen kahl. (Lindan-, Parathionmethyl-, Carbaryl- oder andere Präparate gegen beißende Insekten anwenden, im Winter mit Eiern besetzte Triebe abschneiden.) Unter Wildverbiß leiden *Viburnum*-Arten kaum.

Verwendung

Viele *Viburnum*-Arten sind auffallende und effektvolle Solitärgehölze (z. B. die duftenden und reicher blühenden, bzw. auch die immergrünen Arten), oder sie eignen sich für kleinere Gruppen in flachen Pflanzungen oder vor höheren Baumkulissen. *V. opulus, V. lantana, V. lentago, V. veitchii* u. a. eignen sich für kompakte niedrige Kulissen. Sie können auch als Deck- und Füllsträucher verwendet werden. Schattenvertragende Arten können als Unterholz unter höheren Bäumen dienen. Für geschnittene Hecken eignet sich am besten *V. opulus*. Der niedrige zwergige „Urceolatum-Typ", *V. carlesii* und *V. utile* kommen in größeren Steingärten gut zur Geltung. *V. lantana* kann zum Ergänzen größerer Heidepartien dienen. Arten mit auffallenden Früchten pflanzen wir in Wegnähe, damit sie aus nächster Nähe betrachtet werden können. Mit der Herbstfärbung mancher Arten können landschaftliche Szenerien angenehm belebt werden, besonders im Farbkontrast zu anderen Pflanzen (Nadelgehölze, *A. palmatum, A. japonicum, Fagus*- und *Corylus*-Sorten).

Vinca L. – Immergrün, Singrün *(Apocynaceae)*

Sommer- oder immergrüne Halbsträucher und Stauden; 5 Arten in Europa und Westasien, von Bedeutung sind: *V. major* L. (Großes Immergrün) und ● *V. minor* L. (Kleines Immergrün). Zierwert: Laub (I–XII, besonders XI bis IV), Blüte (V–IX).

Habitus

Bildet kriechende, bodennahe Halbsträuchlein, nur die Blütentriebe sind aufrecht und bis 15 cm hoch.

Textur

Dicht, aber doch etwas luftig und leicht.

Laub

Blätter bei *V. minor* eiförmig elliptisch, 2–4 cm lang, kahl, dunkelgrün, nur die Sorte *V. minor* 'Argenteovariegata' hat das Laub weißlich gefleckt und gesäumt; *V. major* besitzt eiförmige, 3–7 cm lange Blätter, bei 'Variegata' gelblich weiß gefleckt.

Blüte

Blüten 2–4 cm breit, tellerförmig, 5zählig. Blütezeit: Mai–September.

Blütenfarbe:

Weiß
V. minor 'Alba', 'Alba Plena' (gefüllt)
Lilablau
V. minor, *V. m.* 'Bowles', 'La Grave' (großblumig)
Blau
V. major, *V. minor* 'Azurea'
Violettrosa
V. minor 'Rosea Plena' (gefüllt)
Dunkelviolett
V. minor 'Atropurpurea'
Purpurfarben
V. minor 'Multiplex'
Gelbbunt
V. minor 'Variegata'

Frucht

Eine scheinbar doppelte Balgfrucht.

Triebe und Wurzelsystem

Triebe bis 30 cm lang, kriechend, graugrün, teilweise verholzend. Wurzelsystem flach ausgebreitet, ausläufertreibend, dicht und fein verzweigt.

Ansprüche

Am besten gedeihen die Pflanzen im Voll- und Halbschatten. Sie wachsen in fast jedem Boden, wenn er nährstoffhaltig und angemessen feucht ist. Am geeignetsten sind Waldböden. In Mitteleuropa sind die angeführten Arten winterhart. Vertragen auch städtische Luft sowie Industrieklima.

Pflege

Pflanzung während der ganzen Vegetationsperiode ohne Wurzelballen möglich. Nach dem Einwurzeln ist weitere Pflege überflüssig. Vereinzelt kann Rost *(Puccinia cribrata)* auftreten, wobei sich auf verunstalteten, aufgehellten Blättern und Trieben dunkelbraune Rostpusteln ausbilden (wiederholt Zineb-Präparate anwenden, befallene Pflanzenteile entfernen). Blattfleckenkrankheiten werden meist von *Phyllosticta vincae minoris* (hellbraune Flecken mit schwärzlichem Rand) oder *Botrytis cinerea* (braune und schwarze Flecken vom Blattrand ausgehend) verursacht. Bekämpfung mit Kupferpräparaten oder organischen Fungiziden.

Verwendung

Werden besonders als Bodendecker für schattige Lagen verwendet (10 bis 12 Pflanzen je m^2 bei *V. minor*) oder als Unterholz zwischen anderen immergrünen Gehölzen. Gut eignet sich *V. minor* auch zum Einsäumen, *V. major* auch in Steingärten, auf Terrassen, Naturtreppen, auf Gräbern usw. *Vinca major*, hauptsächlich die buntlaubige Sorte, eignet sich außerdem sehr gut in Pflanzgefäßen oder sogar als Ampelpflanze bzw. zur Bepflanzung von Fenster- und Balkonkästen.

Viscum L. – Mistel *(Loranthaceae)*

Immergrüne, halbparasitisch auf Gehölzen wachsende Sträucher. Etwa 70 Arten in den wärmeren Zonen der Erde. In Mitteleuropa kommen Kiefern-, Tannen- und Laubholz-Mistel vor, die sich durch Wirtsspezifität und einige Merkmale unterscheiden. Einige Autoren erkennen nur 1 Art an (*V. album* L.), andere zwei (dazu *V. laxum* BOISS. et REUT.). Die bis 1 m hohen Sträucher leben in den Kronen der Bäume. Blätter sitzend, länglich eiförmig, 3–4 cm lang, ledrig. Blüten gelblich, zweihäusig, sitzend, Blütezeit: März/April. Frucht eine weiße, durchsichtige, erbsengroße Beere. Botanisch interessant.

Vitex L. – Mönchspfeffer *(Verbenaceae)*

Sommer- oder immergrüne aromatische Bäume und Sträucher. Etwa 100 Arten in den Tropen und Subtropen, nur einige in der gemäßigten Zone. Für Mitteleuropa kommt im wesentlichen nur der härtesten Art, *V. rotundifolia* L. (Syn. *V. ovata* THUNB.), Bedeutung zu, die bekanntere Art ist jedoch *V. agnus-castus* L. Strauch nur 1 m hoch, niederliegend aufstrebend. Blätter verkehrt eiförmig, dunkelgrün, etwa 2 bis 6 cm lang, Blüten blau, etwa 1–1,5 cm lang, in 4–12 cm langen und etwa 4 cm breiten Rispen. Blütezeit: Ende des Sommers und im Herbst. Frucht eine kleine, 4fächrige Steinfrucht. Geeignet nur für die wärmsten Gebiete Mitteleuropas, sonnige, geschützte Lagen und warme, leichte Böden. Eignet sich in größeren Steingärten, auf Terrassen usw. Liebhaberbedeutung.

Wissenschaftlicher Name	Deutscher Name	Natürliche Verbreitung bzw. Entstehungsort	Frosthärte
V. aestivalis MICHX.	Sommer-Rebe	USA	++
V. amurensis RUPR.	Amur-Rebe	Mandschurei, Ussuri- u. Amurgebiet	++
V. armata DIELS et GILG = *V. davidii*			
V. baileyana MUNSON		O-USA	++
V. berlandieri PLANCH.	Winter-Rebe	USA	++
V. candicans ENGELM.		S-USA	++
V. cinerea ENGELM.		USA	++
● *V. coignetiae* PEDLIAT ex PLANCH.	Rostrote Rebe	Japan, Korea, Sachalin	++
V. cordifolia LAM. = *V. vulpina*			
V. davidii (ROMAN.) FOËX		China	++
V. flexuosa THUNB.		Japan, Korea, China	++
● *V. labrusca* L.	Fuchs-Rebe	O-USA	++
V. monticola BUCKL.	Gebirgs-Rebe	Texas	++
V. odoratissima DONN = *V. riparia*			
V. palmata VAHL	Katzen-Rebe	USA	++
V. pentagona DIELS et GILG		M- u. W-China	++
var. *bellula* REHD.		wie die Art	++
V. quinquangularis REHD. = *V. pentagona*			
● *V. riparia* MICHX.	Ufer-Rebe	N-Amerika	++
V. romanetii ROMAN. ex FOËX		China	++
V. rotundifolia MICHX.	Muscadine-Rebe	USA	++
V. rubra MICHX. = *V. palmata*			
● *V. rupestris* SCHEELE	Sand-Rebe	USA	++
V. sieboldii hort. = *V. thunbergii*			
V. texana MUNSON = *V. monticola*			
V. thunbergii S. et Z.	Thunberg-Rebe	Japan, China	++
● *V. vinifera* L. (Abb. 409 d)	Weinstock, Weinrebe	Südl. M-, S-Europa bis Kaukasus, NW-Afrika	++
● *V. vulpina* L.	Duft-Rebe, Winter-R.	USA	++
V. vulpina sensu LECONTE = *V. riparia*			
V. wilsoniae VEITCH		M-China	++

Vitis L. – Rebe *(Vitaceae)*

Sommergrüne, mit Ranken kletternde Sträucher. Etwa 60, meist schwer unterscheidbare Arten sind auf der nördlichen Halbkugel verbreitet. Schnell wachsende Sträucher.
Zierwert: Laub (V–XI, hauptsächlich X–XI), Früchte (VIII–X).

Habitustypen

„Vinifera-Typ": Kletterstrauch, oft mit sehr langen rankenförmigen Trieben (Abb. 444 B),
„Rupestris-Typ": stark ausladender, halbkletternder Strauch, Konturen sehr ungleich, stellenweise locker bis durchsichtig (Abb. 444 A).

Textur

Meist sehr grob, einzelne Blätter auch aus größerer Entfernung gut unterscheidbar, nur manche kleinblättrigen Arten sind mittelgrob und dichter gestaltet. Bei einer einwandfreien Belaubung ist die Oberfläche der Sträucher ziemlich kompakt (Blätter oft dachziegelartig angeordnet).

Laub

Blätter einfach, gezähnt, meist gelappt, seltener handartig gegliedert, verschieden groß (Abb. 445), meist grünlich.

Blattfarbe:
Hellgrün
V. baileyana, V. berlandieri (glänzend).
Grün
V. amurensis, V. davidii, V. flexuosa (glänzend), *V. labrusca, V. palmata, V. pentagona, V. riparia* (glänzend), *V. rotundifolia* (glänzend), *V. rupestris* (bläuliche Tönung), *V. vinifera* und Sorten, *V. vulpina* (glänzend), *V. wilsoniae* (in der Jugend rötlich).
Mattgrün
V. aestivalis, V. cinerea, V. coignetiae (gerunzelt).

Dunkelgrün
V. candicans, V. monticola (glänzend), *V. romanetii, V. thunbergii*.
Rot
V. vinifera 'Purpurea' (später schmutzig purpurfarben).

Herbstfärbung meist bemerkenswert:
wert:
Gelbbraun
die meisten Arten und Sorten.
Rot
V. amurensis (purpurfarbene Tönung), *V. coignetiae* (scharlachrote Tönung), *V. davidii* (karminroter Hauch), *V. thunbergii* (karminrote Tönung), *V. vinifera* und Sorten (manchmal orangefarbene Tönung).

Blüte und Blütenstand

Blüten klein, polygam, zweihäusig, unscheinbar gelbgrün, 5zählig, Kelchblätter kaum entwickelt, Petalen an der Spitze miteinander verbunden und beim Aufblühen abfallend. In Rispen zusammengestellt, die gegenüber den Blättern erscheinen. Vereinfacht können wir folgende Blütenstände unterscheiden: kurze und breite (Abb. 446 A) oder schmale und längliche (Abb. 446 B). Der Zierwert ist gering, da sie sich in der Belaubung verlieren. Blütezeit: Juni–August (Abb. 447).

Frucht und Fruchtstand

Frucht die bekannte, verschieden große, 2–4samige, meist dunkel gefärbte Beere (in der Klammer ist die Größe in mm ausgedrückt).

Fruchtfarbe:
Purpurfarben
V. berlandieri (10), *V. candicans* (10), *V. labrusca* (bis schwärzlich – 15 bis 20), *V. riparia* (bis schwärzlich – 15 bis 20), *V. rotundifolia* (15 bis 25), *V. rupestris* (schwärzliche Tönung – 7 bis 14).
Blauschwarz
V. pentagona (6–7), *V. vinifera* und Sorten (auch grün oder rötlich).

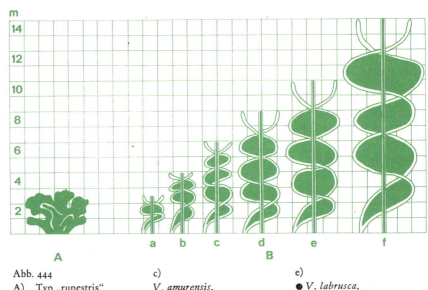

Abb. 444
A) Typ „rupestris"
● *V. rupestris*
B) Typ „vinifera"
a)
V. flexuosa;
b)
V. aestivalis,
V. candicans,
V. thunbergii;

c)
V. amurensis,
V. baileyana;
d)
V. berlandieri,
V. cinerea,
● *V. coignetiae*,
V. davidii,
V. palmata,
V. pentagona,
V. p. var. *bellula*,
V. romanetii,
● *V. vinifera*, Sorten;

e)
● *V. labrusca*,
V. monticola,
● *V. riparia*,
● *V. vulpina*,
V. wilsoniae;
f)
V. rotundifolia,
V. vinifera, Sorten (ausnahmsweise)

Schwarz
V. aestivalis (8), *V. amurensis* (8), *V. baileyana* (10), *V. cinerea* (10–14), *V. coignetiae* (purpurfarben bereift – 8), *V. davidii* (15), *V. flexuosa* (8), *V. monticola* (5–7), *V. palmata* (8–10), *V. romanetii* (10), *V. thunbergii* (purpurfarbene Tönung – 10), *V. vulpina* (bläulich bereift – 12), *V. wilsoniae* (bereift – 10).

Der Fruchtstand (Traube) entspricht bei den meisten *Vitis*-Arten der Gestalt des Blütenstandes, ist nur größer. Beeren einiger Arten sind mehr oder weniger eßbar:

V. aestivalis, V. labrusca, V. monticola, V. romanetii, V. rotundifolia, V. rupestris, V. vinifera und Sorten, *V. vulpina* (eßbar erst nach den ersten Frösten).

Zweige und Wurzelsystem

Zweige lang, gegliedert, rankenförmig, verschieden verflochten, dünn, rund oder mehr oder weniger kantig, im Alter mit einer bräunlichen, meist aber hellen und manchmal rötlichen, streifig abfasernden Rinde. Wurzelsystem sehr zäh, tief und weit reichend, entsprechend verzweigt.

Abb. 445 Blätter *Vitis*
a) *V. coignetiae*;
b) *V. aestivalis*, *V. labrusca*, *V. vinifera* (oft);
c) *V. candicans*, *V. rupestris*;
d) *V. amurensis*;
e) *V. baileyana*, *V. berlandieri*, *V. monticola*, *V. vulpina*;
f) *V. romanetii*;
g) *V. cinerea*, *V. pentagona*, *V. vinifera* (manchmal);
h) *V. davidiana*;
i) *V. flexuosa*;
j) *V. riparia*;
k) *V. candicans*, *V. thunbergii*
(Quadrat 2 × 2 cm)

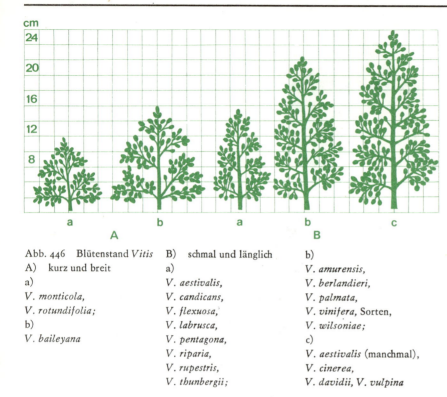

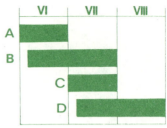

Abb. 447 Blütezeit *Vitis*
A) die meisten Arten und Sorten;
B) *V. davidii*;
C) *V. vulpina*;
D) *V. palmata*, *V. thunbergii*

Abb. 446 Blütenstand *Vitis*
A) kurz und breit
a)
V. monticola,
V. rotundifolia;
b)
V. baileyana

B) schmal und länglich
a)
V. aestivalis,
V. candicans,
V. flexuosa,
V. labrusca,
V. pentagona,
V. riparia,
V. rupestris,
V. thunbergii;

b)
V. amurensis,
V. berlandieri,
V. palmata,
V. vinifera, Sorten,
V. wilsoniae;
c)
V. aestivalis (manchmal),
V. cinerea,
V. davidii, *V. vulpina*

mit Zineb-, Thiram- und Captan-Präparaten). Ähnlich schadet der Echte Rebenmehltau mit seinem weißen Schimmelbelag (Spritzungen mit Schwefel-, Benomyl-, Triforine- oder Triadimefon-Präparaten). Unter Wildverbiß leiden *Vitis*-Arten praktisch nicht.

Ansprüche

Wachsen in sonniger Lage und auch im Halbschatten. Gedeihen in jeder leichten sowie auch schweren, normal durchlässigen Erde. *V. coignetiae* ist auf einer feuchten Stelle mit lehmigem oder sandig-lehmigem Boden am schönsten. Alle angeführten Arten sind unter mitteleuropäischen Bedingungen winterhart.

Pflege

Pflanzung im unbelaubten Zustand im Vorfrühling oder Herbst. An die Pflege sind die Pflanzen nicht anspruchsvoll. Wir dürfen aber nicht vergessen, daß sich Reben mit Ranken festhalten, daß sie Stützen brauchen und anfangs aufgebunden werden müssen (Pflanzgerüste, Drahtkonstruktionen, Lauben usw.). Wenn eine reiche Blüte und guter Fruchtansatz erwünscht sind, schneiden wir den Stock so, daß wir viele Einjahrstriebe, die auf zweijährigem „Holz" sitzen, erhalten. Andernfalls begnügen wir uns mit einem gelegentlichen Auslichten und Entfernen trockener Teile. Reben vertragen ein radikales Verjüngen sehr gut. Die meisten Arten werden nur selten von Krankheiten und Schädlingen befallen; der Falsche Rebenmehltau (Rebenperonospora) erscheint am häufigsten bei *V. vinifera*, auf der er Anfang Juni die Blätter befällt, später zeigen sich auch auf den Einjahrstrieben und Blütenständen ölige Flecke, die verbräunen und eintrocknen. Der Schimmelbelag überzieht leicht die Trauben (rechtzeitige Spritzungen ab Sichtbarwerden erster Symptome mit Kupfermitteln, Bordeaux-Brühe oder

Verwendung

Alle Kletterarten werden zum Bekleiden von Bäumen und Sträuchern, Pergolen, Wänden, Lauben, Säulen, Zäunen, Veranden usw. verwendet. Sie können malerisch überhängen (Terrassen, Mauern, Felsen usw.) und bilden auch wirkungsvolle „Vorhänge" neben Wegen, Gewässern, Gebäuden usw. Im Herbst zieren viele Arten durch ihre leuchtend gelbe Laubfärbung. *V. vinifera* können wir ebenfalls zum Beleben von Wänden, Lauben und Pflanzgerüsten verwenden und dabei noch Trauben ernten. Der „Rupestris-Typ" eignet sich als Zwischen-Pflanzung neben andere Sträucher, die teilweise von den Reben überwuchert werden, hauptsächlich in Naturpartien (romantisch verwilderte Szenerien) und größeren Landschaftsgestaltungen.

Weigela Thunb. – Weigelie *(Caprifoliaceae)*

Sommergrüne Sträucher; 10 Arten in Ostasien. Schnell heranwachsend.
Zierwert: Blüte (V–VI).

Habitustypen

„Florida-Typ": unregelmäßig, halbkugelig ausgebreiteter Strauch, Konturen unregelmäßig locker (Abb. 449),
„Praecox-Typ": etwas schmaler, aufrecht aufstrebender und mitteldichter Strauch mit gleichmäßiger Kontur (Abb. 450).

Textur

Überwiegend mittelgrob, manchmal bis grob. Kleinblättrige ältere Sträucher wirken feiner und weniger luftig.

Laub

Blätter gegenständig, kurzgestielt, gesägt, verschieden länglich eiförmig und zugespitzt (Abb. 407), meist grünlich, aber auch bunt.

Blattfarbe:
Hellgrün
W. middendorffiana; Gartensorten: 'Dame Blanche'.
Grün
W. coraeensis (glänzend), W. decora, W. floribunda, W. florida, W. f. 'Alba', 'Venusta', W. japonica, W. maximowiczii, W. praecox, W. × wagneri; die meisten Gartensorten.
Gelb
Gartensorte 'Looymansii'.
Weißlich gelbbunt
W. florida 'Variegata'; Gartensorte 'Kosteriana Variegata'.
Braunrot
W. florida 'Purpurea'.

Blüte und Blütenstand

Blüten 5zählig, Krone fast gleichmäßig, röhrig glockig bis trichterförmig, entweder an der Unterseite verengt (Abb. 451 A) oder breit verlängert (Abb. 451 B).

Blütenfarbe:
Weißlich
W. florida 'Alba' (beim Abblühen hellrosa), W. japonica 'Alba'; Gartensorten: 'Avalanche' (Außenseite weißlich rosa), 'Candida', 'Dame Blanche' (Außenseite rötlich), 'Esperance' (rosafarbener Hauch), 'Montblanc' (beim Abblühen rosa), 'Perle' (rosa gesäumt).
Gelbweiß
W. coraeensis 'Alba' (beim Abblühen rosafarbener Hauch).
Gelbgrün
W. maximowiczii.
Gelb
W. middendorffiana.
Hellrosa
Gartensorten – 'Conquete', 'Féerie', 'Gracieux' (Kronensaum weißlich), 'Richesse'.
Rosa
W. decora (anfangs grünlich und weißlich), W. florida (manchmal dunklere Tönung), W. × wagneri; Gartensorten: 'Abel Carrière' (karminroter Hauch), 'Avantgarde', 'Boskoop Glory', 'Bouquet Rose' (karminroter Hauch, Kronensaum weißlich rosa), 'Buisson Fleuri' (gelbliche Flecken), 'Conquerant', 'Elisabeth' (lila Tönung), 'Floreal'

Wissenschaftlicher Name	Deutscher Name	Natürliche Verbreitung bzw. Entstehungsort	Frosthärte
W. amabilis van Houtte = W. coraeensis			
● W. coraeensis Thunb.	„Korea"-Weigelie	Japan	++
W. decora Nakai			
W. floribunda (S. et Z.) K. Koch	Vielblütige Weigelie	Japan	++
● W. florida (Bge.) A. Dc.	Rosa-Weigelie	China, Korea, Mandschurei, Japan	++
W. grandiflora K. Koch = W. coraeensis			
W. japonica Thunb.	Japanische Weigelie	Japan	++
W. maximowiczii (S. Moore) Rehd.		Japan	++
W. middendorffiana (Trautv. et C. A. Mey.) K. Koch	Gelbblütige Weigelie	Japan, Sachalin, S-Kurilen, Mandschurei	++
W. praecox (Lemoine) L. H. Bailey (Abb. 448 a)	Frühblütige Weigelie	Korea, Mandschurei	++
W. rosea Lindl. = W. florida			
W. × wagneri Bailey		?	++

(Kronensaum weißlich rosa), 'Fraicheur' (Krone weißlich gesäumt), 'Gustave Mallet', 'Heroine', 'Ideal' (karminroter Hauch), 'Isoline' (teilweise weiß), 'Kosteriana Variegata', 'Le Printemps' (Kronensaum weiß), 'Mme Couturier' (anfangs weißlich gelb), 'Mme Lemoine' (anfangs fast weiß, später nur weißlich gefleckt), 'Rosabella'.

Dunkelrosa

W. florida 'Purpurea' (dunklere Tönung), *W. f.* 'Variegata' (dunklere Tönung); Gartensorten: 'Ballet'.

Purpurrosa

W. florida 'Venusta', *W. praecox* (manchmal bis karminrot); Gartensorten: 'Biformis', 'Congo', 'Fleur de Mai', 'Lowii'.

Hellrot

W. japonica (anfangs weißlich grün, später karminroter Hauch).

Rot

W. coraeensis (anfangs weißlich rosa); Gartensorten: 'Bristol Ruby' (karminroter Hauch), 'Eva Rathke' (leuchtend scharlachrot), 'Eva Supreme', 'Fiesta', 'Glorieux' (karminrote Tönung), 'Groenewegenii', 'Lavallei', 'Looymansii', 'Majestieux', 'Newport Red' (violetter Hauch), 'Othello', 'Sèduction', 'Styriaca' (anfangs karminrosa).

Dunkelrot

W. floribunda (karminroter Hauch); Gartensorten: 'Desboisii' (manchmal auch gelbe Flecken), 'Stelzneri'.

Braunrot

W. floribunda 'Grandiflora' (karminroter Hauch); Gartensorten: 'Juvenal' (rötliche Knospen), 'P. Durchartre'.

Blüten entweder einzeln oder zu mehreren in achselständigen Trugdolden an kurzen Seitentrieben des Vorjahres. Blütezeit: Mai/Juni (Abb. 452).

Frucht und Fruchtstand

Frucht eine längliche, geschnäbelte, holzige, 2klappige Kapsel, ohne Zierwert.

Abb. 448
a) *Weigela praecox*;
b) *Wisteria sinensis*;
c) *Zelkova carpinifolia*

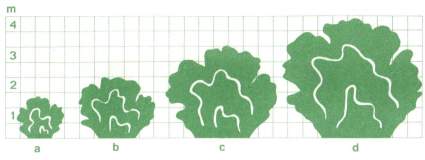

Abb. 449
Typ „florida"
a)
● *W. florida* 'Purpurea',
W. maximowiczii,
W. middendorfiana,
W. × *wagneri*,
Gartensorten:
● 'Ballet',
● 'Eva Rathke',
'Loymansii';
b)
● *W. florida*
'Variegata',
Gartensorten:
● 'Abel Carrière',
'Biformis',
● 'Buisson Fleuri',
'Conquette',
'Dame Blanche',
'Elisabeth',
'Féerie',
● 'Fiesta',
'Gustave Mallet',
● 'Ideal',
'Isoline',
'Kosteriana Variegata',
'Lowii',
● 'Majestieux',
● 'Newport Red';
c)
W. decora,
W. floribunda,
W. f. 'Grandiflora',
● *W. florida*,
W. f. 'Alba',
● 'Venusta',
W. japonica,
W. j. 'Alba',
Gartensorten:
● 'Boskoop Glory',
● 'Bristol Ruby',
● 'Candida',
'Congo',
'Conquérant',
'Desboisii',
● 'Eva Supreme',
'Groenewegenii',
'Juvenal',
'Lavallei',
'Mme Lemoine',
'Montblanc',
'Othello',
'P. Duchartre',
'Perle',
'Richese',
'Rosabella',
● 'Stelzneri',
● 'Styriaca';
d)
● *W. coraeensis*,
W. c. 'Alba'

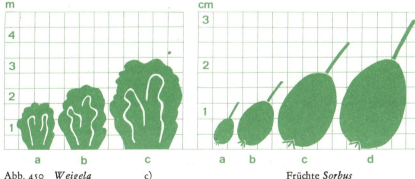

Abb. 450 *Weigela*
Typ „praecox"
a)
Gartensorte 'Glorieux';
b)
W. praecox,
Gartensorten: 'Fleur de Mai',
'Floréal',
'Gracieux';
c)
Gartensorten: 'Avalanche',
'Avantgarde',
'Bouquet Rose',
'Esperance',
● 'Fraicheur',
'Heroine',
● 'Le Printemps',
'Séduction'

Früchte *Sorbus*
Eiförmig
a)
S. pluripinnata;
b)
S. chamaemespilus,
S. decora,
S. discolor,
S. × *hostii*,
S. japonica,
S. latifolia,
S. matsumurana,
S. mougeotii;
c)
S. aria, Sorten
außer *F. longifolia*,
S. decipiens,
S. intermedia,
S. × *meinichii*,
S. torminalis;
d)
S. aria f. *longifolia*,
S. megalocarpa

Zweige und Wurzelsystem

Zweige dünn, meist hell graubraun, Einjahrstriebe oft grünlich oder mit einseitigem rötlichen Hauch. Jungtriebe und junge Zweige bogig rutenförmig, später etwas starrer verzweigt. Wurzelsystem gut verzweigt (ausreichend Haarwurzeln).

Ansprüche

Lieben sonnige Standorte, vertragen auch leichten Schatten, aber auf Kosten des Blütenreichtums. Verlangen nahrhafte, durchlässige, nicht zu schwere, am besten sandig-lehmige Böden. Größere Trockenheit vertragen sie nur schlecht. Ideal ist ein normal feuchter Standort, hauptsächlich für *W. middendorffiana* und *W. maximowiczii*, denen etwas kühlere, feuchtere und humose Stellen am besten zusagen. In sehr strengen Wintern erfrieren die Pflanzen oft bis zur Erde, aber meist treiben sie wieder gut durch. Verunreinigte Luft wird befriedigend vertragen. Auf gut ausgewähltem Standort sind *Weigela*-Arten langlebig und können bei richtiger Pflege über 50 Jahre lang reich blühen.

Pflege

Pflanzung im unbelaubten Zustand, ohne Wurzelballen im Vorfrühling oder Herbst. Die ausgepflanzten Weigelien werden stark zurückgeschnitten, etwa um $2/3$. Dem Boden können wir etwas Torf beimischen, besonders für *W. maximowiczii* und *W. middendorffiana*. Arme Böden sollten mit Volldünger verbessert werden. Je nach Bedarf wird gewässert. An die Pflege stellen sie keine besonderen Ansprüche. Diese Sträucher sind langlebig, darum beginnen wir rechtzeitig mit dem vorsichtigen Auslichten (die ältesten Zweige knapp über der Erde herausschneiden); bei zu starkem Zurückschneiden kommen viele junge Triebe durch, die unschön auseinanderfallen. Ältere Exemplare vertragen ein Umpflanzen gut. Nennenswerte Krankheiten und Schädlinge treten nicht auf. Nur sehr selten erscheinen Blattfleckenkrankheiten, jedoch nicht so stark, daß eine Bekämpfung notwendig wird.

Verwendung

Gehören zu den wichtigsten Blütensträuchern. Kommen als Solitärpflanzen (in kleineren und auch größeren Anlagen, Gärten) oder auch in gleichartigen bzw. gemischten Gruppen zur Geltung. Sie lassen sich gut mit *Spiraea, Philadelphus, Deutzia* u. a. kombinieren. Eignen sich auch für freiwachsende Hecken. Wichtig ist, daß man Weigelien in Wegnähe, zum Betrachten aus nächster Nähe pflanzen soll; auf größere Entfernungen kommen die Blüten (besonders die dunkelrot blühenden) nicht ausreichend zur Geltung. Sehr wertvoll ist ihre Langlebigkeit.

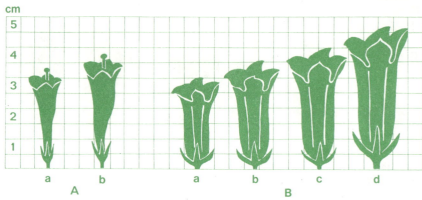

Abb. 451 Blüten *Weigela*
A) an der Unterseite verengt
a)
W. coraeensis, Sorten (5 und mehr),
W. floribunda (3 und mehr),
W. florida, Sorten (5 und mehr),
W. japonica (etwa 3),
W. praecox (3–5),
Gartensorten: 'Desboisii', 'Lavallei' (3 und mehr, manchmal auch der breitere Blütentyp vertreten);
b)
W. floribunda 'Grandiflora' (3 und mehr)
B) breit verlängert
a)
W. decora (etwa 3);
b)
W. maximowiczii (2),
W. middendorffiana (1–3),
W. × *wagneri* (2);
c)
die meisten Sorten;
(3 und mehr, manchmal auch der schmalere Blütentyp;
d)
Gartensorten: 'Abel Carrière', 'Avantgarde', 'Congo', 'Conquete', 'Dame Blanche', 'Floréal', 'Fraicheur', 'Gracieux', 'Gustave Mallet', 'Perle', 'Rosabella', 'Stelzneri' (3 und mehr, manchmal eine schmalere Blüte)

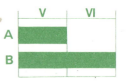

Abb. 452 Blütezeit *Weigela*
A) *W. praecox*;
B) alle weiteren Weigelien

Wisteria Nutt. – Blauregen, Glyzine, Wisteria *(Leguminosae)*

Sommergrüne, hochwindende Sträucher. Es sind 9 Arten aus Nordamerika und Ostasien bekannt. Wuchs ziemlich langsam.
Zierwert: Laub (V–XI), Blüte (je nach der Art IV–IX).

Habitustyp

„Floribunda-Typ": hochwindender Strauch (Abb. 453 A).

Textur

Ziemlich grob, die einzelnen Blätter sind auch aus größerer Entfernung gut unterscheidbar und dabei leicht und luftig gestaltet.

Laub

Blätter wechselständig, unpaarig gefiedert, aus 9–19 wechselständig angeordneten, kurzstieligen Blättchen zusammengesetzt (Abb. 453), alle hellgrün, außer *W. frutescens,* deren Blätter dunkelgrün gefärbt sind. Herbstfärbung gelblich bis bräunlich.

Blüte und Blütenstand

Typische Schmetterlingsblüten, Kelch 5zähnig, mit großer und zurückgeschlagener Fahne, Flügel sichelförmig, Kiel gekrümmt und stumpf. Blüten in auffallenden, sehr effektvollen Trauben, die etwas aufrecht stehen (Abb. 453 B) oder öfter hängen (Abb. 454).

Blütenfarbe:
Weiß
W. floribunda 'Alba', *W. f.* 'Longissima Alba', 'Shire Noda', *W. sinensis* 'Alba', *W. s.* 'Jako', *W. venusta*.
Weißlich rosa
W. floribunda 'Kuchi Beni'.
Rosa
W. floribunda 'Rosea' (Kiel und Flügel mit purpurfarbener Tönung).
Weißlich violett
W. floribunda 'Geisha' (weißliche Fahne, blauviolette Flügel und Kiel), 'Russelliana' (weißliche Fahne, blauviolette Flügel und Kiel), 'Sekines Blue' (weißliche Fahne und blauviolette Flügel und Kiel), 'Ushi Jima', *W. sinensis* 'Sierra Madre', *W. venusta* 'Violacea' (weißliche Fahne, violette Flügel und Kiel).
Violett
W. floribunda, W. f. 'Beni Fugi', 'Macrobotrys', 'Murasaki Noda', 'Naga Noda', 'Royal Purple', *W.* × *formosa*.
Blauviolett
W. floribunda 'Kyushaku', *W. sinensis*.
Purpurlila
W. frutescens.
Rotviolett
W. floribunda 'Violacea-plena', *W. macrostachys* (lila Hauch).

Blütezeit bewegt sich je nach der Art (Sorte) von April bis September (Abb. 455). Wichtig ist, daß sie nur auf den kürzeren und schwächeren Nebentrieben blühen. Am reichsten blühen waagerecht geführte Zweige.

Frucht und Fruchtstand

Frucht eine 10–15 cm lange, zwischen den einzelnen Samen knotige, längliche, flache, langsam aufspringende Hülse, ohne Zierwert.

Zweige und Wurzelsystem

Hauptzweige lang, dick bis stammartig, im Alter mit hellgrauer, faserig ablösender Borke; die jüngeren rankenförmigen Triebe sind graugrün und dünn. Wurzelsystem gut verzweigt, sowohl in die Breite als auch in die Tiefe.

Ansprüche

Verlangen sonnige Stellen, auf schattigen Standorten blühen sie schlecht. Wichtig ist auch eine warme Lage, möglichst ohne Zugluft. An die Bodenverhältnisse stellen sie keine besonderen Ansprüche, am besten gedeihen sie in einem nährstoffreichen, tiefgründigen sandigen Substrat, zu schwere Böden sind nicht geeignet. Es sind kalkholde Pflanzen, die ausreichend Feuchtigkeit brauchen, wir pflanzen sie deshalb nicht in den „Regenschatten" ganz

Wissenschaftlicher Name	Deutscher Name	Natürliche Verbreitung bzw. Entstehungsort	Frosthärte
W. brachybotrys S. et Z. = *W. floribunda*			
• *W. floribunda* (Willd.) DC.	Japanischer Blauregen	Japan, Massachusetts	++
W. frutescens (L.) Poir.		USA	+, ≙
W. macrostachya (Torr. et A. Gray) Nutt. ex Torr. et A. Gray	Amerikanischer Blauregen	USA	++
• *W. sinensis* (Sims) Sweet (Abb. 448 b)	Chinesischer Blauregen	China	++
W. venusta Rehd. et Wils.		China	++

knapp an die Wände usw. Die angeführten Arten sind in Mitteleuropa winterhart. In strengeren Wintern und auf ungeeigneten Standorten können sie jedoch bis zum Boden erfrieren; in der Regel regenerieren sie aber wieder gut.

Pflege

Pflanzung im unbelaubten Zustand im Frühjahr oder Herbst, am besten als Containerpflanzen, die besser anwachsen. Nach dem Pflanzen werden die Gehölze auf 2–3 Knospen zurückgeschnitten. Bis zum Austrieb, der oft lange auf sich warten läßt, halten wir die Pflanzen angemessen feucht, aber nicht naß. Die richtige Bodenfeuchtigkeit bedingt im großen Maße den weiteren Zuchterfolg. Pflanzen werden mit Stützen versehen; wenn wir kahle Mauern und Wände bekleiden wollen, müssen Gerüste oder Drahtkonstruktionen angebracht werden. In den folgenden Jahren achten wir auf das Kürzen zu wüchsiger einjähriger Triebe (im Sommer) bis auf einige Blätter, womit wir uns eine bessere Verzweigung und damit ein reicheres Blühen sichern. Mit einem Sommerrückschnitt können wir den Klettercharakter der Pflanze unterdrücken, solche Pflanzen blühen dann sehr reich. Bei veredelten Pflanzen entfernen wir fortlaufend alle durchtreibenden Unterlagen. *Wisteria*-Arten sind für ein gelegentliches Düngen mit Phosphor und Kalium sehr dankbar (sehr geeignet ist das Einhacken von Stallmist). Ältere Exemplare vertragen ein Umpflanzen sehr schlecht. Nennenswerte Krankheiten und Schädlinge treten nicht auf. Vereinzelt kommen Blattfleckenkrankheiten vor (Kupferpräparate, organische Fungizide anwenden).

Verwendung

Sehr effektvolle windende Sträucher.

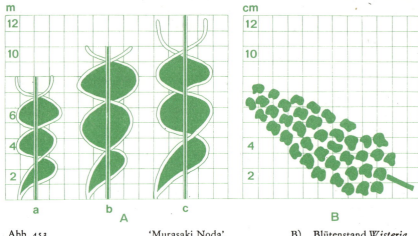

Abb. 453
A) Typ „floribunda"
a)
● *W. floribunda*,
W. f. 'Alba',
'Beni Fugi',
'Geisha',
'Kuchi Beni',
'Kynshaku',
'Longissima Alba',
● 'Macrobotrys',
'Murasaki Noda',
'Naga Noda',
● 'Rosea',
'Royal Purple',
'Russeliana',
'Sekine's Blue',
'Shiro Noda',
'Ushi Jima',
● 'Violacea-plena',
W. × *formosa*,
W. macrostachya;
b)
● *W. sinensis*,
W. s. 'Alba',
'Jako',
'Sierra Madre',
W. venusta,
W. v. 'Violacea';
c)
W. frutescens

B) Blütenstand *Wisteria*
Etwas aufrechte Traube
W. frutescens

Eignen sich ausschließlich an dominierenden Stellen im Garten oder Park, hauptsächlich für Pergolen, Balkons, Wände, Säulen, große Gitter oder Zäune, Veranden usw. Wegen ihres ausschließlichen Solitärcharakters sollen sie nicht mit anderen Kletterpflanzen kombiniert werden.

Xanthoceras BGE. – Gelbhorn *(Sapindaceae)*

Sommergrüner Baum, in Mitteleuropa meist nur strauchig; von den beiden chinesischen Arten ist *X. sorbifolium* BGE. in Kultur. Dieser aufrechte Strauch wird später breit kugelig, Blätter unpaarig gefiedert, bis 30 cm lang, die einzelnen Blättchen 4–5 cm lang,

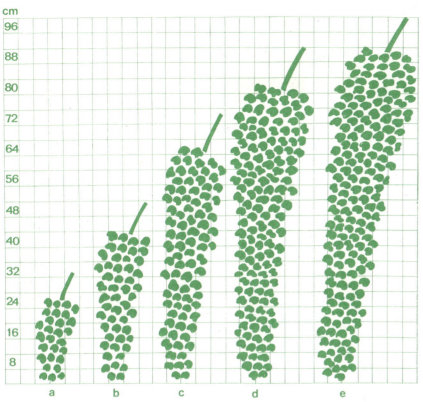

Abb. 454 Blütenstand
Wisteria
Hängende Traube
a)
W. floribunda 'Russelliana',
W. f. 'Sekine's Blue',
'Shiro Noda',
W. sinensis,
W. s. 'Sierra Madre',
W. venusta,
W. v. 'Violacea';
b)
die meisten Arten und Sorten;
c)
W. floribunda 'Naga Noda';
d)
W. floribunda 'Kyushaku';
e)
W. floribunda 'Macrobotrys'

scharf gesägt. Blüten schlank glockig, im Durchmesser bis 2 cm, 5zählig, weißlich, an der Basis anfangs grüngelb, später karminrot, in aufrechten und dichten, bis 25 cm langen endständigen Trauben. Blütezeit: Mai/Juni. Frucht eine 4–6 cm lange, 3klappige Kapsel. Verlangt guten, durchlässigen und kalkhaltigen Gartenboden. Unter mitteleuropäischen Bedingungen ist dieses Gehölz ganz winterhart, nur Jungpflanzen brauchen einen Winterschutz. Ein effektvolles und schönes Blütengehölz, das weitere Verbreitung verdient.

Xanthorrhiza MARSH. – Gelbwurz *(Ranunculaceae)*

Sommergrüner Strauch, zur Gattung gehört nur eine nordamerikanische Art: *X. simplicissima* MARSH. (Syn. *X. apiifolia* L'HÈR.). Ausläufertreibender, nur 60 cm hoher Strauch mit dünnen Zweigen, Blätter gefiedert, meist mit 5 eiförmigen, eingeschnitten gezähnten Blättchen. Blüten rotbraun, ohne Petalen, in endständigen, 5 bis 10 cm langen Rispen. Blütezeit: April/Mai. Frucht eine einsamige Balgkapsel. Optimal sind waldähnliche Standortbedingungen, unter denen sich dieses Gehölz schnell ausbreitet. Geeignetes Unterholz auch für schattige Stellen. Unter mitteleuropäischen Bedingungen völlig winterhart. Liebhaberbedeutung.

Yucca L. – Palmlilie *(Agavaceae)*

Prächtige immergrüne Pflanzen. Es sind etwa 30 Arten bekannt, die in Nord- und Mittelamerika verbreitet sind. Für mitteleuropäische Bedingungen eignen sich: ● *Y. filamentosa* L., *Y. flaccida* HAWORTH, *Y. glauca* NUTT. ex FRAS. (Syn. *Y. angustifolia* PURSH), *Y.* × *karlsruhensis* GRAEBNER, *Y. recurvifolia* SALISB. und *Y. smalliana* FERN. Es handelt sich um nur teilweise verholzende Gehölze mit einem dicken, einfachen oder verzweigten Stamm, der eine Rosette dicht zusammengedrängter, schwertförmiger, ausdauernder Blätter trägt. Blüten becherförmig, hängend, weiß, manchmal mit rosa oder auch violetter Tönung, in großen endständigen und aufrechten Rispen, die sehr effektvoll sind. Blütezeit: Juni–August. Frucht kapselartig, eiförmig. Die Sorte *Y. filamentosa*

'Variegata' hat gelblich weiß gestreifte Blätter, *Y. flaccida* 'Major' mehr blaugrüne und breitere Blätter, *Y. recurvifolia* 'Variegata' einen gelben Mittelstreifen auf den Blättern und 'Marginata' gelb gesäumte Blätter.

Yucca-Arten brauchen sonnige Standorte. Wachsen in schweren Böden am besten, gedeihen aber auch auf leichten und trockenen Standorten, wo sie allerdings nur langsam wachsen und lange bis zur Blüte brauchen. Optimale Böden sind tiefgründig, durchlässig und nährstoffreich. Vertragen keine größere Feuchtigkeit, insbesondere im Winter und Vorfrühling. Darum sind erhöhte, hügelförmige Standorte, die besser abtrocknen, am geeignetsten. Die angeführten Arten sind unter mitteleuropäischen Bedingungen winterhart, in extremen Lagen ist Winterschutz zweckmäßig. Verunreinigte Luft wird gut vertragen. Leidet nicht unter Wildverbiß. Umpflanzung nach der Blüte; ein Umsetzen älterer Exemplare ist möglich, aber wegen des schnellen Heranwachsens junger Pflanzen überflüssig. Bedeutsame Krankheiten und Schädlinge treten nicht auf. Eignen sich für solitäre Pflanzungen oder Gruppen in Rasenflächen, Staudenbeeten, auf Blumenmauern, in Steingärten, in Pflanzgefäßen und Heidepartien.

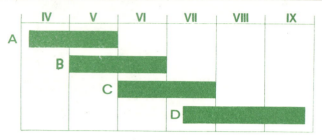

Abb. 455 Blütezeit *Wisteria*
A) *W. sinensis*;
B) *W. floribunda*, *W. × formosa*;
C) *W. macrostachya*, *W. venusta*;
D) *W. frutescens*

Zanthoxylum L. – Gelbholz *(Rutaceae)*

Sommer- und halbimmergrüne Bäume und Sträucher. Es existieren etwa 150 Arten in den Tropen und Subtropen beider Halbkugeln, einzelne Arten reichen bis in gemäßigte Zonen. Für Mitteleuropa eignen sich: *Z. alatum* var. *planispinum* (S. et Z.) REHD. et WILS., *Z. fraxinetum* WILLD. (Syn. *Z. americanum* MILL.), *Z. piperitum* DC., *Z. schinifolium* S. et Z. und *Z. simulans* HANCE (Chinesisches Gelbholz). Die angeführten Arten bilden unter mitteleuropäischen Bedingungen Sträucher von 3–4 m Höhe, vereinzelt auch Bäumchen (hauptsächlich *Z. fraxineum*). Blätter wechselständig, unpaarig gefiedert oder 3teilig (*Z. alatum*), durchsichtig, punktiert und aromatisch. Blüten klein, unscheinbar, 3–8zählig, zweihäusig, gelbgrün, in Rispen oder Büscheln. Stellt keine besonderen Ansprüche, hat aber auch keinen größeren gartengestalterischen Wert; Liebhaberbedeutung. Die angeführten Arten sind in Mitteleuropa winterhart.

Zelkova SPACH. – Zelkove *(Ulmaceae)*

Sommergrüne Sträucher oder Bäume, ähnlich *Ulmus*. Es sind 5 Arten aus West- und Ostasien bekannt. Für Mitteleuropa eignen sich: ● *Z. carpinifolia* (PALL.) K. KOCH (Syn. *Z. crenata* SPACH, *Z. ulmoides* SCHNEID. – Abb. 448 c), *Z. cretica* SPACH, ● *Z. serrata* (THUNB.) MAK. (Syn. *Z. keaki* MAXIM.), *Z. sinica* SCHNEID. und *Z. verschaffeltii* (DIPP.) NICHOLS. Unter mitteleuropäischen Bedingungen sind es meist Sträucher oder strauchige Bäumchen, Blätter kurzgestielt, einfach gesägt, ulmenartig, im Herbst schön braungelb. Unscheinbare Blüten entwickeln sich zugleich mit dem Blattaustrieb, sind kurz gestielt, auf jüngeren Trieben in Büscheln (männliche) oder einzeln (weibliche). Frucht eine kurz gestielte, schräge Steinfrucht, die breit gedrungen ist. Ansprüche, Pflege und Verwendung ähnlich wie bei *Ulmus*-Arten. Liebhaberbedeutung. Gelegentlich leidet dieses Gehölz auch unter der „Ulmenkrankheit".

Zenobia D. DON *(Ericaceae)*

Wintergrüner Strauch, die einzige Art der Gattung ist im südöstlichen Nordamerika beheimatet: *Z. pulverulenta* (BARTR. ex WILLD.) POLLARD (Syn. *Andromeda pulverulenta* BARTR., *A. dealbata* LINDL.). Aufrechter Strauch von 0,5–1 m Höhe, Zweige bogig abstehend, bläulich bereift, Blätter länglich eiförmig bis elliptisch, etwa 2 bis 7 cm lang, fein gekerbt oder ganzrandig, stumpf. Blüten glockig, reinweiß, etwa 6–8 mm lang, süß duftend, in Büscheln, die in langen Trauben zusammenstehen. Blütezeit: Mai/Juni. Frucht eine kugelige, 5fächrige Kapsel. Verlangt feuchte Waldbedingungen. Ansprüche, Pflege und Verwendung wie bei den Rhododendren.

Verwendete Literatur

AKIMOV, P. A.: Dekorativnye derevja i kustarniki. Moskva 1963.

ALBRECHT, H.-J.: Neue Gehölzzüchtungen für Gärten und Grünanlagen. – Beiträge zur Gehölzkunde: 72–79, 1977.

ALBRECHT, H.-J.: Neue Gehölze für Gärten und Grünanlagen. – Beiträge zur Gehölzkunde: 56–61, 1979.

ALBRECHT, H.-J.: Neue Ziergehölze für die Verwendung in Grünanlagen. – Landschaftsarchitektur, Jhrg. 9, 1: 24–25, 1981.

BAILEY, L. H.: The cultivated Evergreens New York 1923.

BAILEY, L. H.: The cultivated Conifers in North America. New York 1933.

BÄRTELS, A.: Das große Buch der Gartengehölze. Stuttgart 1973.

BEISSNER, L.: Handbuch der Nadelholzkunde. Berlin 1891.

BIALOBOK, S.; HELLWIGA, Z.: Drzewoznawstwo. Warszawa 1955.

CAMUS, A.: Les Chênes. Monographie du genre *Quercus*. I, II, III. Paris 1936–39.

DÄSSLER, H.-G.: Einfluß von Luftverunreinigungen auf die Vegetation. VEB Gustav Fischer Verlag, Jena 1981.

DEN OUDEN, P.; BOOM, B. K.: Manual of Cultivated Conifers. The Hague 1965.

DIPPEL, L.: Handbuch der Laubholzkunde. Berlin 1889–93.

EHLERS, M.: Baum und Strauch in der Gestaltung der deutschen Landschaft. Berlin/Hamburg 1960.

EISELT, M. G.; SCHRÖDER, R.: Laubgehölze. Neumann Verlag, Leipzig/Radebeul 1977.

FITSCHEN, J.: Gehölzflora. Leipzig 1925.

GÖRITZ, H.: Laubgehölze für Garten und Landschaft. VEB Deutscher Landwirtschaftsverlag, Berlin 1957.

GÖRITZ, H.: Laub- und Nadelgehölze für Garten und Landschaft. VEB Deutscher Landwirtschaftsverlag, Berlin 1974.

HURYCH, V.; MIKULÁŠ, E.: Sadovnická dendrologie, Praha 1973.

KAVKA, B.: Zhodnocení hlavních druhů jehličin z hlediska jejich využití v zahradní a krajinářské architektuře. Acta Pruhoniciana 16, 1968.

KAVKA, B.: Zhodnocení hlavních druhů listnáču z hlediska jejich využití v zahradní a krajinářské architektuře. Acta Pruhoniciana 22, 1969.

KAVKA, B. a. kolektiv: Krajinářské sadovnictví. Praha 1970.

KAVKA, B.: Zhodnocení hlavních druhů křovin z hlediska jejich využití v zahradní a krajinářské architektuře. Acta Prohuniciana 29, 1974.

KLIKA, J.: Dendrologie. Praha 1927.

KLIKA, J.; ŠIMAN, K.; NOVÁK, A.; KAVKA, B.: Jehličnaté. Praha 1958.

KRÜSSMANN, G.: Die Laubgehölze. Berlin 1951.

KRÜSSMANN, G.: Die Nadelgehölze. Berlin 1960.

KRÜSSMANN, G.: Handbuch der Laubgehölze. I, II. Berlin/Hamburg 1960.

KRÜSSMANN, G.: Handbuch der Nadelgehölze. Berlin/Hamburg 1972.

KRÜSSMANN, G.: Handbuch der Laubgehölze. I, II, III. Berlin/Hamburg 1976–78.

MARGRAF, K.; ALBRECHT, H.-J.: Ziergehölze

gesund erhalten. VEB Deutscher Landwirtschaftsverlag, Berlin 1978.

Pilát, A.: Listnaté stromy a keře našich zahrad a parků. Praha 1953.

Pilát, A.: Jehličnaté stromy a keře našich zahrad a parků. Praha 1962.

Ranft, H.; Dässler, H.-G.: Rauchhärtetest an Gehölzen im SO_2-Kabinenversuch. Flora 159: 573–588, 1970.

Rehder, A.: Manual of Cultivated Trees and Shrubs. New York 1958.

Schneider, C. K.: Illustriertes Handbuch der Laubholzkunde. I, II. Jena 1912.

Tarouca, S.: Unsere Freiland-Laubgehölze. Wien/Leipzig 1913.

Tarouca, S.; Schneider, C. K.: Unsere Freiland-Nadelhölzer. Wien/Leipzig 1923.

Welch, H. J.: Dwarf Conifers. London 1966.

Zander, R.; Encke, F.; Buchheim, G.; Seybold, S.: Handwörterbuch der Pflanzennamen. VEB Deutscher Landwirtschaftsverlag, Berlin 1980.

Bildnachweis
E. Albrecht, Berlin: alle Farbfotos, mit Ausnahme derjenigen anderer Bildautoren
Die Zeichnungen sind Arbeiten von Karel Hieke und Miroslav Pinc.